हरविजयम्

HARAVIJAYA

THE

HARAVIJAYA

OF

RĀJĀNAKA RATNĀKARA

With the Commentary of Rājānaka Alaka.

&

English Introduction

Edited by

PAṆḌIT DURGĀPRASĀD

and

KĀŚĪNĀTH PĀṆḌURAṄG PARAB

Introduction by

R.K. PANDA

BKP

BHARATIYA KALA PRAKASHAN

Delhi (India)

Computerised and Revised Edition : 2005

ISBN : 81-8090-021-5

Published by : **C.P. Gautam**
BHARATIYA KALA PRAKASHAN
Narang Colony, Tri Nagar,
Delhi-110035.
Phone : 27393083, 30967505 (O),
27522129 (R)

Laser Typeset by : Twinkle Graphics, Delhi-110084.

Printed at : Santosh Offset Press, Delhi.

विषय-सूची

Introduction

The *Haravijaya* of Ratnākara is an epic poem (*mahā-kāvya*) belonging to the era of artificial poetry. The poem is preceded by the *Mahākāvyas* namely, the *Kirātārjunīya* of Bhāravi and the *Śiśupālavadha* of Māgha. The artificiality from the *Kirātārjuniya,* got developed in the *Śiśupālavadha* and riche its climax in the *Haravijaya.* In the artificial type of poetry, the descriptions of battles, cities, oceans, rivers, mountains, seasons, sun-rise, moon-rise, love-sports and the like, which should have been only to support the theme and the sentiment of the Kāvya, became more elaborated and received more attention of the poets than the theme itself. The *Haravijaya* exceeds the two *Mahākāvyas* in the richness of fancy. Our poet has got wonderful skill in presenting one thing in various novel ways and in giving to his poetry an artistic touch with his many faceted scholarship and fine fancies. In the employment of many varieties of metres and the pictorial figures, the *Haravijaya* excells both the kāvyas. The *Śiśupālavadha* and the *Haravijaya* have likeness in some descriptions too. The descriptions of city, mountain, march of army, six seasons, sports in water, sun-set, dawn, sports in forest, the drinking of wine, speeches and battle of the *Haravijaya* are similar to those of the *Śiśupāla.* The excellence of the *Haravijaya* is appreciated by Rājaśekhara. He says that the kāvya literature was not fully bloomed before the composition of this work. Even the four great poets, namely, Kālidāsa, Bhāravi, Bhaṭṭi and Māgha, who are regarded as the four oceans of knowledge, could not furnish poetry with its perfection. Therefore, God had to create the fifth ocean of knowledge in the form of Ratnākara, who, by means of his *Haravijaya,* made the poetic literature reach its completion. Again, Rājaśekhara has mentioned the names of ten great poets in a verse, which is quoted in the *Śārṅgadhara-*

paddhati. He places Ratnākara in the list of profound scholars of Sanskrit literature.

Unfortunately we do not have any reliable information about the poet Ratnākara. A little is known about his personal life. He was the son of Ārtabhānu and a descendant of Durgadatta who lived at Gaṅgāhṛda. He was a follower of the Kashmir Saivism and an ardent devotee of the Lord Śiva. As is known from the *Haravijaya*, Ratnākara was the court-poet of Cippaḍa Jayāpiḍa (Bāta Bṛhaspati) and Avanti Verman who ruled over Kashmir. It is guessed that he was born and brought up in Kashmir, the natural beauty of which has been described by our poet at many places of the poem. The date of Ratnākara is accepted to be the middle of the eighth and the ninth century A.D. (850-900 A.D). The aim of Ratnākara was to get name and fame by composing the great epic *Haravijaya.* He was successful in attaining his goal. He could influence the succeeding generation of poets and commanded admiration and appreciation of the learned people. According to Rajaśekhara, Rātnākara had won the favour of goddess Sarasvatī.

दण्डी बाणदिवाकरौ गणपतिः कान्तश्च रत्नाकरः
सिद्धा यस्य सरस्वती....

The *Alaṁkāra-Vimarśa* observes that Māgha described the destruction of the other poets in the *Śiśupālavadha* in the form of the slaughter of Śiśupāla but Ratnākara described his victory in the field of literature in the *Haravijaya* while depicting that of Śiva.

माघः शिशुपालवधं विदधत्
कविमदवधं विदधे।
रत्नाकरः स्वविजयं हर-
विजयं वर्णयन् व्यवृणोत्॥

Ratnākara is called 'Tāla Ratnākara' for his beautiful use of the word '*Tāla*' in the fifth verse of the nineteenth canto of the epic. He is also known as Rājānaka which may be a title. He is also addressed by the commentator Ratnakaṇṭha as *vipaścinmaṇḍalīratna.* He calls himself Vāgīśvara and Vidyādhipati.

Ratnākara is known to be the author of the following three works.

1. *Haravijaya*
2. *Vakrokti-pañcāśikā*
3. *Dhvanigāthā-Pañcāśikā*

Ratnākara was a highly learned man with god-gifted poetic power and insights. We get plenty of references from the *Haravijaya,* which indicate his depth of knowledge and profound scholarship. He had studied almost all the branches of Sanskrit literature. He had sound knowledge of poetics. His proficiency in poetics is seen in the beautiful use of nearly fifteen kinds of pictorial figures and more than fifty kinds of figures of sense and successful employment of forty-eight types of metres. He had sound knowledge of dramaturgy as is known from his use of various technical terms. His knowledge of Grammar especially the Pāṇinīya system of Grammar is known from his illustrations of the grammatical formations and explanations of the grammatical rules. He was well-versed with the philosophical systems namely, Sāṁkhya, Yoga, Nyāya-Vaiśeṣika, Mīmāṁsā and Vedānta. He had also studied the legends of Buddha, Jaina, Āgama and Kaul schools. He was conversant with dance as he refers to all those forms of dance which are described in the *Agnipurāṇa* and *Natyaśāstra* of Bharata. In brief, Ratnākara had *Śakti, nipuṇatā* and *abhyāsa* which being united made him a great poet. He belonged to a period when poetry had ceased to be an expression of the outburst of emotions and passions of the human heart, when it was considered only to be a learned pursuit, and when pedantry and polymathy became the sole object to be exhibited through its instrumentality. Therefore, for becoming a successful poet, it was necessary to possess a stock of good knowledge of all the branches of literature to enrich the bank of knowledge. To achieve success in this difficult art of composing poetry, a person should be well-versed in many disciplines mainly in Grammar, Poetics, Dictionary, philosophical systems and Indian religious cults. A poet should study properly the social behaviour of human beings. Ratnākara's deep knowledge and insights have helped him in producing such a marvellous epic like an ocean of gems without a second in the world.

The *Haravijaya* of Ratnākara is the biggest *mahākāvya* in Sanskrit. It is a distinctive feature of this epic. It contains fifty cantos and four thousand three hundred fifty one verses. As the title suggests the theme of the epic poem is the victory of Hara (Śiva) over the demon Andhaka. Prof. Keith gives the summary of the work as follows : "The theme is of the lightest, the slaying of the demon Andhaka, born of Śiva when Pārvatī playfully covered his eyes with her hands. The child thus unhappily born blind grows up, by austerities wins sight, and becomes master of the three worlds until, as usual, Śiva finds it necessary to kill him. The plan is the same scheme we have seen already (in earlier *mahākāvyas*); Śiva's capital must be described (*i*) then his Tāṇḍava dance (*ii*), the seasons (*iii*), and mount Mandara (iv, v). Then comes in the motif of the appeal of the seasons, headed by spring to Śiva for protection against the new conqueror. Śiva's counsellors now debate, and the poet has up to Canto xvi to display his perfection in the art of politics. After all the talk an envoy is dispatched to the demon to bid him retire from the realms he has usurped. Here is the moment for the usual digression, and we have thirteen cantos of the sports of the retinue of Śiva, precisely of the same sort already recorded including sunrise, sunset, the stormy sea, and a very carefully exposition of the practice of the Kāmaśāstra in xxix. The envoy at last reaches the demon's kingdom in heaven, which necessarily must be described at length (xxxi). The exchange of speeches which follows requires seven cantos. The envoy naturally returns without having accomplished anything save a prodigious amount of bad rhetoric; the forces of Śiva take four cantos to be made ready for battle-for which their amorous sports would seem to render them dubiously fitted. They prove somewhat mediocre warriors, but after Canto xvii has been variegated by the insertion of a hymn to the dread goddess Caṇḍī, the poem is allowed to close at canto *XL* with the death of the miscreant."[1]

The poem is the best specimen of artificial poetry. The subject-matter is taken from the *Śivapurāṇa*. It follows the principles of a *mahākāvya* and accepts all the conditions which are required *for a mahākāvya*. Its learned author has spared no pains in making the epic as interesting as possible. The poet himself has spoken about the inevitable qualities of a *mahākāvya*. There must be sentiment which is accepted to be the soul of poem and any poem deviod of it, does not deserve appreciation. There should be junctures, appropriate language free from blemishes and the clarity of sense. There should be *alaṁkāras* belonging to both sound and sense.

The *Haravijaya* of Ratnākāra has *Vīrarasa* as its main sentiment. As the poem deals with the victory of the Lord Śiva by way of killing the demon Andhaka, the poet had mainly dealt with *Vīrarasa* along with other *rasas* as subordinate ones. For example :

चक्रायुधोऽस्तु समरे मुसलायुधो वा
शूलायुधो भवतु वा कुलिशायुधो वा।
दोष्णैर्वा तानहमनेन नियत्य हेति-
शून्येन धूसरमुखच्छवितां नयामि॥

(H.V.XXXVII. 25)

In this verse every word uttered by the fighters speaks of bravery.

The following verse will suffice to indicate the development of the heroic sentiment by means of suitable words.

कङ्कालसङ्कुलमसङ्कितकाककङ्क
सङ्केतधाम रणवर्त्म शशाङ्कमौले।
टाङ्कारिकार्मु कविटङ्कपटङ्कमस्तु
टङ्काङ्कसङ्कटविशङ्कटकङ्कटं वः॥

(H.V.XIII. 76)

In the following stanza, Viṣṇu is described as completely engrossed in the deed of killing of demons, and so sooner does he leave His place to throw a slaughtered demon aside than the goddess appears there :

सारा‍भा विविभारासा राजितागगताजिरा।
भाताजिते तेजिताभा विगतेन नते गवि॥

(H.V.XLIII. 102)

The poem also contains the sentiment of love, *Śṛṅgā-rarasa* which serves as a background for the effective presentation of the main sentiment and for exhibition of the qualities of the hero. In the poem we have very effective and natural delineation of the erotic scenes which display author's artistic sensitivity. The scenes of love in meeting are painted from the very first Canto of the poem. In the first Canto, we meet with the beautiful description of a lover trying to have a glance at the moon-like face of his beloved. There are fantastic descriptions of the ladies who are pierced by the arrows of the flower-bowed cupid. There are descriptions of amorous sports of young people. In this respect the twenty-sixth and the twenty-seventh Cantos of the poem are the unique specimens in the rich employment of the erotic sentiment. An example is here :

नेपथ्ये मसृणमनोरमे कृतास्था
शृङ्गराञ्चितरसशालितां वहन्ती।
कान्तस्य प्रमदमुदारनृत्तलीला
रम्भोरूरतनुत कैशिकीव वृत्तिः॥

(H.V.XVII. 79)

The poem contains an elaborate description on the pathetic aspect of life which is pregnant with erotic sentiment. In the twenty-fourth canto the poet has described the fine pictures of the sufferings arising out of separation. Such descriptions are frequently found in the poem and they bring out poet's unique sense of picturising the human emotions of both positive and negative aspects of love.

The poet has also delineated with *karuṇarasa.* He has mainly used it to enhance the effect of *vipralambhaśṛṅgāra.* For example :

शैलात्मजा वदनचन्द्रमसः कथं नु
लेखापि मे न सदृशी शशिना सशोकम्।
ऊर्ध्वेक्षणोत्थशिखिनीव निपित्सुनेत्थ-
मध्यासितोन्नतललाटतटोपकण्ठम्॥

(H.V. II.6)

When a soldier comes to his consort to bid here good-bye before marching for the fight but she, engrossed in the attempts to protect her dear one from the appearance of her inauspicious tears, finds her eyes insensitive.

The sentiment of terror *(bhayānakarasa)* finds a place in the description of the battle. The description of Goddess Caṇḍī bearing the *vessel* of skull full of blood and having fierce teeth contains this sentiment. For example :

निर्मांसताधवलराहुशिरः कपाल-
कांस्याग्रपीतभुवनक्षतजासवश्रीः।
विश्राणयस्य तनुतत्पिशितावदंस
लेशानुविद्धदशनाम्ब न कस्य भीतिम्॥

(H.V. XLVII.14)

The *Haravijaya* contains an exuberant employment of the *raudrarasa.* The very first canto describes god Viṣṇu as the destroyer of evil-doers and refers to His fierce form of Nṛsiṁha, in which He accomplished the violent slaughter of Hiraṇyakaśipu. The permanent feeling of anger is strengthened by the furious physical gestures and by the wide-opened mouth and big nails.

जृम्भाविकासितमुखं नखदर्पणान्त-
राविस्कृतप्रतिमुखं गुरुरोषगर्भम्।
रूपं पुनातु जनितारिचमूविमर्श-
मृद्धत्तदैत्यवधनिर्वहणं हरेर्वः॥

(H.V. 1.2.)

One can see the employment of the sentiment of disgust *(Bībhatsarasa)* in the descriptions of Goddesses who perform disgusting deeds bearing the skeletons of the slain soldiers on their shoulders. I just give here one example to bring home the fact.

हेलाविनिःश्वसितपीतकठोरकण्ठ-
नाडीनिरर्गलगलत्क्षयसागराम्भः।
रूपं बिर्भषि वलयीकृतं सप्तसंख्य-
द्वीपोष्णरश्मिकिरणावधिशैलचक्रम्॥

(H.V. XLVII.16)

We have to admit the fact that our great poet who has achieved a satisfactory success in the delineation of the important *rasas*, fails in the proper use of *Hāsyarasa*. Like other poets of our classical Sanskrit literary tradition, the poet lacks a proper sense of humour. It may be the reason why we do not find good descriptions of *hāsyarasa* in the poem. It does not get an opportunity to develop its limbs. On rare occasions, we find instances of laughter which is very mild. The following is an example.

आलोकितस्तुहिनशैलभुवा सहासं
आकृष्य शेखरशशाङ्ककलां स्मरारेः।
नृत्यन् विदूषकभुवं भुजगारिकेतु-
रग्रे चकार कुटिलोन्नतदण्डकाष्ठम्॥

(H.V. II.58)

It is interesting to say that the epic which is dominated with scenes of *Vīrarasa* also creates scope for the sentiment of tranquility. The sixth canto of the poem contains the verses in which we find a good picture of the *śāntarasa*. An example is given here for bringing an understanding of it.

यदनावृतत्रिदशकार्मुकाङ्कितं-
विचरन्ति यत्र न पयोदपङ्क्तयः।
अवलोक्य तत्र नभसि व्यवस्थितं
कृतिनोभवन्तमपवर्गमध्यगुः॥

(H.V. VI.146)

It is to be noted that in the heroic atmosphere of the poem, the *śāntarasa* does not get proper scope for its free development.

All the above examples make us clear that the poet Ratnākara has properly taken care of the development of sentiments. He is fully aware of the principles given by the rhetoricians and accepts *rasa* to be the soul of poetry. It is because of the proper and successful development of the sentiments, his epic poem *Haravijaya* has occupied a special place in the history of Sanskrit *Mahākāvyas*. According to the opinion of the Sanskrit poeticians, there should be only one main sentiment in a *kāvya*, either it should be the sentiment of Love or Hiroism or Tranquility, and the employ- ment of other sentiments must be only to support the main one. The poet has kept this principle in mind while camposing his grandest epic *Haravijaya* which contains *Vīrarasa* as the main sentiment and others as its subordinates. They all help in the development of *Vīrarasa* and bring special aesthetic rapture when a reader is deeply involved with the poetry of Ratnākara. It is important to note that his language, skill of presentation and proper selection of words are the main instruments helping in the realization of sentiments without any hindrance.

Rājaśekhara, the author of the *Kāvyamīmāṁsā* has complimented Ratnākara thus :

मा स्म सन्तु हि चत्वारः प्रायो रत्नाकरा इमे।
इतीव स कृतो धात्रा कवीरत्नाकरोऽपरः॥

(*Sūktimuktāvalī,* Jalhaṇa's anthology) 4.71.

Thinking the four oceans were not enough, the creator made another ocean, *i.e.,* the poet Ratnākara).

In this context David Smith's observation is worth noting. "Ratnākara, it should be explained, means 'Ocean'. Ratnākara literally means 'mine of jewels' (*ratna-ākara*), a synonym for 'ocean', which was held to produce not only pearls but all precious stones. Doubtless Ratnākara felt himself, as did those who applauded his work, to be Ocean, mine of jewels, by nature! As we see, the core of the poem is a description of the merging into one body of Śiva and his consort Pārvatī (Sarga 21); the Sarga immediately following is a description of the ocean. From this description of the ocean the poet might have received the *sobriquet* Ratnākara. Alternatively, as I prefer to think, his name was already Ratnākara, and he thus juxtaposed himself as Ocean in Sarga 22 to Śiva and Pārvatī in Sarga 21 deliberately, because all according to Kashmir Śaivism, are Śiva in a oneness often spoken of as the ocean of bliss,"[2] Utapaladeva in his *Śivastotrāvali* says that Śiva is an ocean of bliss and those who know Śiva are plunged into it.

अनलानन्दसिन्धोस्ते नाथ तत्त्वं विदन्ति ते।
नादृशा एव ये सान्द्रभक्त्यानन्दरसाप्लुताः॥

Mahākavi Kṣemendra commends Ratnākāra's use of the Vasantatilakā metre. An example of that metre is

कण्ठश्रियं कुवलयस्तबकाभिराम-
दामानुकारिविकटच्छविकालकूटाम्।
बिभ्रत्सुखानि दिशतादुपहारपीत-
धूपोत्थधूममलिनामिव धूर्जटिर्वः॥

(H.V.I. 1)

Kṣemendra has shown how the splendour that has become charming through its forcefulness in the above given verse of Ratnākara.[3]

Sadaśivaśaṅkaraśāstrin gives a compendious description of the *Haravijaya* as a whole in the following verse :

दुग्धाब्धीनां सहस्रं न कुसुमलसितं सद्वसन्तायुतं वा
कोटिर्वा पार्वणानां सुषमशशभृतां नैषदोषातनानाम्।
संपूर्णं वा सुधाभिः पुरटघटशतं हन्त धन्वन्तरेर्नो
पाणिस्थं चारु रत्नाकरसुकविगिरां मेरुलक्षं न मूल्यम्॥

George Bühler discovered the *Haravijaya* for the first time in 1877. About this work he observes : "It seems to me not likely that the Haravijaya as a whole will ever gain many friends among Europeans. But it contains, like most Sanskrit poems, many single verses and passages which possess both grace and force of expression.[4]

Richard Schmidt declared it to be a 'real monster.' A.B. Keith thinks it to be 'a hopeless blunder'. He concludes his brief treatment of the poem with these words :

"No more striking instance exists than this of the utter lack of proportion which can affect the minds of poets with considerable technical facility and abundant knowledge."[5]

In fact, Ratnākara had set out to surpass the most influential of Sanskrit mahākāvyas, Māgha's *Śisupālavadha*. The poet, adopting the structure of the court epic established by Bhāravi and Māgha, makes use of the theme of Śiva's victory over the demon Andhaka, aspiring to reign for Śiva the honour of being the subject of the latest and largest court epic. However, in a number of ways Ratnākara's work differs considerably from those of Māgha and Bhāravi, and indeed all preceding *mahākāvyas*.[6]

Ratnākara was an expert in metrics and had realised the importance of metres in the poetry. As is known, the proper use of different metres in a *Kāvya* brings a special charm and enhances aesthetic beauty of the poem. The great critic has rightly said :

काव्ये रसानुसारेण वर्णनानुगुणेन च
कुर्वीत सर्ववृत्तानां विनियोगं विभागवित्॥

(Suvṛttatilaka)

Ratnākara has used both kinds of metres-*Mātrāvṛttas* and *Varṇa-Vṛttas*. Among the Mātrā Vṛttas, there are a few like Āryā employed on rare occasions. He has also made use of the obscure metres like Aśvalalitā, which are not generally used by the other poets. Even the Vedic metres like Gāyatrī, Anuṣṭubh are employed in the *Haravijaya*. The poet has shown his expertise in the use of the longer metres like Sragdharā, Śārdulavikrīḍita, and Vasantatilakā. It is interesting to say that our author has used five such metres which are neither employed by any other poet nor defined and discussed by the authors of the metrical treatises. The *Subhāṣitāvalī* quotes all those verses in particular. In addition to Vasantatilakā which is his favourite metre and for which Ratnākara receives the praise of the great critic Kṣemendra, he has used the following metres abundantly, viz. Anuṣṭubh, Upajāti, Druta-vilaṁbita, Puspitāgrā, Pramitākṣarā Praharṣiṇī, Mañjubhāṣiṇī, Mālabhāriṇī, Mālinī, Rathoddhatā, Rucirā, Vaṁśastha, Viyoginī and Śālinī.

Ratnākara also imitates his predecessors in the use of metres but not blindly. Kālidāsa has used Viyoginī metre in the description of the *lamentation after death* but Ratnākara has used it to express the pangs of separation. Bhāravi has used 16 of metres in the fifth canto of *Kirātārjunīyam,* Māgha in his *Śiupālavada* used 22 of metres but Ratnākara has used 35 of metres in the fifth canto of the *Haravijaya* and surpassed all the previous poets.

It is interesting to say that our author has used some poetic conventions in his *Haravijaya.* Of the poetic conventions used in the epic poem, the most interesting one is the budding of the Aśoka tree by the strike of the foot of a young lady. Besides, the tree of Bāṇa and Bakula which are described as blooming, when sprinkled with water thrown out from the mouth of a lady. Similarly, one more traditional belief expressed in the poem is that the Kurubaka-tree is so sensitive that it gives flowers by the touch of a lady's breast (H.V.XXVII. 10).

The style of our poet has its qualities. It is ornamental and polished. The figures of speech that he has used judiciously bring special beauty to his style. The words, selected carefully produce a rhythmical sound. There is a continuity of narration which flows like a stream and flows smoothly with its sweet and melodious sound. His style contains the appropriateness of language. The noteworthy characteristic of his style is its suggestiveness. He has made use of *Kāku* to make his expression more effective and appealing. The rich vocabulary along with fine phraseology lend charm to the style of our poet. However, his style has its merits and demerits. Its demerit is its obscurity. The poet has shown off his over craftsmanship. The poem is faulty for the reason that the poet has marred the charm of the theme by exhibiting his skill in the use of the complicated pictorial figures of speech like yamaka, śleṣa etc.

The Gauḍī style is embeded with long compounds and the verses which are purposefully composed to exhibit the skill of intricate composition, appear to be more complicated and they are the beauty and grace of Ratnākara's style.

Though Ratnākāra's *Haravijaya* has no parallel in this world and it has received the praise of the great literary critics still it is not completely free from defects. The epic lacks proportion and sequence. The unimportant topics are described more elaborately than the important parts of the theme. Sometimes, the continuity and sequence of the main theme is broken by the elaboration of those things which have nothing to do with the main theme. There are also unnecessary descriptions. The poet has used a large number of obscure words which are not intelligible to reader. This has happened out of having intention of showing deep scholarship.

The construction of some of the verses is so intricate and indistinct that one cannot follow the sense of the verse despite great efforts. Inarticulation has stood on the way of the understanding of meaning. The poet has also created some puzzles of words. Furthermore, there are unwanted repetitions which no way enhance the artistic value of the work. We also find that the poet has used the words which are completely useless and could be avoided. So *nirarthakatva* stands there as a part of his defect. The grammatical errors which are known as *cyutasaṁskṛti* are also found in this great epic. We also find some *bhāva-doṣas* in the *Haravijaya* in the presentation of a sentiment, the permanent and the transitory feelings are expressed in words, while they should be suggested and therefore the charm of the sentiment is spoiled. There are also some defects in the presentation of Alaṁkāras. He has made improper use of alaṁkāras as in the very first canto, the poet describes the beautiful city of Śiva and tries to draw the excellent charm of the moon-light. The *upamā-alaṁkāra* used by the poet, is inappropriate. The propriety and suitability of their usage is ignored in some verses. The epic also contains a vivid description of the amorous sports of Śiva and Pārvatī. In such descriptions he has brought obsceneness *(aślīlatva)* for which a great poet like Kālidāsa is also blamed. But it is true that inspite of all these defects, the poem is an ocean of jems which always arrest the sensitive hearts of the *sahṛdayas.*

Ratnākara's literary style is marked with the employment of intricate rhetorical devices of the figures of sense. Śleṣa is generally used. Of the figures of words, the most intricate Alliterations and Repetitions are made use of. But the whole poem is not composed in Gauḍī style. At some places, we find the quality of sweetness. The lack of long compound and the use of beautiful figures of sense at such places contain the characteristics of the Vaidarbhī style.

It is generally used in the description of love in separation and love in meeting. In the delineation of love in separation, the style is full of the feeling of pathos and submission. Such qualities may be seen in the following stanza, where the poet paints a scene of separation in the objects of nature :

आबद्ध पद्ममुकुलाञ्जलि याचितोनो माम्
उत्सृज्य सम्प्रति गतः कथमंशुमाली।
अन्तर्निरुद्धमधुपक्वणितैरितीव
स्वप्नायने स्म नलिनी निशिलब्धनिद्रा॥

(H.V.XIX. 45)

In this verse, the matter is presented in a simple but charming way. Here, we find a graceful arrangement of words, characterised by sweet and melodious syllables. The language is very plain, and the compounds too are not intricate. The use of the figure of sense like poetic fancy renders charm to the sentiment of love.

In the *Haravijaya-mahākāvya* of Ratnākara we find the presentation of some philosophical ideas belonging to both orthodox and heterodox schools of Indian philosophical thought. From the references to the philosophical concepts we get the reflection of our poet's indepth knowledge of

Indian philosophical literature. There are references to the theory of cosmogony in the thirty-second canto. Kālamusala, a messenger of Śiva gives a history of the origin of creation in brief. The poem contains numerous references to the sāṁkhya thought. The sāṁkhya school which regards *Prakṛti* as made of the three *guṇas*, and as the sole cause of all the manifest objects, finds a clear reference in this *Mahākāvya*. The poem describes the *Puruṣa* as unaffected by sufferings and as pure absolute consciousness. The poem shows its well-acquaintance with Vedāntic ideas like the concept of *Paraḥ pumāṇ. Māyā, Vikāra, Vivarta* etc. The poet also gives references to the concepts of Mīmāṁsā, Vaiśeṣika, Nyāya, Yoga, Vaiṣṇavism, Jainism, Buddhism and Saivism. Saivism is the main cult featured in the *Haravijaya* of Ratnākara. The poem contains the ideas of Śaivism. It is because Śaivism was a popular cult at the time of Ratnākara. Therefore, Śaivism, which finds an important treatment in this epic, speaks of the strong impressions of this religious cult which got embedded in the minds of the people of that time. Ratnākara was himself a staunch śaiva, who proclaims in the eulogy of his epic that the whole theme of his poem is a dedication to Śiva. The Lord Śiva is invoked throughout the poem. In the benedictory verses, He is prayed as the supreme God. Furthermore, the theme of the sixth canto is a philosophical eulogy, sung in praise of Śiva by the six seasons, which brings out the superiority and the greatness of Śiva. The philosophers like Digambara, Jaimini and Kaṇabhakṣa propounded the doctrines of their respective philosophies only as a result of Śiva's grace. Of the thirty-six principles, accepted as Śaivism, Śiva is the first and the foremost. The beneficence of Śiva is indispensable for the attainment of freedom from the ties of birth and death.

All these points reveal that the poet was well-acquainted with the principles of our philosophical systems and he has used them in the proper contexts to enrich his *mahākāvya* when- ever he finds some scope for them.

Similarly, the epic is rich in religious and mythological ideas. The *Haravijaya* contains references to various religious performances like *yajña, tapas, samādhi,* feats, *kāmadahana,* drinking of poison, the bearing of the Ganges, the fight with Arjuna, the assumption of the form of Ardhanārīśvara, the victory over Andhaka, incarnations of Viṣṇu, references to different deities, Gods like Indra, Varuṇa, Yama, Kubera, moon, sun, Tvaṣṭṛ and Goddesses like Caṇḍī, Brāhmī, Vaiṣṇavī, Māheśvarī, Pārvatī, Vināyakī, Lakṣmī, Sarasvatī, Kaumārī, Kālī, Kauberī, Aindrī, Gāyatrī, Sāvitrī, and minor Gods and Goddesses.

From this great work of Ratnākara we get plenty of references to social beliefs, the caste system, the sixteen sacred ceremonies, the drinks, means of recreation like music, and musical instruments, the games, the dresses, the ornaments, and the cosmetics.

Its theme being related to the political dispute between the rules of the two states, the poem puts before us vividly the political diplomacy, tacts of war, and importance of policy. It shows an elaboration of the rules of politics prescribed mainly by the *Manusmṛti* and the *Kāmandakīya Nītisāra.* The poem mentions about the government as formed by the seven constituents, namely the king, the ministers, the nation, the forts, the treasure, the armies and the friends. Monarchy is the main type of government which is depicted in the *Mahākāvya.* The kings are described as the creations of Brahmā. For a king, profound knowledge of politics, ability to bring in practice the six attributes, namely, alliance, war, march, halt, seeking shelter and duplicacy and the four-fold policy i.e. compromise, supression, punishment, and disunion was regarded as essential. The main duty of the ruler was supposed to be the protection of the subject as well as of the weak nations. The poem depicts that a king should be very brave and should have fortitude to face the adverse circumstances courageously. There are references to king's court and *sabhā,* the functions of the court, ministers, Ambassador, *Sabhāpati,* six attributes of statecraft, the ideal of warfare, requisites of war, army, cavalry, the army on chriots, infantry, the weapons, the armours, the banners, the musical instruments of war, the dresses and the treasure.

From the study of the *Haravijaya* it is known that Ratnākara had fine sense of social observation. The society of his time was peaceful, immune from the turmoil of warfare and possessed of all means of prosperity. Most of the people in the society were well-read, as the poet does not hesitate in picturing the messenger of Śiva as a highly qualified and learned man, who appears like a great ethician, while conveying the message in the court of the demon Andhaka. Moral laws and ethical norms were abundantly in practice. It was believed that the main source of success in human life was a disciplined and sweet speech which attracted the heart of the listeners.

The standard of living at the time of Ratnākara was very high. The things of decoration were imported even from other countries. The fine Chinese cloth *(cīnāṁśuka)* and the Chinese *Kuṁkuma* was usually consumed. The ornaments like *hāra, keyūra, kuṇḍala* and *kaṁkaṇa,* etc. were abundantly used. People used to reside in big mansions, the walls of these were painted with beautiful pictures and the floors studded with precious stones. So far as the means of recreation are concerned, various out-door and in-door games were the means of amusement. Dance and music were very common. People were enjoying life like a precious god-gift. There was no unnecessary fear, tension and trouble. There was no spread of disease and people were healthy.

It is known from the *Haravijaya* that people of Kashmir were not devoted to any special branch of religion but had faith in various sects of their times.

The *Haravijaya* as a *mahākāvya* fulfils all the conditions laid down by the rhetoricians like Daṇḍin. The poem has cantos and most of the cantos contain verses from fifty to eighty in number. The poem begins with the *maṇgalācaraṇa,* the prayer of Śiva, Viṣṇu and Brahmā. The main theme of the poem is the suppression of the demon and victory of Śiva. The poem takes its theme from the *Śivapurāṇa* with some modifications but it is interesting to say that the poet has made some significant changes in the original theme.

The hero of the poem is the Lord Śiva. There are descriptions of city, the moon, the sun, and the water-sports. There is a rich employ- ment of the figures of sense and sound. In an epic poem, there should be only one sentiment predominating and others should come only to support its development. In the *Haravijaya*, it is the heroic sentiment which predominates. Though other sentiments are also there, yet their use is only to create a favourable background for the enhancement of the sentiment of *Vīra*. One will be surprised to know that the poet has used fourty-eight kinds of metres in the epic. The rule that is given by the rhetoricians that there should be a change of metres at the end of every canto, is also followed by our poet who is very particular in maintaining the literary principles. The *mahākāvya* turns upon the fruition of four *puruṣārthas* or four human values *viz., dharma, Artha, Kāma* and *Mokṣa*. The poem does not keep the transcendental matters on one side and the *mundan* affairs on the other. On the contrary, it aims at their happy harmony and gives prominence to the ethical and spiritual values. To my knowledge, the poet has kept in mind all these rules of *mahākāvya* while composing his work so that nothing is left out.

We cannot but appreciate Ratnākara's treatment of nature. Nature in the poem is always connected with the feeling of love. Either it comes as an excitant of erotic feelings or some erotic feeling is imposed upon it. The independent descriptions of nature are not met with. The aspects of nature are so vividly described that even a minor phenomenon takes one canto at least for its delineation. This elaboration is a result of the rich imagination of the poet. Every aspect of Nature is pictured with rich employment of the figures like Poetic fancy, simile etc. The poet has given the fantastic descriptions of the seasons in his poem.

At the end it is interesting to know what our poet says about his own poem :

ललितमधुरा सालंकाराः प्रसादमनोहराः
विकटयमकश्लेषोद्धारप्रबन्धनिरर्गलाः।

असदृशमतीश्चित्रे मार्गे ममोद्गिरतो गिरो
न खलु नृपतेश्चेतो वाचस्पतेरपि शंकते॥

REFERENCES

1. Keith, A.B. *History of Sanskrit Literature*, Oxford, 1928, pp. 134ff.
2. Haravijaya original.
3. Smith, David, *Ratnākara's Haravijaya, An Introduction to the Sanskrit Court Epic*, Oxford University Press, Delhi, 1988, p. 4.
4. Panda, R.K. (Ed.) *Suvṛttatilaka of Kṣemendra*, Paramamitra Prakashan, Delhi, pp. 58-59.
5. Report of a Tour in Search of Sanskrit MSS in Kashmire, Rajputana and Central India, Bombay, 1877, p. 45.
6. Keith, A.B., *op. cit.*, p. 135.
7. Smith, David, *op. cit.*, p. 7.

महाकविराजानकश्रीरत्नाकरप्रणीतं[1]

हरविजयम्।

राजानकश्रीमदलककृतेन[2] विषमपदोद्द्योताभिधेन टिप्पणेन समेतम्।

प्रथमः सर्गः।

कण्ठश्रियं कुवलयस्तबकाभिराम-
दामानुकारिविकटच्छविकालकूटाम्।

प्रथमः सर्गः।

धूर्जटिः शंकरो युष्मभ्यं सुखानि श्रेयांसि दिशताद्वितरतु। कीदृशः। कुवलयस्तबकैर्नीलोत्पलगुच्छैरभिरामं चारु यद्दाम स्त्रग्दाम तत्तुल्यो विकटच्छविर्बहलकान्तिः कालकूटो विषं यस्याः, तथाविधां कण्ठश्रियं धारयन्। अतश्चोपहारेषु पूजासमयेषु भक्तजनदयया पीतो यो धूपधूमस्तेनेव मलिनामित्युत्प्रेक्षा।। अथ द्वितीयोऽर्थः-धूर्जटिः सुखानि शोभनानि स्वकार्यक्षमाण्यविषयापवर्तीनि खानीन्द्रियाणि दिशतात्संपादयतु।

---

1. अयं महाकविमृतभानुसूनुः श्रीराजानकरत्नाकरोऽस्य हरविजयमहाकाव्यस्य प्रतिसर्गसमाप्तौ 'इति बालबृहस्पत्यनुजीविनो राजानकरत्नाकरस्य कृतौ' इति लिखति स्म. स च बालबृहस्पत्यपरनामा चिप्पटजयापीडमहीपतिर्नवमशतकप्रारम्भ एव कश्मीरदेशं शशास. 'श्रीचिप्पटजयापीडो बृहस्पत्यपराभिधः। ललितापीडजो राजा शिशुर्देश्यस्ततोऽभवत्।।' इति राजतरङ्गिणी (4/680). तस्माद्रत्नाकरकविस्तत्समये खिस्तसंवत्सरीयनवमशतकप्रारम्भ एवासीदिति केचित्. वस्तुतस्त्वयं कविः खिस्तसंवत्सरीयनवमशतकस्योत्तरभागेऽवन्तिवर्मणो राज्यकाले कश्मीरान्मण्डयामास. यतो राजतरङ्गिण्याम् (5/39) 'मुक्ताकणः शिवस्वामी कविरानन्दवर्धनः। प्रथां रत्नाकरश्चामात्साम्राज्येऽवन्तिवर्मणः।।' इति कह्लणकविर्बभाण. अवन्तिवर्मराज्य- समयस्तु 855 मितात्खिस्ताब्दादारभ्य 884 मिताब्दपर्यन्तं प्रसिद्ध एव. रत्नाकरकृतिषु (1) हरविजयमहाकाव्यम्, (2) वक्रोक्तिपञ्चाशिका, (3) ध्वनिगाथापञ्जिका चेति ग्रन्थत्रयं ज्ञातमस्ति. 'मा स्म सन्तु हि चत्वारः प्रायो रत्नाकरा इमे। इतीव स कृतो धात्रा कविरत्नाकरोऽपरः।।' इति राजशेखरेणापि रत्नाकरमहाकविः स्तुतः अस्मिन्काव्ये वसन्ततिलकच्छन्दोनिबद्धा बहवः सर्गाः सन्ति. अत एव 'वसन्ततिल-

बिभ्रत्सुखानि दिशतादुपहारपीत-
धूपोत्थधूममलिनामिव धूर्जटिर्वः।।1।।

कीदृशः। कुवलये भूमण्डले ये स्तवकाः स्तोतारस्तेषामभिरामस्याभिलषितस्य दामा दाता। स्तवका.इत्यत्र स्तौतीति स्तवोऽजन्तः। स्तव एव स्तवकः। स्वार्थे कः। इति व्युत्पत्तिर्द्रष्टव्या। कीदृशीं कण्ठश्रियम्। अनुकाः शृङ्गारिणस्तेषामरिः कामः, तथा विकटच्छविर्भीषणकान्तिर्यः कालः, तयोः कूटां दाहिकाम्। उपहारं हारसमीपे यः पीतः कपिशो धूपः संतापोऽर्थाच्च हारोरगफूत्कृताग्निसंबन्धी तदुत्थेन धूमेनेव मलिनाम्। एतेन वक्ष्यमाणशब्दभङ्गादि कटाक्षितम्।।1।। जनितोऽरिचमूनां विमर्शो विविधप्रकारविचारो

कारूढा वाग्वल्ली गाढसङ्गिनी। रत्नाकरस्योत्कलिका चकास्त्याननकानने।।' इति सुवृत्ततिलके क्षेमेन्द्रः. 'दुग्धाब्धीनां सहस्रं न कुसुमलसितं सद्वसन्तायुतं वा कोटिर्वा पार्वणानां सुषमशशभृतां नेषदोषातनानाम्। संपूर्ण वा सुधाभिः पुरटघटशतं हन्त धन्वन्तरेर्नो पाणिस्थं चारु रत्नाकरसुकविगिरां मेरुलक्षं न मूल्यम्।।' इत्याधुनिक-सदाशिव-शंकर-शास्त्रि-द्रविढप्रणीतं रत्नाकरप्रशंसापद्यम्. 2. अयं हरविजयविषम-पदोद्द्योतकारो राजानकजयानकसूनुः श्रीमलकोऽपि काव्यप्रकाशकर्तुर्मम्मटराजानकस्य समकालीनः किंचिदेवार्वाचीनो वास्ति. य परिकरालंकारप्रकरणान्तं काव्यप्रकाशं निर्माय विरते मम्मटराजानके शेषग्रन्थमयमेवालकः पूरितवान्. ''यदुक्तम्–'कृतः श्रीमम्मटाचार्यवर्यैः परिकरावधिः। प्रबन्धः पूरितः शेषो विधायालकसूरिणा।।' अन्येनाप्युक्तम्–'काव्यप्रकाश इह कोऽपि निबन्धकृद्भ्यां द्वाभ्यां कृतेऽपि कृतिनां रसतत्त्वलाभः। लोकेऽस्ति विश्रुतमिदं नितरां रसालं बन्धप्रकाररचितस्य तरोः फलं स्यात्।।'' इति काव्यप्रकाश[नि]दर्शनान्ते राजानकानन्दः. काव्यप्रकाशसंकेत- समाप्तौ च बहुषु पुस्तकेषु 'कृतिरियं राजानकमम्मटालकरुचकानाम्' इत्युपलभ्यते. बहुग्रन्थकर्ता राजानकरुचकोऽपि तद्देशे प्रसिद्ध एव. इदं हरविजयकाव्यं कश्मीरेष्वपि विरलप्रचारमस्ति. केवलं गणेशराजानकसंग्रहेऽस्य काव्यस्यैकं भूर्जपत्रेषु लिखितं पुस्तकमस्ति. तत्प्रतिरूपकाण्येव कैश्चन गृहीतानीतस्ततः समुपलभ्यन्ते काश्मीरेषु. टीका (हरविजयपदोद्द्योत) पुस्तकं चैकमेवाशुद्धम्, समाप्तौ त्रुटितं च पूर्वोक्तस्य संग्रहेऽस्ति. तत्प्रतिरूपकमेवास्माभिरन्यैश्च तत्रत्यैर्गृहीतमस्ति. तत्प्रतिरूपकाण्य-पहायान्यद्धरविजयटीकापुस्तकं नाद्यापि दृग्गोचरीभूतम्. अधुना चैकं मूलपुस्तकं प्रारम्भे त्रयोदशसर्गहीनं मध्ये च द्वित्रपत्रविकलं प्रायः शुद्धं लाहोरनगरे 1655 मिते विक्रमवर्षे लिखितं ग्वाह्लेरनगरात्पौराणिकभट्टश्रीपुरुषोत्तमशास्त्रिभिरस्मभ्यं प्रहितम्. एवं द्वित्राणि मूलटीकापुस्तकानि समवलम्ब्य पञ्चाशत्सर्गात्मकस्यास्य निखिलकाव्य-लक्षणाक्रान्तस्य महाकाव्यशिरोमणेर्मुद्रणे समुद्युक्ताः स्मः. अस्य कतिपये श्लोकाः काव्यप्रकाशादिषूदाहृताः सन्ति. काव्यस्यास्याभ्यासेन महती कविताचातुरी समुल्लसतीति कविरेव ग्रन्थान्ते स्वयं प्रतिजानीते, यथा–'हरविजयमहाकवेः प्रतिज्ञां शृणुत कृत यो मम प्रबन्धे। अपि शिशुरकविः कविः प्रभावाद्भवति कविश्च महाकविः क्रमेण।।'

जृम्भाविकासितमुखं नखदर्पणान्त-
रानिष्कृतप्रतिमुखं गुरुरोषगर्भम्।
रूपं पुनातु जनितारिचमूविमर्श-
मुद्वृत्तदैत्यवधनिर्वहणं हरेर्वः॥2॥

पर्यन्तवर्तिपरिपाण्डुरपअपङ्क्ति-
पद्मासनासनकुशेशयकोषचक्रम्।
युष्मान्पुनातु दधदुद्धतदुग्धसिन्धु-
वीचिच्छटावलयितामरशैललीलाम्॥3॥

अस्त्युन्नते सुरसरिज्जलधाव्यमान-
भागे नवार्करुचि मन्दरशैलशृङ्गे।
ज्योत्स्नावतीति नगरी भुवनत्रयैक-
भूषा वृषाङ्कशिरसीव शशाङ्कलेखा॥4॥

यस्यां निशासु गगनं नवपद्मराग-
सद्मप्रभारुणितमध्यगतेन्दुलेखम्।
वक्षो नृसिंहनखरैरसुराधिपस्य
सासृक्छटं विषमभिन्नमिवाचकास्ति॥5॥

नरसिंहो भयरूपत्वेनाकाराद्यनिर्धारणाद्येन। वृत्तं सच्चरित्रमुत्क्रम्य वर्तमानो यो दैत्यो हिरण्यकशिपुस्तस्य वधनिर्वाहकम्॥2॥ पद्मासनस्य ब्रह्मणो यदासनकुशेशयं विष्टरपद्मं तस्य यत्कोषचक्रं कर्णिका तद्वः पुनातु। छटा छुरणचर्चा तया वलयितो वेष्टितो यो मेरुस्तेन लीला साम्यम्। वीचिस्थानीयानि पत्राणि। शैलस्थानीया कर्णिका॥3॥ मन्दराद्रिशृङ्गे ज्योत्स्नावती नाम नगर्यस्ति। 'आलिङ्गनाद-' (1/33) इत्यादि श्लोकं यावद्यास्तीति नित्यत्वाद्वर्तमाननिर्देशः। 'वहन्ति वनिताः' (ईश्वरोऽस्ति) इत्यादिवत्। सुरसरिद्गङ्गा। नवार्करुचीति सौवर्णत्वात्। यद्वा नवैर्लोकोत्तरैरर्काख्यैस्तरुभिः स्फटिकैर्वा रुक्कान्तिर्यत्र। शर्वोत्तमाङ्ग इव चन्द्रलेखा। वृषध्वजशिरोऽपि गङ्गाजलधाव्यमानम्। तत्रोद्गतस्यार्कस्येव रुक्। जटानां कपिशत्वात्। शशाङ्क लेखापि ज्योत्स्नावती सकौमुदीका। अन्यत्समानम्॥4॥ पद्मरागमयसद्मप्रभारुणितं च मध्यगतेन्दुलेखं च। लेखाशब्दो-ऽत्रार्धचन्द्रोपलक्षणम्। निशि नभोमध्ये कलामात्रस्यासंभवात्। नरसिंहनखैस्तिर्यग्विदारितं सरक्तच्छटं हिरण्यकशिपोर्वक्ष इव। नृसिंहनखभिन्नं सरुधिरचर्चं वक्ष इव गगनमिति भिन्नक्रमोऽयमिवशब्दः। 'इवेन समासो विभक्त्यलोपः पूर्वपदप्रकृतिस्वरत्वं च' इति समासस्य नित्यं विधानाद्भिन्नक्रमता न युज्यत इति चेत्, मैवम्। सामर्थ्ये सति समासेन भवितव्यम्। भिन्नशब्दात्परं चेवशब्दः श्रुतो न। तेना सामर्थ्यम्। अन्वयाभावात्। यद्येवं वक्षःशब्दादनन्तरमस्य प्रयोगस्तेन च सह समासः प्राप्नोति। तेनैवास्य संसर्गात्। नित्याधिकारे च (वचनेन) विग्रहस्य निरासात्। एवं तर्हि च्छन्दोविषयत्वादस्य

ज्योतीरसाश्मभवनाजिरदुग्धसिन्धु-
रत्युन्मिषत्प्रचुरतुङ्गमरीचिवीचिः।
वातायनस्थितवधूवदनेन्दुबिम्ब-
संदर्शनादनिशमुल्लसतीव यस्याम्॥6॥

गण्डस्थलीः सघनघर्मजला रतेषु
लग्नावतंसकुसुमच्युतकेसराग्राः।
अभ्यापतन्मदनमार्गणपुङ्खपक्ष-
पक्ष्माकुला इव दधुः प्रमदाश्च यस्याम्॥7॥

सीमन्तिनीजनमनःसु समाधिभङ्ग-
कोपानलेन चिरदग्धमपीन्दुमौलेः।
उत्थापयन्मदनमाशु करैर्विभाति
यस्यां हिमांशुरवलम्बितजालमार्गः॥8॥

यस्यां रतेषु पटथुपीननितम्बबिम्ब-
शोभा स्फुरद्दशनपङ्क्तिकृशाङ्गयष्टिः।
कूर्मीव पुष्पधनुषः प्रियपाणिजाग्र-
कोणावमर्शमधुरक्वणिताङ्गनासीत्॥9॥

वाक्यस्य न दोषः। असति तत्र च्छन्दोग्रहणे कथं तद्विषयत्वं निश्चिनुम इति चेत्, अस्त्येव तन्निश्चयनिबन्धनं तत्रभवतो भाष्यकारस्य व्यवहारः। यदसौ छन्दोविषयमेव तत्रोदाजहार-'कन्ये इव, वाससी इव' इति। अन्यत्र च लौकिकप्रयोगे भिन्नक्रममिवशब्दं प्रयुयुजे। (यथा-) 'सिंहीरूपमिव' इत्यत्र सिंहीव रूपमित्यर्थो विवक्षितः। न तु रूपमिव सिंहीति। यस्तु ब्रूयात्-'छान्दस इ(ए) वायं प्रयोगः, छन्दस्यपि तथा दर्शनात्' इति तन्मते छन्दसि नित्यं समासवेदनं पूर्वपदप्रकृतिस्वरत्वमुपलभ्यतामिति कथं भिन्नक्रमत्वमिवशब्दस्य युक्तियुक्तं स्यात्। लौकिके तु प्रयोगे न कश्चिद्दोषः। इत्यलं वाचालतया॥5॥ ज्योतीरसाश्मानः स्फटिकमणयस्तदश्मनां गृहाङ्गणं दुग्धसिन्धुरिव यत्र स्फुरत्करोर्मितयोल्लसति भ्राजते। अत्रोत्प्रेक्षा-वधूवदनेन्दुबिम्बसंदर्शनादिवेति। यो हि योषितो वदनमिन्दुसमं पश्यति स चेतनाचमत्कृतिरूपमुल्लासमासादयति। इन्दु-बिम्बसंदर्शनं च दुग्धोदधेरुल्लासहेतुः॥6॥ केसरः किंजल्कः॥7॥ जालमार्गो गवाक्षमार्गः। येन च करैर्जालमार्गोऽवलम्बितः स ऐन्दजालिकत्वाद्दग्धमपि किंचिदुत्थापयन्नवभासते। अत्र च कराः पाणयः। जालं। मार्गः सरणिः स्त्रोतो (प्रपञ्चो) वा। उत्थापनं प्रत्युज्जीवनम्॥8॥ नितम्बः कटिभागः, प्रस्थिकापि। दशना दन्ताः, कोलम्बा अपि। कूर्मी त्रिसरिका, सैरन्ध्रीति प्रसिद्धो वीणाविशेषः। प्रियस्य पत्युर्नखानामग्रकोणैः

यत्रेन्द्रनीलभवनं पटथुपद्मराग-
वातायनैरुभयपार्श्वगतैर्विभाति।
बाणासुरस्य हरिचक्रविलूनबाहु-
मूलव्रणैरिव वपुः क्षतजच्छटार्द्रैः॥10॥

क्लान्तिं रतान्तजनितां श्लथयन्ति यत्र
माणिक्यमन्दिरगवाक्षपथप्रविष्टाः।
अभ्यर्णवर्तिसुरनिर्झरिणीतरङ्ग-
भङ्गानुसारशिशिरा मरुतोऽङ्गनानाम्॥11॥

गण्डस्थलप्रतिमितं सुदृशां सचिह्न-
मश्वेततेन्दुशकलं रजनीषु यस्याम्।
ज्याघातपातकिणशारितमीनतु-
न्यासीकृताच्छमणिखण्डतलायमानम्॥12॥

यस्यामशङ्किषत शंकरशेखरेन्दु-
संदर्शनोत्सुकतयोपगतं सुरौघाः।
ज्योतीरसेष्टकचिताम्बरचुम्बिदीप्र-
वप्रप्रभाभरनिभेन च दुग्धसिन्धुम्॥13॥

लक्ष्मीर्न यां भवनमानससंनिवेश-
हंसीभिरुज्ज्वलविलासगतिक्रमाभिः।
स्त्रीभिर्युतां समणिनूपुरझांकृताभि-
रुज्झांचकार झषकेतनझल्लरीभिः॥14॥

प्रान्तभागैरवमर्शो विदारणम्, प्रियश्चातिरुचितो नखानामग्रे स्थितो यः कोणो वादनकाष्ठिका तेनावमर्शो निघर्षणम्॥9॥ उभे एव पार्श्वे उभयपार्श्वे। उभशब्दसमानार्थ उभयशब्दो वृत्तावेव। क्षतजमस्रम्॥10॥ अभ्यर्णं समीपम्॥11॥ यत्र वधूनां गण्डभुवि प्रतिबिम्बितं शशिशकलमश्वेतत व्यरुचत्। सचिह्नं लाञ्छनसहितम्। अत एव गुणकिणशबलं यत्तलं प्रकोष्ठाग्रं तत्सदृशम्। अच्छमणिः स्फटिकः। न्यासो निक्षेपः॥12॥ ज्योतीरसमयीभिरिष्टकाभिश्चतुरस्रघटितैर्लोष्टकैश्चितो दृब्धः। 'इष्टकेषीकामालानां चिततूलभारिषु' इति ह्रस्वः। वप्रः प्राकारः। निभो व्याजः॥13॥ झषकेतनस्य मकरध्वजस्य झल्लर्यो वाद्यभाण्डविशेषाः। ता अपि नूपुरसदृशझांकारिण्यः॥14॥ अगुरुधूपयोर्धूमेन मिलितत्वादिन्दुकरचक्रं चन्द्रस्य किरणचक्रम्, यत्र शिलष्यतोर्गवाक्षपिधानभूत-

यस्यां निशासु रुचिरागुरुधूपधूम-
कल्माषितं शशभृतः करचक्रवालम्।
श्लिष्यद्गवाक्षकलधौतकवाटपट्ट-
संदंशलग्नकिणलेखमिवैति लक्ष्मीम्॥15॥

शय्यागृहं सुरतकेलिविमर्दशीर्ण-
कर्णावतंसविकचोत्पलपत्रखण्डैः।
यत्राङ्गना दलयतः कुसुमायुधस्य
भग्नैः कृपाणशकलैरिव कीर्णमासीत्॥16॥

यस्यां सलीलमसितागुरुधूपधूम-
दण्डा गवाक्षविवरोदरतः प्रसस्रुः।
आसन्नचन्द्रकरभङ्गभियान्धकार-
हस्ता इव स्फुरितदीर्घशिखाङ्गुलीकाः॥17॥

रागानुबन्धिपरिणामदशावमर्श-
शून्याभिरामनवयौवनपल्लवाभिः।
कल्पद्रुमव्रततिभिः कनकाद्रिकुञ्ज-
वीथीव या पुरपुरंध्रिभिराबभासे॥18॥

वैदूर्यपट्टघटितारिभिर्निशासु
दूरादपावृतमुखैरिव दृश्यमानैः।
द्वारैर्बिभर्ति पिहितैरपि यत्र लक्ष्मी-
मभ्रंकषा प्रतिदिशं मणिहर्म्यपङ्क्तिः॥19॥

योर्युज्यमानयोः पिधानफलकयोर्निष्पेषेण किणयुक्तमिव शोभां वहति। किणस्य कृष्णत्वात्॥15॥ अङ्गना इति शसन्तम्॥16॥ आसन्नो यः शशिकरेभ्यो भङ्गः क्षयस्तस्य भयेन हस्ता इव तिमिरस्य धूमदण्डाः। स्फुरिता दीर्घाः शिखा एवाङ्गुल्यो येषाम्। दीर्घा शिखा कोटिर्यासां तथाविधा अङ्गुल्य इति च॥17॥ रागस्याभिषङ्गस्यानुबन्धो यासां तथाविधाश्च ताः परिणामस्य वार्धकस्य दशाया अवमर्शो बाधस्तेन शून्याश्च ताः। अभिरामं नवं यद्यौवनं तस्य पल्लवः प्रसरो यासां ताः। पक्षे रागस्य लौहित्यस्यानुबन्धो विद्यते येषां तानि च परिणामदशायाः परिपाकदशाया अवमर्शेन स्पर्शेन शून्यानि नवयौवनानि चाजरठानि पत्राणि यासां ताभिः। कुञ्जवीथी तरुगहनो मार्गः। पुरंध्रयो मुख्ययोषितः॥18॥ घटितान्यरराणि कपाटानि विद्यन्ते येषाम्। बद्धमुखैरिव दृश्यमानैः।

यस्यां स्मरः सततसंनिहितेऽपि चन्द्र-
　　चूडामणौ वसति पौरपुरंध्रिदेहे।
निर्मुक्तभीतिरधिरूढकटाक्षबाण-
　　तद्भ्रूशरासनसहस्रकृतात्मरक्षः॥20॥

क्रीडाब्जिनीषु न दरिद्रति सान्द्रचन्द्र-
　　रश्मिच्छटापटलपाटलितानि कान्त्या।
बिभ्रन्ति मन्मथमतङ्गजदन्तकोष-
　　संवादितां कुवलयानि निशासु यस्याम्॥21॥

माणिक्यतोरणमदूरविलम्बमान-
　　तिग्मांशुकूबरितुरङ्गशरीरभाभिः।
यत्र क्षणं हरितपल्लवनिर्मिताभि-
　　राभात्यशून्यमिव वन्दनमालिकाभिः॥22॥

यस्यां भरेण गलतस्तरुणीमुखेन्दु-
　　लावण्यकान्तिबिसरामृतनिर्झरस्य।
अट्टालसालवलयं विकटालवाल-
　　लीलां विडम्बयति चुम्बितभानुबिम्बम्॥23॥

व्यक्तीकृतावयवचन्द्रकलाभिराम-
　　रूपा हरन्ति हृदयं हरिणायताक्ष्यः।
यत्रोन्मिषन्मधुरमुग्धविदग्धहाव-
　　भावानुबन्धिकुसुमायुधसौधहासाः॥24॥

निशायामपि दृश्यत्वमागतैः। अभ्रंकषा गगनव्यापिनी॥19॥ चन्द्रचूडामणौ स्मरारौ। देह इति जातावेकवचनम्। देहेष्वित्यर्थः। कटाक्षा एव बाणाः। भ्रुव एव धूंनषि शरासनानि॥20॥ मन्मथ एव मतङ्गजः करी तस्य दन्तप्रतिमासाम्यं बिभ्राणानि यत्रोत्पलानि मुकुलितान्यपि रुचा न दरिद्रति न हीयन्ते। अत्र च देशसौभाग्यं हेतुः। बिभ्रन्तीति 'वा नंपुसकस्य' इति नुम्॥21॥ कूबरी रथः। 'कूबरस्तु युगंधरः'। वन्दनमाला पत्रपुष्पमयी स्रक्॥22॥ लावण्यसहिता कान्तिरेवामृतप्रवाहः। अट्टालमुपरि युद्धस्थानम्। तत्प्रधानः सालः पुरीप्राकारः। तस्य वलयरूपत्वादालवालानुकरणम्॥23॥ व्यक्तीकृतावयवाः प्रकटीकृताङ्गन्यश्चन्द्रकलावच्च रुचिररूपा मृगीदृशो यत्र हृदयमावर्जयन्ति। हावभावाननु बध्नातीतीदृशो यः कुसुमायुधोऽनङ्गस्तस्य सौधं धवलहर्म्यं

यस्यां निकेतनलिनीषु च लौहितीक-
सोपानपट्टरुचिविच्छुरितान्तरालाः।
लक्ष्मीमतानिषुरमन्दरुचः प्रियाय
बन्दीकृतेन्दुकिरणा इव पद्मखण्डाः॥25॥

माणिक्यखण्डखचिताः सुरमन्दिरेषु
यस्यां चकासति विपाटलतत्प्रभाभिः।
आलिङ्गिताः शिखरकोटिविपाटिताभ्र-
सौदामिनीभिरिव काञ्चनकेतुदण्डाः॥26॥

यस्यां व्रजत्यधिनिशीथिनि कान्तवेश्म
लीलागृहीतविकचोत्पलपाणिपद्मः।
वैभावरेण रभसात्तिमिरेण दत्त-
हस्तावलम्बन इवास्त पुरंध्रिलोकः॥27॥

आक्रीडतामरसिनीजलयन्त्रमञ्जु-
नादः क्रमानुगतकैशिकमध्यमश्रीः।
उत्कंधरस्तिमितपादविधूतपक्ष-
माकर्ण्यते भवनहंसगणेन यस्याम्॥28॥

विश्रान्तिविषयतया हासो यासाम्। हावो रत्यङ्गसंभवश्चेष्टाविशेषः। उक्तं च-'यत्राक्षिभ्रूविकाराद्याः शृङ्गाराकारसूचकाः। स ग्रीवारेचको ज्ञेयो हावो रत्यङ्गसंभवः॥' इति। भावोऽभिलाषः॥24॥ निकेतो गृहम्। लोहित एवाश्रयवशाल्लौहितीकः स्फटिकः। 'कर्कलोहितादीकक्'। अमन्दरुचः सूर्यस्य प्रियाय। त्वदनुग्रहाद्गृहीतमाहात्म्यैरस्माभिररातयोऽवष्टभ्यानीता इतीष्टं निवेदयितुम्। क्वचित् 'अशीतरुचा' इति पाठः। तत्र प्रियाय तेषामेव हितमाधातुं रविणा बन्दीकृताः शशिकरा येष्विति योज्यम्॥25॥ माणिक्यखण्डैः खचिताश्छुरिताः। दीप्तिसहिता इत्यर्थः। काञ्चनकेतूनां सौवर्णपताकानाम्॥26॥ अधिनिशीथिनी रात्रौ। विभक्त्यर्थेऽव्ययीभावः। विभावर्या विकारो वैभावरम्। नैशमित्यण् विकारेऽर्थे विधेयः। भावादौ तु 'कालाट्ठञ्' इति ठञेव स्यात्॥27॥ आक्रीड उद्यानम्। तामरसिनी कमलिनी। क्रमानुगता सततमाकलिता कैशिकमध्यमस्य गीतविशेषस्य श्रीर्येन। मध्यमं सततमाकर्णितवन्तः। देशान्तरेऽपि तत्सदृशं नादं तमेवाध्यवस्यन्ति। उत्कंधरस्तिमितपादं च विधूतपक्षं च। जातिक्रियाविशेषता स्वभावोक्तिरुक्ता॥28॥ अश्मगर्भं मरकतम्। हरिन्मणिरित्यर्थान्तरम्। परिणामी परिणतः अङ्गेषूपसंक्रान्तः। चिरं बहुकालमुपभुक्तो निपीतः॥29॥ हर्म्यमुत्तमागारम्। प्रतिदिशं

यत्राश्मगर्भकमयूखशिखाप्रकाश-
श्यामीकृता भवनपुष्करिणीतटेषु।
चेतो हरन्ति परिणामि चिरोपभुक्त-
शेवालसंहतिरसा इव हंसयूथाः॥29॥

यस्यां हरिन्मणिविनिर्मितहर्म्यरश्मि-
लीढोदराः प्रतिदिशं निशि तारकौघाः।
उद्भिन्नकोमलकुशाङ्कुरकोटिलग्न-
नैशोदबिन्दुपटलश्रियमालिलिङ्गुः॥30॥

लावण्यनिर्भरपुरंध्रिमुखावधूत-
च्छायो दधत्कलुषतां हृदयेन यस्याम्।
इन्दुर्निशासु मणिकुट्टिमबिम्ब्यमान-
मूर्तिच्छलेन विशतीव रसातलान्तः॥31॥

प्रातश्चकासति गृहोदरकुट्टिमाग्र-
विक्षिप्तरत्नकुसुमप्रकरावकीर्णाः।
अभ्युद्गतारुणकराहतिपात्यमान-
नक्षत्रराशिशबला इव यत्र रथ्याः॥32॥

आलिङ्गनादरचितस्थितिराबभौ या
पत्युर्विकासिपरिखावलिनीविबन्धम्।
विस्तारिसालजघनं परिवर्तमान-
नक्षत्ररत्नरशनागुणमुद्वहन्ती॥33॥

(इति पुरीवर्णनम्)

दिशि दिशि। 'अव्ययीभावे शरत्प्रभृतिभ्यः' इति टच्। उदबिन्दवो जलकणाः। 'मन्थौदन-' इत्यादिनोदकशब्दस्योदभावः॥30॥ यत्र शशी तिरस्कृतरुचित्वात्पातालान्तरमिव प्रविशति। वैलक्ष्यादिति भावः। कलुषता कलङ्ककृतं मालिन्यं निर्वेदश्च। हृदयं मध्यं मनश्च॥31॥ कुट्टिमाग्राद्विक्षिप्तोऽनुपयोगान्निरस्तः। करा रश्मयः, करश्च पाणिः। तदाहनने पतनस्य योग्यत्वात्॥32॥ पत्युरीश्वरस्य संबन्धिनामालिङ्गनानां मुरजविशेषाणां नादेन रचिता स्थितिर्यत्र तादृशी या व्यरुचत्। 'नानाप्रकारेऽप्यवनद्धजाते स्त्रिपुष्करं वाद्यमिहाद्यमाहुः। तत्राङ्कालिङ्ग्यकसंज्ञकौ द्वावन्यस्तथा चोर्ध्वकनामधेयः॥' तस्याश्च नायिकात्वप्रतीतेः पत्युः प्रियस्यालिङ्गन-विषयेणादरेण चिता व्याप्ता स्थितिर्यस्या इत्यपि योजना॥33॥ निर्माणदेहो देशकालाद्यवच्छिन्न-

तामध्युवास भुवनानुजिघृक्षयात्त-
निर्माणदेहघटनः क्षपितारिचक्रः।
चक्रीव सौधधवलां भुजगाधिराज-
मूर्तिं विभुः शिशिररश्मिकलाकिरीटः।।34।।

यस्य प्रपन्नजनताश्चरणारविन्द-
पीठप्रणामकिणशारितमुद्वहन्ति।
रुद्रीभविष्यति वपुष्युपपन्नभास्व-
दूर्ध्वाक्षितारकमिव स्म ललाटपट्टम्।।35।।

प्लुष्यत्पुरत्रयमविश्लथजूटबन्ध-
खेदाकुलेन फणिना स्फुरदुद्धतार्चिः।
साहायकार्थमिव फूत्कृतमारुतेन
संधुक्षितः सपदि यस्य प्टषत्कवह्निः।।36।।

आकर्णताण्डवितमन्दरचापदण्ड-
मौर्वीकृतोरगफणागणफूत्कृतोत्थः।
अस्यादिदीपदनलः प्रथमं ततोऽग्नि-
ज्वालाकलापजटिलस्त्रिपुरं प्टषत्कः।।37।।

मन्दाकिनी शिरसि मौलिकपालपट्ट-
संघट्टजर्जरतरङ्गघटा विभाति।
यस्योर्ध्वनेत्रशिखिविप्लुतचन्द्रखण्ड-
विष्यन्दमानशिशिरामृतनिर्झरश्रीः।।38।।

यस्यानुरागवशतः स्फुटकालकूट-
च्छायाछलेन कृतकेलिकचावमर्दाम्।

मिच्छानिर्मितं शरीरं तद्धटना गृहीता येन सः। क्षपितमरीणां चक्रं समूहो येन। क्षपितारिचक्रं सुदर्शनो यस्य स च। तत्पक्षे अरस्तीक्ष्णकीलं तद्युक्तमरि। सौधैः सौधवच्च धवला श्वेता। 'कलावचूलः' इति पाठे अवचूलं चिह्नम्।।34।। प्रपन्ना वशेनागताः। रुद्रीभविष्यतीति सप्तम्यन्तं वपुषो विशेषणम्।।35।। साहायकं त्रिपुरदाहे सहायता। 'योपधात्-' इति वुञ्। पृषत्कः शरः।।36।। ताण्डवितमाकृष्टम्। चापो...।।37-38।। ईर्ष्यानुबन्धकलुषमिति प्रसमीक्षणक्रियाविशेषणम्।।39।। अभ्यसूया गुणासहनम्। रोषानुबन्ध ईर्ष्याहेवाकः। उष्णीषः शिरोवेष्टनम्। प्रतिपथः स्वर्गो...।

ईर्ष्यानुबन्धकलुषं प्रसमीक्ष्य गङ्गा
　　मालिङ्गितो यमुनयेव विभाति कण्ठः।।39।।

आभाति यस्य हिमशैलसुताभ्यसूया-
　　रोषानुबन्धवशतोऽम्बरमारुरुक्षुः।
उष्णीषपन्नगनिपीडितजूटरत्न-
　　भागोत्थिता प्रतिपथाभिमुखीव गङ्गा।।40।।

निष्पेषभीतिशरणागतपूषवक्र-
　　शेषापरेव हसता विधुतोत्तमाङ्गम्।
येन व्यलोक्यत पुराणकपालमौलि-
　　बन्धच्युता दशनपङ्क्तिरधः पतन्ती।।41।।

यस्याद्रिराजतनयावदनारविन्द-
　　लावण्यकान्तिविजितस्य सलीलमिन्दोः।
बन्दीकृतोऽर्भक इव श्लथजूटकोटि-
　　बन्धच्युतश्चिरमभारि करेण खण्डः।।42।।

मन्दाकिनीसलिलनिर्भरपूर्यमाण-
　　गम्भीरकुक्षिकुहरोद्गततारनादम्।
अद्यापि यस्य शिरसि श्रियमेत्यशान्त-
　　वेदध्वनीव परमेष्ठिशिरःकपालम्।।43।।

संहाररात्रिमुखताण्डवडम्बरेषु
　　दोर्दण्डखण्डपवनाभिहताः पुरस्तात्।
यस्य क्रमादपसरन्ति परिक्रमैक-
　　लीलावकाशघटनार्थमिवाद्रिनाथाः।।44।।

अभिमुखीव क्रोधावेशात्।।40।। पूषा सूर्यः। तद्वक्रशेषा या ह्यपरावशिष्टा सा शरणागता दृश्यते। कपालेभ्यो निपतितो माणिबन्धः (?)।।41।। बन्धपरिभ्रष्टः शशी यस्य करेण क्षणं (चिरं) विदध्रे क्षितितले मा लोठिष्टेति। इन्दोः खण्डोऽर्भक इव सलीलं बन्दीकृतोऽवष्टब्धः। तथाविधस्य च शिशोः करेण धारणमुचितं वात्सल्यात्पलायनभयाद्वा।।42।। एति गच्छति। अशान्तेति च्छेदः। परमेष्ठी ब्रह्मा तस्य।।43।। ताण्डवमुद्धतं नृत्तम्। डम्बरः प्रपञ्चः। परिक्रमः पादसंचारः।।44।।

यस्यानुकाररभसोत्थितदण्डपाद-
गुल्फाग्रसंघटितमण्डलपूर्वरेखः।
पर्यस्तपर्वतशिताश्रिविशीर्यमाण-
माणिक्यपादकटकश्रियमेति चन्द्रः॥45॥

दोर्दण्डखण्डपवनोच्छलिता विचित्र-
चारीविलासदलितक्षितिपीठबन्धाः।
यस्य भ्रमन्ति गिरयोऽम्बरमार्ग एव
पातालपातचकिता इव ताण्डवेषु॥46॥

संहारमेघमलिनातनुकालकूट-
च्छाया सलीलमधिकंधरमुल्लसन्ती।
यस्य प्रदक्षिणयतीव किरीटधाम-
बद्धास्पदं दयितमिन्दुमुपेत्य रात्रिः॥47॥

गङ्गातरङ्गतरलाननरन्ध्रलग्न-
चूडाशशाङ्ककलिकं स्फुरदुत्तमाङ्गे।
अस्पष्टचञ्चुपुटदष्टमृणालकोटि-
हंसश्रियं वहति यस्य सितं कपालम्॥48॥

संध्यासमाधिविनिमीलितलोचनस्य
यस्यानुकारमिव हारफणी चकार।
उद्धूलनोन्मृदितभस्मपरागपूर-
पर्याप्तभीतिभरकूणितकातराक्षः॥49॥

यस्य गुल्फे घटिता मण्डलपूर्वलेखा परिवर्तुलप्रधाना मण्डलस्य वा बिम्बस्य पूर्वा प्रथमा लेखा कला यस्य तादृशः शशी शिरसि धारापर्यसनेन विशीर्यमाणमाणिक्यमणेः पादकटकस्य शोभां व्रजति। अनुकारो नृत्तम्। दण्डपादो दण्डाकारतयोर्ध्वंगतश्चरणः॥45॥ उच्छलिताः पर्यस्ताः। चारी एकपादप्रचाररूपा। नृत्तविच्छित्तयश्च समपादातिपादाद्याः। 'एकपादप्रचारो यः स चारीत्यभिधीयते। पादाभ्यां क्रमणं यत्तु करणं नाम तद्भवेत्॥' अम्बरमाकाशः॥46॥ कालकूटच्छायेव रात्रिरिति वाक्योक्तं रूपकम्। किरीटस्य मौलेर्धाम ऊर्ध्वस्थानं यद्देशे किरीटं क्रियते॥47॥ कलिका कलैव॥48॥ उद्धूलनं भस्मना विलेपनम्। कूणितं संकोचितम्॥49॥ प्रेमामृतेन पूरितत्वादत्र हृदये ममावकाशः स्थानं न विद्यते। अमृतसंनिधौ च विषस्यावकाशः प्रसरो न भवति। संधुक्षितं

प्रेमामृतेन गिरिराजसुताश्रयेण
न प्लावितेऽत्र हृदयेऽस्ति ममावकाशः।
यस्याधिकंधरमितीव पदं बबन्ध
संधुक्षितत्रिभुवनाग्निशिखो विषौघः॥50॥

आकर्णकृष्टकुसुमच्युतरेणुपिङ्ग-
चूर्णीकृतातनुशरासनमध्यसंस्थः।
प्राक्चित्तवृत्तिविकृतेरपि रोषवह्नि-
ज्वालापरीत इव यस्य मनोभवोऽभूत्॥51॥

पुष्पायुधेन कृततीव्रसमाधिभेद-
मास्फालिते धनुषि सभ्रुकुटीविभङ्गम्।
तत्क्षोभजेन रभसेन विलङ्घ्यमान-
मूर्ध्वाक्षि यस्य सरुषो मुकुलीबभूव॥52॥

भीतैः पुरः कुसुममार्गणदेहदाह-
संरम्भघोरविकृतिर्ददृशे सुरैर्यः।
कण्ठोदरास्पदमनर्गलहुंकृताग्नि-
धूमच्छलेन विकिरन्निव कालकूटम्॥53॥

ऊर्ध्वेक्षणानलशिखापटलेन्धनत्व-
मासाद्य यस्य कुपितस्य समाधिभङ्गात्।
चक्रे पदं मकरकेतुरपाङ्ग एव
सभ्रूविलासलडिते लटभाङ्गनानाम्॥54॥

यस्य व्यलोकि सरुषो मुखमर्जुनेन
मायाकिरातवपुषः परिपाटलत्विट्।

दीपितम्॥50॥ चित्तवृत्तिविकृतेरपि प्रागित्यन्वयः। परीतो व्याप्तः॥51॥ यस्य सरोषतया तृतीयमक्षि मुकुलीबभूव। वह्निमानेतुं संकुचितम्। भ्रुकुट्या विभङ्गो विच्छित्तिः। तस्य धनुषः क्षोभो विमर्दः॥52॥ विकिरन्विस्तृतं कुर्वन्। नेदं कालकूटं किं तु हुंकृताग्निधूम इत्यपह्नुतिः॥53॥ लडितमुल्लसितम्। लटभा मनोहराः॥54॥ ज्वालाकलापो ज्वालासमूहस्तस्य परिणामः परिपाकः। आरान्निकटात्॥55॥ पतत्रखण्डं पक्षच्छेदः। गुञ्जा रक्तिका। उदकण्ठत ऐच्छत्॥56॥ व्यभिद्यत व्यहन्यत। केकी मयूरः। लोचने

भास्वल्ललाटविनिरूढविलोचनाग्नि-
ज्वालाकलापपरिणामवशादिवारात्॥55॥

कर्णावतंसितशिखण्डिपतत्रखण्डां
गुञ्जाफलस्त्रगुपगूढपयोधराग्राम्।
यस्येक्षितुं गिरिसुतामधिकाभिराम-
रूपां निगूढमुदकण्ठत साग्नि चक्षुः॥56॥

यस्य व्यभिद्यत मनः सुतरां किरात-
रूपस्य शैलसुतया शबरीभवन्त्या।
कर्णावतंसितमनोहरकेकिपिच्छ-
सच्छायदीर्घतरलोचनशङ्कुपातैः॥57॥

यस्यावलम्बितकिराततनोर्निगूढ-
नेत्रोष्मकारण इवाशु किरीटिकोपात्।
स्वेदोदबिन्दुनिकरश्चकरे करेण
निर्मृज्य सीकरकरालितदिग्ललाटात्॥58॥

लीलानताननतया प्रतिबिम्बवर्ति
चूडाशशाङ्कशकलं कुचमर्धभागे।
यः पश्यति स्म दधतं धुतदुग्धसिन्धु-
कल्लोललङ्घितसुधाकलशस्य लीलाम्॥59॥

येनाद्रिराजतनयाकुचमण्डलाग्र-
विन्यस्तहस्तकमलं बिभरांबभूवे।
वक्षो हिमाचलशिलाविकटं सतुम्ब-
वीणानिवेशमिव धूलनविभ्रमेषु॥60॥

एव शङ्कू मयूरपिच्छाचितौ शरौ॥57॥ किरीटी अर्जुनः। सीकरैर्व्याप्ता दिशो येन ईदृशो ललाटात्करेण कृत्वा यस्यार्जुनकोपप्रभवो घर्माम्भःकणनिचयश्च करे क्षिप्तः। 'कृ विक्षेपे'। 'ऋच्छत्यॄताम्' इति गुणः॥58॥ अर्धभागे कुचं प्रतिबिम्बितचूडाशशाङ्कशकलम्॥59॥ ....वीणावादनसमये पुरो देशे गौर्याः स्थितत्वात्। 'काण्डवीणा' इत्यपि पाठेऽयमेवार्थः॥60॥ शैलसुताया मुखेन्दुबिम्बस्य दर्शनं जलाञ्जलौ प्रतिबिम्बि-

संध्याजलाञ्जलिमपोज्झति यश्चिरेण
सस्वेदसीकरकणोत्पुलकाङ्गयष्टिः।
देहार्धभागगतशैलसुताननेन्दु-
बिम्बावलोकनसुखस्तिमितेक्षणश्रीः।।61।।

श्लिष्टोऽनयोः किमु भवेदुत नैव संधि-
र्देहार्धयोर्घटितयोरिति तत्परीक्षाम्।
आरिप्सु यस्य रभसादिव चक्षुरर्ध-
नारीश्वरस्य निरियाय ललाटपट्टात्।।62।।

यस्यानतिप्रवणरुद्रदृशोऽङ्घ्रियुग्म-
शाखानखांशुविशदीकृतपूर्वभागाः।
आपाण्डुमूलपरिपाटलपुण्डरीक-
पत्रश्रियं दधति वह्निशिखापिशङ्ग्यः।।63।।

स्तुतिमुखरमुखास्तं स्रस्तरत्नावतंसाः
स्थिरचरणसपर्याबन्धुरावन्ध्यसंध्याः।
प्रतिदिनमुपचेरुः सिद्धसाध्यामरौघाः
स्फुटकरपुटकोटिश्लिष्टभास्वत्किरीटाः।।64।।

इति श्रीबालबृहस्पत्यनुजीविनो वागीश्वराङ्कस्य विद्याधिपत्यपरनाम्नो महाकवे राजानक-श्रीरत्नाकरस्य कृतौ रत्नाङ्के हरविजये महाकाव्ये पुरारिपुरीवर्णनो नाम प्रथमः सर्गः।

तत्वात्।।61।। तस्य संधेः परीक्षामिवारब्धुकामं नयनं यस्य वेगान्निरियाय।।62।। यस्य संबन्धिनोऽङ्घ्रियुगलस्याङ्गुलीनां नखांशुभिर्विशदीकृतपुरोदेशा वह्निशिखाभिश्च कपिशाः प्रणतिपराणां रुद्राणां दृशः पाण्डुरमूलस्य कमलस्य शोभां धारयन्ति।।63।। सिद्धसाध्यनाम्नाममराणां समूहास्तं देवमुपचेरुरसेवन्त। चरणयोः सपर्या पूजा तया बन्धुरा मनोहारिण्यः, अत एवावन्ध्याः सफलाः संध्या येषां ते।।64।। 'पर्यन्ते प्रतिसर्गे रत्नपदं यत्नतः प्रयुक्तवता। निजनामाङ्कं कविना विरचितमेतन्महाकाव्यम्।।' इति राजानकजयानकसूनोरलकस्य कृतौ हरविजयविषमपदोद्योते प्रथमः सर्गः।।

द्वितीयः सर्गः।

क्रीडारसेन स कदाचिदथाधिसानु
लीलावलम्बितहिमाद्रिसुताकराग्रः।
प्रत्यग्रकाञ्चनलताञ्चितसंनिवेश-
माक्रीडमण्डपममण्डयदश्मधाम्नः॥1॥

तस्मिन्कृतासनपरिग्रहमद्रिराज-
कन्यानुकूलरसदिग्धकथाविदग्धम्।
अन्योन्यघट्टनविचूर्णितरत्नबन्ध-
हेमाङ्गदास्तममराधिभुवोऽधिजग्मुः॥2॥

वेल्लज्जटापटलशेवलवल्लरीकां
चूडेन्दुखण्डकुटिलोरुमृणालदण्डाम्।
आकाशसिन्धुमवतंसकपालहंस-
हासाममी दधतमैक्षिषतैनमारात्॥3॥

कर्णावतंसघटितोत्फणदन्दशूक-
फूत्कारमारुतपराहतलोचनोत्थैः।
रिक्तीकृतां शिखिकणप्रकरैः सतोष-
गौरीक्षितां सुरनदीं शिरसा वहन्तम्॥4॥

चूडागतेन जडदीधितिना तनुत्व-
मासेदुषा सरभसं प्रविविक्षुणारात्।
भास्वल्ललाटतटनाकतलार्कबिम्ब-
मध्यास्यमानमिव बिभ्रतमूर्ध्वचक्षुः॥5॥

द्वितीयः सर्गः।

अश्मधाम्नो नग(र)स्य सानुनि स देवो लीलागृहममण्डयत्प्रविश्य भ्राजयामास॥1॥ तस्मिन्नश्मकूटे शिलोच्चये हिमवति। रसेन दिग्धा छुरिता। रसमयीत्यर्थः। अमराधिमिवः सुराधिपाः। अमी सुरेन्द्रा दूरादेनं ददृशुः। इति पञ्चभिः (इतः पञ्चदशभिः) कुलकम्॥2॥ जटामण्डलमेव शेवललता यस्याः। कपालमेव हंसः स एव हासो यस्याः॥3॥ कर्णेऽवतंसार्थं घटितः संयोजितो दन्दशूकः सर्पः। शिखिनः कणा विस्फुलिङ्गाः। तन्निकरै रिक्तीकृतां तनूकृताम्। परितुष्टयोमया विलोकिताम्॥4॥ अध्यास्यमानमभिमुखीक्रियमाणम्। उत्प्रेक्षा-प्रविविक्षुणेवेति। आसादितवता। जडदीधिति-

शैलात्मजावदनचन्द्रमसः कथं नु
        लेखापि मे न सदृशी शशिना सशोकम्।
ऊर्ध्वेक्षणोत्थशिखिनीव निपित्सुनेत्थ-
        मध्यासितोन्नतललाटतटोपकण्ठम्।।6।।

स्तम्बेरमाजिनगलत्क्षतजावसेक-
        संपादितारुणरुचा क्वचिदुत्तमाङ्गे।
ताम्बूलरागपरिपाटलयेव दन्त-
        पङ्क्त्या विराजितकिरीटकपालखण्डम्।।7।।

ज्योत्स्नारुचाम्बरमलं विमलं दिशन्त-
        मिन्दुं निधाय मुकुटे दयितायमानम्।
तल्लाञ्छनच्छविमिवातनुकालकूट-
        च्छायाछलेन दधतं पृथुकण्ठलग्नाम्।।8।।

संहारकालकवलीकृतसप्तलोका-
        मम्भोधिभारभरमन्थरमेघनीलाम्।
कण्ठान्तरालपरिवर्तिनिपीतधूप-
        वर्तित्विषं विषमयीं दधतं च लेखाम्।।9।।

प्रेङ्खत्करालमणिशङ्खसहस्रशार-
        हारोरगेन्द्रफणभङ्गुरवीचिचक्रम्।
कण्ठस्थितोत्कटविशङ्कटकालकूट-
        कूटप्रभाप्रकरकूर्मगृहं वहन्तम्।।10।।

भस्माङ्गरागधवलं परपुष्टपिच्छ-
        च्छायाङ्गदोरगफणाकुलितांसकूटम्।

हिमांशुरर्कबिम्बं पुनः परितुष्टये प्रविशति। चक्षु:शालिकगगने (चक्षुरलिकगगने) अर्कबिम्बम्। तदाकारोद्वहनात्। नाकतलं गगनम्।।5।। लेखापीति। मे मम। निपतितुकामेनेव शशिनाधिष्ठितललाटनिकटम्।।6।। स्तम्बेरमा दन्तिनः। क्षतजं रक्तम्।।7।। ज्योत्स्नायाः शोभया विमलमम्बरमाकाशं वसनं च भगवतो दिशन्तं कुर्वाणम्। दयितायमानं मनोरमम्। तस्येन्दोर्लाञ्छनम्।।8।। तूलमयः शिखाया आश्रयो वर्तिः।।9।। मणय एव शङ्खाः। मणयश्च शङ्खाश्चेति द्वन्द्वः। मणीनां वा खण्डा एकदेशाः। भङ्गुराः कुटिलाः।

और्वाग्निधूममलिनीकृतवीचिभङ्ग-
दुग्धोर्मिमालिसदृशीं श्रियमाश्रयन्तम्॥11॥

केयूरपन्नगविनिःश्वसिताहतांस-
कूटोत्थितेन नवधूलनभस्मनाच्चैः।
सावर्तचक्रमुपरि भ्रमतेन्दुबिम्ब-
संवादितामुपगतेन विराजमानम्॥12॥

गम्भीरकण्ठकुहरास्पदकालकूट-
निर्यत्प्रभाधिकमलीमसभोगिहारम्।
वक्षःस्थलं तुहिनशैलशिलाविशाल-
मालम्बिनीलनलिनस्रगिवोद्वहन्तम्॥13॥

अङ्काश्रयां रुचिरकाञ्चनभङ्गपिङ्ग-
च्छायाभिरामवपुषं हिमशैलकन्याम्।
कुर्वन्तमञ्जनमलीमसकालकूट-
कण्ठप्रभाभिरभितः पुनरेव कालीम्॥14॥

संवीज्यमानमसकृत्ककुदोपधान-
बद्धास्पदं द्विगुणितोन्नतबाहुदण्डम्।
लाङ्गूलचामरकरालशिखामरुद्भि-
रुद्भिन्नभक्तिमनसेव ककुद्मतारात्॥15॥

सेवागतामरगणाधिपपारिजात-
कर्णावतंससुरभीकृतमङ्घ्रियुग्मम्।

विशङ्कटो विशालः। 'वेः शालच्शङ्कटचौ'। कूट उच्छ्रितो राशिः। प्रभाप्रकर एव कूर्मगृहं समुद्रः॥10॥ परपुष्टः कोकिलः। तस्य पिच्छा पक्षकलापः। कूटं शिखरम्। ऊर्मिमाली समुद्रः॥11॥ केयूरार्थं पन्नग उरगः। सावर्तचक्रमिति भ्रमणक्रियाविशेषणम्॥12॥ कुहरं मध्यं तदास्पदं यत्कालकूटं तस्मान्निर्यन्त्या प्रभयाधिकमलीमसोऽधिककालो यो भोगी सर्पः स एव हारो यस्य तत्॥13॥ पुनरेव कालीं कृष्णाम्। स्वभावतः किल शैलकन्या श्यामलवपुः। तपोमहिम्ना तु तया गौरीव्यपदेशनिबन्धनं गौराङ्गत्वमुपगतम्। इत्याशयेनात्र पुनः (शब्द) श्रुतिः॥14॥ उपधानं गण्डकम्। मरुद्भिर्वायुभिः करणभूतैः ककुद्मता संवीज्यमानमित्यन्वयः। ककुद्मान्हरवृषभः॥15॥ कर्णेऽवतंसभूताः पारिजाता येषां ते सेवार्थमागता अमरगणाधिपा इन्द्रादयस्तेषां

गन्धानुबन्धिमधुपप्रतिबिम्बलक्ष्म-
शारोदरैर्नखशशिप्रकरैर्दधानम्॥16॥

दन्तप्रभादलितकण्ठविषान्धकार-
च्छायस्य संनिधिजुषः करिवक्रमूर्तेः।
ऊर्ध्वेक्षणानलरुचो घनचीनपिष्ट-
धूलिच्छटा इव मुखे विनिवेशयन्तम्॥17॥ (कुलकम्)

तस्मै प्रणम्य मणिमौलिविटङ्ककोटि-
टङ्काहतिक्वणितकाञ्चनपादपीठम्।
शैलादिना नतशिरःसु निवेदितेषु
तेषूचितासनपरिग्रहनिर्वृतेषु॥18॥

आजघ्निरे स्वरविशेषकृतास्थमार्ग-
चित्रप्रचारयतिपाणिलयाभिरामाः।
विस्पष्टवाद्यविधयः करणानुबन्ध-
भाजः क्रमेण मुरजाः स्फुटमार्जनाङ्काः॥19॥ (युगलकम्)

अत्र पाठान्तरम्।

आजघ्निरेऽथ मुरजाः प्रविभक्तमार्गचित्रप्रचारयतिपाणिलयप्रपञ्चाः।
संमार्जनाकरणयोगविभक्तमार्गचेतोहराभिमतवाद्यविधिव्यवस्थाः॥

पारिजातकर्णावतंसास्तैः सुरभीकृतम्। नखा एव शशिनस्तेषां प्रकरैः प्रकृष्टैरंशुभिरुपलक्षितं चरणयुगलं बिभ्राणम्॥16॥ करिवक्रमूर्तिर्विनायकः। करिवक्रा मूर्तिर्यस्येति कृत्वा। चीनपिष्टं सिन्दूरम्॥17॥ शिलादस्य मुनेरपत्यं शैलादिर्नन्दी। तेन मुरजा आङ्गिकादयः पुष्करा आजघ्निरे प्रहताः। विटङ्क उन्नतो देशः। तत्कोटिरेव टङ्क शस्त्रकम्। क्वणितं शब्दं कुर्वाणम्॥18॥ स्वरैः षड्जादिभिर्मार्जनप्रसङ्गे विशेषीकृता आस्था स्थितिर्येषु मुरजेषु। यदुक्तम्-'गान्धारो वामके कार्यः षड्जो दक्षिणपुष्करे। ऊर्ध्वके पञ्चमश्चैव मार्दङ्गास्तु स्वराः स्मृताः॥' इत्यादि। मार्गादयो वाद्यस्य ताडनभेदाः। तत्र मार्गाः-आलिप्तानालिप्तगोमुखवितस्तकाः हस्ता निगृहीतोऽर्धनिगृहीतो मुक्तश्चेति प्रहारशब्द-वाच्यत्वेन प्रसिद्धाः। समहस्तस्वस्तिकादय इत्यन्ये। समप्रचारो विषमप्रचार इति प्रचारः। स्रोतोमुखगोपुच्छाकृत्यादयो यतयः षोडशवर्णाश्च। उक्तं च मुनिना भरतेन-'कटतहजडास्तु दक्षिणमुखेऽत्र गहमाश्च वामके नियताः। चदकारौ चैवोर्ध्वे खठछटलाश्च स्युरालिङ्गे॥' अआइईउऊएऐओऔअंअः इति स्वरा व्यञ्जनैः सह

नन्दीशनिर्दयकराहतपुष्करेषु
मन्द्रं ध्वनत्सु मुरजेषु विभज्य तण्डुः।
आसारितेषु परिकल्पितसप्तभेद-
पर्याप्तशोभमथ ताण्डवमभ्यगायत्।।20।।

क्रोडीकृताद्रितनयाः शशिखण्डमौलि-
मौलापदानरचितस्तुति मातरस्तत्।
लीलाललामललिताभिनयप्रपञ्च-
संचारचारु रसभावदृशोऽभिनिन्युः।।21।।

आपीतपाटलसितेतरकुन्दगौर-
देहत्विषो ललितनर्तनविभ्रमस्थाः।
भ्रेमुर्गणाधिपतयोऽभिनयक्रियासु
मूर्ता रसा इव परिष्कृतरङ्गपीठाः।।22।।

संयोगं गच्छन्तीति। 'आयस्तृतीयोऽथ चतुर्थको...वर्गास्त्रयो...ठणनैर्वियुक्ताः। रेफे हलो ल...सकारसंज्ञे वाद्येषु युक्ता दश षट् च वर्णाः।।' इति च बाहुलाः। अयं भरतोद्देशः- 'षोडशाक्षरसंपन्नं चतुर्मार्गं तथैव च। द्विलेपनं षट्करणं त्रियति त्रिलयं तथा।। त्रिगतं त्रिपकारं च त्रिसंयोगं त्रिपाणिकम्। एभिः प्रकारैः संयुक्तं वाद्यं पुष्करजं भवेत्।।' इति। 'एवंविधाश्च भेदा बहुना ग्रन्थेन लक्षिता भवन्ति (?)। इह तु समग्रं लक्षणमानेतुं नहि फलं किंचित्।। अल्पैर्वचोभिरेषां न च शक्यं तत्त्वमाख्यातुम्। एषामतः स्वरूपं तत[1] एव यथावदवधार्यम्।।'19।। तण्डुनामा प्रमथस्ताण्डवं नाम गीतकमात्मप्रोक्त- मभ्यगायदभिमुखं गीतवान्। पुष्करं मुखम्। विभज्य सुकुमाराविद्धभेदेन द्विविधम्। आसारितेषु ज्येष्ठमध्यमकनिष्ठपूर्वेषु त्रिषु परिकल्पिताः सप्त आवापोद्वापनिष्क्राम- विक्षेपप्रवेशशमनसंनिपाताख्यभेदास्तैरत्यन्तं रुचिरम्। आसारितेष्वभिसृतादिषु। 'सप्तभेद' (सत्रिभेद) इति केचित्पठन्ति तत्राभिसृतं परिसृतं परिवेदितमिति त्रीण्यभिसृतादीनि। असौ तु पाठो भरतानुसारेणासमञ्जस इव लक्ष्यते। तत्रैषां सप्त भेदानामनुक्तेः।।20।। मातरो ब्राह्म्याद्याः। तन्नाट्यम्। क्रोडीकृता मध्ये कृताद्रितनया याभिः। मौलं मुख्यम्। अपदानं शुभचरित्रम्। तद्विषया स्तुतिर्यत्र। रसदृष्टयः कान्तादयः। भावदृष्टयः स्निग्धाप्रभृतयः। रसाः शृङ्गारादयः। ते च श्यामादिवर्णाः। यदुक्तम्-'श्यामो भवति शृङ्गारः सितो हास्यश्च कीर्तितः। कापोतः करुणश्चैव रक्तो रौद्रः प्रकीर्तितः।।' इत्यादि।।21।। परिष्कृतं मण्डितं रङ्गपीठं यैः।

---

1. भरतशास्त्रस्य पञ्चत्रिंशन्मितादध्यायात्।

तेषां पुरः पुररिपौ विषमप्रयोग-
　　नृत्तोपदेशरभसात्स्वयमुज्जिहाने।
पातालरन्ध्रमभवन्नतभूमिपीठ-
　　निष्पिष्टशेषफणरत्नकणावकीर्णम्।।23।।

सोऽभ्युत्थितो भुवनमाकुलयांचकार
　　विस्पष्टदृष्टतिमिरव्यपलीनहंसम्।
लीलावराह इव धूमजटासटाग्र-
　　विष्पन्दिसिन्धुजलसीकरदुर्दिनार्द्रम्।।24।।

भस्माङ्गरागधवलेषु भुजेषु तस्य
　　कल्माषयत्सु गगनं करवर्तनाभिः।
शुभ्राभ्रराजिचकिताः परिपुञ्ज्यमान-
　　पिच्छावचूलवपुषः शिखिनो विदद्रुः।।25।।

गाढाङ्गदोरगफणाफणिरश्मिराग-
　　रुग्णान्धकारनिकरापरपार्श्वभूमेः।
शैलस्य भास्कररुचामवधेस्तदीय-
　　बाहुद्रुमैः सपदि चुक्षुदिरेऽश्मकूटाः।।26।।

'रङ्गशीर्षाः' इति पाठे रङ्गस्य शीर्षम्। शिरः पीठमित्यर्थः। 'अचि शीर्षः' इत्यादौ तद्धिते शिरसः शीर्षादेशविधानात्तद्धितविरहादिह तत्प्रयोगे न प्राप्नोतीति चेत्। नैतत्। व्रीह्यादिषु 'शीर्षान्नञः' इति पाठादवसितम्- प्रातिपदिकमप्यकारान्तः शीर्षशब्दोऽस्तीति। नहि प्रत्ययसंनियोगे तेन शीर्षादेशो विधेयः। तस्य 'अचि शीर्षः' इत्यनेनैव सिद्धत्वात्। प्रत्ययविधानं तु नञ एव शीर्षादिनिठनाविति नियमार्थम्।।22।। उज्जिहाने उद्गच्छति। अवकीर्णं संकीर्णम्। पुररिपौ शंभौ। विषमप्रयोगः संकीर्णारम्यप्रयोगः।।23।। भुवनं त्रिभुवनं जलं च। (ते विस्मयाः संकीर्णाः समुद्धता वा।) हंसः सूर्यः पक्षी च। सिन्धुर्गङ्गा समुद्रश्च। दुर्दिने च प्रकटतिमिरे हंसाः पक्षिणो व्यलीयन्ते।।24।। वर्तना अङ्गुलीनामभिनयाः। आवेष्टितोद्वेष्टितव्यावर्तितपरिवर्तिताख्याः। ते चाङ्गिकवाचिकाहार्यसात्त्विकभेदेन चतुर्विधाः। परिपुञ्ज्यमान उत्क्षिप्तो यः पिच्छो बर्हस्तेनाच्छादितवपुषः शिखिनो मयूरा विदद्रुः पलायामासुः।।25।। रुग्णो दूरीकृतोऽन्धकारनिकरो यस्या ईदृशी अपरपार्श्वभूमिर्यस्य तस्य। भास्कररुचामवधिः शैलो लोकालोकः। चुक्षुदिरे चूर्णीकृताः।।26।। अङ्गहाराः स्थिरहस्तादयो द्वात्रिंशद्विशिष्टकरणनिष्पाद्याः।

विक्षिप्तबाहुनिवहस्य विहस्य दिक्षु
तस्याङ्गहारकरणक्रमकम्पिमूर्ध्नः।
अग्रातिपातिसलिला सुरसिन्धुराप-
च्चीनांशुकोज्ज्वलतिरस्करणीविलासम्।।27।।

अग्ने निनर्तिषत एव विलोचनाग्नि-
रस्याशु पिञ्जरितदिङ्मुखचक्रबालैः।
तिग्मांशुबिम्बकटकप्रतिबद्धवृत्ति-
रर्चिर्भिरातपतिरस्करिणीं निरास्थत्।।28।।

आक्षिप्यमाणविविधाभिनयप्रबन्ध-
संदर्शनार्थमिव सर्वदिशां पुरस्तात्।
विस्पष्टरेचकरयाकुलबाहुदण्ड-
पिष्टाद्रिकूटनिकरानकरोत्स मार्गान्।।29।।

तस्याङ्गहारवलितातनुनृत्तहस्त-
भस्माङ्गरागधवलोन्नतपीनबाह्वोः।
सावर्तचक्रविकटोर्मिघटासहस्र-
संकीर्णदुग्धजलधिप्रतिरूपतासीत्।।30।।

विस्तारशालिकनकाचलबीजकोष-
चक्रस्य नृत्तवलनासु सहस्रसंख्यैः।
फुल्लज्जपारुणतलैर्भुवनारविन्द-
कोषस्य पत्रपटलायितमस्य हस्तैः।।31।।

करणानि चारीस्थानकनृत्तहस्तनिष्पादिनीनां मातृकाणां समायोगाः। ते च तलपुष्पपुटादिकमष्टोत्तरं शतम्। उक्तं च–'यानि स्थानानि याश्चार्यो नृत्तहस्तस्तथैव च। सा मातृकेति विज्ञेया तद्योगात्करणं भवेत्।।' इति। 'सर्वेषामङ्गहाराणां निष्पत्तिः करणैर्यतः।' इति च। चीनमिति देशसंज्ञा। यत्र चेलान्यतिश्लक्ष्णसुन्दराणि निष्पद्यन्ते। 'चोल' इति पाठे चोलं पट्टवस्त्रम्।।27।। आतप एव तिरस्करिणी जवनिका तामग्रेऽस्य नयनानलस्तेजोभिर्निरास्थत् निचिक्षेप। 'अस्यतेस्थुक्' इति थुगागमः।।28।। आक्षिप्यमाणः प्रस्तूयमानः। रेचको भ्रमणम्। तस्य रयः। स च हस्तपादकटिग्रीवासंधितया चतुष्प्रकारः। अत्र हस्तरेचको गृह्यते। बाहुकर्मणि तस्यैव संभवात्। स ईश्वरः।।29।। नृत्तहस्ता....। आवर्तोऽम्भसां भ्रमः। प्रतिरूपता सादृश्यम्।।30।। 'अधः स्वरूपयोरस्त्री तलम्'।

पीनांसकूटघटितं गलकालकूट-
च्छायानिशानुसरणार्थमिवाभ्युपेतम्।
तेनोत्तमाङ्गविधुतिश्लथमौलिबन्ध-
विस्रस्तमिन्दुशकलं बिभरांबभूवे।।32।।

तस्योर्ध्वलोचनमरीचिमतो विशीर्ण-
पिङ्गत्विषश्चिरमभावितरां पुरस्तात्।
आबद्धवर्तनतया विकसत्कराल-
रक्ताङ्गुलीदलकुलैः करपद्मखण्डैः।।33।।

संदेहिता धवलभास्मनधूलिदिग्ध-
तद्दोर्द्रुमानिलरयोद्धतवीचिभङ्गाः।
दुग्धोदधेर्नभसि पप्रथिरे मुहूर्त-
मालिङ्गितातनुतरोत्कलिकाभ्रगङ्गाः।।34।।

पातालवेश्मगतबन्धुदिदृक्षयेव
विक्षिप्यमाणमणिबन्धनबद्धसंस्थाः।
तस्य व्यधुः फणभृतः फणचक्रमुक्त-
फूत्कारमारुतविशीर्णजलान्पयोधीन्।।35।।

व्यक्ताङ्गहारकरणक्रमकीर्यमाण-
दोर्दण्डमण्डलतया बिभरांचकार।
संहारमारुतविकम्पितकल्पवृक्ष-
कैलासशैलसदृशीं श्रियमिन्दुमौलिः।।36।।

'बीजकोषो वराटिका'। भुवनमेवारविन्दम्। तदभ्यन्तरेऽस्य हरस्य हस्तैः पत्रपटलायितं पत्रपटलत्वमाचरितम्। तद्रूपतयावस्थानात्।।31।। घटितं मिलितम्। विधुतिः कम्पनम्। बिभरांबभूवे धृतम्। चन्द्रश्च निशानुसारी नियतं भवति।।32।। परीचिमान्भानुः। वर्तनान्यभिनयाः।।33।। भास्मनचर्चा चर्चितत्वात्तस्य भगवतो दोर्द्रुमा भुजतरवः। संदेहिताः किमेतेऽस्य दोर्द्रुमाः स्युरिति संशयविषयतां नीता यैस्तादृशास्तरङ्गभङ्गाः क्षीरोदस्य नभसि पप्रथिरे वाताहतत्वादवर्तन्त। उत्कलिकास्तरङ्गा उत्कण्ठाश्च। अभ्रगङ्गा आकाशगङ्गा।।34।। मणिबन्धनं करप्रकोष्ठयोः संधिदेशस्तस्मिन्बद्धा संस्था यैः। व्यधुरकुर्वन्त।।35।। अङ्गहारकरणानि पूर्वोक्तानि। विकम्पिताः कल्पवृक्षा यस्य तादृशश्चासौ कैलासशैलः।।36।। निर्मितस्यमानं करिष्यमाणम्। योगाय प्रभवति योग्य इति

तेन व्यधीयततरामिव वेल्लिताग्र-
दोर्दण्डभस्मकणराजिभिरुज्ज्वलाभिः।
निर्मित्स्यमाननिजनृत्तभराभियोग-
योग्यान्तरालभुवनान्तरसूत्रपातः॥37॥

आरब्धनर्तनकराङ्गुलिकोटिभाग-
निष्ठ्यूतदीधितिशिखालिखिताच्छलेखम्।
तस्याभवत्स्फुरदनेकसहस्रसंख्य-
जिह्मामृतांशुकलिकाङ्कमिवान्तरिक्षम्॥38॥

उद्दामरेचकरयभ्रमणानुबन्ध-
संबद्धबुद्बुदकणाकुलसिद्धसिन्धुः।
लक्ष्मीमनुज्झितकिरातदशावनद्ध-
नागेन्द्रकञ्चुक इवास्य बभार जूटः॥39॥

तद्बाहुघूर्णनवलन्मृगराजकृत्ति-
वज्राश्रिशातनखकोटिनिपातभीतैः।
दिग्दन्तिभिस्त्वरितकुञ्चितजानुपर्व-
खर्वीभवद्विकटकुम्भतटैर्विषेदे॥40॥

तस्याङ्गहारकरणाकुलबाहुदण्ड-
खण्डास्पदा सपदि केसरिराजकृत्तिः।
ताराश्चकर्ष करजैश्चटुलीकडार-
चूडाजुषः प्रियमिवोडुपतेश्चिकीर्षुः॥41॥

दोर्दण्डमारुतविघट्टितशैलकूट-
धूलिच्छटापटलधूसरमुष्णधाम्नः।
उद्धूलनोन्मृदितभस्मरजोभिरैच्छ-
दीशः प्रमार्ष्टुमिव बिम्बतलात्मदर्शम्॥42॥

यत्प्रत्ययः॥37॥ जिह्मा कुटिलाः। अङ्कं चिह्नम्॥38॥ हस्तपादकटिग्रीवारेचकतया चतुष्प्रकाररेचकमध्ये ग्रीवारेचकोऽत्र गृह्यते। कञ्चुकं त्वक्॥39॥ कृत्तिश्चर्म। अश्रिरग्रम्। शातास्तीक्ष्णाः। नशनिपातभीतत्वाद्दिक्कुञ्जरैर्विषेदे विषण्णम्। खर्वीभवन्ति ह्रस्वीभवन्ति॥40॥ चटुलीकडार उल्कावत्कपिशः॥41॥ उष्णधाम्नः सूर्यस्य। आत्मदर्शो

लक्ष्मीपतेरिव निरर्गलदण्डपाद-
शाखाग्रकोटिघटितः क्षणमुष्णरश्मिः।
तस्याबभाववधिनभोऽर्घजलावसक्त-
पद्मासनानमितरत्नकमण्डलुश्रीः॥43॥

तस्यास्तरीषत नवाभिनयक्रियासु
दिक्चक्रवालमभितः स्थगितान्तरिक्षाः।
अम्भोधिमार्गगमनाभिमुखाः शिरस्थ-
सिन्धुप्रवाहनिवहा इव बाहुदण्डाः॥44॥

तेन व्यलोक्यत वलद्भुजदण्डखण्ड-
चण्डानिलाहतिविघट्टनविप्रकीर्णम्।
प्रभ्रष्टमम्बरतलाद्विधुतोत्तमाङ्ग-
विस्रस्तशेखरकपालधियेन्दुबिम्बम्॥45॥

ब्रह्मासनाम्बुरुहमाहितसर्वलोक-
कम्पे विभोः शिशिरकाल इवानुकारे।
पर्यन्तबाहुवनधूलनभस्मधूलि-
नीहारपातदलितच्छदशोभमासीत्॥46॥

ग्रैवेयकोरगफणामणिचक्रवाल-
संध्यारुणोडुशबलं स्थगयांचकार।
दिङ्मण्डलं प्रलयकालनिशेव तस्य
कण्ठप्रभा तिमिरनीलरुचिः स्फुरन्ती॥47॥

चूडाजडांशुरपि जूटजटानिकुञ्ज-
बद्धास्पदः प्रतिदिशं सुचिरादवाप।

दर्पणः॥42॥ तत्संबन्धिनो दण्डपादस्याङ्गुलीप्रान्तैः संयुक्तो रविर्मणिमयः कमण्डलुरिव शुशुभे। सोऽपि त्रैलोक्यलङ्घनसमये विष्णोर्दण्डपादाङ्गुलीकोटिभिरुपश्लिष्टः॥43॥ भुजदण्डास्तस्य दिक्चक्रमास्तरीषत स्थगयामासुः। अत्र 'लिङ्सिचोरात्मनेपदेषु' इतीट्। तस्य 'वृतो वा' इति दीर्घः॥44॥ विप्रकीर्णं बाधितम्। कपालधिया कपालभ्रान्त्या॥45॥ लोका भुवनानि जनाश्च। अनुकारो नृत्तम्। धूलिरेव नीहारे हिमम्॥46॥ ग्रीवायां भवोऽलंकारो ग्रैवेयकः। 'कुलकुक्षिग्रीवाभ्यो श्वास्यलंकारेषु' इति ढकञ्। स्फुरन्ती

आरब्धनर्तनकरानिलघट्यमान-
तारापुरंध्रिपरिरम्भसुखानि शंभोः॥48॥

लीलावधूतशिरसोऽस्य वलज्जटाग्र-
निष्यन्दिसान्द्रसलिलोक्षितकोटिभागात्।
उच्चण्डताण्डवरसस्य विनिर्जगाम
मन्दाकिनी मधुरिपोरिव दण्डपादात्॥49॥

तस्याशुशोणिसतमिवोज्जगरुर्गरिष्ठ-
दोर्दण्डघातविधुरा गिरयस्तदानीम्।
उद्वर्तनानिलरयोत्थितधातवीय-
धूलिच्छटारुणितनिर्झरवीचिभङ्गाः॥50॥

तेन व्यधायिषत बाहुवनप्रकोष्ठ-
बद्धासितोरगफणामणिरागपिङ्गाः।
संहारकालरभसोत्थितधूमदण्ड-
कल्माषितानलशिखा इव दिग्विभागाः॥51॥

तस्याधिनृत्तमनलोल्बणदृष्टिपात-
लक्ष्यीकृतेषु फणिनो मणिबन्धनेषु।
तत्तापखेदपरिवर्तनलक्ष्यमाण-
पीतोदराः कनककम्बुविलासमापुः॥52॥

सानन्दनन्दिकरताडितपुष्कराग्र-
चेतोहराङ्किकपयोधरनादहृष्टः।
आरब्धरेचकलयः कलयांचकार
लीलां स मेचकगलः स्फुटचन्द्रकश्रीः॥53॥

दिङ्मुखानि दीप्त्या व्याप्नुवाना। मणय एवोडूनि नक्षत्राणि॥47-48-49॥ तस्य भुजतरुघातेन निपीडिता गिरयो रक्तमिवोदवमन्। धातवीया गैरिकादिधातुसंबन्धिनी॥50॥ व्यधायिषत विहिताः। 'स्यसिच्सीयुट्-' इत्यादिना चिण्वद्भावः। 'प्रकोष्टमन्तरं विद्यादरत्निमणिबन्धयोः'॥51॥ कम्बवः कटकाः॥52॥ आङ्किको हरीतकीसदृशो मुरजः। उक्तं च-'हरीतक्याकृतिस्त्वङ्क्यो यवमध्यस्तथोर्ध्वकः। आङ्किक (आलिङ्ग्य) श्चैव गोपुच्छ आकृत्या संप्रकीर्तितः॥' इति। लयस्तत्परता। मेचकगलो नीलकण्ठः शिवो मयूरश्च। चन्द्रकश्चन्द्रो मयूरपिच्छकश्च॥53॥ सा क्रिया नृत्तलक्षणावर्तनाभिः

सावर्तनाभिरभितो ललिताङ्गहार-
　　शोभा मनोरमपरिक्रमतां वहन्ती।
चेता जहार दयिता रसभावहृद्य-
　　रूपा क्रिया पुररिपोः शुभहस्तदृष्टिः॥54॥

दोर्दण्डखण्डवलनान्यतिसंकटत्व-
　　मुत्प्रेक्ष्य नो विदधिरे ककुभां पुरस्तात्।
विन्यस्तमन्दचरणं परिचक्रमे च
　　भूमण्डलं विदलतीति दयानुबन्धात्॥55॥

ब्रह्माण्डकर्परपरिस्फुटनाभिसंधे-
　　रूर्ध्वं विरच्यत तथा न च दण्डपादः।
इत्थं न शीतकिरणाभरणस्य नृत्त-
　　माधारदुर्बलतया सविलासमासीत्॥56॥ (तरङ्ग) युगलकम्।
कुक्षिप्रविष्टसुरनिर्झरिणीतरङ्ग-
　　झांकारतारनिनदैर्नृकपालपङ्क्तिः।
नृत्तक्रियासु विदधाविव साधुवादं
　　यस्योत्तमाङ्गभुवि सातिशयास्वमन्दम्॥57॥

आलोकितस्तुहिनशैलभुवा सहास-
　　माकृष्य शेखरशशाङ्ककलां स्मरारेः।
नृत्यन्विदूषकभुवं भुजगारिकेतु-
　　रग्रे चकार कुटिलोन्नतदण्डकाष्ठम्॥58॥

पूर्वोक्ताभिश्चित्तमहरत्। दयिता मनोज्ञा, अथ च प्रियतमायाश्च रत्यादयो रसा भावाश्च। रसस्य च शृङ्गारस्य भावाः। हस्ताः पताकादयः, हस्तौ च करौ। दृष्टयः कान्ताद्याः, दृष्टी च नयने॥54-55॥ कर्परः कटाहः। अभिसंधिराकलनम्॥56-57॥ भुजगारिर्मयूरः। तद्ध्वजः कुमारः। विदूषकाख्यस्य नर्मसुहृदो भूमिकामभिनयन्निन्दु-कलामेव दण्डाकृतिकाष्ठमकरोत्। तस्य दण्डकाष्ठहस्तत्वात्॥58॥ 'वामे पुष्पपुटः पार्श्वे पादोऽग्रतलसंचरः। तथा च संनतं पार्श्वे तलपुष्पपुटो भवेत्॥' स्थिरहस्तो मुख्यः प्रथमो येषां तेऽङ्गहारविधयो विधीयमाना अङ्गहाराः। 'प्रसार्योत्क्षिप्य च करौ समपादं प्रयोजयेत्। व्यसितापसृतं सव्यं हस्तमूर्ध्वं प्रसारयेत्॥' प्रत्यालीढं ततः कुर्यात्तथैव च निकुट्टनम्। ऊरूद्वृत्तं ततः कुर्यात्स्वस्तिकोत्क्षिप्तमेव च॥ नितम्बं

एतानि तानि तलपुष्पपुटादिकानि
चेतोहराणि करणानि गणाधिनाथाः।
इत्यङ्गहारविधयः स्फुटतत्प्रपञ्च-
योगाञ्चितस्थितिभृतः स्थिरहस्तमुख्याः॥59॥

इत्थं त्रिधात्मकरणं गणमण्डलीषु
संक्रान्तिमस्य नयतो सदसि स्थितासु।
पर्याप्तदर्शनसुखं विनिमेषपक्ष्म-
चक्षुःसहस्रमभवत्स्पृटहणीयमैन्द्याः॥60॥

आविष्कृतानुकृतिविभ्रमनागवक्र-
लीलाभ्युदस्तकरकोटिविपाट्यमानाः।
अम्भोभृतः शिशिरसीकरबिन्दुवृन्द-
विष्यन्दिनोऽभिनयजं क्लममस्य जह्नुः॥61॥

इत्थं सलीलमभिनेयविजृम्भमाण-
विस्पष्टभावरसवृत्ति निषेव्य नृत्तम्।
सार्धं न्यवर्तत गणैर्विभुरुत्तमाङ्ग-
गङ्गातरङ्गकणसंभृतिभिन्नखेदः॥62॥

शैलात्मजाविजिततद्गणकृष्यमाण-
वृद्धोक्षनिष्ठुरखुराहतमन्दराद्रिः।
तस्य ग्लहीकृतविमुग्धकिरीटचन्द्र-
खण्डः कदाचन दुरोदरविभ्रमोऽभूत्॥63॥

इति समयमनैषीत्तत्र तास्ताः स चेष्टा
विदधदचलकन्याविप्रयोगानभिज्ञः।

हरिहस्तं च कटीछिन्नं च योगतः। स्थिरहस्तो भवेदेषु ह्यङ्गहारो हरप्रियः'॥59॥ त्रिधा लास्यताण्डवमिश्रभेदात्त्रिविधमात्मनः करणं नृत्तं संक्रान्तिं नयतः। अत्र करणशब्द अर्शआद्यजन्तः॥60॥ आविष्कृता अनुकृतिरभिनेयम्। नाट्यमित्यर्थान्तरम्॥61॥ वृत्तयो भारतीप्रभृतयोऽवस्थाविशेषाः। उक्तं च-'भारती सात्वती चैव कैशिक्यारभटी तथा। चतस्रो वृत्तयो ह्येतास्तासु ह्येतत्प्रतिष्ठितम्॥' इति॥62॥ ग्लहः पणः। दुरोदरं द्यूतम्॥63॥ अष्टापदं सुवर्णम्। अथवा मणिमौलिरिव

सुरपतिभिरभीक्ष्णं रत्नपट्टाङ्घ्रिपीठी-
लुठितमणिकिरीटाष्टापदैः सेव्यमानः॥64॥

इतिश्रीबालबृहस्पत्यनुजीविना वागीश्वराङ्कस्य विद्याधिपत्यपरनाम्नो महाकवे राजानकश्रीरत्नाकरस्य कृतौ रत्नाङ्के हरविजये महाकाव्ये ताण्डववर्णनो नाम द्वितीयः सर्गः।

तृतीयः सर्गः।

अथ स मन्थगिरौ सकलर्तुभिर्निजनिजप्रसवोज्ज्वलया श्रिया।
सममसेवि कदाचिदुपाश्रितो गिरिजयारिजयानघदोर्द्रुमः॥1॥

मधुपराजिपराजितमानिनीजनमनः[1] सुमनःसुरभिश्रियम्।
अभृत वारितवारिजविप्लवां स्फुटितताम्रतताम्रवणं जगत्॥2॥

द्रुतमपास्य यमेन निषेवितामभिनवोत्कतयेव दिवाकरः।
दिशमशिश्रियदैडविडाश्रयामसुमतां सुमतां विदधत्स्थितिम्॥3॥

स्थितिमधुर्मधुरामवलम्बितस्तबकदर्पणपल्लवपाणयः।
सतिलकोज्ज्वलपत्रलता गिरेरवनयो वनयोगकृताश्रियः॥4॥

विपुलत्वादष्टापदं चतुरङ्गफलकम्॥64॥ इति राजानकजयानकसूनोरलकस्य कृतौ हरविजयविषमपदोद्द्योते द्वितीयः सर्गः॥

तृतीयः सर्गः।

स देवो मन्दराचले गिरिजयावलम्बितो युगपदेवसर्वर्तुभिरसेव्यत। प्रसवाः कुसुमानि। अरीणां विजेतृत्वादनघा अच्छद्मचारिणोऽप्रतिहता वा भुजतरवो यस्य॥1॥ मधुपानां राजिभिः पराजितमनस्विनीमनसः सुमनसः पुष्पाणि यत्र तादृशं जगत्सुरभेर्वसन्तस्य शोभामवहत्। सुमनोभिः सुरभि सामोदं जगच्छ्रियं दध्रे इति वा योजना। विप्लवो बाधः। स्फुटितानि भिन्नानि। ततान्याम्रवणानि यत्र। 'विभाषौषधि-' इत्यादिनात्र नकारस्य णकारः॥2॥ यमेन सेविता दिग्दक्षिणा तामपास्य रविः ऐडविडो धनद आश्रयः पतिर्यस्यास्तां दिशमुत्तरामशिश्रियत्सेवितवान्। उत्कतानुरागस्तेनेव। उत्सुको हि कामी यथा यमेनेव केनचिदधिष्ठितां युवतिमुत्सृज्य कस्यचिदर्थेश्वरस्य रमणीं प्रतिपद्यते। असुमतां प्राणिनां सुमतां अतीव शीतोष्णयोरभावादत्यन्तरुचिताम्॥3॥ तिलकैस्तरु-भेदैरुज्ज्वलपत्राभिश्च लताभिः सहवर्तमाना गिरिभुवो रम्यां स्थितिमधारयन्। वनानि

---

1. उदाहृतोऽयं श्लोकः काव्यप्रकाशस्य नवमोल्लासे यकमप्रकरणे।

कृतकुशेशयिनीरुचयो मधुव्यतिकरादभिमन्थरगामिनः।
मधुलिहो दिवसाश्च वधूर्व्यधुः परवतीरवतीर्णमनोभवाः॥5॥

ध्रुवमनेकरसाभ्यवहारतः कृतरसायनसंग्रहसुस्थिता।
मधुलिहामसुखायत संहतिर्नृतिमतीतिमतीत्य कृतस्थितिः॥6॥

मधुरया परपुष्टगिरा शनैः सवयसेव समेत्य मधुश्रिया।
मृगदृशो घटिताः सह वल्लभैर्मुदमधुर्दमधुर्यमनोहृतः॥7॥

सुरभितां दधति प्रमदान्वितो नवमधूपहितत्विषि चम्पके।
सुरतहर्म्य इवारचितस्थितिर्नवरताम्बरतां मधुपोऽन्वभूत्॥8॥

कुसुमिता गिरिकाननभूमयः किसलयाधरखण्डनलालसैः।
परभृतैः श्रदधायिषत प्रियाः सुमदना मदनादितषट्पदाः॥9॥

मधुरजृम्भणविभ्रममाधवीमधुरसासवपानमदोत्कटाः।
मधुलिहो व्यथयन्तु मलीमसाः स्मरसहा रसहासवतीः स्त्रियः॥10॥

दधदुदञ्चितपक्ष्मकरालतां कुरबकस्तबको मधुबोधितः।
तदसमञ्जसमेष दुनोति यच्छुचितया चितयापि वियोगिनीः॥11॥

तदभिधाय तमानय सत्वरं मधुरवादिनि तत्तदिति स्त्रियः।
रसनियुक्तसखीवचनागतप्रियतमायतमानमुचोऽभवन्॥12॥ (तिलकम्)

काननानि जलानि वा। तिलकश्चित्रकः। पत्त्रलताः पत्त्रभङ्गाः। तत्सहिताश्च कामिन्यो मनोहरस्थितयः। वनानामत्र कामिता प्रतीयते। समासोक्तिवशात्॥4॥ रुचिरभिलाषः कान्तिश्च। मधुः पुष्परसो मधुश्च वसन्तः। अवतीर्णमनोभवत्वात्परवतीः परतन्त्राः॥5॥ मधुलिहो भ्रमरास्तेषां संहतिरसुखायत सुखमन्वभूत्। सुखादिभ्यः कर्तृवेदनायां क्यङ्। कुतः। कुसुमौषधिसंबन्धिनो रसस्य संग्रहः पानं तेन सुस्थिता शोभनमास्थिता। उक्तं च-'अनेकरसोऽभ्यवहारो रसायनम्' इति॥6-7॥..... वरो जामाता च॥8॥ कुसुमिता रजस्वला अपि प्रियाः प्रीतिहेतवः। मदनश्च कामः। परभृताः परेण पोषिताः पृथग्जना अपि। मदेन नादिता मुखरीकृताः षट्पदा भ्रमरा विटाश्च याभिस्ताः॥9॥ मधुरेत्यादिविशेषकम्। रतिरसेन विसृष्टायाः सवयसो वचनेनागते प्रियतमे विषये आयतं मानं मुञ्चन्ति यास्तथाविधा योषितो बभूवुः। माधवी अतिमुक्तकलता। मलीमसाः पापाः। स्मरस्य सहाः समुचिताः। तरुणीरित्यर्थः॥10॥ पक्ष्मभिः केसरैः करालता व्याप्तिर्भासुरत्वं वा। शुचितयाप्युपलक्षितो यदेष स्तबकस्तापयति तदयुक्तम्। विशदात्मत्वात्परोपतापनाभावात्। चितया प्रवृद्धया। पक्ष्माणि नेत्रलोमान्यपि। करालं भीषणमपि। मधु मद्यमपि॥11॥

जरठपङ्कजबीजसमत्विषो मधु निपातुमभिप्रजगल्भिरे।
मधुलिहो विरहे कृतदिङ्मुखव्यवधयो वधयोगकृतः स्त्रियः॥13॥

सुरभिमासि कदाचिदनुज्झिता जडतयापि नवालिशतान्विताः।
शमवतामपि तामरसाकराः स्थिरतरा रतरागकृतोऽभवन्॥14॥

सरसमन्थरतामरसादरभ्रमरसज्जलया[1] नलिनी मधौ।
जलधिदेवतया सदृशीं श्रियं स्फुटतरागतरागरुचिर्दधौ॥15॥

चरमपादविधूतरजःकणप्रकरधूसरपक्षतिसंपुटः।
न्यविशतानुगिरं कमलाकरान्रसमनाः समनादमलिव्रजः॥16॥

मृगदृशो मलयानिलर्निधुते सपदि मानरजस्यपि सागसः।
न दयितानभिचुक्रुधुरूर्जितस्मरतया रतयानसमुत्सुकाः॥17॥

तरलपल्लवताम्रकरा बभौ समधुमुल्लसितभ्रमरोत्पलम्।
कुसुमकोषमिवार्पयितुं लता विवलिता बलितापहृतस्तरोः॥18॥

भ्रमरपङ्क्तिनिभेन मनस्विनीभ्रुकुटिबन्ध इवागलितोऽभवत्।
कमलभूमिषु मानहतिस्फुटप्रसरकेसरकेतुशते मधौ॥19॥

तत्तस्मात्तत्तद्बहुविधमुक्त्वा तं दयितं सत्वरमानय। न वयं कालक्षेपसहिष्णव इति भावः॥12॥ पङ्कजबीजं पद्माक्षः। व्यवधिराच्छादनम्। स्त्रिया विरहे सति वधयोगकृतो घातुकाः। स्त्रीहननाच्च मद्यपानप्रागल्भ्यं मलिनात्मनां कियत्॥13॥ जडतया मौनेन न त्यक्ताः। बालिशतया च मौग्ध्येन न सहिता इति विरोधः। जडतया शैत्येनानपाकृताः। नवानि च तान्यलिशतानि तैरन्विताः।....रिणा.....चिर्यस्या इति चार्थद्वारेण विशेषणम्॥14-15॥ चरमः पश्चिमः। संपुटो द्वयम्। अनुगिरं गिरिसमीपे। 'गिरेश्च सेनकस्य' इति टच्। रसे मधुनि मनो यस्य सः। समनादं तुल्यध्वनिं कृत्वा॥16-17॥ कुसुममेव कोषश्चषकं तमेव तरोर्नायकभूतस्यार्पयितुं लता विवलिता संमुखं परिवृत्ता। मधु मकरन्दः सुरा च। बली हलधरः। तापः कामज्वरोऽपि॥18॥ केसराणि बकुलान्येव। केतूनां ध्वजानां शतानि यस्मिन्॥19॥ मधोर्वसन्तस्य संगमान्निशया मुखे प्रारम्भे कलुषता नापि न प्राप्ता। तदा दिशामतिशयेन वैशद्यात्। अनिशं सदा यापितमतिवाहितं मानं परिमाणं दैर्घ्यं यया। वसन्ते रात्रीणां तानवोत्पत्तेः। कामिनी द्वितीयकामिन्या

---

1. 'सरस-मन्थ-रत-अमर-सादर-भ्रम-रसत्-जलया' इति जलधिदेवतापक्षे छेदः, तृतीयैकवचनान्तं च पदम्; 'सरस-मन्थर-तामरस-आदर-भ्रमर-सज्ज-लया' इति नलिनीपक्षे छेदः, प्रथमैकवचनान्तं च पदम्।

शिशिरभासि चिरेण दिनश्रिया कृतसमागमविघ्न उपगते।
कलुषतापि मुखे मधुसंगमान्न निशयानिशयापितमानया॥20॥

सरभसं शयनीय इवोत्तरच्छदकृतत्विषि पीतमधूत्कटैः।
मधुकरैर्विनिपत्य सजानिभिः सरसिजोरसि जोषमवस्थितम्॥21॥

निधुवनावसरे कमितुर्वधूरहृत कुंट्टमितेन भृशं मनः।
तरललोचननिर्जितविस्फुरत्कुवलया वलयावलिशोभिनी॥22॥

स्मरसखस्य पदं सुरभेरिव स्तनवती दधती सममीमनत्।
अलकदेशनिवेशपरिस्फुरन्नवयवावयवाभरणश्रियम्॥23॥

विदधतः पथिकक्षपणं प्रति स्मृतिभुवो निजशक्त्युपबृंहणम्।
दधुरहार्यतटाः सहकारितामनवमा नवमाधत्रसङ्गिनः॥24॥

अलिभिरञ्जनबिन्दुमलीमसैः स्मरबलैरिव कङ्कटितैर्वृते।
मरुति सौरभशालिनि नाभवन्सरति के रतिकेलिरसाकुलाः॥25॥

विकचपत्रपुटं सुरभिश्रियः सरसविभ्रमकाञ्चनपङ्कजम्।
व्यधित चम्पकमुन्मदना वधू रसकलासकलालिकुलारवैः॥26॥

रभसयोपगताः पथिका गृहान्मधुकराञ्जनचूर्णवशीकृताः।
मुमुदिरे परिरम्भसुखोच्छ्वसन्निजवधूजवधूततनुक्लमाः॥27॥

कृतशमनविघ्नत्वाच्चिरेणापि समागते प्रेयसि न वदने कालुष्यमाप्नोति मद्यसंपर्कात्। मधु मद्यमपि। मानोऽभिमानोऽपि॥20॥ सरजिजानामुरसिमध्ये भ्रमरैर्जोषमवस्थितं सुखं विश्रान्तम्। उत्तरच्छदः प्रच्छदपटः। सजानिभिः सभार्यैः। 'जायाया निङ्'॥21॥ कुट्टमिताख्येन चेष्टितेन मनः कान्तस्य वधूरहृत समावर्जयत्। 'प्राणेशगाढभुजपाश-निपीडितानामुद्दामहर्षभरनिर्भरमानसानाम्। ही दुःखयस्यलमलं दृढमूढवाक्यैः सौख्येऽपि दुःख इव कुट्टमितं वदन्ति'॥22॥ स्तनवती युवतिः। सा स्मरस्यासौ सखेति वसन्तस्य संस्थितिमिव सममीमनत्संमानयामास। यतो नवो यवस्यावयव एकदेशोऽङ्कुर एवाभरणं यत्र तादृशीं श्रियं धारयन्ती॥23॥ अहार्या गिरयस्तेषां (तटाः) स्मृतिभुवः कामस्य शक्तेरुपचयं कुर्वन्तः। तथा पथिकानां हननं कुर्वाणस्य कुसुमेषोः शक्तिपोषणं प्रति सहकारितां सहायत्वमुदवहन्। सहकारिणो हि प्रत्ययाः प्रक्रियान्तरस्योपादानभूतस्य कार्य प्रति शक्तिमुपचिन्वन्ति बीजस्येव जलादयः। अनवमाः श्रेष्ठाः। माधवो वसन्तः॥24॥ जना रतिक्रीडारसेन व्याकुला बभूवुः। कङ्कटितै संसनाहैः॥25॥ .... किंजल्कास्वादनेन कलैर्मधुरैरसकलैश्चाव्यक्तश्रुतिभिरलिनां रवैश्चम्पकाख्यं कुसुमं

शिवपुरीमिव शैवलसच्छ्रियं निविशमानमनर्गलमब्जिनीम्
भ्रमरयुग्ममवेक्ष्य न का प्रियैर्युवतयो बत योगमुपाययु:।।28।।

मधुकराञ्जनबिन्दुमनोरमप्रकटपत्रलताभरणोज्ज्वला:।
न सुरभावभवन्नतिमुक्तकव्रततयो ततयोगगुणश्रिय:।।29।।

मुखनिलीनशिलीमुखचूचुकं कमलिनीमुकुलाम्बुरुहस्तनम्।
अददरत्कमितेव न रागवान्दिनकरो न करोत्करकोटिभि:।।30।।

स्मरमतङ्गजदानजलच्छटाविपिनवारिधिविद्रुमविभ्रमे।
भ्रमरसंहतिराविरवीभवत्प्रचपला च पलाशतरौ श्रियम्।।31।।

अनिमिषाक्षिविलोकितविभ्रमां सुरभिमुन्मनसो नवमालिकाम्।
सुरवधूमिव वीक्ष्य मनोभुवोऽनवशमा वशमाशु मधौ ययु:।।32।।

सुपरिमृष्टकपोलतलस्फुरन्मणिकरालितकाञ्चनकुण्डल:।
न खलु भीरुजनोऽन्वभवन्मधौ न समदोऽसमदोलनविभ्रमम्।।33।।

स्मरमदीदिपदूर्ध्वविलोचनं पुररिपोरिव यच्छिखिपिङ्गलम्।
स्फुटदशोकमुदीक्ष्य तदुत्सुका न कमिता कमितारमलं वधू:।।34।।

समुद्गतमदना योषितश्चकार।।26।। रभसा त्वरा। मधुकरा एवाञ्जनमयं वशीकरणप्रकार-चूर्णम्। निजाभिर्वधूभिर्जवेन धूतस्तिरस्कृत: शरीरश्रमो येषाम्।।27।। शैवलेन शेवालेन सती शोभना, शैवैश्च शिवभक्तैर्लसन्ती श्रीर्यस्या:। बतेति विस्मये।।28।। अतिमुक्तक-व्रततयो न ततयोगा गुणश्रीर्यासां तादृश्यो नाभवन्। संविस्तीर्णगुणश्रीयोगा बभूवुरित्यर्थ:। प्रकटपत्त्रलता: शाखा एवाभरणं तेनोज्ज्वला रम्या:। पत्त्रलताभिराभरणैश्चोज्ज्वला विततगुणशोभाश्च योषितो भवन्ति।।29।। कमिता कान्त:। अददरद्बिभेद। 'अत्स्मृद्दृत्वर-प्रथम्रदस्तॄस्पशाम्' इत्यभ्यासकार्यमदन्तादेश:। रागोऽनुरक्तिरपि। कर: पाणिरपि।।30।। पलाश: किंशुक:। तत्र भ्रमराणां संहतिश्चपला स्वामभिख्यामाविरबीभवत्प्रकटीचकार। विभ्रम: सदृश:।।31।। अनवश्चिरप्ररूढ: शमो येषां ते मुनय: कामस्य वशं ययु:। अनिमिषैरनिमीलद्भिरक्षिभिरालोकितो वीनां पक्षिणां भ्रमराणां भ्रमो यस्याम्। अनिमिष-श्चाक्ष्णोर्दर्शनस्य विलासो यस्या:। नवमालिका सप्तला। अनवमं चोत्कृष्टमलिकं ललाटं यस्या:।।32।। भीरवो योषित:। तासां जन: समदत्वादसमं दोलनविभ्रमं दोलाविलासं न नान्वभवत्, अपि तु अनुभूतवानेव। परिमृष्टं स्पृष्टम्।।33।। अदीदिपदिति दीपनं प्रबोधनं दहनं च। शिखी वह्नि:। तद्वत्तेन च पिङ्गलं कपिशम्। वधू: कमितारं कामुकं न कं इता कं न प्राप्ता। नासौ वल्लभो बभूव य: प्रियया न युक्त

विधुतपक्ष्मरजःकपिशभ्रमद्‌भ्रमरसंहतिमब्जमुखश्रियम्।
सचटुलातिलकामिव पद्मिनी घनरसा नरसार्थहृदा दधौ।।35।।(इति वसन्तः)

शुचिदिनागतिराप्लुपिशीतलाः सरसचन्दनपङ्कभृतोऽकरोत्।
प्रियसखीव वतंसितमल्लिकाः स्तनवतीर्नवतीव्रतनुक्लमाः।।36।।

स्पृशति तिग्मरुचौ ककुभः करैर्दयितयेव विजृम्भिततापया।
अतनुमानपरिग्रहया स्थितं रुचिरया चिरयायिदिनश्रिया।।37।।

सरसचन्दनपङ्कविलेपना कृशतनुर्दधती सजलार्द्रताम्।
प्रियतमारहितापि वियोगिनीस्थितिमितातिमिताक्षरसत्कथा।।38।।

दिनपतेः क्षितिमुत्तपतः पुनर्विकटटङ्कनिकुट्टनघट्टितम्।
गलति धाम किमेतदिति भ्रमं भृतवतीतवती जनता क्लमम्।।39।।

रुचिरया गिरिकाननमण्डली श्रियमधत्ततरां स्मरदीपिका।
सपदि मल्लिकया रचितस्थितिर्न न घनानघनादविहंगमा।।40।।

इत्यर्थः।।34।। 'सुवर्णशृङ्खलाबद्धो नानारत्नविभूषितः। ललाटलम्ब्यलंकारश्चटुलातिलकः स्मृतः।।' रसो मकरन्दो जलं वा। नरसार्थहृत्सर्वजनमनोरमा।।35।। शुचिराषाढो मासः। आप्लुतिः स्नानम्। वतंसिता शेखरीकृता मल्लिका कुसुमभेदो याभिर्यासां वा। 'वष्टि भागुरिरल्लोपमवाप्योरुपसर्गयोः' इत्यवशब्दाकारलोपः।।36।। कराः पाणयोऽपि। तापः खेदोऽपि। मानं दैर्घ्यमभिमानश्च। चिरयायीनि दिनानि ग्रैष्मिका वासराः। अत्र[1] तिग्मरुचेः ककुभां च कामिता प्रतीयते। लिङ्गविशेषोपादानात्। यथा-'सरले सह वासरश्रिया निभृतं क्वापि गतः स भास्करः। वद तेन विनाब्जिनी कथं क्षणदामद्य नताङ्गि नेष्यति।।' इति। एवं दिनश्रियोऽपि नायिकात्वप्रतीतौ यथोक्तमेव संभवतीति दयित-येत्युपमानपदमपुष्टार्थमिति सहृदयाः।।37।। प्रियतमसहितापि कृशाङ्गी विरहिण्याः स्थितिमिता प्राप्ता। जलार्द्रा जलक्रुतं वस्त्रम्। अतिमिताक्षरा स्वल्पवर्णा।।38।। टङ्कनिकुट्टनेन शस्त्रकाहत्या घट्टितं चलितम्। रविः किल पुरा प्रियतमानुरोधेन दुःसहतरं स्वधाम त्वष्टुष्टङ्केन शातयामास। जनता क्लममितवती गता।।39।। दीपिका

---

1. काव्यप्रकाशदशमोल्लासोपान्तेऽपि 'स्पृशति तिग्मरुचौ ककुभः करैः-' इत्याद्यत्रत्यमेव पद्यमुदाहृत्य 'अत्र तिग्मरुचेः ककुभां-किं दयितयेति स्वशब्दोपादानेन' इत्युक्तमस्ति। परिकरालङ्कारप्रकरणानन्तरं च काव्यप्रकाशशेषोऽनेनैव हरविजयटीकाकर्त्रा राजानकाल-केन पूरित इत्युक्तमेव प्राक्। अत एवात्र टीकायां काव्यप्रकाशे चास्मिन्पद्ये समानमेव दूषणोद्भावनम्।

घटितषट्पदपेटकपाटलापटलसंपुटपाटनपाटवम्।
स्फुटयता नवबन्धुरसौरभप्रसरता सरता मरुता दधे।।41।।

जितमहं सुकुमारतयानया प्रतिचिकीर्षु शिरीषमितीक्षितम्।
अतिरुषेव वियोगवतीं शुचं सरसहासदलं सदलम्भयत्।।42।।(इति ग्रीष्मः)

दधति यत्र पयोधरपङ्क्यो गिरिशकण्ठरुचिं जलमन्थराः।
स कृतपान्थवधूजनवेपथू रसमयः समयः स्म विजृम्भते।।43।।

अशमयच्चिरसंभृतमम्भसा मनसि मानकलङ्कमपि स्त्रियाः।
अधिधरित्रि पयोधरधोरणी किमु रजो मुरजोर्जितगर्जिता।।44।।

भुवनसंवननातनुभस्मभिः कुटजकेसरधूलिकणैश्चिताः।
सुरभयो मरुतः कृतकामिनीस्मरविकारविकासमवासिषुः।।45।।

विदधता नवचन्द्रकलाञ्छितामनुकृतस्मरवैरितनुं श्रियम्।
फणिभुजा समये गुरुताण्डवव्यसनिना सनिनादघने स्थितम्।।46।।

प्रकटजातिशरीररुचो दधुर्वनभुवोऽन्तरमार्गगतां श्रियम्।
भरगलन्मकरन्दकणच्छटाकवलनावलनाकुलषट्पदाः।।47।।

लोहादिमयी दीपाधारभूता यष्टिपि। मल्लिका तैलभाजनमपि। घनोऽनघश्च नादः क्वणितं येषाम्।।40।। बन्धुरो रुचिरः सौरभप्रसरो यस्य तद्भावः सरता वातेन धृता। पेटकः समूहः। पाटलः पुष्पभेदः। संपुटा मुकुलाः।।41।। इतीव रुषा प्रतिकर्तुकामं शिरीषं नाम कुसुममीक्षितं सदालोकितमात्रं सत् विरहिणीं शोकमलम्भयत्प्रापयामास। सरसः प्रत्यग्रो हास उद्भेदो येषाम्।।42।। गिरिशो हरः। 'गिरौ डश्छन्दसि' इति प्रत्ययद्वारेण च्छन्दसि नियमितत्वाद्गिरिशशब्दस्य भाषायां प्रयोगः प्रमादजः। रसः सलिलं रागश्च। तन्मयः समयो वर्षारात्रः।।43।। पयोधराणां धोरणी पङ्क्तिः। किमु भुवि रजौ नाशमयदिति नञ् अत्र सामर्थ्यलभ्यः।।44।। संवननं वशीकरणम्। अतनुः कामः। अवासिषुर्ववुः।।45।। सनिनादाः पयोमुचा यत्र तस्मिन्काले मयूरेण नृत्तव्यसनवता स्थितम्। नवैश्चन्द्रकैः पिच्छैर्लाञ्छिता लक्षिता, चन्द्रस्य च कलया आञ्छिता संगता।।46।। आन्तरमार्गो गहनः प्रदेशः। तद्गतां श्रियं वनभुवोऽवहन्। जातिर्मालती तया शरीररुक् स्वरूपशोभा प्रकटा यासाम्। तथा जातयः शुद्धविकृतभेदेनाष्टादश षाड्जीषड्जमध्यमध्यमाप्रभृतयः। तत्स्वरूपस्येव च रुग्यासाम्। तासामेव च विशेषोऽन्तरमार्गो भवति। द्विश्रुत्यधिकयोर्निषादगान्धारयोर्यथाक्रमं काकल्यन्तरस्वरसंज्ञत्व-कल्पनात्। कवलना ग्रासः। तदर्थे वलना परिभ्रमणम्।।47।। मेकलो विन्ध्यः। तेन

विकटमेकलहेमलतास्पदां रुचिरतांमचिरार्चिरचूचुरत्।
सजलमेघगताशु मनस्विनीजनतयानतयासकृदीक्षिता।।48।।

स्मृतिभुवो निजकार्मुककर्षणक्लमविनिः श्वसितैरिव मारुतैः।
मृगदृशामुपवल्लभमुल्लसत्पुलकतालकताण्डविकैर्दधे।।49।।

स्फुरितशक्रशरासनहारिणा कलयता चतुरङ्गबलश्रियम्।
क इव तेऽनुकृतोर्जितभूभृता घनचयेन च ये न वशीकृताः।।50।।

सहरिगोपकमैक्षत भूतलं व्रजमिवाञ्चितलाङ्गलिकं जनः।
क्षणरुचां समये समदध्वनद्घनवरेऽनवरेणुहृति क्षितेः।।51।।

नभसि केतकचन्द्रदलोज्ज्वले कुटजपुष्पचयेन विकासिना।
हिमविपाण्डुरुचोडुगणायितं कलयतालयतामतनोः श्रियः।।52।।

विकिर वारि विलोलय विद्युतो नभसि गर्ज तिरस्करु दिक्तटान्।
इति घनो वियुतामकृताचरन्न नवशां नवशान्तिपराङ्मुखीम्।।53।।

अवसरे मलिनोऽप्युपकारकः क्वचिदितीव रवैस्तरुणान्भ्रमन्।
स्तनितभीतपुरंध्रिनिगूहनस्थितिमतोऽतिमतोऽभिदधौ घनः।।54।।

नवदलद्वयशोभि घनागमश्रिय इवाभरणं श्रवणाश्रयम्।
व्यधित हारि कदम्बमपि स्त्रियः स्मरवशा रवशालिशिलीमुखम्।।55।।

मेघस्य साम्यमसितवर्णत्वात्। अचिरार्चिः सौदामनी। आनतया पुनः-पुनरुल्लसनेन दौस्थित्यमस्मासु न जनयिव्यमित्याशयेन प्रह्वया।।48।। अलकानां ताण्डविकैर्नर्तकैः।।49।। शक्रधनुर्मनोहरेण, गवलस्य च महिषशृङ्गस्य श्यामतया शोभां गृह्णता च, घनानां चयेन भूभृतेव चतुरं कृत्वा न ये वशीकृतास्ते क इव जनाः। न केचित्। राजा पुनरनर्घरत्नयोगेन स्फुरितेन्द्रधनुर्यो हारस्तद्वान् चतुरङ्गस्य बलस्य हस्त्यश्वरथपत्तिलक्षणस्य सैन्यस्य शोभां कलयति।।50।। हरिगोपा इन्द्रगोपाख्याः प्राणिनः हरिगोपश्च गोपरूपधारी विष्णुः। व्रजो गवां निवासः। अञ्चिता श्रेष्ठा लाङ्गलिका ओषधिविशेषो यत्र। अञ्चितश्च पूजितो लाङ्गली हलधरो यत्र। अनवो रेणुश्चिरसंचितं रजः।।51।। अतनोः कामस्य बहुलायाश्च श्रिय आलयत्वं कलयता गृह्णता कुटजाख्यकुसुमनिचयेन नक्षत्रगणवदाचरितम्। नभसि श्रावणेऽन्तरिक्षे च। चन्द्राकारैर्दलैः पल्लवैः, चन्द्रस्य च दलेन खण्डेनोज्ज्वले रुचिरे।।52।। वारि विकिर जलं विकिरन्नित्यादिकमाचरन् जलदो वियुतां वियोगिनीं न नवशाम्, अपि त्वायत्तामेव चकार। विकिरेत्यादौ 'समुच्चयेऽन्यतरस्याम्' इति लोट्। हिरादेशश्च। आचरन्निति सामान्यवचनस्यानुप्रयोगः

घनतमस्यबलाः समवर्तिना ददृशिरे विरहग्लपिता न याः।
जगति ता इव दर्शयितुं तडित्प्रविरलाविरलातनिभाभवत्॥56॥

स्फुटतरामलकन्दलसच्छ्रियः प्रतिदिशं कमलिन्य इवाबभुः।
मधुकरैर्विकसद्गिरिमल्लिकाशबलिता वलिता वनराजयः॥57॥

कुटजकन्दलनीपशिलीन्ध्रजां सुरभितां दधदम्बुदमारुतः।
व्यधित रोषरजः प्रसरोज्झिता न न वधूर्नवधूर्गतमन्मथाः॥58॥

स्मृतिभुवो विरहे नवमालतीमुकुलमुद्गर एव वधूर्व्यधात्।
स्फुटमपश्चिमघातविमूर्छिता मदरसादरसारवषट्पदाः॥59॥

हरिरदाग्र इवोत्थितकालिके ग्लपितमानतमा नभसि स्थिते।
कमिव नाम न बाहुलतान्तरं प्रियतमायतमानयदीप्सितम्॥60॥(इति वर्षाः)

स्फुरितचारुतरापघनश्रिया हृदयनन्दनशोभनवेषया।
दयितयेव जनः शरदाश्रितो मुदमलं दमलङ्घनमाचरत्॥61॥

द्रुतगतिप्रवणास्तुरगा इव क्लमभृतो दिवसा धुतकंधराः।
शरदृतोर्दधतीं श्रियमूहिरे कमलकोमलकोरकहस्तताम्॥62॥

'समुच्चये सामान्यवचनस्य' इति॥53॥ निगूहनेन स्थितिमतः सुखितान् इत्थमिव रवैस्तरुणानम्बुदोऽभ्यध्यात्। अभिमतोऽतीवाभिप्रेतः। समागमकारणत्वात्॥54-55॥ अलातमुल्मुकम्। तत्सदृशी तडिदाविरभवत्प्रकटीबभूव। समवर्ती यमः॥56॥ आमलैस्तरुभेदैः कन्दलैश्च लताविशेषैः सती शोभना श्रीर्यासाम्। अमलैश्च कन्दैर्बिसैरन्यैर्वा मूलैर्लसन्ती श्रीर्यासाम्। गिरिमल्लिका कुटजम्। तच्छबलितत्वा-द्भ्रमरैर्वलिता वेष्टिताः॥57॥ नवो धूर्गतश्च परधाराधिरूढः कामो यासां तथाविधा वधूरभ्रपवनश्चकारैव। कुटजादयो वार्षिकाः कुसुमविशेषाः॥58॥ मालतीकुसुममेव मुद्गरः प्रहरणविशेषः स एव स्मृतिभुवः सकाशादागतेन अपश्चिमेन प्रहारान्तरापेक्षिणा प्रहारेण मूर्छिता योषितश्चकार। मालतीकुसुममेव कामस्य मुद्गर इति तु न युक्तम्। मुद्गरशब्दस्यात्र सापेक्षतया समासाप्रसङ्गात्। मदरसे मदजनके मधुन्यादरः संभ्रमो येषां तथाविधाः सारवाश्च भ्रमरा यस्मिन्॥59॥ आयतं भुजलतामध्य। प्रियतमा कमीप्सितं प्रियं नानयत्। सर्वमेव निजा वधूः परिषस्वजे। हरिरश्वः। रदो दन्तः। कालिका मेघपङ्क्तिः, अश्वानां वयोविज्ञानचिह्नं च। मान एव तमः। मालिन्यहेतुत्वात्॥60॥ शरदा हेतुना मुदमाश्रितो जनः सुतरां दमस्य शान्तेर्लङ्घनमकरोत्। अपघना मेघरहिता। अपघनाश्चाङ्गानि। हृदयहारिशोभो नव इष आश्वयुजो यस्याम्। हृदयनन्दनश्च शोभनो

पतति वृष्टिरसौ मयि नाधुना दिनकरातपसेवनलालसम्।
इति विकासमगादिव चिन्तयच्चिरमुदारमुदा युतमम्बुजम्।।63।।

जलदकालनिशापगमे स्फुरत्स्फुटतरामलचन्द्रकराजितैः।
क्वचिदवाप्यत चित्रशिखण्डिभिर्न रुचिरा रुचिराकलुषीकृतैः।।64।।

गगनमीयिवदाप्लवनक्रियासमभिहारमिवाम्बुमुचां जलैः।
अभृत चन्द्रमसा सममुच्चकैरविकलं विकलङ्कतया श्रियम्।।65।।

भुवनतापविघातविपर्ययस्थितिविलक्षतयेव विपाण्डवः।
शरदि नूनमयुक्छदकाननैरसमहासमहासिषताम्बुदाः।।66।।

असलिलाहिमशीतमहाह्रदाः शशभृतो जनतादवथुच्छिदः।
कुमुदखण्डगतं मधुपायिनामदलयन्दलयन्त्रणमंशवः।।67।।

स्थगयितुं प्रतिकूलविलोकनाः कुसुमिताः ककुभो नु वियोगिनाम्।
कमलधूलिमुदानयताधिकस्तवनतो वनतोऽनिलसंहतिः।।68।।

रुचिरतन्यत निर्झरिणीतटैः शकुनिपादहतैर्गलिताम्बुभिः।
नखपदाङ्कनिरम्बरसुन्दरीजघनजा घनजालतिरस्कृतौ।।69।।

वेषो यस्याः। वेषो वेश आकल्प इत्यर्थान्तरम्।।61।। कमलानां कोमलं कुङ्मलं जनानां हस्ते यत्र तद्भावं दधतीं श्रियं शरद्दिवसा ऊहिरे दधुः। तुरगा इव। तैरपि कमलहस्ता श्रीरुह्यते। तत्संनिधौ श्रियः स्थानात्। कं जलं शिरश्च धारयन्तीति कंधरा जलभृतो ग्रीवाश्च। 'संज्ञायां भृतॄवृजिधारिसहितपिदमः' इति खच्।।62।। उदारया मुदा युक्तमितीव चिन्तयज्जलजमातपसेवासस्पृहं व्यकसत्।।63।। चन्द्रकै राजिताः शोभितास्तैश्चित्रैः शिखण्डिभिर्मयूरै रुचिरा रुचिर्नालभ्यत। चित्रशिखण्डिनश्च सप्तर्षयः। तैश्चन्द्रकरैरजितैरपि निशापगमे न दीप्यते।।64।। ईयिवत् गतम्। समभिहारः पौनःपुन्यम्। अविकलं समग्रम्।।65।। तापविघातस्य विपर्ययोऽन्यथात्वमत्रापरिघातः। तत्स्थित्या विलक्षता त्रपा। अयुक्छदाः सप्तच्छदास्तेषां काननैः। अयुक्छदकानां वा आननैर्मुखै रसमहासं कृत्वा नियतमम्बुदा अहासिषत। वयमधुना तापोपघातपटवः, न यूयमितीव विकस्वरत्वेन हसिता इत्यर्थः। हासो विकासो हसनं च। अहासिषतेत्युपधावृद्धिरात्मनेपदविषयत्वाच्चिण्वद्भावप्रसङ्गाश्च। तस्मात्काननकर्तृ-कोऽसमो हासो यत्र तथा कृत्वा अह कष्टं आसिषतेति योज्यम्।।66।। चन्द्रांशवो भ्रमराणां कुमुदेषु दलयन्त्रणं पत्त्रबन्धमदलयन्बिभिदुः। दवथुः संतापः।।67।। अधिकस्तवनतो रम्यतया बहलस्तुतिभाजो वनतः काननाज्जलाद्वा कमलरजो वातानां समूहः। कुसुमितत्वाद्विरुद्धदर्शना दिशः पिधातुमिव। कुसुमिता रजस्वला अपि।

कुसुममार्तवमुद्वहदुच्छ्वसन्मधुकरीरचितास्थिति काननम्।
न नवमात्तवतां मधुपायिनामलसता लसतामभवत्क्वचित्।।70।।

न खलु बाणगणेन शरासनश्रियमृतोर्दधता वितथाख्यता।
प्रियवियुक्तपुरंध्रिमनोभिदा बलवतालवतापकृता दधे।।71।।

स्थितिरवापि रसक्रिययेव च स्फुटतरागमशोधततारया।
क्षपितकालिकचन्द्ररुचोल्लसत्कमलयामलया शरदः श्रिया।।72।।

प्रसृतमन्दसमीरहतिक्वणत्कणिशराशिशरज्जयघोषणाम्।
चिरमिव व्यधितावनिमण्डलं सकलमं कलमन्द्ररवाकुलम्।।73।।

शरदि हंसगणस्य कुटुम्बिनीरसवितीर्णबिसस्य रिरंसया।
समवगाढुमधौतविनिर्मलं नवसरोऽवसरोऽतिचिरादभूत्।।74।।

सलिलतोन्मदहंसरवाकुलो भवनमार्ग इवातिमनोहरः।
अभृत निष्कुटजां श्रियमुच्चकैः स समयोऽसमयोगशशिप्रभः।।75।।

मधुपशावमपाययदुच्चकैरविशदारवमङ्कविवर्तिनम्।
स्तनमिव स्तबकं व्रततिः स्रवन्निजरसं जरसं व्यतिपेतुषी।।76।।

नुशब्द इवार्थे।।68।। घनानां जालस्य तिरस्कृतिरन्तर्धानं यत्र तस्यां शरदि नदीतटैर्जघनजा कान्तिरतन्यत। शकुनयः खगाः।।69।। उच्छ्वसन्मधु मकरन्दं यत्र, करीरैश्च तरुभेदैश्चिता व्याप्ता स्थितिर्यस्य तादृशं वनं गृहीतवतां भ्रमराणामलसता क्वचिन्नासीत्। कसुममप्युच्छ्वसद्विकस्वरं मधुकरीभ्यश्च रचितस्थिति कृतावस्थानम्। ऋतुः प्राप्तोऽस्य आर्तवम्। 'ऋतोरण्' इत्यण्। लसतां क्रीडताम्।।70।। वितथा निष्फला आख्या प्रतीतिर्येषां तद्भावो बाणाख्यकुसुमसमूहेन शरत्संबन्धिना धृतः। वियोगिमनोभेदनात्। बाणाश्च शराः सूक्ष्मशरव्यभेदका वितथप्रतीतयो न भवन्ति। शरा असनाश्च तरुभेदाः शरासनं च धनुः। अलवं प्रभूतं तापं करोति यस्तेन।।71।। रसः पारदं तत्क्रिया धातुवादस्तयेव शरच्छ्रिया स्थितिरवापि पदं निबद्धम्। आगमः प्रवृत्तिः शास्त्रसंप्रदायश्च। तारा नक्षत्राणि तारं च रूप्यम्। कालिका कलङ्को व्याजश्च (?) ताम्रादिकृतः। चन्द्रः शशी सुवर्णं च। कमलानि पद्मानि, कमला च लक्ष्मीः।।72।। कणिशं सस्यमञ्जरी। कलमः शालिभेदः। कलो मनोहरो मन्दश्च यो रवस्तेनाकुलं कृत्वा।।73।। नवं सरो विलोडयितुं हंसानां गणस्यावसरः प्रसङ्गश्चिरादभूत्। कुटुम्बिन्यः प्रिया हंस्यः।।74।। निष्कुटजाः कुटजरहिताः। कुटजानां वार्षिकत्वात्। निष्कुटा गृहारामास्तेभ्यश्च जाताः। असमोऽनन्यसदृशः। शशिप्रभा योषितोऽपि। शशिनः प्रभा यासामिति कृत्वा।।75।।

सरभसात्मपुरः सरसारसीरसभराप्लुतसारसरासितम्।
सरसकेसरतामरसं सरः सरसतामलिनां रसतां व्यधात्।।77।।

प्रकटताललयं शुकवारणे कलमगोपवधूनवगीतकम्।
मृगगणस्य मनः श्रुतमाक्षिपत्प्रचुरसस्यरसस्य जिघत्सतः।।78।।

स्रुतमदो गिरिकाननवर्त्मनि प्रतिकरीति करीरकुलाकुले।
मरुदयुक्छदसौरभसंभृतः क्षुभितताभिततानकृत द्विपान्।।79।। (इति शरत्)

हिमऋतौ नलिनी नलिनाननश्रियमुदूढमनोरमकर्णिकाम्।
तुहिनरेणुजरागमविप्लवैर्विमलितामलितापकृतं दधौ।।80।।

अतनुशीतपरिप्लवभीतितः सहिममारुतवेल्लितया बभौ।
सपरिरम्भ इवोपवनद्रुमश्चतुरयातुरया लतया कृतः।।81।।

मरुति वाति तुषारकणाकुले कमितुराहितसीत्कृतविभ्रमा।
अभिमुखं वलति स्म धुतस्फुरत्करतला रतलालसया वधूः।।82।।
(इति हेमन्तः)

समय एव गुणोऽप्युपयुज्यते सपरिरम्भरुचिं दयितं स्त्रियाः।
स्तनयुगोष्मभरः शिशिरागमे यदकरोदकरोष्णिमगोपतौ।।83।।

अपाययत्पाययामास। क्वचित् 'अधापयत्' इति पाठः। तत्र 'पादिषु धेट उपसंख्यानम्' इति 'निगरण-' इति प्राप्तस्य परस्मैपदस्य निषेधात्कत्रभिप्राये क्रियाफले 'णिचश्च' इति तङ्। रसो मधु स्तन्यं च। जरसं व्यतिपेतुषी जरामतिक्रान्ता। 'जराया जरसन्यतरस्याम्' इति जरस्।।76।। सरभसेनात्मना हेतुना पुरःसरासु सारसीषु अनुरागभरेण पूरिता ये सारसा लक्ष्मणास्तैर्मुखरितं सरो भ्रमराणां क्वणतां सरसत्वमकरोत्। रसो रागः।।77।। तालाः करयोः परस्परमभिघाताः। तेषां लयः शोभा श्लेषो वा। गीतमेव गीतकं गानम्। गीतकं मद्रकादिविशिष्टं गीतं प्रकटताललयं भवति। तत्र तालाश्चञ्चुपुटचाचपुटादयः। तेषां लयो द्रुतमध्यविलम्बितभेदेन त्रिधा कालान्तरानुवृत्तिः। उक्तं च-'तालः कालान्तरस्थायी द्रुतमध्यविलम्बितः। त्रिधा लय इति प्रोक्तो बदरामलबिल्ववत्।।' इति। प्रचुरे सस्ये रसो यस्य। जिघत्सतस्तदेवात्तुमिच्छतः।।78।। समदः प्रतिगजोऽत्रेति भ्रान्त्या क्षुभितता क्षोभस्तया व्याप्तानिलः कुञ्जरानकरोत्।।79।। हिमऋताविवित्यत्र 'ऋत्यकः' इति प्रकृतिभावः। कर्णिका बीजकोषः कर्णाभरणं च। कर्णौ च श्रोत्रे। विमलिता मृदिता धवलिता च। अत एवालिनां तापकृत्।।80।। शीतबाधभयेनार्तयेव लतया सालिङ्गनः कृतस्तरुः शुशुभे। चतुरया प्रौढया।।81।। रते लालसा रुचिर्यस्याः।।82।। नास्ति कराणामुष्णिमा संतापो यस्य तादृशो

अविरलं घनसारचयैरिव स्फुटितपुष्पपरागकदम्बकै:।
छुरयति स्म मुखान्यभितो दिशामनवरो नवरोध्रमहीरुह:।।84।।

स्थगितदिङ्मुखहैमरज:प्लुतं मधुकर: कमलाकरमत्यजत्।
त्यजति क: प्रकृतोपकृतिं जन: सपदि नापदि नाम मलीमस:।।85।।

अपचितेषु परेषु विषण्णतामुपगतं कुसुमेष्वहमुत्थितम्।
तपसि कुन्दमितीव हसत्क्वणन्मधुकरालिकरालितमभ्यधात्।।86।।

दयितकण्ठगता अपि विस्फुटन्नवलवङ्गसमीरहता: स्त्रिय:।
हिमऋतोरुदकण्ठिषतोदयादरशनै रशनैर्जघनैश्रिता:।।87।।

प्रियवियुक्तवधूहृदयै: समं शिशिरवायुभिरेत्य विकम्पिता:।
कुसुमिता: फलिनीततयो बभुर्मधुरसाधुरसार्थिमधुव्रता:।।88।।

अगणितप्रसवान्तरविप्लवव्यतिकर: स्फुटसौरभमाश्रित:।
अलिरमंस्त महत्तपस: फलं नवलवङ्गलवं गहने गिर:।।89।।

धृतगुरूष्मपयोधरमण्डलीनिबिडपीडितवल्लभवक्षसाम्।
क्षणदया सुदृशां सुरतोत्सवक्षमतया मतया रतिरादधे।।90।।

स्मृतिभुवा हृदि शल्य इवार्पिते दधति दार्ढ्यमतीव च खादिरे।
न रजनीरजनीचरयोषिता जगति का विरहेऽवचखादिरे।।91।।

गोपतिरंशुमान्यत्र।।83।। घनसारं कर्पूरम्। मुखानि वदनान्यपि। अनवर: श्रेष्ठ:।।84।। हैमं तुहिनसंबन्धि। कमलाकर: श्रीप्रदोऽपि। आपदि मलिन: को नाम प्रकर्षेण कृतोपकारमपि न मुञ्चति। 'प्रणयप्रकृतिं' इति पाठे स्नेहकारणमित्यर्थ:।।85।। क्वणतां भ्रमराणां पङ्क्त्याभिव्याप्तत्वादित्थमिव कुन्दं तपसि माघेऽभ्यधात्। हसद्विकसत्।।86।। हिमर्तोरुदयात् अशनैरमन्दं अङ्गना उदकण्ठिषत सोत्कण्ठा जाता:। लवङ्गं पुष्पभेद:। अरशनै: शीतवशान्मेखलाशून्यै:।।87।। फलिनी प्रियंगुलता। साधु: श्रेष्ठ:। मधुव्रता भ्रमरा:।।88।। गिरिगहने भ्रमरो लवङ्गस्य लवमाश्रितस्तपसो माघस्य फलं तमेवाज्ञासीत्। गिरिगहनस्थश्च मुनिस्तपसो व्रतस्य फलं द्वन्द्वसहिष्णुतादि समनुभवति। प्रसवो जन्मापि। सौरभं यशोऽपि।।89।। क्षणदा रात्रि:। तस्या: सुरतोत्सवे क्षमत्वं दार्घतरत्वात्।।90।। रजन्येव राक्षसी तया च का योषितो नावचखादिरे। सर्वा एव ग्रस्ता:। खादिरं शल्यं खदिरदारुमय: कीलक:।।91।। नास्ति लवश्छेदो यस्यास्तादृशी लीला यस्य तद्भावो योषितामासीत्। असमहासमसाधारणहसितं रतं निधवनं यस्यां सा। मधुना पुष्परसेन। सरता प्रवहता। कृत: षट्पदीनां रसमहो रागोत्सवो यया सा लवलीनाम लता च

मृगदृशामभवत्सह वल्लभैरसमहासरतालवलीलता।
श्रियमधान्मधुना कृतषट्पदीरसमहा सरता लवलीलता।।92।।

कोपः क एव दयिते तमिहानयेस्त्व-
मालिं गता नवममन्दरसानुनीति।
तेनागतेन ललना गमिता प्रसाद-
मालिङ्गता नवममन्दरसानुनीति।।93।।

लक्ष्मीं वहन्तमृतुभिर्नगमित्युदंशु-
रत्नस्थलीविकसितामलकेसरागम्।
द्रष्टुं प्रभुर्निरगमल्लुलिते सलील-
मीषत्स्पृशग्निरिसुतामलके सरागम्।।94।।

इति श्रीबालबृहस्पत्यनुजीविनो वागीश्वराङ्कस्य विद्याधिपत्यपरनाम्नो महाकवे राजानकश्रीरत्नाकरस्य कृतौ रत्नाङ्के हरविजये महाकाव्ये ऋतुवर्णनो नाम तृतीयः सर्गः।

चतुर्थः सर्गः।

निर्याय खेचरपुरंध्रिरतोपभोग-
योग्यान्तरोपवनकल्पलतानिकुञ्जम्।
रोचिष्णुरत्ननिकुरम्बनितम्बभाग-
विश्रान्तभास्कररथं स तमालुलोके।।1।।

शुशुभे।।92।। 'दयितं प्रति न कोपो युक्तः, तमानय त्वम्' इत्याशयेन योषिदनवमे श्रेष्ठे मन्दरस्य सानुनि आलिं गता सखीं जगाम। नवमपूर्वं अमन्दरसा बहलानुरागा अनुनीतिः प्रार्थना यत्र तथा कृत्वा च तेन आलिङ्गता संपरिष्वजमानेन सा प्रसादिता।।93।। स्थलीषु विकसिता अमलाः केसरागा बकुलतरवो यस्य तं गिरिं द्रष्टुं सरागमलके गौरीं स्पृशन्नीश्वरो विनिर्ययौ। लुलिते कुटिलीकृते।।94।। इति राजानकजयानकसूनोरलकस्य कृतौ हरविजयविषमपदोद्द्योते तृतीयः सर्गः।।

चतुर्थः सर्गः।

रोचिष्णु भ्राजनशीलम्। 'अलंकृञ्-' आदिसूत्रेणेष्णुच्। निकुरम्बं समूहः।।1।। अहयो मकाराश्च प्राणिभेदाः। अहिमकरश्च सूर्यः। तारावत्प्रस्तारो येषां ते तारा मुक्तामणयः। तत्करनिकरेण। ताराप्रस्तारस्य च तारेण दीप्तिमता किरणोत्करेण दन्तुरा

अभ्याहताहिमकरः स्फुरदच्छतारा-
प्रस्तारतारकिरणोत्करदन्तुरश्रीः।
मूलेन यस्य मथितः सकलोऽम्बुराशि-
रत्युन्नतेन शिखरेण च नाकमार्गः॥2॥

आलोडनाय सुरदैत्यगणेन सिन्धो-
रारोपिते सपदि यत्र कवाटपृष्ठम्।
सस्मार कूर्मपतिरादिवराहपाद-
पीठीकृतस्तदतिभूरिभरस्य नूनम्॥3॥

यस्यातिवेलपरिवर्तविवर्तमान-
तोयेन्धनानलशिखावलयेन दध्रे।
दुग्धाम्बुधौ निरवलम्बननाकमार्ग-
विस्रस्तसूर्यपरिवेषविडम्बकत्वम्॥4॥

बद्धास्पदा गलितनिर्झरघर्मवारि-
निर्धौतगण्डवदना कमठस्य पृष्ठे।
यस्याकुलं सपुरुषायितविभ्रमेव
मूर्तिर्नितम्बवलनेन जहार चेतः॥5॥

यस्याम्बुराशिपयसा सममेव मन्थ-
पीडामिवाभिपतनेन विशङ्क्य गाढम्।
उद्ग्रीवकूर्मविषमश्वसितव्युदस्त-
वीचीनि निर्झरजलानि ययुः प्रतीपम्॥6॥

हसन्ती समुन्नता वा। तारकिरणः सीतांशुः। तस्य चोद्गतैरंशुभिरिरिति वा नाकपक्षे योज्यम्॥2॥ सिन्धुमथनाय यस्मिन्पृष्ठास्थिसमारोपिते कूर्मराजो वराहपादभरस्यास्मरत्। मन्दरभरस्य तत्सदृशत्वात्। सदृशवस्तुदर्शनं च स्मृतिमुत्थापयति। उक्तं च- 'सदृशादृष्टचिन्ताद्याः स्मृतिबीजस्य बोधकाः' इति। भरस्येति 'अधीगर्थदयेशां-' इति कर्मणि षष्ठी। कवाटः कर्परम्॥3॥ अतिवेलं मुहुर्मुहुः। तोयेन्धनो वाडवः। परिवेषो मण्डलम्॥4॥ गण्डा महोपलाः प्राणिभेदा वा। गण्डौ च कपोलौ। वदनमग्रमाननं च। कमठः कूर्मः। आकुलं सभयं सरागं च। पुरुषायितं विपरीतं सुरतम्। यत्र योषित्पुरुषवदाचरति। नितम्बो मध्यभागः श्रोणिश्च॥5-6॥ भर्तुर्मथनव्यथोच्छित्तये पादान्ते यस्य सुरसरिदिवावेष्टत लुठितवती। निर्मोक एव पट्टोऽशुकभेदस्तेन परिवेष्टः

आकृष्टिवेगविगलद्भुजगेन्द्रभोग-
निर्मोकपट्टपरिवेष्टतयाम्बुराशेः।
मन्थव्यथाव्युपशमार्थमिवाशु यस्य
मन्दाकिनी चिरमवेष्टत पादमूले।।7।।

कल्माषयन्सपदि यः पृथुमध्यभाग-
माराददृश्यत नभश्चरचक्रवालैः।
लीलाविवृत्तिपरिमण्डलदुग्धसिन्धु-
शीतांशुबिम्बपरिणाहमृगावचूलः।।8।।

आभोगिनेत्रपरिवर्तनविभ्रमेण
मूर्त्या नितम्बवलनाकुलतां वहन्त्या।
यस्याशनैरविरलोत्कलिकाकलाप-
पर्याकुलं हृदयमम्बुनिधिर्ममन्थ।।9।।

यस्योर्मिभिर्मथनकालविजृम्भिताम्भाः
क्षीरोदसिन्धुरपहस्तितकौस्तुभानि।
न्यासीचकार सुरदैत्यहठापहार-
भीत्येव रत्नपटलानि गुहागृहेषु।।10।।

रोलम्बसंकुलकरालदलारविन्द-
संबद्धहंसवलयामलसिन्धुतोयम्।
सिद्धावरुद्धमणिकंदरगाढरास-
संरम्भघोरहरिणारिघनाभिरामम्।।11।। (भाषासमावेशः)

कल्लोलभङ्गघटितप्रतिबिम्बचक्र-
मैक्षिष्ट यं पृथुनि कूर्मकवाटपृष्ठे।

परिवलनं यस्य तद्भावेन हेतुना। पादाः प्रत्यन्तशैलाः, पादौ च चरणौ।।7।। दुग्धसिन्धुरेव शीतांशुबिम्बस्य परिणाहः परिमाण्डल्यं तत्र मृग एवावचूलं चिह्नं तद्रूपः सुरगणैर्यो विलोकितः। मृगोऽपि मध्यमिन्दोः शबलीकरोति।।8।। भोगी वासुकिरेव नेत्रमाकर्षण-रज्जुस्तस्या समन्तात्। आभोगिनोश्च सविस्तारयोर्नेत्रयोर्दृशोः परिवर्तनं परिभ्रमणम्। नितम्बः श्रोणिरपि। उत्कलिका वीचय उत्कण्ठाश्च।।9।। अपहस्तितोऽभिभूतः। न्यासीचकार निक्षिप्तवान्।।10।। रोलम्बा भ्रमराः। वलयः समूहः। सिन्धवः सरितः।

तुङ्गं विभज्य बहुधेव वपुर्भ्रमन्त-
मालोडनाय जलधेः सुरदैत्यलोकः॥12॥ (युगलकम्)

यस्मिन्भ्रमत्यनुविवर्तनविप्लवार्त-
कूर्माधिराजकरजोद्धृतरत्नखण्डैः।
विच्छायता भुजगराजफणैररुग्ण-
पातालतालुतिमिरैस्तरसाधिजग्मे॥13॥

यस्योन्मिषत्प्रलयमेघघटासहस्र-
विद्युत्करालरसनेन तटीजलार्द्राः।
व्यात्ताननेन फणिनोदधिमन्थगाढ-
खेदादपायिषत कंदररन्ध्रवाताः॥14॥

यस्याचकासति तटीभुवि नीलगण्ड-
शैला निजच्छविविलुप्तरविप्रकाशाः।
क्षीराम्बुधेर्मथनसंभृतकालकूट-
पिण्डा इवोद्धततरङ्गशतव्युदस्ताः॥15॥

श्च्योतत्सु कंदरदरीनिकरान्प्रविश्य
दुग्धार्णवोत्थितसुधारससीकरेषु।
अम्भोभृतः प्रकटपत्त्रपुटालवाल-
लीलां दधुः कृतपदा यदुपत्यकासु॥16॥

कुर्वन्ति यस्य कटकेष्वमलेन्द्रनील-
रत्नस्थलान्युदधिमन्थविघूर्णितस्य।
व्यावृत्तिलोलशिखराग्रविपाट्यमान-
तारापथस्खलितखण्डशतानुकारम्॥17॥

रासः शब्दः। हरिणारयः सिंहाः॥11-12॥ अनुविवर्तनं पश्चाद्भ्रमणम्, तदेव विप्लवो बाधः। तालु गहनमभ्यन्तरं च॥13॥ यस्य कंदररन्ध्रमरुतो विवृतास्येन वासुकिना मथनखेदादपायिषत पीताः। रसना जिह्वा॥14॥ नीला इन्द्रनीलाः। मण्यन्तराणीति केचित्। गण्डशैलाः पृथूपलाः॥15॥ कंदराः कच्छाः। पत्त्रपुटा एवालवालं सेकसलिलाधारः। उपत्यका पर्वतस्यासन्नो भागः। 'उपाधिभ्यां त्यकन्नासन्नारूढयोः'॥16॥ कटको मध्यदेशः॥17॥ दुधाव क्षालितवती। कोलः सूकरः॥18-19॥ सीमा

दंष्ट्रागृहीतगुरुसंभ्रमभूतधात्री-
पर्यस्तकातरतरेक्षणपातपीतम्।
यच्छृङ्गनिर्झरजलस्रुतिभिर्दुधाव
पातालपङ्ककलुषं वपुरादिकोलः॥18॥

स्थूलेन्द्रनीलकटकप्रतिबिम्ब्यमान-
माभाति यस्य शशलक्ष्मनिरुद्धमध्यम्।
क्षीरोदकूर्मपतिपृष्ठमिवादिकोल-
विन्यस्तपादशबलीकृतमिन्दुबिम्बम्॥19॥

यस्यान्धकारनिकुरम्बभिदो नितम्ब-
सीम्नि प्रभाप्रकरशारितदिग्विभागान्।
दृष्टवा मणीन्ग्रहविमुग्धमना निशासु
संचार एव दृशमाशु करोति बाह्यः॥20॥

यो बीजयन्निव निषण्णरथं तटेषु
शून्याम्बरभ्रमणखिन्नमशीतरश्मिम्।
आभाति दूरगतकंदररन्ध्रवात-
पातभ्रमीवलितवारिदतालवृन्तैः॥21॥

प्रेङ्खत्करालकुरुविन्दशिलानितम्ब-
बद्धास्पदं क्षणमशीतमरीचिबिम्बम्।
यस्य त्विषानुमिमते सदृशत्वमाप्त-
मूष्मायमाणमधिसानु कृतप्रतिष्ठाः॥22॥

स्पष्टाभिलक्ष्यरमणीयकुशप्रसूति-
रव्याहता मुनिनिकेतकृतास्पदश्रीः।

अवधिः। ग्रहेषु विमुग्धं ग्रहा एते स्युरिति विप्रलब्धं मनो यस्य स बाह्यस्तदपरिचितो लोको निश्चयोत्पादनाय संचार एव दृशं करोति। यदि संचरन्ति तदामी ग्रहाः, अन्यथा च मणय इति गतावेव दृष्टिमर्पयति। अन्यस्य विशेषस्याभावादित्यर्थः॥20॥ वातस्य पातेनाभिगत्या भ्रमी भ्रान्तिस्तद्वलितैर्जलदव्यजनैः सूर्यमिव समाश्वासयन्नाभाति प्रतिभासते॥21॥ कुरुविन्दः पद्मरागभेदः। त्विषा तुल्यत्वमाप्तमपि रविमनुमिमते तर्कयन्ति। ऊष्मायमाणत्वात्। ऊष्माणमुद्वमन्नूष्मायमाणः। 'बाष्पोष्मभ्यामुद्वमने' इति

सानुस्थितिर्जनकराजसुतेव भास्व-
दङ्कोल्लपल्लवतया श्रियमेति यस्य।।23।।

नक्तं विलग्नधवलग्रहचक्रवाल-
दुर्लक्ष्यसौरभभरानुमितात्मरूपैः।
अभ्यानताः कुसुमराशिभिरुच्छ्वसद्भि-
राभान्ति यस्य कटके कलधौतवल्ल्यः।।24।।

संक्रीडतो विकटरत्नशिलासु चक्र-
चीत्कारताररवपूरितदिक्पुरस्तात्।
यस्याधिसानु रविकूबरिणो भवन्ति
मोघीकृतस्तव गिरः खलु वालखिल्याः।।25।।

आसन्नभानुमसितोपलजालनद्ध-
सोपानतीरनलिनीनतनागयूथम्।
नाकाधिरूढनवनीलतमालवल्ली-
बद्धान्धकारगहनातनुसानुकुञ्जम्।।26।। (पिशाचभाषासमावेशः)

आबद्धवासुकिफणागणफूत्कृताग्नि-
तापस्फुटद्विकटकोटिशिखाश्मकूटम्।
कोदण्डमिन्दुमुकुटः स्वभरक्षमं य-
मादाय दानवपुरीः किल निर्बिभेद।।27।। (युगलकम्)

क्यङ्।।22।। कुशा दर्भाः, कुशश्च सीतासुतः। न विभिः पक्षिभिराहता क्षुण्णा। समुन्नतत्वात्। नास्ति च व्याहतं शीलभ्रमो यस्याः। मुनिनिकेतैः संकेतैः कृता आस्पदानां गृहाणां समृद्धिर्यस्याम्। मुनिनिकेते च वाल्मीकिगृहे कृता आस्पदस्य स्थितेः शोभा यया। भास्वन्तोऽङ्कोल्लानां निकोचाख्यतरूणां पल्लवा यत्र। भास्वति अङ्के च उल्लपन् लवः सुतः तद्भावेन। 'अङ्कोटे तु निकोचकः' इत्यभिधानेषु पाठादङ्कोल्लशब्दस्येह प्रयुक्तिरयुक्तेव लक्ष्यते। असौ तु टकारस्य ल्लादेशे कृते प्राकृत एव प्रयोगमर्हति। तथा च वाररुचं सूत्रम्-'अङ्कोटे ल्लः' इति।।23।। दुर्लक्ष्यमपि सौरभस्य भरादनुमितं स्वरूपं येषाम्।।24।। संक्रीडतः कूजतः। 'समोऽकूजने' इति कूजने प्रतिषेधात् 'क्रीडोऽनु-संपरिभ्यश्च' इत्यात्मनेपदाभावः। कूबरी रथः। वालखिल्या महर्षयो ब्रह्मणः पुत्राः।।25-26।। कोटिशिखासु शृङ्गाग्रेषु। अश्मकूटाः पाषाणराशयः। इन्दुमुकुटो हरः।।27।। स्नुतनिर्झरजलत्वादद्याप्यमुक्तेन ज्याबन्धेन रुचिर इव।।28।। कम्बवो वलयाः।

भेत्तुं पुरासुरपुरीः परमेश्वरेण
बाणासनीकृततनुः प्रतनोत्यभिख्याम्।
योऽद्याप्यमुक्तभुजगाधिपदीर्घभोग-
ज्याबन्धबन्धुर इव स्रुतनिर्झराम्भाः॥28॥

चापात्मनः शशिकलाभरणार्धभाग-
लग्नाद्रिजाकरसरोजनिविष्टमुष्टेः।
यस्योरगाधिपगुणेन घनाभ्यघानि
तत्कम्बुपङ्क्तिरवनद्धतलायमाना॥29॥

भर्तुः स्थितार्धवपुषि स्फुटगाढबन्ध-
ताम्यत्फणीन्द्रफणफूत्कृतकातरापि।
मुष्टिग्रहं गिरिसुता श्लथयन्न यस्य
भावानुरक्तहृदयः कुरुते न किं वा॥30॥

उत्तापितः प्रलयकालविजृम्भमाण-
संरम्भकर्कशकृशानुशिखासहस्रैः।
निर्वापयन्निव नितम्बभुवो विभाति।
योऽद्यापि कंदरमुखस्खलितैर्मरुद्भिः॥31॥

विस्पष्टदन्तरुचयः पृथुगण्डशैल-
शोभा नितान्तविकटोन्नतवंशकुञ्जाः।
यस्याभिरामगुणतां दधति प्रदेशाः
सज्जाटवीरणहिता गजयूथपाश्च॥32॥

तलं गोधा॥29॥ भावेन तत्त्वतः॥30॥ निर्वापयञ्शीतलीकुर्वन्। मुखं वदनमपि॥31॥ वीनां स्पष्टा दन्तेषु पाषाणेषु शिखरसंनिकृष्टेषु बहिर्निर्गतप्रदलनेषु रुचिः स्थानाभिलाषो येषाम्। विस्पष्टा च प्रकटा दशनद्युतिर्येषाम्। गण्डशैलाः स्थूलोपलाः। गण्डावेव शैलौ। कठिनोन्नतत्वात्। वंशो वेणुः पृष्ठनाडी च। कुञ्जो हनुरपि। सद्भिर्जटैर्लतानां मूलानां वा समूहैः। वीरणैः शाकविशेषैस्तृणभेदैर्वा। हिताः प्रीतिसहिताः। तान्वा हिताः गताः। 'हि गतौ वृद्धौ च'। सज्जेभ्योऽटवीषु रणेभ्यश्च हिताः कृतोपकृतयः। गजयूथपा महागजाः॥32॥ खलीनं कविका॥33॥ निरर्गलो निष्प्रतिबन्धः। मेचकं कृष्णम्। लोकपरिवर्तदशा कल्पान्तः॥34॥ कुलायो नीडम्। आमलाद्यास्तरुलताभेदाः।

यस्योत्पतन्प्रतिदिनं सविशेषमेव
नालं विलङ्घयितुमुन्नतिशालि शृङ्गम्।
आयासितारुणकरोर्ध्वविकृष्यमाग-
प्रेङ्खत्खलीनमुखवाजिरथो विवस्वान्।।33।।

यस्याचकासति निरर्गलनीरभार-
भूरिभ्रमद्भ्रमरमेचकमेघचक्राः।
अद्यापि लोकपरिवर्तदशाकृशानु-
धूमाकुला इव गुहागृहरन्ध्रभागाः।।34।।

लीलाविलोलकलकण्ठविहंगकेलि-
कोलाहलाकुलकुलायकुलामलाङ्के।
कक्कोलकन्दकदलीलवलीलवङ्ग-
मालाललामजलमञ्जुलकूलकच्छे।।35।। (भाषाषट्कसमावेशः)

यस्मिन्सलीलमसितोन्नतगण्डशैल-
नागः करोति विकरालकरावमर्षात्।
रक्तातपाभिनवपल्लवभङ्गमर्क-
बिम्बालवालवलयस्य दिनद्रुमस्य।।36।। (युग्मम्)

योऽभ्रंकषं शिखरमुत्कटपद्मराग-
रत्नप्रभापटलपाटलितं बिभर्ति।
सौदामिनीकपिलकेसरमालभारि-
नीलाभ्रपत्रगगनोत्पलनालदण्डम्।।37।।

यस्य प्रभाविपुलहारहितैः स्तनाग्रैः
श्लाघ्या त्रिभिर्वलिमुखैः कृतमध्यशोभैः।
लक्ष्मीं पुरंध्रिजनता मणिमण्डितैति
साधुस्थितिश्च मुनिभिः कटकान्तरेषु।।38।।

मञ्जुला रमणीयाः।।35।। करा रश्मयः करश्च हस्तः।।36।। अभ्रंकषं नभःस्पृक्। 'सर्वकूलाभ्रकरीषेषु कषः' इति खश्। मालभारीति 'इष्टकेषीकामालानां चिततूलभारिषु' इति ह्रस्वः।।37।। प्रभया विपुलैर्हारैर्हितैः सुखहेतुभिः। प्रभाविणा च पुलहाख्येन मुनिना अरहितैः। त्रिभिर्वलीनां त्वक्संकोचानां मुखैरग्रैः श्लाघ्या। तेषां मनोहरत्वात्। श्लाघ्यश्चात्रिर्नाम मुनिर्येषाम्। वलिमुखैश्च परिणामवशाद्वलीवदनैः। मध्यमुदरमभ्यन्तरं

पाश्चात्यभागमवलोकयतां शशाङ्क-
बिम्बस्य लक्ष्ममलशून्यतया परीतम्।
उत्सङ्गसङ्गिमृगतागमिकत्वमेति
तुङ्गेषु यस्य शिखरेषु कृतास्पदानाम्।।39।।

आक्षिप्तचेतसमनुत्तरसानुतर्ष-
सच्चषकान्तरचितस्थितिकेसरौघैः।
उत्तंसनीलनलिनैरिव यो बिभर्ति
लक्ष्मीं नितम्बवलयैः सपलाशचक्रैः।।40।।

यस्योपान्तगतं निशासु नयतः श्यामाश्मरश्मिच्छटा-
संतानैः शिशिरत्विषः पुटकिनीपत्त्रश्रियं मण्डलम्।
चक्रे रत्नतटेषु काननभुवश्चूडाशशाङ्कप्रभा-
संकोचप्रविलुप्तपङ्कजवनच्छाया भ्रमन्धूर्जटिः।।41।।

इति श्रीबालबृहस्पत्यनुजीविनो वागीश्वराङ्कस्य विद्याधिपत्यपरनाम्नो महाकवे राजानकश्रीरत्नाकरस्य कृतौ रत्नाङ्के हरविजये महाकाव्ये मन्दरवर्णनो नाम चतुर्थः सर्गः।

पञ्चमः सर्गः।

तं प्रीतिविस्तारितलोचनोऽथ शैलेश्वरं सादरमीक्षमाणः।
शैलादिना विस्मितमानसेन शशाङ्कचूडामणिरित्थमूचे।।1।।

च।।38।। उत्सङ्गसङ्गी मध्यलग्नो मृगो यस्य तद्भावः शशाङ्कस्यागमिकत्वमेति। आप्तोपदेशादवगम्यते। आगमोऽस्यास्तीत्यागमिकः। 'अत इनिठनौ'।।39।। अनुत्तरेष्वनुत्तमेषु सानुषु तर्षो भ्रमणरुचिर्येषां तैः सद्भिश्चाषैर्विहंगमभेदैः कान्तं कृत्वा रचितस्थितयः केसरौघा बकुलकुलानि येषु। तथा अनुत्तरसेन अनुतर्षेण रसकेण सच्छोभनं चषकसंबन्धि अन्तरं तेन चितस्थितयः केसरौघाः किंजल्कसंहतयो येषाम्। चिता व्याप्ता। पलाशाः किंशुकाः पल्लवानि च।।40।। शशाङ्करुचिकृतेन संकोचेन विच्छिन्ननलिनशोभा वनभुवो यस्य शंभुः परिभ्रमन्नकरोत्। श्यामाश्मान इन्द्रनीलाः। पुटकिनी पद्मिनी।।41।। इति राजानकजयानकसूनोरलकस्य कृतौ हरविजयविषमपदोद्द्योते चतुर्थः सर्गः।।

पञ्चमः सर्गः।

शैलादिर्नन्दी।।1।। एष गिरिः प्रकर्षं ससार ययौ। सह सारसेन सरःसमूहेन

एष ससारससारस्तुलितश्रीः पीतवाससारस सारः।
अनलससारससारः प्रकर्षमद्रिः परं ससार ससारः॥2॥

आबद्धताण्डवशिखण्डिशिखण्डशार-
चामीकरव्रततिमण्डपमण्डनोऽद्रिः।
पश्यैष भाति कृतमेघरवानुकार-
झांकारताररवनिर्झरझल्लरीकः॥3॥

अस्य क्षितिर्नूतनकानना सा न काननासादितभङ्गुरश्रीः।
हरत्यहो बन्धुरतालतालीरता लतालीभृति यत्र भृङ्गाः॥4॥

स्फुटमीश परैरलङ्घ्यधाम्नो दधतो दुस्तरवारितामजस्रम्।
हरिसैन्यसहस्रमर्दभाजः सुभटस्येव न दृश्यतेऽस्य पृष्ठम्॥5॥

आभात्यसौ गजतया समरेष्ववाप्य
सारं भयानकतमेषु सदानयागः।
श्च्योतन्मदार्द्रकटया कटकान्तरेषु
सारम्भया न कतमेषु सदानयागः॥6॥

वर्तते ससारसः। सह आराभिर्धाराभिर्वर्तते सारः। ससारसश्चासौ सारश्चेति विशेषण-समासः। यदि वा स इति लोकप्रसिद्धः पूर्वानुभूतो वाभिहितः सारसः सरः सम्बन्धी सार उत्कर्षो यस्मिन्निति योज्यम्। पीतवासा हरिस्तेन तुलिता प्रकर्षगत्या सदृशीकृता पीयूषाहरणसमये वा परिच्छिन्ना श्रीर्यस्य। हे अरस वीतराग, सह अरैःशृङ्गैर्वर्तत इति सारः। रसेन वा अमृतेन सार इत्कृष्टः। अनलसस्त्वरावान् सारसानां लक्ष्मणानां सारो गतिर्यत्र। सह सारेण दार्ढ्येन अयोभेदेन वा वर्तमानः ससारः॥2॥ झल्लरी वादित्रभेदः॥3॥ बन्धुरतां रमणीयतां लान्ति गृह्णन्ति यास्ताल्यस्तरुभेदास्तत्र रता भवन्ति यत्र भ्रमराः साक्षितिः कान्त्र हरति सर्वानिवावर्जयति। अनासादिता अप्राप्ता। लतालीभृति व्रततिपङ्क्तिधा-रिण्याम्। तालश्चश्चेति तु न युक्तम्। सरूपत्वादेकशेषप्रसङ्गात्॥4॥ परैरन्यौर्विपक्षैश्च। धाम स्थानं तेजश्च। दुस्तरं वारि यस्य। दुष्टश्च रिपुघाती तरवारिरायुधभेदो यस्य तद्भावम्। अजस्रं सदा। हरयो वानराः सिंहा वा तुरगाश्च। पृष्ठमुपरिभूः पश्चाद्भागश्च॥5॥ कटकान्तरेषु सदानयागो दक्षिणाढ्यक्रतुः असौ अगोऽनया गजतया हस्तिसंहत्या सदा भ्राजते। गजानां समूहो गजता। 'गजाच्चेति वक्तव्यम्' इति तल्। भयानकतमेष्वतिभीषणेषु कतमेषु सारं बलं प्राप्य न सारम्भया सर्वेष्वेव सोद्योगया॥6॥ अनिमेषा मत्स्याः सुराश्च। रुक्कान्तिरभिलाषश्च। असिकतिला सिकतारहिता उत्तमा चावनिर्यत्र तद्भावेन। 'देशे लुबिलजौ च' इति सिकताशब्दादिलज्मत्वर्थीयः। रसिका च सशृङ्गरा लितोत्तमाख्या

स्फुरदनिमेषमण्डलरुचा शनकै-
रसिकतिलोत्तमावनितयैष गिरिः।
कटकसरः श्रिया रुचिरया सुमत-
स्त्रिदिवभुवेव नाक्षिपति कस्य मनः॥7॥

भवति नास्य मरुत्प्रलयागमेऽसकलभङ्गुरवेगतयासकृत्।
किमिव न प्रमदाय वनश्रिया सकलभं गुरवेऽगतयासकृत्॥8॥

प्रेयांसमर्कमुपकण्ठगतं विकासि-
पद्माननाः कटकवर्त्मनि पङ्कजिन्यः।
रागादिवालिविरुतैः स्मरकेलिगर्भ-
मत्रानिशं किमपि कोमलमालपन्ति॥9॥

अत्र स्निग्धं नलदविदलनप्राप्ताभिख्येऽतिबलफलवति।
अक्ष्णां चक्रे नवनलिनवनच्छायां धत्ते विभुरमरभुवि॥10॥
(समप्रतिलोमानुलोमार्धपादः)

इह विबुधगजस्य कर्णतालस्खलनसमीरविधूतकुम्भधातोः।
वहति मदनदी परागरक्ता रतगृहभित्तिरिव श्रियं परार्ध्याम्॥11॥

वनिता यस्याम्। सुमतः श्रद्धेयः। असुमतो वा प्राणिनः॥7॥ असकलं कृत्वा भङ्गुरः प्रचलनशीलो वेगो यस्य तद्भावेन कल्पान्तवातोऽप्यस्य असकृन्न भवति। नामु निरस्यतीत्यर्थः। अस्य च वनश्रिया किमिव न प्रमदाय सकजमेव प्रमोदयति। सकलभं गजपोतकसहितम्। गुरवे महते। अगतया नित्यसंनिहितया। असकृद्बहुशः॥8॥ प्रेयान्कामुकोऽपि। उपकण्ठं समीपं कण्ठस्य च समीपम्॥9॥ नलदस्य गन्धमांस्या विदलनमुद्भेदः। 'अतिबलफलवति' इति निर्दोष[1] एष पाठः। अतिबलानि महाप्रभावाणि फलानि सन्ति यस्मिन्। अमरभुवि स्वर्गे विभुरिन्द्रः॥10॥ कर्णाविव तालौ व्यजने। प्रशंसार्थो वात्र तालशब्दः। धातुरत्र सिन्दूरम्। मदनदी तादजलकुल्या। परागो रजः सैनदूरम्। मदनदीपश्च सुरतप्रदीपस्तस्य रागः प्रभा॥11॥ सती जाता पक्षतिर्यस्य तद्भावेन भ्रमरो वनमिदं अनतमांसि दीर्घसल्लकीकं प्राप्य चेतः समावर्जयति। इतश्च लतामण्डपाभ्यन्तरेषु रविः सज्जा संनिहिता आतपक्षतिर्यस्य तद्भावेन तमांसि निरसितुं न समर्थः। पक्षाणां मूलं पक्षतिः। मांसिशब्दः कृतह्रस्वेकारान्तोऽत्र॥12॥ स्फुरिताहिराजः कटको नितम्बं यस्य। अहिराजा एव कटका वलयानि। कुञ्जराजिनं कुञ्जैर्भ्राजनशीलम्।

---

1. आदर्शपुस्तकेऽपि सदोषपाठो नोपलब्धः।

अभ्येत्य काननमिदं हरति द्विरेफः
सज्जातपक्षतितयानतमांसि चेतः।
शक्तो निकुञ्जगहनेष्वमिहर्तुमर्कः
सज्जातपक्षतितया न तमांसि चेतः॥12॥

स्फुरिताहिराजकटकं विकटस्फुटकुञ्जराजिनममुं रभसात्।
अभिवीक्ष्य को न रमतेऽभिमतं जगतां भवन्तमिव शैलपतिम्॥13॥

तालीलतालीललितावतंसः सारावसारावहिताण्डजोऽसौ।
मत्तालिमत्तालि तटं बिभर्ति सानूपसानूपहितोपशोभः॥14॥

गण्डोपलस्खलनजर्जरिताच्छवीचि-
चक्राणिताररवपूरितदिंशि दूरात्।
अस्यैष निर्झरजलानि पिबत्यमन्द-
मध्वश्रमार्त इव तिग्मकरः कराग्रैः॥15॥

विटपिततिरमुष्य नानाफलैरतिशयनमितासकृच्छ्रीमतः।
इह रमयति यं न सीमन्तिनी रतिशयनमिता स कृच्छ्री मतः॥16॥

सविशेषकान्तमलिकालसच्छवि स्फुटपाटलाधरमुदारदर्शनम्।
तटवर्त्म चारुचिबुकोपशोभितं श्रियमेत्यमुत्र वदनं च सुभ्रुवः॥17॥

कुञ्जरस्य च गजस्याजिनं कृत्तिः॥13॥ तालीलतानां पङ्क्तय एवावतंसो यस्य। सारावा मुखराः सारे च गतौ स्वादुनि बिसादौ वा अवहिताः पक्षिणो यत्र। मत्ता अलिनः सन्ति यत्र। तालाश्च तरवः सन्ति यस्मिन्। सानूपैः क्षेत्रभूमिसहितैः सानुभिरुत्पादितशोभः॥14॥ कराः पाणयोऽपि॥15॥ श्रीमतोऽस्य गिरेर्विटपिनां पङ्क्तिः फजैरतिशयेन नमिता। असकृद्बहुशः। इह च रतिशयनं सुरतशय्यामिता प्राप्ता युवतिर्यं जनं न रमयति स कृच्छ्री दुःखवान्मतः॥16॥ सविशेषं कान्तमतिरुच्चिरम्। अलिभिः काली सती छविर्यस्य। पाटजा पुष्पभेदस्तं धारयति यत्। उदारदर्शन-मुत्तमैरवजोकनीयम्। आरुचिभिः सर्वतो भासुरैर्बुकैः पुष्पभेदैरुपशोभितम्। वदनं तु—सविशेषकः सतिलकोऽन्त एकदेशो यस्य तत्। प्रशस्तो वा विशेषको विशेषकान्तः। अन्तशब्दोऽत्र प्रशंसावचनः। यथा—'धूपेन संत्याजितमार्द्रभावं केशान्तमन्तः कुसुमं तदीयम्।' इति। अलिके ललाटे आ समन्ताल्लसन्ती छविर्यस्य। स्फुटपाटलोऽति-लोहितोऽधरो यस्य। उदारे दर्शने नयने यस्य। चारुणा च चिबुकेनाधरस्याधो-भागेनोपशोभितम्॥17॥ तापिञ्छं तमालं तद्वन्मेचकतमा अतिश्यामा अनघाश्चखण्डिता

प्रीतिं न कस्य कुरुते कटके विनिद्र-
तापिञ्छमेचकतमानघनागतारात्।
ध्यानावनिर्दयिततां शुचितामराति-
तापिञ्छमे च कतमा न घना गतारात्॥18॥

अभिमतजनसंगमेऽङ्गनानामनुकृतकोमलसीरिपाणिपद्माः।
इह मनसिजविभ्रमा विभान्ति स्फुटतरलाङ्गलताभिरामरूपाः॥19॥

पश्य नाथ सुरसद्मसंपदां कुं जराजितममुं जपावनैः।
शैलराजमभितो न संकुलं कुञ्जराजितममुञ्जपावनैः॥20॥

क्षिप्तः प्रियापहृतपीननितम्बबिम्ब-
वासोऽङ्गनाकरतलेन विरुग्णनालः।
रत्नप्रदीप इव नीलसरोजकर्ण-
पूरोऽत्र भाति मधुकृन्नवचम्पकाग्रे॥21॥

उत्कयन्ती श्रिया मानसारं जनं कुर्वती रागिणां मानसारञ्जनम्।
अत्र रौत्युन्मुखी हे मता लीलया संहतिः पत्त्रिणां हेमतालीलया॥22॥

स्तननाभिमुखश्रियं दधत्यः सततं सज्जघनावलम्बिशम्पाः।
अवधूतनिशाकरप्रकाशा इह वर्षा इव योषितो विभान्ति॥23॥

नागाः करिणो यस्य तद्भावोऽस्य कस्य न प्रीतिमुत्पादयति। आराद्दूरात्। समाधिभूमिश्च घना शुद्धिं च गता कतमा न शमनिमित्तं दयिततामरात्। सर्वैव प्रियतां ददौ। अरातितापिन्निति भगवन्तं संबोधयति। अत्र नकारस्य शकारे परतः 'शितुक्' इति तुक्। 'शश्छोऽटि' इति शकारस्य छकारः। 'स्तोश्चुनाश्चुः' इति तकारस्य चकारः। नकारस्यानुस्वारपरसवर्णौ। यद्येवमिह चकारस्याभ्यधिकस्य श्रवणात्तुल्यश्रुतित्व-मुपरुद्धमिति यमकता न प्राप्नोति। संयोगान्तजोपाश्चात्र न संभवति। तद्विधौ चकारस्यासिद्धत्वात्। सत्यमेतत्। किं तु व्यञ्जनात्परश्चकारश्छकारसंनिधौ तच्छायाछुरित एवोपलभ्यमानः परभागं नायातीति तुल्यायामक्षरश्रुतौ यमकव्यवहृतिरत्राप्युचितैवेति नास्ति दोषः॥18॥ सीरी हलधरः स्फुटा तरजा चाङ्गलता गात्रयष्टिस्तत्र। स्फुटतरं लाङ्गलं हलं यस्य तद्भावेन च सुन्दरः॥19॥ स्वर्गसंपदां कुं अवनिं, जरया अजितं सततैकरूपं अमुं शैलेन्द्रमाकलय। मुञ्जाख्यैस्तृणैः पावनानि न भवन्ति यानि जपावनानि तैर्न संकुलम्। अपि तु मुञ्जपावनैरेव तैर्व्याप्तम्। अत एव कुञ्जेषु राजितम्। जपा कुसुमभेदः॥20॥ मधु करोति पिबतीति मधुकृद्भ्रमरः॥21॥ मान एव सारः सर्वस्वं यस्य तं मनस्विनीनां जनमुत्कण्ठयन्ती विहगपङ्क्तिरत्र क्वणति।

बिभ्रत्यमूस्तटभुवो मणिचक्रमुच्चै-
रत्रस्नु तास्तव करेणुकरालिताभ्यः।
वल्लीभ्य एव पुरतो मकरन्दवृष्टि-
रत्र स्नुता स्तबकरेणुकरालिताभ्यः।।24।।

मा भूत्सत्रासत्वममीषामिति शङ्कामङ्कस्थानां वत्सलताया दधदद्रिः।
नानारत्नाभीषुवितानव्यपदेशाद्रक्षासूत्राणीव दिशत्येष मणीनाम्।।25।।

वृत्तिः सरोजैर्न विनोदकानां शिलीमुखौघस्य विनोदकानाम्।
अत्राश्रितानल्पकुरङ्गनाभिर्दिवौकसां भाति कुरङ्गनाभिः।।26।।

अस्यानिशं कटकभूमिरनर्गलर्क्ष-
चक्राकुलस्थितिरधःकृततिग्मरश्मिः।
आबद्धकेलिकिलकिञ्चितकामिनीका
धत्तेऽक्षपाकरचितां रजनीव लक्ष्मीम्।।27।।

व्याधश्रेणी नागकुम्भाग्रभङ्गस्थामासक्ता मुग्धमुक्तासमास्था।
आभात्यत्र स्त्रीषु चाटुप्रपञ्चे काली व्यक्तारम्भरक्ताव्यलीका।।28।।

(प्रतिलोमविलोमपादः)

आरञ्जनमावर्जनम्। हे इत्यभिमुखीकारे। लीलया हेतुना मता अभिप्रेता। हेममयीषु च तालीषु लयः संश्लेषो यस्याः।।22।। स्तनयोर्नाभेर्मुखस्य च, स्तनने च गर्जने अभिमुखी श्रीः शोभा। सति जघने, सज्जेषु च संनद्धेषु घनेष्ववलम्बिनी शम्पा यासाम्। शम्पा रशना विद्युच्च।।23।। अत्रस्नु भेदरहितं मणीनां चक्रमेता वनभुवो धारयन्ति। ता इति पूर्वानुभूताः। तवैव च परतोऽत्र लताभ्यो मधुवृष्टिः स्नुता प्रस्नुता। करेणूनामिभानां करैरालिताभ्य उपद्रुताभ्य आकृष्टाभ्यो वा। स्तबकानां च रेणुना करालिताभ्यो भ्राजिताभ्यः।।24।। त्रासो भङ्गः भूतादिभ्यो भयं च। अङ्कस्थाः समीपवर्तिनो बालाश्च ये नात्सङ्गमुज्झन्ति। वत्सलताया इति हेतौ 'विभाषा गुणे-' इति योगविभागात्पञ्चमी। अभीषुवितानो रश्मिपुञ्जः। व्यपदेशो व्याजः।।25।। उदकानामत्र कमनैर्विना न वर्तनम्। अत एवालिवृन्दस्य विनोदकानामावर्जनपराणाम्। दिवौकसामङ्गनाभिरप्सरोभिः श्रिता च कुः पृथिवी भ्राजते। कुरङ्गनाभिः कस्तूरिका।।26।। ऋक्षाः प्राणिभेदा नक्षत्राणि च। किलकिञ्चितं चेष्टाविशेषः। उक्तं च-'शुष्कं क्षणं प्ररुदितं क्षणमश्रुपातः क्रोधो मुहुर्हसितमाशु पुनश्च गीतम्। व्यामिश्ररूपमिह हर्षवशप्रयुक्तमुक्तं जनैः श्रुतधनैः किलकिञ्चिताख्यम्।।' इति अक्षा बिभीतकास्तत्पाकेन रचिताम्। क्षपाकरेण च चितां व्याप्तां विहितां वा।।27।। नागानां

इह चटुलतया विलोचनौघैः स्फुटशितितारकविभ्रमैस्तरुण्यः।
दधति मधुकरैश्चकोरकान्तस्थितिरमणीयतरैः श्रियं नलिन्यः।।29।।

धत्ते विषाणगणमेणकुलं कृतास्थ-
मत्रासमानसमदभ्रमरालताभिः।
प्राप्ता स्थितिश्च मकरन्दभरस्य नून-
मत्रासमान समदभ्रमरा लताभिः।।30।।

इह दृष्टिपथादिवाक्षमास्तरवस्त्यक्तुमधोगतान्निधीन्।
विदधत्युपरि स्थिताः क्षमातलविस्फारितनेत्रचक्रताम्।।31।।

राजत्युर्वी मणिनिकरैः शुभ्रान्ता भ्रान्तानेकत्रिदशगणा वापीनाम्।
पीनां लक्ष्मीमिह दधतीसाध्यानां ध्यानाम्भोभिः क्षतरजसां सेव्यासौ।।32।।

अस्योल्लसत्कुसुमवासनभृङ्गपङ्क्ति-
वेणीलतं मणितटेषु रतिं वितन्वन्।
वल्लीपुरंध्रिपटलं घटिताभिराम-
वृक्षाधिरूढकमुपैति परामभिख्याम्।।33।।

कुम्भदलने स्थाम बलं तदासक्ता शबरपङ्क्तिरत्र राजति। मुग्धासु स्वभावरुचिरासु मुक्तासु आस्था यस्याः। काली कृष्णा। स्त्रीविषये चाटुप्रपञ्चे व्यक्तारम्भं कृत्वा रक्ता प्रसक्ता। अव्यलीका गोत्रस्खलिताद्यपराधशून्या।।28।। स्फुटा शितिश्च श्यामा तारका कनीनिका येषु तादृशा विलासा येषाम्। मधुकराश्च स्फुटशितयः। तार एव तारकश्चोद्भटो विभ्रमो येषां ते तथोक्ताः। चकोराः क्रकरास्तद्वत्कान्ता। पक्षान्तरे चः समुच्चये। कोरकान्तो मुकुलैकदेशः।।29।। अरालताभिः कौटिल्यैः कृतस्थिमिमत्र शृङ्गनिकरं कुरङ्गयूथं धत्ते। अत्रासमानसं निर्भयचित्तम्। अदभ्रं प्रभूतम्। हे असमान लोकोत्तर। समदा भ्रमरा यत्र तादृशी मधुभरस्थितिरत्र लताभिश्च प्राप्ता।।30।। नेत्राणि मूलानि नयनानि च। ये च तरवः क्षितितलविस्तारिमहाजालास्तेषामधो निधिभिरवश्यं भवितव्यमित्युत्प्रेक्षितं दृष्टिपथात्त्यक्तुं निधीनिवाक्षमा इति।।31।। वापीनां श्रियं बिभ्रती भूमिरत्र भ्राजते। साध्या देवनिशेषाः। रजः पांसुरपि।।32।। कुसुमेषु वासना प्रसक्तिः। तेषां च वासनाधिवासः। मणितटा रत्नासानूनि स्वल्पानि मणितानि च। रतिश्चित्तरञ्जनं निधुवनं च। वृक्षाधिरूढकं वृक्षाधिरोहणमालिङ्गनभेदश्च। उक्तं च-'आक्रम्य पादं चरणेन पत्युरूरुं द्वितीयेन समाश्रयन्ती। तत्पृष्ठसक्तैकभुजापरेण दोष्णांसमस्य स्फुटम-श्चयन्ती।। किंचिच्च खिन्नश्वसितं रुतानि वितन्वती चुम्बनलालसैव। ईहेत यद्वृक्षमिवाधिरोढुं वृक्षाधिरूढं तमिहामनन्ति।।' इति।।33।। असौ वनाली वधूषु विषये सरागा जनता

रजोभिरस्मिञ्जनता हरन्ती वधूसरागा नवधूसरागा।
बिभर्ति नो पुष्पततीर्द्विरेफैरसावनालीढरसा वनाली॥34॥

कुतालीभिर्युधमिव गहनामेतामासाद्योच्चैः शितशरशतसंकीर्णाम्।
अस्मिन्नानाफलकवलनसंसक्ता वल्गन्त्येतेदिशि दिशि हरिसैन्यौघाः॥35॥

धत्तेऽब्जिनीमयमलेः शिखरैर्विभिन्द-
न्नाकर्षयोगमधुरभ्रमणावनिं द्याम्।
अभ्येत्य चामुमिह पाटलचन्दनार्चां
नाकर्षयोऽगमधुरभ्रमणावनिन्द्याम्॥36॥

स्फुटकनकावदातरुचयः सहेमताली-
व्यतिकरगण्डकाः प्रतिदिशं हरन्ति नास्मिन्।
न खलु मनः स्तनद्वयसिता नतभुवोऽमूः
शुचिमणिमण्डलीस्तटभुवश्च संदधानाः॥37॥

स्थितिं लभन्तेऽस्य न दूरमुज्झिता निरुद्धतापायतयोपरि ग्रहाः।
भजन्ति दिव्याश्च नितम्बकाननं निरुद्धतापा यतयोऽपरिग्रहाः॥38॥

हरन्ती कुसुमपङ्क्तीर्धारयति। रजोभिर्नवा धूसराश्चागास्तरवो यस्याम्। भ्रमरैश्च नो अनालीढरसा अपि त्वास्वादितरसा एव॥34॥ हरयो वानरा अत्र वल्गन्ति। तालीभिस्तरुभेदैर्गहनां कुमुर्वीमासाद्य। युधमिव। तामपि कुन्तालीभिः प्रासपङ्क्तिभिर्गहनां संकटाम्। शिताः परिपाकशून्यतया श्यामास्तीक्ष्णाश्च। फलानां कवलनं ग्रासः। फलकानां च खेटकानां वलनं चालनम्। नानाफलका वादित्रस्वरोपेता योधास्तेषां वलनं चेष्टनम्। हरयोऽश्वा अपि॥35॥ अलेः शिलीमुखस्य आकर्षयोगः सौरभवशादाहरणयुक्तिस्तेन मधुरस्य भ्रमणस्यावनिमास्पदं नलिनीमेष धत्ते। द्यां दिवम्। अमुं चागमागत्य नाकर्षयो नारदाद्याः सुरर्षयो रक्तचन्दनचर्चामभ्रमणौ सूर्येऽधुर्धारयन् दत्तवन्तो वा। अनिन्द्यामुत्तमाम्॥36॥ ताडी कर्णाभरणभेदस्तालीतरुश्च। गण्डौ कपोलौ गण्डाश्च महान्तो मुक्तापाषाणाः। स्तनयोर्द्वयेन सिता बद्धास्तत्र वा चन्दनेन धवलाः। पक्षान्तरे स्तनद्वयसि कूजत्पक्षिणि इति गिरिविशेषणम्। ता इति प्रकृष्टाः॥37॥ अस्योपरि ग्रहा नावतिष्ठन्ते। यतो निर्गत उद्धतेन गिरेरुच्छ्रायेणापायो विश्लेषो येषां पद्भावेनोज्झिताः। उन्नतिवशादुपरिभागादपेता इत्यर्थः। उद्धतमिति भावे क्तः। निरुद्धस्तापः सांसारिकं दुःखं यैः। अपरिग्रहा मुक्तसङ्गाः॥38॥ उदभार इति 'मन्थौदन-' इत्यादिना उदकशब्दस्योदभावः। बर्हिणो मयूरः। 'फलबर्हाभ्यामिनच्'। विदूरो

अस्योदभारभरमन्थरमेघचक्र-
गम्भीरताररवनर्तितबर्हिणायाम्।
साम्यं कला कटकवर्त्मविदूरभूमा-
वुद्भिन्नया व्रजति रत्नशलाकयेन्दोः॥39॥

इह कान्तिरुन्मिषति कामली लासकृ-
न्मृगचक्षुषां रचितकामलीलासकृत्।
क्रियतेतरां रतिरनुत्तरा गायता।
मधुपेन चानिशमनुत्तरागायता॥40॥

विकटकटकभित्तिभागनुन्नाः क्षितिभृदसाववकाशलाभशून्याः।
दिश इव शरणागता बिभर्ति त्रिदशवधूर्मणिकंदरोदरस्थाः॥41॥

मन्दाकिनीजलरयैर्हरिताभिराम-
रम्भोऽजरागम स कृत्स्नपितः सहेऽलम्।
पश्यैष सानुवनवर्त्मनि बिभ्रदद्रि-
रम्भोजरागमसकृत्स्नपितः सहेलम्॥42॥

घटितार्जुनबाणचक्रवालां जनताश्चर्यकरीं तवेव मायाम्।
कटकक्षितिमेष नाथ धत्ते घनसच्छायकिराततताभिरामाम्॥43॥

रमणीयतया वियोगिनां प्रथमानङ्गविकारतापदम्।
अमुमाप्य न कामिनी श्रियां प्रथमानं गवि का रता पदम्॥44॥

वालवायगिरिः॥39॥ कामजी पद्मजा कान्तिर्- त्रोल्लसति। मधुपेन च गायता स्त्रीणां लासकृदुल्लासजननी रतिः सौख्यमसकृद्विधीयते। कामलीला रतिक्रीडा। अनुत्तरा लोकोत्तरा। अनुत्तेन चाक्षुण्णेन रागेण चायता दीर्घा॥40॥ नुन्नाः प्रेरिताः। 'नुदविद-' इत्यादिनात्र वैकल्पिको नकारः॥41॥ हे अजरागम नित्यतरुण, तथा कृत्स्नपितः विश्वजनक, एष गिरिरम्भोजानां रागमसकृद्विभ्रज्जाह्नवीसलिलवेगैः स्नपित इति सहेलमवहेलया विलोकय। वास्यार्थस्यात्र कर्मत्वम्। रम्भाः कदल्यः। अलमत्यर्थम्। सहे भरक्षमे॥42॥ घटितमुत्पन्नमर्पितं च। अर्जुना बाणाश्च तरुविशेषाः। अर्जुने च पार्थे बाणाः शराः। घनैर्मुस्तैर्भक्षितैः सच्छायाः किराः सूकरास्तैराततामभिरामां च। घनसच्छायो मेघवर्णो यः किरातः शबरस्तद्भावेन रम्यां च॥43॥ श्रियां पदं गवि च भूमौ प्रथमानं अमुं प्राप्य का कामिनी न रता। सर्वैव क्रीडिता। प्रथमोऽभिनवः प्रधानं वा अनङ्गविकारेण स्मरक्षोभेण यस्तापस्तं ददाति यः॥44॥ पद्माकर एव

उत्तस्थुषः प्रविगलन्मकरन्ददान-
बिन्दोर्मनोभवजयद्विरदस्य पङ्कात्।
पद्माकरस्य नवकुड्मलदन्तकोष-
लग्नं द्विरेफवलयं तनुतेऽत्र लक्ष्मीम्।।45।।

इहाङ्गना का प्रमदं प्रियस्य नाधादसंरम्भरसं दधाना।
चेतः स्थिता कल्पलतानिकुञ्जे हेलामतारब्धरतामलाहे।।46।।
(प्रतिलोमानुलोमपादः)

इह नितम्बभुवो भुवनातिगां स्थितिमुपेयुषि तारघनत्विषः।
कुमुदिनीहृदयंगमविभ्रमा दधति चन्द्रमसारचितां श्रियम्।।47।।

गीतैः प्रनृत्यति पुरस्तव पश्य मिश्र-
केशी करालवलया बलितालसद्भिः।
दन्तीन्द्रदानपयसः पवनैस्तटेऽस्य
के शीकरा लवलयावलिता लसद्भिः।।48।।

कामस्य जयगजस्तस्य कुड्मलमेव दन्तास्तत्कोषलग्नमलिवलयं शोभां तनोति। कोषोऽभ्यन्तरं प्रतिमा च। वलयं समूहः कटकश्च। करिणो हि दन्तप्रतिमायां कटकेनोपरि कान्तिहेतुना भवितव्यम्। पद्माकरस्य च पङ्कादुत्थानम्। पद्मानामुत्थिततत्वात्तद्वारकम्(?)। उत्तस्थुष इति क्वसोश्छन्दसि विधानाद्भाषायामयं प्रयोगः प्रमादज इत्याहुः। अन्ये पुनश्छन्दसि लिटः 'छन्दस्युभयथा' इति सार्वधातुकत्वात्क्वचिदतिदेशिकेन क्वचिच्च तथाविधेन कित्त्वेनाभिमतलक्ष्यसिद्धेः कानचः कित्करणमपार्थकमिति तत्सामर्थ्येनास्य भाषायामपि प्रयोगाभ्युपगमादेतज्जातीयकस्य क्वसोरप्येवमादौ तद्विषयतां प्रतिपेदिरे। उक्तं च–'कानच्क्वसु किकिनौ यङ्लुगिति भाषायां प्रयोगदर्शनात्' इति।।45।। हे अमलाहे निर्मलालङ्कारभुजग, नास्ति संरम्भे क्रोधे रसो यस्य तादृशं चित्तमुद्वहन्ती का युवतिर्वल्लभस्य हर्षमिह नाधात्। सर्वैवाकरोत्। हेलया मतं सदारब्धं रतं यया।।46।। तारं रूप्यं ताराश्च मुक्तामणयः। तैस्तद्वच्च घनशोभाः। कुकुदिनीभिः कुमुदिनीवच्च हृदयङ्गमो मनोहरः। अत्र 'गमेः सुपि' इत्यौपसंख्यानिकः खच्। चन्द्रेण सुवर्णेन मसारैश्च मणिभेदोश्चिप्तां व्याप्ताम्। चन्द्रमसा च रचितां कृताम्।।47।। बलिनो महान्तः। तालाश्चञ्चुटादयस्तैः सद्भिरतिमनोहरैर्गीतैः सह मिश्रकेशी नाम सुरयोषिन्नृत्यति। करालवलया भास्वरकटका। कराला भास्वती वलयानामालिर्यत्र तादृशैस्तालैः करयोरन्योन्यमभिघातैः सद्भिरिति वा योजना। जसद्भिः पवनैश्च दानपयसः शीकराः के

व्याप्तवतोऽस्य दीर्घविकटैर्मणिशिखरशतै-
रूर्ध्वमशेषमण्डशकलं सरसिरुहभुवः।
अस्तमितावकाशघटना कटकभुवमसा-
वम्बरदेवतेव शबरी भजति शिखरिणः॥49॥

एति सिद्धमिथुनं रसवत्तामत्र सन्मणितमोहनमारात्।
शृङ्गमस्य निकरं च कराणामत्रसन्मणि तमोहनमारात्॥50॥

निर्धूतदीर्घतरवालधिचामरौघ-
लक्ष्मीभृतोऽनुकृतराजगृहाः सलीलम्।
क्रीडन्ति निर्झरजलैः सकरेणवोऽत्र
नागा नगे सकलधौतकरालकुम्भाः॥51॥

भ्रमणाकुलाः स्फुरदद‍भ्रमणाविह ता नभोयुवतयोऽविहताः।
न लसन्ति संप्रति महानलसं सकलाः प्रियैर्ललितहासकलाः॥52॥

घटितविकटसप्तपत्त्रचक्रे घनपदवीरुधि नाथ सिद्धसाध्याः।
स्थितिमिह विदधुर्युयुक्षमाणा मणिशिखरे कटके च सिद्धसाध्याः॥53॥

नृत्यन्गिरा सुरवधूजन एति तृप्तिं
न ग्रामरागमतया सविकारहस्तः।
श्लाघ्ये चलन्ति न जनाश्च सजानयोऽस्मि-
न्ग्रामरागमतयासविका रहस्तः॥54॥

लवलयावलिताः। सर्वे प्रभूतशोभा एव॥48॥......................वेष्टिता मणयो यस्य तादृशं शिखरं.....॥49॥ चास्य कराणां निकरं आरात् आददौ। अत एव आरात् दूरादेव तमोहनं तिमिरघातकम्। तमो हन्तीति काजसामान्ये 'क्विप् च' इति क्विप्। अत्र च भूतकालो वाक्यार्थो न पदार्थ इति पदसंस्कारसमये तस्याभावात् हन्तेर्भूते क्विप् इति 'ब्रह्म-' आदिसूत्रेण नियमो न प्रवर्तते॥50॥ वालधिः पुच्छम्। लक्ष्मी शोभा विभूतिश्च। करेणुः करिणी। सकलं कृत्वा धौताः कुम्भाः कवाटा येषाम्। सह च कलधौतकुम्भैः कनकघटैर्वर्तन्ते॥51॥ स्फुरन्तः स्थूला मणयो यत्र तस्मिन्। इह अविहता वीतभीतयस्ताः सुरयोषितः प्रियैः सममनलसं न लसन्ति। अपि तु मन्थरमेव क्रीडन्ति। कला मधुराः॥52॥ सप्तपत्त्रः सप्तसप्तिः। सप्तपत्त्राश्च सप्तपर्णवृक्षाः। चक्रं रथाङ्गं समूहश्च। घनपदवी मेघमार्गस्तां रुणद्धि यत् घनपदाश्च निबिडस्थितयो वीरुधो लता यत्र। सिद्धं साध्यमभीष्टं फलं येषाम्। युयुक्षवो

एतत्पश्याम्यद्रिपतेः शृङ्गमुदूढप्रेमोद्रेकैः किंपुरुषैः सेवितमारात्।
शोभोत्कर्षं धातुभिरव्याहतरूपैर्धत्ते वीणावाद्यमिवानेकविधैर्यत्।।55।।

सरागमयुतायुताप्रतिसमासमाप्तमदपादपाश्रितखगा।
स्फुरन्मणिविभा विभाति सकलाकलापिरहिता हितास्य च तटी।।56।।

बिभ्राणमर्धविनिमीलिततारकत्व-
मुत्सारितातनुतमः स्फुटदृष्टतत्त्वम्।
अस्य प्रभातमिव संयमशालि पश्य
सानूरुधाम मुनिमण्डलमेतदद्रेः।।57।।

वार्धकक्षीणशक्तिर्गतौ तापसस्तापसीदत्तमालम्बनं याचते।
अत्र पश्य क्षितिं संततानाग्रतस्तापसीदत्तमालं वनं या च ते।।58।।

स्थायित्वं क्वचन भजत्यसौ नगेऽस्मिन्संचारी भवति पुनः क्वचित्सरागः।
आरोही क्वचिदवरोह्यपि क्वचिच्च श्रद्धेयो मृग इव चित्रवर्णशोभः।।59।।

मुमुक्षवः। स्त्रीभिश्च सह रिरंसवः। सिद्धाः साध्याश्च देवविशेषाः।।53।। ग्रामरागेण षड्जकैशिकेन कैशिकमध्यमेन वा मतया गिरा सविकारौ करौ यस्य सः। गीतानुसारेण कराभिनयं कुर्वन्नित्यर्थः। अग्रेसराणा[ममराणा]मागम अपसर्पणं यस्य तद्भावेन हेतुना श्लाघ्येऽत्र जना रहस्त एकान्तान्न चलन्ति। तत्रैव संनिधीयन्त इत्यर्थः। आसविका आसवपानमेव येषां प्रयोजनमित्यार्हीयष्ठक्।।54।। किंपुरुषैरिति 'पुमान्स्त्रिया' इत्येकशेषः। धातवो गैरिकादयो विस्तारादयश्च वाद्यप्रकाराः। 'विस्तारः करणश्च स्यादाविद्धो व्यञ्जनस्तथा। चत्वारो धातवो ज्ञेया वादित्रकरणाश्रयाः।।' रूपं लक्षणमपि।।55।। सरागा मयवः किंनरा यत्र तद्भावेन युक्ता। अप्रतिसमा लोकोत्तरा। एसमाप्तमदाश्च पादपाश्रिताः खगाः पक्षिणो यस्याः। विभा कान्तिः। अकलापीत्यकारप्रश्लेषः।।56।। तारकाः कनीनिका नक्षत्राणि च। तमो मोहोऽन्धकारश्च। तत्त्वं पारमार्थिकं रूपं तत्त्वानि घटादयः पदार्थाः संयमाः त्रयम् (?) एकत्र ध्यानधारणासमाधिलक्षणं संध्यावन्दनादिकम्। अद्रेः सानव एव तत्र वा उरु धाम स्थानं यस्य। सह चानूरोररुणस्य धाम्ना तेजसा वर्तते।।57।। तापस्या तत्तमालम्बनं कराश्रयणं तापसो याचते। गमनं प्रत्यशक्तत्वात्। तापेन सीदन्तस्तमाला यत्र तादृशं वनं या तवाग्रतः समतनोत् तां च क्षितिमालोकय।।58।। इह स्थायित्वादिना रूपेण मृगः श्रद्धेयो मनोहरः चित्रवर्णशोभः शबलश्रीः। कृष्णसारत्वात्। चित्राख्ये च गीतमार्गे वर्णः कश्चित्स्वरधर्मः तद्वच्छोभा यस्य सः। तस्य रागेण ढक्करागादिना वर्तमानस्य स्थाय्यादिभेदेन चतूरूपत्वमेव। उक्तं च–'आरोही चावरोही च स्थायिसंचारिणौ

सिंहः कराहतिभिरत्र न दन्तिनां स्म
हेलालसाभिरपिनड् बलतोऽधिपं कम्।
नोत्तीर्यते महिषसंहतिभिर्दिवापि
हेलालसाभिरपि नड्वलतोऽधिपङ्कम्॥60॥

गजदर्शमुपाश्रितक्रुधोऽमी दधते हस्ततलस्थमेव सिंहाः।
स्फुटमत्र यशस्तदीयकुम्भक्षितिलग्नामलमौक्तिकापदेशात्॥61॥

मधुलिहामिह पुष्परसैर्लता नवसुधामधुरा शुशुभेतराम्।
विविधरत्नचितास्तटसानवो न वसुधामधुराशु शुभेतराम्॥62॥

गण्डूषशीधुसमकालनिपीतनारी-
निःश्वाससौरभविशेषकृताधिवासान्।
आमोदसौरभमिवोद्गिरतोऽभिभूत-
पुष्पान्तरानिह विलोकय केसरौघान्॥63॥

मदच्छटामोदसुगन्धिताशमहानिशान्ताविह सन्ति नागाः।
मिथश्च पुष्पैर्न मनोज्ञलक्ष्मीमहानिशान्ता विहसन्ति नागाः॥64॥

मधुमदविवशा वधूर्गिरोच्चैरसकलशीभरतान्ततां वहन्त्या।
इह कपटपुरंध्रिवेषलक्ष्मीपतिकरपद्मभुवेव भाति भर्तः॥65॥

तथा। वर्णाश्चत्वार एवैते ह्यलंकारस्तदाश्रयः॥ स्थिराः स्वराः समा यत्र स त्वारोहीति संज्ञितः। यत्र चैवावरोहन्ति सोऽवरोहीति कीर्तितः॥' इति॥59॥ सिंहोऽत्र करप्रहतिभिः करिणामधिपं कं न बलतः पौरुषेण न अपिनट्। सर्वमेव पिपेष। हेजा अवज्ञा तया लसाभिर्लसन्तीभिरलसाभिर्वा मन्थराभिः। अधिपङ्कं कर्दमे लालसाभिरभिलाषिणीभिर्महिपाणां संहतिभिरपि दिवा नाड्वलतः सरस्तो नोङ्गीयते स्म (नोत्तीर्यते स्म) नोत्थितम्। हे इत्यभिमुखीकारे। यदि वा अलालस वितृष्ण। अधिपङ्कं स्थिताभिराभिरपि महिषसंहतिभिरिति योजना। स्मशब्दो भिन्नक्रमः॥60॥ गजदर्शं सर्वं गजमेवावलोक्य। 'कर्मणि दृशिविदोः साकल्ये' इति णमुल्॥61॥ पुष्पाणां रसैरलिनां नवसुधावन्मधुरा लता शुशुभेतरामतीवाराजत। तटाः सानवश्च समा भागाः। तेषां यथाक्रमं बुध्नोपरिगतत्वेन भेदः। ते शुभेतरामशुभां वसुधां नाधुः शुभामेवावहन्। आशु। रत्नैश्चितत्वात्॥62॥ शीधु मद्यम्॥63॥ अहानिः अनश्वरी शान्तिर्मुनीनामुपशमो यत्र। तस्मिन्निह नागाः करिणो मदामोदेन सुरभीकृताशं कृत्वा सन्ति वर्तन्त। लक्ष्म्याश्च महान्तो निशान्ता अन्तःपुराणि अगास्तरवः परस्परं कुसुमैर्न हसन्ति न।

व्याप्य स्थितः कनककूटभुवान्तरिक्ष-
माभाति कर्कशशिलाञ्छितया सदृक्षः।
प्रीतिं भवानिव दिशञ्जटया नगोऽय-
माभाति कर्कशशिलाञ्छितयासदृक्षः॥66॥

मदविपाटलकान्तिरसावितः कलकलाकुलिताखिलदिङ्मुखाम्।
अलिततिं यमुनाजलवेणिकामिव रसादिह कर्षति लाङ्गली॥67॥

अत्र विभाति जलग्रहहेतोः काञ्चनवप्रसरो नमदभ्रे।
प्रेम्णि वधूं रमयत्यपि कान्तः कां च नवप्रसरोनमदभ्रे॥68॥

बिम्बागतामलरुचिग्रहचक्रवाल-
कल्माषितस्फुरितनीलशिलानितम्बः।
आलक्ष्यपाण्डुरपृष्ट्कचमूरुचर्म-
संवीतमध्य इव नक्तमयं विभाति॥69॥

असौ घनततीर्न दीर्घनमिता नदीर्घनमिता जहाति नभसः।
स्थितिर्जलरुहामहासरसिका महासरसि का विभाव्यत इतः॥70॥

अदृष्टपूर्वा अपि खेचरौघैरलंकृताः काञ्चनमेखलाभिः।
धत्तेऽवरोधप्रमदा इवासावधिष्ठिताः कञ्चुकिभिर्गुहोर्वीः॥71॥

अति तु हसन्त्येव॥64। असकला मदवशादव्यक्तवर्णा शीभरा मनोहारिणी तद्भावस्तत्ता ताम्। 'त्वतलोर्गुणवचनस्य' इति पुंवत्। ततां। विस्तीर्णाम्। रसः पीयूष-स्तत्कलश्याश्च भरेण तान्ततां खेदम्॥65॥ कूटं शिखरम्। तद्भुवा अयमाभाति। भवानिव जटया। कर्कशाभिः शिलाभिः। आञ्छितया निबद्धया। सन्तः ऋक्षाः प्राणिभेदा यत्र सः। आभया अतिकर्केण अतिधवलेन शशिना लाञ्छितया लक्षितया। असदृक्षोनन्य-सदृशः॥66॥ मदो विकासः क्षीबता च। वेणिका प्रवाहः। रसो मकरन्दमपि। लाङ्गली नामौषधिर्हलधरश्च॥67॥ काञ्चनवप्रे स्वर्णसानुनि सरोऽत्र भ्राजते। जलं ग्रहीतुं नमदभ्रे अवतरज्जलदे। अदभ्रे च महति प्रेम्णि सति दयितः कां वधूं प्रसरेणोनं कृत्वा रमयति। न कांचित्। पूर्वमत्पूर्णामेव सर्वां रमयतीत्यर्थः॥68॥ बिम्बागतं प्रतिबिम्बितम्। नीला इन्द्रनीलमणयः। पृषट्कास्तिलककाकारा बिन्दवः। 'पृषत्क' इति पाठे पृषच्छब्दो बिन्दुवचनः। 'कप् च' समासान्तः। चमूरो मृगविशेषः॥69॥ नभसो दीर्घं नमिताः कृष्टा नदीश्च घनं मुहुः इताः प्राप्ताः। घनानां पङ्क्तीरेष नोज्झति। इतोऽत्र महासरसि सरोजानां स्थितिः अहासरसिका विकासानभिमुखी का। सर्वा विकस्वरैवावलोक्यत इत्यर्थः॥70॥ मेखला नितम्बो रशना च। कञ्चुकिनः

लक्ष्मीरमुष्य सकलातिशयं सुरेश
सारा ससार सरसासुरसौरसंसत्।
धत्तेऽब्जिनीषु च विराजितमग्रवर्त्म
सारासससारसरसासु रसौरसं सत्॥72॥

कुसुमैः कृतवासनः समन्तादपनिद्रत्वमुपेयिवद्भिरस्मिन्।
श्रुतिमन्त्रगणाभिरामरूपैर्नववौषट्पदशोभिभिः समीरः॥73॥

गतिक्रमोऽमुत्र बिभर्ति सुभ्रुवामनुत्तरो मन्थरताभिरामताम्।
श्रियं मृगीभिः प्रतनोति यः परामनुत्तरोमन्थरताभिरामताम्।74॥

क्ष्माभर्तुरस्य कटको विकटः सपीलु-
पाल्याकुलः सहरिसैन्यशतावमर्दः।
लक्ष्मीं विकासघटनां नयति व्युदस्त-
नानाधिकामचरमागधराजितश्रीः॥75॥

इह रूढमदोज्झति न भ्रमरी नवगुच्छलतां सरसा मधुना।
स्थितिबन्धमिवैष रवैश्च सुरानवगुच्छलतां सरसामधुना॥76॥

सर्पाः सौविदल्लाश्च॥71॥ अस्य सकला लक्ष्मीरतिशयं ससार प्राप्तवती। सारा स्थिरा। अयं चाब्जिनीषु विभिः पक्षिभिर्विशेषेण वा राजितत्वादग्रवर्त्म सच्चारु वहति। सरसा शृङ्गारिणि असुराणां सौरस्य च सुरसमूहस्य संसत् सभा यत्र सः। सारसाः सशब्दाः सारसा लक्ष्मणास्तेषां रसासु भूमिषु तेषां रसो वा यासु। रसौरसं सहजजलम्। औरसौऽकृत्रिमः॥72॥ श्रुतिर्वेदः। अत्र समीरो न ववौ। अवहदेवेति काकुप्रयोगः। यदि वा न ववौ न जगाम। संनिहितोऽभूदित्यर्थः। षट्पदा भ्रमराः। नवं चारु वौषट्पदं वौषडिति शब्दः॥73। अनुत्तोऽपरित्यक्तो रोमन्थश्चर्वितचर्वणं तत्र रताभिर्मृगीभिरा समन्तान्मतां श्रियं यो गिरिस्तनुते। तत्रात्र वधूनां गतिक्रमो मन्थरतया अभिरामतां धत्ते। अनुत्तरोऽनन्यसदृशः॥74॥ क्ष्माभर्ता महीपतिरपि। कटकः स्कन्धावारोऽपि। पीलूनां तरुभेदानां पाल्यः पङ्क्तयः। पीलुपानां गजपतीनां तदारोहाणां वा आल्यः। ता एव (?)। हरयः सिंहास्तुरगाश्च। सैन्यं वृन्दम्। लक्ष्मीः शोभा विभूतिश्च। व्यपास्ता नानाविधा आधयो द्रष्टॄणां मनःपीणा ययेति लक्ष्मीविशेषणम्। कबत्र समासान्तः। अचरमा मुख्या अगास्तरवो यत्र तादृशा धरया भुवा जितश्रीराक्रान्तशोभः। अचरमागो वा धरैरन्यैः पर्वतैरजिता श्रीर्यस्य। तथा व्यपास्तनानाधयः कामचराश्च यदृच्छागता मागधा बन्दिनस्तै राजितश्रीः शोभितविभूतिः॥75॥ मधुना मकरन्देन सरसा व्यसनिनी भ्रमरी नवगुच्छां लतां न त्यजति। एष चाधुना

अविरलवनमाल एष बिभ्रत्प्रकटमदारचितां सुरेश लक्ष्मीम्।
हलधर इव तुङ्गताललक्ष्मा हरति मनः स्फुटलाङ्गलीयशोभः॥77॥

व्याप्य स्थितेऽत्र शिखरैर्नवरत्नभाभि-
रभ्रंशरास न सहायतयाग्रहस्तैः।
घ्नद्भिर्मृगान्गजतया विजहे किरातै-
रभ्रं शरासनसहायतयाग्रहस्तैः॥78॥

अविपन्नरागमुपपन्नसौष्ठवं स्फुटवर्णपाटवमनेकमार्गगम्।
श्रुतिपेशलस्वरमिहालिमण्डलं श्रियमेति गेयमिव जातिसंश्रयम्॥79॥

व्याप्य सः स्थितिमगात्सरिताढ्यः सानुनासिकतयाभ्रमरीणाम्।
शिञ्जितस्य स हरत्ययमद्रिः सानुनासिकतया भ्रमरीणाम्॥80॥

अस्यातितुङ्गशिखरोन्नमितं विदूर-
पाताकुलत्वमिव बिभ्रदधित्यकायाम्।
प्रेङ्खद्विदूरजमणिप्रकरप्रकाश-
व्याजान्नितम्बतटमम्बरमाललम्बे॥81॥

समदः कटकारविन्दिनीनां नवमं केसररेणुना सनादः।
रचितं दधदङ्गरागमेको नवमङ्के सर रेऽणुनासनादः॥82॥

सांप्रतमुच्छलतामुद्गच्छतां सरसां रवैः स्थितिबन्धमिव सुरान् अवक्। बध्नीतात्र स्थितिमितीवावोचत्। अवगिति वचेर्लङि॥76॥ वनमाला स्रग्विशेषोऽपि। मदारैर्मरकतभेदैश्चितां मदेन चारचिताम्। ताल उभयत्रापि तरुविशेषः। लाङ्गली नामौषधिः, लाङ्गलं च हलम्॥77॥ हे अभ्रंशरास अविनश्वरशब्द ब्रह्मस्वरूप, अत्र शिखरैरभ्रमाकाशं व्याप्तवति शरासनसहायतया धनुर्मात्रसहायत्वेन अग्रहस्तैः प्रशस्तकरैः गजसमूहेन सह हरिणांश्च ताडयद्भिः किरातैराग्रहो न विजहे निर्बन्धो न मुक्तः। आयतया दीर्घया। तैरिति॥78॥ प्रकृष्टो रागः कैशिकादिरपि। सौष्ठवं तालादेरनिर्गमोऽपि। वर्णः कालिमा स्थाय्यादिश्च। मार्गाश्चित्रवार्तिकदक्षिणा अपि। श्रुतौ श्रोत्रे। श्रुतिभिश्च स्वरारम्भकैर्ध्वनिविशेषैः सुभगः स्वरः शब्दः षड्जादिश्च यस्य। जातिर्मालती जातयश्च षड्जमध्यमाद्याः॥79॥ असिकतया निर्वालुकया सरिता समृद्धो यः सानुना तटेन उन्नतत्वादभ्रमाकाशं व्याप्य अरीणामनश्वरीं स्थितिं ययौ सोऽयमद्रिर्भ्रमरीणां क्वणितस्य सानुनासिकतया ङञणादिवर्ण-रूपत्वेन हरति॥80॥ अम्बरं नभोऽस्य नितम्बं समभुवं पातभयादिवाग्रहीत्॥81॥ समद इत्यादियुगलकम्। रे मधुव्रत, अणुना स्वल्पेन केसररेणुना किंजल्करजसा रचित अनवमं श्रेष्ठमङ्गरागं च बिभ्रत् अब्जिनीनामङ्के निकटे नवं कृत्वा सर परिभ्रम।

कथयतीत्थमिवात्र मधुव्रतं श्रुतिमनोरममञ्जुलशिञ्जिता।
मधुकरी मकरन्दरसासवप्रमुदितानुवनं रचितस्थितिः॥83॥ (युगलकम्)

नाक्षिप्यते कुसुमिताभिरधित्यकाभिः
कोऽशातकीरसहितामलकीचकाभिः।
मुक्ता गिराविह शिलीमुखमण्डलीभिः
कोशातकी रसहितामलकी च काभिः॥84॥

भ्रमतः कमलाकरेषु लग्नो मधुपङ्कार्द्रतया हृदि प्रगाढम्।
श्रियमेति शिलीमुखस्य सूक्ष्मः स्मरनाराच इवैष पक्ष्मखण्डः॥85॥

तट इह निचिते रजोभिरद्रिः कपिशकुनि स्तबकेन हन्तरीतिम्।
न हरति दयितो दधत्सुचेतः कपिशकुनिस्तव केन हन्त रीतिम्॥86॥

अस्याधिसानु परभागमवाप्नुवन्ति
श्यामत्विषोऽर्करथमुद्गभुजः सटाभिः।
वातावधूतसुरपादपलम्बमान-
लम्बीपरागनिकुरुम्बपिशङ्गिताभिः॥87॥

सिद्धद्वन्द्वं भातितरां मोहनलीलासव्यापारं चारुतमग्रावदरीषु।
पश्यास्योच्चैः पत्त्रिततिनार्थ विधत्ते सव्यापारं चारुतमग्रा बदरीषु॥88॥

हरति कटककाननेषु चेतो घनरुचिचित्रशिखण्डिमण्डलाङ्काम्।
मधुकरकुलनीलदृष्टिहारिव्रततिमिरां रजनीमिवैष बिभ्रत्॥89॥

असनादः असनाख्यानि कुसुमान्यत्ति यः। एको निःसहायो मयैव सहितः। सनादः सशिञ्जितः॥82॥ मञ्जुलं मधुरम्॥83॥ अशातैरतीक्ष्णैः सुकुमारवाग्भिः कीरैः शुकैः सहिता अमलाश्च कीचका वेणवो यासु ताभिरधित्यकाभिर्गिरेरुपरिभागैः को नाम नावर्ज्यते। कोशातकी हरीतकी आमलकी च लता काभिश्च भ्रमराणां संहतिभिर्मुक्ता। न काभिश्चित्। यतो रसेन मधुना हिता प्रीतिजननी॥84॥ पक्ष्म कमलकेसरस्तत्खण्डो भ्रमरस्य वक्षसि लग्नः शोभते॥85॥ हे ईतिहन्तः उपद्रवोन्मूलक, अद्रिरयं तव दयितस्तटेऽत्र केन वस्तुना न हरति। स्तबकेन कर्त्रा रजोभिः करणैर्निचिते व्याप्ते। अत एव कपिशकुनि पिशङ्गभूमौ। रीतिं दधच्छोभां बिभ्राणः। सुचेतसः प्रमुदिताः कपयो वानराः शकुनयश्च यत्र सः। हन्तेति विस्मये॥86॥ मुद्गभुजो वाजिनः। लम्बी कुसुममयो शाखा॥87॥ चारुतमा ग्रावाण उपला यासां तासु दरीषु रतलीलायां सव्यापारं व्यापृतं सिद्धमिथुनं विराजते। बदरीषु च तरुषु

प्राप्तेऽत्र काननभुवा क्षितिभृत्यभिख्यां
　　कासारतामरसभासितया न दध्रे।
लक्ष्म्या सुरेश रचितास्पदया वनेषु
　　का सारतामरसभासितया नदध्रे।।90।।

लक्ष्येष्वन्तर्बाह्यरूपेष्वभीक्ष्णं कुर्वाणानां संयमं तेषु तेषु।
व्यक्तं ते ते योगिनामङ्कभाजामुत्पद्यन्तेऽमुष्य सिद्धेर्विशेषाः।।91।।

येऽध्यवात्सुरपि काञ्चनाचलं तेऽहितीव्रकटक व्रतीहिते।
प्रेम बभ्रुरिह सुभ्रुवां स्थिता हे मतार्य चटुयर्चतामहे।।92।।

(प्रतिलोमानुलोमपादः)

न्यासांशताविरचिताञ्चितमध्यमाल्प-
　　गान्धारबन्धुरतरस्थितिमश्ववक्त्रः।
वैकारमध्यममदूरगतस्तवैष
　　नो शुद्धशाडवमिह क्लममेति गायन्।।93।।

पक्षिणां पङ्क्तिरत्र आरुतं क्वणितमुच्चकैः करोति। सव्यानुकूला। अपारमनन्तम्। अग्रा प्रधानभूता।।88।। घनरुचयश्चित्रशिखण्डिनो मेघाभिलाषुका नानावर्णा मयूराः, निबिडप्रभाः सप्तर्षयोऽपि। मधुकरैर्नीला दृष्टिहारिण्यश्च ललिता व्रततयो लता यस्याम्। इरां भूमिम्। भ्रमरवच्च नीलं दृष्टिहारिव्रतं नियमेन दर्शनोपघातकं तिमिरं यस्याम्।।89।। कासारेषु सरःसु तामरसैर्भासितया वनभुवा शोभां गतेऽत्र गिरौ लक्ष्म्या सारता न दध्रे। नदान् ध्रियते धारयतीति नदध्रो नदीभृत्तस्मिन्। मूलविभुजादित्वात्कः। अमराणां सभास्वासितया स्थितया।।90। अन्तारूपेषु हृदादिषु, बाह्यरूपेषु च सुर्यादिषु ध्येयेषु संयममेकात्मतया ध्यानं कुर्वतां योगिनामिह सिद्धेर्विशेषा भुवनज्ञानादयः समुल्लसन्ति। उक्तं च–'भुवनज्ञानं सह संयमाच्चन्द्रे ताराव्यूहज्ञानम्' इत्यादि।।91।। काञ्चनाचलो मेरुस्तमध्यमात्सुरभजन्त तेऽपि व्रतिनामीहितेऽभिप्रेतेऽत्र विषये प्रेम बभ्रुः प्रीता जाताः। सुभ्रुवां चटुचर्यता चाटुकरणं सैव मह उत्सवस्तत्र स्थिताः कृताभिनिवेशाः। अहय एव तीव्रा विषमाः कटका यस्य। मता आर्याः सुमतयो यस्येति संबोधनद्वयम्। तदभिद्योतनाय हेशब्दः।।92।। विकारमध्यमाख्या गीतजातिस्तत आगतं शुद्धशाडवं नाम गीतं गायन्नेष किंनरः क्लान्तिं न भजते। अंशोऽनुवृत्तिधर्मतया बलवानतितारस्वरोपरञ्जकः स्वरः। न्यासस्तस्यैव जातिव्यञ्जनस्वभावो भेदः। तत्र न्यासांशतया न्यासाभिधांशरूपत्वेन रचितो योऽञ्चितः प्रणाशाभावान्मनोहरो मध्यमस्वरस्तेन तथाल्पेन दुर्बलतया दुरुपलक्ष्येण गान्धारेण रम्यतरस्थितिमिति तत्स्वरूपाभिधानम्। उक्तं च–'मध्यमविकारजातिसंभूतः शुद्धशाडवः। न्यासोऽस्य मध्यमोंऽशश्च गान्धारेण तु

अपेतसंभावनयाचितानां रतिक्रियाभावनया चितानाम्।
इहेष्टकान्तासमयोजनानां सर्वर्तुरूपः समयो जनानाम्।।94।।

मधु पिबत्यसितच्छविशारितस्तबकरोचिरसौ रभसं गतः।
कलरवैर्भ्रमरः सुरभेरिव स्तवकरोऽचिरसौरभसंगतः।।95।।

सीमन्तिनी विकचचम्पकभाभिरत्र
हेऽमाय मानपरशुभ्रमरावलीकम्।
नापेक्षते प्रियतमस्य सरोऽवलोक्य
हेमायमानपरशुभ्रमरावलीकम्।।96।।

न श्रीरनेन कथमपि दलितापायासहा समुद्रागारात्।
उदिताब्जं दधती गलदलितापायासहासमुद्रागारात्।।97।।

खेदमेति कुसुमान्मधुव्रतः स्वादुनोऽतिरमणीयतो न वा।
दूरगा च पथिकस्य मानसं स्वा दुनोति रमणी यतो नवा।।98।।

दुर्लभः।। यस्मिन्भवति रागश्च यस्माच्चैव प्रवर्तते। मन्द्रश्च तारमन्द्रश्च योऽत्यर्थं नोपलभ्यते।। ग्रहोपन्यासविन्यासन्याससंन्यासगोचरः। अनुवृत्तस्तु यच्चेह सोंऽशः स्याद्दशलक्षणः।। न्यासश्चातुरमार्गश्च जातीनां व्यक्तिकारकः। सर्वस्वराणां नाशश्च विहितस्त्वथ जातिषु। न मध्यमस्य नाशस्तु कर्तव्यो हि कदाचन।।' इति।।93।। सर्वर्तु युगपत्संनिहितर्तुषट्कं रूपं यस्य तादृशोऽत्र जनानां समयः अपेतसंभावनं याचितं येषाम्। याच्ञा येषां न संभाव्यत इत्यर्थः। भावना तत्परत्वम्। चिता व्याप्ताः। कान्ताभिश्चासमं सातिशयं योजनं योगो येषाम्।।94।। असितया रुचा शबलिता स्तबकानां रोचिः प्रभा येन तादृशोऽसौ भ्रमरोऽचिरेण सौरभस्य सङ्गान्मकरन्दमास्वादयति। रभसं गतस्त्वरावान्। कलैश्च रवैर्वसन्तस्य स्तवकरः स्तुतिकृदिव।।95।। हे अमाय निष्प्रपञ्च, मानस्य परशुश्छेदकत्वात्कुठाररूपा भ्रमराणामावली यत्र तादृशं सरो दृष्ट्वात्र योषिद्दयितस्यालीकमपराधं नापेक्षते न गृह्णाति। चम्पकानां प्रभाभिर्हेमायमानः सुवर्णवर्णो भवन् परमतीव शुद्धः सिकतासु सूर्यमरीचिपातान्मरुरूषरप्रदेशो यस्मिन्। रजतभूमिर्मरुरिति केचित्।।96।। समुद्र एवागारं तत उदिता श्रीः एतेन कथमपि दैवान्न दलिता। अपायासहा सौकुमार्यान्मर्दासहिष्णुः। गलन्नलीनां तापेनायासः परिश्रमो यस्मात् तादृशो हासो विकस्वरत्वं यस्य तदब्जं धारयन्ती। आराद्दूरादेव उद्रांगा हरिं प्रत्युदिताभिलाषा।।97।। स्वादुनो मधुरादतिरमणीयतश्च श्रेष्ठात्कुसुमाद्धेतोरलिः खेदं न लभते। वाशब्दोऽवधारणे। नैवेत्यर्थः। पथिकस्य च यतो गच्छतः स्वा रमणी नवत्वाच्चित्तं दुनोति।।98।। अत्र कृशाङ्ग्यास्तिलकमलिके ललाटे रचयता कामुकेन प्रीतिरसकला नापे। सकलैव प्राप्ता। फुल्लन्नालिकेराणां तरुभेदानां चयः समूहो यस्य

कामिना तिलकमत्र नताङ्ग्या नालिके रचयतासकलापे।
प्रीतिरुत्सुकयतीह च फुल्लन्नालिकेरचयता सकलापे॥99॥

इह मेराविव सुखदा मही न कामानवास नाकीशानाम्।
चलति च रसैः फलानामहीनकामा न वासना कीशानाम्॥100॥

सौहित्यमत्र कुरुते मकरन्दवर्षै-
रुच्चा पलाशकलिका रणतामलीनाम्।
क्रीडत्यसौ हरिचमूश्च जलैर्दधद्भि-
रुच्चापला शकलिकारणतामलीनाम्॥101॥

पुष्पामोदैस्तरुततिरत्र घ्राणं नानाकान्तैरलिपत नव्यापारैः।
आभात्याराद्भिनमितशाखा श्रीमन्नानाकान्तैरलिपतनव्यापारैः॥102॥

अध्यासतेऽमुं कुसुमाग्रलग्नद्विरेफसालं विषहेतयोऽगम्।
का विप्रयुक्तात्र मधुश्रियाराद्विरेफसालं विषहेत योगम्॥103॥

वल्लीभिरस्य कुसुमैर्न दधे वसन्त-
मासे वितानतलतासुसमानताभिः।
स्त्रीभिस्तटावनिषु नाथ जहे च नून-
मासेविता नतलतासु समानताभिः॥104॥

तद्भावश्चात्रोत्कण्ठयति। सकलापे साडम्बरे मयूरपिच्छचिते वा॥99॥ इह मही नाकीशानाममराधिपानां कामान् उपध्येगान् (?) नावास न चिक्षेप। यदि वा हे मानवास मनस्विन्, इह मही का न सुराणां सुखदा। सर्वैव सुखयतीत्यर्थः। फलानां रसैरहीनकामा परिपूर्णमनोरथा। वासना च फलेष्वेव प्रसक्तिः कीशानां मर्कटानां नेह चलति॥100॥ अलयो भ्रमरास्तेषामिह रणतां क्वणतां तृप्तिं पलाशाख्यस्य कुसुमस्य कलिका करोति। उच्चा समुन्नता। शकलिनो मत्स्यभेदास्तत्कारणत्वं च वहद्भिरुदकैरत्र कपिसेना क्रीडति। उच्चापला चपलत्वयुक्ता। अलीनां प्रकटाम्॥101॥ हे श्रीमन्, नानाकान्तैर्विचित्ररमणीयैरपारैश्च कुसुमसौरभैस्तरूणां पङ्क्तिरत्र नासिकामलिपत छुरितवती। नव्या नूतना। आ नाकान्तैराश्रितनभोभागैरलिनां पतनलक्षणैर्व्यापारैश्च नमितशाखा सता भ्राजमाना॥102॥ पुष्पाग्रेषु लग्नद्विरेफाः सालास्तरवस्तरुविशेषा वा यत्र तादृशममुमगं गिरिं विषहेतयो भुजगा अध्यासते भजन्ति। मधुश्रिया च योगं का विरहिणी अत्र विषहेत। न काचित्। विरेफसा निरवद्यया। अलमत्यर्थम्॥103॥ कुसुमैर्वितानं शून्यं तलं यस्य तद्भावोऽत्र मधुमासे लताभिर्न धृतः। आभिश्च

श्रियमिह काननमेति च रुद्धतरणितापयोगतामसमेकाम्।
त्यजति कमलालिमलिततिरुद्धतरणिता पयोगतामसमे काम्॥105॥

कृतास्पदा न शकुनसंहतिर्गिराविहारवान्वितरतिरङ्कुरेषवः।
स्फुरन्त्यमी स्मरणभुवो मनः प्रियं विहारवान्वितरति रङ्कुरेष वः॥106॥

प्रेम्णालिभिर्द्रुमलतागहनेभ्य इत्थ-
मध्यासितेन नवसंतमसावनिभ्यः।
पुष्पोत्करेण पतता दधदाचकास्ति
मध्यासितेन न वसन्तमसावनिभ्यः॥107॥

विपिनेषु पीतकमलोदरस्रवन्मधुराशिरीषदलसं गतोषिता।
भ्रमरावली कमिह नाम नाक्षिपेन्मधुरा शिरीषदलसङ्गतोषिता॥108॥

दिशति नात्र रतिं प्रति मल्लिका विशदमानसदा मदनाय कम्।
रतिगृहं च विभाति सचन्दनं विशदमानसदामदनायकम्॥109॥

कामिनीभिर्नतलतासु तटभूमिषु निश्चितमासेविता सती समानता मानव विजहे व्यमोचि। यस्मादसुसमैः प्राणवल्लभैः प्रियैरानताभिः कृतप्रणामाभिः॥104॥ रुद्धस्तरुसंबाधतया स्थगितो यस्तरणेः सूर्यस्य तापयोगस्तेन तामसं घनच्छायतया मलिनं वनमेकामसाधारणीं श्रियमिहायाति। अत्र चासमे निरतिशये पयोगतां कमलपङ्क्तिं कामलिसंहतिर्विमुञ्चति। न कांचित्। उद्धतरणिता पटुक्वणिता॥105॥ नास्ति रवेणान्विता रतिर्यस्यास्तादृशी विहंगसंहतिरत्र न कृतास्पदा। अपि तु सरुतमेव रममाणावतिष्ठते। अमी च कामस्य अङ्कुरेषवः अङ्कुररूपाः शराः परिस्फुरन्ति। एष च रङ्कुर्मृगो युष्माकं मनःप्रियं वितरति ददाति। यतो विहारवान् विहरणरतः॥106॥ अलिभिरध्यासित-त्वान्मध्यासितेन अन्तःकृष्णेन नवस्य संतमसस्यावनिभ्य आस्पदेभ्यस्तरूणां लतानां च गुल्मेभ्यः पतता च पुष्पोत्करेण वसन्तं बिभ्रदसावित्थं विराजते। नानिभ्यः इभ्य एव। इभाः सन्ति यस्मिन्निति विगृह्य यत्प्रकरणे 'अन्येभ्योऽपि-' इति दुः। संततं तमः संतमसम्। 'अवसमधेभ्यस्तमसः' इत्यच्॥107॥ इह विपिनेषूषिता भ्रमरपङ्क्तिः कं नाक्षिपेत्। सर्वमेवावर्जयेत्। पीतः कमलोदराद्गलन्मधुराशिर्मकरन्दसमूहो यया। अत एवालसमीषद्गता। मधुरा कलक्वणिता। शिरीषदलानां सङ्गेन च तोषिता प्रमोदिता॥108॥ इह मल्लिका कं न मदनाय दिशति समर्पयति। सर्वमेव तदायत्तं करोतीत्यर्थः। यतो रतिं प्रति विशदं प्रसन्नं मानसं ददाति या। विशन्तौ अमानौ सदामदौ च सततक्षीबौ नायकौ दंपती यत्र तादृशं रतिगृहमत्र राजते॥109॥ या रमणी रसादिषु प्रसक्ता सात्र अविरति निरन्तरं कृत्वा का न रतिविलसितं याता।

इह रमणी कलकोमलरासा मदनातुरा तु नादमसारा।
का रतिविभ्रममविरति याता रसहावभावहासरता या।।110।।

(प्रतिलोमानुलोमपादः)

मन्दारकाननतलेष्विह का न मान-
हीना मता रमणयोगमिता महेलाः।
लक्ष्म्या तटाश्च कमिवातिशयं न दार्ढ्यं
हीनाम तारमणयो गमिता महेलाः।।111।।

तरङ्गिणी ग्रावशतेषु यान्ती रसज्जला भङ्गमिता चकास्ति।
वयस्ययेष्टं भवने तनभ्रूरसज्जलाभं गमिता च कास्ति।।112।।

स्थितमेत्य नितम्बभुवः सस्नेहं सैरिभैर्नवारसदृश्ये।
इह सरसीषु न मुदितैः सस्ने हंसैरिभैर्न वा रसदृश्ये।।113।।

(इति ग्रीष्मः)

स्तबकान्न जहात्यलिर्विनिद्रानभितस्तानसमांस लाङ्गलीनाम्।
तडितं दधदम्बुदोऽप्यमुष्मिन्नभितस्तान स मांसलाङ्गलीनाम्।।114।।

रत्नांशुभिः सकलयन्वपुषोऽर्धमिन्दो-
रभ्यर्णवर्ति समयू रतया श्रितोऽयम्।

रासः सीत्कृतम्। तुरवधारणे। अदमो दमविरुद्धो रागः स सारः स्थिरो यस्याः। भावः प्रियं प्रति स्नेहः।।110।। इह महेलाः स्त्रियः का न मानहीनाः सत्यो रमणेन संबन्धमिताः प्राप्ताः। मन्दाराख्यः सुरतरवः। मता मनोहराः। तारमणयश्च तटा दार्ढ्यं शिलादिभिर्गमिताः सन्तः कमिवातिशयं शोभया न गताः। अत्रेता इति प्रकृतमनुषज्यते। अतिशयं च दार्ढ्यं च लक्ष्म्या तटा गमिता इति वा योज्यम्। हीनामेत्याश्चर्यसंभावनयोः। महती इला भूमिर्येषाम्।।111।। रसज्जलं यस्याः सा नदी ग्रावसु भङ्गं गता सती भ्राजते। का च युवतिर्वेश्मनि असज्जलाभं असंमुखोपगमनं दयितं वयस्यया गमितास्मिन्नस्ति। न काचित्। सर्वासां सदने सततमेव दयितः संनिहित इत्यर्थः।।112।। नवं रम्यमारसन्तो नदन्तः ऋश्या मृगा यत्र तस्मिन्निह रसेन दृश्ये च नितम्बभूमेरागत्य सैरिभैर्महिषैः सरसीसु महासरःसु स्नेहं कृत्वा स्थितम्। तत्र च संतापविगमात्। तत्रैव हंसैरिभैर्गजैर्वा न न स्नेसे। स्नातमेव।।113।। हे असमांस पीवरस्कन्ध, अलिरत्र लाङ्गलीनां कुसुमगुच्छानभितः समन्तान्न मुञ्चति। तेषां विनिद्रत्वात्। मांसले घने अङ्गे लीनां तडितं बिभ्रदम्बुदश्च अभितस्तान गर्जितवान्। तानिति स इति च

नाकाङ्गनाजनतया दधदाहितश्री-
रभ्यर्णवर्ति समयूरतयाश्रितोयम्॥115॥

अमुना हृतमनसाद्भुतमधिकैलासं च येन सुरसहितेन।
देवेन न कृतमास्पदमधिकैलासंचयेन सुरसहितेन॥116॥

मन्मथं विरहिभूरुहां दिशन्प्रावृषीष्टमकरं दवानलम्।
लाङ्गलीनवरजोम्बरं भवान्प्रावृषीष्ट मकरन्दवानलम्॥117॥

इति दधदिव नालिमाह घोषैरसकृदनुत्तरतां विशङ्कटं कः।
स्त्रियमिह सुखयन्घनोऽवियोगे रसकृदनुत्तरतां विशङ्कटङ्क॥118॥

(युगलकम्)

बिभ्रत्तटीः श्रियमसावुपयाति पुष्पै-
रामोदशालिभिरपां सुलभावताराः।
रत्नत्विषश्च ककुभः स्थगयन्सराग-
रामो दशालिभिरपांसुलभावताराः॥119॥

सुभ्रूरत्र प्रियतमलाभे नूनं स्थानादानानघघननादानास्था।
अस्योर्वी मे जनयति तोषं नानासाध्यापाता पिककपितापाध्यासा॥120॥

(प्रतिलोमानुलोमपादः)

सर्वनामप्रकर्षमत्र ब्रवीति॥114॥ अभ्यर्णवर्ति निकटस्थमिन्दुबिम्बार्धं मणिभाभिरापूरयन्नयं अप्सरोजनतया श्रितः सेवितः। समयुः सकिंनरः। रतया क्रीडितया। अभ्यर्णवं समुद्राभिमुखं ऋतिर्गमनं यस्य तादृशं अश्रितोयं धाराजलं बिभ्रत। समयूरतया मयूरयोगेणाहितश्रीरुत्पादितशोभः॥115॥ अद्भुतं चेदम्—यत्सुरैः सहितेन देवेन त्वया कैलासे नास्पदं कृतम्। अमुना हृतचित्तत्वात्। अधिक एलासंचयो निष्कुटीनां संहतिर्यत्र गिरौ। सुष्ठुरसेनाम्भसा प्रीतिहेतुना येनेति निपातो वाक्यार्थं परामृशति॥116॥ अत्र घनः को न विशङ्कटं कृत्वा अनुत्तरतां लोकोत्तरत्वं बिभ्रत् भ्रमरमित्थमिव आह घोषैर्हेतुभिरभिधत्ते। यथा लाङ्गल्या नवरज एवाम्बरं वसनं तद्वान् अलमत्यर्थं मकरन्दवान् समधुः प्रावृषि प्रावृषीष्ट परिदधातु। विरहिण एव भूरुहो वृक्षास्तेषां दाहकत्वाद्दवानलं झषकेतनत्वादिष्टमकरं च काम दिशन्मुद्दीपयन्। अनुत्तमनपाकृतं रतं यया तादृशीं स्त्रियं अवियोगे दयितसंनिधौ सुखयन्। यतो रसकृदनुरागहेतुः विशङ्को निःसंदेहष्टङ्कः शोभा यस्य॥117-118॥ अपां सुलभोऽवतारोऽवतरणमार्गः सोपानमाला यासां तादृशास्तटीः, अपांसुलभावेन अधूसरतया ताराः कचन्ती रत्नरुचश्च बिभ्रदसौ सौरभशालिभिः कुसुमैरलिभिश्च दश

वियोगतोऽनुक्रियतेऽश्रुशीकरैरनुत्तमानस्तनितम्बभारया।
स्त्रियात्र सा मेघघटा नता जलैरनुत्तमान स्तनितं बभार या॥121॥

संदर्शनं व्यथयतीह जनं वियुक्त-
मभ्रान्तरागमलिपन्नगमण्डलीनाम्।
रत्नांशुसंहतिरमुं दधतं च मूर्ति-
मभ्रान्तराग मलिपन्नगमण्डलीनाम्॥122॥

प्रावृषा क इह बृंहितमूर्मिमतीपयः
संततार सिकतोपलसज्ज्नतापदम्।
केतकीविपिनमुत्कलिकास्तनुतेतरां
संतता रसिकतोपलसज्जनतापदम्॥123॥

क्ष्माभृदसौ बिभर्ति कटकश्रियममृतमुचा
हेममसारसारवसुधामधिकमलिनिताम्।
श्रोत्रपथं नयन्ति मधुरां मुदमिह दधतो
हेऽमम सारसा रवसुधामधिकमलिनि ताम्॥124॥

(इति प्रावृट्)

दिशः स्थगयन्नुपशोभते। सरागरामोऽनुरत्तुरमणीकः॥119॥ स्थानं समुचितो देशस्तद्ग्रहेण अनघस्याखण्डितस्य घनस्य नादे विषये नास्ति आस्था गण्यता यस्यास्तादृगत्र सुभ्रूः प्रियतमलाभे सति। गर्जतोऽप्यस्मान्न बिभेतीत्यर्थः। स्त्रीणामिति तासां घनगर्जिते स्थानगण्यता तस्याः किंचित्करत्वादित्यर्थः (?)। नानाविधाः साध्याः सुरविशेषा-स्तेषामापात आगमनं यत्र। पिकाः कोकिलाः कपयश्च वानरास्तेषां तापः शरीररुक् आधिर्मानसी पीडा तयोश्चासो निरसनं यस्यास्तथाविधा वसुधा अस्य मां संतोषयति॥120॥ अनस्तः स्वीकृतो नितम्बस्य भारो गौरवं यया तयात्र योषिता वियोगे बाष्पशीकरैरम्बुदानां पङ्क्तिरनुक्रियते। या जलैर्नता सती स्तनितं बभार। तथाविधायाः सवर्षत्वात्। अनुत्तमा श्रेष्ठा। अनुत्तो मानः पूजा येनेति भगवत्संबोधनम्। अथवा हे अनुत्तम सर्वातिशायिन्, या घनपङ्क्तिरनुत्तमा गृहीतलक्ष्मीः स्तनितं न बभार सा स्त्रियानुक्रियते। तस्या विरहे वाङ्निरोधात्॥121॥ अलिन एव पन्नगाः सर्पास्तन्मण्डलीनामिह दर्शनं विरहिजनं खेदयति। अभ्रान्तो निश्चितः। अण्डलीनां ब्रह्माण्डव्यापिनीं मूर्तिं बिभ्रतं, समुन्नतत्वादभ्रस्य नभसोऽन्तरे अगास्तरवो यस्य तादृशं चामुं नगं रत्नाकिरणसंहतिरलिपत् छुरितवती॥122॥ ऊर्मिमत्यो नद्यस्तासामिह सलिलं वर्षाभिरभिवर्धितं कः संततार। न कश्चित्। सिकतासूपलेषु च सज्जनं ब्रुडनं

वीक्ष्य प्रसीदति वधूर्दयितेऽपि माना-
न्नानाविला सरसि कौमुदमत्र सन्तौ।
कान्तौ कुलं कलयतश्च रतावमन्दं
नानाविलासरसिकौ मुदमत्रसन्तौ॥125॥

यदपि रहयितुं मयूरकेकारवशमनी यतते न बन्धुरागम्।
शरदिह कुसुमैर्वनं नतभ्रूरवशमनीयत तेन बन्धुरागम्॥126॥

स्थितमलियोषिता स्मररसं जनस्य विदधानया मधुलिहा
नवततमालतीरसिकतामदभ्रमितया सहारवपुषा।
सशिशिरमारुतात्र च सरिन्निषेव्यत इयं रतौ न सुदृशा
न बत तमालतीरसिकतामदभ्रमितया सहारवपुषा॥127॥

ख्यातीरमुष्य सरसी तटवर्त्म पीन-
मीना तितंसति सतीरवनावृतस्य।
न्यूनं न कश्चिदधिको मुनिकानने च
मीनाति तं सति स तीरवनावृतस्य॥128॥ (इति शरत्)

तेन तापदं खेदकरम्। रसिकतया रसेनोपलसन्त्या जनतायाः पदं विहरणस्थानमिह केतकीवनं चोत्कलिका रुहरुहिका उन्मुखाश्च कलिकाः प्रतनोति। सतंताः स्थिराः॥123॥ हेम्ना सुवर्णेन मसारैश्च मणिभेदैः सारा प्रकर्षवती वसुधा यत्र तादृशीं कटकलक्ष्मीममृतमुचा जलदेनाधिकं मलिनितां एष भूभृद्बिभर्ति। राजापि शिविरशोभामीदृशीमेव बिभर्ति। हे अमम निरहंकार, इह चाधिकमलिनि पद्मिन्यां सारसाः श्रोतॄणां कर्णगोचरं रवसुधां विरुतामृतं प्रापयन्ति। तामिति प्रकृष्टाम्॥124॥ मानात् न अनाविला अपि त्वाविलैव तथाविधापि वधूरत्र सरसि कौमुदं कुलं कुमुदवनं वीक्ष्य दयिते प्रसीदति कालुष्यं जहाति। अनु च अत्रसन्तौ एव सन्तौ वर्तमानौ नानाविलासेषु रसिकौ च कान्तौ सुरते अमन्दं समदं भजतः। कान्तश्च कान्ता च कान्तावित्येकशेषः॥125॥ बन्धुरागं सुन्दरतरु वनं यदिह कुसुमैर्वर्जयितुं मयूराणां केकारवस्य शमनी शरत् न यतते। तेनापि रमणीबन्धौ प्रिये रागमवशं बलादनीयत प्रापिता॥126॥ नवा तता च मालती जातिस्तत्र रसिकतां रसं अदभ्रं बहुलं इतया भ्रमर्या अस्मिन् आरवपुषा भ्रमरेण सह स्थितम्। एषा च रतौ सुरतकाले शीतलमरुत्सहिता नदी सुदृशा न न निषेव्यते। निषेव्यत एव। तमालतीरसिकतासु मदेन क्षीबतया संचारितया सहारं च वपुर्यस्यास्तया। बतेति विस्मये॥127॥ अस्यावनौ सतीः ख्यातीः ऋतस्य प्राप्तवतः तीरवनैश्चावृतस्य पीनमीना स्थूलतरतिमिः

क इह न रतिकेलिसंपदामरमतनुतरागमोहित:।
स्थितिमधिकमवाप्य हैमनीमरमत नुत रागमोहित:॥129॥

श्रियमेति काननतलं विदलत्कलिकान्तरागमलवङ्गतया।
इह सेवितं मृगदृशा विदलत्कलि कान्तरागमलवं गतया॥130॥

लक्ष्मी: सुरेश कलधौतगिरेस्तटानि
सानूनितानि हसति स्म रसादवद्भि:।
प्रेमामरैर्युवतिषु श्रितधाम्नि वीक्ष्य
सानूनितानिह सति स्मरसादवद्भि:॥131॥ (इति हेमन्त:)

घ्राणालेपं विदधति कुन्दस्यास्मिन्नामोदास्ते धवलयत: कान्तारम्।
बद्धौत्सुक्या नवसुरते हृष्टा का नामोदास्ते धवलयत: कान्तारम्॥132॥

कुन्दं दधत्यवनिरस्य हरत्यपीश
रुद्धामरा शिशिरसारमणीयसीत:।
बिभ्रद्विभाति मणिमण्डलमेष चाद्रि-
रुद्धामराशि शिरसा रमणीयसीत:॥133॥

सरसी तटमार्गं तितंसति विकासयितुमीहते। शरदि स्वल्पजलत्वात्। सति शोभने मुनिवने च कश्चिदपि सोऽधिक: सिंहादिस्तमल्पबलं गजादिमत्र न मीनाति न बाधते। महापुरुषसंनिधौ विरोधिनामपि विरोधाभावात्। उक्तं च 'तत्संनिधौ: वैरत्याग:' इति॥128॥ हे नुत सर्वपूजित, इह हेमन्ते रागण मोहितत्वात् अरमत्यर्थं को नारमत। सर्व एव चिक्रीड। रतिकेलिसंपदामतनुतर आगम: परिज्ञानमागमनं वा तेनाहितो रागमोहित इति ज्ञात:। हैमनीति हेमन्तशब्दादिदमर्थे 'सर्वत्राण् तलोपश्च' इत्यणतलोपौ॥129॥ विदलत्कलि नश्यत्कलहं कृत्वा कान्तविषयं रागं अलवमस्तोकं गतया रमण्या सेवितमिह काननतलं शोभां बिभर्ति। विदलन्ति विकसमानानि कलिकान्तराणि नवनवा मुकुलास्तेषामागमो येषु तादृशा लवङ्गा यत्र तद्भावेन हेतुना॥130॥ इह सा श्री: अनूनितानि केनचिदपरिभूतानि मेरोस्तटानि हसति स्म श्रेष्ठतया जहास। रसात् सानूनवेक्ष्य तरुणीषु स्नेहमवद्भि: परिरक्षद्भिरमरै: श्रितधाम्नि सेवितस्थाने स्मरसाद: कामजनिता ग्लानिस्तद्वद्भिरितान् अवलम्बितान्। सति शोभने॥131॥ अत्र कान्तारं धवलयत: सितीकुर्वाणस्य कुन्दकुसुमस्यामोदास्तव घ्राणमात्लिम्पन्ति। घनत्वात्। त इति वा तेषां प्रकृष्टतोक्ता। धवलयत: प्रियतमाश्लेषात् अमरत्यर्थं हृष्टा च कान्ता सुरतं प्रति का नाम उदास्ते ताटस्थ्यमवलम्बते॥132॥ अस्यावनि: अणीयस्यति स्वल्पतराणि कुन्दं दधती हरत्यावर्जयति। रुद्धामरा रम्यतया

अविस्रसारे समदक्षयज्ञ नाशिञ्जपादानघनाकरामे।
अविस्रसारेऽसमदक्षयज्ञनाशिञ्जपादानघनाकरा मे॥134॥ (समुद्गकम्)

शिशिररससरा राविविर्मर्मरारादवममततरा राजिजित्सत्सरारा।
ससववसुसुरारामम्ध्वध्वरारा ततललददरारासत्वत्वरारा॥135॥
(आवलिः)

आत्मानमीश दधती वनभूः प्रियत्व-
मायाति कुन्दमकरन्दवती व्रतापे।
प्राप्तं च सौष्ठवमिहात्मवतां विधूत-
मायातिकुं दमकरं दवतीव्रतापे॥136॥ (तिलकम्)

राजति[1] तटीयमभिहतदानवरासातिपातिसारावनदा।
गजता च यूथमविरतदानवरा सातिपाति सारा वनदा॥137॥
(प्रतिलोमानुलोमपादः पादयमकं च)

वशीकृतसुरा। शिशिरस्य सारं सर्वस्वभूतम्। कुन्दस्य शैशिरत्वात्। इतश्चोद्दामराशि प्रोद्गततेजःपुञ्जं मणिनिकरं शिरसा बिभ्रदसावद्रिर्विराजते। रमणीया सीता क्षितिर्यस्य सः॥133॥ अविस्रसेत्यादि विशेषकम्। हे ईश, इह वनभूमिरेवंविधा सती आत्मानं स्फुरद्रूपतां बिभ्रती मे प्रियत्वमायाति प्रीतिं तनुते। नास्ति विस्रसा जरैव अरिर्यस्य, समदानां क्षयं जानाति यः, असममुत्कृष्टं दक्षस्य यज्ञं नाशयति यः, इति चामन्त्रणं विशेषितम्। इह कीदृशे। नाशिञ्जौ मञ्जीरशिञ्जितसहितावेव। निरनुबन्धकेन शब्देनात्र 'सुप्सुपा' इति समासः। तथाविधाभ्यां पादाभ्यामनघा मनोहारिण्यो नाकरामाः स्वर्गयोषितो यत्र तादृशे। नास्ति विस्र आमगन्धो येषां तैश्च वस्तुभिः सारे समुत्कृष्टे। वनभूस्तु जपाया आदानमुच्चयो येभ्यस्तथाविधा घना आकरास्तदुत्पत्तिदेशा यस्यां सा॥134॥ शिशिररसानि शीतजलानि सरांसि यत्र। राविणः सशब्दा वयः पक्षिणो यत्र। मर्मरः शुष्कपर्णध्वनिः स विद्यते यस्याः। अकारोऽत्र मत्वर्थीयः। आराद्दूरत एव अदमानां अवशिनां मततरा अत्यन्तरुचिता। राजिभिर्जयति उत्कर्षेण वर्तते राजिजित्। पङ्क्तिभिर्ललितं संनिविष्टेत्यर्थः। सतां सरः समूहस्तस्य आरः आगमनं यस्याम्। सह सवेन यज्ञेन स्नानेन वा, वसुना धनेन तेजसा वा, वर्तन्ते ये सुरास्तेषामारामो विहरणं तत्र मधुर्वसन्तायमानोऽध्वरः क्रतुस्तमाराति गृह्णाति या। अथवा सुराणामारामा उपवनभूता मध्वध्वराः सोमयागास्तानाराति या। मूलविभुजादित्वात्कः। ततं ललन्तः क्रीडन्तः अदरारासा निर्भयध्वनयो ये सत्त्वाः प्राणिनस्तेषां त्वरां क्रीडासु चातुर्यं

---

1. उदाहृतोऽयं श्लोकः काव्यप्रकाशस्य दशामोल्लासे शब्दालंकारसंकरनिरूपणे।

न तरुततिरवत्यसावमुष्मिन्न वशफलाघवतः सदाननागे।
भ्रमति च पुलिनेषु हंसपाली नवशफलाघवतः सदाननागे।।138।।

भर्तुर्विसारि शिखरं त्रिदिवान्न किंचि-
दूना परागकपिशाखिलतापि कालीः।
चूतद्रुमैर्मदयति क्षितिरस्य भङ्ग-
दूनापरागकपिशाखिलता पिकालीः।।139।।

वारिशालिनासवातिवासनालिशारिवा
सारभाविनीलिमाभ्रमालिनी विभा रसा।
सालतालकाननामुना न का लतालसा
राजिता श्रिया परा दुरापया श्रिताजिरा।।140।।
(प्रतिलोमानुलोमचतुष्पादः)

सवपुषमुत्करहाटकमक्षततिनिशासनागतालीसवनम्।
समदनवशकलितातनुरसधवनागोत्करं जराजितसत्त्वम्।।141।।

राति ददाति या। तेषां वा त्वरया आरो गतिर्यस्याम्।।135।। कुन्दानां च कमरन्दो विद्यते यस्याम्। हे विधूतमाय, आत्मवतां कृतिनामिह दमकरं सौष्ठवं अतिकुं परां भूमिं आपन्नम्। व्रतापे तपोभिः सुलभे। दवतीव्रतापे दावाग्निनातिशयेन संतप्ते।।136।। आतिपातिनो जवेन व्रजन्तः सारावा नदा यत्र यादृशीयं तटी भ्राजते। अभिहतो दानवानां रासः सिंहनादो येनेति भगवत्संबोधनम्। इयं च गजसंहतिः सा यूथमतिपाति सुतरां परिरक्षति। अविरतेन संततेन दानेन वरा श्रेष्ठा। सारा स्थिरा। वनं दयते रक्षति वा। 'देङ् रक्षणे'। अवनं रक्षणं वा ददाति। वनानि वा द्यति खण्डयति या।।137।। अघं पापमिह दारिद्र्यं तद्वतो जनानस्मिन्नगे तरूणां पङ्क्तिरवति न न। अपि तु त्रायते। वशफला। सदाननागे समददन्तिनि। सदानना सुमुखी हंसानां पङ्क्तिश्च नवेन शफानां पादैकदेशानां लाघवेन पुलिनेषु चरति।।138।। विसारि विस्तीर्णं अखिलतापि च सर्वगतातपं शिखरं भर्तुरुद्वोढुरेतस्य स्वर्गान्न किंचिदप्यूना परागेण च पुष्परजसा कपिशा क्षितिश्चूततरुभिः पिकानामालीः पङ्क्तीरुन्मदयति। कालीः श्यामलाः। भङ्गेन खण्डनया दूनापरागा उपद्रुतान्यतरवः कपयो यासु तथाविधाः शाखिनां लताश्च यस्याम्।।139।। वारि सलिलं तच्छालिना अनेन का रसा भूमिर्न राजिता। आसवे मधुपाने अतिवासना प्रसक्तिर्येषां तादृशा अलिनो यत्र तथाविधाः शारिवा ओषधिविशेषा यस्याम्। सारभावः सारत्वं तद्वान्नीलिमा येषां तादृशान्यभ्राणि मलते धारयति या। विभा विविधकान्तिः सालास्तालाश्च तरुविशेषास्तन्मयानि काननानि यस्याम्। लतासु अलस आलस्यं किंचिद्वातवेपितत्वं यस्याम्। इलसशब्दोऽत्र वृत्तौ गुणमात्रवचनः।

सवपुषमुत्करहाटकमक्षततिनिशासनागतालीसवनम्।
समदनवशकलितातनुरसधवनागोत्करञ्जराजितसत्त्वम्।।142।।
(महायमकम्)

आत्मानमीश स बिभर्ति विवर्धमान-
दामोदराजितमयन्त्रितयानवद्यम्।
गीर्वाणचक्रमधितिष्ठति सादरं स-
दामोदराजितमयं त्रितयानवद्यम्।।143।। (विशेषकम्)

मधुकरशबलानां दूरमुत्कण्ठमाना
स्तबकितबकुलेभ्यः साधुना काननानाम्।
स्पृहयति हतचेता विप्रयोगे नतभ्रू-
स्तव कितव कुलेभ्यः साधु नाकाननानाम्।।144।।

यथा–'व्द्येकयोर्द्विवचनैकवचने' इत्यत्र व्द्येकशब्दौ। लताभिर्वा लसा लसन्ती। परा प्रकृष्टा। दुरापया च श्रिया श्रितान्यजिराणि अङ्गनानि यस्याम्।।140।। सवपुषमित्यादि विशेषकम्। अयन्त्रितानि अप्रतिहतानि यानानि विमानानि सन्ति यस्य तथाविधममरचक्रं कर्तृ सद्भिरामोदै राजितं यं अधिवसति सोऽयं गिरिरात्मानं धारयति। कीदृशम्। सवाः क्रतवस्तान् पलाशदितदङ्गजनकत्वेन पुष्णाति यस्तादृशम्। उत्करमुन्मयूखं हाटकं सुवर्णं यत्र। अक्षततिर्विभीतकप्रचयः, निशा हरिद्रा, असनाभिधा अगास्तरवः, ताज्यस्तरुविशेषाः, अस्य सर्वस्य सवनमुत्पादकम्। शकलिता भग्ना अतनुरसाः प्रभूतनिष्यन्दा धवास्तरुभेदा येन तदादृशः समदो नवश्च नागोत्करो यत्र। जरया चाजिताः सत्त्वाः प्राणिनो यत्र। तथा सह वपुषा देवरूपत्वाज्जङ्गमेनाकारेणापि वर्तमानम्। उद्गताः करहाटाख्याः कुसुमविशेषा यत्र। कबत्र समासान्तः। अक्षतान्यखण्डितानि तिनिशानामोषधिविशेषाणां सनागानां पुंनागतरुसहितानां तालीसानां च तरुभेदानां वनानि यत्र। मदनवशाः स्मरपरतन्त्राः अत एव कलितातनुरसा गृहीतबहलशृङ्गारा ये धवनागाः पुरुषश्रेष्ठास्तैः सह वर्तमानम्। धवनागेति 'वृन्दारकनागकुञ्जरैः पूज्यमानम्' इति समासः। उन्नताः करञ्जाख्यास्तरवो यत्र। राजितं सत्त्वमौदार्यं तद्वतां यत्र। अथ त्रयाणां विशेषणसमासः। विवर्धमानेन दामोदरेण हरिणा अत्युन्नतत्वादजितम्। त्रितये च धर्मार्थकामलक्षणे त्रिवर्गे तद्वतामुपकारकत्वादनवद्यं दोषरहितम्।।141-142-143।। मधुकरेत्यादि युगलकम्। कलभानां राशेः समूहस्य रसा भूमिस्तया अक्षैस्तालैः सालैश्च सह वर्तमानं गिरिममुं विलोक्य कस्याश्चिदङ्गनायाः सखी कान्तं तदीयमेव दयितमभ्युपेत्य शिरसा नता सती एवमभिदधाति। सकलः समग्रो भरस्तदीयस्य कार्यस्योद्वहनं यस्याः अत एवालमत्यर्थं क्षतालसा विहतालस्या। किं वदतीत्याह–हे कितव वञ्चक, तव सा नतभ्रूः उत्कण्ठमानत्वादधुना विरहे काननानां कुलेभ्यः

इति वदति सखी नतैत्य कान्तं सकलभराशिरसाक्षतालसालम्।
गिरिममुमवलोक्य पीवरोर्वाः सकलभरा शिरसा क्षतालसालम्।।145।।

(युगलकम्)

एते निमज्ज्य सलिले करिणः कराग्रा-
नुत्तम्भयन्ति रयतो हर हस्तवेष्टान्।
वीक्ष्य प्रसीदति मनोऽत्र समाधिभाजो-
ऽनुत्तं भयं तिरयतोऽहरहस्तवेष्टान्।।146।।

तटभुवि सकृदियमपजरजनता
विहरति मदविशदनवरतरसा।
किमिव हि न हृदयमतिरुचिरमणा-
विह रतिमदविशदनवर तरसा।।147।।

स्थितिमिह बिभ्रतीश जनता दुरन्तदुरितापहारिणि गिरौ
विगतजरामयातनुरसातिसारनुत यामराजत गवि।
त्रिदिवतलेऽपि सा न सुलभा मनोरथशतैश्चिरादधिगते
रिपुवनदाहिसाहस मयात्रियाम सहसाहिदानवपुरि।।148।।

(प्रतिलोमानुलोमपादः)

समूहेभ्यः स्पृहयति स्पृहां करोति। कुलेभ्य इति 'स्पृहेरीप्सितः' इति संप्रदानसंज्ञा। साधु सुभगं कृत्वा स्तबकिता बकुला येषु। नाकाननानां रमणीयतया स्वर्गस्य मुखभूतानाम्। अत एव तत्रासकृदनुभूतत्वात्समानसुखत्वात्तस्यास्तद्विषया स्पृहा। यदि वा दुर्लभं तमवधार्य तत्तत्सुन्दरपदार्थदर्शनेनात्मनोऽपमृत्युमभिमन्यमाना काननानि तथाविधानि अभिलषतीत्यभिप्रायः। यथोक्तम्[1]–'धत्ते चक्षुर्मुकुलिनि रणत्कोकिले बालचूते मार्गे गात्रं क्षिपति बकुलामोदगर्भस्य मायोः। दावप्रेम्णा सरसबिसिनीपत्र-मात्रान्तरायस्ताम्यन्मूर्तिः श्रयति बहुशो मृत्यवे चन्द्रपादान्।।' इति।।144-145।। हे हर, अमी गजा जले निमज्ज्य हस्तवेष्टान् कराणां कुण्डलीकरणानि रयादुत्तम्भयन्ति उत्थापयन्ति। अनुत्तं अनिराकृतं भयं जन्ममरणादिजनितं त्रासमहरहः प्रत्यहं तिरयोऽभिभवतः तवेष्टांश्च समाधिभाजो निरीक्ष्यात्र मनः प्रसीदति प्रीतिमापद्यते वैमल्यं वा व्रजति।।146।। मदेन क्षीबतया विशदः स्पष्टो नवे रते रसो यस्याः सा अपजरजनता सुरसमूहः सकृदेकवारमव्यवधानेन विहरति। हे अनवर सर्वोत्तम, इह च तरसा वेगेन रतिमन्निर्वृतं चेतः कर्मभूतं किमिव वस्तु नाविशत्। सर्वमेव रम्यतया विवेश।।147।।

---

1. मालतीमाधवे तृतीयेऽङ्के।

लक्ष्मीरिहामरगिरेः कलधौतहर्म्यैः
सा धूनितानवर तारमणीष्टकान्तैः।
लीला रहस्यधिगता च गुणानखेदैः
साधूनिता नवरता रमणीष्टकान्तैः॥149॥

सरति मलयवात्या मानधैर्यं वधूनां
विधुतपनसमालं सादरं सज्जयन्ती।
इह मुनिजनतासौ तेजसा भाति मुक्तिं
विधुतपनसमालं सादरं सज्जयन्ती॥150॥

स्वेदाम्भःशीकरार्द्रं स्फुरदमलतरच्छायरत्नोपलेऽस्मि-
न्नुस्त्रैः कर्ता ललाटं रविरलकलतालाञ्छितं किंनरीणाम्।
गीतं चासां विधत्ते विरहितवनितामण्डलीदेहयष्टिं
चेतोहारीदमुच्चैरविरलकलतालाञ्छितं किं न रीणाम्॥151॥

विगता जरा आमयाश्च व्याधयो येषां तैः सुरैः। हे अतनुना घनेन रसेन अतिसारं सर्वोत्कृष्टं कृत्वा नुत प्रणत, रिपव एव वनं तद्दाहि च साहसं प्रकृतं यस्य। नास्ति च सततप्रबुद्धतया त्रियामा रात्रिरविद्या वा यस्य तादृश हे ईश, इह गवि भूमौ यां स्थितिं बिभ्रती जनसंहतिरराजत सा स्थितिः स्वर्गेऽपि, अहीनां दानवानां च पुरि नगर्यां सहसा न सुलभा मनोराज्यैरपि॥148॥ हे अनवर, तारा दीप्तिमन्तो मणिमयीनामिष्ट-कानामन्ता येषु तादृशैः सुवर्णहर्म्यैरिह मरोरपि सा श्रीर्धूनिता। परिभूतेत्यर्थः। अत्र च रहसि रमणीभिरिष्टैर्मनोहारिभिः कान्तैश्च रमणैरखेदैस्तत्परैरेव लीला प्राप्ता। साधूनुत्तमान्, गुणान् इता प्राप्ता नवरता चापूर्वसुरता॥149॥ विधुता पनसनाम्नां तरूणां माला यत्र तथा कृत्वात्र मलयवातसंहतिर्वहति। सादरं कातिनामात्मनश्चावसादप्रदं वधूनां सदपि मानविषयं धैर्यं जयन्ती न्यक्कुर्वाणा। वातानां समूहो वात्या। 'पाशादिभ्यो यः'। अत्र तेजसा विधुतपनसमा चन्द्रार्कसदृशी मोक्षं च सादरं सप्रयत्नं सज्जयन्ती अनुसंदधाना इलमत्यर्थं मुनिसंहतिरसौ भ्राजते॥150॥ अलका एव अरालतया लतास्ताभिर्लाञ्छितमिह किंनरीणां ललाटं स्वेदकणार्द्रं रविरुस्त्रैः किरणैः कर्ता साधु करोति। साधुकारिणि तृन्। आसां चाश्वमुखीनामविरलैर्घनैः कलैश्च मधुरैस्तालैः करयोरन्योन्यमभिघातैराञ्छितं कृतायाममिदं गीतं विरहिणीजनस्य गात्रयष्टिं रीणां दुर्बलां किं न विधत्ते। करात्येव। अत्र–'कला द्वादश च प्रोक्ताश्चतुर्विंशतिरेव च। चत्वारिंशत्तथाष्टौ च तथा षण्णवतिः कलाः॥' इत्येवं परिगणितरूपा गीतशास्त्रे निमेषपञ्चकपरिमाणतया प्रसिद्धाः कालावयवाः कलाः ता अविरला यत्र तथा कृत्वा तालैश्च चञ्चुपुटचाचपुटादिभिराञ्छितं निबद्धं

इति श्रीबालबृहस्पत्यनुजीविनो वागीश्वराङ्कस्य विद्याधिपत्यपरनाम्नो महाकवे राजानकश्रीरत्नाकरस्य कृतौ रत्नाङ्के हरविजये महाकाव्ये पर्वतर्तुवर्णनो नाम पञ्चमः सर्गः।

षष्ठः सर्गः।

तमथान्धकासुरनिकारविप्लुताः कृतपूर्वसेवमभिराद्धमानसम्।
ऋतवोऽभिलक्ष्यनिजलक्ष्मविग्रहाः शरणं ययुः शतमखेन चोदिताः॥1॥

घनसौरभानुगतभृङ्गसंहतीरुपदीकृता विविधपुष्पमञ्जरीः।
दधतः करैः क्षितिनिविष्टजानवो विनिवेदिताः सविनयेन नन्दिना॥2॥

(युग्मम्)

प्रणिपत्य चैनमथ काञ्चनावनिस्खलितोत्पतन्मधुपमुक्तशेखराः।
अविदूरदेशनिहितानि भेजिरे तदनुज्ञया मणिशिलासनानि ते॥3॥

अथ तानुवाच दशनांशुनिर्झरस्नपितोष्ठपल्लवमिदं जगत्पतिः।
नवनीरभारभरमन्थराम्बुदस्तनितातिडम्बरगभीरया गिरा॥4॥

किमकाण्ड एव जगतां विपर्ययादिव शून्यतामुपगताः स्थ शुष्मिणः।
कथयन्ति वो हृदयशल्यदुःखितामधुना मुखच्छवय एव धूसराः॥5॥

भुजगेन्द्रभोगपरिपीवरस्फुरत्कुलिशातिभासुरभुजे मरुत्पतौ।
स्थित एव केन जगतामुपप्लवं प्रविविदित्सुना दितिसुतेन जृम्भितम्॥6॥

उदितं विकासि बिसकन्दकोमलात्कमलासनादनघपक्षशालिनः।
भुवनाब्जकोषमकृशं शिलीमुखा इव यूयमेव ननु पातुमीश्वराः॥7॥

गीतमित्यपि योज्यम्। अमुना च श्लोकेन भगवतो विश्रान्तिनिमित्तं मध्याह्नसमयं सूचितमाहुः॥151॥ इति राजानकजयानकसूनोरलकस्य कृतौ हरविजयविषमपदोद्योते पञ्चमः सर्गः॥

षष्ठः सर्गः।

निकारः परिभवः। अभिराद्धं प्रसादितम्॥1॥ उपदा ढौकनिका॥2-3-4॥ अकाण्डे असमये। शून्यता निःसारत्वम्। शुष्मिणस्तेजस्विन इति ऋतूनां संबोधनम्। शल्यं दुःखम्। धूसरा मलिनाः॥5॥ मरुत्पतिः सुरेशः। जृम्भितमौद्धत्यमाविर्भावितम्॥6॥ कमलासनो ब्रह्मा। कमलमासनमस्येति। कमलमेव चासनमाश्रयः। पक्षाः स्ववर्ग्याः

द्रुहिणस्य काव्यमिव सर्गगोचरं स्फुटचित्रवृत्तिकमवद्भिरद्भुतम्।
विशदं भवद्भिरभितन्यतेतरामभितः पुराणकविना कृतं यशः॥8॥

स्थितवत्यथाम्बुधरधीरनिःस्वनामिति किंचिदादिपुरुषेऽभ्युदीर्य गाम्।
शुचिमुख्यशेषसकलर्तुमण्डलक्षणदृष्टिपातपरिबोधितः शनैः॥9॥

क्वणितानुबन्धमुखराननभ्रमद्भ्रमरोपयुक्तमुखसौरभश्रियम्।
दशनांशुकेसरकरालितां पुरो निजपुष्पसंपदमिवोद्गिरन्गिरम्॥10॥

स्मरबान्धवक्षयकरे तदुत्थितज्वलनाभिघातविनिकूणितेक्षणः।
शशलक्ष्मशेखरतृतीयचक्षुषि क्षणमाश्रिताशय इवाभ्यसूयया॥11॥

श्रवणाग्रलग्ननवचूतमञ्जरीमकरन्दशीकरकणस्पृहागतैः।
मधुरित्यभाषत मधुव्रतैः पुरो ह्रियमाणवाक्य इव मञ्जुशिञ्जितैः॥12॥
(चक्कलकम्[1])

अधितिष्ठतो हृदयपद्मविष्टरं भुवनत्रयव्यवहृदेकसाक्षिणः।
प्रतिघव्यपायपरिशून्यसंविदः किमिवास्ति यन्न विदितं तवेशितुः॥13॥

तव संविदादिसहजं चतुष्टयं जगति प्रतीतमनघं तथा यथा।
स्थितिमापुषोऽस्य सकलातिशायिनीमपरं न किंचिदपि तारतम्यभाक्॥14॥

पतत्राणि च। भुवनमेवाब्जस्य कोषः कर्णका। पातं रक्षितुं आस्वादयितुं च॥7॥ द्रुहिणो ब्रह्मा तस्य सर्गगोचरं सृष्टिविषयमेतद्भुवनं काव्यमिव युष्माभिरवद्भिर्यशो वितन्यते। तत्कौशलस्याख्यापनात्। काव्ये तु सर्गाः खण्डलकभेदाः। चित्रा नानाविधाः। चित्रं च चक्रबन्धादि। वृत्तयो व्यवहाराः। पक्षे नागरिका ग्राम्याश्चानुप्रासजातयः। कविः प्रजापतिरपि॥8॥ स्थितवतीत्यादि चतुर्भिः कलापकम्। गां वाचम्। शुचिर्ग्रीष्मः॥9-10॥ स्मर एव बान्धवस्तत्क्षयकारिणि हरोर्ध्वनयने सेर्ष्यहृदय इव। निमीलितेक्षणत्वात्॥11॥ शीकरकणा बिन्दुलेशाः। पुरः पूर्वम्। ह्रियमाणवाक्य इवेति वयमेव त्वदनुयायिनो विज्ञापयामः। न युक्तमस्मत्संनिधौ स्वयमेव विभोरभिधातु-मित्यभिप्रायः॥12॥ प्रतिघः प्रतिबन्धको हेतुः। तत्कृतेन व्यपायेन बाधया रहिता संविद्विज्ञानं यस्य तादृशस्य हृत्पद्मवर्तिनस्तव यन्न विदितं तदिह नास्ति। भवतः सर्वज्ञत्वात्। अत एव जगतः शुभाशुभेषु कर्मसु तव साक्षिणः क इव साक्षी। विष्टरमासनम्। तवेति 'क्तस्य च वर्तमाने' इति षष्ठी॥13॥ संविदाति विज्ञनैश्वर्यवैराग्य-धर्मलक्षणं तव गुणचतुष्टयं तथा प्रथितं यथैतस्य प्रकर्षवतीं स्थितिमाप्तस्य सतो न

---

1. 'चतुर्भिः स्याच्चक्कलकम्'।

सह सिद्धिनिष्प्रतिघसंविदर्चिषो न घटामुपैति परपारदृश्वनः।
तव नाथ शब्दसमयागता क्वचित्सकलार्थमण्डलसतत्त्ववेदिता॥15॥

अविशेषवृत्तिरहिमत्विषो यथा सकलेषु वस्तुषु विभा विजृम्भते।
तव नाथ निष्प्रतिघनिर्मलीमसस्थितिरस्तमोहतिमिरा मतिस्तथा॥16॥

प्रतिपन्नसर्वगतवस्तुविस्तरस्तदपीश पृच्छसि यदद्य तेन नः।
कुरुतेऽधुना कुशलसंग्रहं परं मधुरो मिथस्त्वदभिभाषणक्षणः॥17॥

प्रकृतेः पृथग्विकृतिशून्यतां गतः प्रतिषिद्धवस्तुगतधर्मनिष्क्रियः।
पुरुषस्त्वमेव किल पञ्चविंशकः स्पुटचूलिकार्थवचनैर्निगद्यसे॥18॥

प्रथितप्रपञ्चरसभाववर्जितः क्वचिदेव किंचिदपि कर्तुमक्षमः।
अवपुर्गतः करणवृत्तिशून्यतां प्रकृतेरहो नु सदृशोऽसिकामुकः॥19॥

किंचिदपरं तारतम्यभागतिशयं भजते। अस्यैव सातिशयत्वात्। अस्येत्यनादरे षष्ठी॥14॥ सकलस्यार्थजातस्य सतत्त्वं परमार्थस्तद्वेदिता ते शब्दसमयागता न घटामुपैति शब्देन संकेतेनोत्पन्नेति न युज्यते। अन्यो हि परोक्षमप्यपूर्वादि शब्मुखेनैव प्रतिपद्यते। देवः पुनरप्रतिहतज्ञानज्योतिर्ब्रह्मणोऽपि पारदर्शी समग्रमागमानपेक्षयैव साक्षात्करोति। परं प्रकृष्टम्। ब्रह्मेत्यर्थः॥15॥ अविशेषवृत्तिः समाना। विभा दीप्तिः॥16॥ विस्तरः समूहः। प्रथनमत्र न विवक्षितमिति 'प्रथने वावशब्दे' इति न घञः प्राप्तिः॥17॥ चूलिकस्य पञ्चशिखाख्यस्य मुनेः अर्थाः 'अस्तित्वमेकत्वमथार्थवत्त्वं पारार्थ्यमन्यत्त्वमथो निवृत्तिः। योगो वियोगो बहवः पुमांसः स्थितिः शरीरस्य च शेषवृत्तिः॥' इति दश पदार्थाः। तद्वचोभिस्त्वमेव पञ्चविंशकः पुरुषो निगद्यसे निःशेषं प्रतिपाद्यसे। पुरि शरीरे उषितत्वान्निर्वचनेनाभिधीयसे। चूलिकार्थाः सूक्ष्मार्था इति केचित्। प्रकृतिः कारणमव्यक्तम्। विकृतयो महदाद्याः। तद्विलक्षणः। यदुक्तम्[1] 'मूलप्रकृतिविकृतिर्महदाद्याः प्रकृतिविकृतयः सप्त। षोडशकस्तु विकारो न प्रकृतिर्नः विकृतिः पुरुषः॥' इति। नित्यत्वाच्च प्रतिषिद्धा वस्तुगता धर्माः–जायते, अस्ति, विपरिणमते, विवर्धते, प्रक्षीयते विनश्यति, इति षड् भावविकारा येन तथाविधः, निष्क्रियश्च। उदासीनत्वात्॥18॥ अहो विचित्रम्, त्वं प्रकृतेः कामुकः सदृशः। पुरुषस्य च कामुकत्वं 'प्रकृतिमहं भुञ्जीय' इति कामनात्। तस्य पुनरानुरूप्यमिहोपहासेन विपरीतलक्षणया प्रतिक्षिप्यते। तथाहि पुरुषः प्रथितः प्रपञ्चो विस्तीर्णता यस्य तादृशेन रसेन रागेण भावेन च जन्मना रहितः। किंचिदपि कर्तुमक्षमः। निष्क्रियत्वात्। अवपुरनभिव्यक्तस्वरूपः। करणस्य चक्षुरादित्रयोदशविधस्येन्द्रियस्य वृत्त्या विषयग्रहणेन शून्यः। प्रकृतिः

---

1. ईश्वरकृष्णेन सांख्यकारिकासु।

कथयन्ति नाथ दशहेतुसंश्रयव्यवधूतविप्लवविशुद्धचेतसः।
तव सांख्यवृद्धमतभेदवर्तिनः कृतिनोऽनिवृत्ति किल तत्परं पदम्।।20।।

दधतीह कर्मफलभोगवर्जिते सकलार्थतत्त्वविदि पुंविशेषताम्।
त्वयि शब्दमीश्वर इति व्यवस्थितं कथयन्त्यनन्यविषयं मनीषिणः।।21।।

दृढबन्धकोटिपरिमर्षकर्षितं न कदाचिदन्यशमिनामिव क्वचित्।
विदुरीश्वरत्वमनघं तवान्वयव्यतिरेकशून्यमवदातदृष्टयः।।22।।

भुवनानि पङ्कजभुवः सिसृक्षतस्तपसेद्धतां किल गतस्य यः पुरा।
उदभून्मखादिषु च पञ्चलक्षणः सकलक्रियासु विनियोगभाग्भवन्।।23।।

पुनरेतद्विसदृशरूपेति कथमनयोः साम्यम्। योऽपि रसेन शृङ्गारादिना भावेन च सात्त्विकादिना बहुविधेन रहितः, धनवैकल्याच्च किंचिदपि कर्तुमसहः, अवपुश्च रूपरहितः, करणेन कामशास्त्रप्रसिद्धेनोत्फुल्लकादिना वृत्त्या च धनार्जनोपायेन शून्यश्च पुरुषः, सोऽङ्गनां कामपि कामयत इति चित्रमदः।।19।। सांख्यवृद्धस्य कपिलमहर्षेर्मतविशेषस्थाः कृतिनः सांख्याः ते तावकं परं पदं तदलौकिकं अनिवृत्तिः नास्ति निवृत्तिः पुनः संसारागमो यस्मात् तादृशं प्रतिपादयन्ति। दश हेतवो वीतावीताख्याः। तत्र–'भेदानां परिमाणात्समन्वयाच्छक्तितः प्रवृत्तेश्च। कारणकार्यविभागादविभागाद्वैश्वरूप्यस्य।। कारणमस्त्यव्यक्तं' इति प्रकृतिसाधनायोपन्यस्ताः पञ्चहेतवो वीताः। तावन्त एव ते पुरुषसाधका अवीताः। तद्यथा–'संघातपरार्थत्वात्त्रिगुणादिविपर्ययादधिष्ठानात्। पुरुषोऽस्ति भोक्तृभावात्कैवल्यार्थं प्रवृत्तेश्च।।' इति। एतदाश्रयेण तिरस्कृतो विप्लवो नास्तिकवादो यैः। अत एव विशुद्धहृदयाः।।20।। नास्त्यन्यो विषयो यस्य तथा कृत्वा त्वयि पुरुषविशेषत्वं बिभ्रति स्थितं ईश्वर इति नाम व्यपदिशन्ति विद्वांसः। कर्मणः शुभाशुभस्य फजं सुखदुःखरूपो विपाकः। तदनुभवशून्ये। निाशंसत्वात्। सर्वार्थत्त्वदर्शिनि च कर्मक्लेशाशयैरपरामर्शात्। उक्तं[1] च–'क्लेशकर्मविपाकाशयैरपरामृष्टः पुरुषविशेष ईश्वरः' इति।।21।। बन्धकोटिः प्रकृत्यादिबन्धनधारा। तत्स्पर्शेन कदर्थितमैश्वर्यमन्ययोगिनाम्। प्रागनुभूतसंसारत्वात्। तव तु सर्वदैव मुक्तस्य नित्यैकरूपतया भावाभावाभ्यां शून्यम्। अत एवानघं अतिशयशालतया विशदमेतज्जानन्ति महाधिषणाः। उक्तं[2] च–'तत्र निरतिशयं सर्वज्ञबीजम्' इति।।22।। भुवनानि निर्मिमित्सतो द्रुहिणस्य तस्मादेव यः पूर्वमुदभूत्स प्रणव ओंकारस्तवैव वाचकः। तेन त्वमभिधीयसे। [3]यदुक्तम्–'तस्य वाचकः प्रणवः' इति। सह पञ्चभिर्लक्षणैरकारोकारमकारार्धचन्द्रबिन्दुरूपैरवयवैः। 'ब्रह्मा विष्णुश्च रुद्रश्च सदाशिवः। पञ्चधा पञ्चदैवत्य.........'।।23-24।।

---

1. पातञ्जलयोगसूत्रे। 2. पातञ्जलयोगसूत्रे। 3. पातञ्जलयोगसूत्रे।

श्रुतयः पदं परममामनन्ति यं बहुवक्रपादपि च योऽभिधीयते।
अधिगम्य यं पुनरुदेति नो जनः प्रणवस्तवैव भगवन्स वाचकः।।24।।

(युग्मम्)

दधतोऽव्ययानुदय[1]धर्मशून्यता[2] सुरनायकैकगुरुतामुपेयुषः।
उपवर्तते य इह न व्यवच्छिदे तव शर्व[3] चर्वितचराचरः क्वचित्।।25।।

क्रियया क्रमादवयवैश्च संख्यया निजलक्ष्मणा च य इहोपलक्ष्यते।
शमनादिमध्यनिधनं[4] स्वमाया स्मरकाल कालयति कालमेव तत्[5]।।26।।

(युगलकम्)

अवितर्कमस्थितविचारगोचरं सुखवेदनोज्झितमनस्मितान्वयम्।
अभिगम्य शंकरसमाधिमिच्छया तव जातु नैव भजते[6] भ्रमं पुमान्।।27।।

चितिशक्तिरूपविपरीतभावशात्प्रकृतौ[7] पुरस्कृतविरागभावनम्।
वि[8]रुणद्धि तामपि विवेकदर्शनस्थितिमीश संयमिमनस्तवेच्छया।।28।।

तपनादिके विविधलक्ष्यमण्डले कृतसंयमास्त्रिदशनाथ योगिनः।
भुवनादिधामसु भवन्त्यविलुप्तप्रतिभातचित्रभवदात्मसंविदः।।29।।

व्यतिपेतुषां त्रयमसंविदात्मकं स्थितिसंमुखीकृतनिरोधवर्त्मनाम्।
भव योगिनामुदयते तवेच्छया नहि कोटिभूमिधिषणा न सप्तधा।।30।।

मनसो निरर्गलपरिप्लवात्मनो निरुपप्लवस्थितिनिबन्धना नृणाम्।
रसनादिधामसु रसादिगोचरा भवदात्मिकास्त्रिदशनाथ संविदः।।31।।

कलधौतलक्षण इति प्रतीतिमान्पुरुषस्त्वमा नखशिखं सुवर्णकः।
कथितः किलौपनिषदैश्च पञ्चधा सुखवेदनादिमयतामुपेयितः[9]।।32।।

स्फुटहिंक्रियादिनिधनाऽवसानताप्रतिपन्नपञ्चविधभक्तिसौष्ठवम्[10]।
द्रुहिणेन साम बहुवर्त्म गायता जगति त्वमेव गुणगौर गीयसे।।33।।

---

1. इतः प्रभृति त्रिनवतिश्लोकानां टीका आदर्शपुस्तके क्रटितास्ति। 2. '...रूपतां' इति पाठः। 3. 'सर्वचर्चितसुरासुरः' इति पाठः। 4. 'श्वसनादिमध्य' इति पाठः। 5. 'तम्' इति पाठः। 6. 'भजतेतमां' इति पाठः। 7. चितिशक्तिरूप विदोविपर्ययात्' इति पाठः। 8. 'न रुणद्धि' इति पाठः। 9. 'उपेयिवान्' इति पाठः। 10. 'हिष्क्रियादि' इति पाठः।

स्थितिमीयिवत्सु नियतश्रुतिक्रमस्वरमण्डलानुगमसुस्थितां ध्रुवम्।
अपरान्तकादिषु विविक्तवस्तुषु ध्वनसि त्वमेव दशशब्दलक्षणः।।34।।

सकलाधिकारविनिवृत्तिहेतुतां गतवन्ति वाङ्मयपराङ्मुखस्थितिः।
हर मद्रकाणि गहनानि गायति प्रकृतिं बुभुत्सुरणुरेष[1] तावकीम्।।35।।

गतमीश शाश्वतिकतृप्तिहेतुताममृतं भवन्तमिव सोमपायिनः।
हर संस्तरव्रतनिमित्तमुत्तमं दुहते गुहानिहितमाहितादराः।।36।।

बहुभेदसांख्यगुरुयोगधारणाक्षमतान्वितस्थिरसुखासनस्थिते।
भवति प्रसन्नमनसि प्रवर्तते कृतिनः किलाष्टविधमैश्वरं बलम्।।37।।

द्विविधैश्चतुष्प्रकृतिभिः श्रुतिक्रमादुपपन्नसौष्ठवगुणा किल स्वरैः।
भवदात्मिकैव महतीमुपस्थिता स्फुटसामघोषमधुरा सरस्वती।।38।।

प्रथिताः परापरदृशः पुराविदः कथयन्ति विश्वनुत नेति नेति यत्।
सकलैर्विनाकृतमुपाधिसाधनैः परमं तदेव तव तत्त्वमद्भुतम्।।39।।

अविपन्नवेदनविवर्तमुच्चकैर्वसुधानिलानलजलादिकं नृणाम्।
पुरुषं तदात्मकमथाचचक्षिरे भगवन्भवन्तमवदातदर्शनाः।।40।।

प्रणवादिरप्यथ विरामतां दधत्फणिना निरूपितपदार्थसप्तकः।
भगवन्नधीत इह यैः किलागमः पदमाप्नुवन्ति ननु तेऽपि तावकम्।।41।।

व्रजसीश पादरहितो ग्रहीतृतां प्रतिपद्यसे करविनाकृतोऽपि सन्।
अवलोकयस्यनयनोऽप्यकर्णकः सकलं शृणोषि न च वेत्सि वेत्सि च।।42।।

इति नाथ सर्वजगतां विलक्षणं वपुरद्भुतातिशयशालि बिभ्रतम्।
अभिपश्यतः किल भवन्तमव्ययं कुशलस्य संविदखिला विवर्तते[2]।।43।।
(युगलकम्)

शशिमण्डलं जलतरङ्गसंहतिप्रतिबिम्बितं हर जलाशये यथा।
द्रुमपल्लवोदवसितान्तराश्रयस्तपनातपयो निपतितः क्षितौ यथा।।44।।

गगनं यथा स्थितमुलूखलादिषु स्फुटमेकमेव सकलाद्भुतस्थिति।
प्रतिपद्यते बहुविधत्वमाश्रयप्रतिसंक्रमादविकृतस्तथा[3] भवान्।।45।।
(युगलकम्)

1. 'असुरणुरेष' इति पाठः। 2. 'निवर्तते' इति पाठः। 3. 'अधिकृतस्तथा' इति पाठः।

हरिरेकचेष्ट इति[1] यत्तदंशकास्त्रिचतुर्बहुक्रयतया व्यवस्थिताः।
सकलात्मनस्तव महाविभूतितां दधतो विवर्त इव[2] संस्थितोऽपरः॥46॥

अपि नाथ विध्यति मणिं निरीक्षणस्तमनङ्गुलिर्वयति बोधितस्त्वया।
प्रतिमुञ्चति स्म तमकंधरोऽपि सन्परिपूजयत्यरसनस्तदद्भुतम्[3]॥47॥

बहुरुप एव दधदेकरुपतां स्थिरधर्मतामुपगतोऽपि गत्वरः।
नभसि स्थितोऽप्यनतिवृत्तभूमिकः सविधास्पदोऽपि भजसे विदूरताम्॥48॥

चिदचित्परोऽप्यचिदचित्परो भवन्नतदाभ एव हि तदात्मतां दधत्।
सदसत्परोऽप्यसदसत्परस्थितिर्बहुवक्रपादवयवैर्विनाकृतः॥49॥

शिशरः सहस्त्रकरमण्डलोदरे शशिनि स्थितोऽपि दधदूष्मसंपदम्।
उभयात्मको निरुभयात्मकोऽथवा गहनस्त्वमित्थमलमद्भुतायसे॥50॥

(तिलकम्)

भववन्नहो बत किलासि दुर्ग्रहः प्रथितेन रुपविभवेन केनचित्।
अधिरोपितेन तथतात्मनापि वा क्वचनापि यन्न कृतिनाभ्युपेयसे॥51॥

न गतिस्तवास्ति सुरनाथ नागतिर्न बहिर्न चान्तरवभाससे क्वचित्।
द्वयवभासशून्यतथतावलम्बनः प्रतिभासि नाननुगृहीतचेतसाम्॥52॥

अविभाग एव सकलार्थसंहतेर्जगति प्रकाशकतया व्यवस्थितः।
पदवाक्ययोस्त्वमुपकारकारितामभिधेयवस्तुनि सविस्तरे गतः॥53॥

परिकल्पितेन दधदेकरूपतामपि कर्तृकर्मकरणादिवर्त्मना।
त्वमनादिकालकृतया ह्यविद्यया बहुधा विभज्य परिगृह्यसे जनैः॥54॥

सकलार्थविग्रहतया विवर्तते यदनादिमध्यनिधनं किलाक्षरम्।
प्रथयन्ति तत्तव जगन्निबन्धनं शिवशब्दतत्त्वमविनश्वरं वपुः॥55॥

असमाप्तविप्लवविकल्पगोचरौ व्यवहारपद्धतिपरस्पराश्रयौ।
परतः स्थितत्वमवधेरवाप्नुतो विनिवृत्तिमीश जगतोऽस्य धीध्वनी॥56॥

जगतोऽवलम्बितपरावरोभयव्यतिवृत्तरूपगहनो विसंस्थुलाम्।
विसभागतामुपनिषत्पराश्रितः प्रतिभासते भव भवान्न कस्यचित्॥57॥

---

1. 'इह' इति पाठः। 2. 'इह' इति पाठः। 3. स्तौतीत्यर्थः।

व्यतिरिक्तवृत्तिरगुणो गुणस्थितिः सुरनाथ तत्प्रकृतितां च संश्रितः।
स्फुटमध्वनः षडवधिस्थितेर्भवान्विसभागतामथ सभागतां गतः॥58॥

अपि बुद्धिगोचरमतीत्य संस्थितः प्रणवारवान्तरनिविष्टदृष्टिभिः।
किमपि प्रतीपितविपर्ययग्रहैरनुपाधिरूपकरणो निरूप्यसे॥59॥

दधतो विलङ्घिततुरीयवृत्तितां कृतजीवजीवननिरामयस्थितेः।
भवतोऽपवर्गदमनाहतात्मनः पदमाप्नुवन्ति कृतिनः सुषुम्णया॥60॥

व्यवधूतकल्पनगभीरमूर्तितां दधतं दुरन्तमनपायमद्भुतम्।
प्रतिभिद्य मण्डलचतुष्टयं जवात्कृतिनो भवन्तमविशन्ननावृतम्॥61॥

भवदीरितेन मनसाभिहन्यते सुरनाथ विग्रहशिखी शिखाकुलः।
स समीरमीरयति पञ्चलक्षणं स्थितिहेतुमीश वपुषः शरीरिणाम्॥62॥

अधिरुह्य निष्प्रतिघचित्तसारथिं दशभेदबाह्यकरणाश्रयं रथम्।
विषयेषु नीलगल बम्भ्रमीत्यणुर्भवदिच्छया च विनिवर्तते पुनः॥63॥

सकलाधिदैवतगणस्य तस्थुषः श्रवणादिधामसु गुरुः शरीरिणाम्।
हृदयाम्बरे निरवलम्बनस्थितिः कृतिभिस्त्वमेव भगवन्नुपास्यसे॥64॥

निचिते रजः प्रभृतिभिर्घटान्तरे सलिलानि योगमुपयान्ति नो यथा।
अणुमण्डलानि भगवंस्तवेच्छया निरुपप्लवस्य भवतः सुखादिभिः॥65॥

हृदयारविन्ददलकोटरोदरस्फुटजृम्भमाणपरिवर्तविभ्रमः।
जगतो गतः प्रततमन्तरात्मतां कुरुषे गतीस्त्वमयनद्वयाश्रयाः॥66॥

श्रियमृङ्मये दधति सामदीधितौ तरणेस्त्रयीमयनिरामयात्मनः।
प्रतिभासभेदगहनोऽवभाससे त्वमणुर्यजूंषि पुरुषोऽत्र मण्डले॥67॥

स्फुटमेक एव विविधाख्यतां दधद्धरिमूर्तिराश्रितपृथगिवधक्रियः।
जगतीं दिनर्त्वयनहायनादिकं विदधत्त्वमेव वितपस्यभीशुमान्॥68॥

सकलाणुतत्त्ववपुषां परस्परप्रतिबन्धिनीं तनुभृतां त्रिदण्डवत्।
उपलभ्यते त्रिदशनाथ योगतीं निरुपप्लवा भवदुपाधिका स्थितिः॥69॥

प्रणिनीषतामनुजिघृक्षया कृतीर्जगतः परस्परविवादविप्लुताः।
धिषणादयः किल मनः पुराविदां भवदात्मिका विविशुरीश देवताः॥70॥

प्रविवेश या क्षपितमोहविप्लवा विविशुश्च यां सकलवेद्यवेदिकाः।
अपवर्गमार्गनिबिडार्गलच्छिदा तव विद्ययैति शिवतामणुस्तया।।71।।

जगतामनादिनिधनस्य तस्थुषो जनकत्व एव जननोज्झितस्थितेः।
तव नाथ सत्यपि गुणादिसंभवे नहि संभवत्यभिजनाश्रया स्तुतिः।।72।।

जनतेन्द्रियातिगविशुद्धगोचरद्व्यणुकादिबन्धगतकार्यदर्शनात्।
घटकुम्भकारवदकारकात्मनस्तव कारणत्वमनुमीयते बुधैः।।73।।

निजयैव निष्प्रतिघरूपयेच्छया व्यवहारिणोऽतिनिरवग्रहात्मनः।
कृतिनः प्रयोजकविनाकृतां विभोस्तव कर्तृतां समगिरन्त सूरयः।।74।।

दधतोऽधिकाविकलशक्तिमण्डलस्थितिरूपतां प्रथितभावविक्रियम्।
तव शक्तिलेश इदमुच्चकैर्जगत्क्षुभिते गुणत्रयमयं किलोदभूत्।।75।।

अनघस्वशक्तिविभवव्यवस्थितेः पशुपाशमण्डलविलक्षणात्मनः।
भुवनाधिनाथ भवतः प्रवर्तते चिदचित्स्वभावमिह भावमण्डलम्।।76।।

अवरुग्णगाढतिमिरान्मरीचिभिर्युगपद्विचेतनचितः पृथग्विधाः।
ज्वलतः कणा इव विभो विभावसोर्भवतः पदार्थनिवहा विनिर्ययुः।।77।।

तव साद्भुतातिशयवैभवस्थितेरपि नाथ शाश्वतिकतामुपेयुषः।
क्रमयौगपद्यघटनाविरोधितां सकलार्थसंपदि न बिभ्रति क्रियाः।।78।।

त्वमधिष्ठिताविकलशक्तिमण्डलः सकलं जगत्सृजसि पासि हंसि च।
स्थिरपञ्चमन्त्रमयविग्रहस्थितिर्जननद्वयेन भगवन्विनाकृतः।।79।।

क्षुभिते भवत्यवनितां गुहागता प्रकृतिश्च बल्वजवदुत्थिता ततः।
जगदुद्भवार्थमितरेतराश्रयस्तिमितार्थ रज्जुगुणवद्गुणाः स्थिताः।।80।।

व्यणुकादियुक्तिमदशेषगोचरं कृतवान्विचित्रमिह कार्यमण्डलम्।
अतिसूक्ष्मदृक्त्वसकलार्थवेदिता विभुतान्वितस्त्वमनुमीयसे बुधैः।।81।।

विभुरूपया विकलवस्तुसंनिधिः प्रभुरूपया च सकलार्थकारकः।
त्वमधीश शक्तिकलया द्विधात्मतां गतया विभावितचराचरस्थितिः।।82।।

अविपन्नशक्तिगुणगुम्फितस्फुरत्स्फुटविग्रहाक्षभुवनप्रसूनया।
न कदाचन क्वचिदवाप्यत प्रभो प्रसरोपघातघटना तवेच्छया।।83।।

मधुकोषसंपुटवदाहितस्थितिर्गहना गुहा गुहपितस्त्वया कृता।
स्थितिभेदमेति न कदाचिदुच्चकैः सकलामलाणुगणबन्धमन्दिरा।।84।।

वसुधा विभावयति बीजमुच्चकैरनघं यथाविभवमङ्करात्मना।
सकलस्वभावकरणं तथेहितं तव नाथ सर्वमिह भावमण्डलम्।।85।।

अपरे पुनः प्रथितशक्तिसंग्रहग्रथितात्मनः प्रकृतितत्त्वतोऽव्ययात्।
धिषणादिकार्यपटलं प्रवर्तते तदभिन्नरूपमिति संप्रचक्षते।।86।।

निजकार्यचक्रघटने ह्यचेतनं प्रतिपद्यते किमिव वस्तु कर्तृताम्।
कथयन्त्यतः प्रभवहेतुमीश्वरं भविनां भवन्तमिह चित्क्रियात्मकम्।।87।।

प्रलयेऽपि सर्वजगतामविप्लुतस्फुटसंविदार्चिरविलुप्तवैभवः।
स्फटमूर्णनाभ इव रश्मिसंहतेरणुसंपदस्त्वमसि नाथ कारणम्।।88।।

जगदेककारणमकारणात्मकं विभुमव्ययं गुणदशाविनाकृतम्।
कथयन्ति नाथ पुरुषं सधर्मतां गतमीश्वरस्य भवतः किलापरे।।89।।

प्रकृतीश्वरोभयचिदादिचेष्टितप्रथितप्रपञ्चरहितानुपाधिकम्।
अपरे प्रमाद्वितयनिश्चितं पुनस्त्रितयात्मकं समुदयं प्रचक्षते।।90।।

अनपेक्षिताविकलकारणान्तरं भविनामुशन्ति भव जन्म केवलम्।
अपरेऽपवर्गद निसर्गवादिनः शिखिपिच्छसंस्थितिवदात्तविप्लवाः।।91।।

प्रलयोदयव्यतिकरानुपप्लुतं शुचिशब्दतत्त्वमपरे पुनर्विदुः।
परिणामरूपमिह यस्य दृश्यते भव भावमण्डलमिदं चराचरम्।।92।।

समयान्तरेऽप्यघटमानकल्पनात्रयबाह्यवस्तुविषयावमर्दिनः।
अपरे विशारदधियो जगत्स्थितिं सुरनाथ संविदमुशन्ति केवलम्।।93।।

उभयात्मकग्रहविविक्तचेतसो व्यवलम्ब्य माध्यमिकदर्शनस्थितिम्।
स्थिरतत्त्वनिश्चयधियोऽभिमन्वते कृतकृत्यतां तव गुणेन रञ्जिताः।।94।।

अणुमाहुरैन्द्रियकमेव केचन त्वदनुग्रहोन्मिषितसंविदर्चिषः।
अपरे त्वनैन्द्रियकमेव विप्लवादभिमानमीश्वर तदात्मकं विदुः।।95।।

न बहिः शरीरपरिमाणतोऽण्वपि क्वचनापि चित्त्वमिह जातु लक्ष्यते।
इति निश्रिताः कृताधियः परे व्यधुस्तव शाश्वतत्वविभुताविपर्ययम्।।96।।

व्यवलुप्तमोहगहनास्त्वदिच्छया भगवन्भवन्तमवदाततदर्शनाः।
बहुधात्मतत्त्वमपरे प्रचक्षते कणभक्षजैमिनिदिगम्बरादयः॥97॥

अपरे सलक्षणविलक्षणात्मताग्रथितानवस्थमनुजोहवृत्तयः।
भवतोऽस्तितामनुदयादिहेतुभिर्भगवन्नपाह्नुवत नास्तिकाशयाः॥98॥

प्रतिपन्नभिन्नपरिकल्पकारणप्रतिभाजवञ्जवविरामभावनाः।
शिवमार्गमध्यवससुर्न केचन प्लुतचेतसो भवदनुग्रहोज्झिताः॥99॥

भगवत्यनुग्रहपराङ्मुखे सति प्रतिपद्य मार्गमति तं दुरासदम्।
अधिगच्छति क्वचिदणुर्न किंचन स्थिरपञ्चपर्वणि विपर्यये स्थितः॥100॥

अपि यत्नतोऽधिगततत्त्वमण्डलप्रकृतिप्रतानगहनादिको नृणाम्।
भवदागमामृतबहिष्कृतः पुमान्परमेति पाशवमतानुसारिताम्॥101॥

अविरुग्णामोहगहनाः किलेतरा मलिनात्मभिः पशुमतप्रदीपकैः।
भवदागमानधिगमादसंशयं तमसैव संपपृचिरेऽणुसंपदः॥102॥

प्रकृतिर्न चेतयत एव किंचन त्रिदशाधिनाथ पुरुषोऽप्युदासिता।
तदनुग्रहं प्रथिचेतनक्रियः कुरुषे त्वमेव किल भुक्तिमुक्तिदः॥103॥

अपि धर्मलेशसमताविडम्बनादपृथक्त्व एव पुरुषेशयोः स्थिताः।
भवदागमामृतबहिष्कृताः परे कृतिनो भवन्ति न विवेक्तुमन्तरम्॥104॥

द्विविधो हि शब्दनिकुरुम्ब उच्चकैः शिवशासनेतरमतप्रकाशकः।
जगतः परापरफलैकहेतुतां प्रतिपद्यते भव भवत्प्रणेतृकः॥105॥

हरिगोपकग्रहहिमांशुभास्करप्रकृतप्रकाशसदृशी चतुष्टयी।
सुरनाथ संविदिह संप्रवर्तते त्वदनुग्रहोपहिततारतम्यभाक्॥106॥

अकथंकथत्वमविपर्ययागमात्स्फुटमारिवांस इह योगवर्त्मना।
न भवन्ति केचन भवद्गुणाश्रिताः पुनराजवञ्जवजुषो विवेकिनः॥107॥

गगनासने क्षततमाः कृतस्थितिः सकलं दिदर्शयिषुरात्मवैभवम्।
विमलैः स्वशक्तिकिरणैः प्रसेदिवानुदमीमिलस्त्वमणुसंहतेर्ज्ञताम्॥108॥

चितिशक्तिमामविकलार्थवित्तया सकलार्थकारकतया च कर्तृताम्।
अणुमण्छलस्य भवतानुगृह्णता क्रियते सुरेश सदृशत्वमात्मनः॥109॥

भवतोऽव्ययात्सदसतात्मनः पुरा निरियाय यत्किल निनादरूपभाक्।
दधदीश शास्त्रमनघं सदाशिवो बुबुधेऽर्थतत्त्वमखिलं तदाश्रयम्॥110॥

क्रमशोऽप्यनन्तमुखरुद्रमण्डलस्थिरसंप्रदायगतवस्तुविस्तरम्।
गिरिशोऽभ्यभाषत चतुर्भिराननैर्बहुभेदमन्त्रगहनं तदुद्धृतम्॥111॥

सदलं विकासि गुणकेसरोत्करं स्फुटधर्मनालममलात्मतां दधत्।
मधुवर्षि नाथ भवदाननादभूत्स्फुटषट्पदार्थमिह शास्त्रपङ्कजम्॥112॥

सकलार्थवादनिजशक्तितां गतैः सहकारिसंहितविशेषवृत्तिभिः।
ग्रथिताक्षरैर्जगति विश्वरूपतामिव गर्भिताविकलवाङ्मयं गतैः॥113॥

कृतसाधकाभ्युदयमन्त्रमण्डलप्रकृतिस्फुटाष्टविधवर्गविग्रहा।
त्रिविभेदतत्त्वपरिनिष्ठतस्थितिस्तव शक्तिराननभवाा हि मातृका॥114॥
(युग्मम्)

भवदाननाभ्युदितमातृकाक्षरग्रथिता भवन्ति भव मन्त्रविग्रहाः।
निरपेक्षतामुपगता विमुक्तये भवभोगदास्तु विपरीतवृत्तयः॥115॥

ध्रुवमूर्ध्ववर्ति पदमारुरुक्षतामधिरोहिणी निखिलवस्तुपद्धतिः।
भवन्व्यधायि भवतैव योगिनां निजशक्तिभित्तिघटितावलम्बना॥116॥

अपि वालकोटिशतभागविग्रहः षडुपाधिकामपि विधाय पद्धतिम्।
स्थित एक एव भगवन्नहो भवान्विदधाति चेतसि न कस्य विस्मयम्॥117॥

भवदीरितः स्फुटमनन्त एव हि प्रथमं गुहां गुणमयीमचुक्षुभत्।
असृजत्तदादि स सितासितं जगद्वसुधावसानमिति नाथ शुश्रुम॥118॥

सुरनाथ या जगति तत्तदात्मिकाः शिवशक्तयो विदधति क्रियाः क्रमात्।
भव ताभिरेव जगदेतदिच्छया निरवीवृतत्सकलमन्त्रनायकः॥119॥

अनन्तः सर्वरुद्राधिपस्त्वत्प्रचोदित एव मायां सत्त्वादिगुणत्रयमयीं प्रथममक्षोभयत्। ततस्तदादि मायातत्त्वादि सितं सत्त्वगुणसहितमसितं सजस्तमोमयं च जगत्पृथिवीपर्यन्तमसृजदित्यागमेभ्यः शुश्रुमः श्रुतवन्तः। उक्तं च–'अनन्तक्षोभितामाया प्रकृतिं क्षाभयति' इत्याद्युपक्रम्य 'रसो जलं क्षोभयति गन्धश्च पृथिवीं ततः' इत्यन्तम्॥118॥ शिवस्य शक्तयो वामाद्या देवताः। तास्तद्रूपाः क्रियाः कुर्वन्ति। ताभिरेव करणभूताभिः क्रियाभिर्जगदेतदनन्ताख्यो मन्त्रनायकस्त्वदिच्छया कृतवान्। उक्तं च–'शिव-शिवशिक्तिक्रिया-

भवदिच्छयैव विनिरोधवर्तितां परतन्त्रतां च जगतामुपेयुषाम्।
स्थितिरक्षणादिकविधायिनः क्वचिन्न चलन्ति नाथ किल मन्त्रनायकाः।।120।।

कमलासनप्रभृतयः सुराधिपा भवदीरितास्त्रिदशनाथ साञ्जनाः।
त्रिविधस्थितेर्भुवनसंततेः कमादुदयस्थितिप्रलयहेतुतां गताः।।121।।

तव मूर्तितामुपगताः सुरेश ये प्रथिताः कृशानुपृषदश्वभानवः।
उदपादि तेभ्य इह पावनीक्रमात्सकलाङ्गसौष्ठवयुता किल त्रयी।।122।।

करणात्मतामुपगतेन सर्वतः श्रुतिवर्त्मना य इह नाथ साध्यते।
सहसिद्धमेव तमुशन्ति सूरयस्तव धर्ममीश निरुपप्लवस्थितिम्।।123।।

भवदिच्छया करणभेदवर्तिनः सुखमासते वरद चक्रवर्तिनः।
स्फुटसार्वकामिकगुहाबिलान्तरप्रतिबद्धचित्रभुवनव्यपाश्रयाः।।124।।

भवता कदाचिदनधिष्ठितात्मनां प्रकृतिस्वभावपरमाणुकर्मणाम्।
घटते विचेतनतयोदितापरैः शपथैरति क्वचन नैव कर्तृता।।125।।

कलया किलोद्दलितचेतनस्थितिः प्रतिपद्यमानविषयश्च विद्यया।
दृढरागरञ्जितमना भवत्ययं भवदिच्छया प्रकृतिभोगभागणुः।।126।।

त्रिविधेन कञ्चुकमलेन रूषितान्गहनोपभोगकुहराभिपातिनः।
अपकृष्य पुद्गलगणान्गुहाबिलादवदाततां नयसि दूरमिच्छया।।127।।

युक्तः सर्वमन्त्राधिनायकः। अनन्तो विदधे कृत्स्नं जगद्भगवदीरितः।।' इति।।119। मन्त्रनायका अनन्तेशादयो जगतां स्थितेर्मर्यादायाः पालनादितस्त्वदिच्छयैव न चलन्ति। त्वत्प्रेरिता एव च रक्षादिहेतवो भवन्ति। विनिरोधः शक्तिविग-मादिकिंचित्करणता।।120।। क्रमाच्च कमलासनप्रभृतयः सुरेन्द्रा ब्रह्माच्युतहराः पूर्वोक्तधातुत्रयमयत्वेन सत्त्वरजस्तमोम-यतया वा त्रिविधाया भुवनसंहतेर्जन्मादिहेतवस्त्वत्प्रेरिता एव। साञ्जनास्त्वदपेक्षया समलाः। पशुरूपत्वात्। उक्तं च–'ब्रह्मादयोऽपि देवेशाः साञ्जनास्तन्महेश्वरात्। त्वच्चोदिता भवन्त्येते जगज्जन्मादिहेतवः।।' इति।।121।। तवाष्टमूर्तित्वमुपगता ये वह्निपवनरवयस्तेभ्यः 'शिक्षा कल्पो व्याकरणं ज्योतिषं छन्दसां स्थितिः। निरुक्तं च' इति षण्णामङ्गानां सौष्ठवेन सहिता त्रयी ऋग्यजुःसामलक्षणा यथाक्रममुदपादि प्रकटीभूता। उक्तं च– 'अग्निवायु......।।122–127।। पशून्संसारिणः। त्वमनुग्रहो- न्मथितपाशसंचयान् विधाय स्थित इत्याश्चर्यकृत्कस्य न भवानिति भावः।..............................शष्पमण्डलीम-धोमुखामिच्छन्तः केनचिन्मुक्तरज्जवोऽनुग्रहादेव मोच्यन्ते। पञ्चधर्मणः पञ्चगुणान्।

अवशान्मनोविषयशष्पमण्डलीमभिलाषुकांश्चिरमधोमुखस्थितीन्।
त्वमनुग्रहोन्मथितपाशसंचयान्न पशून्प्रमोचयसि पञ्चधर्मणः॥128॥

प्रतिनुध्यते विषयवर्ति वस्तु सच्चितिशक्तिरस्खलितवृत्तिराणवी।
द्वितयात्मतामुपगाद्भुतस्थितिः सकलां प्रबोधयति तां तु तावकी॥129॥

अपि पद्धतेरभिविधौ व्यवस्थितः पुरुषोऽणुरेष दृढपाशरूपया।
परतो नु भोक्तुमलमात्मगोचरात्तव नाथ शक्तिकलया नियाजितः॥130॥

विवृणोत्यपोढपरमार्थसत्स्थितिं स्थगयत्यपि स्फुरितरूपमेव या।
न स मायया तव तया विडम्ब्यते त्वयि यस्य भावविनिबन्धनं मनः॥131॥

सुखवेदनामृततरङ्गिणीजलैरभिषिच्यमानवपुषस्तवेच्छया।
विनिवृत्तिमश्नुवत एव सर्वतो भव चेतनत्वसमवायिनो मलाः॥132॥

प्रतिपन्नशाक्तविभवाः प्रसादिना भवता चिरादनुगृहीतचिद्दृशः।
उपपत्तिधामसु न तेषु तेष्वमी भगवन्भवन्ति फलभोगिनोऽणवः॥133॥

यदुक्तम्–'कञ्चुकत्रितयाविद्ध कालेन कलितस्था। नियत्यालिङ्गितश्चेति पञ्चधर्मा पशुः समृतः॥' इति॥128॥ अणूनां जीवानामियं चैतन्यशक्तिः सुखदुःखभेदेन द्विप्रकारा। विषयवर्ति चक्षुरादीन्द्रियगोचरमेव वस्तु सत्प्रतिपद्यते सदिति जानाति। देशादिव्यवहितस्यापरिज्ञानात्। तां तु सकलां सलातत्त्वेन वेष्टितां त्वदीया स्वर्गापवर्गसाधकत्वेन द्विप्रकारैव चितिशक्तिरस्खलितव्यापारा निष्कला च प्रबोधयति। व्यवहितवस्तुदर्शनयोग्यां संपादयति॥129॥ पद्धतेरभिविधौ तत्त्वादिषट्प्रकारध्वानम-भिव्याप्य स्थितोऽपि सूक्ष्मः पुरुषः स्वविषयादन्यदुपभोक्तुं न समर्थः। कलाशक्त्या नियन्त्रितत्वात्॥130॥ यस्य मनस्त्वद्विषये भावविनिबन्धनं निबद्धभक्ति न स मायता या विडम्ब्यते परिभूयते। कया तयेत्याह–यापोढपरमार्थस्य संवृतिमतो भावस्य सत्स्थितिं सत्यरूपमिव स्थानं प्रकाशयति। यैव च स्फुरितरूपं सत्यभूतमपि वस्तु स्थगयति रूपान्तरेणावभासयति। व्यामोहरूपत्वात्। अपोढो निरस्तः॥131॥ सुखसंवित्तिरेवामृतजलानि तैः प्रक्षाल्यमानरूपाश्चैतन्यवर्तिनो मलाः मायीयादयः सर्वतो निवृत्तिमाप्नुवन्ति त्वदिच्छयैव॥132॥ शाक्तो विभवः शक्तीनां महिमा स प्रतिपन्नो भक्त्यावलम्बितो यैस्ते त्वया प्रसन्नेनानुगृहीतसंविन्मयदृष्टयोऽणवो जीवाः स्वर्गादिस्वप्युपपत्तिधामसु जन्मस्थानेषु कर्मफलभुजो न भवन्ति। मुक्तत्वात्॥133॥ अमृतं मुक्तिबीजं धर्मः। तत्स्रवणाद्धर्ममेघत्वमागते त्वयि सति आत्मबिन्दुः शुचिमौक्तिकात्मतामेति 'विवेकख्यातेर्धर्ममेघः समाधिः' इति धर्ममघाभिधसमाधि-प्रतिलम्भोत्तरकालं शुद्धमुक्तस्वभावतां प्रतिपद्यते। गुहाशये हृत्कुहरवर्तिनि। स्फुटा

त्वयि नाथ धर्मजलदत्वमीयुषि स्रवति प्रकाममममृतं गुहाशये।
स्फुटशक्तिशुक्तिकृतसंस्कृतिः क्रमादणुबिन्दुरेति शुचिमौक्तिकात्मताम्॥134॥

उपसंहृतान्यविषयानुपप्लुतस्तिमितान्तरात्मकरणोदितस्थितिः।
मतिमान्भवन्तमवलोक्य केवलं सकलार्थदृग्भवति यत्तदद्भुतम्॥135॥

स्मृतिलेशतोऽपि भवबन्धनच्छिदः स्फुटताप्रवृत्तिमिव नाथ कालिकाम्।
व्यपनेतुमात्मपरमाणुसंश्रयां तव शक्तिरेव मलवासनां क्षमा॥136॥

प्रविमृष्टकालिकमवाप्य हेमतां न यथैति ताम्रमिह ताम्रतां पुनः।
विमलीकृतं सदणुतत्त्वमिच्छया तव नाथ नर्च्छति तथा स्ववासनाम्॥137॥

प्रकृति पुमान्प्रणव इत्यमी त्रयः सुरनाथ कूपघटरज्जुवत्स्थिताः।
अपकर्षसि त्वमुपरि स्थितो दृढं करणप्रपञ्चरहितोऽणुमद्भुतम्॥138॥

इयमन्तरबहिरङ्गरूपतां दधती कलापरिणतिर्द्विधा स्थिता।
अणुबन्धवृत्तिरनुलोमवर्तिनी प्रतिलोमतः पुनरपोह्यते त्वया॥139॥

ज्ञानात्मिका शक्तिरेव शुक्तिः प्राणिभेदस्तया कृतसंस्कृतिर्विशदीकृतोऽणुरेव बिन्दुः। तदाकारत्वात्। दरीवर्तिनि च जलदे जलमुज्झति सति शुक्त्युदरेण जलबिन्दुः शुद्धमुक्ताफलत्वं प्रतिपद्यते। अमृतं सलिलमपि। मुक्तिः प्रयोजनं यस्य स मौक्तिकः। मुक्तैव मौक्तिकम्। एकत्र 'प्रयोजनम्' इति प्राग्वतीयष्ठञ्। ठगपरत्र। विनया-दिपाठात्॥134॥ अन्ये विषयाः शब्दादयस्तदुपसंहारादनुपप्लुतैरनुद्रिक्तैरचपलैः शान्तैरात्मभिरन्तररूपैः करणैर्मनःप्रभृतिभिरुदिता स्थितिः प्रशमो यस्य तादृशः कुशलस्त्वामेव विविच्य सकलार्थदृक् अतीतानागतादिवस्तुदर्शी भवति यत्तदाश्चर्यम्॥135॥ आत्मैव सूक्ष्मत्वात्परमाणुस्तदाश्रयां मायीयादिमलवासनां तवैव शक्तिर्व्यपनेतुं क्षमा॥136॥ यथा ताम्रस्य सुवर्णरूपतापत्तौ पुनर्न ताम्रता तद्वदात्मतत्त्वस्य त्वदिच्छया स्वच्छीकृतस्य पुनर्न मलवासनायोगः। उक्तं च–'रसघृष्टं यथा ताम्रं न भूयस्ताम्रतां व्रजेत्। एवं युक्तः शिवत्वेन न भूयः पशुतां व्रजेत्॥' इति। ऋच्छति व्रजति॥137॥ यथा कश्चिदुपरिवर्ती कूपान्तरपतितं घटं रज्ज्वा समुद्धरति तथा त्वं प्रकृतितत्त्वच्युतमात्मानमोंकारेण। यदुक्तम्–'कूपवत्प्रकृतिं विद्याद्धटवत्पुरुषं तथा। रज्जुवच्च तथोंकारं शिवोऽणुमनुकर्षति॥' इति। यस्तु कूपे स्रस्तं घटादि तत उद्धरेत्स हि करणसहितः। त्वं तु तथा नेति चित्रमदः॥138॥ असौ कलातत्त्वपरिणतिरन्तरङ्ग-बहिरङ्गरूपत्वाद्द्विप्रकारा। तत्र यदा माया कलारूपेण परिणमति तदा कलारूपावच्छा-दिततनुर्माययैव कलापरिणातिरित्युच्यते। कला चासौ परिणतिश्चेति कृत्वा। तदा च तस्या अन्तरङ्गभावः। यदा तु कलाया रागादिरूपेण वृत्तिस्तदासौ रूपान्तरेण परिणमन्ती

अपदत्रयस्य गुणलिङ्गशून्यतामुपजग्मुषः कृतहहम्बरस्थितेः।
व्यपलीनसांप्रतभविष्यदर्थताविषयोऽणुरीश भवति त्वदाश्रयात्॥140॥

रविदीधितिव्यतिकरादिमे यथा प्रकटीभवन्ति भव चाक्षुषा ग्रणाः।
तव संनिधेरघवृत्तयस्तथा विशदीभवन्ति पुरूषव्यपाश्रयाः॥141॥

विकलोऽपि सन्सकलशक्तिसंक्षयादसहाय एव पुरुषोऽतिदुर्गमम्।
अपवर्गमार्गमुपगच्छतीश यद्भवति प्रसेदुषि न तत्किलाद्भुतम्॥142॥

अमनस्कयोगगतिसंशितव्रतैर्यदवाप्यते किल निरञ्जनं पदम्।
निरुपप्लवां च दधदात्मनि स्थितिं भव नान्तरीयकमनुग्रहस्य तत्॥143॥

स्फुटयोगधर्मजनितादनुग्रहात्कुशलो निजे परगते तथात्मनि।
अणुचेतसो व्यतिकारात्तवेच्छया विषयान्तरेषु च तनोति संविदम् ॥144॥

कलापरिणतिरित्युच्यमाना बहिरङ्गा। एषा चानुलोमिनी सृष्टिक्रमेण प्रवर्तमाना सती अणुबन्धवृत्तिरात्मतत्त्वस्य बन्धिनी। संहारहेतुरित्यर्थः। प्रातिलोम्येन पुनस्त्वयैव निरस्यते। सर्वतत्त्वानां व्युत्क्रमेण त्वय्येव लयात्। रागादिनिरासेन त्वमेवास्य मुक्तिहेतुरित्यर्थः॥139॥ व्यपलीनसांप्रतभविष्यन्तोऽर्था भूतभवद्भावीनि वसूनि तद्भाव-विषयोऽणुरात्मा भवति। त्वत्तवाश्रयणात्। त्वामेव प्रतिपद्य कालत्रयगतं भावजातं पश्यतीत्यर्थः। अत्र भावार्थस्यानुपयोगत्तत्प्रत्ययो गड्डुप्रायः। नास्ति पदत्रयं जाग्रत्स्वप्नसुषुप्तिरूपास्तिस्त्रोऽवस्था यस्य तत्। तुरीयं पदमास्थाय स्थितत्वात्। गुणलिङ्गशून्यतां पुरुषत्वान्निर्गुणत्वमलिङ्गत्वं च नित्यत्वादुपजग्मुषः प्राप्तस्य। लिङ्गमुपचयापचयादि। अन्य तु–'लिङ्गशून्याः प्रत्यस्तमितसकलप्रमाणत्वादनुमानाविषयाः' इत्याहुः। त्वदिति स्वरादिषु दर्शनादव्ययं युष्मदर्थवृत्ति षष्ठ्यर्थमाचष्टे। पृथक्पदं चैतत्। युष्मदस्तु समासो नोपपद्यते। वृद्धस्य राजपुरुष इतिवदासामर्थ्यात्॥140॥ चाक्षुषा गुणा रूपदर्शिता वैमल्यं विपुलता च। पुरुषस्य गुणा विज्ञानैश्वर्यधर्मादिरूपाः॥141॥ इच्छादिकानामुपक्षयादसहायः केवलः। यश्च सामर्थ्योपक्षयेण विकलोऽसमर्थः सहायरहितश्च सोऽपीश्वरे प्रसेदुषि दुर्गमपि मार्गं गच्छतीति नाद्भुतम्॥142॥ अमनस्का विकल्पात्मकमानोव्यापाररहिता असंप्रज्ञात-रूपा योगदशैव संशितं तीक्ष्णं व्रतं येषां तैर्योगिभिरमलात्मनि चाविचलरूपां व्यवस्थितिं कुर्वद्यत्पदमवाप्यते तत्त्वदनुग्रहस्य नान्तरीयकमविनाभावि। तेनैव तदवाप्यत इत्यर्थः॥143॥ योग एव धर्मः सुकृतं तज्जनितात्त्वदनुग्रहादात्मनो मनसश्च बुद्धेर्यो व्यतिकरो बाह्यार्थपरित्यागेन सामरस्यं ततो योगी न केवलं स्वपरसंतानवर्तिन्यात्मनि सम्यग्ज्ञानं तनोति यावत्त्वदिच्छया विषयान्तरेष्वचेतनेष्वपि। निश्चेतनान्यपि सचेतनानि करोतीत्यर्थः॥144॥ अभिमानेति युगलकम्। नभसि हृदयाकाशे भवन्तं विलोक्य

अभिमानकर्यमिति यन्न कथ्यते न बिभिर्त्ति शब्दगुणतां यदव्ययम्।
न च यत्र विस्फुरति तारकागणो गतिरिस्ति यत्र न नभस्वतः क्वचित्
।।145।।

यदनावृतत्रिदशकार्मुकाङ्कितं विचरन्ति यत्र न पयोदपङ्क्तयः।
अवलोक्य तत्र नभसि व्यवस्थितं कृतिनो भवन्तमपवर्गमध्यगुः।।146।।
(युग्मम्)

उपसंहितात्मविभवस्त्वया पुमान्कृतकृत्यतोज्झितभवाभवक्रमः।
स्थितिमान्निरूपितपदार्थपञ्चकः सदृशत्वमेति तव पत्युरद्भुतम्।।147।।

अणुमण्डलीमनुनिघृक्षतो विभोस्तरणेरिवाकलुषतां प्रभा गता।
शिवशक्तिरीश भवतः प्रवर्तते द्विविधा परापरविभेदवर्तिनी।।148।।

भवतो भवोद्भव भवाभवस्थितेः प्रतिपन्नपुद्गलविभक्तवैभवात्।
अधिगम्य शक्त्युपकृतैकचित्ततां चतुरर्थगोचरगतिर्भवत्यणुः।।149।।

अविभेद एव किल धर्मधर्मिणोः पृथगस्ति वृत्तिरिह नापि वृत्तिमान्।
तदभावमेद भव चेतसोऽपरे कथयन्ति योगमविरुद्धवर्तिनः।।150।।

योगिनोऽपवर्गमध्यगुर्मोक्षमापन्नाः। यन्नभोऽभिमानकार्यमिति नोच्यते। बाह्यं ह्याकाशं प्रकृतेर्महांस्ततोऽहंकार इति पारम्पर्येणाहंकारजन्यमिति ततोऽस्य विशेषः।।145-146।। उपसंहितोऽर्पितस्त्वया आत्मीयो विभयो यस्य स पुरुषः पत्युस्तव तुल्यतां व्रजति। पशुरपि पतिः संपद्यते। भवाभवावाविर्भावतिरोभावौ। 'विधिः क्रिया कला योगः शिवश्चेति समासतः। पदार्था पञ्च विज्ञेयाः शैवे शास्त्रे ह्यनुत्तरे।।' इति। पशोरपि पतित्वभवनमद्भुतम्।।147।। परापरभेदेन द्विविधा। मोक्षप्रदा भोगहेतुश्चेत्यर्थः।।148।। हे भवोद्भव हर, भवतः सकाशादशुः शक्त्युपकृतैकचित्ततां ज्ञानादिभिरुपकृतं मनोऽधिगम्य चतुरर्थगोचरगतिर्भवति। धर्मज्ञानवैराग्यैश्वर्याणि चत्वारि विषयभूतानि गच्छतीत्यर्थः। भवाभवौ संसारासंसारौ। ताभ्यामणुः परामृष्टः। परमेश्वरस्तु न तथेति ततोऽस्य विशेषः।।149।। घटस्वरूपं घटादव्यतिरिक्तमिति धर्मधर्मिणोरभेदः। एवं वृत्तिवृत्तिमतोरपि पृथक्त्वं नास्ति। तयोरपि धर्मधर्मिरूपत्वात्। उक्तं च–'वुत्तिवृत्तिमतोर्जातु न भेदः पारमार्थिकः।' इति। एवं च चेतसो वृत्तिमात्रनिरोधो योगः वृत्तिनिरोधे तस्यापि निरोधात्। तस्मादपरुद्धप्रमाणादिवृत्तिकस्य चित्तस्याभावमेव योगमपरे ब्रुवते शून्य- समाधिवादिनः। उक्तं च–'अभावं भावयेत्तवद्यावत्तन्मयतां व्रजेत्।' इति।।150।। एतच्चायुक्तम्। यस्मादेवमभ्युपगम्यमाने सर्व एवाभावभावनेन विनिरुद्धचित्तः समाधिभाक्

सति चैवमभ्युपगते विमुक्तिभाङ् ननु सर्व एव विनिरुद्धचेतनः।
स्फुटमप्रयत्नमिह स प्रसज्यते भवदिच्छया तु विमलः स मुक्तिभाक्॥151॥

द्विविधात्मना भवदनुग्रहेण ये विषयीकृता वृषगते किलाकलाः।
तव तुल्यतां दधति ते गुहाञ्जनव्यतिरिक्तजन्मगतितां तथाणवः॥152॥

वसुधादिषु त्रिदशयोनिवर्तिनां परमेष्ठिनिष्ठमजितोत्तरोत्तरम्।
स्थितमीश्वरत्वमणिमादि यद्विभो भवदिच्छयात्र तदहो विजृम्भितम्॥153॥

उपजग्मुषा सकलधर्मरूपतां भवता समर्थितचिदात्मवैभवम्।
सकलक्रियासु सुरनाथ चेष्टते निरुपप्लवं भुवनपाशमण्डलम्॥154॥

तव शक्तिरप्रतिहतात्मवैभवप्रभुतान्विता च सर्वधिष्ठिता यया।
विचलन्ति नात्मपरमाणवः क्वचिद्भव कृत्यवस्तुषु परापरात्मसु॥155॥

भवदात्मकं सकलमन्त्रमण्डलं सुरसंहतिश्च भगवंस्त्वदात्मिका।
त्रिविधे गुणत्रयमये जगत्यहो न तदस्ति यत्किल विनाकृतं त्वया॥156॥

परिपूरिताखिलपरापरात्मकप्रतिबन्धशून्यफलसंविदोऽव्ययाः।
अनिवारितामृतपयश्च्युतो विभोस्तव शक्तयो भुवनाकामधेनवः॥157॥

प्रसज्यते योगी स्यात्। न च तथा दृष्टम्। त्वदिच्छया तु स योगी मायीयादिमलविमुक्तो मुक्तिं भजते। त्वदिच्छाव्यतिरेकेण मुक्तेरपरं न कारणमित्यर्थः॥151॥ हे वृषगते, येऽणवः परापरभेदाद्द्विप्रकारेण त्वदनुग्रहेण विषयीकृतत्वादकलाः कलातत्त्वरहितास्ते यथाक्रमं तव तुल्यतां गुहाञ्जनेन मायीयेन मलेन रहिता जन्म प्राप्तिर्येषां तद्भावं च धारयन्ति॥152॥ हे अजित न केनचिदभिभूत, तव ब्रह्मप्रजापतीन्द्रपितृगन्धर्वनागरक्षः पिशाचभेदादष्टविधानां देवयोनौ स्थितानां वसुधादिषु पृथिव्यप्तेजोवाय्वाकाशमनो-वद्ध्यहंकारेषु यदणिमादिकमैश्वर्यमष्टप्रकारमुत्तरोत्तरं स्थितं तत्त्वदिच्छयैव विजृम्भितम्। परमेष्ठिनिष्ठं ब्रह्मपर्यन्तम्। पिशाचानामैश्वर्यं पृथिव्यामेव रक्षसां तु पृथ्वीसलिलयोरेवेति क्रमेणैकैकवृद्ध्या ब्रह्मणः सार्वत्रिकमिति यावत्॥153॥ सर्वभावात्मकत्वमुपगतेन त्वया समर्थितमुपपादितं चिदात्मकं वैभवं ज्ञानशक्तिर्यस्य तादृशमेव रागद्वेषादिपाश-निकुरुम्बं सर्वकर्मसु निरुपप्लवं निरर्गलं प्रसरति। अन्यथा तदयोगात्॥154॥ तवात्मीयेन वैभवेन सर्वव्यापितया प्रभुतया च सर्वकर्तृत्वेन शक्तिरप्रतिहता न क्वचित्प्रतिहन्यते। आत्मान एव सूक्ष्मत्वात्परमाणवः ते परापरात्मसु मुक्तिभोगरूपेषु करणीयवस्तुषु न चलन्ति यदधिष्ठिता एव॥155॥ सर्वे मन्त्रास्त्वदात्मकाः। सर्वे च सुरा मन्त्ररूपाः। तस्माद्भूर्भुवःस्वर्गरूपतया त्रिप्रकारे जगति न तदस्ति। यत्त्वया रहितं

भवदिच्छया ह्यनुगृहीतचेतसः शतरुद्रवीरमुखरुद्रनायकाः।
कमलासनादिगुणभोगयोगिनः प्रविशन्ति धाम किल शैवमद्भुतम्।।158।।

पटलादिभिः सकलदृक्क्रियात्मकं पिहितं न पश्यति यथा विलोचनम्।
स्थगितं मलैर्भवदनुग्रहादृते न तथेश किंचिदणुतत्त्वमीक्षते।।159।।

अनुरञ्जिताखिलगुणो भवद्गुणैर्भवपञ्जरं दृढमनञ्जनाञ्जसा।
परिमृष्टगाढमलपञ्चकस्थितिः पुरुषो भनक्ति भगवंस्त्वदाश्रयात्।।160।।

अपहाय यद्वदिह नाथ नीलतां वटपादपच्छद उपैति पीतताम्।
पशुतामपोज्झ्य तव शासने स्थितः शिवतां सुरेश किल तद्वदेत्यणुः।।161।।

हृदि संविदंशुभिरधीश तावकैरवरुग्णसंतमसबन्धविप्लवे।
सकलं कलापुरुषयोः किलान्तरं कुशलोऽधिगम्य नियमाद्विमुच्यते।।162।।

मलिनत्वमायुषि यथा न दर्पणे प्रतिबिम्बमस्फुटतया विभाव्यते।
सुरनाथ चेतसि मलौघविप्लुते नियमान्निसर्गविमलस्तथा भवान्।।163।।

सकलाधिकारनिजशक्तिमण्डलस्फुटविग्रहाक्षभुवनाधिको नृणाम्।
भवबन्धमन्धतमसस्य तन्वतः प्रणिहंसि हंस निबिरीससंपदः।।164।।

स्यात्। उक्तं च- 'सर्वे मन्त्रात्मका देवाः सर्वे मन्त्राः शिवात्मकाः। शिवात्मकमिदं ज्ञात्वा शिवमेवानु- चिन्तयेत्।।' इति।।156।। परिपूरिताः संपदो याभिस्तथाविधास्तव शक्तयो भुवनेषु कामधेनवः। सर्वकामान्फलन्तीत्यर्थः अमृतं विज्ञानम्।।157।। शतरुद्रवारभद्रप्रमुखा एकोत्तरशतपरिमाणा रुद्रनायकाः शैवं पदं प्रविशन्ति त्वदिच्छयैव। कमलासनो ब्रह्मा तत्प्रभृतीनां गुणाः सर्गारम्भकत्वादयः तदनुभवं योक्तुं शीलं येषाम्। 'संपृच-' आदिसूत्रेण घिनुण्। ते दशदिक्षु दश दश सर्वे ऊर्ध्वं च वीरभद्रो भूत्वा ब्रह्मेन्द्रादीनां स्थितिमनुभवन्तः सततमासते। वीर इति वीरभद्राख्यः।।158।। सकलस्य वस्तुनो दृक्क्रिया दर्शनव्यापार आत्मा भावो यस्येत्युभयत्रापि योज्यम्।।159।। हे अनञ्जन मायीयादिमलीवयुक्त, ज्ञानादिभिस्त्वद्गुणैरुज्ज्वलितसमग्रगुणः पुरुषोऽञ्जसा क्षिप्रमेव संसारपञ्जरं दलयति त्वदाश्रयादेव। 'अज्ञत्वमुपप्लुविता विषयत्वमनीशता। अननुध्यानमेवेति पञ्चैते पौरुषा मताः।।160।। छदः पत्रम्। तव शासने त्वदागमे पतितः। शिवतां शिवस्वभावत्वम्।।161।। त्वदीयैः संविदंशुभिश्चेतसि भग्नव्यामोहतिमिरे सति कुशलः कलापुरुषतत्त्वयोर्विवेकमधिगम्यावश्यमेव विमुच्यते।।162।। यथा मालिन्यमुपगते मुकुरे प्रतिबिम्बमस्फुटतयापि न लक्ष्यते तथा भवांश्चेतसि मलिने।।163।। हे हंस परमात्मन्, सकलेषु वस्तुषु अधिकारो विवर्तरूपा व्यावृत्तिर्यस्य तथाविधं यदात्मीयं शक्तिमण्डलं तत्स्वभावेभ्यस्तनुकरणभुवनेभ्योऽधिकः प्रकृष्टस्त्वमेव भवबन्धनं

प्रतिभागताष्टविधसंविदर्चिषः प्रतिलङ्घ्य वर्त्म सुरनाथ षङ्विधम्।
समये स्थितास्तव निरञ्जनं पदं प्रविशन्ति शान्तमनसो मनस्विनः॥165॥

दधतं निरावरणचित्स्वरूपतां ध्रुवमप्रतर्क्यममृतं गुहाशयम्।
स्थिरगौणगाहनिकगौहमौलताप्रतिपन्नभिन्ननिजशक्तिविग्रहम्॥166॥

सकलं कलाविरहितं प्लवोज्झितं निरुपप्लवं बहिरुपप्लवस्थितिम्।
स्थितमध्वनः षडवधेरुपर्यतो व्यतिवृत्तशान्तमनघं शिवं परम्॥167॥

प्रतिभाद्वयातिगममेयतादिकस्फुटधर्मयोगमनुपाख्यतां गतम्।
अणुमादिदेवमनणुं च सर्वतोमुखमूर्धपाणिचरणेक्षणं विभुम्॥168॥

नृणामात्मनां तत्त्वतः संतमसस्य प्रणिहंसि महामोहं विनाशयसि। 'जासिनिप्रहण-' इति षष्ठी। निबिरीसा निबिडा। 'नेर्बिडज्बिरीसचौ'॥164॥ प्रतिभया आकस्मिकत्वेन त्वत्प्रतिभासेन वा गतो ज्येष्ठाद्यटविधः संवित्प्रकाशो येषां तादृशा मनस्विनस्तत्त्वादिकमध्वानमुल्लङ्घ्य विमलं पदमाप्नुवन्ति। त्वत्समये स्थितत्वात्। समयः सिद्धान्तः। यद्यपि च 'वामा ज्येष्ठा तथा रौद्री काली कालानुसारिणी। कला विकरिणी चैव बलप्रमथिनी तथा॥ सर्वभूतप्रमथिनी तथा चैव मनोन्मनी॥' इति वामाद्याः संविदो नव, तथापि वामात्र परिवर्जिता। तस्याः संसार-हेतुत्वात्॥165॥ दधतमित्यादि पञ्चभिः कुलकम्। अणुरात्मा भवन्तं प्रतिपद्य सुखदुः-खादिरहितचेतनः। 'प्राकृतो वैकृतश्चापि आहंकारिक एव च। सात्त्विको राजसश्चैव तामसश्चापरः स्मृतः॥ धर्माधर्मात्मकश्चेति पशोर्बन्धाष्टकं भवेत्॥' इति तन्तुमयेन पाशात्मना बन्धनाष्टकेन च रहितो भवानिव भवति। निश्चितमेव निरावरणं देशकालादिभिरविच्छिन्नं संविदात्मकत्वं ध्रुवं नियमेन धारयन्तम्। अप्रतर्क्यमविज्ञेयम्। अमृतं मोक्षः। ईश्वरस्य तु तथा व्यपदेशस्तत्कारणत्वात् 'आयुर्घृतम्' इतिवत्। गुहाशयं हृत्कुहरस्थम्। गुणेषु सत्त्वादिषु भवो गौणो ब्रह्मादीनां विग्रहः। गहनं प्रयोजनं यस्य स गाहनिकः। प्राकृतो विग्रहेश्वराख्यस्य प्रकृतितत्त्वाधिकारिणः। गौहो मायीयः। एकरुद्रादीनां तेषां मायात्मकत्वात्। मालैश्च मूलकारणात्परमेश्वरतः प्रवृत्तो मेघरुद्रादीनां गणनायकानां तद्भावेन प्रतिपन्नत्वाद्भिन्नोऽन्य एव शक्तिरूपो विग्रहोयस्य। उक्तं च-'गौणं गाहनिकं गौहं मौलं वा विग्रहं विना। शक्तिभेदोऽपरस्त्वत्तः स्वाधिकारं करोति कः॥' इति॥166॥ सकलं विश्वात्मकमकलं कलातत्त्वेन रहितं च। यः सकलः स कथमकल इति च विरोधः। प्लवेन गत्या रहितम्। सर्वगतत्वात्। निरुपप्लवं रागादिभिरविप्लुतम्। अत एवोपप्लवाद्बहिर्भूता संसारबाह्या स्थितिर्यस्य। षट्परिमाणस्य तत्त्वादेरध्वन उपरि स्थितम्। तमतिक्रम्य वर्तमानम्। अत एव व्यतिवृत्तं विश्वातीतं शान्तं च। निःशेषमसमम्(?)। अनघं निरवद्यम्। परं प्रकृष्टम्। शिवं कल्याणम्॥167॥

निरुपप्लवस्थितिनिजाङ्गदीपितस्थिरपञ्चवक्त्रमयविग्रहग्रहम्।
सकलप्रमाणविषयातिगस्थितिप्रतिपत्तिशून्यगहनात्मतां गतम्॥169॥

प्रतिपद्य शंकर भवन्तमव्ययं सुखदुःखमोहपरिहीणचेतनः।
व्यतिवृत्ततन्तुमयबन्धनाष्टको भगवन्भवानिव भवत्यणुः स्फुटम्॥170॥
(पञ्चभिः कुलकम्)

विवृतं जगत्कवलनैष्कतृष्णया तव ताम्रतालु मुखमण्डलं क्षये।
श्रियमेति लग्नशतपत्रपाटलं स्फुरदर्कबिम्बमिव दक्षिणास्पदम्॥171॥

पृथुजूटबन्धभुजगाधिपस्फुरत्फणचक्रवालमणिरश्मिरञ्जितः।
शिरसि स्थितः श्रियमसौ तनोति ते धृतसांध्यराग इव बालचन्द्रमाः॥172॥

भवतोऽवतंसशशिरश्मिमण्डलच्छुरितं विराजति ललाटलोचनम्।
स्मरभस्मशेषरचितामिव श्रियं दधता कृतास्पदमयुग्मरोचिषा॥173॥

ज्वलितानलेन घटिताच्युतत्विषा पृथुहेतिशोषितसुरापगाम्भसा।
विशिखेन देहिथ पूरा पुरत्रयं नयनेन मन्मथमथोर्ध्ववर्तिना॥174॥

तम नाथ नूतन घनासितोरगग्रथिता विभाति विकटा जटावली।
परिवर्तनाकुलललाटलोचनज्वलदग्निधूमवलयेव पिङ्गला॥175॥

प्रतिपद्य कृष्णरजनीमयं वपुर्गिरिकन्यकेव तव नोज्झति क्षणम्।
स्फुटकालकूटविषधूसप्रभापटलच्छलेन पृथुकण्ठमण्डलम्॥176॥

प्रतिभा नूतनोल्लेखशालि विज्ञानं सहजाहार्यभेदेन द्विविधा। तमतिक्रान्तम्। तदगोचरमिति यावत्। नास्ति मेयत्वनिर्देश्यत्वादिभिर्धर्मैर्योगो यस्य तत एव तादृशम्। अत एवानुपाख्यमनिर्वाच्यम्। अणु सुक्ष्मम्। आत्मरूपत्वात्। अनणु च स्थूलम्। विश्वात्मकत्वात्। अत्रापि विरोधः पूर्ववदेव। सर्वतोमुखानि सर्वत्र प्रसृतानि मूर्धादीनि यस्य। तथा च पठ्यते–'यो विश्वचक्षुरुत विश्वतोमुखो विश्वतो हस्त उत विश्वतः स्यात्' इति॥168॥ निरुपप्लवस्थितिभिरेकरूपमवस्थितैर्निजैरङ्गैः पाण्यादिभिः सर्वज्ञतारूपैर्वा हृदादिभिर्दीपितः सद्योजातादिपञ्चवक्रंरत्नमयः शरीरग्रहो यस्य। प्रत्यक्षादिसकलप्रमाणानां विषयातिगा न विषयो या स्थितिस्ततो हेतोः प्रतिपत्त्या शून्यमप्रत्येयम्। अत एव च गहनम्॥169-170॥ दक्षिणास्पदं दक्षिणभाग-वर्त्यघोराख्यम्॥171-172॥ अयुग्मरोचिः सप्तार्चिः॥173॥ घटिता अच्युतस्य विष्णोः संबन्धिनी त्विड् यस्य। पुरां दाहे हरेः शरीकृतत्वात्। अन्यत्र अच्युताः स्थिरा हेतयो

दहने पुरां क्षितिरथस्य चक्रतां गमितं त्वया शिशिररश्मिमण्डलम्।
प्रतिबद्धलक्ष्ममलिनोदरच्छविस्फुटनाभिरन्ध्रमिव नाथ लक्ष्यते।।177।।

बहुशो व्यतीतगणनेषु विष्टपप्रलयागमेषु सुरनाथ संभृतम्।
ग्रहचक्रवालममलं करोति ते स्फटिकाक्षसूत्रवलयप्रयोजनम्।।178।।

स्फुटकालकूटविषकूटकंधराकृतनीरभारगुरुवारिदभ्रमः।
उपदेशलाभरभसादिवाग्रतस्तव नाथ नृत्यति कुमारचन्द्रकी।।179।।

करणाङ्गहारविधिभिः सविस्तरैः सकलासु शंकर निशासु नृत्यता।
क्रियते त्वयानुकृतिरात्मनो विभो सचराचरं जगदवाप्य तस्थुषः।।180।।

प्रतिपन्नगोत्रघटनः कृतस्थितिः पितृसद्मनि त्वमनिशं समातृके।
भगवन्ननादिरज इत्यपि स्फुटं पुरुषः पुरातन इति प्रगीयसे।।181।।

तव पादपद्मनखदर्पणोदरप्रतिबिम्बितैरपि लघूकृतात्मभिः।
अधिगम्यते हर महत्त्वमानतैः सकलातिशायिसुरदैत्यमण्डलैः।।182।।

ससुरासुरस्य जगतः शरण्यतां भवतो गतस्य चरणाम्बुजद्वयम्।
जनता नमत्यवनतापि कुत्रचिद्ध्रुवमाशुशुक्षणिशिखेव नैत्यधः।।183।।

क्षितितोयमारुतकृशानुभानुमद्गगनामृतांशुयजमानमूर्तये।
भवते मतिध्वनिविकल्पगोचरव्यतिवृत्तरूप परमात्मने नमः।।184।।

सुधियोऽपि नाथ मतिशब्दगोचरास्त्वयि न स्थितिं विदधतीह कल्पनाः।
गुणलेशसूक्तिषु यतः स्तुतो मया सतृषापि तद्व्यवसिताद्विरम्यते।।185।।

ज्वालाः। देहिथ प्लुष्टवानसि।।174-175।। क्षणमिति क्षणमपीत्यर्थः।।176।। क्षितिरेव रथः। प्रतिबद्धेन लक्ष्मणा मृगेण मलिनस्योदरस्य च्छविरेव मध्यन्ध्रं यस्य।।177-178।। चन्द्रकी मयूरः।।179।। निशासु नृत्यता त्वया आत्मन एवानुकृतिः क्रियते। त्वद्व्यतिरिक्तस्यापरस्यानुकार्यस्याभावात्। करणानि तलपुष्पपुटादीनि। अङ्गहाराः स्थिरहस्ताद्याः।।180।। प्रतिपन्ना समाश्रिता गोत्रेण कैलासगिरिणा घटना येन। पितृसद्म श्मशानम्। मातरो वाराह्यादिदेवताः। यः प्रतिपन्नसर्गादिगोत्रः सजननीके च पितृगृहे तिष्ठति स कथमनादिरजः पुराणश्च प्रगीयत इति चात्र विरोधो ध्वन्यते।।181।। लघूकृतात्मभिः प्रणामवशात्संपिण्डितकायैः। महत्त्वमुत्तमत्वम्। ये नखोदरप्रतिबिम्बिताः सन्तो लघुरूपास्ते कथं महान्तः स्थूला इति च विरोधः। अनयैव भङ्ग्योत्तरत्राप्यसौ योज्यः।।182।। आशुशुक्षणिः दहनः।।183।। मतेर्निर्विकल्पकविज्ञानस्य शब्दविकल्पानां

अतिदूरवृत्तिरपि येन दृश्यसे नहि रूप्यसेऽन्तिकगतोऽपि येन वा।
प्रतिजृम्भते सुरगुरोरनुग्रहः स विपर्ययश्च तव केन हेतुना।।186।।

अथवास्तु तावदिदमद्भुतास्पदं तव चेष्टितं प्रतिघशून्यसंविदः।
शृणु यन्निधाय मनसि व्यपाश्रिताः शरणं भवन्तमजमव्ययं मयम्।।187।।

सुखमेकदा स्थितवतो हिमाचले स्मितभिन्नवक्रपरिहासपेशलम्।
गिरिकन्यया निभृतमेत्य पृष्ठतः करपङ्कजस्थगितमुक्तचक्षुषः।।188।।

सहसा विलाचनविनाकृतं पुरा पुरुषं पुराणपुरुषात्त्वदुत्थितम्।
क्षयकालकालरजनीमुखोच्छ्वसत्तिमिरौघबीजमिव नाथ शुश्रुम।।189।।

(युग्मम्)

कृतया तदान्धक इति स्फुटार्थया स जगत्रयप्रथितयाथ संज्ञया।
तनयार्थिने दितिसुताय दुश्चरं चरते तपोऽत्र समये ददे त्वया।।190।।

अभिगम्य वृद्धिमथ तस्य मन्दिरे स मनोरमाङ्कपरिवृत्तिलालितः।
उपचक्रमेऽन्धतमसच्छिदोन्मुखश्चरितुं सुदुश्चरमनर्गलं तपः।।191।।

चिरकालसंभृतिमता प्रसेदुषस्तपसा स लब्धनयनः स्वयंभुवः।
प्रतिमल्लतारहितदेवदानवं जगतां प्रभुत्वमनपायमासदत्।।192।।

दलितान्धकारनिकरं मरीचिभिस्तदुरः स्थले स्थितिमवाप्य वैष्णवम्।
स्फुरदर्कमण्डलमिवास्तसानुनि व्रजति स्म चक्रमपि निष्प्रतापताम्।।193।।

तेनोर्जितेन विजितस्य हरेरमर्ष-घर्माम्बुशीकरकणावलिराहवेषु।

चागोरत्वादतिक्रान्तरूपो विषयत्वमनापन्नः प्रकृष्टः स्वभावो यस्य। भावप्रत्ययमन्तरेणापि तदर्थोऽवगम्यते। 'द्व्येकयोर्द्विवचनैकवचने' इतिवत्।।184।। ततः सुमतेरपि मतिशब्दगोचरा ज्ञानध्वनिकारणिकाः कल्पना विकल्पाख्यास्त्वयि पदं न कुर्वन्ति। ताभिरपि न ग्राह्यस्त्वम्। ततस्त्वद्गुणलवानां च सुक्तिषु सतृष्णेनापि मया तदुद्योगान्निवृत्यते।।185।। यद्वशाद्दूरस्थोऽपि दृश्यसे हृदयस्थितत्वादन्तिकगतोऽपि नावलोक्यसे स तव प्रसादो विपर्ययश्चाप्रसादः केन हेतुना प्रसरति। तयोः कारणं कथयेत्यर्थः।।186।। प्रतिघशून्यसंविदो निरावरणज्ञानयोगिनः। तेषामपि तव चेष्टितमाश्चर्यपदम्।।187।। हिमाचले स्थिताद्भगवतः समुत्पन्नं पुरुषं वयं शुश्रुम श्रुतवन्तः।।188-191।। प्रतिमल्लः प्रतियोधी। सदृशयोधीत्यर्थाः।।192।। प्रतापः शौर्यप्रभावः प्रकृष्टश्च तापः।।193।। विभङ्गो विच्छित्तिः।।194।। करदीकृतानां दण्डप्रदत्वेन स्थापितानामिन्द्रादीनां लक्ष्म्याः समाक्रान्तशेखरा

वक्त्रं ममार्ज विकटभ्रकुटीविभङ्गच्छायामलीमसमिवाविरलं गलन्ती॥194॥

सोऽस्माकमीश करदीकृतलोकपाल-
लक्ष्मीसमाकुलितशेखरशासनश्रीः।
बन्दिग्रहं व्यधित केतनकाननाग्र-
नित्यानुबन्धयुगपत्स्थितिबन्धहेतोः॥195॥

तत्प्राप्तकालमिह यत्कुरु तत्त्वमन्व-
गायात एव हरिरेष सलोकपालः।
संसारसागरमपि स्फुटमुत्तितीर्षो-
रेकः प्लवस्त्वमनघः किमुतार्तिदुःखम्॥196॥

इति वचनमुदीर्यावाङ्मुखे तत्र तूष्णीं
स्थितवति कृतपूर्वाभ्यागमानां तदानीम्।
सपदि गणपतीनां क्रोधलीलाप्रवृत्तिः
करतलमलनेन क्षुण्णरत्नोर्मिकासीत्॥197॥

इति श्रीबालबृहस्पत्यनुजीविनो वागीश्वराङ्कस्य विद्याधिपत्यपरनाम्नो महाकवे राजानकश्रीरत्नाकरस्य कृतौ रत्नाङ्के हरविजये महाकाव्ये भगवत्स्तुतिवर्णनो नाम षष्ठः सर्गः।

सप्तमः सर्गः।

क्रूरक्रुधामथ कराभिहतांसकूट-
मुल्लासितभ्रुकुटि दन्तविघट्टितौष्ठम्।

शासनश्रीर्यस्य। तदुक्तस्य शिरसानुष्ठितत्वात्। बन्दी हठहृता योषित्। केतनं गृहम्॥195॥ प्राप्तकालं प्राप्तावसरम्। योग्यमिति यावत्। अन्वक् पश्चात्। प्लवस्तारणम्॥196॥ अर्वाक् अधअपवृत्तिः वार्श्वतो वेला वा (?)। ऊर्मिका अङ्गुलीयिका॥197॥ इति राजानकजयानकसूनोरलकस्य कृतौ हरविजयविषमपदोद्द्योते षष्ठः सर्गः॥

सप्तमः सर्गः

एतादृशि महिम्नि स्कन्धयोः संभवति के द्विषन्तो नाम ते य एवंविधविरुद्धाचरणे व्यापृता इत्यहो वृथानयोः पीनत्वमित्याशयेन शूराणामंसशिखराहननम्। रणकण्डूभरेण

तेषामनेकविधघोरविकारचेष्ट-
मातामद्रृष्टि सदसि स्फुरितं तदासीत्।।1।।

विन्यस्तपादभरकम्पितकुट्टिमाग्र-
माघट्टनाविघटितामलमौलिबन्धम्।
क्रोधः सभां न्यविशताङ्गदकोटिलग्न-
विस्रस्तकोमलदुकूलदशं स्मरारेः।।2।।

वक्षःस्थले गणपतेः कुपितस्य हार-
च्छेदोच्छलद्बहलमौक्तिकपङ्क्तिराधात्।
प्राग्विद्रुताङ्कशरणागतशक्रलक्ष्मी-
स्वेदोदबिन्दुबिसरच्छरितेव शोभाम्।।3।।

छायां किरन्मलिनिताम्बरदिग्विभागा-
माविर्भवद्भ्रुकुटिभङ्गभयानकेन।
वक्रेण कालमुसलः सकलारिलोक-
संहाररात्रिघटनामिव कर्तुमैच्छत्।।4।।

संरम्भगर्भगुरुमन्युमनाश्चकार
हुंकारभैरवरवं युधि वीरभद्रः।
जृम्भाविकासिविकटाननकंदरार्ध-
भागान्तरालकुहरप्रतिशब्ददीर्घम्।।5।।

उद्दामरोषभरनिर्भरभैरवीय-
भीयन्त्रणारहितहुंकृतनादसान्द्राः।
अंसस्थलाभिहतितारखा भटानां
संधिं कथंचिदभिदन्न दिवस्पृथिव्योः।।6।।

चिक्षेप पाणिकमलेन रुषा विलूय
विष्यन्दिसान्द्रमकरन्दविलीनभृङ्गाम्।

वा। स्फुरितं विक्षोभः।।1-2।। प्राक् पूर्वमकृतेऽपि रणे विद्रुता भयात्पलायिता।।3।। कालमुसलादयो गणाः। अरिसृष्टेः संहारार्थं रात्रिरत्र कालरजनी। तस्याः संहारकत्वात्।।4।। युधि संरम्भा युद्धविषया आटोपास्तैः।।5।। भैरवीया हरसंबन्धिनी। दिवस्पृथिव्योरिति

कण्ठस्रजं रतरसागतशक्रलक्ष्मी-
लीलाविघातरभसादिव मेघनीलः॥7॥

क्रूरक्रुधः करतलेन ललाटपट्ट-
मापाटलं मलयतः सदसि त्रिमूर्तेः।
आलक्ष्यतोपरि तृतीयविलोचनस्य
भ्रूमञ्जरीव नवधूमशिखोत्पतन्ती॥8॥

जिह्मीभवद्भ्रुकुटिपाटपाटलरागदृष्टि-
तिर्यग्विवृत्तवदनं हसितांशुगौरः।
शौर्योष्मणा प्रथितसारनिरर्गलेन
भस्मीभवन्निव भुजः शिखिनालुलोके॥9॥

वक्रं दधद्दशनदंशभयादिवाशु
कम्पाकुलाधरदलस्थिति वज्रमुष्टिः।
दोर्दण्डमाहत करेण सुरारिभङ्ग-
संरम्भरागविकसत्पुलकप्रबन्धः॥10॥

श्वासानिला नतमुखस्य कराभिघात-
भिन्नावनिप्रकटरन्ध्रपथप्रविष्टाः।
पातालगर्भनलिनीमनलस्य चक्रु-
रुद्धुतशेषफणपाण्डुरपुण्डरीकाम्॥11॥

उत्तंसपुष्पनवकेसरसान्द्रधूलि-
पिङ्गीकृतो मधुमदेन पपात भृङ्गः।
निर्मथ्नतः सपदि भृङ्गिरिटेर्ललाट-
मूर्ध्वाक्षितारक इवाग्निशिखापिशङ्गः॥12॥

..............॥6-10॥ पातालगर्भ एव नलिनी तामनलकराभिघातभिन्नाया भुवो विवरेण प्रविष्टाःश्वसितमरुतो निर्धूतशेषफणश्वेतपद्मां विदधुः॥11-12॥ नडकूबरो हरस्य सुहृदो धनदस्य सुतः। कृत्या महोत्पातकृद्देवताविशेषः॥13॥ अरिसमरमेव सरस्तत्र विलोडकत्वात्कुञ्जररूपस्य जिष्णोःशृङ्खलमिवोत्पलदाम शुशुभे॥14-15॥ कषणं विदारणम्। धूमलेखासंबन्धात्कृतः कबन्धोऽत्र लग्न इति भ्रमो येन तादृशं रविबिम्बं सुमूर्तिरददर्शत्प्रदर्शयामास। कबन्धः शिरोरहितः पुमानुत्पातसूचकः। राहुरित्यन्ते।

रोषारुणीकृतदृशो नडकूबरस्य
हुंकारधूमपटलीं मुखरन्ध्रभागात्।
दैत्याधिराजकवलीकरणादरेण
कृत्यामिवैक्षत जनः सहसोत्पतन्तीम्॥13॥

कण्ठावलम्बिमकरन्दरसातिपान-
विस्रम्भमन्थरविलीनशिलीमुखौघा।
दृप्तारिसंगरजलाशयकुञ्जरस्य
भाति स्म शङ्खलमिवोत्पलदाम जिष्णोः॥14॥

निर्यन्नखांशुसलिलौघकृताभिषेक-
मेकं सहायमनघं युधि मन्यमानः।
बाहुद्रुमं करतलेन परामभर्श
दुर्दर्शमूर्तिरथ कर्शितसर्वलोकः॥15॥

प्रेङ्खल्ललाटकषणोत्थितसान्द्रधूम-
लेखानुषङ्गकृतलग्नकबन्धमोहम्।
तिग्मांशुबिम्बमसुदर्शभयंकरैक-
मूर्तिः सुमूर्तिरददर्शदकर्शितश्रीः॥16॥

अन्योन्यगाढमलनेन रराज धूम-
वर्तिच्छटा करपुटाद्वियदुत्पतन्ती।
ईषद्विनिद्रदलमण्डलपुण्डरीक-
कोषोदराद्भ्रमरपङ्क्तिरिवाग्निकस्य॥17॥

क्रोधेश्वरस्य च किरीटकपालङ्कि-
रूर्ध्वेक्षणानलशिखापटलावमर्शात्।
संहारभानुकरतापितशैलकूट-
टांकारताररवमस्फुटदुत्तमाङ्गे॥18॥

अकर्शितश्रीः पर्याप्तशोभः॥16॥ धूमशिखैव च्छटा चर्चा। करपुटं पाणिद्वितयम्॥17-19॥ तालकेतुस्तीव्रान्मन्योः कारणभूतादकम्पत। श्रीसमालिङ्गनहेवाकादिवेत्युत्प्रेक्षा। आलिङ्गितुकामस्य स्वेदः कम्पो जृम्भा च प्रादुर्भवन्ति। उतशब्द इवार्थे॥20॥ भास्मनभक्तिर्भस्मचर्चा॥21॥ इन्दुकराङ्कुरवद्गौरास्तारा मुक्तामणयो येषां ते हाराः

निःशेषमाकुलितशेषशरीरनाल-
माघूर्णमानविकटाभ्रपलाशखण्डम्।
चण्डेश्वरस्य सरुषो भुवनारविन्द-
मुष्णोष्णनिःश्वसिततापवशेन मम्लौ॥19॥

सस्वेदशीकरमकम्पत तालकेतु-
राताभ्रतालुतलभीषणजृम्भवक्त्रः।
संकल्पनिर्जितपुरः स्थितवैरिलक्ष्मी-
गाढोपगूहनवशादुत तीव्रमन्योः॥20॥

तिर्यग्विवर्तितमुखस्य लुलायकेतो-
र्हासच्छटाधवलभास्मनभक्तिचित्रः।
बाहुर्जयाद्विरदहस्त इवारराज
पीनांसकूटविकटोन्नतकुम्भपीठः॥21॥

सस्यन्दिरे सदसि घर्मजलानि सान्द्र-
सिन्दूरताम्रमुखरागरुचः प्रकोपात्।
संदेहितेन्दुकिरणाङ्कुरगौरतार-
हाराच्छबिन्दुपटलानि सुनन्दकस्य॥22॥

चण्डे च चुक्रुधिषि तच्चरणातिभार-
खेदाकुलोन्नमितपीवरदीर्घदोष्णा।
शेषेण कुञ्चितकरालफणासहस्त्र-
विस्त्रंसिनी क्षितिरभारितरां कथंचित्॥23॥

क्रुद्धं मयूरपतिकेतनमंशुजालै-
र्न द्वादशापि ककुभः परिदीपयन्तः।
संहारवारमिवातनुदुर्निरीक्ष्य-
रूपं विलोचनसहस्त्ररुचो न चक्रुः॥24॥

संदेहिताः संदेहविषयीकृता येन तादृशमच्छं बिन्दुपटलं येषाम्। जलेषु हि बिन्दवो हरिष्विव तारा निरन्तरसंनिविष्टा इति बिन्दुद्वारक एवोदकेषु केषांचन हारसंदेहः॥22॥ चुक्रुधिषि क्रुद्धे। क्रुञ्चितं वक्रम्॥23॥ विलोचनान्येव सहस्त्ररुचः सूर्यास्ते कुमारं कल्पान्तदिवसमिव दुर्दर्शमूर्तिं विदधुः। कुमारस्य च षण्मुखत्वाद्विलोचनानि

क्षुण्णाङ्गदारुणशिलाशकलोत्थसान्द्र-
धूलिच्छटापटलकुङ्कुमपङ्कचर्चा।
पञ्चाक्षकोपविकृतिः कृतमण्डनेव
सस्वेदशीकरकणोत्करमौक्तिकासीत्॥25॥

दिण्डेः स्फुलिङ्गकणिकाः सरुषः किरद्भि-
रन्योन्यपाणिमलनोत्थितधूमदिग्धैः।
नाप्लोषि धूर्जटिसदः कथमप्यथौर्व-
संवादितां विदधतः परुषाक्षिपातैः॥26॥

विष्यन्दमानघनघर्मकणावकीर्ण-
मुच्छ्वासिकुङ्कुमविलेपनमग्निधाम्नः।
विभ्रान्ततारकविशङ्कटशातकौम्भ-
शैलाधिराजकटकश्रियमाप वक्षः॥27॥

निष्पिष्टहारविधुतोद्धतधूलिपुञ्ज-
भस्मच्छटाभिररुणच्छविलोचनश्रीः।
क्ष्मामण्डलं ज्वर इवाकुलयांचकार
दुर्वारकोपविकृतिः सदसि त्रिमूर्धा॥28॥

भास्वत्फणामणिकणोल्बणवह्निचूर्णा-
कल्माषिताम्बरतलान्मुखरन्ध्रभागात्।
वल्मीककूटकुहरादुरगा इवाग्नि-
केतोर्निरीयुरथ हुंकृतधूमदण्डाः॥29॥

आमर्दकस्य सुरवैरिविमर्दिनोऽपि
दिक्कामिनीमुखनवागुरुपत्रलेखा।
हुंकारधूमपटली भुवनारविन्द-
कोषोदरभ्रमरपङ्क्तिरधत्त शोभाम्॥30॥

रविववादद्वादशैव॥24॥ अरुणशिला पद्मरागदृषत्॥25-26॥ शातकौम्भं सुवर्णम्। 'शातकुम्भं' इति पाठे तदेव॥27॥ कोपो भीषणमवस्थान्तरमपि। विकृतिः प्रलापोऽपि। त्रिमूर्धा कश्चन गणः। ज्वरोऽपीदृश एव। यदुक्तम्–'त्रिपाद्भस्मप्रहरणस्त्रिशिरा रक्तलोचनः' इति॥28॥ फणामणिकणवदुल्बणं भास्वरं वह्निचूर्णं स्फुलिङ्गाः। वल्मीकः पिपीलक-

क्रोधावपिष्टशशभृत्किरणच्छटाच्छ-
हारावलीविवलिताग्निशिखस्य धूलिः।
संरम्भविभ्रमदिशामुखजृम्भमाण-
लक्ष्मीकपोलतलरोध्ररजश्छटासीत्।।31।।

ज्योतिष्मतः शिखिशिखानिकुरुम्बपिङ्ग-
जिह्मोत्कटभ्रुकुटिभङ्गभयंकरत्विट्।
साम्भोभरस्थिरतडिद्गुणमेघशोभि
वक्रं विलोक्य सभया बिभयांबुभूवे।।32।।

तारस्य तारतरहुंकृतिरोषगर्भा
विन्यस्तोऽग्निकपिशां दृशमाशु तिर्यक्।
तत्तापयोगगलितातनुपत्रभङ्ग-
हेमाङ्गदांसशिखारो भुजदण्ड आसीत्।।33।।

निःशेषमेककवलग्रहसौष्ठवेन
मृत्योरिव त्रिभुवनं-सरुषो जिघत्सोः।
जृम्भाविकासि वदनं विकरालजिह्व-
मालोक्य संसदि विजह्वलुरस्य लोकाः।।38।।

निःशङ्कहुंकृतकृशानुकणावकीर्ण-
विस्तीर्णताम्रतलतालुविजृम्भमाणम्।
संध्यापिशङ्गमरुणांशुशिखावमर्श-
शोणग्रहं नभ इवोर्जितवक्रमासीत्।।35।।

कृतः समुच्छ्रितो मृद्राशिः।।29-30।। विवलिता विनिःसृता।।31।। बुभूवे इति 'भवतेरः' इत्यत्त्वं न भवति। भवतेरिति कर्तृनिर्देशात्कर्तुरन्यत्र लकारोत्पत्तौ तदभावात्। अन्य तु-एत-[दन्य]दीयमतम्। ततोभवितव्यमेवात्र भवतेरः इति मन्वाना बभूवे इत्येव पठन्ति।।32।। तस्याग्नेस्तापवशेन गलितमतल्पपत्रलतं केयूरं यस्य तादृशमंसकूटं यस्येति बहुव्रीहिगर्भो बहुव्रीहिः।।33।। विजह्वलुस्त्रस्ताः।।34-35।। जिह्वाकरालं विकटदन्तमालं च वदनमम्बरीषं भ्राष्ट्रमिव व्यरुचत्। वह्निपदं पुनः श्रुतिप्रकर्षं गमयतीति वीप्सया च प्रकृष्टरूपं दीपादि व्यवच्छिनत्ति। पङ्क्तिप्रतिष्ठाः पङ्क्तिरूपेण संनिविष्टाः।।36।। तिन्दुकिनी रक्तिका। अवतरत्यस्मिन्नित्यवतारः। भुवनानां प्रलयो

जृम्भाविकासि मुखमग्निमुखस्य ताम्र-
जिह्वाकरालविकटस्फुटदन्तमालम्।
रेजेऽम्बरीषमिव निर्गतवह्निहेति-
पङ्क्तिप्रतिष्ठधवलोदरलाजगर्भम्।।36।।

दीर्घं विनिःश्वसति तिन्दुकिनीप्रसून-
विस्पष्टपाटलदृशि त्रिशिखे समन्यौ।
आसन्नमेव भुवनप्रलयावतार-
माबद्धवेपथुरमन्यत राजलोकः।।39।।

केयूरचक्रदलनोच्छलदिन्द्रनील-
खण्डावली करतलाभिहतांसभित्तेः।
कालस्य कुट्टिमतलाम्बुरुहोपहार-
गन्धाकुलभ्रमरसंहतिविभ्रमाभूत्।।38।।

संचूर्णिताङ्गदकरालकराहतांस-
कूटोत्थनिष्ठुरविरावविपूरिताशम्।
अक्रोधि बोधितसुरासुरचक्रवाल-
संहारदुर्धरपराक्रममन्तकेन।।39।।

चण्डाननस्य करताडनखण्ड्यमान-
केयूररत्नकणकोणकणत्कृतिश्रुत्।
दैत्यक्षयाधिकसरोषकृतान्तदन्त-
संघट्टभैरवरवानुकृतिं चकार।।40।।

आघातभग्नविकटव्रणकंधरांस-
कूटोच्छलच्छिथिलिताङ्गददोःप्रचण्डः।
मृत्योरिव प्रतिकृतिः स चुकोप कोप-
कम्पाकुलोत्पुलकपीनकपोलभित्तिः।।41।।

यत्रावतरति तं कालमासन्नमेवामन्यत गणानां लोकः।।37।। विभ्रमः शोभा।।38-39।। कणत्कृतिरूपा श्रुत् कणत्कारशब्दः।।40-41।। ऊर्मिला वालिका।।42।। व्यङ्ग्यस्य प्रकटनार्हस्य रिपूणां प्रलयस्य पैशुनं सूचना यत्र तथा कृत्वा विजृम्भमाणाय (?) अकाण्डे तरूत्थानि अकाण्डजानि कुसुमानि येषु (?) तादृशीरेव दिशो

चक्रयुधं सपदि चुक्रुधिवांसमंस-
कूटावमर्दमृदितोर्मिकपाणियुग्मम्।
संहारभास्करदुरीक्ष्यमुखं निरीक्ष्य
नो सस्मरुः स्वमपि जातभियः सुरौघाः।।42।।

चक्रे दिशो दितिसुताहवसावहेल-
हासोल्लसद्दशनदीधितिचक्रवालः।
व्यङ्ग्याहितप्रलयपैशुनजृम्भमाणा-
काण्डे (?) तरूत्थकुसुमा इव नीलवज्रः।।43।।

संरम्भिणः शिखितमस्य पुरः प्रकीर्णा
हुंकारवह्निकणसंततिमत्तुमैच्छत्।
क्रीडाशुकः शिखिभुवः परिपाकताम्र-
पिण्डीरपिङ्गकणशङ्कि विमुग्धचेताः।।44।।

पिङ्गेक्षणस्फुरदकल्कमरीचिवल्ग-
दुल्काग्निदाहभयविक्लवतामिवाप्तम्।
भ्रूभङ्गपुञ्जितमधत्त ललाटपट्ट-
माघट्य कुट्टिमतलं चरणेन नन्दी।।45।।

उत्तानवक्त्रकुहरोत्थितयाट्टहास-
हासत्विषा कलुषया बिभरांबुभूवे।
प्रेङ्खत्यनर्गलरसातलगर्भनिर्य-
दिन्दुप्रभाधवलशेषशरीरलक्ष्मीः।।46।।

रोमाञ्चपूरितविकम्पिकपोलभाग-
मुद्वर्तमानपुटतारविपाटलाक्षम्।
वक्रं विदष्टविकटौष्ठविकृष्टनास-
मुद्भूविभङ्गमभृतारुणमभ्रकेतुः।।47।।

दिशनांशुयोगादकरोत्।।43।। अत्तुं ग्रसितुम्। शिखिभूः कुमारः। पिण्डीरं दाडिमम्।।44।। अकल्का विमला मरीचय एवोल्कागिनः।।45-46।। विकृष्टा दीर्घीकृता।।47।। संनहनमुद्योगो मूर्तित्वं च।।48।। हेतिरायुधम्। ह्रदो नागभवनम्।।49।। तारा मुक्तामणयः। अलासीत् जग्राह। 'ला आदाने'।।50।। पार्षदा गणाः। तालु मध्यम्। भीरुः स्त्री।।51।।

संप्राप्य संनहनमाहवगाढराग-
मुज्जृम्भितः सपदि रोष इवैष साक्षात्।
पातालगह्वरगभीररवावमर्द-
पार्ष्णिप्रहारविधुरामचकम्पदुर्वीम्॥48॥

पर्यन्तभागविलसत्पुलकं बभार
हेतिव्रणं सघनघर्मजलं जयन्तः।
स्तोकावशिष्टजलतीरविरूढबाल-
शष्पाङ्कुरह्रदसरूपमुरः स्थलेन॥49॥

व्यावृत्तिवेगविशरारुकरालहार-
तारावकीर्णमाणिकुट्टिमपृष्ठभागः।
विस्रंसितोडुगणशारितभूमिपीठ-
संहारमारुतविलासमसावलासीत्॥50॥

सामर्षहर्षभरपार्षदपार्ष्णिपाणि-
लीलाभिघातविधुरा धरणी रराण।
पातालतालुनि ससंभ्रमनागभीरु-
गर्भप्रगल्भविनिपातनधोरधोषम्॥51॥

केयूरचक्रनिकरैस्त्रिदशाधिपाना-
मंसावमर्दपतितैर्मणिकुट्टिमोर्व्याम्।
रेजे तरंदरकरेतितवज्रपात-
विच्छिन्नपक्षतिपुटैरिव भूधराणाम्॥52॥

दैत्यप्रतापशिखिशान्तिमिव क्षणेन
कर्तुं विशङ्कटललाटतटस्थलीभ्यः।
ते धर्मशीकरकणप्रकरान्सलील-
माकृष्य कर्कशरुषश्चकरुः कराग्रैः॥53॥

केयूरमेव चक्रम्। मण्डलाकृतित्वात्॥52॥ त इति पार्षदाः॥53॥ जृम्भा ख्यासनिका (?) तस्या विकासः पुनः पुनः प्रवृत्तिः॥54॥55॥ पर्याकुलं युद्धं प्रति संरम्भः। कञ्चुकं वारवाणम्। निष्प्रक्रमं विशृङ्खलम्। कपोलभागैरित्युपलक्षणे तृतीया॥56॥ सत्त्वाः प्राणिनः॥57॥ करस्य संकरो योगः। अत्र नभोऽभ्राणि च मेघाः। अस्तोकेन

जृम्भाविकासघटनाविकटैरपाङ्ग-
पर्यन्तनिर्यदतनुज्वलनस्फुलिङ्गैः।
वक्त्रैर्गणाधिपतयः सरुषः क्षणेन
दिक्चक्रमग्रसिषतेव करालदंष्ट्रैः॥54॥

तेषां विवर्तनभरेण परस्परांस-
कूटावघट्टघटनादलिताङ्गदानाम्।
सस्त्रंसिरे विकटकुट्टिमसीम्नि रुग्ण-
बन्धाः सरोषकरपेषभियेव हाराः॥55॥

लीलावलोकितकरालकृपाणपट्ट-
पर्याकुलोत्पुलककञ्चुकलोकपालम्।
निष्प्रक्रमं प्रचुकुपे कपिलैः कपोल-
भागैः कपालिसदसीति गणाधिनाथैः॥56॥

प्रत्यासीदत्पार्षदश्वासहेलाक्षिप्तक्ष्माभृत्कूटटांकारघोरा।
गौरीभर्तुः क्लिष्टसत्त्वा सभा स दध्रे कल्पापायवेलानुकारम्॥57॥

विस्पष्टमुष्टिकरसंकरपिष्टहार-
मुक्ताफलोद्धतपरागविपाण्डुराग्रैः।
मेघावसानसमयैरिव नाकसद्भि-
रस्तोककोपरचितास्थितिभिर्बुभूवे॥58॥

अन्योन्यपाणिमलनक्षतपद्राग-
रत्नोर्मिकोद्धतपरागकणैश्चकार।
ब्राह्मी जगत्कपिशिताखिलदिक्प्रभात-
वेलेव फुल्लकमला करधुलिपुञ्जैः॥59॥

क्रोधोद्गताकृशकृशानुशिखासहस्र-
निर्यासभास्वरितरूक्षकटाक्षमोक्षैः।

बहुना कोपेन रचिता स्थितिर्येषु तैः। न स्तोककैश्चातकैरुपरिचिता च॥58॥ ब्राह्मयादयो मातरः। प्रभातवेलापि संध्यारूपत्वाद्ब्राह्मी ब्रह्मसंबन्धिनी॥59॥ त्र्यक्षाकृतिर्माहेश्वरी क्षणं कटाक्षमोक्षैरदीपि प्रदीप्ता बभूव। आक्षिपद्भिरानयद्भिः॥60-61॥ वैष्णवी

त्र्यक्षाकृतिः क्षणमदीपि लगत्त्रयोल्का-
दण्डैरिव त्रिदशसंभ्रममाक्षिपद्भिः॥60॥

चक्रं सुराहितचमूगलचक्रवाल-
च्छेदाभिलाषरभसादभ्रमयांचकार।
चण्डी करालसरलाङ्गुलिकोटिभाग-
लग्नं करे श्रवणपूरमिवाजिलक्ष्म्याः॥61॥

दलितमसूरचक्रक्रोधसंरम्भगर्भं
करकमलविदर्भं वैष्णवी तत्र दध्रे।
विगलितमकरन्दं पद्मरागोर्मिकाग्र-
क्षतिविधुतपिशङ्गच्छायधूलिच्छलेन॥62॥

भ्रुकुटिकुटिलितभ्रूविभ्रमव्याजचञ्च-
च्चटुलमधुपवेणीबन्धमाधत्त ताम्रम्।
मुखमखिलविपक्षक्षोदसंरम्भलक्ष्मी-
करकिसलयलीलापङ्कजं भद्रकाली॥63॥

इत्थं हरोद्दलनविगलत्तारमुक्ताफलौघ-
ज्योतिश्चक्राक्रमणशबलान्कुर्वती दिग्विभागान्।
सा वेलेव क्षुभितविषमा रत्नराशेस्तदानीं
स्थाणोर्गर्जद्गणपतिशतोल्लोलजाला सभासीत्॥68॥

इति श्रीबालबृहस्पत्यनुजीविनो वागीश्वराङ्कस्य विद्याधिपत्यपरनाम्नो महाकवे राजानक श्रीरत्नाकरस्य कृतौ रत्नाङ्के हरविजये महाकाव्ये सभाक्षोभवर्णनो नाम

सप्तमः सर्गः।

कराब्जयोर्विदर्भमभ्यनतरं विमर्दितं [च] बभार। कोपाटोपवशात्॥62॥ संरम्भलक्ष्म्याः करपल्लवे लीलाकमलरूपं मुखं भद्रकाली ताम्रमाधत्त क्रोधादरुणम-करोत्॥63॥ रत्नराशेः समुद्रस्य वेला जलविकृतिः सेव हरसभा क्षोभेण विषमा तदानीमासीत्॥64॥ इति राजानकजयानकसूनोरलकस्य कृतौ हरविजयविषमपदोद्द्योते सप्तमः सर्गः॥

अष्टमः सर्गः।

इत्थं गणाधिपतिकोपकृशानुशान्ति-
हेतोरिवेन्दुमणिहारलतागुगेषु।
मुञ्चत्सु शंकरकिरीटकरालचन्द्र-
खण्डांशुपातवशतः शुचिवारिवर्षम्॥1॥

प्रालम्बमौक्तिकपरिस्फुरदंशुजाल-
ज्योत्स्नातपच्छुरणपाण्डुरितान्तरासु।
प्रीतारिपक्षशशिशुभ्रयशः स्विवासि-
यष्टिष्वनेकभटपाणितलस्थितासु॥2॥

माणिक्यकन्दुकममन्दरवीन्दुबिम्ब-
शोभाधरं करतलाग्रविवर्तनाभिः।
आलानितस्य भुजकल्पतरौ विधान-
पिण्डं दिशन्निव पराक्रमकुञ्जरस्य॥3॥

पर्यङ्कबन्धघटनाविकटेन काल-
कायश्रिया विषधरेण परीतमूर्तिः।
पर्यन्तवर्ति दलिताञ्जनधूलिपुञ्ज-
सच्छायसिन्धुपरिखक्षितिमण्डलश्रीः॥4॥

आकृष्य कालमुसलो मुसलं सलील-
मामांसलांसशिखरस्खलदुत्तरीयः।
वाक्यं निरर्गलमुदाहरदभ्रनाद-
साशङ्कताण्डवितषण्मुखनीलकण्ठम्॥5॥ (पञ्चभिः कुलकम्)

अष्टमः सर्गः।

इत्थमित्यादि पञ्चभिः कुलकम्। गणाधिपतिशब्दे 'स्वामीश्वराधिपति-' इति विहितायाः षष्ठ्याः 'प्रतिपदविधाना च षष्ठी न समस्यते' इति समासप्रतिषेधो न वर्तते। 'दायाद्यं दायादे' इति प्रकृतिस्वरत्वेन तदनित्यत्वस्य ज्ञापितत्वात्। अपरे पुनराचक्षते-सप्तमी बाधिका मा भूदिति शेषलक्षणैव षष्ठी तेन प्रतिप्रसूयत इति नास्ति तस्याः प्रतिपदं विधानमिति। हारा एव लताः। तदाकृतित्वात्। करालो बहलप्रभः॥1॥ प्रालम्ब आप्रपदीनो हारः॥2॥ माणिक्यकन्दुक एव विधानपिण्डः

येषामवस्तुविषयः प्रथितः किलात्म-
लाभः परस्परकृतः प्लवमानवृत्तिः।
दूरं व्यतीत्य निखिलान्खलु तान्विकल्पा-
ञ्शब्दांश्च यः स्थितिमसंकरमूर्तिरापत्॥6॥

येनासकृत्प्रलयकालनिशावतार-
प्रारब्धताण्डवनिरर्गलडम्बरेण।
उत्क्षिप्तमम्बरमिवापरमूढसांध्य-
रागं विनिर्गलदसृग्द्विपचर्म बभ्रे॥7॥

यस्याभ्रसिन्धुसलिलोर्मिघटासमीर-
पर्यस्तमूलपरिवर्तिकिरीटचन्द्रम्।
छेदाभियुक्तकरजाग्रमिवैति लक्ष्मी-
मद्यापि मूर्ध्नि परमेष्ठिशिरः कपालम्॥8॥

यस्याद्रिराजसुतया रतिमण्डलेषु
विन्यस्तयावकरसः करजः सलीलम्।
हेलाविलूननलिनासनवक्त्रनाल-
विष्यान्दिसान्द्ररुधिरार्द्र इवालुलोके॥9॥

संध्यासु यस्य नयनाग्निशिखासहस्र-
सीमन्त्यमानतिमिरं सुरवर्त्म धत्ते।

करिभोजनकवलः। आलानितो निबद्धः॥3॥ परीता परिवलिता॥4-5॥ येषामित्यादिकमेकादशभिः कुलकम्। येषां शब्दविकल्पानां परस्परं विकल्पैः शब्दानां शब्दैश्च विकल्पानां कृतः स्वरूपलाभः किल अवस्तुविषयो न वस्तुसंस्पर्शी प्रतीतः। वस्तुगतान्वयव्यतिरेकाननुविधानादेव प्लवमानवृत्तिरर्थबहिष्कृतत्वादुपरीव वस्तुनो भ्रमन्। इत्थं च 'विकल्पयोनयः शब्दा विकल्पाः शब्दयोनयः। तेषामन्योन्यसंबन्धेनार्थं शब्दाः स्पृशन्त्यमी॥' इति। अन्यस्यापि वस्तुनः सकलविकल्पध्वनिविषयाभावादीश्वरस्य तत्प्रतिपादनया का प्रशंसेति चेदाह-दूरमिति। सर्वात्मनेत्यर्थः। अन्यद्धयुपाधिमुखेन प्रकारान्तरेण वा केनचिच्छब्दविकल्पैर्गोचरीक्रियते। देवस्तु तेषां न कथंचिदपि कदाचिद्विषयः। विकल्पः शब्द एवान्तः संकल्परूपः। असंकरमूर्तिः सत्त्वरजस्तमोभिरसंकीर्णरूपः। निर्गुणत्वात्॥6॥ येनाम्बरं वसनमिभचर्म बभ्रे भृतम्। अपरमम्बरमाकाशमिव॥7॥ मूलं कपालस्याधस्तनो देशः कण्ठस्थानम्। तत्र परिवर्ती समन्तात्तिष्ठन्मुकुटेन्दुर्यस्य। अत एवाद्यापि कपालस्य नखाग्रच्छेदसंभावना॥8॥ रतिसमये गौर्या

पर्यन्तवर्तिसलिलस्फुरदौर्ववह्नि-
हेतिप्रकाशकपिशोदरसिन्धुलीलाम्॥10॥

यस्योर्ध्वलोचनमनिन्धनधूमराशि-
रध्यास्त एतदनपेक्षितरेणुलक्ष्मा।
अक्षुण्ण एव दहनः स्खलदुत्तमाङ्ग-
गङ्गाजलोक्षणशमानुगुणेतरार्चिः॥11॥

यस्य व्यलोक्यत सुरैः पुरदाहकाले
हेलोर्ध्वकृष्टमभिसंहितसाग्निबाणम्।
बाणासनं सरलसङ्गभुजंगघोण-
भास्वत्तृतीयनयनभ्रुकुटीकरालम्॥12॥

लीलाकिरातवपुषो ददृशे शरीर-
च्छाया च यस्य रभसेन वनेचरौघैः।
अन्तर्निगूढगलगोचरकालकूट-
कूटप्रभापरिणतेरिव मेचकश्रीः॥13॥

मुक्तेऽपि कारणकिरातवपुष्युदग्नि-
नेत्रप्रभारुणितमौक्तिकहारलेखम्।
यस्याद्रिराजदुहिताभिमुखी बभार
गुञ्जाफलस्त्रगुपगूढमिव स्तानाग्रम॥14॥

माधुर्यमक्षतगुणं दधतं रसस्य
संक्षोभिताखिलसुरासुरचक्रवालम्।
अक्षुण्णमेव मकरध्वजमूर्ध्वचक्षु-
रौर्वानलः सपदि यस्य विभोरधाक्षीत्॥15॥

मण्डनार्थमर्पितालकरसो नखो यस्य तथालुलोके दृष्ट॥9॥ सीमन्त्यमानं द्विधा क्रियमाणम्॥10॥ रेणुलक्ष्मा वायुः। अक्षुण्णोऽपूर्वः। जलोक्षणेनोपशान्तावनुगुणेतरा अननुगुणा अर्चिषो ज्वाला यस्य॥11॥ सरलसंगतनासं तदूर्ध्वनयनं तत्संबन्धि-भ्रुकुटिवत्करालं भीषणम्। अत्र बाणस्य घोणोपमानम्। भास्वन्नयनमग्नेः। धनुषश्च भ्रुकुटिः॥12-13॥ गुञ्जा रक्तिका॥14॥ यस्योर्ध्वचक्षुरेवौर्वानलो मकरध्वजं काममक्षुण्णं समस्तमेव ददाह। रसस्यशृङ्गरहास्यादेर्माधुर्य रमणीयता। और्वानलोऽपि मकरध्वजमब्धि भस्मसादकरोत्। एवंगुणंत्वादपूर्वमक्षुण्णम्। समुद्रो हि लवणरसः सुरासुरैः क्षोभितो न

न स्पृश्यतेऽपि कमलप्रभवो यदीय-
मायाकवाटपुटपाटनपाटवेन।
अस्मिन्प्रभौ त्रिभुवनस्य निकारलेश-
संभावनापि कुरुते परतोऽनुतापम्॥16॥ (एकादशभिः कुलकम्)

अस्याहवे क इव शूलमिद्र सहेत
शाखानलक्क्रथनदुः स्थितसागराम्भः।
बिभ्रज्जगत्कवलनोत्थितकालरात्रि-
कोपोत्कटभ्रुकुटिभङ्गभयंकरत्वम्॥17॥

एतत्करास्पदमरालशिखाकराल-
शाखान्तरालतरलानलविस्फुलिङ्गाः।
एतस्य मुञ्चति जगत्क्षयकालवह्नि-
बीजच्छटा इव दिशो दश शारयन्तीः॥18॥

पश्यत्सु भीतिविधुरं विबुधापेषु
तीक्ष्णाग्रकोटिकरजक्रकचेन कोपात्।
अस्योत्तमाङ्गमरविन्दसदोऽप्यमन्द-
मुच्छिन्दतः सदसि कः प्रतिबन्धकोऽभूत्॥19॥

दंष्ट्राकरालमुखकंदरकोटिभाग-
हेलाविदारितगजासुरघोरमूर्तिः।
पञ्चाननत्वमनघं सुरसिंह एष
चूडाशशाङ्ककलिकलिकासटया बिभर्ति॥20॥

अस्य स्थिता शिरसि शेखरचन्द्रखण्ड-
संपर्कशीततरतुङ्गतरङ्गभङ्गा।

मधुररसस्तेषां क्षोभयिता। रसस्तोयमपि॥15॥ मायैव कवाटपुटं पट्टकद्वयम्। परतः शत्रोः। निकारः परिभवः। तत्कणिकासंभावनाप्यस्मिन्भुवनपतौ सत्यनुतापं कुरुते। नैव करोतीति काकुप्रयोगः॥16॥ शाखाः शूकाः॥17॥ स्फुलिङ्गाशब्दः स्त्रीलिङ्गोऽप्यग्निकणवाचकः॥18॥ अरविन्दसत्कमलासनः॥19॥ पञ्चाननत्वं सद्योजातादिपञ्चवक्त्रत्वं सिंहता च। सुरसिंहः सुरश्रेष्ठः सुरसदृशश्च सिंहः केसरी॥20-21॥ अलिकं ललाटम्॥22॥ संवर्तकालः कल्पान्तस्तद्रजनिषु।

उद्दामधामरविशोषितसप्तसिन्धौ
संशोषमेति न जगत्प्रलयेऽपि गङ्गा।।21।।

अस्य क्षयेष्वलिकलोचनतीव्रवह्नि-
तापस्फुटत्कनककर्परदर्पणाग्रे।
विस्पष्टमद्रितनया वदनं विलोक्य
पद्मासनाण्डमखिलं सफलीचकार।।22।।

संवर्तकालरजनीषु विजृम्भमाण-
मस्यालिमेचकरुचि स्फुरदेतदास्यम्।
विश्वं विशत्प्रलयमेति तदन्धकार-
बीजायमानमभितो दिशि दक्षिणस्याम्।।23।।

दूरेऽथवैष विषयीकृतसप्तलोक-
दु:खानलप्रभवभावविकारशून्य:।
आस्तामशेषमहदादिविशेषनिष्ठ-
विश्वोदयस्थितिविनाशदशैकहेतु:।।24।।

लक्ष्मीमपूरितपदत्रय एव दैत्य-
नाथस्य संप्रति बलेरिम शार्ङ्गपाणि:।
पश्यत्सु दानवभटेष्वहमाक्षिपामि
चक्रांशुपिञ्जरितपीवरबाहुदण्ड:।।25।। (युगलकम्)

क्षुन्दन्रिपोर्विघटमानदृढास्थिसंधि-
बन्धांश्चमूपरिवृढानहमूढरीढ:।
कालस्य किं मुसलतामधुना विधाय
नाम्नो बिभर्मि युधि तत्पुरुषार्थतत्त्वम्।।26।।

कृष्णत्वात्तासां रजनीनामन्धकारस्य बीजमिव दक्षिणदिग्गतमेतदीयमास्यमघोराख्यं प्रतिशद्विश्वं प्रलयमेति क्षीयते।।23।। भावविकारा: षट् जन्मादय:। महदादयो विशेषा बुद्ध्यादयो विकारा इत्यसकृदुक्तम्।।24।। त्रीणि पदानि क्रमा यावन्न पूर्यन्ते तावल्लक्ष्मीमभिहरामीत्यतिलाघवस्योक्ति:। पदत्रयं भूर्भुव:स्वर्लक्षणमपि।।25।। चमूपरिवृढा: सेनापतय:। रीढा अवज्ञा। प्रहार इत्यन्ये। हे तत्पुरुष तत्पुरुषाख्यमुख। तत्पुरुषशब्दोऽत्र विषयेऽर्शआद्यजन्त:। नाम्नोऽर्थतत्त्वमर्थपरमार्थमन्वितार्थत्वं नाम किमुद्वहामि। रिपुक्षोदेन कालमुसलताकरणात्। यदि वा नाम्नोऽन्वितत्वादागतं तद

पर्यन्तवर्तिजलराशितरङ्गभङ्ग-
चीनांशुकारचितचञ्चलचीरचिह्नम्।
क्ष्मामण्डलं करगृहीतसुमेरुदण्डो
लीलातपत्रमिव किं सहसोद्धरामि॥27॥

दिक्सुन्दरीरुपदिहानमहानिभाग्भि-
रच्छाच्छचन्दनरसैरिव मां यशोभिः।
पश्यन्तु संप्रति भटा दृढपार्ष्णिघात-
पर्यस्तहेमगिरिभग्नसुरारिसंस्थम्॥28॥

एको भुजः सरसचन्दनपङ्कदिग्धः
कर्तुं क्षमो विरहिणीर्मम दक्षिणोऽयम्।
कम्पाकुला मलयवायुरिवाततायि-
नारीलता गलितबाष्पकणौघपुष्पाः॥29॥

दिक्चक्रवालरभसग्रहणप्रगल्भ-
दैत्यान्धकारनिकरव्यवधानमग्नाम्।
भास्वानिवाशु दिवसच्छविमुद्धरामि
जिष्णोः श्रियं रुधिरपाटलमण्डलाग्रः॥30॥

स्वेदच्छटार्द्रकरपिष्टकरालहार-
धूलिच्छटारुधिरचन्दनपङ्कचर्चाः।
नेष्यन्ति शोषमचिरान्मरुतो ममारि-
बन्दीकरावधुतचामरमण्डलोत्थाः॥31॥

तिसुभगं पुरुषार्थस्य पौरुषस्य तत्त्वं किं वहामीति योज्यम्। अथ च कालस्य मुसलतां कृत्वा कालमुसल इति तत्पुरुषनाम्नः समासस्यार्थतत्त्वं बिभर्मीत्युक्तम्। कालस्य मुसल इत्येवं कालमुसल इति षष्ठीसमासः॥26॥ चीराणि खण्डाः॥27॥ उपदिहानं लिम्पन्तम्। पार्ष्णिप्रहारपतिते सुमेरौ विनाशिता दैत्यानां संस्था स्थितिर्येन॥28॥ दक्षिणो दक्षिणदिक्प्रवृत्तोऽपि। आततायी रिपुः॥29॥ जिष्णुरिन्द्रः। मण्डलाग्रः खड्गः। मण्डलस्य बिम्बस्याग्रं मुखम्॥30-31॥ अनेकपेषु गजेषु अवस्थिताया लोकपालपङ्क्तेः कपालपाटनेनोद्गतपुलकं कपोलं बिभ्रदहं कम्पाकुलीभवदरिचक्रं कृणोमि हिनस्मि। 'कृञ् हिंसायाम्'। करुणया कृपणो दरिद्रः। दयारहित इत्यर्थः॥32॥ मुक्त्वेति समानकर्तृकत्वाभावात् क्त्वाप्रत्ययश्चिन्त्यः। अन्ये त्वाहुः—मुक्त्वेति क्त्वान्तप्रतिरूपकोऽयं

कम्पाकुलीभवदनेकपलोकपाल-
पालीकपालदलनोत्पुलकं कपोलम्।
एकोऽपि कोपकपिलं दधदुत्कृपाण-
पाणिः कृणोमि करुणाकृपणोऽरिचक्रम्।।32।।

गाम्भीर्यशालिषु रणाम्बुरुहाकरेषु
मुक्त्वा गुणान्भवति किं करलग्नमन्यत्।
पङ्काविला बिसलता इव दैत्यराज-
सेना वृषाङ्क मम खण्डयतो विशङ्कम्।।33।।

संरम्भिणो मम विधूततमालखण्ड-
च्छायासु दानववरूथवतीषु संख्ये।
निस्त्रिंशयष्टिषु निदाघरुचेरिवासु
तेजोऽधुना स्फुरतु तिग्मतरप्रतापम्।।34।।

बिभ्रत्यभीक्ष्णमतिशायि हि सौकुमार्यं
शक्ता न कण्टककृतां क्षतिमेव सोढुम्।
विस्मापिनी विनिदधातु निशातखड्ग-
धारापथेन पदमस्खलितं न लक्ष्मीः।।35।।

द्वारि श्रियो मम भुजार्गलदण्ड एष
निःस्यन्दतां नयतु संप्रति संप्रति संप्रहारे।
अन्योन्यमात्तघटनावतनू कवाट-
पट्टाविवोभयवरूथवतीनिवेशौ।।36।।

निपाते विनार्थः। गुणान्मुक्त्वा विनेत्यर्थः। तद्योगे च गुणानिति द्वितीया। 'हा प्रतियोगेषु च दृश्यते' इति दृशिग्रहणात्। यथा–'तमृते हारमलिम्लुचं विहंगम्' इति। गुणाः शौर्यादयस्तन्तवश्च। करलग्नमुपनतं हस्तपतितं च।।33।। वरूथवत्यः सेनास्तासु कृष्णत्वादवजिततमालद्युतिषु मदीयं संप्रति तेजः परिस्फुरतु। रवेरिवासिलतासु। प्रताप आतपोऽपि।।34।। लक्ष्मीरसिधारापथेन पदं न निदधातु क्षिपत्वेव। कण्टकाश्चौर-सुवर्णकारादयश्चाणक्योक्ताः। या च सौकुमार्यात्कण्टकक्षतमपि न सहते खड्गधारापथे च पदमर्पयति सावश्यं विस्मयहेतुः।।35।। श्रियो द्वारि प्रवेशनोपाये रणे मद्भुजार्गल एवोभावपि स्वपरसंबन्धिनौ सेनानिवेशौ निश्चलतां नयतु। पलायननिरोधात्। द्वारे चार्गलाबन्धेन पट्टकद्वयं निश्चलीक्रियते।।36।। निर्वरोऽनन्यसदृशः। निर्गतो वर

लीलावराह इव निर्वरपीवरांस-
कूटस्फुरत्प्रविकटाङ्गद एष बाहुः।
पर्यस्तकाञ्चनगिरिः क्षपयन्विपक्षा-
नुज्जृम्भतां मम नवाम्बुदमेचकश्रीः॥37॥

अन्योन्यमत्सरदुरुत्सहबाहुदण्ड-
दर्पोदयोद्धुरसुरासुरकृष्यमाणाम्।
लक्ष्मीमुपेन्द्र इव मन्दरशैलमूर्ति-
मेकः करोमि भुजपञ्जरसंनिबद्धाम्॥38॥

स्वच्छं यशोनिवहमावहतु त्रिलोकी-
लीलात्मदर्शमचिरेण विशेषतो मे।
सङ्ग्रामधामनिहतातनुबाहुदण्ड-
दर्पोद्धताहितचितारजसैव हस्तः॥39॥

शक्नोत्यनुग्रहमभीक्ष्णमपग्रहं च
कर्तुं महान्हि महतः समये महस्वी।
भानुः क्षये विपरिपूरयतीन्दुमाशु
विच्छायतां च नयति प्रसभं प्रभाते॥40॥

अम्भोदराजिमलिनातनुकालकूट-
लेखेव मन्मथरिपोः समवर्तिसीमा।
कण्ठग्रहं समरवर्त्मनि पूर्वदेव-
नाथस्य संप्रति करोतु ममासियष्टिः॥41॥

ते कूटशल्मलिविशङ्कटकण्टकौघ-
तीक्ष्णाग्रनिष्ठुरनिकर्तुनिकृत्तकण्ठाः।
नालोकिता प्रभुविपत्तिरितीव नाथ
नृत्यन्तु संभृतमुदः समरे कबन्धाः॥42॥

उत्कृष्टो यस्मादिति कृत्वा॥37-38॥ मम करस्त्रिलोक्या मुकुरभूतं यशोनिवहमहितानां चितारजसैव विमलं करोतु॥39॥ अपग्रहो निग्रहः॥40॥ समवर्तिनो यमस्य सीमा मार्गः। कण्ठग्रहमालिङ्गनमपि॥41॥ कूटशल्मलिर्नरकसंभवी तरुविशेषः। यन्त्रक्षेप्यः प्रहरणविशेष इत्यन्ये। तत्कण्टकवत्तीक्ष्णाग्रेण निकर्तुना खड्गेन निकृत्तकण्ठाश्छिन्न-

आयोधने श्रवणतालविधूतकुम्भ-
सिन्दूरधूलिपरिपाटलितं मदाम्भः।
मुञ्चन्तु शोणितमिव प्रतिपक्षचक्र-
सेनाविनाशपिशुनं गजगण्डमेघाः॥43॥

तस्याधुनैव पिशिताशनलोभलग्न-
हेलोल्लसद्विकटकङ्कमुखैः शरीरात्।
आकृष्टशक्तशकलौघशलाकमस्तु
सानाथ्यलग्नमिव नाथ शकुन्तचक्रम्॥44॥

किं वा मया भुवनकाननसीमदाह-
दावाग्नयो रिपुचमूचमरीमृगेन्द्राः।
तिष्ठन्त्यमी दितिजराजसमिज्जयश्री-
केशग्रहोत्सुककरास्तव देव योधाः॥45॥

खर्वीकृताद्रिजलनिर्भरवारिगर्भ-
गम्भीरभैरवरवोल्बणवारणासु।
निर्वर्ण्यतां समरनिर्वरवीरभद्र-
दुर्वारता वरद वैरिवरूथिनीषु॥46॥

शत्रूत्तमाङ्गशकलीकृतिमुच्यमान-
रक्ताम्बुसेकसुकुमारतरादभीक्ष्णम्।
खङ्गालवालवलयात्सशिलीमुखौघ-
सङ्ग्रामकाननतले चिरमुल्लसन्ती॥47॥

आश्रित्य शूरभुजपादपमिन्दुगौर-
च्छायं यशः कुसुमराशिमुपादधाना।

शिरसः॥42-43॥ कङ्काः पक्षिविशेषाः। तन्मुखैः शरीरादाकृष्टाः शस्त्रशकलौघाः शलाकाश्च काण्डफलकानि येन तथाविधमधुनैवास्तु विहगवृन्दम्। सानाथ्यमुपकारः। यश्चोपकारप्रवृत्तः स दुःखितस्य कङ्कमुखैः शल्योद्धरणभाण्डैस्तत्क्षणमेव शल्योद्धरणं करोति॥44॥ समित्सङ्ग्रामः॥45॥ हे वरद, वीराणां भद्रा जयहेतुर्दुर्वारता निर्वर्ण्यतामवलोक्यताम्। वारिगर्भो जलदः॥46॥ खड्ग एवालवालं सेकजलाधारः। शिनीमुखा भ्रमराः शराश्च॥47॥ फलमैश्वर्यमपि॥48॥ धुर्यावलम्बनं प्रधानाश्रितं

विस्तारिणी फलभरप्रसवैकहेतु-
लर्क्ष्मीलता सपदि वृद्धिमुपैतु नूनम्।।48।। (युग्मम्)

तेजस्विन: समुदिता: स्फुटमेकमेव
धुर्यावलम्बनमिहोज्ज्वलयन्ति कार्यम्।
संहारकालसविशेषरुचोऽतितीव्र-
मुष्णत्विषो दिनमिवोदयदुर्निरीक्ष्या:।।49।।

आकर्णनाकुलघनध्वनिमोहमन्द-
मन्दाकिनीपुलिनमन्दिरराजहंसम्।
आकोपकम्पितसुरासुरचक्रवाल-
मुक्त्वेति कालमुसलो वचनं व्यरंसीत्।।50।।

स वचनकुरुविन्दव्यञ्जितोद्दामधाम-
व्यतिकरगुरुभास्वच्चित्तरत्नस्तदासीत्।
सदसि गणपतीनां सूचितान्तर्विवक्षा-
स्फुरदधरपुटानां वक्त्रविन्यस्तदृष्टि:।।51।।

अथ सकलतदीयोर्जस्विवाक्यप्रपञ्च-
श्रवणपुलकिताङ्गो वीरलोश्चचाल।
उपनतरणलीलानिश्चयास्फालितांस-
स्फुटितरुचिररत्नच्छायकेयूरबाहु:।।52।।

इति श्रीबालबृहस्पत्यनुजीविनो वागीश्वराङ्कस्य विद्याधिपत्यपरनाम्नो महाकवे राजानक श्रीरत्नाकरस्य कृतौ रत्नाङ्के हरविजये महाकाव्ये कालमुसलदण्ड व्याहृतिवर्णनो नामाष्टम: सर्ग:।

कार्यं यद्यप्येकैकस्य करणक्षमं तथापि बहव: समुतास्तदुज्ज्वलयन्त्युद्दीपयन्ति। वासरमिव रवय:। धुर्या रविरथतुरगा अपि। संहारो रिपुक्षयोऽपि। उदय उत्साहोऽपि।।49।। मन्दा निरुत्साहा:। व्यरंसीदिति 'व्याङ्परिभ्यो रम:' इति परस्मैपदम्।।50।। वचनमेव कुरुविन्दं मणिशस्त्रादीनामुत्तेजनद्रव्यम्।।51-52।। इति राजानकजयानकसूनोरलकस्य कृतौ हरविजयविषमपदोद्द्योतेऽष्टम: सर्ग:।।

नवमः सर्गः।

इति स्थिते वाक्यमुदीर्य दैत्यसङ्ग्रामकार्यैकरसे गणेन्द्रे।
स्फुरद्विवक्षावलितांसकूटः प्रभामयः शान्तमिदं बभाषे॥1॥

यस्योद्धतान्विद्विषतः समूलघातं घ्नती योधजनेन नीतिः।
अलब्धयुद्धोत्सवसंमदेन प्रज्ञापरिस्पन्दगुरुर्जगाहे॥2॥

सविभ्रमोल्लासितखड्गवल्लीघनान्धकारावृतदिङ्मुखेषु।
एकाकिनैव भ्रमता सलीलं न येन भीतिर्ददृशे रणेषु॥3॥

अगाधसत्त्वास्पदतां गतेन शून्यत्वदोषाद्धृदयेन यस्य।
विस्तीर्णतालेशलवान्वयेऽपि न साम्यमाकाशमुपाजगाम॥4॥

अवेक्ष्य लक्ष्मीं विकचारविन्दे सरस्वती यस्य कृतप्रतिष्ठाम्।
तत्स्पर्धयेवातनुसौकुमार्यं पर्याप्तशोभं मुखमध्युवास॥5॥

यस्याभियोगेषु रजांस्यनीकविमर्दजातानि दिशः प्रसस्नुः।
निम्नावकाशेष्ववपूर्य कीर्तिसंचारयोग्यामिव कर्तुमुर्वीम्॥6॥

यो बाहुमत्यूर्जितवैरिवृन्दविमर्दरागोद्धुरमाहवेषु।
सदैव बद्धास्पदराजलक्ष्मीस्पर्शादिवोत्कण्टकितं बभार॥7॥

येनाभयं निर्जयनम्रमर्तैर्विद्वेषिणः संयुगमूर्ध्नि दत्त्वा।
हराट्टहासच्छवि दिक्पुरंध्रीपट्टांशुकं चारु यशो गृहीतम्॥8॥

आकर्णकृष्टातनुचापमुक्ता निपेतिवांसो युधि यस्य बाणाः।
विच्छिन्नजीवानि शरासनानि वपूंषि चारातिजनस्य चक्रुः॥9॥

नवमः सर्गः।

प्रभामयो नाम गणः। शान्तमनुल्बणम्॥1॥ यस्येत्यादि तस्य प्रभामयस्य दन्तप्रभा मुखं विभूषयामासेति दशभिः कुलकम्। समूलं हत्वा समूलघातम्। 'समूलाकृतजीवेषु हन्कृञ्ग्रहः' इति णमुल्। परिस्पन्द उन्मेषः॥2॥ येन रणेषु भीतिर्न ददृशे नानुभूता। तिमिरान्वितेऽपि देशेऽन्विष्यता पुरुषेण [न] किंचिदवलोक्यते॥3॥ सत्त्वास्पदत्वेन विस्तीर्णतया च सत्यप्यनुगमे गगनं यद्धृदयेन साम्यं न ययौ। शून्यत्वदोषात्। गगनं हि शून्यं रूपरहितम्। हृदयस्य शून्यत्वं प्रतिभाविरहो नास्तीति न तयोः साम्यम्। सत्त्वं धीरता चटकादिप्राणी च। विस्तीर्णता औदार्यं

प्रकाशिताशेषदिशेक्षणेषु कालाञ्जनं मत्सरिकामिनीनाम्।
चिरं यशश्चन्द्रिकयान्धकारमारोप्य रोषदिव यस्य भग्नम्।।10।।

आभाषमाणस्य गभीरघोषं दन्तप्रभा तस्य मुखं तदानीम्।
विभूषयामास विनिष्पतन्ती ज्योत्स्नेव बिम्बं परिपूर्णमिन्दोः।।11।।
(दशभिः कुलकम्)

अलं तवाभ्युन्नतधैर्यवृत्तेः संरम्भितामेत्य कृशेऽपि कार्ये।
संभाव्यते किं कलविङ्कपक्षरवाभिघातेन कुलाद्रिकम्पः।।12।।

ज्याकृष्टिचक्रीकृतकार्मुकस्य समाधिभङ्गे मदनस्य दीप्ता।
तारेव संरम्भ्सवतस्तृतीया विपत्करी यस्य बभूव दृष्टि।।13।।

बिभर्ति गुर्वीं जगतो धुरं यः सर्गस्थितिप्रत्यवहारकार्ये।
अस्मिञ्शरण्येऽपि सुरासुराणां स्थितेऽत्र वो ब्रूत किमाकुलत्वम्।।14।।
(युग्मम्)

मन्ये निमीलन्नयनारविन्दमेतद्विभोः पञ्चममस्य वक्रंम्।
जगद्धितादेव न किंचिदन्यद्ध्येयात्मनश्चिन्तयतीन्दुमौलेः।।15।।

विभाति हारोरगरत्नखण्डैरेष क्षयग्रस्तसुरासुरौघः।
सगवितारप्रतिमुच्यमानैर्जीवैरिवाद्याप्यविमुक्तकण्ठः।।16।।

बिभर्ति नारायणमूर्तिरेष सवङ्गिसंधिप्रसृताः स्रवन्तीः।
इतीव बद्धभ्रुकुटिस्तरङ्गैस्वकार केशग्रहमस्य गङ्गा ।।17।।

तनोति भागान्तरकेशलग्नजीमूतनिर्मुक्तजलौघलक्ष्मीम्।
कपालमालाकुहरोदरेषु सुरापगा नाकतलात्पतन्ती।।18।।

विपुलता च।।4-5।। अभियोगः परावस्कन्दः। अनीकं सैन्यम्।।6-7-8।। जीवा ज्या। जीवश्च जीवितम्।।9।। मत्सरिणो वैरिणः।।10-11।। तव संरम्भितामेत्यालम्। संरम्भागमनं न कार्यमित्यर्थः। 'अलंखल्वोः प्रतिषेधयोः प्राचां क्त्वा'। कलविङ्कश्चटकः। कुलाद्रयो हिमवत्प्रभृतयः। 'हिमवान्हेमकूटश्च निषधो मेरुरेव च। श्वेतः कृष्णश्च शृङ्गी च सप्तैते कुलपर्वताः'।।12।। ज्याकृष्टीत्यादि युगलकम्। समाधिभङ्गे सति संरम्भवतः क्रुद्धस्य यस्य तृतीया दृष्टिर्मदनस्य विपत्करी विनाशकृदासीत्। तारेव। सापि तृतीया विपत्करी विपत्करीति नाम्ना।।13।। प्रत्यवहारः प्रलयः।।14।। पञ्चमं वक्रमीशानाभिधानम्।।15-16।। स्रवन्तीर्नदीः। सर्वाङ्गसंधिषु विष्णुर्नदीर्बिभर्ति चेति

अम्भोधरश्यामलमर्धभागनिषण्णनारायणवक्त्रबिम्बम्।
ललाटवेदीशिखिसान्द्रधूमच्छायापरामृष्ट इवैति लक्ष्मीम्॥19॥

सान्द्रीभवत्युत्कटकालकूटच्छायानुविद्धाञ्जनमेचकश्रीः।
अव्यञ्जितानुल्बणभागसंधिः कण्ठान्तरस्य च्छविरुल्लसन्ती॥20॥

शिरःस्थलभ्रंशिसुरस्रवन्तीनिषेवणाभ्यागतहंसलीलाम्।
शरीरभागान्तरपाणिपद्मबद्धप्रतिष्ठोऽञ्चति पाञ्चजन्यः॥21॥

स्थितिं विधत्ते सभया कथांचिद्वक्षःस्थलार्धे विनिमीलिताक्षी।
विलम्बिहारोरगफूत्कृताग्निज्वालातडिद्विस्फुरणेषु लक्ष्मीः॥22॥

संप्रेरितार्धस्य च वक्षसोऽन्तः शरीरभागेण जगत्सशम्पम्।
संपादयद्दीधितिचक्रवालं तुच्छत्वमागच्छति कौस्तुभस्य॥23॥

टङ्काहतोष्णद्युतिमण्डलोत्थस्फुलिङ्गसंतान इवाभिरामः।
हारोरगाणां फणरत्नखण्डस्तस्यैव धत्ते परिवारलीलाम्॥24॥

प्रक्षाल्यतेऽन्तर्विनिगूढनाभिह्रदप्रतिष्ठाम्बुजबीजकोषः।
पीठः ससत्कारमिवाब्जयोनेः कुक्षिप्रविष्टोदधिवीचिभङ्गैः॥25॥

त्रयोऽपि लोकाः प्रतिपत्तुमैक्यमर्हन्ति मूर्त्योरनयोरितीव।
विवक्षयोदेति निगूढसंधिभागा वलीनां त्रितयस्य लक्ष्मीः॥26॥

इत्येष मिश्रीकृतकैटभारिशरीरभागो विभुताविशेषम्।
व्यनक्ति लोकत्रितयेऽप्यशेषमनन्यसाधारणतामुपेतम्॥27॥

(दशभिः कुलकम्)

प्रसिद्धतरम्। उक्तं च–'यस्य केशेषु जीमूता नद्यः सर्वाङ्गसंधिषु। कुक्षौ समुद्राश्चत्वारस्तस्मै तोयात्मन नमः॥' इति॥17॥ तनोतीत्यादिदशभिः कुलकम्। भागान्तरं वैष्णवो भागः। जीमूता बलाहकाः॥18-19॥ अव्यञ्जितश्च सवर्णत्वादप्रकटितोऽनुल्बणो मसृणो भागयोः संधिर्यत्र। 'पटपुट' इत्यत्र पठितस्याञ्जेश्चुरादिणिचि कृते व्यञ्जित इति रूपम्॥20॥ अञ्चति व्रजति॥21-22॥ वक्षसोऽन्तरे संप्रेरितं प्रवेशितमर्धं येन तादृशस्यापि कौस्तुभस्य करनिकरः शरीरभागे तुच्छतामायाति। द्युतिबहलत्वात्। शम्पा विद्युत्॥23॥ टङ्कः शस्त्रकम्। तस्यैव कौस्तुभस्य॥24॥ अब्जयोनेः पीठ आसनभूतोऽम्बुजस्य बीजकोषः कर्णिका जलधितरङ्गखण्डैः प्रक्षाल्यते। [संपूतमिव कृत्वा]॥25-26-27॥ ग्रासीकृतेत्यादिदशभिः कुलकम्। एवमादौ च वाक्यार्थ-

ग्रासीकृतानन्तफणाप्रकाण्डैर्ज्वालाकलापैः स्फुरितं कृशानोः।
विस्त्रब्धमारब्धसितारविन्दसहस्त्रहोमैरिव वाडवस्य।।28।।

ज्वालावलीभिः कलधौतशैलशिलोन्नताभिः कृततापयोच्चैः।
गभीररन्ध्रोदरसंप्रविष्टकुलाद्रिकूटं स्फुटितं धरित्र्या।।29।।

विलीयमानासु हिमस्थलीषु तुषारशैलस्य वनानि दग्धुम्।
टांकारताराखरौद्रहेतिर्भवत्यवाप्तप्रसरः कथंचित्।।30।।

निर्वापणं रत्नलतांशुतोयैर्ज्वालावलीनामिव संविधित्सून्।
दहत्यमन्दं सुरशाखिनोऽपि धूमच्छटासंशयितद्विरेफान्।।31।।

जटानिकुञ्जास्पदमिन्दुमौलेस्तच्छाययेव च्छुरितं कपालम्।
ज्वालाकलापान्तरसंरुद्धं विनिर्दहत्युष्णमरीचिबिम्बम्।।32।।

शशाङ्कबिम्बं प्रथमावलग्नधूमच्छटाविभ्रमलक्ष्मलेखम्।
विष्यन्दिसान्द्रामृतबद्धदुग्धधाराहुतिः प्लुष्यति विप्लुतार्चिः।।33।।

ताराकुलं सान्द्रशिखासहस्त्रताम्रातपापादितपिङ्गिमारात्।
दहत्यलं शारितदिग्विभागस्फुलिङ्गसंदोहविनिह्नुतं सत्।।34।।

माञ्जिष्ठरागारुणचामरौघविडम्बिभिर्भीतमरुद्विधूतैः।
शिखाशतैस्तत्क्षणपार्श्वलग्नैर्दहत्यमन्दप्रसरः सुरेन्द्रम्।।35।।

चतुर्मुखस्यातनुकर्णिकाग्रकरालपर्यन्तविघूर्णितार्चिः।
भस्मीकरोति क्षणदीप्ररूपपक्ष्मच्छदं विष्टरपुण्डरीकम्।।36।।

इति क्रमाद्भस्ममयंस्त्रिलोकीमनेकशोऽमुं प्रलयागमेषु।
उद्धूलनाविभ्रमभूतिचर्चासंपादनेनोपचचार वह्निः।।37।। (दशभिः कुलकम्)

संगतिर्यत्तदध्याहारेण करणीया। प्रकाण्डशब्द प्रशसावचनः। अनन्तः शेषः। वाडवः कृशानुर्वडवाग्निः। वडवेव वाडवः वडवासदृशः। तस्य समीपेऽस्य वह्नेर्ज्वालासमूहै-र्विश्वस्तमुल्लसितम्। सजातीयत्वात्।।28-29।। विलीयमाना गलन्त्यः।।30-31।। कपालमिव तच्छायया जटानिकुञ्जप्रकाशेन च्छुरितं सूर्यबिम्बमपि प्लुष्यति यः।।32।। विभ्रमः सादृश्यं भ्रान्तिर्वा।।33।। पिङ्गिमा कापिश्यम्। संदोहः समूहः।।34।। मरुतो देवा अपि।।35।। पक्ष्माणि केसराः।।36।। भस्ममयन्भस्मसात्कुर्वन्।।37।। रसेत्यादि दुग्धाब्धेरित्थमुदितः कण्ठेऽस्य विषराशिरुत्पलशोभां बिभर्तीति चतुर्दशभिः कुलकम्।

रसातले गाढनिवेशिताङ्घ्रिः किंचिद्भराबन्धुरकंधराग्रः।
ससौष्ठवं पृष्ठपुटं बिभर्ति कूर्मः समारोपितमन्दराद्रिः॥38॥

अन्योन्यपिवद्धाङ्गुलिचक्रवालदोर्दण्डमध्ये भ्रमतो मुरारेः।
शैलस्य तत्पार्श्वविघट्टनेन प्रकोष्ठरत्नाभरणैर्विशीर्णम्॥39॥

विभान्ति संदानितदन्दशूकविकृष्यमाणस्य गिरेः सुधार्द्राः।
विघूर्णमानप्रतिमाछलेन तरङ्गभङ्गा इव मथ्यमानाः॥40॥

आशीविषाकर्षणगाढकाषकृशीभवन्मध्यपरिच्युताभिः।
शैलस्य निम्नान्तरवर्तिनीभिर्नितम्ब एवोपचितः शिलाभिः॥41॥

दैत्येन्द्रनिष्पीडितकण्ठपीठफुल्लत्फणामण्डलफूत्कृतोत्थैः।
क्षयार्कबिम्बैरिव वीचिचक्रमापीयते भोगिपतेः स्फुलिङ्गैः॥42॥

सुरासुराकर्षणघूर्णमानमन्थाचलाघातविशीर्यमाणा।
तरङ्गपङ्क्तिः शरणार्थिनीव गृह्णाति वेगेन दिशश्चतस्रः॥43॥

उत्तस्थुषीं तोयनिधेश्च लक्ष्मीं चेतोविकल्पैः परिरिप्सुनारात्
आलिङ्ग्यते मन्दर एव गाढभुजोपपीडं गरुडध्वजेन॥44॥

वैकुण्ठदोर्दण्डदृढोपगूढा विवेपते मन्दरशैलमूर्तिः।
कौशेयसंकाशनितम्बभित्तिविस्रंसमानामलनिर्झराम्भाः॥45॥

आबन्धुरमानतम्॥38॥ मुरारेः प्रकोष्ठगतैर्मणिवलयैर्विशीर्णम्। मन्दरशैलस्य भुजमध्ये भ्रमतः। अनादरे चैषा षष्ठी। 'षष्ठी चानादरे' इति। तदिति शैलस्य परामर्शः। ये पुनरनादरोऽत्र न तथा प्रतीत इति विप्रतिपन्नास्तन्मते शैलसंबन्धि यद्दोर्दण्डपार्श्वयोर्विघट्टनं तेनेति योज्यम्। अन्योन्यविद्धाङ्गुलीत्यनेन च निरूपितः कर्कटाख्यो हस्तः। उक्तं च–'अङ्गुल्यो यस्य हस्तस्य ह्यन्योन्यान्तरनिर्गताः। स कर्कट इति ज्ञेयः' इति॥39॥ गिरेर्मन्दरस्य भ्रमत्प्रतिबिम्बव्याजेन सुधार्द्रतया मथ्यमाना इव तरङ्गखण्डा अपि राजन्ते। संदानितो बद्धः। दन्दशूकः सर्पो वासुकिरिह॥40॥ आशीविषः स एव॥41-43॥ तोयनिधरुत्थितां लक्ष्मीमालिङ्गितुकामेन शौरिणा मन्दर एवालिङ्ग्यते। तन्मुखेनैव तदालिङ्गनस्याभीष्टस्य सिद्धत्वात्। भुजोपपीडं भुजाभ्यामुपपीड्य। 'सप्तम्यां चोपपीड-' इति णमुल्॥44॥ वैकुण्ठो हरिः। कौशेयं दुकूलादि सुन्दरं वस्त्रम्। तत्सदृशं निपतन्निर्झरजलं यस्याः। नितम्बः श्रोणिरपि॥45॥ सरिस्त्रुत्सुरा सुराणामभिमता। तस्याममृतगुणानां संवादात्। अत एव सा मुहूर्तममृतलाभस्य गर्भे विस्रम्भस्य संभावने प्राप्तौ विप्रलम्भममृतलाभो न विश्वतः (निश्चितं) स्यादिति भ्रान्तिमेतेषां

क्षणं दधानामृतलाभगर्भविस्रम्भसंभावनविप्रलम्भम्।
संवादितद्वल्गुगुणाभ्युदेति सुराधिपानां दयिता सरिस्स्रुत्।।46।।

उत्तिष्ठति प्रांशुनवप्रवालवल्लीनिकुञ्जग्रथिता मुहूर्तम्।
लेखामला धूर्जटिजूटकोटिनिवासयोग्यामिव कुर्वतीन्दो:।।47।।

माणिक्यपुष्पोच्चयलग्ननारीकचाग्रसंक्रान्तमिवारुणत्वम्।
प्रवालवल्लीवलयेषु बिभ्रत्सलीलमुत्तिष्ठति पारिजात:।।48।।

क्षोदोच्छ्वसद्विद्रुमरेणुभङ्गो मुहुर्तलग्न: सुरवारणस्य।
आलानलीनोन्नतशातकौम्भस्तम्भत्वमागच्छति मन्दराद्रि:।।49।।

निर्दह्यमानो भिषजेव किंचित्स्थानान्तरेष्वौर्वहुताशनेन।
उच्चै: श्रवा धूतसटासहस्र: सवेगमुत्तिष्ठति वीचिमध्यात्।।50।।

शशाङ्कगौरादपि दुग्धसिन्धोरभ्युद्गत: श्यामरुचिर्विषौघ:।
ग्रासीकृत: कण्ठगतोऽस्य धत्ते प्रभाभिरिन्दीवरदामलीलाम्।।51।।

(चतुर्दशभि: कुलकम्)

चक्रीभवन्मण्डलमुष्णरश्मेरिन्दोश्च धत्ते पृथुरन्ध्रमध्यम्।
आसन्नदैत्येन्द्रविनाशवल्गदुत्पातशंसीव भयंकरत्वम्।।52।।

रथप्रतिष्ठोष्णमरीचितापपरिप्लुता वेदमयास्तुरंगा:।
मुहुर्वलद्ग्रीवविवृत्तलोलपार्श्वक्रमात्कूबरिणं वहन्ति।।53।।

चक्रीकृतोष्णंशुशिखाकृशानुहेतिप्रतानाहितपाककाष्ठा।
सशैलकीला वसुधा रथत्वमापादिता गाढमुपैति दार्ढ्यम्।।54।।

व्रजन्नगस्त्येन पुरार्कमार्गरुरुत्सया वृद्धिमलं निरुद्ध:।
रूपान्तरेणाम्बरवर्त्म भूयो रुणद्धि विन्ध्याचलवंशकेतु:।।55।।

दधती। नायिका च संभावितविस्रम्भं विरहमपि बिभ्रती दयिता मनोहारिणी। अमृततुल्यत्वात्। विप्रलम्भो विरहोऽपि।।46।। प्रवाला विद्रुमा:। योग्या नित्याभ्यास:।।47।। प्रवालवल्ल्य: किसलयप्रधाना: शाखा: विद्रुमलता वा।।48।। आलानं बन्धनम्।।49।। भिषग्वैद्य:। अन्तरं विशेष:।।50-51।। चक्रीभवदित्यादिदशभि: कुलकम्। रविशशिनोर्मण्डलमन्त: पृथुरन्ध्रत्वाद्भयानकत्वं बिभर्ति उत्पातसूचकमिव। सरन्ध्रस्यैव तस्योत्पातसूचनात्।।52।। कूबरी रथ:।।53।। शिखा रश्मय:। ता एवाग्निज्वाला:। काष्ठा प्रकर्ष:।।54।। विन्ध्याद्रिरेव वंशकेतुर्वेणुरूपो ध्वज:।।55-56।। नागोऽत्र

मध्यं समुष्टिग्रहसौष्ठवं च कृशीकृतं वासुकिभोगकाषैः।
दधन्नतान्तोभयकूटकोटिः कोदण्डदण्डत्वमुपैति शैलः॥56॥

गिरीन्द्रचापाटनिगाढबन्धनिपीडनाद्बन्धुरकण्ठपीठः।
करोति नागःश्वसितानलेन दाहक्रियाया इव पूर्वरङ्गम्॥57॥

क्रमेण दैत्येन्द्रविपत्तिहेतोः संक्षिप्तदेहो निजमाययैव।
जनार्दनो मार्गणतामुपैति पुरेव लोकेषु निरर्गलौजाः॥58॥

शरीकृतस्याग्रत एव शौरेः शल्यीभवत्याहिततीव्रदाहः।
दिधक्ष्यमाणासुरचक्रवालबालाजनस्यानु कृशानुराशिः॥59॥

आकृष्टनिः शेषकुलाद्रिकूटनिष्पेषदक्षक्षयकालरंहाः।
महासुरीणां हृदयैः करोति कम्पं मरुत्पुङ्खपतत्रपङ्क्तेः॥60॥

इत्येष एव प्रणवप्रतोदविरिञ्चिसारथ्यसनाथमेकः।
रथाग्रमास्थाय सुमेरुकेतुं पुरत्रयीं भस्ममयीं चकार॥61॥

(दशभिः कुलकम्)

अभ्युद्धतामर्षदुरीक्ष्यमूर्तेर्ज्वलत्करालानलहेतिपिङ्गम्।
समुल्लसन्ती भ्रुकुटिस्तृतीयं दाहाय तीव्रं नुदतीव चक्षुः॥62॥

प्लोषावलग्नस्य वपुष्युदग्रज्वालाजटालस्य विलोचनाग्नेः।
प्रशान्तिहेतोरिव संभ्रमेण निर्यान्ति घर्मोदकशीकरौघाः॥63॥

ललाटपट्टेक्षणतारकौघात्संध्याघनाद्विद्युदिवोत्पतन्ती।
संभाविता दृष्टिनिमीलनेन न वीक्षितुं पिङ्गरुचोज्ज्वलार्चिः॥64॥

वासुकिः। पूर्वरङ्गः प्रस्तावः॥57॥ दैत्येन्द्रास्तारकाक्षकमलाक्षविद्युन्मालिनः। दैत्येन्द्रश्च बलिः। विपत्तिर्मरणमापच्च। मार्गणः शरो याचकश्च॥58॥ शरीकृतस्य शौरेरग्रत एव प्रथमकालमग्रदेशे वा शिखिनिचयः शल्यीभवति फलतां प्रतिपद्यते। अनु पश्चात्स एवासुरयोषितां शल्यीभवति दुःखरूपतां भजते। बहुतरदाहविधानात्॥59॥ मरुत्पुङ्खपक्षाणां कम्पं करोति असुरीहृदयैः सह। तान्यपि कम्पयतीत्यर्थः। रंहो जवः॥60॥ प्रणव ओंकारः स एव प्रतोदः प्रेषणको यस्य ब्रह्मणः। सुमेरुरेव केतुर्ध्वजो यस्य। विन्ध्यवदस्यापि केतुत्वात्। यदि वा मेरोरत्र ध्वजपटत्वमर्थादवसीयते। तेन सुमेरुः केतौ यस्येति योज्यम्॥61॥ अभ्युद्धतेत्यादि कलापकम्॥62-63॥ अर्चिर्ज्वाला वीक्षितुं न पारिता। पिङ्गया रुचा दृष्टिविघातात्॥64॥ कामविषयेऽस्य क्रोधो

दग्धेऽस्य कामे नयनाग्निनेत्थं क्रोधः प्रसादश्च तथा जजृम्भे।
अङ्गेषु लावयसुधाह्रदेषु यथा स लेभे पदमङ्गनानाम्।।65।।

(कलापकम्)

संभ्रान्तदेवासुरसप्तलोकदाहोपशान्त्यर्थमिवाम्बुनाथाः।
वीचिच्छटाघट्टनघोरघोरमन्योन्यमुद्दामरया घटन्ते।।66।।

ऊर्ध्वेक्षणाग्निग्लपितोष्णिमारान्मन्दीभवत्युष्णमरीचिबिम्बम्।
अन्योन्यसंपृक्तसमुद्रवारितरङ्गभङ्गैरिव लङ्घ्यमानम्।।67।।

किमेतदित्याकुलताविवर्तनिष्पीडितस्यैव चतुर्मुखेन।
रक्तच्छटाभासनपङ्कजस्य गलत्यमन्दं मकरन्दवृष्टि।।68।।

इत्यस्य कालोऽपि विलङ्घिताज्ञः संधुक्षितः कोपहुताशनेन।
बभार दानानलदह्यमानपरिज्वलन्मेकलशैललीलाम्।।69।।

(कलापकम्)

संवर्तमेघमलिनच्छविकालकूट-
च्छायाछलेन भुवनप्रलयागमेषु।
आभात्ययं कवलिताखिलसप्तलोक-
पातालरन्ध्रतमसेव निरुद्धकण्ठः।।70।।

भास्वत्किरीटमकरीमणिपत्त्रभङ्ग-
च्छायापिशङ्गिततलाङ्गुलिपादयुग्मम्।
अस्य सफुरन्नखमयूखशिखाछलेन
प्रज्ञाप्रकाशमिव भाति दिशत्सुरेभ्यः।।71।।

व्यजृम्भत। एवं नयनानलेन दग्धत्वात्। प्रसादश्च तथा विजृम्भितो यथा स मदनोऽङ्गनानामङ्गेषु पदं बबन्ध। भयं विहाय तत्रैव स्थितत्वात्।।65।। संभ्रान्तेत्यादिकलापकम्।।66-67।। आकुलतया विवर्तो विवलनम्। एवशब्दो भिन्नक्रमः। वृष्टिरेवेति।।68।। मेकलो विन्ध्यः।।69।। प्रलयकाले कवलितेषु लोकेषु पातालान्येव रन्ध्राणि तद्गतेन तमसा व्याप्तगल इव। तस्यापि कवलनात्। 'कवलितैर्लोकैर्हेतुभिस्तमसेव निरुद्धकण्ठः। पुनरद्यारभ्य लोका न कवलनीया इत्याशयेन स्थगितगलः' इति व्याख्यानमासीत्। अत्र हि हेतुतयाभिहितानां लोकानां निरोधक्रिययैवान्वयात्र तमसा योग इति न लोकतमःशब्दयोः समासस्य प्रसङ्गोऽस्ति। असामर्थ्यात्।।70-71।। अपोढतमसो निरस्ताज्ञानाः। तत्संबन्धिनीनामपि मतीनां कार्येषु वस्तुषु विषये संशयरूपस्य

संदेहमोहविरतिर्गहनेषु कृत्य-
वस्तुष्वपोढतमसामपि नो मतीनाम्।
अस्यामलाः किल धियो विचरन्ति येन
तासामुपर्युपरि चित्रविशेषनिष्ठाः।।72।।

प्रज्ञातिरेकवशतो विशदावभास-
मालोच्यमानमखिलं खलु कार्यतत्त्वम्।
पुष्णाति निष्प्रतिघमर्थविशेषजात-
मुद्धृष्यमाणमिव वर्णकदारु गन्धम्।।73।।

मन्त्रेण पञ्चविधतामुपजग्मुषा च
नीतिप्रपञ्चरचना विजिगीषुपुंसाम्।
आ संसृति क्रमजुषा भुवनत्रयेऽपि
निर्वर्त्यते हि मरुतेव शरीरयात्रा।।74।।

संरम्भमित्थमपहाय निरूपयन्तु
संप्रत्यनेन कृतनीतिपथप्रकाशाः।
कार्यं भवन्त इदमुज्झितमोहमार्याः
प्रेक्षावतां जगति तन्न यदस्त्यसाध्यम्।।75।।

आकर्ण्य वाचमिति तस्य गणाधिनाथा-
स्तस्थुः परस्परनिवेशितदृष्टयस्ते।
ललीविवृत्तिशिथिलीभवदद्रिकूट-
पीनांसपीठीलुठितामलरत्नहाराः।।76।।

इति श्रीबालबृहस्पत्यनुजीविनो वागीश्वराङ्कस्य विद्याधिपत्यपरनाम्नो महाकवे राजानक श्रीरत्नाकरस्य कृतौ रत्नाङ्के हरविजये महाकाव्ये प्रभामयनय प्रकाशनं नाम नवमः सर्गः।

मोहस्य विरतिर्नास्ति। अस्माकं तु विशेषेण गहनं दुर्विज्ञेयम्। अस्य पुनरमला बुद्धयः सन्ति। येनामलत्वेन तासां मतीनामुपर्युपरि ता विचरन्ति। विचित्रविशेषविषयत्वात्। भगवानेव सांप्रतिकं कार्यतत्त्वं निश्चेतुमलम्। यज्जडात्मानो वयमित्यर्थः। किलेति व्यतिरेके।।72।। विशदावभासं कृत्वा आलोच्यमानं विमृष्यमाणम्। निष्प्रतिघमप्रतिपक्षम्। वर्णकदारु चन्दनकाष्ठम्।।73।। कर्मणामारम्भोपायः, पुरुषद्रव्यसंपत्, देशकालविभागः, विनिपातप्रतीकारः, कार्यसिद्धिश्चेति पञ्चप्रकारो मन्त्रः। मरुदपि प्राणापानसमानोदानव्यान-

दशमः सर्गः।

तिग्मप्रतापतपनातप एव यस्य
संकोचितारिकुलकीर्तिकुमुद्वतीकः।
रूढं जगत्रयसरस्यनयद्विकास-
लक्ष्मीं विपाण्डुरयशःशतपत्रखण्डम्॥1॥

उच्छ्वासिशेषफणपाण्डुरपुण्डरीक-
खण्डोपसेवनधियेव रसतलान्तः।
क्रौञ्चाद्रिकुञ्जविवरोत्थितहंसयूथ-
मार्गानुसाररभसादिव दिङ्मुखेषु॥2॥

विस्पष्टगौरकरसूत्रसुधामयूख-
रेखामृणालशकलस्पृहयेव नाके।
यस्यानिशं धवलपक्षबलेन कीर्ति-
हंसी सविभ्रममिति भ्रमति त्रिलोक्याम्॥3॥ (युगलकम्)

गण्डस्थलं समिति यस्य विपक्षभङ्ग-
रागोत्थपीनपुलकाभरणं बभासे।
लक्ष्म्या विचुम्बितमिवाधिशयानयांस-
कूटोपधानविकटोन्नतबाहुशय्याम्॥4॥

पर्यन्तभागविशरारुतरङ्गभङ्ग-
सिन्धुप्लवा भुजगराजफणास्वमन्दम्।

भेदात्तादृश एव। यात्रा अतिवाहनम्॥74॥ अनेनेत्यात्मानं निर्दिशति भगवन्तं वा॥75-76॥ इति राजानकजयानकसूनोरलकस्य कृतौ हरविजयविषमपदोद्द्योते नवमः सर्गः॥

तिग्मेत्यादि शिथिलितनागबन्धो जूटः कपर्दो यस्य तादृशं शिरो विधूय वह्निगर्भो नाम गणो गिरमुज्जगारेत्येकादशभिः कुलकम्। उच्छ्वासीत्यादिकमस्यैवान्त-र्युगलकम्॥1-2॥ करा एव सूत्राणि तन्तवो यस्य। सुधामयूखः शशी। तत्कलैव बिसखण्डम्। धवं भर्तारं लान्ति गृह्णन्तीति धवलाः स्वाम्यनुयायिनः शुभ्राश्च। पक्षाः सहाया अङ्गरुहाश्च॥3॥ अंसशिखर एवोपधानं गण्डकं यस्याम्॥4॥ वसुमती भूमिः शेषफणासु प्रेङ्खत्तरा अतीव दोलायिताभूत्। सिन्धुप्लवः समुद्राणां सलिलपूरः॥5॥ प्रकीर्णकगणाश्चमरौघाः। पूज्यः सुरःञ्जरः 'वृन्दारकनागकुञ्जरैः पूज्यमानम्' इति

प्रेङ्खत्तरा वसुमती बलभारभूरि-
खेदाकुला चलति दिग्विजयाय यस्मिन्॥5॥

येन प्रकीर्णकगणाः सुरकुञ्जरेण
भग्ना मृगाङ्कधवलाः प्रतिपक्षलक्ष्म्याः।
निष्कृष्टकोटिमुखनिर्गतसूक्ष्मसूत्र-
जाला मृणालवलया इव पङ्कजिन्याः॥6॥

यस्योन्मदद्विरदकुम्भविभेदमुक्त-
संसक्तमौक्तिकशिखानिकरावकीर्णः।
क्षीराहुतीरिव मुमोच युधि प्रताप-
वह्नावरीन्धनसमेधितधाम्नि खड्गः॥7॥

यस्मिन्समुच्चलति वोढुमिवान्तरिक्ष-
निर्धूतधूलिधरणीवलयं द्वितीय
भात्युत्थितं क्षितिभृतां धवलातपत्र-
खण्डच्छलेन पृथुशेषफणासहस्रम्॥8॥

सुश्लिष्टमध्यघटितास्पदपद्मराग-
पीठोज्ज्वलाममलहारलतां दधानः।
आन्दोलनाय रचितां स्थगितान्तरिक्ष-
विस्तारिबाहुवनदेवतयेव दोलाम्॥9॥

बिभ्रद्विकासिपुटतारकदृष्टिपूर्ण-
गण्डस्थलं शशिसिस्मितशोभिवक्त्रम्।
आधूय कोपशिथिलीतभोगिबद्ध-
जूटं शिरोलुलितङ्गजटाकलापम्॥10॥

दन्तप्रभाधवलभासमकमार्ग-
वृत्तिं मनोहरउज्ज्वलवर्णहंसाम्।

समासः। सुरसंबन्धी च कुञ्जरो गजः॥6॥ शिखा रश्मयः॥7॥ अन्तरिक्षे प्रसारिता धूलिरेव भूमण्डलम्॥8॥ पद्मरागाणां च पीठमासनम्। आन्दोलनं प्रेङ्खणम्॥9-10॥ अकत्र मार्गे संधिविग्रहयात्रादौ भुवनत्रये च वृत्तियस्याः। उज्ज्वलाश्चारवो वर्णहंसाः प्रशस्तराणि यस्याम्, उज्ज्वलवर्णाश्च सितरुचयो हंसाः पक्षिणो यस्याम्। 'यस्य

गाम्भीर्यसिन्धुघटितां गिरमुज्जगार
जह्नुर्भगीरथसुतामिव वह्निगर्भः॥11॥ (एकादशभिः कुलकम्)

वाक्य प्रभामय यदित्थमुदात्तमात्थ
तेनाभिधातुमधुनाहमपि प्रवृत्तः।
सर्वोऽनुभावगरिमा स मुखानिलस्य
शब्दायते श्रुतिसुखं यदतीव वेणुः॥12॥

वाक्यं वचस्विजनदुर्वचमित्थमेत-
दद्यामलं त्वदपरः क इवाभिदध्यात्।
स्यात्कश्चिदेव स मणिर्ननु शातकुम्भ-
निष्ठीविताजगति यस्य गता प्रसूतिम्॥13॥

येषां निसर्गविमलत्वमुपादधाना
नार्थान्प्रकाशयति दीपशिखेव बुद्धिः।
क्रोधान्धकारगहने प्रविजृम्भमाणे
तेऽन्धीभवन्ति ननु सत्स्वपि लोचनेषु॥14॥

बिभ्राणया विमलतामधिकं धियैव
मोहं व्यपोहाविशारदिमानमाप्तः।
दिक्चक्रवालविनिरविधि विजृम्भमाण-
मन्धं तमस्तिरमति प्रभयैव भानुः॥15॥

चन्द्रोदयेऽपि जलधिः स्तिमितत्वमेति
विद्युल्लतापि परिमुञ्चति चञ्चलत्वम्।
तिग्मांशुमण्डलमपि ग्रसते न राहुः
प्रज्ञावता नय इह प्रवितन्यमाने॥16॥

प्रसादा क्रोधहर्षभयादयः। भावस्था नोपलभ्यन्ते तद्गाम्भीर्यमुदाहृतम्'॥11॥ उदारद्भटम्। शब्दायते शब्दं करोति। 'शब्दवैरकलहाभ्रकण्वमेघेभ्यः करणे' इति क्यादि॥12॥ शातकुम्भं वमति यो मणिः स कश्चिदेव स्यमन्तकाख्यो नापरः॥13॥ नार्थाः कार्याणि घटादयश्च भावाः॥14॥ विशारदिमा पाण्डित्यं तमवाप्तः सुधीः स्वप्रतिमेव मोहं मोहजनकं शक्रमुन्मूलयति। यदुक्तम्–'बुद्ध्यैवोपक्रामस्तावत्फलनिष्पत्तये सदा। क्वचित्कल्याणमित्रस्य शस्यते सिंहवृत्तिता॥ न किंचित्क्वचिदस्तीह वस्त्वशक्यं

त्रैविद्यवृद्धरचितं नयवर्त्म शश्व-
दातस्थुषः स्थिरविपक्षजितो विजेतुः।
लक्ष्मीर्न मुञ्चति कदाचन चञ्चलापि
दीप्रा रुचिर्दिनपतेरिव मण्डलाग्रम्॥17॥

शङ्के समाप्य महतां हृदयेषु पूर्व-
मीषत्तदंशपरमाणुलवावशेषाम्।
गम्भीरतां जलधिषु स्थिरतां नगेषु
विस्तीर्णतां च नभसि व्यधिताथ वेधाः॥18॥

प्रेक्षावतोऽप्यविहितौपयिकप्रयोग-
शून्यानभीक्ष्णमधिकुर्वत एव तीक्ष्णाः।
चक्षुष्मतोऽपि चरणेष्ववधानवन्ध्या-
न्विध्यन्ति कण्टकशिखा निशिता अवश्यम्॥19॥

कालादिसाधनमवेक्षितमर्थसिद्धि-
मभ्यपर्णतां नयति निष्प्रतिघं जिगीषोः।
तन्निर्व्यपेक्षमनसां नयशासनेषु
दोर्दण्डदर्परभसो विनिपातहेतुः॥20॥

पातालमन्दिरनिवासदृढान्धकार-
संसर्गजिह्मितदृशो दितिजाधिनाथाः।
धाराकृशानुजटिलं युधि यस्य चक्र-
मुष्णांशुमण्डलमिवेक्षितुमप्यशक्ताः॥21॥

विश्चिताम्। आयोऽभेद्यमुपायेन द्रवत्वमुपनीयते॥' इति। अन्धयतीत्यन्धमान्ध्यहेतुः॥15-16॥ 'त्रयीविद्या दण्डनीतिरितिविद्या हि मानवाः। त्रय्या एव विभागोऽयं येयमान्वीक्षिकी किल॥' इति तिस्रो विद्याः। ता अधीयते विदन्ति वा त्रैविद्याः तेषु मध्ये वृद्धा निपुणधियो बृहस्पतिमुखाः। पक्षान्तरे तिस्र एव विद्यास्त्रैविद्यं वेदत्रयम्। तत्र वृद्धो ब्रह्मां। ष्यञत्र स्वार्थे। चातुर्वर्ण्यादिदर्शनात्। 'हलो यमां यमि-' इति लोपः। स्थिरा विपक्षाः कामक्रोधलोभमानमदहर्षाः षडान्तराः शत्रवः तमांसि च। मण्डलाग्रः खड्गः मण्डलस्य चाग्रं पुरोभागः॥17॥ महतां हृदयेषु प्रथमं गम्भीरतां परिसमाप्य ततो निश्चितमब्ध्यादिषु तां विधिर्विहितवान्। तस्य हृदयवर्तिनो गाम्भीर्यत्वादेरंश एकदेशस्तस्य यः परमाणुरूपो लवस्ततोऽवशिष्टाम्॥18॥ उपाया एवौपयिकाः

सङ्ग्राममूर्धनि विपूरयितुं न येन
　　यत्नादपि स्फुटमपार्यत पाञ्चजन्यः।
निःश्वासनुन्नहृदयास्पदसप्तलोक-
　　संस्थानरुद्धविकटाननरन्ध्रमार्गः॥22॥

वक्त्रामृतांशुविनिवेशितपाञ्चजन्य-
　　शङ्खार्पितां कुटिलतामिव यस्य बिभ्रत्।
चेतो निसर्गसरलं रिपुवञ्चनैक-
　　कार्यप्रपञ्चरचनाचतुरत्वमेति॥23॥

यस्य व्यलोक्यत सुधाहरणाभियोगे
　　लीलापुरंध्रिवपुषः कुचकुम्भयुग्मम्।
वक्षःस्थलीसरभसोत्थितगूढनाभि-
　　रूढारविन्दमुकुलद्वयशोभि दैत्यैः॥24॥

यत्तीक्ष्णकोटिकरजक्षतिजृम्भमाण-
　　लज्जाकुला कुलवधूरिव दृष्टमार्गे।
भर्तुः पुनर्न दितिजाधिपतेस्तिष्ठ-
　　दाबद्धहाससुरचक्रविलोकिता श्रीः॥25॥

दंष्ट्राशशाङ्ककलिकाशकलैकदेश-
　　कोणोद्धृतामभिसमीक्ष्य बभूव यः क्ष्माम्।
घोणादरीविवरघूर्णितसप्तलोक-
　　लीलावराहरचनादरसंभृतश्रीः॥26॥

यस्यातिमन्थरगतेर्बलिवञ्चनार्थ-
　　मागच्छतस्तनुरदृश्यत सभ्रमाम्भाः।
संकोचितावयवसंकटसंधिरोम-
　　कूपान्तरोच्छलितसिन्धुजलेव दैत्यैः॥27॥

सामदानभेददण्डाः। 'उपायाद्धस्वत्वं च' इति ठक्। अधिकुर्वतेऽभिभवन्ति। 'अधेः प्रहसने' इति तङ्। तीक्ष्णाः सूक्ष्ममतयः॥19॥ कालः शरत्समयः। प्रायः स एव विजिगीषूणां विजिगीषायोग्यः। साधनमुपकरणम्॥20॥ पातालेत्यादि। सोऽपि हरिः कालक्रमेणैव दैत्याञ्जघानेति चतुर्दशभिः कुलकम्। जिह्मिता मन्दीकृता॥21-24॥

आक्रामतस्त्रिभुवनं बलिराजलक्ष्मी-
निर्वासनाय नवविभ्रममण्डनश्रीः।
आधायि यस्य सुरसिद्धवधूकपोल-
भागेषु पादनखदीधितिमञ्जरीभिः॥28॥

उत्खाय नन्दनवनादुपनीत एव
येन द्रुमे भवनकाननभूमिभागम्।
आलोक्यताप्यनवतंसिततद्विनिद्र-
पुष्पे विकासितदृशा दयितानने श्रीः॥29॥

यः प्राप्य बल्लवकुलस्थितिमभ्रनील-
मन्तर्निगूढमपरं बिभरांचकार।
तत्कालबद्धहृदयास्पदसिन्धुकन्या-
गाढोपगूहनरसादिव बाहुयुग्मम्॥30॥

अद्यापि शैशवभृता दमितस्य येन
शल्यायते शिरसि कालियपन्नगस्य।
विन्यस्तपादभरभग्नमुदंशुमाल-
मन्तःस्फुरत्पृथुफणामणिचक्रवालम्॥31॥

अश्रूयतानुरहसं प्रतिपन्नगोप-
वेषस्य यस्य रभसाद्व्रजसुन्दरीभिः।
गीतध्वनिःश्वसितकम्पितगूढनाभि-
रूढाब्जकेसरपरागकषायकण्ठः॥32॥

वक्षःस्थले घटितसंनिधिरूढगूढ-
रागावतंसहृदयाद्रिशिलाविशाले।

दितिजाधिपतिर्हिरण्यकशिपुः॥25॥ कोणः प्रान्तः। घोणा नासिका॥26-28॥ द्रुमे पारिजाततरौ निजगृहकाननमानीते सति पारिजातकुसुमावतंसरहितेऽपि श्रीमुखे येन शोभा अदृश्यत। तदपहरणेनैव तस्याः परितोषात्॥29॥ बल्लवा गोपाः। अभ्रं नभः। सिन्धुकन्या लक्ष्मीः॥30-31॥ अनुरहसं रहसि। 'अन्ववतप्ताद्रहसः' इत्यच्। व्रजो घोषः, तत्र सुन्दर्यो गोपिकाः। कषायो मधुरः॥32॥ गूढः सपत्नीसंनिधावप्रबुद्धो राग एवावतंसो यस्य तादृक्चेतो धृतं यया॥33॥ हासः स्मितं विकासश्च, तद्घटनायां

सा यस्य षोडशनितम्बवतीसहस्र-
गाढोपगूहनवशेन निपिडिता श्रीः॥33॥

सोऽनेकनाकिनिकुरम्बपुरंध्रिलोक-
वक्त्राब्जहासघटनारविबिम्बचक्रः।
कालक्रमेण हरिरप्यरिभङ्गशौण्ड-
दोर्दण्डदृप्तमनसो दितिजाञ्जघान॥34॥ (चतुर्दशभिः कुलकम्)

कार्येषु कालमुसलानुगुणव्यवस्थ-
मभ्येत्य तिष्ठति चिरं तरलापि लक्ष्मीः।
सालक्तकं चरणमम्बुजखण्डगर्भ-
संचारलग्नमकरन्दमिवोद्वहन्ती॥35॥

न्याय्यं तदेतदिह तावदुपप्लवेऽपि
कुर्वन्ति यन्न जगति स्थितिभङ्गमार्याः।
मर्यादया विरहिताः प्रलयागमेऽपि
किं वाच्यतां जलधयो भुवने न याताः॥36॥

विस्तीर्णतावयवलेशलवोऽपि ताव-
दस्यान्वकारि न मया हृदयस्य कष्टम्।
श्यामायतेऽम्बरमितीव गृहीतचिन्त-
मेतत्तवोच्छ्वसितधूमशिखावलीढम्॥37॥

उद्दामदर्पनिकषान्करिणो विहाय
विष्यन्दिदानजलनिर्झरधौतगण्डान्।
पृष्ठे कुरङ्गकशिशोः करकालचक्र-
मुत्प्लुत्य पातयितुमिच्छसि नासि सिंहः॥38॥

रविबिम्बं चक्रं सुदर्शनो यस्य। शौण्डः प्रसक्तः॥34॥ कार्येषु कृत्यवस्तुष्वनुगुणा कालाद्यपेक्षणेनोचिता व्यवस्था नियमो यस्य तादृशं पुरुषमभ्येत्य चलापि लक्ष्मीश्चिरं तिष्ठति तस्मान्न चलति॥35-36॥ धूमशिच्छुरितत्वाद्गृहीतचिन्तमेवैतदाकाशं श्यामायते मलिनीभवति॥37॥ कुरङ्गकशिशोरित्यन्योक्त्यान्धकस्य निर्देशः। कर एव कालस्य मृत्योश्चक्रम्। नासि न भवसि॥38-41॥ हे आर्य, संरम्भमोहेन क्रोधान्धतया रभसेन प्रवृत्तिरविमृश्यकारिता तया रहितमिह कार्ये नयानुसरणमिदानीमिच्छामि। यस्मादधुना

तेनोज्झ्यतां गणपते रभसोऽयमस्त-
नीतिप्रपञ्चलघुको विलिगीषुबाह्यः।
कार्यान्तरेष्वनुगमव्यतिरेकदृष्ट-
सारेषु सारगुरवो नहि विप्लवन्ते॥39॥

उल्लास्यमानकुटिलभ्रुकुटिप्रबन्ध-
बद्धान्धकारगहनेऽपि मुखेन्दुबिम्बे।
व्यक्तिं दधत्तव गणाधिप रोष एष
कस्यास्पदं विमलशास्त्रदृशो न कुर्यात्॥40॥

आबद्धसंभ्रसुरासुरचक्रवाल-
दष्टास्य यद्यपि तमः पटलासितश्रीः।
अव्याहता तव गणाधिपखङ्गयष्टि-
रेषा रणेषु भुवनक्षयकालरात्रिः॥41॥

संरम्भमोहरभसप्रतिपत्तिशून्य-
मिच्छामि संप्रति तथापि नयानुसारम्।
कार्येऽपि कुर्तुमधुनार्य विपर्ययेऽपि
सिद्धेर्भवेत्क्वचन येन न वाच्यता वः॥42॥

अभ्युत्पतज्जलभृतः स्तनतो निहन्तुं
किं विक्रमेण विनिपातफलेन कुर्यात्।
पर्यस्तदानजलकुञ्जरकुम्भपीठ-
कुट्टाककोटिकरजक्रकचोऽपि सिंहः॥43॥

संहारकालशिखिनो जलधारयाभ्र-
खण्डः शिखाहतिमिव ज्वलितस्य कर्तुम्।
कः संप्रहाररभसप्रतिषेधरौक्ष्य-
मीशस्तव प्रमथनाथ गिराथवा स्यात्॥44॥

नयप्रयोगे सति कार्यस्य दैवादसिद्धावपि न कदाचिद्वाच्यतायोगः। उक्तं च-'यत्तु सम्यगुपक्रान्तं कार्यमेति विपर्ययम्। पुमांस्तत्रानुपालभ्यो दैवान्तरितविक्रमः॥' इति॥42॥ कुट्टाकाः कुट्टनशीलाः। 'जल्पभिक्षकुट्ट-' इति षाकन्॥43॥ संप्रहारः संख्यं च युद्धम्॥44॥ शुष्मी तेजस्वी॥45-47॥ श्यामा नायिकापि॥48॥ आस्था

निःसंख्यसंख्यकुशलप्रतिपक्षपक्ष-
मघ्नन्भवानिव न निर्वृतिमेति शुष्मी।
और्वाग्निरेकमपि तिष्ठति किं मुहूर्त-
मुद्वीचिमण्डलमभस्ममयन्पयोधिम्॥45॥

शूली विकीर्णशिखि शूलमिदं विकृष्य
शार्ङ्गं च संगरमुखेषु रथाङ्गपाणिः।
चक्रीकृताततनुधनुस्तरसा भवांश्च
दोर्दण्डदृप्तमनसो दलयन्तु दैत्यान्॥46॥

पीनोन्नतांसशिखरस्य रणाम्बुराशि-
हेलाविलोडननिरर्गलमन्दराद्रेः।
दोष्णः परिभ्रमणमण्डलितः कृपाण-
पट्टो बिभर्ति तव वासुकिभोगलीलाम्॥47॥

त्वामन्तरेण रणकाननसीम्नि कस्य
पीनोन्नतद्विरदकुम्भकुचाभिघातैः।
श्यामा निनाय करवाललता विकास-
लक्ष्मीं यशः कुरबकद्रुमचक्रवालम्॥48॥

गम्भीरतां दधति तावक एव धैर्य-
मास्थां बबन्ध हृदयेऽत्र विशालसत्त्वे।
पातालरन्ध्रमपहाय कृतप्रतिष्ठ-
मन्यत्र किं जलनिधेरवधार्यतेऽम्भः॥49॥

किं तु ब्रवीमि परलोकजिगीषयेत्थ-
मभ्युज्झतः प्रथममौपयिकं विमोहात्।
दण्डे गणाधिप तव क्रमयोगभाजि
नैवाश्रमान्तर इव ध्रुवमस्ति सिद्धिः॥50॥

स्थितिः॥49॥ किं त्विति। यद्यप्येवमूर्जस्वी असि तथापि प्रथममुपायं साम, भेदापेक्षया च दानम्, दण्डापेक्षया च भेदं परिहरतस्तव दण्डे चतुर्थ उपाये नास्ति सिद्धिः। तस्य क्रमप्रयोज्यत्वात्। 'पूर्वपूर्वासिद्धौ परः परः प्रयुज्यते' इति हि नीतिज्ञाः। आश्रमान्तर इव। यथा प्रथममौपयिकं ब्रह्मचर्यादिकमभ्युदयोपायमभ्युज्झतः कस्यचिच्चतुर्थाश्रमे यतित्वे न भवति सिद्धिस्तथा ते दण्ड इत्यर्थः। यथैवाश्रमाः

लोकानुसारसरलं नयवर्त्म ताव-
देतन्मयेदृशमिति व्यपदिश्यते वः।
देवः शुभाशुभमतः परमेष वेत्ति
गौरीपतिर्जगदुपप्लवसिन्धुसेतुः॥51॥

इति तरलितरत्नस्त्रग्विवृत्त्यान्धकार-
च्छिदमनुगतनीतिं भारतीं तस्य वक्त्रात्।
शशभृत इव बिम्बाच्चन्द्रिकां निष्पतन्ती-
मविहति कुमुदौघो राजलोकोऽभ्यनन्दत्॥52॥

इति श्रीबालबृहस्पत्यनुजीविनो वागीश्वराङ्कस्य विद्याधिपत्यपरनाम्नो महाकवे राजानक श्रीरत्नाकरस्य कृतौ रत्नाङ्के हरविजये महाकाव्ये वह्निगर्भनीति संदर्भो नाम दशमः सर्गः।

एकादशः सर्गः।

श्रुत्वास्य वाचमिति तं विकटाट्टहास-
फेनच्छटाच्छुरितदिक्तटमग्निदंष्ट्रः।
चुक्षोभ सिन्धुरिव संसदि कालकूट-
रेखाकरालविकटभ्रुकुटीविभङ्गः॥1॥

संवर्तवारिदघटाविकटाभिनील-
च्छायान्धकारकलुषीकृतदिग्विभागाम्।

क्रमोपसेविताः फलसिद्ध्यै प्रभवन्ति तथैवोपाया इति यावत्। परलोकः शक्रजनः प्रकृष्टश्च लोको मोक्षाख्यः। जिगीषा परिभवोद्यमः प्राप्तीच्छा च। योगः प्रयुक्तिः समाधिश्च॥50॥ लोको लोकवृत्तम्॥51॥ तरलिता रत्नस्रग्यत्र तथाकृत्वा परिवृत्त्या तदीयां गिरमविहति निरर्गलं कृत्वा प्रसरन्तीं गणपतिलोकोऽभ्यनन्ददस्तौषीत्। अन्धकारो मोहस्तमश्च॥52॥ इति राजानकजयानकसूनोरलकस्य कृतौ हरविजयविषमपदोद्द्योते दशमः सर्गः॥

एकादशः सर्गः।

अग्निगर्भो गणस्तां नीतिगर्भां गिरमाकर्ण्य वक्ष्यमाणनयेन क्षुभितावन्॥1॥ आभङ्गिनीर्मीषत्कुटिलाम्॥2॥ रोमाण्येव लतास्तासु कुण्डलितत्वादालवाल-

आभङ्गिनीं भ्रुकुटिमुत्कटकोपवह्नि-
वेणीलतामिव बबन्ध स कालरात्रेः॥2॥

व्यावृत्तिमण्डलितरोमलतालवाल-
चक्रायमानविकरालकणानि कोपात्।
सस्यन्दिरे सदसि घर्मजलानि तस्य
तन्वन्ति रत्नकवचश्रियमाशु देहे॥3॥

क्रोधस्तथास्य ववृधे भ्रुकुटीविभङ्ग-
लेखातरङ्गितललाटतटाननाग्रः।
भर्तुर्यथानधिगतोद्धतशासनोऽपि
संहर्तुमाशु भुवनत्रितयं स ऐच्छत्॥4॥

तस्य घ्नतः करतलेन करालमंस-
कूटं रुषा नखमयूखशिखाः खचन्त्यः।
ऊहुः कठोरभुजपञ्जरपुञ्ज्यमान-
दुर्वारविक्रममृगेन्द्रसटाविलासम्॥5॥

औचित्यशालि सरुषो वचनं विवक्षो
तस्याहतांसशिखरस्य विवृत्तिलीला।
सन्नायिकेव सदसि प्रतिपन्नपीठ-
मर्दा रराज कुटिलोन्नमिताञ्चितभ्रूः॥6॥

हृत्पुण्डरीकमिव तस्य सुरैः सरोष-
पादाभिघातकृतरन्ध्रपथेन पृथ्व्याः।
पातालकुक्षिकुहरे मणिरश्मिराग-
पिङ्गं व्यलोकि पृथुशेषफणासहस्रम्॥7॥

चक्रत्वमाचरन्तः कणा येषाम्। तन्वन्ति कुर्वाणानि॥3-4॥ पुञ्ज्यमानो बध्यमानः॥5॥ प्रतिपन्नः पीठस्यासनस्य मर्दो यस्याः। पूज्याद्देशादागतो विदग्धश्च नायकसुहृत्पीठमर्दः। उक्तं च[1]-'अविभवस्तु शरीरमात्रो मल्लिकाफेनकषायमात्रपरिच्छदः पूज्याद्देशादागतःकलासु विचक्षणस्तदुपदेशेन गोष्ठ्यां वेशे च साधयेदात्मानमिति पीठमर्दः।' इति॥6॥ हृत्पद्ममिव भूमेरमरैः शेषस्य फण सहस्रं दृष्टम्॥7-8॥ उत्सर्पी समुल्लसन्दर्प

---

1. वात्स्यायनेन कामसूत्रे (1/4).

विभ्रत्स सौरभभराकुलितद्विरेफ-
मालं मणिस्तबककर्णशिखावतंसम्।
अंसोपधानभुजततपनिविष्टयेव
लक्ष्म्यार्पितं निजकराद्विकचारविन्दम्।।8।।

उत्सर्पिदर्पजलधिस्फुरदूर्मिसंघ-
संघट्टघोरतरघोषनिभारवश्रीः।
लीलाविवृत्तनिजदेहभरावरुग्ण-
रत्नासनाशिथिलसंधिरिदं बभाषे।।9।। (युगलकम्)

सत्यं गिरा तव विभूषित एव नीति-
मार्गो निसर्गगहनोऽपि गणेन्द्र गुर्व्या।
एकैव सा जलनिधेरुदियाय चन्द्र-
लेखा समस्कुरुत या शितिकण्ठजूटम्।।10।।

उत्पद्यते जगति कोऽपि स एक एव
यस्योक्तिषु स्फुरति सर्वमनोरमोऽर्थः।
अन्यः स कल्पविटपी मणिमञ्जरीषु
चिन्तामणिः स्तबकतामुपयाति यस्य।।11।।

क्षोभं न या व्रजति जातु नयार्थतत्त्व-
गर्भा परा तव गणाधिप सात्र वाणी।
पङ्क्त्वमेति न मधुस्थितिकारणं या
सान्यैव संभृतगुणा कुसुमस्य धूलिः।।12।।

आकारदारुणतयापि ममान्वितस्य
वाक्यं विलक्षणमभिप्लुतितुच्छरूपम्।
अस्थास्नु तूलमिव शाल्मलिपादपस्य
संश्रूयमाणमुपयास्यति हास्यतां वः।।13।।

औद्धत्य यस्य।।9।। तवैव गिरा पीतिमार्गो भूषितः। यतः सा गुर्वी गहनार्था। समस्कुरुत समपूजयत्। 'संपर्युपेभ्यः करोतौ भूषणे' इति सुट्।।10।। अन्यो विलक्षणः।।11।। नयस्यार्थतत्त्वं परमार्थः। तद्गर्भत्वाद्विकारं या न गच्छति। 'आदीनवं व्रजति जातु न या' इति क्वचित्पाठः। तत्रादीनवं दोषं या न याति क्वचिदित्यर्थः। मधु माक्षिकम्।।12।।

हेलापरिभ्रमणमण्डलितेन यस्य
　　नीलत्विषारिदलनादसिना रणेषु।
वक्त्रेण मन्मथरिपोरिव निर्मलाट्ट-
　　हासच्छटा विचकरे भुवनेषु कीर्तिः॥14॥

स ज्योतिरिङ्गणगणैरिव वज्रमुष्टि-
　　घातोच्छद्विकटकङ्कटवह्निलेशैः।
यस्याजिदुर्दिनमुखेषु कृपाणमेघ-
　　धारा जहार रिपुपङ्कजकोषलक्ष्मीम्॥15॥

यस्याशु कीर्तिबकुलावलिराततायि-
　　सेनावधूव्रजमुखस्खलितैः सलीलम्।
निन्ये विकासमसकृन्नवरक्तशीधु-
　　गण्डूषसेकविसरै रणकाननेषु॥16॥

तस्यापि नाम भवतः सकलार्थशास्त्र-
　　तत्त्वावगाहनगभीरमतिप्रगल्भम्।
आकर्ण्य वाक्यममरा नयमार्गशालि
　　शङ्के भवन्ति सविशेषरणाभिलाषाः॥17॥　　　(कलापकम्)

उद्दामदानववरूथवतीसमीक-
　　संमर्दयोग्यमपरं क्षितिपीठपृष्टम्।
निर्मित्स्यमानमिव पश्य हरिं सरोष-
　　रत्नाङ्गदप्रकरपेषपरागपुञ्जैः॥18॥

विलक्षणं त्वदुक्तादन्यादृशं दुर्भगं च। अभिप्लुतिर्नीतिमार्गानवगाहनमूर्ध्वं गतिश्च, तया तुच्छरूपमसारात्मकम्। अस्थास्नु निरुपयोगत्वाद्विनश्वरं भूमावलब्धपदं च। तूलं कार्पासजातीयम्॥13॥ हलेत्यादिकलापकम्। विचकरे विकीर्णा॥14॥ ज्योतिरिङ्गणाः खद्योताः। 'वज्रवत्कर्कशो मुष्टिर्वज्रमुष्टिरुदाहृतः। यदि व वज्रमुष्ट्याख्यमायुधं परिचक्षते॥' धारा अश्रिः संततं च वर्षम्। कोषो गञ्जः कर्णिका च। लक्ष्मीः सुवर्णादिसंपदभिख्या च॥15॥ मुखमग्रं वदनं च॥16॥ अर्थ पृथिव्याः पालनं लाभश्च, तत्प्रतिपादकं शास्त्रमर्थशास्त्रं दण्डनीतिः। नयमार्गशाल्यपि वाक्यं भवतः श्रुत्वा निश्चितममरा विशेषेण रणाभिलाषिण एव भवन्ति। रिपोश्चतुर्थोपायसाध्यत्वात्॥17॥ समीकं सङ्ग्रामः॥18॥ संरम्भो युद्धविषय आटोपः॥19-20॥ अप्रकम्पकोपो नाम यथार्थनामा गणः। वर्तिः

संरम्भगर्भगुरुमन्युजुषस्त्रिलोकीं
कुर्वन्ति साप्रतममी मुसलायुधस्य।
श्वासा विघूर्णनविसंस्थुलतिग्मरश्मि-
बिम्बाहिता नियतदेशदिनत्रियामाम्।।19।।

भीतिं तनोति विकटभ्रुकुटीविलास-
वेल्लद्द्विषद्द्रुमलताङ्कललाटसानुः।
क्रोधेश्ववक्षितिधरः प्रतिपक्षकोप-
कल्पावसानपवनाहिततीव्रकम्पः।।20।।

संवर्तमेघमलिनच्छविरप्रकम्प-
कोपस्य हुंकृतिहुताशनधूमवर्तिः।
आभात्यमुष्य कवलीकृतकालदेह-
च्छायेव वक्त्रकुहरादभिनिष्पतन्ती।।21।।

भ्रूभङ्गमेष विदधाति यथा यथा च
संरम्भपाटलविलोचनतां विधत्ते।
निष्पिष्टहारलतपाणिपुटो यथा च
पेक्ष्यत्यवश्यमचिरेण तथासुराणाम्।।22।।

रोषानुबन्धदृढपीडितदन्तपट्ट-
संघट्टवह्निमिव तर्पयति त्रिशूलम्।
तत्कोटिनिष्ठुरविदष्टनिजौष्ठपृष्ठ-
विष्यन्दिसान्द्ररुधिराहुतिभिः पुरस्तात्।।23।।

काली मषीमलमलीमसमांसलार्चि-
रुद्दामधामकरवालकरालबाहुः।
दुर्गाहतां प्रलयकालनवाभ्रकाय-
सच्छायकालियलया यमुनेव धत्ते।।24।।

शिखा।।21।। असुराणां पेक्ष्यति दानवानां चूर्णयिष्यति। 'जासिनिप्रहण-' इत्यादिना षष्ठी।।22।। शूलमायुधं वह्निमिवाभिचाराय रक्ताहुतिभिस्तर्पयति। तस्य देवतात्मकत्वात्।।23।। मषी द्रवरूपं कज्जलम्। दुर्गाहता दुरासदत्वं दुरवगाहता च। लयः संश्लेषः।।24।। कक्ष्या समुद्योगः।।25।। रणरसिकानां दर्पकषणे द्रुम एव भुजो यस्य

स्तम्बेरमाननममुं विकटा विषाण-
दण्डप्रभा कुमुदखण्डविपाण्डुरश्रीः।
मन्दाकिनीव गुरुसंगरबद्धकक्ष्य-
मेषा विचुम्बति मुखे तनयप्रियत्वात्॥25॥

लज्जानताननतया रणशौण्डदर्प-
कण्डूयनद्रुमभुजोऽत्र विभाव्यतेऽसौ।
माणिक्यकुट्टिममयूखजलं विषाण-
लीलामृणालशकलेन पिबन्निवैतत्॥26॥

वाक्यं तवैतदिति शुश्रुवुषः सलील-
माक्षिप्तनीतिगहनं सदसीन्दुमौलेः।
पश्याधुनातिविमलापि गुहस्य वक्त्र-
च्छाया गणाधिप मलीमसतां बिभर्ति॥27॥

एकीभविष्यति रणे करवालघात-
भीतिप्रणश्यदसुरेश्वरदर्शनोत्थैः।
हासांशुभिस्तव यशः स्तबकायमान-
माशालतासु शिशिरांशुमरीचिशुभ्रम्॥28॥

प्रत्यर्थिनो मदभरोद्धुरकंधरस्य
शक्तिं दधद्दलितभूधरसारगुर्वीम्।
कीर्तिं मृणालधवलामहमुद्धरामि
दन्तार्गलां गणपतेरिव कार्तिकेयः॥29॥

किं कालखञ्जनिकरैर्मम जृम्भमाण-
वातापिभिः स्फुरदरिष्टदुरन्तशल्यैः।
तान्दैवदग्धवपुषो रणमन्तरेण
नष्टात्मनः प्रथममेव न वेत्थ कस्मात्॥30॥

सः॥26-28॥ मदो दानमपि। शक्तिमायुधमपि। भूधरा राजानः। भूधरश्च गिरिः क्रौञ्चाख्यः। कार्तिकेयः कुमारः॥29॥ जृम्भमाणो वातापिर्नाम दानवो येषु। स्फुरन्नरिष्टश्चारिष्टकासुरो येषु। दुरन्तश्च विषमः शल्यनामासुरो येषु। तादृशैरपि कालखञ्जनाम्नामसुराणां निकरैर्मम किं शक्यते विधातुम्। ते हि वातूलतया बलवन्तं वातमाप्नुवन्तोऽरिष्टेन च

अव्याहतप्रसरतां भुवनत्रयेऽपि
प्राप्ताभ्रवर्त्म परिपूरयतु क्षणान्नः।
प्रत्यग्रपत्त्रमरा सुरनाथ जह्नु-
कन्येव सिन्धुसलिलं युधि बाणपङ्क्तिः॥31॥

आपाण्डुरीभवतु वः प्रतिपक्षपक्ष-
नारीजनस्य वदनं पतिविप्रयोगे।
दुःखाग्निदग्धहृदयेन्धनभस्मधूलि-
पुञ्जैरिवाभिहतमुच्छ्वसितव्युदस्तैः॥32॥

सङ्ग्रामरङ्गभुवि चारुतराङ्गशोभा-
संदर्भवत्यतिरसाद्द्विषतोऽपसारान्।
सन्नर्तकीव विदधातु कृपाणधारा-
लग्नेन शौर्यविभवेन पदं जयश्रीः॥33॥

आलक्ष्यतां क्षितितलं दृढवज्रमुष्टि-
निष्पिष्टकुञ्जरघटोन्नतकुम्भमुक्तैः।
मुक्तफलैः स्फुरितदीधितिपक्ष्मपङ्क्ति-
शौर्यद्रुमस्तबकविभ्रममाक्षिपद्भिः॥34॥

संरम्भविभ्रमभृतां युधि मन्युगर्भ-
मुञ्झन्तु घर्मजलशीकरबिन्दुवृष्टीः।
सार्धं ललाटकटका भवतामराति-
सीमन्तिनीजनविलोचनबाष्पपूरैः॥35॥

विनाशसूचकोपसर्गेण दुरन्तशल्या दुरभिभवाधयः कालखञ्जाः कालवशेन वैकल्यमुपगता इति यथार्थनामानः। ततः प्रागपि समरान्नष्टरूपानमून्किमिति नावगच्छसि। येनैवं सहजमपि तेजः समुत्सृज्य नीतिविषयमेव संविधानं विधीयत इत्यर्थः॥30॥ पत्त्राणि पक्षास्त एव मकराः प्राणिभेदास्ते प्रत्यग्रा यस्याः। प्रत्यग्रपत्राश्च मकराश्च यस्याः॥31-32॥ अङ्गानि हस्त्यश्वरथपत्तयो मुखादीनि च। अपसाराः पलायनानि नृत्तविशेषाश्च। धारा तालभेदोऽपि। यथा धाराश्रितेन सामर्थ्यान्नृत्तविभवेन रङ्गभुवि नर्तकी पदं करोति तथाधाराश्रितेनैव शौर्यविभवेन रणभुवि तज्जय श्रीः पदं करोतीत्यर्थः॥33॥ मुक्ताफलैरुपलक्षितं क्षितितलमालक्ष्यतां विलोक्यताम्। पक्ष्माणि केसराः॥34॥ ललाटपट्टा घर्मोदकबिन्दुवर्षाणि मुञ्चन्तु। अरिवधूनां बाष्पपूरैः सह। तेऽपि बिन्दुवर्षाणि मुञ्चन्तु॥35-36॥

आयोधने गजघटाविकटास्थिकूट-
कुम्भस्थलस्खलितखड्गखडत्कृतिर्वः।
अन्तर्दधातु मधुरं जयशब्दतार-
कोलहलं नभसि खेचरसंहतीनाम्॥36॥

संस्फोटविस्फुटरसस्फुटितव्रणोत्थ-
रक्तच्छटाचिररुचो गजगण्डमेघाः।
मुञ्चन्तु दानजलवृष्टिममानसस्य-
क्षेत्रं विधातुमधुना सुरवैरिचक्रम्॥37॥

अभ्यर्णतौणिकविकीर्णविकर्णघात-
रुग्णामरारिकरिकर्णमुदीर्णसत्त्वम्।
तूर्णं वितीर्णभयमस्तु रणं निदाघ-
संशीर्णजीर्णतरुपर्णवनायमानम्॥38॥

निष्पिष्टलोचनयुगं दृढवज्रमुष्टि-
पिष्टास्थिकूटशिरसं विदधे सुरारिम्।
वज्राभिघातदलितातनुकूटकोटि-
विस्रस्तरत्नशकलाञ्जनशैलकल्पम्॥39॥

प्राप्य क्रियासमभिहारमहं प्रकर्ष-
पर्यन्तवर्तिनमुपोद्धृतशैलशृङ्गान्।
संहारमारुत इव प्रसभं क्षुणाह्म
सङ्ग्रामसीम्नि तरसा सुरशत्रुशैलान्॥40॥

संभ्रान्तविभ्रमवतीकरपुण्डरीक-
धूता विपाण्डुररुचो मम चामरौघाः।
उत्पादयन्ति बत शोकजरामिवारि-
हेलानिकारकलुषीकृतचित्तवृत्तेः॥41॥

मानसस्याभावोऽमानसं हृदयरहितत्वम्। अर्थाभावोऽव्ययीभावः। तस्य क्षेत्रमास्पदमसुरचक्रं कर्तुं च गजगण्डजलदा मदजलवर्षं मुञ्चन्तु समररसात्। घना अपि अमानमपरिमितं सस्यं यस्य तादृशं क्षेत्रमाधातुं वर्षमुज्झनित। संस्फोटः सङ्ग्रामः। अचिररुक् सौदामनी॥37॥ तूणेन जयन्ति तौणिका धनुर्भृतः। विकर्णाः शराः॥38॥ कूटः समूहः। विदधे करोमि। कूटं शिखरम्॥39॥ क्रियाः क्षोदनस्याङ्गभूताः संदर्शनप्रार्थनाध्यवसायाः।

तीव्रात्मनो दलयतः करवज्रमुष्टि-
घातेन दानवकुलाचलचक्रवालम्।
व्यापारिता युधि भटैः कृपणाः कृपाण-
पट्टा भवन्ति मम नूनममी पुरस्तात्॥42॥

आरोपितोऽपि सकलासुरसंप्रहार-
भारो भराय न भविष्यति मेऽत्र बाहौ।
संहारकोलवपुषः खगकेतनस्य
दंष्ट्राग्रभाग इव रत्नवतीनिवेशः॥43॥

उद्दामकुञ्जरघटोन्नतकुम्भपीठ-
मर्दो हिताहवकलासु विचक्षणोऽहम्।
तां नायिकामिव जयश्रियमाभिमुख्य-
मेको नयाति नयनिर्विषयैकवृत्तिः॥44॥

लक्ष्मीमखण्डनवसू रणभूमिरेतु
नानाध्वजांशुककृतां सुरदारुणासौ।
अद्यैव देव हरिणारहिता हिमाद्रि-
सानुस्थलीव पृथुवंशकरीरराशिः॥45॥

कैलासशैलमिव बाहुबलेन लोक-
मुन्मूलयन्तमहितं बहुदोषमेकः।
तीव्रार्तिनादमुखरं चरणेन नाथ
निष्पीड्य संप्रति तवानुकरोमि लीलाम्॥46॥

तासां समभिहारःपौनःपुन्यम्॥40॥ विभ्रमवती विलासिनी॥41॥ कृपणा अकिंचित्कराः॥42॥ संप्रहारभारो रणधुरा संनिवेशितोऽपि मम भुजे भराय न भविष्यति। हरेरिव दंष्ट्राग्रभागे क्षितिनिवेशः। कोलः सूकरः। रत्नवती भूः 'डुभृञ धारणे' इत्यस्य घञि भारः। 'भृ भरणे' इत्यस्य तु भरः॥43॥ कुम्भा एव पीठानि तानि मृद्नाति यः। पीठमर्दश्च पूर्वोक्तो नायकसुहृत्। स नयपराङ्मुखोऽपि कलाविचक्षणतयैव नारीमभिमुखीकरोति। नयः सान्त्वनमपि॥44॥ असौ रणभूमिरद्यैव ध्वजानामंशुकैः कृतां लक्ष्मीमेतु। अखण्डनाः क्षतिरहिता वसवो देवविशेषा यस्याम्। सुरैर्दारुणा विषमा हरिभ्यामिन्द्रोपेन्द्राभ्यामरहिता सहिता। पृथुवंशान्भद्रजातियुक्ततया विपुलपृष्ठनाडीकान्करिण ईरयन्ति ये योधास्तेषां राशिर्यस्यामिति गमकत्वाव्द्यधिकरणरूपो बहुव्रीहिः।

सङ्ग्रामवर्त्मनि भयानकतां गतेन
चक्रेण नाथ दधतापि सुदर्शनत्वम्।
राहोरहारि हरिणाशु यदोत्तमाङ्ग-
मासंस्तदा दितिसुताः क्व समीकशौण्डाः॥47॥

एतेन किं नु कवलीकृतसूर्यचन्द्र-
बिम्बेन राहुशिरसा स्फुरतान्तरिक्षे।
चामुण्डया किमिति मुण्डमखण्डमेत-
दुत्कृत्य मांसमधुना ध्रियते न पाणौ॥48॥

बद्धे बलौ बलवता मधुसूदनेन
भिन्ने हिरण्यकशिपौ च सकाञ्चनाक्षे।
दूरं व्यपास्तमधुना भुजदण्डदर्प-
कण्डूविनोदनसुखं दनुजाहवे वः॥49॥

तद्वाडवं वदनमात्रमनौचितीस्थ-
मौर्वानलः कथमिवाधिवसेदुदर्चिः।
तस्यास्पदं कवलिताखिलवाहिनीश-
तिग्मत्विषः कुपितवीरकृतान्तवक्त्रम्॥50॥

सा च हिमाद्रेः सानुस्थलीव। सा तु नानाविधेभ्योऽध्वभ्यः पथिभ्यो जातां शुकैश्च कृतां लक्ष्मीमेति। सुरदारुणा देवदारुद्रुमेण। तथा अखण्डानां नवानां च सूरणानां ....तृणविशेषाणां वा राशयो यास्यां तादृशी च॥45॥ अहं बहुदोषं दोषबहुलमार्तध्वनिभिर्मुखरं चाहितमन्धकमेव चरणेन निष्पीड्य तव लीलामनुकरोमि। त्वमपि हि बहुदोषं विंशतिभुजसहितं रावणं चरणेनाङ्घ्रिणा केवल एव निष्पीडितवान्॥46॥ सुदर्शनत्वं च सुरूपता सुदर्शन इत्यभिधानं च॥47॥ नभसि स्फुरता अनेन राहोः शिरसा किम्। न किंचित्कार्यमित्यर्थः। एतच्च शिरश्चामुण्डया मांसमुत्कृत्य किमिति पाणौ मुण्डं न विधीयते। मुण्डकरण एव योग्यत्वात्। चन्द्रसूर्ययोस्तु कवलनमुक्तमुपहासायैव तस्याभिनिर्वृत्तेः। मुण्डं शवशिरोस्थिशेषम्॥48॥ काञ्चनाक्षो हिरण्याक्षः॥49॥ और्वानलो वडवाया मुखं कथमधिवसेदधिशयीत। तस्यानुचितत्वात्। उचितस्य भाव औचिती। स्त्रियामीकारः ष्यङः षित्करणात्। तस्य तु वाहिनीशैर्जलधिभिः कवलितचण्डतेजस आस्पदं कृतान्तायमानस्य वीरस्यैव वदनम्। किमित्याकाङ्क्षायाम्। औचितीस्थमित्यपेक्ष्यमर्थसामर्थ्यात्॥50॥ आहुतिभुजोऽग्नयः। पञ्चतपसः पञ्चतेजःसु तपश्चरतः॥51॥ अमलैव नियमेन द्योतते। कृतकार्यत्वात्॥52॥ करा दण्ड रश्मयश्च॥53-54॥ ऊष्मा

तेजस्वितामुपगतोऽपि मृदुः प्रकृत्या
कार्ये क्वचिन्न खलु गण्यत एव नूनम्।
मध्य किलाहुतिभुजामतनुप्रकाश-
मिच्छन्ति पञ्चतपसस्तपनं न चन्द्रम्॥51॥

उद्वृत्तमत्तकरिकूबरिवाजिपत्ति-
दुःसंचरत्वमुपजग्मुषि संगराग्रे।
कृत्तारिकण्ठघनशोणितपङ्किलापि
निस्त्रिंशयष्टिरमलैव भटस्य पाणौ॥52॥

तेजो विकासि दधतः करचक्रवाल-
ललीगृहीतककुभः शुचिमण्डलस्य।
भानोर्दिनस्थितिरिवापरिवृत्तिशून्य-
मैकात्म्यमेव भजते क्षितिपस्य लक्ष्मीः॥53॥

ज्योत्स्नावितानपरिपाण्डुरुचो न जातु
कीर्तेर्जनो भजति भाजनतां विजिह्मः।
दण्डत्वमेति कुटिलो जयवैजयन्त्याः
प्रत्यग्रकण्टकशिखाजटिलो न वंशः॥54॥

तुच्छोपमानपदवीमुपजग्मुषापि
निःसारतामपि गतेन जडात्मवृत्तेः।
क्रोडे न्यधापि हरिणेन पदं यदस्य
चन्द्रस्य पश्यत फलं तदनूष्मतायाः॥55॥

तज्जाड्यसंभृतिविजृम्भितमेव तस्य
तेजस्विशब्दसदृशं विदधाति नासौ।
निह्रीक इन्दुरसकृत्तपनावधूत-
च्छायोऽप्युदेति निशि यत्प्रतिकारशून्यः॥56॥

संतापो गर्वश्च॥55-56॥ परिणामशुचिः परिपाकपाण्डुरः पर्यन्तनिर्दोषश्च। सकृद्यौगपद्येन। दण्डो नाल चतुर्थश्चोपायः॥57-58॥ आधारो दीपस्य तैलम्। तस्य धाम पात्रम्। मुञ्चतीति मुक्तिरुद्वमनं बन्धोत्सारणं च। शिखा ज्वाला चूडाश्च। अन्धकारं मुर्तमपि दैत्यादि॥59॥ कम्बुः शङ्खः॥60॥ मानं परिमाणम्। पर्यवसानमियत्ता॥61॥ वामभ्रुवामपि

आजन्मनोऽपि चपला नियमेन तत्र
लक्ष्मीः कथं न निवसेदरविन्दखण्डे।
तिष्ठन्ति यस्य परिणामशुचावखण्ड-
कोषस्थितेर्गुणगणाः सकृदेव दण्डे।।57।।

शान्तिं न यात्यपरथा परविप्रकार-
पांसुर्जगत्यतनुसंभृतिरेष तावत्।
तिग्माभितापशमनाय कृपाणमेघ-
धाराजलान्यविरलं न पतन्ति यावत्।।58।।

आधारधाम्नि रचितस्थितिरल्पकेऽपि
तुच्छेऽपि तेजसि परिस्फुरति स्फुटं श्रीः।
दीपोऽपि मुञ्चति शिखां भवनान्धकार-
निर्वासनाय किमुताबसरे प्रवीरः।।59।।

अन्येषु सत्स्वपि निसर्गविनिर्मलेषु
मन्ये महाजनधुरां कतिचिद्वहन्ति।
एकः स कम्बुरुभूद्विमलोऽम्बुराशे-
र्यः पूर्यते मधुरिपोर्मुखमारुतेन।।60।।

तिग्मत्विषः परिमिताखिलमानमेव
तेजः प्रकाशितजगत्स्थितमत्र बिम्बे।
तेजस्विनः पुनरपर्यवसानमेव
मन्ये तदत्र हृदये निवसत्यसह्यम्।।61।।

भ्रूभङ्गमाशु दिशतोल्बणरोषरूक्ष-
मक्ष्णोश्च रागमुपपादयतासहिष्णोः।
वामभ्रुवामतनुमानपरिग्रहेण
चेतो दुनोत्यभिमुखं स्फुरितोऽधरोऽपि।।62।।

संबन्ध्यधरो मानवशादभिमुखं स्फुरितश्चित्तमसहिष्णोरुपतापयति, किं पुनरातिरेवं स्फुरितः। अथवा मानवशादसहनशीलस्य पुंसः संबन्ध्यधरः स्फुरितः स्त्रीणामपि मानसं दुनोति, किं पुनर्विजिगीषूणामित्यर्थः।।62।। ममैष तर्को भवतीत्यध्याहृतस्य भवतेः स्मो भूतकालावच्छेदं द्योतयति।।63।। तारयन्ति भयाद्विपदो वेति तारकाः

विस्तारशालिनि हृदि प्रथिमानमाप्य
लोकास्त्रयः किल वसन्ति रथाङ्गपाणेः।
सप्तापि धीरहृदये सविकासमेव
तिष्ठन्ति ते स्फुटमिति स्व ममैष तर्कः॥63॥

आजन्मनोऽप्यकृतपूर्वतया परेषां
साधारणत्वरहितां पुरुषप्रकाण्डः।
प्रत्यग्रतारकगुणां निजपौरुषस्य
च्छायां विमुञ्चति निशामिव शीतरश्मिः॥64॥

कार्यं भवेत्क्कचन किंचिदणीयसापि
स्थूलैरलं तनुभृतामुपयोगवन्ध्यैः।
क्ष्माभृत्तटेषु वरमस्तु तृणोलपादि
किं गण्डशैलनिकरैः पृथुगण्डकल्पैः॥65॥

निष्ठ्यूतदीधितिशिखादलितान्धकार-
राशिर्वरं मणिरसौ तनुरप्यनर्घः।
क्षोणीभृतां कटकवर्त्मनि किं नु कृत्य-
मंशुश्रिया विरहितैर्ननु गण्डशैलैः॥66॥

लूताकृतो वरमसौ जगतीह तन्तु-
रारुह्य नाकमधिरोहति कीटको यम्।
अस्ताचलस्य शिरसोन्नतिशालिना कि-
मालम्बनं न तरणेः पततो दिवो यत्॥67॥

तुङ्गात्मतास्तशिखरस्य मुधैव भानो-
र्नालम्बनं भवति यत्समये प्रपित्सोः।
श्लाघ्यः स तामरसनालगुणोऽपि दैत्य-
भीत्या यमेत्य मरुतां पतिराललम्बे॥68॥

शरण्या नक्षत्राणि च॥64॥ बहूनामत्र महतां संनिधौ किमेवं भवता क्षुद्रकेणाभिधीयत इत्याशङ्क्याह–कार्यमिति। तनुभृतां मध्ये स्वल्पतरेणापि कार्यं क्कचिद्भवेत्। उपयुक्तत्वात्। तृणोलपं बल्वजाख्यं तृणम्। तस्य च तनीयसोऽपि युक्तताभ्युपगमो रज्ज्वादिकार्यकरणात्। गण्डः पिटकः॥65॥ वरं मणिरिति लिङ्गभेदेन निर्देशः सामान्योपक्रमात्॥66॥ लूताकृतो जालकाररचितः। लूताकृतो जालकारस्येति तु षष्ठीं केचिदाचख्युः॥67॥

आप्लावितक्षितितला वडवाग्निनैव
सा दह्यतां जलनिधेर्वरमम्भसां श्रीः।
शक्ता न योन्नतिकृतो वपुषः प्रमार्ष्टु-
मङ्कोत्थितस्य शशिनोऽपि कलङ्कलेखाम्।।69।।

ऊर्ध्वं गताभिरवटास्पदपादपस्य
शाखाशिखाभिरलमुन्नतिशालिनीभिः।
श्लाघ्यामधोगतिमति स्खलतां कदाचि-
दालम्बकारणमवैमि जटावलीनाम्।।70।।

भ्रूभङ्गमारचय निष्ठुररोषरूक्ष-
मुद्वर्तयेक्षणपुटौ दश दन्तवासः।
हारांल्लुनीहि परिपिण्ड्ढि मिथः कराग्र-
युग्मं जहि क्षितितलं पटुपार्ष्णिघातैः।।71।।

आस्फालयांसशिखरं शिखरानुकारि
गर्जाभ्रनादमुखरस्थिति भिन्द्धि धैर्यम्।
इत्थं वृथा विफलमत्सरमीहमान-
मेतन्न संप्रति विभाति सदः स्मारारेः।।72।।   (युगलकम्)

न भ्रूविभङ्गरचना वदने न चांस-
देशाहतिर्न दशनच्छददंशयोगः।
क्रोधानुभावघटनेन विना क्षयेऽग्नि-
र्भस्मीकरोति भुवनानि च दुःसहार्चिः।।73।।

हेलावरोपितकुलाचलचक्रवाल-
लोकापवर्तनसमर्थभुजाः क्व यूयम्।
संरम्भ एष च विसंवददाननेन्दु-
बिम्बद्युतिः क्व भवतां दितिजाहवेषु।।74।।

मरुतां पतिः सुरेन्द्रः।।68।। उन्नतिकृतो जलधेरेवोल्लसाहेतोः।।69।। अवटःश्वभ्रम्। जटा मूलानि।।70।। भ्रूभङ्गमारचय भ्रुकुटिमारचयति। 'समुच्चयेऽन्यतरस्याम्' इति लोट्। तस्य च हिरादेशः। एवमुद्वर्तयेत्यादौ। पिण्ड्ढीति पिषेर्धित्वष्टुत्वजश्त्वेषु कृतेषु रूपम्। जहीति 'हन्तेर्जः' इति जभावे कृते।।71।। विफलः शत्रुध्वंसाकरणात्।।72-73।। अवरोपितं निर्लोठितम्। (अपसदोऽधमः)।।74।। डामराः शूराः। तेषां समरे नियोगमेव

संक्षेप एष गदितो वचनप्रपञ्च-
संचोदनेन किमिवोर्जिततेजसां वः।
दैत्येन्द्रडामरसमीकनियोगमेव
वास्यार्थमत्र मम किं विबुधा मनुध्वे।।75।।

विघटितगुरुपर्वोत्सेधमभ्युन्मिषन्मे
दहतु दितिजवंशं क्रोधहुंकारवह्निः।
पुनरपि पुरुहूतः स्वां पुरीं रत्नसाना-
वधिवसतु पुरेव स्तूयमानः सुरौघैः।।76।।

इति श्रीबालबृहस्पत्यनुजीविनो वागीश्वराङ्कस्य विद्याधिपत्यपरनाम्नो महाकवे राजानक श्रीरत्नाकरस्य कृतौ रत्नाङ्के हरविजये महाकाव्येऽग्निदंष्ट्रारभटी वर्णन नामैकादशः सर्गः।

द्वादशः सर्गः।

इति स्थिरारातिविरोधनिश्चयामुदीर्य वाचं विरते गणाधिपे।
स्मितच्छटाबृंहितहारदीधितिस्ततोऽट्टहासो व्यवलद्विवक्षया।।1।।

अरातिमत्तद्विपकुम्भमण्डलीविपाटनोत्थामलमौक्तिकावलिः।
कृपाणलग्ना विदधार यस्य सा तदच्छधाराजलबुद्बुदश्रियम्।।2।।

वितेनिवांसोऽप्यविलङ्घ्यरूपतामनेकसंख्या दधतोऽनपायताम्।
हरेण कल्पा इव येन कालतामुपेयुषानायिषत द्विषः क्षयम्।।3।।

मद्वाक्यस्याभिधेयं किमिति नावगच्छत। तस्यैव सांप्रतमुचितत्वात्। नियोगः प्रेरणं भावना च। नियोगमेव च वाक्यार्थं बुधाः केचिदमंसत।।75।। पर्वाण्युत्सवाः संधयश्च। उत्सेधो बाहुल्यमुन्नतत्वं च। दितिजानां वंशोऽन्वयः। दितिनोऽन्धक एव वंशो वेणुः। रत्नसानुः सुमेरुः।।76।। इति राजानकजयानकसूनोरलकस्य कृतौ हरविजयविषमपदोद्योत एकादशः सर्गः।।

द्वादशः सर्गः।

इतित्यादित्रयोदशभिः कुलकम्। बृंहिता प्रवर्धिता।।1।। 'धि धारणे' इत्यस्य स्थाने 'धृञ् धारणे' इति केचित्पठन्ति। तस्य रूपं विदधारेति। न धृङः। आत्मनेपदप्रसङ्गात्।।2।। द्विषः क्षयं येनानायिषत नीताः। संख्यं रणम्। संख्या च

दधत्यभीक्ष्णं धवलानि भूयसीं दिगन्तरव्याप्तिनिरर्गलां श्रियम्।
रणेषु निर्जित्य बलानि विद्विषां यशांसि येन प्रथयांबभूविरे।।4।।

दधत्सदाशोणितपानशौण्डतां कृताभियोगो बहुलक्षपाटने।
बभूव यस्यातनुदन्तमण्डलः क्षयाय कौक्षेयकराक्षसो द्विषाम्।।5।।

सुबन्धुरामोदमनोरमां श्रियं स्फुरच्छरारौ युधि योधिकां दधत्।
निरास सैन्यं तरसा सुरद्विषामिषीकतूलं शरदीव मारुतः।।6।।

यशः सुवृत्तस्थिति येन निर्मलं समुद्वहद्दर्पणमण्डलश्रियम्।
पुरंध्रिनिःश्वाससमीरणाहतं मलीमसच्छायमकारि विद्विषाम्।।7।।

रणाजिरक्ष्माकलशीकृतं जवात्क्रमोज्झितः सन्नसहाय एव यः।
अरातिलोकं मथितं सहस्रधा चकार दण्डाहतमप्यगोरसम्।।8।।

श्रियं दधानं चतुरस्रताश्रयामनेकपत्त्यश्वरथद्विपाकुलम्।
विपक्षमाविष्कृतसंधिविग्रहं तथाप्यनष्टापदमेव यो व्यधात्।।9।।

गणना। अनपायता निर्दोषत्वमनश्वरत्वं च। अष्टाधिकं शतं मन्वन्तराणां कल्पः। कालता संहारकत्वमहरादिरूपता च।।3।। धवांल्लान्ति गृह्णन्तीति धवलानि सस्वामिकानि शुक्लानि च। श्रीः समृद्धिः शोभा च।।4।। कुक्षौ भवः कौक्षेयकोऽसिः। 'कुलकुक्षिग्रीवाभ्यः श्वास्यलंकारेषु' इति ढकञ्। स राक्षस इव यस्य द्विषां प्रक्षयायासीत्। सती चारुराशा जयं प्रत्यास्था यस्मिन्। अणितं प्रहाररचिता ध्वनिः। पानं शस्त्राणां मार्जनद्रव्यम्। तयोः शौण्डतामाभिमुख्यं दधत्। बहूनां लक्षाणां भेदनीयानां पाटने कृतोद्यमः। अतनु च दन्तमयं चक्कलकं यस्य सः। राक्षसोऽपि सदा सततं शोणितस्य पाने शौण्डतां। बिभ्रत्, बहुलक्षपासु कृष्णरात्रिष्वटने परिभ्रान्तावुद्यतः, अनल्पदशनसमूहश्च क्षयाय भवति।।5।। सुबन्धुः सद्बान्धवः। आमोदेन प्रकर्षेण मनोरमाम्। सुष्ठु बन्धुरेण हृद्येनामोदेन सौरभेण रम्याम्। स्फुरच्छरा निःसरद्बाणा अरयो यस्याम्। [शरारिः पक्षिविशेषश्च।] इषीकः शाल्मलिः। जलमध्यसंभवः स्तम्बविशेष इत्यन्ये।।6।। येन रिपूणाममलमपि यशो मलिनीकृतम्। विधुरतद्वधूनिःश्वासहेतुत्वात्। सुवृत्ते सुचरिते स्थितिर्यस्य।।7।। रणाङ्गणभूमिरेव कलशी मन्थनभाण्डम्। तद्गतमरिलोकं यो दण्डेनाहतत्वात्सहस्रधा मथितं पिष्टम्। अथ च तक्रमकरोत्। दण्डश्चतुरङ्गबलम्। नास्ति गवि भूमौ रसो यस्य। भुवस्तेन हतत्वात्। यन्मथितं दण्डेन मथा हतत्वाद्दण्डाहतमिति प्रसिद्धं तद्गोरसमुदश्विन्न भवतीति च शाब्दो विरोधः। एषां त्रयाणमप्य[न]र्थान्तरत्वात्।।8।। चतुरस्रतायाः सर्वतो रभ्यत्वस्याश्रयः स्वीकारो यत्र तादृशीमपि लक्ष्मीं बिभ्रतमरिमनष्टापदमबहिष्कृतापदमेव यः कृतवान्। संधिविग्रहौ प्रथमद्वितीयौ नयगुणौ।

विकासयन्कीर्तिकुमुद्वतीं क्षणाद्विलोचनानन्दकरः कलास्पदम्।
सरूपभावेऽप्यपराजयक्ष्मतां दधन्मृगाङ्कं विशिनष्टि यो गुणैः॥10॥

अनेकपक्ष्माहितसङ्गराजितं श्रियं दधानं विकटांसमुज्ज्वलाम्।
बभार सद्राधिमचारुतारकं प्रवेष्टयोर्यश्च दृशोरिव द्वयम्॥11॥

उपेयुषोन्मूलनदक्षतां क्षणात्क्षयानिलेनेव विपक्षतां गता।
क्षमाभृतां येन ततिः प्रसर्पता प्रकम्पितासन्नवधातुराजिता॥12॥

करेण चक्रं दधदुज्ज्वलेन यः पुरंदरस्याप्यभिमानमाक्षिपत्।
रणाजिरं स्वर्गमिवातनोद्बलादपारिजातं पुरुषोत्तमो यथा॥13॥

(कुलकम्)

अपक्रमारम्भविजृम्भिताधिकप्रकोपनिर्धूतशिरःश्लथास्पदम्।
यथाप्रदेशं विनिवेशनेच्छया करेण माणिक्यकिरीटमुत्क्षिपन्॥14॥

आविष्कृतसंधिः फलकद्वयोपरचितत्वादभिव्यञ्जितबन्धद्वयो विग्रहः शरीरं यस्य तादृशं यत्कृत्रिमरूपैः पदात्यादिभिरारचितं चतुरस्रताश्रयां चतुष्कोणत्वविषयां शोभा बिभर्ति। सामर्थ्याच्चतरङ्गफलकम्। तदष्टापदं नेति च विरोधः। तस्य हि पङ्क्तौ पङ्क्तौ पदाष्टकोपेतत्वादष्टापदमिति संज्ञा। अत्र तथाशब्दः समुच्चये। पूर्ववाक्यापेक्षया यद्यपि लक्ष्मीं दधतं तथापि रिपुमनष्टापदमेवाकरोदिति त्वेकवाक्यतायामन्वयो न युज्यते वाक्यभेदे। एवं जातीयकस्योभयाभीष्टत्वात्। 'यद्यप्यसिस्त्रिजगतीजयलब्धकीर्तिः क्वेयं तथापि रणलम्पटता हता ते। सङ्ग्राममूर्ध्नि भटमुष्टिगते कृपाणे किं ज्ञायते श्रयति कं चपला जयश्रीः॥' इति॥9॥ अपराजया पराभवशून्या क्ष्मा क्षितिर्यस्य तद्भावं बिभ्रद्य इन्दुं विशिनष्टि अतिशेते। गुणैः सारूप्येऽपि सति नहीन्दुरपगतो राजयक्ष्मा क्षयव्याधिर्यस्य तद्भावं बिभर्ति। तस्य सततं तदाक्रान्तत्वात् आनन्दं करोतीत्यानन्दकरः। आनन्दाश्चानन्दहेतवः करा रश्मयो यस्य सः। कला लेखा अपि॥10॥ अनेकपानमिभानां क्ष्मा भूमिर्योऽहितसंगरोऽरिसङ्ग्रामस्तत्राजितम्। विकटांसं महास्कन्धम्। सह द्राघिम्णा दैर्घ्येण वर्तते। चारु रम्यम्। तारयति तथा [भया]द्विपदो वा तारकं शरण्यम्। प्रवेष्टौ भुजौ। अन्यत्रानेकेन पक्ष्मणा आहितेन सङ्गेन राजितम्। विकटां विस्तीर्णाम्। चारू तारके कनीनिके यस्याम्॥11॥ विपक्षतां शत्रुत्वं विगताङ्गरुहत्वं च। क्षमाभृतो राजानः पर्वताश्च। आसन्नेन वधेनातुरा दुःखिता सती जितापरिभूता। सद्भिर्नवैर्धातुभिर्मनः-शिलाद्यै राजिता च॥12॥ अपगतमरीणां जातं समूहो यत्र तादृशं यः समराङ्गणमकरोत्। स्वर्गमिव हरिः। तत्पक्षे नास्ति पारिजातो यत्रेति योज्यम् पुरुषोत्तमो हरिरपि॥13॥ अपक्रमेत्यादि कलापकम्। अपक्रमो विक्रमः॥14॥ अश्मगर्भं मरकतम्॥15॥ जयश्रीरेव सालभञ्जिका स्तम्भोत्कीर्णा पुत्रिका तस्याः। स्तम्भो भुजा यस्य। भीरुः स्त्री॥16॥

उरःस्थलीविस्फुरदश्मगर्भकस्फुरत्प्रभामण्डलहारिविग्रहः।
दधत्त्रिमार्गासलिलावगाहनप्रसक्तशेवालसुरद्विपाश्रियम्॥15॥

स्फुरज्ज्यश्रीमणिसालभञ्जिकाविशङ्कटस्तम्भभुजः सविभ्रमम्।
विवेष्टमानोरगभीरुभीषणां वितर्कजिह्माकृतिमुत्क्षिपन्भ्रुवम्॥16॥

स भारतीं वाङ्मयकल्पपादस्फुरत्प्रतानोज्ज्वलरत्नमञ्जरीम्।
निनाय निर्यद्दशनांशुकेसरां सभाङ्गनायाः शुचिकर्णपूरताम्॥17॥

(कलापकम्)

विशुद्धवर्णोज्ज्वहंससंहतिः प्रसादगाम्भीर्यविशेषशालिनी।
मनोरमा तस्य मुखं सरस्वती वसुंधरापीठमिव व्यभूषयत्॥18॥

गिरानया प्रस्तुतमेतदीदृशं तवार्य कार्यं बहु मन्यते न कः।
मृणालवल्ली कुसुमं तनोति तत्करोति लक्ष्मीरपि यन्निकेतनम्॥19॥

वचोऽत्र सर्वस्य मनोरमं भवान्यदभ्यधात्तत्र क एव विस्मयः।
यतो भवत्येव विवेकशालिनां विपश्चितां प्रातिजनीनवाक्यता॥20॥

अतस्त्वयात्यूर्जितसत्त्वशालिना समन्त (स्त) भद्रेऽपि वचस्युदीरिते।
ममावकाशोऽस्ति न वक्तुमित्यवन्ब्रुवे तथाप्याश्रितकार्यगौरवः॥21॥

अयं जडोऽस्मात्कुत एव नीतिमद्वचोऽभ्युदेतीति न कल्पना क्षमा।
किमश्मनोऽत्यन्तमलीमसात्मनः सुवर्णमक्षुण्णगुणं न जायते॥22॥

गतार्थतत्त्वप्रतिपत्तिहेतुतां मतिः कुतस्ते तिमिरानुषङ्गिणी।
प्रभासमाना गणनाथ दृश्यते न रत्नदीपस्य शिखा सकज्जला॥23॥

भारती वाक्। वाङ्मयं शब्दब्रह्म। प्रतानो विस्तारः॥17॥ वर्णाः कादय एव कोमलतया हंसा विशुद्धा निरपशब्दास्तेषां संहतिर्यस्याः विशुद्धवर्णा च सितरुचिर्हंससंहतिर्यस्याम्। प्रसादः समर्पकत्वं विमलता च। गाम्भीर्यमर्थगौरवमगाधता च। सरस्वती वाक् काचिन्नदी च॥18-19॥ प्रातिजनीनं सर्वजनयोग्यम्। साध्वर्थे 'प्रतिजनादिभ्यः खञ्' इति खञ्॥20॥ समन्त(स्त)भद्रं सर्वतः प्रशस्तम्। अवन्नवगच्छन्॥21॥ अक्षुण्णाः प्रभूता निर्दोषा वा॥22॥ अर्थः कार्यं घटादिश्च भावः। तिमिरमज्ञानम्। प्रभाभिर्हेतुभिरसमाना अनन्यसदृशी॥23॥ रसो वीराद्भुतादिर्जलं च। अतन्द्रिता अनलसाः। वृत्तमाचरितं वर्तुलत्वं च बिभ्रति बिभ्राणानि। कूर्चकेसरा नारिकेलाः॥24॥ भुवि स्वमण्डले। अपचारो विरुद्धाचरणम्। विपाकनीरसाः परिणामदुर्भगाः॥25॥ क्षमं योग्यम्॥26॥

अभीक्ष्णमन्तः सरसान्यतन्द्रिताः सुवृत्ततां बिभ्रति नीतिशालिनः।
वितन्वते संसदि कूर्चकेसरद्रुमाः फलानीव वचांसि सूरयः॥24॥

समीक्ष्य सम्यग्भुवि कृत्यवस्तु यः प्रतीक्षते देशबलादिसाधनम्।
भवन्ति तस्यानपचारचारवः क्रियाविशेषा न विपाकनीरसाः॥25॥

अखण्डितात्यूर्जितवीर्यसंपदो निराकरिष्णोस्तरसा युधि द्विषः।
प्रमाददोषानुपघातसुस्थितं न नीतितुल्यं क्षममस्ति साधनम्॥26॥

प्रयुक्तसंस्कारगुरुर्गरीयसां व्रजत्यवस्थैव ननु प्रतिक्ष्यताम्।
भजत्युपावर्जिततैलसेकया नहि प्रदीपो दशया विना स्थितिम्॥27॥

मलीमसाचारनिर्गलस्थितेरखण्डमन्यन्मलिनं प्रकल्पते।
तमोघने वेश्मनि तिष्ठतोऽनिशं व्रजत्यशेषं जगदन्धकारिताम्॥28॥

सुरद्विषां निह्नुमहे न पौरुषं न च प्रशंसां तनुमस्तथात्मनः।
निरूपयामो नयवर्त्म केवलं यथाभिलाषास्तु परस्य वृत्तयः॥29॥

सभूमिलाभं शुभवर्तिरेखया मनोरमं मण्डलकार्यमस्खलत्।
अशेषमुन्मीलयति क्षमाभृतां विचित्ररूपा ननु नीतितूलिका॥30॥

यथाखिलद्रव्यगतांश्चिकित्सका विविञ्चते पञ्च रसादिकान्बुधाः।
तथैव मन्त्राश्रयतामुपेयुषः सुनीतिभाजोऽवयवाञ्जिगीषवः॥31॥

गरीयसामवस्थितिः संस्कारेण गुरुरेव प्रतीक्ष्यतां याति। तमन्तरेण सुचिरं तस्या अभावात्। संस्कारः शास्त्रादिना योग्यताधानम्। उपावर्जितः कृतः॥27-28॥ परोऽन्यः। तस्य वृत्तयो व्यवहारा यथाभिलाषाः स्वच्छन्दतया व्याप्ताः॥29॥ शुभवर्तिः सन्मार्गस्तत्र लेखा मर्यादा। शुभायाश्च वर्तेर्गैरिकादिगुलिकाया लेखा रेखा। मण्डलं द्वादशराजको देशस्तत्र कार्यं तन्त्रावापादिकम्। मण्डलं च सर्वतोभद्रादि तदेव कार्यं प्रयोजनम्। विचित्ररूपा आश्चर्या। विविधस्य च चित्रस्य रूपं यतः॥30॥ चिकित्सका भिषजः। ते यथा द्रव्यस्य पञ्चावयवान्रसवीर्यविपाकप्रभावसंयोगान्विविञ्चते विचारयन्ति तथा जिगीषवो मन्त्रस्य पञ्चैव 'कर्मणामारम्भोपायः' इत्यादिकान्प्रयोगान् (पूर्वोक्तान्)। पञ्च च रसादयः–'रसाः स्वाद्वम्ललवणतिक्तोषणकषायकाः। वीर्यं द्रव्यस्य तज्ज्ञेयं यद्योगाज्जायते क्रिया॥ नावीर्यं कुरुते किंचित्सर्वा वीर्यवती हि सा। जाठरेणाग्निना योगाद्यदुदेति रसान्तरम्॥ रसानां परिणामान्ते स विपाक इति स्मृतः। रसादिसाम्ये यत्कर्म विशिष्टं तत्प्रभावजम्॥' संयोगो द्वयोर्बहूनां वा द्रव्याणां सहितीभावः सन्निवेशमारभते। यथैककशो द्रव्याणीति भिषक्छास्त्रेषु प्रतिपादिताः॥31॥ अपार्थता

अपार्थतादोषपरीतमक्रमं ससंशयं संधिविहीनतां गतम्।
न देशकालादिविरोधि पण्डितैः प्रशस्यते कार्यमसाधुकाव्यवत्।।32।।

बिभर्ति पारिप्लवतामुदन्वतस्तदूर्मिसंसर्गकृतामिवोत्थिता।
अवैमि लक्ष्मीर्नयवर्त्मनागता स्थिरं निबध्नाति नृपे पदं पुनः।।33।।

अमन्दरभ्रान्तिकदर्थितोदधिर्विलुप्तदेवासुरमन्थसंभ्रमः।
सचेतसः कस्य न वल्लभोऽर्जने नयप्रकारोऽपर एव वा श्रियः।।34।।

न नीतिशास्त्रोपनिषत्सु पञ्चधा स्थितिं जहात्येष परः पुमानिव।
प्रदीपितोद्दामविपर्ययग्रहैर्निरूपितो मन्त्र इह प्रणेतृभिः।।35।।

विभाज्यमाना बहुधार्थकोविदैः ससंशयग्रन्थिरमन्थरात्मभिः।
मृणालवल्लीव गुणान्विहाय किं व्यनक्ति नीतिर्जडसंकरोद्धृता।।36।।

उपायशून्यास्तरवः क्षिताविव क्रियाविशेषा व्यभिचारिणः फले।
त एव नूनं नियमेन भूभृतां फलन्ति कल्पद्रुमवन्नयाश्रयाः।।37।।

फलविरहः। तद्युक्तं कर्म न शस्तम्। यदुक्तम्–'अफलानि दुरन्तानि समव्ययफलानि च। अशक्यानि च कार्याणि नारभेत विचक्षणः।।' इति। दशदाडिमादिवाक्यवदसंगतार्थत्वं चापार्थता। अक्रमं व्युत्क्रममप्रयुक्तोपायं क्रमहीनार्थं च। यथा–'तुरगमथवा मातङ्गं मे प्रयच्छ मदालयम्' इति। ससंशयं संदिग्धफलसिद्धिकं संदिग्धार्थं च। यथा–'स भाग्यवशान्महापदमुपागतः' इति। संधिहीनं प्रथमगुणरहितं विरूपसंधि च। यथा–'कमले इव लोचने इमे अनुबध्नाति विलासपद्धतिः' इति। देशकालविरोधीत्यनेन कार्ये प्रस्तुते पञ्चावयवमन्त्राकरणं प्रतिपाद्यतेत्यत्र(?) लोकविरुद्धाख्यो दोषः। तत्र हि देशविरोध एवोक्तः। देशकालस्वभावविरुद्धानि यथा–'स्व(सौ)वीरेष्वस्ति नगरी मधुरा नाम विश्रुता। अक्षोटनारिकेलान्ता यस्याः पर्यन्तभूमयः।। कदम्बकुसुमस्मेरं मधौ वनमशोभत।।' इति।।32।। लक्ष्मीरब्धेरुत्थितत्वात्तरङ्गसंक्रान्तामिव निश्चितं चपलतां वहति। नयमार्गेण पुनरागता नृपतौ स्थिरमास्पदं कुरुते।।33।। नयप्रकारो नीतिप्रपञ्चः श्रियोऽर्जनेऽपर एवापूर्व एवोपायः, कस्य वा न वल्लभः। पूर्ववदुदधेरकदर्थनात्सुरासुराणां चासंभ्रान्तेः 'नयः प्रकारः' इति तु हृदयंगमः पाठः।।34।। शास्त्राणि उपनिषदो वेदान्ताः। परस्य पुंसः पञ्चधात्वमन्नप्राणमनोविज्ञानानन्दमयत्वेन। विपर्यये दुर्नये मिथ्यादृष्टौ च ग्रहोऽभिनिवेशः।।35।। विभज्यमाना विभागेनासूत्र्यमाणा भिद्यमाना च। अर्थकोविदः कार्यज्ञः। ग्रन्थयो बन्धाः पर्वाणि च। मन्थरोऽलसः। गुणाः–'संधिं च विग्रहं चैव यात्रामासनमेव च। द्वैधीभावं संश्रयं च षड्गुणान्कवयो विदुः।।' इति संध्यादयः, तन्तवश्च। जडं च जलम्। लडयोरेकत्वस्मरणात्।।36।। उपायाः सेकादयोऽपि। भूभृतः पर्वता अपि।।37।।

स्थिराभ्युपायप्रकटारसंचयं दधद्विरूढक्रमकालनेमिताम्।
प्रवर्तितं मण्डलनाभिबन्धनं न कार्यचक्रं क्वचनावशीर्यते।।38।।

व्यपेक्षते बाहुबलं जिगीषतः सुनीतिमाक्रान्तजगत्रयं ध्रुवम्।
रथास्पदं चक्रमिवाश्वमण्डलीं विवस्वतो मेरुतटीविवर्तिनः।।39।।

उपायसोपानपरम्परामिमां यथाक्रमं योऽधिरुरुक्षुराश्रितः।
स नूनमुच्चैः पद एव नीतिमान्कृतप्रतिष्ठो न चिराद्विभाव्यते।।40।।

नरेन्द्रलक्ष्मीरुचितैरुपक्रमैः क्रमेण तैस्तैर्गुरुभिः प्रसाधिता।
नयात्वदर्शे गुणदोषदर्शनस्फुटावधाना व्यवलम्बतामियम्।।41।।

प्रकाश एव प्रविलुप्तदर्शनो गतः क्षणाद्धूक इवान्ध्यविप्लवम्।
न जातु कालं मतिदुर्विधो जनो बिभर्ति सामर्थ्यमुदर्कमीक्षितुम्।।42।।

विवृण्वतां मण्डलसंधिविग्रहव्यपाश्रयाः कार्यगतीरनेकशः।
क्रियापचारा न भवन्ति धीमतामनुक्रमापक्रमयोगचिन्तया।।43।।

विरूढमूलस्य नयानुसारिणः सकोषदण्डोपचयस्य भूपतेः।
कुशेशयस्योपचितेव कर्णिका बिभर्ति लक्ष्मीः परिणामपीनताम्।।44।।

अभ्युपायाः सामादय एवाराणां मध्यकाष्ठानां संचयो यस्य। विरूढक्रमः काल एव नेमिर्धारा यस्य। मण्डलं राष्ट्रमेव नाभिश्चक्रमध्यं तस्य बन्धनम्। यथान्यतो न याति। करणे ल्युट्। अथवा 'अरिर्मित्त्रमरेर्मित्त्रं मित्त्रमित्त्रमतः परम्। तथारिमित्त्रमित्त्रं च विजिगीषोः पुरः स्मृतम्।। पार्ष्णिग्राहस्ततः पश्चादाक्रन्दस्तदनन्तरम्। आसारावनयोश्चैव विजिगीषोश्च पृष्ठतः।। अरेश्च विजिगीषोश्च मध्यमो भूम्यनन्तरः। अनुग्रहे संहतयोः समर्थो व्यस्तयोर्वधे।। मण्डलाद्बहिरेतेषामुदासीनो बलाधिकः। अनुग्रहे संहतानां व्यस्तानां च वधे प्रभुः।।' इति द्वादशराजको देशो मण्डलम्। तस्य नाभिर्मध्यवर्ती विजिगीषुस्तस्य मण्डलाकृतेश्च नाभेश्चक्रमध्यस्य बन्धनं स्थैर्याधायकम्। कार्याणां चक्रः समूहं कार्यमेव च।।38।। चक्रं रथाङ्गम्।।39।। पदं राज्यं स्थानं च। न चिरादचिरेण।।40।। उपक्रमैरुपायैः। प्रसाधिता अर्जिता मण्डिता च।।41।। उदर्कमागामिनं कालमीक्षितुं मतिदुर्विधः प्रज्ञादरिद्रो जनो घूक इव न समर्थः। घूक उलूकः। सोऽप्युदर्कमुदितार्के कालमवलोकयितुं नालम्। प्रकाशे प्रसिद्धे वस्तुनि तमोरहिते च। दर्शनं ज्ञानमवलोकनं च। आन्ध्यकृतो विप्लव उपतापः।।42।। अनुक्रमापक्रमावन्वयव्यतिरेकौ।।43।। मूलं स्वदेशः कन्दं च। कोषोऽर्थसंपदभ्यन्तरं च। दण्डः सेना नालं च। परिणाम आगामी कालः पक्वता च।।44-45।। झषा मत्स्याः।।46।। मुखलाङ्गलः सूकरः। स शुनामपि ग्रीष्मे निकार्यतां

विचिन्वतोऽर्थं निजमण्डलाश्रयं गुणानुपायांश्च नृपस्य शक्तयः।
न देशकालानवधारणक्रमात्समुत्पतिष्णोरुपयान्ति बृंहणम्॥45॥

मदच्छटार्द्रीकृतगण्डमण्डलीनिलीनभृङ्गद्विपयूथदारिणः।
निमज्जतो वारिणि तीव्रतेजसः सटा विलुम्पन्ति हरेर्झषा अपि॥46॥

अतीतकालस्य तदत्र जृम्भितं तपस्यमासे करिणाऽपि दुर्जयः।
निदाघकाले मुखलाङ्गलः शुनामपि व्रजत्येव निकार्यतां यतः॥47॥

समुद्वहन्नक्षतपक्षभूमिभृद्विभेददक्षामिह शक्तिमायताम्।
मयूरकेतुर्वदनैरिवाधिकं विभाति षड्भिर्नया विस्तरो गुणैः॥48॥

विभाव्यमानासनसंधिसंश्रया गुणाः परिष्कारमणिस्फुटत्विषः।
तदद्भुतं यद्विजयैषिणां श्रियं प्रसाधयन्त्यप्रविमृष्टविग्रहाः॥49॥

कृतास्पदा सारगुरुः स्थिरात्मसु क्षमेव दिक्कुञ्जरविग्रहेष्वसौ।
जहात्युपायेषु चतुर्षु न स्थितिं दृढीकृता नीतिरिह क्षमाधरैः॥50॥

उपेयसिद्धये भवतां मतिः स्थिरा प्रवर्तते चेदनुपायसाधना।
अवैमि षाड्गुण्यविचारगोचरैः कृतं ततः संप्रति नीतिशासनैः॥51॥

क्षमा भवन्तः क्षयसूर्यतेजसो जगत्त्रयस्य स्थितिसर्गसंहृतीः।
विधातुमेकाकिन एव लीलया न मूर्तिभेदा इव किं स्वयंभुवः॥52॥

परिभावनीयत्वं यदुपयाति तदतीतकालस्य जृम्भितम्। कालातिक्रमणस्य फलं तदित्यर्थः। नहि मेदस्वितया सूकराणां ग्रीष्मः समुचितः कालः। तपस्यः फाल्गुनः। करिण इति कर्तुरपि संबन्धितया विवक्षणात्संबन्धमात्रे षष्ठी। अन्यथा 'न लोकाव्यय-' इति तन्निषेधः स्यात्॥47॥ पक्षाः स्ववर्ग्या अङ्गरुहाश्च। भूमिभृद्राजा क्रौञ्चाद्रिश्च। शक्तिः प्रभुत्वमन्त्रोत्साहलक्षणा प्रहरणविशेषश्च। मयूरकेतुः कुमारः॥48॥ अप्रविमृष्टोऽस्पृष्टो विग्रहः कलहो येषु तादृशा अपि गुणाः श्रियं प्रसाधयन्ति प्रकर्षेणोत्पादयन्ति। विभाव्यमानात्य.....लक्ष्यमाणा आसनादयस्त्रयो गुणा येषु। परिष्कारमणयो विभूषणरत्नानि। ते तु विभाव्यमाना आसने पदके संधेः संश्लेषस्य संश्रयो येषां तादृशाः शरीरमसंस्पृश्य यद्भूषयन्ति तच्चित्रम्। प्रसाधनं मण्डनमपि। विग्रहः शरीरमपि॥49॥ सार उत्कर्षो गौरवं च। गुरुः पूज्या। क्षमा भूः। क्षमाधराः सहिष्णवः पर्वताश्च॥50॥ शासनं शास्त्रम्॥51॥ मूर्तिभेदा हरिप्रभृतयः। स्वयंभू शिवः॥52-55॥ तैरपि दण्डोऽयमुपाय इति कृत्वा आश्रित एव। वृद्धाश्च वयोज्येष्ठाः। तैर्दण्डो यष्टिरवलम्बनं क्रियते। गत्युपायत्वात्। नो इति प्रतिषेधे॥56॥ निरुद्धेन रन्ध्रप्रसरेण चोद्यवतरेण(?) श्लेथीभवन्नसंपद्यमानो

जिगीषतां मण्डलसंधिविग्रहव्यपाश्रयाः कार्यगतीर्विहाय वः।
न युद्धसंरम्भरसात्तथापि तु क्षमाः परान्मार्ष्टुमिहांसभित्तयः॥53॥

अवैमि दैत्यान्समरेषु दुर्जयान्भुजांश्च वो दिग्गजहस्तपीवरान्।
अतोऽत्र युक्तो नय एव संकटे जलप्लवे सेतुरिवोत्तितीर्षताम्॥54॥

किमस्त्यतः शंसत वाच्यविप्लुतं यदभ्युपायेषु परेषु सत्स्वपि।
द्विषत्सु चर्चा भवतामीदृशी प्रचण्डदण्डैकरसा विजृम्भते॥55॥

उपाय एवेति च दण्ड एष नो न नीतिवृद्धैरवलम्बनीकृतः।
तथापि कार्येऽत्र गुरुण्युपेक्षितुं न युक्तरूपो भवतामनुक्रमः॥56॥

निरुद्धरन्ध्रप्रसरश्लथीभवज्जडप्रवेशस्थिरसंधिसुस्थिताः।
न कार्यसिन्धोरिह तारयन्ति कं प्लवा इवोच्चैः कृतिनः सकर्णकाः॥57॥

दहन्ति कल्पप्रलयेषु भानवो जगन्ति वेलां श्लथयन्ति सागराः।
न तादृशोऽसौसमयोऽस्तियत्र वा स्थितिं विभिन्दन्ति रुषा भवादृशाः॥58॥

अवैमि नूनं न च भर्तुराज्ञया विना समर्थाः स्थ रिपोर्विनिग्रहे।
जगत्परिप्लावयितुं न वीचयः क्षमास्तटस्थस्य कदाचिदम्बुधेः॥59॥

प्रवर्तमानां प्रतिपत्तुमर्हथ त्रिधा विभिन्नामत एव शूलिनः।
हिताय शक्तिं कृतविष्टपत्रयस्थितिं पुरारेरिव नाकनिम्नगाम्॥60॥

अयं प्रभुः कर्मसु दैवमानुषप्रभेदरूपेष्वविलङ्घ्यतां दधत्।
अचिन्तनीयो नयतत्त्वचिन्तकैर्मनीषिभिर्दैवमिति स्म कथ्यते॥61॥

जिगीषतां दोर्द्रुमदर्पविभ्रमा धियश्च षाड्गुण्यविचारगोचराः।
न यान्त्युपायप्रतिपत्तये दृढाः पराङ्मुखेऽस्मिन्फलभागितां क्वचित्॥62॥

जडप्रवेशो मूर्खाणामवकाशस्तेन यः स्थिरः संध्याख्यो गुणस्तेन सुस्थिताः सकर्णकाश्च बहुश्रुताः कृतिनः कार्यसिन्धोः कं न तारयन्ति सर्वमेव तत्पारे प्राप्नुवन्ति। उडुपा इव। तत्पक्षे रन्ध्रं छिद्रम्। जलं वारि। संधिः संश्लेषः। सकर्णकाः सखटकाः। स्थितिर्मर्यादावस्थानं च॥57-60॥ दैवमानुषं देवमनुष्यसंबन्धित्वं तेन प्रभेदः प्रकृष्टप्रकारं रूपं येषाम्। अन्तरेणापि भावप्रत्ययं भावार्थावगतिर्भवति। यथा—'द्व्येकयोर्द्विवचनैकवचने' इति॥61-62॥ तदात्वं संप्रति। आयतय एष्यन्तो माससंवत्सरादयः॥63॥ विलुप्तमोहा योगिनस्तेषां प्रतिपत्तिं प्रति गोचरा विज्ञानविषया अस्य चेष्टाः कस्य विस्मयं न तन्वन्ति। विरुद्धप्रतिभासत्वात्। पृथग्जना अज्ञाः। विरुद्धप्रतिभासत्वं च चेष्टानां स्तोत्रमार्गे

यदानुगुण्यं भजते जगत्यसौ तदा तदात्वायातिषु स्फुटं नृणाम्।
क्रियाविशेषाः समलाः प्रवर्तिता विपर्ययेणापि हि सिद्धिहेतवः॥63॥

प्रतीयमानाः प्रकटं पृथग्जनैर्विरुद्धरूपा इव कस्य विस्मयम्।
अमुष्य चेष्टा जनयन्ति नोच्चकैर्विलुप्तमोहप्रतिपत्तिगोचराः॥64॥

इहैव निःश्वासगमागमक्रियाप्रबन्धभेदेन चराचरात्मनि।
व्रजत्यभीक्ष्णं प्रतिबद्धवृत्तितामशेषविश्वोदयसंहृतिक्रमः॥65॥

अमुष्य गर्भीकृतसागरोदरप्रतिष्ठशेषोरगभोगशायिनः।
मुरद्विषो नाभिसरोजकर्णिकाविटङ्कपीठः समभूच्चतुर्मुखः॥66॥

अभीक्ष्णमष्टाभिरमुष्य मूर्तिभिर्विभोरवष्टभ्य जगन्ति तस्थुषः।
भिनत्ति मायीयमथाणवं नृणा स्मृतिस्तथा कार्मणमाशु बन्धनम्॥67॥

स्थिरप्लवानुप्लवविप्लवोज्झिता जिनेऽत्र तिष्ठन्त्यणवस्तदात्मनि।
दुरन्तमायीयविवर्तभेदिनी यदास्य शक्तिः स्वभुवो विजृम्भते॥68॥

अमुष्य तत्त्वान्यखिलानि शेमुषी निशेमुषी प्रस्तुतकार्यनिर्णयम्।
विधातुमर्हत्यमलीमसाधुना मुधा किमाद्धवे गुरुमोहविप्लुताः॥69॥

अस्मादवाप्य भुवनैकगुरोरनुज्ञा-
मज्ञानसंतमसबन्धविभेदभानोः।

प्रतिपादितम्॥64॥ इह चराचरात्मनि स्थावरजङ्गमरूपे शिवे विश्वस्य सृष्टिसंहारयोः क्रमः प्रतिबद्धवृत्तिरायत्तः॥65॥ अमुष्य मुरद्विषोऽभिरूपस्य ब्रह्मा समुदभूदिति। देवदत्तस्य गर्भरूपो जात इतिवदपादानत्वस्याविवक्षणाल्लोकोक्तिरियम्। गर्भीकृतस्य कल्पान्तसमये कुक्षौ निवेदि(शि)तस्य सागरस्योदरे प्रतिष्ठा यस्य॥66॥ 'क्षितिजलपवनहुताशन-सोमसूर्ययजमानाकाशाख्याः। अष्टाभिर्मूर्तिभिराभिः शंभुः स्यादष्टमूर्तिरिति॥' मायीयं मायातत्त्वजम्। आणवमणूनां स्वभावजम्। कार्मणं शुभाशुभकर्मप्रभवम्॥67॥ प्लवानुप्लवौ सृष्टिसंहारौ तत्कृतेन बाधेन रहिता अणव आत्मानस्तदा स्वे स्वे भावे तिष्ठन्ति यदा स्वयंभुवोऽस्य शक्तिर्ज्ञानरूपा मायाकृतं विवर्तमसत्यमवभासं छिन्दति समुल्लसति॥68॥ तत्त्वानि शिवादीनि षट्त्रिंशत् निशेमुषी निश्चितवती अस्यैव शेमुषी मतिः कार्यनिर्णयं कर्तुमर्हति। अमलीमसत्वात्। आवद्धे तिष्ठत॥69॥ एका प्रतिपत्तिः सामादीनामेकत-मस्योपादानम्। 'अर्हाः स्थ कर्तुम्' इति पाठः॥70-72॥ अभिधेयवचोभिः प्रकटार्थैः शब्दैर्यत्कार्यमासूत्र्यते तदाशु भङ्गमेति नाशं प्रतिपद्यते। दुर्दुरूटानामङ्गुलिभिः सह। ता अपि तत्र भङ्गं परिवर्तनादिरूपं प्राप्नुवन्तीत्यर्थः। यथा मतिरहितोऽपि वैतण्डिकलोको-

कार्येऽत्र सारगुरुणि प्रतिपत्तिमेका-
मर्हाः स्थ कर्तुमनवस्थितनिश्चयान्धाः॥70॥

संरम्भिणः किमिति नीतिपथं विहाय
लीलाविगाढगुरुकीर्तितराङ्गिणीकाः।
स्तम्बेरमा इव तनूः करपिष्टहार-
धूलिच्छटाभिरधुना कलुषीकुरुध्वे॥71॥

लोकः प्रमादपरमः क्वचिदर्थसिद्धि-
माप्नोति नूनमिह सत्यपि नाभ्युपाये।
आलोकयत्यभिनिमीलितलोचनः कि-
मादर्शमण्डलतले विमलेऽपि वक्रम्॥72॥

प्रस्तूयते यदभिधेयवचोभिरस्त-
मोहान्धकारनिकरैरिह कार्यतत्त्वम्।
भङ्गं तदाशु मतिदुर्विधदुर्दुरूट-
कूटाभिरूपकुटिलाङ्गुलिभिः सहैति॥73॥
वन्ध्यात्मनामिह नरेन्द्रकथासु मन्त्र-
चर्चा निरूपयितुमाशु तथा क्षमा वः।
ग्रासीकराति न तथाभ्रपिशाच एष
निःशङ्कमर्कशशिनावधुनापि तावत्॥74॥

ऽङ्गुलिभङ्गं न करोति तथा गूढार्थैरेव पदैर्मन्त्रणीयमिति पिण्डार्थः॥73॥ अस्त्येव च युष्माकमपि मन्त्रकौशलमित्याह–वन्ध्यात्मनामिति। नरेन्द्रो राजा मन्त्रसाधकश्च। अभ्रपिशाचो राहुः॥74॥ उर्वीधरस्य राज्ञोऽप्रतिसंक्रमत्वाल्लक्ष्मीरनिशं भवति स्थैर्यमालम्बते। विशुद्धिं निरपराधत्वम्। धर्मत एव जितत्वात्। परिणामो विकारः। प्रकृतिभोगोऽमात्यादिरुपजीवनम्। तत्र निरर्गलत्वं सुलभता। अपचारो दुर्नयः। प्रतिसंक्रमाऽन्यत्रोपसंक्रमणम्। चितिशक्तिरिति सांख्यानां पुरुषे प्रसिद्धिः। तत्पक्षे तु विशुद्धिर्गुणैरसंकीर्णता। परिणामो धर्मान्तरपरिग्रहः। यदाहुः–'जहद्धर्मान्तरं पूर्वमुपाधत्ते यदा परम्। तत्त्वादप्रच्युतो धर्मी परिणामः स उच्यते॥' इति। प्रकृतिरव्यक्तम्। तस्या भोगस्तत्कर्मणां फलानुभवस्तत्र निरर्गलत्वं निष्प्रतिबन्धता। अपचारा रागद्वेषादयो दोषाः। अप्रतिसंक्रमा चोदासीना। उक्तं च–'चितिशक्तिरपरिणामिन्यप्रतिसंक्रमा दर्शितविषया शुद्धा चानन्ता च' इति॥75॥ औपयिकाः सामादयः। शक्तयः प्रभुमन्त्रोत्साहपूर्वाः। गुणा संध्यादयः इत्यसकृदुक्तम्।

प्राप्ता विशुद्धिमधिकां परिणामरूप-
वन्ध्याश्रिता प्रकृतिभोगनिरर्गलत्वम्।
उर्वीधरस्य चितिशक्तिरिवापचार-
शून्या भवत्यनिशमप्रतिसंक्रमा श्रीः॥75॥

तस्मान्निरूपितपरात्मबलाबलैक-
कार्यक्रमौपयिकशक्तिगुणोदयानाम्।
कर्तुं तदत्रभवतां क्षममाहवेषु
येनानुतापशिखिना न परिप्लवध्वे॥76॥

चेतो विकल्पमरुताभिहतं किमेत-
दालक्ष्यलाघवमवस्थितिलाभशून्यम्।
संवादितां नयति दूरमिषीकतूल-
माकाश एव हि परिभ्रमणाकुलं वः॥77॥

तीक्ष्णेन तीक्ष्णमनिशं मृदुना मृदु च
संसाधयन्ति परमौपयिकेन तज्ज्ञाः।
सूर्योपलं दिनपतिर्ज्वलयत्यभीक्ष्ण-
मिन्दुश्च चन्द्रमणिमार्द्रयति स्वधाम्ना॥78॥

इति गिरं समुदीर्य नयानुगां विरतिमीयुषि पार्षदनायके।
अवधृतार्थशरीरतया सदः कलकलाकुलसाधुवचोऽभवत्॥79॥

वाक्यं नवाम्बुदगभीररवं तदीय-
माकर्ण्य पार्षदपतेः सभया तदानीम्।

उदयस्तु स्थानं वृद्धिः क्षय इत्येवंरूपः। तत्र स्थानम्—कोषदण्डादेरुपचयापचयशून्या स्थितिः। वृद्धिस्तस्यैवोपचयः। अपचयस्तु तस्यैव क्षयः। अन्ये पुनः—आत्मोदयो मित्रोदयो मन्त्रोदय इत्येवं त्रिविध मेवोदयं जगदुः। एतदखिलं परस्यात्मनश्च निरूपितं यैः। परिप्लवध्वे बाधामनुभवथ॥76॥ आकाशे शून्ये नभसि च॥77-78॥ अर्थशरीरं कार्यवस्तु॥79॥ पार्षदपतिः शिवः॥80॥ उत्पतद्भ्रमरत्वात्कर्णविवरैरुद्वान्तमोहतमस इव सुरसंघास्तद्वाक्यमस्याभ्यनन्दन्॥81॥ इति राजानकजयानकसूनोरलकस्य कृतौ हरविजयविषम पदोद्द्योते द्वादशः सर्गः॥

संहृष्टयाशु लवलीलतयेव तत्र
संभावितातनुफलोदयया बभूवे।।80।।

आवद्धविस्मयविधूनितमूर्धभाग-
हेलोत्पतद्विकटरत्नवतंसभृङ्गैः।
तद्वाक्यमस्य सुरसंहतयः शशंसु-
रुद्गीर्णमोहतिमिरा इव कर्णरन्ध्रैः।।81।।

इति श्रीबालबृहस्पत्यनुजीविनो वागीश्वराङ्कस्य विद्याधिपत्यपरनाम्नो महाकवे राजानकश्रीरत्नाकरस्य कृतौ रत्नाङ्के हरविजये महाकाव्येऽट्टहासनयोपन्यासो नाम द्वादशः सर्गः।

त्रयोदशः सर्गः।

इत्यट्टहासवचनादथ जृम्भमाण-
संरम्भभीषणतरभ्रुकुटीविभङ्गम्।
चण्डेश्वरेण निजदेहभरावशीर्ण-
माणिक्यपीठनिबिडाश्रयसंधि चेले।।1।।

निर्व्यूढसंगरभरस्य करेण बाहोः
केयूरशोणमणिदीधितिधातुदिग्धम्।
कुम्भस्थलं करिपतेरिव तीव्रमन्यु-
रास्फालयत्स परुषध्वनिमंसपीठम्।।2।।

कार्षाणवी करपुटोन्मलनादनल्प-
कोपस्य पिङ्गितदिगन्तरमुत्पतन्ती।
उल्केव तस्य सकलासुरचक्रवाल-
सर्वप्रणाशपिशुना शुशुभे शुभार्चिः।।3।।

तस्याग्रवर्तिभिरलक्ष्यत तीव्रकोप-
संरम्भविभ्रमभृतः सुरचक्रवालैः।

त्रयोदशः सर्गः।

।।1।।2।। शुभा दीप्ता।।3।। तुलना साम्यम्।।4।। तिर्यगित्यादि कलापकम्।।5-7।।

आकृष्टिपाशतुलनां दधती विपक्ष-
　　पक्षश्रियः कुटिलिता सुरसंसदि भ्रूः॥4॥

तिर्यग्विवर्तनवलद्विकटांसकूट-
　　हेलाविमर्दरभसोत्थितधूमलेखम्।
कण्ठं दधत्प्रकृतिनिष्ठुरकालकूट-
　　कूटासितच्छविमिवेन्दुकलाकिरीटः॥5॥

केयूरशोणमकरीमणिचक्रवाल-
　　निर्यत्प्रभारुणितमौक्तिककर्णपूरः।
क्षीरोदसिन्धुरिव गौररुचिः प्रवाल-
　　वल्लीप्रभावलयलङ्घितफेनचक्रः॥6॥

निर्मुच्य धूर्जटिसदस्यभिलङ्घितौष्ठ-
　　बालप्रवालविटपाङ्कुरकोटिभागम्।
कोपानलाकुलितदुर्धरधैर्यसिन्धु-
　　फेनच्छटापटलविभ्रममट्टहासम्॥7॥

आकोपकम्पितशिराः सहसोज्जिहासु-
　　रापृच्छ्यमान इव मानिमनास्तितिक्षाम्।
वाक्यं जगाद गणनाथनुतिप्रगल्भ-
　　मत्यूर्जितं रणनयान्तरतत्त्ववेदी॥8॥ (कलापकम्)

प्रज्ञां नमामि भुवनेषु विचित्ररूपा-
　　माद्यां गिरं च सकलव्यवहारहेतुम्।
वक्तुं यदाश्रयवशेन ममापि धैर्य-
　　मुक्ते त्वयापि गणनायक नीतिगर्भम्॥9॥

उज्जिहासुरुत्क्रान्तुकामः। आपृच्छ्यमानो ज्योत्कुर्वन्। आत्मनेपदमत्र 'आङि नुप्रच्छ्योः' इति। तितिक्षा क्षमा। रणनययोरन्तरस्य तत्त्वं दर्शयति यः॥8-9॥ मार्गत्रयं वैदर्भगौडीयपाञ्चाललक्षणमपि। 'सन्ति तत्र त्रयो मार्गाः कविप्रस्थानहेतवः। सुकुमारो विचित्रश्च मध्यमश्चोभयात्मकः॥' इति मार्गत्रयम्। शुचिता निरपशब्दत्वं पवित्रता य। अञ्चिता रम्या पूजिता च। घटमानः कर्णधारो धारणं कर्णधारश्च नाविको यस्याः॥10॥ सुप्तप्रबुद्धाः किंचिदागतनिद्रास्तेषां यथा विकल्पाः समुल्लसन्ति तथा युष्माकमपि

मार्गत्रयेऽप्यविहतप्रसरा मनोज्ञ-
शब्दश्रुतिः शुचितयानुगताञ्चितश्रीः।
जह्नोरिवाशु तनया घटमानकर्ण-
धारा मनोहरति कस्य सतां न वाणी॥10॥

सुप्तप्रबुद्धवदनर्गलमुन्मिषन्ति
यासु श्रुतासु सुधियामपि धीविकल्पाः।
श्च्योतन्ति ताः किमपि तन्मधु हृद्यरूप-
मर्थ्या गिरः श्रवणहारिगभीरबन्धाः॥11॥

कार्यं सुनिश्चितमुपक्षिपतीह मन्त्र-
चर्चासु नीतिनिपुणः परिणामरम्यम्।
बीजं प्रजापतिरुवाप तदर्घ्यमप्सु
यस्माददः समुदभूत्कमलासनाण्डम्॥12॥

श्लाघ्यां विकासघटनां वचसेयुषा त्व-
माबिभ्रता दशनदीधितिपक्ष्मलक्ष्मीम्।
शंसास्पदत्वमुपजग्मिथ सौम्य कल्प-
शाखीव रत्नकुसुमस्तबकेन नूनम्॥13॥

वाक्यं तव श्रवणहारि विनिर्गतं य-
देतद्गणाधिप मुखान्न तदत्र चित्रम्।
आह्लादहेतुमनिशं न जगत्त्रयस्य
स्यन्दिष्यते कथमिवामृतमिन्दुबिम्बात्॥14॥

मन्येऽभिधातुमबुधात्र सरस्वतीति
लीलागृहीतविकचारुणपुण्डरीकम्।
संस्कारकार्यवशपुञ्जितसप्तलोक-
जिह्वावितानमिव हस्ततलं वहन्ती॥15॥

यासु श्रुतासु। आसां विचित्ररूपत्वात्। मधुपीयूषत्वम्(षम्)॥11-12॥ उपजग्मिथ प्रापिथ॥13-14॥ इति त्वदुक्तेन क्रमेण सरस्वती निश्चितमभिधातुमबुधा न जानाति। संस्कार एव कार्यं याजनम्॥15॥ विकल्पशतैः संकुलतां किंकर्तव्यताविमूढतामवाप्ते। कस्मिन्। अत्राग्निदंष्ट्रे इति सामर्थ्यात्। तारतम्यमतिशयः॥16॥ कार्यमेव गहनं वनम्॥17॥

उक्ते त्वयापि परिनिष्ठितनीतिगर्भ-
मित्थं विकल्पशतसंकुलतामवाप्ते।
वक्तव्यमेव हि मया सविशेषमत्र
नैवास्ति किंचिदनपाश्रिततारतम्यम्।।16।।

दोर्दण्डदर्परभसप्रतिबद्धवृत्ति-
मुत्साहमुत्ससृजुषां भजतां च नीतिम्।
न्यक्षेण[1] कार्यगहनं विषमीकरोति
पुंसामुपायकलनाघनमारुतौघः।।17।।

ब्रह्माप्युदीरयतु साम समीकदर्पा-
द्भेदं जनव्रजमुखानि च यान्त्वलं वः।
दानं मतङ्गजघटा वितरन्त्वमन्द-
मूरीकृतो युधि मया दितिजेषु दण्डः।।18।।

ते मन्दवीर्यगतयः स्फुटमन्य एव
सामादिमन्थरपराक्रममासते ये।
ये तु प्रसह्य दलयन्ति विपक्षचक्र-
माक्रम्य ते जगति खड्गविषाणकल्पाः।।19।।

एको गुणो गुणशतादपि तावदेष
संप्रत्यनन्यसदृशः किमिवात्र षभङ्गिभः।
येनेन्दुसुन्दरयशःपटलातपत्र-
दण्डत्वमेति तव पीवर एष बाहुः।।20।।

एषा विडम्बितभुजंगमभोगकाष-
कार्श्याङ्कमध्यविषमस्थितमन्दराद्रिः।
एकैव यत्र गुहहस्तगता विभाति
शक्तिश्च तत्र तिसृभिः किमिवापराभिः।।21।।

ब्रह्मेति न पुनरहम्। ऊरीकृतोऽङ्गीकृतः।।18।। खड्गस्य गण्डकाख्यस्य प्राणिनो विषाणेन सदृशाः परमुपादेया अद्वितीया दुर्लभाश्चत्यर्थः।।19।। गुणः शत्रुध्वंसलक्षणः। यशः-पटलमेवातपत्रं तस्य दण्डत्वमाधारता।।20-21।। शिखण्डो बर्हं चूडश्च। प्रचलाकी

---

1. कात्स्न्र्येन, 23

प्रेङ्खच्छिखण्डभरशोभिवपुः कलिन्द-
कन्याह्लदश्रियमगाधतया दधानम्।
शक्तो रणे दलयितुं प्रचलाकिकेतु-
रह्णाय कालियमिवाहितमच्युतश्रीः॥22॥

सङ्ग्रामवासभवने नियतं निषण्णा
निःसंशयं विदधति प्रतिपक्षलक्ष्मीम्।
संवाहिकां चरणयोः करिकुम्भपीठ-
पीनोन्नतस्तनकृतास्पदयोः समर्थाः॥23॥

अरोप्यते भटजनेन शरासनाग्र-
कोटिं समीकभुवि यो गुणबन्धपाशः।
आकृष्य तेन तरसा तरलत्वमाप्ता
संयम्यते दृढतरं प्रतिपक्षलक्ष्मीः॥24॥

तेजस्विनो ननु विधेयमियत्पिनष्टि
दुष्टात्मनां यदनपेक्षितदेशकालः।
दैवानुभाववशतो वनगोचराऽपि
किं श्रीफलं कथयतापरथा न भुङ्क्ते॥25॥

देशो न सोऽस्ति न कृतास्थितिरेष यत्र
कालं विभोः प्रणुदतस्तदपेक्षया किम्।
मिथ्याविकल्पजनितारिविनाशविघ्न-
निघ्नाः किमेवधुनाश्रितशङ्कमाद्धवे॥26॥

क्षीणोऽपि दूरमवलम्बत एव नून-
मव्याहतां जगति कार्यधुरां महस्वी।

मयूरः। अच्युता अच्युतस्येव च श्रीर्यस्य॥22॥ समर्थः प्रगुणधना अपि॥23॥ गुण एव बन्धनार्थं रज्जुः॥24॥ वनगोचरो वानरोऽपि। श्रीरेव फलं श्रीफलं च बिल्वम्। अपरथा अन्यथा। दुष्टात्मनां मदान्धानामित्यर्थः॥25॥ एष भगवान्। तदपेक्षया देशकालपेक्षणेन। विघ्नानां निघ्नाः परवशाः॥26॥ महस्वी तेजस्वी॥27-28॥ पञ्चत्वं मरणम्॥29॥ विस्तीर्णतेत्यादिशब्देन गाम्भीर्यस्थैर्ययोः परिग्रहः॥30-31॥ हे भटाः, युष्माकमेते हृदयादयःक्रोधादिपरवशतया हास्यमुत्पादयन्ति। क्रोधादिकरणस्य च शत्रुसविधे

किं लोचनोत्सवविधायिकलावशेष-
रूपोऽपि शीतकिरणः कुरुते न रात्रिम्॥27॥

अम्भोनिधिं प्रलयकालविलङ्घितात्म-
मर्यादमस्तमयनिष्प्रभमुष्णरश्मिम्।
आलोक्य धीरमनसो हृदयेन नून-
मुच्चैर्हसन्ति विपदि स्थिरधैर्यरूपाः॥28॥

उत्प्रेक्ष्य नूनमभयेऽपि भयं निसर्ग-
भीरुर्नितान्तमुपगच्छति विक्लवत्वम्।
पञ्चत्वमेति नितरां सुचिकित्सितोऽपि
शङ्काविषव्यतिकरेण विमूर्छितः सन्॥29॥

विस्तीर्णतादि गगनोदधिभूभृतां य-
श्चक्रे स संकटमनाः स्फुटमन्य एव।
येन व्यधायि महतां हृदयेष्वनाप्त-
पर्यन्तवृत्ति तदसावपरोऽस्ति वेधाः॥30॥

जृम्भापरीतवदनाःश्वसितानुबन्ध-
भाजः प्रकम्पिवपुषोऽरुणरूक्षनेत्राः।
रोषज्वराकुलधियः सुभटाः कृपाण-
धाराजलं समभिलष्यथ हे न कस्मात्॥31॥

क्रोधानलस्य हृदयं भ्रुकुटेर्भ्रुवश्च
दन्तच्छदा दशनकोटिविलङ्घनानाम्।
स्कन्धाश्च निर्दयकराभिहतेर्भटा वः
स्वाधीनगोचरतयैव दिशन्ति हासम्॥32॥

हेलानिरस्तपवना गुरुसंप्रहार-
रीढासहाः सुरभटाः पटुतां वहन्ती।

समुचितत्वात्॥32॥ रणे रीढा शत्रुविषयावज्ञा। ऊष्मा दर्पस्तापश्च॥33॥ चकास्थ भ्राजध्वे॥34॥ आपणयो वणिक्पथाः। मानं परिमाणमपि॥35॥ लूनिश्छेदनम्॥36॥ स्वच्छमित्यादियुगलकम्। सुवृत्तं सच्चरितं परिणाहि च। हरितो दिश एव वयस्याः॥37॥ दरिद्रिथ क्षीयध्वे। शौदीर्यं मदः॥38॥ क्षितिभृतः पर्वता अपि। स्कन्धाः सप्त

उच्चै रटि: सपदि शीतलतां करोति
पूत्केव वक्रविसृतोष्मजुषां द्विषां व:।।33।।

संवादितामजहतो दलिताद्रिकूट-
कल्पक्षयप्रसृतचण्डसमीरणानाम्।
कस्मिन्निर्गलभुजार्गलचण्डदर्प-
निष्पिष्टदानवभटा न चकास्थ संख्ये।।34।।

क्रेतुं यशांसि समरापणिषु प्रगल्भ-
मिन्दुप्रभाधवलभांसि कृतस्पृहाणाम्।
चेतो दुनोति भवतामनुतापहेतु:
कस्मात्परेण कृत एष न मानभङ्ग:।।35।।

संहारकालशिखितीव्रतरोऽपि मन्यु-
रुत्तंसलूनिफल एव स एष जात:।
छिन्ना इतीव भवतां किरणच्छटाभि-
रेते हसन्ति मणिकुट्टिमसीम्नि हारा:।।36।।

स्वच्छं सुवृत्तमनुरागि हरिद्वयस्या-
लीलागृहीतमधुनापि यश: प्रकाशम्।
श्वासानिला मलिनयन्ति न बाहुदण्ड-
दर्पश्रियो ललिताविभ्रमदर्पणं व:।।37।।

शौर्यश्रिया नहि दरिद्रिथ संयुगेषु
पारं गता: स्थ च धिया नयमार्गसिन्धो:।
छिन्नं किमत्र भवतां यदलीकशौर्य-
शौटीर्यशात्रवनिकारदशां सहध्वे।।38।। (युग्मम्)

उन्मूलितक्षितिभृतां सहसा सहेलं
सुस्कन्धतां च दधतामपरेरितानाम्।
विस्तीर्णमम्बरमिव प्रलयानिलानां
सङ्ग्रामवर्त्म भवतां हि विहारमार्ग:।।39।।

नभोभागा अपि। परै: शत्रुभिरन्यवातैश्च नेरितानां नाभिभूतानाम्। विहार: क्रीडा संहारश्च।।39।। के न संविद्रते सर्व एव जानन्ति। अत्र सत्यपि वाक्यार्थस्य कर्मत्वे

संविद्रते जगति के न यथाशु यूय-
　　माशाकरीन्द्रकरपीवरबाहुदण्डाः।
लीलावरुग्णदृढसंधिचतुर्मुखाण्ड-
　　खण्डद्वयं विपरिवर्तयितुं समर्थाः॥40॥

उन्मूलितामरभुवां रणसंकटेषु
　　शक्यं न वः कलयितुं हृदयं परेषाम्।
अभ्युद्धृतक्षितिभृतां प्रलयागमेषु
　　निष्कम्पमेव गगनं हि समीरणानाम्॥41॥

आकर्ण्य दुर्विषहमप्यरिविप्रकार-
　　मित्थं नयान्तरितनामभयोपगूढाः।
हस्ताभिघातकृतरन्ध्रपथैः पृथिव्या
　　जिहीथ किं न सहसा तलमप्रविष्टाः॥42॥

रूढा चिरं भुवनकाननचक्रवाल-
　　मूले विपाण्डुरयशः स्तबकोज्ज्वलश्रीः।
कस्मात्करोति भवतामधुना न मोह-
　　मेषाततायिविषपादपकीर्तिवल्ली॥43॥

दैत्यप्रतापतपनातप एष ताप-
　　मभ्युद्धृतामरवधूवदनेन्दुकान्तिः।
कस्मान्न वः प्रकुरुते विनिकोचितेन्दु-
　　रश्मिच्छटाधवलकीर्तिकुमुद्वतीकः॥44॥

पदसंस्कारसमये तस्याविवक्षितत्वादकर्मकाद्विदेः 'समो गम्यृच्छि-' इत्यादिनात्मनेपदम्। 'वेत्तेर्विभाषा' इति रुट्॥40॥ उन्मूलितस्वर्गैरपि शत्रुभिर्युष्मद्धृदयं परामर्ष्टुं न शक्यते। कीदृशोऽस्यावष्टम्भ इति। परेषामिति परशब्दोऽन्यदेव निमित्तमादाय शत्रावपि वर्तते। समीरणानामित्यनादरे षष्ठी॥41॥ नयेन नाम व्यवहितं यस्य तादृशेन भयेनानुविद्धाः। नयव्याजेनाश्रितभया यूयमित्यर्थः॥42॥ 'दानेन या प्रशंसा भवति सतां साभिधीयते कीर्तिः। शौर्यातिरेकजनिता या तु नुतिस्तां वदन्ति यशः'॥43-44॥ विषोष्मणा विषसंनिभेन दर्पेण विषसंबन्धिना तापेन च॥45॥ रणे दुर्ललितं हेवाको यस्य॥46॥ असुमतां प्राणिनामन्तरं विशेषः। अष्टपादः शरभः। अत्र 'संख्यासुपूर्वस्य' इत्यन्तलोपो न कृतः। समासविधेरनित्यत्वात्॥47॥ गर्जितं सिंहनादः॥48॥ अव्यतिकीर्णमन्योन्यम-

मन्दीकरोति भवतामसुरप्रताप-
वह्निः क्षणाद्भुवनमन्दिरकोटरस्थाम्।
कीर्तिं निरर्गलतरेण विषोष्मणाशु
दीपप्रभामिव भुजंगमदृष्टिपातः।।45।।

संकल्प एष रणदुर्ललितः क्षणेन
वाचात्र कालमुसलस्य विपूरितो नः।
मन्दाकिनीं प्रथितपुण्यगुणां विहाय
रत्नाकरं क इव पूरयितुं क्षमोऽन्यः।।46।।

संपश्यतोऽन्तरमिहासुमतां विसारि-
सत्त्वं बलादधिकमित्यपि मे वितर्कः।
सिंहो निपातयति चण्डचपेटयैव
पृष्ठेन तूद्वहति कुञ्जरमष्टपादः।।47।।

गम्भीरगर्जितरवश्रवणोत्थमीति-
नश्यत्कुरङ्गककुलस्य करालमूर्तेः।
लाभोऽस्ति कः कंठिनकुञ्जरचक्रवाल-
कुम्भस्थलीविदलनादपरो मृगारेः।।48।।

शब्दान्तराणि खलु सन्ति पृथग्विधानि
यैर्व्याप्तमेव जगदव्यतिकीर्णरूपैः।
दानाम्बु शोषयति यः करिणां श्रुतोऽपि
कोऽप्यन्य एव हरिणाधिपतेः स नादः।।49।।

हेलाविनिर्जितरिपुस्फुटशौर्यलक्ष्मी-
लीलानिकेतविकटोन्नतचन्द्रशालाम्।
विस्तारिणीं सुभटवंशहिमाद्रिगङ्गां
कीर्तिं न यान्ति रणवर्त्मनि तीर्थकाकाः।।50।।

सदृशम्।।49।। चन्द्रशाला चतुष्किका। रणवर्त्मनि तीर्थकाका अनवस्थिताः।।50।। हारी हृदयरञ्जकः परिणामो रूपविशेषग्रहः स एव गुणः स जन्मतः प्रभृति न प्राप्तो यया सैवमुपहतापि मम दशा विरसा वीररसशून्या मा भूत्। वरमन्ये दोषाः, न तु वीररसाभावः। तस्या अकिंचित्करत्वादित्यर्थः। जलपृषदपि हारोऽस्ति यस्मिन्स हारी

अप्राप्तहारिपरिणामगुणा कदाचि-
　　दाजन्मनोऽपिविरसा मम मा दशाभूत्।
किं नीरसा जलपृषज्जलधेरुपैति
　　मुक्तफलत्वमिह शुक्तिपुटान्तरेषु॥51॥

सङ्ग्रामलाभरभसेन भटैः सलील-
　　मास्फालिताश्च जयकुञ्जरकुम्भभागाः।
नाकौकसां विगलिताश्च विपक्षचक्र-
　　सीमन्तिनीस्तनतटास्पदतारहाराः॥52॥

निस्त्रिंशघातदलितद्विपकुम्भपीठ-
　　निर्मुक्तमौक्तिककणप्रकरावकीर्णे।
सङ्ग्रामवासभवनेऽभिमता जिगीषो-
　　स्तीक्ष्णैः शिलीमुखनखैर्वशमेति लक्ष्मीः॥53॥

प्रत्यग्ररत्नकिरणच्छुरणाभिराम-
　　मम्भोदनीलमभितोऽधिवसत्यभीक्ष्णम्।
वक्षःस्थलं मधुरिपोरिव तीक्ष्णवर्त्म-
　　पट्टं परिप्लवतया रहितादृता श्रीः॥54॥

संवादिनी नियतमस्य मुरारिदेह-
　　च्छायेति चञ्चलतया रहितात्र लक्ष्मीः।
शङ्के शरद्गगननीलरुचौ कृपाण-
　　पट्टेऽनुक्तहृदयारचयत्प्रतिष्ठाम्॥55॥

उत्सृज्य षट्चरणचारणचक्रवाल-
　　गीतास्तुतां नवकुशेशयकोशशय्याम्।
वीरानुरागरभसेन वसत्यभीक्ष्णं
　　शङ्के सलीलमसिपत्रवनेऽपि लक्ष्मीः॥56॥

परिणामो हाररूपतापत्तिः। तत्र गुणस्तन्तुः। स मुक्तात्वाभावादप्राप्तो यया॥51-53॥ रत्नानि मुष्टिनिविष्टानि, रत्नं च कौस्तुभः। तीक्ष्णवर्त्मा खड्गः॥54-55॥ चारणाः कुशीलवाः। असय एव पत्राणि। वनं समूहः। असिपत्रवनाख्यं च नरकम्॥56-57॥ व्याघातो बुद्धिविस्खलितं तेन विप्लतमुत्थितम्। विधुरं दुःखम्॥58-59॥ लोडनं

दोर्दण्डनिर्जितरिपोर्जगति प्रसङ्ग-
लभ्येषु नास्ति विभवेषु कदाचिदास्था।
तेजस्विनः करजजर्जरितेभकुम्भ-
कूटस्य मौक्तिकगणेषु हरेरिवार्याः॥57॥

व्याघातविप्लुतमहो विधुरं बतैत-
दस्थानसंभ्रमतिरस्कृतधैर्यबन्धाः।
यूयं यदेवमधुना भुजशालिनोऽपि
ग्रासीकृता विषमनीतिपिशाचिकाभिः॥58॥

उत्तिष्ठतासुरपतेः शरकाण्डपाण्डु-
च्छायानि संप्रति यशांसि हतस्य संख्ये।
धौताञ्जनास्रसलिलप्लुततत्पुरंध्रि-
गण्डस्थलानि च मलीमसतां व्रजन्तु॥59॥

दैत्याधिराजमकराकरलोडनाय
संरम्भिणो मयि जयामृतलाभहेतोः।
आरोपयन्तु विबुधा भरमीश ताव-
दद्यैव मन्दरमिवातनुकूर्मपृष्ठे॥60॥

श्लाघ्यः स एव कलशो भुवनेषु यस्मा-
दुत्थाय वन्द्यमहिमा सुरकार्यहेतोः।
अम्भोधिमेकचुलकेन विवर्तमान-
वैकुण्ठकूर्मशफरेण पपावगस्त्यः[1]॥61॥

हेतोः कुतोऽप्यसदृशादुदिता गरीयः
कार्यं निसर्गगुरवः स्फुटमारभन्ते।

मथनम्। विबुधाः सुधियो देवाश्च॥60॥ परिभ्रमन्तौ वैकुण्ठा परनामानौ कूर्ममत्स्यौ यस्मिन्॥61-62॥ चक्रीकरोत्यात्मनि परिवर्तयति चक्ररूपतां नयति॥63॥ नायकाः पतयः। गुणाः सौभाग्यादयस्तन्तवश्च। अतनुरनल्पकामश्च॥64-65॥ घटितान्संयुक्तान्। पृथुर्महती। पृथुरादिराजस्तद्वच्च। विविनज्मि पृथक्करोमि। समुत्सारयामीत्यर्थः॥66-67॥

---

1. ग्वाल्हेरनगराद्भट्टश्रीपुरुषोत्तमशास्त्रिभिः प्रहितं पुस्तकमितः प्रभृति वर्तते। तस्याधुना ख-नाम्ना, काश्मीरपुस्तकस्य च क-नाम्ना व्यवहारः करिष्यते।

उत्थान किं न कलशादपि सिन्धुनाथ-
मुद्वीचिमालमपिबद्भगवानगस्त्यः॥62॥

क्ष्मामण्डलं सकलमेव सरत्नराशि-
विस्तारिनेमिवलयं रणबद्धकक्ष्यः।
चक्रीकरोति सुभटः श्रवणान्तकृष्ट-
मौर्वीलतेन धनुषा सममेव नूनम्॥63॥

बद्धास्पदा दितिजनायकचक्रवाल-
पङ्कोदरे बहुगुणोद्ध्रियतामिदानीम्।
नाकश्रियः परिभवातनुवह्निदाह-
शान्तीच्छया धवलकीर्तिमृणालवल्ली॥64॥

संहारसिन्धुमिव काञ्चनशैलकूट-
भागे स्फुरत्तरणिदीधितिदुर्निरीक्षाम्।
अद्यैव दानवकुलप्रलयाय ताव-
दारोपयामि धनुषि द्रुतमत्र मौर्वीम्॥65॥

विश्लिष्यदाकुलनिरर्गलगण्डशैल-
चक्राभिघातविधुरीकृततिग्मभासः।
कोदण्डदण्डघटितान्पृथुचारुकीर्ति-
रायोधनार्थमवनेर्विविनज्मि शैलान्॥66॥

बाणासनाग्रविकटाटनिगाढबन्ध-
संभावितार्तिरिव संयुगमूर्ध्नि मौर्वी।
आस्फालिता नदतु मे वडवानलस्य
हेतिच्छटोदधितरङ्गहतेव तारम्॥67॥

कोदण्डकोटिमधिरोपयति स्म बाहु-
शाली समीकभुवि यां ननु सैव मौर्वी।
लक्ष्मीसमागमनकीर्तिविनिर्गमैक-
विस्पष्टपद्धतिविलासममुष्य धत्ते॥68॥

अमुष्य बाहुशालिना लक्ष्म्या आगमने कीर्तेश्च निर्गमने या एका विस्पष्टा च रथ्या तद्विभ्रमं मौर्वी बिभर्ति॥68-70॥ उत्सादनमुद्वर्तनमपि। विग्रहः शरीरमपि॥71॥ चेतोहरं

क्रेंकारमेव धनुषः श्रवणान्तकृष्ट-
मौर्वीप्रगाढपरिमण्डलितस्य संख्ये।
ओंकारमक्षतमवैमि विपक्षपक्ष-
लक्ष्मीसलीलदृढकर्षणमूलमन्त्रम्।।69।।

एकां गमागमनपद्धतिमेव मौर्वी
कीर्तिश्रियौ भटजनस्य हि धावमाने।
नूनं परस्परकठोरकुचाभिघात-
विच्छिन्नहारधवलामखिलां विधत्तः।।70।।

उद्दामदर्पनिकषप्रतिपक्षसंप-
दुत्सादनेन कृतविग्रहवल्गुशोभाः।
स्नाताश्च कीर्तिसलिलैः सुरभीभवन्ति
नूनं यशः परिमलेन पराक्रमाढ्याः।।71।।

चेतोहरेण हरकण्ठरुचा प्रकाम-
पुण्यात्कत्वमनिशं[1] दधता गरीयः।
आत्मानमाशु सुभटः समरे पुनाति
निस्त्रिंशपुष्करजलेन कृताभिषेकः।।72।।

निष्कण्टकीभवतु संप्रति नाथ विश्व-
मेतत्प्रसीद वृषकेतन देह्यनुज्ञाम्।
ग्रासीकरोतु वलनाकुलितः कृपाण-
सिंहीसुताऽहितयशःशशिमण्डलं वः।।73।।

भस्मावदातरुचयो विनिपत्य दिक्षु
घोरान्धकारकलुषां प्रमथाधिनाथाः।

मूर्छादानेन रम्यतया च। हरकण्ठवद्रुक्प्रभा यस्य हरकण्ठस्य च रुगभिलाषो यत्र। पुण्यः सुन्दरः पवित्रश्च। निस्त्रिंशस्य पुष्करं फलकम्। निस्त्रिंश एव पुष्करं तीर्थभेदः।।72।। सिंहीसुतो राहुः।।73।। अन्धकारमज्ञानमपि।।74।। पीतवसः [पीत] अस्थिवसः, अनादरताततिृप्ता तया अतिगाढस्य स्त्यानवपुषो रक्तस्य शोणितस्य यदङ्कानां गमन(यदङ्गन) मुपसर्पणं तत्र चोचितः समवेतो यः शिवानां फेरवाणामभिमतानां च

---

1. 'अधिक' ख.

भिन्दन्तु दानवचमूमधुनाट्टहास-
न्च्छेदा इव प्रलयकालनिशां स्मरारेः॥74॥

सङ्ग्रामभूमिरधुना भुवनाधिनाथ
वृन्दावनस्थितिरिवास्तु सुरासुराणाम्।
विस्पष्टपीतवसनादरतातिगाढ-
रक्ताङ्गनोचितशिवाभिमतव्रजश्रीः॥75॥

कङ्कालसंकुलमशङ्कितकाककङ्क-
संकेतधाम रणवर्त्म शशाङ्कमौले।[1]
टांकारिकार्मुकविटङ्कपटङ्कमस्तु
टङ्काङ्कसंकटविशङ्कटकङ्कटं वः॥76॥

निस्त्रिंशलूनविकटास्थिकठोरकण्ठ-
पीठापविद्धशिरसं युधि दैत्यनाथम्।
अभ्रंकषाग्रशिखरस्खलितार्कबिम्ब-
मस्तावनीध्रमिव पश्यतु जीवलोकः[2]॥77॥

कार्या वितर्कघटना[3] न कदाचिदूर्ध्व-
मायोधनावतरणे बत को विचारः।
आनन्दशून्यमरारिकुलं सुरेश
कुर्वे स्मितानुगमवन्ध्यमयं समाधिः॥78॥

किं चिन्त्यतेऽन्यदपि दुर्बललोकचित्त-
मेषोऽञ्जलिर्मधुरमङ्गलगीतिगर्भम्[1]।

तद्वल्लभानां व्रजः समूहस्तत्संबन्धिनी स्पष्टा शोभा यत्र। वृन्दावनं गोविन्दोद्यानम्। तत्स्थितिरपि विस्पष्टः पीतवसनस्य हरेरादरो यस्य स्त्रीजनस्य तद्भावेनातिगाढं रक्ताः सानुरागा या अङ्गना गोप्यस्तासामुचिता योग्या शिवा शोभनाभिमता च व्रजश्रीर्गोवास-समृद्धिर्यस्यां सा तथा॥75॥ कङ्कालं शबशरीरम्। कङ्काः पक्षिविशेषाः। टांकारिणः सशब्दाः कार्मुकाणां विटङ्केषु पटङ्का वेणुत्वङ्मया गुणा यत्र। टङ्काः शराः। कङ्कटाः संनाहाः॥76॥ अपविद्धं निरस्तम्॥77॥ वितर्कः संदेहः। अस्मिताहंकारः स्मितं वा हसितम्। समाधिर्निश्चयः। अथवात्र वितर्को विचारानन्दास्मितारूपानुगमाभावरूपः

---

1. 'शशाङ्कमौलः' **क.**　2. 'राजलोकः' **ख.**　3. 'घटनात्र न काचि' **ख.**

भास्वत्करालकरवालविलूनपीन-
पीलून्नतश्रवणमण्डलतालवृन्तम्।।79।।

आनन्दनिर्भरनभश्चरचक्रमुक्त-
पुष्पोपकारनिपतन्मधुपावलीकम्।
सेनावमर्ददलितावनिधूलिधूप[2]-
धूमच्छटाशबलिताखिलदिग्विभागम्।।80।।

प्रेङ्खद्द्रदादलितकुञ्जरकर्णशङ्ख-
धूलिच्छटापटलवर्णककर्दमाङ्कम्।
अभ्यापतत्सुभटमन्मथकृष्यमाण-
कोदण्डनिर्गतशराशनिलुप्तधैर्यम्।।81।।

सङ्ग्रामवासगृहमुच्छ्रितदन्तिदन्त-
पर्यङ्कमुत्पुलकमण्डलगण्डभित्तिः।
आलिङ्गनातिरभसेन जयश्रियोऽय-
मद्यैव तावदधितिष्ठतु राजलोकः।।82।। (कलापकम्[3])

अद्यावस्कन्दलीलाचलितबलपरिस्यन्दखर्वीकृतोर्वी-
संरम्भोत्तम्भनास्थोन्नमितभरनमत्कंधरासंधिरास्ताम्।
शेषोऽपि स्फारफुल्लत्स्फुटपृथुलफणाफूत्कृताग्निस्फुलिङ्ग-
स्फूर्जत्संदोहसंदेहितविकटशिखामण्डलीरत्नषण्डः।।83।।

इति श्रीबालबृहस्पत्यनुजीविनो वागीश्वराङ्कस्य विद्याधिपत्यपरनाम्नो महाकवे राजानकश्रीरत्नाकरस्य कृतो रत्नाङ्के हरविजये महाकाव्ये चण्डेश्वर-दण्डोपन्यासो नाम त्रयोदशः सर्गः।

संप्रज्ञाताख्यः समाधिरुक्तः।।78।। किमित्यादिकलापकम्। पीलवो हस्तिनः।।79-80।। वर्णकं चन्दनम्। अशनिर्विद्युत्, वर्म वा।।81-82।। परिस्यन्दो मन्दः। संदोहः समूहः।।83।। इति राजानकजयानकसूनोरलकस्य कृतौ हरविजयविषमपदोद्योते त्रयोदशः सर्गः।।

---

1. 'मेषो जगन्मधुर' क. 2. 'सेनाविमर्द' ख. 3. 'कलापकम्' इति ख-पुस्तके नास्ति. क-पुस्तकमूले तु 'चक्कलकम्' इत्यस्ति.

चतुर्दशः सर्गः।

इत्थमुक्तवति तत्र भारतीमुन्मिषत्स्मितकपोलमण्डलः।
वक्तुमारभत संसदि क्रमात्पुष्पहास इति नीतनिष्ठुरम्॥1॥

शक्तिमस्खलितसारसौष्ठवां क्ष्माधरोद्दलनदुर्धरां दधत्।
स्वामितामपि गतो गरीयसीमन्धकारितनयो न योऽभवत्॥2॥

दुर्धरप्रसरतामुपेयिवानप्रथिष्ट भुवनान्तरेषु यः।
और्ववह्निरिव हेतिमण्डलीसंततक्षपितवाहिनीपतिः॥3॥

यस्य दुर्गतविपक्षसुन्दरीमण्डलेन[1] बिभरांबभूविरे[2]।
रोदनारुणितलोचनोत्पलच्छायकुङ्कुमविलेपनाः स्तनाः॥4॥

भास्वतोऽप्यविहितां करस्थितिं दिङ्मुखेष्वधिकमाशु कुर्वतः।
यस्य मण्डलमलङ्घ्यमुच्चकै राहवयिमगमन्न च विप्लवम्॥5॥

नाप भूतिमलनात्कदर्थनां तापयोगमगनन्न[3] च क्वचित्।
यः सुवृत्तवमलस्थितिर्दधौ रत्नदर्पण इवाधिकां श्रियम्॥6॥

यस्य चारुगुणमौक्तिकोत्करभ्राजितेन्दुकरपाण्डुरच्छविः।
हारयष्टिरिव कीर्तिरुच्चकैर्मण्डनत्वमगमत्परं दिशाम्॥7॥

चतुर्दशः सर्गः।

तत्र चण्डेश्वरे॥1॥ शक्तिरायुधमपि। क्ष्माधरः क्रौञ्चादिरपि। स्वामी गुहोऽपि। अन्धकारितो मलिनितो नयो येन। न यो गुहत्वमुपगतः स कथमन्धकारेः शंकरस्य तनयो न स्यादिति च विरोधः॥2॥ अप्रतिष्ठ पप्रथे। हेतय आयुधानि ज्वालाश्च। वाहिन्यः सेन नद्यश्च॥3॥ लोचनोत्पलानां छाया लोचनोत्पलच्छायम्। 'छाया बाहुल्ये' इति नपुंसकत्वम्॥4॥ भास्वान्भास्वरो रविश्च। करा दण्डा रश्मयश्च। मण्डलं राष्ट्रं बिम्बं च। आहवीयं युद्धजम्। रविमण्डलं राहवीयं राहोरागतं विप्लवं न गच्छतीति विरोधः॥5॥ भूतिमलना संपदो धारणं भस्मनोद्व(त्पुं)सनं च। तापो दुःखं संतापश्च। स हि दर्पणस्योत्पुंसनावसरे दीयत इति प्रसिद्धम्। वृत्तं शीलं वर्तुलत्वं च। श्रीः समृद्धिः शोभा च॥6॥ चारवो गुणाः शौर्यादय एव मौक्तिकोत्करः। चारवो गुणाश्च तन्तवो यस्य मौक्तिकोत्करस्य॥7॥ प्रसृता निर्गता जङ्घा च। उन्नतिरभिमान उच्छ्रायश्च। अञ्जसा स्पष्टम्॥8-9॥...........शास्त्रेण तक्षणं च॥10-11॥ दशभिः कुलकम्॥

---

1. 'विपक्षकामिनी' **ख.** 2. 'बुभूविरे' **ख.** 3. 'न कुत्रचित्' **ख.**

यस्य च प्रसृतया निरर्गलं कैटभद्विष इवोन्नतिश्रितः।
विष्टपत्रयमलङ्घ्यताञ्जसा दूरमस्खलितया यशःश्रिया॥8॥

चन्द्रदीधितिविपाण्डुना यशःपुष्पसंभृतिभरेण भूरिणा।
लङ्घिता भुवनकाननोदरे यस्य नेमुरखिला हरिल्लताः॥9॥

स्थेयसी भुवनमन्दिरस्य दिग्भित्तिभागरचिताञ्चितस्थितिः।
चारुटङ्कघटना बभौतरां यस्य कीर्तिमणिसालभञ्जिका॥10॥

तस्य तत्र वदतो वचस्तदा निर्गता दशनरश्मिमण्डली।
जाह्नवीव शशिपाण्डुरेकता[1] प्राप शंभुगलकान्तिसिन्धुना॥11॥
(दशभिः कुलकम्)

क्रुद्धकालमुसलादिकीर्तितं संप्रहारनयगोचरं वचः।
ऊर्जितं च मधुरं च शुश्रुवान्वक्तुमभ्यधिकमुत्सहेत कः॥12॥

कोविदारचितशोभ उच्चकैरत्रसन्निहितनीलकंधरे।
द्रोणकाक इव निष्ठुरं सदःकानने किमपि रौम्यलज्जितः॥13॥

शुश्रुवानपि गणाधिपादितं वाक्यमेतदहमक्षमं[2] ब्रुवे।
श्रोत्ररन्ध्रगतकेकिकूजितः किं विरौति परुषं न मौकुलिः॥14॥

तत्तथापि जडतानुरोधतः शत्रुतोऽथ युधि बिभ्यता मया।
नीतिवर्त्मरभसादुतोदितं श्रोतुमर्हथ मलीमसं वचः॥15॥

न क्रुधोऽवसर एष सांप्रतं गाढमान्ध्यमयतमो[3] नृणामसौ।
दृश्यतां गणपतेऽन्यया दृशा कार्यमेतदतिसंकटे स्थितम्॥16॥

तीक्ष्णतामविहतां दधानया भेदपाटवजुषा युधि द्विषाम्।
साधयन्त्यमलया धियोन्नताः कृत्यपक्षमथवासिधारया॥17॥

संप्रहारो रणम्। तदाश्रयणादूर्जितम्। उत्सहेत शक्नुयात्॥12॥ कोविदैरारचिता कृता कोविदारैश्च काञ्चनारतरुभिश्चिता व्याप्ताः। अत्र एतस्मिन्। संनिहितो नीलकंधरो हरो यत्र। अत्रसन्तश्च निर्भया निहिता धृता नीलकंधरा बर्हिणो यत्र। द्रोणकाको वृद्ध-वायसः॥13॥ अक्षममयोग्यम्। मौकुलिः काकः॥14-15॥ असौ क्रुत् तमोहीनमन्धत्वम्। अन्यया दृशा नीतिमयेन चक्षुषा॥16॥ भेदः स्वामितः पृथक्करणं विदारणं च। कृत्याः

---

1. 'पाण्डुरैकतां' **क.** 2. 'अक्षमी' **ख.** 3. 'अन्धतमसं' **क.**

यस्य नाम्नि सहसाभ्युदीरिते संभ्रमज्वरपरिग्रहाकुलाः।
बिभ्रति स्म विरसत्वमाननैः[1] शोषितौष्ठपुटतालवः सुराः।।18।।

सप्रतापमतितीव्रतान्वितं छाययैव सुरराजमण्डलम्।
यश्चकार परिहीनमोजसा भानुबिम्बमिव सिंहिकासुतः।।19।।

प्राप्तमन्धमववृद्य[2] तापितं यः करस्थितिमुपागतं क्रमात्।
आत्मदर्शमिव विद्विषां व्यधान्मण्डलं मुखविलोकनक्षमम्।।20।।

संयुगेषु शशिशुभ्रमुच्चकैः साधुशब्दमुखरीकृताम्बरम्।
यश्च शङ्खमिव कैटभं द्विषन्संदधौ करतलाश्रयं यशः।।21।।

तादृशेऽपि सुरवैरिणीदृशं स्पष्टमग्रहणमेव बिभ्रताम्।
ब्रूत किं नु भवता विभाव्यते धैर्यमेतदुत जाड्यजृम्भितम्।।22।।

(पञ्चभिः कुलकम्)

साध्यवस्तुषु न सामपूर्वकं साधनं न खलु शस्यते बधैः।
बिभ्रतो भवति धीरकोपतामाननं प्रथममुन्मिषत्स्मितम्।।23।।

कृत्यवस्तु निपुणां प्रसाधयद्विप्लवोदयदशाविनाकृतम्[3]।
विद्धि भेदगहनैरवस्थितं तच्च संकलितपञ्चभक्तिकम्।।24।।

क्रुद्धो लुब्धो भीतोऽवमानी चेति भेद्याः कृत्यानि च कार्याणि। पक्षः समूहः।।17।। यस्येत्यादि पञ्चभिः कुलकम्। विरसत्वं म्लानता कटुता च।।18।। प्रतापः प्रकृष्टस्तापोऽपि। छायावहेलापि।।19।। अन्धं प्राप्तमर्थितामुपगतम्।...........अन्धश्च कार्ये कारणोपचारात् श्लक्ष्णतामप्राप्तो येन(?)। करो दण्डोऽपि। मुखविलोकनक्षमं भृतयवन्मुखप्रक्ष्यपि।।20।। साधुशब्दः साध्विति कथनम् शोभनः शब्दः। कैटभं द्विषन्कैटभारिः। 'द्विषः शतुर्वा' इति षष्ठीनिषेधः। संदधाविति संधानं सम्यग्धारणमभिमुखीकारश्च।।21।। अग्रहण-मवलेपः।।22।। साधनं.....दनम्। धीरः स्थिरः।।23।। विप्लवस्यान्यथाभावस्योदयदशा उत्थानावस्था त..........र्यमुपजनत्तच्च सामैवं विद्धि। कीदृशम्। भेदगहनैर्बहुत्वाद्दुरवगमै-र्भेदैरवस्थितमपि संकलिताः संक्षेपेण निरूपिताः गुणसंकीर्तनम्, संबन्धोपाख्यानम्, परस्परोपकारदर्शनम्, आयतिप्रदर्शनम्, आत्मोपवर्तनम्, इत्येवंरूपाः पञ्च भक्तयो भागा यस्य तादृशम्। अथ च सामवेदोऽप्येवंविध एव। तस्य भेदाः सहस्रं शाखा। भक्तयो हिंकाराद्या। उक्तं हि–'आवहलक्ष्म हिंकारः प्रस्तावः प्रतिहारकः। उद्गीथो निधनश्चेति पञ्चोक्ताः सामभक्तयः।।' इति।।24।। कृत्यपक्षं कार्यकदम्बकं प्रकाशयतां

---

1. 'विधुरत्वं' **क.**　2. 'प्राप्तमर्दं' **क-ख.**　3. 'प्रसादयत्' **क.**

कृत्यपक्षमखिलं[1] विचिन्वतां साधनाङ्गवचनानुदाहृतेः।
दृश्यते पुरत एव मन्त्रिणां वादिनामिव विपर्यये जयः।।25।।

मोहविप्लुतदशं प्रवर्तितस्वेदबिन्दुपुलकाङ्कुरोत्करम्।
विद्विषां हरतु मन्त्र एष वः क्ष्वेडमाप्यमिव दर्पविभ्रमम्।।26।।

दर्शितावयपञ्चकं क्रमात्तत्कणव्रतविनेयविभ्रमाः।
दुर्जयोर्जितविपक्षनिर्जये वाक्यमञ्चितधियः प्रयुञ्जते।।27।।

साधयद्भिरविरुग्णमीप्सितं शास्त्रहेतुभिरिव त्रिलक्ष्मभिः।
जृम्भितं जगति यैरनर्गलं[2] वैरिभिः प्रतिदिशं दिवौकसाम्।।28।।

विस्फुरन्मणिकरालमूर्धतां बिभ्रतामतनुमेचकत्विषाम्।
भोगिनामिव न दण्डघट्टना नोपघातघटनाय विद्विषाम्।।29।।

(युगलकम्[3])

आरिराधयिषुणा वृषध्वजं येन तीव्रतपसि स्थितात्मना।
अन्धकार इव शीतरोचिषा धूमराशिरकृशः पुरा पपे।।30।।

संयुगेषु हृतजीविताञ्जवाज्जीवयन्दितिभुपो ऽपि विद्यया।
सोऽमृतप्रतिनिधित्वमीयिवांश्चिन्त्य एव भृगुनन्दनोऽपि वः।।31।।

(युगलकम्[4])

मन्त्रिणां साधनस्य कार्यनिष्पादकस्य मन्त्रस्याङ्गानि कर्मणामारम्भोपाय इत्यादीनि। बौद्धादीनां वादिनामिव। तेऽपि कृत्यपक्षं स्वकल्पितं प्रतिज्ञां प्रकटयन्तः साधनस्य हेतोः पक्षधर्मतादीनामङ्गानां वचनस्याति (?)।।25।। 'क्ष्वेडं विषं तदाप्यं च रूढ्या वारुणमुच्यते। प्रस्वेदलालापुलकगलबन्धप्रवर्तकम्'।।26।। अवयवाः कर्मणामारम्भोपाय इत्यादयः। प्रतिज्ञाहेतुदृष्टान्तोपनयननिगमनानि च। कणव्रत- विनेयाः कणादशिष्याः। विपक्षाः प्रतिवादिनोऽपि।।27।। अविरुग्णमप्रतिहतम्। ईप्सितं स्वमतमपि। शास्त्रहेतवः स्वभावकार्यानुपलब्ध्याख्याः। त्रिलक्ष्मभिः कुल्यकृत्रिमभूम्यनन्तरत्वेन, पक्षधर्मतान्वय-व्यतिरेकयोगेन च त्रिरूपैः।।28।। दण्डश्चतुर्थ उपायो यष्टिश्च। युग्मम्।।29।। पपे पीतः।।30।। भृगुनन्दनः शुक्रः।।31।। घूर्णनमनवस्थितिः।।32।। नन्विति तथापीत्यर्थः।।33।। विपाकः परिणामः। यतो विपाकात्। वैद्यके च द्रव्याणां रसप्रभाववीर्यनिरूपणामध्ये विपाकोऽपि चिन्तितः। स च गुणमारोग्यं करोति।।34।। फलमर्थप्राप्तिरपि।।35।।

---

1. 'कर्यातत्त्वमखिलं' **क.** 2. 'तैः' **ख.** 3. 'युगलकम्' इति **ख**-पुस्तके नास्ति.
4. 'युगलकम्' इति **ख**-पुस्तके नास्ति.

आयतेषु हृदयेषु शेमुषी मन्दिमानमधुनाभ्युपागता।
ब्रूत दीपकशिखेव किं नु[1]वो लक्ष्यते रभसघूर्णनाकुला।।32।।

संकटेष्वधिकमेव धीमतां विस्फुरन्ति ननु मन्त्रशक्तयः।
व्याप्तवत्सु तिमिरेषु दिक्तटानुन्मिषन्त्यहिमदीधितित्विषः[2]।।33।।

यूयमाहवरसे व्यवस्थिताः सप्रभावमपि वीर्यमत्र वः।
चिन्त्यतां ननु विपाक ईदृशे कृत्यवस्तुनि यतो भवेद्गुणः।।34।।

अव्यपायफलसाधनास्पदं क्ष्माभृतां चिरमनुज्झितक्रमैः।
मण्डलं जगदिवर्तुभिः स्फुटं षड्भिरेव परिवर्त्यते गुणैः।।35।।

चञ्चलत्वविरसाविसंवदत्स्वाशयानुगुणवृत्तितां गताः।
मूढमार्गरभसाहृताः स्फुटं न श्रियोऽपि बहु मन्वते पतीन्।।36।।

संप्रति प्रगुणरूपमुच्छ्वसत्संप्रहाररभसो मनोरथः।
नीतिवर्त्म विषमीकरोति वः क्षुण्णमेतदभितो महाजनैः।।37।।

ह्लादहेतुरधिकं रणेषु वो यद्यपि क्वचन भीमदर्शनैः।
नोज्झिता सजलमेघमेचकैः कीर्तिचन्दनलतासिभोगिभिः।।38।।

यद्यपीन्दुकरकोमलच्छविः कीर्तिरप्रतिमरूपतां गता।
कातरस्य गणनाथ हारिणी नाकलोकललनेव दुर्लभा।।39।।

मन्दमारुतसलीलघट्टना मञ्जुलक्वणितधारतां गताः।
संयुगार्थमिव यद्यपीह वश्चोदयन्ति करवालयष्टयः।।40।।

चञ्चलत्वविरसा चाविसंवदन्ती अव्यभिचरन्ती अत एव स्वाशयस्य स्वाधारस्य जलधेर-नुगुणा सदृशी वृत्तिर्यासां तद्भावं प्राप्ताः। मूढमार्गेण जडोपसेवितेन रभसेनानीताः श्रियो नैव पतीनाद्रियन्ते।।36।। क्षुण्णं सेवितम्। रथश्च क्षुण्णमपि मार्गं विषमीकरोति विशृङ्खलयति।।37।। ह्लादहेतुरित्यादि त्रयोदशभिः कुलकम्। अत्र च तात्पर्यम्—यद्यपि यूयं बहुशः समरे समासादिताशयाः, समनन्तरेण च कीर्तिप्राप्तिः, समरनिहतैश्च शत्रुभिरुद्रवो भवति राजलक्ष्मीलक्षाणाम्, तथापि तत्कथयत प्राप्तजयश्रियोऽप्यधिभुवः प्रभोः स्वसंबन्धिनो भुजवीर्यशालिनश्चारभटा यदि न दूषिताः कस्मादेभिरकस्माद्बन्धुक्षयः कारित इत्यपवादपदवीं प्रापितानीत्याबाधः। न तु स्वजनक्षयोऽपि न वाच्यताहेतुरिति।।38।। कातरस्य दुर्लभा कीर्तिरिति संबन्धमात्रे षष्ठी। हारिणी हृद्या सहारा च।।39।। मञ्जुलं

---

1. 'न' **क.** 2. 'हिमदीधितित्विषः' **क.**

आहतस्तनतटारिसुन्दरीक्रन्दितेन जयशब्दघोषणाः।
संप्रहारधरणीतलोत्थितै रेणुभिश्च पटवासपांसवः॥41॥

खड्गकृत्तभटकण्डलैर्निर्मलाश्च मणिहारयष्टयः।
चण्डमारुतरयप्रवर्तिभिर्गृध्रपक्षधवनैः[1] प्रकीर्णकाः॥42॥

धातुमूर्च्छितभटाननासृजा नागवल्लिदलरागसंपदः।
बद्धसंमदशिवोपगूहनैर्गाढभीरुपरिरम्भविभ्रमाः॥43॥

शोकदीनरुदिताश्रुबिन्दुभिर्ह्लादबाष्पजलशीकरोत्कराः।
प्रेतसैनिकजनानकारवैः संप्रहारजयदुन्दुभिस्वनाः॥44॥

छायया शकुनिमण्डलोत्थया छत्रधारणविडम्बनक्रमाः।
फेरवाननगतान्त्रमण्डलीदामभिश्च जयमङ्गलस्रजः॥45॥

नीलनीरजदलोज्ज्वलाननैर्मार्गणैः स्मरविलासशेखराः।
बाणभिन्नकरिकुम्भमण्डलीमौक्तिकोत्करकरैः स्मितोद्गमाः॥46॥

संयुगश्रमजलच्छटाकणैर्मोहना विरलवारिबिन्दवः।
हेतिभिन्नभटदेहमण्डलीशोणितेन हरिचन्दनद्रवाः॥47॥

संस्थिताप्लवनवारिसंचयैरुच्छलद्भिरभिषेकविप्रुषः।
दुःखदैन्यपरिदेविताक्षरैर्मन्द्रमङ्गलमृदङ्गनिःस्वनाः॥48॥

संप्रहारमुखदीर्घनिद्रया प्रत्युषःसमयबोधविभ्रमाः[2]।
वैरिबन्दिनिगडैः सनिःस्वनैः सारवा निजपुरंध्रिनूपुराः॥49॥

संयुगेषु हतबन्धुसंहतेस्तत्तथापि भुजवीर्यशालिनः[3]।
आस्थितस्य तरसा जयश्रियं ब्रूत यद्यधिभुवो न दूषिताः॥50॥

(त्रयोदशभिः कुलकम्)

मधुरम्॥40॥ पटवासश्चन्दनादिकृतं चूर्णम्॥41॥ पक्षाणां धवनैः कम्पनैः॥42-43॥ प्रेता मृताः। आनका दुन्दुभयश्च पटहाः॥44॥ फेरवाः शिवाः॥45-46॥ मोहनं सुरतम्॥47॥ संस्थिताप्लवनं मृतस्नानम्॥48॥ दीर्घनिद्रा मूर्च्छा। बोधविभ्रमः स्वापः॥49-51॥ गुणाः सध्याद्याः। स्त्री च चपला गुणेन शृङ्खलया बध्यते॥52॥ साङ्ख्यः सङ्ग्रामभवो योगो युक्तिः। ज्ञातं सत्त्वप्रधानानां पुरुषाणां परस्परं निःसत्त्वेभ्यो

---

1. 'पक्षपवनैः' इति पुस्तकद्वये पाठः. 2. 'सरस' क. 3. 'तव शौर्य' क.

आयुधानि विविधानि सन्ति वः पीवरा भटजनस्य बाहवः।
कार्यमोहतिमिरावबोधिनी दुर्लभा तु मतिदीपिका नृणाम्॥51॥

दार्ढ्यशालिगुणनीतिशृङ्खलाबन्धसंयतपदामनर्गलम्।[1]
स्थेयसीं विदधतीह पण्डिताः स्त्रीनिसर्गतरलां नृपश्रियम्॥52॥

सांख्ययोगपरिनिष्ठितात्मतां ज्ञातसत्त्वपुरुषान्तरो दधत्।
नूनमेति न विकारविप्लवक्लेशलेशघटनां विवेकभाक्॥53॥

मुह्यते य इह कृत्यवस्तुनि ज्योतिरक्षतनयात्मकं दधत्।
अन्धकूपकुहरे परिस्फुटं दीप्रदीपककरः पतत्यसौ॥54॥

विद्विषत्यतुलितोरुविक्रमे विक्रमेत सहसा न नीतिमान्।
को नु संशयितपन्नगे करं वामलूरविवरे विनिक्षिपेत्[2]॥55॥

मन्त्रयुक्तिगहनं प्रमाणतां सामभेदकृतसौष्ठवं[3] दधत्।
श्रौतमागममिवातिवर्तितुं कः क्षमेत नयशास्त्रसंग्रहम्॥56॥

संरम्भः प्रशममुपैतु वोऽत्र हेलानिष्पिष्टस्फुटकटकाच्छरत्नबन्धः।
मा स्मैतत्सुरसुरवैरिणा[4] विरोधे त्रैलोक्यं सकलमकाण्डभङ्गुरं भूत्॥57॥

नन्दन्तु नन्दनवनावनिवीथिकासु
　　लीनालियूथशबलीकृतयुथिकासु।
सार्धं सुरासुरगणाः कदलीदलोरू-
　　दोः कन्दलीवलितपीवरकण्ठभागाः॥58॥

वान्तरं विशेषो येन। विकारा भ्रुकुट्यादय एवोपप्लवः। तदुत्पन्नेन दुःखलवेन घटना संबन्धः। विवेकभागुत्पन्नविचारः। यश्च विवेकभाग्योगी सांख्ययोगयोः कापिलपातञ्जल-शास्त्रयोर्निश्चितमतिः स प्रकृतिपुरुषयोर्विवेकज्ञानाद्विकारेभ्यो महदहंकारादिभ्यो विप्लवः समुत्थानं येषां तेषामविद्यास्मितादीनां क्लेशानां लेशेनापि न युज्यते॥53॥ मुह्यत इत्यात्मनेपदमन्तर्भावितण्यर्थतया कर्मणि। परैर्मोह्यत इत्यर्थः॥54॥ सहसा न विक्रमेत निर्विचारं न यायात्। 'वेः पादविहरणे' इति तङ्। वामलूरो वल्मीकः॥55॥ मन्त्रस्य पञ्चात्मकस्य युक्तिर्योजनम्। प्रमाणतां दधत् प्रामाणिकः। सामभेदौ प्रथमतृतीयावुपायौ। श्रोतं वैदिकम्। वेदागमोऽपि 'शतं जीव शरदः' इत्यादिभिर्मन्त्रैर्युक्तिभिश्च तत्प्रामाण्योपयो-गिनीभिरुपपत्तिभिर्गहनः। साम्नो वेदस्य भेदाः शाखाः॥56-57॥ कदलीदलोरूरङ्गना।

---

1. 'दैर्घ्यशालि' क. 2. 'परिक्षिपेत्' ख. 3. 'सौष्ठवां' क. 4. 'सुर' इति ख-पुस्तके नास्ति.

पुष्पौघवर्षममरप्रमदा[1] मुदा च
मुञ्चन्तु शान्तसुरदैत्यविराधहृष्टाः।
मन्दारदामविगलन्मकरन्दबिन्दु-
संदोहदोहदनदत्समदद्विरेफाः।।59।।

उडुपथमण्डलं भवतु मा शुचिरविनिपत-
द्दिनकरखण्डचण्डचडुलीनिबिडतरतडित्।[2]
दिशि दिशि मा क्षुभञ्जलधयः पिशुनितसमराः
प्रचुरविकीर्णरत्नपटलीशबलतटभुवः[3]।।60।।

इति श्रीबालबृहस्पत्यनुजीविनो वागीश्वराङ्कस्य विद्याधिपत्यपरनाम्नो महाकवे राजानकश्रीरत्नाकरस्य कृतौ रत्नाङ्के हरविजये महाकाव्ये पुष्पहासनयोपन्यासो नाम चतुर्दशः सर्गः।

पञ्चदशः सर्गः।

इति संहृतसंयुगाभियोगे सदसि व्याम्नि पयोमुचीव तस्मिन्।
अभिगर्जति साधुवादकेकाकलकोलाहलनीलकण्ठचक्रे।।1।।

चलिते[4] समरोत्सवाप्तिकालप्रमदोत्फुल्लविलोचनारविन्दम्।
प्रलयानलधामदुर्निरीक्ष्यत्विषि संभावितपौरुषं भटौघे।।2।।

कथमेतदिति [5]व्युपायचिन्ताभरयोगाञ्चितमूर्ध्नि शून्यदृष्टौ।
स्थितवत्यपरत्र नीतिगर्भे स्फुटनिम्नोन्नतपृष्ठभुग्नवक्षाः।।3।।

'ऊरूत्तरपदादौपम्ये' इत्यूङ्।।58।। दोहदोऽभिलाषः।।59।। उडुपथोऽन्तरिक्षम्। चडुल्य उल्काः। मा क्षुभन्निति 'द्युद्भ्यो लुङि' इति परस्मैपदम्। द्युतादिपाठादङ्।।60।। इति राजानकजयानकसूनोरलकस्य कृतौ हरविजयविषमपदोद्द्योते चतुर्दशः सर्गः।।

पञ्चदशः सर्गः।

मन्दिषेणाख्यो गणपतिः सरस्वतीं ससर्जेति पञ्चदशभिः कुलकम्। साधुवाद एव केका तया कलकोलाहलो हरपरिवारो यत्र तस्मिन्सदसि निषिद्धयुद्धोद्योगे तस्मिन्पुष्पहासे विषये गर्जति मौर्ख्यमालम्बिते सति। यथा केकामुखरमयूरवृन्दे नभसि

---

1. 'पुष्पप्रवर्ष **क.** 2. 'चुडुलीनिबिडिततडित्' **ख.** 3. 'प्रसर' **क.** 4. 'वलिते' **ख.** 5. 'व्यपाय' **ख.**

मुकुलीकृतदृष्टि फुल्लगण्डं परिवाह्याशु शिरो मुखं दधाने।
जडमैडविडेऽरिमण्डलश्रीक्षयकण्डूभरडिम्बडम्बरस्थे॥4॥

परदेशमुपेत्य यस्य भीत्यानवमञ्जीरकमण्डलीसनाथम्।
चरणाम्बुरुहं विपक्षलोकः स्मरति स्म व्यसनातुरः पुरंध्याः॥5॥

गमनादिव मन्थरत्वमुच्चैः परिपाण्डुत्वमिवाच्छगण्डभागात्।
कृशता भृशमाददे[1] च मध्यादिव यस्यारिनितम्बिनीवपुर्भिः॥6॥

परिवृत्तिपरीतहारिवर्णस्वरमभ्युज्झितसंधियोगमुच्चैः।
रिपुचक्रमनूष्मतां दधानं सपदि प्राकृतमेव यस्य जज्ञे॥7॥

युधि येन विवल्गता सलीलं करिकुम्भा गलदच्छमौक्तिकौघाः।
करवालसहायबाहुना स्त्रीस्तनभारैः[2] सह चक्रिरे रिपूणाम्॥8॥

स्फुटपक्षपरिग्रहेण शश्वद्दधताप्याहवमूर्ध्न्यपक्षतित्वम्[3]।
क्षयकालनभस्वतेव शैलास्तरसापिक्षत येव विद्विषन्तः॥9॥

मेघेऽपि संहृतः संघटितः सम्यग्युगस्य मिथुनस्य॥1-2॥ शून्याभिधा दृष्टिर्यस्य। अपरस्य तटौघस्य निम्नमुन्नतपृष्ठं भुग्नं च वक्ष आभुग्नकाख्यं यत्र तत्कृत्वा। अयं च भरतोद्देशः—'किंचित्पार्श्वानतग्रीवं शिरो विज्ञेयमञ्चितम्। समतारा समपुटा निष्कम्पा शून्यदर्शना॥ बाह्यार्थाग्राहिणी.........स्या शून्या दृष्टिः प्रकीर्तिता। निम्नमुन्नतपृष्ठं च व्याभुग्नं संश्लथं तथा॥ आभुग्नं तदुरो ज्ञेयम्'॥3॥ 'स्फुरदाश्लिष्टपक्ष्माग्रा मुकुलोर्ध्वपुटाञ्चिता। सुखामीलिततारा च मुकुला दृष्टिरुच्यते॥ पर्यायतः पार्श्वगतं शिरः स्यात्परिवाहितम्' इति। रिपुलक्ष्म्याः क्षयार्थं कण्डूभरोऽभिलाषवृद्धिर्यत्र स डिम्बडम्बरो बाहुयुद्धप्रपञ्चस्तत्स्थे धनपतौ सति। डिम्बं तुमुलयुद्धमिति केचित्॥4॥ अविद्यमानावममत्यन्तश्रेष्ठम्। जीरकस्याजाजेर्मण्डलीभिः सनाथम्। चरणाम्बुरुहमपि नवोमञ्जीरको नूपुर एव मण्डली तत्सनाथम्॥5॥ मन्थरत्वमालस्यम्॥6॥ हारी वर्णः शरीरकान्तिर्यस्य। परिवृत्तिर्धूसरता। स्वरस्यापि दैन्ययोगः। संधिर्मैत्री। ऊष्मा दर्पः। सपदि परमनन्तरमेव। प्राकृतं विकृष्टम्। अथ च रिपुचक्रमेव प्राकृतं प्राकृतभाषामयं च काव्यमिति च रूपकम्। तत्र च वर्णानां हलां स्वराणां चाकारादीनामचां विपर्ययः क्रियते। क्वचित्संधिकार्याभावश्च। ऊष्माणौ षशौ न प्रयुज्येते। उक्तं हि—'ऋॠऌॡ न सन्त्यत्र ङणना अपि नो पृथक्। न शषौ न द्विवचनं चतुर्थी दृश्यते क्वचित्॥' इति॥7-8॥ पक्षाः सहायाः। अपक्षतित्वं निर्बाधता। यः परिगृहीतपतत्त्रः स

---

1. 'आदधे' ख. 2. 'स्तनभगैः' ख. 3.'अथाहव' ख.

युधि वल्गति यत्र तिग्मतेजःप्रतिपक्षास्तमयप्रदोषखड्गे।
दितिजा भुजवीर्यसंपदोच्चैरदरिद्रासिषुरद्रिसारदेहाः॥10॥

श्रियमेति च यस्य खड्गयष्टिर्विपुला पाण्डुरदन्तमण्डलाङ्का।
उडुपाण्डुनिजाण्डपिण्डनिर्यत्तिमिरव्रातविधूसरोरगश्रीः॥11॥

प्रथयन्भुजपादपालितस्य स्फुटकेयूरमदा[1] (सा) ररश्मिभङ्ग्या।
कदलीदलसंनिवेशमुच्चैरिव दुर्वारपराक्रमद्विपस्य[2]॥12॥

भुवनप्रलयानलस्त्रिलोकीदहनायेव शिखावलीर्विकीर्णाः।
स दधत्परिपिङ्गला जटालीर्गुरुसंरम्भविधूनितोत्तमाङ्गः॥13॥

गुरुकार्यविचारणावितर्कस्फुरदुद्वृत्तपुटां दृशं दधानः।
प्रमथाधिपतेर्निराकरिष्यन्गिरमौर्जित्यवतीं विवृत्य[3] किंचित॥14॥

दशनांशुमिषेण नन्दिषेणः शुचिना दर्शिततीरकाशशोभाम्।
अपमृष्टकलङ्कदोषरम्यामिति निश्चित्य सरस्वतीं ससर्ज॥15॥

(पञ्चदशभिः[4] कुलकम्)

स्फुरिताधरधातुरागधूलिच्छुरिता[5] दन्तमरीचयोऽस्य शुभ्राः।
शुचिमानसनिर्झराभिरामां श्रियमासेदुरथो विनिष्पतन्त्यः॥16॥

हरसंसदि तस्य चाभिधित्सोर्गिरमुच्चैरनभिप्लुतार्थगुर्वीम्।
ककुभः समवस्त्रयन्निवैता दशनांशूत्करमिन्दुरश्मिगौरम्॥17॥

अनपेक्ष्य भवादृशां पुरो यल्लघुवाग्मित्वमभिव्यनक्ति मादृक्।
अपराध्यति तत्र नूनमेषा तदनार्या खलु कार्यनिम्नतैव॥18॥

कथमपक्षतिरपक्षमूलः स्यादिति तु विरोधः। अपिक्षत पिष्टाः। कर्मणि लुङ्॥9॥ तिग्मतेजसस्तीव्रप्रतापा ये रिपवस्तन्नाशे झगिति व्यापादकत्वात्प्रकृष्टदोषः खड्गो यस्य। प्रतिपक्षभूतस्य च तिग्मांशोः प्रदोषो रात्रिमुखमस्तमयहेतुः॥10-11॥ आलितो बद्धः। मदारो मरकतम्। संनिवेशं वेश्म॥12-13॥ वितर्क ऊहः॥14॥ स्पष्टेन दन्तांशुव्याजेन दर्शिता तीरस्थकाशानामिव शोभा यस्याः। कलङ्कोऽपशब्दादिर्मलश्च। सरस्वती नदीभेदोऽपि। सापि तीरकाशैः सशोभा॥15॥ मानसं सरोऽपि॥16॥ अनभिप्लुतो गभीरः। समवस्त्रयन्परिदधुः। 'वस्त्रात्समाच्छादने' इति णिच्॥17॥

---

1. 'मुदार' **ख.** 2. 'दुर्धार' **क.** 3. 'विसृज्य' **क.** 4. 'पञ्चदशभिः' इति **ख.** पुस्तके नास्ति। 5. 'स्फुरिता' **क.**

प्रतिपादयितुं यदन्यथार्थान्कुशलत्वेन जनो व्यवस्यतीमान्[1]।
सकलः स गुणोऽस्य वाग्मितायाः सततं ते पुनरात्मरूपनिष्ठाः॥19॥

निजशक्तिपरिक्षयेण लोको भयमेष व्यवलम्बतां नयाख्यम्।
पृथगेव पराक्रमस्तु सिद्ध्यै घटते दोर्द्रुमदर्पदर्पणो वः॥20॥

रिपुणा व्यवरोपितेषु धाम्नः परिमृष्टावयवार्थसंज्ञकेषु।
सकलेषु कृतेषु नाकसत्सु प्रसभं ह्रीपदवृत्तिजीवितेषु॥21॥

असुरीजनकर्णपूरलीलव्यवलुप्तामलरत्नपल्लवेषु[2]।
सुरशाखिकदम्बकेषु दूरं दृढतापास्पदतामुपागतेषु॥22॥

दितिजापहृतामरेन्द्रबन्दीरतसाक्षित्वमुपेयिवद्दधत्सु।
विकसन्मणिपुष्पनेत्रचक्रं त्रिदशाक्रीडलतागृहान्तरेषु॥23॥

स्फुटलक्ष्मगवाक्षमार्गनिर्यन्नवकालागुरुधूमशारमध्यम्।
विदधत्स्विव मण्डलं हिमांशोरपनीतेषु विमानमण्डलेषु॥24॥

विनिमग्नसुरारिचक्रकान्ताकुचकाश्मीरकपिञ्जरकृतासु।
व्यवरोपितरत्नपङ्कजासु त्रिदशोद्यानलतारविन्दिनीषु॥25॥

करलाङ्गलनिर्दयावकृष्टप्रकटाराविविपक्षवाहिनीके।
हलिनीव हृते हिमांशुशुभ्रत्विषि दुग्धोदधिजन्मनि द्विपेन्द्रे॥26॥

गुरुदुःखभरानुबन्धकाष्ठारुदितोच्छूनविपाटलेक्षणासु।
सकलामरराजवृन्दबन्दीजनतासु व्यसनौघविप्लुतासु॥27॥

जगदप्रतिमल्लदर्पकण्डूभरसंभिन्नभुजे भुजिष्यभावम्।
नयति प्रसभं प्रसारितेजःप्रसरे संप्रति देवराजशत्रौ॥28॥

प्रतिबद्धजयाश इन्दुमौलौ सुरलोके सममेव लोकपालैः।
गमयत्यपि वासरान्कथंचिद्दयितालिङ्गनमङ्गलाभिलाषात्॥29॥

अनपेक्ष्याविचार्य। निम्नता गाम्भीर्यम्॥18–20॥ रिपुणा सुरेष्वेवंविधेषु कृतेषु अधुनापि किमुदासीनं स्थीयत इति दशभिः कुलकम्। धाम्नः स्वपदान्नाकाद्व्यवरोपितेषु निष्कासितेषु, अत एव लुप्तानुगमा नाके सीदन्तीति संज्ञा येषाम्। वृत्तिराहारपानादिकम्॥21॥ तापो दुःखमपि॥22–24॥ काश्मीरं कुङ्कमम्॥25॥ कर एव करे

---

1. 'इमम्' क. 2. 'अमरी' क.

अधुनापि किमास्यते जयश्रीरभसाकर्षणबद्धनिश्रयानाम्।
ननु ताम्यति मानसं भटानां किमुपायान्तरचिन्तनान्तरायैः॥30॥
(दशभिः[1] कुलकम्)

अनपेक्षितकालयापनानां भुजदण्डेऽद्रिशिलाविशङ्कटांसे।
युगपन्निवसन्ति सत्त्वभाजामसिसङ्ग्रामजयश्रियो भटानाम्॥31॥

कृतमेव हि मन्त्रचिन्तया वः समरस्योन्मिषतः शताश्रिपाणेः[2]।
कवलीकुरुते यदस्तभीतिर्ग्रहकल्लोल उपेत्य चन्द्रसूर्यौ॥32॥

युधि दैत्यपतौ विजृम्भमाणे वयमासिष्महि यन्निरस्तयत्नाः।
प्रभुशासनलाभशून्यतायाः परिणामः कटुकः सुदारुणोऽयम्॥33॥

पिनषाम किमाशु चूर्णपेषं विनिमेषान्तरतः सुराहितानाम्।
इति चन्द्रकिरीट देह्यनुज्ञां त्वदनुद्योगहता हि नो जयश्रीः॥34॥

द्रुतमित्थमतर्किते गतेऽपि द्विविधं कालमवेत शौर्यशौण्डाः।
समयाख्यमुपस्थितं रणे नः सुरशत्रोः समवर्तिसंज्ञमन्यम्[3]॥35॥

रणमूर्धनि दैत्यराजलक्ष्म्या दिदरिद्रासति नूनमन्धकोऽसौ।
यदनेन कृताः प्रकुप्यतां वो भ्रुकुटीभङ्गतरङ्गिताः[4] ललाटाः॥36॥

अपजह्नुविरे ययाशु जह्नोस्तनयायाः पतिता दिवो जलौघाः।
सकलासुरवंशनाशहेतुस्तव[5] सैकैव जटास्तु नाथ मुक्ता॥37॥

रणमूर्ध्नि जयश्रियं भटौघे दृढमाश्लिष्टवति द्युलोकनार्यः।
सुरनाथ भवन्तु दूरचिन्ता[6] मदनाकूतविघातबद्धमूर्छाः॥38॥

लाङ्गलं हलम्। विपक्षः कलिन्दाचलोऽपि। वाहिनी नदी यमुनापि॥26॥ काष्ठा प्रकर्षः॥27॥ अप्रतिमल्लोऽनन्यसदृशः। भुजिष्यभावो दासता॥28॥ आलिङ्गनमेव दुर्लभत्वान्मङ्गलम्॥29॥ प्रयाणं क्षेपः (?)॥30॥ असिसङ्ग्रामे जयश्रीः प्राप्यत इत्यर्थः॥31॥ शताश्रि वज्रम। तत्पाणेरिन्द्रस्य। उन्मिषतः पश्यत एवेत्यनादरे षष्ठी। ग्रहकल्लोलो राहुः॥32॥ आसिष्महि स्थिताः॥33॥ पिनषाम चूर्णयाम। चूर्णस्येव पिनषाम चूर्णपेषम्। 'उपमाने कर्मणि च' इति णमुल्। सुराहितानामिति 'जासिनिप्रहण-' इति षष्ठी॥34॥ हे विक्रमासक्ताः, इत्थमविचारितेऽपि गते काले द्विविधं कालमुपनत-

---

1. 'दशभिः' इति ख-पुस्तके नास्ति. 2. 'शिताश्रिपाणेः' क. 3. 'अन्यत्' क. 4. 'भङ्गि' क. 5. 'हेतोः' क. 6. 'दूनचित्ता' क.

कवचानि पिनेहिवांस एते समराय प्रमथाः[1] सघोरगर्जाः।
क्षयकालघनाघनौघघाटिं दधतु व्योम जवाद्विलङ्घ्यन्तः।।39।।

गणनाथ भवन्तमुत्सुकत्वात्परिषिष्वङ्क्षुरविश्लथं जयश्रीः।
पुलकोद्गमकर्कशां बिभर्ति ध्रुवमायोधनमूर्ध्नि देहयष्टिम्।।40।।

स्थिरनिश्रितवैरमानसेन प्रभुतामप्यधिजग्मुषा त्रिलोक्याम्।
द्विषता मलिनात्मकेन शंभोस्तिमिरेणेव न भास्वतोऽस्ति संधिः।।41।।

भजते हि न साध्यतां स साम्ना सकलोच्छेदितयाप्तवान्प्रभुत्वम्।
नियतं विबुधेषु बद्धवैरा अपि तन्मण्डलवर्तिनो न भेद्याः।।42।।

न तदस्ति जगत्त्रयेऽपि रत्नं न कृतं तेन यदात्मसात्किलादौ।
भवतां तदुपप्रदानसाध्यां स्थितिमीयादिति वार्तमेव मन्ये।।43।।

इति दण्ड इहावशिष्यमाणे सकलाः सन्तु वरूथिनीचरा नः।
स्फुटकुट्टनविभ्रमासयोऽमी सुरनारीजनसंगमेष्वरीणाम्।।44।।

अथवा किममीभिरिन्दुमौलिभ्रुकुटीभिन्नललाटभित्तिरास्ताम्।
क्षणमेकमपि व्रतन्तु चारिप्रमदानां स्मरणीयतां विलासाः।।45।।

शिखितापविलीनमेरुशृङ्गस्नुतकार्तस्वरनिर्झरद्रवेषु।
प्रविलङ्घितसीमसप्तसिन्धुप्लवमग्नावनिपीठवण्डलेषु[2]।।46।।
परिपुञ्जिततारकप्रसर्पत्पवनाघूर्णितसप्तविष्टपेषु।
गुरुगार्जितपूरिताखिलाशामुखसंवर्तकमेघमण्डलेषु।।47।।

मवेत जानीत। अस्माकमवसराख्यमन्धकस्य यमसंज्ञकम्।।35।। दिदरिद्रासतीत्यत्र दरिद्रातेः 'असार्वधातुके' इति लोपोऽत्र नेष्यते। 'दिदरिद्रासतीत्येके' इति वचनात्।।36।। नाश एव हेतुः। शत्रुक्षयोद्यता हि शूरा युधि जटामोक्षं वितन्वन्ति।।37-38।। पिनोहिवांसो बद्धवन्तः। 'वष्टि भागुरिरल्लोपमवाप्योरुपसर्गयोः' इत्यकारलोपः। घनाघनो नवो मेघः। घाटिः साम्यम्।।39।। परिषिष्वङ्क्षुरालिङ्गितुमिच्छुः।।40।। प्रभुता व्यापकत्वमपि। मलिनात्मकेन सपापेनापि। भास्वान्रविरपि। संधिः संश्लेषोऽपि।।41-42।। वृति संवृतिः, तत्र भवं वार्तमतत्त्वम्। असारमिति यावत्।।43।। कुट्टनं चूर्णनम्। स्त्रीमेलकश्च कुट्टनः। तत्सादृश्यं साम्यमसुरहताभिरप्सरोभिः सह पुनः समागमजननात्।।44-48।। विभावसुग्निः। तस्याविपन्नस्य स्फीतस्योचितत्वं बिभ्रत। उद्दीपितो

---

1. 'प्रमथाश्मगौरवर्णाः क. 2. 'प्लवमाना' क.

भुवनप्रलयेषु सोमसूर्यज्वलनानेकमरुद्गणा विशन्तः।
पृथुवक्त्रगभीरतालूमूलं बहुधा विश्वसृजो मयास्य दृष्टाः॥48॥
(तिलकम्)

अविपन्नविभावसूचितत्वं[1] दधदुद्दपितमीनकेतु चक्षुः।
श्रियमापदमुष्य चित्रभेदस्फुटशृङ्गाररसप्रबन्धकल्पम्॥49॥

द्विषतामयतिष्यतायमेको भुवनोपप्लवदायिनां वधे चेत्।
समपत्स्यत नेदृशो निकारस्तदयं नाकसदां सदैव तेभ्यः॥50॥

बहुना[2] किमुदीरितेन नाथ त्वदुपेक्षावसरेण दैत्यलोकः।
सकलानपुनःप्ररोहहेतोः[3] स्मृतिशेषानमरान्विधास्यतेऽसौ॥51॥

उपयुक्तमृणालसूत्रगर्भस्थितिरत्राहितभीतितो मरुत्वान्।
अपनिद्रयतीति पक्षपातादिव यस्याम्बुजखण्डमुष्णरश्मिः॥52॥

नमुचिप्रमदालतासु यस्य स्मितपुष्पोद्गमशोभितां दधानाः।
कुलिशाग्निशिखाहता इवैते न ययुर्विभ्रमपल्लवाः प्ररोहम्॥53॥

अवधीरितघोरवज्रवह्नेर्नमुचेर्निष्ठुरकण्ठपीठमूलम्।
गमितं सपदि च्छिदां मयेति स्वरुचेतीव जहास यस्य फेनः॥54॥

पुनरप्यरविन्दनालसूत्रस्थितिमासाद्य स दानवेन्द्रभीतेः।
कृशिमातिशयेन शोकदीनः स विकासास्पदतां पुरैति शक्रः॥55॥
(चक्कलकम्[4])

ज्वलितः कामो येन। अतश्च बहुभिः संभोगप्रथमाभिलाषविप्रलम्भादिभिर्भेदैः प्रसिद्धस्य शृङ्गाराख्यस्य रसस्यः प्रबन्धो नाटकादौ निवेशनं तत्सदृशम्। बध्यमानोऽपि शृङ्गारः संनिहितैर्विभावैरालम्बनोद्दीपनरूपैः कारणै सूचितत्वं प्रकटतां धत्ते। यदुक्तम्– 'विभावानुभावव्यभिचारिसंयोगाद्रसनिष्पत्तिः' इति। उद्दीपितश्च समेधितः कामो येन॥49–51॥ स शक्रोऽन्धकभयद्रूयोऽपि पद्मनालवालस्थितिं प्राप्यातिकार्श्यात्स-विकासास्पदतां पुरैति आगमिष्यतीति संबन्धः। सूक्ष्ममपि बिससूत्रं तस्य विस्तीर्णमास्पदं भविष्यतीत्यर्थः। एतीति 'यावत्पुरानिपातयोर्लट्'। अहितोऽन्धकः। मरुत्वानिन्द्रः। नमुचिर्नाम दैत्यः स सर्वशस्त्राणाम्मवध्योऽस्मीत्यासादितवरो मरुत्वता तन्निहितकुलिश-शक्तिना फेनेन हतः॥52–55॥ शिखिनीत्यादि पञ्चभिः कुलकम्। अन्यद्रूपं प्रकृतं

---

1. ख–पुस्तकेऽस्य श्लोकस्य पूर्वार्धोत्तरार्धयोर्व्यत्ययोऽस्ति. 2. 'बहुधा' क. 3. 'हेतुः' क.
4. 'चतुर्भिः कुलकम्' ख.

शिखिनि प्रलयं क्रमेण नीते द्विषतायोधनमूर्ध्नि तद्वधूनाम्।
स भविष्यति दाहसत्क्रियायै स्फुटमेवान्यमयो वियोगवह्निः॥56॥

प्रधने निधनं प्रभञ्जनोऽपि प्रसभं दानवमण्डलेन नीतः।
सुरनाथपुरावरोधनारीगुरुनिःश्वासमयः प्रवर्ततेऽसौ॥57॥

दितिजास्त्रकृशानुतापशुष्कः पुनरप्याप्स्यति[1] नूनमात्मलाभम्।
गुरुदुःखभरावरोधनस्त्रीस्त्रवदस्त्रस्नुतिनिर्झरैः[2] प्रचेताः॥58॥

विनिहत्य यमं च दैत्ययोधा नरकद्वारकवाटसंपुटालीः।
दलयन्ति पुरा परेतचक्रप्रसभाकर्षणहर्षबद्धहासाः॥59॥

इति डामरमस्तु मैव[3] तावत्सुरकर्णोड्डुमरप्रणादचण्डम्।
रणसिन्धुतरण्डबाहुदण्डा रिपुलक्ष्मीहरणे भटाः क्रमन्ताम्॥60॥

(पञ्चभिः[4] कुलकम्)

रथकुञ्जरवाजिपत्तिसैन्यं प्रथतां दिक्षु रसातलोदरं वः।
विदधद्धरनम्रभूमिताम्यत्फणिफूत्कानलधूमधूम्रगर्भम्॥61॥

संक्षिप्तमेतदिह दुर्धरधैर्यदर्पा[5]-
　　दुद्वेलवारिनिधिकम्पितशैलचक्राः।
नायान्ति यावदसुराधिपतिध्वजिन्य-
　　स्तावत्क्षमं तदभिषेणनमिन्दुमौले॥62॥

आक्रान्तिभुग्नभुजगेन्द्रफणाग्रपीठ-
　　पारिप्लवक्षितितला पृतना स्मरारेः।
प्रस्थाप्यतां रुरुधुषी दिननाथवर्त्म-
　　कल्पावसानजलधेरिव वीचिपङ्क्तिः॥63॥

यस्य सोऽन्यमयः॥56॥ प्रधने रणे। प्रभञ्जनो वायुः। अवरोधोऽन्तः-पुरम्॥57-59॥ डामरं तुमुलम्। उड्डमरो भीषणः। तरण्डाः प्लवाः। क्रमन्तामुत्सहन्ताम्। 'वृत्तिसर्ग-' इति तङ्॥60-61॥ संक्षिप्तमेतदिह अयमत्र संक्षेपः। दुर्धरं दुःसहम्। उद्वेलास्त्यक्तमर्यादाः। ध्वजिनी सेना। तस्यासुराधिपतेरभिषेणनं सेनयाभियानम्॥62॥ प्रस्थाप्यतां प्रस्थानं कार्यताम्। रुरुधुषी व्यापृतवती॥63॥ ते दानवा एव कवलास्तेषां घस्मरता अदन-

---

1. 'पुनरेव' **ख**. 2. 'स्नुत' **क**. 3. 'सैव' **क**. 4. पञ्चभिरित्यादि पुस्तकद्वयेऽपि नास्ति. 5. 'दैत्यदर्पा' **ख**.

उद्वृत्तदानवकुप्रलयोत्सवाय
देवो यदैव चलितः पृतनासहस्रैः।
तद्ग्रासघस्मरतया विवृतौष्ठवक्त्र-
मभ्येत्य धावति तदैव पुरोऽस्य मृत्युः॥64॥

हेलानिरस्तहरिहेतिविलूनकण्ठ-
पीठः सुरारिप्टतनानिकुरुम्ब उच्चैः।
प्राप्नोतु सांप्रतमविग्रहतामुपोढ-
सिंहीसुतानुकृतिरर्दितचन्द्रसूर्यः॥65॥

क्षुन्दन्तु दन्तपरिघप्रसभाभिघात[1]-
निर्धूतकाञ्चनपरागपिशङ्गिताङ्गाः।
वप्राभिघातघटिताः करिणो विरुग्ण-
कल्पद्रुमौघविषमानि तटानि मेरोः॥66॥

आवासितस्य शिशिरांशुभृतोऽधिमेरु
मन्दाकिनीहृदजलं विनिमज्जनेषु।
कुर्वनतु सैनिकवधूजनता मुखेन्दु-
लावण्यकान्तिजिकाञ्चनपद्मशोभम्[2]॥67॥

उत्पाता एव नूनं सकलदितिसुतग्राससंरम्भधाव-
न्मृत्युव्याधूतकल्पानलकपिलशिखा[3]विभ्रमोल्काकलापाः[4]।
शंसन्त्युद्वेलरत्नाकरसलिलरयाध्माततीराद्रिरन्ध्र-
ध्वानैः सङ्ग्रामगोष्ठीमुदितसुरवधूचक्रसंचारिकां वः॥68॥

इति श्रीबालबृहस्पत्यनुजीविनो वागीश्वराङ्कस्य विद्याधिपत्यपरनाम्नो महाकवे
राजानकश्रीरत्नाकरस्य कृतौ रत्नाङ्के हरविजये महाकाव्ये
नन्दिषेणनयाभिषेणनवर्णनो नाम पञ्चदशः सर्गः।

शीलत्वम्॥64॥ हरिरिन्द्रो विष्णुश्च। विग्रहो विरोधः शरीरं च॥65॥ अभिघातार्थं घटिताः श्लिष्टाः॥66॥ शिशिरांशुभृतः शंभोः। ह्रदः प्रवाहः॥67॥ धावता मृत्युना धूताः कल्पाग्निवत्कपिला याश्चूडास्तत्तुल्या उल्काकलापा येषु। संचारिका दूती॥68॥

---

1. 'प्रसराभिघात' क. 2. 'शोभाम्' इति पुस्तकद्वयपाठः. 3. 'कपिशशिखा' ख.
4. 'उल्काभिरामाः' ख.

षोडशः सर्गः।

तस्मिन्नुदीर्य वचनं जितमेघगर्ज-
मावर्जितोर्जितभटं विरते शिखण्डी।
स्फूर्जत्सभाभवनभित्तिपुटोपगूढ[1]-
पर्जन्यधीरनिनदप्रतिनादसान्द्रम्।।1।।

वैकक्ष्यकस्फुरदुदंशुविचित्ररत्न-
दामाभिरामतनुरिन्दुकरच्छटाच्छः।
तिर्यनङ्निषण्णकुलिशायुधकार्मुकाङ्क-
नीहारशैलसदृशीं श्रियमादधानः।।2।।

प्रेङ्खत्फणामणिशिखारुणितोपवीत-
सूत्राधिकारभुजगः सदसीन्दुमौलेः।
निर्धौतधातुकपिलीकृतानिर्झराद्रि[2]-
लीलां दधद्वचनमित्थमुदाजहार।।3।।　　　　(तिलकम्)

विद्याधिपो यदनघान्द्विषतो जिघांसु-
रज्यूर्जितं वचनमाह न विस्मयस्तत्।
लोकान्दिधक्षुरखिलानयुगार्चिरर्चि-
रुग्रं यदीरयति तत्र किमद्भुतं स्यात्।।4।।

सारं तथापि गदतः[3] सदसि ग्रहीतु-
मर्हाः स्थ यूयमधुना वचसो ममास्मात्।

इति राजानकजयानकसूनोरलकस्य कृतौ हरविजयविषमपदोद्द्योते पञ्चदशः सर्गः।।

षोडशः सर्गः।

शिखण्डिनामा प्रमथो वक्ष्यमाणं वचनमवादीत्। सभाभवनमास्थानगृहम्। तद्भित्तिरेव पुटस्तदाश्लिष्टानां सफूर्जतां घनानां गम्भीरो यो निनदस्तत्प्रतिशब्दवत्सान्द्रम्। शिखण्डी मयूरोऽपि। स च घनगर्जितप्रतिनादेन सान्द्रं भणति।।1।। 'तिर्यग्वक्षसि विक्षिप्तं वैकच्यकमुदाहृतम्'। नीहारशैलो हिमवान्।।2।। उपवीतसूत्रे नियमोऽधिकारो यस्य। यज्ञोपवीतीकृत इत्यर्थः।।3।। अनघानप्रतिहतान्। अयुगार्चिः सप्तार्चिरग्निः।।4-5।। त्रैलोक्योदरवर्ति समस्तमसंख्यं च यद्वाङ्मयमभिधेयं तत्स्था एव वर्णा देहः स

---

1. 'तटोपगूढ' इति पुस्तकद्वयपाठः 2. 'कपिशीकृत' **क.** 3. 'भवतः' **ख.**

अम्भोजपक्ष्मरजसो[1] मकरन्दबिन्दु-
माधूसरादपि किमाददते न भृङ्गाः॥5॥

गर्भीकृतत्रिभुवनोदरवर्तिविश्व-
निःसंख्यवाङ्मयकृतास्पदवर्णदेहा।
काप्यद्भुतेयमनघा परमेश्वरस्य
शक्तिः स्थिता प्रतिमुखं भुवि मानवानाम्॥6॥

यस्याः[2] प्रसादवशतो विनिशेमुषां नः
कार्यार्थतत्त्वमनघस्थिति शेमुषीयम्।
वक्त्रं निसर्गमलिनापि वाचमित्थ-
मुच्चैः प्रवर्तयति संसदि चन्द्रमौलेः॥7॥

भ्राम्यन्त्यनर्गलमितस्तत एव मोह-
पङ्कप्रतानमलिना शशिमौलिना धीः।
स्पष्टीकृते व्रजतु नीतिपथे प्रसाद-
मेषा शरत्समयबन्ध इवापगा वः॥8॥

व्यापारिता नयपथेन जगत्यभीक्ष्णं
भावा व्रजन्तु मृदवोऽपि पटुक्रियत्वम्[3]।
प्रस्तौति मन्त्रकृतसंस्कृतिरूपवेणु-
वीणारवोऽपि विषमस्य विषस्य नाशम्॥9॥

सत्कृत्य साधनविविक्तनयानुसार-
निध्यायमानमनसः समयव्यपेक्षः।
प्राज्यः समीकरभसो हृदये न मेऽस्ति
सान्द्रो रसः कथमिवाम्रशलाटुनि स्यात्॥10॥

गर्भीकृतः स्वीकृतो यया॥6॥ विनिशेमुषां निश्चितवताम्। वाचो मालिन्यमपभ्रंशवशात्। उच्चैः संस्कारेण महती॥7-8॥ मन्त्रेण कृतसंस्कारं रूपं यस्य वेण्वादेस्तदीयो रवो विषं नाशयति। यदुक्तम्—'वीणावेणुमृदङ्गदर्पणतलेष्वारोपितः कीचको दष्टानां विषपङ्कलेपमचिराद्ध्यातः समुत्पुंसयेत्' इति॥9॥ विविक्तः शोभनः। 'आमे फले शलाटुः स्यात्'॥10॥ संहारेत्यादि पञ्चभिः कुलकम्। प्रतापः प्रकृष्टस्तापोऽपि। भयात्प्रक-

---

1. 'गर्भरजसो' ख. 2. 'यस्यां' क. 3. 'कटुक्रियत्वम्' क.

संहारभानुरिव रत्ननिधिं प्रताप-
रिक्तीकृतामलयशःसलिलं य एकः।
चक्रे हरिं प्रकटितातनुमीनकूर्म-
रूपं विशृङ्खलमखण्डितमण्डलाग्रः॥11॥

आकर्णताण्डवितकीर्तिलतालवाल-
कोदण्डमण्डभुजेन नतोत्तमाङ्गः।
येनोज्झिता युधि दयामृदुना विजित्य
याथार्थ्यमापुरमराः प्रथितस्य नाम्नः॥12॥

सङ्ग्रामदुग्धजलधेः स्फुटकालकूट-
लेखायमानकरवालकरालमध्यात्।
योऽभ्युत्थितां कुमुदगौररुचिं[1] चकार
सत्कीर्तिचन्द्रकलिकां श्रवणावतंसम्॥13॥

यः सोदभारजलदच्छविना निशात-
पत्रेण[2] संयुगमुखेष्वसिनापि दोष्णः।
साहायकं विदधता स्फुटमत्रपिष्ट
पिष्टाततायिकरिकुम्भुवोर्जितश्रीः॥14॥

सोऽप्यन्धकः सकलदानवचक्रवाल-
भास्वत्किरीटकषणक्कणिताङ्घ्रिपीठः।
हेलावरोपितानिरर्गलवैरिवंश-
बाहुद्रुमोऽत्रभवतामभियोज्यपक्षे॥15॥ (पञ्चभिः कुलकम्)

ये दानवाधिपतयो मृदिता मृधेषु
शार्ङ्गायुधेन कथमप्यपरः स तेभ्यः।

टिते मीनकूर्मयो रूपे येन। अन्यत्रपक्षे क्षीणजलत्वात्प्रकटितं मीनकूर्मरूपं यस्येति विग्रहः। मण्डलाग्रं बिम्बप्रान्तोऽपि॥11॥ ताण्डवितमाकृष्टमत एव कीर्तिलताया आलवालं धनुः। नाम्नः अमरा इति संज्ञायाः॥12॥ कलैव कलिका। हरेण शशिकला आत्मन एवावतंसीकृता, अनेन तु सर्वेषामिति व्यतिरेको ध्वनितः॥13॥ पत्रं फलकम्। अत्रपिष्ट ललज्जे॥14॥ सोऽप्यन्धको भवतामभियोज्यपक्षेऽवस्कन्द्यमध्ये

---

1. 'कुसुमगौर' ख. 2. 'धारेण' ख.

येनेतरः शममुपैत्यपलो जलेन
भस्मीकरोत्यखिलमेव तदौर्ववह्निः॥16॥

नैकत्र शक्तिविरतिः क्वचिदस्ति सर्वे
भावाः क्रियास्वपरिनिष्ठिततारतम्याः।
आकल्पमौर्वदहनेन निपीयमान-
मम्भोधिमेकचुलकेन पपावगस्त्यः॥17॥

निर्जित्य यान्विजयिनः सुरलोकपाला-
न्दैत्यानसौ सकलदिक्प्रभुतामनैषीत्।
प्रत्येकमाजिभुवि तेऽपि च दृष्टसाराः
सर्वाभिसाररभसेन सुरैरजेयाः॥18॥

यत्राभियोगचलिते[1] दिवि देवजात-
मालोक्य सैनिकधुतावनिधूलिलेखाः।
सस्मार लग्नशशिमौलिशिलीमुखाग्नि-
संधुक्षितत्रिपुरधूमशिखावलीनाम्॥19॥

दध्रे रणेषु कनकाङ्गद[2]बन्धनिर्य-
दंशुच्छटापटलविच्छुरितासियष्टिः।
दोष्णापि यस्य भुवनक्षयदक्षशिक्ष-
शौर्यातिरेकनिकषोपलपट्टिका श्रीः॥20॥

अभ्येत्स यत्र चरणानतिभाजि गाढ-
मानग्रहा रिपुचमूः प्रतिपत्तिमूढा।
प्राप्ताधिकक्षतिरचेष्टत नैव किंचि-
दाप्लावितक्षितितलं परमस्त्रमौज्झीत्॥21॥

भवतीति काकुप्रयोगः॥15॥ मृधेषु समरेषु। कथमपि च्छलादिना॥16॥ एकत्र वस्तुनि शक्तीनां विरतिः परिसमाप्तिर्नास्ति। यतो भावानामतिशयः क्रियासु परिनिष्ठां नागतः॥17॥ यानसुरानेष सर्वाधिपत्यमानयत्तेऽपि प्रत्येकं संहत्यावस्कन्दरभसेन सुरैर्जेतुं न शक्यन्ते। किमुत तत्प्रभुरन्धक इत्यपिशब्दार्थः॥18॥ यत्रेत्यादि पञ्चभिः कुलकम्। अभियोगः संधिः (?)॥19॥ शिक्षा अभ्यासः॥20॥ रणेष्वनतिरौद्धत्यम्। तद्भाजि सति यस्मिन्नरिसेना समानापि नैव किंचिदचेष्टत स्तिमितैवाभूत्। यतः

---

1. 'दलितं' क. 2. 'भङ्गनिर्य' ख.

प्रत्यग्रमौक्तिकशिलाशबलान्यवाप्य
वेलातटान्यविरलं बहुधा विभिन्ना।
कीर्तिः शशाङ्ककलिकाधवला तरङ्ग-
लेखेव दुग्धजलधेः श्रियमाप यस्य॥22॥

संत्रासकम्पतरलाः कुरुते विपक्ष-
सीमन्तिनीस्मृतिगतोऽपि स कालकेतुः।
यस्याच्छमौक्तिकनिभेन वहन्ति सिन्धु-
वेलावनानि फलितामिव कीर्तिवल्लीम्॥23॥

(पञ्चभिः कुलकम्)

यस्य प्रयाणसमयेषु चमूविमर्द-
निर्दारितावनितलोत्थितधूलिदिग्धाः।
श्यामीबभूवुरहितोन्नतवंशदाह-
लग्नप्रतापशिखिधूमचिता इवाशाः॥24॥

आलग्नभग्नकरजाङ्कुरया नृसिंह-
मूर्तौ नवाभ्र इव गर्जति शार्ङ्गपाणौ।
यस्योत्थिताभिनवरत्नशलाकयेव
लक्ष्मीरुरःस्थलविदूरभुवा विदध्रे॥25॥

सङ्ग्रामकाननतलेऽवचिकाय यस्य
चारूपि कीर्तिकुसुमानि रिपुद्रुमौघात्[1]।
विस्पष्टहेतिपरिघट्टनतारघोष-
माणिक्यनूपुकलक्कणिता[2] जयश्रीः॥26॥

प्रतिपत्ति पदातिं पदातिं प्रति मूढा किंचिदपि कर्तुमजानाना केवलं लब्धाधिकप्रहारा अस्त्रमसृङ्मुमोच। मानः परिमाणम्। अथ चोक्तिः—प्राप्ताधिका क्षतिर्बाधा यया सा खण्डिता सती प्रेयसि चरणानतेऽपि मानवशात्प्रतिपत्तिमूढा किंकर्तव्यताशून्या किंचिदपि नाचेष्टत तूष्णीमेवाभूत्। केवलमस्नं बाष्पमसृजदिति॥21॥ मौक्तिकशिला स्थूलतर-मौक्तिकम्॥22॥ कालकेतुर्नाम दैत्यः अन्तकस्य च केतुः स्मृतोऽपि कम्पं करोति॥23॥ यस्येत्यादि पञ्चभिः कुलकम्। वंशः कुलं वेणुश्च॥24॥ विदूरो वालवायशैलः। देशविशेष इत्यन्ये॥25॥ अवचिकायोच्चितवती॥26॥ उद्दामा उद्भटाः। उद्दामानश्चोन्मुक्त-

---

1. 'द्रुमौघान्' ख. 2. 'कर्णक्कणिता' ख.

यं प्रस्थित समनुगन्तुमिवारिपक्ष-
लक्ष्मीस्वयंवरपतिं तरसा विचेलुः[1]।
उद्दामनागकटका धरणीभृतोऽपि
सेनावमर्दपरिकम्पितभूमिपीठाः॥27॥

शक्यो हिरण्यकशिपोस्तनयः स जेतु-
मायोधने कथमिव त्रिणता[2] धुनानः।
केयूररत्नरुचिवन्दनमालिकाङ्क-
पीनोन्नताग्रजयतोरणबाहुदण्डः॥28॥ (पञ्चभिः कुलकम्)

यस्मिन्परिस्फुरति संयुगमूर्ध्नि[3] दूर-
मैरावणस्य मदशून्यकपोललग्नाः।
शङ्के शिलीमुखगणाः क्वणितच्छलेन
शौर्यातिरेकमतिगाढरुजो[4] निनिन्दुः॥29॥

दिक्चक्रवालघटितास्खलितप्रताप-
तीव्रातपव्यतिकरादिव मन्दिरेषु।
बन्दीकृतोर्जितविपक्षनितम्बिनीनां
श्यामायितं सपदि यस्य मुखेन्दुबिम्बैः॥30॥

रोमाञ्चकण्टकिततां जडिमानुबन्ध-
मुद्वेपथुत्वमतिलोठनतामदार्ढ्यम्।
यस्याततायिप्टतना युधि नायकस्य
संदर्शानादभृत संभ्रमलोलदृष्टिः॥31॥

शृङ्खलाः। नागाः [गजाः] सर्पाश्च। मध्यभागाः स्कन्धावाराश्च। धरणीभृतो गिरयः क्षितीशाश्च॥27॥ हिरण्यकशिपोः सुतोऽनुह्लादसंह्लादप्रह्लादानामन्यतमः। त्रिणता कुन्तजातीयमायुधम्। उन्नताग्रा उच्चस्कन्धाः॥28॥ यस्मिन्नित्यादिपञ्चभिः कुलकम्। अतिगाढरुजोमदाभावादुत्कटव्यथाः॥29॥30॥ जडिमा शून्यत्वम्। लोठनता परावृत्तिशीलत्वम्। आततायी शत्रुः। नायकः सेनापतिः कामी च॥31॥ धम्मिल्लः केशपाशः। स शत्रुप्रतीकारे निवृत्ते संयम्यत इत्युचितम्॥32॥ शान्तिर्मरणमश्रेयोनिवृत्तिश्च। नास्ति प्रतिरथः समः प्रतिपक्षो यस्येति। अप्रतिरथो नाम यथार्थनामा दैत्यः।

---

1. 'विचेरुरु' **ख.** 2. 'त्रिनतां' **ख.** 3. 'संयुगसीम्नि' **क.** 4. 'अवगाढ' इति पुस्तक-द्वयपाठः.

येनावमीर्णमुखराग्रशराग्निहेति-
तिग्मत्विषा विदधिरे दयितायमानाः।
प्लुष्टारिकाननतलोत्थितसान्द्रधूम-
धम्मिल्लबन्धरचनारुचिरा इवाशा[1]:।।32।।

श्रौतः स मन्त्र इव कस्य न शान्तिहेतु-
रायोधनेऽप्रतिरथस्तिमिरासुरः स्यात्।
शोकेन यस्य मलिनानुकरोति मन्द-
संचारिणी रिपुवधूर्निजदृष्टिमेव।।33।। (पञ्चभिः कुलकम्)

यस्याभिषेणनरसंप्रवणस्य पीन-
हस्तार्गलान्तरविनिर्गतशीकरौघैः।
मार्जन्ति मत्तजयनागघटा रिपूणां
दिग्भित्तिलग्नमिव कीर्तिसुधोपलेपम्।।34।।

सच्चक्रनन्दकतयानिशमन्वितस्य
यस्याहवेषु जुहुषां श्रियमाशु दीप्ताम्।
शौरेः समग्रजगतामिव संक्षयेषु
कुक्षौमतास्थितिरलक्ष्यत शात्रवाणाम्।।35।।

वोढुं क्षमा धवलमस्य यशःप्रवाह-
मेका न भूरिति विचिन्त्य स यस्य धात्रा।
ज्योत्स्नानिभेन नभसि स्फुटशेषभोग-
च्छायाछलादवनितालुनि च व्यभाजि।।36।।

मन्त्रश्चवैदिकः कश्चिदेवंनामा। मलिना विच्छाया। दृष्टिश्च मलिनाख्या भवति। यस्या लक्षणम्–'प्रस्पन्दमानपक्ष्माग्रा नात्यर्थं मुकुलैः पुटैः। मलिनान्ता च मलिना दृष्टिः पिहिततारका।।' इति।।33।। यस्येत्यादिपञ्चभिः कुलकम्।।34।। सतां चक्रस्य नन्दको ह्लादकः। शोभनं चक्रं नन्दकाख्यश्च खड्गो यस्य तद्भावेन। जुहुषां त्यक्तवताम्। कुत्सितं क्षौमं वासोविशेषो येषां तद्भावस्य स्थितिर्यस्य शौरेर्जम्ब्वपत्यस्य शत्रूणामदृश्यत। यथा प्रलयेषु जगताम्। तेषां हि तदा स्थितिः शौररेच्युतस्य कुक्षावुपरे मता दृष्टा।।35।। अवनितालु पातालम्।।36।। हठहृतसुरपुष्पदर्शनेन जातोद्वेगतया कालुष्यमक्ष्णा-मिन्द्रस्य।।37-38।। अभ्येयुषामित्यादिपञ्चभिः कुलकम्। अञ्जलिबन्धः सेवार्थम्।

---

1. 'दशाशाः' ख.

लीनाद्विरेफविधुतामरपुष्पकर्ण-
पूरोत्थितोऽनधिगतप्रसरोऽपि दूरात्।
यस्याशु केसररजोनिकरश्चकार
नाकाधिपस्य कलुषत्वमभीक्ष्णमक्ष्णाम्।।37।।

शक्यः कथं स शतदुन्दुभिराहवेषु
जेतुं सुरैर्दलितसंधिविनिर्गताभिः।
यस्य प्रतापदहनोग्रशिखावलीभिः
शङ्के बहिर्ज्वलितमेव दिवस्पृथिव्योः।।38।।

(पञ्चभिः कुलकम्)

अभ्येयुषां विरचिताञ्जलिबन्धमुर्वी-
तृष्णा दयार्द्रमनसा परिरक्षतासून्।
येनोपतापशमनैकरसेन खड्ग-
धाराजलैः शममनीयत शात्रवाणाम्।।39।।

भ्राम्यन्ननेकशतपत्रशरारिराशि-
सेवास्पदाहवसरोभुवि राजहंसः।
यो हेलया चिरमखण्डयदूढशुक्ल-
पक्षो रिपोर्धवलकीर्तिमृणालवल्लीः।।40।।

पस्पन्दिरे शिखरिणोऽब्धिपयांसि दूर-
माकाशवर्त्म परिपुप्लुविरेऽनुवेलम्।
पुस्फोट चावनितलं बलचक्रवाल-
मर्देन यस्य हरनृत्त इव प्रयाणे।।41।।

उर्वीतृष्णा भूम्यभिलाषः। यश्च दयालुः संतापक्षपणोद्यतः स पानार्थमञ्जलिबन्धं विधायागतानां दानजलैरुरुं तृष्णां निरस्यति।।39।। अनकशतानि पत्राणि वाहनानि शराश्च येषां तेषामरिगणानां सेवास्पदमाहव एव सरोभूस्तत्र भ्राम्यन्। सरोभूरपि शतपत्राणि पद्मानि, शरारिराशिराटिकवृन्दम्, तेषां सेवास्थानम्। राजहंसः सुराजापि। अखण्डयदिति खण्डनं नाशनं दशनं च। शुक्ला निर्दोषा अपि। पक्षाः सहाया अपि।।40।। अनुवेलं मुहुर्मुहुः।।41।। जटा मूलम्। आहितः कृतः।।42।। करा रश्मय एव केसराः पक्ष्माणि च पल्लवाः। कालदमनाख्योऽसुरकुञ्जरो दैत्यवरः। कालदमनासुर एव कुञ्जरो गजः।।43।। उत्खातेत्यादिपञ्चभिः कुलकम्। उत्खात उत्क्षितः। दुकूलेन

पातालरन्ध्रघटितास्पदभोगिभोग[1]-
वेल्लज्जटाविघटनाहितपातशङ्कः[2]।
भ्रष्टार्कचन्द्रफलदन्तुरदिग्लताग्र-
संशीर्यमाणविकटाम्बुदपत्रवृन्दः॥42॥

तेनावरुग्णकरकेसरपक्ष्मशोभ-
नक्षत्ररत्नकुसुमस्तबकोज्जवश्रीः।
एकेन कालदमनासुरकुञ्जरेण
नोन्मूल्यते न भुवनत्रयकल्पवृक्षः॥43॥ (युगलकम्[3])
(युगलकगर्भं[4] पञ्चभिः कुलकम्)

उत्खातशातकरवालकरालबाहु-
रुत्प्लुत्य मत्तजयकुञ्जरकुम्भकूटात्।
मूर्तां रिपो रुचिरधौतदुकूलशुक्लां
जग्राह कीर्तिमिव यो युधि वैजयन्तीम्॥44॥

यस्याततायिजनताश्चरणप्रणाम-
वैलक्ष्यखेदखेदजनितं परिपाण्डुरत्वम्।
वक्त्रेषु गोपयितुमाकुलिता भवन्ति
सेवाञ्जलिस्थगितदीर्घललाटपट्टाः॥45॥

पार्ष्णिप्रहारघटनारभसावदीर्ण-
शल्यायमानविकटास्थिशिलावकीर्णम्।
यस्यामराधिपगजोऽपि बिभर्ति दान-
पङ्कच्छटाकलुषकान्ति कपोलमूलम्॥46॥

दुकूलवच्च शुक्लाम्॥44॥ वैलक्ष्यं त्रपा। गोपयितुमिति गुपेः 'पटपुट-' इत्यत्र पठितस्य चौरादिकस्य प्रयोगः॥45॥ यस्य संबन्धिना पार्ष्णिप्रहाररभसेन खण्डिताभिरन्तर्लीनतया च शल्यायमानाभिरस्थिशिलाभिरभिव्याप्तम्। अत एव निर्मदत्वादकलुषं कपोलप्रान्तमैरावणोऽपि धत्ते। स ह्येतेन हठहतः। स्वयमेतेन सुराधिपं प्रति समराय नियुक्तो वैलक्ष्याक्षिप्तहृदयतया तदभिमुखमगच्छन्नेवम-

---

1. 'पातालगर्भ' **क.** 2. 'पातसज्जः' **ख.** 3. 'युगलकम्' इति पुस्तकद्वये नास्ति. 4. 'गर्भयुगलं' **ख.**

यस्य प्रतापदहनो धवलं निनाय
विच्छायतामरियशः प्रविजृम्भमाणम्।
उल्लङ्घितार्णवतटः सहसा सहस्र-
रश्मेः प्रकाश इव शीतमरीचिबिम्बम्॥47॥

शक्तो गवाक्षमधुना क इवानुबन्धु-
मायोधनेषु रचितातनुजालमार्गम्।
यत्रारिभीतितमसा न पदं व्यधायि
विस्पष्टपाण्डुरयशःशशिचन्द्रिकाढ्ये॥48॥ (पञ्चभिः कुलकम्)

सत्कर्णिकाकनकपीठपठद्विरिञ्च-
निर्मुक्तमञ्चितदलं हरिनाभिपद्मम्।
उत्खाय यः करतलेन सुरारिराज-
लक्ष्म्या वतंसकपदे विनिधातुमैच्छत्॥49॥

सङ्ग्राममार्गमरुभूमिषु तिग्मरश्मि-
रश्मिच्छटाखचितखड्गमरीचिकासु।
छायामुपोढजरठातिदृढोष्मवैरि-
चक्रं न यस्य यदवाप किमद्भुतं तत्॥50॥

दोर्दण्डदर्पदलनाकुलितत्वमाप्त-
मायोधनेषु रभसात्प्रतिजृम्भमाणम्।
उत्सृष्टिकाङ्कमिव यो विदधौ निवृत्त-
युद्धोद्धतप्रहरणं प्रतिपक्षमेकः॥51॥

यस्मिन्समुच्चलति फूत्कृतवह्निसान्द्र-
धूमच्छटारुणितकान्तिकलापमुच्चैः।

भिभूतः॥46-47॥ गवाक्षनामा दैत्यः। अनुबन्धुमनुसर्तुं योधयितुं वा। जालं व्याजः। गवाक्षे च वातायने रचितजालके त्योत्स्नानुप्रवेशवशादन्धकारस्य न स्थितिः॥48॥ सदित्यादि कलाप(कुल)कम्॥49॥ खड्गमरीचिका गण्डकानां मृगतृष्णिका अपि। छाया आतपप्रतिपक्षोऽपि। ऊष्मा संतापोऽपि॥50॥ उसृष्टिकाङ्काख्यो दशरूपकप्रकारः। तथा च भरतः–'करुणरसप्रायकृतो निवृत्तयुद्धोद्धतप्रहारश्च। कार्यः कार्यविधिज्ञैः सततं ह्युत्सृष्टिकाङ्कस्तु॥' इति॥51-52॥ उन्निद्रता स्वापविगमो विकसितत्वं च। सुमनसो देवाः पुष्पाणि च॥53॥ निःश्रेणीत्यादि कलापकम्। निर्गताः श्रेणयो

शेषः फणामणिगणं परिणामिपिण्ड-
खर्जूरकोमलमधत्त विगाढखेदः॥52॥

तं संयुगाग्रभुवि भावय भावयव्य(त्व)-
मुत्सृज्य मत्सरमयं गणनाथ भावम्।
उन्निद्रतां सुमनसामसकृच्चकार
शौर्यं मधोरिव विजृम्भितमाशु यस्य॥53॥ (पञ्चभिः कुलकम्)

निःश्रेणिमूर्जितविपक्षचमूं विधाय
कीर्तिं दिदृक्षुरिव दिक्षु कृतप्रतिष्ठाम्।
यस्यारुरोह शशिशुभ्रयशःप्रकाश-
सौधोन्नतांसशिखरं[1] भुजवीर्यलक्ष्मीः॥54॥

अक्ष्मायि यस्य शिथिलीकृतनागनाथ-
विस्तारिभोगनिगडं भरखर्वितं सत्।
उद्वेलसिन्धुपरिखं क्षितिपीठपृष्ठ-
माजघ्नुषीभिरभितः ककुभश्चमूभिः॥55॥

यस्यारिकुञ्जरकटेषु तलाभिघात-
लीलाविवर्णरुधिरौघमलीमसेषु।
विच्छिन्नदानसलिलेष्वपि तत्कलङ्क-
शङ्काकुलैश्चिरमलीयत चञ्चरीकैः॥56॥

तं च प्रतापवडवामुखवह्निहेति-
संप्लुष्टदुस्तरदुरन्तविपक्षसिन्धुम्।
हेलाविडम्बितहरिं क इवोत्सहेत
जेतुं विलङ्घितजगत्त्रितयं प्रजङ्घम्॥57॥ (कलापकम्[2])

महाकुलप्रसूता यस्याः। निःश्रेणिश्चाधिरोहिणी॥54॥ अक्ष्मायि विधूनितम्। 'क्ष्मायी विधूनने'। आजघ्नुषीभिराक्रान्तवतीभिः॥55॥ तलः प्रसारितो हस्तः॥56॥ विडम्बितोऽभिभूतोऽनुकृतो वा। प्रजङ्घं प्रकृष्टजङ्घमपि॥57॥ यस्येत्यादि पञ्चभिः कुलकम्॥58॥ बंहिमा बाहुल्यम्॥59॥ आपीतैस्तरङ्गैस्ताम्राः। चीनपिष्टं सिन्दूरम्॥60-61॥ प्रतापः शौर्यप्रभाव आतपश्च। तिग्मभासि शत्रौ रवौ च। पर्यस्तः

---

1. 'सौधोन्नताग्र' ख. 2. 'कुलकम्' ख.

यस्याततायिदयितानयनोदबिन्दु-
संपातहेतुरनिशं विरराज खड्गः।
पीनांसकूटविकटोन्नतबाहुदण्ड-
निर्यत्प्रतापशिखिधूम इवाहवेषु॥58॥

आस्कन्दलग्नबलबंहिमभूरिभार-
नम्रीकृतं विधुरितस्थितिदिग्गजेन्द्रम्।
शेषेण यस्य धरणीवलयं कथंचि-
दुत्क्षिप्तकुञ्चितफणानिकरेण बभ्रे॥59॥

आपीनमग्नजयकुञ्जरकुम्भचीन-
पिष्टच्छटाच्छुरिततोयतरङ्गताम्राः।
यत्सैनिकैर्ददृशिरे जलधेस्तटेषु[1]
गर्भीकृतौर्वदहना इव वारिवाहाः॥60॥

यस्य प्रयाणसमयेषु वशीकृतानां
वैलक्ष्यखेदजनितं परिपाण्डुरत्वम्।
निह्नूयते सपदि पादनखांशुजाल-
लेपेन शङ्खशुचिना वदनेष्वरीणाम्॥61॥

मन्दप्रतापघटने सति तिग्मभासि
पर्यस्तशोणितरसारुणमण्डलाग्रे।
छायाद्रुमेण रणवर्त्मगतेन तेन
दूरायतोन्नतिभृता सविशेषमूहे॥62॥ (पञ्चभिः कुलकम्)

व्यूहं समारचय तेजय सैनिकौघ-
मास्फालयेष्वसनमाशु विमुञ्च बाणान्।

पतितो लम्बमानश्च। मण्डलाग्रः कृपाणो मण्डलस्य चागं प्रान्तः। छाया कान्तिरातपाभावश्च। द्रुमो दैत्यभेदस्तरुश्च॥62॥ व्यूहमित्यादि पञ्चभिः कुलकम्। समारचय कृतवन्तम्। पूर्ववल्लोट्॥63॥ विवशीकृतोऽधिष्ठितः। विग्रहः शरीरमपि। दैत्यारिर्विष्णुः। तेन मायाकृतस्त्रीरूपेणामृतं जह्र इति प्रसिद्धम्॥64॥ यस्यारिवेशमस्वर्धसंपन्नाश्चित्रपुरुषा दृष्ट्युन्मीलनाभावादस्थिरां लक्ष्मीमिवाचिन्तयन्॥65॥ एकाङ्गुलीनिवेशः कपोले

---

1. 'तटीषु' ख.

भिन्द्धि क्षणात्करिघटा दलयाश्ववारा-
नाचेरिवांसमिति योऽरिगणं व्यमृद्नात्॥63॥

मायाप्रपञ्चविवशीकृतविग्रहेण
येनावलोकयत एव शशाङ्कगौरम्।
विस्मायिनस्त्रिदशदानवमण्डलस्य
दैत्यारिणामृतमिवाशु यशोऽपजह्रे॥64॥

यस्याभियातिभवनेष्वसमाप्तचित्र[1]-
संभारभित्तिपुरुषा मलिनीभवन्तः।
उन्मीलनावसरशून्यदृशः समिद्धां[2]
दध्युर्दिवानिशमिव श्रियमव्यवस्थाम्॥65॥

नाभातिकोमलकपोलतलार्पितैक-
हस्ताङ्गुलीनखमयूखशिखावकीर्णम्।
यस्याततायियुवतेर्नवयौवनेऽपि
बिभ्रज्जराधवलतामिव कर्णमूलम्॥66॥

शक्यः कथं स रणवर्त्मनि धूमकेतु-
रुत्सोढुमन्यसुभटैर्दृढमूलबन्धः।
उल्लासिकीर्तिधवलाञ्चितवैजयन्ती-
रुद्धाखिलाम्बरतलोन्नतबाहुदण्डः॥67॥ (पञ्चभिः कुलकम्)

लक्ष्मीलतामकृत यो बलिदानवस्य
पर्युच्छ्वसत्सुमनसं फलबन्धहृद्याम्।
विश्राणनामलजलस्फुटखड्गयष्टि-
धारानिरर्गलनिपातविरुग्णमूलाम्॥68॥

चिन्तावशात्॥66॥ धूमकेतुर्नाम दैत्यो दुर्निमित्तसूचकं च ज्योतिः। दृढोऽनुच्छेद्यः। मूलं राष्ट्रम्। कीर्तिरेवपताका। यश्च केतुर्ध्वजः स दृढबन्धो वैजयन्तीरुद्धगगनवर्त्मा समुन्नतदण्डश्च भवति॥67॥ लक्ष्मीत्यादि दशभिः कुलकम्। पर्युच्छ्वसन्तस्त्यक्तदारिद्य-भारतया दुःखमुत्सृजन्तो बुधा यस्याम्। फलबन्धः पात्रेषु प्रतिपादनादरः। विश्राणनं दानम्। तदर्थं यदमल जलं तदेवासिधारा तत्पातेन च्छिन्नमूला। लताप्युल्लसत्कुसुमा

---

1. 'यस्याभिमापि' ख. 2. 'समृद्धां' ख.

शीतांशुशुभ्ररुचि लङ्घयतो जगन्ति
यस्यात्मना सह यशो बलिबन्धहेतोः।
पादारविन्दमकरन्दरसायमान-
मन्दाकिनीसलिलधौतमिवोदनंसीत्॥69॥

विच्छिन्नदैत्यपतिनिष्ठुरकण्ठपीठ-
विष्यण्णशोणितमलीमसशातधारम्।
प्रत्यग्रटङ्कघटनापरिषेकलग्न-
पङ्कच्छटाङ्कमिव यस्य विभाति चक्रम्॥70॥

प्रेङ्खन्नखप्रकरदीधितिपक्ष्मपङ्क्ति-
रक्ताङ्गुलीदलकुलं विरराज यस्य।
विश्वाकृतेरतनुपाणिसरोजयुग्म-
मुत्तम्भितार्कशशिमण्डलबीजकोशम्॥71॥

यस्याचकासतितरां प्रतिपन्नविश्व-
रूपस्य दीर्घसरला बहुतामवाप्ताः।
निःशेषषोडशनितम्बवतीसहस्र-
गाढोपगूहनरसादिव बाहुदण्डाः॥72॥

यस्याधिवारिनिधि खर्वितशेषभोग-
शय्यानिरर्गलविवर्तनविभ्रमश्रीः।
हेलाविनिर्मृदितशोणितपङ्कगर्भ-
दूरावमग्नमधुकैटभटिट्टिभासीत्[1]॥73॥

सफला च केनचिद्विमलजलासिधारापातच्छिन्नमूला क्रियते॥68॥ उदनंसीदुन्नाम॥69॥ विष्यण्णः स्रुतः। टङ्कः सुन्दरं रूपम्। तद्रचनावरे परिषेकार्थं लग्नो यः पङ्कः पानाख्यं मार्जनद्रव्यं तच्चर्चाचिह्नितमिव। अथवा टङ्केनायस्ताडनेन घट्टने क्रियमाणे परिषेकपङ्कस्य लोहपरमाणूनां परस्परप्रेय(?)विनिवेशितस्य कर्दमस्य चर्चयाङ्कितमिवेत्यर्थः॥70॥ विश्वाकृतेर्विश्वरूपस्य सतः। अर्कशशिनोर्मण्डले एव बीजकोशौ कणिके॥71-72॥ हेलया मथितौ रक्तकर्दममध्येऽतिलग्नौ मधुकैटभावेव टिट्टिभौ मत्कुणौ यस्यां सा विवृत्तिलीलायाः शोभाभूत्॥73॥ शिखण्डश्चूला॥74॥ केशिनामा अश्वरूपो दैत्यः। अवटसीम्नि कुहरमार्गे॥75॥ स्फुटं कोलस्य वराहस्य सिंहस्य रूपं यस्याम्।

---

1. 'दूराभिलग्न' **ख.**

फूत्कारपावकशिखानिकरो दिधक्षु-
रात्रान्तकालियफणानिकुरुम्बमुक्तः।
निर्वापितः सपदि यस्य शिखण्डमूल-
निष्यन्दमानयमुनाजलनिर्झरौघैः॥74॥

यस्य व्यलोक्यत नवाम्बुदनीलकान्ति-
रुत्तालकेशिवदनावटसीम्नि बाहुः।
बिभ्रद्द्विसारिवडवामुखरन्ध्रलग्न-
वेलानिलावधुतसिन्धुतरङ्गलीलाम्॥75॥

बिभ्यत्स कैटभरिपुः स्फुटकोलसिंह-
रूपामवाप वनभूमिमिव व्यवस्थाम्।
येभ्यः सचामरकराममराधिराज-
लक्ष्मीं मुखेक्षणपरां परमां दधभ्द्यः॥76॥

किं कीर्तितैर्बहुभिरत्र कृतात्मभिस्तै-
रन्यैश्च सारमिदमेव ननु ब्रुवे वः।
शंसन्ति नीतिहृदयं सुधियस्तदेत-
दालोच्यते[1] स्वपरपक्षबलाबलं यत्॥77॥ (दशभिः[2] कुलकम्)

वक्रामृतांशुकिरणाहतमप्यभीक्ष्ण-
मुन्निद्रमेव दधती करपुण्डरीकम्।
लक्ष्मीर्नृणां मतिमतामिह चित्तवृत्ति-
माह्लादयत्यधिकमेव नयादवाप्ता॥78॥

अन्यत्र स्फुटाः सूकराः सिंहा रूपाश्च मृगा यस्याम्। व्यवस्था विविधा दशा॥76॥ हृदयं परमार्थः॥77॥ नयादवाप्ता नीतिलब्धा दैत्यानां श्रीश्चेतोहारिणी। न तु यादवेन हरिणा प्राप्ता। सा हि तस्यैव प्रीत्यै भवति नान्येषामिति व्यतिरेकोऽत्र तन्त्रेण भणितः॥78॥ भिन्नस्य भेदमुपगतस्य इतरस्य चाभिन्नस्य प्रकृतिवर्गस्य कार्यज्ञाने दूतमेव प्रणिधिं चारमाहुः। भिन्नेतराः प्रकृतयो यस्य तथाविधं मण्डलं वा राष्ट्रम्॥79॥ उदितः कथितः॥80॥ किमपरम्। निरूपितेऽपि नये न्याये कस्मात्पुनरेष भगवान्कार्येषु दोलाधिरूढस्तिष्ठतीत्येतदवितर्क्यतत्त्वं न जानीमः॥81॥ दूत्यं दूतता। 'दूतवणिग्भ्यां

---

1. 'आलोक्यते' ख. 2. क-पुस्तके पूर्वश्लोकसमाप्तौ 'नवभिः कुलकम्' इत्यस्ति.

तत्तस्य कश्चिदुपयातु समीपमाशु
संदेशदानचतुरो दितिजस्य दूतः।
भिन्नेतरप्रकृतिमण्डलकार्यतत्त्व-
बोधे यतः प्रणिधिरेव रिपोस्तमाहुः॥79॥

तेनोदितोऽपि मधुरं सुरलोककार्य-
मार्याः स नोऽसुरपतिः प्रतिपत्स्यते चत्।
सर्वक्रियासु भवतां तदवस्थ एव
दण्डस्ततः समुपपादितसद्व्यवस्थः॥80॥

इति नयगुणगर्भं कीर्तितं वो मयैत-
न्न मम दितिसुतेभ्यः काचिदस्त्यत्र भीतिः।
विभुरयमधुनास्ते कार्यदोलाधिरूढः
किमपरमिति तर्कातीतमार्ग न विघ्नः॥81॥

इत्यान्दोलितरत्नकुण्डलशिखानिर्घृष्टगण्डस्थलो
वाक्यं नीतिपथानुसार रभसादुक्त्वा व्यरंसीदसौ।
शंसन्साध्विति तच्च कालमुसलं दूत्ये नियोज्य द्विषः
शूली बन्दिजनाभ्युदीरितजयज्योत्कारमौज्झीत्सभास्॥82॥

इति श्रीबालबृहस्पत्यनुजीविनो वागीश्वराङ्कस्य विद्याधिपत्यपरनाम्नो महाकवे राजाकश्रीरत्नाकरस्य कृतौ रत्नाङ्के हरविजये महाकाव्ये दूतसंप्रेषणनिरूपणो नाम षोडशः सर्गः।

सप्तदशः सर्गः।

उत्तस्थुष्यथ दिवसार्धशङ्खशब्दे रामाभिस्तदनुचराः सविभ्रमाभिः।
उच्चेतुं तरुकुसुमानि मन्दराद्रेर्निर्जग्मुर्मुदितधियः कृतानुयात्राः॥1॥

च' इति यः॥82॥ इति राजानकजयानकसूनोरलकस्य कृतौ हरविजयविषमपदोद्द्योते षोडशः सर्गः॥

सप्तदशः सर्गः।

तस्यानुचरा गणाः। रामाभिः कृतानुयात्रा अङ्गनाभिरनुगताः॥1॥ तमित्यादि पञ्चभिः कुलकम्। पवनाभिघातसाक्षिणः स्थैर्यात्परिवृत्तिमात्रयोगिनो गण्डशैला यत्र॥2॥

तं नानाफलरसपानसङ्गमत्तव्यावल्गत्कपिकरलुप्तमातुलुङ्गम्।
कल्पान्तोत्थितपवनाभिघातसक्षिव्यावृत्तिव्यतिकररत्नण्डशैलम्।।2।।

प्रभ्राम्यत्सुरपुरदीर्घिकोदगाहव्यासक्तद्विपकरशीकरोक्षितार्कम्।
कुञ्जान्तः फलितमृगेन्द्रनादलीलावित्रस्यच्चमरचमूरचक्रवालम्।।3।।

उद्वेल्लत्तटकलधौतकल्पवल्लीसंतानस्तिमिततडिद्विलासमेघम्।
संभुक्तत्रिदशवधूविशीर्णभूषारत्नांशुच्छुरितगुहागृहाग्रभित्तिम्।।4।।

स्थूलाश्मप्रतिफलदच्छनिर्झराम्भोनिर्धूतत्रिदशवधूरतान्तखेदम्।
प्रभ्राम्यद्रविरथवाजिवक्त्रनिर्यत्फेनौघस्तबकितरत्नसानुकुञ्जम्।।5।।

स्वच्छाम्भःकटकसरस्तटान्तकूजत्कादम्बीदलितमृणालकाण्डखण्डम्।
दावाग्निव्यतिकरदह्यमानभूरिप्रत्यग्रागुरुमवलोक्य रेमिरे ते।।6।।

(पञ्चभिः कुलकम्)

लावण्यग्लपितशरन्निशाकराणि श्यामानामिव परिपश्यतां मुखानि।
तच्चित्रं सुगततया यदन्वितानां पादानामविरलरागताविरासीत्।।7।।

बिभ्राणा विपुलकबन्धतां जयन्त्यो निःशेषं भुवनमुदीर्णकम्बुनादाः।
प्रत्यग्रोज्ज्वलकरवालिकास्तरुण्यस्तन्वाना रुचिरतराङ्गदोपशोभाम्।।8।।

अङ्गनामसमरतान्तताभिरामां बिभ्रत्यः श्रियमसिरोपघातभाजाम्।
भूयस्योवनमनु नायकानुयातास्ताः सेना इव कुसुमायुधस्य चेलुः।।9।।

(युगलकम्)

उदगाहो जलावगाहनम्। 'मन्थौदन-' इत्यादिनोदभावः। चमूरा मृगविशेषाः। फलितः प्रतिबिम्बितः। सप्रति.........र्कः।।3।। कल्पलता एव संततास्तडितस्तद्विलासस्य मेघम्। सभुक्ताः कृतसुरताः। गत्यर्थादिसूत्रेण क्तः कर्तरि चकारात्।।4-5।। कादम्ब्यः कलहंस्यः।।6।। श्यामाः स्त्रियः। सुगतता सद्गामित्वं बुद्धता च। रागो लौहित्यमभिष्वङ्गश्च।।7।। विचित्रः पुलकस्य रोमोद्गमस्य बन्धो यस्येत्यन्यपदार्थमात्रे बहुव्रीहिः। विपुलाश्च कबन्धाश्छिन्नशिरसो नरा यत्र तद्भाव दधत्यः। कम्बवो वलयाः शङ्खाश्च। करवालिकाः पाणिष्वङ्गुलीयकाः छुरिकाश्च। रुचिरतरैरङ्गदैः केयूरैः, रुचिरतरां च गदानामायुधभेदानामुपशोभां तन्वानाः।।8।। अङ्गानि गात्राणि हस्त्यादयश्च। असमः प्रकर्षयुक्तो रतान्तो यस्य तद्भावेन हृद्याम्। न समरे तान्तः खिन्नस्तद्भावेन रम्यां च। सिराः स्नायवस्तत्कृत उपघातः सर्वतो व्याधिस्तद्भाजाम्, न। असयः खड्गा रोपाः शरास्तत्प्रहारभाजां च। वनं काननम्, अवनं च रक्षणमनु लक्ष्यीकृत्य। नायकाः

यान्तीनां विजितविनिद्रपङ्कजानां पादानां कुमुदवनानि संमदेन।
मञ्जीरक्कणितविकृष्यमाणहंसव्याजेनानुगममिव व्यधुर्वधूनाम्॥10॥

कान्तानां कुचकलशैर्यथायथोहे तुङ्गत्वं व्यवदधदाननेन्दुलक्ष्मीम्।
तामुद्वीक्षितुमिव तैस्तथा तथाप्तैर्विस्तारं क्षितिरवतस्तरे नितम्बैः॥11॥

विस्रस्ते त्रिदशुपुरंध्रिरुत्तरीये पश्यन्ती दयितनखक्षतं स्तनाग्रे।
चस्खालानवहितचित्तवृत्ति यान्ती प्रेमाहो क्वचिदपि नेक्षते व्यपायम्॥12॥

आलोक्य प्रियतमचुम्बिचक्रवाकीचक्राङ्कस्फुरदरविन्दवृन्दमम्भः।
औत्सुक्यात्किल जघनालसाः प्रियाणां कण्ठान्तःप्रणिहितदोर्लतं
ययुस्ताः॥13॥

न्यस्यन्ती सपदि पदानि तत्पदेषु स्वेदाम्भःकणककरालितानि पश्चात्।
संचेले दयिततमस्य वर्त्मनैका प्रेमाहो विविधविधिप्रपञ्चदक्षम्॥14॥

कस्याश्चिल्ललितगतागतैः[1] प्रयान्त्याः संसक्तं भुजलतया विघट्यमानः।
चक्रन्दासुलभनितम्बपातशङ्कासंमोहादिव मणिमेखलाकलापः॥15॥

मा स्मैषां पथि परुषे कदर्थना भूत्पादानामिति दययेव कोमलानाम्।
स्वच्छायाकिसलयसंस्तरः पुरस्तादातेनेऽरुणमणिनूपुरैर्वधूनाम्॥16॥

क्लाम्यन्त्याः प्रतिपथमाशु वीजितायाः सख्यारान्नवशिखिपिच्छनालगौरः।
कस्याश्चिद्विमलकपोलबिम्बितश्रीरुत्तंसस्तबकपदे प्रकीर्णकोऽभूत्॥17॥

अन्यस्या दयितकरावलम्बिपाणेस्तत्स्पर्शाहितपुलकानुबन्धभाजैः।
गच्छन्त्याः पथि विचकास वक्रशोभा नीवी चश्लथितनितम्बबिम्बबासाः॥18॥

कामिनः सेनाधिपतयश्च॥9-10॥ यथायथा कुचकलशैरेता नितम्बं मा द्राक्षुरिति मुखशोभामाच्छादयत्तुङ्गत्वमूढं तथातथा तामेवावलोकयितुमिव विस्तारं गतैर्जघनैर्भभिरवतस्तरेऽवच्छादिता॥11॥ व्यपायो दोषः॥12॥ किलेत्यलीके। जघनालस्यब्याजेनेत्यर्थः। प्रणिहिता निक्षिप्ता॥13-14॥ संसक्तमजस्रम्॥15-16॥ उत्तंसः कर्णपूरोऽत्र॥17-19॥ नदीतटानां साम्यं कटीभिः प्रत्यपादयत्॥20॥ उत्तानस्थित्या भीषणः श्यामजङ्घो विकसिताङ्गुलिश्च यः खगस्तस्य सामर्थ्यात्कालजङ्घाख्यस्य पक्षिणः पादस्तत्सदृशम्। तनुतरे नालपत्रे यस्य। पत्रस्य प्रसृताङ्गुलिश्चरण उपमानम्।

---

1. गतागतेषु यान्त्याः' **क.**

सर्पन्त्याः किसलयपाणिना मुहूर्तं श्लिष्यन्ती तरुगहनेऽभिवेष्ट्य दूरात्।
श्यामायास्तनुममिमीत मध्याभागं कस्याश्चित्प्रकटकुतूहलेव वल्ली॥19॥

गच्छन्त्यस्तनुखगजालपादमुद्रान्यासानामुदधिपुरंध्रिसैकतानाम्।
सुन्दर्यः सरसनखक्षतावचूलैस्तुल्यत्वं विकटकटीरकैः शशंसुः॥20॥

उत्तानस्थितिविकरालका[1]लजङ्घव्याकोशङ्गुलिखगपादनिर्विशेषम्।
संस्थानं तनुतरनालपत्रमग्रे नारीभिः प्रतिपथमैक्ष्यतौरुबूकम्॥21॥

ताः शोभाधिगतपरस्परोपमानं श्रोत्राक्षिस्तनकरपादमुद्वहन्त्यः।
सद्वर्त्मस्थितिमपि पक्ष्मपङ्क्तिमूहुर्यज्जिह्मां तदवमतामिव प्रपेदे॥22॥

आह्लादं शिशिरतरावमर्शहृद्याः कुर्वत्योऽधिकमपरिप्लवप्रकाशाः।
और्वर्यः स्फुरदघनावलम्बिबिम्बा बिम्बोष्ठ्यो विबभुरपूर्वविद्युतस्ताः॥23॥

आक्षिप्तप्रियतमचेतसा तदानीं पुष्पेषुस्फुटमवतावधानयोगम्।
पर्याप्तस्वरपदतालसच्छ्रियोच्चैर्गान्धर्वस्थितिरथ यौवतेन तेने॥24॥

आभास्वत्किरणकरालरत्नहारप्रत्यग्रा[2] दधदलकास्पदामभिख्याम्।
वैदग्धीं युवतिजनोऽथ पुष्पकाञ्चीच्छायावान्द्रविणपतेरिवाललम्बे॥25॥

तस्य तदाकारत्वात्। वृत्तस्य तु जङ्घा। औरुबूकमेरण्डसंबन्धि॥21॥ सद्वर्त्मनि नयनपुटे तिष्ठन्तीमपि जिह्मां पक्ष्मपङ्क्तिं यदूहुस्तदसौ निकृष्टतामिवाप। सन्मार्गवर्ती हि पापाचरणे पृथग्जनेभ्योऽप्यधमः। जिह्मा पापा कुटिला च। अध(व)मो निकृष्टोऽनृजुश्च॥22॥ उर्वरा भूस्तत्र भवा और्वर्यः। स्फुरद्द्योतमानम्, अघनं तनु, अवलम्बि च सरलं बिम्बं शरीराभोगो यासाम्। अपूर्वं विशेषेण द्योतन्ते। अथ चापूर्वा विद्युतस्तडितो ह्लादहेतवः शीतस्पर्शाः स्थिरप्रकाशा भुवि स्थिता मेघेषु चानवलम्बमाना भवन्ति॥23॥ युवतीनां समूहो यौवतम्। तेन पुष्पेष्वेकाग्रतायोगं स्फुटमवता गच्छता गान्धर्वस्येव स्थितिर्विहिता। नूपुरक्वणितयोगेन पर्याप्तशब्दानि पदानि यस्य तद्भावेनोल्लसत्कान्तिना। गान्धर्वं च चेतो(?)मनोहरम्। पुष्पेषौ च कामे स्फुटम्। उद्दीपकत्वात्। अवधानप्रयोज्यं च। तथा पर्याप्तैः स्वरैः षड्जादिभिः, पदैः सुप्तिङ्न्तैः षड्जादिस्वराधारभूतैः, तालेन च कालमानरूपेण चञ्चुपुटचाचपुटादिना सच्छोभनम्। उक्तं च–'पदस्थः स्वरसंघातस्तालेन सुमितस्तथा। प्रयोज्यश्चावधानेन गान्धर्वमभिधीयते॥' इति॥24॥ अलका ललाटावलम्बिनः केशाः। अलका च धनदपुरी। पुष्पकाञ्ची कुसुममयी रशना तया शोभावान्। पुष्पकेण विमानेनाञ्चति व्रजतीति पुष्पकाञ्ची

---

1. 'नीलजङ्घ' **ख.** 2. 'रत्नहारः' **ख.**

तुङ्गत्वं कुचकलशेष्वथाङ्गनानां विस्तारं विकटकटीरकस्थलीषु[1]।
मध्येषु क्रशिमदशां शशंस लोको भावेषु स्थितिरुचिता जनस्य शस्या।।26।।

प्राप्तानामबलतयापि नि:सहत्वं भ्रष्टानां न तु बलिभावलग्नताया:।
उत्तुङ्गै: कुचकलशैरभारि तासां सद्वृत्तैरपि चतुरश्रताश्रया श्री:।।27।।

विस्पष्टद्रढिमगुणाभिरामरूपै: सत्स्थानस्थितिभिरनूनलक्षणाढ्यै:।
रामाणां करणगणैरिवाङ्गहारा नाजह्रु: श्रियमथ मौक्तिकैर्न हारा:।।28।।

शृङ्गारस्थितिरमणीयनर्मगर्भव्यापारातनुरसनायकानुयाता।
रम्भोरूरथ चतुरङ्कलाञ्छितश्री: प्रत्यग्रामतनुत नाटिकेव शोभाम्।।29।।

कान्तिमांश्च।।25-26।। बली बलवांस्तद्भावे लग्नता प्रसक्तिस्ततो या अभ्रष्टास्ता: कथं बलाभावेन नि:सहत्वं यान्तीति विरोध:। अविरोधस्तुवलय: सन्ति यस्य तद्वलिभम्। 'तुन्दिवलिवटेर्भ:' वलिभमवलग्नं मध्यं यस्य तद्भावादच्युतत्वात्स्त्रीसमुचितेन दुर्बलत्वेन नि:सहत्वाच्च। ये सद्वृत्ता: सुपरिवर्तुलास्ते कथं चतुष्कोणा भवन्तीति विरोध:। चतुरश्रता सर्वतोभद्रत्वमिति त्वविरोध:।।27।। अङ्गनानां हारा मौक्तिकै: शोभां स्वीचक्रुरेव। यथा करणगणैरङ्गहारा:। चारीनृत्तहस्तादियोगजन्यैस्तलपुष्पादिभि: करणैर्निवर्त्यमाना: स्थिरहस्तादयोऽङ्गहारा यथाहरन्ति शोभां तथा मौक्तिकैर्हारा इत्यर्थ:। विस्पष्टदार्ढ्या गुणास्तन्तव:। प्रकटश्च द्रढिमगुणोऽभ्यासोत्थं स्थैर्यम्। स्थानं प्रदेश: स्थानानि च वैष्णवाद्यानि। उक्तं च-'वैष्णवं समपादं च वैशाखं मण्डलं तथा। प्रत्यालीढमथालीढं स्थानान्येतानि षड् नृणाम्।।' इति लक्षणं स्वरूपव्यवस्थापको धर्म:। तच्च मणिशास्त्रे भरते [च]।।28।। (शोभा येषां अप्युक्तं) शृङ्गारस्थितिरम्येण प्रतिहासगर्भव्यापारेण महाव्यसनेन च नायकेनानुयाता। चतुरं कृत्वा कलाभिर्नृत्तगीतादिभिराञ्छिता आयता श्रीर्यस्या: सा। अतश्च नाटिकेव। सापि हि शृङ्गारस्य रसस्य स्थितिर्यस्यां सा तथा रम्यो नर्भगर्भस्य कैशिकीवृत्तिभेदस्य व्यापारो यस्यां सा। नर्मस्फिञ्जनर्मस्फोटनर्मगर्भाख्या: कैशिकीवृत्तिभेदा:। तत्र नर्गगर्भ:-'विज्ञानरूपगुणसंपदादिभिर्नायकौ गुणैर्यत्र। प्रच्छन्नौ व्यवहरत: कार्यवशान्नर्मगर्भ: स:।।' इति लक्षित:। तथा अतनवो रसा हास्यादयोऽङ्गभूता यस्यां सा। नायकेन च धीरललिताख्येन युक्ता। चतुर्भिरङ्कैर्विच्छेदभेदै: श्रीर्यस्यास्तादृशी च। उक्तं च-'ईर्ष्याप्रणयक्रोधप्रसादरतिहर्षसंपन्ना। बहुनृत्तगी तवाद्या शृङ्गाराभिनयविनयसंयुक्ता।। विरहौत्सुक्यसमागमसुखान्विता नृपतिचरितसंबद्धा। स्त्रीप्राया चतुरङ्का ललितपदा नाटिकेत्युक्ता।। यत्रार्थस्य समाप्तिर्यत्र च बीजस्वभावसंहार:। किंचिदवलग्नबिन्दु: सोऽङ्क इति सतावगन्तव्य:।।' इति।।29।। मकरकेतन: काम:। मकराख्याश्च प्राणिन

---

1. 'स्थलेषु' ख.

बिभ्रत्या समकरकेतनश्रियोच्चैः प्रत्यग्रामधरदलप्रवालवल्लीम्।
मार्गस्थं हरिणदृशा जनं हरन्त्या लावण्यं जलनिधिवेलयेव भेजे।।30।।

संस्पृष्टयश्चरणतलेन पक्ष्मलाक्ष्या[1] संसक्तैः स्तबकशतैरशोकवृक्षः।
क्षेपीयः पथि विकसल्लताकुलोऽभून्मार्गस्थः क इव न भाजनं विभूतेः।।31।।

नन्वस्मिन्रतगुरुणा समं निकुञ्जे विश्रम्य व्यपनय तावदध्वखेदम्।
इत्यारादकृत नवांशुकाञ्चलाग्रव्यासक्ता व्रततिरिवार्थनां रमण्याः।।32।।

अन्यस्या गुरु जघनं बभार पश्चादायान्त्याः स्फुटमधिकं सगौरवत्वम्।
पश्यन्त्यां प्रतियुवतौ सरागमेनां यत्कान्तश्चिरमनुपालयांचकार।।33।।

अन्वीये मधुकरमण्डलेन तावत्संसर्पन्नपवनमारुतः सुगन्धिः।
यावत्स्त्रीपरिमलगोचरो न लेभे को नाद्यं त्यजति पदं विशेषलाभात्।।34।।

प्रस्तावे नवमधुमासनाटकस्य स्थित्वान्तर्गहनलतातिरस्करिण्याः।
प्रारब्धा परभृतनर्तकेन कूजा स्त्रैणस्य श्रुतिमहरत्प्ररोचनेव।।35।।

बिभ्राणं वसनमिवान्तरापि चूतं सामोदस्थिति गिरिकर्णिकाभिरामम्।
गाणिक्यं सविकटहारतां दधत्तत्क्ष्माभर्तुस्तटमनु काननं च रेजे।।36।।

एव केतनं चिह्नम्। अधरदलमेव विद्रुमलता। अधोभवत्पत्रा च सा। मार्गस्थं सदाचारस्थमध्वस्थं च हरन्त्या रञ्जयन्त्या अपवाहयन्त्या च। लावण्यं सौन्दर्यं क्षाररसता च।।30-31।। रतगुरुः कान्तः।।32।। गौरवं गुरुता संमानश्च।।33।। अन्वीतोऽन्वितः। सुगन्धिरिति गन्धस्येत्त्वे तदेकान्तग्रहणस्य चोदितत्वादित्त्वं न प्राप्नोति। अत्र नैकान्तिको गन्धः। एवं तर्हि गन्धस्यान्तर्लीनतया कृत्रिमत्वेनाप्रतिभासनादैकान्तिकत्वमुपचरितमितीत्त्वं न विरुध्यते। उपमानाद्वा भविष्यति सुगन्धिरिव सुगन्धिरिति।।34।। प्रस्तावोऽवसरः प्रस्तावना च। यस्या लक्षणम्-'नटी विदूषको वापि पारिपार्श्वक एव च। सूत्रधारेण सहिताः संलापं यत्र कुर्वते।। चित्रैर्वाक्यैः स्वकार्योत्थैर्वीथ्यङ्गैरन्यथापि वा'। नाटकस्य च-'पञ्चसंधि चतुर्वृत्ति चतुःषष्ट्यङ्गसंयुतम्। षट्त्रिंशल्लक्षणोपेतं नाटकं परिचक्षते।।' इति।।35।। गाणिक्यं गणिकासमूहः। 'गणिकायाश्च' इत्यौपसंख्यानिको यञ्। तत्, काननं च गिरितटं लक्षयित्वा रेजे। अन्तरमाप्नोतीत्यन्तरापि केशमध्यप्राप्तं चूतं वसनमिव बिभ्रत्। वसनमप्यन्तरा मध्ये पिचुना कार्पासेन ऊतं विहितम्। गिरि वाचि सामोदस्थिति प्रहृष्टम्। कर्णिकाभिः कर्णालंकारैरभिरामम्। सह विकटेन हारेण वर्तते यः तद्भावं दधत्। काननमपि मध्यव्यापि चूतं बिभ्रत

---

1. 'पक्ष्मलाक्ष्याः' **क.**

निर्वाणस्थितिमपवर्तितैलमुच्चैरव्याप्तं न मृदुमरुद्भिधीयमानम्।
तं प्रातस्तनमिव दीपकं विलोक्य स्त्रैणेन द्विगुणरताभिलाषतापे॥37॥

बिभ्राणः कनकमयं[1] नु बीजकोशव्याजेनातनुचषकं कुशेशयिन्याः।
उत्क्षिप्तस्तरलदलाङ्गुलिर्व्यलोकि श्यामाभिः कर इव भास्करस्य पद्मः॥38॥

गच्छन्तः पथि घटिता निकुञ्जदेशे विश्रान्ताः क्वचन परस्परं युवानः।
सौहार्दं विदधुरयन्त्रणं क्रियाणां विस्त्रम्भः सुहृदि फलं ननु प्रधानम्॥39॥

वामभ्रूमुखमदिरासुगन्धिसेकव्यासङ्गस्फुटबकुलद्रुमप्रसूनम्।
भृङ्गालीचरणविधूतपक्ष्ममालापर्यस्तस्तबकपरागपारिभद्रम्॥40॥

उद्गच्छन्नवलवलीलवङ्गपुष्पप्रत्यग्रातनुतरसौरभाभिरामम्।
दिक्चक्रस्फुरदनुबन्धिगन्धफुल्लन्मन्दारस्तबकमधुप्रसङ्गिभृङ्गम्॥41॥

सच्छायं विपिनमनुप्रविश्य पार्श्वव्यासक्तप्रियकरलग्नपाणिपद्मः।
प्र[2]श्योतन्नवमकरन्दपानलीलाविस्त्रम्भातिशयसुखोपलब्धनिद्रैः॥42॥

ऐक्षिष्ट भ्रमरकुलैः कृतं गुरुत्वं वल्लीनां युवतिजनस्तदा नतानाम्।
कस्यार्थी न[3] भवति गौरवाय लोके[4] संपन्नाभिमतफलः समाश्रितो वा॥43॥

(चक्कलकम्[5])

ससौरभस्थितिभिर्गिरिकर्णिकाभिरोषधिभेदैरभिरामम्, सह विविधैः कटहारैः पुष्पभेदैर्वर्तते॥36॥ निर्बाणा निःसृतबाणाख्यकुसुमा स्थितिर्यस्य। अपवर्तिता वातेन चलिता एला निष्कुट्यो द्रव्यविशेषा यत्र। न विभिः पक्षिभिराप्तमव्याप्तं तादृशं न। अपि तु तैर्व्याप्तमेव। अथवा निर्बाणां स्थितिं विशेषेण नाप्तम्। अपि तु प्राप्तमवेति योज्यम्। अन्यत्र निर्वाणा प्रशान्ता स्थितिर्यत्र। अपगते वर्तिस्तैलं च यस्य। रविणा आप्तं न। तदुदये तस्य प्रशमनात्। तं गिरिम्। प्रातस्तनं प्राभातिकम्। आपे प्राप्ता॥37॥ नुरिवार्थे॥38॥ युवान इति 'पुमान्स्त्रिया' इत्येकशेषः॥39॥ वामेत्यादि कलापकम् पारिभद्रास्तरुविशेषाः॥40-43॥ हरयो वानराः। सालास्तरवस्तद्विशेषा वा, प्राकाराश्च। रामाः स्त्रियः, रामश्च दाशरथिः। शुकानां सारणमानयनम्। शुकसारणौ च रावणस्पशौ। घनैर्मुस्तै रुचिरा अक्षा विभीतका येषु तैः सानुभिर्व्याप्ता, घनरुचिभिश्च जलदप्रभै राक्षसैरनुविद्धा॥44॥ कषायो रसश्चेतोहरो वा। शब्दस्पर्शगुणस्य वायोर्गन्धाख्यो गुणो

---

1. 'कनकमयेन' **क.** 2. 'प्रश्चोतत्' **ख.** 3. 'भवति न' **ख.** 4. लोकः' **क.** 5. खपुस्के नास्ति.

आबद्धक्रमहरिकम्प्यमानसाला सा रामाभिगमसमाकुला तदानीम्।
लङ्केव स्फुटशुकसारणा वनोर्वी बभ्राजे घनरुचिराक्षसानुविद्धा।।44।।

आकर्षन्मधुरसशीकरान्वनेभ्य: शेफालीकुसुमकषायगन्धगर्भ:।
आनन्दं मरुदतनोत्तनूदरीणां क: श्रेयानधिकगुणत्वमाप्य न स्यात्।।45।।

एकोऽपि प्रसवशर: स केन सह्यो नानात्मा किमु गणनातिगोचरो य:।
तद्भिन्ने हृदि चरितार्थ एव कामो मानिन्यां[1] न पुनरभूदधिज्यचाप:।।46।।

वासन्त्य: कुसुमभृतश्च कुन्दवल्ल्यो ग्रैष्म्यश्च प्रतिगिरि पाटला: प्रफुल्ला:।
अन्योन्यं युवतिजनस्य मानभङ्गप्रागल्भ्यं व्यतिजहसुस्तरामिवारात्।।47।।

रामाणां नवनवमालिकानिकासप्रत्यग्रप्रसवतिरस्कृतं तदानीम्।
प्रारम्भे परिणतिमाप मानधैर्यं सुग्रीष्मे मुकुलमिवाथ कुन्दपुष्पम्।।48।।

प्रत्यग्राङ्कुररचितश्रियं वनाली बिभ्राणा विटपततिं सपत्रिनादाम्।
अभ्यर्णा शरदिव निम्नगातटोर्वीमानन्दं व्यतनुत मत्तकाशिनीनाम्।।49।।

उत्सृज्य प्रविकचचूतयष्टिमुच्चैस्तृष्णान्धा अपि परिबभ्रमुर्द्विरेफा:।
कान्तास्ये श्वसितसुगन्धिनि प्रकर्षान्नैवार्ता लघुनि पदे भवन्ति धीरा:।।50।।

संस्थानं दधदुपरि च्छदत्रयस्य त्रेताग्निस्थितिसदृशं नितम्बिनीभि:।
नृत्यन्त्या: पवनवशाल्लताङ्गनाया: काङ्गूल:[2] कर इव पल्लवो व्यलोकि।।51।।

नैव स्वाभाविक:, यस्तूपलब्ध: स कुसुमसंभव इत्यधिकोऽसौ गुण:।।45।। गणनातिगोचर: संख्यातिक्रान्तिविषय:।।46।। वसन्ते पुष्यन्ति वासन्त्य:। 'कालात्साधुपुष्यत्पच्यमानेषु' इत्यण्। व्यतिजहसुरिति कर्मव्यतिहारे 'इतरेतरान्योन्योपपदाच्च' इत्यात्मनेपदाभाव:।।47।। परिणतिर्नश्यदवस्थत्वम्। सुग्रीष्मो वसन्त:। तथा च प्रयोग:-'सुग्रीष्मके न दृष्टो न च माघनिशासु दीर्घदीर्घासु। द्रष्टव्या(व्य:)पथिक परो हताशया त्वं कथं न(नु) मया।।' इति। अत्र कुन्दपुष्पं मुकुलावस्थमेव नश्यति। तस्य प्रायेण शैशिरत्वात्।।48।। प्रत्यग्रैरङ्कुरै रचितश्रियम्, प्रत्यग्रां कुरराख्यै· पक्षिभिश्चितश्रियं च। पत्रिण: पक्षिण: शराश्च। शरदि नदीतटेषु धानुष्कैरभ्यस्यद्भि: सशूत्कारा: शरा: क्षिप्यन्ते। मत्तकाशिनी प्रगल्भा योषित्।।49।। धीरा: स्वल्पके स्थान नैवार्ता दैन्यभाजो भवन्ति।।50।। त्रेताग्निराहनीयादिवह्नित्रयी। तत्र स्थित्या सदृशं संनिवेशं बिभ्रत। त्रिषु पल्लवेष्वग्निष्विवोपरिसंनिवेशेन वर्तमान इत्यर्थ:। अत एव कण्डूला(काङ्गूला)ख्यो हस्त इव। तत्र ह्यङ्गुष्ठतर्जनीमध्यमानां त्रेताग्निवदुपविष्टानामुपरि वक्रतया

---

1. 'मानिन्या' क. 2. 'कण्डूल:' क.

बिभ्राणैरधिकगुणत्वमङ्गनानां हस्ताग्रैः प्रसभमकारि पल्लवानाम्।
प्रत्यग्रोज्ज्वलनिजशोभया सरागैर्भग्नानामपि पुनरुक्त एव भङ्गः॥52॥

मूलस्थप्रियनखण्डनस्य बाहोरुत्क्षेपात्प्रतियुवतिं विङ्गनयन्त्याः।
आदित्सोर्द्रुमवविटपाग्रवर्तिपुष्पं पुष्पत्वेऽप्यमृतफलत्वमेव भीरोः॥53॥

श्लिष्यन्त्या विटपशिखाश्रयप्रसूनव्यादित्सासरभसचेतसस्तरुण्याः।
अप्राप्तप्रसवफलोदयोऽपि शाखी संपत्तिं फलभरशालिनीमवाप॥54॥

शाखाग्रस्थिति कुसुमं तरोर्जिघृक्षुर्यत्पीनस्तनविनता शशाक नाप्तुम्।
तत्रासीद्रतगुरुणा विलूय दत्ते प्रत्यक्षं प्रतियुवतेः समुन्नता स्त्री॥55॥

बिभ्राणै रसभरशालितामभीक्ष्णं रागश्रीसमुदयशोभिभिस्तदानीम्।
दिव्यस्त्रीकरजपरिक्षतैस्तरूणां तारुण्यं सफलमभारि पल्लवौघैः॥56॥

भग्नानामगणिततताद्विपत्तिदोषैर्वल्लीनां मधु कुसुमेष्वपायि भृङ्गैः।
युक्तानां तरलतया मलीमसानां न स्वार्थात्क्वचिदतिरिच्यतेऽनुरोधः॥57॥

कुर्वाणा पृथुनि वधूर्नितम्बबिम्बे विस्त्रस्तं वसनमनास्थदुर्विनीतम्।
विस्पष्टामनुरहसं प्रियस्य नान्या न व्याञ्जीन्निधुवनलालसां स्फुरन्तीम्॥58॥

भ्रूक्षेपानुगतनिकुञ्जदत्तदृष्टेराकूतं सपदि निशेमुषी प्रियस्य।
तद्वर्त्मन्यविशत काचिदिङ्गितज्ञा नो कार्ये क्वचन भवन्ति दीर्घसूत्राः॥59॥

पृष्ठपातिन्यनामिका वर्तते। यदुक्तम्—'त्रेताग्निसंस्थिता मध्यातर्जन्यङ्गुष्ठका यदा। काङ्गूलो नामिका वक्रा तथा चोर्ध्वा कनीयसी॥' इति॥51॥ भग्नानां जितानामपि पुनरुक्त एव भङ्गश्छेदनमकारि। छिन्नानां च च्छेदनं पुनरुक्तमेव॥52॥ यत्पुष्पं कथं तदङ्गनायाः फलत्वमाप्नुयादिति विरोधः। पुष्पस्य फलरूपतापत्तौ का विरुद्धार्थतेति चेत्, आह—पुष्पत्वेऽपीति। सति हि परिणामे पुष्पस्य फलरूपता, न तु स्वरूप एवावस्थितस्येत्य(ति)विरोधः॥53॥ निष्फलोऽपि तरुस्तरुणीश्लेषात्फलमभ्यधिकं प्राप॥54॥ समुन्नता गर्वितापि॥55॥ रसः शृङ्गारोऽपि। रागः सक्तिरपि। पल्लवा विटा अपि॥56॥ अगणिता वल्लीनां विपत्तिर्यत्र पाने। मलीमसाः पापा अपि॥57॥ अनास्थदुर्विनीतं हेलया दुष्प्रावृतम्। अनुरहसमेकान्ते। 'अन्ववतप्ताद्रहसः' इत्यच्। न न व्याञ्जीत्प्रकटीचकारैव। लालसा स्पृहा॥58॥ य इङ्गितं न जानन्ति तेऽपि क्वचिदपि कार्ये दीर्घसूत्राः कालक्षेपिणो न भवन्ति॥59॥ संभ्रमन्त्याः ससंभ्रमायाः। नेति काक्वा॥60॥ अनौकहास्तरवः। असुमनस्कता निष्पुष्पत्वम्। यस्य च पल्लवा अङ्गभूताश्छिद्यन्ते तस्यासुमनस्कता दौर्मनस्यं भवति॥61॥ धूम्या धूमसमूहः। मालादिभ्यो

निःश्वासैरविरलसौरभैर्विकृष्टः श्यामायाः करकमलेन संभ्रमन्त्याः।
बभ्रामाभिमुखमपाकृतोऽपि भृङ्गः पर्याप्तं न खलु मलीमसस्य धार्ष्ट्यम्॥60॥

कान्तानां करकमलैरनौकहानां लुप्तेषु प्रसभमुपेत्य पल्लवेषु।
धूतानामुपवनवाहिभिः समीरैः किं चित्रं यदसुमनस्कताविरासीत्॥61॥

व्याविद्धा मधुकरपङ्क्तिधूम्ययारादाभासीदधिकमशोकपादपस्य।
प्लुष्यन्ती सपदि मनांसि मानिनीनामाताम्रच्छविरभिलुङ्खितेव वल्ली॥62॥

नीलाब्जं श्रवणवतंसतां तरुण्या यद्भर्त्रा विकचमनीयतानतं सत्।
आत्मानं विमलकपोलदर्पणस्थं तच्छोभातिशयपरीतमैक्षतेव॥63॥

न श्रेयान्सममधिकश्रिया विरोधो युक्तात्र प्रणतिरितीव पीवरोर्वाः।
उत्तंसोत्पलमवनम्य दूरमक्ष्णः प्रास्तावीत्स्तवमिव चञ्चरीकशब्दैः॥64॥

आताम्रासितधवलैः प्रसूनवृक्षैः स्थेयोभिः कृतवसतिस्थितेस्तदानीम्।
व्यातस्थे स्मरणभुवो वनस्थलीषु स्थूलाभैश्चिरमविसंस्थुलस्फुलश्रीः[1]॥65॥

पर्यश्रुस्त्रुतिपरिपाटलत्वमक्ष्णोः कुर्वाणं मनसि मनोरमं व्यलीकम्।
मानिन्यो रज इव चक्षुषि प्रविष्टं संरम्भस्फुरदधरा न पर्यमृष्यन्॥66॥

कुर्वाणामधितरु सुग्रहेऽपि पुष्पे हस्ताग्रं सपदि युवा स्वयं प्रदित्सुः।
रम्भोरूमरुधदनेकयुक्तिभेदैः प्रेमाहो रचयितुमीहतेऽनुकूलम्॥67॥

नैकत्र श्रवसि तथा सहेमताडीताटङ्केऽप्यकृत वधूः प्रसाधितास्थाम्।
अन्यत्र प्रियकरकृष्टलम्बपालीविन्यस्तच्छदसुभगे यथाभ्यमित्रम्॥68॥

अन्यस्याः सुरभिमुखानिलावकृष्टा वक्त्रेन्दोः पृथुपरिवेशचक्रबन्धम्।
भृङ्गाणां ततिरकरोत्पतत्रवातव्याधूतस्तबकवतंसधूलिजालैः॥69॥

यः। अभिलुङ्खिता ज्वलिता॥62॥ आनतं स्त्रस्तम्॥63-64॥ अविसंस्थुलानु- पहता स्फुलश्रीः पटमण्डपशोभा कामस्य कुसुमप्रधानैस्तरुभिः संपादिता॥65॥ मनोरमः प्रेयान्। व्यलीकं गोत्रस्खलितादिविप्रियम्॥66-67॥ हेमताड्ये यः ताटङ्कः कर्णाभरणम्। तत्सहितेऽप्येकस्मिन्कर्णे प्रसाधितास्थां मण्डितोऽयमिति बुद्धिं तथा वधूर्नाकृत यथा सपत्नीसंमुखं प्रियनिवेशितेन पल्लवेन सुभगे द्वितीये॥68॥ परिवेशः परिधिः॥69॥ उपदा ढौकनिका। विब्बोकश्चेष्टाविशेषस्तेनाञ्चितं विनिहिञ्चितं च शिरो यस्याः।

---

1. 'स्थुलश्रीः' **ख.**

उन्निद्रच्छदमुपदेति पुष्पमारादानीतं दयिततमेन मेनकाश्रीः।
विब्बोकाञ्चितविनिहिञ्चितोत्तमाङ्गा वामोरूरभिमुखमग्रहीत्सपत्न्याः॥70॥

व्यत्यासाद्दयिततमेन कापि नाम्नः प्रत्तायामपि सुमनस्यमर्षहेतोः।
संरम्भस्फुरदधरारुणेक्षणश्रीस्तच्चित्रं यदसुमनस्कतां प्रपेदे॥71॥

विश्राम्यत्कुचयुगलोरसि प्रियस्य स्मेरान्या[1] मृदुचरणाग्रदुर्निविष्टा।
आदाय स्खलनपदं विलोलदृष्टि कण्ठान्तः प्रणिहितबाहुकन्दलीका॥72॥

संरम्भोन्नमितनितान्ततान्तमध्या[2] भूयोऽपि स्थितिमधिजग्मुषी कथंचित्।
आमोदापहृतमधुव्रतं नतभ्रूरुत्तंसं शिरसि बबन्ध बन्धुरश्रीः॥73॥
(युगलकम्[3])

कस्याश्चिद्दयितकराब्जयोजितेन श्रोत्राग्रे तरुणतमालपल्लवेन।
धूमेनाविरतमिवाभिहन्यमानं बाष्पाम्भः प्रतियुवतेर्मुमोच चक्षुः॥74॥

नीरन्ध्रव्रतितिरोहितेऽपरस्याः साशङ्कं दयिततमे बभूव चेतः।
अध्यास्ते हृदयमकृत्रिमप्रियाणां कान्तानामतिबहुमत्सरो[4] ह्यनङ्गः॥75॥

संबाधाद्विरहितवल्लभा तदानीं गायन्ती रणरणकात्तपञ्चमैका।
निर्लक्षं कुसुमपरिग्रहाय सुभ्रूः संदंशं सुचिरमबभ्रमत्कराग्रम्[5]॥76॥

स्पष्टाक्षिभ्रुवविकृतिप्रपञ्चशोभी शृङ्गाराकृतिपिशुनो विपक्षवामः।
सग्रीवानिरुपमरेचको[6] जजृम्भे रम्भोर्वा दयितविलोकनेन हावः॥77॥

उक्तं च–'इष्टानां भावानां प्राप्तावतिहर्षमानसंभूतः। स्त्रीणामनादरकृतो विब्बोको नाम विज्ञेयः॥ किंचित्पार्श्वोन्नतग्रीवं शिरो ज्ञेयं..........।...............स्त्रीणां चैतत्प्रयोजयेत्॥' इति॥70-71॥ स्खलनच्छलनं कृत्वा चरणाभ्यां दुर्निविष्टा सती काचित्प्रियस्य शिरसि शेखरं बबन्ध। कन्दली लता॥72॥ संरम्भः प्रयत्नः॥73-74॥ साशङ्कं सपत्नीभोगशंसि। प्रियं स्नेहः॥75॥ संबाधो जनबाहुल्यम्। रणरणकमुत्कण्ठा। पञ्चमो ग्रामरागभेदः। निर्लक्षं निर्विषयम्। अन्यत्र गतिचित्तत्वात्। संदंशाख्यं कराग्रमभ्रमयत्। 'तर्जन्यङ्गुष्ठसंयोगस्त्वरालस्यं यदा भवेत्। अभुग्नतलमध्यश्च स संदंश इति स्मृतः'॥76॥ अक्षिभुवमिति अचतुरादिसूत्रे निपातितम्। विपक्षवामः सपत्नीप्रतिकूलः। रेचको भ्रमणम्। हावश्चेष्टाविशेषः। उक्तं च–'प्राप्तेषु शृङ्गाररसाश्रयेषु भावेषु कामाङ्कुरचिह्नभूतम्।

---

1. 'स्मेरास्या' **क.** 2. 'तान्तमन्या' **क.** 3. ख-पुस्तके नास्ति. 4. 'अतिशयमत्सरो' **क.** 5. 'अविभ्रमत्' **क-ख.** 6. 'सुग्रीवा' क.

रामाणां द्रुमविटपाग्रजन्मपुष्पव्यादित्सारभसवशात्सवेपथुभ्यः।
हारौघैः प्रविगलितं[1] पयोधरेभ्यो नोद्वृत्तैः सह गुणिनां चिराय योगः॥78॥

नेपथ्ये मसृणमनोरमे कृतास्था शृङ्गाराञ्चितरसशालिता[2] वहन्ती।
कान्तस्य प्रमदमुदारनृत्तलीला रम्भोरूरतनुत कैशिकीव वृत्तिः॥79॥

संफुल्लन्नवनवपुष्पशेखराङ्के[3] निःशङ्कं मधु पपुषीभिरन्तराले।
कान्तानां चितरससंचितेन[4] चेतो रामाभिर्मदकिलकिञ्चितेन जह्रे॥80॥

बिभ्राणा श्रुतिसुखतां मनोरमश्रीर्यान्तीनां वनभुवि मत्तकाशिनीनाम्।
मायूरी कलविरुतिः स्वराश्रयत्वं संप्राप्ता व्यतनुत मार्जनेव शोभाम्॥81॥

प्राप्ताया रहसि मनोरमेण योगं रामायाः प्रमदभरोत्थमीक्षणाम्भः।
पत्राली[5] सपदि दुधाव गण्डभित्तावश्रेयो जगति भवेज्जडान्न केषाम्॥82॥

अक्षुण्णा बत शतमन्युता तवेयं साश्चर्या सुभग विनिर्ममे विधात्रा।
निःशङ्कं विदधत एव गोत्रभेदं वज्रस्ते निवसति वाचि यन्न पाणौ॥83॥

इत्यारादभिदधुषीं पुनः सपत्नीनाम्नैवावनतशिरा युवानुनीषुः।
बाष्पाम्भःप्लुतनयनां विजृम्भितान्तःसंतापामपि युवतिं व्यधात्सहासाम्॥84॥

(युगलकम्)

उत्पत्स्यते यत्स्मितवीक्षितोत्थमुन्मीलितं रम्यतया स हावः॥' इति॥77॥ उद्वृत्ता उन्नतवर्तुला उपप्लुताश्च। गुणस्तन्तुः सौजन्यं च॥78॥ नेपथ्यमाकल्पः। मसृणमनुद्धतम्। आस्था स्थितिः। रसो रागः। कैशिकी नाम वृत्तिरवस्थाविशेषः। 'या श्लक्ष्णनेपथ्यविशेषचित्रा स्त्रीसंयुता या बहुनृत्तगीता। कामोपभोगप्रभवोपचारा तां कैशिकीं नाम वदन्ति वृत्तिम्॥' इति॥79॥ शेखरो गुच्छः। रसः स्वादः। मदेन किलकिञ्चितं चेष्टाविशेषः। 'शुष्कं क्षणं प्ररुदितं क्षणमश्रुपातः क्रोधो मुहुर्हसितमाशु पुनश्च गीतम्। व्यामिश्ररूपमिह हर्षरसप्रयुक्तमुक्तं जनैः श्रुतधनैः किलकिञ्चिताख्यम्'॥80॥ श्रुतौ कर्णे श्रुतिभिश्च सुखता सुखकारित्वम्। स्वरारम्भका ध्वनयः कलस्वराः काकलीप्रभृतिद्वाविंशतिभेदाः श्रुतयः। मायूरी मयूरसंबन्धिनी विरुतिः केका स्वरस्य षड्जस्याश्रयतां प्राप्ता। 'षड्जं वदति मयूरः' इत्युक्तेः। मायूर्याख्या मुर(ज)जा मार्जना स्वराश्रयः। उक्तं च–'गान्धारो वामके कार्यः षड्जो दक्षिणपुष्करे। ऊर्ध्वके पञ्चमश्चैव मायूर्यास्तु स्वराः स्मृताः॥' इति॥81-82॥ अक्षुण्णा नवा।

---

1. 'प्रतिगलितं' **क.** 2. 'शृङ्गारार्धित' **क.** 3. 'शेखराङ्कं' **क.** 4. 'मितरस' **ख.** 5. 'पत्त्राली:' **क.**

वीक्ष्याराद्वनभुवि चूतशाखिवल्लीं वलगन्ती[1] कुसुमपृषत्कहस्तभल्लीम्।
निर्माना युवतिरभूद्रते विधेया नौत्सुक्यं व्रजति हि रम्यदर्शनात्क:।।85।।

उत्तुङ्गद्रुमकुसुमग्रहाभिलाषादुत्तानीकृतवदनश्रियोऽवतंस:।
सस्रंसे युवतिजनस्य कर्णमूलादारूढो विनिपततीति नात्र चित्रम्।।86।।

कान्ताया: कुसुमरजो विलोचनस्थं यत्प्रेयान्वदनसमीरणैर्निरास्थत्।
तेनैव प्रतियुवते: समीपभाज: कालुष्यं युगलमनायि दूरमक्ष्णो:।।87।।

उत्क्षिप्ता कुसुमजिघृक्षया तदानीं तन्वङ्ग्या: सदुपलपत्रमण्डनश्री:।
अक्लाम्यद्द्रुजलतिकातिसौकुमार्यात्सद्वृत्तैरपि खलु खेदमेति कश्चित्।।88।।

विभ्राणे स्फुटतरशुष्कवर्णगेयस्थानीये निरुपमवक्रपाणिशोभाम्।
विच्छित्तिं वपुषि विलोक्य वल्लभाया: प्राणेशो विपुलविलोचनोत्सवोऽ-
भूत्।।89।।

आबध्य स्रजमभिधाविपर्ययेण श्यामाया ददद‍ति वैमनस्यभाज:[2]।
वैलक्ष्यागमपरिपाण्डुराननोऽन्यो नि:स्पन्दस्थितिरकरोज्झरङ्कशङ्काम्।।90।।

सागस्के सुहृदि सवेपथुत्वमाप स्वेदाम्भ:प्लुतपुलकाङ्कुरोत्करासीत्।
आदातु[3] सुतनुरियेष चावहित्थं[4] प्रेमाहो युवतिषु मौग्ध्यदुर्विदग्धम्।।91।।

शतमन्युता शतापराधता इन्द्रता च।।83-87।। सदुपला मणय:। तन्मयै: पत्रैर्मण्डनश्रीर्यस्या:। सद्वृत्तै: शुभाचारैरपि।।88।। शुष्का निरर्थका कुं ठुं इत्यादयो वर्णा यस्य तादृग्गीततुल्ये। तद्धि वक्रपाणिनाम्ना पूर्वरङ्गेण शोभते। उक्तं च–'नाट्यवृत्तिविभागाय वक्रपाणिर्विधीयते' इति। 'माल्याच्छादनभूषाविलेपनानाम-नादरन्यास:। स्वल्पोऽपि मर्तिशोभां जनयति य: सा तु विच्छित्ति:'।।89।। आबध्य उम्भित्वा। नि:स्पन्दतया झरङ्कशङ्का तृणपुरुषभ्रान्ति:।।90।। अवहित्थमाकारसंवरणम्। दुर्विदग्धं दु:शिक्षितम्।।91-92।। मकरन्दस्य शीधुन(धो)श्च पाने व्यासङ्ग: प्रसक्ति:। स्त्रीभिर्वितन्यमानोऽलिभिर्युवभिश्च यथाक्रमं नवा लता एवोत्सवो नवलताख्यश्च वसन्तोत्सवोऽभिनन्दित:। 'यत्राभिनवया वध्वा लतयेव मधौ द्रुम:। स्वयमालिङ्ग्यते कान्त: स स्यान्नवलतोत्सव:'।।93।। कान्ति: सौकुमार्यं चेति द्वन्द्व:। अध्यवत्स्यत अधिष्ठित:। विशेषे निष्ठा अर्थिता येषां ते विशेषनिष्ठा विशेषकुशला:। ('निनदीभ्यां स्नाते: कौशले' इति णत्वम्)।।94।। माल्यग्रथने विकल्पा: प्रकारा एव शिल्पा:

---

1. 'वेल्लन्तीं' ख. 2. 'दधदति' क. 3. 'आधातुं' क. 4. 'चावहित्थां' ख.

उत्सृज्य स्फुटतरवर्णशोभमारान्निर्गन्धं युवतिजनोऽथ कर्णिकारम्।
आदित्सुः सुरभितया लवङ्गमभ्यैदाकारादपि[1] गुण एति वल्लभत्वम्।।92।।

भ्राम्यद्भिर्घनमकरन्दशीधुपान[2]व्यासङ्गप्रमुदितमानसैस्तदानीम्।
संरम्भादलियुवभिर्वितन्यमानो न स्त्रीभिर्न नवलतोत्सवः शशंसे।।93।।

सौगन्ध्यादविरकान्तिसौकुमार्यात्तद्वक्त्रैरथ विजित:[3] सरोजखण्ड:[4]।
भृङ्गौघैः क्वचिदपि नाध्यवत्स्यताराद्वश्च्यन्ते न खलु परैर्विशेषनिष्ठाः।।94।।

बिभ्रत्यः प्रकृतिमनोरमाकृतित्वं ता माल्यग्रथनविकल्पशिल्पदक्षाः।
प्राणेशानथ सविशेषमेव जह्रुः साधीयो हरति गुणान्तरेण गुण्यः।।95।।

श्लक्ष्णत्वं विरलविलेपनश्रियस्ता बिभ्रत्यो रुचिरतराङ्गवर्तनाभिः।
सद्रूपाः सललितनाट्यचित्रभित्तीरालोक्याभिमतजनः पुपोष तोषम्।।96।।

गच्छन्ति प्रकृतिमनोरमाः कदाचित्कालेन स्फुटमसता गुणेन योगम्।
निःश्वासश्वसनपरम्पराभिरासां सौगन्ध्यं यदुचितमापि कर्णिकारैः।।97।।

प्रेयस्या निबिडनितम्बबिम्बशोभामादित्सुः कुसुममयीं विधाय काञ्चीम्।
यामारात्सरसमना युवोपनिन्ये संसर्गात्प्रतियुवतेः कृतापराधः।।98।।

प्राप्तस्तत्स्मरणसरोषपाटलाक्ष्या सस्मेराननलिनस्तया बबन्धे।
प्रायेण ह्यननुगुणे विधावुपैति ध्यातोऽर्थः परिणतिमन्यथैव पुंसाम्।।99।।
(युगलकम्)

निःश्वासावधुतपयोधरा विहारव्यापाराद्वनभुवि मम्लुषी तदानीम्।
स्वेदाम्भःकणनिकरं मुमोच सुभ्रूः शेफाली पवनहतेव पुष्पवर्षम्।।100।।

कलाः। गुण्यो गुणवान्। यप्प्रकरणे 'अन्येभ्योऽपि–' इति यम्मत्वर्थीयः।।95।। विलेपनमङ्गरागो मक्कोलादिरञ्जनं च। अङ्गानां च वर्तना यथास्वमभिनयाः। चित्रे च कूर्चिकादिभिरुन्मीलना। नाट्यं नृत्तमेव चित्रं तस्य भित्तीराधारभूताः।।96।। कालेन समयेन स्फुटं प्रकटम्। असता अविद्यमानेन। श्वसनो वायुः।।97-98।। प्राप्तेऽवष्टब्धः सन् तस्यापराधस्मरणेन पाटलदृशा प्रेयस्या स युवा तया काञ्च्या निबद्धः।।99।। मम्लुषी म्लाना।।100।। प्रम्लानेत्यादिना श्रान्ताख्या दृष्टिर्वर्णिता। यस्या लक्षणम्– 'श्रमप्रम्लानितपुटा श्यामान्ताञ्चितलोचना। सन्ना पतिततारा च श्रान्ता दृष्टिः प्रकीर्तिता।।' इति। अञ्चितौ प्रसृतौ। निपतिते अधोमुखे।।101।। नखा नखक्षतानि। ये चाङ्ग

---

1. 'आसीत्' क. 2. 'सीधु' ख. 3. 'विजिता:' क. 4. 'षण्डा:' क.

प्रम्लानाञ्चितपुटतामरालकेश्या बिभ्राणा निपतिततारकाभिरामा।
अन्यस्या विपिनविहारविभ्रमेण श्रान्ताया दयिततमं जहार दृष्टिः॥101॥

भ्रान्ताया गिरितटकानने मृगाक्ष्याः प्रेक्ष्यत्वं दयिततमस्य जग्मिवांसः।
स्विद्यन्त्या बभुरवलग्नबिन्दुचित्राः प्रोत्तुङ्गस्तनतटवर्तिनो नखाङ्काः॥102॥

प्राप्तायाः किसलयपाणिनोपकण्ठं कस्याश्चित्कुसुमरजोभिरासजद्भिः।
आलीव द्रुतमलिखल्लता कपोले निर्धौतां श्रमसलिलेन पत्रवल्लीम्॥103॥

सर्वर्तुग्रथितमनोरमश्रियोऽद्रावुन्निद्रस्तबकभृतो यथाविशेषम्।
भृङ्गेभ्यो भृशतरमस्वदन्त वल्ल्यो भावानां भवति कुतः प्रकर्षनिष्ठा॥104॥

आकृष्यांशुकममलं नवोढवध्वास्तद्दृष्टिप्रकटकुतूहलस्य भर्तुः।
विस्पष्टं व्रततिरदर्शयन्मुखेन्दुं भव्यानां भवति यतस्तोऽर्थसिद्धिः॥105॥

पात्रत्वं मनसिजलासकस्य याता नर्तित्वा कुसुमविहारनाटकान्ते।
विष्कम्भस्थितिविशदप्रवेशमार्गान्निर्जग्मुः कमलदृशोऽथ काननाङ्कात्॥106॥

स्पष्टेहामृगडिमवीथिकं सदङ्कव्यायोगं तदनु विहृत्य निःसहाङ्ग्यः।
अत्याक्षुः स्फुटदशरूपकव्यवस्थं मन्थाद्रेर्मणितटकाननं रमण्यः[1]॥107॥

नाटकाद्यवयवास्ते बिन्दुना चित्रा जनस्य प्रियत्वमुपगता भ्राजन्ते। बिन्दुरर्थप्रकृतिः। यदुक्तम्–'प्रयोजनानां विच्छेदे यदविच्छेदकारणम्। यावत्समाप्तिर्बन्धस्य स बिन्दुरिति कीर्तितः॥ यो मुखसंधौ क्षिप्तः किल वसति चतुर्ष्वपि समन्तात् तैलस्य बिदुरम्भसि यथा स बीजाश्रयो बिन्दुः॥' इति॥102॥ आसजद्भिर्नीयमानैः। आली सखी॥103॥ भृङ्गेभ्य इति 'रुच्यर्थानां प्रीयमाणः' इति संप्रदानता। स्वदो रुच्यर्थत्वात्। तस्य मुखेन्दोः दृष्टौ दर्शने॥104-105॥ मनसिज एव नृत्तोपाध्यायस्तस्यास्पदतां गताः सुदृशो विहारान्ते वनोत्सङ्गान्निरीयुः। नर्तक्य इव। ता अपि। पात्रत्वं रामाद्यनुकर्तृता। नाटकादिसमाप्ता वङ्कादभिनीयमानान्नाटकाद्यवयवान्नर्तकपूर्वं निःसरन्ति पूर्वत्र विष्कम्भो विस्तारस्तत्स्थित्या विशदप्रवेशाः सुगमाः पन्थानो यत्रेति योज्यम्। इतरत्र विष्कम्भो विष्कम्भकः। प्रवेशः प्रवेशकः। विष्कम्भवत्प्रवेशकस्वरूपं यत्रेत्यर्थः। अङ्के हि विष्कम्भप्रवेशकौ कथोपक्षेपकारितया प्रायशः सदृशौ। अतश्चैकमेवाङ्के प्रयुञ्जते कवयः। 'शुद्धः संकीर्णो वा द्विविधो विष्कम्भकोऽत्र विज्ञेयः। मध्यमपुरुषः शुद्धः संकीर्णो नीचमध्यकृतः॥ परिजनकथानुविद्धः प्रवेशको नाम विज्ञेयः। नोत्तममध्यम-पुरुषैराचरितो नाप्युदात्तवचनकृतः॥ प्राकृतभाषाचारप्रयोगमासाद्य कर्तव्यः'॥106॥

---

1. 'तरुण्यः' **ख.**

बिभ्राणं[1] दिशि दिशि रासकाङ्कलीलां नाना[2]न्वानुगतविशालतालशोभम्।
सुन्दर्यः कथमपि तद्वनं जहुस्ता रम्याः स्युः क इव हि सुत्यजाः पदार्थाः॥108॥

प्रेयाभिः सममवगाह्य [3]काननोर्वीं देहार्धस्थितिरिव शूलिशैलपुत्र्योः।
रामाभिर्न रुचिरसैकताभिरामा नालोकि त्रिदशतरङ्गिणी विदूरात्॥109॥

कूजन्तीं मधुकरमण्डलीं पुरस्तादालोक्य स्तबकितकोविदारलीनाम्।
प्रौढत्वाद्दयिततमेन कापि सार्धं प्रस्तावं व्यतनुत कोविदा रलीनाम्॥110॥

भाति स्म वल्लभकरग्रथितं नितम्ब-
बिम्बावलम्बि रशनागुणदाम पौष्पम्।
चारुभ्रुवः प्रचुरसौरभलोभलीन-
शिञ्जानहारिमधुपावलिकिङ्किणीकम्॥111॥

उत्तंसभागकुचबन्धुरकंधराग्र-
काञ्चीगुणास्पदविचित्रविनिद्रपुष्पाः।

स्पष्ट ईहामृगाणां वृकाणां डिमो युद्धं यत्र तथाविधा वीथिकाः पन्थानो यत्र। शोभनेऽङ्के उत्सङ्गे वीनां पक्षिणामायोगः संबन्धो यत्र। स्फुटा दशा स्वोचितावस्था येषां तेषां रूपकाणां मृगार्भकाणां व्यवस्था स्थितिर्यत्र। अथ च–'नाटकं च प्रकरणमङ्को व्यायोग एव च। भाणः समवकारश्च वीथी प्रहसनं डिमः। ईहामृगश्च विज्ञेयो दशमः काव्यलक्षणे॥' इति। यद्दशरूपकाख्यं काव्यं तद्वदवतिष्ठमानम्। 'दिव्यपुरुषा.......त्कृतो दिव्यस्त्रीकारणोपगतयुद्धः। ईहामृगस्तु कार्यः सुसमाहितकाव्य-बन्धश्च॥ प्रख्यातवस्तुविषयः प्रख्यातोदात्तनायकश्चैव। षड्वसुलक्षणयुक्तश्चतुरङ्को वैडिमः कार्यः॥' इत्यादि दशरूपकस्य लक्षणमभिहितं दशरूपकाध्याये॥107॥ रासका मृगविशेषा एवाङ्कश्चिह्नम्। रासकाङ्कश्च कोहलोक्तो नाट्यप्रकारः। उक्तं च–'अष्टौ षोडश द्वात्रिंशद्यत्र नृत्यन्ति गायकाः। पिण्डीबन्धानुसारेण तन्नृत्तं रासकं विदुः॥' इति। तालास्तरुविशेषाः, चञ्चुपुटचाचपुटादयश्च॥108॥ रुचिरैः सैकतैरभिरामा॥109॥ कोविदाराश्चमरकाख्यास्तरवः। तत्र लीनां भ्रमरपङ्क्तिमालोक्य काचित्कोविदा रलीनां गोष्ठीनां प्रस्तावमकरोत्॥110॥ किङ्किण्यो घण्टिकाः। औणादिकोऽत्र किङ्किणीकाशब्दः 'चङ्कणः किङ्किण च' इति॥111॥ हेतिशाला जयनशाला इति प्रसिद्धाः॥112-113॥ तरङ्गवात एव चटुलं दोलनं दोला येषां तानि विकसन्ति स्वर्णपद्मानि यस्याम्।

---

1. 'बिभ्राणा' ख. 2. 'नानात्वानुगत' क. 3. 'काननोर्वीः' क.

रेजुः कुशेशयदृशः कुसुमायुधस्य
सुग्रीष्मकेण रचिता इव हेतिशालाः॥112॥

अथ विपिनविहारक्लान्तिजन्माननेन्दु-
ग्रहगणपरिवारस्वेदबिन्दूद्गमानाम्।
श्रियमिव परिवार्ष्टुं श्वाससौगन्ध्यलुभ्य-
न्मधुकरकुलपक्षैर्वीज्यमानाः सलीलम्[1]॥113॥

कल्लोलानिललोलदोलनलसच्चामीकराम्भोरुहां
रत्नक्षोदपरागसैकतभुवं म्रङ्क्तुं सुरस्यन्दिनीम्।
प्रेयाभिः सममुच्छसत्कुचभरक्लाम्यन्नितम्बस्थली-
लीलामन्थर[2]चारचारुचरणन्यासा नताङ्ग्यो ययुः॥114॥

(युगलकम्)

इति श्रीबालबृहस्पत्यनुजीविनो वागीश्वराङ्कस्य विद्याधिपत्यपरनाम्नो महाकवे राजानकश्रीरत्नाकरस्य कृतौ रत्नाङ्के हरविजये महाकाव्ये कुसुमावचयवर्णनो नाम सप्दशः सर्गः।

अष्टादशः सर्गः।

कुर्वन्नङ्गक्लान्तिमर्कप्रकाशो गच्छन्तीभिर्मन्युनेवाङ्गनाभिः।
फुल्लन्नीलाम्भोजसंवादिनेत्रच्छायापातैः खण्डशोऽथ व्यधायि॥1॥

आशाप्लाविस्वच्छलावण्यकान्तिज्योत्स्नापूरापह्नुतान्यप्यशेषम्।
छत्राण्युच्चैर्धार्यमाणानि तासां हैमैः पाण्डून्यन्वमीयन्त दण्डैः॥2॥

रत्नचूर्णमेव धूलिस्तत्प्रधानास्तटभुवो यस्याम्। स्यन्दिनी नदी॥114॥ इति राजानकजयानकसूनोरलकस्य कृतौ हरविजयविषमपदोद्द्योते सप्तदशः सर्गः॥

अष्टादशः सर्गः।

अङ्गनाभिरातपो नेत्रच्छायानिपातेन खण्डितः। छाया कान्तिः। तया चातपे पतन्त्या छाया व्यधीयतेति तद्द्वारेणातपध्वंसः। छाया वा प्रतिबिम्बम्॥1॥ लावण्यसहिता कान्तिर्लावण्यकान्तिः। हैमैः सुवर्णमयैर्विकारैः 'प्राणिरजतादिभ्योऽञ्'। हेमशब्दो रजतादिषु न पठ्यत इति चेत्, तर्हि तत्रापठितोऽप्युपसंख्येयः। हैमशब्दस्य बहुशः शिष्टप्रयोगदर्शनात्। दृश्यते यथा जातिषु त्रिफलाशब्दः। अणि तु 'अन्' इति

---

1. 'सहेलम्' ख. 2. 'मन्थरचण्ड' क.

तिर्यग्ज्योत्स्नापाण्डुभासा धृतेन[1] च्छत्रेणान्या राजति स्म व्रजन्ती।
वक्त्रेन्दोः स्विन्मण्डलग्रेण चञ्चन्मुक्तादामोद्दामतारागणेन।।3।।

रम्याभोगैर्गौरतामुद्वहद्भिः प्रौढस्येन्दोर्बिम्बशोभामवाप्तैः।
छत्रैश्छायातानि सीमन्तिनीनां वक्त्रैश्चाराच्चारुनेत्राभिरामैः।।4।।

बंहीयस्त्वं नाकनारीजनस्य छत्रच्छायामण्डलैरीयिवद्भिः।
तद्वक्त्रेन्दुग्रासगर्धावतीर्णैराकीर्णोर्वी[2] सैंहिकेयैरिवासीत्।।5।।

मार्गोद्धूता धूलयो धूसरत्वं मासां कार्षुः स्वच्छलावण्यकान्तेः।
वल्ल्योऽधुन्वन्वातनुन्नानितीव स्त्रीणामाराद्वल्लरीचामरौघान्।।6।।

काञ्चीनद्धैः स्थूलबिम्बैर्नितम्बैः संबाधत्वं वर्त्मनः कुर्वतीभिः।
मन्दं जग्मेऽथाङ्गलेखानिषण्णस्फूर्जत्कंदर्पातिभारादिवाभिः।।7।।

प्रत्युप्तानां हेमपादाङ्गदेषु[3] स्त्रीणां भागे पद्मरागोपलानाम्।
[4]अभ्रष्टोऽपि च्छायया निह्नुतः सन्नाप व्यक्तिं यावकीयो रसौघः।।8।।

अग्रे यान्तं काननालोकनेच्छाव्यग्रत्वात्त्वं वीक्षितो नो मयेति।
व्याजादाख्यद्वल्लभं पीवराभ्यामाहत्याराकापि पृष्ठे स्तनाभ्याम्।।9।।

गच्छन्तीनां नूपुरक्वाणकृष्टा हंसश्रेण्यो धृष्टमग्रे सरन्त्यः।
गण्डाभोगैरप्यहास्यन्त भास्वत्पाण्डुच्छायाहासभावेन तासाम्।।10।।

स्पष्टागस्कं जीवितेशं विधूय प्रत्यासन्नं मन्युनाग्रे व्रजन्तीम्।
आलीवाराद्बन्धशैथिल्यहेतोः काञ्ची कांचित्पादपातिन्यरौत्सीत्।।11।।

सीमन्तिन्याः संसरन्त्याः सलीलं वर्त्मन्याराप्तीनतुङ्गस्तनाग्रात्।
प्रालम्बेन च्छिन्नसूत्रेण पेते योग्यः पातः सर्वथा निर्गुणानाम्।।12।।

प्रकृतिभावे हैमनैरिति स्यात्।।2।। स्विच्छब्द इवार्थे।।3।। अतानि प्रसारिता। नेत्राणि नयनानि दुगूलानि च।।4-5।। अधुन्वन्कम्पयामासुः। वल्ल्यः शाखाः।।6-7।। पादाङ्गदानि पादकटकास्तेषु नूपुरेषु क्वचिदेकदेशे प्रतिबद्धानां पद्मरागमणीनां प्रभया तिरस्कृतत्वादङ्गनानामगलितस्यालक्तकस्य रसो नालक्ष्यत। क्वचित् 'प्रभ्रष्टः' इति पाठः। तदा अनिह्नुत इत्यकारप्रश्लेषः विधिश्च वास्यार्थो वेदितव्यः।।8-10।। आली सखी।।11।। प्रालम्बः स्रग्दाम हारो वा। गुणस्तन्तुरपि।।12।। अभ्येति अभ्यागच्छति।।13।। रम्भोरवः

---

1. 'वृतेन' क. 2. 'गर्वा' ख. 3. 'हैम' क. 4. 'प्रभ्रष्टानां' क-ख.

या पादानामुज्ज्वला श्रीरमीषामम्भोजानां सा कुतोऽभ्येति मुग्धाः।
मञ्जीरौघो मञ्जुना शिञ्जितेन प्रीत्येतीव व्याजहाराथ हंसान्॥13॥

लक्ष्म्याधारैर्भङ्गुरापाङ्गभृङ्गश्रेणिच्छायाशारिताशावकाशैः।
अम्लायद्भिर्विभ्रमाम्भोजखण्डैरम्भोरूढैरापि मार्गे विकासः॥14॥

उल्लङ्घ्याथ स्पष्टताम्बूलवल्लीजालाश्लिष्यत्केसरान्सानुमार्गान्।
हंसव्रातासेवितस्वर्णपद्मच्छायामापुः स्यन्दिनीमिन्दुवक्त्राः॥15॥

शान्तेः शश्वत्सज्जलाभां निषद्यां पुण्यां लोके वीचिभङ्गप्रगल्भाम्।
प्रत्यासीदत्पुष्करावर्तकौघां प्राप्तां कल्पापायवेलाविलासम्॥16॥

निद्रामुद्रारेचितस्वर्णपद्मां पद्मच्छायाशीतलस्वच्छतोयाम्।
तोयोद्गच्छद्वीचिविक्षिप्तहंसां हंसश्रेणीशारितोत्तानतीराम्[1]॥17॥

(तिलकम्)

संसर्पन्त्या मङ्क्तुमेत्याधिरोधः सीमन्तिन्या निर्जितान्वीक्ष्य गत्या।
वल्गद्वीचिक्षोभभिन्न[2] तदाम्भो[3] मुक्तास्थत्वेनैव हंसान्निरास्थत्॥18॥

आयान्तीनां निर्मलाम्भःकणौघव्याजालक्ष्यस्वच्छमुक्तफलार्घम्[4]।
सत्कारायेवाब्जिनीपत्त्रपात्रं मन्दाकिन्या संदधे सुन्दरीणाम्॥19॥

काचित्तीरोत्सङ्गसंस्था मिमङ्क्षुः सर्वाङ्गीणस्वच्छलावण्यकान्तिः।
अत्यौत्सुक्यप्रेरितेनानुरागादभ्युत्थायालिङ्गितेवाम्भसासीत्॥20॥

स्पर्शेनाङ्गान्याशु निर्वापयन्त्यः स्वच्छच्छायालोकनेत्राभिरामाः।
रामास्तस्मिन्स्निग्धवैदूर्यनीले व्योम्नीवानुष्णांशुभासो निपेतुः॥21॥

प्रमदास्ताभिरूढैर्धृतैः, अम्भसि च रूढैरुत्पन्नैरापि प्राप्ता॥14॥ इन्दुवक्त्राः सुमुख्यः॥15॥ सती जलस्याभा यस्याः सज्जश्च संमुखो लाभो वाणिजकानां वृद्धिर्यस्याम्। शान्तेरुपशमस्य निषद्या आपणः। पुण्या पवित्रा। वीचिभङ्गे तरङ्गाणां द्विधाकरणे प्रगल्भा प्रभुः। यापि पुण्या पुण्यमती सा लोकस्य अमीचिभङ्गे नरक[विशेष]भेदे क्षमा। पुष्कराणि पद्मानि। आवर्ताः सलिलरूपकाः। तानि प्रत्यासीदन्ति यत्र तादृशः कौघो जलप्रवाहो यस्याः। कल्पान्तवेलापि समुपविशत्पुष्करावर्तकाख्यजलदवृन्दा भवति॥16॥ रेचितं त्यक्तम्॥17॥ निरास्थत् निचिक्षेप। 'अस्यतेस्थुक्'॥18-19॥ सर्वमङ्गं व्याप्नोति सर्वाङ्गीणः। 'तत्सर्वादेः पथ्यङ्ग–' इति खः॥20-22॥ आकृष्टा

---

1. 'नोराम्' ख. 2. 'क्षोभिभिन्नं' क. 'तदम्भो क. 4. 'फलार्घ्यम्' ख.

तीरोत्सङ्गात्तुङ्गतामादधानाद्भ्रश्यन्तीनामाशु सीमन्तिनीनाम्।
अम्भोभागे निर्झरिण्या गुरुत्वात्तासां पेते पीवरैः प्राङ्नितम्बैः॥22॥

भ्रश्यन्माल्या विश्लथत्केशहस्ता[1] त्रुट्यत्तारस्फारहारावलीका।
प्रावर्तिष्टाकृष्टसंभोगलक्ष्मी रम्भोरूणां मज्जनारम्भलीला॥23॥

आयान्तीनां तीरहंसीनिनादस्तासां जिग्ये मेखलाभिर्यकाभिः।
[2]आक्रम्यान्तर्मत्सरेणेव सिन्धोर्मूकावस्थास्ता व्यधात्क्षुभ्यदम्भः॥24॥

बद्धत्रासा रत्नसोपानपट्टक्षोभोद्गच्छल्लोलकल्लोलमम्भः।
आलम्ब्यैकावातरत्कान्तहस्तं पीडागाढं तत्सपत्न्याश्च चेतः॥25॥

शीतालुत्वादप्यनिच्छुर्निङ्क्तुं काचित्तोयं चित्तनाथानुरोधात्।
रोधःसीम्नो निम्नगाया जगाहे किं तत्प्रेम्णा कार्यते यन्न लोकः॥26॥

सासूयान्तः काचिदङ्गेऽन्यनारीगात्राल्लग्नं वल्लभस्याङ्गरागम्।
क्रीडाव्याजाच्छृङ्गकाम्भःप्रहारैरुन्मार्ष्टि स्म स्मेरवक्त्राम्बुजश्रीः॥27॥

[3]मार्दङ्गीभिस्तालिलीलाभिरामं हस्ताम्भोजैराहतेऽम्भस्यमन्दम्।
भ्रूनर्तक्यो [4]वेल्लितव्याजनुत्तव्याक्षेपेण प्रेयासो जह्रुरारात्॥28॥

सप्रासङ्गा सिन्दुवारप्रसूनस्त्रग्वैदग्धीं बिभ्रती सुन्दरीणाम्।
वल्गद्वीचिव्यालविश्लिष्टवेल्लन्निर्मोकश्रीर्व्यद्युतत्फेनपङ्क्तिः॥29॥

आमग्नानां वीचिपारिप्लवोर्मिभ्राम्यन्मीनोन्मेषिचक्षुस्तदम्भः।
विष्वग्वृत्ति कौतुकेनेव तासामाङ्गीं शोभामङ्गनानामपश्यत्॥30॥

सिक्ताम्भोभिः कापि दूरात्सपत्नीनामग्राहं दाहसंवेगमापत्।
शान्तिं भेजेऽनुक्षितापीता स्वां संज्ञां श्रुत्वा कीर्तितां वल्लभेन॥31॥

आहता। अनुकृतेति यावत्॥23॥ यकाभिर्याभिः। 'अव्ययसर्वनाम्नां–' इति स्वार्थेऽकच्॥24॥ पीडा बलवदाक्रमणं व्यथा च। गाढं निबिडमाश्रितं च॥25॥ शीतं न सहते शीतालुः। 'शीतोष्णतृप्रेभ्यस्तन्न सहते' इत्यालुप्रत्ययः। रोध एव सीमा अवधिः॥26॥ शृङ्गकं कनकमयं शृङ्गम्॥27॥ व्याक्षेपो व्यापारः॥28॥ प्रासङ्गो दैर्घ्यम्। वैदग्धी भङ्गी॥29॥ वीचिवच्चटुलाः वीचिषु च भ्राम्यन्तो मीना एव विकस्वराणि चक्षूंषि यस्य॥30॥ नाम गृहीत्वा नामग्राहम्। 'नाम्न्यादिशिग्रहोः' इति

---

1. 'हस्तात् **ख.** 2. 'आक्रायन्त्या' **ख.** 3. 'मन्दाङ्गीभिः' **क.** 4. 'वल्गित' **ख.**

स्त्रीवक्षोजस्फालनोत्था नदन्तः पातुं पद्मेषूर्मयः षट्पदानाम्।
किंजल्कालीं नो ददुः किं [1]विधत्तामुद्वृत्तैर्वा संगतोऽन्यज्जलौघः॥32॥

मङ्क्त्वा प्रेयानीयिवानम्भसोऽन्तर्यत्पश्यन्त्यां रोषरूक्षं सपत्न्याम्।
आशिश्लेष स्मेरवक्त्रां स्त्रियं तत्साफल्यं सा तत्प्रसादस्य मेने॥33॥

सादृश्यं यैः कल्प्यते स्त्रीमुखानां फुल्लाम्भोजैस्तेऽसमीचीनबोधाः।
इत्यालोच्येवान्तरं तच्छ्रियोऽभूद्वीचिव्रातः स्फीतफेनस्मितश्रीः॥34॥

दूरादेव स्त्रीमुखौपम्यलक्ष्मीं यत्संप्राप्ता यूयमेतावदस्तु।
ह्रीहेतुर्वोऽभ्यर्णतेतीव[2] भृङ्गैराशिञ्जानैरभ्यधीयन्त पद्माः॥35॥

वीक्ष्य भ्रष्टं कर्णपूरीकृतं सल्लीलावत्याः फुल्लनीलारविन्दम्।
मन्दाकिन्यां कीर्णमर्णःकणौघैः सोदर्यत्वेनेव पद्मं व्यरोदीत्॥36॥

उत्तंसादावुत्पलान्यङ्गनानां यान्यासंस्तान्यूर्मिजालानि जह्रुः।
तस्थावम्भोरूढमब्जं तथैव स्यात्साध्यः को बद्धमूलो जलानाम्॥37॥

आरोप्य त्वामङ्गनैषाधिकर्णं नूनं नेत्रच्छाययाधः करोति।
इत्यम्भोजं वीचिहस्तैस्तनूजस्नेहेनेवापाहरत्क्षुभ्यदम्भः॥38॥

संसर्गेणावाप्तमम्भोऽतिभूमिं कर्णारूढान्युत्पलान्यङ्गनानाम्।
उद्गच्छद्भिर्नर्मणेवोर्मिहस्तैर्हृत्वा दूरं फेनहासं व्यतानीत्॥39॥

रोमाञ्चालीमञ्चितां कम्पमूर्वोः शीतव्याजात्सीत्कृतं चाधितोयम्।
काचित्प्रेयःकामरागोत्थमग्रे प्रत्यग्रोढा स्पष्टमह्नोष्ट सख्याः॥40॥

वीचिक्षोभाविर्भवत्संभ्रमत्वात्कान्तं काचित्सस्वजे जातसौख्या।
प्रायेणेत्थं श्रेयसे विक्रियापि प्रादुर्भूता कल्पते कोमलानाम्॥41॥

रोधोहंसस्वानलक्ष्मीं व्यजष्ट स्पष्टं यः स्त्रीमेखलानां निनादः।
विच्छिन्नोऽसौ [4]सज्जलौघैरितीव स्रोतस्विन्या फेनहासो वितेने॥42॥

णमुल्॥31॥ वक्षोजौ स्तनौ । उद्वृत्तो दुराचारः परिवर्तुलश्च। जला जडा अपि॥32-33॥ असमीचीनमसम्यक्। अन्तरं विशेषः॥34-36॥ साध्यो विजेयः॥37-38॥ अतिभूमिरतिन्सेहोऽपि॥39॥ प्रेयानेव कामः। अह्नोष्ट न्यगूहत्॥40॥ कोमलानि जलान्यपि॥41॥ स्रोतस्विनी नदी॥42॥ फालिः खण्डिका॥43-47॥ पत्राणि

---

1. 'विधत्तात्' क. 2. 'हेतोः' क. 3. 'सज्जलौघैः' क-ख.

कल्लोलौघैर्घट्टितस्येन्दुगौरी हंसव्रातस्येव देहच्छविश्रीः।
भ्रष्टा रेजे कामिनीनां कुचाग्रक्षोभोद्भूता फेनफालिः स्फुरन्ती॥43॥

लोलेनोच्चैः पाटलावृन्तभासा दीर्घेणोर्मिव्रातसंपिण्डितेन।
वेणीदण्डेनाप्यते स्माङ्गनायाः पातालोत्थव्यालभोगानुकारः॥44॥

रोमाञ्चौघं बिभ्रती शीततोयस्पर्शेनेव प्रेयसाभ्येत्य दूरात्।
व्यात्युक्षीभिर्निर्जितान्यात्तहासं[1] पर्यष्वञ्जिव्यञ्जितप्रेम सुभ्रूः॥45॥

आदायैका पद्मनालाग्रसूत्रं रुग्णैरम्भःक्रीडयाग्रे विकीर्णैः।
मुक्ताजालैः कर्तुमैष्टि हारं कस्य स्याद्वा मौग्ध्यभाजो विवेकः॥46॥

क्रीडामर्दात्सुभ्रुवो रत्नकम्बोर्भग्नस्याच्छा कोटिरक्लिष्टकान्तिः।
प्रभ्रश्यन्ती तोयराशेरधस्तात्तारामार्गदिन्दुलेखेव रेजे॥47॥

पक्ष्मश्रेणीपत्रशोभाभिरामप्रेङ्खल्लीलालुङ्खितापाङ्गपुङ्खाः।
ताभिर्मुक्ता दृष्टिबाणास्तदानीं निःसारङ्गां चक्रिरे काननोर्वीम्॥48॥

सार्धं स्त्रीणां वल्लभैर्मज्जतीनामुद्वृत्तत्वाद्भज्यमानाः स्तनाग्रैः।
रोधोहंसव्रातमासुस्तरङ्गा[2] निःसामर्थ्ये शक्तताहो जडानाम्॥49॥

श्च्योतल्लावण्यामृतं निर्भरत्वादूर्मिव्रातैर्गाढमापीय भूयः।
अभ्युद्वेमे घूर्णमानैरिवासां संक्षोभाविर्भाविफेनच्छलेन॥50॥

स्वच्छच्छाये बिम्बितं गण्डभागे विब्बोकिन्याः फुल्लनीलारविन्दम्[3]।
सेवार्थीवालक्ष्यतोपान्तवर्ति प्रत्याहर्तुं कान्तिसर्वस्वमक्ष्णः॥51॥

लब्ध्वा नाभीमण्डलान्तः प्रवेशं कुर्वंल्लीलास्फालनं स्त्रीस्तनेषु।
कल्लोलौघोऽमानिवात्मन्ययासीत्तोषावेशादुद्धरीभूय[4] रोधः॥52॥

पक्ष्माः। आलुङ्खितः स्पृष्टः। निःसारङ्गा लज्जया निर्गतमृगा। मृगशून्या च॥48॥ उद्वृत्तः सदोषोऽपि। रोधस्तटम्। आसुरनयन्। अस्यतेरत्र नयत्यर्थत्वाद्विक्कर्मकत्वम्। जडानि जलान्यपि॥49॥ आपीयेति 'पीङ् पाने' इत्यस्य प्रयोगः। अभ्युद्वेमे वान्तमिव॥50॥ विब्बोकिनी योषित्। विब्बोकश्चेष्टाविशेष इत्युक्तम्॥51॥ अमानवर्तमानः। उद्धरीभूयाधिकतां प्राप्य॥52॥ यद्येन नारब्धं तत्रानारब्धे(ब्धके) विनिवृत्ते तस्यानारब्धस्याभावे नो युक्तः। तथात्वेऽतिप्रसङ्गोऽतिव्याप्तिरुत्पद्यते। कारणं हि

---

1. 'निर्जितेन्यातु ख. 2. 'तरङ्गान्' ख. 3. 'लीलारविन्दम्' क. 4. 'रोषावेगात् क.

धौतेऽप्यक्ष्णोरञ्जने वीचिभङ्गैर्नैसर्गिक्या[1] हानिरासीन्न लक्ष्म्याः।
येनारब्धं यन्न तत्र[2] व्यपेते तस्याभावाज्जायतेऽतिप्रसङ्गः॥53॥

प्रत्यासन्ने वीचिभङ्गे मुहूर्तं बिम्बायाता काप्यकाशिष्ट धृष्टम्।
उत्कीर्णोच्चैः स्फाटिकस्तम्भभित्तौ स्पष्टाकारा पुत्रिकेव स्फूरन्ती॥54॥

लेखाः सीता बिभ्रती मध्यभाजः सुभ्रूरन्या कामकेदारभूमिः।
आप्यायिष्ट प्रेयसो हस्तपद्मक्षिप्तैरभःशीकरैः सिक्तमूर्तिः॥55॥

श्च्योतत्पादालक्तकाम्भस्तरङ्गव्यासङ्गेनाबद्धरागाङ्घ्रिवक्त्राः।
रोधोलेखावर्तिनो धार्तराष्ट्रास्तासामग्रे राजहंसा इवासन्॥56॥

कल्लोलौघाभ्याहतेभ्यस्तदानीं तद्गात्रेभ्यश्च्योतता चन्दनेन।
नीतं लावण्यामृतेनेव गौरीं छायामासीदम्बु संदिग्धफेनम्॥57॥

विस्रस्तः सन्कौतुकेनाग्रभाञ्जि व्यालोलाग्रः कामिनीकेशहस्तः।
विस्तारत्वं वीचिजालेन नीतः पद्मानीवाजीगणन्निर्झरिण्याः॥58॥

व्यात्युक्षीच्छाप्रेरितेनाम्भसारात्सिक्ता काचित्प्रेयसा न प्रतीपम्।
प्रागल्भिष्टाहन्तुमेनं नवोढा ह्रीर्वैयात्यं हन्ति [3]लज्जाधनानाम्॥59॥

स्थूलोच्छ्वासा निर्भरं वादयन्ती गाढोत्कम्पोच्चैस्तरां दन्तवीणाम्।
शीतार्ता नु प्राप्तकामज्वरा नु भ्रेजे रोमाञ्चाञ्चिताङ्गी नतभ्रूः॥60॥

स्पष्टप्रेङ्खत्पक्ष्मशोभाभिरामैर्नेत्रैः स्त्रीणां दिक्षु कान्तिं किरद्भिः।
फुल्लन्नीलाम्भोरुहैश्च स्रवन्त्याः संघर्षेण [4]व्यावहासीव तेने॥61॥

निवर्तमानं कार्यं निवर्तयति। स्वभावोऽभावम्। अव्यभिचारात्। अन्यथा घटपटयोरप्येकतरनिवृत्तावपरनिवृत्तिः केन वार्येत। अकारणमस्वभावश्च कज्जलं चक्षुषोः सहजलक्ष्म्या इति कथं तद्विगमे सा हीयेत। उक्तं च–'तस्मात्तन्मात्रसंबद्धः स्वभावोऽभावमेव वा। निवर्तयेत्कारणं वा कार्यमव्यभिचारतः॥' इति॥53॥ बिम्बायाता बिम्बिता। स्फुरन्ती जीवन्तीव॥54॥ लेखा वल्य एव सीता हललेखाः। मध्यमुदरम्॥55॥ धार्तराष्ट्राः कृष्णचञ्चुचरणा हंसाः॥56-57॥ अग्रमङ्गुलिरपि। केशहस्तः केशपाशः। केश एव हस्तः पाणिः॥58॥ वैयात्यं धृष्टता॥59॥ दन्तवीणा सशब्ददन्तवेपथुः॥60॥ पक्ष्माणि पल्लवा अपि। संघर्षः स्पर्धा। व्यावहासी

---

1. 'नैसर्गिण्या' क. 2. 'तत्र' क. 3. 'लज्जां दधाना' क. 4. 'व्यावहारीव' क.

[1]अस्पर्धिष्टाम्भोरुहं यत्तरुण्या वक्त्रेणाराच्छायया जीयमानम्।
[2]तत्संवव्रे निर्झरिण्या तदानीं फेनव्रातैर्व्रीडयेवोन्मिषद्भिः॥62॥

अभ्राजिष्ट प्रेरितो [3]मूर्ध्नि भर्तुः सीमन्तिन्या मज्जनारम्भनाट्ये।
कम्पोद्रेकान्निर्गलत्तोयशेषः फेनव्रातः पाण्डुपुष्पाञ्जलिश्रीः॥63॥

विच्छिन्नानां तारहारावलीनां लग्नैरम्भःशीकरैरुन्मिषद्भिः[4]।
प्रत्याजह्रे श्रीः पुरंध्रिस्तनेषु स्वच्छैर्योगः संपदे कस्य न स्यात्॥64॥

मा द्राक्षुर्मां भ्रष्टमन्यानि भीरोः कर्णोत्सङ्गादुत्पलान्यम्भसीति।
ह्रीतेनेव क्वापि संचिन्त्य वीचिक्षोभाज्जग्मे कर्णपूरोत्पलेन॥65॥

छायां बिभ्रद्वासरेऽप्यक्षतश्रीश्छातोदर्या गम्यरूपो न राहोः।
निद्रातङ्कं पङ्कजानामकुर्वन्व्यद्योपिष्टापूर्व एवाननेन्दुः॥66॥

वक्त्रच्छायानिर्जिताम्भोजशोभं[5] रोषेणेव स्त्रीजनस्येक्षणानि।
अम्भश्चक्रे वीचिधौताञ्जनानि स्वल्पः प्रीत्यै विप्रकारोऽप्यरातौ॥67॥

हारप्रेङ्खत्तारमुक्ताफलौघज्योत्स्नाजालव्याजतो निर्भरत्वात्।
अस्यन्दिष्टेवाच्छलावण्यवृष्टिं पीनोत्तुङ्गः सुन्दरीणां स्तनौघः॥68॥

अन्यस्त्रीदृग्दा[6]हिधौताङ्गरागस्पष्टप्रेङ्खत्पाणिजार्द्रक्षताङ्कम्।
[7]छातोदर्याश्छादयन्ती कुचाग्रं सासूयत्वं फेनपाली चकार॥69॥

निःश्वासानां सौरभा[8]दापतिष्णून्रोलम्बौघान्वा[9]रयन्ती कराग्रैः।
[10]व्यालोलाक्षी काचिदारिप्सतेव [11]क्रीडालोला कन्दुकक्षेपवृत्तिम्॥70॥

प्रत्यासन्नां कांचिदम्भोजनालैरालोक्यैव प्रेयसा हन्यमानाम्।
बिभ्रत्यन्या वक्त्रमाबद्धकोपाताम्रच्छायं विव्यथेऽनाहतापि॥71॥

संग्रथ्यादात्कांचनाम्भोजमालां यामुद्वोढा रागभाजो रमण्याः।
प्लोषं चक्रे सा निकारानलस्य ज्वालेवान्यस्त्रीदृशोर्विस्फुरन्ती॥72॥

परस्परोपहासः॥61-65॥ छातं कृशम्॥66॥ विप्रकारः परिभवः। स स्वल्पोऽपि रिपुविषये विधीयमानः प्रीतिजनको भवति॥67-68॥ दृशौ दहतीति दृग्दाही॥69॥

---

1. 'अभ्राजिष्ट' **ख.** 2. 'उत्संवव्रे' **ख.** 3. 'सीम्नि' **ख.** 4. 'उत्पतद्भिः' **क.** 5. 'शोभां' **ख.** 6. 'दाह' **ख.** 7. 'शातोदर्या' **ख.** 8. 'आपतिष्णु' **ख.** 9. 'वारयन्त्यः' **ख.** 10. 'व्यालोलाक्ष्यः' **ख.** 11. 'क्रीडालोलाः' **ख.**

किं पद्मोऽसौ लीनभृङ्गोऽङ्गनायाः किं वा हस्तः सेन्द्रनीलोर्मिकाङ्कः।
मङ्क्त्वा तोये कान्तयोत्क्षिप्तमित्थं संशिश्येऽन्यः पाणिमालोक्य दूरात्॥73॥

प्रेङ्खन्नारादुत्थितो वीचिभङ्गैरध्यारूढः शीकरौघः स्तनाग्रम।
गण्डाभोगं चुम्बति स्माङ्गनायाः कः स्यान्नोच्चैःस्थानलाभो गुणाय॥74॥

[1]भूतार्थैव श्रे[2]यसी नन्वभिख्याः कोऽर्थोऽमीभिश्चिन्तयेतीव तासाम्।
ओष्ठादक्ष्णोर्यावकं कज्जलौघं तोयं निन्ये चन्दनं च स्तनाग्रात्॥75॥

वीक्ष्य भ्रष्टं कर्णपूरीकृतं सल्लीलावत्याः फुल्लनीलारविन्दम्।
चित्रं यन्मे नापदेषेति तोषान्नृत्तारम्भीवाब्जमूर्मौ चकम्पे॥76॥

सीमन्तिन्या निष्पतन्ती मुखेन्दोः पातुं लावण्यामृतस्येव दृष्टिम्।
निर्भिन्नं सत्कैरवं वीचिभङ्गैर्व्यादादारादादरादाननाग्रम्॥77॥

रुंग्णोन्निद्राम्भोजखण्डास्तदानीं मन्दाकिन्याः क्षोभमापादयन्तीः।
सानुस्वारैर्निःस्वनैर्भृङ्गचक्रं संभ्रम्येव भ्राम्यदग्रे न्यषेधीत्॥78॥

वीचिव्राताभ्याहतः कुण्डलाग्रस्पष्टाघातक्काणरम्यं रमण्याः।
अस्रंसिष्ट स्वाश्रयात्कर्णपूरः पात्यन्ते नो के जलौघैः सुवृत्ताः॥79॥

[3]या पर्यासे योषितां चन्दनाम्भः प्रालेयौघेनाभिपत्य स्रवन्त्याम्।
नेत्राण्यारात्सैव रक्तारविन्दच्छायासाम्यात्पाटलान्याललम्बे॥80॥

प्रभ्रष्टः सन्कर्णपूरस्तदानीं धामात्मीयं सिन्धुतोयाविलश्रीः।
भूयो नाध्यारोप्यते स्माङ्गनाभिः प्रत्यापत्तिर्भ्रंशभाजां दुरापा॥81॥

लीलाम्भोजात्पक्ष्मधूलिः पिशङ्गी नो तन्वङ्ग्या मन्मथं नादिदीपत्।
चन्द्रोत्तंसस्येव नेत्रात्तृतीयादग्निज्वालाभ्युत्थिता विस्फुरन्ती॥82॥

वीचिक्षोभादुज्जिहानं मुहूर्तं बिम्बौष्ठीनां बौद्बुदं चक्रवालम्।
ऐक्षिष्टाराद्वक्रचन्द्रानुसारिज्योतिश्चक्रच्छायमच्छं युवौघः॥83॥

आरिप्सत प्रारेभे॥70-71॥ उद्वोढा पतिः। निकारः परिभवः। अन्यस्त्री सपत्नी॥72॥ ऊर्मिका वालिका॥73-74॥ भूतार्था सहजा॥75-76॥ व्यादाद्व्यकासयत्॥77-79॥ पर्यासे प्रतिक्षिप्ता॥80॥ प्रत्यापत्तिः पुनः स्वदेशलाभः॥81॥ अदिदीपदिति दीपनं प्रकाशनं दहनं च॥82-83॥ गुञ्जा रक्तिका। पाली पङ्क्तिः॥84॥ प्रतीतिः प्रसिद्धिः॥85॥

---

1. 'आत्मीयैव श्रेयसी' **ख.** 2. 'श्रेयसे' **क.** 3. 'पर्यासे या' **ख.**

हारैः प्राप्ताः स्पष्टगुञ्जाफलस्रक्छायैः शोभां कुङ्कुमाम्भःपिशङ्गैः।
ताः पद्मिन्याः पत्रपालीं वसाना लीलामूहुः शाबरीणां वधूनाम्।।84।।

निर्जित्यापि च्छायया लोचनानामम्भोजौघं तस्थुषीस्तास्तदानीम्।
मूढो लोकः पङ्कजाक्षीरवोचद्दुर्लङ्घ्याहो रूढरूपा प्रतीतिः।।85।।

व्यक्तं नेत्रच्छायया जीयमानं लज्जावेशाद्दृष्टिमार्गं जिहासत्।
मन्दाकिन्यामाहतं वीचिभङ्गैरस्पन्दिष्टेन्दीवरं सुन्दरीणाम्।।86।।

वीचिक्षोभादुत्थितः फेनपुञ्जो विष्वग्व्याप्तव्यायतश्रोणिबिम्बः।
सीमन्तिन्या न्यस्यमानो मुहूर्तं शोभां भेजे पाण्डुचण्डातकस्य।।87।।

प्रभ्रष्टानामंशुकानां तदानीं फेनव्रातैर्वीचिभङ्गच्छटोत्थैः।
लग्नैरारात्स्त्रीजनस्य स्तनेषु प्रापि स्थान्यादेशसंबन्धिलक्ष्मीः।।88।।

प्राप्ताभिख्या मुक्तशैथिल्यभाग्भिर्वेणीदण्डैर्द्राघिमाणं दधानैः।
क्षेपोत्क्षेपायस्तपादारविन्दव्राताघातप्रेङ्खदूर्मिप्रतानम्।।89।।

स्थूलाभोगैः कृष्णमाणा नितम्बैस्तोयस्यान्तस्ताः स्तनैश्चातितुङ्गैः।
कृच्छ्रात्क्लाम्यन्मध्यदोःकन्दलीकाः संप्लुत्याराद्वल्लभानालिलिङ्गुः।।90।।
(युगलकम्)

बिम्बोष्ठीनां विभ्रमा हारिणोऽथ द्रागन्योन्यासक्तहस्तारविन्दाः।
निर्यान्तीनां जाह्नवीरगङ्गभूमेः पिण्[1]डीबन्धा नर्तकीनामिवा[2]सन्।।91।।

भाति स्व कान्तमिव कापि रसाद्दिदृक्षु-
　　राविष्कृतेक्षणचतुष्टयमाननेन्दुम्।
निर्धौतपत्ररचनाच्छकपोलभाग-
　　भित्तिद्वयप्रतिमितोत्पलमुद्वहन्ती।।92।।

व्यक्तं निश्चितम्।।86।। चण्डातकमर्धोरुकम्।।87।। अंशुकानामित्यनादरे षष्ठी।।88-90।। पिण्डीबन्धा वीरासनप्रभवाणि शृङ्खलकादीनि ताण्डवाङ्गानि। ते च रङ्गान्निष्क्रमणसमये समाम्नाताः। यदुक्तम्–'पिण्डीं बद्ध्वा ततः सम्यङ्निष्क्रामेयुस्ततस्तु ताः' इति।।91-92।। अन्तः स्थिता आस्था स्थितिर्यत्र तादृशमपि जलं प्रियकरैः प्रेरितमिति कृत्वा हृदयमावर्जयत्। पिङ्गं च जलं रञ्जयति वर्णान्तरयुक्तं करोति।।93-94।। ललाटस्येयं

---

1. 'पिण्डीबन्दा' ख. 2. 'आसाम्' ख.

कल्लोलदोलनदलत्कनकारविन्द-
पक्ष्मावली[1]लुलितसाद्रपरागपिङ्गम्।
स्त्रीणां पयः प्रियकरैरभिनुद्यमान-
मन्तः कृतास्थम[2]पि रञ्जयति स्म चेतः॥93॥

तासां कुचस्थलविमर्दविजर्जराम्बु-
वीचिच्छटाशिशिरशीकरबिन्दुकीर्णे।
स्पर्शादलक्ष्य कुशेशयिनीपलाश-
गर्भे विशीर्णनवमौक्तिकहारपङ्क्तिः॥94॥

प्रत्यग्रमज्जनरसार्द्रतया गुरूणि
लालाटभित्तिलुठितान्यलकानि तासाम्।
आघ्रातुमुत्पलमिवामलगण्डभित्ति-
बिम्बागतं विकचकोमलापत्रमीषुः॥95॥

अन्तः प्रविश्य मकरन्दरसं पिपासु-
र्नारीकुचस्य[3] नवगौररुचोऽङ्घ्रिपातैः।
निद्रालुकाञ्चनकुशेशयशङ्किचेताः
श्लिष्यन्मुहुर्मधुकरो मुखमुल्लिलेख॥96॥

लावण्यकान्तिसलिलप्लुतमाप लक्ष्मी-
मालक्ष्यकान्तकरजक्षतराजि नार्याः।
वप्तुं वपुर्ललितविभ्रमबीजमुष्टि-
माकृष्टसीरमिव कामकृषीवलेन॥97॥

सिन्धोरथोभयकराग्रनिपीडितोद-[4]
भारार्द्रकुन्तलकलापमनोहराभिः।
निर्धौतकज्जलजलौघकदर्थिताच्छ-
लावण्यकान्तिपरिपाण्डुरगण्डभाभिः॥98॥

लालाटी ललाटमयी॥95-96॥ कृषीवलः कार्षुकः। सोऽपि हलं जलप्लुते स्थाने कर्षयति॥97॥ सिन्धोरङ्गनाभिरुदतारि उत्तीर्णमिति संबन्धः॥98॥ उच्छ्वसनं वर्धनम्।

---

1. 'ललित' क. 2. 'अधि' ख. 3. 'जनस्य' क. 4. 'निपीतताय' क.

प्रेङ्खन्नखांशुनिकुरुम्बविडम्ब्यमान-
तोयोत्करस्नुतिकरस्थगितस्तनीभिः।
गाढोच्छ्वसज्जघनलग्नजलच्छटार्द्र-
तन्वंशुकाहितगुरूद्धरणक्रमाभिः॥99॥

वीचिच्छटापटलपङ्क्लिरत्नपट्ट-
सोपानपद्धतिपरिस्खलनाकुलाभिः।
तत्कालसंभ्रमनिलीनमनोज्ञदत्त-
हस्तावलम्बमुदतारि नितम्बिनीभिः॥100॥　　(तिलकम्)

जघनफलकास्फालक्षुभ्यत्तरङ्गततेः क्रमा-
त्रिदशसरितो रत्नक्षोदस्थलीपुलिनाश्रयाः।
न्यवसत सितान्युत्तीर्याथ स्त्रियो वसनानि ता
जलधरकुलानीव स्वच्छाः शरद्दिवसश्रियः॥101॥

इति श्रीबालबृहस्पत्यनुजीविनो वागीश्वराङ्कस्य विद्याधिपत्यपरनाम्नो महाकवे राजानकश्रीरत्नाकरस्य कृतौ रत्नाङ्के हरविजये महाकाव्ये जलक्रीडावर्णनो नामाष्टादशः सर्गः।

एकोनविंशः सर्गः।

[1]स्पष्टोच्छ्वसत्किरणकेसरसूर्यबिम्ब-
विस्तीर्णकर्णिकमथो दिवसारविन्दम्।
श्लिष्टाष्टदिग्दलकलापमुषावतार-
बद्धान्धकारमधुपावलि संचुकोच॥1॥

प्रियपाणिस्पर्शेनोच्छ्वसनप्राप्तेः॥99॥ मनोज्ञः प्रियतमः॥100॥ न्यवसत परिदधुः॥101॥ इति राजानकजयानकसूनोरलकस्य कृतौ हरविजयविषमपदोद्द्योतेऽष्टादशः सर्गः॥

एकोनविंशः सर्गः।

उषावतारः प्रदोषः। अवतरत्यस्मिन्नित्यवतारः। 'अवे तृस्त्रोः-' इत्यधिकरणे घञ्॥1॥ गोरोचना गवां विषाणमध्यादुद्धृतो रागद्रव्यविशेषः। विरोचनः सूर्यः।

---

1. उदाहृतोऽयं श्लोकः काव्यप्रकाशे दशमोल्लासे संकरप्रकरणे.

अस्ताद्रिगोचरचरं रुरुचे चिराय
गोरोचनारुचिमरीचि विराचनस्य।
बिम्बं दिनान्तपवनाहतपुण्डरीक-
पर्यस्तपक्ष्मरजसेव विलङ्घ्यमानम्॥2॥

सिन्धौ कुसुम्भकुसुमस्त[1]बकाभिताम्र-
माजिह्मकान्ति तपनः प्रतिबिम्बितं सत्।
संपश्यति स्म निजमण्डलमस्तकूट-
संघट्टभग्नरथकाञ्चनचक्रशङ्की॥3॥

प्राप्ते क्रमाद्वलनपुञ्जितदिग्विभाग-
विक्षिप्तदीप्तिकुसुमक्षपितायतित्वम्।
अस्ताद्रिमूर्धनि बबन्ध सरोजबन्धु-
बन्धूकशेखरमथो दिवसावधिश्रीः॥4॥

[2]अस्तावलम्बिरविबिम्बतयोदयाद्रि-
चूडोन्मिषत्सकलचन्द्रतया च सायम्।
संध्याप्रनृत्तहरवाद्यगृहीतकांस्य-
तालद्वयेव समलक्ष्यत नाकलक्ष्मीः॥5॥

प्रत्यग्ररागघटनेन्दुकलाकिरीट-
शैलाधिराजसुतयोरिव गाढसंपत्।
संध्याहिताथ दिवसक्षपयोः शरीर-
भागद्वयाविरलवृत्तिरजृम्भत श्रीः॥6॥

संध्याप्रवृत्तिरुधिरारुणसान्द्रधातु-
धूलिच्छटाकपिशिताम्बरदिग्विभागा।

पक्ष्माणि केसराः॥2॥ कुसुम्भं पद्मकम्॥3॥ वलनं परिवर्तनं वेष्टनं च। तेन संकलितैः किरणैरेव कुसुमैः क्षपितायतिर्निष्प्रतापः, दैर्घ्यहीनश्च। बन्धूकं बन्धुजीवकम्॥4॥ अस्तेत्यादिश्लोकस्येह पाठः प्रमादज इव लक्ष्यते। अग्रे ह्यन्धकारोद्गमानन्तरं चन्द्रोदयो वर्णयिष्यते। कांस्यतालं वाद्यभाण्डविशेषः। नाक

---

1. 'स्तबकालिताम्र' क. 2. एतच्छ्लोकनिर्माणादेव रत्नाकरमहाकविः 'तालरत्नाकरः' इति कविगोष्ठीषु नाम लेभे.

अध्यम्बुराशि गिरिपङ्क्तिरिव न्यपप्त-
दभ्यापतत्कुलिशताकुलिता दिनश्रीः॥7॥

प्रङ्खत्कुलायकलनोन्मुखपत्रिचक्र-
कोलाहलाकुलविशङ्कटदिग्लताग्रः।
तिग्मांशुपातविशदाकृतिदूरदृश्य-
च्छायापथोऽधिनिशमम्बरपादपोऽभूत्॥8॥

प्राप्तेऽस्तशैलशिखरस्थितिमुष्णभासि
लोकानुसारसरलत्वजुषो नलिन्यः।
संध्यां ससंभ्रममवन्दिषतेव साय-
माताम्रकोरककराञ्जलिजालबन्धाः॥9॥

संध्यातपारुणितापार्श्वतटावलम्बि-
बिम्बबैकदेशजलदः क्षणमस्तशैलः।
वज्रव्रणाननगलत्क्षतजोक्षितार्ध[1]-
विच्छिन्नविश्लथपतत्र इवावभासे॥10॥

अभ्येयुषः परिणतिं समयक्रमेण
सायं नभःसरसि वासरपङ्कजस्य।
स्रस्तांशुपक्ष्मरविमण्डलबीजकोष-
चक्रं बभार परिधूसरपीवरत्वम्॥11॥

तुङ्गावकाशरचितस्थितिमातपस्य
शेषं समुत्सुकतयेव दिदृक्षमाणाः।
उत्कंधरा इव सरोजभुवो बभूव-
रुन्नम्रकोरककरालितपुण्डरीकाः॥12॥

नभः॥5॥ प्रत्यग्रा रागेण लौहित्येनाभिष्वङ्गेण च घटनाश्लेषो यस्याम्। संध्याकालविशेषः। तस्या हि कार्यजनकत्वात्। संधिश्च शरीरयोर्मिश्रीकरणम्। तया आहिता कृता॥6॥ संध्याप्रवृत्तिरेव रुधिरारुणा धातुधूलिः संध्याप्रवृत्तिवद्रुधिरवच्चारुणेति योज्यम्। न्यपप्तन्निपपात। 'पतः पुम्' इति पुम्। अभ्यापतन्ति यान्ति कुलीनां चटकानां शतानि तैराकुलिता॥7॥ छायापथो नभोनदीप्रवाहोऽपि॥8॥ लोकस्यानुसारोऽनुवर्तनं तेन तेन वस्तुनाराधनम्। तेन सरलत्वं सदाचारता॥9॥ तटावलम्बी बिम्बस्याभोगस्यैकदेशो

---

1. 'व्रणातनु' क.

आकृष्यमाणमिव पश्चिमदिग्विभाग-
बद्धास्पदद्विरददीर्घकारर्गलेन।
ताराच्छबुद्बुदकरालनभस्तटाक[1]-
रक्ताम्बुजं तपनबिम्बमलम्बतारात्॥13॥

पर्यस्तमस्तगिरिसानुनि सान्द्रसांध्य-
रागारुणच्छवि सहस्रमरीचिबिम्बम्।
कंदर्पकोपितहरस्फुरितानलार्चि-
रूर्ध्वाक्षितारकतिरोहितभेदमासीत्॥14॥

आविर्भवत्तिमिसंवलनानुविद्ध[2]-
संध्यांशुधूसरविपाटलमुष्णधाम्नः।
भाति स्म निःश्वसितधूमशिखावकीर्ण-
विस्तीर्णशेषफणरत्नविडम्बि बिम्बम्॥15॥

मुक्ताम्बरस्तिमिरतस्करलुप्यमान-
लक्ष्मीमलीमसरुचिः प्रकटोपघातः।
अह्नाय वासरहितः स्फुटलोहितश्री-
रुष्णांशुरस्तगिरिकाननमभ्यविक्षत्॥16॥

सिन्दूरराजिषु घनं स्फुरदन्यवर्ण-
भेदेष्वलक्ष्यमधिमन्दिरभित्तिचित्रम्[3]।
भाति स्म निर्जितजरच्छुकघोणशोण-
रागोल्बणच्छवि रवेः करचक्रवालम्॥17॥

आभासताम्बरतलं दिवसावसान-
रागारुणच्छवि विडम्बयदम्बु सिन्धोः।
भङ्गाभियुक्तम[4]धुकैटभहस्तिधूत[5]-
वैकुण्ठनाभिनलिनोदरधूलिपिङ्गम्॥18॥

येषाम्। पतत्राणि पक्षाः॥10-13॥ तिरोहितभेदमलक्षितविशेषम्। सदृशमित्यर्थः॥14-15॥ अम्बरमाकाशं वसनं च। लक्ष्मीः शोभा तयापहृतया याजाता विश्वस्य (?)

---

1. 'तडाग' ख. 2. आविर्भवदित्यादिश्लोकः ख-पुस्तके नास्ति. 3. 'अलक्ष्यरुचिमन्दिर' ख. 4. 'भृङ्गाभि' ख. 5. 'हस्त' ख.

अध्यूषुषः सपदि चन्द्रकिणो निवास-
यष्टिं शनैर्निजभरानमिताग्रभागाम्।[1]
संध्यातपो नयति कर्बुरता[2] स्वकण्ठ-
मुल्लासितस्फुरितचन्द्रकचक्रवालः॥19॥

उत्तानकूर्मकरणिस्फुरदुष्णरश्मि-
बिम्बा शनैः सरिदिव स्फुटपत्रिनादा।
अस्तावनीध्रशिखरान्निपपात धातु-
पङ्कारुणातपजला जलधौ दिनश्रीः॥20॥

विच्छायतामभजत क्षणदावतार-
सान्द्रीभवत्तिमिरधूसरितारुणश्रीः।
धूमच्छटाभिहतविद्रुमदण्डखण्ड-
संवादितां दिनकरस्य दधत्करौघः॥21॥

तुङ्गात्मतासदृशमध्यवजह्रुषोऽस्त-[3]
शैलस्य तस्य निधनं व्रजतु प्रतिष्ठा।
आलम्बितोऽम्बरतलात्पतता[4] करौघैः
सिन्धौ न यः सह सहस्ररुचा न्यपप्तत्॥22॥

तेजःप्रकर्षपरिहानिमुपेयिवांस-
मारात्प्रदोषतमसाभिबुभूष्यमाणम्।
अम्भोनिधौ तपनमन्वपतद्दिनश्री-
रेकात्मतां विदधतामिदमेव युक्तम्॥23॥

आरूढमार्दवमुपाम्बुधिलम्बमान-
बिम्बः क्रमेण निपतन्रविरन्तरिक्षात्।

मलिनरुचिर्विच्छायः। प्रकटोपघातश्च स्पष्टप्रहारः। वासरेभ्यो दिनेभ्यो हितः जनकत्वात्। वासेन च गृहेण रहितः निर्धनत्वात्। लोहिता रक्ता। लोहितं च रुधिरम्॥16॥ घोणा नासिका॥17॥ मधुकैटभौ दैत्यभेदौ ताभ्यां भङ्गाय धूतं कम्पितम्॥18-19॥ करणिः साम्यम्॥20-21॥ अध्यवजह्रुषो व्यवहृत वतः। प्रतिष्ठा मर्यादावस्थानम्।

---

1. 'भागम्' ख. 2. 'कुर्बुरितांसकण्ठ' क; 'कर्बुरतां स्म कण्ठ' ख. 3. 'अभ्यमजह्रुषो' ख. 4. 'पतितः' ख. 5. 'संसंग' ख.

उल्लासितत्सलिलतुङ्गतरङ्गभङ्ग-
संसर्गजातजडिमेव[5] बभार तेजः॥24॥

विस्त्रंसमानकपिलांशुशिखासहस्त्र-
विष्पन्दिसान्द्ररुधिरस्त्रुति सूर्यबिम्बम्।
छिन्नं जवाज्जवनिधौ निपपात काल-
खङ्गेन विस्फुरितमह्न इवोत्तमाङ्गम्॥25॥

गौरीव गौरकरशेखरकण्ठपीठ-
बद्धास्पदातनुविषच्छविलङ्घितश्रीः।
श्यामीबभूव जलधौ कलधौतकाष[1]-
पिङ्गच्छविस्तिमिरसंवलिताथ संध्या॥26॥

अन्तर्विविक्षुरिव भानुमतो रथाश्व-
पङ्क्तिः स्फुरत्सलिलसैरिभरोषदृष्टा।
श्वासानिलैः सपदि जर्जरयांचकार
सिन्धोर्जलं विधुतफेनिलवीचिचक्रम्॥27॥

उच्चिक्षिपेऽवतरतामधिसिन्धु पद्म-
बन्धोरवाङ्मुखतया स्थगितेक्षणश्रीः।
सेवारसादिव तरङ्गसमीरणेन[2]
कर्णप्रकीर्णकशिखानिकरो हरीणाम्॥28॥

प्रेयांसमर्कमिव दृष्टिपथव्यतीत-
मन्तर्विकल्परचिताकृतिमीहमानाः।
प्रेम्णा विलोकयितुमस्खलितेन चक्रु-
रम्भोजनेत्रविनिमीलनमम्बुजिन्यः॥29॥

श्यामावतारसमयेन मलीमसत्व-
मासेदुषा स्थगिततिग्ममरीचिरोचिः।

करः पाणयोऽपि॥22-25॥ गौरकरश्चन्द्रः॥26॥ सौरिभा महिषाः। तेषां रोषोऽश्वैः सह शश्वद्विरोधात्। फेनिलं फेनवत्। 'फेनादिलच्च'॥27॥ प्रकीर्णकं चामरम्। हरयोऽश्वाः॥28-29॥ लोहकान्तोऽयस्कान्तमणिः। स दूरस्थोऽपि लोहाकर्षणक्षम

1. 'धाम' ख. 2. 'समे रणेन' ख.

सल्लोहकान्तमणिनेव[1] तदान्धकार[2]-
कालायसं प्रसभमाचकृषे पुरस्तात्॥30॥

तावत्क्रमेण दयितार्कवियोगजन्म-
दाहज्वरव्यथितादिग्वनिताकरास्तैः।
क्ष्मामण्डल[3] विगलिताञ्जनबाष्पतोय-
लेशोत्करैरिव तमःशकलैः पुपूरे॥31॥

क्लान्तं दिवाकरकरालकराभिषङ्गा-
च्छायामशिश्रियदथो तिमिरं तरूणाम्।
लीलानिषण्णविनिमीलितलोचनार्ध[4]-
रोमन्थमन्थरसमूरचमूरचक्रम्॥32॥

छायापथैस्तिमिरसंवलनानुबन्ध-
निर्व्यामदीर्घविकटैः[5] क्षितिपीठपृष्ठम्।
शारीबभूव[6] पतिते[7] तरणौ कलिन्द-
कन्याविवेष्टनविभिन्नजलौघकल्पैः॥33॥

मन्दानिलाहति तरङ्गितकेसराग्र-
रक्तारविन्दमकरन्दसपीतिलग्नाः।
भग्नऽहनि भ्रमरसंहतयः प्रसस्रु-
रेष्यन्निशातिमिरपत्तिचमूयमानाः॥34॥

अस्ताद्रिपार्श्वमुपजग्मुषि तिग्मभासि
जानीत शीतकिरणोऽभ्युदितो न वेति।
चारा इवाथ रजनीतिमिरप्रयुक्ता-
श्चेरुश्चिरं चरणभूमिषु चञ्चरीकाः॥35॥

इति प्रसिद्धमेव। कालायसमित्ययोविशेषस्य संज्ञा। 'अनोश्मायःसरसां जातिसंज्ञयोः' इति टच्॥30॥ तावत्ततः तावान्वा। क्रमोऽल्पा परिपाटी॥31॥ अभिषङ्गः पराभवः। समूरचमूरौ मृगविशेषौ॥32॥ कलिन्दकन्या यमुना। तस्या हावनि (?) विवेष्टनेन पितुरादित्यस्य पाताद्दुःखजननेन भूमौ वलनेन विभिन्नान्यधिकमलिनानि जलानि

---

1. 'कान्ति' ख. 2. 'तदन्ध' ख. 3. 'मण्डली' क. 4. 'विषण्ण' ख. 5. 'निर्व्योम' ख. 6. 'श्यामी' क. 7. 'तरणौ पतिते' ख.

प्राप्तेऽस्तशैलशिखरं[1] तरणावबद्ध-
सान्द्रानुबन्धतमसोऽप्यभवन्वनान्ताः।
संचारिषट्चरणचक्रगृहीतदान-
गण्डूषगण्डगुरुगन्धगजान्धकाराः[2]॥36॥

भास्वच्छविर्भुवनवेश्मगतः शशाम
यावत्पतङ्गपतनाद्दिवसप्रदीपः।
तावत्कुतोऽप्युदभवन्नयनोपघात-
दक्षं मषीमलमलीमसमन्धकारम्॥37॥

नक्तं निपेतुषि तुषारविपक्षभासि
शूरैरिवासमसमीकरणप्रगल्भैः।
द्यौर्लोहजालमलिनैस्तरसा तमोभि-
रातस्तरे दिशि दिशि स्तिमितानुबन्धैः॥38॥

देशान्तरप्रवसनप्रवणोष्णरश्मि-
चिन्तानुबन्धवशजैहयजुषो नलिन्याः।
आसीन्निकोचभरचिह्नितपक्ष्ममाल-
मामीलितभ्रमरतारकमब्जनेत्रम्॥39॥

आलग्ननैशजलबिन्दुघनान्धकार-
जालेन कज्जलरुचा जनलोचनानाम्।
रूपावलोकनसुखं प्रसभादहारि
किं वा शुभं प्रभवतो मलिनात्मनः स्यात्॥40॥

आक्रान्ततारकनिरर्गलजृम्भमाण-
तारावतीतिमिरविप्लवधूसरान्धाः[3]।
अक्लीबिषुर्भुवनरूपनिरूपणेऽथ[4]
संमीलिता इव दृशः सकला जनानाम्॥41॥

तत्तुल्यैः॥33॥ सपीतिः सहपानम्। चमूयमानाः सेनात्वमाचरन्त्यः॥34॥ चञ्चरीका भ्रमराः। तेषां संचारभूमयः कुसुमिताः प्रदेशाः। चारपक्षे-चरणभूमिश्चर्यमाणस्य गमनमार्गः॥35-36॥ भास्वानादित्य एव भास्वती च भ्राजमाना छविर्यस्य। पतङ्गः

---

1. 'शिखरांतरणा' **ख.** 2. 'बन्ध' **क.** 3. 'तारावली' **ख.** 4. 'निरूपणेषु' **ख.**

छायां क्रमेण सकलामथ कानननां
　　सूर्यांशुशेषशबलां समतां नयद्भिः।
संहारमेघमलिनैरतिमेदुरत्व-
　　मासाद्य संपप्टचिरे ककुभस्तमोभिः।।42।।

व्यक्तोपकारमधुना स्थगितासु दिक्षु
　　प्रेयोगृहं सुखमलक्षितमेव यामः।
धम्मिल्लबन्धरुचिरैरभिसारिकाभिः
　　प्रेम्णा तमश्चिरमितीव शिरोभिरूहे।।43।।

दंष्ट्राकरालपृथुपोत्रतलावलग्न-
　　कासारपङ्ककलुषाः सलिलादुदस्थुः।
ग्रस्तार्धचन्द्रशकला बहलान्धकार-
　　कूटा इवाथ वनसूकरयूथनाथाः।।44।।

आवद्धपद्ममुकुलाञ्जलि याचितो मा-
　　मुत्सृज्य संप्रति गतः कथमंशुमाली।
अन्तर्निरुद्धमधुपक्कणितैरितीव
　　स्वप्नायते स्म नलिनी निशि लब्धनिद्रा।।45।।

सूर्यः शलभश्च। मषी कज्जलरसः।।37।। तुषारस्य विपक्ष उष्णः। असमं निम्नोन्नतादि स्थानम्। तस्य समीकरणं भेदाभावात्। असमश्च पृथग्जनः। सोऽपि शूरैः स्वर्णादिदानेनात्मसमः क्रियते। यदि वा असमं विलक्षणं समीकं सङ्ग्रामो येषां तैः सह रणे युद्धे प्रगल्भैरिति योज्यम्। लोहजालं कवचोऽपि।।38।। प्रवणस्तत्परः। चिन्तयेव जैह्मयं मलिनता। पक्ष्माणि केसरा अपि।।39-40।। तारावती निशा। तिमिरं चक्षूरोगोऽपि। अक्लीबिषुरक्षमा जाताः। 'क्लीब अधार्ष्ट्ये' इत्यस्यानुदात्ततोऽपि परस्मैपदं चक्षिङोऽनुबन्धेनात्मनेपदानित्यत्वस्य ज्ञापितत्वात्। यथा-'संभ्रमेण किमकाण्ड एव वोऽधीरता किमिति मावसीदत। क्लीबता किमपि संगरे गतिः श्रेयसी हि न परत्र नेह च।।' इति। अन्ये त्वाहुः-"क्लीबा इवाचरन्नक्लीबिषुरिति क्लीबशब्दात् 'सर्वप्रातिपादिकेभ्यः क्विप्' इत्येके, इत्याचारक्विबन्तादत्र परस्मैपदम्" इति। तदसत्। आरभ्यमाणेऽपि 'सर्वप्रातिपदिकेभ्यः' इत्यस्मिन् 'आचारेऽवगल्भलक्लीब-' इत्यादिवाक्यमकारस्यात्मनेपदनिबन्धनार्थमदन्तत्वप्रतिज्ञानाय वक्तव्यमेवेति हि सिद्धान्तिक(त)म्। तस्मादस्मदुक्त एव परिहारो ज्यायान्।।41-42।। व्यक्तोपकारं तमः शिरोभिरिव धृतम्।।43।। पोत्रं सूकरस्य मुखाग्रम्। कासारः पल्वलम्।।44।।

विस्रस्तकेसरविभावितबीजकोष-
मूलश्लथप्रविरलान्तरपाण्डुपत्रम्।
कृच्छ्रेण बद्धमुकुलं सरलोरुदीर्घ-
नालं करालमभवज्जरठारविन्दम्॥46॥

श्लिष्यद्दलाग्रघटितक्षणदोदबिन्दु-
विष्यन्दकर्दमितकेसरधूलिजालम्।
गम्भीरकुक्षिकुहरक्रमपुञ्ज्यमान
सौगन्ध्यबन्धमरविन्दवनं निदद्रौ॥47॥

श्यामामुखे शशिकरैर्दलितं न ताव-
दीषत्प्रसारितपलाशपुटं द्विरेफैः।
इत्यञ्जसा न विचकास न संचुकोच
पर्याकुलं कुमुदकाननचक्रवालम्॥48॥

संकोचसंहृतदलस्फुटलक्ष्यमाण-
दूरान्तरालनवकुड्मलचक्रवालम्।
शीतांशुपादपरिमर्शघृणामिवाप्य
लक्ष्मीर्मुमोच शनकैः कमलाकराङ्कम्॥49॥

प्रेङ्खत्करालपरिपाण्डुपलाशपङ्क्ति-
संधानराजिशबलीकृतपृष्ठभागम्।
भाति स्म दृश्यमुकुलाननरन्ध्रपीत-
ज्योत्स्नाविनिर्गमनमार्गमिवारविन्दम्॥50॥

कृच्छ्रेण मीलनमवाप विशीर्णजीर्ण-
पर्णोत्करश्लथविलम्बितपक्ष्ममालम्।
विस्तारिधूसरहरिच्छविबीजकोष-[1]
चक्रं पुराणकमलं कमलाकराङ्के॥51॥

स्वप्नायते स्वप्नवतीवाचरति। गतार्थत्वान्मतुपो लोपः। निद्रा प्रबोधविगमोऽपि॥45-47॥ अञ्जसा स्पष्टम्॥48॥ पादस्पर्शेन जुगुप्सितेव लक्ष्मीः पद्माकरसमीपमत्याक्षीत्। मनस्विनी च पादस्पृष्टा जुगुप्सया स्वदेशमप्युज्झति॥49॥ पलाशानि पल्लवास्तेषां

---

1. 'विस्तार' **ख.**

प्रात: समागमसुखानुभवं विधाय
चेतस्यनीयत निशा रभसेन कोकै:।
कृच्छ्राद्वियोगचकितैस्तु दिनं व्यलङ्घि
दु:खे सुखं भवति साधु सुखे न दु:खम्।।52।।

अभ्युन्मिषद्विकटकुड्मलपुण्डरीक-
गर्भोपरुद्धमधुपक्वणितानुबन्धै:।
अन्तर्मुखस्खलितघोषमिवेन्दुपाद-
भग्नातपक्लममशेरत पङ्कजिन्य:।।53।।

तावन्निरर्गलमुदैदमलात्ममूर्ति-
कल्माषिताम्बरतलं गृहचक्रवालम्।
सूर्येन्दुमण्डलसमुद्गकवाटकोष-
विश्लेषकीर्णनवरत्नकणानुकारि।।54।।

भास्वन्निशीथवनपुष्पकदम्बकेन।
नाकाम्बुराशिजलबुद्बुदजालकेन।
ब्रह्माण्डशुक्तिपुटमौक्तिकमण्डलेन
भूषां निशोडुनिकरेण पराम[1]धासीत्।।55।।

नीहारगौरशिशिरांशुमरीचिरा[2]शि-
निर्भिन्ननैशनिबिरीसतम:प्रबन्धम्।
[3]आलक्ष्यत स्फुरिततारकचक्रवाल-
शारीकृतं विततविभ्रममन्तरिक्षम्।।56।।

संधाने संधिदेशे पाण्डवो राजय: सिता लेखा:।।50।। हरिन्नीला परिणामवशात्।।51।। दु:खेऽनुभूयमाने भविष्यदपि सुखं साधु रमणीयम्। न तु तथा सुखे दु:खम्। आगामिनों दु:खस्य दु:सहत्वात्।।52-53।। उदैत् उदितम्। सूर्याचन्द्रमसावेव समुद्गकस्य कवाटकोषौ। कवाट: पृष्ठगं पिधानम्। अधस्तनस्तु संपुट: कोष:।।54-55।। निबिरीसं निबिडम्। 'नेर्बिडज्विरीसचौ' विततपरिवर्तनम्।।56-57।। घृष्टि: सूकर:। छवीत्यत्रैव च्छेद:। अभ्र नभ:।।58।। केकिनो मयूरा:।।59।। शितिरत्नैरिन्द्रनीलमणि-

---

1. 'अयासीत्' क. 2. 'जाल' ख. 3. इत: प्रभृति सप्तविंशसर्गस्य दशाधिकशतसंख्य-श्लोकपर्यन्तं षट्चत्वारिंशत्पत्रणि ख-पुस्तके त्रुटितानि सन्ति.

लक्ष्मीं दधन्ति शबलीकृतदिग्विभाग-
रश्मिच्छटापटलभिन्नतामांस्यमन्दम्।
त्योतींषि रात्रिरतिमांसलभास्यसूत
रत्नानि कल्परुवल्लिरिवोल्लसन्ती॥57॥

निष्पिष्टशैलविनिघृष्टयुगादिघृष्टि-
दंष्ट्राग्रकोटिपरिमण्डलसंनिवेशम्।
क्षीरोदशीकरकणच्छवि शारिताभ्रं
व्यभ्राजताथ नभसि ग्रहचक्रवालम्॥58॥

उत्सृज्य हर्म्यशिखराणि निवासयष्टि-
कोटिप्रतिष्ठचरणैर्गृहकेकिसार्थैः।
उद्धूतचन्द्रकवितानवितन्यमान-
च्छायाछलेन ववृषे घनमन्धकारम्॥59॥

कालागुरुप्रकारक्लृप्तविचित्रपत्त्र-
भङ्गे पयोधरतटे कबरीषु लीनम्।
व्युत्थानमुत्पलदृशां शितिरत्नशार-
भूषास्पदेषु तिमिरं विदधाविवेन्दोः॥60॥

क्षोणीनिरोकजठरेषु विशङ्कटेषु
नैशं तमः स्तिमिततामभितस्तथापत्।
विस्पष्टमैहिषत पल्वलपङ्कमोह-
मुग्धा यथा महिषसंहतयोऽवगाढुम्॥61॥

संध्यातपच्छुरणपिङ्गमरुद्विधूत-
विस्तारिकेसरशिखैर्वनमध्यभाग्भिः।
सुप्तोत्थितैर्विगलितेऽहनि पुण्डरीकै-
रेकैरजृम्भि रभसादपरैर्निदद्रे॥62॥

भिश्चित्रितेष्वलंकार्यदेशेषु च नीलत्वादतिघनं तमः शशधरस्य व्युत्थानं निजपदान्निष्कासनमिव व्यधात्॥60॥ निरोकजठराणि गर्भाभ्यन्तराणि॥61॥ केसराः सटाः किंजल्कानि च। वनं काननमुदकं च। पुण्डरीकैर्व्याघ्रैः कमलैश्च॥62॥ परिघो मुद्गरः। सीमन्त्यमानं द्विधा क्रियमाणम्॥63॥ निष्ठ्यूता निरस्ताः। शिखण्डाश्चूलाः। उत्सङ्गः पृष्ठमङ्कश्च।

विस्तीर्णदन्तपरिघस्फुरदंशुराशि-
　　सीमन्त्यमानतिमिरेषु मदाम्बु पातुम्।
लीनं कटेषु कृतदृष्टिविघातहृष्टि-
　　धृष्टं शिलीमुखगणैर्वनकुञ्जराणाम्।।63।।

निष्ठ्यूतकज्जलकरालशिखण्खण्डै-
　　रुत्सङ्गवृत्तिमधिगम्य निकेतनानाम्।
स्नेहानुबन्धिभिरदीपि दिनावसान-
　　संध्यार्भकैरिव सरागकरैः प्रदीपैः।।64।।

नेत्रैरिवाञ्जनपरागकणावकीर्ण-
　　तूलीविनिर्गमनमार्गनिबद्धरेखैः।
वातायनैरगुरुधूपजधूमलेखा-
　　निर्याणलिप्तशिखरैर्विबभुर्गृहाणि।।65।।

निर्भिद्यमानमपि जालगवाक्षमार्ग-
　　निर्यत्प्रदीपरुचिराजिभिरन्धकारम्।
सान्द्रीबभूव भवनोदीरदह्यमान-
　　कालागुरूत्थघनधूमशिखावलीभिः।।66।।

शिखिविशिखचिते पुरान्तलग्ने स्मररिपुचाप इवार्करश्मिचक्रे।
असुरकुलमिवाथ चक्रनाम्नां हृदयमदह्यत विप्रयोगदीनम्।।67।।

प्रथममधिधरित्रि च्छिन्ननिःशेषमूलं
　　तदनु शिखरिशृङ्गव्यङ्ग्यरागानुबन्धम्।
प्लुतमथ घनवीथ्यां रत्नराशिं विवक्षु-
　　स्तरणिरपचितश्रीरातपं संजहार।।68।।

स्नेहस्तैलं प्रीतिश्च। अदीपि ज्वलितं भ्राजितं च। अर्भका बालाः। करा रश्मयो हस्ताश्च।।64।। तूली शलाका। जालप्रधाना गवाक्षा वातायनानि।।65।। शिखिविशि वह्निप्रवेशिनि। खचिते दीप्ते। शिखिप्रधानेन च विशिखेन चिते व्याप्ते। पुरान्तो नगरपर्यन्तस्त्रिपुरनाशश्च। विप्रयोगो विशिष्टा शरप्रयुक्तिरपि।।67।। शृङ्गैर्व्यङ्ग्यः प्रकाशनीयः प्लुतं जवेन रचिताल्लङ्घनम्। घनवीथी नभः। योऽप्यपचितधनः स प्लवं विधाय जलं प्रविशन्नात्मानमुद्वेगेन संहरति।।68।। इति राजानकजयानकसूनोरलकस्य कृतौ हरविजयविषमदोद्द्योत एकोनविंशः सर्गः।।

इति श्रीबालबृहस्पत्यनुजीविनो वागीश्वराङ्कस्य विद्याधिपत्यपरनाम्नो महाकवे राजानकश्रीरत्नाकरस्य कृतौ रत्नाङ्के हरविजये महाकाव्ये दिवसावसानवर्णनो नामैकोनविंशः सर्गः।

विंशः सर्गः।

लक्ष्मीं दधावुदयशैलतिरोहितेन्दु-
द्राघिष्टदीधितिशिखाभुजमञ्जरीका।
गौरच्छविः सुरपतेरथ दिक्क्रमेण
नीलप्रभं तिमिरकञ्चुकमुत्क्षिपन्ती।।1।।

उत्पित्सति स्म दिवमब्धिसरोवगाह-
ग्रस्तोच्छ्वसत्तिमिरशेवलवल्लरीका।
वेलाविकीर्णमणिशुक्तिशतच्छलेन
पोतैरिव व्यनुसृता शशिमूर्तिहंसी।।2।।

गर्भीकृतौर्वविषमानलतापदाह-
मूर्छानुबन्धशमनोपकृतेन तेन।
तत्कालतालतरुतुङ्गतरोर्मिणेन्दु-
रन्वायि दूरमिव सस्पृहमब्धिनारात्।।3।।

बिभ्रत्सलक्ष्म जलधेस्तलभागलग्न-
पङ्कच्छटाङ्कमिव बिम्बमनुष्णरश्मिः।
श्यामाकलिन्दतनयाजलबुद्बुदाच्छ-
तारागणस्तबकितं वियदारुरुक्षत्।।4।।

विच्छायतामकृत यो मम भर्तुरिन्दो-
रंशुच्छटाभिरुदयन्नवधूय बिम्बम्।
पश्यामि भानुमुदधौ पतितं तमद्रि-
शृङ्गेष्वितीव नवचन्द्रिकयाध्यरोहि।।5।।

विंशः सर्गः।

सुरपतेन्द्रिस्य दिक् पूर्वा।।1।।2।। शमनमेवोपकृतमुपकारस्तेन हेतुना। तेनेति बहुशोऽनुभूतेन। अन्वायि अनुगतः।।3।। श्यामा निशा।।4।।5।। संध्या च चन्द्रस्य

तावत्तिरस्कृतकुशेशयखण्डकान्ति-
निःस्पन्दतारकनिशामुखवर्तिनीन्दोः।
विस्पष्टपाटलिम शैलशिखाग्रिचुम्बि
संध्या सुधाविसरवर्षि लिलेह बिम्बम्॥6॥

आक्षिप्तताामरसकाननचक्रवाल-
भाभिः क्रमादुदयशैलतिरोहितश्रीः।
इन्दुर्निशातिमिरमण्डलबाध्यमान-
माशिश्वसज्जगदिवोर्ध्वमुखैर्मयूखैः॥7॥

भाति स्म पक्ष्मकुटिलोदयशैलशृङ्ग-
भागास्पदाभिनवकुङ्कुमपङ्कगौरी।
अभ्यापतन्मदनकूबरिचक्रशीर्ण-
माणिक्यनेमिशकलाकृतिरिन्दुलेखा॥8॥

रेजेतरामुदयशैलशिखाग्रिमूल-
लग्नाथ भग्नतिमिरा कुटिला कलेन्दोः।
रक्तारुणा नमुचिकण्ठविवर्तमान-
फेनच्छटावलयविभ्रममावहन्ती॥9॥

विस्पष्टलक्ष्मशबलीकृतमध्यभाग-
बिम्बार्धतामधिपतिर्दधदोषधीनाम्।
विष्यन्दिदानजलशीकरशारिताभ्र-
मातङ्गकर्णशिखराकृतिराविरासीत्॥10॥

अप्सर्गविभ्रमभृति स्तिमितेऽन्धकार-
राशौ दिशः स्थगयति स्फुटपङ्कपीने।
उत्तिष्ठदुच्छ्वसितकुङ्कुमकोषगौर-
मालक्ष्यते स्म कनकाण्डमिवेन्दुबिम्बम्॥11॥

बिम्बमतिरक्ततया लिलेह चुम्बितवती। नायकव्यवहारोऽत्रानुसंधेयः॥6-7॥ पक्ष्मकुटिला नेत्ररोमवद्वक्रा। कूबरी रथः॥8॥ रक्तवदरुणा। अन्यत्र रक्तेनारुणेत्यर्थः। नमुचिर्नाम दैत्यः। तं निहितकुलिशशक्तिना फेनेन जिष्णुर्जघानेत्यागमः॥9॥ अभ्रतामङ्गाः सुरगजाः॥10॥ अप्सर्गो जलमयी सृष्टिः। कोषोऽभ्यन्तरं वासरं वा (?)। कनकमयमण्ड

व्यक्तावचूककलुषोदरमिंन्दुबिम्ब-
    माबद्धरागमुदयाद्रिगतं व्यराजत्।
संवादिनिर्गतविरिञ्चिविभिन्नमध्य-
    वैकुण्ठनाभिनलिनोत्थितबीजकोषम्।।12।।

आबद्धरागमुदगादुदयाद्रिमूर्ध्नि
    नैसर्गिकीं धवलतामपहाय बिम्बम्।
निर्धूतकेसरपरागविलङ्घ्यमान-
    निद्राविभुक्तकुमुदच्छदगौरमिन्दोः।।13।।

चेतोहरस्फुरितकेसरदन्तहास-
    मुद्वीक्षिताः कुमुदिनीभिरधिप्रदोषम्।
रेजुः कदर्थनभयादरविन्दवृन्द-
    कान्त्याश्रिता इव नवोदितचन्द्रपादाः।।14।।

विस्पष्टचिह्नमुदयाद्रिविटङ्ककूट-
    संघट्टजर्जरतयेव सरन्ध्रमिन्दोः।
बिम्बं क्रमेण विगलन्नवसांध्यराग-
    रक्तच्छटं नभसि पाण्डुरतामयासीत्।।15।।

निद्राविमुक्तनवतिन्दुकपाण्डुभासि
    बिम्बे प्रसुस्रुवुषि नाकनदीं हिमांशोः।
छाया श्रियं हिणलक्ष्ममयी बभार
    निर्यत्कलिन्दतनयाजलवेणिकाश्रीः।।16।।

प्रत्यग्रलक्ष्ममलिनोदरकान्ति बिम्ब-
    मिन्दुर्बभार नवकुन्ददलावदातम्।
वक्षो हलीव दृढधेनुकपश्चिमार्ध-
    प्रेङ्खत्खुराग्रशिखरोल्लिखितव्रणाङ्कम्।।17।।

ब्रह्माण्डम्। तदप्सर्गे दिग्व्यापिनि सत्यलक्ष्यत। तस्य चरम निर्वर्तितत्वात्। तदुक्तम्– 'सोऽभिध्याय शरीरात्स्वात्सिसृक्षुर्विविधाः प्रजाः। अप एव ससर्जादौ तासु वीर्यमवासृजत्।।' इति।।11।। अवचूलं लाञ्छनम्। संवादी सदृशो ब्रह्मणा भिन्नमध्यो....... कोषः कर्णिका यस्य।।12-14।। विटङ्कं उन्नतो भागः। तस्य कूटं शिखरम्। सप्रहारस्य च रुधिरक्षयेण पाण्डिमा जायते।।15।। तिन्दुकं कुसुमभेदः। नाकनदीमित्यन्यो-

लक्ष्मच्छलोपहितपीवरपङ्कपिण्ड-
कल्माषमध्यमतनुप्रतिबिम्बमिन्दोः।
लक्ष्मीं दधावधिजलं घटमानहारि-
रूपं भ्रमत्सरसि कालकुलालचक्रम्।।18।।

कल्माषितं शशकलङ्कलवेन मध्य-
भागे बभार परिपाण्डुरमिन्दुबिम्बम्।
विस्रस्तमेचकगजाजिनपल्लवाग्र-
चन्द्रावतंसशुचिभस्मसितांसलीलाम् ।।19।।

भाति स्म मध्यघटितास्पदालकूट-
सच्छायलाञ्छनरुचिः परिणाहिबिम्बः।
क्षीराम्बुराशिरिव मन्दरशैलमूल-
लीलाविवृत्तिपरिमण्डलितः शशाङ्कः।।20।।

विस्पष्टचिह्नमचकादुदयाद्रिलग्न-
मालेख्यभित्तिफलकं स्मरदेवतायाः।
तद्विभ्रमाहितमषीमलपङ्कवर्ति-
विन्यस्तपत्रमकराङ्कमिवेन्दुबिम्बम्।।21।।

अभ्राजतानिलविलोलितसांध्यराग-
पिङ्गीकृताभ्रशिखरक्षणलब्धसंस्थम्।
शीतांशुबिम्बमुरगाशननीयमान-
माणिक्यभासुरसुधाकलशाभिरामम्।।22।।

क्तया गङ्गाप्रवाहसदृशो ज्योत्स्नापूरः प्रतिपादितः। अथवा सत्यमेव गङ्गया मृगाङ्कमण्डला-न्निर्गतमित्यागमः। यदुक्तम्-'स्वर्गे चैव पुरा चैव संस्थिता सोममण्डले। सोमाच्चैव विनिःसृत्य पुराकाशे व्यवस्थिता।।' इति। वेणिका प्रवाहः।।16।। धेनुको नाम दान्तरूपो दैत्यः।।17।। रूपमाकारः रूपाणि च घटशरावप्रभृतीनि रूपकाणि।।18।। चन्द्रावतंसो हरः।।19-20।। अचकात् अशोभत। स्मर एव देवता। तस्याश्चित्रोपयोगो भित्तिस्थानीयत्वात्। तया विभ्रमेणाहितो मषीपङ्कमय्या च वर्त्या विरचितः पत्रमकरो मकररूपः पत्रभङ्गोऽङ्कश्चिह्नमङ्को वा मध्ये यस्य।।21।। उरगाशनो गरुडः।।22।। पक्षः शुक्लः कृष्णो वा। पक्षाः शतपत्राणि। क्रौञ्चः क्रौञ्चगिरिः। अयुक्छदनं सप्तपर्णम्।।23।। हेतयो ज्वालास्तत्संपर्काद्दलितव्यपदेश इव। लक्ष्म लाञ्छनम्।।24-25।।

प्रत्यग्रपक्षघटनेन निशावतार-
रामेषुणा सपदि वासरक्रौञ्चकुञ्जे।
निर्दारिते स्फुटमयुक्छदनच्छदाच्छा
निर्गच्छति स्म शशिदीधितिहंसपङ्क्तिः॥23॥

और्वाग्निहेतिपरिमर्शविलीनमध्य-
भागो नु सिन्धुजठरादुदितः सलक्ष्मा।
कर्पूरचूर्णरुचिचारुमरीचिकुर्च-
निर्धौतदिक्कमरुचत्कठिनेतरार्चिः॥24॥

उन्निद्रकुन्दधवलग्रहचक्रवाल-
पुष्पोत्करा भुवनकाननसीम्नि रेजे।
श्यामालता हरिणलक्ष्ममिषेण चन्द्र-
बिम्बालवालवलयादिव निष्पतन्ती॥25॥

संवादमेष्यति ममागुरुपङ्कदिग्ध-
पत्त्रावलीशबलगण्डपुरंध्रिवक्त्रैः।
कल्माषितं किममुनापि न बिम्बमेत-
दुत्प्रेक्ष्य लाञ्छनमितीव बभार चन्द्रः॥26॥

आश्रित्य शीतरुचिना सकलेन जाति-
सामान्यमुत्थितवता नयनान्महर्षेः।
आनन्दभारभरमन्थरता व्यधायि
तत्पक्षपातरभसादिव लोचनानाम्॥27॥

शिञ्जारवं सपदि मन्त्रमुदीरयन्स्वं
नक्तंमुखे विघटमानपलाशयन्त्रम्।
संरभ्य साधक इवात्तरसोपभोग-
मभ्याविशत्कुमुदगर्भगृहं द्विरेफः॥28॥

अमुना लाञ्छनेन॥26॥ जातिरूपं सामान्यं समानो धर्मः। गुणक्रियासामान्ययोरपि संभवादुभयपदप्रयोगः। अत्रिनेत्रादुद्गतः शशी न तस्यैव सुतत्वादानन्दकः, अपि तु नेत्रजातिमिवाश्रित्य सर्वमेव नयनजातमावर्जयत्॥27॥ नक्तंमुखं निशारम्भः। पलाशान्येव यन्त्रं मार्गनिरोधकम्। साधकः सिद्धयोगः। सोऽपि मन्त्रमुच्चारयन्पातालादि प्रविशति।

आपाण्डुदीधितिशिखानिकरावकीर्ण-
विस्तीर्णबिम्बपरिणाहतया हिमांशुः।
उन्मूलिताम्बरसरिज्जललग्नपद्म-
नालावकीर्णसुरकुञ्जरविभ्रमोऽभूत्॥29॥

क्षीरोदवीचिधवलैर्निजबिम्बभाग्भि-
रभ्राजताभ्रसरणैः किरणैः शशाङ्कः।
संकोचनाभयमिवार्थयितुं सरोज-
खण्डस्य कोमलमृणालशतैर्विलग्नैः॥30॥

लावण्यकान्तिपरिमृष्टकलङ्कलेख-
मप्राप्तपत्त्ररचनासु विलासिनीनाम्।
छायागतं नवमधूकविपाण्डुरासु
गण्डस्थलीष्वधिकमश्वितदिन्दुबिम्बम्॥31॥

ज्योत्स्नातुषारनिकरस्थगितान्तरिक्ष-
दिङ्मण्डलः शिशिरकाल इवामृतांशुः।
आलिङ्गनान्यशिथिलानि दिशन्प्रियाणा-
मक्लेशयन्नवकुशेशयखण्डकान्तिम्॥32॥

भित्त्वा विषाञ्जनमिवाशु दृशां विघात-
हेतुं निशातिमिरवृन्दमनिन्द्यरूपैः।
संदानितच्छदपुटानि करैरमन्द-
मिन्दोरखिन्दत कुलान्यरविन्दिनीनाम्॥33॥

सैरेयकस्तबकनीलमथान्धकार-
मुत्सृज्य भोगमलिनाम्बरनिर्विशेषम्।
संविव्युराशु ककुभः कलधौतगौर-
मिन्दुप्रभापटलकल्पलतादुगूलम्॥34॥

रसो रसायनमपि॥28-29॥ अभ्रसरणैर्नभसि सरद्भिः। संकोचनाभयं संकोचनाभया-भावः॥30॥ अश्वितद्विमलीबभूव। 'द्युद्भ्यो लुङि' इति परस्मैपदम्॥31-35॥ कुमुद्वतीनां गर्भमभिद्विषन्तो भ्रमरास्ताभिः सुखमसाविषत हेलया प्रसूताः। ते हि दिवा तत्र बन्धनदौःस्थित्समनुभूय चन्द्रोदये ततो विनिर्गत्य यथेष्टमचरन्। याश्च

अभ्युद्गते शशिनि शङ्खदलावदात-
प्रेङ्खन्मयूखखचिताम्बरदिग्विभागे।
तापिच्छनीलमभवद्विवरानुसारि
वैभावरं विगलदम्भ इवान्धकारम्।।35।।

भानोरसंनिधिवशात्तिमिरेण सार्ध-
मह्नाय संगतिमवाप्य कुमुद्वतीभिः।
चन्द्रोदये कुमुदकुक्षिगतास्तदीय-
गर्भद्विषः सुखमसाविषत द्विरेफाः।।36।।

शिश्रीषुभिस्तनुविकासदलत्पलाश-
कोषाः शनैः कुमुदिनीर्नभसि भ्रमद्भिः।
चन्द्रांशुजर्जरितशेषघनानुबन्ध-
नैशान्धकारसदृशैरतमि द्विरेफैः।।37।।

लोकान्तराश्रयिणि घर्मघृणौ क्रमेण
यैरुत्थितैर्भुवनमूर्णूनुमे तमोभिः।
तानीन्दुरेव विचकार करोत्करेण
साधारणत्वरहिता महतां हि शक्तिः।।38।।

हित्वा शनैः शितिमिव त्वचमन्धकार-
च्छायां निशोडुपटलस्फटिकाक्षसूत्रा।
गौरी बभूव रुचिरागुरुपङ्कपत्त्र-
सच्छायलक्ष्मशशिमण्डलगण्डभित्तिः।।39।।

स्पर्शोत्सवं विदधतीभिरमन्दराग-
मङ्गानि मन्मथवतामिव सुन्दरीभिः।
जह्लादिरे कुमुदिनीविपिनानि गाढ-
मालिङ्गितानि शशिदीधितिमण्डलीभिः।।40।।

बन्धक्यो भर्तुरसंनिधाने परेण पुंसा सह संभोगमनुभवन्ति ताभिः सुखमशङ्कितमेव सुताः प्रसूयन्ते। ते चोत्तरकालं तासामसतीनां परिज्ञानाद्गर्भद्वेषिणो भवन्ति।।36-37।। ऊर्णुनुवे छादितम्। विचकार क्षिप्तवान्।।38।। निशा गौरी शुद्धा पार्वती च बभूव। तया च तपःप्रभावादधिगतगौरप्रभया श्यामला निजतनुत्वक्परित्यक्ता।।39-40।।

उत्सारितस्य तरणेः किरणच्छटाभि-
रिन्दोः करैश्च तमसोऽभिहतस्य नक्तम्।
विस्पष्टचारुरचनाः सुरसुन्दरीणा-
मालम्बनत्वमगमन्निव केशहस्ताः॥41॥

भिन्दन्सुधानिवहवाहिभिरन्धकार-
मंशूत्करैरुदजिहीत च शीतरश्मिः।
संकोचदुःखमहरच्च कुमुद्वतीनां
सन्तः परार्थघटने नहि विघ्ननिघ्नाः॥42॥

आलुङ्गिता दलितशङ्खविपाण्डुराभि-
रिन्दोः प्रभाभिरथ कैरवपद्मखण्डाः।
उन्निद्रबद्धदलकुड्मलनीडलीन-
दीनद्विरेफपटलाः परितो बभूवुः॥43॥

सौधूषु शीतकिरणस्य करच्छटाभि-
रापाण्डुराभिरभितः प्रतिफेलुषीभिः।
पर्यस्तसान्द्रभुजतार्यतमःप्रबन्ध-
मन्धं जगत्पुनरयुज्यत चक्षुषारात्॥44॥

आदाय दग्धबहलागुरुधूपधूम-
पङ्कं कपोलफलकेषु सुराङ्गनानाम्।
पत्राङ्गुलीरिव रसार्द्रतया विधित्सो-
रिन्दोर्गवाक्षविवरेषु करा निपेतुः॥45॥

लक्ष्मीं दधुः शिशिररश्मिरुचो गवाक्ष-
निर्यूहनिर्यदसितागुरुधूमशाराः।
पर्यस्तमन्दरविघूर्णितदुग्धसिन्धु-
वीचिच्छटा इव परिप्लुतकालकूटाः॥46॥

हस्तशब्दः केशेषु प्रशंसायाम्। हस्तश्च पाणिर्गर्तगतस्यालम्बनं करोति॥41॥ उदजिहीत उद्ययौ। निघ्नाः परवशाः॥42॥ आलुङ्गिताः स्पृष्टाः। उन्निद्राणि कैरवाणाम्, बद्धदलानि पद्मानाम्॥43॥ भुजतार्यं कृच्छ्रोल्लङ्घनीयम्। 'कृत्यैरधिकार्थवचने' इति समासः॥44॥ पत्राङ्गुलीः पत्रलताः। रसो रागोऽपि। कराः पाणयोऽपि॥45॥ निर्यूहो निर्गतो

स्रस्तान्धकारवसनां रजनीपुरंध्रि-
मालिङ्गति प्रियसुधास्रुति दिक्सखीभिः।
दूरं मृणालशकलामलतन्मयूख-
हासच्छटाञ्चितमुखीभिरिवापसस्रे॥47॥

संकोचजिह्मितकुशेशयकोशधौत-
कौशेयकोमलशशाङ्करुचोऽवकाशाः।
रेजुर्दिशामधिनिशं विशदप्रकाशाः
काशा इवोपशरदं शमितान्धकाराः॥48॥

सार्धं क्रमेण ककुभोऽथ कुमुद्वतीभि-
रुच्छ्वासलाभविशदस्थितिदूरदृश्याः।
प्राप्ता विकासमचकासिषुरैन्दवीभि-
रंशुच्छटाभिरवधूतनिशान्धकाराः॥49॥

लीलानिपीतभरमूर्छितकैरवीय-
खण्डच्छदच्छविरिव च्छुरिताम्बरश्रीः।
इन्दोर्दुधाव धवलः कलकण्ठकण्ठ-
कालान्धकारकलुषाः ककुभः करौघः॥50॥

प्रत्यग्रपीतनवकैरवखण्डलक्ष्मी-
लावण्यकान्तिभिरिवातनुपाण्डिमाभिः।
कीर्णा दिशो दलितसंतमसानुबन्ध-
मिन्दोरदीपिषत दीधितिदीपिकाभिः॥51॥

दिक्सुन्दरीघनपयोधरभारतार-
हाराः सुधास्रुतिकरालमणिप्रवालाः।
भित्त्वा शनैस्तिमिरमञ्जपुञ्जनील-
मानञ्जुरिन्दुकिरणा जगदञ्जसारात्॥52॥

दारुविशेषः॥46॥ सुधास्रुत् चन्द्रः॥47॥ कौशेयं वस्त्रम्। तत्समाः शशिद्युतयो येषु। उपशरदं शरत्समीपे। 'अव्ययीभावे शरत्प्रभृतिभ्यः" इति टच्॥48॥ उच्छ्वासो जीवितम्। तल्लाभेनैव विशदाः॥49॥ दुधाव शुद्धिं निनाय॥50-51॥ पयोधराः स्तना अपि। स्रुतिः प्रवाहः तस्याः प्रणाला निर्गमनमार्गाः। आनञ्जुः प्रकटयांचक्रुः॥52॥

पौरंदरीं दिशमपोज्झ्य विलुप्तराग-
संपत्क्षणाज्जिगमिषत्यधुना प्रतीचीम्।
अन्याः प्रसादयति निर्जितपुण्डरीक-
शोभाग्रपादपतनैः ककुभः सलीलम्।।53।।

नैशनिलाहतिपरस्परघट्यमान-
संफुल्लकैरवतयालिकुलप्रणादैः।
उक्त्वेति हस्ततलताडनयेव नक्तं
नक्तंचरश्चिरमहासि कुमुद्वतीभिः।।54।। (युगलकम्)

इन्दीरनीरकणकण्टकिता विकीर्ण-
पर्णा ववुर्दलितपङ्कलकुड्मलाग्राः।
शीता निशीथमरुतो निभृताद्विरेफ-
शेफालिकाकुसुमनिर्भरगन्धवाहाः।।55।।

भाति स्म मारुतविधूतपलाशरन्ध्र-
लब्धप्रवेशशिशिरांशुमरीचिशाराम्।
छायां विनेशुषि रवौ दधती तरूणां
संवीतचित्रमृगचर्मपटेव भूतिः।।56।।

प्रत्यग्रफेनधवला नभसि प्रसस्रु-
रुल्लङ्घितोडुनिकराः शिशिरांशुभासः।
उद्रश्मिरत्नसिकताकणचक्रवाल-
मन्दाकिनीजलतरङ्गघटायमानाः।।57।।

प्रेङ्खत्कठोरशतपत्रपलाशमूल-
पाण्डुक्षपाकरमरीचिविलङ्घिता द्यौः।
उत्तम्भनाकुलजगत्क्षयकालकोल-
दंष्ट्राप्रकाशधवलक्षितिविभ्रमाभूत्।।58।।

रागो व्यसनमपि। प्रसादयति सान्त्वयत्यपि। पादानां रश्मीनाम्, पादयोश्चरणयोश्च पतनं यासाम् (?)।।53।। नक्तंचरः शशी।।54।। इन्दीरं स्यादवश्यायः।।55।। विनेशुषि विनष्टे। भर्तरि च विपन्ने मनस्विनी मृगाजिनं प्रावृणोति।।56-57।। कोलः सूकरः।।58।।

भाति स्म संवलिततारकचक्रवाल-
चन्द्रातपच्छुरणपाण्डुरमन्तरिक्षम्।
बिभ्रज्जराजरठजिह्मगदीर्घभोग-
मुक्तस्फुरद्विकटकञ्चुकपट्टलीलाम्।।59।।

निर्धौततारतरुणच्छवितारकौघ-
कल्माषितेन नभसा बिभराम्बभूवे।
निःशेषशोषितजलप्लवपङ्कगर्भ-
दृश्यावरुग्णबिसकन्दजलाशयश्रीः।।60।।

जिह्मीकृताब्जनयनं श्वसनानुबन्ध-
कम्पाकुलस्थिति विपाण्डुरतां दधत्या।
संकोचमाप जरयेव कृतावमर्श-
मिन्दुत्विषा कमलकाननचक्रवालम्।।61।।

चन्द्रप्रभामुकुलितं सलिलातिरिक्त-
नालं ससर्प कमलं निशि चक्रवाकी।
आबिभ्रती हृषितपक्ष्मतनूरुहैक-
पादस्थितोन्मुखविदूरगकान्तशङ्काम्।।62।।

आप्लाविताविनितले नवचन्द्रिकाम्बु-
पूरे निमग्नमथ कैरवचक्रवालम्।
उत्तारलग्नमिव मन्दसमीरपात-
पारिप्लवीकृतपलाशभुजं व्यराजत्।।63।।

वैकुण्ठशङ्खधवलाब्जविभेदकुण्ठ-
सोत्कण्ठकैरवकरालकरोत्करेन्दुः।
श्यामेति रात्रिरगमत्स्फुटमर्थशून्य-
पर्यायतां क्षततमःपरिपाण्डुरश्रीः।।64।।

जिह्मगः सर्पः।।59।। तारं रजतम्।।60।। श्वसनो वायुर्निःश्वासश्च।।61।। हृषितान्यलीक(?) परितुष्टानि पक्ष्माणि लोमानि येषाम्, तथाविधाः पक्षा यस्याः। प्रियसंदर्शनभ्रान्त्या पुलकितत्वात्।।62।। उत्तारलग्नमात्मानमुत्तारयितुं प्रवृत्तम्। अत्र णिजन्तादेरच्(?)।।63।। वैकुण्ठशङ्खः पाञ्चजन्यः। तद्वद्धवलान्यब्जानि श्वेतपद्मानि तद्भेदे कुण्ठः सोत्कण्ठकैरवश्च

पर्याप्तजृम्भणभरस्फुटनानुबन्धि-
पत्राङ्गुलीनिकरकैरवचारुहस्ता।
उत्क्षिप्तषट्पदघटामुखरोमराजि-
रिन्दुं विलोक्य सहसा कुमुदिन्यथासीत्॥65॥

इन्दोः करैरतनुकौसुमसौकुमार्य-
भाग्भिर्मनोभुव इवेषुभिराहताभिः।
उद्गीर्णगन्धकुमुदाननमूढनैश-
घर्मोदबिन्दुभिरजृम्भि कुमुद्वतीभिः॥66॥

श्च्योतत्सुधाशिशिरनिर्झरशीकरार्द्र-
चन्द्रांशुराशिपरिमृष्टकरालकोषाः।
पद्माकराः सपदि संचुकुचुर्निशीथ-
शीतार्दिता इव दलाम्बरसंवृताङ्गाः॥67॥

प्रेयःसमागमसुखार्द्रपुरंध्रिनिर्य-
दानन्दबाष्पकणिकाशिशिरो नभस्वान्।
बन्धक्रमाधिगततानवतारतम्य-
सौगन्धिकोत्थघनसौरभसंपदासीत्॥68॥

निःशेषमेव सुरभिं मम कोषगन्ध-
मावान्दिनक्षयमरुन्मम मैष मोषीत्।
इत्थं भियेव कमलं कलयांचकार
संकोचसंकटविशङ्कटकुड्मलत्वम्॥69॥

स्पृष्टा न या दिनकरांशुभिरह्निवह्नि-
गर्भैरपि क्वचन चक्लमुरम्बुजिन्यः।
मम्लुस्तरां शशिकरैरपि ताः सुधार्द्रै-
रक्षुण्णवामचरिता बत पद्मनेत्राः॥70॥

करोत्करो यस्य तादृगिन्दुर्यस्याः सा निशा श्यामेति निजार्थप्रतिपादकं शब्दमर्थशून्यं लेभे॥64॥ जृम्भणमुल्लासः। स्फुटनं विकासः। मुखे रोमराजिर्भ्रूलता। वल्लभं च वीक्ष्य योषित्प्रवर्तिताङ्गभङ्गा परस्परानुवेधभिन्नाङ्गुलीनां स्फुटनं भङ्गं जृम्भणं दध्यासिकां (?) वितनोति॥65॥ घर्मस्येव घर्मस्य स्वेदबिन्दवो जलकणाः॥66-67॥ नभस्वान्वायुः बन्धो निमीलनम्। सौगन्धिकं स्यात्कह्लारम्॥68॥ आवान् वहमानः॥69-71॥

पातुं मधून्यधिकुमद्वति बद्धराग-
मुद्धूतपक्षति मधुव्रतमुत्पतन्तम्।
श्लिष्यत्सरोजदलसंपुटपीडिताङ्घ्रि-
मीर्ष्यावशादिव कुशेशयिनी बबन्ध॥71॥

साध्यं न तज्जगति यन्न कलावतोऽस्ति
चन्द्रः करैः सकलदिङ्मुखकर्णपूरैः।
विष्यण्णवारिविसराः परितो निनाय
यच्चन्द्रकान्तदृषदोऽपि तदार्द्रभावम्॥72॥

संकोचधूसरमकारि सरोजखण्ड-
मग्रे यदस्य शशिना परिपीड्य पादैः।
तेन स्फुरद्विकटकेसरदन्तपङ्क्ति
तोषादिवातिविशदं कुमुदं जहास॥73॥

संधुक्षितासमशरेण करैरवाप्त-
निद्रा सती कुमुदिनी शशिनावमृष्टा।
हुंकारिणीव बुबुधे कुमुदोदरस्थ-
कूजन्मधुव्रतकुलक्वणितानुबन्धैः॥74॥

प्रेयोंशुमालिविरहव्यसनानुबन्ध-
मूर्छानिमीलितसरोजदृशो नलिन्याः।
न्यस्ताः सलीलमभवन्नुपरीन्दुनापि
खेदाय कोमलमरीचिमृणालदण्डाः॥75॥

कल्लोलपीवरपयोधरपृष्ठभाग-
माकृष्य वीचिलिभङ्गभुवं च चन्द्रः।

कलावान्विदग्धोऽपि। स च कठिना अपि योषितः परमार्द्रीकरोति॥72॥ (कलोपं कमलं विदुः नीलमुत्पलमित्यन्ये) पादैश्चरणैरपि॥73॥ असमशरः कामः। निद्रा संकोचः शयनं च। सती भवन्ती साध्वी च। शशिनेति कलङ्कवत्त्वं ध्वन्यते। कलङ्कवता हि पुंसा सकामेनापि साध्वी कृतनिद्रा यदि करेण स्पृश्यते तदासौ कुपिता सहुंकारं प्रतिबुध्यते॥74-75॥ करः पाणिरपि। रक्तानुरक्तापि। अत्र चन्द्रस्य कामुकत्वमब्जिन्याश्च कामिनीत्वं गम्यते॥76॥ निषङ्गस्तूणीरम्॥77॥ अमृत-

आवर्तनाभिनिहिताग्रकरश्चकार
रक्ताब्जिनीं सुखनिमीलितपद्मनेत्राम्॥76॥

पर्युच्छ्वसत्सरलकेसरकाञ्चनोत्थ-
नाराचचक्रपरिपूरितकुक्षिरन्ध्रम्।
ईषद्विभिन्नमुकुलाननमिन्दुभाभि-
रादत्त कैरवमनङ्गनिषङ्गलीलाम्॥77॥

ज्योत्स्नामयं यदमृतप्रभमेघमुक्त-
मम्भः पपात कुमुदच्छदशुक्तिकोषे।
तत्स्थूललग्नरजनीजलबिन्दुजाल-
व्याजेन मौक्तिककणत्वमभिप्रपेदे॥78॥

उद्भिन्नकण्टकभरात्पुलकानुबन्ध-
पर्याकुला कुमुदिनी मुदिता प्रदोषे।
धूतारविन्दरुचिचन्द्रकरप्रणोद-
चक्रीभवत्कुमुदचारुकुचा चकाशे॥79॥

पर्याप्तनिर्मलकरेण करैः सुधार्द्रैः
संभावितानि न हिमद्युतिनापि नेतुम्।
निन्ये जलानि निशि निर्विषतामगस्त्यः
कार्ये क्वचिद्भवति कस्यचिदेव शक्तिः॥80॥

आस्कन्द दूरमुदयं मदयस्व मन्द-
मानन्दयेन्दुवदना मदनाविदूनाः।
क्रूरं तमः किर करैः कुरु कोरकाग्र-
भङ्गं च कैरवकुलस्य करालकान्तैः॥81॥
चञ्च्वग्रचुम्बनविकुञ्चितकेसरासु
संचारयाञ्चितदलासु च चञ्चरीकान्।

प्रभश्चन्द्रः॥78॥ कण्टका एवोद्गतः पुलकस्तेन पर्याकुलत्वमुद्भिन्नं यस्याः। वृत्तौ भावार्थस्यावगतत्वाद्वाचकस्य त्वादेरप्रयोगः। यथा 'सधीरमुवाच' इति। जितसरोजरुचिरा च। प्रेयसः करेण प्रणोदात्प्रेयसी चक्रीभवत्कुचा भ्राजते॥79-80॥ आस्कन्देत्यादिपञ्चभिः कुलकम्। सर्वत्र चात्र 'समुच्चयेऽन्यतरस्याम्' इति लोट्। आविदूनाः समन्तादु-

कुन्दावदातविदलद्दलदीर्घदण्ड-
दूरोदितासु मुदितासु कुमद्वतीषु॥82॥

संधेहि पत्त्रपटलं पटुपुण्डरीक-
खण्डस्य मण्डय दिशः स्फुटमण्डलश्रीः।
संक्षोभयोद्दलनदोहदलीलदोल-
कल्लोलकाण्डकलिलं सलिलं च सिन्धोः॥83॥

संधुक्षय स्मरमवन्ध्यशरप्रबन्ध-
संधानबन्धुरसमाधि धनुर्धुनानम्।
धैर्यं विधूनय वधूषु विवर्धमान-
मानोद्धुरं विधुरबन्धुविरोधिनीषु॥84॥

पारीः प्रसादय च पानपरम्परासु
कर्पूपांसुपटलीभिरिव प्रभाभिः।
इत्याचरन्रुचिररोचिररोचतेन्दु-
रर्चैकचर्चजनलोचनचक्रवालः॥85॥ (पञ्चभिः कुलकम्)

पातालान्तश्छविमिव घनां शेषभोगप्रकाशः
कण्ठच्छायामिव पशुपतेरट्टहासोऽभिनीलाम्।
विक्षिप्यारान्नभसि तमसां मण्डलीं रत्नराशे-
र्दत्तोल्लासः शशभृदमलश्रीश्चकासांचकार॥86॥

इति श्रीबालबृहस्पत्यनुजीविनो वागीश्वराङ्कस्य विद्याधिपत्यपरनाम्नो महाकवे राजानकश्रीरत्नाकरस्य कृतौ रत्नाङ्के हरविजये कहाकाव्ये चन्द्रोदयवर्णनो नाम विंश सर्गः।

पतप्ताः॥81-82॥ उद्दलने जलनिर्भेदेऽभिलाष एव लीला येषां तादृशै श्चलैर्महाकल्लोलैः कलिलं व्याप्तम्॥83॥ बन्धवो दयिताः॥84॥ पारी स्यात्पानभाजनम्। अर्चा पूजा साभिलाषं दर्शनं तत्रैकचर्चमेकव्यापारम्। तत्परमिति यावत्॥85-86॥ इति राजानकजयानकसूनोरलकस्य कृतौ हरविजयत्रिषमपदोद्द्योते विंशः सर्गः॥

एकविंशः सर्गः।

स्थितोऽथ सौधोन्नतचन्द्रशालिकातले विभुः क्लृप्तमहार्घसंस्तरे।
इति प्रियामङ्कगतामभाषत क्षपाकरस्य श्रियमीक्ष्य हारिणीम्॥1॥

इतोऽधुनाविष्कृतलक्ष्म लक्ष्यतां निशाकरस्योत्थितमत्रिलोचनात्।
विभाति तन्वङ्गि तदीयतारकत्विषावलीढोदरवर्त्म मण्डलम्॥2॥

विधित्सुना केलिमिवोदयश्रिता निजप्रभाकुङ्कुमवासमुष्टिभिः।
पराहतं पक्ष्मलमेणलक्ष्मणा निमीलयत्यम्बुजनेत्रमब्जिनी॥3॥

स्फुटं परासेकपराङ्मुखात्मनः स्थिरा विभूतिर्विमलस्य जायते।
स्थितं जगद्व्याप्य तथाहि तामसं नताङ्गि निःशेषितमेतदिन्दुना॥4॥

असौ शशाङ्कः कुरुते समुन्नताः कुमुद्वतीनां कुमुदस्तनावलीः।
निजप्रभाहारलताविभूषणाः षडङ्घ्रिकालागुरुपत्त्रभङ्गिनीः॥5॥

विगाढतोयः प्रतिमाछलादसौ नवोऽरुणत्वं गमितो नु चन्द्रमाः।
मधुच्छटाशीकरवारिवर्षिभिः कुमुद्वतीकैरवहस्तसंपुटैः॥6॥

दधत्यमूर्मीलितपङ्कजेक्षणाः क्षणादवश्यायकणैः करालिताः।
कुशेशयिन्यो दयितार्कभावनासमुच्छलत्स्वेदजला इव श्रियम्॥7॥

निशाकृता बिम्बमुखेन पाटलप्रभासवं प्रत्तमसौ कुमुद्वती।
अपावृतोत्तानितकैरवानना चिरं नतभ्रूः पिबतीव सस्पृहम्॥8॥

विदार्य दंष्ट्राङ्कुरकोमलत्विषा निशान्धकाराद्रिकुलं स्वलेखया।
बिभर्त्यसावादिवराहविभ्रमं सदा तु लक्ष्मोद्वहनेन चन्द्रमाः॥9॥

अनेन ते पूर्णकपोलभित्तिना क एव वक्त्रेण कृशोदरि स्मयः।
बिभर्ति लक्ष्मीं प्रतिमासमुत्थितं निशाकरस्येदृशमेव मण्डलम्॥10॥

एकविंशः सर्गः।

चन्द्राशालिका प्रग्रीवकविशेषः॥1॥ संस्तरः शय्या॥1॥2॥ उदय ऐश्वर्यमपि। प्रभैव कुङ्कुमवासः कुङ्कुममिश्रं पिष्टातकादिचूर्णम्। प्रभायाः किंचिदुदयरागशबलत्वात्। पक्ष्मलं सकेसरमपि॥3॥ विमलस्य पुंसः स्थिरा आत्मनो विभूतिरात्मीया श्रीः परस्य शत्रोरासेके पदे पराङ्मुखी तद्दर्शनासहा संपद्यते। तम एव तामसम्। प्रज्ञादित्वा-दण्॥4-7॥ प्रत्तं वितीर्णम्॥8॥ तुरवधारणे। सदैवेत्यर्थः॥9॥ प्रतिमासमुत्थितं

मृणालिनीन्दोः स्पृशतः करैः क्रुधा विवर्तयन्तीव कुशेशयाननम्।
बिभर्ति पृष्ठागतया कृतश्रियं द्विरेफवेणीलतयाम्बुजस्तनम्॥11॥

स्फुटं पतन्ती शशिचन्द्रिकाम्बुधौ निशागमेऽपीयत शुक्तिसंपुटैः।
कुतो नु ताभ्योऽम्बुदमुक्तवारिणो विपाण्डुमुक्ताफलसंभवोऽन्यथा॥12॥

निशाकरे केसरधूलिकुङ्कुमच्छटापिशङ्गाग्रकरे विशेषकम्।
विधित्सतीव श्लथभृङ्गमण्डलीभ्रुवा स्थितं कैरवकाननश्रिया॥13॥

कुमुद्वती कैरवहस्तमुच्छ्वसद्दलाङ्गुलीकं श्रियमेति बिभ्रती।
आवाप्तपार्श्वस्थितभृङ्गमण्डलीकृतावनद्धासितकम्बुविभ्रमम्॥14॥

अधिक्षपं लक्षितकामिनीमनो मनोभवस्य क्षिपतः शिलीमुखान्।
तदीयपक्षावलिसंभृता इव क्रमेण शीताः प्रसरन्ति मारुताः॥15॥

शिलीमुखैः शेखरसौरभाहृतैर्भ्रमद्भिरेत्योपरि बद्धमण्डलम्।
श्रियं चिकीर्षद्भिरिवाभिसारिकाः स्वकान्तवेश्म स्थगिताः प्रयान्त्यमूः॥16॥

व्यधायि संकोचविधूसरेन्दुना किमित्यसौ स्वादुरसापि पद्मिनी।
इतीव तं निन्दति षट्पदः स्वनैः सदानुकूले हि जनोऽनुरज्यते॥17॥

कुमुद्वतीनां प्रतिबिम्बितां जले विजिह्मवीचिश्रुतिपाशमध्यगाम्।
अदः स्फुरन्मण्डलशङ्खपत्रतां बिभर्ति सुश्रोणि मृगाङ्कमण्डलम्॥18॥

मृणालिनीनां निबिडीकृतारुणच्छदाङ्गुलीदन्तुरचारुकोटिभिः।
पिनह्यतेऽम्भोरुहपादमण्डलौर्द्विरेफमालामणिनूपुरावलिः॥19॥

कुमुद्वतीभिर्मकरन्दकुङ्कुमच्छटापिशङ्गाम्बुविपूरितोदरः।
सविभ्रमं कैरवशृङ्गकोत्करः क्षपाकरं हन्तुमिव व्युदस्यते॥20॥

नभःसमुद्रोदरफेनसंहतिर्नगेन्द्रनागाधिपभूतिचर्चिका।
निशीथिनीकल्पलतांशकावलिर्निशाकरस्य श्रियमेति चन्द्रिका॥21॥

मासेमासेऽभ्युदितं चन्द्रमण्डलमीदृशमेव त्वदाननिभमिति स्मयो न कर्तव्यः। अथवा त्वन्मुखे प्रतिमायै प्रतिबिम्बायोद्गतं सदेतेन सदृशम्, अन्यथा तु विरूपमेव। यदि हि त्वन्मुखे प्रतिमायां नापतिष्यन्न तत्त्वदाननसौभाग्यभाजनमभविष्यदिति कः स्मयो युक्त एव च गर्व इति काकुप्रयोगेण वदनस्य तदपेक्षया प्रकर्ष एव कथितः॥10॥ करैः पाणिभिरपि। अम्बुजमत्र कुमुदम्। परपुरुषेण च करस्पृष्टा सुसाध्वी मुखपरिवृत्त्या

इति स्मरोद्दीपिनि चन्द्रशेखरे विभुर्विवृत्ते समय स्वसंनिभे।
हिमाद्रिकन्यामभिधाय सादरं स सांध्यवेलाविधितत्परोऽभवत्।।22।।

अवन्दतानन्दितमानसस्ततस्तनुं स संध्यामरविन्दजन्मनः।
मुरारिनाभीह्रदपद्मविष्टरप्रकीर्णरेणुच्छुरणादिवारुणाम्।।23।।

अपावृतौष्ठान्तरलब्धनिर्गमैर्जपक्रियायां दशनांशुमण्डलैः।
बभौ शिरश्छिद्रपथप्रवेशिभिः सुरस्रवन्त्या इव धूर्जटिर्जलैः।।24।।

उदग्रनासाविनिविष्टचक्षुषः पिशङ्गपक्ष्मावलिमेलनक्रमात्।
सरोचनारेखमिवास्य वह्निमल्ललाटपट्टं विदधे विलोचनम्।।25।।

निबद्धपद्मासनपादपङ्कजस्फुटारुणोत्तानतलप्रवर्तितैः।
विलुप्यमानातनुकण्ठमण्डलप्रभान्धकारच्छविरंशुराशिभिः।।26।।

अवाप्तनाभिव्यतिषङ्गविस्फुरत्प्रभारुणोत्तानकराम्बुजद्वयः।
स्थिरांसपीठः स समाधिगोचरं चिराय दध्यौ किमपीन्दुशेखरः।।27।।
(युगलकम्)

व्यतीतसंख्यातिगपङ्कजासनव्यपाश्रयाम्भोरुहबीजनिर्मितम्।
निजाक्षसूत्रं निजमुद्रया जपन्करान्तरेणाब्जरुचं व्यवर्तयत्।।28।।

विलोकयन्ती गिरिराजकन्यका तथा च तं ध्याननिमीलितेक्षणम्।
बभार संध्यातपरागपाटलमिवोन्मिषत्कोपकषायितां दृशम्।।29।।

समन्युनिःश्वाससमीरणोष्मभिः कदर्थ्यमानारुणधूसराधरा।
द्विरेफमालाङ्कितमुग्धपल्लवां वसन्तलक्ष्मीमथ सा व्यडम्बयत्।।30।।

समाप्तसंध्याविधिरीश्वरोऽपि तां विलोक्य कोपात्परिवृत्य तस्थुषीम्।
रसार्द्रगर्भैर्बहुसान्त्वनक्रमैः प्रसादयामास चिरेण सस्मितः।।31।।

वेणीं स्तनपृष्ठपातिनीं करोति।।11।। स्फुटं निश्चितम्।।12।। करः पाणिरपि। विधित्सति चिकीर्षति सति।।13।। पार्श्वस्थितया भ्रमरमालया कृतोऽववनद्धस्यैकदेशप्रष्टिस्यासित-कम्बोरिन्द्रनीलवलयस्य विभ्रमो यस्य।।14।। लक्षितं शरव्यीकृतम्।।15-16।। रसः शृङ्गारोऽपि।।17।। वीचिरेव श्रुतिपाशः कर्णपाली। शोभना श्रोणिः कटी यस्याः। 'स्वाङ्गाच्चोपसर्जनात्-' इति ङीष्।।18-20।। भूतिर्गजानां मण्डनम्। चर्चिका चर्चैव। 'चर्चैना' इति तु पाठो न युक्तः। 'ण्यासश्रन्थो युच्' इति युचः 'चिन्तिपूजिकथिकुम्बिच-

मधूपनीतं जयया निशाकरप्रभावतंसं समयज्ञया ततः।
विनिद्रकल्पद्रुमसूनसंभवं क्रमादमुं पाययते स्म सस्मितः।।32।।

कपोलभागेन सदारुणत्विषा जहार चेतः शशिशेखरस्य सा।
विपाकपिङ्गेन फलेन बिभ्रती लतेव रक्ताधरपल्लवा श्रियम्।।33।।

तया वियुक्तां किल कोककामिनीं विलोकयन्त्या भवनाब्जिनीगताम्।
अयाच्यताशङ्कितविप्रयोगया शरीरभागस्थितिमिन्दुशेखरः।।34।।

तया समं सोऽपि वियोगभीतिमात्र्यवेशयत्तां तनुसामिसीमनि।
प्रकर्षतः प्रेमगुणस्य नास्ति तन्न वल्लभस्य क्रियते यदीप्सितम्।।35।।

कथं नु संध्यानतिषु प्रयोक्ष्यते करेण मे मत्सरखिन्नमञ्जलिः।
शिरःस्थगङ्गाजलशीकरच्छटा तुषारशीतापि न मां न धक्ष्यति।।36।।

इति प्रियस्यार्धशरीरसंस्थितौ क्षणं विकल्पाकुलमानसा सती।
बभूव तत्संश्रयकातरा पुनर्न गण्यते प्रेमणि दोषदूषणम्।।37।।

(युगलकम्)

विमुक्तपार्श्वस्य भुजंगशेखरस्फुरत्फणाफूत्कृतकातरैरिव।
किरीटचन्द्रस्य मरीचिमण्डलैः पिशङ्गजूटान्तरपुञ्जितैः स्थितम्।।38।।

विधुंतुदोपप्लुतभागविस्फुरन्नवार्कबिम्बोपममग्निपिङ्गलम्।
निलीनभागान्तरमिश्रमूर्ध्वगं विभाति चक्षुर्दधदर्धतारकम्।।39।।

र्चश्च' इत्यङा बाधितत्वात्।।21-22।। अरविन्दजन्मनो ब्रह्मणः संध्या तनुः शरीरम्। ब्रह्मणापि हि पुरा निर्मितेषु पितृषु स्वा तनुः कृतकार्यतया परित्यक्ता सैव संध्यारूपेण परिणतेति शंभोस्तनाववस्थान(?) मित्येतत्पुराणेभ्योऽवसेयम्।।23-24।। मेलनात्कपिलपक्ष्ममालं विलोम(?)नयनमस्य सरोचनारेखमिव ललाटं चकार।।25-27।। व्यतीताश्चिरप्रणष्टाः। पङ्कजासना ब्रह्माणः। निजा पारमेश्वरी। मुद्रा कराद्यवयवानां संस्थानविशेषः।।28।। नूनमेष प्रेयसीमन्यां ध्यायतीति कोपेन कषायिता रक्ता।।29-31।। जयाख्या सखी भगवत्याः। सूनं पुष्पम्।।32।। अधर ओष्ठः। अधराश्चाधोमुखाः।।33।। कोकश्चक्रवाकः।।34।। तनुसामि शरीरार्धमेव सीमा मर्यादा।।35-36।। सती गौरी।।37।। विमुक्तेत्यादिदशभिः कुलकम्। वामपार्श्वत्यागाच्चन्द्रमरीचिभिरपरपार्श्ववर्तिजूटाभ्यन्तरे पुञ्जीभूय स्थितम्।।38।। विधुंतुदो राहुः। निलीनं प्रशान्तम्। तेन गौरीसंबन्धिना भागान्तरेण मिश्रितं चक्षुश्चकास्ति।।39।। चक्षुष इत्यनादरे षष्ठी। अरालं कुटिलम्।

निवेशितस्यान्तरसीम्नि चक्षुषो निमीलितारालकरालपक्ष्मणः।
विधीयते भावनयैव तत्क्षणं प्रियाननाम्भोरुहदर्शनोत्सवः॥40॥

ललाटलेखावलिभङ्गमुच्चकैः समासजन्त्यान्तरवर्त्मनि भ्रुवा।
मनोरथारूढहरेक्षणक्रिया सविभ्रमोत्क्षेपदशा निवेद्यते॥41॥

अपाङ्गभागं रभसादपाश्रितः सलीलमभ्यासवशेन तारकः।
अदृष्टकान्ताननखेदमन्थरं कथंचिदेवोत्कतयापि वर्तते॥42॥

प्रसक्तताम्बूलकलङ्कधूसरां श्रियं दधत्याधरमध्यलेखया।
स्फुटेव मूर्तिद्वितयस्य पेशला विभागसीमा सरला विरच्यते॥43॥

स्तनस्य रोमाञ्चभरावलम्बिनः शरीरभागं विशतोऽनुमीयते।
विलोचने मीलितपक्ष्मसंपुटे मनोरमस्पर्शसुखोदयोत्सवः॥44॥

निषिद्धदेहार्धनिवेशविभ्रमं कृशत्वयोगं प्रति बद्धकोपया।
सभङ्गुरभ्रूलतयेव केवलं बलिच्छलान्मध्यभुवा व्यवस्थितम्॥45॥

मनोरमान्तर्विनिवेशनिर्वृतरेवाप्तविस्तारगुणोदयेऽधिकम्।
नितम्बभागे मणिमेखलागुणो भरेण विच्छिन्नगुणः पतत्यधः॥46॥

इति प्रियस्याचलराजकन्यया शरीरभागे कृतसंनिवेशया।
जगत्सु सौभाग्यगुणैरनन्यगैर्व्यजीयताशेषनितम्बिनीजनः॥47॥

(दशभिः कुलकम्)

एकत्र पन्नगमयी सजलाभ्रनील-
च्छाया कटीरकतटे कृतसंनिवेशा।
व्यावर्तिकण्ठकुहरास्पदकालकूट-
तोयाशयस्तुतिविलासमधत्त काञ्ची॥48॥

भावना ध्यानम्। तन्मात्रेण परस्परमुखदर्शनं विहितम्। संमुखं दर्शनाभावात्। प्रियश्चप्रिया चेत्येकशेषः॥40॥ मनोरथलब्धस्य हरस्य कर्तुः कर्मणो वा या गौरीगता दर्शनक्रिया सा ललाटे वलिभङ्गं योजयन्त्या भ्रुवा सविभ्रमा आत्मन उत्क्षेपावस्था यस्यास्तादृशी प्रकाश्यते॥41-44॥ निषिद्धः प्रियसंबन्धिनि देहार्धे गौरीदेहार्धकृशनिवेशविभ्रमो येन। ईश्वरमध्यदेशं व्याप्तुमस्यातिकृशस्य पर्याप्तत्वम्॥45॥ मनोरमः प्रियः। गुणस्तन्तुः। विनष्टविनयादिगुणस्य पातोऽनुरूपः॥46-47॥ कटीरकं कटी। कालकूट एव तोयाशयोऽब्धिः॥48-50॥ तरङ्गितं भङ्गियुक्तम्॥51॥ तुलाकोटिको नूपुरम्॥52॥ मामित्यतोऽनन्त-

शोभां बभार जघने ग्लपितान्धकार-
मन्यत्र रत्नरशना मधुरं रणन्ती।
लावण्यकान्तिसरसीपुलिनायमान-
विस्तारशालिजघनस्थलहंसपङ्क्तिः॥49॥

अध्यूरु शीतकिरणाभरणस्य कान्तिं
कल्माषमाप मृगचर्म विषज्यमानम्।
बिभ्रत्किरीटशशिदर्शनबद्धराग-
ताराधृतागतसितेतरपक्ष्मलक्ष्मीम्॥50॥

निसर्गसूक्ष्मच्छविशारमम्बरं विचित्रकाञ्चीगुणरत्नरश्मिभिः।
विलग्नमन्यत्र स पद्मरागतामिवोद्वहच्चारु तरङ्गितं बभौ॥51॥

परस्परप्रेमविजृम्भितोऽनयोश्चिराय योगोऽस्तु शरीरभागयोः।
दधौ तुलाकोटिकशिञ्जितच्छलादितीव गौरीचरणस्तदाशिषम्॥52॥

नृत्यत्परिक्रमभरानतभूमिपीठ-
निष्पिष्टरत्नशिरसं खलु मा कृथा माम्।
भस्मावदात इति शेष इवेन्दुमौले-
र्भोगी बभौ कटकितश्चरणाग्रलग्नः॥53॥

सेवागतामृतकरप्रतिबिम्बगर्भ
वक्षःस्थलार्धमभृतोन्नतमिन्दुमौलिः।
अन्तःप्रवेशपरिमण्डललक्ष्यमाण-
गौरीपयोधरमिवाच्छतया परीतम्॥54॥

संध्याहितोत्सवविकासमहीनकाञ्ची-
दामाभिराममनिशं विकटाक्षक्रम्।

रमितिशब्दो द्रष्टव्यः। कटकितः कटकीकृतः॥53-54॥ संध्यया आहितस्ताण्डवादेरुत्स-वस्य विकासो यस्य। संध्या च देहद्वयसंश्लेषेणोत्सवः प्रमोदस्तेन विविधं कासते दीप्यते इति 'कर्मण्यण्'। अहीनो नागराज एव। अहीनं च सर्वोत्कृष्टम्। काञ्चीदाम रशनाकलापः। विकटाक्षं विपुलनयनम्, विचित्र कटाक्षं च। अनुत्तमया सर्वोत्कृष्टया हिमांशोः कलयाञ्छितं व्याप्तम्, अनुत्तमहिम्ना चाक्षीणमाहात्म्येनांशुकेन लाञ्छितम्॥55॥ अविभिन्नस्य चित्तस्य संतानः प्रकल्पनं तत्र पर्यवसिता एकात्मताविधानं चेतसो

लक्ष्मीमनुत्तमहिमांशुकलाञ्छितं स-
　　दाविश्चकार शिवयोर्वपुरित्यभिन्नम्॥55॥

अन्योन्यमन्मथसुखानुभवानुबन्ध-
　　निःस्पन्दमीलितविलोचनयोस्तदानीम्।
चेष्टास्तयोरुदभवन्नविभिन्नचित्त-
　　संतानपर्यवसिता विनिबद्धवाचः॥56॥

इति रसपोषयुक्तिमदनुज्झितवृत्तिगुणव्यपाश्रयं
　　प्रथितशुभाङ्गलक्षणमपूर्वकृतिप्रवणात्मतां दधत्।
कविरिव नाटकं घटितसंधि विधाय शशाङ्कशेखरः
　　शिखरिसुतार्धमर्धवपुषि प्रमदान्वितमानसोऽभवत्॥57॥

इत्थं भूयो वियोगज्वरविसरदशोपप्लवच्छेदहेतोः
　　स्पष्टप्रेमानुबन्धं स्थितवति दयितादेहरत्नेन मिश्रे।
हर्षोत्कर्षान्निपेतुर्वपुषि पुररिपोरेकलक्ष्यास्तदानी-
　　माश्चर्योद्वृत्ततारा: प्रविकसितपुटा दृष्टयः पार्षदानाम्॥58॥

इति श्रीबालबृहस्पत्यनुजीविनो वागीश्वराङ्कस्य विद्याधिपत्यपरनाम्नो महाकवे राजानकश्रीरत्नाकरस्य कृतौ रत्नाङ्के हरविजये महाकाव्ये गौरीश्वरदेहार्धवर्णनो नामैकविंशः सर्गः।

निवेदयन्त्योऽसमाप्ताक्षरा वाचो यासु॥56॥ रसापोषोऽनुरागवृद्धिस्तत्संबद्धम्। गुणाः सौन्दर्यादयस्तेषां कृतस्थितीनामास्पदम्। अङ्गेषु चक्षुरादिषु लक्षणानि दैर्घ्यादयो धर्माः। अपूर्वा अन्येन केनचिदकृता कृतिर्गौरीश्वररूपसंपादनं तत्र प्रवणः प्रवीणः। संधिः संश्लेषः। प्रमदात्र गौरी। अन्यस्मिन्पक्षे—रसाः शृङ्गारादयस्तेषां पोषो विभावादीनामौचित्येन निवेशात्प्रकटता। तत्र युक्तिर्विदग्धता। वृत्तयो भारतीसात्वत्यारभटीकैशिक्यः। गुणा ओजः प्रसादादयः। अङ्गानि संधीनामवयवाः 'उपक्षेपः परिकरः परिन्यासो विलोभनम्। युक्तिः प्राप्तिः समाधानं विधानं परिभावना॥' इत्यादयः। चतुःषष्टिलक्ष्याणि(लक्षणानि)। 'विभूषणं चाक्षरसंहतिश्च शोभाभिमानो गुणकीर्तनं च। प्रोत्साहनोदाहरणे निरुक्तं गुणाभिमानोऽतिशयः सहेतुः॥' इत्यादीनि षट्त्रिंशत्काव्यव्यवस्थास्थापकानि। कृतिः कार्यम्। संधयो मुखप्रतिमुखादयः पञ्च पूर्वमुक्ताः। प्रमदः प्रमोदः॥57॥ आश्चर्येत्यादिनानाविशेषणैः 'यत्राकुञ्चितपक्ष्माग्रा साश्चर्योद्वृत्ततारका। समा विकसितान्ता च साद्भुता दृष्टिरिष्यते॥' इत्यद्भुताख्या दृष्टिरभिहिता॥58॥ इति राजानकजयानकसूनोरलकस्य

द्वाविंशः सर्गः।

इत्यर्धदेहरचितस्थितिमुत्तमाङ्ग-
गङ्गाभ्यसूयनपरां गिरिशस्य गौरीम्।
नाथोऽधिगम्य सरितामथ चन्द्रधाम-
संमूर्छितः क्रुध इव क्षुभितस्तदासीत्॥1॥

उत्प्लुत्य दूरमनुवव्रजुषा मृगाङ्क-
मङ्कादिवाभ्रपदवीमवगाहमानम्।
स्वस्थान एव परिवृत्तिजुषा मुहूर्त-
मम्भोधिना स्तिमितशान्तजलेन तस्थे॥2॥

तावद्विधाय जलधिः स्तिमितामवस्था-
मुन्मीलितानुकृतलोचनरत्नशुक्तिः।
श्च्योतत्सुधार्द्रशिशिरांशुकरावमर्श-
विश्लिष्टशेषविषमूर्छ इवोदतिष्ठत्॥3॥

तारापथं सपदि शिश्रयिषः सलील-
मर्धेन योजयितुमिच्छुरिवामृतांशोः।
उल्लासिवीचिफलकप्रतिबिम्बितं स-
दभ्युत्ससर्ज पयसां पतिरञ्जसार्धम्॥4॥

उन्नम्रमीनमकरप्रकरावचूल-
कल्लोलकेतुगजवाजिसमाकुलं सत्।

कृतौ हरविजयविषमपदोद्द्योत एकविंशः सर्गः॥

द्वाविंशः सर्गः।

मत्पत्नी गङ्गा मुधैव गौर्या असूय्यते इति क्रोधादिवाम्भोधिरक्षुभ्यत्। उत्तमाङ्गे शिरसि। उत्तभान्यङ्गानि यस्या इति ध्वनितम्॥1॥ मृगाङ्कमिवानुवव्रजुषा अनुगतेन॥2॥ शेषं शंभुभुक्तावशिष्टम्॥3॥ अर्धोदितस्य शशिनः पमागते(?)नार्धेन पूर्णचन्द्रकरणाय योजयितुमिव जलधिः प्रतिबिम्बितमर्धं तदभिमुखमुत्क्षिप्तवान्॥4-6॥ अम्बरं वासोऽपि। यो हि प्रेयसीमालिङ्गितुमूर्ध्वबाहुरुत्थितः स तदप्राप्त्या शोकादंशुकमाच्छाद्य भूमौ पतति॥7॥ अभ्रं नभः॥8-9॥ निदाघो घर्मः॥10॥ चक्रं सुदर्शनस्तेन घटना योगो

अत्यौर्ववह्निमगमज्जलधेरमन्द-
मास्कन्ददानरभसादिव तोयसैन्यम्॥5॥

अन्तर्गतौर्वविषवह्निशिखाभितप्ता
रत्नोज्ज्वलाः शितिरुचो ववलुः पयोधौ।
कल्लोलभोगिपतयः परिरब्धशीत-
सच्छायचन्द्रकरचन्दनशाखिवृन्दाः॥6॥

अभ्युत्थितेन रभसोर्ध्वतरङ्गबाहु-
संछादिताम्बरतलं क्षितिपृष्ठपीठे।
अस्रंसि रत्ननिधिनानधिजग्मुषात्र
सिन्धूपगूहनसुखं सशुचेव दूरात्॥7॥

अन्तःस्फुरद्विकटविद्रुमदण्डनिर्य-
च्छायानुविद्धमुदधेः शरदभ्रभासः।
आवर्तमण्डलमराजत मुक्तनिद्र-
रक्ताम्बुजं मधुरिपोरिव नाभिचक्रम्॥8॥

मध्याधिरूढसकलप्रतिमागतेन्दु-
बिम्बस्फुरद्विकटरत्नविटङ्कपीठा।
अध्यम्बुराशि रचिता जलदेवताभि-
र्दोलेव राजतितरां स्म तरङ्गलेखा॥9॥

नीहारगौररुचिभिर्मकराकरस्य
तारागणैरधिजलं प्रतिमानिषण्णैः।
दध्रे तरङ्गभुजदण्डदृढोपगूढ-
ज्योत्स्नानिदाघजलशीकरबिन्दुलक्ष्मीः॥10॥

छायागताविकलनूतनचन्द्रबिम्ब-
विस्पष्टचक्रघटनं क्षुभितस्य सिन्धोः।
मुक्ताम्बरं निपतति स्म विनीलकान्ति
दैत्याधिपस्य भुजवृन्दमिवोर्मिजालम्॥11॥

यस्य। अम्बरं वसनमपि। दैत्याधिपो बाणः॥11॥ अङ्का उत्सङ्गवर्तिनी॥12॥ रत्नानि कम्बवः शङ्खाश्च रत्नकम्बवश्च मणिवलयाः। ते अतनवो येषाम्। आवर्तचक्राण्येव

चक्रेऽङ्कगामरनदीशुचिहारगौर-
कल्लोलपीवरपयोधरपृष्ठभाजः।
वीचीकरैर्जलनिधिः फणिफूत्कृताग्नि-
धूमच्छटासितनवागुरुपत्त्रवल्ली:॥12॥

पारिप्लवोर्ध्ववलितातनुरत्नकम्बु-
सावर्तचक्रकरवर्तनवीचिबाहुः।
वेलाङ्गना विलुलिताञ्जननीलनाग-
वेणीलताश्चिरमनर्तयतेव सिन्धुः॥13॥

व्यक्तं रसातलमुखं क्षणमुद्वहन्ती
निःशेषनेत्रकुमुदोत्सवहेतुमिन्दुम्।
द्रष्टुं कुतूहलवशादिव नागलोक-
लक्ष्मीर्व्युदास जलराशिजलोत्तरीयम्॥14॥

वेलानिलाहतिविजर्जरितस्य सिन्धोः
प्रत्यग्ररत्नकुसुमस्तबकान्यमन्दम्।
कल्लोलकम्प्रतनुकाननमण्डलानि
भस्मीचकार वडवामुखसंक्षयाग्निः॥15॥

प्रेङ्खत्प्रवालवलयारुणमिन्दुमौलि-
पर्यस्तलग्नविशिखाग्निशिखासहस्त्रम्।
सिन्धोः पुरत्रयमिव स्फुरदैन्द्रनील-
स्तम्भायतोर्मि नभसः सलिलं न्यपप्तत्॥16॥

वैमानिकामरवधूर्गगने तरङ्गैः
क्षिप्ताः सरागमवलोक्य पयोमनुष्याः।
अध्यौर्ववह्नि तदलाभविजृम्भमाण-
शोका इवाशु जलधौ ददति स्म झम्पाम्॥17॥

करवेष्टनास्ताभिश्च सह वर्तमाना वीचय एव बाहवः ते चालकृत्वा वलिता येन॥13॥ व्युदास समुत्क्षिप्तवती॥14॥ संक्षयः कल्पान्तः॥15॥ सिन्धुजलं विद्रुमारुणत्वाल्लग्न-हरशराग्निज्वालमिव पुरत्रयं व्योम्नः पतितम्॥16॥ विमानैश्चरन्ति वैमानिकाः। 'चरति' इति ठक्। झम्पा अभिघातः॥17॥ प्लवा उडुपाः। सांयात्रिकाः पोतवणिजः॥18॥

क्षिप्तास्तथोर्ध्वमुदधेस्तरलैस्तरङ्ग-
भङ्गैः प्लवाः सह विमानगणैर्विचेरुः।
आलोक्य सस्पृहममीषु यथा सुरस्त्रीः
सांयात्रिकाश्चयुतिममंसत नाकधाम्नः॥18॥

गर्भीकृतस्फुरितविद्रुमताम्रतोय-
तालूनि रेजुरुदधेर्विवृतानि पातुम्।
तालूरमण्डलमुखान्यसमौर्वताप-
तृष्णावशादिव निशाकरचन्द्रिकाम्भः॥19॥

अभ्रंकषैः स्फुटमलैर्जलधिस्तरङ्ग-
भङ्गेषु शीतकिरणस्य बभार बिम्बैः।
श्यामाङ्गनाजनकृतास्पदचारुरत्न-
वातायनासितशिलाचितहर्म्यलीलाम्॥20॥

प्राप्ते विवृद्धिमुदधौ स्फुटफेनहास-
सिन्धुप्रभाधवलकञ्चुकपूर्णपात्रम्।
वेलाङ्गनाः फणभृतां तरसापजह्रु-
र्जिह्मप्रवालनिकराङ्गुलिकोटिकृष्टम्॥21॥

आलोक्यतोद्धतपरस्परसंप्रहार-
कण्डूयनाकुलभुजैर्मुखरागलक्ष्मीः।
संसक्तशङ्खशकलत्सरुवीचिभङ्ग-
खड्गेदरेष्वधिपयोधि पयोमनुष्यैः॥22॥

अभ्युद्धृतप्रचुररत्ननिधानकुम्भ-
गम्भीरगर्तनिकरैरिव सिन्धुराभात्।

तोयमेव तालु येषाम्। विवृतानि विकसितानि॥19॥ स्फटिकवातायनानि अङ्गनाजना-स्पदभूतानि यस्य तदसितशिलाभिराचितं मरकतदृषन्निर्मितं यद्धर्म्यं प्रासादस्तस्य लीलाम्॥20॥ कञ्चुकं निर्मोकः स एव पूर्णपात्रम्। 'आवेदयद्भिरुदयं पृष्ठाद्यदपनीयते। विभूषणं वा वस्त्रं वा पूर्णपात्रं तदुच्यते'॥21॥ शङ्खशकलान्येव मुष्टयो येषाम्। वीराणां च युद्धसमये खड्गेष्वेव स्वमुखरागदर्शनं समयः॥22॥ अभ्युद्धृताः प्रचुरमणयो निधिघटा येभ्यस्तादृशैर्गर्तसमूहैरिव। अपविद्धाः प्रतिक्षिप्ता भुजगा एव निधिघटबन्धनाय

आवर्तमण्डलशतैः प्रसभापविद्ध-
पर्यन्तवर्तिभुजगायसशृङ्खलौघैः॥23॥

काश्मीरकेसरपरागरुचिर्व्यलोकि
लोकेन शीतकिरणस्य निशामुखे यत्।
तद्भाव्यमानमिव नीरनिधेरुदग्र-
वीचिच्छटाभिरभवत्परिपाण्डु बिम्बम्॥24॥

अभ्रंकषक्षुभितसिन्धुतरङ्गभङ्ग-
धौतान्मृगाङ्कवपुषोऽविरलं गलद्भिः।
फुल्लानि कैरवकुलानि कलङ्कबिन्दु-
वृन्दैरिवालिवलयैः शबलीबभूवुः॥25॥

कल्लोलचक्रमुदधेस्तटशैलसानु-
निर्धौतधातुरसरञ्जितमाबभासे।
प्रातः समुन्मिषदनूरुकरातपाङ्क-
मभ्रंकषं शिखरजालमिवाश्मधाम्नः॥26॥

हेलाविदारिततटाचलदैत्यवप्र-
वक्षःस्थलप्रकटशुक्तिनखोर्मिहस्तः।
सिन्धुर्नृसिंह इव तारविराववृत्ति-
रुद्भूतवाडवकृशानुशिखासटोऽभूत्॥27॥

भाति स्म गर्भगिरिकाञ्चनकूटकोटि-
निर्यन्मयूखनिकुरम्बकरम्ब्यमाणम्।
मायाशयालुमधुसूदननाभिपद्म-
पर्यस्तकेसरसहस्रमिवाम्बु सिन्धोः॥28॥

विभ्राजिरे जलनिधेर्भुजगोत्तमाङ्ग-
माणिक्यखण्डकिरणच्छुरितास्तदानीम्।

निवेशिताः शस्त्रशृङ्खला येभ्यः॥23॥ काश्मीरं कुङ्कुमम्॥24-26॥ तटाचलो वेलागिरिः। स एव दैत्यो हिरण्यकशिपुः॥27॥ गर्भगिरयोऽन्तःस्थिता मैनाकादयः॥28-29॥ पस्फायिरे ववृधिरे॥30॥ भुजगाशनकेतनो गरुडध्वजः॥31-33॥ शोणमणयः पद्मरागाः॥34-35॥ किर्मीरिताः शबलिताः। सौदामिनी विद्युत्। विद्राणा दुःस्थिताः॥36॥

तीरेषु लग्नवडवाग्निशिखास्तरङ्ग-
भङ्गाः पलायनपरायणतामिवाप्ताः॥29॥

सिन्धोरुदीयुषि हिमत्विषि चन्द्रकान्त-
विष्यन्दिवारिभिरिवाहितवृद्धियोगाः।
आस्फालनेन तटशैलशिलातलेषु
पस्फायिरे स्फुरितरत्नरुचस्तरङ्गाः॥30॥

भोगीन्द्रभोगविनिषण्णतनोस्तदानीं
प्रत्यक्षमेव भुजगाशनकेतनस्य।
भस्मीचकार मकराकरमौर्ववह्निः
शक्तो न रक्षितुमिहापदि कोऽपि कंचित्॥31॥

लक्ष्मच्छलभ्रमरमण्डलशारतार-
भासा शशिप्रतिमयोत्थितया चकाशे।
पर्यन्तघूर्णिततरङ्गपलाशजाल-
तालूरतामरसकर्णिकयार्णवश्रीः॥32॥

ज्वालाजटालवडवामुखवह्निसान्द्र-
धूमाभिघातघटनव्यथितैरिवाच्छाम्।
मुक्ताफलाश्रुकणसंततिमुत्ससर्ज
विस्तारिभिर्जलनिधिर्मणिशुक्तिनेत्रैः॥33॥

प्रत्यग्रशोणमणिदीधितिचक्रवाल-
गण्डूषशीधुविसराः पुलिनानि सस्रुः।
अप्रौढतीरवनकेसरशाखिखण्ड-
सेकक्रियार्थमिव सिन्धुतरङ्गलेखाः॥34॥

ऊहुः प्रवालविटपाङ्कुरकोटिभाग-
लग्ना विलोलवडवानलधूमदिग्धाः।
शङ्खाः करालजलवीचिषु ताम्रनाल-
नीलारविन्दमुकुलश्रियमम्बुधाम्नः॥35॥

स्फुलिङ्गा एवारुणरागाणि रक्तद्युतीनि पुष्पाणि॥37॥ काकोला जरठवायसाः। रत्नान्यङ्कं चिह्नं येषाम्। भुजंगपाक्षे-रत्नानामङ्के समीप इति योज्यम्। निबद्धप्रचुरबिन्दु पानीयं

चक्रुः स्थिता नभसि कूर्मकुटीरकस्य
किर्मीरिताः फणिफणामणिरश्मिरागैः।
सौदामिनीशबलिताम्बुदवृन्दमोह-
विद्राणहंसविसरं तटमूर्मिभङ्गाः॥36॥

स्थूलस्फुलिङ्गनिकरारुणरागपुष्प-
शारीकृताः पवनवेगवितन्यमानाः।
लक्ष्मीं दधुर्जलनिधेर्वडवाग्निधूम-
लेखास्तदङ्कसरितामिव दीर्घवेण्यः॥37॥

काकोलकण्ठरुचिभिर्विकसत्कराल-
रत्नाङ्कशीकरकणैः सदृशीभवद्भिः।
प्रेङ्खोलितौर्दिवि निजुह्नुविरे तरङ्ग-
भङ्गैर्भुजंगपतयः क्षुभितस्य सिन्धोः॥38॥

विस्तारिभिः स्फुरितरत्नमरीचिराग-
धातुच्छटाशबलितैस्तरसा तरङ्गैः।
प्रेङ्खद्भिरम्बरमतस्तरदम्बुराशि-
रुच्छ्रायमाप्य शिखरैरिव विन्ध्यशैलः॥39॥

वीचीविघट्टनविकीर्णविलोलशुक्ति-
मुक्तांशुभिर्मकरकेतुरवाप लक्ष्मीम्।
संचारवर्त्मभिरिवाभिनवोत्थितस्य
शीतत्विषः प्रमथनाथकिरीटधाम्नः॥40॥

अभ्याहतानिव विघूर्णितमन्दराद्रि-
सानुच्युतैर्निशितकोटिभिरश्मकूटैः।

शीकरः। निजुह्नुविरे निह्नुताः॥38॥ अतस्तरदिति स्तृणातेर्लुङि चङ्परे णौ 'अत्स्मृदृत्त्वरप्रथम्रदस्तृस्पशाम्' इत्यत्त्वे कृते रूपम्॥39॥ प्रमथनाथो हरस्तन्मुकुटमास्पदं यस्य॥40॥ उच्छ्वासः प्लवनं तेन दृश्या रुधिरस्रुतिवत्ताम्रागखण्डा येषाम्। केषांचिद्रक्तकण्ठत्वात्। ये चाश्महतास्ते उद्गतनिःश्वासाः, दृश्यश्च रक्तस्रुत्या ताम्ररागोरुणप्रभश्छेदो द्विधाभवनं येषां तादृशा भवन्ति। झषा मत्स्याः॥41-42॥ तालीसास्तरुविशेषास्तेषां चूर्णं शल्कशकलप्रायम्। तालीसाख्यं च वैद्यशास्त्रप्रसिद्धं

उच्छ्वासलक्ष्यरुधिरस्नुतिताम्रराग-
च्छेदाज्झषा जलनिधौ दधति स्म कण्ठान्॥41॥

व्यातेनुषीभिरभितः स्फुटफेनहास-
लक्ष्मीं रराज जलधिः सरिदङ्गनाभिः।
पश्चादुपेत्य परिहासविधित्सयेव
कल्लोलपाणिपिहितातनुशुक्तिनेत्रः॥42॥

मन्दीकृतस्य शिखिनो जठरास्पदस्य
तोयातिपानवशतः पृथुवीचिहस्तैः।
उत्तेजनार्थमिव तीरवनान्तराल-
तालीसचूर्णनिकरं विचकर्ष सिन्धुः॥43॥

उज्जृम्भिताविरलवेपथवोऽधिजग्मु-
रासज्यमानविकटोत्कलिकानुबन्धाः।
अभ्युल्लसन्मकरकेतुशराभिघात-
क्रोडीकृतास्तटभुवो भृशमाकुलत्वम्॥44॥

यस्योदयाधिगम एव कुलाद्रितुङ्ग-
भङ्गीशतैः श्रियमवाप विशेषगुर्वीम्।
तस्य प्रमार्ष्टुमिव बिम्बकलङ्कमिन्दो-
रम्भोदवर्त्म जलधिस्तरसा जगाहे॥45॥

चन्द्रावदातरुचयो जलधेर्विरेजु-
रुज्जृम्भिता दिशि दिशि स्फुटफेनपाल्यः।
प्रेङ्खत्तरङ्गभुजगाधिपदीर्घभोग-
निर्मुक्तकञ्चुककलापपुलाकशोभाः॥46॥

संक्षोभमादधतमुद्धतवीचिचाप-
मौर्वीनिरर्गलशरस्थितिमौर्ववह्नेः।

मन्दाग्निभिरग्न्युत्तेजनाय हस्तैराहर्तुं कुतश्चिदाकृष्यते॥43॥ उज्जृम्भितो विकसितः। उद्गतं च जृम्भितं ध्यामनिका यासाम्। उत्कलिकास्तरङ्गा उत्कण्ठाश्च। मकरकेतुः समुद्रः कामश्च। शरं तोयम्। शराश्च बाणाः॥44-46॥ ओषांचकार ददाह। 'उषविदजागृभ्योऽन्यतरस्याम्' इत्याम्। मकरध्वजः समुद्रः कामश्च॥47-48॥ अम्बरं

गौरीपतेरिव विलोचनमूर्ध्वसंस्थ-
मोषांचकार मकरध्वजमिद्धमर्चिः॥47॥

उद्दामवाडवकृशानुशिखासहस्र-
तापानुबन्धशमनार्थमिवोर्मिहस्तैः।
नीता नदीभिररुचज्झषकेतनस्य
फेनच्छटारुचिरचन्दनपङ्कचर्चा॥48॥

अभ्युत्पतत्सरभसं सुरचक्रपीत-
शेषोदरस्थमदिराव्यतिषङ्गहेतोः।
मुक्ताम्बरं निपतति स्म तरङ्गजाल-
मुज्जृम्भमाणमदमोहमिवाम्बुधाम्नः॥49॥

निःशेषलोकनयनोत्सवहेतुमेक-
मालोक्य चन्द्रमिव संभृतगाढतोषः।
अम्भोनिधिर्गलितमौक्तिकबाष्पबिन्दु-
संदोहशारशुचिशुक्तिविलोचनोऽभूत्॥50॥

सिन्धोश्चकासतितरां स्म मणिप्रकाण्ड-
रश्मिच्छटाविसरविच्छुरितास्तदानीम्।
हर्तुं रसातलतमांसि गृहीतदीप्र-
दीपा इव प्रतिदिशं पृथुवीचिहस्ताः॥51॥

तारापथं चतुरपातसमीरवेग-
धूता तथोदपतदम्बुधिवीचिपङ्क्तिः।
तन्मध्यवर्तिभिरलाभि यथा मुहूर्त-
माराद्ग्रहैस्तरलबुद्बुदवृन्दलक्ष्मीः॥52॥

कल्लोलपङ्क्तिभिरथोरगफूत्कृताग्नि-
धूमच्छटाशबलिताभिरपाति नाकात्।
बिम्बं तुषारकिरणस्य दधावुषीभि-
रालग्नतद्गतमलाभिरिवाम्बुराशेः॥53॥

वसनमपि॥49-53॥ रसस्तोयमनुरागश्च। पराचीः पराङ्मुखीः। स्निग्ध आर्द्रोऽपि। जडः शीतलोऽपि॥54॥ ज्योत्स्नास्पर्शजनितत्वात्तरङ्गा ववृधिरे। शेषनिः श्वासवशादिव।

औवार्ग्निदाहमनपेक्ष्य रसानुबन्ध-
　　भाजो जवाद्विविशुषीः ककुभां मुखेभ्यः।
सिन्धुश्चकार तरसा सरितः पराचीः
　　स्निग्धेऽपि जातु न जडस्य भवत्यपेक्षा॥54॥

अन्तस्थशेषफणमण्डलफूत्कृतोत्थ-
　　निःश्वासवातवशतोनु सरत्नरागाः।
सिन्धोरवर्धिषत धौतदिशः शशाङ्क-
　　धामावमर्शजनितास्तरसा तरङ्गाः॥55॥

संक्षोभमागतवतः प्रसरत्तरङ्ग-
　　भङ्गोत्थितं क्रमविशङ्कटमम्बुराशेः।
तालूरमण्डलमधत्त कुलालचक्र-
　　निर्वर्त्यमानपरिणाहिशरावलीलाम्॥56॥

वेलापर्यस्तकुक्षिप्रकरविगलितस्थूलमुक्ताफलाच्छ-
　　ज्योत्स्नालोकोपलिप्तग्रहमणिशबलव्योमवीथीविलग्नाः।
तस्थुः सिन्धोस्तरङ्गाः क्षणमतनुशिखाशेखरौर्वानलार्चि-
　　स्तापप्लोषप्रशान्त्यै शिशिरशशधरस्पर्शतर्षादिवोर्ध्वम्॥57॥

वितन्वन्तो लक्ष्मीमविरलदरीदत्तघटनां
　　स्फुरद्रत्नच्छायारुचिरतटवल्लीवनभुवः।
विरजुः कल्लोलाः क्षितिभृत इव व्यालवसतिं
　　विहायोत्तिष्ठन्तः क्षुभितजलजालस्य जलधेः॥58॥

संध्यानृत्तानुबन्धद्रुतरयशिथिलग्रन्थिनिर्मुक्तमध्यं
　　स्थाणोर्वैयाघ्रमारादजिनमिव भुवि स्रंसमानं विरेजे।
वज्रत्रासाकुलान्तःश्रिताशिखरिकचत्काञ्चनाधित्यकोर्वी-
　　निष्ठ्यूताभीषुवंशव्यतिकरशबलच्छायमम्भोऽम्बुराशेः॥59॥

नुरिवार्थे॥55-57॥ वल्लीवनं लतागुल्मकम्। तद्भूमेः शोभां जनयन्तो गिरय इव वीचयो बभुः। दरीषु पर्वतखदासु ताभिश्च दत्ता घटना संश्लेषो निर्माणं च यस्याः॥58॥ द्रुतो महान्। अन्तःश्रिता मध्यमनुप्रविष्टाः शिखरिणो मैनाकादिगिरयः। अभीषुवंशो रश्मिनिचयः॥59॥ नक्षत्रमाला गजानां शिरोभूषणम्॥60॥ अनुकूलं कूलसमीपे।

धुततटगिरिधातुव्रातधूलिच्छटाभि-
श्छुरितपृथुमुखानां सिन्धुरम्भोगजानाम्।
द्रुतमकृत शिरःसु स्वच्छनक्षत्रमाला-
श्रियमतनुतरङ्गक्षिप्तरत्नावलीभिः॥60॥

क्षिप्त्वा तीरेष्वनर्घान्नलपितशशिरुचः संचयांस्तान्मणीनां
तच्चोन्मूल्यानुकूलं सरसफलभृतां मण्डलं पादपानाम्।
दूरारूढा निपेतुर्जलधिजलरयास्तत्क्षणं वाडवाग्नौ
के वा न प्राप्नुवन्ति व्यसनमुपगता विक्रियां जाड्यहेतोः॥61॥

आदायौर्वानलकवलितं शङ्खचूर्णं तदानी-
माकर्षन्तस्तटवनभुवो नागवल्लीदलौघान्।
भग्नानेकक्रमुकशकल(खदिर)ग्रन्थयो वीचिभङ्गा-
स्ताम्बूलस्य स्थितिमविकलां चक्ररब्धे(रिन्दो)रिवेत्थम्॥62॥

प्राप्तः कामप्यभिख्यां यदुदयसमयारब्धवेलाविजृम्भा-
संभारोद्दामिताम्भः कुलगिरिशिखरश्रेणितुङ्गैस्तरङ्गैः।
तस्याशक्तः प्रमार्ष्टुं मलममृतरुचो नक्तमङ्कोत्थितस्य
स्थाने धूमायमानं हृदयमिव दधौ सिन्दुरौर्वानलार्चिः॥63॥

संभोगाद्दामलीलारसरभसहसद्वक्त्रचन्द्राः पुरंध्रीः
कुर्वाणस्यापराधस्मृतिविमुखधियो वल्लभेष्वस्तमानाः।
कंदर्पस्येव केतुं समकरमुदधिर्वीचिदण्डं जलौघ-
क्षोभाविर्भाविघोषस्फुटजयपटहारावरम्यं व्युदासे॥64॥

येऽपि दूरारूढाः प्रकृष्टपदसेविनो विवेकशून्यतया मणिनिचयमस्थाने- ऽभिवर्षन्ति तथानुकूलमविरुद्धमपि राष्ट्रमुन्मूलयन्ति तेषां तत्क्षणमेव पातयोगः। व्यसनं विनाशः। जाड्यं मुग्धता शैत्यं च॥61॥ शङ्ख एव चूर्णं रङ्गः। तस्य चाग्निपातेन निष्पत्तिः। नागवल्ली ताम्बूलीलता। क्रमुकं पूगफलम्॥62॥ स्थाने युक्तम्। यदद्भिर्वाडवीय-मर्चिर्धूमायमानं दध्रे। अधूमवद्धूमवद्भवद्धूमायमानम्। 'लोहितादिडाज्भ्यः क्यष्'। वृत्तिविषये च धूमशब्दस्तद्वति स्वभावाद्वर्तते। हृदयमपि धूमायमानं मलिनम्। अत्र धूमवदिवाचरद्धू-मायमानम् 'कर्तुः क्यङ् सलोपश्च'॥63॥ व्युदासे समुच्चिक्षेप। 'उपसर्गादस्यत्यूहोर्वा वचनम्' इति तङ्॥64॥ गवाक्षेषु च वातायनेषु गवाक्षेण च वानराधिपेन घटिताः श्लिष्टाः। कुमुदानि कैरवाणि कुमुदश्च वानरेशः। ऐन्दवाश्चन्द्रसंबन्धिनः, नरेभ्यश्च

प्रतिककुभं गवाक्षघटिता विकासिकुमुदश्रियं विदधतः
स्फुटतरमैन्दवानरहिता गृहीतविकटद्रुमाद्रिशिखराः।
पुनरपि सेतुरभसाद्वलीमुखगणा इवाशुकिरणाः
सकलमचुक्षुक्षन्पतिमपां विकीर्णनवरत्नशारपुलिनम्।।65।।

इति श्रीबालबृहस्पत्यनुजीविनो वागीश्वराङ्कस्य विद्याधिपत्यपरनाम्नो महाकवे राजानकश्रीरत्नाकरस्य कृतौ रत्नाङ्के हरविजये महाकाव्ये समुद्रोल्लासवर्णनो नाम द्वाविंशः सर्गः।

त्रयोविंशः सर्गः।

इत्यम्बुधौ शशधरोदयलब्धतोष-
मुल्लासिवीचिभुजसंभृतनृत्तशोभे।
आसन्नवल्लभजनागमनः पुरंध्रि-
लोकः प्रसाधनविधाववधानमाधात्।।1।।

प्रेङ्खन्नखस्खलितचन्द्रमरीचयोऽथ
लक्ष्मीं पुरंध्रिचरणा बिभरांबभूवुः।
प्रेयःसु भावि(?)विनतेष्वपराधवत्सु
मूर्तं प्रसादमिव संभृतमुद्वहन्तः।।2।।

आविष्कृतातिशयनिर्भररागसंप-
दासादितातिनिबिरीसनितम्बबिम्बः।
स्थाने बभार सुरकामवतीजनस्य
चण्डातकः पुलकबन्धमनोहरत्वम्।।3।।

हिताः। मैन्दाख्याय वानराय च हिताः। वलीमुखाः कपयः।।65।। इति राजानकजयानकसूनोरलकस्य कृतौ हरविजयविषमपदोद्द्योते द्वाविंशः सर्गः।।

त्रयोविंशः सर्गः।

।।1-2।। रागोऽनुरागोऽपि। चण्डातकं चलनकम्। अर्धोरुकमित्यर्थान्तरम्। पुलकः सितो बिन्दुनिचयः रोमाञ्चश्च।।3-5।। पुरा भवति भविष्यति।।6-12।। संवलिताः

विन्यस्तयावकरसारुणसान्द्रराग-
भास्वन्नखैकचरणाङ्गुलिपङ्क्तिराभात्।
भीरोरशोकविटपिप्रसवप्रक्लृप्त-
शल्योरुमन्मथशिलीमुखपञ्चकश्रीः॥4॥

रामाजनेन निबिडं कलधौतकाञ्ची
बद्धा शिलातलविशालनितम्बबिम्बे।
उद्भिन्नकोमलमनोरमरोमवल्ली-
रत्नालवालवलयस्य विलासमापत्॥5॥

बद्धास्तु नाम भवती वनिता नितम्ब-
बिम्बे पुरा भवति ते रत एव मोक्षः।
मा भून्मुधैव मुखरा विरुतैरितीव
काञ्चीमुवाच चरणाभरणं रणन्तीम्॥6॥

मध्ये स्थिता शिथिलबन्धनभागपाद-
पद्माग्रपातिकलधौतकरालकाञ्च्याः।
शोभां बभार रचिताञ्चितहेमवप्र-
चक्रा क्षणं कुसुमकेतुपुरीव काचित्॥7॥

काञ्चीगुणैर्विरचिता जघनेषु लक्ष्मी-
र्लब्धा स्थितिः स्तनतटेषु च रत्नहारैः।
नो भूषिता वयमितीव नितम्बिनीनां
कार्श्यं निरर्गलमधार्यत मध्यभागैः॥8॥

लावण्यकान्तिजलशैवलवल्लरीभि-
रक्षुण्णपुष्पशरकाननपद्मिनीभिः।
शोभां पुरंध्रिजनता बिभरांचकार
हाराश्मगर्भकशिखाकिरणच्छटाभिः॥9॥

तारावलीद्युतिरनम्रकुचद्वयान्त-
रालम्बिनी भृशमशोभत हारयष्टिः।

संकोचिता अङ्गुलयोः यस्य तादृक्करकमला। अरालकेशी कुटिलकेशी। क्लेशेनापि यदबध्नात्तद्वलयमस्याः प्रियविरहदुःखादयत्नेन पतितम्॥13॥ पुङ्खभागवत्पुङ्खभागेन

अभ्युन्मिषन्नवकुशेशयकोशयुग्म-
भिन्नानना बिसलतेव विलासवत्याः॥10॥

हारस्य मध्यगत इन्दुमणिर्मृगाङ्क-
पादावमर्शगलितैः सुदृशो जलौघैः।
मूकीचकार रशनागुणमार्द्रतन्तुं
मध्यस्थतामपि दधत्तरलो न भूत्यै॥11॥

चेतोऽहरत्कुचयुगं मणिहारयष्टि-
मध्यस्फुरन्मरकतांशविलङ्घिताग्रम्।
लीलागृहीतनवशेवलवल्लरीक-
चञ्च्वग्रकोकयुगविभ्रममञ्चितोर्वाः॥12॥

कृच्छ्रेण यन्निबिडसंवलिताङ्गुलीक-
हस्ताम्बुजेतरकरेरितमप्यनह्यत्।
प्रेयस्यनीयुषि शुचा गलति स्म तत्र
शून्ये क्षणेन वलयं तदरालकेश्याः॥13॥

प्रत्येकमेव विनिवेशितदृश्यपुङ्ख-
भागाभिरामनखकोटिशिलीमुखाभिः।
तूणीरयष्टिभिरिवाभिबभे स्मरस्य
लीलाप्रसारितपुरंध्रिकराङ्गुलीभिः॥14॥

प्राप्तस्य सामिकृतमण्डनदेहयष्टि-
रर्चालताकिसलये ललना सलीलम्।
रागं निजोष्ठरुचके विनिवेशयन्ती
काचिद्व्यधत्त हृदये हृदयेश्वरस्य॥15॥

श्लाघ्यात्मना दशनकोटिकृतक्षतेन
संप्राप्य चुम्बनसुखानुभवं तदानीम्।

चाभिरामो नखकोटिरेव शिलीमुखः शरः स निवेशितो यासां ताभिरङ्गुलीभिरभिबभे समन्ताद्भ्रातम्॥14॥ अर्चा प्रतिमा। आकृतिरिति यावत्। रागो व्यसनमपि। रुचको मणिविशेषः॥15-18॥ अमूं लावण्यकान्तिं प्रतिबिम्बितेन्दुरुचिरक्लेशयन्मलिनीचकार॥19॥ तिलकस्तरुविशेषोऽपि। पत्रलता पत्रयुक्तत्वमपि। छायया प्रतिबिम्बेन

राग: कुशेशयदृशामधरेषु नाग-
वल्लीदलेन यदभारि किमद्भुतं तत्॥16॥

ताम्बूलरागरुचिराधरमध्यभाग-
रेखा जहार हृदयं हरिणेक्षणाया:।
उत्कृष्टचापझषकेतुकृपाणयष्टि-
धारानिपातकृतसक्षतजव्रणश्री:॥17॥

भाति स्म काचन तिरस्कृतबिम्बकान्ति-
दन्तच्छदोन्मिषितदीधितिमण्डलश्री:।
अन्त:प्रविष्टभरसंभृतपुष्पबाण-
नाराचगर्भमकरन्दमिवोद्गिरन्ती॥18॥

लावण्यकान्तिरमला मलिनात्र मा भू-
द्भीत्या सखीति विलिलेख न पत्रलेखाम्।
अक्लेशयत्पुनरमूं प्रतिमागतेन्दु-
बिम्बप्रभाधिकतरं तरुणीकपोले॥19॥

गण्डस्थलं लकुचकुड्मलपाण्डुशोभा-
मभ्युच्छ्वसत्तिकलपत्त्रलताभिरामम्।
छायानिषण्णहरिणाङ्कमधत्त पुष्प-
कोदण्डकाननमिवोन्नतमङ्गनाया:॥20॥

सावर्ण्यनिह्नुतविपाण्डुरमण्डलस्य
गण्डस्थलीभुवि तुषाररुचोऽपरस्या:।
स्पष्टाभिलक्ष्यवपुषा मृगनाभिपत्त्र-
पत्त्रावलीरुचिरतन्यत लक्ष्मणैव॥21॥

बिभ्रत्यराजदसितागुरुपङ्कदिग्ध-
पत्त्रावलीविरचनाशबलं कपोलम्।

निषण्णो हरिणाङ्क: शशी यस्मिन्। छाया चातपप्रतिपक्ष: तत्रोपविष्टा हरिणा येषां तादृशा अङ्का: समीपदेशा यस्य॥20-22॥ पर्युषितं परिणतं केसरं बकुलम्॥23॥ तिर्यक् साचि नत आननेन्दुर्यत्र तथा कृत्वा निवेशयन्ती। हस्तशाखा अङ्गुल्य:॥24-26॥ तनोरङ्गनाया:। श्रवणस्य पाश: पाली। पाशश्च मृगबन्धनी रज्जु:। तयोरभेदविवक्षया-

आलोलकुण्डलशिखारुणरत्नदीप-
निष्ठ्यूतकज्जलविलिप्तमिवाञ्चितभ्रूः।।22।।

भाति स्म पर्युषितकेसरपुष्पपाण्डु-
गण्डस्थलीविरचितागुरुपत्रलेखा।
वामभ्रुवो रजतभित्तिविलग्नकाल-
वल्लीविलासमसमानगुणं वहन्ती।।23।।

तिर्यक्कृताननहिमांशुकरालहस्त-
शाखानखांशुभरसान्द्रतरप्रकाशम्।
सुभ्रूरराजत विलम्बिनि कर्णपाशे
माणिक्यकुण्डलमुदंशु निवेशयन्ती।।24।।

लावण्यकान्तिविसरामृतवाञ्छयेव
बिभ्रत्सुधानिकरनिर्भरतामपीन्दुः।
छायाछलेन निपपात वधूकपोले
संतोषवान्भवति को गुणवाग्नुणेषु।।25।।

संशिक्षतां ललितविभ्रमचेष्टितानि
पारिप्लवक्षणगतानि मृगोऽङ्गनायाः।
इत्यादरादिव शशी प्रतिमाछलेन
स्वच्छे .कपोलफलके वसतिं चकार।।26।।

लावण्यकान्तिसलिलस्रुतिधौतलक्ष्म-
लेखः कपोलफलके प्रतिमानिषण्णः।
अक्षुण्णमेव विबभौ हरिणेन मुक्त-
मध्यस्तनोः श्रवणपाशभयादिवेन्दुः।।27।।

श्यामीकृते निपतता नवलोध्ररेणु-
भस्मोत्करेण परिमार्जनवाञ्छयारात्।
कन्दर्पदर्पण इवेन्दुकराः पुरंध्रि-
गण्डस्थले कमलकान्तिमुषो निपेतुः।।28।।

त्रोत्प्रेक्षा।।27-28।। कम्बलिवाह्यकं गन्त्रीति प्रसिद्धा शकटिका। कम्बलिभिर्दान्तैर्वाह्यत इति कृत्वा। चक्रचतुष्टयाङ्कितस्य तस्येव श्रीर्यस्याः। कुण्डलयोः कुचद्वये

आलोक्यतोन्नतपयोधरपृष्ठभाग-
बिम्बागतश्रवणकाञ्चनकुण्डलैका।
सज्जीकृतप्रकटचक्रचतुष्टयाङ्क-
संचारिपुष्पशरकम्बलिवाह्यकश्रीः॥29॥

एकां पिनद्धनिरुपप्लवचन्द्रबिम्ब-
विस्तारशालिशुचिदीधितिशङ्खपत्राम्।
बिभ्रत्यराजदपरा तरुणी विटङ्क-
ताटङ्कमङ्कितततलां श्रवणाग्रपालीम्॥30॥

स्थूलेन्द्रनीलदरदन्तुरमध्यभाग-
मुक्ताफलग्रथितविभ्रमकर्णपूरा।
शोभां बभार रमणी निभृतद्विरेफ-
कल्माषितस्तबककोमलकल्पवल्ल्याः॥31॥

कान्तिप्रकर्षमनपेक्ष्य परात्मतत्त्वं
हर्तुं प्रगल्भत इदं जलसंगमेषु।
इत्थं रुषेव रुरुधे निजसंनिवेश-
भूमिर्दृशायतदृशः श्रवणोत्पलस्य॥32॥

पारिप्लवस्फुरिततारकचक्रवाल-
नीलोत्पलस्फुटतरत्विषि दीर्घिकायाम्।
विस्पष्टमञ्जनरजश्छटया द्विरेफ-
पङ्क्त्येव पक्ष्मलदृशो दृशि संनिपेते॥33॥

भ्रूलेखया कुटिलपक्ष्मदृशः शलाका-
न्यस्ताञ्जनाधिकविलीनरुचा व्यरोचि।

प्रतिबिम्बितत्वात्॥29॥ निरुपप्लवं राहुनिर्मुक्तम्। (विशिष्टं यस्य तेन) ताटङ्केन ताड्या मङ्कितं मण्डितम्। 'मकि मण्डने'॥30–31॥ परस्यात्मनश्च रूपमविमृष्येदमुत्पलं मम कान्तिप्रकर्षमपहर्तुमुत्सहत इति रोषादिव दृशा कर्णान्तप्रसृतत्वात् कर्णोत्पलस्य स्वस्थानभूरुपरुद्धा। जलं तोयम्। जडाश्च मूर्खाः॥32॥ तारका। कनीनिका। प्रतिबिम्बिता च ज्योतिषां च (?) स्फुरितं यस्याम्। नीलोत्पलानाभिव तैश्च स्फुटतरा कान्तिर्यस्याः। दीर्घिका विस्तीर्णा पुष्करिणी। दृशीति जातावेकवचनम्॥33–35॥ 'सुवर्णशृङ्खलाबद्धो

कर्णाश्रितोत्पलगलन्मकरन्दपान-
लोभादिवोपगतया मधुपायिपङ्क्त्या॥34॥

चक्रे ललाटभुवमिन्दुमुखीजनस्य
कस्तूरिकातिलकबिन्दुरमन्दशोभाम्।
संचारिपुष्पशरकुञ्जरपादचक्र-
मुद्रानिवेश इव कर्दमधूसरश्रीः॥35॥

दोलायमानचटुलातिलकं ललाट-
पट्टं ललामललितश्रियमुद्वहन्ती।
एकीभवत्सुरशरासनशीतरश्मि-
खण्डाङ्किताममनुचकार दिवं नतभ्रूः॥36॥

नैशान्धकारनिकरेण सहाविरुद्ध-
मेकत्र साधु यदि संनिविशेत तेजः।
बद्धास्पदा मृगदृशः शशिलेखया त-
दासादयेत्सदृशतां कचहस्तभूमिः॥37॥

उद्धूतधूलिमकरन्दकणार्द्रमुक्त-
निद्रस्फुरद्वलनपुञ्जितचारुपुष्पाः।
उत्सृष्टदैर्घ्यघटनाः कबरीषु गाढ-
बन्धाः पुरंध्रिभिरवत्सत चारु शेषाः॥38॥

गन्तुं प्रियान्तिकमथो रभसेन केश-
संस्कारधूमनिकरं करभोरवस्ताः।
शीतांशुदीधितिशिखादलितं विरेजु-
रुत्पादयन्त्य इव शार्वरमन्धकारम्॥39॥

नानारत्नविभूषितः। ललाटलम्ब्यलंकारश्चटुलातिलकः स्मृतः॥' तस्य चापेन साम्यम्। ललामेन तद्धाम्ना ललिता श्रीर्यस्य। 'प्राधानध्वजशृङ्गेषु हविर्भूषणलक्ष्मसु। धामश्रेष्ठावनीध्रेषु ललामं नवसु स्मृतम्॥' इति धामन्यपि ललामशब्दः॥36॥ नैशं रात्रिभवम्। 'निशाप्रदोषाभ्यां च' इत्यण्। शशिलेखा सीमन्तदेशे मुक्तामयो विभूषाविशेषः॥37॥ शेषा मालाश्चारु कृत्वा स्त्रीभिरवत्सत परिदधिरे॥38॥ ताः पुरंध्रयो धूमनिकरं निशातम इवोत्पादयन्त्यो विरेजुः। शर्वर्या विकारः शार्वरमिति विकारेऽत्राण् विधेयः॥39॥ भवादौ तु 'कालाट्ठञ्' इति ठञ् प्रसज्येत॥40-41॥ गभस्तयः कराः॥42-44॥

लावण्यकान्तिकलुषीकरणाय तासा-
मालीजनेन रचितः परमङ्गरागः।
स्थैर्यं जगाम दयितागमभावनोत्थ-
घर्माचितेषु न चिरादपि विग्रहेषु॥40॥

लक्ष्यीकृतं स्मृतिभुवा बिभरांचकार
शोभां वपुः सरसकुङ्कुमकर्दमाङ्कम्।
निर्मुक्तपुष्पशरकेसरसान्द्रधूलि-
संपातपिङ्गितमिवाधिकमङ्गनायाः॥41॥

विन्यस्य भूषणशतानि मुधैव देह-
कान्तिः कुशेशयदृशा कलुषीकृतेयम्।
चारुभ्रुवः प्रतिमितोऽच्छकपोलभित्ति-
भागे गभस्तिभिरितीव जहास चन्द्रः॥42॥

व्यक्ताङ्गरागघनसौरभबद्धवाञ्छ-
व्यावर्तनाकुलशिलीमुखचक्रवाला।
दुर्वारमारशरपाभयेन लोह-
वर्मान्तराजघटितेव रराज काचित्॥43॥

जह्रुर्मनांसि सरलोन्नतचारुनासा-
वंशाः पयोधरमृदङ्गभृतस्तरुण्यः।
दोलायमानमणिकुण्डलकांस्यतालाः
संगीतभूमय इव स्मरलासकस्य॥44॥

शृङ्गारिणी धृतमदोज्ज्वलकालधौत-
कक्ष्या कलापकरपुष्करचारुशोभा।
भाति स्म कामकरिणीव पिनद्धहार-
नक्षत्रमालकुचकुम्भतटा वरोरूः॥45॥

शृङ्गारो रतिस्थायिको रसः, सिन्दुरादि रञ्जनं च। मदः क्षीबता, दानं च। कक्ष्या काञ्ची, मध्यबन्धश्च। करावेव पुष्करे पद्मे, करस्य च पुष्करं प्राग्रम्॥45-46॥ सवयाः सखी। गृहचन्द्रबिम्बमादर्शः॥47॥ उच्छ्वसन्त्या इति विशेषणद्वारेण हेतुः। उच्छ्वासेन प्रियेण संधानमनुबुध्य तद्गृहमनुक्तापि जगामेत्यर्थः॥48॥ लघु त्वरितम्॥49॥

आह्लादहेतुनिरवद्यशरीरयष्टि-
लावण्यकान्तिकलुषीकरणेन तासाम्।
आसीत्कुशेशयदृशामयथार्थतैव
पर्यस्तभास्वररुचामपि भूषणानाम्।।46।।

प्रेयोगृहागमनभावनयान्यचेताः
स्वच्छे धृते सवयसा गृहचन्द्रबिम्बे।
भूषाविशेषरचनासदसद्विवेक-
शून्यैव काचिदवलोकयति स्म वक्त्रम्।।47।।

चित्रप्रसाधनपरिग्रहशाभिवक्त्र-
मालोक्य दर्पणतले मुहुरुच्छ्वसन्त्याः।
मत्वाभिसंधिमभिवल्लभधाम बद्ध-
रागा ययावनुदितापि विदग्धदूती।।48।।

एषा गतैव निबिरीसनितम्बबिम्ब-
भारेण पक्ष्मलदृशः क्रियते तु विघ्नः।
यान्त्या इतीव दयितान्तकमेणदृष्टे-
रग्रे जगाम गदितुं लघु चित्तवृत्तिः।।49।।

श्रोत्राभिराममुपकल्प्य रसार्द्रवृत्ते-
रभ्येयुषो दयितवारिधरस्य शब्दम्।
रम्याभ्यपद्यत विदूरभुवेव नार्या
पर्युच्छ्वसत्पुलकरत्नशलाकया श्रीः।।50।।

प्रेयांसमीक्षितुमथेक्षणतारकस्य
दूरादपाङ्गपदवीमभिधावतोऽस्याः।
आनन्दबाष्पजलबिन्दुनिभेन सान्द्राः
स्वेदाम्बुशीकरकणा इव संनिपेतुः।।51।।

काचिद्विकल्पपरचिताकृतिचित्तनाथ-
गाढोपगूहनरसस्त्रुतघर्मलेशैः।

रसो रागस्तोयं च। आर्द्रा स्निग्धा क्नूता च।।50-52।। तद्वदनमस्फुटं दर्पणे वीक्षमाणा अदूयत कस्मादभिमुखं न दृष्टमिति पश्चादतप्यत्।।53-55।। क्षी(ह्वी)णोऽपराद्धस्त-

लावण्यकान्तिजलमज्जनलग्नबिन्दु-
वृन्दामिवाभृत तनुं स्फुटरोमहर्षाम्।।52।।

भीता वधूरभिमुखं न शशाक भर्तु-
रुद्वीक्षितुं यदचिरोढतया कथंचित्।
पृष्ठागतस्य वदनं श्वसिताहतेऽथ
पश्यन्त्यदूयत तदस्फुटमात्मदर्शे।।53।।

काचिद्विधूसरितकान्तिमधत्त दत्त-
दुःखासिकाधरमणिं चिरयत्यभीष्टे।
निःश्वासमारुतपरम्परयानुबन्धि-
रोषान्धकारकलुषीकृतयेव भिन्नम्।।54।।

प्राप्तः सभीतिरसितागुरुपङ्कपत्र-
भङ्गामवैक्षत पुरंध्रिजनस्य कान्तः।
अन्तर्व्यलीकचकितः स्फुरणानुबन्धि-
मानाग्निधूमकलुषामिव गण्डलेखाम्।।55।।

क्षी(ह्री)णोऽपि मुग्धवदनेऽनुशयाप्तिहेतो-
र्वाच्यस्त्वया न खलु विप्रियमेष किंचित्।
स्पष्टागसि प्रियतमे सुदृशो न बाष्प-
स्तम्भो विरूक्षमभिधातुमदादितीव।।56।।

कान्ते प्रणेमुषि कृतागसि तद्वतंस-
पुष्पाधिवाससुरभौ विबभौ तरुण्याः।
भ्राम्यन्यधुव्रतगणश्चरणारविन्द-
पार्श्वे मुहूर्तमसितोपलनूपुरश्रीः।।57।।

स्मिन्सत्यपि त्वयैष दयितो विपियं न भाषणीयः। अन्यथावश्यमनुशयं प्राप्स्यतीति कस्या अपि विरूक्षमभिधातुं बाष्पपूर इव नादात्।।56।। सागसि प्रियतमे सति।।57।। हस्तीकृतः स्वीकृतः।।58।। आननगतो मुखे जृम्भावशादुत्तानपतितस्त्रिपताकाख्यः करो यस्याः। यस्य लक्षणम्–'प्रसारिताः समाः सर्वा यस्याङ्गुल्यो भवन्ति हि। कुञ्चितश्च तथाङ्गुष्ठः स पताक इति स्मृतः।।' इत्युपक्रम्य 'पताके तु यदा वक्रानामिका त्वङ्गुलिर्भवेत्। त्रिपताकः स विज्ञेयः' इति। साचीकृते त्र्यश्रिते। जजृम्भे गात्रविनामं

संसक्तकज्जलकरेण विलोचनाम्बु-
पूरप्लवं प्रसभमुन्मृजता सरागम्।
हस्तीकृतः कृशतनोरभवत्प्रियेण
मानान्धकार इव रत्युपभोगविघ्नः।।58।।

कृष्णायतानमितपार्श्वनितम्बचुम्बि-
वेणीलताननगतत्रिपताकपाणिः।
साचीकृतभ्रु विनिमीलितलोचनाथ
काचित्पुरः स्मररसात्कमितुर्जजृम्भे।।59।।

अन्या पुनः सरभसोर्ध्वविविक्तभास्व-
दुत्तानकर्कटकरस्थितिबाहुयष्टिः।
उत्क्षिप्तमूलकुटिलीकृतकुञ्चितभ्रू-
लेखातरङ्गितकरालललाटपट्टा।।60।।

प्रेङ्खन्नितम्बतटचुम्बिकरालकाल-
वेणीलतोन्नमितपीनपयोधरश्रीः।
दीर्घीभवत्तनुतरोदरलुप्तपार्श्व-
भागा विवर्तवलनं वपुषश्चकार।।61।। (युगलकम्)

तासामपाङ्गपदवीव्यतिरिक्तनील-
तारत्विषो ललितवीक्षितविभ्रमेषु।
आवृत्तिपीतभरनिर्गतकज्जलौघ-
धूलिच्छटा इव दृशो दधति स्म लक्ष्मीम्।।62।।

प्राप्ताः प्रदोषसमये स्फुरदिन्द्रनील-
कोषाभिरामशितितारकमण्डलाभिः।
दृग्भिः सविभ्रममपायिषतावधूत-
मानान्धकारमरविन्ददृशां युवानः।।63।।

चकार।।59।। कर्कटः संयुक्तः करः। 'अङ्गुल्यो यस्य हस्तस्य ह्यन्तराले विनिर्गताः। स कर्कट इति ज्ञेयो जृम्भादौ च प्रयुज्यते'।।60-61।। व्यतिरिक्ताभ्यधिका ताराद्युतिर्यासाम्। आवृत्ति पौनःपुन्यम्।।62।। कोषश्चषकम्।।63।। झषावचूलः कामः। तत्कृंतस्य वशीकरणस्य वर्तयो मार्गाः।।64।। अपाश्रयः पर्यङ्कः।।65।। इति राजानकजयानकसूनोर-

तासां दृशस्तरलतारकचक्रवाल-
पक्ष्मच्छटांशुशबलीकृतगण्डभागाः।
आचिक्षिपुः प्रियमनांसि झषावचूल-
लीलावशीकरणविभ्रमवर्तयस्ताः॥64॥

प्रियतममवलोक्यापाश्रयादुत्पतन्त्याः
सरभसमपरस्याः पादमूले सलीलम्।
न्यपतदथ कराग्रादच्छरत्नात्मदर्शः
शशधर इव वक्रच्छायया निर्जितश्रीः॥65॥

इति श्रीबालबृहस्पत्यनुजीविनो वागीश्वराङ्कस्य विद्याधिपत्यपरनाम्नो महाकवे राजानकश्रीरत्नाकरस्य कृतौ रत्नाङ्के हरविजये महाकाव्ये प्रसाधनवर्णनो नाम त्रयोविंशः सर्गः।

चतुर्विंशः सर्गः।

इति रात्रिमुखे सवं प्रियैर्घटमानासु चकोरदृष्टिषु।
अपराः प्रियविप्रयोगतो भृशमासेदुरुपप्लुतां दशाम्॥1॥

स्मरकार्मुकयष्टिविभ्रमं कुटिला चान्द्रमसी कलावहत्।
दधति स्म तदीरिताः शरा इव तन्व्यास्तदभीषवो व्यथाम्॥2॥

न तदा तमसोऽभवत्क्वचिच्छशिधाम्नश्च विशेषदर्शनम्।
अकरोत्सुतनोर्यदन्धतां चिरमस्या विरहे विजृम्भितम्॥3॥

कुसुमेषुपृषत्कपक्षजः परिधुन्वन्विरहाशुशुक्षणिम्।
अधृतद्रढिमानि सुभ्रुवां हृदयान्याशु ददाह मारुतः॥4॥

लकस्य कृतौ हरविजयविषमपदोद्द्योते त्रयोविंशः सर्गः॥

चतुर्विंशः सर्गः।

अपराः पुरंध्रयो विरहवशेन विषमामवस्थामासेदुरागताः॥1॥ तदीरिताः कामेन प्रेरिताः॥2॥ तमोवच्चन्द्रतेजोऽपि विरहे यस्मादान्ध्यं व्यधादतस्तयोर्विरहिण्या विशेषो न दृष्टः॥3-5॥ श्वासैर्दर्पण इव मूर्छातमोभिश्चेतसि मलिनीकृते परापि पुरंध्रिरुपतप्ता॥6-8॥ भरः समूहः॥9॥ संज्वरः संतापः॥10-12॥ अविलुप्ता परम्परा

क इवैति विपद्वतीह नो प्रतिकूलत्वमदोषवानपि।
सुदृशो विरहेऽमृत(स्त्रवाः शशिभासो)प यदूहुरग्निताम्॥5॥

प्रतिबिम्बितवल्लभाकृतौ गुरुमूर्छातिमिरैः स्म दूयते।
अपि चेतसि धूसरीकृते श्वसितैर्दर्पणवत्तदापरा॥6॥

कुसुमं निजबन्धनादिव प्रसभं दक्षिणमारुताहतम्।
न्यपतन्निजसंनिवेशताः सुकुमारं कुटिलभ्रुमो मनः॥7॥

मदनस्य शरासनाश्रयामपरां ज्यामिव कर्तुमिच्छता।
बिसतन्तुततिस्तनौ स्थिता मरुताधूयत वामचक्षुषः॥8॥

प्रतिपन्नसमागमं प्रिये श्रमसंवेगवशादिवायतम्।
हृदयं श्वसिति स्म निर्भरं गुरुचिन्ताभरभारपीडितम्॥9॥

विजहीहि शुचं पुरा तव व्यपयात्येष वियोगसंज्वरः।
क्षणमाश्वसिहि व्यपोहितुं व्यसनं धीरतया हि शक्यते॥10॥

चिरकालवतंसितोत्पलस्पृहया मञ्जुरुतैः परिभ्रमन्।
इति धीरयति स्म कामपि श्रवणोपान्तमिवैत्य षट्पदः॥11॥ (युगलकम्)

इह वल्लभविप्रयोगतः प्रविशन्त्युज्झितशङ्कमाधयः।
व्यधित व्रणितं शरैः स्मरो विवृतद्वारमितीव तन्मनः॥12॥

अविलुप्तपरम्परास्थितैर्दयितप्रेमविमर्षविस्तरैः।
कृततीर्थ इवाधृतिस्तनोरवतारं कुरुते स्म मानसे॥13॥

असमाप्तविकल्पसंकुलस्मरसंकल्पनिबद्धमालया।
अतिदैर्घ्यभृतेव सुभ्रुवः ससृपे भावनयानुवल्लभम्॥14॥

न च कार्श्यदशां नतभ्रुवं मदनो ज्यां च शरासनाटनिम्।
सुमनःसुकुमारविग्रहां विररामापघृणोऽधिरोपयन्॥15॥

कृतचन्दनपङ्कचर्चनामपरां तापधृतो व्यधुः क्षणात्।
गुरुशोषकृशां सरोजिनीमिव सुग्रीष्मकभङ्गवासराः॥16॥

पौनःपुन्येन प्रवृत्तिर्यत्र तथा कृत्वा स्थितैः। विमर्षो विचारः। तीर्थः सोपानरूपोऽवतरणमार्गः। अवतारोऽवतरणम्। अत्र घञुत्पत्तौ चिन्त्यः समाधिः। मानसं सरोऽपि॥13॥ ससृपे प्रसृतम्॥14-15॥ सुग्रीष्मको वसन्तस्तस्य भङ्गो यत्र स तथोच्यते

स्फुटसौरभसंपदागता मधुपा निःश्वसितानिलांस्तनोः।
पपुरेव तदूष्मविप्लुताः सुखमेवाधिकदुःखसाधनम्।।17।।

निशितैरशरीरमार्गणैर्हृदयस्य क्षतिमीयुषः क्षणात्।
शशिचन्द्रिकयाञ्चितभ्रुवः परुषं क्षाररजश्छटायितम्।।18।।

विरहानलतापविप्लवव्यथयेवाशु पलायनोन्मुखम्।
अपरा हृदयं न पाणिना गुरुचिन्तानिहितेन नारुधत्।।19।।

अरिनन्मदनस्तथा शरैः सुदृशश्चित्तशरव्यमुत्सुकम्।
न पुनः प्रतिसंदधौ यथा तदभिन्नांशविनाकृतेर्धनुः।।20।।

तटभूमिरिवापरा बभौ मकराङ्केन विवृद्धिमीयुषा।
निशि लोचनशुक्तिसंपुटच्युतबाष्पोदकबिन्दुमौक्तिका।।21।।

अपनिद्रमधूकपाण्डुरा सुदृशोऽदृश्यत गण्डमण्डली।
गमिताश्रुजलप्लवैरिव क्रशिमाकीर्णतयातिनिम्नताम्।।22।।

सुरभिश्वसितानिलागताः कृतमूर्छा मधुपायिनोऽपराम्।
अनयन्भृशमाकुलात्मतामुरगाश्चन्दनकन्दलीमिव।।23।।

भवनोन्नतचन्द्रशालिकाशयने दीर्घवियोगभीतितः।
प्रथमं प्रियकण्ठवर्तिनी निशि निद्रामभजत्क्षणं न या।।24।।

अपरेक्षितुमाहितस्पृहा दयितं स्वप्नवितीर्णदर्शनाम्।
बत तामपि बह्वमंस्तयत्तदहो कार्यगतेर्विचित्रता।।25।। (युगलकम्)

अबलत्वमुपेयुषी तथा विरहे काचिदताम्यदुत्सुका।
विनिमीलितपक्ष्मपीडितं कथमप्यश्रुजलं यथामुचत्।।26।।

प्रतिमापतितां सखीव तां गुरुतापोपशमाय सुभ्रुवम्।
व्यधितान्तरुपागतार्द्रतां शशिकान्तोपलसालभञ्जिका।।27।।

निदाघः।।16-19।। तैः शरैरभिन्नो न ताडितो यश्चेतसोऽशस्तस्य विनाकृतेरभावान्न भूयः सदंधे धनुः। आद्यैरेव शरै समग्रमेव बिभेदेत्यर्थः।।20।। मकराङ्कः समुद्रोऽपि।।21-26।। सालभञ्जिका स्तम्भोत्कीर्णा पुत्रिका। सा सुभ्रुवस्तापं शमयितुमिव तामन्तरकरोदिति प्रतीयमानोत्प्रेक्षा। तापो दुःखमपि। अन्तर्हृदयेऽपि। आर्द्रता स्नेहोऽपि।।27।। जलधेरुद्गतस्य शशिनो विषाग्निनेव श्लिष्टाग्राः करास्तां योषितं मूर्छया

शशिनो जलधेरुदीयुषो गरुतद्गर्भविषाग्निनेव ताम्।
उपगूढशिखा मरीचयो घनमूर्छाकुलितां निशि व्यधुः॥28॥

विबभौ घनसारसंहतिर्निहिता स्निग्धसखीजनैस्तनौ।
सुदृशोऽश्रुकदर्थनाभयाद्गलिता गण्डतलादिव च्छविः॥29॥

स्मरतापभरेण विभ्रमा न परिम्लानिमवापुरद्भुतम्।
सुदृशस्तरुपल्लवा इव स्मितपुष्पाभरणोज्ज्वलश्रियः॥30॥

करमर्पितमानने दधौ स्मरजृम्भासु पिधानलीलया।
गलिताञ्जनधूसरं वधूः श्वसितैः प्लुष्टमिवातनूष्मभिः॥31॥

विनिमीलितलोचनाम्बुजा दधती कण्टकितां तनुत्वचम्।
नलिनीव शशाङ्करश्मिभिर्द्रुतमम्लायत काचिदुत्सुका॥32॥

विरहानल.........तत्तनुटांकार इवोपशुश्रुवे।
शयनीकृतफुल्लपङ्कजस्फुटपक्ष्मास्पदषट्पदारवः॥33॥

दयितागमनेऽपि भाविनीं स्थितिमालोक्य विकल्पसंभृतैः।
विदधे पुलकादिभिस्तनौ सकृदभ्यास इवाञ्चितभ्रुवः॥34॥

व्यजनीकृतपद्मिनीदलस्खलितैर्दूरमिवानिलैर्वपुः।
समुपोद्गलितो मृगीदृशः सविशेषं मदनानलोऽदहत्॥35॥

लुलितालकवल्लरीकतां दधता पाणितले निषेदुषा।
अपराख्यदनालपन्त्यपि स्मरसंतापदशां मुखेन्दुना॥36॥

शशभृन्मणिहारयष्टयो न शमायोत्पलचक्षुषोऽभवन्।
स्मरसंज्वरशोषितोच्छलच्छविविष्यन्दितवारिबिन्दवः॥37॥

विरहे मृगशावचक्षुषामयुगान्तप्रलये विजृम्भिते।
नवपङ्कजकोमलं ययावहिमापातविवर्णतां वपुः॥38॥

व्याकुलीचक्रुः॥28॥ घनसारं कर्पूरम्॥29॥ स्मितपुष्पमेवाभरणं तेनाज्ज्वलद्युतित्वात्पर-मत्यन्तं विभ्रमा न म्लानिमापुः॥30-32॥ तस्या विरहिण्यास्तनोः शरीरस्य टांकार इव षट्पदध्वनिश्रुतः॥33-34॥ समुपोद्गलितोऽतिवृद्धिं नीतः॥35-36॥ शशभृन्मण-यश्चन्द्रकान्ताः। शमः संतापशान्तिः॥37॥ नास्ति युगान्तो यत्र तादृशः प्रलयो विरहः। हतचेतनत्वात्॥38॥ मूढा निष्पत्तिमनागताः॥39-40॥ प्रसवात्मकैः पुष्प-

दयिते चिरयत्यनुक्रमाद्वियदास्कन्दति चन्द्रमण्डले।
भृशमुत्कलिकाकुला मुहुर्मुमुहुर्मूढमनोरथाः स्त्रियः॥39॥

जग्राह नूनमतुषारमरीचिबिम्ब-
मध्यप्रवेशपुनरुक्तिवशोत्थमौष्ण्यम्।
यद्विप्रयुक्ततरुणीजनदेहदाह-
मिन्दुः स्पृशन्करशिखावलिभिश्चकार॥40॥

आश्चर्यमेतदसमं मकरन्दबिन्दु-
संदोहवर्षिभिरपि प्रसवात्मकैर्यत्।
वामभ्रुवां विरहविप्लुतचेतनानां
संशोष्यते तनुरहो विशिखैः पतद्भिः॥41॥

दिग्धा इवोदधिविलोडनविभ्रमोत्थ-
लक्ष्मच्छलोच्छलितहालहलच्छटाभिः।
मूर्छां व्यधुः शशभृतः किरणाः सुधाम्बु-
विष्यन्दिनोऽपि विरहातुरसुन्दरीणाम्॥42॥

वृष्टिं नवां रसमयीं विकिरत्यमन्द-
मातङ्कदायिनि शशाङ्कघने घनोर्वाः।
स्थूलाश्रुबिन्दुकणमौक्तिकपङ्क्तिराvि-
रासीन्निरायतविलोचनशुक्तिगर्भात्॥43॥

अन्यादृगप्यपरथैव जनस्य नूनं
भावस्थितिर्भवति विप्लुतचित्तवृत्तेः।
नक्तंकरस्य किरणाः सुधया यदार्द्राः
प्रेयोवियोगविधुरास्तरुणीरधाक्षुः॥44॥

विक्षिप्तवेल्लहलबाहुलताः कराब्ज-
रक्ताङ्गुलीदलमरीचिमधुच्छटाभिः।

स्वभावैः॥41-43॥ अन्यादृक अन्यादृशी॥44॥ वेल्लहले सुकुमारे। संस्तरः पर्यङ्कश्च शय्या॥45-46॥ भुजा बाहुः॥47॥ विदधार दध्रे। तुदादिषु केचित् 'धि धारणे' इत्यस्य स्थाने 'धृ धारणे' इति पठन्ति तस्यैतद्रूपम्। आनिहितं समर्पितम्। कङ्कमुखं

ता: संविभागमिव पङ्कजसंस्तरस्य
संतापशुष्कमकरन्दकणस्य चक्रुः।।45।।

निःश्वासमारुतपराहतपुण्डरीक-
पर्यङ्कपिङ्गलपरागकणापदेशात्।
रेजे वियोगशिखिभीतिपलायमान-
गौरात्मदेहपरमाणुगणेव काचित्।।46।।

स्रस्ता भुजाब्जशयनान्मणिकुट्टिमस्थ-
रक्तारविन्दमुखलग्ननखांशुलेखा।
उद्ग्रीवहंसशिशुचञ्चुविकृष्यमाण-
सुत्रा मृणालकलिकेव तनोरभासीत्।।47।।

तन्व्याः शशाङ्कशकलं प्रतिबिम्बितं स-
दच्छे कपोलफलके विदधार लक्ष्मीम्।
चेतोनिमग्ननिशितस्मरबाणशल्य-
निष्कर्षणानिहितकङ्कमुखायमानम्।।48।।

शय्यीकृतैककरपङ्कजसंनिषण्ण-
मच्छं कपोलफलकं विदधार काचित्।
संधुक्षितस्मरकृशानुशिखाशतस्य
रोद्धुं रुषेव शशिनः प्रतिमावकाशम्।।49।।

इत्थं विसंस्थुलदशाः सुदृशो बभूवु-
रिन्दूदयोल्लसितरत्ननिधौ प्रदोषे।
उज्जृम्भमाणरमणप्रथमानुराग-
मानप्रवासविधुरस्थितिविप्रलम्भाः।।50।।

इति श्रीबालबृहस्पत्यनुजीविनो वागीश्वराङ्कस्य विद्याधिपत्यपरनाम्नो महाकवे राजानकश्रीरत्नाकरस्य कृतौ रत्नाङ्के हरविजये महाकाव्ये विरहवर्णनो नाम चतुर्विंशः सर्गः।

शल्योद्धरणभाण्डम्।।48-49।। उज्जृम्भमाणो रमणविषयो यो नवानुरागस्तेन मानस्य प्रवासो निष्कासनं ततो हेतोर्विधुरस्थितिर्भग्नावष्टम्भो वियोगो यासाम्।।50।। इति राजानकजयानकसूनोरलकस्य कृतौ हरविजयविषमपदोद्द्योते चतुर्विंशः सर्गः।।

पञ्चविंश सर्गः।

इत्थं शशाङ्कातपदर्शनेन विजृम्भमाणां सुरसुन्दरीणाम्।
ससंभ्रमं काश्चन तामवस्थामभ्येत्य दूत्यः सुहृदां विवव्रुः॥1॥

धृतारविन्दच्छदसौकुमार्ये हस्ते च पुष्पास्तरणे च तस्याः।
विपाण्डुरत्वं दधती नितान्तं कपोलभित्तिश्च तनुश्च तस्थौ॥2॥

सौगन्ध्यकृष्टैःश्वसितानिलानां तदूष्मदाहाहितगाढखेदैः।
पिपास्यमाना मधुपैर्भ्रमद्भिः पतन्ति तस्या नयनाम्बुधाराः॥3॥

चन्द्रोदयारम्भविजृम्भितेन व्यधायि तस्या मकरध्वजेन।
वेलातटोर्व्या इव नेत्रशुक्तिमुक्ताश्रुबिन्दुस्फुटमौक्तिकत्वम्॥4॥

दोःकन्दलीनिर्जितसौकुमार्यं मृणालमस्या निहितं सखीभिः।
करोति दाहं सविशेषमेव तन्मत्सरेणेव शरीरयष्टेः॥5॥

आबिभ्रती चन्दनपङ्कलेखां ललाटभित्तिः श्रियमेति तन्व्याः।
आविर्भवच्चन्द्रकलेव दुग्धसिन्धूर्मिलेखा विरहातिपाण्डोः॥6॥

सुचद्वयं संप्रति सा बिभर्ति श्वासागतालिप्रतिबिम्बगर्भम्।
उष्णोष्णबाष्पाम्बुकणप्रतानप्लोषेण शारत्वमिव प्रयातम्॥7॥

संप्रत्यसौ मुञ्चति बाणवर्षमाबद्धकोपेव मनोभवेऽपि।
प्रजागरेणारुणिते बिभर्ति विलोचने पद्मपलाशदीर्घे॥8॥

अनेकसंकल्पविकल्पगाढां दशां वहन्त्या विरहे त्वमेव।
स्वप्नेऽपि जाग्रच्चरिते च तस्याः सुखस्य दुःखस्य च हेतुरेकः॥9॥

वियुज्यतासौ भवता च यस्मिन्क्षणे सखेदं विवशा सखी मे।
स दग्धबिम्बः स्मरबन्धुरेको दिधक्षुरेनामुदियाय चन्द्रः॥10॥

पञ्चविंश सर्गः।

शशाङ्कातपो ज्योत्स्ना। शशाङ्क एव वातपः संतापकत्वात्। विवव्रुः प्रकटयामासुः॥1॥ आस्तरणं शय्या॥2॥ तदूष्मा श्वसितसंतापः॥3॥ मकरध्वजः समुद्रोऽपि॥4॥ दोःकन्दली बाहुलता। तेन सौकुमार्यजयेन। मत्सरो द्वेषः। मत्सरादिशब्दाः शुक्लादिशब्दवद्गुणमात्रवचना अपि॥5–7॥ बाणनिकरमोचिनि कामेऽप्याबद्धकोपेव। कुपितस्य

त्वया विलुप्तावसरो नताङ्ग्याः शरैः शरीरं कृशतां नयद्भिः।
भिनत्ति तस्या निशितैरनङ्गः क्षतिस्तु मे चेतसि गाढगुर्वी।।11।।

विनिष्पतन्तः शलभाः प्रदीपशिखामिवाभ्युज्ज्वलचारुकान्तिम्।
अकम्पयन्दग्धदशाश्रयां तां स्मरेषवः संभृतपक्ष्मशोभाः।।12।।

अन्तर्वियोगज्वलनोष्मतापपरीयमाणैरिव जाततृष्णैः।
निपीयते मुग्धदृशोऽधराग्ररसोऽधुना निःश्वसितप्रबन्धैः।।13।।

निशासु विन्यस्तमरीचिदण्डमृणालनालेन शरीरयष्टौ।
तुषारभासापि निपीयमानलावण्यतोयेव विभाव्यतेऽसौ।।14।।

लाण्यलक्ष्म्या मणिपारिहार्यं रूपामृतांशोः परिवेषचक्रम्।
न भाति साकल्पकशल्यविद्धा मृणालवल्लीवलयं वहन्ती।।15।।

कुतूहलेनेव कुचद्वयस्य मध्येऽवकाशाधिगमाय तन्वी।
सखीकरन्यस्तमृणालनालसूत्रैः परीतं हृदयं बिभर्ति।।16।।

रूपं वहन्ती हरति स्म यूनां या चित्तवृत्तिं शुभलक्षणाढ्या।
अवैमि तत्पादतलस्थमेव झषाङ्कमाविष्कृतचारुशोभम्।।17।।

न निष्ठुरत्वं हृदयं वियोगे न सौकुमार्यं च बिभर्ति तस्याः।
विभिद्यमानं स्मरमार्गणैर्यन्न दार्ढ्यमाप्नोति न शीर्यते वा।।18।।

निशागमे मन्दिररत्नभित्तिच्छायागतेनार्द्रतया सखी मे।
अनामयप्रश्नविधित्सयेव निषेव्यतेऽसौ शिशिरत्विषारात्।।19।।

ताम्रेक्षणत्वात्।।8।। अनेकः संकल्पो रचना येषाम्। स्वप्ने सुखं त्वद्दर्शनात्। जाग्रदवस्थायां तु दुःखं त्वदनुपलम्भात्।।9-11।। दग्धदशामुपहतावस्थां प्लुष्टां च वर्तिम्। पक्ष्माण्युभयत्र पक्षाः।।12।। तापेन व्याप्यमानय(त्वा)त् जाततृष्णैरिवेति योज्यम्। 'इवेन [नित्यसमासो] विभक्त्यलोपः पूर्वपदप्रकृतिस्वरत्वं च' इति नित्यं समासस्योपसंख्याततत्वात्कथमेवमिति चेत्, न। छन्दोविषयत्वादस्य न दोषः। निश्चितं चैतत्। 'सिंहीरूपमिव' इति भाष्यकृद्वचनात्। तत्र हि सिंहीव रूपमित्यर्थो विवक्षितः। ये तु 'सामर्थ्ये सति समासेन भवितव्यम्। न च परीयमाणेवशब्दयोः सामर्थ्यसंभवः येन समासः स्यात्' इति समादधते तेषां येन सह संगतार्थत्वमिवशब्दस्य संभवति तेन सहास्य समासप्रसङ्गो निवर्तयितुमशक्य इति प्राक्तन एव परिहारो ज्यायानिति प्रागेव प्रतिपादितम्।।13-14।। पारिहार्यः कटकः। परिवेषः परिधिः। 'आकल्पकमनङ्गेन कृतमस्वास्थ्यमुच्यते'।।15।।

उपोढरागैः प्रतिबद्धखेदमालोकमार्गं दयितं नयद्भिः।
गृहीतचित्तैः क्रियते कृशाङ्ग्याः सखीजनस्यानुकृतिर्विकल्पैः॥20॥

स्थूलाश्रुधारापतनानुबन्धप्रमृष्टिसंजातभयेव तन्व्याः।
गण्डार्पिते संप्रति पाणिपद्मे न भाति लग्नागुरुपत्त्रवल्ली॥21॥

विदूयते सा निपतद्द्विरेफकल्माषिताभिर्नवमञ्जरीभिः।
स्मरेषुभिर्धूर्जटिलोचनाग्निशिखावदग्धाभिरिवेक्षिताभिः॥22॥

संधुक्षणायेव झषांवचूलनाडिंधमेनोग्रवियोगवह्नेः।
न्यस्तां शरीरे बिसदण्डखण्डनाडीं नतभ्रूः सरलां बिभर्ति॥23॥

त्वद्विप्रयोगानलदाहतप्ते म्लानीकृताम्भोरुहिणीपलाशे।
अच्छिन्नपाताः कुचकुम्भपृष्ठे तस्याश्छमित्यश्रुकणाः पतन्ति॥24॥

क्रोडेन सा केतुशिखाग्रलग्नमिवानुरागान्मकरं स्मरस्य।
निशासु लक्ष्मोद्वहता तुषारमरीचिना दग्धशरीरयष्टिः॥25॥

ललाटपट्टाम्बरचन्द्रलेखां लावण्यरत्नाकरफेनराजिम्।
ललाटिकां चन्दनपङ्कदिग्धां कंदर्पलीलाकदलीं बिभर्ति॥26॥

(युगलकम्)

सचन्दनास्तद्धृदये सखीभिर्मुहुर्व्यधीयन्त शमाय हस्ताः।
विनिर्गलत्स्वच्छनखांशतोयधाराप्रणालीसरलाङ्गुलीकाः॥27॥

निशासु तस्याः प्रतिबिम्बमिन्दोरलक्ष्यत क्षामकपोलभागे।
लक्ष्मोद्वहत्तच्छयनीकृतैकहस्ताङ्गुलिश्यामकिणायमानम्॥28॥

कुचमध्येऽवकाश लभन्तामिति कौतुकात्र्यस्तैः। अधिगमो लाभः॥16॥ झषाङ्कः कामः। स यदा तस्याः पादतलस्थस्तदायत्तवृत्तिः। तदास्य शोभया सामर्थ्याच्चित्तवृत्तिहरणं न भवतीति। जने यो हीश्वरस्योपजीवितया पादतले स्थितः स तादृश एव प्रायशो दृश्यते। वस्तुतस्तु तस्याः पादतले झष एवाङ्को लेखारूपं लाञ्छनं स्थितम्। यदाह शुभलक्षणाढ्येति॥17-18॥ आर्द्रता स्नेहोऽपि। आमयो रोगस्तदभावोऽनामयम्। अर्थाभावेऽव्ययीभावः॥19॥ रागः प्रीतिरपि॥20-22॥ नाडिमग्न्युत्तेजनाय यो धमति स नाडिंधमः सुवर्णकारादिः॥23-24॥ क्रोडो मध्यं तेन स्मरस्य ध्वजं मकरमिव लाञ्छनं वहता शशाङ्केन सा दह्यते॥25॥ ललाटस्यालंकारो ललाटिका। 'कर्णललाटात्कन्नलंकारे' इति कन्॥26॥ धाराप्रधानाः प्रणाल्यः सूक्ष्माः सलिलमार्गाः।

संताप्यमाना विरहानलेन शशाङ्कलेखारुचिरा सखीनाम्।
तस्यास्तनुः स्वेदजलच्छलेन विलीयमानेव तनोति खेदम्।।29।।

विभाव्यते मौक्तिकहारयष्ट्या वियोगवह्नेः प्रशमाय सुभ्रूः।
निजप्रभाचन्दनवारिवर्षैः सख्येव संसिक्तकृशाङ्गलेखा।।30।।

विनिद्रनीलोत्पलपुण्डरीकमृणालवल्लीवलयान्विता सा।
धत्ते दशामश्रुजलावकीर्णामुद्यानवापीमिव मन्मथस्य।।31।।

विकल्पजालाकुलितं तदीयं चेतः परिभ्राम्यति निर्व्यवस्थम्।
विनिष्पतन्मन्मथमार्गणौघपतत्त्रवातैरिव नुद्यमानम्।।32।।

धृतोष्मभिः श्वाससमीरपातैर्निर्दग्धमेवोष्ठदलं तयाद्य।
न दह्यते यावदलं शरीरमुपैहि तां तावदपास्य मानम्।।33।।

विडम्बितापूर्वविनिद्रपद्मविचुम्बनालग्नमृगाङ्कबिम्बम्।
न भाति चिन्ताहितशून्यदृष्टि करारविन्दे वदनं तदीयम्।।34।।

मृणालिनी चन्दनपङ्कदिग्धललाटिका केतकशोभिवक्त्रा।
प्रसन्नलावण्यजला विपाण्डुपयोधरा श्रीरिव शारदी सा।।35।।

बिम्बायमानाधररागलक्ष्मीकदर्थनाखेदभयादिवाच्छाम्।
अश्रुश्रुतिं जर्जरतां नयद्भिः श्वासानिलैर्दत्तकुचाग्रकम्पा।।36।।

विगर्ह्यमाणातनुविप्रयोगकृशानुसंतापदशेव दूरम्।
रुतेन भृङ्गैः कृतशोषपुष्पशय्यामधुस्यन्दविवृद्धखेदैः।।37।।

बिभर्ति बिम्बागतचन्द्रबिम्बसंस्पर्शशीतार्ततयेव नक्तम्।
गण्डस्थलीमुत्पुलकामनेककंदर्पसंकल्पवशान्नतभ्रूः।।38।।

(चक्कलकम्)

मूर्छानुबन्धश्वसितप्रलापप्रजागरोत्कम्पविजृम्भणानि।
फलान्यवाप्तानि तया सुखार्थमात्मार्पणं त्वय्यपि नाम कृत्वा।।39।।

तद्वत्सरला अङ्गुल्यो येषाम्।।27-33।। शून्या विषयादर्शिनी।।34।। वक्त्रमारम्भोऽपि। पयोधरौ स्तनौ। पयोधराश्च बलाहकाः।।35-36।। विप्रयोगाग्निना संतापदशा यस्याः सा मधुपैर्विगर्ह्यमाणेवेति योज्यम्।।37-40।। संचारिका दूती।।41।। उपचर्यते

व्यर्थो[1] हारो मृणालैश्चितमपि शयनं धिक्किमम्भोरुहैर्वा
कर्पूरं दूर एव क्षिपत हिमशिलाशर्कराभिः किमाभिः।
मिथ्या मैवातिखेदं भजत गुरुतरः कोऽपि दाहज्वरोऽस्या
इत्यन्योन्यं तदाल्यः सुभग परिगदन्त्यश्रुपूरप्लुताक्ष्यः॥40॥

तदेहि यावन्न भजत्यवाच्यां दशां सखी मे तव विप्रयोगात्।
संचारिकाया वचसेति दूरमुत्साहितः सत्वरमेत्य कश्चित्॥41॥

उपास्यमानां शिशिरोपचारव्यग्रात्मना तत्र सखीजनेन।
निकेतनान्तः कदलीगृहस्य गर्भे निषण्णां दयितामपश्यत्॥42॥

शय्यीकृतं गण्डतलस्य बाष्पधाराञ्जनश्यामलितं कराग्रम्।
जृम्भापिधाने वदनस्य दत्तं श्वासैरिव प्लुष्टमुपादधानाम्॥43॥

कुचद्वयेनामलमौक्तिकांशुप्लुतां वहन्तीमधिकोन्नतेन।
अन्तर्वियोगानलतीव्रतापविलीयमानामिव हारयष्टिम्॥44॥

शरीकृतैरेभिरनन्यजन्मा भिनत्ति चेतांसि वियोगिनीनाम्।
इतीव पुष्पाण्युपकारभूमौ संशोषयन्तीं श्वसितोष्णवातैः॥45॥

धौताञ्जनैरश्रुकणैः पतद्भिरालक्ष्यमाणाक्षरपङ्क्तिशोभैः।
अनङ्गसंदेशविधित्सयेव कल्माषयन्तीं श्वसितोष्णवातैः॥46॥

चन्द्रोदयेनाहितवृद्धियोगां विकीर्णमुक्ताफलचूर्णराशिम्।
वेलामिवाक्रान्तनवप्रवालां दशां वहन्तीं मकरध्वजस्य॥47॥

अन्तः पतन्मन्मथपुष्पबाणपक्षानिलेनेव कृताभिवृद्धीन्।
विकम्पितोत्तुङ्गपयोधराग्रान्निःश्वासदण्डान्मुहुरुत्सृजन्तीम्॥48॥

सुगन्धिनिःश्वासरसात्पतद्भिस्तदूष्मदाहाहितगाढखेदैः।
न सेव्यमान न च मुच्यमानं शिलीमुखैराननमुद्वहन्तीम्॥49॥

अत्युष्णबाष्पाम्बुकणप्रतानविदाहभीत्येव विकम्पमानम्।
बिम्बाधरं निःश्वसितानुबन्धनितान्तपारिप्लवमुद्वहन्तीम्॥50॥

एभिरित्युपचार उपकारकाणिद्रव्याणि। अपश्यदिति क्रिया 'उपेक्षितां' इत्यादि श्लोकपर्यन्तमनुषक्ता॥42-44॥ अनन्यजन्मा कामः॥45-46॥ प्रवालानि पत्त्राणि

---

1. अयं श्लोकः प्रक्षिप्त इति भाति, भिन्नवृत्तत्वात्.

मुक्तफलत्वं निजकर्णशुक्तिपातेन बाष्पाम्बुकणैरिवाप्तैः।
सलीलमुत्तानितवक्त्रचन्द्रां सितेऽब्जमालाशयने निषण्णाम्।।51।।

सुगन्धिनिःश्वासरसेन लीनं तदूष्मदाहेऽपि पुरो भ्रमन्तम्।
विनिष्पतद्भिर्दशनांशुतोयैर्निर्वापयन्तीमिव भृङ्गयूथम्।।52।।

सखीर्लतापङ्कजजालशय्याविधूतधूलीकपिलैः सदेशे।
निःश्वासवातैर्हृदयस्थगाढरागोपलिप्तैरिव धूनयन्तीम्।।53।।

स्तनस्रजा सार्धमवाप्तशोषां साकं गलन्तीं नयनाम्बुपूरैः।
दग्धां सहालीजनचित्तवृत्त्या वियोगसंतापदशानुबन्धैः।।54।।

सभ्रूलताषट्पदमालयौष्ठदलाभिरामां श्रियमुद्वहन्त्या।
अवाप्तवक्त्राश्रययारविन्दकान्त्या प्रतीपं विजितेन्दुबिम्बाम्।।55।।

पयोधराग्रप्रतिफाललीलासमुच्छ्वसच्चन्दनचूर्णदिग्धैः।
अत्युष्णदीर्घैः श्वसितानुबन्धैरुत्क्षेपनिर्हासकदर्थितास्याम्।।56।।

मा स्मोद्गमन्निःश्वसितेन सार्धं वियोगदुःखादसवोऽभितप्ताः।
इतीव संचिन्तयताशु बाष्पस्तम्भेन संरभ्य विरुद्धकण्ठाम्।।57।।

समुद्वहन्तीं कृशतातिनिम्नगण्डस्थलीघूर्णनमन्दवेगान्।
आवेगसंफुल्लपुटाग्रनासामार्गागताँल्लोचनवारिबिन्दून्।।58।।

चिन्तानुबद्धस्फुटशून्यदृष्टि करार्पितक्षामकपोलभागम्।
मुखं दधानां विनिकुञ्चितभ्रूलेखापरिष्वक्तललाटलेखम्।।59।।

नासापथेनोपगतां निरुग्णमुक्ताफलक्षोदपरागशीताम्।
अन्तर्वियोगानलतापतृष्णावशादिवाश्रुस्रुतिमापिबन्तीम्।।60।।

विद्रुमाणि च। मकरध्वजोऽब्धिरपि।।47-50।। कर्णावेव शुक्ती तत्र पातान्मुक्ताफलत्वमिवाप्तैः।।51-52।। सदेशे समीपे।। रागोऽध्यवसानम्। तस्य लौहित्यरूपेण रागेणैक्याध्यवसायात्तदुपलिप्तैरिवेत्युत्प्रेक्षा। सखीनां धूननं मैवं मरिष्यतीति शङ्कया कम्पः।।53।। शोषोऽवष्टम्भः हारि(नि)रपि। गलनं क्षामतापत्तिश्च।।54।। प्रतीपं वैपरीत्यात्। इन्दोः कमलकान्तिकदनहेतुत्वेन प्रसिद्धेः।।55।। प्रतिफालः प्रतिघातः। उत्क्षेपनिर्हासावुन्नमननमने।।56-57।। आवेगः श्वसितानुबन्धः।।58।। विनिकुञ्चिता चिन्तया कुटिलीकृता।।59।।

उपेक्षितां विभ्रमषट्पदौघैः पर्यस्तदोर्दण्डमृणालदण्डाम्।
स्मरद्विपस्याम्बुजिनीमिवातिनिशातनाराचविषाणभग्नाम्।।61।।

(कुलकम्)

संभ्रम्य कण्टकितगात्रलता सलील-
मावेद्यमानदयितागमना कथंचित्।
आनन्दबाष्पजलबिन्दुगुरूकृताग्र-
पक्ष्मोदमीमिलदथो नयनद्वयं सा।।62।।

श्वासानिलोष्मगुरुदाहविधूसरस्य
निर्वापणं सपदि कर्तुमिवाधरस्य।
शीतान्मुमोच मुहुरश्रुकणान्विलम्बि-
पातानसौ कुटिलपक्ष्मशिखाग्रलग्नान्।।63।।

तस्यास्तदा रुचिरचन्दनवारिपङ्क-
चर्चाकृताविम विधूसरतां प्रमार्ष्टुम्।
स्वेदाम्भसि प्लुमिसमुन्नमितप्रहर्ष-
रोमाञ्चराजिनि ममज्ज शरीरयष्टिः।।64।।

किं कार्यमत्र भवता दयितागमेऽपि
संतापशोषितरसेन शरीरयष्टौ।
तन्व्या इतीव घनचन्दनपङ्कलेपो
रोमाञ्चराजिभिरनुद्यत निर्गताभिः।।65।।

प्रेयस्युपेयुषि ससंभ्रममश्रुवारि
यच्चक्षुषोः परिममार्ज सुखोत्सुकासौ।
विस्पष्टमेव पुनरञ्जनपङ्कदिग्ध-
पर्यन्तता रुदितामाह तयोः स्म तस्याः।।66।।

रोमाञ्चभिन्ननवचन्दनपङ्कचर्चं
भ्रश्यन्मृणालशकलं विचलज्जलार्द्रम्।

मुक्ताफलानां क्षोदश्चूर्णं तद्रजसा संतापशमाय मुखार्पितेन शीताम्।।60-66।। जलार्द्रा जलन्कूतं वसनम्।।67।। सूत्रं गुणः। तनुपक्षे तु सूत्रं हारलतैव। स्नान्युवत्सूत्राणीति

विस्रस्तहारमुपजग्मुषि सा प्रियेऽथ
सार्धं मुमोच दशयाम्बुजपत्रशय्याम्।।67।।

विच्छिद्यमानविरहानलतापशुष्क-
सूत्रा तदा दयितगाढनिगूहनेन।
मुक्ताफलान्यमलहारलता मुमोच
घर्मोदबिन्दुपटलानि तनुश्च तन्व्याः।।68।।

मध्यस्य तानवभृतो दयितादलब्ध-
स्पर्शत्वमुन्नतिवशाद्गत मावयोर्भूत्।
चक्रीकृतौ तदुपगूहवशादितीव
तन्व्याः स्तनौ सपदि वामनतामधत्ताम्।।69।।

रोमाञ्चपीनतनुतां दधतोः क्रमेण
संप्राप्तयोस्तरुणयोरथ कातरत्वम्।
आलिङ्गनेन चिरसंभृतविप्रयोग-
तप्ताखिलाङ्गघटना सुदृढा बभूव।।70।।

इत्थं दूतीमधुरवचनाकर्णनादागतानां
श्लाघ्यः कालो विपुलपुलकालंकृतिः कोऽप्यपूर्वः।
यूनामासीदतनुविरहोपप्लवक्लान्तकान्ता-
गाढाश्लेषश्लथभरगलत्तारत्नाङ्कहारः।।71।।

इति श्रीबालबृहस्पत्यनुजीविनो वागीश्वराङ्कस्य विद्याधिपत्यपरनाम्नो महाकवे राजानकश्रीरत्नाकरस्य कृतौ रत्नाङ्के हरविजये महाकाव्ये दूतीसंकल्पो नाम पञ्चविंशः सर्गः।

केचित्।।68-69।। तप्तेति साकूतम्। तप्तयोर्हि घटना सुष्ठु दृढा भवति। 'तप्तेन तप्तमयसा घटनाय योग्यम्' इति।।70।। गलितेऽपि हारे पुलकेनालंकृतत्वादपूर्वता।।71।।
इति राजानकजयानकसूनोरलकस्य कृतौ हरविजयविषमपदोद्द्योते पञ्चविंशः सर्गः।।

षड्विंशः सर्गः।

इत्यागताः कलितचन्द्रकलाप्रकाश-
कर्पूरवाससुरभीण्यनुकूलवृत्तीः।
प्रेमामृतार्द्रमनसो दयिता मधूनि
नीलारविन्दशबलानि वधूरपीप्यन्॥1॥

उद्ग्रीवराजतवरावरवीसलील-
हंसीसनाथशुचिशुक्तिशतैकदेशा।
आपानभूमिरमराद्रितरङ्गिणीव
लक्ष्मीं तदातनुत काञ्चनवालुकाभिः॥2॥

इन्दोः कला इव विकासवतीः पृथक्त्व-
मभ्यागता निपतिताः कथमप्यथोर्व्याम्।
शुक्तीर्जना मणिमयीर्जगृहुर्विधूत-
रोषाः पिपावयिषवोऽथ मधूनि योषाः॥3॥

तासामदृष्टचरपार्वणचन्द्रमुक्त-
निद्रारविन्दघटनासदृशत्वमाप्ताः।
लीलागृहीतमधुपूरपिशङ्गरत्न-
कोषाः कराः श्रियमथ प्रथयांबभूवुः॥4॥

किं कार्यमत्र भवता विजहीहि चाप-
मित्यभ्यधादिव रुतैर्मदनं द्विरेफः।
रङ्गत्तरङ्गतरलोत्पलगर्भरत्न-
पारीविकीर्णसहकारसहर्षचेताः॥5॥

षड्विंशः सर्गः।

इति दूतीवचनादागताः प्रेयांसो मद्यानि वधूरपीप्यन् पाययामासुः। पिबतेश्चङ्परे णौ 'लोपः पिबतेरीच्चाभ्यासस्य' इत्युपधालोपेऽभ्यासस्य चेत्त्वेकृतेऽपीप्यन्निति रूपम्॥1॥ आवरव्यः कलिका इति प्रसिद्धा मधुकलशिकाः। ता अपि सलीलहंसीवुदुग्रीवाः। शुक्तयः पानपात्राणि प्राणिविशेषाश्च। आलुकाभिर्मद्यधानीभिः कां वा लक्ष्मीं नातनुत सर्वामेव तेने। वाशब्दः पूर्वश्लोकापेक्षया वाक्यान्तरसमुच्चये। अन्यत्र काञ्चनमयो-भिर्वालुकाभिः सिकताभिरित्यर्थः॥2-3॥ अदृष्टचरी पूर्वमदृष्टा। 'भूतपूर्वे चरट्'।

प्रत्यग्रशोणमणिशुक्तितलेन शीधु-
धारां वधूः करकतो मधुराभिरामाम्।
जग्राह पाटलपलाशमुखेन बाल-
सूर्यांशुराजिमिव पङ्कजिनी पतन्तीम्॥6॥

उत्क्षिप्यमाणकनकावरवीविकीर्ण-
मैरेयरेचकरयाकुलरत्नकोषैः।
स्त्रीणां विकासिनवतामरसाभिराम-
रूपैरतामि सुकुमारतया कराग्रैः॥7॥

संपाद्यते भृशमनेन ममावतंस-
च्छायेति रत्नकरकान्निपतन्मण्याः।
व्यावृत्तिभिश्चषकमध्यजुषश्चकार
शीधुः प्रदक्षिणमिव क्षणमुत्पलस्य॥8॥

अस्या जितोऽपि निरवद्यमुखेन्दुना त्वं
तिष्ठान्पुरो न किमपत्रपसे सदोषः।
इत्युत्पले कलरवैरिव हुं चकार
भृङ्गः सशीधुचषकप्रतिबिम्बचन्द्रम्॥9॥

पीतः कलङ्ककलुषः सह शीधुनाय-
मिन्दुर्मनो मलिनयिष्यति मा तवाच्छम्।
इत्थं प्रपञ्चचतुरस्तरुणः पिबन्तीं
मुग्धां करेण परिहासरसो व्यरौत्सीत्॥10॥

शोभां बभार मकरन्दरसायमान-
मैरेयगर्भमणिकांस्यकरालकोषम्।
वामभ्रुवां प्रकृतिताम्रतलाभिराम-
दीर्घाङ्गुलीदलकुलं करपुण्डरीकम्॥11॥

कोषश्चषकम्॥4॥ रङ्गच्चलत्। पारी पानपात्रम्॥5॥ करको मधुकलशः॥6॥ मैरेयं मधुविशेषः। रेचको भ्रमणम्॥7-8॥ निरवद्यो निष्कलङ्कः। सदोषः सक लङ्कः सरात्रिश्च॥9-10॥ कांस्यं चषकमेव कोषः कलिका यस्य॥11॥ अङ्गुलिभिस्तरङ्गितः सुरापूरो यत्र तथा कृत्वा चषकप्रतिबिम्बितशशिमूर्तिमुन्मार्ष्टुमभिलषन्ती आयस्यति स्म

आलक्ष्य लक्ष्ममलिनां प्रतिमागतस्य
मर्तिं तुषारमहसः परिमार्ष्टुमिच्छुः।
काचित्कराङ्गुलितरङ्गितशीधुपूर-
मायस्यति स्म चषके परमार्थमुग्धा॥12॥

विन्यस्तशीतलरजःसुरभिष्वमन्द-
मिन्दीवराणि चषकेषु सलीलमूर्ध्वम्।
अप्लोषत भ्रमरपक्षमरुद्विधूत-
पक्ष्मावलीललितधूलिलघूनि तासाम्॥13॥

विस्तारशालिमधुराञ्चितपक्ष्मशोभ-
मभ्य[र्णवर्तिनि लसन्मणिपानपात्रे]।
भृङ्गः पपौ विकचमुत्पलमाननेन
दृष्ट्या पुनर्मधुनि बिम्बितमक्षि नार्याः॥14॥

निःश्वासवातधुतशीधुतरङ्गराङ्गि
तस्थौ प्रसारितविलोलदलं तरुण्याः।
तत्सौरभातिशयवासनमात्ममूर्ते-
राधातुमुत्पलमिवासवभाजनाग्रे॥15॥

त्वत्संनिधिग्लपितशोभतया मयात्र
कष्टं वतंसपरभागरुचिर्न लब्धा।
इत्यभ्यधादिव शिलीमुखशिञ्जितेन
नीलोत्पलं चषकबिम्बितमक्षि वध्वाः॥16॥

नारीविनिःश्वसितधूतमधूर्मिपूर-
पारिप्लवः प्रपतितः प्रतिमापदेशात्।
आत्मानमिन्दुरसकृत्परिवृत्य रत्न-
पार्यामधावदिव लग्नमलं विशुद्ध्यै॥17॥

संरब्धा बभूव॥12॥ शीतलरजः कर्पूरपांसुः। लघुत्वादूर्ध्वमप्लोषत प्लुतानि॥13॥ मधुरैः स्वादुभिर्मनोज्ञैश्च अञ्चितैर्मनोहरैर्दीर्घैश्च पक्ष्मभिः केसरैर्लोमभिश्च शोभा यस्य॥14॥ तेषां निःश्वासानां सौरभस्य योऽपिशयस्तेन वासनं संस्कारमिव कर्तुमग्रेऽतिष्ठत्। इवशब्दस्य भिन्नक्रमत्वे युक्तिरुक्ता॥15-17॥ अन्याभिधा सपत्नीनाम। रसच्छटाभिरिव द्युति-

अन्याभिधाग्रहणबद्धरुषोऽभिभर्तृ
पारी विलक्ष्यहसितद्युतिभिस्तरुण्याः।
आप्लावितेव विबभौ प्रतिबिम्बवर्ति-
शीधुद्रवीकृतमृगाङ्करसच्छटाभिः॥18॥

आवर्जिते सपदि यत्र तरङ्गभङ्ग-
दोलाधिरोहरभसात्सहसोदनंसीत्।
निःशेषिते मधुनि तत्र शुचेव जात-
संकोचमुत्पलमधोमुखतामयासीत्॥19॥

विस्पष्टलक्ष्मणि सशीधुतरङ्गरत्न-
पारतलप्रतिमिते शशिनि प्रियायाः।
गण्डस्थले च विकचोत्पलकर्णपूर-
कल्माषभासि बिभिदे न जनस्य दृष्टिः॥20॥

प्राप्तावधूतकमलच्छविचन्द्रमूर्ति-
पादावमर्शसुभगश्चषकालवाले।
लक्ष्मीमशोकविटपीव विकासिताम्र-
वीचिच्छटाकिसलयो विदधार शीधुः॥21॥

आलिङ्गिता प्रसृतरश्मिभुजं [मसार-
कोषान्तर]प्रतिमितेन तुषारभासा।
प्रीत्या विकासिनवनीलसरोजचक्षुः
सोदर्यसंजनितयेव सुरा बभूव॥22॥

किंचिन्निपीय चषकात्तरलायताक्ष्या
लब्धौष्ठचुम्बनसुखः परिशेषितः सन्।
शीधुर्मुदेव सुरभिश्वसितावधूत-
पर्युच्छ्वसत्सरलवीचिभुजो ननर्त॥23॥

भिराप्लाविता पारी शुशुभे॥18॥ आवर्जितं दत्तम्। उदनंसीदुन्ननाम। 'यमरमनमातां सक्च' इति सगिटौ॥19-20॥ चन्द्रस्य मूर्तिःशरीरम्। चन्द्रस्येव मूर्तिर्यस्याः सा च योषित्। पादाः किरणाः। पादश्चरणः। अवमर्शस्पर्शः। तेन प्राप्तेन सुभगः॥21॥ मसारो मणिविशेषः। प्रीत्येव विकस्वरं कुवलयमेव चक्षुर्यस्याः। सोदर्यं भ्रातृता। तच्च

निःशेषितेऽथ मधुनि स्फटिकाच्छशुक्ति-
गर्भादुदैयत शुचिप्रतिमापदेशात्।
संवादितारकनवोत्पलशोभिनोऽत्रि-
नेत्रोदरादिव तुषाराकरेण भूयः॥24॥

सीमन्तिनीवदनपङ्कजदीयमान-
गण्डूषशीधुनि रसाद्धृदयालवाले।
पुष्पास्त्रबाणकुलः कमितुर्बभार
पर्युच्छ्वसन्मुकुलदृष्टिमनोहरत्वम्॥25॥

नालक्ष्यतात्ममणिभाजनमध्यगं य-
त्सावर्ण्यतः स्फुटमलं प्रतिमेन्दुबिम्बम्।
उत्क्षिप्यमाणमिव सोत्पलसिन्धुवार-
पुष्पावतंसरुचि तन्मधुनाविरासीत्॥26॥

वीक्ष्य स्फुरत्सरसशीधुनि रत्नशुक्ति-
गर्भेऽभिलक्ष्यहरिणं प्रतिबिम्बमिन्दोः।
आलीयते स्म मधुपो मधुपानलोभ-
लीनालिजालशबलस्तबकाभिशंसी॥27॥

भाति स्म रत्नचषके शशिनो निषण्ण-
मीषन्निपीतपरिशेषितशीधुगर्भे।
तद्वीचिधौतवनिताधरबिम्बलग्न-
ताम्बूलकृष्णिकमिव स्फुटलक्ष्म बिम्बम्॥28॥

आवर्जितस्य मधुनोऽरुणरत्नशुक्ति-
गर्भेऽशुजालभृति काञ्चनकर्करीभिः।

द्वयोरपि समुद्रादुद्गमात्॥22-23॥ संवादिनी समा तारका यस्य तेन तारकायमाणेनोत्पलेन शोभिनः॥24॥ बभारेति भरणं पोषणं धारणं च। मुकुलख्या दृष्टिः। यदुक्तम्- 'स्फुरदाश्लिष्टपक्ष्माग्रा मुकुलोर्ध्वपुटाञ्चिता। सुखामीलिततारा च मुकुला दृष्टिरिष्यते॥' मुकुलानां च कुड्मलानां दृष्टिर्दर्शनम्॥25॥ स्फुटमलत्वात्सोत्पलसिन्धुवारावतंस-सदृशमिन्दुबिम्बं चन्द्रकान्तचषकसाम्यान्न लक्षितं यत्तन्मधुनोत्क्षिप्यमाणमिवाविर्भूतम्। तत्पृष्ठे प्लवनात्॥26-28॥ कर्कर्यः करिका आलुका इत्यन्ये॥29॥ समाने उदरे

पूरोऽन्वमीयत मुखानिलघूर्णमान-
　विस्तारितच्छदनवोत्पलदर्शनेन॥29॥

कोषोदरप्रतिमितः शशभृत्पुरंध्रि-
　हासांशुविच्छुरितपाण्डुरमध्यबिम्बः।
निर्मृष्टलाञ्छनमलः श्रियमाससाद
　सोदर्यया मदिरयेव तरङ्गहस्तैः॥30॥

सौगन्ध्यमाप मधु रत्नकरालकोष-
　विन्यस्तमुत्पलवतंसविकासशारम्।
प्रत्यग्रलग्नसहकारकृताधिवास-
　मुच्छ्वासभिन्नमुत वामदृशः पिबन्त्याः॥31॥

आविर्भवन्मदनदोहदजृम्भमाण-
　निःश्वासमारुतविकम्पिपयोधरश्रीः।
विश्रम्य कापि कपिशं पिबति स्म चन्द्र-
　बिम्बावतंसकुसुमस्तबकं नतभ्रूः॥32॥

सर्पन्निरङ्कुशतयारुणरागसान्द्र-
　सिन्दूररञ्जितमुखो निरपेक्षवृत्तिः।
वामभ्रुवां परिणमन्नयनेषु धैर्य-
　वप्राभिघातमकरोन्मदगन्धहस्ती॥33॥

छायागतस्फुरितचन्द्रकलातमाल-
　पत्राभिराममसितोत्पलचारुनेत्रम्।
काचिन्मदश्रिय इवाननमुद्विकासि-
　वीचिभ्रु रत्नचषकं विबभौ वहन्ती॥34॥

शेते सोदर्या भगिनी। 'सोदराद्यत्'॥30॥ किं सहकारेभ्यः सौगन्ध्यं किं वा श्वासेभ्य इति संशयायोतशब्दः॥31॥ कपिशं मधु॥32॥ निरङ्कुशः स्वतन्त्रो निरस्तसृणिश्च। रागः प्रभा। रञ्जितं मुखं यत्र यस्य च। निरपेक्षा निःसंकोचा घृणाशून्या च। परिणमन्काये प्रसर्पन् आजिघ्राणश्च(?)। 'स्वेदं मूत्रं पुरीषं च मदं चैव मतङ्गजाः। यस्याघ्राय विमाद्यन्ति तमाहुर्गन्धहस्तिनम्'॥33॥ चन्द्रकलैव तमालपत्रं तिलकः॥34॥ शुक्तौ

निःश्वासधूततरलोत्पलयोपलक्ष्य-
विस्तारया दयितपीतविमुक्तयान्या।
शोभां बभार मधुपाटलयाच्छरत्न-
शुक्त्या वधूर्ललिततारकया दृशा च॥35॥

निःशेषितासवमपि प्रतिमागतेन्दु-
बिम्बाहितामिव दधद्गुरुतां तदानीम्।
आविर्भवन्मदविलोलदृशः कराग्रा-
दस्रंसत स्फटिकभाजनमस्फुटोक्ति॥36॥

वामभ्रुवामतनुनूतनपद्मराग-
खण्डास्पदार्कमणिभाजननिर्विशेषम्।
भाति स्म रूढमदिरामदगाढराग-
गण्डस्थलप्रतिमितं शिशिरांशुबिम्बम्॥37॥

निःश्वासमारुतहृतप्रतिमानिषण्ण-
संचारिषट्चरणचित्रकबिन्दुशारैः।
शोभां कुशेशयदृशो बिभरांबभूवु-
रुज्जृम्भमाणमदपल्लवितैः कपोलैः॥38॥

आघूर्णमाननतपक्ष्मदृशो मदेन
संवादितां तदनु गीतविधेर्दधानः।
अक्ष्णोः कपोलफलकेऽधरपल्लवे च
त्रिस्थानशोभितगुणो विचकास रागः॥39॥

गण्डस्थली कपिशपानपरम्पराभि-
रारूढरागमदताम्ररुचिस्तरुण्याः।
आवृत्तिचुम्बनकृतोत्सववल्लभौष्ठ-
ताम्बूलरागपरिणामवशादिवासीत्॥40॥

बिम्बाधराञ्चितरुचा मधुना तदाथ
पीतेन पक्ष्मलदृशोऽच्छकपोलभागे।

तरलमुत्पलं दृशि तु लुलिता तारकेति साम्यम्॥35-37॥ चित्रकाणि तिलकाः॥38॥ त्रीण स्थानान्यक्षिप्रभृतीनि उरःकण्ठशिरांसि च। गुणः शोभा द्रव्यतादिश्च॥39-42॥

आसीन्मदः प्रकटितारुणराग एव
कार्यं हि कारणसदृग्भवतीति सत्यम्।।41।।

पश्यामि तावदधुना मदरागताम्रः
पुष्णाति कां श्रियमयं ललनाननेन्दुः।
इत्युद्विकासमुदमीमिलदाशु रत्न-
कोषः सकौतुक इवोत्पलमक्षिशोभम्।।42।।

संवादिषट्चरणतारकपक्ष्मपङ्क्ति-
लक्ष्मीधरां धवलिमानमिवोद्गिरन्तीम्।
तन्व्या दृशं मधुमदो मुकुलीचकार
बालातपः कुमुदिनीमिव गाढरागः।।43।।

प्रयोविलोकनरसाद्विचकास पीत-
शीधोः शनैर्मदभरान्मदिरेक्षणायाः।
पक्ष्माग्रलग्ननवकज्जलधूलिजाल-
भारातिगौरववशादिव नेत्रयुग्मम्।।44।।

शोभां बभार परिणामविरूढकान्त-
दन्तव्रणः सपदि पीतसुरासवायाः।
चारुभ्रुवश्चषकबिम्बितचन्द्रबिम्ब-
मध्यांवलग्नमलबिन्दुरिवाधरौष्ठः।।45।।

प्राप्तस्य मन्मथशिलीमुखतामभीक्ष्ण-
मक्ष्णश्च विभ्रमवतीकरपुण्डरीकम्।
संधानकारणवशादिव पक्ष्मपुङ्ख-
भागाग्रकोटिपरिमर्शविलोलमासीत्।।46।।

पक्ष्माणि केसराण्यपि।।43।। मदिराख्या दृष्टिः। उक्तं च–'आघूर्णमानमध्या या क्षामा चाञ्चितलोचना। दृष्टिर्विकसितापाङ्गा मदिरा तरुणे मदे'।।44।। सुरासवं सुराभिधानं मद्यम्।।45।। मन्मथशरीभूतस्य चक्षुषः संधानायेव कान्तायाः करपद्मं पक्ष्मैव पुङ्खभागस्तत्कोटिसंस्पर्शे लोलं बभूव। मदवशादक्ष्णः पक्ष्मणि करस्पृष्टे ज्ञातदयितयैव(?)स्मरशरः प्रियं प्रति संधित्सित इत्यभिप्रायः।।46-48।। विकासेन विलासः शोभा तन्मोषं मज्जनकस्य मधुनः करोति उत्तंसोत्पलनिमीलनात्। अनपेक्ष्य

अभ्युल्लसत्कनककुण्डलपद्मराग-
धामारुणीकृतकपोलतले मुखेन्दौ।
व्यक्तिं जगाम न नितम्बवतीजनस्य
रूढोऽपि सान्द्रमदिरामदताम्रराग:॥47॥

अक्ष्णोर्बभूव यदरालकरालपक्ष्म-
लक्ष्मीभृतोर्मधुमदेन विपाटलत्वम्।
आहूतवत्यभिमुखे प्रतिपक्षवर्ति-
नाम्नान्वबुध्यत तदेव रुषा तरुण्या:॥48॥

उत्तंसपङ्कजविकासविलासमोष-
मेषोऽनपेक्ष्य मधुनः कुरुते मयूखै:।
इत्थं रुषेव मदरागभरः पुरंध्रि-
गण्डस्थलप्रतिमितं शशिनं व्यरौत्सीत्॥49॥

अन्याभिधानपरुषे वचसि प्रियेण
कारीरिते सपदि मुक्तमदा समन्युः।
स्थूलाश्रुबिन्दुपटलैरिव धाव्यमान-
रागं कपोलतलमिन्दुसितं बभार॥50॥

आरूढगाढमदिरामदसान्द्रराग-
मादत्त ताम्ररुचिगण्डतलं तरुण्या:।
प्रातः समुन्मिषदनूरुविकीर्णधाम-
निर्धाव्यमानशशिबिम्बविडम्बकत्वम्॥51॥

रामाजनस्य मधुपानपरम्पराभि-
रच्छे कपोलफलके मदरागलक्ष्मी:।
उद्भिन्नबालकुटिलाङ्गुलिचक्रवाल-
संवादिनूतननखक्षतिराविरासीत्॥52॥

काचित्तुषारमहसः प्रतिमानिषण्ण-
मभ्यर्णवर्ति मणिकुट्टिमसीम्नि बिम्बम्।

नैर्घृण्येन॥49-50॥ ताम्रं शुल्बं तस्येव रुचिर्यस्य॥51॥ उद्भिन्नाव्यक्ता बालस्य कुटिलाङ्गुल्यवानुकारिणी नखपङ्क्तिर्यस्याम्॥52-54॥ अक्रमं विशरारुतया॥55॥ पद्मकोषो

पीतासवाच्छमणिकोशधिया सलील-
मादित्सुरुन्मदतया जहसे सखीभिः॥53॥

अन्या कराम्बुरुहवर्तिनि पीतशीधौ
विस्तीर्णरत्नचषके स्मृतिविप्रमोषात्।
उज्जृम्भमाणमदघूर्णितनेत्रमात्म-
वक्त्रेन्दुमच्छमणिदर्पण इत्यपश्यत्॥54॥

मत्ता तदाभिनवपल्लवपाटलाभि-
रन्यापराधगणमक्रममङ्गुलीभिः।
स्मेराननस्य पुरतो गणयांचकार
भर्तुर्मदस्खलितमन्मथमन्थरोक्तिः॥55॥

सख्या पुरो विधृतमुन्नतपद्मकोष-
हस्तारुणाङ्गुलिदलाग्रकृतप्रतिष्ठम्।
आशङ्कते स्म विगलत्परिपीतशेष-
मैरेयधारमपरा कुरुविन्दकोषम्॥56॥

रक्तारविन्ददलकोमलहस्तकान्ति-
पिङ्गीकृतां मधुयुतेति विशङ्कमाना।
पीतासवामपि मुहुः शुचिरत्नशुक्ति-
मन्या प्रियेण समदा जहसेऽर्पयन्ती॥57॥

घूर्णद्दृशां रभसपीतरिस्त्रुतोऽपि
दूराधिरोहविकसन्मदमन्थराणाम्।
वामभ्रुवामबिभरुश्चषकान्कथंचि-
दिन्दीवराहितगरिम्ण इवाग्रहस्ताः॥58॥

गण्डस्थली मृगदृशो मधुपानलीला-
विस्रम्भसंभृतमदारुणता तथापत्।

नामहस्तः। उक्तं च—'यस्याङ्गुल्यस्तु सरलाः सहाङ्गुष्ठेन कुञ्चिताः। ऊर्ध्वान्त्य- संयुताग्राश्च स भवेत्पद्मकोषकः॥' कुरुविन्दकोषं पद्मरागविशेषचषकम्॥56-57॥ परिस्रुत्सुरा। दूराधिरोहेण प्रकर्षगत्या। अबिभरुरधारयन्॥58॥ शितिपङ्करुह नीलोत्पलम्॥59॥ अधरकान्तेर्विश्लिष्टभिदः समानो मदस्य रागः प्रभा ययोः॥60॥ दृष्टेर्मदैनैव

तच्छायया श्रवणवर्तिपरीतमूढ-
रक्ताब्जकान्ति [शितिपङ्करुहं यथाभूत्]॥59॥

....
विश्लिष्टभेदमदिरामदताम्रगौ।

गण्डावधोमुखपृथग्गतपद्मराग-
रत्नोत्पलोज्ज्वलसमुद्गकवाटशोभासम्॥60॥

व्यक्तिं जगाम मदरागभरेण दृष्टे-
रन्याभिधाग्रहणजो दयिते न रोषः।
निष्टब्धतारक......................भिन्यवेदि
स्पष्टं पुनर्मृगदृशो हृदये विषादः॥61॥

पीतस्तुषारकिरणो मधुनैव सार्ध-
मन्तः प्रविश्य चषकप्रतिबिम्बवर्ती।
मानान्धकारमभिमानवतीजनस्य
नूनं बिभेद यदसौ प्रससाद सद्यः॥62॥

आरूढरागतरुमन्मथकम्पधूत-
संफुल्लशेखरशिखागलितैर्नताङ्ग्या।
उत्तुङ्गपीवरकुचप्रतिमानिषण्णः
प्रेयानिवाशु समभाव्यत पुष्पवर्षैः॥63॥

क्षीणात्मनः प्रतिनिशं शशिनः क्रमेण
संभृत्य कान्तिमिव विश्वसृजा निदिग्धाम्।
बिभ्रत्यराजत मदेन पुरंध्रिगण्ड-
भित्तिः स्फुरत्पिचुलपल्लवपाटलश्रीः॥64॥

रेजुः स्त्रियो मधुमदारुणगण्डभित्ति-
लग्नावतंसितविकाससिसिशिरीषपुष्पाः।

रक्तत्वाद्गोत्रस्खलनजः क्रोधो न दयितविषये व्यक्तः विषादस्तु हृदये दृशः स्तब्धतारकत्वेन निवेदितः॥61-62॥ पुष्पवर्षैर्नताङ्ग्या प्रियतमः स्तनलग्नत्वादभिनन्दित इव॥63॥ संभृत्य संघटय्य। निदिग्धामुपचिताम्। पिचुलोऽशोकवृक्षः॥64॥ आरूढपाकानि पक्वानि यानि फलानि तद्विषयवर्तिनः कीराः शुका यासाम्। अन्वितगुणाः सदृश्यः। शुकशिरीषाणां

आरूढपाकफलगोचरवर्तिमुग्ध-
　　कीराभिरन्वितगुणा नवदाडिमीभिः॥65॥

आविर्भवन्मदनविभ्रमशुभ्रहार-
　　च्छेदांशवः शशिरुचामभिनिष्पतन्तः।
भान्ति स्म शीधुसमकालनिपीतरत्न-
　　पारीतलप्रतिमितेन्दुकलाभिरामाः॥66॥

निःशेषितासवलघुं प्रतिबिम्बवर्ति-
　　शीतांशुमण्डलकृतातिभरामिवैका।
हस्ताश्रयां गुरुममन्यत रत्नशुक्ति-
　　माविर्भवन्मधुमदालसदेहयष्टिः॥67॥

उद्दाममानहति चातुरतारतम्य-
　　भेदानुबन्धिमधुपानपरम्पराभिः।
हस्ताश्रयं स्फटिकभाजनमञ्चिताक्ष्या-
　　श्चेतश्च निर्भरमनायितरां प्रसादम्॥68॥

दृष्ट्व्यलीकदयितोल्बणमन्युवेश(ग)-
　　लीलाविधूतशिरसोऽक्ष्णिगते विकासम्।
तत्प्रेरणाहितनिजास्पद[संधि]भङ्ग-
　　भीत्येव कर्णकुसुमं सदृशश्चकम्पे॥69॥

आविर्भवन्मनसि दूरनिरस्यमान-
　　मानान्धकारविशदो मदनः पिबन्त्याः।
सख्यान्वमीयत चकोरदृशोऽभिभर्तृ
　　विस्तारितच्छदनवोत्पलदर्शनेन॥70॥

प्राप्यावतंसितमनोहरगन्धपुष्प-
　　लीनद्विरेफनवहृद्यमधुप्रसङ्गम्।

तुल्यवर्णत्वात्॥65॥ शशिरुचोऽङ्गनाः॥66-67॥ चतुरमेव चातुरम्। प्रज्ञादित्वादण्। पानहेतौ चतुरतारतम्यमतिशयस्तस्य भेदो नानात्वमनुबन्धन्ति याः। प्रसादः स्वच्छता रोषापगमश्च॥68॥ तस्याक्ष्णः प्रेरणया कृतो यः कर्णसंधेर्भङ्गस्तद्भयेनेव॥69॥ विकसितोत्पलदर्शनेन सख्या कस्याश्चिदनुमितो मदनः। एवं चास्य विकाससमयः

श्यामालता इव दधुर्दशनांशुपक्ष्म-
रम्यस्मितस्तबकविभ्रमपल्लवत्वम्॥71॥

प्रत्यक्षमन्ययुवतेः स्वकरोपनीत-
मैरेयगर्भचषकस्तरुणीमपीप्यत्।
यन्नायको मदमवाप यथा च तेन
पीतेन [न] स्मयवती मधुना तथासौ॥72॥

अक्ष्णोर्विकारमुपपादयतावसाद-
मङ्गेषु चोत्पुलकपङ्क्तिषु भूयसोच्चैः।
व्यक्तेतरीकृतगिराहितधूननेन
तन्व्या मदेन मदनेन [च न] व्यभेदि॥73॥

नेत्रद्वयं मधुमदेन विपाटलत्व-
माधत्त मन्थरिततारकमायताक्ष्याः।
गन्धाकुलभ्रमरपक्षधुतावतंस-
नीलाब्जपक्ष्मरजसेव कृताभिघातम्॥74॥

नालीयते स्म सुरभिश्वसितेऽवतंस-
नीलोत्पले न चषके न च माल्यपुष्पे।
तासां विकासिमदिरामदसान्द्रनिर्य-
दामोदुसंपदुपनीतिरतिर्द्विरेफः॥75॥

आलोक एव दयितस्य बभूव बद्ध-
कम्पा तनुर्मृगदृशः पुलकोपरुद्धा।
अन्तःस्थशीधुसमकालनिपीतकांस्य-
बिम्बागतेन्दुकृतशीतविजृम्भिकेव॥76॥

प्रभातम्। तावत्त्वयात्र रन्तव्यमित्याशयेनोत्पलं विकास्य कान्तायादर्शयत्। तच्चालोक्य सख्या वैदग्ध्यादनुमितं सम्यक्॥70॥ अंशव एव पक्ष्माणि तै रम्याः स्मितस्तबका येषां तादृशा विभ्रमपल्लवा यस्य तद्भावं लता इव योषितो मधोर्मद्यस्य वसन्तस्य च प्रसङ्गमासाद्य दधुः॥71॥ तेन सपत्नीसंनिधौ पायनेन यथा मत्ता न तथा पीतेन मद्येन॥72-76॥ मानोऽपराधासहिष्णुत्वं तद्रूपोऽवलेपो मदः तत्संभृतमपि धैर्यमुपोढानुनयत्वान्मधुनीव मग्नम्। उपोढं धृतम्॥77॥ बहुमतो हितसंपादनायादरणीयः।

मानावलेपभरसंभृतमप्युपोढ-
　　नानाविधप्रियतमानुनयव्यवस्थम्।
विस्तारितं हृदि नितम्बवतीजनेन
　　निर्मज्जति स्म मधुपूर इवाशु धैर्यम्।।77।।

निर्मृष्टपानलघुकानि मनांसि कुर्व-
　　ल्लज्जामपास्य विदधत्सुरताभिलाषम्।
आलिङ्गनान्यशिथिलानि दिशन्प्रियाणा-
　　माविर्भवन्बहुमतो मदविभ्रमोऽभूत।।78।।

लीलारविन्दधुतपक्ष्मशिखापराग-
　　पिङ्गीकृता गलितमानरुजो निरीयुः।
श्वासा मुहुर्मधुमदारुणिता इवाभि-
　　भर्तृ स्मरप्रवणतापिशुनाः पुरंध्रेः।।79।।

उत्साहिता सकलशीधुमदेन वक्तु-
　　मर्धोदिते नववधूरवलम्बितह्रीः।
आलीजनेष्वनुपसंहृतवाक्यशेषा
　　भर्तुश्चकार सविशेषकुतूहलत्वम्।।80।।

मानान्धकारमवधूय शुचौ प्रसाद-
　　चन्द्रेऽधिरोहति मनोम्बरमम्बुजाक्ष्याः।
उज्जृम्भमाणसरसोत्कलिकासहस्रै-
　　रव्याहतो मकरकेतुरवाप वृद्धिम्।।81।।

निर्मृष्टमानलघुतां हृदयान्यवापु-
　　राविर्भवन्मधुमदाञ्चितविभ्रमाणाम्।
उद्भिन्नपीनपुलकैर्विहितावसाद-
　　मङ्गैः पुनर्मृगदृशां गुरुभिर्बभूवे।।82।।

अथ च प्रियतमः।।78।। गलिता मानरुग्यस्याः।।79-80।। उत्कलिकास्तरङ्गा अपि। मकरकेतुः समुद्रोऽपि।।81।।82।। रागोऽभिषङ्गोऽपि। पदानि सुप्तिङ्ङन्तान्यपि। चेतसो मदो वक्त्रादीनां तु रागादय इति विरोधाभासः स्पष्ट एव।।83।। अनुपप्लुतः संदष्टककाकलिप्रभृतिगीतदोषरहितो रागः शाडवादिगीतविशेषो गर्भे यत्र। रागश्चानुरागः।

जग्राह वक्त्रकमलं हृदयं च रागो
दृष्टिस्तनुश्च परिमन्थरतां प्रपेदे।
चस्खाल कोमलपदं गमनं वचश्च
चेतस्युपेयुषि मदं सुरसुन्दरीणाम्॥83॥

तावत्सलीलमनुपप्लुतरागगर्भ-
मग्रे जगे युवभिरुत्पललोचनानाम्।
आश्रावितश्रुतिविभेदकृतव्यवस्थ-
हारिस्वरग्रथितसारणवल्लकीकैः॥84॥

आपादयन्नयनपक्ष्मनिमीलनानि
भावानुबन्धवशतो दयितायमानः।
वेणुः कयाचिदधराग्रनिपीडनेन
विस्पष्टमक्रियत निर्भररागगर्भः॥85॥

अङ्के निवेश्य चतुराङ्गुलिपल्लवाग्र-
संचारचारुयतिपाणिलयप्रपञ्चाम्।
आस्फालयत्करतलादिविभेदधातु-
वाद्यप्रपञ्चरुचिरामपरा विपञ्चीम्॥86॥

भ्रूविभ्रमानुमितगाढतरावधान-
मन्या विलोलमणिकुण्डलघृष्टगण्डम्।
गायन्त्यवादयदनेकविकल्पकल्प-
कोणावघट्टनकलक्वणितां च कूर्मीम्॥87॥

तस्यानुपप्लुतत्वमनुत्तानता। कलस्वराः काकलिप्रभृतयः स्वरावयवभेदाः श्रुतयः। तासामसंकीर्णतया कृतनियमा हारिणश्च ये श्रुतिसमाहाररूपाः षड्जादयः स्वरास्तैः प्रसृता सारणा उत्तरमद्रादिका मूर्छना यस्यास्तादृशी वल्लकी आश्राविता वादिता यैः॥84॥ भावोऽनुबन्धश्च वेणुवादनविशेषौ भावस्य च रत्याख्यस्यानुबन्धः प्रवाहः। रागष्टक्ककारादिरनुरागश्च॥85॥ समा स्रोतोगता गोपुच्छा चेति त्रिधा यतिः। ध्वनिशून्यः कालः समपाणिरर्धपाणिरिति त्रिविधः पाणिः। द्रुतमध्यविलम्बितभेदेन त्रेधैवानुरणनरूपो लयः। करतलादयो विभेदा यस्य तादृशस्य धातोः व्यञ्जनपूर्वस्य यद्वाद्यं तद्विस्तरेण रम्याम्। चत्वारो हि धावतो विस्तारकरणविशुद्धव्यञ्जनपूर्वा व्यञ्जनधातोश्चलादयो भेदाः। उक्तं च–'विस्तारः करणश्चैव विशुद्धो व्यञ्जनस्तथा। चत्वारो धातवो ज्ञेया

अन्या निवेश्य हृदये विनिपीडितैक-
पीनस्तना सपदि भावनयैव सारम्।
आशावय........लगुणक्वणितामलाबु-
वीणां किणाङ्कसुकुमारतराङ्गुलिश्रीः॥88॥

तासाममन्दमदमन्थरमञ्जुकण्ठ-
कुण्ठाक्षरस्खलितलोलपदप्रबन्धम्।
आर्द्रोऽपि शुष्क इव गेयविधिर्बभार
सद्वेणुरञ्जितमनोहरविभ्रमत्वम्॥89॥

अव्यक्तवर्णमभवत्तरुणीजनस्य
यत्कर्णवर्ति मदमन्थरगीतशेषम्।
आधित्सुभिस्तदनुसंधिमिवातिमञ्जु-
निःश्वासमारुतहृतैरलिभिः शिशिञ्जे॥90॥

इत्थं व्यजृम्भततरां मधुपानगोष्ठी-
बन्धः क्रमात्सुरतनाटकपूर्वरङ्गः।
उद्दामकामकमनीयगुणाभिराम-
रामाविरामरमणाकुलकामिलोकः॥91॥

तदाभिलष्यन्त्यसकृत्प्रियाननान्निपातुमव्याहति कापिशायनम्।
निशान्तकालावधि जागरं रसादियेष पृष्ठं न तु कापि शायनम्॥92॥

भावावेशनिमीलितेक्षणयुगं संपूरितैर्वेणुभि-
र्मूर्छद्भिः कृतसौष्ठवं रसभरादाकर्ण्य गीतं पुनः।

वादित्रकरणाश्रयाः॥' 'व्यञ्जनधातौ पुष्पं करतलनिष्कोटितं तथोत्सृष्टम्। रेफेऽनुबद्धसंज्ञोऽनुस्वरितं बिन्दुरवसृष्टम्॥' इति॥86॥ अनेकप्रकारः कल्पः कल्पनं यस्य तथाविधेन कोणस्य वादनकाष्ठिकाया हननेन मधुरस्वरा कूर्मी त्रिसरिका सैन्ध्रीति प्रसिद्धा॥87॥ हृदयं वक्षो मनश्च। भावनावधानं श्रद्धा वा॥88॥ आर्द्रो मनोहरः। मदवशात्कुण्ठाक्षरत्वेन स्खलितपदत्वाच्छुष्क इव। अर्थशून्यं हि गीतं शुष्कमभिधीयते। आर्द्रश्च कथं शुष्क इति विरोधः॥89॥ शिष्यत इति शेषम्। 'अकर्तरि च कारके-' इति घञ्। गीतमेव शेषं गीतशेषम्। कर्मसाधनः शेषशब्दो विधेयवल्लिङ्गः। यथा-'मन्दाकिन्याः पयःशेषम्' इति। भावसाधनं तु पुंस्येव संमतः॥90॥ सुरतमेव नाटकं तस्य पूर्वरङ्गः प्रस्तावकत्वात्॥91॥ कापि सुन्दरी प्रियमुखात्कापिशायनं

प्रेमस्निग्धमपाययन्त रतये तास्त्वर्यमाणा इव
स्त्रस्ताङ्गश्लथसंधिरत्नरशनादामस्वनैः कामिनः॥93॥

इति श्रीबालबृहस्पत्यनुजीविनो वागीश्वराङ्कस्य विद्याधिपत्यपरनाम्नो महाकवे राजानकश्रीरत्नाकरस्य कृतौ रत्नाङ्के हरविजये महाकाव्ये पानगोष्ठीवर्णनं नाम षड्विंशः सर्गः।

सप्तविंशः सर्गः।

अतिरतिरभसादलीकनिद्रारभसविघूर्णितलोचनाम्बुजाभिः।
शयनतलमशिश्रियन्वधूभिः सह मदमन्मथमन्थरा युवानः॥1॥

प्रियेण वासस्यपनीयमाने मां हन्ति कान्ता श्रवणोत्पलेन।
अशिश्रियत्पूर्वमितीव दीपस्तद्गण्डभित्तिं प्रतिमापदेशात्॥2॥

आकृष्यमाणमथ पुष्पशरासनेन
संरभ्य कामिहृदयानि बिभित्सतारात्।
लीनद्विरेफकुलझांकृतिचित्तहारि
टांकारनादमुखरस्थिति चापमासीत्॥3॥

भिन्दन्त एव हृदयान्यपि संदधानाः
पौष्या अपि द्रढिमसारभृतोऽभियोगे।
चेतोभुवः सुरपुरंध्रिखरूचिकासु
पेतुः शराः कुसुमकार्मुकचक्रमुक्ताः॥4॥

दयितपरिहृताम्बरं वरोर्वाः कनकशिलाविपुलं नितम्बबिम्बम्।
मदनकरिविषाणघातरन्ध्रप्रतिमककुन्दरसुन्दरं बभासे॥5॥

मद्यमभिलषन्ती आ प्रभाताज्जागरमैच्छत्। न तु शायनं पृष्ठं शयनसंबन्धि तलम्॥92॥ भावावेशो गीतस्य हृदयप्रवेशस्तेन मीलिते नेत्रे यत्र तथा कृत्वा गीतमाकर्ण्य पुनरपाययन्त ताः कामिनः। मद्यमिति सामर्थ्यात्॥ इति राजानकजयानकसूनोरलकस्य कृतौ हरविजयविषमपदोद्द्योते षड्विंशः सर्गः॥

सप्तविंशः सर्गः।

रभसोऽभिलाषः। मन्थरा अलसाः॥1-3॥ भिन्दन्तो द्विधा कुर्वन्तः। ये च भिन्दन्ति कथं ते संदधतीति विरोधः। पुरंध्रय एव खरूचिका धनुष्मतामभ्यासोपयोगीनि

चेतोभुवो भुवनदुर्विषहा नितान्त-
माक्षिप्तशीघ्रगमना इव चित्तवृत्तेः।
धैर्यं पतत्त्रमरुतेव विधूनयन्तो
बाणाः पुरंध्रिहृदयेषु रयान्निपेतुः॥6॥

पीनोरुमूलं रभसापनीतवासो विलोलेक्षणमीक्षमाणम्।
जघान रोषात्किल पीवरेण कुचद्वयेनोरसि कापि कान्तम्॥7॥

उच्छ्वासिपीनजघने निबिरीसमूर्वो-
र्गाढं नितम्बफलके घनघर्मवारौ।
तन्व्याः कुकुन्दरयुगे शिथिलं चकर्ष
चण्डातकं कथमपि प्रियपाणिपद्मः॥8॥

ह्रीमन्थरा विधृतवेपथुना करेण
कर्णोत्पलं दयितमुक्तनितम्बवासाः।
चिक्षेप दीपहतये परिहृत्य तेन
तद्दाहसंभ्रमवशादिव तं निपेते॥9॥

अविरतरतिविभ्रमो जजृम्भे श्रमजलशीकरबिन्दुपुष्पशोभी।
कुरबकविटपीव पीवरस्त्रीस्तनकलशाहतिभिर्विदग्धयूनाम्॥10॥

आलिङ्गिताया दयितेन तन्व्याः स्पर्शस्य मा भूद्व्यवधानखेदः।
तद्वक्षसीतीव ममज्ज नुन्ना कुचद्वयस्योपरि हारयष्टिः॥11॥

छातोदरक्रमविभाव्यवलीविभङ्ग-
मुत्तम्भितोन्नतपयोधरतालपत्त्रम्।
निर्मृष्टचित्रककपोलललाटलेख-
मुद्वाहु कञ्चुकमुदक्षिपदञ्चितभ्रूः॥12॥

शरव्यानि॥4॥ 'कुकुन्दरे नितम्बस्य पार्श्वयोः कूपकौ स्मृतौ'॥5-6॥ रोषात्किल कोपव्याजेन। किलशब्दोऽलीके। यद्यूरुमूलदर्शने कुतूहलं तत्किमिति तदभ्यभिधककान्तं नालेकयसीति हि तदभिप्रायः॥7॥ अच्छ्वासि विकस्वरम्। जघनं श्रोणेः पुरो भागः, पाश्चात्यस्तु नितम्बः॥8॥ तेन कर्णोत्पलेन दीपदाहत्रासादिव तं दीपं परित्यज्य पतितम्॥9॥ कुरबकाख्यस्य तरोः कान्ताकुचाहतिर्दोहदः। जृम्भणं पुष्पविकासः॥10॥ दयितवक्षस्पर्शस्य यद्व्यवधानं तेन तन्व्याः खेदो मा भूदितीव हारयष्टिर्ममज्ज॥11॥ उदरस्य च्छातत्वं

कृच्छ्रात्तनोः सघनघर्मजलाङ्गयष्टि-
गाढावसक्तमथ कञ्चुकमुत्क्षिपन्त्याः।
लावण्यकान्तिरमलाधिकमुन्मिमील
गौरस्य मध्यभुवि चारु वलित्रयस्य॥13॥

वपुषि दयितसङ्गतोऽङ्गतोयैः स्मरयुवराज इवाभिषिच्यमाने।
प्रथमतरमवापि बन्धनेभ्यस्तरलदृशामथ नीविभिर्विमोक्षः॥14॥

रराज दष्टाधरधूतहस्तविनिर्गतः कम्बुरथायताक्ष्याः।
निर्मथ्नतः कामिमनांस्यमन्दं विलासमन्दीर इव स्मरस्य॥15॥

रागार्द्रचाटुचतुरस्य विमुक्तनीवि-
गाबद्धवेपथुतया दयितस्य हस्तम्।
रोद्धुं शशाक न करः सुतनोरभीष्ट-
सिद्धिं ध्रुवां तरलता शिथिलां विधत्ते॥16॥

प्रेयः करोद्ग्रथितकञ्चुकलक्ष्यमाण-
बिम्बागतावसनकास्पदरत्नदीपा।
विन्यस्तकोरकितचम्पकपुण्डरीक-
संवादितां कुचतटी सुतनोर्बभार॥17॥

रतोत्सवे पीनतयापि युक्तौ चक्रीकृतौ कान्तविगूहनेन।
पयोधरौ मन्मथकांस्यताललीलां मुहूर्तं सुतनोरधत्ताम्॥18॥

श्रवणकुवलयस्य गर्भपत्त्रं निधुवनकेलिविमर्दशीर्णमासीत्।
मिथुनहतिविरुग्णमुष्टिबन्धं फलकमिवासमसायकासिधेनोः॥19॥

सलीलनिर्धूतकरारविन्दसीत्कारसंधुक्षितमन्मथायाः।
जग्राह बिम्बाधरमूढगाढरागं रमण्या हृदयं च कान्तः॥20॥

वलीजनितमेव उत्तम्भितान्युत्क्षिप्तानि पयोधरौ तालपत्त्रे च कर्णाभरणे यत्र। चित्रकास्तिलकाः॥12-13॥ नीवयः कारानिबद्धजना अपि। ते च राजाभिषेककाले बन्धनमोक्षं प्रतिपद्यन्ते। यदुक्तम्–'अपूर्वदशाधिगमे युवराजाभिषेचने। पुत्रजन्मनि वा मोक्षो बन्धनस्य विधीयते'॥14॥ कम्बुर्वलयः। मन्दीरो मन्थानधारणकटकः। एवमादयश्च शब्दा देशेषु प्रसिद्धा निबद्धा अप्यत्र कर्मणि कविमानेन ब्रह्मणैव प्रायुक्षत (?)॥15॥ तरलता लाघवमपि॥16॥ आवसनकं रतिगृहम्॥17-18॥ फलकं पुष्करम्। असिधेनुः

प्रत्यूहितेक्षणसुखानुभवोत्सुकत्व-
　　कल्लोलितान्तरिततारकमक्षि वध्वाः।
ताम्बूलपङ्करसरञ्जितकोटिभाग-
　　रेखीभवद्धटितपक्ष्म चुचुम्ब कान्तः।।21।।

यस्योचितं भवति यत्तदवाच्यमेव
　　तस्यानतिक्रम इह क्रियते विदग्धैः।
येनौष्ठपल्लवमखण्डयदायताक्ष्याः
　　प्रेयांश्चुचुम्ब नयनं च रतोत्सवेषु।।22।।

कुसुमशरकरावलम्बरूपः सुरतपदेऽनुपदेशशिक्षितोऽपि।
अनवसितविकासविभ्रमश्रीस्तरलदृशां रसभावसंकरोऽभूत्।।23।।

उपाढरागे नयनारविन्दं विचुम्बति प्रेयसि कम्बुकण्ठ्याः।
बिम्बाधरःश्वासकृताभिघातस्तन्मत्सरेणेव मुहुश्चकम्पे।।24।।

सीत्कारकान्तमलमर्थवचो विदग्ध-
　　हावानुबन्धि मणितं ललिता विलासाः।
इत्यङ्गसंग्रहमनोहरतापि येन
　　पुष्पायुधः कथमहो स भवेदनङ्गः।।25।।

व्यक्तं न कार्यिकतया चिरकालगुप्ति-
　　संवर्धितेऽपि भवति क्वच न व्यपेक्षा।
आविर्भवद्रतरसाञ्चितविभ्रमाभिः
　　स्त्रीभिर्यदाशु विजहे सहजापि लज्जा।।26।।

यदधरगतमादधाति तृष्णां दिशति च यश्चषकोत्पलस्य निद्राम्।
किमपि तदमृतं स कोऽपि चन्द्रो वदनमयः श्रियमाततान तन्व्याः।।27।।

क्षुरिका।।19।। जग्राह हतवानपि। रागो व्यसनमपि।।20-21।। अनतिक्रममनुल्ल-ङ्घनीयम्।।22।। अनवसितः परिसमाप्तिमप्राप्तः। रसेन रागेण भावानां स्थायि-सात्त्विकसंचारिरूपाणां संकरः 'स्मितहसित.........भयपुलकरोषश्रमाभिलाषाणाम्। संकरकरणं हर्षादसकृत्किलकिञ्चितं ज्ञेयम्।।' इति किलकिञ्चितरूपा व्यामिश्रता। शृङ्गारादीनां तु रसानां स्थायिभावैः सह संकरो विभिन्नाश्रयत्वान्न युज्यते। कथं तेषां व्यामिश्रत्वमिति चेदतिगहनोऽयमर्थः प्रकृतानुपयोगितया तु नेह प्रतन्यते।।23-24।।

निःश्वासवातैरधरस्य तन्व्याः पीतो रसस्त्वद्विरहेऽधुना त्वम्।
किं पास्यसीति क्वणितैर्युवानमुत्तंसलग्नोऽभ्यधितेव भृङ्गः॥28॥

आलिङ्गति प्रियतमे विनिमग्नहार-
मुक्तापदाङ्कितपयोधरपीठगाढम्।
आच्छादितावयवमुच्छ्वसितं विवेद
रोमाञ्चकञ्चुकमपि व्यवधिं वरोरूः॥29॥

लज्जावशात्पिदधती दयितव्यपास्त-
चीनांशुकं कुचयुगं करपङ्कजाभ्याम्।
बिम्बागतं सपदि तत्र रसेन कान्त-
मन्तः प्रवेशयितुमैच्छदिवाञ्चितभ्रूः॥30॥

मिथुनरतपरस्परप्रहारैर्ललितदलं मकरन्दवृष्टिमौज्झीत्।
सरसबकुलपुष्पदाम शीधुस्रुतिमिव मुग्धवधूमुखान्निपीताम्॥31॥

उत्तानितस्यावटुजग्रहेण परिस्फुरन्मानवतीमुखेन्दोः।
प्रियेण बिम्बाधरपानसङ्गान्निपीत आसीदिव कोपरागः॥32॥

उद्दामरागरभसाभिमतावरुग्ण-
बन्धा शनैर्निधुवने पतिताधिशय्यम्।
शोभां बभार सुदृशो मकरावचूल-
पर्यङ्कपट्टरचना कलधौतकाञ्ची॥33॥

पर्यासितो निधुवने कलकण्ठवर्ति
शुश्रूषमाण इव कूजितमव्यवस्थम्।
तूष्णीं बभूव शयने रमणीजनस्य
काञ्चीगुणः क्वणितरेचितरत्नघण्टः॥34॥

अलमर्थं वचो मा मामतिपीडयेत्यादि निषेधंक वाक्यम्। हावश्चेष्टाविशेषः प्रागुक्तलक्षणः। मणितमव्यक्तं ध्वनितम् आपि प्राप्ता॥25॥ कार्यिकता प्रयोजनापेक्षित्वम्॥26-27॥ भृङ्गः षट्पदः। यश्च भृङ्गः सहेलकः स युवानमुत्तंसलग्नः कर्णपथमागतः पैशुन्येन किंचितप्प्रयागतं वक्ति॥28-31॥ अवटुः कृकाटिका तज्जाः केशा अवटुजाः॥32॥ अभिमतः प्रियः। पर्यङ्कपट्टः पर्यस्तिकापट्टकम्। तद्रचनेव काञ्ची शुशुभे॥33॥ पर्यासितो निरस्तः। रेचितास्त्यक्ताः॥34॥ विधिं प्रवर्तनम्। अगमयद्बोधयामास। कमितुः सत्यपि

किमपि कलमुदाहरन्नतभ्रूर्निधुवनकेलिषु यन्निषेधवाक्यम्।
कमितुरगमयद्विधिं तदस्याः प्रभवति वस्तुषु वाम एव कामः॥35॥

अशिक्षितं प्रातिभतामवाप सुशीलितं विस्मृतरूपमासीत्।
रतेऽधिरोहत्यमाराङ्गनानां न वाम(किं नाम) कामानुगुणं न जज्ञे॥36॥

संरम्भभाजि दयितेऽधरचुम्बनाय
मानात्सहुंकृति मुखं परिवर्तयन्त्याः।
पृष्ठागतोपरि कुचस्य बभौ तरुण्या
वेणीलता मधुपपङ्क्तिरिवाम्बुजस्य॥37॥

चुम्बत्युपोढरसविभ्रममाननेन्दु-
मुत्तानितं हठकचग्रहणेन कान्ते।
उत्सार्यमाण इव निःश्वसितानिलेन
मानः क्षणान्निरगमद्धृदयात्पुरंध्रेः॥38॥

शयनमनुगतं विलूनहारच्युतनवमौक्तिकमण्डलैस्तरुण्याः।
मदनशिखिविलीनगण्डभित्तिप्रतिमितचन्द्रसुधाकणैरिवासीत्॥39॥

स्पर्शोत्सवेनाहितगाढरागा बभार काचिद्वहिरेव कम्पम्।
निःस्पन्दतामाप पुनः स्थितान्तः प्रेतामृतार्द्रे हृदि वल्लभस्य॥40॥

आलिङ्गिता सरभसं दयितेन पृष्ठ-
विन्यस्तसान्द्रनखपङ्क्तिपदा तदानीम्।
गाढीचकार तदुरःस्थलसंनिवेश-
चक्रीभवत्कुचयुगा परिरम्भमेका॥41॥

आघूर्णनाकुलिततारकलोचनायाः
कम्पाकुलोत्पुलकपीनतनोः प्रियस्य।
आलिङ्गनं मधुमदः शिथिलीचकार
गाढं पुनर्मृगदृशो विदधावनङ्गः॥42॥

कर्मत्वे तदविवक्षया संबन्धमात्रे षष्ठी। यथा–'अनुचकार भगवतो नारायणस्य' इति भट्टबाणस्य। वामो विपरीतकृत्। उक्तं च–'कलहरूपं सुरतमाचक्षते। विवादात्मकत्वाद्वामशीलत्वाच्च कामस्य'॥35॥ प्रातिभं स्वप्रतिभानिर्मितम्॥36-42॥ गलितः पतितोऽङ्गरागो येषु॥43-44॥ शकलितं खण्डितमगुरुपत्रभङ्ग एव प्रसाधनं यैस्तानि

गलितसरसकुङ्कुमाङ्गरागाः श्रमजलशीकरबिन्दवस्तरुण्याः।
हृदयनिहितगाढरागरक्ता इव रतविभ्रमनिर्गता विरेजुः॥43॥

प्रेयोनखार्द्रक्षतिभिर्नताङ्ग्याः परिस्फुरत्काञ्चनकाषगौरी।
व्यराजतोद्भिन्नमनोज्ञरागबीजाङ्कुरौघेव शरीरयष्टिः॥44॥

लीलावती शकलितागुरुपङ्कपत्र-
भङ्गप्रसाधनकरालनखक्षताङ्काम्।
गण्डस्थलीं स्थगितरत्नवतंसकान्ति
लावण्यसंभृतिभरस्फुटितामिवोहे॥45॥

प्रेयोनखक्षतपदानि कपोलभित्ति-
भागेषु ताम्रकुटिलानि नितम्बिनीनाम्।
भान्ति स्म बिभ्रति हरेक्षणवह्निहेति-
संधुक्ष्यमाणवदनेन्दु........(मदनाशुग)पक्ष्मलक्ष्मीम्॥46॥

प्रियतमपरिचुम्बनेन भीरोः स्फुटमधरोऽपि सजीवतामवापत्।
अविरतरतविभ्रमाभिलाषात्कथमपि संस्फुरणोऽन्यथा भवेत्सः॥47॥

विभ्राणया सरलतां करणप्रपञ्च-
नानाविकल्पकृतिनो वदनेन यूनः।
संसर्गमाप्य मधुरं चकणे रतेषु
वामभ्रुवा मकरकेतनवंशनाड्या॥48॥

आकृष्य चुम्बनविकल्पपटीयसोऽपि
बिम्बाधरं कमितुरोष्ठदलान्तरालात्।
चातुर्यचारुसदनं वदनं चुचुम्ब
काप्यात्मनः कुशलतां किल दर्शयन्ती॥49॥

अधररुचकदानधूतहस्ताच्च्युतमवहद्वलयं पुरः पुरंध्रेः।
वदनविजितकान्तिदुःखभिन्नस्थितिहृदयं स्फुरदिन्दुबिम्बशोभाम्॥50॥

नखक्षतान्यङ्को यस्याः। अत एव लावण्यस्फुरितामिवेत्युत्प्रेक्षा॥45॥ बिभ्रति दधानानि। 'वा नपुंसकस्य' इति नुमभावः॥46-47॥ सरलता सद्भावित्वं स्पष्टता च। करणान्युत्फुल्लकेन्द्राणीप्रभृतीनि संवेशनानि। वदनेन संसर्गश्चुम्बनार्थं वादनार्थं च योगः। चकणे मणितं ध्वनितम्। 'चारुभ्रुवा रतिपतेरिव वंशनाड्या' इति पाठः। एवं हि

कण्ठेऽभवद्वल्लभबाहुपाशनिपीडनं जीवितलाभहेतुः।
विखण्डनं चाधरपल्लवस्य कचग्रहश्चोत्सव एव तासाम्।।51।।

किं कर्णकेशमृदुबाहुमयेन तस्य
पाशत्रयेण सुदृशामिह मीनकेतोः।
एकोऽपि संयमयितुं प्रतिबद्धशक्ति-
रस्याभवत्क्वचन रागवतो न पुंसः।।52।।

उत्फुल्लवेल्लहलहारिविदग्धहाव-
संमूर्छिताञ्चितमनोहरभावहृद्याः।
चारुभ्रुवां निधुवनावसरे प्रसस्रु-
रक्षुण्णरागरभसोल्लसिता विलासाः।।53।।

कुचकलशतटेषु कामिनीनां दयितनखक्षतराजयो विरेजुः।
रतरभसविलूनकण्ठमालाच्युतकुटिलारुणकेसराभिरामाः।।54।।

आविष्कृतानर्गलरागसंपदमन्दनिःश्वासतरङ्गयमाणम्।
समर्पयन्त्याधरपल्लवाग्रमग्राहि तन्व्या हृदयं प्रियस्य।।55।।

आबद्धरागसुरतश्रमवारिबिन्दु-
निर्धौतशेषरुचिरागुरुपत्त्रलेखाम्।
सुभ्रूर्विलग्नमदनास्त्रकृशानुदाह-
कालीकृतामिव बभार कपोलपालीम्।।56।।

ऐक्षन्त घर्मसलिलप्लवलङ्घ्यमान-
कालागुरुप्रकरपत्त्रलता युवानः।

कामस्य वांशिकत्वाध्यवसायात्करणेत्यादिविशेषणं स्फुटमेव संगच्छते। वाद्ये हि स्वरानुबन्धरूपाणि धाराप्रभृतीनि करणानि संभवन्ति। वंशनाड्या वेणुनालिकया।।48-49।। रुचको मणिविशेषः।।50।। कण्ठे [वा] बाहुपीडनं जीवितहेतुरित्यादिवचनं साकूतम्।।51।। कर्णस्य पाशः पाली। केशभुजास्तु यथाक्रमं मनःकण्ठयोर्बन्धकत्वात्पाशः। प्रशंसार्थस्तु पाशशब्दोऽत्र न गृह्यते। तस्य केवलस्य प्रयोगाभावात्। प्रतिबद्धा प्रतिहता।।52।। वेल्लहलः सुकुमार इत्युक्तम्।।53।। रभस आटोपः।।54।। रागोऽभिष्वङ्गो-ऽपि।।55-56।। घर्मजलेन लङ्घ्यमानागुरुपत्त्रलतत्वादवतीर्णकाममकरा इव गण्डसरसीर-पश्यन्।।57।। धृतमुकुलैर्मुकुलत्वधारिभिः। अन्तरेणापि भावप्रत्ययं वृत्तेस्तदर्थावगतिर्भवतीति

स्वच्छाः कपोलसरसीरवतीर्णपुष्प-
कोदण्डकेतुमकरा इव कामिनीनाम्।।57।।

श्रियमदधत पीवरैः स्तानाग्रैः सरसनखक्षतराजिभिस्तरुण्यः।
अलिविघटितपत्रसंधिबन्धैर्धृतमुकुलैर्नलिनैरिवाम्बुजिन्यः।।58।।

जिह्मारुणाः पक्ष्मललोचनानां बभुर्नखाग्रक्षतयः स्तनेषु।
प्रसूनबाणासनरत्नवीणातन्त्रीकलाविभ्रममाक्षिपन्त्यः।।59।।

भाति स्म निर्दयरतिश्रमवारिबिन्दु-
वृन्दावकीर्णपरिपाण्डुरगण्डभागम्।
लावण्यसिन्धुसलिलोत्थितलक्ष्यमाण-
विस्तारिबुद्बुदमिवाननमङ्गनायाः।।60।।

वामभ्रुवो निधुवनक्लमघर्मवारि-
बिन्दूत्करव्यतिकरोच्छलिता विरेजे।
गम्भीरनाभिसरसी स्मरकेतुयष्टि-
कोटिप्रतिष्ठझषमन्दिरसुन्दरश्रीः।।61।।

अनलमिव विसाढुमङ्गनायास्तनुपदविच्युतिदुःखमङ्गरागः।
अकृत कुचतटे रतिश्रमाम्भःप्लवगलितो नखराजिषु प्रवेशम्।।62।।

निर्भिद्य देहं स्मरमार्गणेषु मनः प्रविष्टेषु रताभियोगे।
तद्रन्ध्रमार्गैरिव कामिनीनां स्तना विरेजुः करजक्षतौघैः।।63।।

अभ्युच्छ्वसत्पुलकपूरभरातिभार-
गुर्वी विसोढुमसहेव तनुं मुमोच।
आविर्भवद्रतिरसाशिथिलप्रयत्नं
लीलालसा दयितवक्षसि संहतोरूः।।64।।

स्पष्टोत्तरं रसमनोज्ञविशेषवृत्ति
शिक्षाप्रपञ्चरहितं किमपि स्ववेद्यम्।

प्रतिपादितम्।।58।। तन्त्रीणां कलाः पुराणत्वाद्बहिर्निर्गता एव देशाः। यासां 'एरिका' इति प्रसिद्धिः। ता अपि निह्मारुणा भवन्ति।।59-60।। झषो मकरस्तस्य मन्दिरं जलोच्छलितमेव भवति।।61।। तनुः शरीरमेव पदं स्थानं ततो भ्रंशदुःखं सोढुमनलमसमर्थ इवाङ्गरागो नखपदेषु प्रविवेश।।62-64।। हृदयं जीवितम्।।65।। झषो मीनः स

चारुभ्रुवः प्रतिबभौ सुरते तदाशु
　　पुष्पायुधस्य हृदयं यदखण्डमासीत्।।65।।

श्रवणशिखरविच्युतं तरुण्याः शशिधवलं नवकेतकीपलाशम्।
अभृत मकरकेतुकेतुदण्डस्खलितविमुग्धझषावचूललीलाम्।।66।।

विलूनहारोज्ज्वलशेखरश्रीरुपोढरागश्रमवारिबिन्दुः।
रतावमर्दः सुरसुन्दरीणामाक्षिप्तकोपानुकृतिर्जजृम्भे।।67।।

लावण्यकान्तिममलां मृगनाभिपङ्क-
　　पत्रावली विलिखिताच्छकपोलभित्तौ।
श्मामीकरोति किमितीव दधाव घर्म-
　　वारिच्छटा दयितभावनजा तरुण्याः।।68।।

गम्भीरनाभिसरसी सुदृशोऽङ्गराग-
　　पिङ्गैरपूर्यत रतिश्रमवारिलेशैः।
आलक्ष्यचूचुकषडङ्घ्रिकुचारविन्द-
　　विष्यन्दिसान्द्रमकरन्दरसायमानैः।।69।।

दयितनखविलेखनं वधूनां विशदमयूरपदं शशप्लुताङ्कम्।
अभृत मदनकाननस्य लक्ष्मीं स्तनशि..........................।।70।।

कचग्रहोत्तानितवक्त्रपङ्कजे चुचुम्बि[षौ]प्रेयसि................।
ननर्त तोषा[दिव]............विभ्रमस्फुटीभवत्स्पन्दनसुन्दरोऽधरः।।71।।

धौताङ्गराग.........श्रमवारिलेशाः
　　पौष्पे निपेतुषि हृदि स्मरमार्गणौघे।
तद्रन्ध्रमार्गविगलन्मकरन्दबिन्दु-
　　वृन्दश्रियो मृगदृशां सुरते निरीयुः।।72।।

एवावचूलं चिह्नम्।।66।। उपोढा व्यसनेन श्रमतारिबिन्दवो यत्र। धृतारुणत्वाः श्रमवारि-बिन्दवो यत्रेति योज्यम्।।67।। दधाव क्षालितवती। पत्रावलीमेव सामर्थ्यात्।।68।। षडङ्घ्रिः षट्पदः।।69।। स्तनमुखे विरलाः पञ्चनखलेखा मयूरपदम्। पञ्चैव नखक्षतानि चूचुकसंनिकृष्टानि निरन्तराणि शशप्लुतम्। उक्तं च–'लेखाः स्तनास्ये विरला मयूरपदं नखाग्रैः सकलैर्निषक्ताः। शशप्लुतं पञ्चनखव्रणानि सान्द्राणि तच्चूचुकचिह्नमाहुः।।' वने च मयूराणां पदानि चरणमुद्राः। शशानां च प्राणिभेदानां प्लुतं गतिविशेषः।।70-72।।

यैरध्यगामि नितरां प्रथमे समाप्ति-
रारब्ध एव नवकोमलरागवेशे।
ते विभ्रमाः सपदि पप्रथिरे रतेऽत्र
संधुक्षितस्मररसाः सुदृशो द्वितीये।।73।।

समदमदनसाध्वसत्रपास्ताः किमपि रसान्तरमन्तराविशन्त्यः।
चिरमपहृतचेतसोऽपि चित्रं दयिततमानुपचेरुरञ्चिताक्ष्यः।।74।।

सुखानुबन्धाद्विनिमीलिते मुहुः प्रियाननालोकनकातरे मुहुः।
अवापतुर्मन्थरतां विलोचने निमीलनोन्मीलनविभ्रमैस्तनोः।।75।।

बिभ्राणया श्रुतिमनोरमतामभीक्ष्णं
प्रेयानसेचनकदर्शनया तदानीम्।
आक्षिप्तरागिहृदयो हरिणीदृशाथ
रत्युत्सवे मदनमञ्जुकथा गिरासीत् (?)।।76।।

आपात एव यदभूत्सुखमात्मवर्ति
तेनातुरत्वमितरत्र विवर्धमानम्।
संधुक्षितान्यसुरतं कमितुर्बभूव
चित्रप्रपञ्चचतुरत्वमहो स्मरस्य।।77।।

भवतु च परिवृत्त्य नाम तन्व्याः स्थितमधिशय्यमलीकमानखेदात्।
हृदयमभिमतेऽनुरागवृत्तेरभिमुखमेव पुनर्बभूव तस्याः।।78।।

प्रियेण हन्तुं दयितां गलन्मधुच्छटाकणं केसरदाम पातितम्।
नपुंसकत्वेऽपि सघर्मशीकरं तदङ्गसंस्पर्शसुखादिवाभवत्।।79।।

प्रथमे रते सुकुमाररागप्रसरत्वादारब्ध एव समाप्तिरधिगतां यैस्ते विभ्रमा द्वितीये रते पप्रथिरे पल्लविताः। नैषां समाप्ति शङ्काभूदित्यर्थः।।73।। रसान्तरमित्यादिहासक्रोध-मयीमवस्थाम्। अपहृतं चेतो याभिः। यासां च चित्तमपहृतं ता निश्चेतनाः प्रेयसः परिचरेयुरिति चित्रम्।।74-75।। 'न गम्यते येन तृप्तिस्तदसेचनकं विदुः'।।76।। इतरत्र द्वितीयस्मिन्रते। तेन सुखेनात्त(तुरत्व)मापात एवोत्तरत्रापि किमेवं स्यादित्यभि-योगः।।77।। अभिमतो दयितः।।78।। नपुंसकं तृतीयाप्रकृतिः। तस्य स्त्रीस्पर्शेन सुखावाप्तिः। वस्तुतस्तु नपुंसकं नाम लिङ्गम्।।79।। कराः पाणयोऽपि।।80।। अत्र कामस्य धनुष्य[ति]प्रवीणता सम्यग्वा हृदयानां भेदो ध्वन्यते।।81।। चुम्बनसहितेन दंशेन

तत्कालसंभृतरसातिशयानि दूर-
मव्याहतप्रसरतां सुदृशां दधद्भिः।
चन्द्रः करैरभिमुखत्वमुपानिनाय
पुष्पायुधस्तु हृदयान्यभिनत्पृषत्कैः॥80॥

तस्यातिविस्मयविधायि विचेष्टितं त-
दुत्थाय चञ्चलतरान्मनसोऽप्यनङ्गः।
स्थैर्यं दधत्सुनिशितैरिषुभिर्भिनत्ति
पौष्पैरपि स्म हृदयानि यदाशु यूनाम्॥81॥

अधरभुवि नितम्बिनीजनस्य प्रियतमचुम्बनदंशबिन्दुमालाः।
दधुरभिनवतोपलक्ष्यताम्रच्छविसुभगाः स्मररागबीजशोभाम्॥82॥

उपेयुषीणामुपदेशशून्यतां रतेऽधिरोहत्यधिकं नतभ्रुवाम्।
असूत तासां प्रतिभैव तं गुणं न येन यूनां हृदयानि नाहरत्॥83॥

प्रेङ्खोलतातरलिता.....................................
....।
....
....॥84॥

भाति स्म पक्ष्मशिखरस्खलितद्विरेफ-
कल्माषिता रतिगृहोदरकुट्टिमोर्वी।
तत्कालबद्धरभसस्मरकृष्यमाण-
कोदण्डदण्डगलितैरिव रत्नपुष्पैः॥85॥

अविरलकुसुमोपकारलीनं भ्रमरकुलं रतिवेश्मनि व्यराजत्।
स्मरशरहतिजर्जरीकृतं सत्कवचमिवोज्झितमायसं भटीभिः॥86॥

....।
....॥87॥

बिन्दुमाला क्षतविशेषः। उक्तं च–'बिम्बोष्ठमध्ये दशनद्वयाग्रसंदंशतो जन्म लभेत बिन्दुः। सर्वाग्रदन्तैर्मणिबिन्दुमाले कार्ये सदाभ्यासमताश्रिते च'॥82-83॥ पर्यङ्कः शय्या। तस्य नमनोन्नमने॥84-87॥ पुरुषायितेषु नितम्बस्य पातोत्पाताभ्यां मध्यस्य

मध्यस्य तानवभृतो घटते तवाति-
दीर्घाङ्गुलीतुलनमस्तु नितम्बभित्तेः।
इत्यभ्यधायि रणितैरिव वल्लभस्य
पाणिः पुरंध्रिरशनामणिकिङ्किणीभिः॥88॥

कौतूहलाविरतहारिरसोपगूढ-
कल्लोलितस्मरविकल्परतप्रपञ्चा।
ह्रीमन्थरत्वमपहाय वियातिमान-
मासेदुषी सुतनुरन्यमयीव जज्ञे॥89॥

शयनगतविनिद्रकान्तलीलाचिरपरिहापितसप्रपञ्चरागम्।
अभृत सुभगरूपतां निशायाः सपदि मुखादपि पश्चिमार्धमासाम्॥90॥

उदीरयन्ती किमपि स्खलत्पदं तदाभियुक्ता दयितेन कामिनी।
अशिक्षितालम्बितपाटवा नु किं सुशिक्षितं नु प्रकटत्वमानयत्॥91॥

स्वच्छं बभार विपरीतरतश्रमाम्बु-
निर्धौतशेषरुचिरागुरुपत्त्रलेखम्।
दोलायमानमणिकुण्डकोटिकाष-
लीलाकिणाङ्कितमिव प्रमदा कपोलम्॥92॥

तन्व्याः प्रवृत्तपुरुषायितविभ्रमाया
घृष्टं रणत्युपरमे(रि मे) कथमत्र काञ्ची।
इत्यभधादिव मनोहरशिञ्जितेन
पर्याकुलं रतिषु नूपुरपारिहार्यम्॥93॥

अभृत वदनमूढकान्तिसंपत्सुरतविपर्ययविभ्रमे तरुण्याः।
स्फुटकवलनरागराहुशङ्कानिपतदधोमुखचन्द्रबिम्बशोभाम्॥94॥

विपरीतरताभियोगलग्नां स्त्रियमालोक्य विलज्जितेव दूरम्।
श्रमशीकरबिन्दुधाव्यमाना विजहौ पत्त्रलता कपोलभित्तिम्॥95॥

तुलनं घटत इति काकुप्रयोगः। नैव युज्यत इत्यर्थः॥88॥ रसेनोपगूढाः श्लिष्टाः कल्लोलिताश्च विजृम्भिताः स्मरविकल्पा यत्र ईदृशो रतप्रपञ्चो यस्याः। वियातिमानं प्रागल्भ्यम्॥89॥ परिहापितोऽतिवाहितः। भुक्त इति यावत्॥90-91॥ विपरीतरतं पुरुषायितम्॥92॥ नूपुरमेव पारिहार्यः कटकः। शिञ्जितेन शून्यत्वं प्रायेण पुरुषायितेन ।

अन्यात्मनश्चरणभूषणशिञ्जितेन
　　प्रत्याहृता चरणयोर्नवयावकश्रीः।
रागेण पीडनभुवा हरिणेक्षणाया
　　धौतापि घर्मसलिलैः शयने तदानीम्॥96॥

स्मररभसपरीतकान्तदन्तक्षतिपरिजातभियेव बिम्बितेन।
प्रचुरमदविपाटला तरुण्याः सपदि जहे शशिना कपोलभित्तिः॥97॥

संपादिताभिनवविभ्रममण्डनानि
　　प्रेयोनखक्षतपदानि तनुस्तरुण्याः।
मुक्ताफलार्घकुसुमैरिव निष्पतद्भि-
　　रानर्च घर्मजलशीकरबिन्दुवृन्दैः॥98॥

अग्राहि रागिहृदयं दयितस्य येन
　　यच्चान्यवस्तुनिरपेक्षतया मनोज्ञम्।
चारुभ्रुवः किमपि तत्सुरतेषु वाम्य-
　　मक्षुण्णमेव रमणीयमथाविरासीत्॥99॥

चिक्षेप दृष्टिरभितः सुतनोरपाङ्गपर्यस्ततारकमयूखजलच्छटालीः।
प्रत्यग्रकान्तदशनक्षतगाढपीडानिर्वापणार्थमिव कोमलगण्डभित्तेः॥100॥

निहितनखपदं कुचाग्रभागे करकमलेन विकम्पिना नतभ्रूः।
प्रियकरमभिनाभि कापि कोपात्किल कलकोमलकूजिता निरासे॥101॥

वामभ्रुवः शयनपट्टविवर्तनेन
　　कान्तस्य चित्तमृगबन्धनवागुरासीत्।
विस्तारिमूलशिथिलाश्रितदैर्घ्यलेश-
　　पर्यन्तभागविषमोच्छ्वसिताथ वेणी॥102॥

पर्यङ्कपट्टमलनात्सविशेषमाप
　　दैर्घ्यं यदुत्पलदृशो लुलितः शिखण्डः।
तस्यामुना फलमवापि तनोर्नितम्ब-
　　बिम्बाग्रचुम्बनसुखार्पितमद्वितीयम्॥103॥

नूपूराकरणात्(?)॥93-100॥ नखक्षतानां पदानि स्थितानि॥101॥ विषमं विशरारु कृत्वा उच्छ्वसिता विकसिता। वागुरापि तथैव॥102॥ शिखण्डः कबरी॥103॥

स्वस्थानादचलदपि क्षणेन तत्तद्विस्रम्भातिशयमनोज्ञमाचरद्भिः।
यत्तासां हृदयमगृह्यतानुरागि प्रेयोभिस्तदभवदद्भुतं तदानीम्।।104।।

निद्रां विहाय शनकैः परिपीतशीत-
वातायनस्थचषकाश्रयशीधुशेषा।
मत्ताधिकं श्रमजलप्लुतदेहयष्टि-
रच्छिन्ननीरसरताभिरतोत्सवासीत्।।105।।

सुव्यक्तमापदमरत्वमसौ पुरंध्रि-
बिम्बाधरास्पदसुधारसपानसङ्गात्।
गाढीभवन्निधुवनोत्सवसंमदेन
येनानिमेषनयनत्वमवापि यूना।।106।।

दधत्कान्तिं नासावनुभवति किं खण्डनदशां
निपीतः सन्रागं प्रकटयति नो वा किमधिकम्।
किमानन्दस्यैको न भवतितरां हेतुरतनोः
सुधासूतिश्चन्द्रः किमधरदलं नोत्पलदृशाम्।।107।।

तत्खण्डनार्दितपुरंध्रिविधूतहारि-
हस्तप्रकोष्ठगलितो नवरत्नकम्बुः।
कंदर्पलासकतिरस्करिणीविशीर्ण-
माणिक्यबन्धकटकस्य बभार शोभाम्।।108।।

रोमाञ्चकण्टकितकम्पिकपोलभित्ति-
रन्योन्यसंवलिततारकलोचनश्रीः।
रागावसानलुलिता मिथुनस्य दृष्टि-
रन्यैव निस्तिमितकालकलाविरासीत्।।109।।

स्वस्थानादचलदपि गृह्यते चेति विरोधः। ग्रहणं त्वावर्जनमिति च न विरोधः।।104।। अच्छिन्नमविरतं नीरसं रागशून्यं तत्संस्कारमात्रेण प्रवृत्तं यद्रतं तत्रासक्ता मत्तत्वादासीत्।।105-106।। खण्डनादिना द्वयोरप्यमेदादधरपल्लवः सुदृशां चन्द्र एव। तत्रैकस्य खण्डनं दशनक्षतात्, अपरस्य तु प्रायशोऽपरिपूर्णत्वात्। एकः प्रियेण पीतो रागं व्यसनमभिव्यनक्ति, द्वितीयस्तु राहुणास्वादितो रागमरुणत्वात्(त्वम्)। एकोऽतनोः कामस्य संबन्धिन आनन्दस्य हेतुः, अन्यस्तस्यैवातनोरनल्पस्य। सुधास्राविवत्वं च द्वयोरपि।।107।। तस्याधरस्य खण्डनेनार्दिता व्यथिता। लासको नर्तकः।।108।। रागस्य

निबिडजघनरोहकाण्डयुग्मा तरलविवर्तिततारकेक्षणश्रीः।
दृढतरपरिरम्भविभ्रमासीत्कमलदृशां सुरतावसानलीला॥110॥

लावण्यकान्तिविसरामृतधाव्यमान-
रम्याङ्गदर्शनकुतूहलिनावितीर्णे।
कान्तेन वाससि वधूः सुरतावसान-
वैलक्ष्यहासदशनांशुपटं ततान॥111॥

प्रेयः कराकलितपीननितम्बबिम्ब-
वासा वधूः करतलस्थगितोरुमूला।
हारेण चन्द्ररुचिमौक्तिकदन्तपङ्क्ति-
निर्यत्प्रभाविशदशोभमहस्यतेव॥112॥

लीलाविलासकिलकिञ्चितहावहारि-
हेलाभिरामसुकुमारमदप्रगल्भाः।
रागादपर्यवसितेच्छमिति प्रियांस्तां-
श्छन्दानुवृत्तिनिपुणं रमयां बभूवुः॥113॥

रत्युत्सवे शिथिलितारभसेन पूर्वमुत्सारितानुचितधाष्टर्यपरिग्रहत्वात्।
लज्जा तदन्तकृतसंभ्रमविभ्रमश्रीराविर्बभूव सुदृशां विनयाग्रदूती॥114॥

चेतोहरा विदधती वपुषः प्रयत्न-
शैथिल्यमाशु विहितस्मृतिविप्रमोषा।
किं मत्तता किमथवा सुदृशां व्यधत्त
निद्रा विजिह्मितविघूर्णितलोचनत्वम्॥115॥

रतस्यान्ते रसाद्वृष्टिरपूर्वैवाविरभवत्। निस्तिमिताः सुखसंवेदनादसंचेतिताः कालस्य कला अंशवो यस्याम्॥109॥ जघनरोहावूरू। काण्डशब्दः प्रशंसायाम्॥110॥ अवितीर्णे इत्यकारप्रश्लेषः॥111-112॥ लीलादय- श्चेष्टाविशेषाः। तत्र-'वागङ्गालंकारैः श्लिष्टैः प्रीतिप्रयोजितैर्मधुरैः। इष्टजनस्यानुकृतिर्लीला ज्ञेया प्रयोगज्ञैः॥', 'स्थानासनगमनानां हस्तभ्रूनेत्रकर्मणां चैव। उत्पद्यते विशेषो यः शिष्टः स तु विलासः स्यात्॥' इति लीलाविलासौ। किलकिञ्चितहावावुक्तौ। 'विदग्धशृङ्गाररसोपपन्नां वधूजनस्याभिनि- वेशनिष्ठाम्। वदन्ति हेलामिह चारुचेष्टां जनेषु हेवाक इति प्रसिद्धाम्॥' इति तु हेला॥113॥ पूर्वमारम्भकाले श्लथीकृता अनु पश्चाच्चितः प्रवृद्धो धाष्टर्यपरिग्रहो यत्र तद्भावाद्रभसेन रतावेगेनोत्सारिता उन्मूलिता लज्जा रत्यन्ते कृतसंभ्रमत्वादाविरभूत्।

इति मिथुनसहस्रे रत्नपर्यङ्कभाजि
क्लमपरिगतनिद्रे सा निशा पर्यणंसीत्।
मुहुरुपशमवेलामारुतश्वासवातैः
शशिनिपतनकालग्लानिमावेदयन्ती[1] ॥116॥

इति श्रीबालबृहस्पत्यनुजीविनो वागीश्वराङ्कस्य विद्याधिपत्यपरनाम्नो महाकवे राजानकश्रीरत्नाकरस्य कृतौ रत्नाङ्के हरविजये महाकाव्ये संभोगवर्णनो नाम सप्तविंशः सर्गः।

अष्टाविंशः सर्गः।

अथ तपनभयान्निशाङ्गनायाः शशधरमण्डलदर्पणेऽस्तसानौ।
उषसि निपतिते नवोडुपङ्क्तिस्सरुमणिशृङ्खलयान्यतो[2] विशश्रे॥1॥

अभिमतजनभाविविप्रयोगज्वरविधुरा विदधे यदारवैः स्त्री।
अकृत हृदयशून्यतानुरूपं तदवसितक्षणदाहतो मृदङ्गः॥2॥

दयिततमभुजोपधानलीलासुखविनिषण्णतनुर्निसर्गमुग्धा।
न खलु किल विभावरी गतेति क्षणविनिमीलितदृष्टिरेव तस्थौ॥3॥

सपदि विगलितप्रभेन्दुवक्त्रा शिथिलगतिः स्मरसङ्गिना[3] त्रियामा।
तनुतिमिरनिरुद्धतारकश्रीरथ[4] रतये न बभूव यातयामा॥4॥

अलमतिवलनेन देहयष्टेः सुतनु तनुस्तव भङ्गमेति मध्यः[5]।
इति कलरणितेन कम्बुपङ्क्तिः सदृशमिवाभिदधे विजृम्भमाणाम्॥5॥

अत्रानुचितधार्ष्ट्यपरिग्रहत्वादिति हेतुतया योज्यम्। तदानीं धार्ष्ट्यस्यायोग्यत्वादित्यर्थः॥114-115॥ उपशमवेला रात्रेः परिणतिसमयः॥116॥ इति राजानकजयानकसूनोरलकस्य कृतौ हरविजयविषमपदोद्द्योते सप्तविंशः सर्गः॥

अष्टाविंशः सर्गः।

तपनभयं सूर्यात्त्रासः तपनं च तापस्तदेव भयम्। ततो हि श्रान्ताया योषितो दर्पणः पतति। उडूनि नक्षत्राणि तत्पङ्क्तिरेव मुष्टिभूता शृङ्खला तयान्यत्र विशश्रे पतितम्॥1॥ क्षणदा रात्रिस्तत्राहतो मृदङ्गः प्रियवियोगविक्लवा योषितो यद्विदधिरे

---

1. 'काले' **ख.** 2. 'अन्यतः प्रसस्रे' **ख.** 3. 'सुरसंगिनां' **ख.** 4. 'निबद्ध' **ख.**
5. 'भङ्गः' **क.**

दृढतरपरिरम्भविभ्रमेण प्रियहृदये हृदयं तदा नतभ्रूः।
द्रुततरमिव भाविविप्रयोगक्षतधृति संगमयांचकार[1] काचित्॥6॥

बभुरतनुदृशां तथा न पर्वं सतिलकपत्त्रलताः कपोलभागाः।
प्रतियुवतिविरूक्षकाक्षिदृष्टाः प्रियदशनाङ्कभृतो[2] यथा प्रभाते॥7॥

उदयगिरितटे तिरोहितस्य स्फुटमिव मातुमशेषमण्डमूर्ध्वम्।
विरलिततमसः कराः शितांशोर्द्रुतमुदहासत[3] हासितारविन्दाः॥8॥

अधिगगनतलं परिस्फुरन्ती कपिशितकौशिकदिङ्मुखा बभासे।
दिनकररथबन्धतान्तभोगिश्वसितकृशानुशिखावलीव संध्या॥9॥

उदयशिखरिशृङ्गमुष्णरश्मिः प्रचुरतरा विधुतापदस्तदानीम्।
सरभसमभजन्निशावसाने सपदि दिशस्तदभीषवश्च दीर्घाः॥10॥

दधति दृढतमं तमांसि मांसीमलनमलीमसभांसि मांसलत्वम्।
उषसि चकरिरे विभाकरस्य प्रलयविभावसुभासुरैः कराग्रैः॥11॥

प्रतिककुभमधोगलन्ति संध्याकपिशितभांसि कुलानि तारकाणाम्।
विदधति भुवनारविन्दकोषच्युतमधुशीकरबिन्दुवृन्दलीलाम्॥12॥

दिवसगजपतेर्मृगाङ्कलेखाधवलमृणालसनाथपुष्करस्य[4]।
श्रियमभिमुखमाप चीनपिष्टप्रकरकरालरजश्छटेव संध्या॥13॥

तद्धृदयशून्यत्वमकरोत् (?)॥2-3॥ इन्दुबिम्बं चन्द्रसदृश आभोगोऽपि (?)। तिमिरं चक्षुर्विकारोऽपि। तारके कनीनिके अपि। यातयामागतप्रहरा गतयौवना च॥4-6॥ कटाक्षैश्चक्षुषोऽर्धभागावलोकनैः(?) विरूक्षके अक्षिणी यत्र तथाकृत्वा दृष्टैरिति वा योज्यम्॥7॥ ऊर्ध्वमण्डमुपरितनं ब्रह्माण्डकवाटं परिच्छेत्तुमिव करा उदाहासतोद्गताः। 'ओहाङ् गतौ'॥8॥ कौशिकस्येन्द्रस्य दिक्पूर्वा॥9॥ प्रचूरतरो वेगो यस्य, विधोश्चन्द्रस्य च तापं ददाति यः स रविः पूर्वाद्रिशृङ्गमभजत्सिषेवे। तत्कराश्च दिशोऽभजन्नसेवन्त। तेऽपि प्रचुरतराः सुप्रभूता विधतापदश्च विनाशितविपदः॥10॥ मांस्या ओषधिभेदस्य मलनं मर्दनं तद्वन्मल्यमानमांसीवन्मलिनप्रभाणि मांसलत्वं च बिभ्राणानि तमांसि चकरिरे क्षिप्तानि॥11-12॥ मृगाङ्कलेखैव तद्वच्च धवलं मृणालं तत्सहितं पुष्करं नभः कराग्रं च यस्य। चीनपिष्टं सिन्दूरम्॥13॥ नयस्य विश्वस्थितिकारितया नाभिर्मध्यवर्त्यंशुमान्प्रभाभिर्नवं शबलं च वियच्चकार। अवशं खेदनिःसहं कृत्वा

---

1. 'संक्रमयां' **ख.** 2. 'दृशो' **ख.** 3. 'श्रितांशोः' **क-ख.** 4. 'गणपतेः' **क.**

गगनमकुरुत प्रभाभिरुद्यन्नवशवलन्नयनाभिरुष्णरश्मिः।
उषसि ददृशिरे च कामिनीभिः सरसविवर्तितकंधरं युवानः।।14।।

प्रतिदिशमुडुरत्नराशयोऽथ स्तिमिततमोभिदुरत्विषः प्रणेशुः।
दिनकरकिरणैः समुन्मिषद्भिः सपदि कुवैकटिकैरिवानुविद्धाः।।15।।

स्फुरितबहुलसांध्यरागवह्नौ सतिमिरधूमशिखेऽम्बराम्बरीषे।
उषसि विरलभृज्यमानलाजाश्रियमुडुसंहतयः क्षणं वितेनुः।।16।।

मदविगलितलज्जया युवत्या दयितहृताम्बरयास्मि न व्यपास्तः।
इति पवनविघूर्णितः प्रभाते प्रमदवशादिव नृत्यति स्म दीपः।।17।।

स्फुरदमलरुचिः प्रभातवेला दिशि दिशि संदधती प्रबोधजृम्भाम्।
प्रसरदतनुसौरभाभिरामा श्रियममलामरविन्दिनीव दध्रे।।18।।

दिशि दिशि मकरन्दपानलोभाद्द्रुतमुपरि भ्रमरैः परिभ्रमद्भिः।
प्यधिषत[1] कुमुदानि भानवीयं करपरिमर्शमिवाभितो निरोद्धुम्।।19।।

अधिशिशयिषमाणमप्यधत्त भ्रमरकुलं नलिनीं तथैत्य दूरात्।
क्षणसमयमलप्सतावकाशं तरणिरुचो न यथाशु तां विभेत्तुम्।।20।।

दलितकमलकुड्मलाभिरामस्फुटतरसौरभवासितो नभस्वान्।
सलिलमभिसरन्सरोरुहिण्या हृदयमिवोत्कलिकाकुलं चकार।।21।।

व्यरुचदथ सरोजिनी मनोज्ञस्थितिचतुरभ्रमरा सहंसपक्षा[2]।
स्फुरितविशदशोभिनालपद्मा सततमसंयुतहस्तसंहतिश्रीः।।22।।

वलन्ती नयने यासां ताभिरङ्गनाभिश्च तरुणा दृष्टाः।।14।। तमसो भिदुरा भेदिका तमसा च हेतुना भिदुरा स्वयमेव भिद्यमाना। कर्तरिकर्मकर्तरि च विदिभिदिच्छिदेः कुरच्। वैकटिका मणिकारकाः। अनुविद्धा व्याप्ताः कृतच्छिद्राश्च।।15।। अम्बरीषं भ्राष्ट्रम्। भृज्यमानाः पच्यमानाः।।16-17।। प्रबोधेन निद्राविरत्या जृम्भा वदनविकासः। प्रबोधस्य च विकासस्य जृम्भा समुल्लासः। सौर्या सूर्यसंबन्धिन्या भया प्रभया सौरभेण चामोदेन हृद्या। श्रीः शोभा लक्ष्मीश्च।।18।। भानुकिरणस्पर्शमिव निरोद्धुं भ्रमरैः कुमुदानि प्यधिषत पिहितानि। अन्येऽप्य(न)भिप्रेतजनसंपादितं हस्तस्पर्शमप्यसहमानाः प्रभूनवच्छादयन्ति।।19।। अप्यधत्त स्थगयामास। क्षण एव समयस्तं तावन्मात्रं कालमवकाशं नालप्सत न लेभिरे।।20।। उत्कलिका उत्कण्ठापि।।21।। चतुरभ्रमरौ

---

1. 'न्यधिषत' क. 2. 'सहेमपक्षा' क.

तरणिकिरणदण्डघट्टनाभिर्विघटितसंतमसत्वचोऽम्बरस्य।
स्फुरदरुणकरातपच्छलेन क्षतजमिव प्रतिबद्धमाविरासीत्।।23।।

ददुरुषसि[1] विनिद्रपुण्डरीकप्रकरपरागपिशङ्गितान्तरिक्षाः।
अविरतरतमर्दतान्तकान्ताकुचकरजक्षतिनिर्वृतिं[2] समीराः।।24।।

दिनकरकरघातताडितं सद्रजनिजलाश्रुपरिप्लुतं तदानीम्।
कुमुदनयनमाशु कैरविण्याः प्रबलरुजेव कृतव्यथं न्यमीलत्।।25।।

उदयति हरिदिङ्मुखारुणाम्भःसरसविशेषकबिन्दुमण्डलेऽर्के।
स्तिमिततमतमालखण्डनीलैरतमितमामभितस्तमीतमोभिः।।26।।

क्रमविघटितशार्वरान्धकारस्फुटतरकूटविशङ्कटं तदानीम्।
दिशिदिशि ददृशेऽम्बुराशिमध्यात्त्वरितमिवोत्तरदद्रिचक्रवालम्।।27।।

अनुकृतभुजगेन्द्रभोगशय्यासुखविनिषण्णमुरारिनाभिचक्रम्।
श्रियमुषसि सरः सदर्पसर्पन्मधुकरकम्पितपुण्डरीकमापत्।।28।।

दिनकरकिरणप्रवालवल्लीवलयभृतः स्फुरिताडुपात्तशोभात्[3]।
भुवनपुलिनसीम्नि भासुरश्रीर्दिवसमणिः[4] प्रससार कालसिन्धोः।।29।।

कुमुदमुषसि संकुचत्सखेदः कमलमहो विकसत्प्रहृष्टचेताः।
उभयरसविसंस्थुलो[5] रसायुर्मधुरमधुस्त्रुतिनिर्भरं लिलेह।।30।।

उदयगिरिशिखागवाक्षभूमौ भुवनविलोकनकौतुकावसक्तम्।
मुखमिव दिवसश्रियो विरेजे धृतनवकुङ्कुमलेपमर्कबिम्बम्।।31।।

भरतोक्तौ हस्तावपि। हंसानां पक्षां पतत्त्राणि। हंसपक्षाख्यश्च हस्तः। नालं दण्डः। पद्मानि सरोजानि। नालपद्मश्च हस्तः। उक्तं च–'तिस्रः प्रसारिता यत्र तथा चोर्ध्वा कनीयसी। तासां मध्ये स्थितोऽङ्गुष्ठः स करश्चतुरः स्मृतः।। मध्यमाङ्गुष्ठसंदंशो वक्रा चैव प्रदेशिनी। ऊर्ध्वमुख्यप्रकीर्णे च ह्यङ्गुल्यौ भ्रमरे करे।। समाः प्रसारितास्तिस्रस्तथा चोर्ध्वा कनीयसी। अङ्गुष्ठ कुञ्चितश्चैव हंसपक्ष इति स्मृतः। असंयुता एव हस्तनिष्पाद्या।।22-24।। कराः पाणिरपि।।25।। हरिरिन्द्रः। मुखं वदनमपि। अतमितमामतिशयेन तान्तम्। तमी रात्रिः।।26।। कूटः कदम्बकम्।।27-28।। उडुपश्चन्द्रः। उडुपाश्च यानपात्राणि। दिवस एव मणिः।।29।। उभयत्र रसेन विषमस्थिती रसायुर्भ्रमरः कुमुदं कमलं च खेदहर्षाभ्यामलिहत्।।30-31।। विशद्भिरहिमांशोः सूर्यस्य विशदस्य

---

1. 'दधुः' क. 2. 'मन्द' क-ख. 3. 'पातु' ख. 4. 'भास्वर क. 5. 'विसंष्ठुलो' ख.

अथ विशदहिमांशुरश्मिभिन्नस्फुटदलसंधिविमुक्तबद्धभृङ्गम्।
उषसि कुमुदकाननायमानं कमलवनं बिभराञ्चकार लक्ष्मीम्।।32।।

मृदुमरुदवधूतपक्ष्मपालीभरविगलन्मकरन्दपङ्क्तिलेषु[1]।
मधुमदविवशै: कुशेशयानां दलशिखरेषु शिलीमुखैश्चखञ्जे।।33।।

प्रविघटितदलाररि प्रभाते मुखरशिलीमुखमङ्खचक्रवालम्।
न कमलपुटभेदनं न चक्रे दिवसकर: स्थितिधाम चारु लक्ष्म्या:।।34।।

स्फुटमधिगतसंभ्रमा भवन्त्य: शशिनि लिलम्बिषमाणधूम्रबिम्बे।
उषसि मृदुसमीरघट्यमाना[2] विशदमवेपिषताशु कैरविण्य:[3]।।35।।

विकसितमवलोक्य पुण्डरीकं विरचितसंहति संमदेन तावत्।
मधुरमधुपिपासया पतद्भिर्भ्रमरकुलैर्दुधुवे पतत्त्रपङ्क्ति:।।36।।

तदनिलरयकम्पिकेसराग्रस्खलितरज:स्थगितेक्षणा न यावत्।
ददृशुरपि सदेशवर्ति तत्ते श्लथयति कातरतेप्सितार्थसिद्धिम्।।37।। (युग्मम्)

कमलमुकुलपञ्जरोदरेषु प्रतिहतिरोषविधूतकेसराणाम्[4]।
प्रतिदिशमुदजृम्भत प्रणादो मधुकरकेसरिणां विनिद्रितानाम्।।38।।

क्षितितलशयनोत्थितस्य पङ्कप्लवमलिनं करटस्थलं करेणो:।
मधुकरनिकरो जहावसाधुव्यतिकरतो नहि किंचिदस्ति सेव्यम्।।39।।

नवयवयवसानवाप्तिखेदात्खुरशिखरै: खुरधारणीर्लिखन्त:[5]।
जहुरथ परिवर्धकोपनीतं विकटकडङ्गरमाशु घासमश्वा:।।40।।

च हिमांशोश्चन्द्रमस: किरणैर्भिन्ना विकसिता ये दलानां संधयस्तैर्विमुक्ता बद्धा: सन्तो भ्रमरा येन।।32।। पाली पङ्क्ति:। चखञ्जे स्खलितम्।।33।। दलान्येवाररयो द्वारपट्टका:। मङ्खा बन्दिन:। कमलपुटानां पद्ममुकुलानां भेदनं विकास:। पुटभेदनं च नगरं प्रभाते समुद्धाटितकवाटं पठद्बन्दिवृन्दं च राजा लक्ष्मीनिकेतनं करोति।।34।। शशिन्यधोमुखे स्फुटं निश्चितं प्राप्तसंभ्रमा:। कुतोऽन्यथा प्रकम्पेरन्। अवेपिषत चकम्पिरे।।35।। तावत्पतत्त्राणां पङ्क्तिर्भ्रमरैर्दुधुवे कम्पिता यावत्तेषां पतत्राणामनिलवेगेन कम्पिनां केसराणां रजसा स्थगितनयनास्ते।।36-37।। तदलोमानि च (?) केसरिण: सिंहा:।।38।। करटस्थलं गण्डतट:। करेणुर्गज:। असाधुरशोभनोऽपि।।39।। नवानां यवानां यवसानां

---

1. 'पक्ष' क. 2. 'घट्टमाना' ख. 3. 'कैरविण्या:' ख. 4. 'प्रतिरुत' क. 5. 'धोरणी:' क.

द्रुततरमवतीर्य वासयष्टेर्भुजगभुज: प्रतिमागतै: शिखण्डै:।
विविधमणिमयीरिवाशु चक्रुर्नृपतिगृहाङ्गनरत्नकुट्टिमोर्वी:।।41।।

अविरमदनुनासिका[1]भिरारास्फुटतरतारविरावकुञ्चिताग्रडि:[2]।
अविरति विरुराव ताम्रचूड: स्फुरितनतोन्नतकण्ठकंधराग्र:।।42।।

रविकरपरिमर्शबद्धनिद्रं तदुदरसंकटयन्त्रिता द्विरेफा:।
विघटितदलसंपुटं तथैषुर्भरचलिता निजविग्रहप्रणोदै:।।43।।

कुमुदमपि यथा[3] क्षणं विनिद्रं सपदि तदुत्प्लवनानुकूलमासीत्।
ननु विपदि विषाददुर्गतानां किमिव हि दुस्तरमस्ति[4] संहतानाम्।।44।।
(युगलकम्)

द्रुतमयमवमोचयत्यपास्य च्छदपटलोदरयन्त्रणां रविर्व:।
इति कलरणितैरिवाम्बुजानामुपरि चरन्मधुपानुवाच भृङ्ग:।।45।।

दलितसकलशार्वरान्धकार: कृतपरभागगुणं सरोरुहिण्या:।
कमलमनयदुन्मुखत्वमर्क: स्फुटदलमण्डलसाच्छ्रियाशु दीप्त्या।।46।।

दिशि दिशि विहगास्तनू: समन्तादनलसपक्षतयोपचीयमाना:।
उषसि जिगमिषाकुलास्तदानीं दयितवियोगदशा वधूश्च देहु:।।47।।

च घासानामप्राप्तिदु:खात्खुरधारणी: खुराधारोपलान्विदारयन्तोऽश्वा विकटं बुसमत्याक्षु:। परिवर्धकोऽश्वभृत्य:।।40।। भुजगभुजो मयूरा:।।41।। अनुनासिका ङञणनमा वर्णा:। तदभिरामं स्वरं कृत्वा प्रसारितचरण: कुक्कुटोऽनवरतं ववाशे।।42।। तत्कुमुदम्। उदरसंकटं कृत्वा यन्त्रिता बद्धा:। प्रणोदै: पेरणै:।।43।। तेषां द्विरेफाणामुत्प्लवनमुद्गति:। विषादेन दुर्गता दरिद्रास्तेषामविषादिनां मुदितानां संबन्धि न किंचिद्दुस्तरम्। तैरेव। संबन्धमात्रे षष्ठी। तेन 'न लोकाव्यय-' इति षष्ठीनिषेधो न भवति।।44-45।। स्फुटेन दलमण्डलेन सती श्रीर्यस्या:। स्फुटदलं कमलम्। अण्डे ब्रह्माण्डे लसन्ती श्रीर्यस्या इति वा योजना।।46।। अनलसा वेगवन्त: पक्षा येषां तद्भावेनोपचीयमानास्तनूर्निजशरीराणि पक्षिण: प्रातरुत्पन्नजिगमिषाकुलत्वाददहन्व्यथयामासु:। मरणेन खेदप्राप्ते: (?) विहगा वा शलभा विवक्षिता:। ते प्रात: प्रदीपेषु तन्मार्गेण जिगमिषव: शरीराण्यधाक्षु:। प्रात: प्रियतमजिगमिषा तद्व्याकुलाश्च वधू: प्रियविरहावस्थास्तथैवादहन्। ता अप्यनलसपक्षतया वह्निसाम्येनोपचीयमाना:।।47।। खञ्जरीटाख्य: पक्षी। मण्डलार्थं पुण्डरीकं कमलमातपत्रं वा बिम्बं यस्य।।48।। विटङ्क उन्नतो देश:। तत्र सटङ्कं सशोभं कृत्वा टङ्किताभिरुत्कीर्णाभि:

---

1. 'अवनासिका' ख. 2. 'विरावमञ्चितभ्रु:' क. 3. 'तथा' ख. 4. 'अस्तमोहितानाम्' क.

क्षपिततरुणखञ्जरीटकण्ठस्फुटतरबिन्दुमलीमसान्धकारः।
श्रियमभृततरां सहस्ररश्मिस्त्रिभुवनमण्डलपुण्डरीकबिम्बः[1]।।48।।

शशधरमणिसालभञ्जिकाभिर्भवनविटङ्कसटङ्कटङ्किताभिः।
दिनकरकिरणाहताभिरिन्दौ विनिपतिते शुशुषे शुचेव सद्यः।।49।।

अकृत कुमुदिनीविकासमारादहततमस्कममीलितारविन्दम्।
नभसि विगलितप्रभं हिमांशोः पयसि च बिम्बमभिन्नरूपमासीत्।।50।।

स्फुटदलमणिशुक्तिगर्भपीतस्फुरदरुणातपशीधुशीकरौघः।
मद्यविवश इव प्रभातवातव्यतिकरतः कमलाकरश्चकम्पे।।51।।

त्वरितमधिसरोजिनि व्रजन्ती मधुपततिः कुमुदाकराच्चकाशे।
दिवसकरभयात्पलायमाना तिमिरपरिप्लवधूसरेव रात्रिः।।52।।

विकटभुजगशृङ्खलावनद्धं सपदि रथप्लवमर्यमाधिरूढः।
ग्रहमणिनिचयं जिघृक्षुराप स्फुट इव पोतवणिङ्नभःसमुद्रम्।।53।।

शकुनिभिरधिशिश्रिये वनोर्वी स्फुटमदनानलदाहतापयोगाम्।
स्थितिमुपदधती मनोरथैश्च त्रिदशवधुजनतोषसि व्रजन्ती।।54।।

उपगतमपरत्र वासतेयीं द्रुतमपवाह्य पुनः[2] प्रभातकाले।
क्रुध इव रविमक्षमेक्षितुं द्यौरवनतमिन्दुमुखं चिरं बभार।।55।।

दिनकरमुदितं निरीक्ष्य चन्द्रः स्फुरिततदंशुशिखावमर्शभीताम्।
स्फुटहरिणनिभेन रात्रिमङ्के दधदिव संभ्रमतोऽस्तशैलमभ्यैत्।।56।।

त्रिभुवनविपिने कठोरभास्वत्किरणकुठारनिपातलूनमूर्तेः।
स्फुटमलमधुपो निशालताया रजनिकरस्तबकः क्रमेण मम्लौ।।57।।

चन्द्रकान्तपुत्रिकाभिः शुशुषे शुष्कम्।।49-52।। रथ एव प्लवो यानपात्रम्। पदाधिरूढो रविः सांयात्रिक इव वियदब्धिमापद्यत।।53।। स्फुटा मदनाख्यास्तरवो यस्याम्। नलं च नडं ददाति या सा वनभूरहता प्रशस्ता। नलदैर्वा मांसीभिराहता। पयोगां जलगतां स्थितिं बिभ्रती। पक्षिभिः श्रिता। मनोरथैरिव प्रभाते गच्छन्ती सुरवधूसंहतिः। सापि मदनानलस्य दाहेन तापः पीडा तेन योगः स्फुटो यस्यां तादृशीं स्थितिं धारयन्ती।।54।। वासतेयी रात्रिः। तामन्यत्र नीत्वा प्रातरागतं रविं क्रोधादिव द्रष्टुमक्षमा द्यौरिन्दुमुखं नम्रं

---

1. 'मङ्गल' **ख.** 2. 'पुरः' **ख.**

दयिततमममुं विधूय तेजो दिनकर मा परिभूर्निशाकरं[1] मे।
इति विरचितकुड्भलाञ्जलिश्रीस्तमतिशुचेव कुमुद्वती ययाचे॥58॥

मधुकरपटलीं मधुस्पृहान्धामुपरि कुशेशयिनी परिभ्रमन्तीम्।
अरचयदुषसि प्रियस्य भानोः कुवलयवन्दनमालिकामिवारात्॥59॥

विशदमधुरसारणानुबन्धक्वणदलिसंहतिवल्लकीनिनादैः।
जनितसुखमिव क्षपावसाने कुमुदवनं प्रतिपन्ननिद्रमासीत्॥60॥

सरसिजमुकुलस्य पार्श्वभूमेर्मधुकरपङ्क्तिरुपात्तमध्यभागा।
हरितमणिसमुद्गकस्य कृष्णा श्रियमभृत प्रकटेव संधिराजिः॥61॥

अधिनिशमवनेरपूरयद्यान्कपिशितदिग्वलयं तमोऽवकाशान्।
न तपनरुचिभिः[2] पुपूरिरे[3] ते बत मलिनस्य हि भूयसी विभूतिः॥62॥

क्षपितरजनिरागतोऽपरत्र प्रकटितराग न लज्जसे करैर्माम्।
स्पृशसि यदधुना जहीहि कस्य त्वमिति दिनात्ययखण्डना[4] स्मरन्ती॥63॥

विरलविषमपत्रसंस्थमब्जं चलदलि पल्लवहस्तचारु कृत्वा।
भ्रमरविरुतिभिर्जगाद सेर्ष्या तपनमितीव सरोजिनी सरोषम्॥64॥

(युगलकम्)

शरदिव दिवसावतारलीला सकलमकाशतया श्रियान्वितासौ।
क्षततिमिरमला निनाय दूरं सरित इवाशु दिशः प्रसादलक्ष्मीम्॥65॥

बभार॥55-56॥ कुठारः परशुः॥57-58॥ वन्दनमाला पुष्पत्रमयीस्त्रक्। सा प्रियस्यागच्छतो मङ्गलाय द्वारोपरिक्रियते॥59॥ मधुरसेऽरणं गतिर्यस्यास्तादृशी अनुबन्धेन पौनःपुन्येन क्वणन्ती भ्रमरपङ्क्तिरेव वल्लकी वीणा। सापि विशदा मधुरा च या सारण मूर्छना तदनुसारेण क्वणति॥60॥ संधिराजिर्द्वयोः कवाटयोः संश्लेषरेखा॥61-62॥ अपरत्र देशान्तरे सपत्नी गृहे च। रागोऽनुरागोऽपि। कराः पाणयोऽपि। इत्यनेन प्रकारेण कस्य त्वं न कस्यचिदात्मीयः। दिनात्यये खण्डना त्यक्त्वान्यत्र गमनं तत्स्मरणात्सेर्ष्येव पद्मिनी भ्रमररवैरादित्यमित्थमवादीत्॥63॥ चलन्तोऽलिनो भ्रमरा यत्र। पल्लवा एव हस्तास्तैश्चारु पङ्कजं कृत्वा। क्वचित् 'चलदल-' इति पाठः। तदा चला दलानां पल्लवाः खण्डा इति व्याख्या। नायिका च सेर्ष्या कमलं विकासयन्ती प्रेयांसमाचष्टे॥64॥ या श्रियान्विता सती सकलमकाशत सर्वमदिदीपत्। अन्तर्भावितण्यर्थोऽत्र काशिः। सा दिवसस्यावतरणलीला क्षतं तिमिरमेव मलो यया

---

1. 'परिभूत्' **ख.** 2. 'पतन.' **क.** 3. 'प्रपूरिरे' **क-ख.** 4. 'खण्डनं' **क.**

प्रकृतिशुचितया परावमर्शं सपदि विसोढुमिवाक्षमाभिरारात्।
स्पृशति दिनकरे करैः सरागं[1] दिशि दिशि संकुचितं कुमुद्वतीभिः।।66।।

अरुणकिरणदण्डघट्यमानस्फुटतिमिरौघविषा[2] निशाभुजंगी।
ग्रहगणमणिमण्डिता तदानीं विगलितचन्द्रमरीचिकञ्चुकासीत्।।67।।

दिवसविरतिखण्डनापराधस्मृतिसरुषोऽम्भसि बिम्बितोऽम्बुजिन्याः।
न्यपतदनुनिनीषयैव भास्वानरुणदलाङ्गुलिपादपद्ममूले।।68।।

निपतति शशिमण्डलं हहा किं नभसि न दृश्यत एव तारकौघः।
कुमुदवनमितीव गर्भबद्धभ्रमररवैरथ पर्यदेवतारात्।।69।।

स्फुरदरुणशिखाभिरामयोच्चैरुषसि विकासितपद्मयांशुमाली।
त्रिदशपतिपुरेव[3] संदिदीपे विशदमरीचितया श्रियोल्लसन्त्या।।70।।

द्रुतकनकरसच्छटाभिरामस्फुरदरुणांशुशिखावरुग्णमूलैः।
प्रतिदिशमथ चस्खले तमोभिर्गगनजलाशयकासरायमाणैः।।71।।

ग्रहमणिशबलं[4] नभःसमुद्रं सपदि लिलङ्घयिषुर्निदाघरश्मिः।
दिशि दिशि विचकार दैर्घ्यभाजः प्लवनरसादिव दूरमंशुबाहून्।।72।।

दिवसकरकाराहतं तदानीमदशनपङ्क्तिकृतावभासहासम्।
अमधुमदकृतामधत्त ताम्रत्विषमरविन्दमुखं कुशेशयिन्याः।।73।।

तादृशी दिशो विमलीचकार। यथा शरत्सरितः। सापि सह कलमैः शालिविशेषैः काशैश्च तृणविशेषैर्वर्तते या तद्भावेन हेतुना श्रिया युक्ता। क्षतास्तोयस्याल्पीयस्त्वात्तिमयो मत्स्या यया सा क्षततिमिः। अमला च जलदविगमान्निर्मला च भवति।।65।। करैः सरागमिति साकूतम्। अर्थाभिधानात्।।66।। विगलितं चन्द्रमरीचय एव कञ्चुकं निर्मोको यस्याः। दण्डेन च दन्तेषु चाल्पमाना भुजंगी भयान्निर्मोकमुज्झति।।67-68।। पर्यदेवत शुशोच।।69।। अरुणस्यानूरोः शिखा रश्मयः। अरुणशिखाश्च ताम्रचूडाः कुक्कुटाः। पद्मानि कमलानि पद्मा च लक्ष्मीः। विशदाः स्फुटा मरीचयो यस्य तद्भावेनोल्लसन्त्या श्रिया शुशुभे। अमरावत्या इव। सापि विशन्तीभिरमरीभिश्चिता व्याप्ता।।70।। कासरो महिषः।।71-72।। अविद्यमाना दशनपङ्क्तिर्यत्र तथाविधः कृतः प्रकाशो हासो यस्येति विभावना। करेण च हतं मुखं ताम्रतां धत्ते।।73।। पङ्कसंपर्कस्य तेन च मार्जनं शोधनम्। कराः पाणयोऽपि।।74।। विधौ चन्द्रमसि दैवे च।।75।। घना सौरी भा यस्य

---

1. 'सुरागं' **ख.** 2. 'घट्टमान' **ख.** 3. 'पुरीव' **क-ख.** 4. अस्य श्लोकस्योत्तरार्धमग्रिमस्य च पूर्वार्धं **ख**-पुस्तके त्रुटितम्.

उषसि घनतरान्धकारपङ्कव्यतिकरमार्जननिर्मलं[1] कराग्रैः।
अकृत[2] दिवसदर्पणं त्रिलोक्याः सपदि विलोकनयोग्यमंशुमाली॥74॥

कुमुदवनमलं व्ययोजि लक्ष्म्या मुदमजहादतिखेदवानुलूकः।
प्रलयमुपजगाम तारकौघः सपदि विधौ विधुरत्वमभ्युपेते॥75॥

स्फुरदरुणपलाशतालु बिभ्रन्नवघनसौरभतामुपोढनिद्रम्।
कमलमुखमजृम्भताभिरामं स्फुटतरकेसरदन्तमम्बुजिन्याः॥76॥

गुरुकलहरतालसच्छ्रियोच्चैः कृतमकरन्दरसस्पृहा नलिन्या।
दिशि दिशि गुरुनृत्तलीलयेव भ्रमरघटाकुलिता मिथस्तदासीत्॥77॥

मधुलिहि मकरन्दपानलोभाद्विकसितताम्रदलाग्रभागलग्ने।
दिनकृति कमलेक्षणं नलिन्या रचितकटाक्षमिवोद्ववाह लक्ष्मीम्॥78॥

क्षयसमयसमीरणाभिघातक्षुभितमिवाथ महासमुद्रमध्यम्।
अभवदुषसि जिह्मयमानकान्ति सफुटतरलक्ष्ममलं मृगाङ्कबिम्बम्॥79॥

उदयशिखरिशृङ्गवेदिकायां नवरुधिरारुणकान्ति भानुबिम्बम्।
अनुकृतदिवसप्र[3]वेशलक्ष्मीप्रसवविशङ्कटगर्भशय्यमासीत्॥80॥

नवविनिहितचीनपिष्टचर्चाच्छुरितविशेषकबिन्दुभानुबिम्बम्।
मुखमभृत[4] तिरस्कृतेन्दुकान्ति स्फुरदरविन्दविलोचनं दिनश्रीः॥81॥

उषसि[5] विगलितान्धकारपङ्कप्लवशबलं घनवर्त्म दूरमासीत्।
मधुरतरणितापयोगतारं कमलवने मधुपायिनां च पङ्क्तिः॥82॥

घनं च सौरभमामोदो यस्य॥76॥ मधुरसे कृतस्पृहत्वान्मिथो महति कलहे रता भ्रमरपङ्क्तिर्लसच्छ्रिया नलिन्या नृत्तक्रीडयेवाकुलिताभूत्। सापि गुरुभिः कलैर्हैश्चावर्जन-शीलैस्तालैः पूर्वोक्तैः शोभना च। नर्तक्याश्च नृत्तमये शृङ्गारादौ रसे स्पृहा जायते॥77-॥79॥ लक्ष्म्याः प्रसवसमये विस्तीर्णस्य च गर्भस्य शय्या जरायुः सा रुधिरारुणत्वादनुकृता येन॥80॥ निहितं सिन्दूरतिलकरूपं भानुबिम्बं यस्य। मुखं वदनमपि॥81॥ विगलितो विस्तीर्णोऽन्धकार एव पङ्कपूरस्तेन शबलं मधुरेण च तरणेरादित्यस्य तापेन यो योगस्तेन भास्वरं घनवर्त्माकाशं दूरमत्यर्थमासीत्। तथान्धकारो मलिनः पङ्कप्लव एवाशुद्धत्वाच्छवस्तेन लङ्घनं यस्य तस्मिन्वर्त्मनि दूरमो दुःखेन

---

1. 'भस्म' **क.** 2. 'अधृत' **ख.** 3. 'प्रबन्ध' **ख.** 4. 'अकृत' **ख.** 5. 'विगलितविततान्धकार' इति टीकासंमतः पाठो भाति.

अविरलशिखिगर्भभानवीयस्फुरितमरीचिवितानधाव्यमानम्।
दिनमभजत सर्वतोऽग्निशौचं वसनमिव क्रमशोऽतिनिर्मलत्वम्।।83।।

दिशि दिशि दिवसेश्वरस्य पाद्यस्थितिमिव पङ्कजिनी रसेन दित्सुः।
नवकिसलयपाटलान्विरेजे कमलकराग्रपुटान्प्रसारयन्ती।।84।।

उदितवति[1] दिवाकरेऽस्तशैलद्विरदपतिः कुमुदच्छटावदातैः।
श्रियमतनुत भूरिभूतिचर्चाच्छुरित इवामृतदीधितेर्मयूखैः।।85।।

गुरुविरहशुचा कुशेशयिन्याश्चकित इव क्षणदाम्बुबाष्पबिन्दून्।
विपुलदलविलोचनान्तरालादुषसि करैरहिमांशुरुन्ममार्ज।।86।।

श्रियमभृत दिवाकरः प्रभाते गज इव भिन्नकरालधातुरोधाः।
स्फुरदरुणकराभिघातभग्नप्रचुरतमालसदञ्चितातनुश्रीः।।87।।

दिशि दिशि जपतां नवार्करश्मिच्छुरणविपाटलदन्तमालमास्यम्।
श्रियमनुचितगाढनागवल्लीदलकृतरागमिव व्रतेऽप्यवापत्।।88।।

उदयगिरिगते सहस्ररश्मौ नवकपिशा दिवसावतारलक्ष्मीः।
स्फुरितसरसनालिकाभिरामस्थितिचषकानुचकार पानगोष्ठीम्।।89।।

प्रकटकुलिशकुन्तचक्रभास्वत्परवलभीहितमत्तवारणाङ्का।
दिशि दिशि ददृशे निशान्तपङ्क्तिः समरविमर्दभुवं विडम्बयन्ती।।90।।

अमृदु ममृदुषा निशातमस्तद्व्यतिकरदोषमलीमसत्वमाप्ताः।
स्फुरदरुणरुचा रुषेव दूरं दिवसकरेण निरासिरे दशाशाः।।91।।

उदयगिरिमथोदितो[2] विवस्वान्विचकरिषुः किरणैर्निशान्धकारम्।
स्फुरदरुणिमभिः करैरकार्षीद्दवदहनैरिव रुद्धसर्वदिक्कम्।।92।।

रमणं स विगलितो यस्याः सा मधुरतेन रमणेन रणिता क्वणिता पयश्च गता भ्रमरपङ्क्तिररमत्यर्थमासीत्।।82।। भानुमरीचिनिचस्याग्निगर्भत्वं संतापकत्वात्। अग्निशौचं नाम सिचयं यस्याग्निमध्ये शुद्धिः।।83।। पाद्यं पादार्चनायोदकम्। 'पादार्घाभ्यां च' इति यत्। किसलयवत्पा टलानरुणान्। नवानि च किसलयानि यस्यास्तादृशी पाटला कुसुमभेदो येषु।।84-86।। स्फुरतोऽरुणस्य कराणां संबन्धिनामंशूनामभिघातेन भग्नं बहु तमो येन लसन्ती शोभमानानल्पा च श्रीर्यस्य स रविर्विदारितं धातुमयं रोधो येन तादृशो गज इवाशोभत्। स च लोहितहस्ताभिघातेनोन्मूलिततमालतरुत एव संपूजितानल्पलक्ष्मीर्भवति।।87।। अनुचितं व्रतवशादयोग्यम्।।88।। कपिशा पिशङ्गी

---

1. अयं श्लोकः **क**-पुस्तके नास्ति. 2. 'इवोदितो' **क.**

ग्रहपटलमशेषमूषुषीभिर्दिनकरदीधितिभिः कृताभिघातम्।
तिमिरमपतदन्तरिक्षमार्गात्कुवलयवृन्दमिवाभ्रनिर्झरिण्याः॥93॥

क्षितिधरतनयेव पूरिताशा प्रहतनिरर्गलदुन्दुभिप्रणादैः।
श्रियमभृत निशावसानलीला नवमहरागमसंमदं[1] वहन्ती॥94॥

विघटिततिमिरौघदिग्विभागप्रकटनभस्यभवन्निशावसाने।
स्फुटदलनमनाश्च[2] पद्मखण्डाः सपदि हिमेतरदीधितिश्च तेषाम्॥95॥

दिशि दिशि निशि संभृतं कराग्रैस्तिमिरमनर्गलमर्यमाचखण्डत्।
क्षणमपि सहते नहि प्रगल्भां क्वचिदहितस्य पुरः स्थितिं महस्वी॥96॥

स्फुरदविरलकेसरार्गलाङ्कप्रकटपलाशकवाटपद्मगेहाः।
मधुपशबरसंनिवेशपल्ल्यो दिशि दिशि शिश्रियिरे श्रियं नलिन्यः॥97॥

दयितमतिरुषा विलोकयन्त्याः सरसविपक्षनखक्षताङ्किताङ्गम्।
अभवदरुणिताक्ष्णि तत्र नूनं निवसति चित्तभुवः प्रतापवह्निः॥98॥

कापिशं च मद्यम्। स्फुरिता स्पष्टा नालिकासु घटिकासु रम्या स्थितिर्येषां तादृशाश्चषकाः पानपात्राणि यस्याम्॥89॥ कुलयश्चटकाः। शकुन्तास्ततोऽन्ये विहगाः। तत्समूहेन ताभ्यः पराः प्रकृष्टा वलभ्यो गृहाणि तत्र हिताः प्रीतिहेतवो ये मत्तवारणाः प्रग्रीवकास्तेऽङ्को लाञ्छनं यस्याः। अन्यत्र कुलिशानि वज्राणि कुन्ताः प्रासाश्चक्राणि रथाङ्गान्येव भास्वन्तो रवयः। प्रकटाः कुलिशादयो यस्य तादृशं परबलं शत्रुसैन्यं तस्य भीर्भयं तदर्थमीहिताश्चेष्टिता मत्तवारणा मदगजा अङ्के समीपे यस्याः। निशान्तानि गृहाणि॥90॥ तमो ममृदुषा मृदितवता रविणा दिशो निरासिरे दूरे क्षिप्ताः। तिमिरे हि सति निरन्तरास्ता दृश्यन्ते। परपुरुषसंगमेन मलिनाश्च कान्ताः कोपारुणरुचिर्मनस्वी तं निहत्य दूरात्परिहरति॥91-92॥ ऊषुषीभिर्बाधितवतीभिः॥93॥ आशा दिश आस्थाश्च। दुन्दुभयो भेर्यः दुन्दभिश्च दैत्यभेदः। नवमह्नो दिनस्यागमेन संमदं वहन्ती प्रापयन्ती। अनवमस्य चोत्कृष्टस्य हरस्य शभोरागमः संनिधानं तेन संमदं धारयन्ती। हरागमेषु वा शैवेषु शास्त्रेषु रज्यते॥94॥ स्फुटं दलानां नमनं येषां तादृशाः पद्मखण्डा अभवन्। तेषां च पद्मखण्डानां स्फुटं दलनं विकासनं तत्र मनो यस्य तादृशोंऽशुमानभवत्॥95॥ अर्यमा रविः। अचखण्डत् खण्डयामास। महस्वी तेजस्वी॥96॥ संनिवेशार्थं पल्ल्यः शबरग्रामाः॥97-98॥ प्रमदेत्यादि कलापकम्॥ अन्तः सितेतरबाष्पबिन्दुव्याजेन प्रेयसो रसार्द्रत्वचिकीर्षया नवनवेव नेत्रमण्डली प्रसर्पति॥99-102॥ अनवमं श्रेष्ठमसितं वलक्षं च शुभ्रं तद्भावेन रम्यं नयनद्वयं वृष्णिकुलमिव विलासशोभामलभत। तदप्यनवमयोः

---

1. 'संपदं' ख. 2. 'घनाश्च' ख.

प्रमदगलिततारकांशुशारीकृतरुचिरोदरबाष्पबिन्दुभङ्ग्या।
अभिसरति रसार्द्रतां विधित्सुर्द्रुतमपरापरनेत्रमण्डलीव॥99॥

विकसनरभसेन हृत्प्रवेशप्रसरमिवाभिमतस्य दातुमन्तः।
अपसरतितरां रसातिभारस्फुटतरमन्थरितापि पक्ष्मपङ्क्तिः॥100॥

सरभसमपि तारकः कथंचिद्व्रजति न यावदपाङ्गवर्त्म दीर्घम्।
सरति सपदि तत्प्रभा पुरस्ताच्चिरमपि तावदिवाक्षमा विसोढुम्॥101॥

इति दयितविलोकनाभिलाषस्फुरणपृथूभवदात्मनस्तरुण्याः।
स्मरशरतरलाकृतेर्जजृम्भे नयनयुगस्य सरागविभ्रमा[1] श्रीः॥102॥

(चक्कलकम्)

श्रुतिपथजुषि तारतूर्यनादे तरलदृशामलसं विकासलक्ष्मीम्।
यदुकुलमिव नेत्रयुग्माप्नोदनवमकृष्णवलक्षताभिरामम्॥103॥

प्रमदभरभृतः कपोलभागात्कमलदृशोऽगुरुपङ्कपत्रभङ्गः।
व्यगलदतनुबाष्पपातभिन्नो ननु मलिनस्य कुतश्चिरं व्यवस्था॥104॥

प्रथममतनुरागसंपदं तां चरममनुज्झितपूर्वरूपशोभाम्।
उषसि रुचमवाप्य साधुमैत्रीं न खलु तरां जहृषुर्न चक्रवाकाः॥105॥

धवलबिसलता रसेन कोकः प्रविकटचञ्चुपुटोद्धृताश्चखाद।
क्रुध इव शशिनो वियोगहेतोर्गगनतलात्पतिताः कलाः कथंचित्॥106॥

सरसि विकटचञ्चुकोटिलग्नां सरभसवृत्तिरुपेत्य चक्रवाक्याः।
हृद इव विरहव्यथाशलाकां बिसकलिकां विचकर्ष चक्रवाकः॥107॥

चञ्च्वग्रखण्डितमुखाद्विचकर्ष सूत्र-
जालं मृणालशकलात्क्षणदाप्रियस्य।
कोको निलीनमहिमांशुभयात्तदीय-
रन्ध्रोदरेषु करचक्रमिव क्रुधेन्दोः॥108॥

कृष्णबलयोर्वासुदेवहलभृतोः कृतैः प्रहारैरभिरामम्॥103॥ व्यवस्था स्थितिः॥104॥ रागः प्रीतिरपि। साधु शोभनं कृत्वा मैत्री सूर्यसंबन्धिनी, साधुमैत्री च सत्परिचयः॥105-109॥ पादाः किरणाः पादौ च चरणौ। रुचिः कान्तिरभिलाषश्च।

---

1. 'विभ्रमश्रीः' **ख.**

विस्रस्तपत्रपुटकेसरकोटिदष्ट-
पर्यन्तभागविकटोन्नतकर्णिकाग्रा:।
उच्छ्वासभग्नहरितच्छवयोऽर्करश्मि-
जालैरजृम्भिषत पङ्कजकोषदण्डा:॥109॥

दिक्पद्मिनीपरिसरास्पदताम्रपाद:[1]
कुर्वन्विकासिषु रुचिं नलिनेषु हंस:।
आपीवरोडुपतिबिम्बमृणालदण्ड-
खण्डाच्चकर्ष[2] शनकै: करसूत्रजालम्॥110॥

आपातभीतिनमितोन्नमितार्धदेह-
बद्धस्थिरक्रमबिधूतपतत्रपङ्क्ति:।
उच्चै: क्वणन्नवततार निवासयष्टि-
कोटे: शिखी विधुरयन्विरहातुरा: स्त्री:॥111॥

अभ्युत्थिता शयनतस्त्वरितं यियासु:
संपीडितोच्छ्वसितनीविनितम्बबिम्बम्।
संपश्यतोऽर्धविनिमीलितदृष्टि भुर्त-
रङ्के ह्रिया किल पपात चकोरचक्षु:॥112॥

श्रोणीतटे न रशना करजक्षताङ्क-
संजातगाढरुजि चारुदृशा बबन्धे।
भूषा परा गुरुणि तत्पदपङ्क्तिरेव
तस्मिंस्तु काञ्चनशिलाविकटे तदासीत्॥113॥

आकृष्य पाणिकमलेन च कर्णपाली-
मेकेन वल्लभविलोकननिश्चलाक्षम्।
तस्थौ पुरंध्रिरपरेण न लब्धसंधि-
र्माणिक्यकुण्डलमिति प्रतिघूर्णयन्ती॥114॥

हंस: सूर्य: सितच्छदश्च॥110॥ पतनभयान्नमित उन्नमितश्चार्धदेहो येन। बद्धा: स्थिरा: क्रमा येन। विधूता च पक्षपङ्क्तिर्येन॥111-113॥ लब्धसंधि: प्राप्तविवरा न भवतीति माणिक्यकुण्डलं मण्डनसमये विलम्बितुं परिवर्तयन्ती योषिदासीत्॥114॥ कवाटपट्टेन

---

1. 'परिसरामृतताम्रपादै:' **ख.** 2. 'खण्डश्चकर्ष' **ख.**

द्वारि स्थिता विनिहितैककवाटपट्ट-
रुद्धार्धविग्रहतया गिरिकन्यकाश्रीः।
प्रयांसमैक्षत वधूः स्तिमितैकतार-
शारेण यान्तमपरा नतपक्ष्मणाक्ष्णा॥115॥

स्तनपरिसरभागे दूरमावर्तमानाः
श्रिततनिमनि मध्ये किंचिदेव स्खलन्तः।
ववुरतनुनितम्बाभोगरुद्धा वधूनां
निधुवनरसखेदच्छेदिनः प्राह्णवाताः॥116॥

विघटितदलमुद्राबन्धसौगन्धिकान्त-
र्निबिडपुटकुटीरक्रोडकाराविमुक्तैः।
उदयगतमनावीवारुवद्भिर्द्विरेफै-
स्तरुणमरुणरत्नच्छायमुष्णांशुबिम्बम्॥117॥

प्रेङ्खत्पिङ्गार्कधामच्छुरणकपिशितश्योतदच्छिन्ननैश-
स्थूलाम्भो बिन्दुवृन्दाहित मधुरमधुस्यन्दसंदेहमुग्धैः।
संरम्भारब्धकोलाहलमुखरमुखैः पत्त्ररन्ध्रप्रवेश-
प्राप्तानन्दैर्विरेजुर्मधुकरनिकरैः पूरिताः पद्मखण्डाः॥118॥

कुर्वाणा रत्नधीनां शशधरपतनोपप्लवेनेव तन्वीं
तोयावस्थां क्रमेण प्रकटितककुभः संभृताम्भोजहासाः।
तन्वन्तः खं खरांशोस्तरुणतरतमःस्तोमसंपिण्डितं स-
त्प्रत्यग्रश्च्यूतलाक्षारसरुचिररुचो दूरमुस्राः प्रसस्रुः॥119॥

इति श्रीबालबृहस्पत्यनुजीविनो वागीश्वराङ्कस्य विद्याधिपत्यपरनाम्नो महाकवे राजानकश्रीरत्नाकरस्य कृतौ रत्नाङ्के हरविजये महाकाव्ये प्रत्यूषवर्णनो नामाष्टाविंशः सर्गः।

स्थगितशरीरार्धत्वाद्गौरीव माहेश्वरशरीरावच्छादितशरीरार्धा दृश्यते॥115-116॥ मुद्रा संकोचः। सौगन्धिकानि कह्लाराणि। तेषां पुटाः पत्त्राणि त एव कुटीरक्रोडेषु गृहाभ्यन्तरेषु कारा बन्धनस्थानानि तन्मुक्तैरलिभिः सूर्यबिम्बमनावीव स्तुतमिव॥117॥ अर्कप्रभाकपिशितेष्ववश्यायबिन्दुषु कृतेन मधुस्यन्दसंदेहेन मुग्धैरज्ञैः॥118॥ रत्नधयः समुद्राः। तमसः स्तोमेन राशिना संकोचितं सदम्बरं विस्तारयन्तस्तरणिकरा दूरं प्रसृताः॥119॥ इति राजानकजयानकसूनोरलकस्य कृतौ हरविजयविषमपदोद्द्योतेऽष्टाविंशः सर्गः॥

एकोनत्रिंशः सर्गः।

इति स्फुरत्किसलयपाटलार्चिषि स्फुटोदये सवितरि सौखशायिकाः।
अविस्खलत्सुललितबन्धया[1] गिरा गरीयसां गुरुमुपतस्थुरीश्वरम्।।1।।

विमुच्यतां शयनतलं दिवाकरः करोत्करैर्विदलितविद्रुमारुणैः।
करोत्यसावुदयमहीभृतः क्रमात्परिस्फुरन्स्फुटमिव पद्मरागताम्।।2।।

क्रमादिमास्तव भवनेषु भानुमत्प्रभाहतास्तदुपलसालभञ्जिकाः।
पृथून्मिषद्दहनकणोत्करच्छलात्तमश्छिदः[2] सुवत इवार्यमार्भकान्।।3।।

अयं क्षणाद्दयिततमेन भानुना समागमस्तव भवतीति शंसितुम्।
स्फुरत्यदस्तरलितमौषसानिलैः कुशेशयं नयनमिवाम्बुजश्रियः।।4।।

विवस्वतो विचकरुषः क्षपातमः स्फुटज्जपाकुसुमविपाटलास्त्विषः।
विभान्त्यमूर्नभसि सुवर्णगेरिकच्छटा इवासितमणिपट्टकुट्टिमे।।5।।

श्रितोदये हततिमिरोत्करे जना ददुर्दृशो दिनकृति बद्धसंभ्रमाः।
खवर्त्मनो मुमुचिषि शीतरोचिषि च्युतः पदान्न भवति गौरवास्पदम्।।6।।

ततस्ततीरुदयगतार्यमाश्मनामहस्करे करनिकरैः स्पृशत्यदः।
पिशङ्गितं गगनतलं विभाव्यते तदुत्थया दहनरुचेव संध्यया।।7।।

दिनश्रियो मुखमरुणारुणप्रभापिशङ्गितस्फुटघनमेघराजिकम्।
विराजति प्रतिनवकुङ्कुमच्छटाकृतत्विषं दधदिव पत्त्रमञ्जरीम्।।8।।

एकोनत्रिंशः सर्गः।

सुखेन शय्यं शयितं पृच्छन्तीति सौखशायिका बन्दिनः। 'पृच्छतौ सुस्नातादिभ्यः' इति ठक्। अनुशतकादित्वादुभयपदवृद्धिः। अविस्खलन्नविद्यमानः(?) संस्कारादविचलितत्वाद्रामणीयकयुक्तो गुम्फो यस्याः। उपतस्थुरसेवन्त। अत्र सेवामात्रविवक्षायां संगतकरणस्याविवक्षितत्वात् 'उपाद्देवपूजा-' इति तङभावः। यथा–'उपतस्थुर्यथोद्यन्तमादित्यं मन्त्रकोविदाः।' इत्यादौ महर्षिव्यासप्रभृतीनाम्।।1-2।। तस्य भानोरुपलाः सूर्यकान्ताः।।3।। उषसो विकार औषसाः प्राभातिकाः।।4।। विचकरुषः क्षिप्तवतः। 'ऋच्छत्यॄताम्' इति गुणः।।5।। शीतरोचिषीत्यनादरे सप्तमी। नभोमार्गं मुक्तवन्तं शशिनमनादृतेऽस्माद्देशादनादृतच्युत इत्यादि (?)।।6।। अर्यमाश्मानः सूर्यकान्ताः। तेषामुदयाद्रिगतानां पङ्क्तीरादित्ये करैः स्पृशति सति सूर्यकान्तोत्थितया वह्निप्रभयेव

---

1. 'सललित' ख. 2. 'करोत्कर' क.

अपारयन्त्युपहतशीतदीधितिप्रभामिवाहिमकरधामसंपदम्।
निमीलितातनुतरतारकाधुना विभावरी विशति महीध्रगह्वरम्।।9।।

निनाय यद्विरहविजृम्भणाकुलो विभावरीं कथमपि साभ्युपागता।
विलोकिता दयिततमा तथा मुदं तनोति नो रजजिवियोगिपत्त्रिणः।।10।।

यथा शशी पिपतिषुरस्तपर्वते नवांशुमत्किरणविरुग्णचन्द्रिकः।
करोत्यहो अपि निजसंपदः स्फुटं द्विषद्गता विपदधिकं सुखोदयम्।।11।।
(युगलकम्)

स्मरातुरप्रियतमपाणिजक्षतीर्निशागमे नवनिहिता मृगीदृशाम्।
नयन्नसावधिकमनोज्ञरागतां नवातपो निपतति गण्डमण्डले।।12।।

विकासिभिर्दिशि दिशि गर्भनिर्भरस्रवन्मधुग्रहणधियेव सत्वरम्।
सरोरुहैर्दलपटलच्छलान्मिथः प्रसार्यतेऽरुणमणिशुक्तिमण्डलम्।।13।।

तनोत्यसौ नवकुशकोटिदष्टया विभावरीजलकणमालया स्थली।
रसायुषामुपरि भरेण घूर्णतां विपाण्डुरच्छविकुसुमोद्गमभ्रमम्।।14।।

घनैरिवातनुतरचन्द्रकच्छलस्फुटामरायुधशतशोभिभिर्दिशः।
धुतैरमी विदधति पिच्छमण्डलैः शिखण्डिनो रजनिपयःपरिप्लुताः।।15।।

अधिक्षपं धवलकपोलमण्डलस्फुटोदितप्रतिमतया मृगीदृशाम्।
तदाहितामिव परिपाण्डुरश्रियं दधत्यमी तव भवनप्रदीपकाः।।16।।

उपेयुषीं कमलरजोवृतेक्षणो न वीक्षते रथचरणाह्वयः प्रियाम्।
सुखं चिरादुपनतमप्यसंशयं व्रजत्यहो विधिहतकस्य दूरताम्।।17।।

विभावरीविरतिहतस्य दुन्दुभेः कृतव्यथं स्वनमवकर्ण्य कामिभिः।
पुनस्तरां क्षणशयितैर्निमील्यते विलोचनं रतरसजागरारुणम्।।18।।

संध्यया कपिशितं दृश्यते नभः।।7-8।। उपहता निशाकरस्य रुचिरनयेतिकृत्वा तिग्मांशुतेजसः संपदमिवापारयन्ती अशक्नुवती। द्रष्टुमिति शेषः। तारका ज्योतींषि। या च दर्शनशक्त्यभावात्तेजःपुञ्जदर्शने न पटुः सा निमीलितकनीनिका पतन्ती गह्वरं प्रविशति।।9-10।। अहो अपीति 'ओत्' इति प्रगृह्यसंज्ञायां 'प्लुतप्रगृह्या अचि' इति प्रकृतिः।।11-12।। मधु मद्यमपि।।13।। रसायुषो भ्रमराः।।14।। चन्द्रकच्छलेनेन्द्रायुधशोभिभिः कम्पितैः कलापनिचयैर्मेघैरिवावश्यायजलाकीर्णा दिशः कुर्वन्ति मयूराः।।15।। 16।। रथचरणाह्वयश्चक्रनामा।।17।। पुनस्तरां पुनः पुनः।।18।। उदर्क आगामी कालः,

प्रभातजं विरहपरिप्लवं वधूरचिन्तयन्त्यनुनयमग्रहीन्नया।
यियासते सुहृदि न सा न दूयते कुतोऽथवा सुखमनुदर्कदर्शिनाम्[1]॥19॥

न निष्ठिता ननु रजनी विलम्ब्यतां तदागमे पुनरपि मा कृथाश्चिरम्।
इति स्रवन्नयनजलं प्रियोदितं गतं प्रति श्लथयति कामिनो मनः॥20॥

निशीथिनीव्यपगमदुन्दुभिस्वनैर्विनिद्रतामपि सहसाभ्युपागता।
यियासुरप्यभिमतकण्ठगोचरं न कामिनी श्लथयति बाहुपञ्जरम्॥21॥

वियोगजां शुचमसहैर्व्यपोहितुं निकेतनैरुषसि निषिध्यतेऽधुना[2]।
अपावृतप्रकटकवाटसंपुटस्फुटारवैर्गमनमिवाञ्चितभ्रुवः॥22॥

अदः क्रमाद्विकटनितम्बकाननद्रुमान्तरक्षणघटितं दिवः पतत्।
विराजति स्फुटविहगाण्डमण्डलश्रियं दधद्ग्रहकुलमस्तभूभृतः॥23॥

दिगङ्गनानवकलधौतमेखला नभस्तलोदधिवडवानलत्विषः।
निशातमःक्षतधरवज्रकोटयो विभान्त्यमूस्तरणिरुचोऽरुणोद्गताः[3]॥24॥

बिभर्त्यसौ पृथुतरमण्डलोरसा विभावरी दृढपरिरम्भविभ्रमैः।
शशच्छलाच्छिशिरकरस्तदुन्नतस्तनासितागुरुनवपत्त्रमञ्जरीम्॥25॥

स्फुटोदयः पुनरपि बन्धविप्लवं पुरा तव व्यपनयति क्षपाकरः।
प्रतीक्ष्यतां तदवधिरत्र मा कृथा मनागपि क्षपितगुरुश्रियं शुचम्॥26॥

हतप्रभे शशिनि गतेऽस्तगह्वरं विहाय तद्वपुरवतीर्णमम्बरात्।
इति क्वणन्मधुपमिषेण लाञ्छनं कुमुद्वतीमिव खलु धीरयत्यदः॥27॥

(युगलकम्)

मधुस्पृहानिभृतनिलीनषट्पदं कुशेशयं हृदयमिवारविन्दिनी।
बिभर्त्यसौ तपनवियोगसंज्वरज्वलच्छिखाशतशिखिदाहधूसरम्॥28॥

अदितश्च भानुः॥19॥ निष्ठिता समाप्ता॥20॥ यियासुरपि कान्ता प्रेयःकण्ठगतं बाहुपञ्जरं न शिथिलयति। विरहभयात्॥21॥ संपुटं द्वयम्॥22-23॥ अरुणोद्गता लोहितोल्लासाः॥24॥ मण्डलमेवोरस्तेनागुरुपत्त्रलतां धत्ते शशी शशव्याजेन॥25-27॥ वियोगसंताप एवाग्निदाहस्तेन धूसरं मलिनम्॥28॥ शशिना लोकान्तरगतत्वान्निहता

---

1. 'कुशलमुदर्कदर्शिनाम्' ख. 2 'निरुध्यते' क. 3. 'नवोद्गताः' क-ख.

अचन्द्रिकामलयजपङ्कचर्चना अतारकागणमणिमेखलागुणाः[1]।
दिगङ्गनाः शशिविधुरा इवाधुना दधत्यमूर्लुलिततमःकचां श्रियम्।।29।।

शशित्विषं त्वरितमिवोदराश्रयां रिरक्षिषुर्दिनकररश्मिविप्लवात्।
असावितः कृतनिबिरीससंपुटं कुमुद्वती रचयति पत्रमीलनम्।।30।।

पपौ तरां प्रियतमया समं मधु प्रतिक्षपं दलशयनेष्वशेत यः।
रसायुषः शशिधर तस्य सांप्रतं समञ्जसं सह कुमुदेन बन्धनम्।।31।।

तथा स्वपन्मधुरसपानमत्तताविचेतनः सरसिजकुक्षिकोटरे।
यथा क्रमादविदितबन्धनव्यथः शिलीमुखः स्फुटमधुना विबुध्यते।।32।।

दधद्वपुर्विकसितकेतकीरजोविरूषितं कुमुदवनाद्विनिर्गतम्।
विपाण्डुरं तदुदरवर्तिचन्द्रिकाच्छटाशतस्नपितमिवालिमण्डलम्।।33।।

श्रितोदयारुणकरटङ्ककुट्टनाविघट्टितं दिशि दिशि धाम भासुरम्[2]।
गलत्यदः सवितुरिवास्तपर्वतभ्रमार्पितस्फुटवपुषः क्षपापतेः।।34।।

समुन्मिषत्तरणिकराभिघातभीपरिप्लुते शशितिमिरे शशच्छलात्।
सहस्थिते इव सुरनाथ नश्यतो विरोधिता विपदि परस्परं कुतः।।35।।

स्फुटाक्षताञ्चितखचितोडुशारतामुपागते फलक इवाम्बरेऽधुना।
श्रितोदयापरगिरिविष्टरावुभौ दुरोदरं तनुत इवेन्दुभास्करौ।।36।।

मृणालिनीदलभिदुरं यथा यथा समुन्मिषत्यहिममरीचिमण्डलम्।
तिरस्कृतावतमसराशिमण्डलं तथा तथोन्नमदिव लक्ष्यते नभः।।37।।

वैधव्यदूषिताः।।29।। संपुटा मुकुलाः।।30।। शशिधरेति भगवदामन्त्रणम्।।31।। अस्वपदिति 'अङ्गार्ग्यगालवयोः' इत्यत्राडागमः।।32।। विरूषितं छुरितम्। रूषेर्धातुष्वपठितस्यापि मिलिप्रभृतिवच्छिष्टप्रयोगदर्शनात्साधितः।।33।। अरुणस्य करा एव टङ्काः शस्त्रकाणि। भ्रमो यन्त्रम्।।34-35।। स्फुटं दृश्यमक्षतं मेघादिभिरदूषितमञ्चितं च रुचिरं यत्खमन्तरिक्षं तेन चितानि व्याप्तानि उडूनि नक्षत्राणि तैः शारता शबलत्वम्। स्फुटाश्चाक्षा देवनाख्यास्तद्भावेन शोभनाः। खचिता दीप्तिमन्तः। उडुसदृशाश्च शारा अयानयीना (?) यस्य तद्भावः। उदयापरौ पूर्वपश्चिमौ। दुरोदरं द्यूतम्।।36।। मृणालिनीदलवद्भिदुरम्। सुकुमारमित्यर्थः। अवतमसं संततं तमः। 'अवसमन्धेभ्यस्तमसः' इत्यच् समासान्तः।।37-38।। अलिनां ततिभिर्मिश्रितां पद्मिनीं मनोरमां श्रियं धत्ते।।39।।

---

1. 'परिमेखला' **क.** 2. 'भास्वरम्' **क.**

अधश्युतं मम वपुषोऽर्धमित्यपि क्षपाकृता[1] भ्रममभिवीक्ष्य[2] बिभ्रता।
जलाशयप्रतिमितमस्तपर्वते जिघृक्षुणा तदिव दिवोऽवतीर्यते।।38।।

इतोऽधुना गिरिगुरुघातघट्टनाविघूर्णितार्णवजलदेवतेव ते।
मनोरमामलिततिमिश्रितां श्रियं बिभर्त्यसौ भव भवनारविन्दिनी।।39।।

सरागतां ककुभि गतः शतक्रतोः क्रमादमूं जिगमिषसि प्रचेतसः।
सहासमित्यलिकुलहुंकृतैरिव प्रभाकरं कथयति नाथ पद्मिनी।।40।।

शिलीमुखः सरसिजपक्ष्मपेशलं विलम्बितं निगडमिवार्धविच्युतम्।
दधन्मधुव्यतिकरलग्नमङ्घ्रिणा विसर्पति त्वरितमपोढबन्धनः।।41।।

अहर्पतेश्चिरमनिमेषदर्शनक्लमादिव स्रुतघनबाष्पशीकरम्।
सरोजिनी रजनिपयःपरिप्लुतं बिभर्त्यसौ विकसितमब्जलोचनम्।।42।।

शिलीमुखा विधुतपतत्रमारुतप्रसारितैरुषसि सुगन्धयन्त्यमी।
दिशोऽधुना निजनुलग्नविस्फुटत्कुशेशयोत्करमकरन्दशीकरैः।।43।।

सरःश्रियः शफरुकशोभिनोऽम्बुजात्सविभ्रमभ्रमरघटा विवस्वता।
इतोऽधुना शितिमणियष्टिमण्डलीविडम्बिका करनिकरेण कृष्यते।।44।।

मनोरमस्मितहसितां परिस्रवन्निशाजलस्फुटरुदितोत्पलेक्षणाम्।
इतोऽधुना श्रितकिलकिञ्चितामिव प्रभाकरो रमयति नाथ पद्मिनीम्।।45।।

भुजालतामशिथिलकण्ठवर्तिनीं रतोत्सुका दयिततमस्य कुर्वती।
विजृम्भते किल विनिमग्नपीवरस्तनद्वया तदुरसि मत्तकाशिनी।।46।।

रतोत्सवप्रमदविशेषपीवरे पराप्नुयात्कथमिव तेऽत्र मेखला।
नितम्ब इत्यभिदधदच्चकैः शुकः सहासतामुषसि करोति सुभ्रुवः।।47।।

रागः प्रतिक्तरपि। हासो विकसनं हसितं च।।40।। मधु मद्यमपि। विसर्पति व्रजति।।41-43।। शफरुकं भूषणसमुद्गमकम्। तस्मादिन्द्रनीलमयीव लतासंहतिर्विवस्वता सरोजादाकृष्यते भ्रमरपङ्क्तिः। करनिकरः पाणिविक्षेपोऽपि।।44।। स्मितं विकासः। किलकिञ्चितं हर्षशोकादिसंकररूपः प्रागुक्तलक्षणश्चेष्टाविशेषः।।45।। सुरतोत्सुकत्वेन प्रेयसः कण्ठे गाढवर्तिनीं भुतलतां तद्वक्षसि च निमग्नं स्तनद्वयं कुर्वती प्रधाना कामिनी विजृम्भते समुल्लसति। क्रीडत इत्यर्थः। अयमर्थः परोक्षोऽपि लोकप्रवादसिद्ध इति द्योतनाय किलशब्दः।।46।। प्रमदमहिम्ना पीवरे नितम्बेऽस्मिन्मेखला कथं पराप्नुयात्

---

1. 'क्षपाभृता' **क.** 2. 'अतिवीक्ष्य' **ख.**

न लाघवं वलनविलासविभ्रमे विलोकितं क्वचन मयेदृशं तनो:।
कलारवैर्वदति नितम्बमण्डले नियोजिता मधुरमितीव मेखला।।48।।

निशीथिनीं सममतिवाह्य कामिना व्रजत्यसावुषसि मुहु: स्खलन्त्यपि।
तदुत्सुका गलितधृति: प्रतिक्षणं निरीक्षते विवलितकंधरं वधू:।।49।।

समुत्थित: शयनतलात्क्षमारजश्छटाहतोभयपृथुपार्श्वविग्रह:।
दधत्सदानवमथुरागत: श्रियं मतङ्गजोऽपर इव लक्ष्मणाग्रज:।।50।।

नभस्वतामुदवसितोदरोत्थिता: सुगन्धितां विदधति वासरेणव:।
पतन्त्यमूर्ग्रहततयो दिवाकरप्रभाहता दिशि दिशि वासरेऽणव:।।51।।

सरोजिनी पयसि ह्रदीव बिम्बितं श्रितं तटानहिमकरं दधार या।
तयालय: स्फुटितकुशेशयोत्थया न तोषिता नहि मकरन्दधारया।।52।।

एषा विशालविशिखामुखविप्रकीर्ण-
हर्म्योपकारकुसुमप्रवणालिपङ्क्ति:।
अभ्येत्य बन्धुजनतेव निशान्धकार-
मर्कांशुभिन्नमनुशोचति तारनादै:।।53।।

सत्कर्णिकाकनकविष्टरसंनिविष्ट-
मूर्तिर्निजं कमलकेसरपानसङ्गात्।
रोलम्बचक्रमुपरि भ्रमणानुबन्धि
पारिप्लवत्वमिव शिक्षयतीश लक्ष्मी:।।54।।

नैव पर्याप्तिं लभेत।।47-48।। असौ वधू: कामिना सह निशां नीत्वा स्खलन्त्यपि व्रजति। तं च कामिनमुत्सुकत्वान्निरीक्षते।।49।। क्षमा भूमि:। सदानस्य मदजलमुचो वमथो: करशीकरनिकरस्य रागतो रञ्जनेन शोभां बिभ्रद्गज: समुत्थित:। द्वितीय इव लक्ष्मणाग्रज:। लक्ष्मणोऽग्रजोऽस्येति कृत्वा शत्रुघ्न:। सोऽपि नवां लक्षणं राक्षसं निहत्यात्मना निर्मितां मथुरां नाम नगरीं गत:। सदा च लक्ष्मीं बिभ्रत्समुत्थित: सम्यगुदयभाक्। केचित् 'अभय: पृथुपार्श्वेन लवणेन सह विग्रह: कलहो यस्य स:। कलहसमये च धूलिच्छटाभिराहत:' इति शत्रुघ्नेऽपि योजयन्ति।।50।। उदवसितं वेश्म। तदन्तरोत्थिता वासस्य पटवासादे: सुरभिचयचूर्णस्य रेणवो वायूनां सौगन्ध्यमुपजनयन्ति। वासरे च रविकराहतत्वादणव: स्वल्पा ग्रहततय: पतन्ति।।51।। अहिमा: करा यस्य तं रविं नलिनी दधार धृतवती। तयालयो भ्रमरा मकरन्दस्य धारया नहि तोषिता न। तोषिता एवेत्यर्थ:।।52।। विशिखा रथ्या।।53।। रोलम्बा

भाति द्विरेफकुलमुज्झितनैद्रतन्द्र-
रक्तारविन्दमकरन्दसपीतिलग्नम्।
अध्यूषुषा शतमखेन मृणालसूत्र-
गर्भं विलोचनसहस्रमिव व्यपास्तम्॥55॥

लोकान्तरं जिगमिषोः शशिनः प्रचण्ड-
भानुप्रतापविधुराश्चिरमस्तशैलः।
तारावरोधनवधूः शिरसा बिभर्ति
तुङ्गात्मनां समुचितं ध्रुवमेतदेव॥56॥

चेतो दुनोति सुदृशां ननु तारनाद-
निष्ठो वियोगविधुरं रणितेन शङ्खः।
व्यक्तं प्रकाशयत एव बहिर्विशुद्धि-
मत्यन्तवक्रहृदयाद्बत कस्य शान्तिः॥57॥

कर्णं कुशेशयदृशामुपशल्यवर्ति-
प्रयोवियोगविषमज्वरकातराणाम्।
क्रौञ्चस्य संप्रति गिराशनिधारयेव
मर्मच्छिदा करकरायितमापतन्त्या॥58॥

आप्रश्नपूर्वमुपगूढवतः प्रियस्य
बाष्पाम्बुपूरपिहितातनुलोचनायाः।
चक्रीकृतौ मदनलासककांस्यताल-
लीलां स्तनौ मृगदृशः क्षणमीश धत्तः॥59॥

प्रत्यग्रदंशजनितश्वयथून्सलील-
मम्भोजकोमलकराङ्गुलिकोटिभागैः।
बिम्बाधरान्मधुरसीत्कृति संस्पृशन्त्यः
कान्ताः प्रयान्ति दयितान्तिकतोऽधुनैताः॥60॥

भ्रमराः॥54॥ तन्द्रा धूसरत्वमिह। सपीतिः सहपानम्। शतमखः शक्रः। तस्य बिससूत्रान्तरनिवासो ब्रह्महत्याभयात्प्रसिद्ध एव॥55॥ लोकान्तरं जिगमिषुर्मुमूर्षुरपि। प्रताप उद्वेजनमपि॥56॥ विशद्धिर्निष्पापत्वमपि। हृदयमभ्यन्तरमपि। शान्तिः सुखम्॥57॥ उपशल्यं समीपम्। क्रौञ्चः पक्षिभेदः। अशनिर्वज्रम्। करकरायितं करकरेत्य- व्यक्तरूपं क्वणितम्॥58॥ प्रियस्येत्यनादरे षष्ठी। लासको नर्तकः॥59-60॥ तं तं भ्रूविकारं

भ्रूविभ्रमं विदधतो बहुधैवतं त-
मास्फालिताविकलनि:स्वनवल्लकीका:।
गायन्ति किंनरपुरंध्रिगणा: शशाङ्क-
मौले विभातसमये तव भिन्नषड्जम्।।61।।

भ्रमणविधुतपक्षै: पीतमाकाश एव
प्रमिककुभमकुण्ठोत्कण्ठमाराद्द्विरेफै:।
दलपटलविकासस्थूलबिम्बाम्बुजोत्थं
विकिरति मकरन्दक्षोदमुच्चै: समीर:।।62।।

इति गिरमुपकर्ण्य प्रेयसीबाहुबन्ध-
व्यतिकरकृतरत्नावापकव्यक्तचिह्नम्।
असकलशशिमौलि: कण्ठपीठं दधान:
सुरभिपरिमलाङ्कं हैमपर्यङ्कमौज्झीत्।।63।।

इति श्रीबालबृहस्पत्यनुजीविनो वागीश्वराङ्कस्य विद्याधिपत्यपरनाम्नो महाकवे राजानकश्रीरत्नाकरस्य कृतौ रत्नाङ्के हरविजये महाकाव्ये भगवत्प्रबोधनं नामैकोनत्रिंश: सर्ग:।

त्रिंश: सर्ग:।

इत्थं सरागशशभृत्परिभोगलीला-[1]
विच्छिन्नरात्रिरशनामणिकिङ्किणीभि:[2]।

बहुधैव कुर्वन्त: किंनरीगणा भिन्नषड्जाख्यं ग्रामरागं गायन्ति। तस्य प्राभातिकत्वात्। अन्ये 'बहु विपुलो धैवताख्य: स्वरो यत्र तादृशं तं त्वयैव प्रागनुभूतम्' इति योजनया व्याचख्यु:।।61।। प्रतिककुभं दिशि दिशि। अव्ययीभावे 'झय:' इति टच्समासान्त:।।62।। आवापका: कटका:।।63।। इति राजानकजयानकसूनोरलकस्य कृतौ हरविजय-विषमपदोद्द्योत एकोत्रिंश: सर्ग:।।

त्रिंश: सर्ग:।

इत्थमित्यादि कलापकम्। परिभोग: सौरतो मर्द:। परिपुञ्जिता राशीभूता:।।1।।

चरणवद्बन्धुरा मनोज्ञा:। चरणायमाना इत्यर्थ:। निदाघधामा रवि:।।2।। वलितैरङ्कैर्विमुक्तो

---

1. 'परिभाग' **ख**. 2. 'रशनामल' **क**.

नक्षत्रसंततिषु संदधतीषु साम्य-
मस्ताद्रिसानुपदवीपरिपुञ्जितासु॥1॥

विष्यन्दमानमधुशीकरलोभलीन-
भृङ्गावलीचरणबन्धुरकेसरेषु।
पद्माकरेषु विकसत्सु शनैर्निदाघ-
धामांशुभिन्नदलमण्डलसंधिबन्धम्॥2॥

प्रातस्तनानिलविकम्पितपुण्डरीक-
पक्ष्माग्रकोटिघटिते सलिलाशयेषु।
निद्राविमुक्तिवलितावयवापविद्ध-
लक्ष्मीवधूपरिमलश्रियि धूलिचक्रे॥3॥

शैलालिवत्स्फुटयति स्फुटसर्वभाव-
व्यक्तिक्रमेण दिवसे मुखरागशोभाम्।
अभ्यर्च्य कालमुसलश्चरणौ मृगाङ्क-
चूडामणेरुदपतद्ध्रुवधामवीथीम्॥4॥ (चक्कलकम्[1])

तेन व्यलोकि दिवमुत्पतताग्रवर्ति
विस्पष्टलक्ष्म परिणाहि मृगाङ्कबिम्बम्।
उन्निद्रकुन्ददलपाण्डुरमण्डपिण्ड-
मध्यास्यमानमिव कालियपन्नगेन॥5॥

संपश्यति स्म स तडित्स्फुरणानुबन्ध-
मादीर्घमभ्रशकलं स्थितमन्तरिक्षे।
उच्छ्वासलक्ष्यरुधिरारुणकान्तिकण्ठ-
च्छेदं महाझषमिवाम्भसि पङ्कलीनम्॥6॥

यः परिमलोऽङ्गरागस्तस्मिन्निव धूलिपुञ्जे पक्ष्मप्रान्तेभ्यः सलिलाशयेषु पतित इति योज्यम्॥3॥ भावाः पदार्थास्तेषां व्यक्तिः। मुखमारम्भो वदनं च। रागोऽरुणिमा कान्तिश्च। ध्रुवस्य ज्योतिषो धाम पदम्॥4॥ अण्डं पन्नगादीनां गर्भशय्या॥5-6॥ अन्योन्यसंवलनं वेष्टनं यत्र तथा कृत्वा चलितानामञ्चलाग्राणां विश्लेषो विघटनं तेन निर्दलिता जीवत्वमुपनीता(?) ध्वजाग्रेषु पटौघा येषाम्॥7॥ विशशरुर्विप्रकीर्णाः।

1. 'चतुर्भिः कुलकम्' ख.

अन्योन्यसंवलनवेल्लितपल्लवाग्र-
विश्लेषनिर्दलितकेतुशिखांशुकौघाः।
उन्मूल्यमानशिखरस्खलदर्धचन्द्र-
रत्नप्रभाखचितकाञ्चनतोरणाग्राः॥7॥

अभ्याहता विशशरुर्जवमारुतेन
तस्याशु दिक्षु सुरसिद्धविमानसंघाः।
बाणाग्निदीपितपुरत्रयतायमान-
नानाविधावयवविभ्रममूहिवांसः॥8॥ (युगलकम्)

केशेषु तस्य कृतसंनिधयो मुहूर्तं
कंसाततायिन इवाञ्जननीलभासः।
उष्णीषरत्नकिरणद्विगुणायमान-
सौदामनीवलयिनो जलदा बभूवुः॥9॥

तस्योत्थितस्य सहसा घनमर्मसीम्नि
धत्ते स्म कर्णशिखरं श्रियमव्यवस्थाम्।
उष्णीषभिन्नहृदयस्तनयित्नुलग्न-
सौदामनीविकटहाटकमञ्जरीकम्॥10॥

पिङ्गोर्ध्वलोचनकृशानुशिखासहस्र-
मस्यान्वकारि मुखमण्डलमन्तरिक्षे।
साम्भोभरेण गमनोत्थमरुद्विवर्त-
भाजाम्बुवाहशकलेन तडिद्वताग्रे॥11॥

तस्य प्रतीपमगमद्गमनानिलेन
विक्षिप्यमाणसलिला क्षणमन्तरिक्षे।
मन्दीकृतोष्णकरमण्डलभासुरोर्ध्व-
नेत्राग्नितापकृतशोषभियेव गङ्गा॥12॥

तायमाना विस्तार्यमाणाः। 'तनोतेर्यकि' इत्यात्त्वम्॥8॥ कंसस्याततायी रिपुर्विष्णुः। तस्य केशेषु मेघाः संनिधीयन्त इत्याम्नायविदः। उक्तं च–'यस्य केशेषु जीमूता नद्यः सर्वाङ्गसंधिषु। कुक्षौ समुद्राश्चत्वारस्तस्मै तोयात्मने नमः'॥9॥ अव्यवस्था चला। स्तनयित्नुर्मेघः। ततो लग्ना विद्युदेव स्वर्णमञ्जरी यस्य॥10॥ तडित्वते शिखित्वते(?)।

विस्रंसितोडुरशनं गलदिन्दुगौर-
गङ्गादुकूलमकरोत्स दिवस्तदानीम्।
विस्तीर्णमम्बरनितम्बमनम्बुदेन्दु-
बिम्बाननाम्बुरुहचुम्बनबद्धतृष्ण:।।13।।

जह्ने मनोऽस्य मृदुमारुतपूर्यमाण-
रन्ध्रैर्हिमाद्रितटकीचकचक्रवालै:।
गम्भीरतारमधुरक्वणितैर्नयद्भि-
रुत्कर्णतां तरणिकूबरिवाजिपङ्क्तिम्।।14।।

ऐक्षिष्ट विस्फुरितकाञ्चनकल्पवल्ली-
विस्तारिपक्ष्मशिखरच्छदचक्रवालम्।
कैलासशैलमसकृत्स जगत्त्रयैक-
लक्ष्म्या: स्थितं धवलविभ्रमपुण्डरीकम्।।15।।

फेनावलीधवलचामरचक्रवाल-
भूषाभिरामजवनस्थिरसप्तवाहाम्।
भागीरथीं रथधुरामिव घर्मरश्मे-
र्वर्क्ष्यैकपिङ्गलगिरौ स मुदा ववन्दे।।16।।

तेन स्खलत्खलखलामुखरा कराल-
कैलासकूटविकटोर्मिघटासहस्रा।
संक्रान्तकैटभनिसूदनपादपद्म-
प्रेङ्खन्नखच्छविरिवैक्षत[1] जह्नुकन्या।।17।।

मज्जत्कुबेरतरुणीगलितावतंस-
हासाभिरामतटमार्गमसावपश्यत्।

बहुत्वाद्भूम्नि मतुप्।।11-12।। अनम्बुदं निरभ्रचन्द्रबिम्बमेवाननाम्बुरुहं मुखपद्मम्।।13।। कीचका वेणुभेदा:। कूबरी रथ:।।14।। कल्पवल्ल्य एव पक्ष्माणि केसरा येषाम्। शिखराण्येव च्छदा: पत्त्राणि। स्थितमचलम्।।15।। फेनोऽश्वलालापि। वाहा: प्रवाहा अश्वाश्च। एकपिङ्गलो धनद:।।16।। स्खलता वहमानेन खलखलेत्येवरूपेण ध्वनिना मुखरा सशब्दा। कैटभनिसूदनो हरि:। तस्य पादाज्जाह्नवी संभूतेति तत्र तदीयनखप्रभाया:

---

1. 'अवैक्षत' **क-ख.**

विस्तारिमानससरःसलिलोर्मिभङ्ग-
पर्यस्तशीकरसकाञ्चनवालुकाम्भः।।18।।

वीचीसमीरधुतकाञ्चनपुण्डरीक-
पर्यस्तकेसरपरागपिशङ्गिताम्भः।
अच्छोदमैक्षत स देवपुरन्ध्रिपाद-
लाक्षारुणीकृतशिलातलतीरलेखम्।।19।।

आराधनप्रवणकासरदैत्यवंश-
कण्ठप्रसाधनधियेव विलभ्यमानाः।
चण्ड्या यदीयमणिकंदरमन्दिराग्र-
विस्तारितोरणगताः प्रविभान्ति घण्टाः।।20।।

स्थूलेन्द्रनीलमणिशृङ्गरुचोऽथ तस्य
कल्माषिताखिलदिगन्तरमुन्मिषन्ती।
भूयस्तरां तरणिमार्गरुरुत्सयाशु
मुक्ताः शिखा इव ददर्श स मेकलाद्रेः।।21।। (युगलकम्)

लीलानिमग्नशबरीकुचकुम्भपीठ-
संक्षोभजर्जरितवीचिघटासहस्राम्।
रेवामसौ सरलवञ्जुलजालजम्बू-
स्तम्बप्रसाधिततटामवलोक्य रेमे।।22।।

कण्ठग्रहप्रणयिना ददृशेऽथ तेन
विन्ध्यश्रियो मणिशिखोज्ज्वलमेखलायाः।
रेवापगाम्बु पृथुपीननितम्बबिम्ब-
विस्रस्तमम्बरमिवातनुपादलग्नम्।।23।।

संक्रमणं संभावितम्।।17।। ऊर्मिभङ्गैः क्षिप्ताः कणा येन। सुवर्णसिकतासहितं चाम्भो यस्य।।18।। अच्छोदाख्यं सरः।।19।। कासरदैत्यो महिषासुरः। तत्संतानस्य चण्डिकाराधनपरत्वं पितृवधकृतात्त्रासात्। विलभ्यमाना दीयमानाः। चण्डी विन्ध्यवासिनी।।20।। मेकलो विन्ध्यः।।21।। रेवा नर्मदा। सरला देवदारवः। वञ्जुला वेतसाः। जम्बूनामानश्च केचन तरवः।।22।। कण्ठः शिखरसंनिकृष्टः। ग्रहस्तस्योपसेवनम्। कण्ठग्रहश्चालिङ्गनम्। शिखा रश्मयः। मेखला उपत्यका काञ्ची च। नितम्बं मध्यभागः श्रोणी च। पादाः पर्यन्तशैलाः परिसरो वा, चरणश्च।।23।। तमालखण्डं लोलयति

संवीततीरवनरूढतमालखण्ड-
लोलानिलाकुलितनीलजलांशुकश्रीः।
तेन व्यलोकि वरुणालयवल्लभाग्र-
लीलाभिसारणधियेव कलिन्दकन्या॥24॥

सेवाविचक्षणतयेव दवाग्निदग्ध-
कालागुरुप्रचुरधूमशिखाकदम्बैः।
कुर्वन्तमैक्षत महेन्दमसावनल्प-
कल्पद्रुमांशुकततीः सुरभीः सुराणाम्॥25॥

विस्पष्टफेनधवला विरलोर्मिभङ्ग-
निःसङ्गसंगतपयःप्लवरोधसं सः।
लाङ्गूलिनीं सरितमाकलयांचकार
तत्पादगोचरगतामिव सौरभेयीम्॥26॥

वीक्ष्यावतंसितविकासिलवङ्गपुष्प-
मालाः स सह्यगिरिकाननशाखिवीथीः।
रेमेतरां सुरमतङ्गजगण्डकाष-
लीलावरुग्णसरलोन्नततालखण्डाः॥27॥

उत्फुल्लतीरतरुखण्डलतासखीभिः
संग्रथ्यमाननिजपुष्पभरावतंसाः।
आबिभ्रतीं भ्रमरनीलरुचः स वीचि-
वेणीलतास्तदनु भीमरथीमपश्यत्॥28॥

योऽनिलः तदाकुलितं नीलजलमेवांशुकं तस्य श्रीः परिहिता यया। वरुणालयः समुद्रः। स एव वल्लभस्तदग्रमिवाभिसर्तुम्। अभिसारणमभिसरणमेव। सरतेश्चुरादित्वात्स्वार्थे णिच्। यथा–'रामो राज्यमकारयत्' इत्यत्र करोतेः। न वै सरतिश्चुरादिषु पठ्यत इति चेत्, न। चुरादीनां पाठस्योदाहरणार्थत्वात्। यदुक्तम्–'बहुलमेतन्निदर्शनम्' इति॥24॥ महेन्द्राचलो गिरिविशेषः॥25॥ फेनैः पाण्डूभिरूर्मिखण्डैरविरतं संगतपयःप्लवः सलिलपूरो ययोः। तादृशे रोधसी यस्याः। फेनवच्च सितैर्नैवैस्तरङ्गभङ्गैः संगतं पयः क्षीरं तेन प्रवरमूधो यस्याः। अत्र पक्षे 'बहुव्रीहेरूधसो ङीष्', 'ऊधसोऽनङ्' इति च ङीषनङौ प्राप्नुतस्तत्र प्रतिविधीयते–अनङत्र न प्रवर्तते, समासान्तविधेरनित्यत्वात्। यथा–'धृतधनुषि बाहुशालिनि शैला न नमन्ति यत्तदाश्चर्यम्' इति। तदभावात् ङीष् न भवति।

आमग्नकुन्तलवधूकुचकुम्भभार-
हारप्रभाद्विगुणितच्छविफेनहासाम्।
गोदावरीं चरणचुञ्चुचकोरचक्र-
चञ्च्वग्रचुम्बितविलोलजलामपश्यत्।।29।।

उल्लासिशीकरकरालफणासहस्र-
कल्लोलनागकुलसंकुलमध्यभागाम्।
वेणां स्फुरत्तिमिरतातिगभीरतालु-
मूलां रसातलभुवः सदृशीं ददर्श।।30।।

तस्योपयुक्ततटकाननारिकेल-
वल्लीफलप्रकरशीतलगर्भतोयाः।
अन्वायिनः कटकवर्त्मसु पारियात्र-
शैलस्य चक्रुरुपभोगसुखान्निवासान्[1]।।31।।

गीाबतीारभसाप्लुतिपट्टिताम्बु
वीची विलोलविरुवत्कुररी करालम्।
कावेर्यलक्ष्यत जलं दधती च तेन
निःशङ्करङ्कुङ्कुलसंकुलकूलकच्छा।।32।।

आविर्भवत्स्मितमनोहरगण्डभित्ति-
भागश्चमूचरपुरंध्रिगणः सलीलम्।

अभिधानाभावात्। नहि केवले ङीषि कुण्डोधसीत्याद्यभिधानमस्ति। उक्तं च-"ङीष्विधौ 'ऊधसोऽनङ्' इति समासान्ते कृते 'अनो बहुव्रीहेः' इति ङीप्टाप्प्रतिषेधयोः प्राप्तयोरिदमुच्यते"। लाङ्गूलिनी प्रशस्तपुच्छापि। तस्य महेन्द्रस्यापि। पादः परिसरः। स एव गोचरो विषयः गवां संचारभेदश्च। सौरभेयी गौः।।26-27।। भीमरथ्यादयो नदीभेदाः।।28।। कुन्तला जनपदभेदाः। चरणचुञ्चवः संचारेण विदिताः। 'तेन वित्तश्चुञ्चुप्चणपौ'।।29।। शीकरा एव फणाः। कल्लोला एव नागाः। वेणा कृष्णवेणीति प्रसिद्धा। स्फुरन्त्यस्तिमिषु रताः क्रीडता आतय आटिकाः[पक्षिविशेषाः] यत्र। तादृशं गभीरं तालुपृष्ठं मूलं च यस्याः। स्फुरत्तिमिरं यस्य तद्भावेनातिशयेन गभीरे च तालुमूले यस्याः।।30।। उपयुक्तं पीतम्। अन्वायिनोऽनुचराः।।31।। कुररी विहगयोषिद्भेदः। रङ्कुर्मृगविशेषः।।32।। हारीतः पक्षिविशेषस्तस्य कण्ठरुतं सुरतसीत्कारानुकारीति तत्र

---

1. 'उपशोभ' क.

चर्मण्वतीपुलिनवर्त्मनि तस्य[1] हारि-
हारीतकण्ठविरुतार्पितकर्ण आसीत्॥33॥

आवासितस्य तटवर्त्मनि तस्य ताल-
खण्डप्रकाण्डदलताण्डवनप्रगल्भाः।
सिप्रातरङ्गमरुतोऽनुचराङ्गनानां
पीनस्तनक्षतरुज[2] सुरतेषु जह्रुः॥34॥

संवादिकाननतलस्य निवेशलक्ष्मी-
मद्रेरसावधिकमृक्षवतोऽभ्यनन्दत्।
पादावनौ कतिचिदेव दिनानि बद्ध-
संस्थो निशवी तमसाहृतदृष्टिरासीत्॥35॥

गच्छन्विशङ्कटमसौ कटकं सुवेल-
शैलस्य काञ्चनशिलाशकलावकीर्णम्।
वेलाविलोलवरुणालयवीचिभङ्ग-
पर्यस्तवाडवकृशानुमिवैक्षतारात्॥36॥

तेन व्यलोक्यत कपोलतलायमान-
विस्पष्टपाकलवलीफलकन्दलाढ्या।
घ्राणानुलेपि नवचन्दनखण्डगन्ध-
हृद्यामला मलयपर्वतकाननश्रीः॥37॥

लक्ष्मीभृतस्त्रिभुवनाक्रमणप्रगल्भ-
सर्वोन्नतेर्मलयभूमिभृतोऽभ्रसिन्धुम्।
पुण्यस्थितिं मुररिपोरिव पादमूल-
भागोत्थितामभिननन्द स ताम्रपर्णीम्॥38॥

कौतुकात्कर्णार्पणम्॥33-34॥ निवेशः संस्थानम्। ऋक्षवान्नाम पर्वतः। काननं च ऋक्षवद्भल्लूकयुक्तम्। तमसा नदीभेदः तमसा चान्धकारेण। हृता प्रलोभिता हता च। दृष्टिर्मनो नेत्रं च॥35-36॥ पाकोज्ज्वलत्वात्कपोलतलाकृतिभिर्लवलीफलैः कन्दलैश्च लताविशेषैराढ्या समृद्धा लक्ष्मीः शोभा रमा च॥37॥ सर्वेभ्यः सकाशादुन्नतिरुच्छ्रायः। पुण्या मनोज्ञा पवित्रा च। पादः परिसरोऽङ्घ्रिश्च॥38-39॥ यत्प्रसन्नं तदप्रसन्नं कथमिति

---

1. 'तारहारि' **ख.** 2. 'क्षिति' **क-ख.**

पर्यस्तरत्नकिरणाङ्कुरदन्तुरेषु
वेलातटेषु कृतसैनिकसंनिवेशः।
अम्भोनिधिं स निरवर्णयदुल्लसद्भि-
रुत्तम्भितोडुपथमूर्मिघटासहस्रैः॥39॥

उन्नालनीलनलवञ्जुलनालिकेर-
ताम्बूलवल्लिवलयाकुलकूलकच्छम्।
आश्चर्यधाम दधतं सततप्रसन्न-
मप्यप्रसन्नमुपपादितशोभमम्भः॥40॥

विस्रंसमानसलिलामलनीविबन्ध-
मास्फालयन्तमतिकाममिवोर्हिस्तैः।
आबद्धरत्नवलयोज्ज्वलकाञ्चिदाम-
वेलाङ्गनापुलिनपीननितम्बबिम्बम्॥41॥

उत्सङ्गसङ्गिविलसत्तटिनीपुरंध्रि-
लीलार्पणारभसगेन निनेशगन्ताग्।
आवर्तचक्रचषकेषु तरङ्गहस्त-
व्याकृष्टतीरतरुपुष्पभरावतंसान्॥42॥

प्रेङ्खत्कपालशकलामलशङ्खशुक्ति-
माच्छादिताम्बरघना[1]मितवीचिबाहुम्[2]।
और्वाग्निपिङ्गलशिखाविकरालकेश-
मुत्प्लुत्य भैरवमिवासकृदारसन्तम्[3]॥43॥

लक्ष्मीसुराविमलकौस्तुभपारिजात-
चन्द्रामृतापहरणोत्थितया शुचेव।
हेमाद्रिकूटविकटार्चिषि निर्व्यपेक्ष-
मात्मानमौर्वदहने विनिपातयन्तम्॥44॥

विरोधः[2]॥40॥ अतिकाममतीव कामाक्रान्तम्॥41॥ रभसा वाञ्छा॥42॥ शुक्तिः पानपात्रमपि। अम्बरं कृत्तिरपि॥43-46॥ अखण्डं परिपूर्णमपि। रत्नानि चन्द्रप्रभृतीन्यपि। लक्ष्मीः शोभापि। नास्ति दग्धा दशा यस्य। दग्धा उपहता अपि॥47॥ इन्द्रनीलशैलानां

---

1. 'असितवीचि' ख. 2. प्रसन्ना सुरा तद्रहितमिति परिहारः. 3. 'आनमन्तम्' ख.

गम्भीरगर्भघटितास्पदकालकूट-
शेषाग्निदाहशमनार्थमिव क्षपासु।
ज्योत्स्नासुधां विकटमौक्तिकदन्तपङ्क्ति-
शोभाधरैर्विवृतशुक्तिमुखैः पिबन्तम्॥45॥

प्रेङ्खत्प्रवालकिरणाच्छुरितं वहन्त-
मावर्तचक्रपरिवर्तगभीरमम्भः।
संवादिकौस्तुभमयूखशिखावकीर्ण-
दैत्यायुधव्रणकरालमुरारिवक्षः॥46॥

शैलाभिघातशकलीकृतमप्यखण्ड-
माकृष्टरत्नमपि रत्ननिधित्वमाप्तम्।
लक्ष्मीमदग्धदशमप्यसमौर्ववह्नि-
दाहाकुलं चिरगतामपि नोत्सृजन्तम्॥47॥

वज्राभिघातभयकातरतोयलीन-
माहेन्द्रनीलमणिशैलशतप्रकाशम्[1]।
गर्भान्धकारमिव शेषफणासहस्र-
माणिक्यरश्मिगलहस्तितमुद्गिरन्तम्॥48॥

प्रेङ्खत्करालमणिरश्मिशताभिनद्ध-
कल्लोलकेतुपटलस्थगितान्तरिक्षम्।
उद्दामवाजिगजसाधनमभ्युपेत्य
गृह्णन्तमाशु विजिगीषुमिवाखिलाशाः॥49॥

वेलाङ्गनाभिरभितो धुतवीचिताल-
वृन्तानिलाकुलितफेनदुकूलपट्टम्।
ताभ्यो दिशन्तमसकृज्जलवेगनुन्ना
रत्नावलीरविरलाः स्फुरदिन्दुगौरीः॥50॥

प्रकाशं तम इव गलहस्तितं परिभूतं वमन्तम्॥48॥ वाजिनो गजाश्च जलगता अपि। साधनं फलम्॥49॥ वेला जलविकृतयः॥50॥ क्षोणीभृतः पर्वताः। तेषां भयकारणमिव पश्यन्तम्। यतो दूरमुत्थाय स्थितमिति वाक्यशेषः॥51॥ उत्कलिका उत्कण्ठा अपि।

---

1. 'सान्द्रेन्द्रनील' ख.

उत्थाय दूरमसकृत्सुरनाथमुक्त-
वज्राभिघातकलनाशरणागतानाम्।
क्षोणीभृतामनिशमप्यकुतोभयानां
सर्वासु दिक्षु भयहेतुमिवेक्षमाणम्।।51।।

दिग्भ्य: क्रमादविरलोत्कलिकानुबन्ध-
मभ्येयुषी:[1] सरभसं सरित: सरागा:।
विस्पष्टदुग्धजलकप्रविजृम्भमाण-
चेतोहरस्थिति परिष्वजमानमारात्।।52।।

ज्योत्स्नातपं विकटवीचिघटासहस्र-
मध्यास्पदं सपदि दुग्धधिया विवेक्तुम्।
आवाञ्छता सरभसं तटराजहंस-
यूथेन बन्धुरगलेन निषेव्यमाणम्।।53।।

विस्फूर्जदौर्वशिखिकालनिपीयमान-
मालोक्य सङ्कसुकमायुरिवाभितोऽम्भ:।
प्राप्तं क्रमाद्विरसतां भजमानमाशु
सत्कूर्चकेसरघनां तटकाननोर्वीम्।।54।।

और्वग्निहेतिशतमप्यकृशानुताप-
मुत्तानमप्यतिगभीरतयानुयातम्।
सन्नागमप्यनवसन्नगिरिप्रकाण्ड-
मिन्दुप्रभोज्झितमपि स्फुटचन्द्रिकाढ्यम्।।55।।

दिक्चक्रवालरभसोपगतप्र[2]विष्ट-
सुस्वादुनिर्झरवतीजलसंप्लवेऽपि।
अम्भ:श्रिया विरसया प्रकृतेरिवौर्व[3]-
वह्न्यारवैरभिदधानमसुत्यजत्वम्।।56।।

राग: प्रभा व्यसनं च। दुग्धजलकवन्मिश्रीभावात्क्षीरनीरयोरिव जृम्भमाणा स्थितिर्यत्र। दुग्धजलकं च क्षीरनीराख्यमालिङ्गनम्।।52।। बन्धुरो नत:।।53।। और्वाग्निरेव कालस्तेन निपीयमानत्वात्सङ्कुसुकमस्थिरमायुरिव सलिलमालोक्य क्षारजलयोगाद्विस्वादुतां भजन्तं

---

1. 'अभ्येयुष:' **ख.** 2. 'प्रविष्टं सुस्वाद' **ख.** 3. 'प्रकृतेरभीक्ष्ण' **ख.**

गाम्भीर्यशालि मणिरागपिशङ्गमम्भ-
स्तत्राप्यनन्तभुजगाधिपभोगशय्याम्।
तामाश्रितं विकटकुक्षिपुटस्थलोक-
मभ्युद्वहन्तमधिकं हरिमेव सारम्।।57।।

उत्क्षिप्तपञ्चफणमण्डलभोगिहस्त-
मभ्रंकषोल्बणशिखं ग्रसमानमम्भः।
वेलानिलाहतिविघट्टितवीचिघोषैः
संतर्जयन्तमिव संततमौर्ववह्निम्।।58।।

आवर्तमण्डलकुकुन्दरबद्धशोभ-
कल्लोलपीवरनितम्बतटान्तरेषु।
पर्यस्तशुक्तिनयनं गलदच्छहारि-
रत्नप्रभानिवसनेषु सरिद्वधूनाम्।।59।।

सन्नागमक्षततिमिश्रितमुत्प्रवाल-
मुद्रागमाकुलमलङ्घनतामवाप्तम्।
सश्रीफलस्पृहतरत्प्लवगं वनौघ-
मुत्तालमुच्चमरसत्वजुषं वहन्तम्।।60।।

उल्लासिभिः प्रतिदिशं विकटोर्मिभङ्गै-
र्बालाष्टमीशशधरप्रतिबिम्बगर्भैः।
उत्तप्तहेमघटितां परिकल्पयन्त-
मायानपङ्क्तिमिव तोयतुरंगमाणाम्।।61।।

काननभूमिमापन्नम्। यश्च विवेकी कालेन पीयमानत्वादस्थिरमायुः पश्यति स सर्वकर्मसु वैरस्यमाश्रयन्नेकान्तभूमिं भजते। कूर्चकेसरा नारिकेलाः।।54।। हेतयो ज्वालास्ता यत्र सन्ति तत्र कृशानोरग्नेस्तापो न भवतीति विरोधः। उत्तानं प्रकटमुद्गतविस्तारं वेति न विरोधः। सन्तो नागा भुजगाः किंनरा वा यस्य। अनवसन्नाश्च सुखस्थिताः। अनवं कृत्वा वा सन्ना गिरयो यत्रेति तु न विरोधः। अत्र प्रकाण्डशब्दः प्रशंसावचनो विरोधच्छायां प्रतिबध्नातीति स्वार्थेऽवगन्तव्यः। इन्दोः प्रभया त्यक्तं चन्द्रिकया च समृद्धमिति विरोधः। तयोरेकत्वात्। इन्दोस्ततो निर्गतत्वात्तत्प्रभोज्झितम्। यदा च चन्द्रोदयस्तदा ज्योत्स्नयाढ्यं समुच्छलितमिति तु न विरोधः।।55।। प्रकृतिः स्वभावः।।56।। अनन्तः शेषः। अधिकमधिजलमपि।।57।। पञ्चफणा एव मण्डलं वलयो यस्य

संसक्तबिन्दुपटलानविलुप्तशुक्ति-
मत्स्यश्रियो मकरदन्तकबद्धशोभान्।
वीचीन्क्रमेण दहता भिषजेव[1] शश्व-
दश्वानमुक्तमभितो वडवाग्निनारात्॥62॥

सिन्धूर्विपाण्डुररुचिस्फुटकेनहास[2]-
दूरावगाढरसनिर्भरमापतन्तीः।
पश्यन्तमादरवशादिव निर्विशेष-
मावर्तचक्रनयनैर्मधुरं वलद्भिः॥63॥

विच्छादकांशुमणिविच्छुरिताच्छवीचि[3]
विच्छेदशीकरसमीरतरङ्ग्यमाणाः।
वल्लीर्द्रुमाभिमुखमुन्मदना इवात्त-
कम्पाः करालिततटोपवना वहन्तम्॥64॥

तादृग्भुजग एव हस्तः स उत्क्षिप्तो येन। पञ्चङ्गुलकरस्योत्क्षेपेण वन्दनसंभवात्॥58॥ 'कुकुन्दरे नितम्बस्य पार्श्वयोः कूपकौ स्मृतौ'॥59॥ सन्नागं निमग्नपर्वतम्। अक्षतैस्तिमिभिः श्रितम्। उत्प्रवालमुद्गतविद्रुमम्। उद्राः केचन प्राणिनस्तेषामुद्गमेनाकुलं विषमम्। अलङ्घनतामवाप्तमलङ्घ्यम्। श्रियः फलं भोगादि तत्र स्पृहया सह ये वर्तन्ते ते तरन्तः सांयात्रिका यस्मिन्। उत्तालमुद्भटम्। उच्चं नभोव्यापि। अरसत्वं विस्वादुतां जुषते श्रयति यस्तमेवंविधं वनौघं जलप्रवाहं वहन्तम्। वनौघं तटेषु काननसमूहमपि कन्नागं सदिभं शोभनपुंनागतरुं वा। अक्षाणां विभीतकानां ततिभिर्मिश्रितम्। उत्प्रवालमुद्गतपल्लवम्। अत एवोद्रागमरुणम्। आकुलं चटुलम्। अलमत्यर्थं घनत्वमवाप्तं घनम्। सह श्रीफलेषु बिल्वेषु स्पृहया ये वर्तन्ते ते तरन्तः प्लवगा मर्कटा यत्र तम्। उत्तालमुद्गततालाख्यतरुम्। उद्धतांश्चमरनाम्नः सत्त्वान्भजति यस्तादृशं धारयन्तम्॥60॥ बालत्वेन शशिनः पाटलत्वमुक्तम्। आयानमश्वालंकारः॥61॥ अश्वानिव वीचीन्दहता वाडवेनाश्ववैद्येन वा त्यक्तम्। बिन्दवोऽङ्गाद्दाहकर्मनिष्पाद्यास्तिलका अपि। शुक्तयो मत्स्याश्चावर्तविशेषा अपि। मकराणां प्राणिनां दन्ता एव दन्तकाः मकरदन्ताश्च कुण्डलाकृतयः स्वस्तिकाः। क्रमोऽश्वशास्त्रप्रसिद्धोऽपि परिपाटी। दहता स्वेदयतापि॥62॥ रसोऽनुगोऽपि॥63॥ विच्छादकाः संहतीभवन्तः प्रसरन्तो वांशवो येषाम्॥64॥ उद्भिन्नाः पद्मरागकिरणा एवारुणधातुमयी वर्तिस्तूलिका यत्र। वलन्ती परावर्तमानाः। ऊर्मिफलकेषु नदीलेखनात्सोत्कण्ठमिव। इवशब्दोऽत्राप्युपजीव्यः। यो ह्युत्कण्ठितः स विनोदाय

---

1. 'भिषजीव' ख. 2. 'सिन्धूर्मि' ख. 3. 'विच्छाटकांशु' क.

उद्भिन्नरत्नकिरणारुणधातुवर्ति-
प्रेङ्खत्फणाङ्गुलिभुजंगमभोगहस्तम्।
रोषादिवानधिगतप्रसरं[1] वलन्ती:
सोत्कण्ठमूर्मिफलकेषु नदीर्लिखन्तम्।।65।।

उल्लासिभिर्दिशि दिशि स्फुरदुन्मरीचि-
माणिक्यरश्मिशबलोर्मिघटासहस्रै:।
विस्तारिभिर्भुवनमण्डलमण्डपस्य
वैदूर्यकुड्यरचनामिव संदधानम्।।66।।

फुल्लज्जपाकुसुमपाटलरागरम्यै:
कल्माषिताखिलदिशं मणिभि: स्फुरद्भि।
वेलानिलाहतिविलोलशिखाशतस्य
स्थूलै: स्फुलिङ्गनिकरैरिव वाडवाग्ने:।।67।।

आवर्तचक्रमुदरास्पदरन्ध्रनाभि-
पर्यन्तघूर्णितमणिप्रकरांशुशारम्।
बिभ्राणमच्युतमिवाञ्चितशङ्खशोभ-
मम्भोदमेचकरुचोन्नतवीचिदोष्णा।।68।।

वेलानिलोद्धतशिखस्य विटङ्कहेति-
वर्तिच्छटाभिरनलस्य निपेतुषीभि:।
आबिभ्रतं पिशुनिता इव कुक्षिभाग-
बद्धप्रतिष्ठगिरिसानुनिधानभूमी:।।69।। (एकत्रिंशद्भि: कुलकम्)

यस्याधिकं दधति निर्मलनीरमध्य-
बिम्बागता जलभृतोऽभ्रकपङ्कनीला:।

फलके वर्तिकामादाय प्रियां लिखति।।65।। कुड्यं भित्ति:।।66-67।। आवर्तचक्रमावर्तरूपं सुदर्शनमपि। मणीनां प्रकरस्यांशभि: मणेश्च कौस्तुभस्य प्रकरै: प्रधानैरंशुभि: शारं शबलम्। शङ्ख: पाञ्चजन्योऽपि।।68।। हेतय एव वर्तयो दीपदशास्ताश्च सर्षपवन्निधिभूमिषु पतिता निधानानि सूचयन्तीति निधिशास्त्रेषु प्रसिद्धम्।।69।।कुलकम्।। अभ्रकं धातुभेद:।।70।। तिमीनां पृष्ठेषु पक्षा: शैलशिखरभ्रान्तिमुत्पादयन्तो जनेन निरचायिषत

---

1. 'तोषादिवानधिगतं' क.

कुक्षिप्रविष्टकमठश्वसितव्युदस्त[1]-
पातालरन्ध्रगतकर्दमराशिलीलाम्[2]॥70॥

वेलाविलासविशरारुतरङ्गराशि-
पारिप्लवीकृततिमिव्रजपृष्ठपक्षा:।
यस्मिञ्जनेन निरचायिषतोदराद्रि-
कूटभ्रमं विदधतो भ्रमता तटोर्व्याम्॥71॥

वेलापुरंध्रिरभियोगपटुप्रपञ्च[3]-
मुक्तेव चञ्चलतरै: श्रियमूर्मिहस्तै:।
यस्य प्रवालमणिशोभिभिरेति[4] दन्त-
च्छेदप्रकारसदृशै: स्फुटबिन्दुमालै:[5]॥72॥

देवासुरभ्रमितमन्दरशैलमूल-
लीलावलोडनविलोलजलोत्थितस्य[6]।
मार्गं रसेन तुरगाधिपतेरिवारा-
दाभाति यत्र वडवामुखमीक्षमाणम्॥73॥

श्लाघ्यो गवामधिपतिस्तिमिरक्षयार्घ्य-
रूपस्थितिर्जलदमार्गतलावलम्बी।

निश्चिता:। समीपं प्राप्येति भाव:। चिनोते: कर्मणि लुङि 'स्यसिच्सीयुट्तासिषु' इतीट् चिण्वद्भावश्च॥71॥ अभियोगो रतम्। प्रवालमणयो बिन्दुमालाश्च दन्तौष्ठक्षतविशेषा:। यदुक्तम्–'दन्तौष्ठयोगातिशयात्प्रवालमणि: कपोले निपुणेन साध्य:। सर्वाग्रदन्तैर्मणि-बिन्दुमाले' इति॥72॥ तुरगाधिपतेरुच्चै:श्रवसो वार्गमिवोत्थाय स्थितत्वादीक्षमाणं यत्र वडवामुखमौर्वाग्निराच- कास्ति। वडवायाश्च मुखं रागवशाद्भर्तुरध्वानमीक्षते॥73॥ गवामम्भसां रश्मीनां च। तिमीनां रक्षया पालनेन तिमिरस्य च क्षयेण च नाशेन। चन्द्रिका अल्पश्चन्द्रो ज्योत्स्ना च। हरिणा विष्णुना हरिणेन चाध्युषितमाक्रान्तम्॥74॥ ग्रावसु लग्ना ऊर्मयो यस्या:। 'शेषाद्विभाषा' इति कप्। अग्रे च करस्यावलग्ना ऊर्मिका वालिका यस्या:। रुचिराणि सैकतानि यस्यास्तया। व्यवस्था वीनां पक्षिणां स्थिति:। रुचिर साभ्यां चाभिलाष शृङ्गाराभ्यामेकता हरस्यात्मनश्च शरीरयोरैक्यं तेन

---

1. 'प्रतिष्ठ' **ख.** 2. 'रन्ध्रशत' **ख.** 3. 'प्रपञ्चा' **क.** 4. 'शोभिरतेरधत्तच्छेद्य' **क.** 5. 'इन्दुमौले:' **ख.** 6. 'विलोडन' **क.**

सच्चन्द्रिकं शिशिररश्मिरिवात्मबिम्ब[1]-
मम्भो बिभर्ति हरिणाध्युषितं य एकः।।74।।

यो ग्रावलग्नबहलोर्मिकया चिराय
कुर्वाणया रुचिरसैकतया व्यवस्थाम्।
लक्ष्मीं सभोगिवलयो जलसंपदैति
शैलाधिराजसुतयेव शशाङ्कमौलिः।।75।।

छायागतर्क्षपतिबिम्बविधानपिण्ड[2]-
लीलाप्रसारितविसारितरङ्गहस्तः।
धत्ते स्म यः स्फुरितविद्रुमताम्रराग-
तालूरसत्स्थितिरिभाधिपतेरभिख्याम्।।76।।

प्रत्यग्रविद्रुमवितानमरीचिगाढ-
रागोर्मिलाञ्छिततया रजनीष्वभीक्ष्णम्।
यस्योन्नतानुगतलक्ष्मणचित्तवृत्ति-
राभाति चन्द्रकिरणोल्लसितस्य वेला।।77।।

भिन्दंस्तमो भुवनवासगृहे कृतैक-
देशस्थितिर्यमधितिष्ठति निष्ठुरार्चिः।
विस्तारिपात्रमिव निर्मलतोयतैल-
पूर्णोदरं विदधदौर्वशिखिप्रदीपः[3]।।78।।

लक्ष्म्या कुलीरचितया श्रित एक एव
प्राप्नोति यः स्म महिमानमलङ्घ्यधामा।

व्यवस्था नियमः भोगिनां वलयाः समूहाः। भोगिन एव च वलयाः कटकाः।।75।। ऋक्षपतिः शशी। विधानं हस्त्यन्नम्। स्फुरितो विद्रुमाणां ताम्ररागो येषां तैस्तालूरैरावर्तैः सती स्थितिर्यस्य। विद्रुमवत्ताम्रतालुः रसन्ती च स्थितिर्यस्य।।76।। गाढारुणैरूर्मिभिर्लाञ्छितम्। गाढानुरागया चोर्मिलया लक्ष्मणवध्वा आञ्छितमाकृष्टम्।।77-78।। कुलीरैः कर्कटाख्यैः प्राणिभिश्चितया लक्ष्म्या यः श्रितो माहात्म्यमाप। सत्त्वैश्च स्थितिमेति। राजेव योधैः। सोऽपि कुली महाकुलो लक्ष्म्या च रचितया तत्र तत्र दत्तया श्रितः। धाम स्थानं तेजश्च। अमन्दं कृत्वा पाताले वसन्ति तच्छीलाः। अमन्दश्च पाते येषां

---

1. 'इव स्म' ख. 2. 'गताक्षपति' ख. 3. 'निदधत्' ख.

योधैरिव क्षितिपतिः स्थितिमेत्यमन्द-
पातालवासिभिरनेकविधैश्च सत्त्वैः॥79॥

धत्ते जलाशयपतिः स्थितिमम्भसां स्म
[1]साराधिकस्तिमिततामरसां य एकः।
यस्याश्रितेन पुलिनाञ्चितया श्रिया च
वीचिव्रजेन हरिण च चिरं ववल्गे॥80॥ (एकादशभिः कुलकम्)

उल्लङ्घ्य वर्षगिरिवीचिमतीशतानि
नानाविधान्यथ तदीक्षणबद्धतोषः।
दूरादिलावृतमसाववविपन्नमेरु-
च्छाय[2] विडम्बितहिमाद्रिमसावपश्यत्॥81॥

धत्ते समुद्रपरिखावलयावलीढ-
पर्यन्तवर्त्मपरिमण्डलभूप्रतिष्ठः।
यः कूर्मपृष्ठपृथुकर्परसंनिविष्ट-
रुक्मांशुविच्छुरितमन्दरशैलशोभाम्॥82॥

विस्तारशालिकुरुविन्दशिलानितम्ब-
भागोत्थितं वहति यः करचक्रवालम्।
स्कन्धावघर्षणविलग्नमहावराह-
विश्लिष्टकेसरसटानिकुरुम्बशोभम्॥83॥

येन प्रसाधितमिलावृतमाचकास्ति
रत्नप्रभाशबलकाञ्चनसानुनोच्चैः।

तेऽलवाः स्थूला असयो येषां तैः॥79॥ सारेणोत्कर्षेणाधिकः प्रकृष्टो यस्तिमिभिस्ततामरसां च। स्तिमितानि तामरसानि यस्यां तादृशीं च जलस्थितिमधात्। पुलिनमञ्चति प्रसर्पति पुलिनाञ्ची तद्भावेन श्रिया शोभया श्रितेन वीचिनिचयेनहरिणा पुलिनेष्वञ्चितया श्रिया सेवितेन स्फुरितम्॥80॥ कुलकम् वर्षेषु भारतादिषु भूमिभागेषु गिरयो हिमवदाद्याः। वीचिमती नदी। इलावृतं नाम वर्षम्। इलया च भूम्या वृतं धारणाय प्रार्थितम्। अविपन्ना मेरोश्छाया.........आतपाभावो यत्र॥81॥ धत्ते इत्यादि नवभिः कुलकम्॥ य इति सामर्थ्यान्मेरोः परामर्शः। कर्परं महास्थि। रुक्मं सुवर्णम्॥82॥ कुरुविन्दं पद्मरागभेदः। विलग्नः प्रवृत्तः। केसरा ऊर्ध्वमुखानि स्कन्धलोमानि। अधोमुखानि तु

---

1. 'सौराधिक' **ख.** 2. 'छायाविडम्बित' **क.**

पद्मासनेन च विनिद्रपलाशचक्र-
मुत्पत्तिपङ्कजमनुज्झितकर्णिकाङ्कम्।।84।।

यस्मिन्विभाति शिशिरांशुकलामृणाल-
वल्लीसनाथपृथुपुष्करभूमिरर्वाक्।
स्तम्भे हिरण्मय इव क्षणदान्धकार-
च्छायाकरेणुरलिनीलरुचिर्निबद्धा।।85।।

विस्तारितार्कमणिपल्लवनिर्यदग्नि-
धौताग्निचशुचिकल्पलतादुकूलैः।
विष्यन्दिसान्द्रजलबिन्दुकणेन्दुकान्त-
वल्लीविमर्दकृतदुर्दिनमूलभागैः।।86।।

बद्धास्पदक्षणविनिह्नुतवह्नितीव्र-
तापानुमेयदिवसाधिपमण्डलाभिः[1]।
शाखास्पदाभिररुणाश्मवितर्दिकाभिः
संदर्शितक्षयनिशामुखसांध्यरागैः।।87।।

वज्राङ्कुराहितशतक्रतुचापचक्र[2]-
मुक्ताफलस्तबकमञ्जुरमञ्जरीकैः।
रत्नांशुपिञ्जरितखञ्जनखञ्जरीट-
मञ्जीरमञ्जुतरशिञ्जलतानिकुञ्जैः[3]।।88।।

स्थूलेन्द्रनीलशकलग्रथितालवाल-
मध्यप्रभाजनितसेकजलौघशङ्कैः।
अभ्रंकषाग्रविटपास्पदशातकौम्भ-
कुम्भीफलानुमितशेवधिसंनिवेशैः।।89।।

सटाः।।83।। येन मण्डितमिलावृतं ब्रह्मणा च पङ्कजं चकास्तीत्यन्तर्गतोपमं दीपकम्। पलाशाः किंशुकतरवः पल्लवाश्च। कर्णिकाया अङ्को लक्षणं तदत्यक्तं येन। इलावृतस्य कर्णिकावृत्त्या क्षितेर्मध्येऽवस्थानात्। कर्णिकैव चाङ्कः।।84।। पुष्करमन्तरिक्षं करिकराग्रं च। अर्वाक् पश्चिमे भागे। छायैव करेणुर्हस्तिनी।।85-86।। वितर्दिका वेदिका।।87।। वज्रा हीरकमणयः। मञ्जुरा हृद्याः। खञ्जना गतिविकलाः। खञ्जरीटाख्याः पक्षिणः।

---

1. 'पातानु' क. 2. 'चक्रं' ख. 3. 'मञ्जुरुत' क.

तस्यानुवेलमलिवल्लभवेल्लिताग्र-
वल्लीविलोलमणिपल्लववल्लरीकैः।
ऐक्षिष्ट कल्पतरुभिः कलिलामनल्प-
संकल्पसाधनफलैर्मणिमेखलां सः॥90॥ (नवभिः कुलकम्)

गच्छन्क्रमादथ विलम्बितरत्नदाम-
दोलाधिरोहतरलीकृततारकौघम्।
अभ्युन्मिषन्मरकतांशुशिखायमान-
लग्नार्ककूबरितुरंगसटावलीकम्॥91॥

स्तम्भस्खलज्झणझणारणिताभिराम-
घोषानुबन्धिसुसिद्धविमानघण्टम्।
आश्लिष्टतारकमृगोल्लिखितान्तरिक्ष-
संदेहितेन्दुशकलस्फुरदर्धचन्द्रम्॥92॥

निर्धूतचामरशिखाशतवीजितार्क-
मुच्छ्राचिनाकमणिगोपुरतोरणं सः।
आनन्दितालिविगलन्मकरन्दबिन्दु-
मन्दारदामकृतबन्दनमालमापत्॥93॥ (तिलकम्)

तस्य श्यामायमानस्थगितदिनकराकाशसंकाशकाय-[1]
च्छायापीतातपाशातटनिमितदृशो रत्नसानुस्थलीषु।
प्रत्यासन्नत्रियामामुखसरलधियः सत्वरत्वं विभूषा-
विन्यासं प्रत्यवापुः स्मररभसरसप्लाव्यमानास्तरुण्यः॥94॥

इति श्रीबालबृहस्पत्यनुजीविनो वागीश्वराङ्कस्य विद्याधिपत्यपरनाम्नो महाकवे राजानकश्रीरत्नाकरस्य कृतौ रत्नाङ्के हरविजये महाकाव्ये मार्गविभागवर्णनो नाम त्रिंशः सर्गः।

शिञ्जा क्वणितम्॥88॥ शातकुम्भं सुवर्णम्। कुम्भी घटिका। शेवधिर्निधिः॥89॥ अनुवेलं मुमुर्मुहुः। कलिला व्याप्ता॥90॥ गच्छन्नित्यादिविशेषकम्॥91॥ तारकमृगो मृगशिराः। तेन विचित्रेण नभसि संशयितं चन्द्रशकलं येन सोऽर्धचन्द्रस्तोरणालंकार आश्लिष्टो येन तम्॥92॥ नाकमणेरर्कस्य(?) पुरद्वारतोरणं प्रापत्॥93॥ तस्य गणस्य नभोनिभदेहच्छायया पीता.........तटेषु दिक्तटेषु क्षिप्तनयना योषितः प्रदोषशङ्कया

---

1. 'स्फुरित' **ख.**

एकत्रिंशः सर्गः।

तारापथात्स हृदयस्थगरिष्ठकार्यः
　　पृष्ठे पुरंदरगिरे रचितप्रतिष्ठः।
माणिक्यगोपुरमतीत्य समाससाद
　　मार्गावसादरहितस्त्रिदिवोपकण्ठम्॥1॥

श्योतत्सुधाशिशिरशीकरशारिताभ्र-
　　मग्नामरद्विरदशूत्कृतभिन्नवीचिम्[1]।
तत्पीवरायत[2]कराहतिरुग्णहारि-
　　हैमारविन्दमकरन्दविमिश्रतोयाम्॥2॥

लीलानिमग्नकमलासनवाहहंस-
　　संदेहिताच्छजलशीकरफेनपिण्डाम्।
उत्तारलग्नहरिदश्वरथाश्वबन्ध[3]-
　　भोगीन्द्रगाढपरिपीततरङ्गवाताम्॥3॥

विस्तारिणः परिसरान्स्फुटहाटकेश[4]-
　　मन्त्राभियोगकृतसिद्धिनरेन्द्रकल्पान्[5]।
आबिभ्रतीं[6] सकलशैलबिलाभिराम-
　　सीमन्तिनीजनमनोरमगाढशोभान्[7]॥4॥

मण्डनाविधिं प्रति त्वरामगमन्॥94॥ इति राजानकजयानकसूनोरलकस्य कृतौ हरविजयविषमपदोद्द्योते त्रिंशः सर्गः॥

एकत्रिंशः सर्गः।

॥1॥श्च्योतदित्यादिपञ्चभिः कुलकम्। शीकरैर्वमथुना शारितमभ्रं नभो यत्र तथा कृत्वा मग्नो ब्रुडितः॥2॥ उत्तारलग्ना रवेस्तारणाय प्रवृत्ताः॥3॥ ऐडविडो वैश्रवणस्तस्य यः सकलशोऽङ्गनाजनस्तस्य गाढं गाहनं तेन शोभा येषाम्। अत एव हाटकेशनाम्नः शिवस्य तन्नाम्नि वा ग्रन्थे मन्त्राणामभियोगेन समाराधनपरतया कृतप्रभावा ये नरेन्द्रा गुरवस्तत्सदृशान्। ते तु सकलेषु शैलेषु यानि बिलानि पातालविवराणि तत्र कान्ताजनस्य मनो रमयन्तो गाढा शोभा येषां तादृषा भवन्ति। तदाराधनं हि बिल-

---

1. 'द्विरदशीकर' **ख.** 2. 'कराहत' **क.** 3. 'उत्ताल' **ख.** 4. 'परिसरात्' **ख.** 5. 'कल्पां' **ख.** 6. 'आबिभ्रता' **ख.** 7. 'शोभां' **क-ख.**

संवादिभारतकथं दधतीमलुप्त-
मत्स्यावनातनुरसस्थविराटमभ्भः।
प्रेङ्खोलनेन हरताण्डवतोऽधिकं च
धौताम्बरां क्षय इवोर्मिगणेन[1] गङ्गाम्॥5॥

स्नानावतीर्णधवलग्रहचक्रवाल-
संदेहितेन्दुरुचिबुद्बुदबिन्दुवृन्दाम्।
उच्चैःश्रवःखुरपुटाहतरत्नपट्ट-
सोपानपङ्क्तिमवलोक्य मुदा ववन्दे॥6॥ (पञ्चभिः कुलकम्)

अभ्युन्मिषत्कनकपट्टमरीचिपिङ्ग-
मुत्खातरत्नबिसमुन्मदहंसमालम्।
मन्दाकिनीतटमवेक्ष्य स नीलकण्ठ-
मूर्ध्नोऽस्मरद्धृतकपालशिखामणीन्दोः[2]॥7॥

स प्रेङ्खितश्रवणतालसमीरवेग-
पर्यस्तकाञ्चनलतास्पदरत्नपुष्पे।
संदानितं महति कल्पतरावपश्य-
दैरावणं सकलनागकुलावतंसम्॥8॥

गण्डस्थले नवमदानुमुचि प्रकृष्ट-
शोभे महाहवविमर्द इवासुराणाम्।
बद्धास्पदां मधुलिहां पृथुकर्णताल-
दोलानिलेन लुलितां पटलीं दधानम्॥9॥

साधनवद्दिव्यरूपोपगमस्य हेतुः॥4॥ अलुप्तं मत्स्यानामवनं तिमीनां गतिः प्रीतिर्वा यत्र तत्। अतनुरसमनल्पास्वादम्। स्थविरा वृद्धा आटा आतयः पक्षिणो यत्र। ततो विशेषणसमासः। मत्स्याश्च जनपदविशेषाः। तेषामलुप्तानां परैरलुण्ठितानामवने रक्षणेऽतनुः प्रभूतो प्रसक्तिस्तत्रस्थस्तमत्यजन्विराटाख्यः क्षितिपतिर्यस्याम्। प्रेङ्खोलनं चलनं तेन कारणेनाण्डवतः पक्षिणो हरता तरङ्गगणेन कल्पान्तवत्क्षालिताम्बराम्। तदाहि सार(हर)स्य ताण्डवादधिकं प्रेङ्खोलनेन विधु ....तथाविधैव। अधिकं प्रभूतं शिरसि च॥5-6॥ कुलकम्॥ रत्नबिसहंसयोश्चूडामणीन्दुकपालाभ्यां सादृश्यादीश्वरशिरःस्मरणम्। उक्तं हि-'सदृशादृष्टचिन्ताद्याः स्मृतिबीजस्य बोधकाः'। शिरोऽपि कनककान्तिवत्पिङ्गम्॥7॥

---

1. 'घटेन' ख. 2. 'शिखासितांशोः' ख.

दूरव्यपोढमलशीतमरीचिबिम्ब-
　　गौरच्छविश्रवणचामरचारुभूषम्।
आलग्नभग्नविकचोज्ज्वलपारिजात-
　　सन्मञ्जरीकमिव वक्रुतलं दधानम्।।10।।

आघ्रातुमन्यकरिमण्डलदानगन्ध[1]-
　　मूर्ध्वीकृतप्रवरपीवरहस्तदण्डम्।
आलीढविद्रुमवनप्रभयेव भिन्न-
　　माताम्रकान्ति पृथु ताकुतलं दधानम्[2]।।11।।

चन्द्रप्रभापटलगौरशरीरकान्ति-
　　सावर्ण्यनिह्नुतमपि प्रकटं वहन्तम्।
आमन्थरश्रवणतालकृताभिघट्ट-
　　दोलानुबन्धतरलं शुचि कर्णशङ्खम्।।12।।

क्षीरोदसिन्धुजठरात्सममुत्थितेन
　　शङ्खेन कर्णशिखराश्रयिणा सलीलम्।
गण्डस्थलं दधतमुन्नतमिन्दुनेव
　　सोदर्यताञ्चितरसेन[3] विचुम्ब्यमानम्।।13।।

हेलाधुतिव्यतिकराहितगण्डदान-
　　पङ्कच्छटाशबलितोदरकुन्दपाण्डू।
विस्पष्टलाञ्छनकलङ्कशशाङ्कबिम्ब-
　　खण्डद्वयप्रतिकृती श्रवणौ दधानम्।।14।।

संवर्तकाभ्ररसितानुविधायिकण्ठ-
　　गर्जाच्छलेन चिरसंभृतमुद्गिरन्तम्।

अवतंसः शिरोभूषणम्।।8।। अनवममुत्कृष्टं दानं मुञ्चतीति क्विप्। ततः सप्तमी। नवमदेनासमन्तात्। अ इति वा विष्णुस्तेन नमुचिना च प्रकृष्टा शोभा यस्मिन्।।9।। भग्ना त्रुटिता।।10।। आलीढमास्वादितम्। आलाढा वा पयोधिमध्ये श्लिष्टा।।11।।12।। सोदर्यता भ्रातृभावः।।13।। आहितो न्यस्तः। दानेन शबलोदरत्वात्कुन्दवत्पाण्डुरत्वाच्च सकलङ्कशशिखण्डद्वयेन सदृशौ श्रवणौ धारयन्तम्।।14।। मन्थघोषो मथनशब्दः।।15।।

---

1. 'आघ्रातमन्य' ख. 2. 'वहन्तं' क. 3. 'सोदर्यतार्पित' ख.

विस्तीर्णकर्णकुहरान्तरमार्गलब्ध-
कुक्षिप्रवेशमिव सागरमन्थघोषम्।।15।।

रीढावलीढजलमन्थरमेघखण्ड-
मुत्क्षिप्तमम्बरतले सरलप्रकाण्डम्।
हस्तार्गलं दधतमिन्दुकरावदात-
मुत्तम्भितक्षितितलोरगभोगशोभम्[1]।।16।।

गण्डस्थलीविगलितातनुदानपान[2]-
लोभागतैरविरलं भ्रमरैर्भ्रमद्भिः।
पातालगर्भसहवासरसेन गाढ-
मालिङ्ग्यमानमिव संतमसप्रबन्धैः।।17।।

आबद्धदेहभरकाञ्चनभूमिपीठ-
शोणाश्मरश्मिकपिशं त्रिपदीविलासैः।
संध्यांशुपाटलिततिग्ममरीचिबिम्ब-
संवादि पादतलमण्डलमुद्वहन्तम्।।18।।

निर्वासितस्य रिपुणा सह देवसंघै-
र्भर्तुः सविस्तरनिवासधियेव भूयः।
कर्णप्रकीर्णकविपाण्डुरपक्ष्मपङ्क्ति-
लक्षेण पङ्करुहनालगुणान्वहन्तम्।।19।।

बिभ्राणमङ्कुशमशङ्कितशातकुम्भ-
पातं मरुत्तनृपराज्यमिवासनस्थम्।
आबद्धशोभमभितः शुचिनारदेन
तुङ्गं सुरर्षिसदसेव सुमेरुपृष्ठम्।।20।।

रीढा हेला। प्रकाण्डं नालम्।।16-17।। त्रिपदी पादमेकमुत्क्षिप्य पादत्रयेणावस्थानम्।।18।। रिपुणा वृत्रेण। प्रकीर्णकं चामरम्। पक्ष्माणि लोमानि। लक्षं व्याजः।।19।। अशङ्कितः शातं कृत्वा कुम्भयोः पातो यस्य। मरुत्तराज्येऽप्याकनिष्ट(कस्मि)कः शातकुम्भपातो हेमवर्षं सप्तदिवसानभूत्। आसनं शिरोदशो राष्ट्रं च। शुचिना शुद्धेन रदेन दन्तेन, शुचिश्च नारदाख्यो देवर्षिर्यस्मिन्।।20।। अवग्रहो ललाटदेशः नवाश्च ग्रहाः शशाङ्कादयः।

---

1. 'शोभभोगं' ख. 2. 'विघटिता' ख.

तन्वन्नवग्रहकृतं[1] क्षणदावतार-
　　तारापथोऽन्य इव योऽतिमनोहरत्वम्[2]।
साम्यं विभातसमयस्य[3] बिभर्ति बाल-
　　संध्याहितातनुरुचिः स्फुटपुष्करश्रीः॥21॥

शृङ्गारिणी पृथुकटाक्षतया च यस्य
　　लक्ष्म्याश्रितातनुरनुज्झितरत्नकक्ष्या।
आयोधनावनितलैरिव भात्यशून्य-
　　रूपा सदानकवलस्थितिभिर्द्विरेफैः॥22॥

पर्यस्यतः सकलसच्चरितानुकारि
　　विस्पष्टसज्जनवशीकरणं कराम्भः।
यस्यासुरीमिव बिभर्ति कपोलभित्ति-
　　रच्छिन्नदानवरतामभिरारूपाम्॥23॥

यः कुञ्जराजितवपुः कटकानुसारि-
　　रूपो रुचासमहिमाहितया कृतश्रीः।
सच्छारिवंशरचितस्थितिनाकरोधि[4]
　　नीहारशैल इव चारु बिभर्ति पृष्ठम्॥24॥

कक्ष्यानुबन्धरचनारुचिरेण[5] हस्ति-
　　मल्लेन गौरवपुषा गमितेन शिक्षाम्।

वालं पुच्छम्। संधिना संश्लेषेणाहिता कृता आ समन्तात्तनोः शरीरस्य रुचिर्यस्य। बालया च प्रत्यग्रया संध्यया कृता अतनुरनल्पा कान्तिर्यस्य। पुष्करं कराग्रं नभः पङ्कजं च॥21॥ शृङ्गारिणी गैरिकादिमण्डनसहिता यस्य तनुर्मूर्तिरक्षतया श्रिया श्रिता शोभते। कटौ गण्डौ। कक्ष्यं मध्यबन्धनम्। अथ च तनुर्ललना। सापि पृथवः कटाक्षा यस्य तद्भावेन शोभया युक्ता शृङ्गाराख्यरससहिता भ्राजते। कक्ष्या मेखलापि। सह दानस्य कवलेर्वर्तमाना स्थितिर्येषां तैः सन्तश्चानकाः पटहभेदा यस्यां तादृशी बलानां सैन्यानां स्थितिर्यत्र॥22॥ सज्जं प्रस्तुतं नवं शीकरणं शीकरकरणं यस्य। सच्चरितं सज्जनानां वशीकरणमाहरणहेतुः। अच्छिन्नेन दानेन वरतामुत्तंसत्वं बिभर्ति। असुरीमिव। साप्यच्छिन्नं दानवसंबन्धि रतं यस्यास्तादृशी भवति॥23॥ कुञ्जैरजितमुन्नतत्वादनभिभूतं वपुर्यस्य। कटौ गण्डौ। कं शिरः। तदनुसारि पीवरत्वात्तत्सदृशं रूपमाकृतिर्यस्य। कटकश्च मध्यभागः। तदनुसारिणस्तत्र चरन्तो रूपा मृगविशेषा यस्य। समहिमा

---

1. 'कृतक्षणदा' ख 2. 'याति' क. 3. 'प्रभात' ख. 4. 'संचारि' ख. 5. 'कक्ष्यावबन्ध' ख.

व्यापारितातनुकरेण रणाङ्गनेषु
दर्पादघानिषत येन विपक्षनागाः॥25॥

विन्ध्याचलोन्नतिहृता परिपीतदान-
सिन्धूर्मिणा श्रवणातालधुतेन[1] गुर्वीम्।
कुम्भोत्थितेन नवधातुरजश्चयेन
लक्ष्मीमगस्त्यमुनिनेव च यः स्म धत्ते॥26॥

गीर्वाणवैरिपृतना समरेषु यश्च
शौर्यातिरेकभृदनुत्तमदोर्जितश्रीः।
धत्तेऽनपोढकरटस्थितिमन्यपुष्ट-
नारीमिवाविलरुचिं मधुपायिपङ्क्तिम्॥27॥

शैलाधिराज इव यः सविकासमर्द[2]-
नानाबलानुगतनागविदारिदन्तः।
विष्यन्दिदानजलनिर्झरगण्डशैल-
शोभी बिभर्त्यधिकमभ्रकरीत्यभिख्याम्॥28॥

प्रेमास्पदाभ्रमुरजस्थितिरव्यपाय[3]-
लक्ष्मीपरिग्रहरुचिप्रचलाकिशोभः[4]।
योऽभ्यागमेषु हतदुन्दुभिरेति भद्र-
कालीविलासमधरस्थितसैंहिकेयः[5]॥29॥

माहात्म्ययुक्तः। हितया सुखजनिकया रुचा कृतश्रीः। असमेन च हिमेनाहितया कृतया रुचा कृतशोभः। सती शारिः पर्याण यस्य वंशेन पृष्ठनाड्या रचिता स्थितिर्यत्र। सत्यश्च शारिवाख्या ओषधयो यस्मिन्। शरैश्च काण्डैश्चिता स्थितिर्यस्य॥24॥ गौरवं च पुष्णाति परकृत आत्मनि वर्धयति। दिक्षु(शिक्षा) पीलुशास्त्रे युद्धशास्त्रे च प्रतिपादिता युक्तिः। करो हस्तः करौ च पाणी। अघानिषत हताः। विपक्षनागाः प्रतिपक्षभूताः कुञ्जराः। महान्तश्च विपक्षा विपक्षनागाः। 'वृन्दारकनागकुञ्जरैः पूज्यमानम्' इति समासः॥25॥ उन्नतिहरणमुच्छ्रायातिरेकात्। अगस्त्योऽपि मेरुजिगीषया वर्धमानस्य सूर्यादिमार्गं च निरुन्धतो विन्ध्यगिरेश्छलेनौन्नत्यमहरत्। दानसिन्धुर्मदनदी। दानं च शुद्धिः। 'दैप् शोधने'। तदर्थं परिपीताः सिन्धोः समुद्रस्योर्मयो येन। कुम्भौ कवाटौ कुम्भश्च कलशः॥26॥ अनुत्तमेनापरित्यक्तेन मदेनोर्जिता श्रीर्यस्य। यश्च शौर्यातिरेकभृत्पुरुषः

---

1. 'युतेन' क. 2. 'मन्द' क-ख. 3. 'रजः' ख. 4. 'प्रचलाभिशोभः' ख. 5. 'स्थिति' क-ख.

नागाधिपोऽपि दधदस्खलितामशेष-
भोगाशयां स्थितिमुदूढगुरुक्षमो यः।
तन्वन्विनिद्रकुमुदश्रियमप्यभीक्ष्ण-
मैरावतो युधि विराजति सुप्रतीकः॥30॥

देहत्विषाम्बररुचा[1] भुवनानि यश्च
व्यापारिपुच्छलतया युधि रोचमानः।
यस्य त्रिविष्टपसदामतिवल्लभस्य
विस्पष्टडिण्डिमरुतां स्थितिरेति लक्ष्मीम्॥31॥

सोऽनुत्तमेन सर्वातिशायिना दोष्णा भुजेन जितश्रीर्भवति। करटौ गण्डौ करटाश्च काकाः। स्थितिराचारोऽपि। कोकिला हि काकैः समानाकृतयो धूर्ततया तदाचारमाश्रित्य तत्कुलायेषु तैरेव पोष्यमाणाः सुचिरमवतिष्ठन्ते॥27॥ सविकासमर्दा विस्तीर्णकलहा नानाविधा ये बलस्य दैत्यस्यानुगता अनुयायिनो नागाः करिणस्तद्विदारिणो दन्ता दशना यस्य। वीनां च पक्षिणां कासो गतिस्तत्कृतेन मर्देन क्षोदेन सहवर्तमाना बला ओषधिविशेषास्ताभिनुसृता नागविदारिणः पुंनागकोविदारतरूमन्तो दन्ताः शिखरभागा यस्य। गण्डावेव शैलौ। गण्डशैलाश्च महान्तो मुक्तपाषाणाः। अभ्रकरीत्यभिख्या अभ्रमातङ्ग इति नाम। अभ्रकं धातुभेदः। रीतिरारकूटम्। ताभ्यां चाभिख्या शोभा॥28॥ भद्रा विशिष्टजातयो गजाः। उक्तं च–'भद्रो मन्दो मृगश्चाथ संकीर्णश्चेति जातयः। चतस्रः करिणां तासां भद्रोऽन्तर्मद एव यः॥' तान्कालयितुं समरे निरसितुं शीलं यस्य तथाविधो यो विलासमेति शोभां धत्ते। भद्रकाली च भ(रु)द्राणी। तस्या अपि विलासमेति। तत्सदृशो भवतीत्यर्थः। तत्रैरावणः प्रेमास्पदमभ्रमुर्नाम करिणी यस्य। अजा नित्या स्थितिर्यस्य। अव्यपाया स्थिरा श्रीस्तत्परिग्रहरसिकैः प्रचलाकिभिरभिख्या यस्य। प्रचलमकन्ति कुटिलं गच्छन्तीति प्रचलाकिनः पुरः प्रचारिणो योधाः। हतो वादितो दुन्दुभिः पटहो यस्य। अधरस्थितः परिभूतत्वादधोगतः सैंहिकेयो राहुर्यस्य तथोक्तः। भद्रकाल्यपि अभ्राण्येव मधुरध्वननान्मुरजास्तत्स्थितो यो रव्यपायस्तेन...... ....स्य स प्रचलाकी चिह्नभूतः कुमारसंबन्धी वा मयूरस्तस्य शोभा प्रेमास्पदं यस्याः। अभ्यागमेषु रणेषु संमुखागमनेषु हतो दुन्दुभिर्नाम दैत्यो यया। अधरस्थितश्च वाहनीभूतः सैंहिकेयः सिंहो यस्याः सा तथोक्ता॥29॥ नागा भुजगा गजाश्च। शेषो भुजगराजोऽवशिष्टश्च। क्षमा भूमिः शान्तिश्च। कुमुदो दिग्गजः कुमुदं च कैरवम्। सुप्रतीको दिक्कुञ्जरः कश्चिच्छोभनावयवश्च। 'ऐरावतः पुण्डरीकः कुमुदाञ्जनवामनाः। पुष्पदन्तः सार्वभौमः सुप्रतीकश्च दिग्गजाः'॥30॥ युधि नास्ति रिपुषुच्छलं यस्य

---

1. 'रुधा' ख.

पर्याप्तदानवपुषा दनुचेष्टितेन
साद‍ृश्यमाश्रितवताप्यत येन लीला।
यस्याविपन्नयजुषा श्रुतिवर्त्मनेव
लक्ष्मीरभारि चरितेन गुरोर्गजानाम्॥32॥

तुङ्गं वपुः सकलहास्तिकभङ्गबद्ध-
कक्ष्योऽतिनास्तिक इव स्फुटसाधनश्रीः।
विस्तारिचक्रमिव राशिमयं बिभर्ति
योऽनेकधामकरकुम्भकरालशोभम्॥33॥

(षड्विंशत्या कुलकम्)

आलीनरत्नकमले[1] कलधौतपङ्क-
पिङ्गीकृताम्भसि स नाकसरित्प्रवाहे।
आमज्जतो मणिमृणाललतासनाथ-
चञ्चून्ददर्श सलिलेश्वरवाहहंसान्[2]॥34॥

तद्भावेन शोभमानो यः शरीररुचा भुवनानि व्याप स्थगितवान्। व्यापारि लसत्तत्पुच्छमेव लता तया च रोचमान इति केचित्। अस्मिंस्तु पक्षे क्रियापदमौचित्याच्च तदेव कल्पनीयम्। त्रिविष्टपादीत्यनेन वा देहद्वि(त्वि?)षोन्ये तदेव विशेषणीयम् (?)। त्रिविष्टपसदो देवाः। विस्पष्टं दिण्डिमस्य पटहस्य रुतं यस्याम्। दिण्डिश्च क्वचित्प्रसिद्धो महादेवः। यदुक्तम्-'देवदारुवने दिण्डिः' इति। ततो विस्पष्टो दिण्डिर्मरुतश्च दैत्यौ यत्र प्रकटौ तादृशीं श्रियं योऽभ्येति स कथं देवानां प्रिय इति च विरोधो ध्वन्यते॥31॥ पर्याप्तं समन्तादधिगतं दानं येन तादृग्वपुर्यस्य। पर्याप्तं च प्रभूतं कृत्वा दानवान्पुष्णाति। दनुर्दानवानां जननी। आप्यत प्राप्ता। अविपन्नविनश्वरो नयः पीलुशास्त्रप्रसिद्धा नीतिस्तं जुषते श्रयति। अविपन्नं च नित्यत्वादनष्टं यजुर्नाम वेदो यस्मिन्। चरितं संचारः॥32॥ अनेकं धाम तेजो यस्य। करेण कुम्भाभ्यां च कराला शोभा यस्य तादृग्वपुर्यो बिभर्ति। राशिचक्रमिव। तदप्यनेकधा बहुप्रकारम्। मकरेण कुम्भेन च राशिना दीप्तशोभम्। हस्तिनां समूहो हास्तिकम्। 'अचित्तहस्तिधेनोष्ठक्।' तस्य सकलस्य भङ्गे बद्धकक्ष्यः। अतीव नास्तिको लोकायतादिरिव। सोऽपि सकलहानामास्तिकानां नैयायिकादीनां भङ्गे बद्धकक्ष्यः। कक्ष्या मध्यबन्धनं समुद्योगश्च। अस्ति परलोकादिरिति मतिर्यस्य स आस्तिकः। नास्ति स इति मतिर्यस्य स नास्तिकः। 'अस्ति नास्ति दिष्टं मतिः' इति ठक्। साधनं सैन्यम्, (पुंव्यञ्जनमपि) पक्षहेतुदृष्टान्तादिवचनं च॥33॥

---

1. 'आलून' ख. 2. 'यान' ख.

सङ्ग्रामभग्न[1]बहुलासुतशक्तिलग्न-
घण्टासनाथपृथुपीवरकण्ठभागम्[2]।
ऐक्षिष्ट कासरमसौ समवर्तिनोऽथ
मन्दाकिनीसरसकाञ्चनकर्दमाङ्कम्।।35।।

तस्यानुकूलकलहंसकलापकेलि-
कोलाहलाकुलितकूलजलान्तरासु।
लीलारसालसविसाध्वससारसासु
सारासु रत्नसरसीषु ससार दृष्टिः।।36।।

मज्जत्सुरेशतरुणीगलितावतंस[3]-
हासाभिराममणिसैकतरोधसोऽसौ।
निर्वर्ण्य निर्वृतिममन्दरसामवाप
मन्दाकिनीदुहितृका इव रत्नवापीः।।37।।

विश्राम्यति स्म नलिनीतटवर्त्म वीचि-
पर्यस्तशीकरकणाहतहंसयूथम्।
आसाद्य निर्दलितमौक्तिकचूर्णरेणु-
संसक्तसान्द्रसिकताशिशिरीकृतं सः।।38।।

मन्दाकिनीतटतरोः स ददर्श मन्द-
वाताभिघातचलितेन[4] नवांशुकेन।
ऐरावतीयदशनव्रणपट्टबन्ध-
माबन्धुरं विदधतीमिव कल्पवल्लीम्।।39।।

दोलायमानमणिकुण्डलचारुरत्न-
काञ्चीकलापचरणाभरणाभिरामाः।
विस्पष्टभेदमवलोकयति स्म कल्प-
वल्लीः स नाकललनाश्च सुवर्णगौरीः।।40।।

षड्विंशत्या कुलकम्।। सलिलेश्वरो वरुणः।।34।। बहुलासुतः। 'कार्तिकेयः। कासरो महिषः। समवर्ती यमः।।35-36।। सैकतं निर्जलं तटम्। सजलं तु तदेव रोधः।।37-38।।

---

1. 'बहुलासुर' **ख.** 2. 'भासम्' **ख.** 3. अयं श्लोकः **क**-पुस्तके त्रुटितः. 4. 'शकलेन' **ख.**

विस्तीर्णकाञ्चनलतागृहजृम्भमाण[1]-
संभोगदेवमिथुनं मुमुदे विलोक्य।
सिद्धाङ्गनाकरविलुप्तनवप्रवाल-
मन्दारवृक्षमथ[2] नन्दनकाननं स:।।41।।

संचारिहंसमिथुनाञ्चितचारुपादमुद्राङ्करत्नसिकताञ्चिततीरलेखा:।
पश्यन्नसौ तदुपकण्ठनिविष्टहेमवापीर्विनिद्रकमलाश्चिरमभ्यनन्दत्।।42।।

ऐक्षिष्ट स त्रिदशकाननसङ्गिरङ्गदग्रे कुरङ्गकुलमाकुलितान्तरिक्षम्।
रत्नप्रभाखचितसूक्ष्मशरीरपक्ष्म तारामृगस्य विदधत्परिवारलीलाम्।।43।।

माणिक्यपल्लवमयूखशिखावलुप्तच्छायावितानमपि तत्र स पारिजातम्।
सच्छायमेव च ददर्श नभ:पुरंध्रिहस्ताम्बुजावचितकोमलरत्नपुष्पम्।।44।।

विस्तारशालिविलसन्मणिपल्लवाग्रनिर्गच्छदच्छकिरणप्रकरच्छलेन।
रत्नालवालवलयान्तरवर्ति पीतमभ्युद्वमन्तमतिभूरिभरादिवाम्भ:।।45।।

नाकाङ्गनारुणतलाङ्गुलिचक्रवालसंदेहिताभिनवपल्लवपाणिलूनै:।
अभ्युन्मिषद्भिरपि तत्समकालमेवलक्ष्मीं वहन्तमपरापररत्नपुष्पै:।।46।।
(तिलकम्[3])

इत्युत्तरोत्तरविशेषविलोकनेच्छाविस्मेरतामुपगत: शशिमौलिदूत:।
रत्नप्रभाखचितकाञ्चनतोरणाग्रवर्ती मुहूर्तमभवत्पुरुहूतपुर्या:।।47।।

यस्यां बिभर्ति मणिमन्दिरमिन्द्रनील-
माणिक्यसालवलयान्तरसंनिविष्टम्।
विस्तारशालिमधुसूदनबाहुदण्ड-
मन्दीरमध्यगतमन्दरशैललीलाम्।।48।।

यस्यां स्फुरन्मरकतारुणरत्नहर्म्यभित्तिप्रभापटलसंवलिता वहन्ति।
चन्द्रांशव: कुरबकद्रुमपुष्पता(ना?)लवृन्तश्रियं हरितपाटलतामवाप्ता:।।49।।

तटतरोर्दशनव्रणस्य सिचयेन पट्टिकाबन्धमिव कुर्वतीं कल्पवल्लीमदर्शयत्।।39-42।। तारामृगो मृगशीर्ष:।।43।। छाया शोभापि।।44-46।। विस्मेरो विस्मयनशील:।।47।।

---

1. 'काञ्चनगृहप्रविजृम्भमाण' **ख**. 2. 'वृक्षमयनन्दन' **ख**. 3. 'तिलकम्' **ख**-पुस्तके नास्ति.

वैदूर्यपट्टघटितारररिभिर्निशासु
दूरादपावृतमुखैरिव दृश्यमानैः।
द्वारैर्बिभर्ति पिहितैरपि यत्र लक्ष्मी-
मभ्रंकषा प्रतिदिशं मणिहर्म्यपङ्क्तिः॥50॥

प्रतिककुभमयत्नपूर्वमारादुपवनकल्पलतांशुकानि यस्याम्।
सुरभयति गवाक्षमार्गनिर्यत्प्रचुरतरागुरुधूपसौरभश्रीः[1]॥51॥

यस्यां विभाति निशि चन्द्रकरावमृष्टहारेन्दुकान्ततरलच्युतमङ्गनानाम्।
आबद्धबिन्दुपटलाननचन्द्रबिम्बनिर्यत्सुधाशिशिरनिर्झरशोभमम्भः॥52॥

यत्रेन्द्रनीलवलभीविवराभिनिर्यदंशुच्छटापटलधूसरितानुबन्धाम्[2]।
धत्तेतरामतनुमत्सरसैंहिकेयनिष्पीतमुक्तमलिनामिव कान्तिमिन्दुः॥53॥

यत्र दधति सुरयुवतयः श्रियं भास्वदसितमणिभवनसंगजाम्।
व्यूढसलिलभरजलदमण्डलप्रेङ्खदचिररुचिरविभ्रमाः॥54॥

क्लान्तिं[3] रतान्तजनितां श्लथयन्ति यत्र माणिक्यमन्दिरगवाक्षपथप्रविष्टाः।
अभ्यर्णवर्तिसुरनिर्झरिणीतरङ्गभङ्गानुसारशिशिरा मरुतोऽङ्गनानाम्॥55॥

यस्यां नभश्चरगणेन विदूरदेश-
संस्थेन सालवलयं कलधौतदिग्धम्।
आलक्ष्यत भ्रमदलातशिखाकृशानु-
लेखा[4]निबद्धपृथुचक्रकरालशोभम्॥56॥

यस्यां भूत्यानुज्झितो नीलकण्ठच्छायारम्यो भोगिनाथैरशून्यः।
धत्ते शोभां देहलीना[5] गृहौघः क्ष्माभृत्कन्यामुन्नतात्मेव शंभुः॥57॥

दीर्घीकृतामिव विलोचनयोर्युगेषु[6]
संपिण्डितामिव कपोलकुचस्थलीषु।

मन्दीरो मन्थानस्य चक्रकम्॥48-49॥ अररिर्द्वारपट्टकः॥50-51॥ 52-56॥ नीलकण्ठो मयूरः नीलश्च कण्ठो ग्रीवा। भोगिन ईश्वराः सर्पाश्च। देहलीनां द्वारारम्भभुवाम्, देहे च लीनां लग्नाम्॥57-58॥ प्रणालं जलनिःसृतिमार्गः॥59॥ रामाभिरङ्गनाभिः, रामश्चाभिरामो मनोज्ञः। प्रशस्तो मृगो मृगरूपः। 'प्रशंसायां रूपप्'। स चिह्नं यस्य स शशाङ्क उच्यते।

---

1. 'धूम' क. 2. 'बद्धाम्' ख. 3. अयं श्लोकः ख-पुस्तके त्रुटितः. 4. 'लेखानुबद्ध' क. 5. 'देहदीनां' ख. 6. 'युगेन' ख.

विस्तारितामिव नितम्बतटे बिभर्ति
लावण्यकान्तिमबलाजनता च यस्याम्॥58॥

चन्द्रोदये भवनचन्द्रमणिप्रणाल[1]
विष्पन्दमानजलनिर्झरसिक्तमूलैः।
यस्यां शिशूपवनपादपचक्रवालै-
रालिङ्ग्यते प्रतिदिशं सकलर्तुलक्ष्मीः॥59॥

रामाभिरामश्च विदूरजाश्मप्रासादराशिर्निशि यत्र धाम्ना।
हतप्रसर्पन्मृगरूपचिह्नतेजस्विमारीचबलश्चकास्ति॥60॥

ज्योत्स्नाछटाधवलकेतनवैजयन्ती-
व्याजेन निर्जितविचित्रपुरान्तरोत्थम्।
या दिङ्मुखेषु शशिदीधितिपाण्डु मूर्त-
मालक्ष्यते यश इवाविरलं किरन्ती॥61॥

निबिडमपि निबद्धानूरुणा रत्नहर्म्य-
स्थलघटितशिखण्डिव्रातकेकारवार्ता।
विवलितफणचक्रं यत्र मार्गागतस्य
श्लथयति रथबन्धं भास्वतो भोगिपङ्क्तिः॥62॥

(षोडशभिः कुलकम्)

इति श्रीबालबृहस्पत्यनुजीविनो वागीश्वराङ्कस्य विद्याधिपत्यपरनाम्नो महाकवे
राजानकश्रीरत्नाकरस्य कृतौ रत्नाङ्के हरविजये महाकाव्ये
स्वर्गाभोगवर्णन[2] नामैकत्रिंशः सर्गः।

तस्य तेजस्विनां च ज्योतिषां मरीचिसंबन्धि बलं सामर्थ्यं हतं येन। रामो मृगाकृतिचिह्नस्य तेजस्विनश्च मारीचाख्यस्य रक्षसो बलं जघान॥60॥ केतनानि गृहाणि॥61॥ व्रातः समूहः। भोगिनः सर्पाः। तेषां केकाश्रवणचकितानां पलायनपरत्वेन रथबन्धश्लथीकरणम्॥62॥ इति राजानकजयानकसूनोरलकस्य कृतौ हरविजयविषमपदोद्द्योत एकत्रिंशः सर्गः॥

---

1. 'प्रवाल' ख. 2. 'स्वर्गवर्णनं' क.

द्वात्रिंश: सर्ग:।

अथ तामविशन्नीलमणिमन्दिरसंकुलाम्।
विन्ध्यभूमिमिव व्यक्तगण्डशैलां गणाधिप:।।1।।

पद्मरागमयाट्टालप्रकाशेन प्रथीयसा।
गगनाम्भोधिगर्भौर्ववह्निना रचितश्रियम्।।2।।

विचित्रस्थानकोपेता: सुकुमाराङ्गवर्तना:।
नृत्ते चित्रे[1] च दधतीमाक्षिप्तहृदया: स्त्रिय:।।3।।

पौरै: सदाशेषभोगभाग्भिर्वैकुण्ठविभ्रमम्।
बिभ्रद्भिराहिताभिख्यां समुद्रगृहकास्पदै:।।4।।

दधतीं मध्यमग्राममूर्छनाप्रक्रियामिव।
सकलोपनतोदारपैरवीरचितां श्रियम्।।5।।

प्रवालपाणिभिर्वल्ली: पाणिपद्मैश्च योषित:।
पद्माननैश्च नलिनीर्बिभ्रतीमुपशोभिता:[2]।।6।।

अशसा(भूयसा) तल्पलोपात्तमनोहरतरत्विषम्।
मातङ्गपृष्ठवंशोर्वीमिव विस्तृतदीर्घिकाम्।।7।।

बिभ्रद्भिर्गेयवैदग्धीमुपकण्ठकृतास्पदै:।
तालाक्षरचिताभिख्यै: काननैरुपशोभिताम्।।8।।

द्वात्रिंश: सर्ग:।

नीलमणयो मकरतानि।।1।। अट्टालास्त्रिचतुरपुराणि हर्म्याणि।।2।। स्थानकमालीढादि वपुष: संनिवेशविशेष:। चित्रेऽपि पृष्ठागताद्यङ्गानां वर्तना तद्वेष्टिता या वलना (?) आसूत्रणानि च। आक्षिप्तं हृतम्।।3।। अशेषा भोगा: समग्राणि सुखानि शेषस्य चानन्तस्य भोग: शरीरम्। समुद्रं प्रतीहारनियन्त्रितं गृहमेव गृहकम्। अन्ये 'समुद्रगृहकमिति दीर्घिकालंकृतवेश्मन: संज्ञा' इत्याहु:। समुद्र एव गृहं तस्य कं सलिलम्।।4।। मूर्च्छना: सारणा:। पौराश्च वीराश्चेति द्वन्द्व:। तै: सकलैर्गीतयुद्धादिकुशलै: समग्रैर्वोपनतैरितस्तत: प्राप्तैरुदारैस्त्यागिभिश्चितां व्याप्ताम्। कलोपनता पौरवी च मूर्च्छनाभेदौ। ताभ्यां च रचिताम्।।5-6।। अशसा (?) बाहुल्येन तल्पानां महावेश्मनां लोपो विनाशस्तदभावोऽतल्पलोपम्। अर्थाभावेऽव्ययीभाव:। तेनात्ता श्रीर्यया। तल्पला च वंशस्य पार्श्वभाग:। तेनोपात्ता गृहीता। वंशो नाडिश्च। विस्तृता दीर्घिका: पुष्करिण्यो

---

1. 'चित्ते' ख. 2. 'नलिनीं' ख.

ससूक्ष्मतिलकां वक्त्रच्छायां[1] गारुत्मतीमिव।
गिरं च सामृतोद्गारां दधतीर्दधुषीं स्त्रियः॥9॥

अन्तर्युक्तान्महामात्रैः पतद्ग्रहशताकुलान्।
निशान्तान्दधतीमर्ककृतानकलुषत्विषः॥10॥

अदृष्टनिग्रहस्थानां प्रौढवादविधामिव[2]।
सदाचार्याहितच्छायां नृत्तलीलाविडम्बिनीम्॥11॥

भिन्नं लयमिव त्रेधा द्रुतमध्यविलम्बितम्[3]।
वलिभङ्गं दधानाभिः कृतशोभां पुरंध्रिभिः॥12॥

दशनेन्दुप्रभालोकैः स्वच्छमानसनिर्झरैः।
मदनस्तबकोद्भेदैः स्त्रीणां हासैर्विराजिताम्॥13॥

नक्तं नक्षत्रमालाभिः कृतमूर्धविभूषणैः।
अलिन्दा नाकुलं हर्म्यं गजैर्बिभ्रद्भिराचिताम्[4]॥14॥

सत्काञ्चनपरीक्षायाः सदृशी[5] दृष्टिहारिणीम्।
निकषोपलसल्लेखामदभ्रां बिभ्रतीं श्रियम्॥15॥

यस्याम्। विस्तृता चासौ दीर्घा चासाविति च समासः। दीर्घैव दीर्घिका॥7॥ उपकण्ठं समीपं कण्ठस्य च समीपम्। तालास्तरुविशेषाः अक्षा विभीतकास्तै रचिता। चञ्चुपुटादितालगतैश्चाक्षरैश्चिता व्याप्ता॥8॥ सूक्ष्मतिलकममृतोद्गारं च गारुडं शास्त्रमपि॥9॥ महामात्रैरनल्पधनैरन्तर्युक्तं योगो येषाम्। प्रभात इव..........समाधानसमयः। पतद्ग्रहाः सौवर्णानि निष्ठीवनपात्राणि पतन्तश्च ग्रहाश्चन्द्रादयः। निशान्ता गृहाणि रात्र्यवसानानि च। अर्कः स्फटिकः सूर्यश्च॥10॥ निग्रहस्थानं यत्र चौरादयो हन्यन्ते, असाधनाङ्गवचनमदोषोद्भावनं च वादिप्रतिवादिनोः पराजयहेतुश्च। सद्भिराचार्यैः सदा च चारीभिराहितः कृतः। 'एकपादप्रचारो यः स चारीत्यभिधीयते। पादाभ्यां क्रमणं यत्तु करणं नाम तद्भवेत्'॥11॥ द्रुतं प्रतनु मध्यमुदरं तत्र विलम्बितं वलीनां भङ्गं लयमिव त्रिधा भिन्नं धारयन्तीभिः। लयोऽप्यनुस्वार(न)रूपद्रुतादिभेदेन त्रिधैव। यदुक्तम्–'तालः कालान्तरस्थायी द्रुतमध्यविलम्बितः। त्रिधा लय इति प्रोक्तो बदरामलबिल्ववत्'॥12॥ मानसं सरोभेदोऽपि। मदनस्तरुभेदोऽपि॥13॥ नखत्रमाला गजाभरणमपि। अलिन्दान्द्वारदेशस्थलीराकुलं संकटं कृत्वा अलिं च भ्रमरं दानाकुलं

---

1. 'वृक्षच्छायां' **क.** 2. 'विदामिव' **क-ख.** 3. 'विजृम्भितम्' **ख.** 4. 'गणैः' **ख.** 5. 'सदृशं' **ख.**

शुभप्रस्तावनाहृद्यां प्रख्यातोदात्तनायकाम्।
नानार्थप्रकृतिश्लाघ्यां नाटकप्रक्रियामिव॥16॥

व्याप्तां कृतयुगस्थास्नुस्थितिं भोगिभिरुद्धतैः।
रथसंस्थामिवोष्णांशो रथ्यावलिविराजिताम्॥17॥

अनाप्तगोत्रस्खलनामविपक्षामिव[1] स्त्रियम्।
शुभप्रकृतिविस्तारां वीणावाद्यविधामिव[2]॥18॥

(अष्टादशभिः कुलकम्)

सार्धचन्द्रपताकत्वं दधतस्तेन वीक्षिताः।
तस्यामसंयुता हस्ता इव देवगृहाः पुरः॥19॥

व्यलोकि[3] विस्मयवता शुभमध्यमदर्शनः।
सीमन्तिनीजनस्तेन दधन्माध्यमिकश्रियम्॥20॥

स काञ्चनोज्ज्वलास्तस्यां विस्फुरन्मणिबन्धनाः।
अलंकारावलीर्बाहुलताश्चैक्षत सुभ्रुवाम्॥21॥

प्राप्तानलसनाथत्वं तेन तत्र गृहावली।
पटलोपहृतच्छाया दमयन्तीव वीक्षिता॥22॥

मदव्यग्रं धारयद्भिः॥14॥ निकषा समीपे उपलसन्तो लेखाःसुरा यस्याम्। निकषोपले च परीक्षापाषाणे सती लेखा राजिर्यस्याम्। अदभ्रां प्रभूताम्॥15॥ शुभस्त सुकृतस्य प्रस्तावना प्रारम्भः। शुभा च सुलक्षणा प्रस्तावना नाटकस्य मुखम्। नायकः स्वामी कथापुरुषश्च। नानार्था बहुविधधनाः प्रकृतयोऽमात्यप्रभृतयः। नानार्थप्रकृतयः पञ्च बिन्द्वाख्याः 'प्रयोजनानां विच्छेदैर्यदविच्छेद- कारणम्। यावत्समाप्ति बन्धस्य स बिन्दुरिति कीर्तितः॥' इत्याद्यालक्षिताः केचन धर्माः॥16॥ कृतयुगसंबन्धिनी स्थिरा स्थितिर्यत्र कृता च युगस्य रथावयवस्य दृढा स्थितिर्यत्र। भोगिनः सर्पा अपि। रथ्या विशिखा अश्वाश्च। रथं वहन्तीति 'तद्वहति रथयुगप्रासङ्गम्' इति यत्॥17॥ गोत्राः पर्वताः, गोत्रं च नाम। अविपक्षा निःसपत्नीकाः। शुभः प्रकृतीनाममात्यादीनां विस्तारो यस्याम्, शुभस्वभावश्च विस्तारो नाम धातुर्यस्याम्॥18॥ कुलकम्॥ अर्धचन्द्रो विभूषणविशेषः। पताका वैजयन्ती। अर्धचन्द्रपताकाख्यौ चासंयुतौ हस्तौ॥19॥ मध्यममुदरम्। दर्शने लोचने। मध्यमदर्शनं च शून्यवादः। माध्यमिका बौद्धभेदाः॥20॥ काञ्चनवच्चोज्ज्वला दीप्ताः। मणिबन्धनं हस्तस्य संधिरपि॥21॥ अनलसो नाथः

---

1. 'स्खलितां' **ख.** 3. 'विदां' **ख.** 3. 'विलोक्य' **ख.**

तेनैक्ष्यत सुधापाण्डुच्छायसन्मानसालया।
नगर्या दधती साम्यं क्रीडाकमलिनी पुर:॥23॥

महानप्यनहंकारप्रसूतिरवलोकित:।
तारकोऽप्यमुना बिभ्रल्लोकोऽनक्षिगत: श्रियम्॥24॥

विदग्धमण्डलीमाराद्गोष्ठीबन्धमनोरमाम्।
सदाकृतिगणोपेतां सद्वृत्तिं स व्यलोकयत्॥25॥

तेनाङ्गनाजनस्तस्यामनपेक्षितभूषण:।
स्वरूपशोभयाक्रान्त: शक्रहस्त इवेक्षित:॥26॥

जहर्ष सामान्यगुणद्रव्यसंयोगसुस्थिताम्।
तां कणव्रतसिद्धान्तप्रक्रियामिव वीक्ष्य स:॥27॥

संक्रान्तयाञ्जनच्छायदेहप्रतिमयाथ स:।
प्रविशन्स्फटिकागारानैन्द्रनीलानिवाकरोत्॥28॥

अपूर्वदर्शनाकूतकुतूहलवलद्दृश:।
दितिजास्तं विसृष्टान्यकर्तव्या[1] निरवर्तयन्॥29॥

तत्परिज्ञानशून्येन चेतसाहितकौतुका:।
पप्रच्छुर्मण्डलीबन्धै:[2] कोऽयमित्यसुरा मिथ:॥30॥

स्वामी यत्र नलेन च राज्ञा सनाथा सभर्तृका तद्भावं प्राप्ता। पटलं छदि:। तेनोपहृता ढौकिता छाया आतपाभावो यस्या:। पटस्य च वाससो लोपेन द्विधाकरणेन हृतच्छाया नष्टकान्ति:। नलो हि पृष्ठादम्बरमपहार्य नग्नो दमयन्त्या वसनार्धमसिना निकृत्य परिदधत्तस्या विषादहेतुरासीत्॥22॥ सुधावत्पाण्डुच्छाया: सन्माना: शोभनपरिमाणा: साला: प्राकारा यस्यां तया॥23॥ महान्बुद्धि:। साहंकाराख्यं तत्त्वं न प्रसूत इति विरोध:। उक्तं हि–'प्रकृतेर्महांस्ततोऽहंकार:' इत्यादि। अविरोधस्तु–महान्प्रभावयुक्तो न चाहंकारं गर्वं करोतीति। तारक: कनीनिका। सोऽक्षिगतो लोचनस्थितो न भवतीति विरोध:। तारकस्तु विपदां हन्ता। अनक्षिगतश्चाद्वेष्य इति न विरोध:॥24॥ सदा सततं कृतिनां गणै: समुहैरुपेताम्। सन्तश्चाकृतिगणा: पचादिवदसमाप्ता धात्वादिपाठा:। सती वृत्तिर्वर्तनं यस्या:। अथ च सती वृत्ति: सूत्राणां विवरणम्। यथाद्यत्वे काशिका॥25॥ स्वस्य रूपस्य शोभया स्वरोश्च वज्रस्योपशोभया क्रान्त:॥26॥ सामान्यै: सर्वसाधारणैर्गुणै: शौर्यादिभिर्द्रव्येण च धनेन य: संयोगस्तेन सुस्थिता सुखेनासिता। सामान्यं जाति:।

---

1. 'कर्तव्यं' **ख.** 2. 'वृन्दै:' **क.**

अन्यैर्विज्ञायमानत्वादन्यस्याभिनिवेदिताम्[1]।
स शृण्वन्नात्मनोऽभिख्यां राजमार्गानलङ्घयत्॥31॥

मुक्ताप्रवालवैदूर्यप्रायरत्नपरिष्कृताः।
जहौ निषद्यावीथीः स सिन्धुवेलाविडम्बिनीः॥32॥

प्राप्तवानथ दैत्येन्द्रसिंहद्वारं विभूतिमत्।
त्रैलोक्यसंनिवेशस्य प्रत्यादेशमिव स्थितम्॥33॥

सनागयक्षदैतेयवस्वादित्यमरुद्गणम्।
अनेकाश्चर्यसंदोहं विश्वरूपमिव स्थितम्॥34॥

नानासुरणाकीर्णं पुरीदर्पणभूतले।
अदृष्टपारसंसारप्रतिबिम्बमिवोत्थितम्॥35॥　　(तिलकम्[2])

विकासिकिंशुकच्छायाद्वनादिव विभावसोः।
तत्क्षणापहृतान्पत्त्रशुकानैक्षत सव्यथः॥36॥

चन्द्रांशुगौरसत्पक्षबालभारान्प्रचेतसः[3]।
ददर्श वाहहंसांश्च चामरांश्च हृतानसौ॥37॥

चतुर्दिक्स्फटिकागारप्रभाक्षीरपरिप्लुतम्।
ददर्श चोच्चैःश्रवसमुत्तिष्ठन्तमिवोदधेः॥38॥

त्रैलोक्यलक्ष्म्याः स दधल्लीलादोलामिवाग्रतः।
विलोलमुक्ताप्रलम्बव्याजेनैक्षत तोरणम्॥39॥

ददर्श तोर[4]णामुक्ताश्चण्डीसिंहसटावलीः।
उत्पातेन्दुकला दैत्यप्रलयाशंसिनीरिव॥40॥

गुणाः शुक्लादयो द्रव्यधर्माः। तदाधारो द्रव्यम्। संयोगोऽत्र समवायः। तैश्च सुस्थिता सुदृढा। कणव्रतस्य कणादस्य सिद्धान्तो दर्शनं वैशेषिकशास्त्रम्॥27-31॥ निषद्या आपणः॥32॥ सिंहद्वारं द्वारस्य पुरतः सुविस्तीर्णो देशः। प्रत्यादेशः प्रत्याख्यानम्। अभिभावुकमित्यर्थः॥33॥ दैतेया दैत्याः॥34-35॥ पत्त्रं वाहनम्॥36॥ चन्द्रांशुवद्गौरपक्षा हंसाः। गौरवालास्तु चामराः॥37-38॥ दोलामिव बिभ्राणं तोरणमैक्षतापश्यत्॥39-40॥ अर्पणीयमुपायनं दातव्यं च। करः पाणी राजग्राह्यो भागश्च॥41॥ कण्ठकं ग्रीवा-

---

1. 'निवेशिताम्' **ख.** 2. 'तिलकम्' **ख**-पुस्तके नास्ति. 3. 'पक्ष्म' **क.** 4. 'तोरणं' **ख.**

अदृश्यमानपर्यन्तानर्पणीयकरानसौ[1]।
ददर्श विविधान्राज्ञो दिग्विभागानिवागतान्॥41॥

[2]उत्खातशेषमाणिक्यकण्ठकाशून्यकंधरान्[3]।
रभसालिङ्गितस्वःस्त्रीस्तनवासाविलोरसः॥42॥

भर्तुः प्रसादलब्धानि देवयानानि सत्वरम्।
निर्गत्यारोहतो दैत्यराजपुत्रान्ददर्श सः॥43॥ (युगलकम्[4])

अथाधिभूमि[5] विन्यस्तकरजानुभिरादरात्।
न्यवेद्यत द्वारगतः स भर्त्रे प्रतिहर्तृभिः॥44॥

अवज्ञा[6]चिरसंरोधमुक्तयैत्विति तद्गिरा।
निर्दिश्यमानमार्गस्तैः स दैत्येन्द्रसदोऽविशत्॥45॥

भास्वन्मणिशिरोदैत्यभोगिमण्डलसंकुलम्।
तद्देहमलिनच्छायातिमिरप्लवपूरितम्॥46॥

वैदूर्यकुट्टिमच्छायजलनिर्भरसंप्लवम्।
प्रविष्टवानथैक्षिष्ट पातालमिव तत्सदः॥47॥ (युग्मम्)

तत्र सिंहासनासीनां तमालश्यामलत्विषम्।
स्फुरद्दंष्ट्राननां मूर्तिं कौशिकीमिव बिभ्रतम्॥48॥

कुण्डलातपरत्नांशुबालातपविलङ्घितम्।
बिभ्राणमनिमित्तेऽपि रोषारुणामिवाननम्॥49॥

चामराधूननव्यग्रकरपङ्कजयानिशम्।
निषेव्यमाणमभितस्त्रैलोक्यविजयश्रिया॥50॥

बिभ्राणं शोणमाणिक्यभूषांशुच्छुरितं वपुः।
अशान्तवज्रसंपातवह्निशेषमिव क्वचित्॥51॥

भरणम्॥42-43॥ प्रतिहर्ता प्रतीहारः॥44॥ एत्विति तस्य दैत्येन्द्रस्य वाचा गणस्तत्सभा-भागमविशत्॥45-47॥ तत्रेत्यादिनवभिः कुलकम्॥ सिंहोपलक्षितमासनं सिंह एव चासनं तमधिरुह्य स्थितत्वात्। कौशिकी चण्डिका॥48-52॥ पत्त्राङ्कुरः पत्त्रच्छेद्यभेदाः

---

1. 'अदृष्टपार' क. 2. 'उत्खाताशेष' क. 3. 'कण्ठिका' क. 4. 'युगलकम्' ख-पुस्तके नास्ति. 5. 'अथादि' ख. 6. 'संबोध' क.

जयकुञ्जरनक्षत्रमालाममलमौक्तिकाम्।
दधतं विकटां हारलतां पीनेन वक्षसा॥52॥

दिङ्नागदानविष्यन्दकृतपत्त्राङ्कुरश्रियः।
बिभ्रतं भुवनाभोगवनतालतरून्भुजान्॥53॥

केयूरासितरत्नांशुजलधाराश्च बिभ्रतम्।
वज्रानलशिखादाहशान्तिहेतोरिव स्नुताः॥54॥

उरःस्थले निषण्णाया रत्नपर्यङ्कविभ्रमम्।
बिभ्रतं दिग्गजाधीशदन्तभङ्गं सुरश्रियः॥55॥

ददर्शान्धकमाबद्धमध्यं कनकशृङ्खलैः।
नितम्बपरिवृत्तार्करश्मिरेखमिवाचलम्॥56॥　　(नवभिः कुलकम्)

त्रैलोक्यश्रीकरेणोस्तमालानीभूतदोर्द्रुमम्।
विलोक्येषन्नतशिरा विनयात्प्रणनाम सः॥57॥

अथ बाहुं प्रसार्याराद्दिङ्नागकरपीवरम्।
इत इत्यसुरेन्द्रेण निर्दिष्टं स्वयमन्तिके॥58॥

हेमपीठमसौ चित्ररत्नजालपरिष्कृतम्।
अध्यास्त लोकसंवर्तमेघो मेरुमिवोन्नतम्॥59॥　　(युगलकम्)

अथ लम्भितसत्कारं तमुवाचान्धकासुरः।
दन्तज्योत्स्नाछलेनारियशःपीतामिवोद्गिरन्॥60॥

गौरीविग्रहसंधानसमासादितनिर्वृतेः।
गणेश कुशलं कच्चिदव्याहति पिनाकिनः॥61॥

चिरेण बत केनापि हेतुना स्मृतिगोचरम्।
आगच्छाम वयं शंभोर्येनेह त्वां व्यसर्जयत्॥62॥

जयलक्ष्म्योपगूढस्य पुरा जितमरुत्वतः।
न ममाङ्गेषु संजातस्तादृशः पुलकोद्गमः॥63॥

पल्लवप्ररोहाश्च॥53-54॥ विभ्रमः शोभा। दन्तभङ्गो दशनखण्डम्॥55-58॥ लोकसंवर्तः कल्पान्तः॥59॥60॥ विग्रहश्च विरोधः। संधानं च मैत्री। गौर्या सह तत्करणेन

निर्व्याजपीतिपिशुनः शशिशेखरशासनात्।
ईयुषि त्वयि सौहार्दरसस्यन्दिनि यादृशः॥64॥ (युगलकम्)

इमे वज्रकणा हर्षस्फुटद्व्रणमुखोत्थिताः।
रोमाञ्चोद्गमकार्कश्यमङ्गेष्वधिकयन्ति मे॥65॥

सप्तलोकाधिपत्येन न तथोन्नतिमागताः।
यथाविष्कृतसद्भावभवसंभाविता वयम्॥66॥

कर्तव्यं तन्न पश्यामि कृतकृत्योऽपि धूर्जटिः।
यच्चेतसि निधाय त्वं प्राहिणोदस्मदन्तिकम्॥67॥

तदावेदय संदेशमिन्दुमौलेर्विवक्षितम्।
कुतूहलि ददात्यस्मान्मनो नोदासितुं यतः॥68॥

इत्युक्ते तेन दन्तांशुपुष्पिताधरपल्लवः।
अवाप्तवसरो वक्तुं दूत इत्युपचक्रमे॥69॥

कल्याणीं गिरमुत्स्रष्टुं विरला एव जानते।
सत्यां रेखां विलिखितुं चित्रकर्मविदो यथा॥70॥

यदेवमादरारूढो बहुमानास्पदं[1] त्वया।
क्रियते कुशलप्रश्नस्तेनाद्य कुशली विभुः॥71॥

यशोंशुभासुरच्छायः[2] क्षतदौर्गत्यविप्लवः।
विभात्यनर्घः संसारसागरैकमणिर्भवान्॥72॥

सारम्भत्वेऽपि सततं विस्पष्टपरिघट्टनम्[3]।
तव जातं द्विषच्चक्रं शुष्कं गेयमिवापदम्॥73॥

प्राप्तनिर्वृतिरसौ शत्रुविषये त्वकिंचित्कर एवेति ध्वन्यते॥61-62॥ मरुत्वानिन्द्रः॥63-65॥ भूर्भुवस्वस्तपोजनमहःसत्यानि सप्त लोकाः॥66-67॥ उदासितुमौदासीन्येन स्थातुं मनोऽस्मान्न ददाति। कौतूहलादौदासीन्यं[न]मुञ्चतीत्यर्थः॥68-69॥ विलिखितुमिति 'संज्ञापूर्वको विधिरनित्यः' इति गुणाभावः॥70॥ आदरारूढो गौरवेण कृतः। बहोश्च मानस्य पूजाया आस्पदम्।श्लाघ्य इत्यर्थः॥71-72॥ आरम्भो हि विजिगीषुता। परिघट्टनमुपघातः। अपदं निजपदाद्भ्राष्टम्। शुष्कगीतमप्यपदं पदशून्यम्।

---

1. 'मानपंद' ख. 2. 'भास्वरच्छायाकृतदौर्गत्य' क. 3. 'विमृष्ट' क.

त्वया नैयायिकेनेव सत्पक्षाश्रयशालिना।
हेतौ विदधता[1] यत्नं परपक्षो निराकृतः।।74।।

उपर्येव तव स्थास्नु शरच्चन्द्रांशुपाण्डुरम्।
यशश्छत्रमिवाभाति च्छत्रं यश इवोज्ज्वलम्।।75।।

वैदग्धीं बिभृयुः शैला निःसारितमरुत्वतः[2]।
वज्रानलशिखाजालप्लुष्टपक्षाः कथं नु ते।।76।।

स्फुरत्यधितटं सिन्धोर्या मुक्ताकिरणच्छटा[3]।
सा वः संकोचितारिस्त्रीमुखाब्जा कीर्तिचन्द्रिका।।77।।

प्लुष्यत्यरीन्प्रतापस्ते निर्वापयति चापरान्।
दाहात्मकत्वमधिकं वह्नेरैकान्तिकं पुनः।।78।।

क्रूरेऽपि मार्दवोपेता वामाचारेऽपि दक्षिणाः।
पापेऽपि शुद्धमतयस्त्वादृशा भुवि दुर्लभाः।।79।।

अनेकजन्यशोभी त्वं भर्तालंकृतविग्रहः।
त्वमूहिथामुक्तकरामसङ्गोऽपि[4] जयश्रियम्।।80।।

दशामनुगुणां दग्ध्वा नाधारं तापयत्यलम्।
न स्नेहं क्षपयत्युच्चैर्वंशदीपोऽपरो भवान्।।81।।

शुं टुं इत्यादिरूपस्य तस्याभिधेयाभावात्। तत्पक्षेऽप्यारम्भस्तस्यैव प्रस्तावः। परिघट्टना तन्त्रीणां कण्ठस्य वोत्तेजनम्।।73।। सत्पक्षाः सुसहायास्तदाश्रयणशालिना हेतौ चायुधे यत्नमभ्यासं कुर्वता त्वया परपक्षः शत्रुवर्गो निराकृतः। तार्किकेणेव। सोऽपि सत्पक्षं प्रत्यक्षादिविरोधरहितां प्रतिज्ञामाश्रित्य परपक्षं परवादिमतं प्रतिक्षिपति। यदि हेतौ पक्षधर्मे परिज्ञानाय यत्नं कुर्यात्। अन्यथा हेतोरसिद्धविरुद्धानैकान्तिकत्वोद्भावनादन्येन पराजीयेत।।74-75।। निःसारितो निर्वासितः।।76।। मुक्ता मौक्तिकानि।।77-79।। त्वं जयश्रियमप्यूहिथ धृतवान्। असङ्गोऽपि त्वं जयश्रियमूहिथ परिणीतवानिति च विरोधो ध्वन्यते। जन्यः सङ्ग्रामो महाराज(वर)सहायश्च। भर्ता धारयिता। इलमत्यर्थं कृतविग्रहो विभूषितदेहश्च। अमुक्तः करोऽर्थग्रहणं यस्याम्, अमुक्तश्च गृहीतः करः पाणिर्यस्याः। असङ्गो विरतिरहितो विरक्तश्च।।80।। दशा अवस्था वर्तिश्च। अनुगुणा योग्या

---

1. 'निदधता' **ख.** 2. 'निःसीमित' **क-ख.** 3. 'सिन्धोरामुक्त' **ख.** 4. 'असङ्गो विजयश्रियम्' **ख.**

व्यजेष्ठा गोचरातीतं गुणगौरवतोऽधिकम्।
अगाधमपि दुग्धाब्धिं सुरासुरविलोडितम्॥82॥

कथं शशधराधीनवृद्धिक्षयतयानिशम्।
सादृश्यं तव दुग्धोदसिन्धुना यशसो भवेत्॥83॥

विरलास्त्वादृशा लोके दोर्दण्डदलितद्विषः।
निर्दग्धाशेषभुवनाः कियन्तो वह्नयः क्षये॥84॥

स्वच्छं बिम्बितनिःशेषनीतिसंग्रहसुस्थितम्।
त्वमेव मानसं धत्से प्रज्ञाविभ्रमदर्पणम्॥85॥

दोर्दण्डदलितोद्दामसङ्ग्रामारातिमण्डलः।
न बिभर्षि गुणोत्तुङ्गो गर्वमन्यासुरेन्द्रवत्॥86॥

गुणांस्तव गिरां नाथो वक्ति तेनाथवाप्यलम्।
सिन्धोस्तटेषु सिकताकणान्गणयितास्ति कः॥87॥

इति संसदि वक्तुर्मे चित्रं यत्क्षीयते न वाक्।
क्व वा काव्यविकल्पानां गुणानां च तवावधिः[1]॥88॥

इत्थं प्रतापसंपत्तिपराक्रान्तमहीभृतः।
न कुल्योत्सादनं युक्तं तव ग्रीष्मरवेरिव॥89॥

एवमाह विभुर्मान्यं जगत्सर्गस्थितिक्रमे।
नियुज्य द्रुहिणोपेन्द्रावौदासीन्येऽस्मि निर्वृतः॥90॥

सुरासुरचमूवंशसंतानस्थितिरासदत्।
कश्यपो मानसोत्पत्तिसंमतां परमेष्ठिनः॥91॥

अनुगुणस्तन्तुश्च। स्नेहस्तैलमपि। दीपः प्रकाशः प्रदीपश्च॥81॥ व्यजेष्ठाः विजितवानसि। 'विपराभ्यां जेः' इति लुङ्यात्मनेपदम्॥82-83॥ क्षयः कल्पान्तः॥84-88॥ प्रतापः शौर्योत्थः प्रभाव आतपश्च। महीभृतः पर्वता राजानश्च। कुल्याः कुले भवाः स्वल्पाश्च नद्यः॥89॥ विभुर्महेश्वरः। मान्यं त्वामन्धकम्। स्थितिः पालनम्। द्रुहिणो ब्रह्मा। उपेन्द्रो विष्णुः॥90॥ चमूः समूहः। तद्वंशप्रबन्धस्य स्थितिः स्थितिकारणम्। कारणे कार्योपचारात्। मानसं मनः। तदेवोत्पत्तिः सद्म यस्य। तद्भावमासदत्प्राप। सुरासुराणामन्वय-

---

1. 'तथावधिः' ख.

स लब्ध्वात्मभुवोऽनुज्ञां चित्रसर्गचिकीर्षया।
उपायतात्मनो योग्या विधिवद्दक्षकन्यकाः।।92।।

दनुदित्यदितिष्वासामुदभूवंस्ततः क्रमात्।
दानवाश्चैव दैत्याश्च देवाश्च बलशालिनः।।93।।

प्रातिकूलिकतां मत्वा मिथस्तेषां स्वयंभुवा।
वासः पातालमूले च सुमेरौ च व्यभज्यत।।94।।

प्रशान्तरणसंरम्भं स्वधर्मावस्थितप्रजम्।
तेन निःशेषमेवासीत्त्रैलोक्यमनुपप्लवम्।।95।।

अथ दुर्वारदोर्दण्डदर्पकण्डूप्रतारितः।
आच्छिनद्धाम देवानां हिरण्याक्षमहासुरः।।96।।

स जघ्ने सुरशत्रूणां मिषतां क्रोडमूर्तिना।
त्रैलोक्योपप्लवारक्षाबद्धकक्षेण[1] शौरिणा।।97।।

निन्ये च मरुतां पत्युर्निहत्यासुरमण्डलम्।
त्रैलोक्यश्रीः पुनर्लीलाचामरव्यग्रहस्तताम्।।98।।

याते कालेऽथ[2] दुर्वारदर्पकण्डूतिदुर्धरः[3]।
हिरण्यकशिपुर्जिष्णोस्तामेत्य पुनराच्छिनत्।।99।।

तद्वक्षोऽददरद्वज्रधारादलनकर्कशम्।
नृसिंहमूर्तिर्नखरैर्नखरान्तैर्जनार्दनः[4]।।100।।

इत्थमन्यांश्च जगतो विप्रकर्तॄन्महासुरान्।
अनयद्दीप्तचक्राग्निज्वालापञ्जरयन्त्रणाम्।।101।।

स्थितिं कारयितुं ब्रह्मा कश्यपं मनसा निर्मम इति पिण्डार्थः।।91।। उपायत परिणीतवान्। 'उपाद्यमः स्वकरणे' इति तङ्।।92।। आसां मध्ये दन्वादिषु यथाक्रमं दानवादयो जाताः।।93।। प्रतिकूलं वर्तते प्रातिकूलिको विरोधी। 'तत्प्रत्यनुपूर्वमीपलोमकूलम्' इति ठक्।।94-95।। धाम स्थानम्। आच्छिनदपजहार।।96।। मिषतां पश्यताम्। अनादरे षष्ठी। क्रोडो वराहः।।97-98।। कण्डूतिः कण्डूः। कण्डयतेर्यगन्तात्प्रत्ययात् इत्यकारेण भाव्यमिति क्तिप्रयोगश्चिन्त्यः। जिष्णुरिन्द्रः।।99।। अददरद्विदारितवान्। न खरान्तैर्मृदुप्रान्तैः।।100।। विप्रकर्तारो बाधकाः।।101।। न चासुराणां समरे

---

1. 'कक्ष्येण' **क.** 2. 'लोके' **ख.** 3. 'कण्ड्वाति' **क.** 4. 'न खराग्रै' **ख.**

ज्योत्स्ना चन्द्रक्रमेणैव क्षीयते वृद्धिमेति च।
शूराणां च रणे कीर्तिर्गता न विनिवर्तते॥102॥

तदर्हन्त्यधुना प्राग्यवदविग्रहपरिग्रहाः।
रसातलनिवासेन संविभागं महासुराः॥103॥

पुरेव लोकपालानां दैत्यानां च निरत्यया।
अनाविष्कृतसंरम्भा स्थितिरस्तु यथायथम्॥104॥

धामान्यध्यूषुषामित्थं प्रेम्णा निजनिजानि वः।
सन्त्वाविष्कृतविस्रम्भाः परस्परगृहागमाः॥105॥

शासति त्वयि पातालं त्रिदिवं च पुरंदरे।
ससुरासुरचक्रस्य त्रैलोक्यस्यास्त्वनामयम्॥106॥

निवर्तिते[1] विरोधेऽपि युवयोरधुना मिथः।
अपहस्तितनिःशेषवैरं प्रेम विवर्धताम्[2]॥107॥

अतिसंघर्षतः सिन्धुमन्दराचलयोः पुरा।
प्राक्कलकूटसंभारः पश्चादमृतमुत्थितम्॥108॥

इति स्थिते समुत्सृष्टविग्रहैकरसस्थितेः।
मरुत्वता समं मन्ये सख्यमेव तव क्षमम्॥109॥

यस्य हारलतान्यासभासुरा फेनसंहतिः।
व्यावर्तमाना नमुचेः कठिनं कण्ठमच्छिनत्॥110॥

यस्याद्यापि दधत्येते वज्रविच्छिन्नपक्षतीः।
साभ्राः पार्श्वभुवो बद्धव्रणपट्टा इवाद्रयः॥111॥

यस्यान्तर्वज्रदहनज्वालाजालमिव ज्वलत्[3]।
चकार नीरसं दैत्यनारीहृदयमण्डलम्॥112॥

विपत्तिरश्रेयसीत्याह–ज्योत्स्नेति। गता प्रसृता॥102-105॥ आमयस्याभावोऽनामयं स्वास्थ्यम्॥106॥ अपहस्तितं निराकृतम्॥107-109॥ यस्येत्यादि कलापकम्॥110-111॥ नीरसं रागरहितं शुष्कं च॥112॥113॥ आक्रीड उद्यानम्॥114॥ नास्त्यायसं लोहमयं मुखं येषां ते शिलीमुखा भ्रमराः, न तु शराः॥115॥ नरको

---

1. 'निवर्ततां विरोधः' **क.** 2. 'विजृम्भताम्' **ख.** 3. 'उज्ज्वलम्' **क.**

तं दोर्दण्डमदोद्दामदैत्यदानवसूदनम्।
वज्रोद्भासिकरं को वा मित्र न बहु मन्यते॥113॥ (चक्कलकम्)

सुरैः सहामराक्रीडकल्पवल्लीगृहेषु वः।
आपानगोष्ठीबन्धेन बन्धुप्रीतिर्विवर्धताम्॥114॥

सदानिर्झरेष्वाराद्गण्डशैलेषु दन्तिनाम्।
अनायसमुखास्तावन्निपतन्तु शिलीमुखाः॥115॥

अवाप्तनरकासङ्गा मानुभूवन्महासुराः।
क्रूरासिपत्त्रसंपातनिरर्गलकदर्थनाम्[1]॥116॥

सुरदिति(दनु)सुतदैत्यकन्यकाना[2] सरभसमाप्लुतिकेलिलीलयाम्भः।
भवतु कुचतटीनितम्बबिम्बस्खलनविजर्जरमम्बरापगायाः॥117॥

इत्यभ्युदीर्य गिरमुज्ज्वलदन्तरत्न-
निर्यत्प्रभाधवलितां विरराम दूतः।
तस्थौ तदुत्तरविशेषपरीप्सया च
दैत्याधिपस्य वदने विनिधाय दृष्टिम्॥118॥

इति श्रीबालबृहस्पत्यनुजीविनो वागीश्वराङ्कस्य विद्याधिपत्यपरनाम्नो महाकवे राजानकश्रीरत्नाकरस्य कृतौ रत्नाङ्के हरविजये महाकाव्ये दूतव्याहारो नाम द्वात्रिंशः सर्गः।

त्रयस्त्रिंशः सर्गः।

दैत्याधिपः श्रुततदुक्तवचःप्रपञ्च-
सासूयमानसतयाथ[3] सितस्मितश्रीः।

दैत्यभेदो रौरवादिश्च। असिपत्त्रं खड्गपट्टो नरकविशेषश्च॥116॥ कन्यका दुहितरः। आप्लुतिः स्नानम्॥117॥ परीप्सा पर्याप्तुमिच्छा॥118॥ इति राजानकजयानकसूनोरलकस्य कृतौ हरविजयविषमपदोद्द्योते द्वात्रिंशः सर्गः॥

त्रयस्त्रिंशः सर्गः।

दैत्याधिप इत्यादि युग्मम्। भृगुनन्दन उशनाः शुक्रः। इत्यमित्यर्थान्तरम्

---

1. 'संघात' ख. 2. 'सैन्य' ख. 3. 'तया लसित' ख.

प्रस्तावमन्तिकसदो भृगुनन्दनस्य
वक्तुं दिदेश मधुरोद्धतया भ्रुवैव॥1॥

अभ्युन्मिषत्कनकशृङ्खजचक्रवाल-
रश्मिच्छटापटलविच्छुरितां दधानः।
कालीं कलिन्दतनयामिव देहकान्ति-
मुल्लासिकालियफणामणिरागभिन्नाम्॥2॥ (युगलकम्)

तच्चोदितः[1] स दशनप्रभया सुरारी-
नद्रीन्मृगाङ्क इव चन्द्रिकया विलिम्पन्।
दूतं शशाङ्कशकलाभरणस्य वाक्य-
मित्थं विमृष्य शनकैरुशना बभाषे॥3॥

आसन्नवर्तिदनुजेन्द्रशरीरकान्ति-
कल्माषिता तनुरदृश्यत तस्य गौरी।
स्वच्छात्मतास्फुटतरव्रतपीतकुक्षि-
भागस्थधूमपटलेव सभातलस्थैः॥4॥

दुर्वारवीर्यकरदीकृतविष्टपस्य
सा यस्य पश्यति मुखं चरणाश्रया श्रीः।
नूनं नतिप्रवणदुर्जयलोकपाल-
पालीकिरीटमणिदर्पणमण्डलीषु॥5॥

आभाति यस्य नमिताखिलदिग्लताग्र-
चन्द्रातपामलयशःस्तबकोज्ज्वलश्रीः।
शौर्यद्रुमो भुवनकाननसीम्न्यराति-
सीमन्तिनीजनजटादृढमूलबन्धः॥6॥

प्रेङ्खत्करालकिरणप्रकरा च यस्य
हस्तारविन्दघटिता करवालवल्ली।

(?)॥1-3॥ स्वच्छात्मत्वेन स्फुटतरं व्रतनिपीतं धूमपटलं यस्याः। शुक्रो ह्यधोमुखस्त-पस्यन्धूमपटलं पुरा पपावित्यागमः॥4॥ दुर्वारेत्यादिसप्तभिः कुलकम्। पाली पङ्क्तिः॥5॥ जटाः संवलिताः केशाः, मूलानि च॥6॥ नदराजः समुद्रः। तत्सुता लक्ष्मीः॥7॥

---

1. 'तच्चोदितं(तो) दशनचन्द्रिकया' **ख.**

बद्धप्रतिष्ठनदराजसुताकराब्ज-
लोभात्पतद्भ्रमरपङ्क्तिरिवाबभासे[1]।।7।।

संभ्रम्य यं प्रणमतां मणिपादपीठ-
निर्घर्षणादिव ललाटतटस्थलीभ्यः[2]।
दैत्यद्रुहां गुरुणि सत्यपि नाभिमान-
बीजेऽभ्युदैयत पुनर्भ्रुकुटीलताभिः।।8।।

श्यामीभवत्यनुदिनं रिपुमण्डलस्य
यस्याहवे विरचितो निशितासिपाणेः।
आक्रान्तदिग्वलयसैनिकचक्रवाल-
निर्धूतभूतलपरागहतेव कीर्तिः।।9।।

येन व्यलोकिषत संयति वृत्रशत्रु-
लीलानिरस्तकुलिशाग्निशिखा विलग्नाः।
बाहुद्रुमेषु रुचिराङ्गदपद्मराग-
रत्नप्रभाभ्रमविसंभ्रममाहवेषु।।10।।

हेलाविनिर्जितहरेर्न पुरोऽभिधातु-
मस्यास्ति तेऽत्र गणखेट खट्क्क शङ्का।
इत्थं निसर्गतरलप्रमथप्लवङ्ग-
संसर्गदुर्ललिततासुवचं वचः किम्।।11।। (सप्तभिः कुलकम्)

प्राग्दर्शितासुरविनाशविभीषिकेण
माधुर्यसंभृतिविशेषजुषा[3] च[4] पश्चात्।
संदेशदानवचसा शबलेन तेऽत्र
चेतः कृतं किमपि नः प्रतिपत्तिमूढम्।।12।।

दैत्यद्रुहो देवाः। तेषां भ्रुकुटिभिर्लताभिरिव नाभ्युदैयत नोल्लसितम्।।8।। परागो रजः।।9।। रत्नप्रभाभ्रान्त्या विसंभ्रमं कृत्वा येन वज्रानलज्वाला विलोकिताः।।10।। खेटोऽधमः। खट्क्को मूर्खः। दुष्ट इत्यन्ये। दुर्ललितो दुर्विदग्धः। तद्भावेन हेतुना सुवचं वचः किं नैव व्याहर्तुमेतज्जायते इत्यर्थः।।11।। प्रतिपत्तिर्विचारः।।12।। सारं बलम्। स्थाणुरशाखस्तरुः। चक्रं सुदर्शनः। चक्रे रथाङ्गे स्थाणौ निपत्य भङ्गमुपगते वेगवत्वान्मनः

---

1. 'मधुप' ख. 2. 'तल' क. 3. 'संभ्रम' क. 4. 'अपि' क.

दुर्लङ्घ्यसारगहनासु[1] रणाटवीषु
स्थाणाविवाशु विवशं विनिपत्य यस्मिन्।
चक्रेऽभ्युपेयुषि विवर्तनभाजि भङ्गं
शार्ङ्गायुधो विघटमानमनोरथोऽभूत्॥13॥

अन्यः स एष भुजवज्रदृढाभिघात-
निष्पिष्टशात्रवकुलाचलचक्रवालः।
येनाज्झिता युधि दयामृदुनातिनम्रा
याथार्थ्यपुरमराः प्रथितस्य[2] नाम्नः॥14॥[3]

अस्यारिवंशदहनानुगुणप्रताप-
च्छायैकदेशलवलेशमपूरयिष्यत्।
धामाधिपो जगति यद्यभविष्यदेष
न त्वष्टृटङ्कविनिकुट्टनघट्टितौजाः॥15॥

वक्त्रं यथा स्मितविकासिकपोलभित्ति
धत्ते न वक्ति च यथा स्फुटमेष किंचित्।
मन्ये भविष्यति तथा सुरचक्रवाल-
दावानलः स्फुरितहेतिशिखासहस्रः॥16॥

दूरेऽस्तु तावदथवैष सुरेन्द्रलक्ष्मी-
मस्यानुगेष्वपि महत्सु[4] हरिर्न लब्धा।
पत्त्रैरपि क्षितिरुहः प्रतिबद्धवृत्ति-
रासादयत्यवनिमुष्णकरातपः किम्॥17॥

सदृशो रथो विघटते॥13-14॥ त्वष्टा विश्वकर्मा। तेन पुरा दुःसहतेजः प्रसरदुर्निरीक्ष्यो रविर्भ्रमेऽधिरोप्य शस्त्रकेण च निकुट्य गलिततेजाः कृतः। यदि च तादृगसौ नाभविष्यत्तदैतदीयप्रतापशोभाया लेशमात्रमीषदप्यात्मनि कदाचिदपूरयिष्यदित्यन्धक-प्रतापस्यातिदुःसहतरत्वमुक्तम्॥15॥ हेतिरायुधमर्श्चि। शिखा ज्वाला कोटिश्च॥16॥ लब्धा प्राप्स्यति। क्षितिरुहस्तरोः पत्त्रैः प्रतिबद्धवृत्तिर्निबद्धः॥17॥ इमां पुरीं लङ्घयन्तोऽर्ककरा दानवभटान्किं न ह्रेपयन्ति लज्जयन्त्येव पराभवकरणात्॥18॥ जाड्यं शैत्यमपि॥19॥ कुल्यास्तदन्वयजाः। जडानां वाच्यपदं गर्हास्थानं न तु

---

1. 'घटनासु' **क.** 2. 'प्रतितथ्यनाम्नः' **ख.** 3. अस्मादनन्तरं **क**-पुस्तके 'युगलकम्' इत्यधिकमस्ति. 4. 'सहत्सु' **क**, 'ससत्सु' **ख.**

अध्यासितां पुरमिमामसुरोन्नतेन
　　संबिभ्रतः प्रथितमानपरिग्रहत्वम्।
न ह्रेपयन्ति दनुसूनुभटान्प्रगल्भ-
　　मेते किमर्ककिरणा अपि लङ्घ्यन्तः॥18॥

छायाविभङ्गकलुषः क्रियते यदिन्दु-
　　रुष्णत्विषानुदिवसं प्रतिकारशून्यः।
निर्दह्यते जलनिधिर्वडवाग्निना च
　　तज्जाड्यजृम्भितमवैमि तयोर्विगर्ह्यम्॥19॥

कामं भवन्ति शतशो जगतीह कुल्या-
　　स्तुल्यानुभावबलता कुत एव तेषाम्।
आलिङ्ग्यते तदतिरिक्तगुणोदयश्री-
　　र्यत्संपदा तदपि वाच्यपदं जडानाम्॥20॥

कालक्रमादधिगतोदयमेकतोऽपि
　　बीजाङ्कुरात्सपदि यातमधोमुखत्वम्।
वल्लीकुलाय किमसूयति मूलजाल-
　　मूर्ध्वावकाशरचितस्थितये तरूणाम्॥21॥

पातालमन्दिरतले किमिवात्र कृत्य-
　　मन्यैर्व्यतीतगणनैः फणिनां शिरोभिः।
श्लाघ्यं तदेकमपि शेषफणासहस्र-
　　मुर्वीं बिभर्ति यदशेषगिरीन्द्रगुर्वीम्॥22॥

विष्पन्दशीतरुचिनिर्झरवारिधौत-
　　दिक्काः सहस्रगणना ननु सन्ति शैलाः।
क्ष्मापीठधारणसहाः कतिचित्तु नून-
　　मव्याहतस्थितिकुलव्यपदेशयोग्याः॥23॥

धीमताम्॥20॥ तरुणां मूलजालमधोमुखत्वादूर्ध्वदेशवर्तिने शाखानिचयाय किमसूयति नैव। स्वभावत एव केषांचिदुन्नतत्वात्॥21-22॥ कुल इत्यादिव्यपदेशे नामैकदेशे योग्या गिरयः कुलशैलाः॥23॥ सोर्जमावर्जितो बलवत्प्रणतः॥24॥ ऊचुषि कथितवति। क्वसोश्छन्दसि 'छन्दस्युभयथा' इति सार्वधातुकत्वादातिदेशिकेन टित्त्वेनाप्यभिमतसिद्धेः।

दैत्याधिपः स्मितमुखो विससर्ज सोर्ज-
मावर्जितोऽति दयया युधि जीवतो यान्।
रूढत्रया वद रसातलतालुवास-
मर्हन्ति ते किममराः किमथासुरेन्द्राः॥24॥

इत्यूचुषि त्रिदशवैरिगुरावमर्ष-
गर्भं विधूनितशिरास्त्रिपुरारिदूतः।
तुङ्गाभिमानगिरिनिर्झरझांकृतेन
वाक्येन पूरितसभागृहमित्यवोचत्॥25॥

किं कथ्यते बलवती भवितव्यतात्र
शोच्यं सभातलमिदं दनुजाधिपस्य।
यस्यासि वत्सरसहस्रनिपीतगाढ-
धूमान्धकारितमतिर्गुरुतामुपास्थाः॥26॥

मा भूत्परस्परविरोधिसुरासुरौघ-
संमर्ददुःस्थितमिदं जगदप्यशेषम्।
उक्तं मयेति यदनुज्झितकृत्यवस्तु
तद्बालिशेन भवतापरथा गृहीतम्॥27॥

सर्वत्र वस्तु वितथप्रतिभासमेव
निःसंशयं भवति विप्लवमन्ददृष्टेः[1]।
मन्दाकिनीसलिलमिन्दुमरीचिगौर-
मुत्प्रेक्ष्यते क्षतजमित्यनिशं पिशाचैः॥28॥

अभ्युद्वहन्धवलतामपि शीतरश्मि-
शोभाधरामहितपक्षगतः सुरारेः।

किं त्वटि द्वयोर्विभाषाभावात्कानचः कित्करणमनर्थकमिति तत्सामर्थ्यादस्य भाषाविषयमप्रतिजानानास्तत्सहचरितस्य क्वसोरपि तद्विषयतां प्रतिपेदिरे। कानच्क्वसू किकिनौ यङ्लुगिति क्वचिद्भाषायां प्रयोगदर्शनादिति॥25॥ गुरुतां त्वमुपास्थाः सेवितवान्॥26॥ बालिशोमूर्खः॥27॥ विप्लवो भ्रान्तिस्तिविरादिश्च दृष्टिर्विज्ञानं नयनं च॥28॥ अहितपक्षोऽनिष्टमतम्। अहितस्य च शत्रोः पक्षं गतस्तदभिप्रेतकृत्।

---

1. 'सोत्प्लव' ख.

अत्यन्तवक्रहृदयो रणरागमेव
　　शंसन्विराजसि न शङ्ख इव त्वमित्थम्॥29॥

निन्द्यानपि स्तुवत एव गुणानुभाव-
　　वन्ध्यानधिक्षिपत[1] एव विमूढवृत्तेः।
दुःस्वामिनस्तनुभृतामतिदैन्यभाज[2]
　　भावानुवृत्तिरसिकामनुजीवितां धिक्॥30॥

संप्रत्यमी बुधजनस्य न चित्तवृत्ति-
　　माह्लादयन्ति भवतोऽभिहतप्रकाशाः।
अद्यापि कुक्षिकुहरास्पदपीतधूम-
　　श्यामीकृता इव भृगूद्वह वाचि वर्णाः॥31॥

अन्तर्दधत्कलुषतामपि जिह्मवृत्ति-
　　राविष्करोति गुणमेव बहिः प्रकामम्[3]।
कुक्षिप्रतिष्टविषसंहतिरुत्तमाङ्ग-
　　रत्नप्रकाशमिव गूढपदो विमूढः॥32॥

व्यक्तं समाश्रयवशादिह तत्स्वरूप-
　　शून्योऽपि तत्प्रकृतितां भजते जनोऽयम्।
श्वासानिलः सरलतामुपयाति वेणौ
　　शङ्खोदरे कुटिलता पुनरस्य सिद्धा॥33॥

यस्याततायिहृदयानि नदन्बिभेद
　　निःश्वासवातमुखरीकृतरन्ध्रमार्गः।
संक्रान्तकुक्षिकुहरास्पदसप्तसिन्धु-
　　संघट्टघोरतरघोष इवाशु शङ्खः॥34॥

उभयवेतनत्वात्। शङ्खोऽप्यहितपक्षं विरुद्धपार्श्वमुपगतः। पराजयसूचनात्। अहितेन वा रिपुणा ह्रियमाणस्तत्पक्षं न राजते॥29॥ अनुजीवितां धिगिति 'धिगुपर्यादिषु त्रिषु' इति द्वितीया॥30-31॥ जिह्मा कुटिला वृत्तिर्यस्य। गूढपदः सर्पः। स इव रत्नप्रकाशं विमूढो बहिरेव गुणं प्रकाशयति॥32॥ समाश्रयो विषयः। अन्धकस्य भवान्विषय इति तद्दोषात्तस्य दोषानुषङ्ग इत्युक्तं भवति॥33॥ यस्येत्यादि पञ्चभिः कुलकम्।

---

1. 'अपि' क. 2. 'भाजं क. 3. 'प्रकाशम्' क.

प्रेङ्खत्कराङ्गुलिशिखाग्रविवृत्तिवेग-
वाताहता जलभृतः ककुभां मुखेषु।
चक्रस्य यस्य किरणैश्छुरिताः कराल-
धारानिकृत्तदिनखण्डरुचो निपेतुः।।35।।

लीलाहरेरभृत यस्य कठोरकोप-
हुंकारपावकशिखा वदनात्स्खलन्ती।
निःश्वासधूतहृदयास्पदगूढनाभि-
पद्मोच्छ्वसत्कपिशकेसरधूलिलीलाम्।।36।।

यस्य स्थितं करहतस्तनपृष्ठसीम-
सीमन्तिनीरुदितशब्दकृतानुबन्धैः।
अद्यापि पल्लवितपूरितपाञ्चजन्य-
शङ्खस्वनैरिव महासुरगेहगर्भैः।।37।।

तस्याधिपाणि सुरयौवतवक्त्रपद्म-
विस्पष्टहासघटनाचतुरार्कबिम्बम्।
द्रष्टासि कैटभरिपोरसुरेन्द्रकण्ठ-
पीठेषु चक्रमचिरात्परिवर्तमानम्।।38।। (पञ्चभिः कुलकम्)

नाप्नोति यस्य युधि दानवहेतिघात-
मूर्च्छान्धकारपटलं हृदयेऽवकाशम्।
ग्रासीकृतोरगसहस्रफणप्रतिष्ठ-
माणिक्यरश्मिभिरिव प्रविलुप्यमानम्।।39।।

उच्छ्वासिकाञ्चनपतत्रसमीरवेग-
विस्रंसितं नभसि शीतमरीचिबिम्बम्।
येनाण्डखण्ड इति निर्दुधुवेऽङ्गलग्न-
माकम्पितत्रिभुवनं भ्रमताहवेषु।।40।।

आततायिनो रिपवः। क्षारेक्षुदधिमधुक्षीरघृतस्वादूदकात्मकाः सप्ताब्धयः। परिक्षिप्तं तैस्तु सर्वं महीतलम्।।34।। अङ्गुलीनामग्रे चक्रस्य विवृत्तिर्लीलया परिवर्तनम्।।35-36।। सीमा प्रान्तः। रुदितस्वरानुबन्धादद्यापि यस्य संबन्धिन आध्मातस्य पाञ्चजन्यस्वर ....येषां तैरिवासुरगृहान्तरैः स्थितम्।।37।। युवतीनां समूहो यौवतम्। 'भिक्षादिभ्योऽण्'।

अद्यापि पक्षपवनो भ्रमतीह यस्य
　　पातालवर्त्मनि जवेन विचेरुषः प्राक्।
वैधव्यविक्लवभुजङ्गवधूसहस्र-
　　सास्रानुबन्धगुरुनिःश्वसितापदेशात्।।41।।

प्रत्यग्रसौरभभराकुलितद्विरेफ-
　　मालाहठाहृतसुधारसशीकरार्द्राः।
बिभ्रत्सुधौतकलधौतपतत्त्रपङ्क्ती-
　　र्ज्वालावलीरिव सधूमशिखाः कृशानुः।।42।।

तार्क्ष्यो युधि स्वकरलूनपतत्त्रमुक्ति-
　　संमानितस्फुरदमोघनिपातवज्रः।
नीलाभ्रकच्छविमुषः कुसृतिप्रगल्भा-
　　नेकः क्षणात्स दलयिष्यति भोगिनो वः।।43।।

(पञ्चभिःकुलकम्)

निःशेषलोकपरिवर्तविनोददक्ष-
　　दक्षारिरूक्षतरसा गणसेनयैते।
यास्यन्ति कामपि दशामसुरा विरुग्णाः
　　संहारमारुतपरम्परयेव शैलाः।।44।।

दिक्स्यन्दिनीषु सुरवारणदानपङ्क-
　　श्यामीकृतातपजलासु विपन्नपक्षाः।
मत्ता महासुरझषाः परिदृष्टकण्ठ-
　　च्छेदा भवन्ति न चिरेण समुच्छ्वसन्तः।।45।।

भिक्षादिषु स्त्रीत्वविशिष्टस्य युवतिशब्दस्य पाटात् 'भस्याढे तद्धिते' इति पुंवद्भावाभावः।।38।। नाप्नोतीत्यादिपञ्चभिः कुलकम्।।39।। अङ्गेषु लग्नं......ङ्कबिम्बं येन शुभ्रत्वादात्मनोऽण्डस्य खण्ड इति मत्वा विधूनितम्।।40-42।। तार्क्ष्यः पक्षिराजः। स पुरास्थिशेषान्भुजङ्गाञ्जीवयितुममृताहरणोद्यतस्तैः सुरैः सह सङ्ग्राममकरोत्। तत्र च क्रुद्धेन विबुधपतिना परित्यक्तं कुलिशं तस्मिन्नमोघमपि मोघीभवितुं प्रस्तुतम्। तेन स्वमेकतरं पक्षमुच्छिद्य तत्परित्यागेन मा भूदस्य वितथत्वमस्मिन्नेतन्निपतत्विति संमानितमभूदित्यागमः। अभ्रकं धातुभेदः। तस्य शुक्लस्यापि संभवान्नीलेन विशेषणम्। कुसृतिर्व्याजो भूमौ सरणं च। भोगिन ईश्वराः सर्पाश्च।।43।। लोकपरिवर्त एव विनोदः

तिष्ठन्तु तावदथ वाखिलसप्तलोक-
संचारचातुरजुषः प्रमथाधिनाथाः।
दोर्दण्डयत्त्रपरिवर्तिरत्नसानुः
पातालवासमहमेव करोमि किं वः॥46॥

इति कथयति रूक्षालापगर्भं गणेन्द्रे
दितितनयपतीनां क्रोधसरम्भहेतोः।
करतलहतरत्नस्तम्भपङ्क्ति सभासा-
वमरगितिटीवोद्धूतकल्पद्रुमासीत्॥47॥

इति श्रीबालबृहस्पत्यनुजीविनो वागीश्वराङ्कस्य विद्याधिपत्परनाम्नो महाकवे राजानकश्रीरत्नाकरस्य कृतौ रत्नाङ्के हरविजये महाकाव्ये भार्गवनिर्भर्त्सन[1] नाम त्रयस्त्रिंशः सर्गः॥

चतुस्त्रिंशः सर्ग।

क्रोधोऽथ तां तिमिरविप्लवमन्ददृष्टि-
राबद्धवेपथुरतिक्रमयोगवृद्धः।
आबद्धमूर्धविधुतिःश्वसितानुबन्ध-
पारिप्लवाधरदलः शनकैरविक्षत्॥1॥

अभ्यापतन्नुशनसासुरचक्रवाल-
हुंकारधूमनिकरो ददृशे पुरस्तात्।

क्रीडा। दक्षारिः शिवः। तद्वद्रूक्षतरसा परुषवेगया॥44॥ पक्षाः सहायाः पतत्राणि च। कण्ठच्छेदो द्विधा करणम्। रक्तत्वाद्विभागश्च (?)॥45॥ चतुरस्य भावश्चातुरम्। 'ह्यायनान्तयुवादिभ्योऽण्'। रत्नसानुर्मेरुः॥46॥ संरम्भ आटोपः॥47॥ इति राजानकजयानकसूनोरलकस्य कृतौ हरविजयविषमपदोद्द्योते त्रयस्त्रिंशः सर्गः॥

चतुस्त्रिंशः सर्ग।

तिमिरस्य चक्षुर्दोषस्य विप्लवो विकारस्तेनेव तेनैव च मन्दा दृष्टिर्यस्मिन्। अतिक्रमो मर्यादात्यजनम्। तद्योगेन वृद्धः प्रकर्षेण वृद्धः। अथ च सामर्थ्याभावादतिक्रान्तः क्रमयोगो गमनसंबन्धो यस्य तादृशो वृद्धः स्थविरः। तस्याप्येतत्सर्वं समानम्॥1॥

---

1. 'शुक्रव्याहारनिरासो नाम' ख.

आलिङ्गिताखिलवपुर्व्रतकार्यपान-
पर्याप्तसंस्तववशादिव धूमितार्कः[1]॥2॥

वक्षःस्थलीमलनसंभ्रियमाणधूम-
लेखावलीशबलितां कुपितोऽग्निदंष्ट्रः।
आलग्नपीनदयिताकुचकुम्भपीठ-
कालागुरुप्रकरपत्त्रलतामिवोहे॥3॥

सङ्ग्रामदोहदरसस्फुटितै रराज
पीनं हिरण्यकशिपोस्तनयस्य वक्षः।
स्थूलास्थिशृङ्खलनिपातविरुग्णखड्ग-
धाराजःकलुषितक्षतजैर्व्रणौघैः॥4॥

क्रोधान्मयेन रचिता भ्रुकुटिः किरीट-
माणिक्यरश्मिकपिशश्रमवारिबिन्दुः।
संहारकालरजनीव रराज सांध्य-
रागच्छटारुणिततारकमण्डलश्रीः॥5॥

कर्णावतंसविकचोत्पलकान्तिभिन्न-
संरम्भपाटलकपोलतलोंऽसकूटम्।
राकाप्रदोष इव राहुपरिप्लुतेन्दु-
बिम्बः करेण शतदुन्दुभिराहतोच्चैः॥6॥

स्वेदाम्बुशीकरकणप्रकरावकीर्ण-
वक्षःस्थलव्रणदरीकुहरो विकुम्भः।
दध्रे विभिन्नकरिकुम्भमृगारिहस्त-
विस्त्रस्तमौक्तिकगुहागृहशैललीलाम्॥7॥

सोत्सेकमत्सरधियोऽनलतारकस्य
निष्पेतुराहवरसस्फुटितव्रणेभ्यः।

व्रतवशात्पानेन प्राप्तः संस्तवः परिचयस्तद्वशादिवालिङ्गितवपुर्धूमनिकरः शुक्रेण परिदृष्टः॥2॥ मलनं मर्दनम्। अग्निदंष्ट्रादयो दैत्याः। ऊहे बभार॥3-5॥ अंसशिखरं करेणाहत कण्डूलत्वाददताडयत्। 'स्वाङ्गकर्तृकाच्च' इति तङ्। राका पौर्णमासी॥6-7॥

---

1. 'धूम्रितार्कः' ख.

वक्षःस्थलीविकटवप्रतटाभिघात-
भग्नामरद्विरदराजविषाणखण्डाः[1] ॥8॥

संरम्भभासुररुचो हरिकंधरस्य
वक्त्रेण संभृतरुषः स्फुटहासभासा।
उद्दीर्णदग्धसलिलार्णवभस्मधूलि-
संतानवाडवमुखानुकृतिर्विदध्रे॥9॥

आताम्रदृष्टिकिरणच्छुरिताच्छघर्म-
वारिच्छटाकणफणामणिरुल्लसन्ती।
छायाकलिन्दतनयाजलजालमध्य-
मग्ना कलेर्भ्रकुटिकालियमूर्तिरासीत्॥10॥

राहोरलक्ष्यत मुखं दृढदन्तयन्त्र-
निष्पेषधूममलिनीकृततालुमूलम्।
दैत्याधिपैः कवलितेन्दुकलङ्कपङ्क-
संसर्गधूसरमिव प्रविजृम्भमाणम्॥11॥

सिंहीसुतो दशनपट्टविघट्टनोत्थ-
धूमच्छटा भुजगनायकभोगदीर्घाः।
ग्रासीकृतस्य शशलच्मभृतः कलङ्क-
लेखा इवोदगिरदन्तरितान्तरिक्षाः॥12॥

निष्ठ्यूतया कवलितामृतधारयेव
वक्त्रान्तराभुवि भूरिभरादमान्त्या।
तस्यातिनिष्ठुररुषो विकटाट्टहास-
भासावभासितसभाभवनं बभासे॥13॥

उत्सेकमत्सरौ दर्पद्वेषौ॥8॥ उद्दीर्णो दग्धसलिलस्याब्धेर्भस्मनिचयो येन तथाविधस्य वडवामुखस्यानुकृतिः स्फुटहासत्वादाननेन धृता॥9॥ छायैव यमुनाजलम्॥10-11॥ नायकः स्वामी॥12॥ अमान्त्या अवर्तमानया॥13-14॥ उत्पातस्य निमित्तमौत्पातिकम्। 'तस्य निमित्तं संयोगोत्पातौ' इति ठञ्॥15-17॥ चक्रं सुदर्शनम्। तद्धटनार्थमिव विश्वकर्मा रवितेजः सुबाहुर्ज्वालापटलमधात्॥18॥ क्षितिसुतो नरकासुरः।

---

1. 'दण्डाः' क.

स्वेदाम्बुकर्दमितचूर्णिततारहार-
धूलिच्छटाधवलिता तनुरिन्दुकेतोः।
विन्यस्तचन्दनरसेव रराज वैरि-
लक्ष्मीसमागमसमुत्सुकमानसस्य॥14॥

जृम्भाविकासिगृरुमत्सरदुर्निरीक्ष्य-
माताम्रमाननमराजत वज्रबाहोः।
औत्पातिकं विकटरन्ध्रनिरुद्धमध्य-
मुद्रश्मिमण्डलमिव स्फुटमुष्णधाम्नः॥15॥

कालान्तकस्य सकलारिकुलक्षयाय
धूमच्छटा मलयतोऽथ ललाटपट्टम्।
पुष्पावतंसविगलन्मकरन्दबिन्दु-
पानार्थिनी मधुपपङ्क्तिरिव न्यपप्तत्॥16॥

रोषारुणेक्षणमरीचिविलङ्घ्यमान-
जिह्मोत्कटभ्रुकुटि वह्निशिखस्य वक्त्रम्।
अन्तर्विषानलशिखाशतपिङ्ग्यमान-
कालोरगाद्रिशिखरश्रियमाससाद॥17॥

अभ्युन्मिषच्छिखिशिखापटलं सुबाहु-
रन्योन्यबाहुमलनेन करद्वयस्थम्।
त्वष्टा विटङ्कतरटङ्कनिकुट्टनोत्थ-
माधत्त चक्रघटनार्थमिवार्कतेजः॥18॥

संरम्भिणः क्षितिसुतस्य कठोरकोप-
रागारुणच्छवि विलोक्य वपुस्तदानीम्।
दैत्याधिपाः क्षणमशङ्किषतानपोढ-
गाढोरुगर्भशयनक्षतजच्छटार्द्रम्॥19॥

टांकारयन्विकटकुट्टिमपट्टपृष्ठ-
मङ्गुष्ठकोटिदृढटङ्ककठोरघातैः।

गर्भशयनमुल्वम्॥19॥ अट्टाला महान्ति भुवनानि। तत्समूहानां भिदुरं वेगवत्त्वादिवधा-भवनहेतुम्। कर्मकर्तरीव कर्तर्यपि 'विदिभिदि-' इति कुरज्भवति। स्वभावात्। उक्तं

नष्टाष्टदिक्तटतमश्छटमट्टहास-
मट्टालकूटभिदूरं व्यधिताग्निदंष्ट्रः॥20॥

चक्रेऽतिगाढकरपिष्टकरालहार-
तारावलीविलुलितातनुचूर्णपूर्णम्।
वज्रव्रणौघमवचूर्णनकाम्ययेव
संरम्भगर्भरभसस्फुटितं विदर्भः॥21॥

क्ष्मामण्डलं बिभिदिवान्गुरुपार्ष्णिघात-
पातेन कोपकलुषोऽथ हिरण्यनेमिः।
चक्रे रसातलमदृष्टचरार्कबिम्ब-
संदर्शनाकुलकुतूहलिकाद्रवेयम्॥22॥

विस्पष्टजिह्मतरचेष्टितचित्तवृत्ति-
रुत्सृष्टसाधुचरितप्रतिपत्तिदुष्टः।
क्रोधः क्षणादविनयैकरसोऽभ्यसूयां
कुर्वन्मृगाङ्कमुकुटे नरकं जगाहे॥23॥

वक्षःस्थलीलुलितहारमृणालदण्ड-
खण्डः प्रकोपमहिषेण विगाह्यमानः।
छायाजलौघकलिलः कलुषाकुलश्री-
रुद्दामवेपथुरथेल्वलपल्वलोऽभूत्॥24॥

संवर्तकस्य करवज्रशिखानिपात-
पिष्टाङ्गदांसशिखरोत्थितधूमकेतुः।
चामीकरोत्थमपरं बिभरांचकार
केयूरबन्धमिव संसदि बाहुदण्डः॥25॥

दष्टौष्ठपृष्ठविकटभ्रुकुटीकराल-
ताम्राननस्य करसंपुटपेषजन्मा।

च–'भिदुरादयः कर्मकर्तरि कर्तरि च' इति॥20॥ तारामौक्तिकानि अवचूर्णनं प्रभाववता चूर्णेनावरोह(प)णम्॥21॥ अदृष्टचरं पूर्वमदृष्टम्। 'भूतपूर्वे चरट्'। काद्रवेया नागाः॥22॥ सदाचाराश्रयणस्योत्सर्जनात्सदोषः क्रोधो नरकं दानवमगाहत। असुयां कुर्वन्निति हेतौ 'लक्षणहेत्वोः क्रियायाः' इति शता। यश्चेश्वरायासूयति स नरकं रौरवादिकमाश्रयति॥23॥

अन्तःस्थशेषफणरत्ननिधानभूमि-
　　पीठे पपात शरभस्य कृशानुवर्तिः॥26॥

संहारमारुतधुतप्रलयाग्निहेति-
　　तालूरचक्रपरिमण्डलचक्षुषोच्चैः।
विन्ध्यासुरेण भयकातरदैत्यदृष्टां
　　चण्डीं रुषं धृतवता परुषं जगर्जे[1]॥27॥

पादाभिघातदलित[2] क्षितिपीठबन्ध-
　　मग्नेऽनुसंधिरभसादिव[3] कालचक्रः।
चक्रेऽतिगाढकरसंपुटपिष्टहार-
　　तारावलीलुलितधूलिकणावकीर्णम्॥28॥

अभ्युत्तताम करतामरसावमृष्ट-
　　तिम्यल्ललाटफलकोऽस्तमयाय[4] शत्रोः।
आताम्रदृष्टिरतिमत्सरतस्तमाल-
　　नीलच्छविः कृततमीतिमिरोऽतिमायः॥29॥

स्वेदोदबिन्दुशबलोष्मविलीनमौलि-
　　विष्यन्दिहेमरसमिश्रतया ललाटे।
भ्रूभेदराजिरजितस्य रराज कोप-
　　लीलापुरंध्रिचटुलातिलकायमाना॥30॥

प्रेङ्खन्नखांशुपरिकल्पितकण्ठदाम[5]-
　　दुर्दर्शनः परिममर्श करेण कोपात्।
वज्राभिघातविकटव्रणबद्धसंस्थ-
　　विच्छिन्नहारकणकर्बुरकान्ति वक्षः॥31॥

इल्वलाख्योऽसुर एव पल्वलो नड्वलम्॥24॥ धूमकेतुरग्नि॥25॥ कृशानुरेव वर्तिर्धूमशिखा। यत्र च निधानसंभवस्तत्र तत्सूचिका धूमवर्तिः पततीत्युक्तम्॥26॥ हेतीनां तालूरचक्रमावर्तमण्डलम्॥27॥ अनुसंधिः संयोजनम्॥28॥ अभ्युत्तताम तत्वरे खिन्नो वाभूत। तमी रात्रिः॥29॥ 'सुवर्णशृङ्खलाबद्धो नानारत्नविभूषितः। ललाटलम्ब्य-

---

1. 'जुगुञ्जे' ख. 2. 'चलितं' ख 3. 'अभिसंधि' ख. 4. 'कटको' क. 5. 'नखांशुभर' ख.

दिक्चक्रवालमनघस्मरघस्मरेन्दु-
मौलिक्षणस्मरणसंभृतसंभ्रमार्द्रम्[1]।
क्रोधाग्निदीप्रतरतारकतारकाक्ष-
काक्षेक्षितं[2] न कथमप्यशनैरधाक्षीत्[3]॥32॥

जृम्भाविकासिमुखकंदरदृश्यमान-
जिह्वालतः सपदि विह्वलयन्सुरारीन्।
आवर्तगह्वरपरिस्[4]फुरितप्रवाल-
वल्लीकरालजलधिश्रियमाप धुन्धुः[5]॥33॥

वज्रप्रभेण विकटादुरसो विलूय
मुक्ताफलस्तबकदाम विकीर्णमूर्ध्वम्।
आसन्नदेशरचितस्थितिशीतरश्मि-
तारापुरंध्रिपरिवारविलासमापत्॥34॥

क्रोधोद्धतभ्रुकुटिबन्धकबन्धवक्त्र-
च्छायान्धकारविसरप्रसरोपघातम्।
चक्रुः करालदशनांशुशिखासहस्र-
शोभाभृतः सपदि केतुमतोऽट्टहासाः॥35॥

वज्रानलोऽप्यनलभा[6]सुरघोरदृष्टि-
पातैर्दहन्निव जगद्गुरुमत्सरश्रीः।
स्मेरः सविभ्रममबिभ्रमदुद्गतांशु-
चक्राहितार्कपरिधिं करपद्मशाखाम्॥36॥

तेन क्रुधा दुधुवुषोद्धतमुत्तमाङ्ग-
मुल्लासिभिः कनकमौलिमरीचिचक्रैः।
दृष्टव्युदस्तरविरश्मिरिव व्यधायि
संभ्रान्तखेचरगणा दिवसस्य लक्ष्मीः॥37॥

लंकारश्चटुलातिलकः स्मृतः॥' इत्यसकृदुक्तम्॥30॥ कर्बुरा धूसरा॥31॥ तारकाक्षस्या-सुरस्य काक्षेक्षितं काक्षेक्षितं कुत्सितेनाक्ष्णा विलोकनम्॥32-34॥ कबन्धो राहुः॥35॥

---

1. 'संभ्रमसंभ्रमान्तम्' **ख.** 2. 'काकेक्षितं' **क.** 3. 'अस्य शनैः' **क.** 4. 'स्फुटित' **ख.** 5. 'बन्धुः' **ख.** 6. 'भास्वर' **क.**

संभ्रेमुषा सुरगणेन विलोकितोऽथ
जीमूतकेतुरभिनन्दितसंप्रहारः।
हारान्सलीलमलुनात्तरुणार्कबिम्ब-
दुर्दर्शलोचननिपीततदातपश्रीः[1]॥38॥

मूकोऽपि भ्रुकुटितरङ्गितं ललाटं बिभ्राणः करतलताडितांसकूटः।
संरम्भस्फुरदरुणेक्षणो जगर्ज क्रोधान्धो बधिरितसप्तलोकमुच्चैः॥39॥

विवर्तिताधरविकसत्कपोलभूर्विचिन्ति[2]ताहितरणलाभहर्षुलः।
विकोषितोभयपुटफुल्लतारकाममर्षणो दृशमनिमेषिणीं दधौ॥40॥

विस्रब्धमैच्छदवसादितवासवोऽस-
विस्रंसमानवसनः सवसावसेके।
व्यंसासुरश्चिरमविस्रसविस्नुतास्र-
विस्रावनावसिकरः समरे विसर्तुम्[3]॥41॥

प्रह्लादो विकटविटङ्कदंष्ट्रमास्यं बिभ्राणः करतलताडितांसकूटः।
दिग्भित्तिप्रतिफलिताट्टहासभासा संहारे हर इव दत्तसंभ्रमोऽभूत्॥42॥

दिक्सुन्दरीस्फुटनवांशुकमिन्दुगौर-
मानन्दनिर्भरमिवारियशः पिपासुः।
व्यादादमन्दमथ कंदरकल्पमास्य-
माताम्रतालु शतदुन्दुभिरात्तजृम्भम्॥43॥

पादाघातैर्दानवचक्रस्य तदानीमापातालं दृष्टगभीरातनुरन्ध्रा।
सासूयस्य क्रोधवशादिन्दुकिरीटे पुस्फोट क्ष्मा रौरवपातार्थमिवारात्[4]॥44॥

परिधिः परिवेषः। करपद्मस्य शाखामङ्गुलीं सविभ्रममबिभ्रमद्भ्रमयामास॥36॥ दृष्टनष्टा रविकरा यत्र तादृगिव दिनश्रीस्तेन मौलिकिरणैः कृता। दुधुवुषा कम्पितवाता॥37-38॥ मूको नाम दैत्यः। मूकश्चवाग्विकलो जगर्जेति चित्रम्॥39॥ अहिताः शत्रवः। हर्षुलः सहर्षः। विकोशितौ विकासितौ॥40॥ वसा अस्थिरसस्तदवसेकेन सह वर्तमाने। अविस्रसा अजराः। नास्ति विस्रसा जरा यषामिति कृत्वा। तेभ्यो विस्नुतस्यास्रस्य शोणितस्य विस्रमामगन्धस्तस्यावनौ च समरे विस्रब्धमनाकुलं कृत्वा विसर्तु व्यंसनामासुरोऽभ्यलषत्। अवसादितवासवः कदर्थितेन्द्रः॥41॥ विटङ्काः

---

1. 'दुर्धर्ष' ख. 2. 'विचित्रिता' ख. 3. 'निहन्तुम्' ख. 4. 'गौरव' ख.

सिंहासनादसहनः सहसोज्जिहासु-
रुत्साहसाहसरसेन सहस्रमायः।
हंसांसहारिहसितः सहसारिहिंसा-
सज्जाहवो युधि जहर्ष जहास चोच्चैः॥45॥

संरम्भघोरतहुं[1]कृतिधूमकेतु-
हेतिस्फुलिङ्गनिकरैरशनिप्रभस्य।
[2]प्रत्यूयिरे सपदि हारलता मुहूर्त-
माताम्ररत्ननिकरैरिव[3] दानवानाम्॥46॥

कृतभुवनविनाशाशङ्कहुंकारगर्भाः
सपदि परुषरोषाविष्कृतेः सूचिरोम्णः।
मधुकरकुलनीलच्छायतस्तारकाग्रा-
ज्जलभृत इव विद्युन्निष्पपातोज्ज्वलार्चिः॥47॥

गीर्वाणराजपृतनाः सविचित्तवीर्य[4]-
सारस्तदाहवनिरर्गलचित्तवृत्तिः।
नाचिन्तयत्कुरुचमूरिव पाण्डुसूनु-
रुच्चवचास्त्रचतुरो युधि विप्रचित्तिः॥48॥

कुलगिरिगरिमस्थानल्पकायोऽतिमायः
करकुलिशतलेनास्फालयन्भूतधात्रीम्।
गुरुतरभरताम्यद्दिग्गजस्कन्धपीठी-
लुठितविधुरसंस्थारुग्णबन्धा[5] चकार॥49॥

कुटिलाः॥42-43॥ रौरवं नरकभेदस्तत्र पातार्थमिव हरे सासूयं दोषाविष्करणपरम्॥44॥ उज्जिहासुरुज्जिगमिषुः। सहसा हसितः॥45॥ प्रत्यूयिरे स्यूताः॥46॥ अर्चिर्ज्वाला॥47॥ सह विचित्तेन जडेन वीर्येण अरण्यत्वादसुराणां (?) वा चेतसैव विप्रचित्तिर्नामासुरो नाजीगणत्। धनञ्जय इव कुरुपृतनाः। ता अपि विचित्तवीर्यस्य धृतराष्ट्रजनकस्य संबन्धिना सारेणावष्टम्भेन सह वर्तमानाः। उच्चावचानि विविधानि॥48॥ गरिमस्थो गरिमाणमत्यजन्ननल्पः कायो यस्य। तिष्ठतिरेवमादौ अहानौ वर्तते। यथा 'समये तिष्ठ सुग्रीव मा वालिपथमन्वगाः' इति। संस्था स्थितिः॥49॥ चक्ष्मायिरे विधूनिताः।

---

1. 'हुंकृत' **क.** 2. 'प्रत्यूषिरे' **क.** 3. 'पटलैः' **ख.** 4. 'सविचित्रवीर्य' **क.** 5. 'लुलित-' **क.**

चक्ष्मायिरे क्षितिभृत: करपिष्टहार[1]-
मुक्ताशिलाशकलकर्कशशर्कराभि:[2]।
अभ्याहता: क्षय इवासुरचक्रवाल-
नि:श्वासदुर्धरसमीरपरम्पराभि:॥50॥

संक्षोभविभ्रमवि[3]शीर्णविकीर्णहार-
मुक्ताफलाच्छकरकाकणचक्रवालम्।
अभ्युत्पतद्दितिसुतस्तनयित्नुचक्र-
माक्रान्कृत्स्नभुवनत्रितयं तदासीत्॥51॥

करतलमलनोत्थं मन्थरीभूतभानु[4]-
प्रभमनलमनल्पज्वालमालाकरालम्।
सकलममरवंशं दग्धुमुत्पादयन्तु
क्षयतरणिदुरीक्ष्यश्चुक्षुभे काञ्चनाक्ष:॥52॥

बिभ्रत्युदारतरमानसदृश्यमूक-
शैलक्षमारभसलङ्घनदुर्धरत्वम्।
मत्ता वलीमुखवरूथवतीव दृष्ट-
दैत्याधिराजगरुमत्सरविक्रियासीत्॥53॥

तेषामरोचिषत चूर्णितपद्मराग-
रत्नाङ्गदप्रकरपाटलधूलिदिग्धा:।
स्पष्टाट्टहासचलितातनुसंधिबन्ध[5]-
विष्यन्दिसान्द्ररुधिरा इव दिग्विभागा:॥54॥

'क्ष्मायी विधूनने'। शर्करा: कणिका:॥50॥ विशीर्णं विशरारु कृत्वा विस्तीर्णानि विक्षिप्तानि करका अशनिवर्षाणि। स्तनयित्नुर्मेघ:॥51॥ ज्वलतीति ज्वाल:। 'ज्वलति कसन्तेभ्यो ण:'। नुशब्द इवार्थे॥52॥ उदारतरं मानसं यस्य तादृग्दृश्यो मूकासुर एव शैलो यत्र तादृशं क्षमाया: क्षान्तेर्लङ्घनं परित्याग:। उदारतरं च मान परिमाणं यस्य तादृशस्य सत: ऋश्यमूकाख्यस्य शैलस्य क्षमा भूमिस्तस्यालङ्घनमाक्रान्ति:। मत्ता विश्रृङ्खला। वलीमुखवरूथिनी मर्कटसेना॥53-54॥ वृषराजकेतौ हरे संरम्भ: क्रोध:। सुराहिता दैत्या:॥55॥ धारायमाणनिपातप्रधानं सलिलं छायाविशेष:। धारानिपातसलिलं चासारात्पतज्जलं तयोरभेदम(दा)ध्यवसाय:। विष्यन्दमानेत्युत्प्रेक्षा॥56॥ सुमनीबभूवु:

1. 'तार' क. 2. 'कर्कराभि:' ख. 3. 'वशेन' क. 4. 'मन्दरीभूत' ख. 5. 'दलिता' ख.

कल्माषिताम्बरतला: प्रलयावतार-
शङ्काकुलीकृतजगत्त्रयदृश्यमाना:।
उल्कालता ववृषिरे वृषराजकेतु-
संरम्भभासुरसुराहितदृष्टिपातै:॥55॥

विष्यन्दमानपरिपीतविपक्षखड्ग-
धारानिपातसलिला इव दानवानाम्।
स्वेदाम्बुशीकरमुचो विबभुर्विशाल-
वक्ष:स्थलीषु विकटव्रणकंदरौघा:॥56॥

आसन्नसंयुगतया सुमनीबभूवु-
रुच्चैस्तरां जहसुराहसतांसकूटान्।
हारांश्च चुक्षुदुरुदस्थुरथासनेभ्यो
मृत्योरपि क्षतभियो न शशङ्किरेऽन्ये॥57॥

सब्रह्मधूर्जटिहरींस्त्रिदशांस्तृणाय
विस्पष्टमत्सरधियो युधि मन्यमाना:।
दैत्याधिपाश्चकमिरे कमलासनाण्ड-
मुत्प्लुत्य पाटयितुमुत्कटरोषरूक्षा:[1]॥58॥

तै राहुकोपजनितप्रतिपक्षपक्ष-
संहारभीतिभिरपाकृतधैर्यबन्धै:[2]।
आस्थान्यसौ सुररिपोर्बिभरांचकार
दुर्धर्षता[3] यदुपतेरिव वृष्णिसैन्यै:॥59॥

इत्थं रुषेन्धनविनाकृतमप्यधूम-
मूर्ध्वेक्षण स्मररिपोरिव दग्धकामम्।

प्रकृष्टा जाता:। 'अरुर्मनश्चक्षुश्चेतोरहोरजसां लोपश्च।' इति च्विसलोपौ। आहसत निजघ्नु:॥57॥ 'मन्यकर्मण्यनादरे' इत्यत्र भाष्ये प्रकृष्य कुत्सितग्रहणस्य कर्तव्यत्वेन स्थापितत्वान्न त्वां तृणाय मन्य इति प्रयोग इतिवच्चतुर्थीप्रवर्तनात्तृणाय त्रिदशान्मन्यमाना इति तत्प्रवृत्तिश्चिन्त्या॥58॥ राहो: कोपेन जनिता आहुकेन च वृष्णिकुलोत्पन्नेन केनचिदुपजनिता। आस्थानी सथा यत्र जनदर्शनं विधीयते। यदुपति: कृष्ण:॥59॥

---

1. 'पातयितुं' **ख.** 2. 'भूरिभि:' **ख.** 3. 'दुर्दर्शतां' **ख.**

जज्वाल दानवसदः प्रलयार्कबिम्ब-
　　दुर्दर्शघोरघटितानलतारकं[1] तत्॥60॥

विदधुरवसरेऽत्र दैत्यचक्रप्रलयपरिस्फुटपैशुनोत्थितानि।
सकलभुवनमण्डलेऽप्यसक्तं भयमनिमित्तशतानि दारुणानि॥61॥

प्रतिदिनमपवर्गद्वाररन्ध्रादमन्दं
　　दिनकृत इव बिम्बादर्गलादीर्घदण्डाः।
प्रतिककुभमकल्काः पेतुरुल्काः क्षयाग्ने-
　　र्भुवनदहनहेलासूत्रपातायमानाः॥62॥

त्वष्टृटङ्कघटनानिकुट्टितग्रावसारविकटास्थिसंभवम्।
धूमराशिमिव भानुमण्डले लग्नमैक्षत कबन्धमासुरम्॥63॥

निर्गच्छन्रजनिकरस्य बिम्बमध्यादुत्पातप्रसरवशेन धूमदण्डः[2]।
वैदग्धीं कुवलयदामनीलभासः खड्गस्य व्यधित विलग्नदत्तमुष्टेः॥64॥

उत्पातधूममलिनैर्निजकोषचक्र-
　　गर्भच्युतैः परिणतिं समुपेयिवद्भिः।
आकीर्यताशु कमलासनपुण्डरीक-
　　बीजैरिवाम्बरतलं ग्रहचक्रवालैः॥65॥

अभिमुखपतिनाशाशङ्कयेव प्रदीप्तं
　　विविशुरनलमाशा दाहयुक्त्या तदानीम्।
स्फुरितविकटकेतुव्याप्तदिक्चक्रवालं
　　गगनमपि भविष्यत्संयुगच्छायमासीत्॥66॥

अधूमं कृत्वा दानवसदो ज्वलितम्। कामः शत्रोरिच्छा मदनश्च। घटितः संनिहितोऽनल-तारकाख्यो दैत्यो यत्र। घटितानलं च संयुक्ताग्निकं तारकं कनीनिका यस्य॥60॥ पैशुनं सूचकत्वम्। असक्तमविरतम्। अनिमित्तान्यशकुनानि॥61॥ अपवर्गो मोक्षस्तद्द्वारस्य रन्ध्रादिव रविबिम्बादुल्काः पतिताः। अकल्का निर्मलाः॥62॥ ग्रावसारः सुदृढः पाषाणस्तद्वद्विकटानि कठिनानि। आसुरमसुरसमूहो भानुबिम्बे रविमण्डले लग्नं कबन्धं राहुमपश्यत्॥63-64॥ कोषः कर्णिका परिणतिः परिपाकः॥65॥ पत्युरन्धकस्य नाशाशङ्कया दिशो दिग्दाहव्याजेनाग्निमिवाविशन्। केतवोऽनिमित्तसूचकानि ज्योतीषि

---

1. 'दुर्धर्ष' **क.** 2. 'धूमगण्डः' **ख.**

क्षुभितविषमवेलोद्दामरत्नाकराणि
क्षयतरणिरुचो[1] नाजीगणंस्तानि दैत्याः।
प्रतिककुभमकाण्डोङ्गमराखण्डलश्री-
हरणरभसकण्डूचण्डदोर्दण्डखण्डाः॥67॥

इति श्रीबालबृहस्पत्यनुजीविनो वागीश्वराङ्कस्य विद्याधिपत्यपरनाम्नो महाकवे राजानकश्रीरत्नाकरस्य कृतौ रत्नाङ्के हरविजये महाकाव्ये अन्धकासुरसभाक्षोभो नाम चतुस्त्रिंशः सर्गः॥

पञ्चत्रिंशः सर्गः।

इत्याहितत्रिभुवनक्षयसंभ्रमार्ति
दिक्चक्रवालगगनक्षितिगोचरेषु।
उत्पातविप्लवशतेषु समुद्भवत्सु
तस्मिन्क्षणे प्रलयशंसिषु दानवानाम्॥1॥

संरम्भगर्भगुरुनिःश्वसितानिलोत्थ-
धूमच्छटाभिरसुराधिपमण्डलेषु।
मेघावलीभिरभितः स्थगयत्सु लोक-
संवर्तदुर्दिनमुखेष्विव दिग्वि[2]भागान्॥2॥

दष्टौष्ठपट्टविकटभ्रुकुटीविभङ्ग[3]-
मावेगनिर्धुतशिरः स्मरवैरिदूतम्।
पश्यत्सु जिह्मनलोल्बणदृष्टिपात-
प्लुष्टप्रकर्णकशिखं दितिजाधिपेषु॥3॥

ध्वजाश्च॥66॥ आखण्डलस्य श्रीहरणे हेवाको यत्र तथाविधहेवाकेनोद्भटया काण्डवा प्रचण्डभुजा दैत्यास्तान्यनिमित्तानि नाजीगणन्न गणयामासुः। 'ई च गणः' इतीत्वमभ्यासस्य॥67॥ इति राजानकजयानकसूनोरलकस्यं कृतौ हरविजयविषमपदोद्योते चतुस्त्रिंशः सर्गः॥

पञ्चत्रिंशः सर्गः।

इतीत्यादिः इशभिः कुलकम्। आहिते कल्पान्तविषये भयव्यथे यत्र तथा कृत्वा। उत्पाताः केत्वादयस्तेषां विप्लवा विरुद्धाः समुदायाः॥1॥ संवर्तो विनाशः॥2॥

---

1. 'क्षततरणि' **क.** 2. 'विभागं' **ख.** 3. 'पत्र' **ख.**

अन्तःप्रकोपदहनोद्धतहेतिदाह-
भीत्येव कण्ठविकचोत्पलमालिकासु।
वक्षःस्थलीनिकषणोत्थकृशानुधूम-
व्याजात्पलायनपरायणतां गतेषु॥4॥

अद्यैव तेऽस्तु निधनं सदसीत्यशक्ल[1]-
क्लिष्टाक्षरं निगदतः क्रमयोगशून्यम्।
संतर्जयत्सु तरलीकृततर्जनीक-
मित्थं गणाधिपतिमाहवदुर्मदेषु॥5॥

संरम्भगाढवलिताङ्गुलिपल्लवाग्र-
मुद्वूर्य मुष्टिमपरेषु रुषाभिहन्तुम्।
उत्थाय दष्टविकटौष्ठमवध्यदूत-
बुध्द्या शनैरुपविशत्सु निजासनेषु॥6॥

अन्येषु धीरललितस्थिति[2] कृत्यवस्तु-
चिन्ताप्रवेशविवशीकृतशेमुषीकम्।
संरम्भशून्यममरारिषु निस्तरङ्ग-
भङ्गोर्मिमालिसदृशीं श्रियमाश्रितेषु॥7॥

प्रेमानुबन्धिपरिमार्जनलग्नराज-
लक्ष्मीदुकूलपटपल्लवविभ्रमाभिः।
विभ्राजितेन नखदीधितिमञ्जरीभि-
राक्रम्य पादफलकं चरणेन हैमम्॥8॥

चेतोहरस्मितविकासिकपोलभित्ति-
भ्रूक्षेपलोलललिताङ्गुलिहस्तचेष्टम्।
चन्द्रांशुगौररुचिकल्पलतादुकूल-
पर्यङ्कबन्धविकटोन्नतपीनवक्षाः॥9॥

निर्धुतं शिरो यत्र दर्शने। 'धुञ् कम्पने' इति केचित्प्रायेण पठन्ति तस्य निर्धुतं धुनोत्यादयः प्रयोगाः॥3-4॥ अशक्लानि परुषाणि॥5॥ उद्वूर्योद्यम्य॥6॥ धीरललिता स्थितिर्यत्र कार्यचिन्तायाम्। शेमुषी बुद्धिः। ऊर्मिमाली समुद्रः॥7॥ प्रेमानुबन्धिनी

1. 'अशल्क' ख. 2. 'स्थित' ख.

दैत्याधिपो मुखरिताखिलदिङ्मुखेन
वाक्येन दानवचमूपतिकर्णकुक्षीन्।
आपूरयन्प्रलयमेघ इवाद्रिरन्ध्र-
भागान्विशेषप[1]रुषाक्षरमित्यवादीत्।।10।। (दशभिः कुलकम्)

किं सांप्रतं तरलदूतवचःप्रपञ्चै-
रेभिः किलाकुलितसत्त्वधियः स्थ दैत्याः।
संभाव्यते शिखरिणां नहि मुग्धपत्त्रि-
शब्दश्रुतिक्षुभितकेसरिकंदरत्वम्।।11।।

एतेन दूतवचसापि विजृम्भमाण-
संरम्भमेतदवलोक्य सुरारिचक्रम्।
शङ्के कुचाचलकुलं कलविङ्कपोत-
पर्यस्तपक्षपवनाहतिबद्धकम्पम्।।12।।

यद्बालभावसुलभं शशलक्ष्ममौलि-
दूतोऽभ्यधादयमशङ्कितचित्तवृत्तिः।
वक्तुं क्षमं पितृगृहे तदशेषमेव
श्रोतास्ति यत्र[2] रभसेन स मातृवर्गः।।13।।

त्रैलोक्यसारगुरुधाम सदः किलैत-
न्नैव श्मशानमशिवात्म शिवाशवाढ्यम्।
दैत्या इमे रिपुकुलाचलचक्रवाल-
निष्पेषकल्पमरुतो न गणप्लवंगाः।।14।।

दैत्याधिराजविनिपातविभीषिकाभि-
रभ्येत्य भाययसि दूत दितेः सुतान्यत्।

स्नेहपरवशा।।8।। भ्रूक्षेपस्यापि तदा लोलत्वात्तद्वल्लोला अङ्गुलयो यत्र तादृक्करव्यापारो [य]त्र कथने। पर्यङ्कः पर्यस्तिका।।9।। दैत्ययाधिपोऽन्धकः।।10।। आकुलितं सत्त्वमवष्टम्भो धीश्च येषां तादृशाः किमिति स्थ भवथ।।11।। कलविङ्कश्चटकः।।12।। बालो मूर्खः शिशुश्च। पितृगृहं श्मशानं जनकसदनं च। मातरो वामाद्या देवता जनन्यश्च।।13।। शिवाः सृगाल्यः। शवाः कुणपाः।।14।। हन्तीति घनाघनो मेघः।

---

1. 'पुरुषाक्षरः' ख. 2. 'यस्य' ख.

तव्द्याहतं लघुघनाघनमुक्ततोय-
धाराभिरेति न यतः शममौर्ववह्निः॥15॥

निर्जित्य संयुगमुखे सुरराजचक्र-
मप्यात्मसाज्जगदकारि यदैव दैत्यैः[1]।
क्वासौ तदा समभवत्कथयेन्दुमौलिः
स्कन्दोऽथवा क्व न गणाः[2] क्व नु ते क्व नन्दी॥16॥

आश्वासयन्नसिलतावनतालवृन्त[3]-
वातैर्नृसिंहनखरक्षतविग्रहां ये।
लक्ष्मीं पुनर्दितिजराजकुलस्य काल-
दण्डप्रचण्डपरिपीवरबाहुदण्डाः॥17॥

किं तैर्न[4] नन्दनगतैर्दयिताजनस्य
गीर्वाणपौरुषमिव स्वरुचा हसन्ती[5]।
आपानबन्धमुदितैरपनिद्ररत्न-
पुष्पावतंसरचना क्रियतेऽसुरेन्द्रैः॥18॥ (युगलकम्)

किं वावलोकनकुतूहलिभिस्त्रिलोक्या-
मारुह्य बाहुजितदेवविमानवीथीः।
नाभ्राम्यतासुरभटैः समरात्तगन्ध-
गन्धर्वकिंपुरुषगीतविनोद्यमानैः॥19॥

माणिक्यपुष्पभरमन्थरकल्पवल्ली-
लीलागृहोदरगतैर्हरदूत दैत्यैः।
किं नान्वभूयत विदग्धविलासदिग्ध-
मुग्धारिवारवनितारतकेलिलीला॥20॥

'हन्तेर्घत्वं च' इत्यचि परतो घत्वं द्विर्वचनमभ्यासस्य चागागमः॥15॥ समभवद-वर्तत॥16॥ नृसिंहनखरैः क्षतशरीरत्वं लक्ष्म्या हिरण्यकशिपुवक्षसि विश्रान्त-त्वात्॥17-18॥ आत्तगन्धाः पराभूताः॥19॥ लीला शोभा॥20॥ हस्तारविन्दस्य पदं हस्त एव। तत्र दुर्ललितः सगर्वं विलसितः। गृहचन्द्रो दर्पणः। गृहे च चन्द्रः शशी॥21॥ अवरोधनवध्वोऽन्तःपुरनार्यः। तासामम्बुजिन्यो दयिता इति तद्भावेन

---

1. 'दैत्याः' क. 2. 'गतः' ख. 3. 'आयासयन्' क. 4. 'तेन' ख. 5. 'वहन्ती' ख.

किं वा न विभ्रमविभूषितदैत्यनारी-
हस्तारविन्दपदटु[1]र्ललितो गृहान्तः।
अध्यावसन्करविमृष्टकलङ्क एति
याथार्थ्यमेव गृहचन्द्र इति स्म चन्द्रः॥21॥

किं वावरोधनवधूदयितत्वपक्ष-
पातात्सुरैः सततसंनिहितीकृतार्काः।
स्वाधीनवल्लभतया प्रतिपन्नहारि-
हासा व्यलोकिषत नो न गृहाम्बुजिन्यः॥22॥

पिङ्गस्फुरत्किरणकेसरशारिताशा-
स्मेरस्य नो किमुपदीक्रियते सुरेन्द्रैः।
उत्खातशेषफणभृत्फणचक्रवाल-
माणिक्यपुष्परचिता मम मङ्गलस्रक्॥23॥

विस्पष्टसंहृतनिरर्गलसप्तलोक-
पूरप्रगल्भरसिता[2] मृदुमञ्जुगर्जाः।
किं मे न यामपटहत्वमवाप्नुवन्ति
सौदामनीकनककोणभृतः क्षयाब्दाः॥24॥

प्रालेयशैलतटकाननदेवताभि-
रभ्येत्य नो मृगमदागुरुकुङ्कुमेन।
संपाद्यते किमवरोधवधूजनस्य
दैत्याधिराजपुरि विभ्रममण्डनश्रीः॥25॥

दैत्याधिपैर्युधि जितस्य मृणालसूत्र-
गर्भे स्थितिर्भयवशात्पुनरत्र मा भूत्।
नोन्मूलिताः किममराधिपतेरितीव
मद्दन्तिभिर्भवनकाननपङ्कजिन्यः॥26॥

पक्षपातात्संनिधापितसूर्यास्ताः सुरैदृष्टा एव। हासो विकासः स्मितं च॥22॥ मम स्मेरस्य मङ्गलमाला नो किमुपदीक्रियते प्राभृतीक्रियत एव॥23॥ कोणो वादनाय काष्ठिकादि। अब्दा मेघाः॥24-26॥ सुवर्णकेतुर्विष्णुः। धोरणं वाहनम्॥27॥ विस्पष्टो

---

1. 'दुर्ललिते गृहान्नः' ख. 2. 'प्रलम्भ' क.

किं वा[1] विघट्टनविरुग्णसुपर्णकेतु-
　　नाभीह्रदाम्बुजजरद्बिसदण्डखण्डैः।
दैत्यैरपुष्यत मम व्यपहृत्य हर्म्य-
　　वापीषु न द्रुहिणधोरणहंसपङ्क्तिः।।27।।

विस्पष्टभङ्गलघुचापलतापरीतः
　　स श्रीफलैकरसिको हरिराहवाग्रे[2]।
स्थैर्यं बिभर्ति कुत एव विशङ्कटेषु
　　दैत्याधिराजकरवाललतागृहेषु[3]।।28।।

चिन्ताभरानतमुखप्रतिबिम्बलग्न-
　　लोलैककुण्डलसितेतररत्नखण्डम्।
तस्याचिरेण दयिता वहति स्तनं श्री-
　　र्विश्रान्तषट्चरणचक्रमिवारविन्दम्।।29।।

लक्ष्म्या भविष्यति रणे भयबद्धकम्प-
　　लोलाङ्गुलिश्लथगृहीतकरालनालम्।
विस्रंसि सान्द्रदलमण्डलपक्ष्मखण्ड-
　　मुत्कर्णिकं तदपि विभ्रमपुण्डरीकम्।।30।।

प्रत्यग्रमेचकरुचिर्विकराललोल-
　　कल्लोलपीवरकराहतपुष्करश्रीः।
स्वच्छन्दमेव चकृषे सहसाशु येन
　　सीराङ्कुशेन करिणीव कलिन्दकन्या।।31।।

संख्ये जितस्य हलिनोऽपि मयैति तस्य
　　नूनं त्रपभारविहस्ततयोत्तमाङ्गम्।
अन्तर्निगूढमणिशारशिरःसहस्र-
　　भारातिगौरववशादिव बन्धुरत्वम्।।32।।　　(युगलकम्[4])

भङ्गस्त्रुटनं यस्यास्तादृशी लघुचापलता धनुर्वल्ली तया परीतः। विस्पष्टभङ्गं स्फुटभयं लघु चापलं यस्य तद्भावेन च युक्तः। श्रीरेव फलमुपादेयत्वात्। श्रीफलं च बिल्वम्। हरिर्विष्णुरथ वानरः।।28-30।। पुष्करं करिकराग्रमपि।।31।। विहस्तता निःसहत्वम्।

---

1. 'वावघट्टन' ख. 2. 'आहवाग्नेः' ख. 3. 'वरेषु' ख. 4. ख-पुस्तके नास्ति.

क्रीडापतत्त्रिरभसोत्थजिघृक्षयारा-
त्क्षिप्तो मयापि विनतातनयस्य तस्य।
पाशः प्रसादनविलग्नभुजंगभोग-
लीलां पुरैति चरणाङ्गुलिकोटिलग्नः॥33॥

कोदण्डमण्डलकटुक्वणितं मदीय-
मायोधने श्रुतवतो हृदयात्स्मरारेः।
धैर्यं गमिष्यति निरुद्धशरीरभीरु[1]-
चित्तस्थभीतिपरिणामवशादिवोच्चैः॥34॥

कोदण्डमन्दरगिरिश्रवणान्तकृष्ट-
मौर्वीकृताहिघटितोन्नतपृष्ठभागः।
यस्याच्युतोऽप्यभिदद्दुष्णमरीचिबिम्ब-
दुर्दर्शभासुरमुखस्त्रिपुरं पृषत्कः॥35॥

मुञ्चन्ति शात्रववधूनयनारविन्द-
मालाः कराहतपयोधरमण्डलाग्रम्।
अद्यापि दीपितपुरत्रयतायमान-
धूमाभिघातघटनादिव यस्य बाष्पम्॥36॥

आलम्बितां करजकूटशिखाविदष्ट-
तारागणां वपुषि वीक्ष्य मृगेन्द्रकृत्तिम्।
यस्योज्झितः शुचिमरीचिचयश्चकास्ति
भीत्येव लक्ष्महरिणेन किरीटचन्द्रः॥37॥

ऊर्ध्वेक्षणानलमनिन्धनमप्यवैमि
धत्ते मया युधि हरः स विजीयमानः।

शिरःसहस्रस्यान्तर्निगूढत्वं हलधरस्य शेषावतारत्वात्। बन्धुरत्वं नम्रता॥32॥ रभसोऽभि-लाषः। पुरैति आगमिष्यति॥33॥ भीरुरत्र गौरी॥34॥ कोदण्डेत्यादिकलापकम्। गिरिरत्र मन्दरः। अहिर्वासुकिः। किल त्रिपुरदाहे हरस्य मन्दरश्चापं वासुकिर्ज्या हरिश्च शरो बभूव। अच्युतो विष्णुः। अच्युतश्चापतितः शरो लक्ष्यभेदं करोतीति चित्रम्॥35॥ तायमानः स्फीतीभवन्॥36॥ कूटः समूहः॥37॥ अलिकं ललाटम्॥38॥ आकूणिते

---

1. 'विरुद्ध' ख.

रोषानुबन्धमलिनालिकपट्टपृष्ठ[1]-
　　निष्ठ्यूतधूमशबलीकृतविस्फुलिङ्गम्।।38।।　　(चक्कलकम्[2])

आकूणितेक्षणमुखस्य कृपाणयष्टि-
　　रेषा रणेषु[3] पतितोरसि चन्द्रमौलेः।
हारीकृतोरगफणामणिशाणकोण-
　　काषक्रमेण मसृणीभवति क्षणान्नः।।39।।

पश्यस्यवश्यमचिरेण विखण्ड्यमान-
　　दोर्दण्डदर्परभसस्य मया रणेषु।
श्यामायमानमलिकेक्षणवह्निम[4]-
　　च्छायाविलङ्घितमिवाननमिन्दुमौलेः।।40।।

आपातजर्जरितजह्नुसुताजलौघ-
　　निर्मृष्टलाञ्छनकलङ्क इवाच्छलेखः।
हस्ते यशोऽङ्कुर इवैति पुरा हरस्य
　　हेला जयेन मम सोऽपि[5] किरीटचन्द्रः।।41।।

आयोधनेऽपि विजितस्य मया स्मरारे-
　　रूर्ध्वेक्षणानलशिखाभिहतो[6] ललाटे।
पाणिः पुरैति घटनां नखकोटिरश्मि[7]-
　　संदेहितामलकिरीटशशाङ्कखण्डः[8]।।42।।

पीनान्तरालपरिवर्तितमत्कृपाण-
　　च्छायानुबन्धबहलच्छविकालकूटम्।
कण्ठं बिभर्ति न चिरादिव संभ्रामार्त-
　　शैलाधिराजतनयेक्षितमिन्दुमौलिः।।43।।

संकोचिते। शाणः परीक्षोपलः। कोणः प्रान्तः।।39।। रभसो वेगः।।40।।41।। पाणेर्ललाटे घटना चिन्तावशात्।।42।। बिभर्तीत्यादौ भविष्यति 'वर्तमानसामीप्ये' इति वर्तमानवत्प्रत्ययः। चिरादिवेतीवशब्दः संभावनायाम्।।43।। भीरुरङ्गना। तस्याश्चेतसोऽर्ध-भागेन विदितच्युतः सन्धैर्यबन्धो यस्य तादृशं हृदयं जिह्नेतु लज्जताम्। अन्यस्य तु

---

1. 'मृष्ट' **क.** 2. **ख**-पुस्तके नास्ति. 3. 'रणे निपतिता' **ख.** 4. 'अधिकेक्षण' **क.** 5. 'कोऽपि' **ख.** 6. 'हते' **क.** 7. 'च कठोररश्मि' **ख.** 8. 'जडांशुखण्डः' **ख.**

चक्रीकृतातनुधनुर्गुणगुञ्जितेन
सङ्ग्राममूर्ध्नि मयि रुन्धति शैलकुञ्जान्।
जिह्वेतु तस्य हृदयं तनुलग्नभीरु-
चित्तार्धभागविदितच्युतधैर्यबन्धम्।।44।।

निर्धौतकज्जललवामपि बद्धघोर-
मूर्छान्धकारगहनां रुदितेन गौरी।
न्यस्ताञ्जनामिव विधास्यति पक्ष्मपङ्क्ति-
रुद्वृत्ततारकमयूखशिखावलीभिः।।45।।

चिन्तागृहीतदयिताशिथिलोपगूढ-
कण्ठस्य मन्युभरदुःस्थितचित्तवृत्तेः।
शय्यान्तरे सरिदिवैष्यति भङ्गमाशं
सा वर्तनी रसिकतानुगता स्मरारेः।।46।।

तारं शरासनगुणक्वणितं भयेन[1]
संस्तम्भितश्रवणतालमुदञ्चिताक्षाः।
आकर्णयन्तु समरे मम जन्मसाम-
घोषोदयातिरभसादिव दिग्गजेन्द्राः।।47।।

ग्रासीकृताखिलजगत्त्रितयोऽधुनैव[2]
सान्द्रान्धकारमलिनामसुराधिनाथाः[3]।
किं धूमवर्तिमिव तामपि कालरात्रि-
मेकः पिबामि भवतामधुना पुरस्तात्।।48।।

निघ्नन्नखेटखटकामुखहस्तकृष्ट[4]-
मौर्वीविनिर्गलविनिर्गतमार्गणौघैः।

धैर्यं च्युतमपि परेणाविदितत्वान्न लज्जाहेतुः।।44।। गहना मलीमसा।।45।। स्मरारेः सा रसिकतयानुगता वर्तनी वृत्तिर्भङ्गमेष्यति। नदीव। सापि सावर्तेन नीरेण सिकताभिश्चानुगता।।46।। जन्मनिमित्तानि सामानि जन्मसामानि। ब्रह्माणि सा मानि गायति तेभ्यो गजा जाता इति। अतिरभसोऽत्यादरः। तस्मादिवोदञ्चिताक्षा ऊर्ध्वीकृतनयनाः।।47।। धूमवर्तिमिव। ईश्वरो हि ग्रासोत्तरकालमसदामोदविनोदाय प्रोद्गतधूमां धूममयीं तूलिकां

---

1. 'च येन' ख. 2. 'पुरैव' क. 3. 'कलुषां' ख. 4. 'अखेद' ख.

तां रेवतीमपि खटाखुमवैमि संख्य-
मार्गेऽतिशुष्कमलिनच्छविदेहयष्टिम्।।49।।

आरोप्य किं पुनरपि भ्रममुष्णरश्मि-
बिम्बं क्रमेण हरिहेतिजिगीषयैकः।
टङ्काभिघातविनिकुट्टिततन्निशात-
तेजश्छटाभिरपरं घटयामि चक्रम्।।50।।

माणिक्यकन्दुकमिवोष्णमरीचिबिम्ब-
मास्फोट्य पाणिकमलेन सलीलमेतत्।
कुर्वे तदीयशिखिगर्भमयूखताम्र-
मारूढपाकमिव किं क्षितिपीठपृष्ठम्।।51।।

अभ्याहता निपतता करवालमेघ-
धाराजलेन गुरुसंगरदुर्दिनेषु।
मुञ्चन्तु तावदधुना चिरसंभृतं त-
मूष्माणमुन्नतिजुषः प्रतिपक्षशैलाः।।52।।

मुक्ताशिलाशकलकोमलभासि बाल-
भारेऽस्तु दुःखविधुरा चमरीव तावत्।
उच्छ्रायि[1] दैत्यपतिकीचकचक्रवाल-
भग्नेऽधुना यशसि निर्जरवंशलक्ष्मीः।।53।।

गाम्भीर्यरेचितमनुर्जितकैटभारि-
तापा[2]नुबन्धविसरत्वमभीक्ष्णमाप्तम्।
तत्स्तोकमेव सुरसैन्यमवैमि ताव-
दायोधनेऽत्र मरुमार्गजलायमानम्।।54।।

पिबति। कालरात्रिरन्तकवधूः।।48।। खटकामुखो नामासंयुतो हस्तः। 'उत्क्षिप्तवक्रा तु यदानामिका सकनीयसी। तस्यैव तु कपित्थस्य तदासौ खटकामुखः।।' रेवती कृशा(त्या)ख्या देवता। खटाखुर्बालमूषिका।।49।। हरिहेतिः कृष्णायुधं चक्रम्।।50।। तरीयैरादित्यसंबन्धिभिरग्निगर्भैर्मयूखैस्ताम्रत्वा- दुत्पाकमिव भूतलं किं करोमि।।51।। धाराजलम.......प्रभा संततसलिलं च। ऊष्मा दर्पः संतापश्च। उन्नतिरुच्छ्रायोऽभि-

---

1. 'उत्थाय' ख. 2. 'बन्धि' ख.

मन्ये निसर्गमहतां हृदयेषु पूर्व-
मिच्छेव निष्प्रतिघतामनघां वहन्ती।
पश्चादुपायघटना सकलेषु कृत्य-
वस्तुष्वनन्यसदृशीमुपयाति सिद्धिम्॥55॥

विस्पष्टमुष्टिघटनागुणयोगभाज-
स्तीक्ष्णीकृता भटजनेन कृपाणपट्टाः।
कार्यप्रबन्धघटनावहितैः सुनीति-
मार्गाश्च भीरुहृदयैर्ननु सप्रपञ्चाः॥56॥

यस्मिन्निसर्गमहतां चरमः प्रकृष्ट-
मारम्भमाद्यमतिशेत इह प्रयत्नः।
तं तारतम्यभरसंभृतिजृम्भमाण-
संरम्भशून्यफलमाद्रियतेऽविदग्धः॥57॥

और्जित्यमुज्झितवतां बत वीतशङ्कं
कार्यं करिष्यति च नीतिविषूचिका वः (चेत्)।
वन्ध्यासुतः शशविषाणधनुर्विधाय
मोक्ष्यत्यवष्यमचिरेण स नाकबाणान्॥58॥

विस्पष्टलुत्थ(ण्ठ)नकथां विजहीत नीति-
कन्थाममन्थरपराक्रममार्गपन्थाः।
तन्द्रालुभिर्न सुलभा[1] ननु धैर्यशौर्य-
शौटीर्यहार्यहृदया क्वचिदेव लक्ष्मीः॥59॥

मानश्च॥52॥ मुक्ताशिलाः श्वेतपाषाणाः। कोमला सदृशी। निर्जरा देवाः॥53॥54॥ निष्प्रतिघतां निरर्गलतामखण्डितां वहन्ती महतामिच्छैव प्रथमं कार्येषु सिद्धिमेति तानि संपादयति। पश्चात्तु सामादिप्रयोग इत्यनेन तदाश्रयणस्य तत्र केषांचितभिमतस्य वैफल्यमुक्तम्॥55॥ मुष्टिघटना पदयोजनानि निश्चितत्वेन हस्तमध्ये कारणं च। गुणैः सप्रमाणत्वादिभिर्योगः संबन्धः। गुणाश्च संध्यादयस्तेषु योगो युक्तिः। तीक्ष्णा निशाता निपुणमभिगम्याश्च। तदर्जने खड्गपट्टभरुभिर्नीतिमार्गः सविस्तारः कृतः॥56॥ महतामपि यस्मिन्व्यापारे प्रकृष्टमपि प्रथमारम्भं पश्चिमः प्रयत्नोऽतिशेते तदनन्तरमेव कार्यसंपत्तेः तं व्यापारमत्युल्लसत्संरम्भशून्यमकिंचित्करं फलं यस्य तादृशमविदग्ध आद्रियते न तु

---

1. 'सुलभातनुधैर्य' **ख.**

नूनं मलीमसपयोधरमण्डलासु
जातासु दिक्ष्विव विपक्षनितम्बिनीषु।
संप्राप्यते मधुजितेव विटङ्करत्न-
पर्यङ्कशेषघटितेन मयापि निद्रा॥60॥

कृपणविरुतिलग्ना रात्रिशोभाधरेऽस्मि-
न्नभिपतति तमिस्रा धूसरे मत्कृपाणे।
विरहविधुरचेताः पार्श्वमुत्स्रक्ष्यति द्रा-
क्तुहिनशिखरिकन्या चक्रवाकीय भर्तुः॥61॥

इत्याविर्भूतदर्पप्रसरमभिदधत्यन्धके बद्धमन्या-
वालच्यान्तर्विवक्षास्फुरदधरपुटश्चुक्षुभे काञ्चनाक्षः।
रत्नप्रालम्बमालामलकिरणशिखानिर्झराम्भश्छटाभि-
र्बिभ्रन्निर्वाप्यमाणातनुकुलिशशिखिप्लोषमुच्चैरिवोरः॥62॥

इति श्रीबालबृहस्पत्यनुजीविनो वागीश्वराङ्कस्य विद्याधिपत्यवरनाम्नो महाकवे राजानकश्रीरत्नाकरस्य कृतौ रत्नाङ्के हरविजये महाकाव्ये अन्धकासुरव्याहारो नाम पञ्चत्रिंश सर्गः॥

प्राज्ञः। आटोपमात्रातिरिक्तस्य फलस्य तत्कालमप्रतिलम्भात्। एकदुक्तं भवति—सामादीनां पूर्वप्रसिद्ध्यावश्यमुत्तरोत्तरस्याश्रयणमुक्तम्, तत्र सुदूरं गत्वा चतुर्थोऽप्युपायोऽनुविधीयते, तत्स एवाव्यवहितफलः प्रथममाश्रीयतां किमुपायान्तरकल्पनयेति नीतिः॥57॥ विषूचिका शूलप्रायो व्याधिः। अत्र सा कार्यं करिष्यति वन्ध्यासुतश्चाकाशमयान्बाणान्मोक्ष्यतीत्यन-योर्द्वयोरप्यर्थयोरसंभवात्तुल्यकक्ष्यतेति प्रतिपादनाय यदाशब्दद्वयप्रयोगः (?)॥58॥ विस्पष्टं वञ्चनं क्लेशो याभ्यस्तादृश्यः कथा यस्याम्। 'क्लिशहिंसासंक्लेशनयोः' (?)। पराक्रममार्गो युद्धं पन्थाः प्रसरणहेतुर्यस्याः। 'ऋक्पूरब्धूःपथामानक्षे' इति समासान्तविधेर-नित्यत्वात्। तन्द्रालवोऽलसाः। शौटीर्यमभिमानः॥59॥ पयोधराः स्तना मेघाश्च॥60॥ विरुतिषु प्रलापेषु। लग्ना प्रवृत्ता। तमिस्रा तमः। द्राक् क्षिप्रम्॥61॥ काञ्चनाक्षो दैत्यः॥62॥ इति राजानकजयानकसूनोरलकस्य कृतौ हरविजयविषमपदोद्द्योते पञ्चत्रिंशः सर्गः॥

षट्त्रिंशः सर्गः।

बिभ्रत्कलिन्दतनयामिव चन्द्रमौलि-
लीलाधृतत्रिदशनिर्झरिणीर्ष्ययारात्।
श्यामीकृतार्ककरचक्रकिरीटकूट-
कोटिस्फुरन्मरकतांशुशिखेन मूर्ध्ना॥1॥

दोलायमानमणिकुण्डलकोटिलग्न-
रत्नांशुपुञ्जपरिपिञ्जरितावतंसः।
अंसस्थलेन विकटांसतटेऽभिहत्य
व्यंसासुरं स निकटस्थितमित्यवादीत्॥2॥ (युगलकम्)

हे दैत्यनाथ किमवस्तुविजृम्भमाण-
संरम्भमित्यभिदधासि विभिन्नधैर्यः।
तिष्ठत्सु दानवभटेष्वपि संयुगाज्ञा-
लाभोन्मुखेषु दलितारिकुलाचलेषु॥3॥

सत्स्वेव संनिहितदिग्गजगण्डभित्ति-
विष्यन्दमानमदपङ्ककृताङ्कुरेषु।
दैत्येन्द्रबाहुषु रिपुक्षयकालरात्रि-
मालम्बते तव करः करवालवल्लीम्॥4॥

पार्श्वे[1] विलोकयसि किं भ्रुकुटिं विधाय
कोपात्सवेपथुकरः कुलिशं जिघृक्षुः।
तत्कार्यमेष कुरुते तव बाहुरेव
हेलाविरुग्णसकलाहितशैलचक्रः॥5॥

आयोधयत्यधिकमेकतमापि काचि-
दल्पापि ते भटवरूथवती विपक्षम्।

षट्त्रिंशः सर्गः।

व्यंसाख्यमसुरं स्कन्धे स्कन्धेनैव शृणु सावधान इत्यभिप्रायान्निहत्य स काञ्चनाक्षोऽन्धकमवादीत्॥1-3॥ करः करवालवल्लीमालम्बते इति काकुप्रयोगः॥4-6॥ अत्र भुजे एव विटङ्कसीम्नि समुन्नते पथि। हालाहलं विषम्॥7॥ काण्डशब्दः

---

1. 'पार्श्वं' क.

पर्याप्तिमेति शिखिनः समिदुद्धतस्य
दग्धुं स्फुलिङ्गकणिकापि समासजन्ती॥6॥

मेधासितस्तव भुजो ननु मेकलाद्रिः
केयूरमेष शिखरं विकटं बिभर्ति।
निस्त्रिंशयष्टिरियमत्र विटङ्कसीम्नि
हालाहलोल्बणलता विदधाति मोहम्॥7॥

सत्यं त्वमेव सकलं सुरराजचक्र-
मेकः क्षणाद्दलयितुं समरे समर्थः।
भस्मीकरोतु वडवानलमन्तरेण
कल्लोलकाण्डकलिलं क इवाम्बु सिन्धोः॥8॥

तेजस्त्वया निशितमार्गणटङ्कघातै-
स्त्वष्ट्रेव शातितमनर्गलमिद्धधाम्नः।
आरोपितस्य समरभ्रममाततायि-
लोकस्य दीप्ततरमारचितं[1-2] च चक्रम्॥9॥

आकर्णितेन वचसा भवतो बिभर्मि
यत्सत्यमुत्पुलकपूरभरां स्वमूर्तिम्।
कोऽप्येष शब्दमहिमा जलदस्य येन
रत्नाङ्कुरप्रसवमेति विदूरभूमिः॥10॥

वाक्यं ब्रवीतु सुवचाः सदसद्विवेक-
योग्यो भवानिव भवेद्यदि तत्र कश्चित्।
ग्राव्णः प्रसूतिमधिगच्छति हेम यस्मा-
न्नासौ क्वचिद्भवति तस्य निकाषपट्टः॥11॥

प्रज्ञा ममाल्पविभवापि विवेकयोग-
मेषा कियन्तमपि नैव निरस्यतीह।

प्रशंसायाम्। कलिलं व्याप्तम्॥8॥ इद्धधामा रविरपि। भ्रमः प्राणसंदेहो यन्त्रं च। चक्रं व्यूहविशेषः सुदर्शनश्च॥9॥ विदूरो वालवायः॥10॥ तत्र वाक्ये सदसद्विचारचतुरो यदि भवेद्भवानिव कश्चिदेव न तु सर्वः। वक्तैव विवेचकैर्विवेचनीयः॥11-12॥

---

1. 'दीप्रतरसा' क. 2. 'आचरितं' ख.

ज्योत्स्नातपं बहुलपक्षपरिक्षतापि
नात्मानुरूपममृतांशुकला जहाति॥12॥

नैसर्गिकीं विरसतां दधतोऽप्यभीक्ष्ण-
मासेदुषोऽपि जडिमानमगण्यवृत्तेः।
वाक्यस्य सारगुरुणो गुरुभिः परीक्ष्य-
मन्तः प्रसूतिरुपलादिव काञ्चनस्य॥13॥

अर्हन्ति मेघमलिनाः सदसि ग्रहीतु-
मेतेऽर्थतत्त्वमधुना वचसि स्थितं नः।
दैत्याधिपा मधुकरा इव पुष्पधूलि-
गर्भे कृतव्यतिकरं मकरन्दलेशम्॥14॥

निर्भिद्यमानहृदयोच्छलितं व्युदस्त-
हस्तस्य पञ्चभिरुपोढनृसिंहमूर्तेः।
रोषादिव प्रतिमितैर्नखदर्पणेषु
दैत्येन्द्रशोणितमपीयत यस्य वक्त्रैः॥15॥

दंष्ट्राग्रगृहीतगुरुसंभ्रमभूतधात्री-
पातालपातपुनरुक्तिभयेन रुद्धम्।
अन्तर्विघूर्णनविसंस्थुलसप्तलोक-
मासीद्वराहवपुषः श्वसितं च यस्य॥16॥

मच्चक्रकोटिपरिवर्तनसंधिबन्ध-
च्छेदार्तिमेष कथयिष्यति दानवानाम्।
जीवन्विधुंतुद इतीव पुरा विचिन्त्य
येन व्यधायि मुखमण्डलमात्रशेषः॥17॥

सङ्ग्राममूर्धनि विपूरयितुं न येन
यत्नादपि स्फुटमपार्यत पाञ्चजन्यः।

विरसता शाठ्यमनार्द्रता च। जडिमा रौक्ष्यमस्फुटद्रूपता च। सारेणोपादेयवस्तुना गुरु श्लाघ्यं सारं च स्थिरं गुरु च गौरवयुक्तम्॥13-14॥ निर्भिद्यमानेति पञ्चभिः कुलकम्॥15॥ पुनरुक्तिः पुनर्भवनम्। लक्षणयान्तर्भगवत एवोदरे॥16॥ विधुंतुदो राहुः। इतीवेति भिन्नक्रमो जीवन्नित्यतोऽनन्तरं द्रष्टव्यः॥17॥ नुन्ना प्ररिताः॥18॥

निःश्वासनुन्नहृदयास्पदसप्तलोक-
संस्थानरुद्धविकटाननरन्ध्रमार्गः॥18॥

लक्ष्मीकराकलितविभ्रमपुण्डरीक-
लीलावमृष्टचरणो युधि शार्ङ्गपाणिः।
चिन्तापथं[1] न कथमेति स दैत्यमार्ग-
संहारतिग्मकरबिम्बसुदर्शनो वः॥19॥ (पञ्चभिः कुलकम्)

निष्ठ्यूतनिष्ठुरशिखानलस्फुलिङ्ग-
पिङ्गीकृताम्बरतला समराङ्गणे वः।
कौमोदकी स्मृतिपथात्स्खलिता कथं नु
तद्बाहदण्डघटितारियुगक्षयोल्का[2]॥20॥

सह्येत केन रणवर्त्मनि नन्दकोऽपि
कण्ठच्छिदारसभरादिव योऽसुराणाम्।
कल्माषितोष्णकिरणांशुकरालरश्मि-
रेखाछलेन[3] कुरुतेऽन्यकृपाणसर्गम्[4]॥21॥

यस्याहवेषु परिवर्तजुषो मुरारि-
हस्ताङ्गुलीकिसलयाग्रगतस्य दूरम्।
सीमन्त्यमानतिमिराः किरणैर्निशात-
धारावखण्डनभियेव दिशोऽपसस्रुः[5-6]॥22॥

दिग्देवताकनकदर्पणविस्फुलिङ्गः
सर्पन्नतर्प्यत जनार्दनदर्पवर्ष्म।
धाराकृशानुरपि यस्य सुरारिकण्ठ-
नाडीनिरर्गलगलत्क्षतजच्छटाभिः॥23॥

दैत्यानां मार्गस्य संहारे रविबिम्बमिव सुदर्शनो यस्य॥19॥ कुमुदको विष्णुस्तस्येयं कौमोदकी गदा॥20॥ नन्दकाख्यः खङ्गः॥21-22॥ दिग्देवतानां कनकदर्पणरूपा विस्फुलिङ्गाः कणा यस्य। दर्पस्य वर्ष्म परिमाणं यस्य सः। क्वचित् 'वर्त्म' इति पाठः॥23॥ मा भूदित्यादिषड्भिः कुलकम्। कपोलौ गण्डौ (?)। डम्बरिकः

---

1. 'पथे' **क.** 2. 'तच्चाप' **ख.** 3. 'लेखा' **क.** 4. 'कृपाणट्टान्' **ख.** 5. 'दिवः' **ख.** 6. 'प्रसस्रुः' **क.**

चक्रं क्षमेत युधि तत्क इवास्य रोद्धु[1]-
मुद्धूतधूसरितदिक्पटलान्धकारम्।
उन्निद्रकुन्ददलकोमलकीर्तिचन्द्र-
लेखोपबृंहणसहस्रमरीचिबिम्बम्।।24।। (तिलकम्)

मा भूत्पतत्रपवनेन कपालबन्ध-
संधिर्द्विधा दलित एष[2] दिवस्पृथिव्योः।
ध्यात्वेति योऽण्डशकलादुदितः क्षणेन
चण्डेतरोड्डयनडम्बरिकोऽम्बरेऽभूत्।।25।।

हेलादिलङ्घितजगत्त्रितयो भुजंग-
संदानितः शतमखानुजदेहभारः।
येनोह्यते वियति वाजिगणेन दूर-
मुष्णत्विषो रथ इव स्फुरदेकचक्रः।।26।।

पुञ्जीकृतोरगसहस्रलिघत्सयेव
पक्षानिलेन घनवर्त्मनि यश्चकार।
क्ष्मामण्डलं विदलिताचलचक्रवाल-
मेकीभवत्क्षुभितसप्तमहासमुद्रम्।।27।।

ब्रह्माण्डगर्भमपि[3] योऽधिवसन्निजाण्ड-
पिण्डादनिर्गमनमेव विदांचकार।
दिग्भित्तिसंकटविकूणितपक्ष्म(क्ष)पाली-
मन्दक्रमोड्डयनदुःस्थितचित्तवृत्तिः।।28।।

यस्यावतीर्णमधिवारिधि शैशवेऽपि
लीलागृहीतगजकच्छपमञ्जसारात्।
त्रस्तालगर्दगृहिणीतरलाक्षिदृष्ट-
मुत्कम्पिकातरजनार्दनकूर्ममासीत्[4]।।29।।

प्रपञ्चवान्।।25।। भुजंगे कालिये संदानितं खण्डना यस्य। भुजंगैश्च संदानितो बद्धः। शतमखानुजो विष्णुः। चक्रं सुदर्शनो रथपादश्च।।26-27।। पक्ष्म(क्ष)पाली पक्ष्म(क्ष)-पङ्क्तिः।।28।। अवतीर्णमवतरणम्। कच्छपः कूर्मः। अञ्जसा स्पष्टम्। अलगर्दो

---

1. 'योद्धुं' ख. 2. 'एव' क. 3. 'अन्यमपि' क. 4. 'उत्कम्पितातुर' क.

ताक्ष्यः स चिन्त्य उदक़ादिव दुग्धसिन्धो-
रादत्त योऽमृतरसं सुरगुप्तिबन्धात्।
चञ्च्वग्रदष्टपृथुशेषमृणालकाण्ड-
पातालगर्भनलिनीतटराजहंसः॥30॥ (षड्भिः कुलकम्)

आताम्रदन्तुरफणाङ्गुलिकोटिभाग-
विस्पष्टरत्नकरजांशुमुचा[1] कथंचित्।
उत्तम्भिता विकटभोगभुजेन यस्य
पातालतालु तरसावनिराविशन्ती॥31॥

क्ष्मामण्डलोद्धरणलग्नमहावराह-
विन्यस्तनिष्ठुरखुराग्रविखण्ड्यमानाः।
पिङ्गैः परागपटलैर्नवचीनपिष्ट-
पिष्टातकश्रियमधुर्मणयोऽपि यस्य॥32॥

कल्पावधावधिपयोधि यमेकमेव
बद्धास्पदं मधुरिपुः शयनीचकार।
कुक्षिप्रविष्टभुवनत्रयचित्रचेष्टा-
व्याहारविभ्रमविलुप्तसमाधिनिद्रः॥33॥

शेषः स यस्य भुवनप्रलयावतार-
पर्याप्तताण्डवपरिक्रमनम्यमानाम्[2,3]।
दिक्कुञ्जरांसशिखरस्खलितां कथंचि-
दुर्वीं दधच्छ्वसिति गाढमुपोढखेदः॥34॥

भ्रूभङ्गभीषणमरीणरुषो रणेषु
तस्य क्षमेत क इवेक्षितुमिन्दुमौलेः।
शाखाभिराहितभयं तिसृभिस्त्रिशूलं
दृग्भिश्च वत्क्रमनलोल्बणरूपभाग्भिः॥35॥ (पञ्चभिः कुलकम्)

जलसर्पः॥29॥ अमृतं दुग्धमपि सुरैर्गुप्तिबन्धो रक्षाविरचनम्॥30॥ आताम्रेत्यादिपञ्चभिः कुलकम्। दन्तुरा उन्नता। यस्येति शेषस्य॥31॥ चीनपिष्टं सिन्दूरम्। तस्य पिष्टातकं पिष्टपादकमिति प्रसिद्धम्॥32-34॥ रीणा रिक्ता। 'रिङ् स्रवणे'। 'स्वादय ओदितः'

---

1. 'रुचा' क. 2. 'पर्यस्त' क. 3. 'कम्पमानाम्' क.

यस्याः पलायनपरायणतामुपेत-
मालोक्य दानवकुलं समरे हसन्त्याः।
भाति स्म दन्तमणिषून्मिषिता हिमाद्रि-
सानुस्थलात्परिणतेव विपाण्डुरश्रीः॥36॥

आकम्पितत्रिभुवनां भुजदण्डखण्ड-
संछादिताम्बरतलां समराजिरेषु।
कस्तां जगत्क्षयनिरर्गलनृत्तराग-
लीलामिव स्मररिपोर्विषहेत चण्डीम्॥37॥ (युगलकम्)

यस्याधिगण्डतटमुत्कटकर्णताल-
दोलानिलाभिहतिनिर्दयरुग्णमूलाः।
क्षीणोभृतोऽपि पतिताः स्रुतदानलोभ-
लीनद्विरेफपटलश्रियमुद्वहन्ति[1]॥38॥

अभ्युन्नतांसशिखराग्रविघट्टनाभि[2]-
र्नोन्मूलितः कथमपि त्रिदशाचलोऽपि।
गण्डस्थलीं निकषतः स्रुतदानसिन्धु-
मालानपादप इव श्रियमेति यस्य॥39॥

यस्यैक्षतेन्दुकलिकाधवलाद्विषाण-
दण्डादुरःस्थलविवर्तितहारफेना।
ज्योत्स्नाच्छटाशबलिताम्बरवर्त्मभित्ति-
र्मन्दाकिनी हिमगिरेरिव निष्पतन्ती॥40॥

यस्यामलाम्बरसरस्यहिमांशुबिम्ब-
रक्ताम्बुजं सरलदीधितिपक्ष्म लक्ष्मीम्।

इत्योदितत्वात् 'ओदितश्च' इति निष्ठानत्वम्॥35-37॥ यस्येत्यादिपञ्चभिः कुलकम्॥38-39॥ यस्य दशनखण्डप्रकाशसंहतिर्जाह्नवीव हिमगिरेर्निष्पतन्ती ऐक्षता दृष्टा। विवर्तितो जनितः जलत्वमपि..............................। गाम्भीर्यं॥40॥ ऊर्ध्वीकृते करदण्डे मुहूर्तलग्नं रविबिम्बमेव रक्ताम्बुजं दीधितिभिरेव केसरैः शोभां धारयति॥41॥ गङ्गाया अपत्यं गाङ्गायनिर्गणपतिः। 'तिकादिभ्यः फिञ्'॥42-44॥ स्कन्दः कुमारः।

---

1. 'निचय' क. 2. 'विघट्टनाभिः' इत्यारभ्य श्लोकान्तं यावत्क-पुस्तके त्रुटितम्.

धत्ते विषाणबिसकाण्डकरालमूल-
लीलाव्युदस्तकरदण्डमुहूर्तलग्नम्।।41।।

गाङ्गायनेः समिति तस्य विषाणवज्र-
पातेन दानवकुलाचलचक्रवालम्।
संशीर्यमाणविकटास्थिशिलावकीर्ण[1]-
मस्याः क्षणेन लघयिष्यति भारमुर्व्याः।।42।।

(पञ्चभिः कुलकम्)

उत्क्षिप्तपीवरनिरायतकंधरेण
मेघावलीमिव चुचुम्बिषतानुरागात्।
यः स्मोह्यते सरभसं सविलासपिच्छ[2]-
संच्छादिताम्बरतलेन शिखण्डिनोच्चैः।।43।।

तिग्मांशुबिम्बमणिकन्दुकमव्यवस्थ-
मास्फोट्य पाणिकमलेन सलीलमुर्व्याम्।
चिक्रीड यः शिशुतया प्रलयागमेषु
सप्रेम पश्यति विमुग्धमृगाङ्कमौलौ।।44।।

स्कन्दस्य तस्य दितिजाधिपदुग्धसिन्धु-
लक्ष्मीसमुद्धरणमन्दरशैलमूर्तिम्।
क्रौञ्चाद्रिनिर्दयविमर्दशिताश्रिकोटिं
शक्तिं न सोढुमसुरेष्विह कोऽपि शक्तः।।45।। (तिलकम्[3])

प्रेङ्खच्छिखण्डभरशोभिवपुः कलिन्द-
कन्याह्रदश्रियमगाधतया दधाने।
शक्तो रणे दलयितुं प्रचलाकिकेतु-
रह्नाय कालियमिवाहितमच्युतश्रीः।।46।।

शक्तिर्यस्यायुधम्।।45।। शिखण्डो वाहनभूतस्य मयूरस्य कलापः। प्रचलाकिकेतुर्मयूरध्वजः कुमारः। अच्युता अपरिभ्रष्टा। अच्युतश्च हरिः। हरिणा च बाल्ये यमुनायां नागभवने कालियो हत इति तत्पक्षे शिखण्डाः काकपक्षाः।।46।। प्रतिहारो द्वारम्। तद्भूमिमाश्रितस्य यस्य पतन्तीर्दृशो ब्रह्माद्या अप्याद्रियन्ते।।47।। शिलादतनयो नन्दी।।48।। चण्डेश्वरस्य

---

1. 'शिखा' ख. 2. 'सविकासिपिच्छमाच्छादिता' क. 3. 'युगलकम्' ख.

आस्थानदानसमये शशिखण्डमौले-
रातस्थुषः प्रतिदिनं[1] प्रतिहारभूमिम्।
यस्यावलोकनवशाद्बहु मन्वते च
पद्मासनप्रभृतयोऽपि दृशः[2] पतन्तीः॥47॥

को वा विडम्बितजगत्प्रलयार्कबिम्ब-
वह्निस्फुलिङ्गनिकुरुम्बनिपीतसिन्धुम्।
शूलं शिलादतनयस्य युधि क्षमेत
सोढुं ससंयुगसभ्रमणानुबन्धम्॥48॥ (युगलकम्)

आक्षेपमाहवमुखे विधुतोत्तमाङ्ग-
सघट्टनिर्दलितमौलिकपालखण्डम्।
चण्डेश्वरस्य[3] निबिडभ्रुकुटिप्रचण्ड-
टांकारडम्बरमपि क्षमते न मृत्युः॥49॥

क्रोधेश्वरोऽपि करवालविलूनकण्ठ-
पीठै[4] रणेष्वसुहृदां लुठितैः शिरोभिः।
तृप्तिं कृतान्तकरिणो विदधद्विधान-
पिण्डैरिवाजिभुवि वीक्षितुमप्यशक्यः॥50॥

इन्द्रोऽपि सान्द्ररुचिचन्द्रकचक्रवाल-
रूपाभिरामपरिणामविलोचनश्रीः।
भीत्या शिखी हतमखस्य बभूव यस्य
चिन्त्यः कथं नु भवतां न स वीरभद्रः॥51॥

अन्येऽपि लोकपरिवर्तनदुर्विलास-
हेलोल्लसत्प्रलयवासरविभ्रमा ये।

गणनायकस्याक्षेपमागूरणं रणे मृत्युरपि न सहते॥49॥ विधानं हस्त्यशनम्॥50॥ चन्द्रकाणां रूपेण रुचिरपरिणामा नयनशोभा यस्य स शक्रो यद्भयाद्दक्षक्रतुमथने मयूरो बभूव। यस्य भीत्येति संबन्धमात्रविवक्षायां 'भीत्रार्थानां भयहेतुः' इति नापादानत्वम्॥51॥ लोकपरिवर्तनमेव दुर्विलसितं तदवहेलया समुल्लसत्कल्पान्तवासरैः सादृश्यं येषाम्॥52॥ प्रज्ञा सुतीक्ष्णा मतिस्तया विकल्पो विमर्षणम्। आस्रवः पानम्।

---

1. 'प्रतिदिशं' ख. 2. 'दिशः' ख. 3. 'चण्डीश्वरस्य' क. 4. 'पीठो' ख.

तेभ्यो ममास्ति न भयं न च तेषु नीति-
गर्भं वचोऽभिदधतो ननु[1] पक्षपातः॥52॥

प्रज्ञा[2]विकल्पगिरिलोडितकार्यसिन्धु-
सारामृतासवपरिग्रह एव तस्मात्।
उत्सृष्टविग्रहकथाः कुरुत[3] प्रयत्न-
मभ्येषथासुरभटा[4] ननु तेन मृत्युम्॥53॥

स्वल्पापचारविधुरोऽवसरेषु कश्चि-
त्प्राप्नोत्यनर्थपरिणाममवश्यमेव[5]।
विस्फोटवान्किल कुशाङ्कुरकण्टकादि-
विद्धो भवत्यविरतं कुलिकोदयेषु[6]॥54॥

तेजो विकासि दधतः स्थिरसंप्रहार-
कण्डूनिरर्गलमरातिबलं जिगीषोः।
नीतिप्रपञ्चरहितस्थिति पौरुषं हि
नाभाति पङ्कजमिवोद्धृतबीजकोषम्॥55॥

अयोधनेष्वतनुदुर्धरशौर्यशालि-
गीर्वाणचक्रमवमंसथ मा स्म दैत्याः।
येनाहुरग्रहणमार्यधियः परेषो[7]
जाड्यं न धैर्यमिह शौर्यनिरर्गलेषु॥56॥

प्रज्ञाप्रकर्षविनियोगविशेषसाध्य-
मिच्छन्ति कार्यगहनं नहि मोहहेयम्।
आदीप्तदीपकशिखानिकुरुम्बभेद्य-
रूपं तमोऽन्धतमसेन कदा विभिन्नम्॥57॥

तेन प्रयत्नकरणेन मृत्युमभ्येषथातिक्रमिष्यथ॥53॥ अपचारो विरुद्धाचरणम्। कुलिको नाम नागस्तस्योदयकालेषु कुशादिभिरपि हतो विस्फोटवान्भवति। तद्दष्ट इव शरीरवैकृतं लभत इत्यर्थः॥54-55॥ परेष्वग्रहणमनादरः॥56॥ प्रज्ञातिशयसाध्यं यत्कार्यगहनं दुष्करं कर्म तन्मोहेन हेयं गम्यं वर्धनीयं वा नेच्छन्ति। 'हि गतौ वृद्धौ च'॥57॥

---

1. 'न च' ख. 2. 'गुरु' ख. 3. 'कुरुते' क. 4. 'अन्येऽप्यथासुर' ख. 5. 'आप्नोति' क. 6. 'शुलिकोदयेषु ख. 7. 'परेषां' क.

केचित्पराक्रमगुणेन नयेन केचि-
त्केचित्तथा तदुभयेन विशेषनिष्ठाः।
अन्ये पुनः सकलतन्निरपेक्षवृत्ति-
दैवानुभाववशतः श्रियमाप्नुवन्ति॥58॥

अन्यार्थमन्यफलमेव भवत्यवश्य-
मारम्भजातमखिलं मतिदुर्विधानाम्।
कण्डूयनाय करिणं शरभो हि पृष्ठ-
मारोपयत्यनिशमेति स तेन नाशम्॥59॥

हे दैत्यनाथ विनयस्व परेषु मन्यु-
मन्यायवृत्तिरभसारभटीयमास्ताम्।
संमान्यतां सदसि दूतमुखेन ताव-
देतन्मृगाङ्कशकलाभरणस्य वाक्यम्॥60॥

इति दितिसुतसिन्धुर्वाक्यरत्नं विसृज्य
व्यरमदतनुमुक्ताकर्णपूरत्विषोच्चैः।
स्फुटनयगुणतोषाच्चुम्ब्यमानं कपोल-
स्थलममलधियेवागाधधैर्यो दधानः॥61॥

इति श्रीबालबृहस्पत्यनुजीविनो वागीश्वराङ्कस्य विद्याधिपत्यपरनाम्नो महाकवे राजानकश्रीरत्नाकरस्य कृतौ रत्नाङ्के हरविजये महाकाव्ये कनकाक्षनयोपक्षेपो ना षट्त्रिंशः सर्गः।

विशेषनिष्ठा इति केवलेन पराक्रमेण नयेन वा लभ्यते लक्ष्मीः। विशेषस्तु तस्या द्वयमन्तरेण न प्राप्य इत्युभयत्राप्यभियोक्तव्यमित्यर्थः। अन्य इति भीरवो मुग्धाश्च॥58॥ दुर्विधा दरिद्राः। शरभः प्राणिभेदः॥59॥ विनयस्व निवारय। 'कर्तृस्थे चाशरीरे कर्मणि' इति तङ्। आरभटी रौद्रप्राया वृत्तिः॥60॥ गुणपरितोषादमलया धियैव मौक्तिककर्णपूरप्रभया चुम्ब्यमानं कपोलस्थलं बिभ्रद्दैत्यजलधिर्वाक्यरत्नं विसृज्य व्यरंसीदिति॥61॥ इति राजानकजयानकसूनोरलकस्य कृतौ हरविजयविषमपदोद्योते षट्त्रिंशः सर्गः॥

सप्तत्रिंशः सर्गः।

इत्थं वचः सुररिपावभिधाय तत्र
तूष्णीं स्थिते विदधदुन्मुखमट्टहासम्।
संरम्भगर्भमिति संसदि वज्रबाहु-
रुज्जृम्भिताजिरसमारभताथ वक्तुम्॥1॥

यत्काञ्चनाक्ष भवता नयगर्भमुक्त-
मित्थं वचस्तदुशना यदि वक्तुमीष्टे।
श्रुत्वैतदप्यसुवचं गुरुणापि मादृ-
गन्यो निसर्गजडधीः किमिवाभिदध्यात्॥2॥

आकारमात्रमवलम्ब्य विभीतकस्य
पुष्पं विडम्बयतु नाम मधूकशोभाम्।
विष्यन्दिमञ्जुमकरन्दकणच्छटार्द्र-
किंजल्कतास्य कुत[1] एव पुनस्तदीया॥3॥

किंचित्तथाप्यसहनत्वमरातिलोक-
स्तुत्याभिधापयति[2] मां प्रतिकूलरूपम्।
व्याघातमत्र निजपक्षपरिग्रहस्य
पश्यन्ति ये तु दितिजास्त इह प्रयान्तु॥4॥

वाक्यं ममैतदुणुसारमपि ग्रहीतु-
मर्हाः स्थ यूयमविवेकविकल्पवन्ध्याः[3]।
अल्पोऽपि किं मधुकरैर्मकरन्दरेणु-
रादीयते[4] हि मधुनो न मधूकपुष्पात्॥5॥

सप्तत्रिंशः सर्गः।

अट्टहासस्य विधानं प्रतिपक्षदूतसंनिधावनुचिताभिधानात्॥1॥ भवदुक्तं वचनं वक्तुं यदीष्टे प्रभवति तदुशना शुक्रो नापरः कश्चित्। गुरुर्बृहस्पतिः॥2॥ अस्येति पुष्पस्य॥3॥ ये तु स्वपक्षक्षयदर्शिनोऽत्र दैत्यास्ते दूरमितो व्रजन्त्विति तेषां रणभीरुत्वमुक्तम्॥4॥ अणुसारं स्वल्पोत्कृष्टमपि मद्वाक्यं यूयमविवेकेन विकल्पेन च संशयेन शून्यं (शून्याः) ग्रहीतुमर्हथ॥5॥ हृदयंगमा मनोहरा। 'गमेः सुप्युपसंख्यानम्' इति खश्॥6-7॥ युद्धशौण्डा रणरसिकाः॥8॥ सिंहीसुतो राहुः। सिंहीसुतस्य च

---

1. 'पुनरेव कुतः' **ख.** 2. 'पिधापयति' **ख.** 3. 'अविकल्प' **ख.** 4. 'आदीयतेऽतिमधुरो' **क.**

आबिभ्रतो विरसतामथवाभ्युदेति
मत्तो न गीः कृतधियां हृदयंगमा वः।
क्षाराम्बुधे कुत इवामृतशीकरार्द्र-
सान्द्रप्रभाधवलचन्द्रकलाप्रसूतिः॥6॥

ये मन्दराद्रिमपि वासुकिभोगबन्ध-
लीलावघर्षणकृशीकृतमध्यभागम्।
उत्पाट्य पाणिभिरनाहतसंप्रहार-
हेला विरेजुरुपपादितशक्तिकृत्याः॥7॥

एतेऽपि जेतुमतनूत्पुलकांसकूट-
दोर्दण्डखण्डितनिरर्गलयुद्धशौण्डाः।
हुकारसंभ्रमवलत्त्रिदशाधिराज-
बद्धाभयाञ्जलिपुटा युधि केन शक्याः॥8॥ (युगलकम्)

सिंहीसुतस्य समरे सहसोत्थितस्य
शक्ताः कथंचन विलोलदृशः पुरस्तात्।
स्थातु निसर्गतरला बत वीतशङ्क[1]-
माचक्ष्व दूत यदि वः प्रमथप्लवंगाः॥9॥

यस्याग्निचूर्णपरुषे सरुषो रणेषु
दीप्रप्रतापतपने तपति त्रिलोकीम्।
निर्यत्तदूष्मभरखिन्नतयेव खड्ग-
धारागृहे चिरमुवास विपक्षलक्ष्मीः॥10॥

यस्य प्रतापमिव सोढुमशक्नुवद्भि-
र्बन्दीकृतैः फणिपुरंध्रिगणैर्बुभूवे।

मृगारेः पुरतः प्लवंगा नोत्सहन्तेऽवस्थातुमिति सुव्यक्तमेतत्॥9॥ यस्येत्यादि षड्भिः कुलकम्। 'कोमलोऽपरुषश्चैव सदृशार्थावुभौ स्मृतौ'। धारैव गृहम्। धारागृहं च जलमण्डपविशेषः॥10-11॥ शुष्म तेजः। प्रतापस्याग्निरूपताप्रतीतेर्वंशा वेणवोऽपि॥12॥ यस्य खड्गलतानिपातवातैः शत्रूणामाशाः समाकुलत्वं नीताः। आशा दिशोऽपि॥13॥ यस्य चरणानता श्रीर्निःश्वासमलिनितसरोजं पाणिमाधत्त धृतवती॥14॥ अम्बुधीनां

---

1. 'वीतशङ्कान्' **ख**.

वैक्लव्यदुर्बलतया शिथिलायमान-
विस्त्रस्तकञ्चुकसिताशुकचक्रवालैः॥11॥

यस्याहवेषु ववृधे भयसंकटेषु
निःश्वासमारुतपरम्परया रिपूणाम्।
भीष्मोष्मशुष्मपरिपाकविशेषदग्ध-
विद्वेषिवंशशततीव्रतरः प्रतापः॥12॥

उच्चैरनायिषत यस्य समाकुलत्वं
विद्वेषिणामदयदारितदो[1]र्द्रुमाणाम्।
आकृष्टकीर्तिकुसुमस्तबकैः कृपाण-
वल्लीनिपातपवनैः प्रसरद्भिराशाः॥13॥

दुर्वारवैरिसमराध्वरयूपबाहो[2]-
राधत्त यस्य रुचिरं चरणाश्रया श्रीः।
पाणिं नतिप्रवणदुर्जयलोकपाल-
निःश्वासधूसरितविभ्रमपुण्डरीकम्॥14॥

किं तस्य पाण्डुरयशस्तुहिनाचलाभि-
मुख्यं न संख्यसुरभौ दधतः सुबाहोः।
भानोरिवाम्बुधितटानि गतो विलङ्घ्य
तीव्रीभवन्नधिकमेव दिशः प्रतापः॥15॥ (षड्भिः कुलकम्)

संरम्भपाटलदृशः शरदभ्रशुभ्र-
हासस्य निःश्वसितघूर्णितमेघिकाभिः।
भ्रेमेऽस्य गाढमिव दृग्भिरदभ्रबभ्रु[3]-
भ्रविभ्रमभ्रुकुटिसंभृतसंभ्रमाभिः॥16॥

उज्जृम्भमाणतिमिरा भ्रुकुटिः सलील-
मस्यैव संभृतरुषो वदने स्फुरन्ती।

तटानुल्लङ्घ्य भानोरिव सुबाहोः प्रतापो दिशः किं न गतो गत एव। सुरभिर्वसन्तः। प्रताप आतपोऽपि॥15॥ निःश्वसितैश्चलिता मेघा यास्विति 'शेषाद्विभाषा' इति कपि

---

1. 'दोर्द्रुमौघै' ख. 2. 'धूमबाहोः' क. 3. 'दिग्भिः' क.

तच्चित्रमत्र यदरातिवधूमुखानि
लम्बालकानि परिधूसरतामनैषीत्।।17।।

प्रालम्बयष्टिघटितारुणरत्नखण्ड-
प्रेङ्खन्मयूखनिकुरुम्बपिशङ्गगर्मा।
अस्याततायिकुलशोणितपानगोष्ठी-
योग्यामिव स्म कुरुते करवालवल्ली।।18।।

अस्यामलेन[1] मम[2] वा करवालमेघ-
धाराजलेन रणदुर्दिनडम्बरेषु।
शान्तिं सुखेन नवचन्द्रकलाञ्छितश्रीः
किं नीयते दितिजनाथ न नीलकण्ठः।।19।।

प्रत्युत्फलत्सुरगणैर्ददृशे ममापि
वक्षःस्थलात्समरमूर्ध्नि मुरारिचक्रम्।
अभ्युज्जिहानमुदयाद्रिनितम्बभित्ति-
भागादिव क्षतजपाटलमर्कबिम्बम्।।20।।

श्यामत्वमेति सहसैव ममाततायि-
लोकस्य कुन्दकलिकाधवलं यशः प्राक्।
श्चयोतन्ति कज्जलपरागमलीमसानि
पश्चाद्विलोचनजलानि नितम्बिनीनाम्।।21।।

उद्भिन्नपीनपुलकाङ्कुरमन्यशस्त्र-
धाराशतानधिगतप्रणयामृतार्द्रम्।
कण्ठग्रहं सपदि यस्य चकार चक्र-
धाराधिका तनुरुचिर्दयितेव राहोः।।22।।

'प्रत्ययस्थात्कात्पूर्वस्य-' इतीत्त्वम्। अदभ्राः स्थूलाः।।16-17।। प्रालम्बो हारः। योग्या अभ्यासः।।18।। शान्तिर्मदविगमः संतापनाशश्च। चन्द्रस्य कलया आञ्छिता आयता चन्द्रकैश्च लाञ्छिता श्रीर्यस्य। नीलकण्ठो हरो मयूरश्च।।19-21।। पुलकोद्भेदो भयेनेव स्मरेणापि। अन्येषां शस्त्राणां धाराशतैरनधिगतः प्रणयः कर्म यस्याः। मृतेन मरणेनामृतेन वा पीयूषेणार्द्रमाच्छुरितम्। इतरत्र पक्षे शस्त्रधाराणां नायिकात्वम्। तच्छतैश्चानधिगतः

---

1. 'यस्य' ख. 2. 'समया' क.

निष्ठ्यूतनिष्ठूरकृशानुशिखासहस्र-
धाराकरालममरेषु विलोकयत्सु।
आक्षिप्य तत्करतलान्मणिकर्णपुर-
मिच्छामि कर्तुमधुना रभसेन चक्रम्।।23।। (युगलकम्)

संमोहहेतुमधिगम्य पुरा कृपाण-
धारां रणेषु मदिरामिव सीरपाणिः
नूनं पुरा[1] पतति वः शिथिलाङ्गयष्टि-
राघूर्णमानरुधिरारुणलोचनश्रीः[2]।।24।।

चक्रायुधोऽस्तु समरे मुसलायुधो वा[3]
शूलायुधो भवतु वा कुलिशायुधो वा।
दोष्णैव तानहमनेन निहत्य हेति-
शून्येन धूसरमुखच्छवितां नयामि।।25।।

सुव्यक्तमूर्जितधियो[4] युधि हासयन्ति
वैदग्ध्यनिह्नुतधियो नयमार्गलग्नाः।
दोलाधिरोहविधुरं विहितं च कार्य-
मुत्सन्नमेव च तदित्यपि मेऽभिसंधिः।।26।।

किं कीर्तितेन बहुना सुरनाथ ताव-
दापन्नतामरससारसहंसहासम्।
ग्रीष्मोष्मशोषितसरःसदृशं करोमि
तच्चक्रिक्रिमिश्रितमहं तव शत्रुसैन्यम्।।27।।

ताक्ष्योऽपि संयुगमुखे निपतत्यवश्यं
मन्मुष्टिघातदलनाविधुतोत्तमाङ्गः।

प्रणयः स्नेह एवामृतं तेनार्द्रं सरसम्। कण्ठग्रहः शिरश्छेद आलिङ्गनं च। यस्येति हरेः। अधिका अतनुरतिमहती रुचिः शोभा यस्याः। अधिका चातनौ कामे रुचिरभिलाषो यस्याः।।22।। तदिति तस्य हरेः।।23।। पुरा पतति पतिष्यति।।24-25।। तदिति कार्यम्। अभिसंधिर्निश्चयः।।26।। आपदा नताः प्रह्वा अमरा यत्र तत् सह सारेण गत्या

---

1. 'पुरः' ख. 2. मदिरारुण' ख. 3. 'स' क. 4. क-पुस्तकेऽस्याग्रिमस्य च श्लोकस्य व्यत्ययः

ग्रासीकृतोरगसहस्त्रविषानुबन्ध-
मूर्छान्धकारघटनादिव मीलिताक्षः॥28॥

मन्दीकृतोष्णकरमण्डलभासुरोर्ध्व[1]-
ज्वालाजटालशिखिना त्रितयं पुराणाम्।
यस्येषुणा सकलमूर्ध्वगतेन दूर-
मक्ष्णा च मन्मथवपुः प्रसभं दिदीपे॥29॥

तस्याहवे विनिहतेषु मयानुगेषु
ज्योत्स्नावती कृतविशृङ्खलदुःखदाहा।
आस्तां जराधवलकेशशिखेव केतु-
दण्डावचूलसितचामरचक्रवाला॥30॥ (युगलकम्)

चूडाशशाङ्क इव निर्मलभासि भिन्न-
दिक्चक्रवालतिमिरे यशसि त्वदीये।
स्पष्टातिरेकमुपरि स्फुरति स्मरारे-
श्छायैति नूनमसुराधिप वामनत्वम्॥31॥

आकम्पितत्रिभुवना सरुषो ललाट-
पट्टं प्रसीद नुदतु भ्रुकुटिस्तवेयम्।
बद्धान्धकारगहना रणदुर्धरस्य[2]
सेना च संप्रति विकम्पमरातिचक्रम्[3]॥32॥

आयोधने मुखरितामरशैलकुञ्ज-
गुञ्जद्गुणातनुधनुर्दनुसूनुगर्भे।

पलायनेन वर्तमानाः सहाः समर्था यत्र तादृशं च चक्रिणा कृष्णेन मिश्रितं शत्रुसैन्यं सहासं कृत्वा करोमि। शोषितं सरोऽप्येवम्। आपन्नानि नष्टानि तामरसानि, सारसानां लक्ष्मणानां हंसानां च हासश्च यत्र तत्। चकन्त इति चकश्चकिताः। क्विप्। तादृशैः क्रिमिभिः श्रितं सेवितम्॥27-28॥ ऊर्ध्वमाकाशो ललाटदेशश्च॥29॥ ज्योत्स्नावती हरस्य नगरी। ज्योत्स्ना च यस्यां विद्यते सा दाहं कथं करोतीति लेशतो विरोधः। दण्डेषु चिह्नभूतानां चामराणां सितत्वाज्जराधवला इव केशशिखा यस्याः॥30॥ छाया कान्तिरातपप्रतिपक्षश्च॥31॥ नुदतु स्पसंधाय(?) पलायनाय च प्रेरयतु। अन्धकारः

---

1. 'उच्चैः ख. 2. 'दुर्दिनस्य ख. 3. 'विकल्पं' ख.

धैर्यं बिभर्त्यसकलेन कियन्निरुद्ध-
देहो हिमाद्रिसुतया हृदयेन शंभुः॥33॥

आपाण्डुपिण्डितयशोघनसारचूर्ण-
पूर्णारिपूगफलभङ्गकृताभियोगः।
आकृष्य तस्य वपुषः प्रसभं भनज्मि
ताम्बूलरागरभसादिव नागवल्लीः॥34॥

कल्माषितामलजला ज्वलतो ललाट-
नेत्रनलस्य चिरसंभृतधूमलेखाम्।
शीतांशुमण्डलविनिष्पतितां हरस्य
तल्लाञ्छनच्छविमिवानुगतां वहन्ती॥35॥

मन्दाकिनी व्रजतु मूर्ध्नि जटानिकुञ्ज-
झांकारताररवडम्बरिताम्बरश्रीः।
कल्पावसानरभसोत्थितभास्करांशु-
तीव्रग्निशल्यशरपातवशेन[1] शोषम्॥36॥ (युगलकम्)

चण्ड्याः करिष्यति रणे महिषध्वजोऽपि
लब्धावकाशमधुना किमपि स्फुरन्त्याः।
पादाभिघातदलिताहवशौण्डदर्प-
कण्डूलकासरवधानुशयादिवासौ[2]॥37॥

उत्खातदन्तमुसलां शरभिन्नकुम्भ-
विष्यण्णगाढरुधिरोक्षितकर्णतालाम्।
हेरम्बमूर्तिमपविद्धबिसां विवृत्त-
पत्रां करोमि नलिनीमिव वारणेन्द्रः॥38॥

कृष्णं(?) तेन गहना दुर्निरीक्ष्या॥32-33॥ पूगस्य समुदायस्य फलं जयादि। पूगफलानि च क्रमुकफलानि। नागा एव वल्ल्यो लताः। नागवल्ल्यश्च ताम्बूलीलताः॥34॥ गङ्गा चन्द्रमण्डलात्किल निर्गतत्वात्तत्कलङ्ककान्तिमिव धूमलेन पदा(खापदेन) वहन्ती तीव्रानलसहितफलकानां शराणां पातेन शुष्यतु। डम्बरिता व्याकुलिता॥35-36॥ कासरो महिषः तद्वधक्रोधादिव महिषध्वजो यमः स चण्ड्याः किमप्यवाच्यं करिष्यति।

---

1. 'भयेन नूनम्' ख. 2. 'कण्डार' क.

उत्तुङ्गबाहुशिखरस्थगितान्तरिक्ष-
मुद्दामनागकटकस्थितिमप्रकम्प्यम्।
क्रौञ्चाचलेन्द्रमिव मामविरुग्णपक्ष-
मासाद्य मुञ्चति पुरा न गुहो न शक्तिम्।।39।।

कोदण्डदण्डमधुना कलधौतशैल-
माधाय[1] शेषभुजगाधिपभीषणज्यम्।
हेलाविनिर्जितहरः प्रसभं शरेण
सप्तापि दूरमधुनैव भिनद्मि लोकान्।।40।।

चण्डेश्वरस्य विदधे सहसोत्तमाङ्ग-
माबद्धविस्मयसुरासुरचक्रदृष्टः।
शार्ङ्गायुधो जगदिवाक्रमणोत्थपाद-
लीलाभिघातद[2]लितोरुकपालबन्धम्।।41।।

सङ्ग्रामवासरपरिस्फुरितोऽतिशोभि-
निर्धूतपावकशिखाकपिशत्विषोऽहम्[3]।
छायां शिलादतनयस्य विवर्तयामि
मेरोर्दिवाकर इवाप्रतिमप्रतापः।।42।।

क्रोधेश्वरः क्व मम यास्यति हुंकृताग्नि-
धूमच्छटावलयितं दधदात्मकण्ठम्।
पर्याप्तकालकवलीकरणप्रगल्भ-
तत्पाशरुद्धपरिणाहमिवाहवाग्रात्[4]।।43।।

निजवसतिं नेष्यतीत्यर्थः।।37।। विष्यण्णः स्रुतः। हेरम्बो विनायकः। दन्तस्य बिसमुपमानं रक्तस्य तु कर्णतालस्य परिवृत्तपत्रम्। तस्याभ्यन्तरेऽरुणत्वात्।।38।। बाहोः शिखरेणाग्रेण बाहुसदृशैः शिखरैः शृङ्गैः स्थगितनभसम्। नागाः करिणो भुजगाश्च। कटख स्कन्धवारः पर्वतनितम्बश्च।।39।। हरेण वासुकिविशिखं धनुर्विधाय पुरत्रयं भिन्नमहं तु शेषाहिशरसनाथं सुमेरुमेव चापदण्डं कृत्वा सप्तापि लोकान्भिनद्मीति व्यतिरेकः।।40।। विदधे करोमि चकार च। कपालं शिरोस्थि। कपालं च ब्रह्माण्डखण्डम्।।41।। शिलादाख्यमुनितनयस्य नन्दिनश्छायां कान्तिं विवर्तयामि। सुमेरोरिव रविः। सोऽपि हि मेरुं प्रदक्षिणीकुर्वन्नस्य च्छायामहोरात्ररूपेण परिवर्तयति।।42।। पर्याप्तं प्रभूतं यत्कालस्य मृत्योः कवलीकरणं

---

1. 'आदाय' **ख.** 2. 'दलिताण्ड' **क.** 3. 'कपिल' **क.** 4. 'आहवाग्रे' **क.**

स्थूलास्थिकुम्भशिखरः करवालदान-
लेखाङ्कितः प्रविलसत्करपुष्करश्रीः।
शक्तः क्षणान्मम भुजः प्रतिनागराज-
लीलां दधद्दलयितुं युधि वीरभद्रम्॥44॥

यैराहवे दितिसुतैः समवर्तिनोऽपि
भग्नः प्रतापविभवेन सहैव दण्डः।
स्यात्सप्ततन्तुदलने बहुमानपात्र-
मेषां पुरः क इव शंसत वीरभद्रः॥45॥

सङ्ग्रामसीम्नि मयि गर्जति तारनाद-
मुज्झत्यवश्यमभिमानमरातिलोकः।
शब्दः स केसरिण एव भयंकरेण
येन श्रुतेन विमदीभवतीभयूथः॥46॥

मन्ये तदेव वचनं रिपुविप्रकार-
रोषेण रूषितधियः[1] समरेषु यस्मिन्।
उद्भिद्यतेऽतिविषमा समवर्तिराज-
धानीभटस्य भृकुटिः प्रतिकारहेतोः॥47॥

दोःशालिनो रणभुवि स्फुरणानुबन्ध-
भाजः क्षणाद्दलयतः सुभटस्य शत्रून्।
संपश्यता मृतमुखानि परं परेत-
नाथेन साम्यमहमक्षम एव कर्तुम्॥48॥

तदर्थं प्रगल्भेन तस्य कालस्य पाशेनेव रुद्धपरिणाहम्॥43॥ कुम्भाकारं शिखरं स्कन्धदेशः। कुम्भयोश्च कवाटयोः शिखरमग्रम्। करवालमेव दानलेखा करवालस्य च दानं खण्डनं तदीया लेखा। 'दो अवखण्डने'। करश्च हस्तः। बालं च पुच्छम्। ताभ्यां दानलेखया चाङ्कितः। कर एव पुष्करं पद्मम्। करस्य च पुष्करमग्रम्। प्रतिनागः प्रतिपक्षगजः। वीरभद्रो नाम गणः। वीरश्च भद्रजातिः॥44॥ सप्ततन्तुर्मखोऽत्र दक्षसंबन्धी। अथ चासुरैर्दण्डो भग्नो वीरभद्रेण तु तन्तवः तन्तवः सप्तेति तदपेक्षयासौ कथं बहुमानपदमिति ध्वनितम्॥45-46॥ रूषिता छुरिता। 'अभ्रु कुंसादीनाम्' इत्यतो

---

1. 'रोषित' ख.

सङ्ग्रामकाननमुदूढकरालपीलु-
बन्धं चमूरचितशोभमरातिसंस्था।
नेवाधितिष्ठति[1] चिरं सुभटस्य चाप-
टांकारनादचकिता हरिणीव लक्ष्मीः॥49॥

गीर्वाणदैत्यसमरेषु करैर्विमुक्त[2]-
सीत्कारशीकरकरालकणैर्घटन्ताम्।
कुम्भोदरस्खलितपुष्कररन्ध्रमार्ग-
निष्ठ्यूतमौक्तिकगणैरिव मत्तनागाः॥50॥

कुर्वन्त्वखेटखटकामुखहस्तकृष्टि-
चक्रीकृतानि ककुभो युधि कार्मुकाणि।
आस्फालितक्षुभितसागरवारिधीर-
मौर्वीरवश्रवणसंभृतसंभ्रमार्ताः॥51॥

ग्रासीकरोतु दिवसाधिपमेष कर्ण-
पाशं दधत्कनककुण्डलमण्डलाङ्कम्।
विच्छिन्नकण्ठकटकानुशयात्सलील-
मुल्लम्बिताच्छहरिचक्रमिवाद्य राहुः॥52॥

बाष्पाम्बुशीकरकणौघनिभेन चन्द्र-
बीजच्छटा इव पुरा विकिरत्यमन्दम्।
ग्रासीकृते शशिनि नूनमनेन नेत्र-
मत्रेस्तदुद्भवनिमित्तमतीव शोकात्॥53॥

वाक्याद्भ्रूशब्दस्य कुटिशब्दे परतो भ्रुकुटिर्भ्रूकुटिरिति प्रयोगद्वयस्य सिद्धत्वाद्भ्रुकुटिशब्दः साधुत्वमतिवर्तत इत्याहुः॥47॥ स्फुरणं स्फुरः (?)॥48॥ पीलवो हस्तिनस्तरुभेदाश्च। चमूभी रचिता चमूरैश्च मृगभेदैश्चिता व्याप्ता शोभा यस्य॥49॥ कुम्भयोरन्तरात्पतितः कराग्रविवरमार्गेण च वान्तो मौक्तिकगणो येषां तादृशैरिव करैरुपलक्षिताः॥50॥ खेटोऽधमः। खटकामुखं करः प्रागुक्तलक्षणः॥51॥ पाशः पाली। अनुशयः कोपः॥52॥ शोकाद्बाष्पबिन्दुलवानामेव निभेन व्याजेन। अनेन राहुणा॥53॥ अन्तश्चरा मरुतः प्राणापानादयः। अन्वयोऽनुबन्धः॥54॥ निःसङ्गमविरतम्। अङ्गारितमुत्तेजितमङ्गनयैस्तादृशाः

---

1. 'अवतिष्ठति' ख. 2. 'विषक्त' ख.

शोकानुबन्धकृतजागरगाढखेद-
मन्तश्चरेषु च मरुत्सु विघूर्णितेषु।
योग्यान्वयेऽप्यसुरविप्रकृतः कृशत्वे
संप्रत्युपैतु परिपीवतरतां समीरः॥54॥

उत्तुङ्गमङ्गलमतङ्गजजङ्गमाद्रि-
निःसङ्गभङ्गुरतुरङ्गतरङ्ग्यमाणम्।
अङ्गारिताङ्गमसुरायुधविस्फुलिङ्ग-
मुत्सङ्गसङ्गिगगनाङ्गनवीरयोधम्॥55॥

सच्चापचक्रचतुरच्युतकाञ्चनोत्थ-
नाराचरेचितचमूचरचक्रवालम्।
आश्चर्यचर्यचतुराञ्चितचारुचर्च-
चन्द्रावचूलमचिराद्रणमस्तु चण्डम्॥56॥ (युगलकम्)

संस्फेटवर्त्मनि जराधवलत्विषोऽपि
लीलाप्रकीर्णकगणा इव धीरयोधाः।
एतेऽधिरूढरभसास्तव[1] दैत्यनाथ
शक्ताः प्रभञ्जनमपीरयितुं पुरस्तात्॥57॥

तिग्मप्रतापघटनाभिमुखेष्वभीक्ष्ण-
मुद्दण्डपत्रपटलेष्वसुराधिपेषु।
ज्योत्स्नेव पङ्कजवनेषु निशाकरस्य
कीर्तिः स्खलत्यकलुषापि मृगाङ्कमौलेः॥58॥

विष्यन्दिदानजलकुञ्जरकुम्भभेद-
निर्मुक्तमौक्तिककणश्रमवारिबिन्दुः।

सुरायुधानामग्निकणा यत्र। गगनाङ्गना अप्सरसः॥55॥ रेचितं प्रेरितम्। पलायितमित्यर्थः। आश्चर्यचर्या विचित्रचरित्राः। चतुराः प्रवीणाः। तेषु विषयेऽञ्चिता पूजिता चर्चा विचारो यस्य तादृशः॥56॥ संस्फेटो युद्धम्। प्रभञ्जतो वायुः॥57॥ प्रताप आतपोऽपि। उद्दण्डमुद्भटम्। पत्राणि वाहनानि च्छदाश्च। स्खलति कुण्ठीभवति॥58॥ करवालिका छुरिका॥59॥ व्यूहः सैन्यविन्यासः। अक्ष्णः शेषं नान्तरीयकं संस्थानं रुचिरतामेव

---

1. 'अपि' ख.

क्रुध्यत्कृतानतकुटिलभ्रुकुटीविभङ्ग-
भीमा ममास्तु समरे करवालिकेयम्।।59।।

व्यूहप्रपञ्चरचनां[1] विदधातु शुक्रः
शक्तिस्तु नाथ भवतो युधि दुर्निवारा।
संस्थानमस्तु रुचिरत्वविधायि शेष-
मालोकयत्यकलुषा हि कनीनिकाक्ष्णः[2]।।60।।

क्रोधात्क्षणेन ससुरासुरचक्रवाल-
मन्तं जगत्रयमपि व्यपनेतुमेतत्।
उत्क्षिप्यतां रणमुखे कृतकालरात्रि-
संज्ञा करालकुटिला करवालिकाभ्रूः।।61।।

हेलाविलुप्तनरसिंहकठोरकण्ठ-
पीठस्फुरत्पृथुसटाघटितांसकूटाः।
शौर्योष्मनिष्कथितहारलतेन्दुकान्त-
वारिच्छटाकणकरालितवक्षसोऽमी।।62।।

संवादिदोहदरसाः सुरसंक्षयार्थ-
मुच्चैः स्फुरन्ति तव संसदि दैत्ययोधाः[3]।
तेजस्विनां तिमिरदारणनिश्चयेऽस्ति[4]
किं नु क्वचित्त्रिभुवनेऽपि निसर्गभेदः।।63।। (युगलकम्)

लोकेऽत्र[5] वीरजनतापरिभोग्य एव
केयं विभागपरिकल्पनलालसा वः।
हेलावरुग्णहरिणा हरयो यथेच्छ-
मध्यावसन्ति ननु काननचक्रवालम्।।64।।

करोतु दर्शनशक्तिस्तु कनीनिकाया एव।।60।। करालकुटिलत्वात्करवालिकारूपा भ्रूर्जगदन्तं नेतुमुत्क्षिप्यताम्।।61-62।। क्षयार्थं संवादी सदृश एकरूपोऽभिलाषो रसो येषाम्।।63।। सुराणां मेरुरास्पदमसुराणां तु पातालमिति विभागकल्पने लालसाभिलाषः। हरयः सिंहाः।।64।। कण्ठे वलितः पाणिलग्न आत्मीय एव पाशो यस्य तादृशः कालः समरेषु येन चकृष्टे कृष्टः। अत एव कण्ठस्य पाशकृतेनातिपीडनेन स्फुटनानुबन्धिभिरतीव

---

1. 'वीत' ख. 2. 'अक्ष्णा' ख. 3. 'वीरयोधाः' ख. 4. 'निश्चयः' ख. 5. 'लोकः' ख.

येनातिपीडनरसस्फुटनानुबन्धि-
　　बाष्पाम्बुशीकरपरिप्लुतपाटलाक्षः।
कालोऽपि कण्ठवलितोल्वणपाणिलग्न-
　　पाशः प्रसह्य चकृषे समरेषु तस्य॥65॥

संख्यं सुरैरसुरराजकुलस्य कीदृ-
　　गकीभवन्ति नहि केसरिणः कुरङ्गैः।
दानान्धगन्धकरिकुम्भविभागभङ्ग-
　　दक्षस्फुरन्नखशिखाशिखराः कदाचित्॥66॥ (युगलकम्)

सिंहोऽस्तु शत्रुरथवाधिपतिर्मृगाणां
　　शंसास्पदं तदपि न द्वयमेव मन्ये।
तस्य स्फुरत्करजवज्रशिखाभिघात-
　　हेलानिपातितमतङ्गजजङ्गमाद्रेः॥67॥

इत्थं मौक्तिककर्णपूरकिरणव्याजेन गण्डस्थली-
　　चर्चाचन्दनचर्चनामिव दधद्वीरोऽवलेपश्रियः।
वाक्यं रत्नशिखाकरालितशिरःकम्पभिरामं भटै-
　　रारब्धस्तुतिबन्धमन्धकसदस्युक्त्वा सा तूष्णीमभूत्॥68॥

इति श्रीबालबृहस्पत्यनुजीविनो वागीश्वराङ्कस्य विद्याधिपत्यपरनाम्नो महाकवे राजानकश्रीरत्नाकरस्य कृतौ रत्नाङ्के हरविजये महाकाव्ये वज्रबाहुविस्फूजितं नाम सप्तत्रिंशः सर्गः।

विकसितैरश्रुकणैरापूरितनयनः॥65-66॥ द्वयं मृगाणां शत्रुत्वमधिपतित्वं च सिंहस्य नैव शंसास्पदं श्लाघ्यमित्यन्योक्त्या सुराणामसुरापेक्षया क्वचिदपि योग्यता नास्तीति ध्वनितम्॥67॥ अवलेपो दर्पः। तच्छ्रियः संबन्धिना पूजाचन्दनेनेव पूजनं दीप्तिर्यस्याः। क्वचिच्च 'चन्दनचर्चिता' इति हृदयंगमः पाठः॥68॥ इति राजानकजयानकसूनोरकस्य कृतौ हरविजयविषमपदोद्द्योते सप्तत्रिंशः सर्गः॥

अष्टत्रिंशः सर्गः।

स्थितेऽथ तस्मिन्नथ जृम्भमाणसंरम्भमुदीर्य वचः सुरारौ।
उवाच दूतः पुनरेव वाक्यमोजस्वितादुर्धरधैर्यबन्धः।।1।।

श्रुतिदीपतिरस्कृतान्धकारा प्रतिभासंपदमक्षतां वहन्ती।
जयति व्यवहारहेतुरेका मतिरेवार्थविनिर्णयं विधात्री।।2।।

विशिनष्ट्यनिशं शरीरभाजां करणग्राममशेषमेव जिह्वा।
कृतधीरयथोद्गतानुमाना कुरुते यत्र सरस्वती प्रतिष्ठाम्।।3।।

भक्त्यैकभावितमनाः प्रभवे त्रिकाल-
कल्याणि यत्कथयते हितभागिभृत्यः।
तस्याशु नूनमवधीरणमार्यवृत्ताः
पश्यन्त्यनर्थपरिणाममितोऽपि[1] केचित्।।4।।

दैत्योदधेरस्य च वाक्यरत्नैर्विशद्भिरन्तः श्रवणोदरेभ्यः।
तटाचलानामिव कंदरेभ्यो निरस्तमेषां घनमन्धकारम्।।5।।

प्राप्ता सुवर्णघटना शुभबीजसूति-
हेतुर्गृहीत्दृदयातिसुवृत्तभावात्[2]।
वाणी सतो[3] मधुरतामनिशं वहन्ती
कं[4] कर्णिका च न हरेदिह पङ्कजस्य।।6।।

गम्भीरघोषपरिपूरितदिग्विभाग-
मस्मिन्पुरः स्फुरति वारिमुचीव[5] तारम्।
दैत्याधिनाथ[6] समरोत्कलिका भटाना-
मभ्युल्लसन्ति[7] शिखिनामिव चन्द्रकोर्व्यः।।7।।

अष्टत्रिंशः सर्गः।

जृम्भमाणः संरम्भ आटोपो यत्र तादृशं वाक्यं दूतः पुनरवादीत्।।1।। अन्धकारो मोहः। प्रतिभा तत्तद्वस्तुदर्शनम्।।2।। कृतं यथोद्गतस्य यथाप्राप्तस्य वस्तुनोऽनुमानं निश्चयो यया तादृशी यत्र वागास्ते सा जिह्वान्येषामिन्द्रियाणां कलापं विशिनष्ट्यभितो वक्ति।।3।। हितं भजत इति हितभागि। 'संपृच-' आदिसूत्रेण घिनुण्। इतो दैत्यसभा-

---

1. 'परिणामवतः' **ख.** 2. 'भारात्' **ख.** 3. 'मनोज्ञरसतां' **क.** 4. 'किं' **ख.** 5. 'वारिनिधावुदारम्' **क.** 6. 'दैत्याधिपेऽथ मकरोत्कलिका' **क.** 7. 'अत्युल्लसन्ति' **ख.**

विभिन्नचित्तैः प्रविभिद्यमानमेभिर्वचः[1] साध्विति मा मनिष्ठाः।
विवेकभाजो विरला हि लोके व्यतीतसंख्या ननु सन्ति मूर्खाः॥8॥

प्रायः कृशैरपि गुणैर्बहुमानगुर्वी
संभावनां विदधदात्मनि मूढचेताः।
बिभ्रन्मनो गुणमहत्स्वपि सावहेलं
हास्यत्वमेव लघुवृत्तिरुपैति लोकः॥9॥

दूरव्यपोढचरितातिशयाः स्वशंसां॥
कुर्वन्ति नीचमतयो रसनासहस्रैः।
श्लाघ्यात्मनां गुणगणग्रहणे तु नूनं
स्तम्बेरमा इव भवन्ति विवृत्तजिह्वाः[2]॥10॥

सन्मण्डलस्थितिकृता तनुनापि नूनं
कोदण्डदण्ड इव भाति गुणेन साधुः।
नीचस्तु तस्य सरलोन्नतसाधुवृत्तेः[3]
संभाव्यते कुणिरिव ग्रहणेऽप्ययोग्यः॥11॥

यः सज्जनो जगति यश्च खलैकवृत्ति[4]-
र्द्वावप्यलीकवचसावभिदध्महे तौ।
एको गुणानसत एव यतः परस्य
वक्तीतरः किल सतोऽपि विनिह्नुते तान्॥12॥

आरोप्य दूरमसतोऽपि गुणान्ब्रवीतु
साधः खलस्तु तदपह्नववृत्तिरास्ताम्।
चेतः समाश्वसिति यस्य पुनः प्रकर्ष-
पर्यन्तगेष्वपि न तेषु स कश्चिदेकः॥13॥

याम्॥4॥ अन्धकारमज्ञानं तमश्च॥5॥ शोभना वर्णानामक्षराणां वर्णस्य च रूपस्य घटना यस्याः। शुभमेव बीजं शुभान्तरस्य कारणम्। शुभानि च भव्यानि बीजानि पद्माक्षाणि। हृदयं मध्यमपि। वृत्तमाचरितं वर्तुलत्वं च॥6-7॥ वचः साधु शोभनमिति मा मनिष्ठा मा ज्ञासीः॥8-9॥ व्यपोढः परित्यक्तः॥10॥ मण्डलं राष्ट्रं चक्राकारता च। गुणः शोभनो धर्मः शौर्यादिर्मौर्वी च। कुणिः पाणिविकलः॥11॥ अभिदध्महे

---

1. 'प्रविभज्यमानम्' क. 2. 'निवृत्त' ख. 3. 'वृत्ते' ख. 4. 'मुखैकवृत्तिः' क.

आवर्ज्यतेऽवसर एव हि चित्तवृत्ति-
रत्यन्तदक्षिणतया सुजनस्य वाग्भिः।
प्राप्ते मधावविरतं नवचूतयष्टि-
रुल्लास्यते मलयमारुतवेल्लनाभिः॥14॥

वक्त्रश्रियं वितनुते नवसिन्धुवार-
पुष्पप्रकाण्डलवलीव सतः शुचिश्रीः।
शूलं करोति शिरसो विषमञ्जरीव
कर्णे कृता खलजनस्य तु वागभीक्ष्णम्॥15॥

आबिभ्रतः खलु कलावति पक्षपात-
मुद्वृत्तकामजयिनो वृषयानभाजः।
वाक्यं मलीमसमपि प्रतनोति कण्ठ-
शोभां सतो विषमिव त्रिशिखायुधस्य॥16॥

गाम्भीर्यशालि हृदयं महतामगाध-
धैर्यं भवत्यनुकृताखिलसागराम्भः।
प्राप्तं निसर्गलघुसत्त्वसमाश्रयत्व-[1]
मन्ये तु तद्दधति तुल्यमुदुम्बरस्य॥17॥

साधारणैरपि गुणैर्बहुमानमेति
भूयिष्ठमेव पुरुषो लघुचित्तवृत्तिः।
लोकोत्तरैरपि न तैरपरस्तु धत्ते
दोलायमानमतिरुद्धुरकंधरत्वम्॥18॥

यस्मिन्परिस्फुरति शेषगुणप्रकाशो
मन्दायते शशभृतीव च तारकौघः।

भणामः॥12॥ यस्य गुणिनः प्रकृष्टतमेष्वपि गुणेषु सत्सु चित्तं न समाश्वसिति न मया सम्यगधिगता गुणा इति न संतुष्यति स कश्चिदेक एव भवादृशः। सर्वस्य स्वल्पैरपि गुणैर्गर्वगरिमा जायत इत्यर्थः॥13-14॥ लवल्यत्र लतामात्रम्॥15॥ कलावान्विदग्ध-श्चन्द्रश्च। कमोऽभिलाषः स्मरश्च। वृषेण धर्मेण यानं व्यवहारः। वृषो वृषभ एव च यानं वाहनम्॥16॥ धैर्यं मर्यादानुल्लङ्घनमपि। सत्त्वं धैर्यं प्राणी च। उदुम्बरं फलभेदः।

---

1. 'सत्वरमाश्रयत्वं' ख.

संतोषिणो[1] जगति सोऽपि गुणोऽस्तु[2] नाम
　　तेनापि चेतसि मदो धिगपत्रपत्वम्।।19।।

ख्यातिं पुमानिति[3] पुमान्भजते स एव
　　योऽलंकृतो गुणगणैः शिशिरांशुशुभ्रैः।
सोऽश्मैव संप्रति मणिः प्रथिताकरोऽपि
　　यस्य स्फुरन्ति न करा दलितान्धकाराः।।20।।

आलम्बितेऽपि हि विकासविधौ निरर्थ-
　　मानावलेपपवनक्षतबुद्धिगन्धाः।
वृन्तावशेषकुसुमाकृतयो न लक्ष्मी-
　　मासादयन्ति पुरुषा गुणहीनरूपाः।।21।।

स्वच्छन्ता खलगिरां न भवन्ति वस्तु-
　　तत्त्वस्पृशो जगति केचन तासु शब्दाः।
आत्मस्तुतिं सुजनसच्चरितापलाप-
　　पापं च तेन विदधीत कथं न मूढः।।22।।

योग्योऽहमेव मम ये[4] तु गुणा न सन्ति
　　तान्दूषयेदसत एव कथं ह्यसाधुः।
लोकापवादपरिधूसरतामवाप्तै-
　　र्दूयन्त एव गुणिनो ननु तैरभीक्ष्णम्।।23।।

ये निर्गुणाः परगुणेषु दृढानुरागा-
　　स्तेभ्यो नमः सकलसज्जनशेखरेभ्यः।
येषां पुरर्गुणवतामपि साभ्यसूयं
　　चेतोऽन्यदीयगुणसंपदि धिक्खलांस्तान्।।24।।

तच्च मशकाख्यस्य लघोः सत्त्वस्यान्तर्निवसनात्समाश्रयः।।17-18।। अपत्रपो निर्लज्जः।।19।। अश्मा पाषाणः।।20।। निरर्थको मानः श्लाघा यत्र तादृशोऽवलेपो दर्प एव पवनस्तेन क्षता बुद्धिरेव गन्धो येषाम्। रूपं स्वभावः।।21।। खलसंबन्धिनीनां गिरां स्वच्छन्दता यत्र तत्राविचारेण प्रवृत्तिः। अत एव तद्गताः शब्दाः केचिदपि परमार्थस्पृशो न भवन्तीत्यात्मनः स्तुतिं च गुणागोपनं मूढः कथं न कुर्वीत। कुर्वता-

---

1. 'संतोषिणां' **ख.** 2. 'अस्ति' **ख.** 3. 'पुमानिव' **क.** 4. 'येन' **क.**

शून्यात्मनस्त्वभवनिर्जगतीह तस्य
पुंसोऽनिशं परगुणग्रहणाभियोगे।
धत्तेतरां सदसि सुंयुगसंकटे[1] च
जिह्वेन्द्रियं करतलं च न यः किणाङ्कम्॥25॥

आश्रर्यवृत्ति हृदयं महतामहो नु
विस्तीर्णतालवकणान्वयिनाकमार्गम्।
आबध्यते तनुभिरप्यखिलं गुणैर्य-
दक्रीतदासमनिशं विमलैः परेषाम्॥26॥

न प्राप्नुवन्ति समतामखिलैर्मदीयै-
रेते[2] गुणैः परगुणेष्विति यान्ति[3] नेर्ष्याम्।
प्राप्ता च तैः सदृशताधिकताथवैषां
जातश्च साधुरपि मत्सरमूढचेताः॥27॥

उद्दाममत्सरविमूढधियो भवन्तु
मा वा परे मलिनितच्छविवक्रशोभाः।
उद्भिन्नपीनपुलकाभरणो भवामि
यत्सत्यमन्यगुणकीर्तनतोऽहमेकः[4]॥28॥

शक्यो न तोषयितुमात्मनि यः[5] कृतास्थैः
संख्यातिगैरपि गुणैर्गुरुतां दधद्भिः।
स्वल्पैरसौ परगतैः परितुष्यतीति
विस्मायि चेष्टितमहो महतस्तदेतत्॥29॥

मेवदोषाभावत्तत्कारणं न निषेधाम इत्यर्थः॥22॥ अहमेव योग्यो गुणनिधानम्। ये तु मम गुणा न सन्ति तेऽन्यत्रापि न सन्तीति मन्यमानस्तान्गुणानविद्यमानानेव कथमसाधुर्दूषयेत्। ये तु कथंचिद्विज्ञायासाधुलोकेनापवाददूषिता गुणास्तैरेव गुणिनो दूयन्ते खेदमनुभवन्ति॥23-24॥ न भवनमभवनिः। 'आक्रोशे नञ्यनिः' इत्यनिप्रत्ययः॥25॥ विस्तीर्णयता लवस्यापि कणमन्वेति तच्छील आकाशमार्गो यस्य। गुणास्तन्तवोऽपि॥26॥ एत इति परगुणाः। तैरिति परगुणैः। एषामिति परगुणानाम्॥27-28॥ विस्मायि अवश्यविस्मयजनकम्॥29॥ खट्वाङ्गः खलाः॥30॥ ग्रहः स्वीकारः पिशाचादिर्वा। आस्था आदरः॥31॥ तेषामसूयाविधायिनामपि ये गुणा नैव

---

1. 'सांयुग' ख. 2. 'एतैः' ख. 3. 'याति' ख. 4. 'एव' ख. 5. 'यद्धतास्थैः' ख.

व्यक्तं खट्ङ्कजनतापिहितात्मनोऽपि
　　निर्मत्सराः सततमुन्नमयन्ति साधोः।
सन्तो गुणान्धनरसातलतालुपङ्क-
　　मग्नान्मणीञ्जलनिधेरिव वीचिभङ्गाः॥30॥

आत्माभिमानविषमग्रहनिघ्नचित्त-
　　वृत्तेः परस्य न गुणेषु कदाचिदास्था।
अन्योऽभिनन्दति तनूनपि तानवश्य-
　　मर्घ्यात्मनो जगति मङ्गलमौक्तिकाभान्॥31॥

कुर्वन्तु नाम बहिरन्यगुणेषु केचि-
　　दत्यन्तमत्सरविमूढधियोऽभ्यसूयाम्।
तेषां पुनर्जगति ये हृदयान्यभीक्ष्णं[1]
　　नावर्जयन्ति नितरां न गुणैर्गुणस्तैः॥32॥

प्राप्ताः प्रकर्षपदवीममृतोर्भिङ्ग-
　　शीताः शशाङ्करुचयो घनमत्सराणाम्[2]।
येषां सुखोपकरणं न गुणाः[3] परेषा-
　　मात्मद्रुहो धिगधमान्हतजन्मनस्तान्॥33॥

दत्त्वा बहिः परगुणेष्वपि साधुवाद-
　　मन्तस्तु मत्सरविषानलदह्यमानः।
निर्वाति मूढहृदयः स्वविकल्पशिल्प-
　　संकल्पितं कमपि तेष्वधिरोप्य दोषम्॥34॥

श्लाघ्यः स एव निजवंशसुमेरुकुञ्ज-
　　कल्पद्रुमः सुचरितातिशयेन यस्य।
वन्द्या[4] गुणास्त्रिभुवनेऽपि न संभवन्ति
　　शौरेः क्रमा इव विनिर्गतकीर्तिगङ्गाः॥35॥

हृदयावर्जकास्तैर्न गुणो न प्रयोजनम्॥32॥ येषां परगुणा न सुखाय तानुपहतजन्मनोऽधमान्धिक्॥33॥ विकल्प एव शिल्पं विज्ञानं तत्कल्पितं दोषं परगुणेष्वारोप्य विमूढो निर्वाति निर्वृतिं प्रतिपद्यते॥34॥ न संभवन्ति बहीयस्त्वान्न वर्तन्ते॥35॥

---

1. 'अभीक्ष्णमावर्जयन्ति' ख. 2. 'गुरु' क. 3. 'गुणः' ख. 4. 'वन्ध्याः' क.

तेजोदरिद्रा वरमस्तु बुद्धिः प्रज्ञाविहीनेन किमोजसा स्यात्।
किं वारिदे गर्जति दत्तझम्पः प्राप्नोति नाशं शरभो न तेन।।36।।

चन्द्रप्रभाधवलचामरचक्रवाल-
लीलाविधूननिभेन भयाकुलत्वात्।
येषां जगत्त्रयकचग्रहदुर्निवार-
रूपा विराजति जरेव पलायमाना।।37।।

महिषं ममापि रणमूर्ध्नि मा वधीत्सुरपक्षपातरभसेन चण्डिका।
इति बिभ्रतेव समवर्तिना भयं परिजह्रिरे विजितमृत्यवोऽपि ये।।38।।

तेऽपि त्रिविष्टपसदो विजिता भवद्भि-
र्यस्यानुभाववशतो विजितैरपि प्राक्।
कालो निरर्गलतया भुवनत्रयेऽत्र
क्रीडत्यहो जयपराजयलीलयासौ।।39।। (तिलकम्)[1]

क्रूरस्य कालकरिणो दृढदीर्घहस्त-
पाशस्य नैव ससुरासुरचक्रवालम्।
पर्याप्तिमेति जगदेकविधानपिण्ड-
लीलावकीर्णकवलग्रहविभ्रमाणाम्[2]।।40।।

दैत्याधिपा दितिजकण्ठविवर्तमान-
फेनच्छटावलयसंभरणेन यस्य।
अद्यापि बिभ्यति वधूजनकण्ठलग्न-
मुक्ताफलग्रथितहारलतावलीभ्यः।।41।।

आयोधनेषु निरजीयत सोऽपि येन
वज्रानलेन्धनधराधरपक्षलक्षः।
किं कथ्यते क इव या जयनिश्चयोऽस्ति
क्रोडीकृतं जगदनित्यतया हि सर्वम्।।42।। (तिलकम्[3])

तेनौजसा शरभः किं नाशं न प्राप्नोति लभत एव। बुद्धिहीनत्वात्। तदियता श्लोककदम्बकेन सुजनदुर्जनविवेकं कुर्वता सुरेषु गुणासहिष्णुत्वमसुराणां मतिवैकल्यकल्पितमेवोक्तम्। एषां च श्लोकानां पाठः पुस्तकेषु विपर्यासेनापि दृश्यमानो

---

1. 'त्रिभिः कुलकम्' **ख.** 2. 'विभ्रमेण' **क.** 3. 'तिलकम्' **क**-पुस्तके नास्ति.

पृथ्मीविनाशाहितशोकदीनाः कल्लोलसंघट्टरवैर्दिगन्तान्।
आक्रन्दशब्दैरिव पूरयन्ति परस्परं संवलिताः[1] समुद्राः॥43॥

शेषस्य कुञ्चितकरालशिरावितान[2]-
विस्तारशून्यपरिपीवरकण्ठपीठम्।
स्रस्तांसमन्थरविनिःश्वसितं बिभर्ति
विश्लिष्टभारलघुवृत्ति फणासहस्रम्॥44॥

अपोढभारातिशयस्य शौरिकूर्मस्य विस्रस्तकवकूणिताङ्घ्रेः।
नखाङ्कुशाघातविघट्टनोत्थां न दिग्गजेन्द्रा रुजमाप्नुवन्ति॥45॥

पातालतालुतलमेत्य[3] वनान्तवल्ली-
श्यामत्विषं कमठपृष्ठकृतास्पदो यः।
दोर्दण्डलाङ्गलमुखेन निनाय दूर-
मुर्वीं कलिन्दतनयामिव सीरपाणिः॥46॥

क्वासौ हिरण्याक्षमहासुरेन्द्रः क्रोडाकृतिर्यं विनिहत्य शौरिः।
सुरेन्द्रलक्ष्म्या सममुज्जहार पातालमग्नां[4] सहसा धरित्रीम्॥47॥

(पञ्चभिः कुलकम्)

उत्तम्भितेऽवनितले सहसैव भिन्न-
पातालरन्ध्रगतसंतमसाः करौघाः।
शेषोत्तमाङ्गमणिदीधितिभिः सहोष्ण-
रश्मेः प्रतापितभुजंगगणा घटन्ते॥48॥

न बाधावहः। अन्वयस्याबाधितत्वात्॥36॥ चन्द्रेत्यादिविशेषकम्॥37-39॥ हस्ते पाशः समाकर्षणभुजगः। हस्तपाशश्च प्रशस्तः करः। विधानं हस्त्यत्र तत्कवलग्रहे विलासानां जगत्पर्याप्तिं न गच्छति। तृप्तिं न करोतीत्यर्थः॥40॥ दितिजोऽत्र नमुचिः। संभरणं संस्मरणम्॥41॥ येन कालवशेन हेतुना सोऽपि शक्रो निरजीयत दैत्यैर्जितस्तत्किमभिधीयतेऽन्येषां सुराणां नैव गणनास्तीत्यर्थः॥42॥ पृथ्वीत्यादि पञ्चभिः कुलकम्। संवलिता मिलिताः॥43॥ कुञ्चितो भारवशेन संकुचितः शिरासमूहो यस्यात एव विस्ताररहितश्च कण्ठपीठो यस्य तादृक्फणासहस्रं भारविश्लेषेण लाघवाच्छिथिलैरंसैर्हेतुभिर्मन्थरं निःश्वासमुद्वहति॥44॥ विस्रस्ता भारवशेन दिग्गजाभिमुखं पूर्वं प्रसृताः सन्तः कूणितास्तत्परित्यागेन संकोचिता अङ्घ्रयो येन॥45॥ इतीत्थं

---

1. 'स।मिलिताः' **ख.** 2. 'सिरा' **ख.** 3. 'तरमेति' **क.** 4. 'लग्नां' **ख.**

कल्पादिकोलकलनाकुलितां सलील-
मुर्वीं दिदृक्षुरिव विस्मयमानचेता:।
विस्रस्तमूलशिथिलातनुकर्णशुक्ति-
रुत्कंधरीभवति कूर्मपति: स्थिराङ्घ्रि:।।49।।

दंष्ट्राटनिक्रकचनिर्दलितालगर्द-
मम्भोधिमध्यभुवि संचरत: सलीलम्।
लक्ष्यीभवत्यवनिरायतकर्णरन्ध्र[1]-
निष्पीततत्सलिलदृश्यतया पुरस्तात्।।50।।

घोणानिलेनाभिहता पतन्ती रसातलान्त: पुनरेव भूमि:।
आलम्बते गाढकरग्रहेन्दुमरीचिगौरच्छविमाशु दंष्ट्राम्।।51।।

पोत्राभिघातदलिताचलक्रवाल-
मुत्तम्भितातनुरसातलतालुन: क्ष्मा।
आभाति मुक्तपृथुशेषफणास्पदेव[2]
गाढावलम्बितनिशाकरगौर[3]दंष्ट्रा।।52।।

वपुरलघु विघूर्णयन्विनिघ्नन्घुरुघुरुघर्घर[4]घोरषघोणम्।
विघटयति सटानिलाभिघातैरनघघटाघटनान्घनाघनौघान्।।53।।

पोत्रस्थलस्थगितवारिदवर्त्मरुद्ध-
विस्रम्भसंचरणसौष्ठवजिह्मयमाना:।

श्लोकत्रयोक्तेन प्रकारेण भुवं पातालान्तरमनैषीत्। लाङ्गलं हलम्।।46।। क्रोडो वराह:।।47।। उत्तम्भित इत्येकादशभि: कुलकम्।।48।। कोलस्यादिवराहस्य कलनं ग्रहणम्। विस्रस्तमूले भूभारगौरववशद्भुवि लग्नपर्यन्ते कर्णशुक्ती यस्य।।49।। अटनि: प्रान्त: अलगर्दा: सर्पा:। अम्भोधौ संचरत: सामर्थ्यादादिवराहस्य भूभिरब्धिसलिलस्य पीतत्वाल्लक्ष्यीभवति दृश्यतां धत्ते।।50।। घोणा नासा। गाढ: करेण ग्रहो यस्या: सा भूराशु दंष्ट्रां श्रयति।।51।। पोत्रं वराहस्य वदनाग्रम्। रसातलस्य तालुनोऽभ्यन्तरादतनोरुत्त-म्भितोत्क्षिप्ता।।52।। घुरुघुरु इत्येवंरूपो घर्घरो घोषो यस्यास्तादृङ्नासिका यत्र तथा कृत्वा विनिघ्नन्नम्बुदवृन्दानि विश्लेषयति वराह:। क्वचित् 'विघूर्णन्' 'विनिघ्नन्'(?) इति च पाठ:। तत्पक्षे वपुष एव कर्तृत्वम्। घूर्णनं च घनविषयमेव।।53।। जिह्मयमाना

---

1. 'कण्ठ' क. 2. 'अमुक्त' 3. 'घोर' क. 4. 'घोषघोर' क.

आमन्वतेऽन्यभुवनोदरसंप्रवेश-
मुत्कीर्णकुहराश्रयिण: समीरा:।।54।।

तारागणैरभिमुखं तरसा पतद्भि-
रभ्यर्च्यते धुतसटानिलघट्यमानै:।
दिग्देवताकरतलप्रहितैर्धरित्री
मुक्ताफलाग्रनिकरैरिव पोत्रलग्ना।।55।।

निर्धौतामलकरवालनीलभासि ब्रह्माण्डं वपुषि समग्रमश्नुवाने।
आकाशं दधदवकाशशून्यतां च स्वच्छायाच्छलत इवाखिलं निलीनम्।।56।।

पातालरन्ध्रतमसेव नवाभ्रनील-
मालिङ्गितं दुरुपलक्ष्यतया परीतम्।
पोत्रस्थलस्थगितभानुनिशान्धकारे
दंष्ट्रा व्यनक्ति वपुरुत्थितमन्तरिक्षे।।57।।

इत्युद्धृतक्षितितलस्य हरेर्वराह-
रूपस्य तत्पुर इवाम्बुदनीलमीक्षे।
शालूककन्दमिव कुन्दलतावदात-
दंष्ट्राटनिक्रकचकोटिविलम्बमानम्।।58।।

(एकादशभि: कुलकम्)

भेदोन्मुखस्वच्छनखात्मदर्शविस्पष्टबिम्बोदयघोरवक्त्रे[1]।
यथार्थतामेव चिरादुपैति पञ्चाननत्वं करकालचक्रे।।59।।

जृम्भाविकासिमुखकंदरनिर्गता च
जिह्वा समुद्वहति वह्निशिखापिशङ्गी।
नि:श्वासमारुतविकम्पितगूढनाभि-
पद्मोच्छ्वसच्छिथिलपाटलपत्रलीलाम्।।60।।

मन्दीक्रियमाणा:। आमन्वतेऽवबुध्यन्ते। उत्कीर्णावुत्क्षिप्तौ।।54-55।। वपुषि वराहदेहे स्वप्रभाव्याजेन निरवकाशत्वादिव वियल्लग्नम्।।56-57।। तदिति क्षितितलम्। शालूकमुत्पलकन्द:।। इह त्वर्शआद्यजन्तत्वादुत्पलमेव।।58।। भेदेत्यादि दशभि: कुलकम्। कर एव कलाचक्रं तस्मिन्निर्मलनखदर्पणप्रतिमितमुखे सति पञ्चाननतां प्रतिपद्यते।

---

1. 'बिम्बोपम' क.

गम्भीरतारतरघर्घरघोरघोष-
शिक्षोपदेशरभसादिव नाकमार्गे।
संवर्तवारिदघटा घटिताभ्युदेति
संरम्भनिर्धुतसटानिलघट्टनाभिः॥61॥

निपतति घनविस्फुलिङ्गचक्रो विकटमुखोदरकंदरात्कृशानुः।
सुरगिरिरिव कीर्णरत्नराशिः प्रलयनिरर्गलमारुतव्यपास्तः॥62॥

छायाविडम्बिततडित्प्रचया विभाति
रोषारुणा दितिजवक्षसि संपतन्ती।
अन्तर्निगूढनिवसन्नवनाभिपद्म-
गर्भस्रवन्मधुमदाबिलितेव[1] दृष्टिः॥63॥

निर्धूतकेसरसटानिलघट्यमान-
मिन्दोः पुरः पतति मण्डलमन्तरिक्षात्।
तीक्ष्णाग्रकोटिनखदारणसंभ्रमेण
लक्षीकृतं सपदि रूपमिवोपहर्तुम्॥64॥

विनिष्पतद्घोरहुताशवर्तिप्रकोपहुंकारविरावभीताः[2]।
दिशो भवन्ति स्फुटिताचिरांशुरक्तच्छटाविच्छुरिताभ्रमार्गाः॥65॥

आकर्ण्य रुञ्जितरवं जितवारिगर्भ-
संवर्तकालजलदस्तनितातिघोरम्।
अङ्गेषु भीतिभरसंकुचिता निजेषु
वाञ्छन्ति दूरमिव[3] दिक्करिणः प्रवेष्टुम्॥66॥

अन्यस्य हि सिंहस्य पञ्चानन इति व्यपदेशो दृश्यमात्रप्रयुक्तः॥59-60॥ अनिलस्य घट्टनाभिश्चलनैर्घटिता संनिधापिता। चण्डे हि मरुति वाति तदा कल्पावसानसमयशङ्कया संवर्तकघना अपि नाकम[यासि]षुः॥61-62॥ मधु मकरन्दं तस्येह शीधुना रूपणमार्थम्। मध्विति वैकेन शब्देनाभिधेयत्वात्तयोरभेदाध्यवसायः॥63॥ रूपो मृगः। सिंहस्य तत्रोपयोगात्तमिव ढौकयितुमनिलघट्यमानत्वादिन्दुबिम्बमग्रे पतपि। अन्योऽपि भयातुरः स्वर्णादिमयो रूपकं धातुं (?) कस्यचिदग्रे पादयोः पतति॥64॥ वर्तयः शिखाः। .....स्फुटित[तडि] द्भिरेव रक्तच्छटाछुरितान्यभ्राणि गर्भे येषाम्॥65॥ रुञ्जितमिति

---

1. 'मदावलितेव' **क.** 2. अयं श्लोकः **क**-पुस्तके नास्ति. 3. 'अपि' **क.**

करकलितकरालचक्रधारापरिणतयेव नखाग्रकोटिभागा:।
विघटितविकटास्थिजत्रुवक्षो विदधति तीक्ष्णतया परीयमाणा:॥67॥

अङ्के[1] कुनाटक इवोत्तमनायकस्य
नाशं कविर्व्यधित यस्य मुरारिरित्थम्।
आक्रान्तकृत्स्नभुवन: क्व गत: स दैत्य-
नाथो हिरण्यकशिपु: सह बन्धुभिर्व:॥68॥

(दशभि: कुलकम्)

सुरासुरव्रातकिरीटकोटिरत्नप्रभापाटलिताङ्घ्रिशाखा।
खर्वात्मना संह्रियते स्वमूर्ति: पूर्वं ततो दानववंशलक्ष्मी:॥69॥

संपीडितावयवसंधिगता: कथंचि-
दीषद्विवृत्य[2] सरितोऽभिमुखं व्रजन्त्य:।
यान्ति प्रतीपमतिसंकटकुक्षिरन्ध्र-
बद्धास्पदोदधितरङ्गविघट्यमाना:॥70॥

आबद्धतोषबलिदानवहस्तकुम्भा-
दर्घाम्भसा निपतितं करपुण्डरीके।
अम्भोजविष्टरकमण्डलुतश्च दण्ड-
पादे विरुग्णजगदण्डकवाटखण्डे॥71॥

नि:शेषलोकाक्रमणोत्थितस्य कलिन्दकन्यासलिलत्विषोऽङ्घ्रे:।
श्यामीभवन्त्याशु दिशां मुखानि दैत्याङ्गनानां च रुचा स्फुरन्त्या॥72॥

शेषोरगेण भुवनावसथाण्डखण्ड-
रुद्धावकाशविरसोल्लसितेऽङ्घ्रिपद्मे[3]।

सिंहनादस्य नाम॥66॥ जत्रु कण्ठवक्षसो: संधि:॥67॥ अङ्क उत्सङ्गो नाटकस्य च विच्छेदभेद:। उत्तमनायक: स्वामी। उत्तमश्च नायक: कथापुरुष:। मुख्यस्य नायकस्य नाटके व[ध]निषेधात्तत्करणेन नाटकस्य कुत्सा॥68॥ सुरेत्यादिनवभि: कुलकम्। अङ्घ्रिशाखाश्चरणाङ्गुल्य:। खर्वात्मना वामनरूपेण॥69॥ विवृत्य विलम्बं कृत्वा॥70॥ अम्भोजविष्टर: पद्मासनो ब्रह्मा। ऊर्ध्वप्रसृतत्वाद्दण्डाकार: पादो दण्डपाद:। जगदण्डं ब्रह्माण्डम्॥71॥ मुखानि प्रारम्भा वदनानि च। श्यामता रुचैव किं तु शोका-

---

1. 'अङ्कोत्थनाटक' **क.** 2. 'विवर्त्य' **ख.** 3. 'उल्लसिताङ्घ्रिपद्मे' **ख.**

संभावितान्यचरणेन रसातलान्त-
रुत्तभ्यते कथमपि क्षितिराविशन्ती॥73॥

उत्तस्थुषो लङ्घयितुं जगन्ति प्रदक्षिणावर्तपिनद्धपङ्क्तिः।
विभाति रत्नाङ्गदविभ्रमेण पादस्य सप्तर्षिगणोऽधिगुल्फम्॥74॥

विस्तारिबाहुकरबद्धमुहूर्तसंस्थ-
चन्द्रार्कमण्डलरुचा स्थगितान्तरिक्षम्।
लक्ष्मीं बिभर्ति घटितापरचारुशङ्ख[1]-
चक्रेव मूर्तिरधिकं तरसोल्लसन्ती॥75॥

त्रैलोक्यलङ्घननिरर्गलदण्डपाद-
घातेच्छ्वसत्कनककर्परविभ्रमेण।
उत्तभ्यते मघवतस्त्रिदशाधिपत्य-
लीलातपत्रमिव निर्जरवंशलक्ष्म्या[2]॥76॥

इत्थं समग्रभुवनाक्रमणेन शार्ङ्ग[3]-
पाणेरसौ क्व नु गता बलिदानवश्रीः[4]।
प्रक्षालितेव चरणेन समं विरिञ्च-
हस्तारविन्दकरकार्घजलच्छटाभिः॥77॥ (नवभिः कुलकम्)

लीलाविधौ भरनिपीडितशेषभोग-
शय्याजुषो मुररिपोरपि नाभिपद्मम्।
येनाम्बुराशितनयाहृदयेन साक-
माकम्पितं करतलाग्रविघट्टनाभिः॥78॥

त्स्फुरन्त्या॥72॥ एकस्मिन्पादपद्मे रुद्धावकाशत्वाद्विरसं कृत्वोल्लसिते सत्यन्येन केवलेनापि समुत्क्षिप्यते। केचित्तु—एकस्मिंश्चरणे स्थिते ममैवंविधावस्था द्वितीये तु तस्मिन्पुनरागते कीदृक् सा भवतीति संभावितः शङ्कितोऽन्यचरणो येन इति शेषविशेषणमेतदेकं पदं प्रतिपदिरे॥73॥ प्रदक्षिणस्यावर्तः पुनः पुनः करणम्। पादस्याङ्गदं पादकटकः। तद्भङ्ग्या गुल्फे सप्तर्षिगणः शोभते॥74-75॥ कर्परः कवाट एव विभ्रमो व्याजः। निर्जरा देवाः॥76॥ करकः कमण्डलुः। तदर्घजलच्छाटाभिः सह पादेन प्रक्षालितेन तस्या अपि प्रक्षालितत्वात्॥77॥ लीलेत्यादि विशेषकम्॥78॥ मरुद्भिरभिहतत्वाद्यस्य मधोः

---

1. 'घटितामर' **ख.** 2. 'लक्ष्म्याः' **ख.** 3. 'शङ्ख' **ख.** 4. 'बत' **क.**

उद्भाव्यते जलतरङ्गघटामरुद्भि-
रम्भोनिधावभिहतं हरिनाभिपद्मम्।
अद्यापि यत्करतलव्यपरोपणाभि-
घातस्मृतिव्यतिकरादिव बद्धकम्पम्॥79॥

क्वासौ मधुर्ननु गतः सह कैटभेन
यस्यादिपूरुषकरोन्मलनादसृग्भिः।
व्यापतेऽभसि स्फुटदलक्षितताम्रकण्ठ[1]-
च्छेदा झषा झषनिधौ[2] श्वसितेषु चेलुः[3]॥80॥ (तिलकम्)

किं कीर्तितैर्बहुभिरत्र महासुरेन्द्रै-
रिन्द्रानुजेन रणभूमिषु जघ्निरे ये।
संक्षेप एष दितिजाधिप मत्प्रतीप-
वार्तान्तरायमभिषेणनमिन्दुमौलेः॥81॥

विस्पष्टदण्डघटना स्फुटमष्टमूर्ति-
सेनाधुना शिथिलितव्यवसायबन्धा।
अभ्येत्य भस्मधवला भवतां करोति
कम्पं जरागमदशेव विजृम्भमाणा॥82॥

उत्तंसितोडुपतिखण्डमृणालकाण्ड[4]-
कल्माषितानलकडारकरालचूडम्।
फेनच्छटाशबलिताविरलप्रवाल-
वल्लीनिकुञ्जमिव दुग्धमहासमुद्रम्॥83॥

प्रम्यग्रोष्णीषचन्द्रामलकिरणशिखाश्लेषनिह्नूयमान-
प्रेङ्खच्चूडाकपालोदरकुहरदरीघूर्णनामन्दवेगैः।
शङ्खक्षोदावदातैः स्खलनखलखलारावमौखर्यभाग्भि-
र्मन्दाकिन्या जलौघैर्लुलितगिरिसुताभागधम्मिल्लबन्धम्॥84॥

करतलेनोन्मूलनाय यो घातस्तत्स्मृतिवशादिवाद्यापि बद्धकम्पं नाभिनलिनमालक्ष्यते॥79॥ पूरुष इति 'अन्येषामपि दीर्घः'॥80॥ इन्द्रानुज उपेन्द्रः। अभिषेणनं सेनयाभियान-मवस्कन्दः॥81॥ दण्डः सैन्यं यष्टिश्च। अशिथिलित इति पाक्षिकोऽकारप्रश्लेषः।

---

1. 'स्फुरत्' ख. 2. 'झषनिधेः' ख. 3. 'चेरु' ख 4. 'खण्ड' क.

स्व:सिन्धोः कपिलजटानिकुञ्जवेल्लच्छेवालामलजलवीचिसिच्यमानैः।
उत्खातां पुलिनगतैः कपालहंसैर्बिभ्राणं बिसलतिकामिवेन्दुलेखाम्।।85।।

आसाद्य संयुगमुखे शशिखण्डमौलि-
मह्नाय जर्जरितदुर्धरधैर्यबन्धाः।
मुक्ताभिमानलघवः ककुभो भजन्ति
सार्धं तदीययशसा न चिरेण दैत्याः।।86।। (चक्कलकम्[1])

उद्दण्डाम्भोजखण्डश्लथनिबिडपुटक्रोडधूलीकडार-
क्रीडत्कण्डूलगण्डामरगजमृदितापाण्डुडिण्डीरपिण्डा।
पिण्डेशूराः[2] पुरो वः पुनरपि लडहाखण्डलस्त्रीस्तनाग्र-
प्रेङ्खत्कल्लोलकाण्डा भवति सुरसरिन्मत्तकारण्डवश्रीः।।87।।

जृम्भारम्भाभिरामश्लथमुकुलमुखालक्ष्यलक्ष्मीकपक्ष्म-
प्रेङ्खद्धूलीपिशङ्गभ्रमरकवलितामन्दविष्यन्दगर्भाः।
क्रीडन्त्यः कल्पवल्लीकिसलयकलिकाः कोमलाः कर्णपुर-
प्रेम्णा लुम्पन्ति हस्तैः सरभसमचिरान्नन्दने नाकनार्यः।।88।।

तावद्बाष्पाम्बुपूरप्लुतनयनयुगस्वर्गनारीकराग्रै-
र्ज्योत्स्नागौरत्विषोऽमी तव सदसि धुताश्चामरा विस्फुरन्ति।
यावत्संहारवेलामिव[3] न गणचमूमागतां सप्तलोकी-
चित्राकारव्यवस्थाविघटनचतुरामीक्षसे चन्द्रमौले।।89।।

संप्रत्येव क्रोधवह्नौ पतंगा जाता गेहेनन्दिनो यत्र यूयम्।
तन्मे नाज्ञामण्डलस्त्रग्विभूषां प्राप्तो मूर्धा धूर्जटेर्दैत्यनाथाः।।90।।

व्यवसाय उद्योगः। भस्मना भस्मवच्च धवला शुभ्रा। कम्पो भयं वेपथुश्च।।82।। उत्तंसितेत्यादि कलापकम्। कडाराः कपिशाः।।83।। प्रत्यग्रो बालः कलामात्रसारत्वात्। उष्णीषोऽत्र मुकुटम्।।84।। जटाविसर एव स्फुरच्छेवालं यत्र स्व:सिन्धुजले।।85-86।। पुटाः पल्लवास्तेषां क्रोडोऽभ्यन्तरम्। पिण्डेशूरा गेहेनर्दिनः। निष्फलगर्जा इत्यर्थान्तरम्। आमन्त्रणं चैतत्। लडहा मनोज्ञाः। कारण्डवाः पक्षिभेदाः।।87-89।। पतंगाः शलभाः। धूर्जटेराज्ञैव मण्डलस्त्रक्।।90।। दनुतनुजा दानवाः। तानित्थमागूर्य कालमुसलोऽन्धकसभां कथमप्यौज्झीन्मुमोच। जनसंकुलत्वात्ततो बलान्निष्क्रम्य कुपितो ययावित्यर्थः।।91।।

---

1. 'चतुर्भिः कुलकम्' **ख.** 2. 'पिण्डीशूराः' **क.** 3. 'हेलां' **क.**

इत्याक्षिप्य प्रगल्भं दनुतनुजपतीन्रोषरूक्षारुणाक्षा-
स्तत्कालालङ्घ्यतेजःप्रसरगुरुभरव्याहतार्कप्रकाशः।
पिंषन्रत्नाङ्गदालीं धुतकपिशरजःकल्पिताशाङ्गरागां
साङ्गारापाङ्गदृष्टिः कथमपि कुपितस्तत्सभां दूत औज्झीत्[1]॥91॥

इति श्रीबालबृहस्पत्यनुजीविनो वागीश्वराङ्कस्य विद्याधिपत्यपरनाम्नो महाकवे राजानकश्रीरत्नाकरस्य कृतौ रत्नाङ्के हरविजये महाकाव्ये दूतप्रतिगर्जितं नामाष्टात्रिंश सर्गः।

एकोनचत्वारिंशः सर्गः।

निष्क्रम्य काञ्चनगिरेरथ नाकसिन्धु-
कल्लोलशीकरकणक्षपिताध्वखेदः।
मज्जन्नमर्षभुवि पार्षदपुंगवोऽसा-
वभ्याजगाम शशिशेखरराजधानीम्॥1॥

तस्मै सभातलगताय कृतप्रणामः
सर्वं न्यवेदयदरातिविचेष्टितं तत्।
तस्याज्ञयाथ समरप्रवणस्य दध्यौ
नन्दी जगत्त्रयजुषां प्रमथाधिपानाम्॥2॥

अभ्येयिवांस्यथ गणाधिपसाधनानि
पातालशैलजलधित्रिदिवालयेभ्यः।
संदर्शयन्नसकलेन्दुभृतो दिदृक्षो-
रित्यग्रतः प्रणतमौलिरसाववोचत्॥3॥

इति राजानकजयानकसूनोरलकस्य कृतौ हरविजयविषमपदोद्द्योतेऽष्टात्रिंशः सर्गः॥

एकोनचत्वारिंशः सर्गः।

अमर्ष एव भूस्तत्र मज्जन्पार्षदपुंगवो गणानां धुर्यो हरस्य राजधानीं ज्योत्स्नावतीमभिमुखं ययौ। पुंगवः श्रान्तः सिन्धुसविधे वसुधायां मज्जन्नेव व्रजति॥1॥ तस्मायिति सर्वनाम्ना शशिशेखरस्य वृत्तौ तिरोहितस्यापि प्राधान्येन विवक्षितत्वादनुसंधिरविरुद्धः।

---

1. 'औज्झत्' **ख.**

आलोकयोत्कलकलानि रणोत्कचित्त-
वृत्तीनि नाथ गणनाथबलान्यमूनि।
निःशेषदैत्यपृतनादलनोत्सुकानां
तुल्यानुभावबलता भवतैव[1] येषाम्॥4॥

बिभ्रज्जटाः कणिशशूककशिखापिशङ्गी-
राकाशयानगुरुवेगविलोलबन्धाः।
वैकुण्ठनाभिसरसीरुहकेसराग्र-
संक्रान्तधूलिकपिला इव दैर्घ्यभाजः॥5॥

एकेन मासमिव दर्शितपर्वसंधि-
माषाढमाकलयता सरपल्लवेन।
अन्येन विष्टरसरोरुहखण्डनार्थि-
हंसोपमास्पदकमण्डलुना विराजन्॥6॥

पुञ्जीकृताच्छशुभबीजमनोहरेण[2]
रत्नाक्षसूत्रवलयेन विराजमानः।
अंसावलम्बि शबलं मृगचर्म बिभ्र-
दाकाशदेशमिव लग्नमुदंशुतारम्॥7॥

अच्छाङ्गुलीयकशिखाशिखरस्थहारि[3]-
हारीतदेहहरिताश्ममरीचिचक्रः।

यथा–'अथ शब्दानुशासनम्। केषाम्, शब्दानाम्।' इत्यत्र किंशब्देन शब्दानाम्। प्रमथाधिपानां दध्यावस्मरत्। 'अधीगर्थदयेशाम्' इति कर्मणि षष्ठी॥2–3॥ अनुभावः प्रतापः॥4॥ बिभ्रदित्यादि पञ्चभिः कुलकम्। कणिशं शिलं तस्य शूकः किंशारु। सरसीरुहं पद्मम्। ततो वेधसः संभवाद्वैकुण्ठेत्यादिरुत्प्रेक्षा॥5॥ दर्शितः प्रकटीकृतः पर्वाणां ग्रन्थीनां संधिः संश्लेषो येन। दर्शितश्च संजातदर्शः पर्वाख्यः संधिः पक्षयोराद्यन्तभागो यत्र। दर्शस्तु यागविशेषः। उक्तं च–'दर्शस्तमिस्रपक्षान्ते विधिर्वेदोक्त इष्यते। संयोज्यौषधिभिः क्षीणं पुष्णातीन्दुं सितोसवा(सिते स वा?)॥' इति आषाढो व्रतिनां दण्डो मासभेदश्च। हंसस्योपमाया आस्पदं हंसायमानः कमण्डलुर्यत्र॥6॥ शुभैर्बीजैः सद्भिरक्षैर्मनोरमेण। पुञ्जीकृतानि शुभस्य तस्य यानि बीजानि संचित्य निर्मितेनेत्यर्थः। तदुद्गतैरंशुभिस्तारमद्भुटम्। उदंशवश्चोद्गतकिरणास्तारा ज्योतींषि यत्र॥7॥ हारीतः

---

1. 'भवतेव' ख. 2. 'मनोरमेण' ख. 3. 'स्वच्छा' क.

अम्भोजिनीवनमिवासनपुण्डरीक-
खण्डान्तरप्रसवकारणमुद्वहंस्तम्॥8॥

वेधाः स्वयं स विधुतासनपुण्डरीक-
पक्ष्मच्छटाविकटकोटिपरागपिङ्गः[1]।
आसन्नदैत्यदलनोत्सवविप्रकीर्ण-
पिष्टातका इव दिशः समुपैति कुर्वन्॥9॥ (पञ्चभिः कुलकम्)

शार्ङ्गं नदत्यधिविरोपितकोटिलग्न[2]-
कल्पक्षयानलशिखोज्ज्वलशिञ्जिनीकम्।
शौरेः प्रवालवलयप्रभयावलीढ
उल्लोलमण्डलमिव[3] क्षभितस्य सिन्धोः॥10॥

वक्षःस्थलाम्बरकृतास्पदकौस्तुभार्क-
विस्पष्टपाटलमयूखशिखावमृष्टम्।
नीलोत्पलाकरमिव स्वयमेष मुक्त-
कोषं समीकरभसेन बिभर्ति खड्ग॥11॥

अस्यातसीकुसुमदामरुचः[4] कृपाण-
पट्टेन निर्मलकरालकरेण बाहुः।
सङ्ग्रामभूमिषु भयंकरतां कलिन्द-
कन्याजलौघ इव कालियभोगिनापत्॥12॥

आताम्रकौस्तुभमरीचिशिखावलीढं
युद्धोन्मुखी मुखमपावृतमुद्वहन्ती।
दैत्येन्द्रशोणितरसासवपानगोष्ठी-
योग्यामिवास्य सुरनाथ गदा विधत्ते॥13॥

अस्याधिपाणि रचितस्थितिरेष लक्ष्मी-
मीषद्विनिद्रमुखकैरवकोरकश्रीः[5]।

पक्षिभेदस्तद्देहवद्धरितोऽश्मा मरकतं तन्मरीचिचक्रमङ्गुलीयकशिखरस्थं यस्य सः। अत एव तमश्मानं मरीचिचक्राक्रान्ततया नलिनीवनमिवापरसरोरुहोत्पत्तिकारणत्वादुद्वहन्।

---

1. 'विकच' **ख.** 2. 'रसत्यवधिरोपित' **ख.** 3. 'कल्लोल' **क-ख.** 4. 'नीलरुचः' **ख.** 5. 'कोरककैरव' **क-ख.**

कुन्दत्विषा दशनचन्द्रिकयावकीर्ण-
मूर्तिर्बिभर्ति शशिशेखर पाञ्चजन्यः॥14॥

वक्षःस्थकौस्तुभमरीचिविलङ्घ्यमान-
मस्याश्चकास्ति करपङ्कजवर्ति चक्रम।
प्रत्यग्रटङ्कविनिकुट्टनमुक्तरक्त-
धारारुणीकृतमिवाहिमरश्मिबिम्बम॥15॥

दैत्यास्रविस्रविकटाश्रिशिखासहस्र-
निष्ठ्यूतधूसरितदिङ्मुखवर्ति(ह्नि)धूमम्।
वज्रं पुलोमतनयापतिरप्यमुक्त-
नीलाभ्रगर्भमिव बिभ्रदसावुपेतः॥16॥

हेलाधुतश्रवणतालपलाशकोटि-
भागाधिरूढधवलच्छविशङ्खहंसम्।
आभाति भासुररुचिर्दहनोऽधिरुह्य-
सूर्यप्रकाश इव पाण्डुरपुण्डरीकम्॥17॥

एषोऽञ्जनद्विरदमूर्जितदानवारि-
धारान्धकारभरनिह्नुतभास्करांशुम्।
पश्याञ्जनाचलमिवोन्नतगण्डशैल-
मारुह्य संयुगरसान्मरुदभ्युपेतः॥18॥

मेराविव स्फुरितकाञ्चनगौरभासि
संहारधूमनिकराञ्जनमेचकार्चिः।
स्तम्बेरमे कृतपदस्तरसा परैति
पश्यामरेश यम एष गृहीतदण्डः॥19॥

नकारस्यात्र 'नश्छवि-' इति रुत्वम्॥8॥ स इति यः परमदैवतम्। पिष्टातकं कुङ्कुमच्छुरितं पिष्टम्॥9॥ शिञ्जिनी ज्या। उल्लोलस्तरङ्गः॥10॥ कोषः परिवारो मुकुलत्वं च। समीकरभसो रणरसः॥11-12॥ अपावृतमुद्घाटितम्। योग्या अभ्यासः॥13-15॥ अस्रेण रुधिरेण बिस्रा दुर्गन्धयः। शक्रमूर्धा(?)दिजोऽन्योऽपि धूमः संभवतीति वह्निनासौ विशेषितः। अमुक्तो नीलजलदस्य गर्भोऽभ्यन्तरं येन। वज्रस्य विद्युद्रूपेण जलदमध्येऽवस्थानात्॥16॥ पुण्डरीकादयो दिक्करिणः। पुण्डरीकं पद्ममपि॥17॥ गण्डावेव शैलौ। गण्डशैलाश्च महोपलाः॥18॥ दण्ड आयुधभेदः सैन्यं च॥19॥ श्मश्रूणि

श्मश्रुप्ररोहजटिलं भुवनत्रयैक-
ग्रासस्पृहाविवृतमूर्ध्वपिशङ्गकेशम्।
वक्त्रं दधद्विकटमादिमराहघोर-
घोणाभिघातदलितावनिरन्ध्ररौद्रम्॥20॥

निःशेषवध्यजनताकरवीरपुष्प-
शेषामिवेक्षणरुचिं दधदस्रताम्राम्।
आरुह्य कासरमखण्डितदण्डचण्ड-
हस्तः पुरोऽस्य रभसादुपयाति मृत्युः॥21॥ (युगलकम्)

संध्यानुबन्धि गगनं चटुलीकडार[1]-
चूडातडिद्भिरिव पश्य विदर्शयन्तः[2]।
आयान्ति कज्जलमलीमसदेहदीप्ति[3]-
लुप्तातपप्रसरमीश्वर यातुधानाः॥22॥

पाशी स्पृशन्स्पशमिवान्तकरस्य पाश-
मारुह्य नागमुपगच्छति सुप्रतीकम्।
आलोलकर्णशिखरानिलवेगकृष्ट-
कुम्भस्थलस्खलितमौक्तिकतारहारम्॥23॥

पश्यार्थनाथमवलम्बितशङ्खपद्म-
मग्रे गदादलितदैत्यचमूत्तमाङ्गम्[4]।
शार्ङ्गायुधं जववतात्र गरुत्मतेव
पद्मप्रभेण करिणान्तिकमापतन्तम्॥24॥

सिंहाजिनानि परिधारभसव्युदास-
संदष्टतारकतया घटितान्युरःसु।

मुखरोमाणि तान्येव प्ररोहा अङ्कुराः। ऊर्ध्वा उन्मुखाः॥20॥ करवीरनाम्नां पुष्पाणां शेषा माला तामिव नयनप्रभां बिभ्रदस्य यमस्य पुरतो महिषमारुह्य मृत्युरेतत्सहायोऽन्तको वेगादागच्छति॥21॥ चटुलीभिराननोद्गताभिरुल्काभिः कपिशाभिश्च चूडाभिरेव विद्युद्भिः ससंध्यमिव गगनं दर्शयन्त इति योज्यम्। यातुधाना नैर्ऋताः॥22॥ पाशी वरुणः। अन्तकस्य मृत्योः स्पशमिव चरसदृशम्॥23॥ शङ्खपद्मौ निधी जलजौ च॥24॥

---

1. 'चुटुली' ख. 2. 'विमर्शयन्तः' क. 3. 'कान्ति' क. 4. 'वैरि' क.

निर्भिन्नगन्धगजकुम्भतटावसक्त-
मुक्ताफलैरिव नखैः प्रविभान्ति येषाम्॥25॥

तन्वन्ति वीतवसनेषु वपुःषु मौलि-
मुग्धामृतांशुकलिका रभसेन येषाम्।
ज्योत्स्नातपाम्बरमलं विमलं स्वकान्ति-
संतानसंशयितभूतिपरागलेखम्[1]॥26॥

अभ्यापतन्ति त इमे विकटोन्नतानि
रुद्राः सुरेश फणिकङ्कणिभिः कराग्रैः।
आस्फाल्य विस्फुरदरातिरुषा निजांस-
कूटैः सहैव ककुदानि ककुद्मतां वः॥27॥ (तिलकम्[2])

दानाम्बुवृष्टिमभितो विकटैः किरन्तः
संवर्तदुर्दिनघनैरिव गण्डभागैः।
विन्यस्तपादभरबन्धुरितावनीध्र-
मेतेऽधिरूढवसवः[3] करिणोऽभ्युपेताः॥28॥

निःशेषशात्रवकुप्रलयाग्निधूम-
दण्डायमानकरकृष्टकृपाणपट्टाः।
विद्याधराधिपतयः शिबिरं विशन्ति
पारिप्लवश्रवणकुण्डलगण्डभागाः॥29॥

आसज्य सज्जसमरा विशिखान्धनुःषु
हस्ताङ्गुलीलघुविवर्तनतारनादान्[4]।
एते विशन्ति शिबिरं शिवशेवधेस्ते
विश्वेऽश्विनौ च तुषिताश्च ससिद्धसाध्याः॥30॥

सिंहेत्यादि विशेषकम्। परिधा प्रावरणं तत्र रभसव्युदासो जवेनोत्क्षेपस्तेन संदष्टा गर्भीकृताः॥25॥ ज्योत्स्नैवातपो घनत्वात्॥26॥ व इति रुद्रा विशेष्यन्ते॥27॥ बन्धुरिताः खर्विताः॥28-29॥ शिवस्य श्रेयसः शेवधिर्निधानम्। तस्य तव स्कन्धावारं विश्वेप्रभृतयः संघदेवा विशन्ति॥30॥ नाकमेव नगरं तत्र प्रतिबद्धा नियमेन स्थिता सिन्धुर्मन्दाकिनी। सा च पुरा चन्द्रमण्डलान्निर्गतेत्यागमे श्रूयते। यदुक्तम्-'स्वर्गे चैव पुरा सैव संस्थिता

---

1. 'परागलेपाः' ख. 2. 'त्रिभिः कुलकम्' ख. 3. 'अपि' ख. 4. 'नादम्' ख.

निष्ठ्यूतनाकनगरप्रतिबद्धसिन्धौ
बिम्बोदरे शबलिमानमुपादधाना[1]।
छाया च यस्य शशलक्ष्ममयी विभाति
विष्यन्दमानयमुनाजलनिर्झरश्रीः॥31॥

स श्वेतदिग्गजपतेरधिरुह्य पृष्ठ-
मभ्येति दीर्घविकटैः पृतनाङ्गनानाम्।
नेत्रोत्करैरमृतवर्षिभिरिन्दुरेष
दत्ताञ्जनैर्निजकरैरिव दृश्यमानः॥32॥ (युगलकम्)

योत्क्रीकृतैः फणिगणैरतिगाढबन्ध-
तीव्रार्तिसीत्कृतिसमीरनिभेन शीतान्।
स्कन्धानिलानिव[2] निपीय पुनर्वमद्भि-
राबद्धवाजिनि रथे रचितप्रतिष्ठः॥33॥

कल्माषिताम्बरतलोन्नतपक्ष्मभार-
निर्धूयमानसितचामरमण्डलीकः।
संकोचबन्धपरिहारधिया[3] सलील-
मन्वीयमान इव नाथ कुमुद्वतीभिः॥34॥

योगाश्रितापरवपुर्जरठप्रताप[4]-
संपत्तिरेष हरितच्छविसप्तपत्त्रः।
भानुः शरत्समयविभ्रम एति पश्य
रिक्तीकृतावजितवासववासरश्रीः॥35॥ (तिलकम्[5])

आरूढगूढचरणोल्बणमार्गणानि
कल्लोलचापवलयानि विनिर्धुवन्तः।

सोममण्डले। सोमाच्चैव विनिःसृत्य पुराकाशे व्यवस्थिता॥' चशब्दो भिन्नक्रमः। इन्दुश्चेत्येवमन्वयात्॥31॥ अञ्जनं कलङ्कोऽपि॥32॥ योत्क्रीकृतैरित्यादिविशेषकम्। योत्क्रं बन्धनरज्जुः। स्कन्धा नभसि वातानां स्थानभेदाः॥33-34॥ योगेन समाधिनाश्रितमपरं करचरणादियुक्तं वपुर्येन। योगः कन्यासवित्रोः समागमः तत्राश्रितमपरं प्रावृषेण्याद्रूपा-

---

1. 'दधाने' ख. 2. 'कन्दा' ख. 3. 'बद्ध' क. 4. 'योनाश्रिता' ख. 5. 'त्रिभिः कुलकम्' ख.

सप्ताप्यमी कलकलाकुलितान्तरिक्ष-
मभ्यागता जलधयः सतरङ्गिणीकाः॥36॥

क्षोणीभृतोऽप्युपगताः शिबिरं नवाभ्र-
कारागृहान्कटकभूमिषु बिभ्रतस्ते।
बन्दीकृतक्षपितपक्षतिदृष्टसार-
वज्रार्भमानिव च गर्भगताचिरांशून्॥37॥

संवर्तवारिदघटापि गभीरघोर-
घोषानुबन्धबधिरीकृतसप्तलोका।
अभ्येति वः समरदुन्दुभितां चिकीर्षु-
रेषां तडित्किरणकोणकृताञ्चितश्रीः॥38॥

अभ्यापतन्ति विकसत्फणचक्रवाल-
रत्नोत्करैः किरणपल्लवितान्तरिक्षाः[1]।
दिक्पद्मिनीर्विकचपाटलपुण्डरीक-
खण्डा इवोरगबलानि विदर्शयन्ति[2]॥39॥

उद्धूतचन्द्रकरपाण्डुरचामरौघ-
मोजस्वितां दधदधःकृतवातरंहः।
आभाति कर्कशबलं सुरराजसैन्य-
मश्वीयमञ्चिततरं च रसत्खलीनम्॥40॥

द्विलक्षणं वपुर्येन। प्रताप आतपोऽपि। सप्तसंख्यानि पत्त्राणि वाहनानि। सप्तपत्त्रश्च सप्तपर्णास्तरवः। अवजितवासवाः परिभूतपुरंदरा दैत्याः। त एवास्थिररूपतया वासराः। तेषां श्रीस्तनूकृता येन। अवजितश्च वासवस्तत्प्रयुक्तवृष्टिनिरोधाद्यैस्तेषां वासराणां श्रीरल्पीकृता येन। तदा दिनानां तानवोत्पत्तेः॥35॥ गूढचरणाः सर्पाः॥36॥ क्षोणीभृतः पर्वता राजानश्च। शिबिरं सेनानिवेशः। कटकोऽद्रिनितम्बः सैन्यं च। बन्दीकृता हठेन निबद्धाः क्षपितपक्षतेर्वज्रस्य शिशवो येषु॥37॥ समरभेरीत्वं वो विधित्सुः कल्पान्तघनानां घटा पङ्क्तिरागच्छति। कोणो वादनभाण्डम्(दण्डः)॥38॥ दिश एव पद्मिन्यस्ता विकचारुणकमलवना दर्शयन्ति सन्त्युरगाणां बलान्यायान्ति॥39॥ कर्कशं कठोरं बलं सौष्ठवं यस्य। कर्कैश्च सितैरश्वैः शबलं विचित्रम्। अश्वीयमश्वसमूहः। 'केशाश्वाभ्यां यञ्छावन्यतरस्याम्' इति च्छः। रसच्छब्दायमानम्। खलीनमन्तरिक्षे लग्नम्। रसच्च

---

1. 'अन्तरिक्षैः' **ख.** 2. 'च दर्शयन्ति' **क.**

सव्यालभूषणतयोन्नतकायमान-
शोभा नितान्तमलगर्दभासभीका।
चण्डी नरेन्द्रशिबिरक्षितिनिर्विशेष-
रूपा करालकरभा रभसादुपैति॥41॥

रत्नाक्षसूत्रवलयं परिवर्तयन्ती
नक्षत्रमण्डलमिव क्षणदातितारम्।
ब्राह्मी कराकलितदण्डकमण्डलुश्री-
रेषा शिवात्र शिबिरे कृतसंनिधिर्वः॥42॥

आभात्यसौ सरलमुग्धमृणालकाण्ड-
कन्दावलीकवलनाकुलतां दधानैः।
कुन्दच्छदच्छविभिरच्छतदीयगर्भ-
दुग्धच्छटापरिणतेरिव वाहहंसैः[1]॥43॥ (युगलकम्[2])

उद्वृत्तदानवचमूपतिकण्ठपीठ-
निष्ठ्यूतशोणितमलीमसशातधारम्।
प्राचीव दिक्तपनबिम्बमुदंशुराशि
चक्रं दधत्युपनतानघ वैष्णवीयम्॥44॥

त्रैयम्बकी कटकमेति विजिह्मकोटि-
मेषा किरीटघटितां दधतीन्दुलेखाम्।
भास्वत्तृतीयनयनभ्रुकुटिव्युदस्त-
विन्यस्तभास्मनपरागललाटिकाभाम्॥45॥

खलीनं कविका यस्य॥40॥ व्यालाः सर्पा मत्तकरिणश्च। उन्नता कायमानस्य देहपरिमाणस्य शोभा यस्याः। उन्नतेन च कायमानेन गृहविशेषेण शोभा यस्याः। 'पक्वेष्टकाभिर्विहितं सद्मः कारुजनेन यत्। राजोचितं महावेश्म कायमानं तदुच्यते॥' नितान्तमत्यर्थमलगर्दानां फणभृतां भरो यस्याः। असभीका सह भयेन या न वर्तते। नितान्तमलाश्च यत्र तत्र लुठनात्काङ्क्षितमालिन्या गर्दभाः खरा रासभ्यश्च खर्यो यस्याम्। 'तमु काङ्क्षायाम्'। कराला बहला करभा पाणिशोभा यस्याः। करालाश्च भीषणाः करभा उष्ट्रा यस्याम्॥41॥ क्षणदा रात्रिः सैव नक्षत्रमण्डलमक्षसूत्रवलयं परिवर्तयन्ती ब्राह्मी भ्राजते। ब्राह्म्यादयो मातरः॥42-44॥ त्र्यम्बकस्येयं त्रैयम्बकी माहेश्वरी। 'न

---

1. 'यानहंसैः' ख. 2. 'युगलकम्' ख-पुस्तके नास्ति.

चामुण्डया परुषभस्मपरागपूर्ण-
माकीर्णमस्थिशकलैः सकपालखण्डम्।
बिभ्राणया वपुरधिष्ठितमीश दूर-
मेतच्छ्मशानगृहदेवतयेव सैन्यम्।।46।।

चन्द्रस्य च प्रतिकृतिः कृतरागभङ्ग-
चेतःप्रसादधवलांशुसुधामरीचिः।
आगच्छति च्छुरितदिक्छिविर[1] तवाच्छ-
हासच्छटाभिरियमुच्छलिताम्बुराशिः[2]।।47।।

प्रेङ्खत्कपालरशनागुणरासभीय-
चर्माम्बराङ्कितभयंकरमूर्तिरेषा।
याम्या तवैति शिबिरं शिव शावहस्त-
कर्णावतंसकलनाकुलिताननश्रीः।।48।।

आकस्मिकप्रलयघस्मरवह्निहेति-
भस्मीकृताखिलकुलाचलनिर्विशेषैः।
शेषां निबध्य धवलैरपि लोकपाल-
पालीकपालपटलैरियमुत्तमाङ्गे।।49।।

गङ्गातरङ्गपरिमृष्टविटङ्ककोटि-
खट्वाङ्गसङ्गिपरमेष्ठिजटानिकुञ्जा।
प्रेङ्खत्परेतपतिपत्त्रविषाणगर्भ-
निष्पीतसप्तभुवनक्षतजासवश्रीः।।50।।

अध्यास्य रासभसभाधिपतिं त्रिलोकी-
संहाररागरभसेन सभीति सैन्यम्।

च्वाभ्यां पदान्ताभ्यां-' इति वृद्धिप्रतिषेध ऐजागमश्च। भ्रुकुट्या व्युदस्ता विशेषेणोपरि नीता या भस्मरजःसंबन्धिनी ललाटिका ललाटालंकारस्तस्या इव शोभा यस्याः।।45-46।। सुधामया मरीचयो यस्यास्तादृशी चन्द्रस्य प्रतिकृतिश्चान्द्री देवता तव शिबिरं त्वरितमायाति।।47।। शावः शवसंबन्धी।।48।। आकस्मिकेत्यादि विशेषकम्। पाली पङ्क्तिः।।49।। खटवाङ्गं महाव्रतिनामंसे ध्वजः। पत्त्रं वाहनं तस्य विषाणगर्भेण पीता रुधिरासवसंपद्यया। आसवपानं च परिमृष्टे निकुञ्ज एव श्लाघ्यम्।।50।। कालरात्रिः

---

1. 'स्फुरित' क. 2. 'अम्बराभिः' ख.

संरम्भभास्वरमुखी[1] बिसभङ्गगौर-
दन्तांशुरेति शिबिरं तव कालरात्रिः॥51॥ (तिलकम्[2])

काली च कोकिलकलापरुचिः कराल-
दंष्ट्राङ्कुरैति समरोत्कलिकाकुलैषा।
निर्दग्धकाल[3] कलिकालकलङ्ककेतु-
रुद्भिन्नरत्नकलिकेव विदूरभूमिः॥52॥

इति गिरमुपकर्ण्योदीरितां[4] नन्दिनाग्रे
सकलसमरसेनाचक्रवालं स्मरारिः।
निजशिबिरनिवेशावासभूमीः प्रणाम-
श्लथविकटकिरीटं प्राहिणोत्तन्मुखेन॥53॥

तिग्मांशुस्यन्दनाश्वद्रुतखुरदलितव्योमवैदूर्यरत्न-
क्षोदच्छायेऽथ सायं मलिनयति तमः पङ्कपूरे धरित्रीम्।
रुद्धालोकाः[5] कुलायग्रहरभसरसत्पत्त्रिनादानुबन्धै-
रन्योन्यालापमाराद्विदधुरिव निशि व्याकुला दिग्वयस्याः॥54॥

इति श्रीबालबृहस्पत्यनुजीविनो वागीश्वराङ्कस्य विद्याधिपत्यपरनाम्नो महाकवे
राजानकश्रीरत्नाकरस्य कृतौ रत्नाङ्के हरविजये महाकाव्ये
सैन्यसंभारो नामैकोनचत्वारिंशः सर्गः।

चत्वारिंशः सर्गः।

प्राप्ते प्रभातसमयेऽथ शशाङ्कमौलि-
रुद्बोधितो विविधमागधसूतवाग्भिः।

कृतान्तमहिषी॥51॥ निर्दग्धकालेति भगवन्तं संबोधयति। कलङ्कस्य पापस्य केतुर्विनशिका॥52-54॥ इति राजानकजयानकसूनोरलकस्य कृतौ हरविजयविषमपदोद्द्योत एकोनचत्वारिंशः सर्गः॥

चत्वारिंशः सर्गः।

मागधाः सूताश्च बन्दिभेदाः। आनकः पटहः। भरं भरणं करोतीति विगृह्य

---

1. 'भासुर' ख. 2. 'त्रिभिः कुलकम्' ख. 3. 'निर्दष्टकाल' ख. 4. 'चिरं' ख. 5. 'रुद्धालोकान्' ख.

अभ्याहतानकशतध्वनिदत्तसंज्ञः[1]
सेनासरिद्भिरितमैक्षत सैन्यसिन्धुम्॥1॥

तस्याथ संभ्रमवलत्फणचक्रवाल-
मुर्वीतलेऽधिपतिना फणिमण्डलीनाम्।
संस्तम्भितश्रवणतालमुदञ्चिताक्ष-
माकर्णितो विधुरितस्थिति दिग्गजेन्द्रैः॥2॥

ब्रह्माण्डखण्डतलवारणखर्व्यमाण-
मूर्तिर्दिगन्तरगुरुप्रतिफालदीर्घः[2]।
पुञ्जीकृतः क्षितितले घनतामवाप्य
भिन्दन्रसातलमिवातिभरेण भूयः॥3॥

कम्पाकुलीकृतससंभ्रमलोकपाल-
पालीपुरंध्रिहृदयो बिभरांचकार।
प्रस्थानदुन्दुभिरवः क्षयकालवल्ग-
दुत्तालकालकरतालनिनादलीलाम्[3]॥4॥ (तिलकम्[4])

उत्सृज्य संयुगरसादथ तस्य देह-
भागार्धसंधिघटना निरियाय गौरी।
तच्चित्तभागगतसत्त्वविधूतभीरु-
वैक्लव्ययोगमिव मानसमुद्वहन्ती॥5॥

उन्निद्रकर्णशिखरार्पितपारिजात-
लीलावतंसगलितैर्मधुशीकरौघैः।
संसिच्यमानमिव कुङ्कुमपत्त्रपङ्क-
लेखाङ्कितं शुचि कपोलतलं वहन्ती॥6॥

'तत्करोति-' इति णिचि कृते निष्ठायां भरितशब्दः॥1॥ तस्येत्यादि विशेषकम्॥2॥ ब्रह्माण्डकवाटपृष्ठेन वारणमुपरिगमननिरोधस्तेन नम्यमानवपुरधोगमनाश्रयणात्॥3॥ पाली पङ्क्तिः। करयोस्तालः परस्पराहननम्॥4॥ तस्य शिवस्य चित्तभागगतेनावष्टम्भेन परिचयात्तिरस्कृतः स्त्रीवैकल्ययोगो यस्य तादृशमिव मानसं धारयन्त्युमा समररसेन

---

1. 'संज्ञं' ख. 2. 'दिगन्तग' ख. 3. 'ताल' ख. 4. 'चक्कलकम्' क, 'त्रिभिः कुलकम्' ख.

लीलानतेन सकलां करपल्लवेन
लावण्यकान्तिममलामिव संप्रमार्ष्टुम्।
प्रेङ्खत्पिनाकिमुकुटास्पदचन्द्ररश्मि-
धूलिच्छटामलिनितच्छविमीहमाना॥7॥

एकावली विरचिता कुचमण्डलेऽत्र
तुङ्गत्वमीयुषि परस्परपीडनेन।
तत्स्पर्धयेव सवलीत्रयतामवाप्तं
मुष्टिग्रहेऽपि शिथिलं दधतीति मध्यम्॥8॥

प्रत्यग्रयावकरसस्फुररुणाग्र-
भास्वन्नखेन्दुकिरणप्रकरापदेशात्।
संध्यां प्रसादनपरां गलिताभ्यसूया-
मारब्धपादपतनामिव धारयन्ती॥9॥ (पञ्चभिः कुलकम्)

तस्या मुखं सरभसार्पितकान्तदृष्टि-
र्दृष्ट्वा चिरादथ शशाङ्ककलावतंसः।
संदर्शनेषु नयनत्रितयं निमेष-
दोषोपघातघटनोज्झितमभ्यनन्दत्॥10॥

निर्याय तस्य वपुषः सुचिरादवाप्त-
गाढोपगूहनरसोत्पुलकानुबन्धः।
प्रस्थानमङ्गलविधिर्विदधे तयाथ
सेवोत्सवप्रवणमातृगणोपनीतः॥11॥

तस्यापिनेहुरभिमन्त्रितमात्मनैव
वक्षःस्थले गणचमूपतयः कथंचित्।

निरियादिति पञ्चभिः कुलकम्॥5-6॥ मलिनिता छविः शोभा यस्यास्तादृशीं कान्तिमिव करेणोत्पेशयन्ती (उत्प्रोञ्छयितुम्) लीलया॥7॥ मुष्टिग्रहेऽपि शिथिलमतिकृशत्वान्मुष्टिमपि पूरयितुमक्षमं मध्यं बलीत्रययोगि बिभ्रतीतीव कुचाभिभवेच्छया यथा तुङ्गेऽप्यत्र कुचमण्डले एका केवलैव बली रचिता मया त्वतिकृशेनापि बलीत्रयं धृतमिति। वस्तुतः पुनरेकावली हारलता॥8-9॥ कान्ता नाम दृष्टिः। उक्तं च-'हर्षप्रसादजनिता कान्तात्यर्थं समन्मथा। सभ्रूक्षेपकटाक्षा च दृष्टिः शृङ्गारिणी मता॥' इति॥10॥ उपगूहनमाश्लेषस्तद्रसेनोद्गतः पुलकप्रबन्धो यत्र तादृशो मङ्गलानां मणिमन्त्रौषधिप्रभृतीनां

कण्ठप्रभाशबलभासि पिनद्धलोह-
जालान्तरभ्रमविमुग्धधियस्तनुत्रम्॥12॥

मन्दाकिनीसलिलनिर्झरसिच्यमान-
भास्वत्तृतीयनयनानलधूमदिग्धः।
तस्याततायिशरपातभियाधिमौलि
संवीतकङ्कट इवामृतरश्मिरासीत्॥13॥

तत्काललोलसुरसिन्धुतरङ्गभङ्ग-
विस्रस्तबन्धलुलितं[1] च जटाकलापम्।
उष्णीषभोगिपतिरेव बबन्ध तस्य
गाढं पुनः प्रतिदिशं फणमण्डलीभिः॥14॥

छायान्धकारकलुषीकृतपीनकण्ठ-
पीठस्फुरद्भुजगराजफणामणिश्रीः।
तस्याजिमङ्गलनिबद्धनवेन्द्रनील[2]-
कण्ठत्रविभ्रममधत्त च कालकूटः॥15॥

दंष्ट्राकरालमुखकंदरनिर्यदग्नि-
ज्वालावलीदुरुपलक्ष्यकरालजिह्वम्।
शूलं रुषारिरुधिरासवपानगोष्ठी-
संरम्भलोलविकटौष्ठपुटं जजृम्भे॥16॥

भोगीन्द्रभोगकषणप्रतिपन्नमध्य-
कार्श्यं पुरा जलनिधेर्मथनप्रसङ्गे।
तस्याथ मन्दरमिवाहिपतिश्चकार
कोदण्डदण्डमधिरुह्य सनाथकोटिम्॥17॥

विधिरितिकर्तव्यताविशेषस्तया विदधे निबद्धः॥11॥ अपिनेहुरबन्धन। लोहजालं तनुत्रम्॥12॥ कङ्कटवत्कवचमित्यनर्थान्तरम् (?)॥13-14॥ छयैव तमस्तेन मलिनिता कण्ठस्थस्याहिपतेः फणामणिश्रीर्येन। कण्ठत्रो गलत्राणम्॥15-16॥ कोदण्डस्य मध्ये कृशत्वादग्रे महत्त्वाच्च भोगीन्द्रकषणकृशमध्यमन्दरेण साम्यम्॥17॥ भर्मघटितानि हिरणमयानि॥18॥ बभ्रवादयो गणाः। रत्नमालाया लम्बमानतयावस्थानाद[स्ता]भिमुखं

---

1. 'ललितं' **ख.** 2. 'अस्याजिसंगर' **क.**

सङ्ग्रामदोहदरसादिति शीतरश्मि-
　　मौलौ पिनद्धकवचे वचसाथ तस्य।
प्रत्युप्तरत्नशकलच्छविशारितानि
　　वर्माणि भर्मघटितानि[1] गणाः पिनेहुः॥18॥

संवीतलोहमयवर्मवपुर्बभार
　　बभ्रोरुपोढ रणमङ्गलरत्नमालम्।
अस्ताचलाभिमुखपातिनिबद्धपङ्क्ति-
　　नक्षत्रचक्रशबलाम्बरवर्त्मलीलाम्॥19॥

प्रत्युप्तलोहितकरत्नकणांशुसार-
　　नीलाभ्रकच्छवितनुच्छदमूर्तिरुच्चैः।
सौदामिनीरुचिरदाममरीचिभिन्न-
　　लोलाभ्रविभ्रममधत्त शिलादसूनुः॥20॥

संहारधूममलिना कलधौतसानु-
　　भागान्तरे निपतिता रजनीव मेरोः।
वक्षःस्थले सरसकुङ्कुमपङ्कभाजि
　　भाति स्म कालमुसलस्य दृढाथ माढी[2]॥21॥

अभ्युन्मिषन्मरकतांशुशिखासहस्र-
　　संलक्ष्यमाणपरभागतनुत्रबन्धा।
आबद्धशेबललवा नलिनीव नाग-
　　वक्त्रस्य मूर्तिररुचत्स्फुटपुष्करश्रीः॥22॥

हौताशनेः कवचमेचकिता च मूर्ति-
　　रुद्दीप्तिरत्नघटितोरुशिरस्त्रबन्धा।

पतन्त्यैव नक्षत्रपङ्क्त्या साम्यम्॥19॥ लोहितकः पद्मरागः। 'लोहितान्मणौ' इति स्वार्थे कन्। अभ्रकं धातुभेदः। तनुच्छदो माढी च कवचः॥20-21॥ परभागः शोभातिशयः। नागवक्त्रो विनायकः। पुष्करं करिशुण्डाग्रं कमलं च॥22॥ हौताशनिः कुमारः। तस्य षण्मुखत्वाच्छिरस्त्राण्यपि षडेवेति बहुषु पूर्वाद्रिशृङ्गेष्वर्कबिम्बानि बिभ्रती कल्पान्तद्यौरिव मूर्तिस्तस्य शुशुभे॥23॥ अग्निकाख्यस्य गणपतेर्दसनं बन्ध(व्रण)रक्तबिन्दुनिबद्ध-

---

1. रुक्मघटितानि' ख. 2. 'साढी' क.

आभादनेकविकटोदयशैलशृङ्ग-
लग्नार्कबिम्बवलयेव युगक्षयद्यौः॥23॥

उद्दामसंयुगरसस्फुटितव्रणोत्थ-
रक्तच्छटाविकटबिन्दुनिबद्धरन्ध्रम्।
प्रत्युप्तदीप्ततरनूतनपद्मराग-
मासीदिवातिगुरु दंसनमग्निकस्य॥24॥

वक्षःस्थले बृहति हेतिशताभिघात-
रूढव्रणस्थपुटितस्फुटसंनिवेशम्।
चण्डेश्वरस्य शुशुभे शुभलोहवर्म-
सावर्तमम्भ इव सानुतटे हिमाद्रेः॥25॥

दुर्वारवैरिवरवारणवीरभद्र-
वक्षःस्थलीविनिहिता विरराज माढी।
संवर्तमेघमलिनासुरसंप्रहार[1]-
लक्ष्मीवधूमुखविगुण्ठनजालिकाश्रीः॥26॥

अभ्रंकषोल्लसितकेतनवैजयन्ती-
कल्माषिताम्बरतलाः प्रतिमा वहन्तः।
रक्षाधिकारनवभूतिसुधोपलेप-
पाण्डुत्विषो रचितसंनिधयः सुरौघैः॥27॥

स्तम्बेरमा मुखरिताम्बरशङ्खघण्टा-
ढक्कारवा धवलचामरचारुशोभाः।
विस्पष्टदन्तमणितोरणसंनिवेशाः
सैन्यैर्युधे विदधिरे सुरसद्मरूपाः॥28॥ (युगलकम्)

विवरत्वादर्धस्यूतपद्मरागमिवासीत्॥24॥ स्थपुटितो विषमीकृतः। शुभलोहं कालायसम्॥25॥ वारणो निषेद्धा। जालिका जालीति प्रसिद्धं प्रतनुवसनम्॥26॥ केतनानि ध्वजास्तत्पताकाभिः शबलितनभस्तलाः करिणः सैनिकैः कृताः। प्रतिमा दन्तकोषः, देवानां प्रतिकृतयश्च। रक्षायामधिकारः प्रस्तावो यस्याः। रक्षार्थमुपादीयमानेत्यर्थः। तत्र ....रक्षा भूतेभ्यो विवक्षिता। सुरसद्मनां तु वर्षोपनिपातात्। भूतिर्मक्कोकादिरज एव।

---

1. 'मेघमलिनाम्बर' ख.

प्रत्यग्रमौक्तिकवितानिधानकुम्भ-
रक्षाकुलाजगरविभ्रमहस्तदण्डाः।
रेजुर्गजा विकचकीचकयष्टिकोटि-
वेल्लद्विलोलकदलीविकरालपृष्ठाः॥29॥

कुम्भस्थलीनिहितमङ्गलमालिकाग्र-
विष्यन्दमानमधुपङ्कनिलीनभृङ्गाः।
लक्ष्मीं दधुः शिखरलग्नदवाग्निधूम-
जालाकुलाः कुलनगा इव मत्तनागाः॥30॥

उत्कर्णतालपवनेरितकुम्भकूट-
सिन्दूरधूलिपटलच्छुरणाभिरामम्।
उद्धूततामरसरेणुपिशङ्ग्यमान-
दिक्चक्रवालमुषसीव बभूव विश्वम्॥31॥

लीलाचलद्धवलचामरचक्रवाल[1]-
शारीकृताखिलदिशोऽथ सहस्रसंख्याः।
उत्कीर्णपत्रमकरीशतशातकुम्भ-
पर्याणपट्टविनिवेशकरालपृष्ठाः॥32॥

माणिक्यखण्डखचिताञ्चितहेमभास्व-
दायानदीधितिपिशङ्गितदिग्विभागाः।
उद्रश्मिरत्नकणशारितशातकुम्भ-
प्रेङ्खत्खलीनसखणत्कृतिवक्रभागाः॥33॥

सुधा मक्कोलभेदः॥27-28॥ मौक्तिकनिचयस्य निधानान्यास्पदानि कुम्भाः कवाटास्तद्रक्षायै व्याकुला अजगरसदृशाः करदण्डा येषाम्। निधिघटेषु चाजगरा रक्षाकुला भवन्तीति प्रसिद्धमेतत्। कीचको वेणुस्तद्यष्टिरेव कदली ध्वजस्तत्र। 'कदली वैजयन्ती' इति तु केचित्॥29-30॥ उषसि सिन्दूररजश्छुरितं तामरसरजोराजमानं दिक्चक्रमिव विश्वमासीत्॥31॥ लीलेत्यादिकलापकम्॥32॥ आयानमश्वाभरणम्॥33॥ कुशलैरश्वशास्त्रज्ञैर्वीथीषु मार्गेषु गमिताः संचारिताः। वीथयश्च तुरंगशास्त्रे नव प्रसिद्धाः। यदुक्तम्-'चतुरस्रं काङ्कं मायूरमर्धमायूरमिति सांनाह्यं वीथिचतुष्टयम्। वल्गनं नीचैर्गतं लङ्घनं धोरणं नारोष्ट(?)मित्यौपवाह्यं वीथिपञ्चकम्॥' इति। स्तुवस्तुरगाणां ललाटदेशः। तस्य

---

1. 'वलत्' ख.

साङ्ग्रामिकीषु कुशलैर्गमितास्तदानीं
वीथीष्वमन्दतरस: पृतनातुरंगा:।
स्वेदोदबिन्दुशबलस्तुवभागवक्र-
शोभा: सुधोद्गमनलग्नकणा इवासन्।।34।। (तिलकम्)

सानूकतां विदधतोऽप्युपमानशून्या
मन्दा अपि ग्लपितचण्डसमीरवेगा:।
आकुञ्चितोर्ध्वखुरदण्डविभक्तपाद-
विन्यासचारुगतयस्तुरगा: प्रसस्रु:।।35।।

भाति स्म मूर्तिरनिलौघविघट्यमान-
माञ्जिष्ठचामरतया चतुराञ्चितानाम्।
उत्पेतुषां किल पुरा शिखिनस्तदीय-
ज्वालाकलापनिचितेव तुरंगमाणाम्।।36।।

लक्ष्मीं दधुर्विपुलकैर्गमनैरभीक्ष्ण-
मङ्गैश्च चारुशुचिभिश्चतुरस्रपुण्ड्रा:।
पर्याणपट्टपटलैस्तुरगा निगाल-
भागैश्च देवमणिशोभितसंनिवेशै:।।37।।

सङ्ग्रामनाटककुतूहलिनां तदानी-
मुत्थापकेन दधतो मुदमुत्तमानाम्।
विस्पष्टभाण्डरुचयोऽतिविचित्ररूपा
लक्ष्मीं दधुर्जवनिकामहितास्तुरंगा:।।38।।

श्रमोदबिन्दुशबलत्वात्सुधोद्गमनेनेव लग्नकणा: केषांचिदश्वानाममृतादुत्पत्ते:।।34।। सानूकतामन्येन सदृशत्वं बिभ्रतोऽप्युपमानशून्या इति विरोध:। सहानूकै: शुभैर्लक्षणैर्वर्तन्त इति तु व्याख्यायामविरोध:। 'अनूक: प्रगूणतर: प्र(प्रो)थ:' इति तु केचित्। मन्दा अलसास्ते समीरवेगं ग्लपयन्तीति विरोध:। 'तत्र मन्दमृगाख्यास्तु तुरगा लक्षणान्विता:' इति तु मन्दजातित्वादविरोध:।।35।। अञ्चितं गमनम्। शिखिनोऽग्नेरुत्पेतुषामुत्पन्नानाम्। केषांचिदश्वानामग्निकारणत्वात्।।36।। विपुलकैर्विस्तीर्णै:। विचित्रा पला गतिविशेषो येषां तैरिति वा। स्वार्थे कन्। विपुलकैश्च विविधरोमन्थै:। विपुलं कं शिरो येषां तैरिति वा। शुचिभिर्निर्दोषै: पुण्ड्रं तिलक:। निगीर्यतेऽनेनेति निगाल: कण्ठ:। देवमणयो दिव्यानि रत्नान्यावर्तभेदाश्च।।37।। उत्थापकेनोर्ध्वखुरत्वेनोत्तमानामश्वशास्त्रकुशलानां मुदं

विस्तारशालि कृतिभिः कृतरूपवर्ण-
मविद्धगामिकरणप्रविभक्तशोभम्।
सव्यञ्जनक्रममराजत धातुवाद्य-
लीलां दधानमनुपप्लुतश्वसैन्यम्।।39।।

निर्धूतकेसरसटावलिताञ्चिताग्र-
भागं पतद्भिरभितः पृतनातुरंगाः।
चक्रुस्तरां दिवि तदुत्पतनाभियोग-
योग्यामिव क्षणविलग्नपदै खुराग्रैः[1]।।40।।

विस्ताररुद्धवसुधाः प्रतिबद्धकेतु-
सीतापटाञ्चलविवल्गनशारिताशाः।
सज्जाखिलोपकरणाः समराम्बुराशि-
पोतश्रियं सपदि शिश्रियिरे रथौघाः।।41।।

आक्रान्तयानवरतं भटनायकेन
चीत्कारसीत्कृतिमनोरमता[2] दधत्या।

ददतस्तुरंगा लक्ष्मीमूहुः। भाण्डमश्वालंकारः। रूपं देहकान्तिः। जवे निकामं हिताः प्रीतिहेतवः। रङ्गास्तु नाट्यभुव उत्तमानां नाट्ययस्वरूपनिपुणमतीनां प्रमदं दिशन्तः शोभां धारयन्ति। तत्पक्षे उत्थापक उत्कृष्टः स्थापकः सूत्रधारप्रायः। उक्तं च–'स्थापकः प्रविशेदन्यः सूत्रधारसमाकृतिः' इति। 'उदः स्थास्तम्भोः पूर्वस्य' इति सकारस्य थकारः। उत्थापको वा सात्वतीवृत्तिभेदः। उक्तं च–'अहमुत्थाप्यासे................ तावद्दर्शयात्मनः शक्तिम्' इति। संघसमाश्रयमुत्थितमुत्थापको ज्ञेयः।।' (?) इति। भाण्डानि मुरजादयः। रूपं नाटकप्रकरणादि। जवनिकया तिरस्करिण्या महिताः पूजिताः। क्वचित् 'उत्थापनेन' इति पाठः। तत्रोत्थापनमुत्प्लावनम्। 'यस्मादुत्थापयन्त्यत्र प्रयोगं नान्दिपाठकाः। पूर्वमेव तु रङ्गेऽस्मिंस्तस्मादुत्थापनं स्मृतम्।।' इति पूर्वरङ्गाङ्गं च।।38।। विस्तारः प्रथमधातुभेदश्च। कृतिनस्तुरंगेषु (तुरंगशास्त्र)गान्धर्ववेदप्रवीणाः। कृतो रूपस्य वर्णो मार्जनादिसंस्कारो यस्य। कृतरूप........स्वरूपवर्णाः स्थायिसंचा[र्या]रोह्यवरोहिरूपाः स्वरूपा यत्र। आविद्धमुद्गतं धातुभेदश्च। करणानि गतौ विच्छित्तिविशेषाः। करणश्च धातुभेदः। व्यञ्जनानि श्रीवृक्षादीनि लक्षणानि तेषां क्रमो यथाशास्त्रमङ्गेषु विनिवेशः। व्यञ्जनस्य च धातुविशेषस्य क्रमः पुष्पकलादि (तालादि ?)। तत्प्रभेदानां यथाप्रायं

---

1. 'करौघैः' ख. क-ख-पुस्तकयोरस्माच्छ्लोकादनन्तरं 'अश्ववर्णनम्' इत्यस्ति.
2. 'सीत्कार' ख.

संदर्शितोरुयुगसज्जघनश्रियापि
तत्राभियोगसमये रथकट्यया श्रीः॥42॥

आयोधनानुगुणवेषपरिग्रहाच्च
तेजस्विनस्तदपनुत्तय आविरासन्।
संहारभानव इवाखिललोकसर्ग-
नाशस्फुरत्किरणदन्तुरमण्डलाग्राः॥43॥

शीतांशुमौलिरपि केसरिचक्रवाल-
योक्त्रीकृताहिपतिभोगसहस्रभीमम्।
अध्यारुरोह रथमग्निशिखापिशङ्ग-
मायोधनानुगुणवेषपरिग्रहश्रीः॥44॥

उष्णीषभोगिफणफूत्कृतिवातघात-
पुञ्जीकृतत्रिपथगाजलवेणिशुभ्रम्।
तस्योष्णवारणमधार्यत भागलग्न-
माणिक्यखण्डखचितोन्नतहेमदण्डम्॥45॥

तस्य प्रकीर्णयुगलं शशिरश्मिशोभि
शब्दानुबन्धिमणिकम्बुभुजे तदानीम्।

(?) प्रयोगः। धातवो विस्ताराद्याश्चत्वारस्तन्त्रीष्वङ्गुलिग्रहणेन विशेषनिष्पाद्याः स्वरप्रयोगविशेषाः। तदाश्रितं वाद्यं धातुवाद्यम्। अनुपप्लुतं स्वनाहितं (?) दोषशून्यं च॥39॥ दिवि क्षणं लग्नपदत्वात्खुरैस्तत उत्पतनशिक्षामिवाकुर्वत तुरगाः॥40॥ 'मूलत एव प्रभृति प्राग्रं यावत्प्रसारितः पवनैः। केतौ निवेशितो यः स पटः सीतापटो ज्ञेयः॥' उपकरणमायुधसंपदन्नादिकं च॥41॥ अनवरतं सदा। नवं च रतं रमणं यथाक्रमेण। नायकः प्रभुः कामुकश्च। ऊरुणा विस्तीर्णेन युगेन काष्ठविशेषेण सज्जा (घना) या श्रीः सा संदर्शिता यया। संदर्शिता चोर्वोर्युगस्य युग्मस्य सतश्च जघनस्य श्रीर्यया। अभियोगो रणः सुरतं च। रथानां समूहो रथकटया। 'इनित्रकट्यचश्च' इति कट्यच्। तया श्रीरापि प्राप्ता। रथकट्या चात्र नायिकेति विशेषणासाम्याद्गम्यते॥42॥ ['सर्वपश्चात्पदं वर्तते' इति भाष्यकृव्द्यवहारदर्शनादव्ययेन सह षष्ठीसमासप्रतिषेधस्या-नित्यत्वनिश्चयात्तदनुतदुपरिप्रभृतीनि शब्दरूपाणि साधुत्वं नातिवर्तन्ते।] मण्डलाग्रं खड्गो बिम्बस्य च पुरोदेशः॥43॥ अग्निशिखावत्पिशङ्गत्वं रथस्य केसरिमयत्वात्। तेषां च प्रायशः कपिशवर्णत्वात्। आयोधनानुगुणा सङ्ग्रामानुरूपा। क्वचित् 'पृथ्वीधरानुगुण'

पार्श्वस्थिते दुधुवुतुः स्वयमभ्युपेत्य
मन्दाकिनी सरभसं यमुना च भक्त्या॥46॥

येनाशु निर्धुतसटाभरमम्बराग्र-
मारोहता निशितपाणिजमण्डलेन।
नक्तंमुखेषु शशभृत्प्रसभं[1] व्यधायि
बिम्बावलम्बिशशदारणकान्दिशीकः[2]॥47॥

आकर्ण्य यस्य मदशोषविषण्णभृङ्ग-
गण्डस्थलाः सपदि रुञ्जिततारनादम्।
अङ्गेषु भीतिभरसंकुचिता निजेषु
वाञ्छन्ति दूरमिव दिक्करिणः प्रवेष्टुम्॥48॥

श्रीकण्ठशेखरशशाङ्ककलाकराल-
वेल्लत्सटापटलधूननबद्धरोषः।
उत्प्लुत्य दारयितुमीहत एव वज्र-
सूचीशितैर्नखमुखैरपि मारुतं यः॥49॥

तस्मिंस्तुषारनिकुरुम्बविपाण्डुभासि
सिंहीसुते विदलिताञ्जनमेचकार्चिः।
कात्यायनी कृतपदा श्रियमाससाद
प्रालेयशैलगतनूतनमेघवल्ल्याः॥50॥ (चक्कलकम्)

शार्ङ्गायुधोऽपि[3] भुवनक्षयकालवह्नि-
शङ्काकुलीकृतसुरासुरचक्रवालम्।
तार्क्ष्यं विधौतकलधौतपिशङ्गपक्ष-
मात्मीयदेहभरखर्वितमध्यरोहत्॥51॥

इति पाठः। तत्र पृथ्वीधरोऽत्र कोदण्डीकृतो मन्दरः॥44॥ वेणिः प्रवाहः। उष्णवारणं छत्रम्॥45॥ शब्दानुबन्धिनो मणिवलया यस्य तादृग्भुजो ययोस्ते॥46॥ .... कम्। पाणिजा नखास्तत्समूहेन शशस्य यद्दारणं तेन हेतुना कांदिशीको भयद्रुतः प्रदोषेषु शशी कृतः॥47॥ रुञ्जितं सिंहगर्जितम्॥48॥ कराला भास्वराः। वज्रसूची वज्रमयी सेवनी॥49-50॥ तार्क्ष्यो वैनतेयः॥51॥ विग्रहो देह एव भरो भारः।

---

1. प्रथमं' ख. 2. 'धारण' ख. 3. 'अथ' ख.

ताक्ष्योऽपि चञ्चुपुटदष्टभुजंगमूर्ति-
भास्वत्फणामणिरुचिच्छुरणारुणेन।
पृष्ठेन विग्रहभरं वसुदेवसूनो-
र्जग्राह दानवरणस्य च चेतसोच्चैः॥52॥

क्षोणीव पक्षपवनोद्धतशैलजाल[1]-
मुत्तिष्ठतः शितनखाग्रविदष्टमूर्तिः।
तस्याधिनाकमतनुर्बिभरांचकार
शोभां क्षणं चरणकोटिगताभ्रलेखा॥53॥

पिङ्गत्विषं कवलितोरगचक्रवाल-
निर्यद्विषाग्निपरिणामवशादिवासौ।
विस्तारितां नभसि हेममयीं पतत्र-
पङ्क्तिं दधत्सरभसोड्डयनाय रेजे॥54॥

उद्गच्छतो गगनवर्त्म गरुत्मतोऽथ
दूरावगाहदृढभिन्नरसातलाग्राः।
आकृष्टमुक्तवसुधाः क्षणविघ्नखेद-
मातेनुरस्य गिरिसंहतयः कथंचित्॥55॥

स्थूलास्थिगण्डशिखरोज्झितदानवारि-
धारान्धकारितदिशः सुरलोकपालाः।
विन्यस्तशैलगुरुपादविरुग्णभूमि-
भागान्यथायथमथारुरुहुर्गजेन्द्रान्॥56॥

ताव[2]त्प्रतीतमनसि प्रधनोत्सवाय
दर्पाद्विनिर्जितरिपौ भटचक्रवाले।
बालाजनो बलवदाकुलतां जगाम
तत्कालसंभ्रमविलोलविलोचनश्रीः॥57॥

विग्रहश्च कलहस्तद्रूपो भर आटोपः॥52-54॥ दूरमवगाहनेन दृढं विदारितं पातालाग्रं यैस्तादृशाः शैलनिवहाः केनापि प्रकारेणाकृष्टत्वाद्गगनोद्गमने गरुडस्य क्षणं विघ्नेन खेदमुदपादयन्॥55॥ यथायथं यथास्वम्॥56॥ तावदिति यावदेवं सर्वे समरसंमुखा-

---

1. 'पक्षजाल' ख. 2. 'प्रतीप' ख.

संस्तम्भिता अपि तु मङ्गलभङ्गभीरो-
भीरोर्विषादवशशून्यधियस्तदाक्ष्णः।
निर्धौतकज्जलविधूसरिता निरीयु-
रिन्दीवरान्मधुकरा इव बाष्पलेशाः॥58॥

आधीयमानमतिसंभ्रमवेपमान[1]-
विस्रस्तबाहुलतया बुबुधेऽन्तरायम्।
प्रस्थानमङ्गलविधानमपि प्रवीरः
सङ्ग्रामरागरभसोल्लसचित्तवृत्तिः॥59॥

बद्धस्पृहं दयितया करवालयष्टि-
रालोकिता भटजनस्य करप्रतिष्ठा।
प्राप्ता शितित्वमधिकं तदपाङ्गभासा
धौतेव तत्क्षणमराजत विस्फुरन्ती॥60॥

पत्यौ रणाय चलिते गुरुशोकवृत्ते-
र्वामभ्रुवः सपदि कार्श्यदशां व्रजन्त्याः।
माणिक्यकम्बुरवनौ पतितः कराग्रा-
ल्लावण्यचन्द्रपरिवेष इव व्यराजत्॥61॥

वक्त्रं विलोकयितुमूढरसा चिराय
पत्यु[2]र्वधूर्निहितमङ्गलरोचनार्द्रान्।
दोदूयमानहृदया सविशेषमेव[3]
सिद्धार्थकान्रचयति स्म ललाटपट्टे॥62॥

आलिङ्ग्य गाढमपरा परिचुम्बतोऽथ[4]
वक्त्रं प्रियस्य समराय विनिर्यियासोः।
उष्णोष्णनिःश्वसिततत्क्षणगाढशुष्क-
ताम्बूलपङ्करसमोष्ठयुगं चकार॥63॥

स्तावदङ्गनाजनोऽनङ्ग(?) विषयेऽत्यर्थमाकुलो जातः। प्रतीतं प्रकृष्टम्॥57-59॥ बद्धस्पृहत्वं करप्रतिष्ठत्वात्। इयमस्य प्रेयसी सांप्रतमनया सार्धमेष विहरतीत्यभिप्रायद्वा। शितित्वं श्यामता तीक्ष्णत्वं च॥60-61॥ सिद्धार्थकाः सर्षपाः॥62-63॥ तनोर्देहस्य

---

1. 'आधूय मानं' ख. 2. 'विहित' क. 3. 'सविलम्बं' ख. 4. 'मपि चुम्बतो ख.

गुप्तिस्तनोरिति कृतादरबन्धमादौ
स्पर्शामृतव्यवधिरित्यपि साभ्यसूयम्।
भावद्व्याश्रयिमनाः[1] परिरम्भ इत्थ-
मैक्षिष्ट वर्म दयितस्य वधूः पिनद्धम्।।64।।

इति समरविमर्दौत्सुक्यभाजः प्रवीराः
कथमपि दयिताभिर्मुच्यमाना गृहेभ्यः।
सरभसमथ पुर्या निर्ययुः सोर्जगर्जं
रथतुरगविमर्दक्षोभिते रत्नसानौ।।65।।

इति श्रीबालबृहस्पत्यनुजीविनो वागीश्वराङ्कस्य विद्याधिपत्यपरनाम्नो महाकवे
राजानकश्रीरत्नाकरस्य कृतौ रत्नाङ्के हरविजये महाकाव्ये
सैन्यसंरम्भो नाम चत्वारिंशः सर्गः।

एकचत्वारिंशः सर्गः।

अथ कथमपि तस्याः संकटद्वारसीम्न-
स्त्रिदशगणवरिष्ठैरञ्जसान्वीयमानः।
श्रुतहरिजयशब्दः[2] स्फीतवादित्रघोषै-
र्गिरिकटकतटान्तान्निर्जगामेन्दुमौलिः।।1।।

क्वणितमुखरघण्टाचक्रवालध्वजाग्र[3]
रथवरमधिरुह्य प्रस्थितस्योत्पताकम्।
स्वयमवहितचेता मङ्गलं संविधित्सुः
सरभसमभिदध्मौ वैष्णवी तस्य शङ्खम्।।2।।

वर्म गुप्तिः परितो रक्षाकारणमित्यादरेण स्पर्शामृतस्य व्यवधानहेतुरित्यसूयया च वधूरालिङ्गनसमये तदद्राक्षीत्।।64।। सोर्जा बलवती गर्जा सिंहनादो यत्र तथा कृत्वा निर्ययुर्योधाः। मन्दरे क्षोभते सति।।65।। इति राजानकजयानकसूनोरलकस्य कृतौ हरविजयविषमपदोद्द्योते चत्वारिंशः सर्गः।।

एकचत्वारिंशः सर्गः।

तस्याः पुरः सीमावधिः। ततः कृच्छ्रेण मन्दरगिरेः कटक.............निर्ययौ। तस्या इति वा पञ्चमी। तद्विशेषणं संकटेन वरिष्ठा सहा (?)................राः। अञ्जसा स्पष्टं त्वरितं वा। हरिरिन्द्रः। वादित्राणि तूर्याणि।।1।। वैष्णवी माता तस्य मङ्गलं

---

1. 'द्व्याश्रय' क. 2. 'द्रुत' क. 3. 'ग्रथित' क.

नवधवलदुकूलैः कल्पिताः सैनिकानां
　　शशिकरसितकीर्तिक्षीरसिन्धूर्मिभङ्गाः।
द्विरदघनबलाकाः प्रोल्लसन्त्यस्तदानी-
　　मनिलबलविलोला वैजयन्त्यो विरेजुः॥3॥

स्फुटमणिपरिणाहप्रस्फुरत्पुष्करश्री-
　　र्द्रुतमुपरि नियन्त्रा हन्तुमुत्क्षिप्यमाणः।
उदयगिरिशिखाग्रादूरवर्त्यर्कबिम्ब-
　　श्रियमतनुमतानीडिण्डिमः कुञ्जरस्य॥4॥

प्रतिगजमदगन्धाघ्राणहेलाव्युदस्तः
　　स्फुरदुदरनिविष्टस्पष्टरेखोऽग्रहस्तः।
श्रियमभृत करेणोर्नाकसंरोहणाय
　　द्रुतमिव सुभटानां बद्धसोपानपङ्क्तिः॥5॥

दिशि दिशि मकरन्दं पुण्डरीकोदरेभ्यः
　　सरभसमपि पीत्वा हारिमाधुर्यमुच्चैः।
द्विरदपतिमदाम्भस्तिक्तमास्वादयन्तो
　　विरसरसनमन्तर्वक्त्रमूहुर्द्विरेफाः॥6॥

प्रतिगजमधिकोपाद्धवतां कुञ्जराणां
　　सपदि मुखापटेनाच्छाद्य वक्त्राण्यलीनाम्।
अविरलमदतोयापानगोष्ठी निरासे
　　बहुगुणमपि मन्ये दोषहेतुं कदाचित्॥7॥

चिकीर्षुः शङ्खमभिदध्मौ मुखेनापूरितवती॥2-3॥ नियन्ता गजारोहः। तेन गजस्योपरि हन्तुं वादयितुमुत्क्षिप्यमाणो डिण्डिमष्टम्भक (?) इति प्रसिद्धो वादित्रभेदः पूर्वादिशिखर-संनिकर्षस्थस्य रवेः शोभामतनोत्। स्फुटमणिपरिणाहेन रत्नमयेन कटकेन स्फुरन्ती पुष्कराग्रस्य श्रीर्यस्य। अन्यत्र स्फुटो मणेरिव परिणाहो यस्य सः। ततः प्रस्फुरन्ती पुष्कराणां पद्मानां श्रीर्यस्मादिति बहुव्रीही विधाय विशेषणसमासः। नियन्त्रारुणेन द्रुतं हन्तुं त्वरितं गन्तुमुपर्युदयगिरेरुत्क्षिप्यमाा इत्यर्केऽपि केचिदयूयुजन्। 'हन हिंसागत्योः' इति हन्तेर्गतावपि पाठात्॥4-5॥ अन्तर्वक्त्रं मुखान्तरे भ्रमरा विरसं रसनं नीरसमा-स्वादनमवहन्। पूर्वं तिक्तमभ्यवह्रियते ततो मधुरम्। न तु विपर्ययेण॥6॥ प्रतिगजः प्रतिपक्षकरी। निरासे निरस्ता। गुणास्तन्तवोऽपि॥7॥ सप्तधा करकटकगण्डचक्षुः-

श्रियमतनुत रक्षाभूतिविन्यासपाण्डुः
सपदि मदजलेन श्चयोतता सप्तधोर्व्याम्।
द्विरदपतिरनीचैर्विस्फुरद्गण्डशैल-
स्त्रिदशनगरगङ्गास्त्रोतसेवार्कशैलः॥8॥

दधुरभिनवलाक्षारञ्जितैश्चामरौघैः
श्रियमनुकृतवात्यारंहसः सैनिकानाम्।
खुरशिखरनिपातक्षुद्यमानाखिलोर्वी-
जनितशिखिशिखौघाश्लिष्टरूपा इवाश्वाः॥9॥

स्थगितसकलदिक्कानेकसंख्यानसेना-
जनितगुरुभरोच्चैरन्वभूद्भूरि शंभोः।
क्रमविधृतविमुक्तोद्दामनिःश्वासताम्य-
त्फणिपतिफणदोलान्दोलनं भूतधात्री॥10॥

करिहरिरथपत्तिव्रातनिर्धूतधूलि-
प्रकरजनितकार्श्यामन्वबध्नादधस्तात्।
लघुविदलनभीतिव्याकुलात्मा कथंचि-
त्फणनिगडसहस्त्रेणाहिनाथो धरित्रीम्॥11॥

बलसमुदय ऐशेऽतीत्य गव्यूतिमात्रं
स्थितवति शिबिराग्रावासभूमीर्गृहीत्वा।
प्रथममिव तदानीं सौगतानां प्रमाणं
द्विरदकुलमनल्पं कल्पनापोढमासीत्॥12॥

श्रोत्रपायूपस्थलक्षणैः सप्तभिर्द्वारैरुर्व्यां श्च्योतता पतता। गङ्गाप्रवाहोऽपि सप्तसु द्वीपेषु परिभ्रमणादुर्व्यां सप्तधैव स्त्रवति। गण्डावेव शैलौ च। गण्डशैलाश्च महोपलाः। अर्कशैलः स्फटिकगिरिः॥8-9॥ संख्यानं संख्या। फणा एव विस्तृतत्वाद्दोलास्तत्र प्रेङ्खनमवनिः प्रभूतमनुभूतवती॥10॥ हरयोऽश्वाः। लघु त्वरितम्॥11॥ गव्यूतिः क्रोशद्वयम् तन्मात्रमतिक्रम्य हरसंबन्धिनि सैन्यसमुदाये विश्रान्ते सति गजानां कुलमावासकान्गृहीत्वा कल्पनापोढमासीत्। कल्पना संनाहस्तस्मादपोढं तद्रहितम्। अत एव बौद्धानां प्रथमं प्रमाणं प्रत्यक्षं तदिव। तदपि कल्पनया अपोढं कल्पनास्वभावरहितम्। शब्दसंसर्गयोग्य-पतितासंज्ञानां कल्पनानां च प्रत्यक्षं तत्स्वभावं भवितुमर्हति। नियतप्रतिभासत्वात्। प्रतिनियतरूपं हि वस्तु कालद्वयाननुयायि कथं व्यवहारोपयोगिसंकेतविषयेण शब्देन

सुरबलमवलोक्यावासितं काननाग्रे
शकुनय उरुपक्षा दूरमुत्पत्य वेगात्।
द्रुमविटपशिखाग्राबद्धनीडप्रतिष्ठ-
स्वतनयगततृष्णाश्चेरुराकाश एव॥13॥

कृतगुरुतरकम्पान्दोलनव्याकुलायां
भुवि विनिमितपादं जङ्गमान्द्रीद्रकल्पैः[1]।
अतिनिबिडनिबद्धैः कल्पवृक्षेषु सेना-
द्विरदपतिभिरापे न त्रिपद्या विलासः॥14॥

दृढनियमितरज्जुस्कन्धसंदानितानां
स्रुतमदजलगण्डाभोगकाषैर्गजानाम्[2]।
त्वगपतदवरुग्णा काननानोकहेभ्यः
सहजमपि विमूढाः कं न विश्लेषयन्ति॥15॥

स्रुतघनघनसारक्षोदसौगन्ध्यभाजो
मणितटकृतवीचिक्षोभमन्दाकिनीकाः।
द्रुमगहनविलुप्तार्कांशुसंतापशीताः
शिखरिकटकभूमीरध्यवात्सुर्ध्वजिन्यः॥16॥

स्फुटितविकटगण्डाभोगमाद्यद्द्विरेफा
विकसदविरलैलाकन्दलीकाननाढ्याः।
उपमणिगुहमद्रेः फुल्लकोशातकीका
युवतिभिरनुयाताः केचिदासेदुरुर्वीः॥17॥

संसृज्यत इत्येवमादिना नयेन बौद्धाः प्रत्यक्षं कल्पनापोढमूचुः। अनल्पं बहु चतुष्प्रकारम्॥12-13॥ त्रिपदी पादमेकमुत्क्षिप्य पादत्रयेणावस्थानं तद्विलासो गजेन्द्रैर्नापे न लब्धः। अतिगाढं निबद्धत्वात्। विनिमिताः पादा यत्र तथा कृत्वा भुवश्चालनं निगडच्छेदातियोगेन॥14॥ संदानिता बद्धाः। अनोकहास्तरवः। विमूढा मदगजा अपि। ये त्वगादिभेदेऽपि निःसंज्ञाः॥15॥ घनसारं कर्पूरम्। अध्यमात्सुरध्यतिष्ठन्॥16॥ एला कन्दली कोशातकी च लताभेदाः॥17॥ दर्शिता आच्छोदनेच्छा मृगयारसो यैस्तथाविधाः सैनिका बभूवुः। स्थितिरिरिति किल प्रयाणकाले विजिगीषूणां मृगयानुष्ठानमनिन्द्य

---

1. 'जंगमाद्रीन्दु' ख. 2. 'कोशैः' ख.

अथ शशधरमौलेः सैनिकाः सानुदेशे
दिशि दिशि विचरन्तः कल्पितैर्वाजिसैन्यैः।
प्रतिभयतरलाक्षं दृश्यमाना मृगौघैः
स्थितिरिरिति चिरमासन्दर्शिताच्छोदनेच्छाः॥18॥

सरभसमनुविद्धा केनचित्सादिनोच्चैः[1]
स्फुरिततरलतारा श्यामलांशुच्छटाभिः।
व्यवधिमिव विधातुं भीतिपारिप्लुवाक्षी
हरिणयुवतिरैच्छत्संभ्रमादात्ममूर्तेः॥19॥

द्रुततरमपि नष्टा सादिसैन्यावमर्दा-
त्तनयमनवलोक्य क्वापि तत्रैव यातम्।
पुनरसुनिरपेक्षं कृष्णसाराङ्गनागा-
त्पदमिह न विपत्तेः कस्य तृष्णाथवा स्यात्॥20॥

श्रवणघटितमौर्वीमण्डलीभूतचाप-
च्युतिचतुरतरश्रीर्धन्विनानन्वीयमानम्।
हरिणमनपराधं मार्गणोमङ्क्षु भित्त्वा
त्वरितमिव विलक्षोऽलक्षितः क्ष्मामविक्षत्॥21॥

क्षितितलगत[2]पुङ्खेनेषुणोत्तम्भ्यमान-
स्फुटतरगलनालः कश्चिदुद्ग्रीव एव।
द्रुतमिव चलितानां वल्लभानां तदानीं
हरिणशिशुरसूनामूर्ध्वमैक्षिष्ट मार्गम्॥22॥

न खलु जगति शून्यं किंचिदस्तीह धाम्ना
युवतिमनुसरन्तं गर्भभारालसां यत्।

आचार इति। कल्पितैः सुबद्धैः॥18॥ सादी हयारोहस्तेनानुसृता मृगी कनीनिकाप्रभा-भिर्भयात्स्वदेहस्य व्यवधानमिवाचिकीर्षीत्॥19॥ नष्टा पलायिता। असवः प्राणास्तन्निरपेक्षं पुनराययौ। विपत्तेः पदमास्पदं तृष्णा कस्य न स्यात्सर्वस्य भवेत्॥20॥ तरश्रीर्जवसमृद्धिः। धन्वशब्दो व्रीह्यादिः मङ्क्षु त्वरितम्। विलक्षो निःशरव्यः। यश्चानपराधं कंचन निहन्ति स विलक्षो लज्जितः क्ष्मामिवालक्षितत्वात्त्वरितं प्रविशति॥21॥ उत्तुम्ब्य(त्तम्भ्य)

---

1. 'कामिना' **ख.** 2. 'उत्तुम्ब्यमान' **क.**

विकटकुटिलशृङ्गाघातपातेन कंचि-
　　द्वनभुवि हरिणोऽपि स्वैरमाहन्तुमैच्छत्।।23।।

विकटगुरुविषाणादभ्रभाराण्यवाञ्चि
　　प्रसभमभिहतानामुत्तमाङ्गानि पूर्वम्।
गिरिभुवि हरिणानामाशु पश्चाद्वपूंषि
　　स्रुतरुधिरलघूनि व्योममार्गान्निपेतुः।।24।।

प्रकटविकटशृङ्गैः काननं मन्दराद्रे-
　　र्दधत इव निवासप्रीतियोगाच्छिरोभिः।
नभसि पृषतयूथा दूरमुत्प्लुत्य पेतु-
　　र्दशनखुरविरुग्णालग्ननाराचपुङ्खाः।।25।।

उपगतमवलोक्यावज्ञया सैन्यमुच्चै-
　　रगणितगुरुभीतिर्मुक्तसंरम्भमग्रे।
हरिणपरिवृढोऽस्थादन्यथा सत्त्वभाजः
　　कथमिव[1] गुरुधैर्यस्योजसास्योपमा स्यात्।।26।।

व्यपगतघृणमारान्मन्दरस्याङ्कवर्ति
　　घ्नति सुरगणसैन्ये द्वीपिसिंहादिसत्त्वम्।
प्रतिककुभमुदस्थुर्मन्युमन्तस्तदानीं
　　तदनु वरवराहाः प्रत्यनीकायमानाः।।27।।

चमरहरिणवृन्दं वालभाशक्षिपातै-
　　रनुकृतनिजनारीकेशहस्तेक्षणत्विट्।
क्वचिदपि परिहृत्याधावतां सैनिकानां
　　हरिशरभवराहद्वीपि हन्तव्यमासीत्।।28।।

मानमुत्क्षिप्यमाणम्। गल एव नालं क........नम्।।22-23।। अदभ्रः प्रभूतः। अवाञ्च्य-धोमुखानि।।24।। दशनाग्रैः खण्डिता आलग्नानां नाराचनां पुङ्खा यैस्ते पृषतानां मृगाणां यूथा न्यपतन्।।25।। परिवृढः प्रभुः। अस्य मृगराजस्य संबन्धिनौजसा सत्त्वभाजः कथमुपमा स्यात्। नासौ सिंहवीर्येणोपमीयत इत्यर्थः। अत्रौजसेति करणे तृतीया। न तु तुल्यार्थयोगे। अतुलोपमाभ्यामिति प्रतिषेधात्।।26।। द्वीपिनो व्याघ्राः। प्रत्यनीकं प्रतिपक्ष-

---

1. 'अपि' क.

सुरभिकुसुमभाजो रूपशोभां दधत्या-
स्तरलहरिणदृष्टेः काननोर्वीरमण्याः।
सुरत इव मृगव्याविभ्रमेऽन्योऽर्धचन्द्र-
स्फुटकरजनिपातैः पाटयामास गण्डम्।।29।।

शिखरिभुवि शिखण्डी वल्गुबर्हातिभारा-
दलसितगतिराराद्धन्विनान्वीयमानः।
त्वरिततरमशक्नोन्न घ्नतो नंष्टुमस्मा-
द्विपदि भवति काचिद्दोषरूपा गुणश्रीः।।30।।

इति विहितमृगव्यैर्मुक्तपर्याणपट्टा
ववलुरवनिपीठे सादिभिः कृष्टवल्गाः।
श्रमजलकणजालाश्लिष्टजाम्बूनदोर्वी-
विधुतघनपरागालिङ्गिताङ्गास्तुरंगाः।।31।।

रयचतुरतरङ्गक्षोभशीतैर्मरुद्भि[1]-
र्धुतकपिलसटाग्राः[2] सैकते नाकसिन्धोः।
अधिजलमवतेरुर्मङ्क्षुमुत्प्रोथघोणाः
खरखुरशिखराग्रक्षुण्णपाठीनचक्राः।।32।।

विघटितदलमुद्रान्पङ्कजौघान्विहाय
प्रमदविधुतपक्षास्तोय एव द्विरेफाः।
अपि मदजलबिन्दून्दूरमन्वीयुरेला-
स्तबकसुरभिगन्धीन्मज्जतां वारणानाम्।।33।।

सैन्यम्।।27।। हरिशरभेति 'विभाषा वृक्षमृग-' इत्येकवद्भावेन। हरयः सिंहाः।।28।। रूपा मृगा रूपं च देहसंस्थानम्। तरला हरिणानां हरिणस्येव दृष्टिर्यस्याः। मृगव्या मृगया। अर्धचन्द्राश्चन्द्रार्धफलकसदृशाः शरा एव करजास्तेषां निपातानि पातनानि। अर्धचन्द्राख्याश्च करजनिपाता नखक्षतानि। गण्डः खड्गाख्यः प्राणी कपोलश्च। 'वक्रो नखाङ्कः कथितोऽर्धचन्द्रो ग्रीवास्तनोत्सङ्गविभूषणं यः' इत्युक्तेरर्धचन्द्रस्य न कपोलस्थान-मिति चेदसदेतत्। सुकुमारे हि संप्रयोगे शास्त्रस्य विषयनियमने व्यापारः। पर्याप्ते तु रतिवेगे निजनिजपदोल्लङ्घनेनापि नखपदादादीनां विनिवेशने न दोषः। उक्तं हि-'शास्त्राणां विषयस्तावद्यावन्मन्दरसा नराः। रतिचक्रे प्रवृत्ते तु नैव शास्त्रं न च क्रमः'।।29।।

---

1. 'तुरंग' ख. 2 'कपिश' ख.

सुरसरिति न यावल्लक्ष्यमाणाध्वखेदाः
　　सरभसमवतेरुर्मज्जनायामरौघाः।
द्रुतमसिचत तावच्छीकरैरग्रतस्ता-
　　न्करकलितलवङ्गामोदहृद्यैर्गजेन्द्रः॥34॥

द्विरदपतिसहस्रैः स्रोतसोऽन्तर्निमग्न-
　　क्षितिधरगुरुदेहालक्ष्यवक्त्राग्रहस्तैः।
त्रिदशसरिदनेकोद्दामगर्भाभिनिर्य-
　　द्गणपतिरिव दूरात्सैनिकैरालुलेकि॥35॥

कृतगुरुमदगण्डाभोगभूषं गजानां
　　भ्रमरकुलमपोहुः शीकरा हस्तमुक्ताः।
किमपरमथवा स्यादाश्रितानां जलेभ्यः
　　सपदि मदभरान्धैर्दूरमारोपितेभ्यः॥36॥

प्लुतिसुखमनुभूय प्राज्यसिन्दूररेणु-
　　च्छुरणकपिशितोर्मेः सिन्धुगर्भाद्गजेन्द्राः[1]।
क्षितिभृत इव पक्षच्छेदिनो वज्रपाणेः
　　पुनरभयमवाप्याप्युज्जिहाना विरेजुः॥37॥

सलिलगुरुसटाग्रा बिभ्रतो रुग्णमूलाः
　　खुरशिखरविलग्ना हेमशेवालवल्लीः।
त्रिदशसरित उच्चैस्तीरमुत्प्रोथघोणाः
　　श्वसिततरलितोर्मिव्रातमुत्तेरुरश्वाः॥38॥

अस्माद्धन्विनः। नष्टुं पलायितुम्। 'मस्जि नशोर्झलि' इति नुमागमः॥30॥ ववलुः परिवृत्ताः। जाम्बूनदं सुवर्णम्॥31॥ प्रोथस्तुण्डाग्रम्॥32-33॥ यावदमरौघाः स्नानाय नावतीर्णास्तावदग्रे गजेन्द्रः शीकरैस्तानसिचत सिक्तवान्। 'आत्मनेपदेष्वन्यतरस्याम्' इति लुङि च्लेरङादेशः॥34॥ पुरा सुरसरिद्गर्भादेको गणपतिर्निरियात् तदा तु स्रोतोन्तर-निमग्नकायैरालक्ष्यमुखकराग्रैश्च करिभिर्हेतुभूतैर्गर्भे निर्यद्बहुविनायकेव गङ्गा सैनिकैर्दृष्टा॥35॥ अपोहुर्निराकुर्वन्। जडा मुग्धा जलानि च तोयानि। मदो दानमपि॥36-38॥ स्थलीभ्यः सकाशादश्वाः शष्पस्य खण्डानग्रभागान्बाष्पान्ध्यात्केवलांश्चेरुरास्वादयन्॥39॥ जलानामाशये तिष्ठन्तोऽङ्गा गुरुभिः पक्षैरुत्सेकं मदं कुर्वन्ति। पक्षा वर्ग्याः पतत्त्राणि

---

1. 'भंगात्' ख.

श्रमशिथिलितकण्ठष्ठ्यूतनिःश्वासवात-
व्यतिकरधुतसेनाधूलिरुद्धान्तरालाः।
तरलसरलपुच्छं चेरुरश्वाः स्थलीभ्यो
मरकतमणिसूचीकोमलाञ्शष्पखण्डान्[1]॥39॥

विदधति गुरुपक्षोत्सेकमज्ञा जलानां
स्फुटमिह[2] मलिनानामाशये वर्तमानाः।
यदमरगणसेनारेणुपट्टा[3](ङ्का)विलासु
प्रतिककुभममाद्यन्निम्नगास्वेव मत्स्याः॥40॥

क्षितिधरपतिभूमिं दूरमुल्लङ्घ्य वेगा-
दथ हरिकरिपत्तिस्यन्दनं कल्पितं सत्।
द्रुततरमुडुवीथीमार्गमभ्याहताभ्रं
सरभसमुदपप्तव्द्याप्तविश्वं स्मरारेः॥41॥

प्रतिककुभमुदस्थात्सामि यत्सैनिकाना-
मगमदथ समाप्तिं तेन सर्वं विहायः।
अपरमपि यदर्धं दूरमुत्पित्सु[4] तस्था-
वभवदवनिपृष्ठं तेन निष्ठाप्रतिष्ठम्॥42॥

दिशि दिशि परिशुष्यद्दानतोयस्रुतीनां
त्रिदशगजघटानां दूरमुत्पेतुषीणाम्।
दिनकरकरतापोपप्लवादाकुलाना-
मतिनिकटतयोच्चैः पुस्फुटुः कर्णशङ्खाः॥43॥

पुनरुपगतपक्षोड्डीननिःशेषशैल-
स्फुटशिखरशिखाम्भःस्यन्दसंदेहमुग्धैः।

च। जला जडा जलानि तोयानि च। आशयश्चित्तं स्थानं च॥40॥ उडुवीथी नभः। उदपप्तदुज्जगाम॥41॥ सैनिकानां सामि अर्धं यदुत्थितं तेन विहायो नभः समाप्तिमिव ययौ। सैनिकानां भरेणालक्षितत्वात्। निष्ठाप्रतिष्ठां समाप्तिविश्रान्तिम्॥42-44॥ अन्दूर्बन्धनशृङ्खला॥45॥ नक्षत्रमाला गजानां शिरस्थमाभरणम् तदनुकारिणी गजानां मदलेखाप्रतिबिम्बिता तारकपङ्क्तिः शोभां तेने॥46॥ सप्तार्चिरग्निः। अनुद्यत प्रेरितम्।

---

1. 'पुष्पान्' ख. 2. 'इव' क. 3. 'मुकाविलासु' ख. 4. 'उत्क्षिप्य' ख.

दिशि दिशि घनवृन्दैः पीयते स्म द्विपानां
　　विकटकरटभित्तिभ्रष्टमारान्मदाम्भः॥44॥

अतनुसलिलगर्भाः कज्जलश्यामभासो
　　नभसि जलदलेखा वेल्ल्यमाना मरुद्भिः
क्षणवलनविलोला वारणानां नवान्दू-
　　निबिडनिगडलीलां पादलग्ना वितेनुः॥45॥

अनुकृतगिरिशृङ्गाभोगगण्डस्थलाग्र-
　　स्खलितविकटभास्वत्तारनक्षत्रमाला।
स्रुतमदजललेखाबिम्बता वारणानां
　　श्रियमतनुत तारापङ्क्तिरारात्स्फुरन्ती॥46॥

श्रवणशिखरभूषाचामरान्मा स्म धाक्षी-
　　दिदमविदितविद्युद्दामसप्तार्चिषारात्।
जलदकुलमितीवानुद्यतोच्चैः पुरस्ता-
　　द्दिशि दिशि गजताभिश्चण्डशूत्कारवातै[1]॥47॥

छुरितसुरपथासूत्तुङ्गकुम्भस्थलीषु
　　श्रवणधुतिहताभिश्चीनपिष्टच्छटाभिः।
क्षणघटनविलोला नाकनक्षत्रमालाः
　　श्रियमननृतमय्यस्तेनिरे वारणानाम्॥48॥

विकटकनककक्ष्यादामसौदामिनीकं
　　द्विरदकुलमभासीदन्यदासीनमुर्व्याम्।
सुरगणपतिसेनारुद्धनाकावकाश-
　　व्यतिकरगुरुखेदस्त्रस्तमेघौघकल्पम्॥49॥

अरुणमणिकिरीटच्छायया लङ्घ्यमाना
　　गलितमदजलार्द्रे बिम्बिता गण्डभागे।

गजता गजसमूहः। 'गजाच्चेति वक्तव्यम्' इति तल्॥47॥ क्षणं घटनाय विलोला नभोनक्षत्रमाला वारणानां कुम्भस्थलीषु शोभां तेनुः। अननृतमय्यः सत्या एव। अन्यगजानां कामं नक्षत्रमाला भवन्ति किं त्वनुकाररूपत्वादसत्याः॥48॥ कक्ष्या मध्यबन्ध-

---

1. 'शीत्कार' ख.

शिशिरकिरणलेखा लक्ष्यते स्म द्विपानां
नभसि विकटकुम्भस्रस्तहेमाङ्कुशश्रीः॥50॥

अकलितगुरुविद्युद्दामाभिः श्यामिताशै-
रसलिलगुरुगर्भैरुन्नमाद्भिः सलीलम्।
द्विरदपतिभिरुच्चैस्तस्तरे नाकमार्गः
प्रतिदिशमवरुग्णालोकमक्षुण्णमेघैः॥51॥

ग्लपितपवनवेगं[1] व्योम्नि पश्चार्धभाग-
स्थिरखुरशिखराग्रैरप्यनालम्बमेव।
गिरितटविकटोरःप्रेरितासन्नतारं
चटुलचरणकोटिन्यासमश्वैः प्रसस्रे॥52॥

नभसि तुरगसैन्यं दूरमुत्कर्णघोण-
स्फुरितमुखमनीचैरुत्प्लुतीरादधानम्[2]।
हरिणकुलमिवासीद्विस्फुरच्चित्ररत्न-
व्यतिकरशबलाभिर्भ्राजमानं गुडाभिः॥53॥

जवनपवनधूतैर्वेल्लिता विस्फुरद्भि-
र्नभसि विबभुरश्वा लाक्षिकैश्चामरौघैः।
विकटखुरशिखाग्रक्षोभभिन्नाभ्रगर्भ-
स्खलितचटुलशम्पाश्लिष्टरूपा इवोच्चैः॥54॥

रविकरपरिमर्शाद्विस्फुरद्भिस्तदानी-
मपगतघनपङ्कं नाकमीलीसहस्रैः[3]।
सरभसपरिवर्तालक्ष्यपाण्डूदरार्धैः
सर इव शफरौघैर्घूर्णमानैरभासीत्॥55॥

विकटशिखरलग्नाः केतुदण्डावलीषु
स्फुरितविविधरत्नच्छायकल्माषभासः।

नम्॥49-50॥ द्विरदपतय एवाक्षुण्णमेघा अपूर्वघनाः। अपूर्वत्वं तु विद्युत्सलिलयोरभावात्। तस्तरे समाच्छादितः॥51॥..............वरूथः॥52-53॥ लाक्षिकैर्लाक्षिकया रक्तैः। 'लाक्षारोचनाट्ठक्'। शम्पा विद्युत्॥54॥ ईली छुरिका॥55॥ रत्नानां छाया

---

1. 'वेगैः' क. 2. 'आददानम्' ख. 3. 'एली' क-ख.

नवजलधरखण्डाः केकिपिच्छातपत्र-
श्रियमदधुरधस्ताद्गच्छतां सैनिकानाम्॥56॥

स्फुरितमणिकिरीटग्रन्थिगर्भान्तराल-
प्रतिमितमहिमांशोर्मण्डलं व्योम्नि तेषाम्।
प्रतिफलदमलांशुव्रातमाशामुखेषु
स्फुटकनकशिरस्त्राभिन्नरूपं तदासीत्॥57॥

रथतुरगखुराग्रक्षुद्यमानात्पुरस्ता-
त्प्रतिपदमुडुचक्रादुत्थिता धूलिलेखा।
श्रियमतनुत मुक्तावालुकायास्तदानीं
गगनमकरसद्मन्यश्नुवाना दिगन्तान्॥58॥

स्फुरदतनुतडित्का वेल्ल्यमाना मरुद्भि-
र्दधुरविरलनीलश्याममभासोऽभ्रलेखाः।
कृतकवलनलीलारम्भलग्नौर्ववह्नि-
स्फुटविकटतरार्चिः सिन्धुभङ्गीविलासम्॥59॥

सपरुषरसितस्याम्भोधरस्योपरिष्टा-
त्सरुषमभिपतन्तं सिंहमालोक्य चण्ड्याः।
जगति विफलमेव प्रज्ञया शून्यमुच्चैः
स्फुटममनुत तेजस्तादृशां सैनिकौघः॥60॥

प्रमथपतिरयासीद्दानतोयार्द्रगण्ड-
प्रतिमितमणिचित्रच्छायवैकुण्ठशार्ङ्गः।
विकटशिखरभागालक्ष्यवृत्रारिचाप-
क्षितिधरपतिलीलां बिभ्रदभ्रंकषश्रीः॥61॥

श्रियमयभृत पुरस्तादिन्दुमौलेस्तदानीं
गणपतिरतिवेगात्प्रस्थितो नाकमार्गम्।

रत्नच्छायम्। 'छाया बाहुल्ये' इति नपुंसकत्वम्। केकिनो मयूराः॥56-57॥ मकरसद्म समुद्रः॥58॥ कवलनं ग्रासीकरणम्। भङ्ग्यस्तरङ्गाः॥59॥ तादृशामस्थानरोषिणां सिंहजातीयानां प्रज्ञाशून्यत्वादफलमेव तेजः सैनिकजनो मेने॥60-61॥ उष्णीषभाजः शिरोवेष्टनवर्तिनो भगवत्संबन्धिनो विधोर्द्वितीयमिवार्धं परशुमुखं बिभ्रद्गणपतिः शुशुभे॥62॥

दधदपरमिवेन्दोर्भागमुष्णीषभाजः
परशुमुखममन्दोल्लासनाशारिताभ्रम्॥62॥

द्विरदमदनदीभिः सैन्यमेतत्पुरस्ता-
त्कलुषयति पुरा मे चन्द्रिकागौरमम्भः।
सचकितमिति मार्गाद्रीतयेवापसस्त्रे
खगपतिगुरुवेगव्यस्तया नाकनद्या॥63॥

स्फुटमिह विमलानां स्वच्छता श्लाघ्यरूपा
विसदृशमुपधानं तत्र दोषाय नूनम्।
प्रतिमितममरौघा मेनिरे यन्निरीक्ष्य
क्षितितलमपि शीताभीशुबिम्बे कलङ्कम्॥64॥

इत्थं सेना स्मरारेर्जलधरपदवीं दूरमुल्लङ्घ्य वेगा-
दासीना रत्नसानोस्तटभुवि विविधव्यूहविस्तारभाजः।
तस्थुर्गव्यूतिमात्रं धृतगुरुसमरारम्भदैत्येन्द्रसेना-
निर्याणापेक्षमुच्चैर्दिशि दिशि विकसच्चित्रवादित्रघोषाः॥65॥

इति श्रीबालबृहस्पत्यनुजीविनो वागीश्वराङ्कस्य विद्याधिपत्यपरनाम्नो महाकवे
राजानकश्रीरत्नाकरस्य कृतौ रत्नाङ्के हरविजये महाकाव्ये
सैन्यप्रस्थानं नामैकचत्वारिंशः सर्गः।

द्वाचत्वारिंशः सर्गः।

ज्वलिता भृशं तदभियोगरुषा विविधायुधा दितिसुताधिपतेः।
प्रहतानकाः समरलालसया सहसैनिकैर्जघटिरे पृतनाः॥1॥

पुरा कलुषयति कलुषीकरिष्यति। खगपतिर्गरुडः॥63॥ उपधानमुपरागः। शीताभीशुरिन्दुः। तद्बिम्बे स्वभावविमलेऽपि प्रतिबिम्बितमुर्वीतलं पृष्ठतो वीक्ष्य तदेव देवाः कलङ्कमज्ञासिषुः। यथोक्तम्–'छाया हि भूमेः शशिनो मलत्वे निरूपिता शुद्धिमतः प्रजाभिः' इति॥64॥ रत्नसानुर्मेरुः। गव्यूतिमात्रमिति कालभावाध्वगन्तव्याः कर्मसंज्ञा ह्यकर्मणाम्' इति कर्मसंज्ञा॥65॥ इति राजानकजयानकसूनोरलकस्य कृतौ हरविजयविषमपदोद्द्योत एकचत्वारिंशः सर्गः॥

द्वाचत्वारिंशः सर्गः।

तस्य स्मरारेरभियोगोऽवस्कन्दस्तद्रोषेण ज्वलिता दैत्यपतिसेना हरसैनिकैर्जघटिरे

शितवर्त्मभिः करतलप्रहितैर्युधि शुष्मिणां विदलितान्नभसः।
मदतृष्णया करिकटेष्वलयः पतिता बभुः प्रचुरचूर्णनिभाः।।2।।

क्षयकारिणः सपदिपीतविषा भुजगश्रियं प्रतिभया दधतः।
विबभुस्तरामसिचयाः समरे हरविभ्रमा रुचिरचन्द्ररुचः।।3।।

भुजशालिनां करतलप्रहितैर्भ्रमणाकुलैररिभिरभ्यहितम्।
अनुचक्रिरे समररत्ननिधेः सलिलभ्रमाः सपदि मण्डलिभिः[1]।।4।।

कृतमूर्छनं प्रहरता द्विषता करशीकरै रणगतः शिशिरैः।
समशिश्वसत्करिपतिः सुभटं महतां स्थितिः परहितप्रवणा।।5।।

रुधिरारुणैर्निशितखड्गहता नवमौक्तिकैर्द्विरदकुम्भतटाः।
युधि दाडिमैः सदृशविभ्रमतां स्फुटितैर्दधुः प्रकटबीजशतैः।।6।।

भटकामिनः प्रतिवरूथवतीं रभसाद् घ्नतः समरवासगृहे।
प्रतिगुम्फिताः शितिसरोजदलैर्गलिता बभुः स्रज इवासिलताः।।7।।

शुशुभेतरां मणिशिरस्त्रभृता भुजशालिना धृतसमुन्नतिना।
सदृशात्मतामुदयसानुमतः परिबिभ्रता शिखरवर्तिरवेः।।8।।

उदरश्रितो विकटकुम्भभुवो नवमौक्तिकान्नभसयानुसृतैः।
सदृशश्रियः शुचिभिरंशुचयैः श्रुतिचामराः शुशुभिरे करिणाम्।।9।।

संमिलिताः। लालसाभिलाषः। सर्गेऽस्मिन्प्रमिताक्षरा वृत्तम्। यदि तु तत्र प्रतिपादं प्रथमस्याक्षरपञ्चकस्य चरमस्याक्षरसप्तकस्य च विपर्यासो विधीयते अथवा प्रथममक्षरपञ्चकं चतुर्थपादान्तमुपनीयते चतुर्थपादगतं वा पाश्चात्यमक्षरसप्तकं प्रथमं क्रियते तदैतदेव वृत्तं द्रुतविलम्बितं भवति।।1।। शुष्मिणां तेजस्विनाम्। शितवर्त्मभिः खड्गैः। विदलिताच्चान्तरिक्षाच्चूर्णमिव भ्रमराः करिणां कटेषु पतिता बभुः।।2।। असीनां चयाः प्रभूतं शुशुभिरे। क्षयः कल्पान्तोऽपि। पीतं कपिशं विषं पानीयं छायाविशेषो येषाम्। पीतविषश्चास्वादितकालकूटः। श्रीः शोभा समृद्धिश्च। प्रतिभया भयंकरा....... वस्त्रः। चन्द्रं सुवर्णं चन्द्रश्च शशी।।3।। अरिभिश्चक्रैरहिताभिमुखं प्रहितैः सलिलभ्रमा आवर्ता भ्रमणाकुलत्वादनुकृताः। मण्डलिभिरिति प्रशंसायां मत्वर्थीयः।।4।। समशिश्वसत्समाश्वासितवान्। महान्तः सुजनाः करिपतिश्च महान्स्थूलः।।5।। बीजानि फलाकानि (?)।।6।। प्रतिवरूथवती प्रतिपक्षसेना। तस्याश्चात्र नायिकात्वमार्थम्। भटस्य कामित्वेन रूपणात्। कामिनि च वासगृहे नायिकामुपसृप्तकादिना हन्तुमुद्यते तस्याः स्रजो

---

1. 'मण्डलिनः' **क-ख.**

प्रतिहारिभिः करिकरैरसकृत्परिपिण्डितैः समरभूमिरभात्।
लिपिसंहतेः सुभटनामजुषः प्रणवैरिव प्रथममालिखितैः॥10॥

युधि धावतः प्रतिगजाभिमुखं पुनरप्यधाद्गजपतेः सरुषः।
दलिताश्रयः सपदि केतुपटः पतितो मुखे पृथुमुखच्छदताम्॥11॥

करिमौक्तिकैर्विगलितैः शुचिभिः सुभटाश्रयाश्चमरतन्तुशतैः।
वरणस्रजो ग्रथयितुं रणभूः सुरयोषितां द्रुतमिवैच्छदसौ॥12॥

सुरकुञ्जराः क्षितितलास्खलितैः प्रतिमाश्रयान्विदधुरूर्ध्वगतैः[1]।
कटकान्करैः स्फुटचषालरुचः समराध्वरे विकटयूपगतैः[2](समैः)॥13॥

स्फुरदुच्चकैर्विकचकुन्दरुचि श्रवणाश्रयं गजपतेर्जलजम्[3]।
शशिमण्डलं तरलमन्वकरोत्प्रकटास्पदं गिरिगुहानिकटे॥14॥

पतितोद्धृतैः श्रवणशङ्खशतैः समराङ्गणे शुशुभिरे करिणाम्।
सदृशाः कराः सरलतां दधतः स्फुटमौक्तिकैर्विकटवंशशतैः[4]॥15॥

युधि घूर्णितं सुभटमीक्ष्य पुरो दधती वपुः पुलककण्टकितम्।
स्मरगौरवात्सुरवधूरभवद्वशदुर्वहा निजविमानभुवः॥16॥

क्षितिमण्डले निमितजानुयुगो[5] गुरुमत्सरस्त्रिकसमुन्नतिमान्।
स्थगितेक्षणो ध्वजपटेन मुहुर्भटविग्रहे परिणनाम करी॥17॥

गलन्ति। अत्र पक्षे कामिन इत्यनादरे षष्ठी॥7-8॥ कुम्भभूमेरुदरं श्रयतो मौक्तिकान्यनुगतैर्मौक्तिकसंबन्धिभिः किरणनिकरैः सदृशशोभाः करिणां कर्णचामरा रभसयातिशयेन विरेजुः॥9॥ प्रतिहारः कुण्डलीकरणम्। परिपिण्डितैः संकलितैः॥10॥ अधादकार्षीत्। आश्रयः केतुदण्डः। मुखच्छदो मुखपटः॥11॥ मौक्तिकैश्चामराणां च तन्तुभिः स्वयंवरणमाला इवोम्भितुं रणभूमिरैच्छत्। ग्रथिश्चुरादिष्वदन्तः। शिष्टप्रयोगदर्शनात्। 'ग्रन्थ संदर्भे' इत्यस्य चुरादिणिजन्तस्य नित्यानुनासिकलोपो भविष्यति। 'संपृच-' आदिसूत्रे रञ्जेः कृतानुनासिकलोपस्य निर्देशेन ज्ञापितत्वात्॥12॥ प्रतिमादन्तकोषास्तदाश्रयान्कटकान्करैर्विदधुरधारयन्। चषालो यूपस्योपरि कटकस्तत्सदृशान्। कराणां यूपाकृतित्वात्॥13॥ जलजं शङ्खः॥14॥ पतितानि सन्त्युद्धृतानि करैरेवोत्क्षिप्तानि। यादृशैः शङ्खैः करिकरा मौक्तिकाञ्चितवंशतरुसदृशा विरेजुः॥15॥ विमानभुवो दुर्वहेति संबन्धमात्रविवक्षायां षष्ठी। कर्तृषष्ठ्यां तु न लोकाव्यय-' इति निषेधः स्यात्॥16॥ त्रिकं

---

1. 'गतान्' ख. 2. 'शतैः' ख. 3. 'गजपतिः' ख. 4. 'गतैः' क. 5. 'निहित' क.

रणभूरसौ दलितवर्तनया मणिघण्टया हतकरिच्युतया।
समरश्रियो व्यरुचदाश्रितया सदृशीं श्रियं कमलकर्णिकया॥18॥

कृतमूर्छनं व्यनुसृता सुभटं युधि जीवतो व्यपगता च ततः।
करिमौक्तिकैर्दशनपङ्क्तिनिभैर्जहसे भुवा स्फुटमिव द्युवधूः॥19॥

श्रियमुच्चकैर्दधदलङ्घ्यतमां निजतेजसा क्षपितशत्रुतमाः।
अवगुण्ठितः समरधूलिकणैः सुभटोऽस्फुरद्विशदमेव तदा॥20॥

रचितस्थितेः प्रविकटांसतटे श्रवणानिलैः परिवृढस्य पुरः।
वसुधारजः प्रबलभक्तिमना[1] व्यकिरत्तरां रभसयेव करी॥21॥

स्फुरिता बभौ गगननीलरुचिः सुभटाश्रया विमलखङ्गलता।
समराम्बुधेर्नवतमालरुचा तटलेखया सदृशतां दधती॥22॥

गजसंहतेर्दलयतो दशनात्प्रचुरं रजः शशिमरीचिसितम्।
द्रुतमुत्थितं यश इवाविरलं शबला दिशो व्यधित शुष्मवतः॥23॥

मणिरञ्जिता शशिकलेव शनैः कुटिलोत्थिता समरसिन्धुपतेः।
श्रियमासदद्भटकराग्रगता करवालिका रुधिरताम्ररुचिः॥24॥

रिपुदन्तिनां पृथुविषाणगता भुजशालिनो दलयतः प्रतिमाः।
घनमेचकं विषमिवोदभवत्प्रचुरं रजः प्रधनरत्ननिधेः॥25॥

विदधज्जवात्कुलिशमुष्टिहतं करिणो रण रदनदण्डयुगम्।
सुभटोऽकरोन्नवरमप्रतिम[2] समभिष्टुतः स्वमपि योधजनैः॥26॥

पुलकं दधौ सघनघर्मजला धृतवेपथुर्मुहुरजृम्भत च।
भटमीक्ष्य खे नहि तदस्ति न यद्विदधेऽप्सराः स्मरमयं ललितम्॥27॥

कटीसंधिः। परिणनाम दत्तदन्तप्रहारोऽभूत्॥17॥ समरश्रियः कमलं पङ्कजं तत्कर्णिकया सदृशीं श्रियं प्राप्तया घण्टया रणभूः शुशुभे॥18॥ मौक्तिकैर्हेतुभिर्भुवा नाकवधूर्हसितेव॥19-20॥ परिवृढस्य विभोः क्षितिरजः करी भक्तिमानिव कर्णानिलैर्व्यकिरत्तरामतीव निरास्थत्। रभसया वेगेन॥21-22॥ शुष्मवतस्तेजस्विनः सकाशादुत्थितं रजो यश इति दिग्गजः (इव दिग्गणं) शबलीचकार॥23-24॥ प्रधनं सङ्ग्रामः॥25॥ कुलिशकर्कशो मुष्टिः कुलिशमुष्टिः। आयुधभेद इत्यन्ये। अप्रतिमं दन्तकोषशून्यमप्रतिस्पर्धं

---

1. 'भक्तिभृतः' क. 2. 'नवरसप्रतिमं' ख.

गलिताः क्षितौ शरशिखादलिताः क्षतजोक्षिता द्विरदवालधयः।
नवलाक्षिकैः शुशुभिरे सदृशा युधि चामरैर्दिनकराङ्गभुवः।।28।।

रचितास्पदा निहतसादितया तुरगासने सपदि शून्यतले।
दधतो मुदं रुधिरपानकृतां युधि बभ्रमुर्विकृतभूतगणाः।।29।।

भुजशालिना स्फुरदरि प्रधने स्थगितान्तरं शुचिमरीचिचयैः।
समरश्रियः सरसचाटुधिया मणिदर्पणं विधृतमन्वकरोत्।।30।।

युधि कोटवीरभिविलोक्य तदा मुदितात्मनः प्रकृतनृत्तविधाः।
दलिताश्रयैर्धवलकेतुपटैस्तरितुं चमूर्द्रुतमिवैच्छदसौ।।31।।

परिघाहतात्पृथुविषाणमुखात्प्रतिमा बभौ निपतिता करिणः
शरधिश्रियं युधि परिभ्रमतः समवर्तिनो निजरुचिं दधती।।32।।

क्षतपुष्करैरशिवया शिवया स तदानकैर्निपतितैरवनौ।
रणराक्षसो ग्रसितुमाशु चमूर्बहुभिर्मुखैः स्थित इव व्यरुचत्।।33।।

असिभोगिभिः स्फुरितरत्नकणैः[1] कृतगुप्तयः ससलिलाभ्रनिभैः।
समरक्षितौ स्फुरितभद्रघटाः श्रियमासदन्सुभटसन्निधयः।।34।।

समणित्विषो विकटचापलता भटनायकः प्रसभकृष्टिनताः।
गृहभृत्कला धवलपक्ष इव व्यनयत्क्रमादतनुमण्डलताम्।।35।।

घनमुत्थितं युधि मिथोऽभिहतेः श्रियमाययौ सुभटखड्गरजः।
सुरयोषितां प्रकृतसंवनने नवमञ्जनं द्रुतमिवाचरितम्।।36।।

च।।26।। ललितं विलसितम्।।27।। दिनकरस्याङ्गभूः सुतो यमः।।28।। आसनं पर्याणम्।।29।। अरि चक्रं समरलक्ष्म्या भुजशालिना विधृतं मणिमुकुरं व्यडम्बयत्।।30।। कोटव्यो नग्ना योषितः। विधा प्रकारः। स्तरितुमाच्छादयितुम्।।31।। परिघो मुद्गरः। समवर्ती यमः। तत्संबन्धिनः शरधेरिव श्रीर्यस्यास्तादृशीं निजरुचिं बिभ्रती प्रतिमा शुशुभे।।32।। पुष्करं वाद्यभाण्डाग्रम्। शिवासृगाली। आनकः पटहः।।33।। भद्राणां गजविशेषाणां घटाः पङ्क्तयः। भद्रघटाश्च निधिविशेषाः। भद्रा वा कल्याणा घटा निधीनामाधारभूताः कुम्भाः। सन्निधयो वस्त्रा..........नानि। सन्तश्च निधयः शोभनानि विधानानि।।34।। कृष्टिर्नमनम्। ग्रहभृच्चन्द्रः। मण्डल चक्राकारता बिम्बं च।।35।। मिथोऽभिहतेः खड्गानां परस्पराभिघातात्तेषामेव रजः समुत्थितं रणक्षमयाप्सरसां संवनने

---

1. 'रत्नकरैः' **क.**

युधि शङ्कुभिर्भटकरप्रहितैर्दधुरुन्नताः स्फुटशिखण्डभरैः।
गिरिभिः क्षणं सदृशतां करिणः प्रचलाकिभिः शिरसि बद्धपदैः।।37।।

समणित्विषा घटितमीलिकया पतितं भटात्समिति चक्रमधः।
कुटिलश्रिया शशभृतः कलया रविमण्डलं सहितमन्वकरोत्।।38।।

भृशविक्लवास्त्रिदशवैरिवधूस्त्रिदिवौकसां विदधता ववृधे।
अचलाधिपं दलयतेव जवाच्छरजन्मना युधि रवेण तदा।।39।।

विकटोर्मयः समरसिन्धुपतेः समवर्तिनः स्फुटकराङ्गुलयः।
श्रियमासदन्विकटकुन्तलता भुजशालिभिः सरभसं भ्रमिताः।।40।।

नवमौक्तिकैः करिशिरोघटितैर्गगनच्छविः सुभटखड्गलता।
युधि केशिनो दशनरत्नकणैः शबलीकृता हरिभुजेव बभौ।।41।।

द्विरदः क्षणादसिविलूनतलान्प्रतिहारिणः करिकरानवनौ।
भयपुञ्जितान्सपदि पत्रिपतिर्भुजगानिव व्यदलयत्समरे।।42।।

भ्रमयञ्जवादतनुकुन्तलतां निजतेजसास्फुटमधःस्थमवैत्।
दशनोत्प्लुतः प्रतिगजांसगतं सुभटं भटः प्रहितहेतिशतम्।।43।।

करिणि स्थितः प्रचुरभूतिसिते स्फटिकाचले द्रविणनाथ इव।
अमनुष्यगं तदपि धर्ममगात्सुभटोपरः[1] क्षतिपशत्रुगदः।।44।।

प्रकृतं निष्पादित(?)मञ्जनमिव श्रियमाययौ। 'प्रकृतिसंवननं' इति पाठः। संवननं वशीकरणम्।।36।। शङ्कुर्मयूरपिच्छनिचितं कुन्तशरप्रायमायुधम्। प्रचलाकिनो मयूराः।।37।। ईलिका कृपाणी।।38।। त्रिदिवौकसो देवाः। तेषां शरजन्मना बाणोत्थितेन रवेण वेगान्मेरुमिव दलयता ववृधे वृद्धम्। अथ च शरजन्मना कुमारेण ववृध इत्युक्तम्। सोऽप्यनुयायिनां देवानां रवेण दैत्यवधूर्विक्लवीकुर्वन्नचलाधिपं क्रौञ्चं दलितवान्।।39-40।। केशी नाम दानवः। भुजा बाहुः।।41।। द्विरदः करिणां प्रतिपक्षभूतानां करान्प्रतिहारित्वाद्भयपुञ्जितभुजगसदृशानमृद्नात्।।42।। दशनोत्प्लुतो गजस्य दन्तयोरुपरि स्थितो भटः। प्रतिगजस्यांसगतत्वात्स्वापेक्षयोन्नते स्थितमपि सुभटं तेजसाधःस्थमेवावैदज्ञासीत्। सुभटप्रहितानां हेतिशतानां कुन्तलताभ्रमणेन निवारणात्।।43।। यद्यपि स भटो द्रविणनाथ इव तदप्यमनुष्यगं धर्ममगादिति विरोधः। धनदो हि मनुष्यगं धर्मं धत्ते। मनुष्यधर्मेति तस्याभिधानात्। मनुष्यधर्मेति रूढिरेषा धनदस्य। न तत्रार्थस्य कश्चिदनुगम इति तु न विरोधः। क्षपिताः शत्रव एव गदा व्याधयो येन क्षपितशत्रुश्च गदा आयुधभेदो

1. 'अधात्' क.

मणिवर्त्मसु प्रधनवर्त्मगता विबभुर्भटाः स्फुरितचक्रचयाः।
विमलात्मभिः सदृशतां दधतः सलिलाशयैः प्रतिमितोष्णकरैः।।45।।

गलितं तथा रदनिनां समरे प्लुतदिङ्मुखैर्बहलदानजलैः।
स्रुतनिर्झरानभिविशङ्क्य गिरीन्नभसो यथा घटितमम्बुधरैः।।46।।

करिणां मिथो दशनघट्टनया विषमार्चिषा सपदि निष्पतता।
समराजिरे ज्वलितकुन्तलतः क्षितिभृद्बभौ प्रकटदाव इव।।47।।

द्रुतपातिनः सजलमेघरुचो युधि वाहिताः प्रतिभटक्षतये।
निबिडौजसः शुशुभिरे तुरगाः शितिवर्त्मभिः सदृशतां दधतः।।48।।

भुजशालिनो जिगमिषोस्त्रिदिवं समरश्रिया प्रकृतमङ्गलया।
कलशैरिव प्रतिदिशं निहितैर्भटमस्तकैः क्षितिरभात्पतितैः।।49।।

रचितास्पदा दधति वारिमुचा समदेहतां गजपतौ समदे।
श्रियमासदत्तडिदिवारुणिता गलतासृजा समिति खड्गलता।।50।।

इत्थं विजृम्भितरुषः कृतरत्नसानु-
कम्पाः परस्परजयावहितैर्मनोभिः।
गीर्वाणदैत्यपृतना बहुधा तदानीं
सद्वन्द्वसंगररसप्रवणा बभूवुः।।51।।

इति श्रीबालबृहस्पत्यनुजीविनो वागीश्वराङ्कस्य विद्याधिपत्यपरनाम्नो महाकवे राजानकश्रीरत्नाकरस्य कृतौ रत्नाङ्के हरविजये महाकाव्ये समरोद्धातवर्णनं नाम द्वाचत्वारिंशः सर्गः।

यस्य।।44-45।। रदनिनो गजाः।।46।। विषमार्चिः सप्तार्चिः।।47।। वाहिता भ्रामिता व्यापारिताश्च।।48-50।। सद्वन्द्वः संगरः सुभटौ द्वौ द्वौ परस्परं यत्र युध्येते। प्रवणाः संमुख्यः।।51।। इति राजानकजयानकसूनोरलकस्य कृतौ हरविजयविषमपदोद्द्योते द्वाचत्वारिंशः सर्गः।।

त्रयश्चत्वारिंशः सर्गः।

यस्यामरवधूर्दध्रे मदनानृजुहावताम्।
सुमाली सोऽथ सङ्ग्रामे रिपुसेनां जुहाव ताम्॥1॥

सङ्ग्रामकाननोत्तालतालनिस्त्रिंशमण्डले।
विद्याधरगणे दर्पादवसानं सुरद्विषाम्॥2॥

ततोऽततीतितोत्तातीनाना नाना न नूनना।
स सुसांसोऽसुसासासिरिरारोरारिरैरिरत्॥3॥ (एकाक्षरपादः। युग्मम्)

सारामर्षिनिकृत्तारिकण्ठरक्तह्रदाकुला।
समन्तपञ्चकोर्वीव बभूव रणपद्धतिः॥4॥

नाद्यानिषत तेनाजौ के तुच्छत्रपता कया।
तत्सेनया दधे भग्नकेतुच्छत्रपताकया॥5॥

सोऽथ[1] नन्दी दधच्चक्रं रणश्रीनाभिमण्डलम्।
एकोऽप्यनेक इत्याजौ विचरन्नैक्ष्यतारिभिः॥6॥

भेदेनैभं रणे तस्मिन्नवसाय कटं कया।
नारोचि सेनया तस्य नवसायकटङ्कया॥7॥

त्रयश्चत्वारिंशः सर्गः।

यत्कृते मदनेनानृजुहावतां देवयोषिद्दध्रे स सुमाली नाम दैत्यस्तामरिसेनां जुहाव युद्धायाहूतवान्। अनृजुर्वक्रः। हावश्चेष्टाविशेषः॥1॥ ततोऽसुराणामन्तं विद्याधरगणेऽतति गच्छति सति स सुमाली तामेव नाना बहुविधमैरिरच्चिक्षेपेति संबन्धः। ईतीनामुपद्रवाणां तोत्ता व्यथकः। विनाशक इत्यर्थः। अत्र 'कर्तरि च' इति षष्ठीसमासप्रतिषेधो न भवति। 'जनिकर्तुः प्रकृतिः' इत्यनेन तदनित्यत्वस्य ज्ञापितत्वात्। अतीनाना इनस्य प्रभोरनो रथमतिक्रान्तः स्वामिरथमतिक्रम्य परम्परम् नतं रंगा (?)। नूनो नवो ना पुरुषो न किं तर्हि पुराणः। सुसांसः सुष्ठु सहांसाभ्यां वर्तते। बलवानित्यर्थः। असुसासासिः असुसौ प्राणान्तकारिणौ आसः शरासनमसिश्च यस्य सः। इरा भूस्तया रोरा दरिद्रा अरयो यस्य। तेनैवाहृतत्वात्। नून इति 'नवस्य नू आदेशो नस्त्नप्तनप्खाश्च प्रत्ययाः' इति साधुः। ऐरिरदिति 'ईर गतौ' इत्यस्य चुरादिणिजन्तस्य लुङि रूपम्। अत्रोत्तरत्र च व्याख्यान्तरं क्वचित्संभवदपि न कृतं क्लिष्टत्वाद्ग्रन्थगौरवभयाच्च॥2-3॥ सारैः सुदृढैरमर्षिभिः सपत्नैर्निकृत्ताश्छिन्नाः। समन्तपञ्चकं क्षेत्रम्। तत्पक्षे तु रिपुकण्ठा रामर्षिणा कृत्ताः। सेति च पृथक्पदेनोर्वी विशेष्यते॥4॥ तेन सुमालिना समरे केनाद्यानिषत

---

1. 'सोमनन्दी' **ख.**

दैत्या दैत्या इवोद्दामदोर्दण्डबलशालिनः।
सुराः सुरा इवान्योन्यं व्यतिजघ्नुर्महाहवे।।8।।

विषाणमुसलैर्नूनमभिनन्दन्ति नो रसाम्।
व्यूढत्वं के स्म दैत्यानामभिन्दन्दन्तिनोरसाम्।।9।।

प्रत्यज्ञायि प्रसरता वीरेणाजावदन्तता[1]।
नैर्गुण्यमाशु भजतः पिबेरिव विषाणिनः।।10।।

रणे शिवाभिरमनागमितं चकले वरम्।
अदृश्यतास्थिशेषत्वं गमितं च कलेवरम्।।11।।

बभुः श्रीवृक्षखर्जूरीसंनिवेशमनोरमाः।
तुरगाः काननच्छायाः पर्याप्तवटवर्णकाः।।12।।

अभावि रभसान्नाकस्त्रिया मानवतां तया।
रणधूल्या दधे तस्यास्त्रियामा नवतान्तया।।13।।

पुष्पदन्तोऽपरत्राथ भ्रमन्दिङ्नागविभ्रमः।
दैत्यान्सीमन्तयामास सागरोर्मीनिवोद्धतः।।14।।

सर्वे निहताः। भग्ना केतुश्छत्त्रं पताका च यस्यास्तथाविधया च तत्सेनया कया तुच्छत्रपता धृता। न कयाचित्। सर्वैव प्रचुरलज्जाभूदित्यर्थः। अघानिषतेति हन्तेर्लुङि चिण्वद्भाव इडागमश्च।।5।। अनेक इति प्रत्येकं रिपूणां संरम्भेण प्रहरणात्।।6।। ऐभं कटं गजगण्डं भेदेनावसाय प्रलयं नीत्वा कया सेनया नारोचि सर्वयैव शोभितम्। नवसायकटङ्कया नवशरशोभया।।7।। व्यतिजघ्नुः परस्परं जघ्नुः। 'इतरेतरान्योन्योपपदाच्च' इति कर्मव्यतिहारे तङ्भावः।।8।। ये दन्तिनो निश्चितमेव रसां भुवं विषाणमुसलैर्भिन्दन्विदारयामासुस्ते गजा दैत्यसंबन्धिनामुरसां पीवरत्वं के नाभिनन्दन्ति स्म। सर्व एवाभ्यनन्दन्। क्षितिवत्तद्भेदे पाटवाभावात्। केचित्पादाभ्यासानुरोधेन 'अभिनन्' इति पठन्ति तत्तु न युक्तम्। लुङि दकारलोपस्यालाक्षणिकत्वात्।।9।। नैर्गुण्यमकिंचित्करत्वमाश्रयतो गजस्य केनचिद्वीरेणादन्तता प्रत्यज्ञायि। दन्तशून्योऽयमिति प्रतिज्ञा कृता। अन्यथा कथं युध्येत। पिबेरिव। यथा पिबादेशस्य लक्ष्ये गुणाभावं भजतोऽदन्तता अकारान्तता पाणिनिना प्रतिज्ञाता। अन्यथा हि लघूपधत्वाद्गुणः स्यात्।।10।। अमितं स्थूलं वरं चोत्कृष्टं कलेवरं शरीरं शिवाभिरमनाक् चकले संख्यातम्। 'कल शब्दसंख्यानयोः'। अस्थिशेषत्वं गमितं चादृश्यत मांसार्थितया विचारितम्।।11।।

---

1. 'धीरेण' **क.**

युधि निघ्नञ्जयावाप्तिकाङ्क्षिणोऽतिस्मयाचितः।
अभयं तैरसौ सेनां कां क्षिणोति स्म याचितः॥15॥

स प्रज्ञाततमोऽप्येकस्तदानाहतलक्षणः।
भीष्मोऽप्यशान्तनवतां विदधार नदन्रणे॥16॥

सोऽभूत्स्वनश्रियाब्दोत्कमयूरागमकृत्तया।
इच्छयास्य भटा योद्धुमयू रागमकृत्तया॥17॥

प्रभञ्जनोऽरिसेनासु तदासावच्युतो रणे।
भास्वान्वपुषि चाभासीत्पिंशन्नमरविद्विषाम्॥18॥

सालांसः सलिलोल्लोललोलासिः सूल्लसोंऽसलः।
लीलालसं ललासासौ सासोऽसल्लालसासुलूः॥19॥ (द्व्यक्षरः)

य एकस्तरसा दैत्यान्वंशानिव सुपर्वणः।
क्ष्माभृत्कटकसंचारी बभञ्ज सुरकुञ्जरः॥20॥

श्रीवृक्षः खर्जूरी चावर्तविशेषौ। अन्यत्र श्रीवृक्षो बिल्वः खर्जूरी च तरुविशेषः। पर्याप्ता वटवर्णास्तिलकभेदा यस्य तादृक्कं शिरो येषाम्। वटश्चन्यग्रोधः। वर्णकाश्चन्दनतरवः॥12॥ मानवतां शूराणां रभसोऽभिलाषस्तस्मात्तया नाकस्त्रिया भावितम्। श्रितोत्कण्ठित(ण्ठ)या स्थितम्। ल्यब्लोपे पञ्चमी। तस्याश्च तदभिसरणोद्यताया रणधूल्या त्रियामा रात्रिरादधे कृता। तयेति वा हेतुतृतीया। अहमनया वृतोऽहमनया वृत इति यस्तद्धेतुकस्तेषां रणस्तद्धूल्येत्यर्थः। नवेन स्तुत्या तान्तया खिन्नया शूराणां पुनःपुनश्चाटुकरणात्॥13॥ सीमन्तयामास द्विधाकरोत्॥14॥ जयावाप्तिं काङ्क्षन्ति येऽरयस्तानतिविस्मयाचितो बहुना गर्वेण युक्तो विनिघ्नस्तैश्चारिभिरभयं याचितः कां सेनां क्षिणोति स्म। न कांचित्॥15॥ प्रज्ञात........लक्षणमित्यभिधानात्। अनाहतं लक्षणं ध्वजो यस्येति तु न विरोधः। भीष्मोऽशान्तनवश्चेत्यपि तु विरोधः॥16॥ अब्देषु जलदेषूत्कानां मयूराणामागमकृदसौ सिंहनादसमृद्ध्याभूत। तया स्वनश्रियास्य चेच्छया भटा योद्धुं रागमयुः संप्राप्ताः। अकृत्तया अविनष्टया॥17॥ प्रभञ्जनो वायुरपि। भास्वान्रविरपि। अमरद्विषामिति 'जासिनिप्रहण-' इति षष्ठी॥18॥ असौ गणो लीलालसं कृत्वा ललास चिक्रीड। सालांसः सालतरुसमस्कन्धः। सलिलस्योल्लोलस्तरङ्गस्तद्वल्लोलोऽसिर्यस्य सः। सुष्ठूल्लसतीति सूल्लसः प्रमुदितः। अंसलो बलवान्। सासः सहासेन प्रासेन धनुषा वा वर्तते सः। असती निन्दिता लालसा वाञ्छा येषां ते असल्लालसा मारणोद्यता रिपवस्तेषामसूँल्लुनाति यः स तथोक्तः। द्व्यक्षरः॥19॥ पर्वाण्युत्सवाः संधयश्च। क्ष्माभृतो नृपाः पर्वताश्च। कटकः स्कन्धावारो नितम्बश्च। सुरकुञ्जरः सुरश्रेष्ठो

सादितानवती सेना संयुगं रभसादिता।
सादिता युध्यमानेन तेनारेः सहसा दिता।।21।। (संदष्टयमकम्)

घनसंतमसच्छाया नीलवज्रवरूथिनी।
तीक्ष्णवर्त्मभिराकीर्णा पातालोर्वीव भोगिभिः।।22।।

साराभाशु शुभारासा सारताममतारसा।
यान्यानघघन्याया सा मताततताममसा।।23।।
(अनुलोमप्रतिलोमपादः। युगलकम्)

स कार्तान्तिकसिद्धान्तप्रक्रियामिव तां जवात्।
तदा विलुप्तज्याकेन्द्रामवधीदवधानतः।।24।।

बभूवुर्नन्दिनो रोषादसृगालोहिता दृशः।
न यस्य प्रतिभात्यारादसृगालो हि तादृशः।।25।।

स तस्य वल्गतो देहादसिनापातयच्छिरः।
दिनात्यय इवास्ताद्रेः स्फुरदर्कस्य मण्डलम्।।26।।

बलं विस्मायि शैलादेरुरु धुर्यतयोभयम्।
तेनास्त दिव्याः खं द्रष्टुं रुरुधुर्यतयोऽभयम्।।27।।

देवगजश्च। सर्वत्र 'वृन्दारकनागकुञ्जरैः पूज्यमानम्' इति समासः।।20।। सादिनो गजाश्वारोहाः। तेषां तानो विस्तीर्णता सास्ति यस्याम्। तादृशी सा सेना तेन गणेन सादितावसादं नीता। सहसा दिता खण्डिता। 'दो अवखण्डने'। रभसात्संयुगमिता गमिता।।21।। अन्येषु विषयेष्वनघो निर्दोषोऽखण्डितो वा घनश्च न्यायो वीरव्रतं यस्याः। आततं च तामसं क्रोधं यया तादृशी या मता ज्ञाता। सा नीलवज्राख्यस्य दैत्यस्य सेना तीक्ष्णवर्त्मभिः खड्गैराकीर्णा आशु त्वरितमासीत्। भोगिनोऽपि तीक्ष्णवर्त्मानो दृष्टिविषाः। तीक्ष्णं विषं वर्त्मन्यपाङ्गदेशे येषामिति कृत्वा। सारा प्रकृष्टा आभा यस्याः। शुभ आरासः शब्दो यस्याः। सारता सावष्टम्भत्वं ममताहंकारस्तयो रसा भूमिः। तम एव तामसम्। प्रज्ञादित्वादण्।।22-23।। त्रिलुप्तज्याकश्छिन्नमौर्वीक इन्द्रः स्वामी यस्यास्तादृशीं तां सेनां स गणोऽवधीत्। अवधानत एकाग्रतया। अवधैर्वा अहतैरानतः प्रणतः। कार्तान्तिका गणकाः। प्रक्रिया शैली। तत्र ज्या ग्रहाणामस्फुटानां जीवेति प्रसिद्धा स्फुटीकरणयुक्तिः। केन्द्रं मध्यमन्दभेदेन द्विविधं चाल्यमानो ग्रहः। यथा चैतत्तथा तच्छास्त्रादेवावगन्तव्यम्। अत्र पक्षेऽविलुप्तेत्यकारप्रश्लेषः।।24।। नन्दिनो दृशोऽसृग्रक्तं तेनेवालोहिता बभूवुः। यस्य तादृशो नीलवज्रजातीयो नासृगालः प्रतिभाति। अपि तु सृगाल एव। पलायमानत्वात्।।25-26।। शैलादिर्नन्दी। तस्योभयं बलं सौष्ठवरूपं

अभ्रंकषत्वं दधतः कटकच्छाययान्विताः।
विबभुः सुभटास्तस्य सेनोर्वीकुलपर्वताः॥28॥

दिक्चक्रं प्रणताभीतिदानवाचा रुरुत्सताम्।
कीर्तिस्तेषामगाद्भग्नदानवा चारुरुत्सताम्॥29॥

आस्फाल्य निक्वणन्मौर्वीतन्त्रीकाश्चापवल्लकीः।
गन्धर्वपृतना दैत्यैः सार्धं रणरलीं व्यधात्॥30॥

तेजोऽहृत सुरारीणामनृज्वालाभिधावताम्।
स्थितिर्गत्या रणे येषामनृज्वालाभि धावताम्॥31॥

स्फुटार्धचन्द्रमुद्दामवाहिनीपातसंकुलम्।
महेश्वरशिरश्छायं श्वसन्नागं रणाङ्गनम्॥32॥

विवेश विश्वशावेशः शशीव शिवशैशवः।
शैवः शवांशाशावेशिशिवावंशं वशी विशाम्॥33॥

(द्व्यक्षरः। युग्मम्)

दधत्कराङ्गुलिव्रातभोगीन्द्रकृतवेष्टनाम्[1]।
स शक्तिमसुराम्भोधिमाथिमन्दरविभ्रमाम्॥34॥

सेनाख्यं च धुर्यतया उरु प्रभूतमाश्चर्यकरं यस्मादास्त तेन कारणेन दिव्या यतयो देवर्षयः खं रुरुधुः। अभयं कृत्वा द्रष्टुम्॥27॥ कटकः सैन्यं नितम्बश्च॥28॥ प्रणतानामभीतिदानरूपया वाचा दिक्चक्रमारुरुत्सतां रोद्धुमिच्छतां तेषां गणानां कीर्तिरुत्सतामच्छिन्नप्रवाहत्वं ययौ। यतो भग्नदानवा चारुश्च॥29॥ रली गोष्ठी॥30॥ गन्धर्वसेना तेजः सुरारीणामहार्षीत्। अत एव नृज्वाला पुरुषतेजस्तदभिधा नास्ति येषाम्। एते तेजस्विनः पुरुषा इति न कश्चित्तान्व्यवहरतीत्यर्थः। येषां धावतामनृज्वा कुटिलया गत्या रणे स्थितिरलाभि प्राप्ता॥31॥ शिवस्यापत्यं शैवः कुमारः। शिवादिभ्योऽण्। स रणाङ्गनं विवेश। अर्धचन्द्रश्चन्द्रखण्डोऽपि। वाहिनी गङ्गापि। नागाः सर्पा अपि। विश्वेषां समग्राणां शावानां शिशूनामीशो विभुरधिदेवता। शैशवं बाल्यम्। शवानामंशा भागास्तेष्वाशाभिलाषस्तेनावेशिनः सोन्मादाः शिवावंशाः सृगालीसंघा यत्र रणाङ्गने। विशां वशी जनानां मध्ये जितेन्द्रियः॥32-34॥ असौ कुमारो रिपुचमूं निघ्नन्यशोऽदधद्बभार पपौ वा। ....स्या एव 'धेट् पाने'। 'विभाषा धेट्श्व्योः' इति विभाषा चङादेशः। तां सङ्ग्रामभूमिमृतो गतः करुणामदधदधारयत्। तामसावृतः

---

1. 'कराङ्गुली' ख.

सङ्ग्रामभूमिं करुणामदधत्तामसावृतः।
यशो निघ्नन्रिपुचमूमदधत्तामसावृतः॥35॥

तमभीयुस्तनुच्छायतिमिरावृतदिङ्मुखाः।
सतारका वरूथिन्यः क्षयकालनिशा इव॥36॥

स व्यधादक्षताशस्ताः सन्नयो धामहासिना।
सव्यधा दक्षताशस्ताः सन्नयोधा महासिना॥37॥

(समुद्गयमककाञ्[1]चीगोमूत्रिकामुरजजालबन्धाः[2])

कृतान्तनगरीसालवलयं चक्रित[3] धनुः।
दधत्तेनाथ युयुधे तारकाक्षो महाहवे[4]॥38॥

शुभदाता तदा दैत्यानवस्यन्दनवे गतः।
तत्सङ्ग्रामाङ्गनं रेजे नवस्यन्दनवेगतः॥39॥

तत्सैनिकान्समीके स चमूरचितसच्छ्रियः।
क्षेप्तुं जगत्त्रयापायसमीरण इवाचलन्॥40॥

शशिकेशांशकोऽशोककौशिकीके शिशुः शुकी।
शं शशाकैकशोऽशूककेकीशाकाशकौशिकः॥41॥

(द्व्यक्षरः। युगलकम्)

क्रोधाविष्टः॥35॥ तनुच्छायं शरीरकान्तिरेव तिमिरम्। 'विभाषा सेनासुरा-' इति नपुंसकम्। तारको नाम दैत्यः, तारकाणि च ज्योतींषि॥36॥ स कुमारस्ताः सेना दक्षतया शस्ता अपि सन्नयोधाः सव्यधाश्च महासिना व्यधादकरोत्। अक्षताशोऽखण्डितास्थः। सन्नयः सुनीतिः। धामहासिना तेजसा प्रहसनशालिना। 'व्यधजपोरनुपसर्गे' इत्यप्॥37॥ तारकाक्षप्रभृतयो दैत्याः॥38॥ दनवे दानवानां जनन्यै शुभदाता श्रेयसः खण्डयिता कुमारः सङ्ग्रामाङ्गनं गतो दैत्यानवस्यन्व्यापादयन्। तच्चरणाजिरं नवानां स्यन्दनानां वेगेन शुशुभे। ... व इति 'क्रियाग्रहणमपि कर्तव्यम्'। इति संप्रदानता॥39॥ स कुमारः। समीके रणे। तस्य रिपोः सैनिकानेकशः प्रत्येकं शंसुखेन क्षेप्तुं शशाक। चमूभी रचिता चमूरैश्च मृगभेदैश्चिता व्याप्ता सती श्रीर्येषाम्। शशिकेशस्य चन्द्रमौलेरंशकः सुतः। अशोका प्रमुदिता गौरी यत्र समीके। शिशुर्बालः अत एव शुकी क्रीडाशुकभृत्। अशूको दुर्दान्तः केकीनामीशो महामयूरस्तस्या काशः समन्ताद्भ्राजमानः कौशिकः शक्रः। स यथा वर्षेणावर्जयति मयूरं तथासावपि निजं समरोत्तेजनया। शूका

---

1. 'काञ्ची' क-पुस्तके नास्ति. 2. 'बन्धाश्च' क. 3. 'चाञ्चितं' क. 4. 'सहाहवे' ख.

लक्ष्मीः षट्चरणच्छायाशोभीन्यसुरसैनिकैः।
ददृशे तस्य वक्त्राणि पद्मानीवाधितस्थुषी॥42॥

मन्वानास्तं शरैः संख्ये ते पुरस्ताद्रिपुं जितम्।
तेजोऽर्कमिव बिभ्राणं तेपुरस्ताद्रि पुञ्जितम्॥43॥

सुदर्शनश्रीर्द्विषतां स चक्रिभुजमाश्रितः।
शिरांसि पीवरच्छेदस्कन्धचक्राणि शातयन्॥44॥

शूरीशशिशुराशाश्रीरश्रीरोरांशुरारारौ।
शशीराशी शरैः शारा रेशिशीररिशः शशन्॥45॥

(द्व्यक्षरः। युगलकम्)

उपसर्गा इव गताः क्रियायोगेन शून्यताम्।
आसंस्तस्य हता बाणैरप्राप्तगतिसंज्ञकाः॥46॥

स्पृहां केनाकरोत्तस्मै सज्जातीयाय सारवान्।
तच्चमूश्च द्विषः संख्ये सज्जातीयाय सा रवान्॥47॥

करुणा॥40-41॥ तस्य षण्मुखानि रणच्छायाशोभीनि पद्मानीवाधिष्ठितवती श्रीः सैनिकैर्दृष्टा। पद्मान्यपि षट्चरणानामलीनां छायया शोभाशालीनि॥42॥ ते दैत्यास्तं रिपुं संख्ये रणे पुरस्तादग्रतो जितं मन्वानास्तदीयैः शरैस्तेपुः संतप्ता जाताः। अस्ता जिता अद्रयो यत्र तादृशं तेजः पुञ्जितं धारयन्तम्। आदित्यमिव। सोऽप्यस्ताद्रौ पुञ्जितमेव धाम धारयति॥43॥ स ईशशिशुः कुमारः शरैः शारा आशानामश्रीः पर्यन्तानाररौ जग्राह। शोभना दर्शनस्य रूपस्य श्रीर्यस्य। चक्रिणः सर्पास्तान्भुङ्क्ते इति चक्रिभुङ्मयूरः। तमाश्रितोऽधिरूढो रिपुशिरांसि शातयन्भिन्दन्। तथा सुदर्शनः शौरिचक्रं तस्यैव श्रीर्यस्य। सोऽपि चक्रिभुजं हरिबाहुमाश्रितः शत्रुशिरांसि शातयति। शूरयति साध्विति शूरी विक्रान्तः। 'साधुकारिणी च' इति णिनिः। अश्रिया रोरा दरिद्रा अंशवो यस्य सः। शशिनमरयति न्यक्करोतीति शशीरो राहुस्तमन्श्नातीति शशीराशी राहुघाती। रेशिनो सिंहकाः। 'रेशृ हिंसायाम्'। तानपि श्रृणाति हिनस्तीति रेशिशीः। अरिशः प्रतिरिपुं शशन्नाप्लुतिभिर्गच्छन्। अरिश इति 'संख्यैकवचनाच्च वीप्सायाम्' इति शस्॥44-45॥ तस्य बाणैराहता दैत्या अप्राप्ता गतिर्गमनं संज्ञा च चेतना यैः क्रियायोगेण च शून्यतां गता निर्व्यारा आसन्। उपसर्गाः प्रादय इव। ते हि क्रियायोगमन्तरेण गतिसंज्ञां न प्रतिलभन्ते। 'उपसर्गाः क्रियायोगे', 'गतिश्च' इति वचनात्। उपसर्गव्यपदेशश्च योग्यतावशात्॥46॥ सारवान्बली कस्तस्मै स्पृहां न चकार। सज्जातीयाय सुजन्मने।

तमभ्यैत्केतुमालीति नवाञ्जनमलीमसैः।
अन्वीयमानो दितिजैः प्रावृट्काल इवाम्बुदैः।।48।।

क्षुण्णं तेन समिद्वर्त्म तदीये दानवर्तिभिः।
व्यरोचि च गजैः संख्ये तदीये दानवर्तिभिः।।49।।

तदासौ वीरकोपात्तशुभलक्ष्मीपरिग्रहः।
षड्जन्यासतया बिभ्रन्मुखानि[1] गयमभ्ययात्[2]।।50।।

विदधे निघ्नता तेन तमस्तारातिनादया।
तत्सेनया शरैश्चक्रे तमस्तारातिनादया।।51।।

उदासाहि[3] स संहारसहस्रकरभास्वरः।
युयुत्सासाहसोत्साहशालिभिः सहसासुरैः।।52।।

केकीरकोऽकुकाराकः करकाकारकारिरुक्।
कैराकेकरकैराकोररोकैरुरुकोरुकैः।।53।। (द्व्यक्षरः। युगलकम्)

तारकान्तस्थितिस्पष्टदृष्टदृष्टतरौजसा।
स शक्त्या दीप्रया हारलतयेव श्रियं दधौ।।54।।

'जात्यन्ताच्छबन्धुनि' इति स्वार्थे छः। तस्य चमूः शत्रूनतीयायातिचक्राम। सज्जा संनद्धा। सारवान्निनादयुक्तान्।।47-48।। दानवर्तिभिर्दानवानां गतिभिः क्षुण्णं तद्रणवर्त्म तेन केतुमालिना ईये गतमिति कर्मणि लकारः। तदीये च समरे गजैः शोभितम्। दानवर्तिभिर्मदजलप्रवर्तनशीलैर्मदस्थैर्वा।।49।। असौ कुमारो वीरकोपेन गृहीतशुभशोभः षट् च मुखानि बिभ्रद्गयासुरमभीयाय। जन्यासतया जन्येऽस्यतीति जन्यासस्तद्भावेन। रणे निरसितुमित्यर्थः। अथ च ध्वनितम्—षड्जस्य स्वरस्य न्यासो येषु मुखेषु तानि तथा तद्भावेनोपलक्षितानि मुखान्यंशकान्बिभ्रत्सौवीरकाख्येन ग्रामरागेणोपात्तशुभ-श्रीरभिययाविति।।50।। तं गयासुरं निघ्नता तेनादया कृता। निर्दयमेव तमवधीदित्यर्थः। अस्तारातिना निराकृतद्विषा तत्सेनया च शरवर्षेण तमः कृतम्। तारातिनादया उच्चैरतिशयेन नदन्त्या।।51।। स गुहः कैरसुरैराकोर्युद्धभूमेरुदसाहि सोढः। केकी मयूर ईरको नेता यस्य। नास्ति कुत्सिता कारा बन्धनमकतीति वा। कर्मण्यण्। करका अशनिवर्षं तस्य कारकः शक्रस्तस्यारयो दैत्यास्तान्रुजतीति क्विप्। आकेकरकैर्भयान्निमीलितनयनैः पिङ्गलाक्षैर्वा। अरोकैर्निष्प्रभैः। 'रुच दीप्तौ'। विस्तीर्णं कं शिर ऊरू वा येषां तैः।।52-53।। तारकाख्यस्य दैत्यस्यान्तस्थितिर्मरणम्। ताराणां च मुक्तामणीनां कान्ता

---

1. 'बिभ्यत्' ख. 2. 'अभ्यधात्' ख. 3. 'तदसाहि' ख.

चेतसा बद्धरोषेण मानिनागगनानिमा।
ततो रणभुवं चण्डी तामिता ममतामिता॥55॥ (युक्पादप्रतिलोमः)

तन्निकृत्तविपर्यासनिविष्टग्रीवतां गतः।
अदृष्टचरमाजौ स्वं भटः पृष्ठमिवैक्षत॥56॥

नाभाच्छ्रुतिरिवाहीना सदोंकारतया न या।
अगाहि भर्तुः सङ्ग्रमसदोऽङ्कारतयानया॥57॥

सा प्रमापणनिष्णातैरशून्या भटमण्डलैः।
निषद्येव तदा मृत्योः स्फुटदंष्ट्रा चकासती॥58॥

रेणुरोरोरुणार्णोररणारणिरणूरणैः।
रराणैणारिणा रीणा रणेरां रीरणारिणा॥59॥
(द्व्यक्षरः। युगलकम्। षड्भिः[1] कुलकम्)

अवारवाणतां वैरिरमणीकुचमण्डलैः।
सार्धं दधाना दैत्योघानवेत्य सदृशात्मनः॥60॥

सारतारहिताध्यासा सा ध्याता क्षतसाध्वसा।
साध्वसाधर्म्यधीरासा साराधीतिरता रसा॥61॥ (सप्तदशाक्षरं पद्यम्)

स्थिती रम्यमवस्थानम्। ओजः प्रभा॥54॥ मानिना चित्तेनोपलक्षिता चण्डी तां रणभुवमिता गता। गगनवन्नास्ति निमा परिच्छेदो यस्याः। ममतयाहंकारेण चामिता अपरिच्छिन्ना॥55॥ तया निकृत्ता विपर्ययेण च निविष्टा ग्रीवा यस्य तद्भावं गतो भटः स्वपृष्ठमिवापश्यत्॥56॥ भर्तुः शिवस्याङ्के आरतया क्रीडितया अनया सङ्ग्रामसदोऽगाहि विलोडितम्। या श्रुतिरिव न नाभात् अपि तु शुशुभ एव। श्रुतिर्वेदः। सदोंकारो रणप्रवेशसमये पाठकाले च यस्य तद्भावेनाहीना सहिता॥57॥ सा भगवती एणारिणा सिंहेन रणेरां समरभुवं रीणा शिलष्टा रराण सिंहनादमकरोत्। प्रमापणं हिंसनम्। 'मीञ् हिंसायाम्'। अन्यत्र प्रमा विक्रेयाणां पदार्थानां परिच्छेदः। पणो मूल्यम्। भटा योधाः स्वामिग्राह्यभोगोद्ग्राहकाश्च। निषद्या आपणः। दंष्ट्रा रथ्यापि। रेणुना रोरौ वेगवाहित्वाद्रहितावूरू यस्य तेन। अर्णोराणां रणो ध्वनिस्तस्यारणिः कारणम्। तत्तुल्यसिंहनादेत्यर्थः। तथा अणवः प्राणास्तेषामुरणैर्हिंसाभिरुपलक्षिताः। रीः श्लेषो मैत्री। 'रीङ् श्लेषणे' इति धातुषु केषांचित्पाठात्। तामीरयन्ति क्षिपन्तीति रीरणा दानवास्तेषामरिणेति हिंसा एव विश्लेषतः॥58-59॥ सा देवी सदृशात्मनो युद्धयोग्यस्वभावानसुरानवेत्य ज्ञात्वा....

---

1. 'षड्भिः कुलकम्' क-पुस्तके नास्ति.

रणसिन्धुं सुमनसां तदानीमुत्तितीर्षताम्।
सारित्रासकृदुत्कृष्टकर्णान्ता नौरिवाभवत्॥62॥ (त्रि[1]भिः कु(ति)लकम्)

वादिता तरसा भीमा भेरीणां सकला ततिः।
सादिता तत्र सायामा सारीणां सबला गतिः॥63॥
(गोमूत्रिकाजालबन्धः)

तया कृतस्य सङ्ग्रामे वज्रनाभस्य भस्मसात्।
उदात्त[2] एव तत्रासीद्दर्पस्यान्तः सुरद्रुहाम्॥64॥

रथमर्दो[3] भुवस्तस्या नतस्थावरतामदात्।
अनिर्जितरिपुः सापि न तस्थावरता मदात्॥65॥

अम्भोधरच्छवीन्धाराशोभां च युधि बिभ्रतः।
वाजिनो वाहयांचक्रुः कृपाणांश्चाम्बिकाभटाः॥66॥

तायमानघनच्छाया याच्छानघनमायता।
नाल्पकप्रतिमास्थासु
सुस्थामातिप्रकल्पना॥67॥(अनुलोमप्रतिलोमपादः)

संयुगेऽनर्गलस्थामपातितग्रहतारकैः[4]।
युगान्तोत्पातदेशीयैर्न सासह्यत दानवैः॥68॥ (युगलकम्[5])

देवानां नौरिवाभवत्। तयैव तेषां ततो निस्तारितत्वात्। अरित्रासकृदरीणां भयजननी। अरित्रस्य च केनिपातनस्यासकृत्क्षेपकारणं यस्याम्। कर्णः श्रोत्र.......। अवारबाणता निर्निरोधशरत्वं वैधव्यादकञ्चुकता च। सारतया स्थैर्येणारहितोऽध्यासः समराधिष्ठानं यस्याः। सा ध्याता च सती क्षतसाध्वसा भिन्नभया। आध्यानं चिन्तनम्। साधुभिरप्यसाधर्म्यां धियं राति या॥60-63॥ उदात्तः श्रेष्ठो बभूव। भगवतीकृतत्वात्॥64॥ तदीयो रथमर्दः क्षितेर्नतस्थावरतामदात् नताः स्थावरा अद्रिद्रुमादयो यस्य तद्भावं ददौ। सापि मदादनिर्जितरिपुररता च क्रीडारहिता न तस्थौ॥65-66॥ अच्छा निर्मला अनघा अखण्डिता नमा भक्तलोका यस्याः। आयता उन्नता। आस्थासु विषयेऽल्पकप्रतिमा न, महाजनैः सदृशी। सम्यगाशापूरणात्। शोभता स्थाम्नो बलस्यातिप्रकल्पना यस्याः॥67॥ उत्पातदेशीयैरुपद्रवसदृशैः॥68॥ तया तदा आशु त्वरितमसितिमा कृष्णत्वं दध्रे। नवो

---

1. 'त्रिभिः कुलकम्' क-पुस्तके नास्ति. 2. 'तदात्वे' क. 3. 'रथमर्दो' क. 4. 'पतिताग्रह' क. 5. 'युगलकम्' क-पुस्तके नास्ति.

क्षतार्करुक्तया दध्रे तदाश्वसितिमा नवः।
तद्रूपं वीक्ष्य को न स्म तदाश्वसिति मानवः॥69॥

जयश्रीरभसाकृष्टिप्रसारितकरोपमैः।
सव्यापसव्यविक्षिप्तैर्निघ्नती विद्विषः शरैः॥70॥

या हतारिगणाजस्रमवदाता न सुन्दरान्।
याता गजमदानन्दहरिणास्रवतासुरान्॥71॥

(समञ्जसबन्धो गूढार्धश्लोकः)

तयाघानि रुषा वज्रकेतुः केतुर्दिवौकसाम्।
विकिरन्त्या रणे दृष्टिं क्षयोल्कापुञ्जविभ्रमाम्॥72॥ (तिलकम्[1])

मायामूर्तीर्द्विषः संख्ये सास्राक्षीदमितायुधा।
तत्सेना च तया चक्रे सास्राक्षी दमिता युधा॥73॥

दोर्दण्डदर्पोद्रेकेण सावज्ञं चरतो युधि।
प्रमथान्दानवानीके पारिप्लवतया सकृत्॥74॥

साशीः सशंसा शिशुसूः साशसाशु शशीशशित्।
शशासाशासु सेशासु सांशुः शं शशशाशिसूः॥75॥

(द्व्यक्षरः। युगलकम्)

सहस्रधा विभज्यापि स्थितमात्मानमाहवे।
निनाय पञ्चतामेव द्विषं मायाशताकुलम्॥76॥

नूतनः। कश्च मानवो मनुष्यस्तस्यास्तदसितं रूपं वीक्ष्य नाश्वसिति स्म। तस्य दैत्यनिधननिदानतया सर्व एवोच्छ्वस्तः॥69॥ वज्रकेतुर्नाम दैत्यस्तयाघानीति विशेषकम्। सव्यापसव्यौ वामदक्षिणौ। या सततं हतारिवर्गा अवदाता च निर्मला। गजमदेनानन्दो यस्य तादृशेन हरिणा सिंहेनासुरान्याता तान्प्रति धाविता। न सुन्दरान्दुर्निरीक्ष्यान्। अस्रवता गजरुधिरलिप्तेन। अत्र प्रथमार्धाद्वितीयार्धमेकैकेनाक्षरेणान्तरितं निर्गच्छतीति समञ्जसोऽयं बन्धं॥70-72॥ अमिता युधा बहलप्रहरणा सा रिपुरणे मायारूपा मूर्तीरस्राक्षीन्निर्मितवती। रिपुसेना च तया युधा युद्धेन दमिता सती सास्राक्षी सबाष्पनयना कृता॥73॥ सा चण्डी सेशासु सलोकपालासु आशासु दिक्षु शं सुखेन प्रमथान् शशास व्यापारयत्। साशीराशिषां पदम्। सशंसा स्तुतियुक्ता शिशुसूर्जनवत्सला।

---

1. 'त्रिभिर्विशेषकम्' ख.

सा संख्ये स्वःसदां शश्वदेव तारा धनायते।
तेन चक्रुर्मतिं नान्यदेवताराधनाय ते।।77।।

तत्सङ्ग्रामान्तरिक्षं च वीथीमार्गपरिष्कृतम्।
विचित्रमण्डलतया विदधारतरां श्रियम्।।78।।

गजः परिणमन्दन्ध्रे दन्तकोशमनङ्गदम्।
द्विषां युधि व्यधत्तारादन्तकोऽशमनं गदम्।।79।।

तिग्मांशुकरसंपर्कात्स्फुरन्ती करवालिका।
कुत्राप्येकस्य सङ्ग्रामे चतुरस्त्रां श्रियं दधौ।।80।।

जघ्ने सिंहतनुश्चण्ड्याः सरुञ्जितरवारिभिः।
तत्सैन्यानि सुराश्चक्रुः सरुञ्जि तरवारिभिः।।81।।

कोदण्डास्फालनोत्तालरवकातरितद्विषः।
योधास्तत्पुरुषत्वेऽपि विस्पष्टद्वन्द्वतां ययुः।।82।।

चण्डी सेनासु कुप्यन्ती सादीपिष्टासु राहवे।
श्रियमैक्षिष्ट तत्खड्गे सादी पिष्टासुराहवे।।83।।

साशा जयाभिलाषिणस्तान्स्यत्यन्तं नयतीति साशसा। आशु शीघ्रम्। शशीशं हरं शीयते गच्छतीति शशीशशित्। सांशुर्भास्वरा। शशान्मृगान् शशति प्लुतिभिर्गच्छतीति शशशाशी सिंहस्तं सुवति प्रेरयति या सा।।74-75।। पञ्चतां मरणमपि।।76।। स्वःसदो देवाः। तेषां सा समरे नित्यमेव धनायते सर्वस्वमयाशा (?)। तारा संसारोत्तारकारिणी। तेन कारणेनान्यासां देवानामाराधनार्थं ते मतिं न विदधुः।।77।। वीथीमार्गमण्डलानि युद्धशास्त्रोक्ताः संचारविशेषाः। आकाशे तु वीथी सुरसरित्प्रवाहः। मार्गः सूर्यस्य पन्था दक्षिणोत्तरलक्षणः। मण्डलं रविशशिनोर्बिम्बमाभोगो वा।।78।। दन्तस्य कोषः प्रतिमा। तमनङ्गदं कटकशून्यं गजो वहन् परिणमन् दन्तप्रहारान्ददत् अन्तकश्च द्विषामारादशमनमप्रतिविधेयं व्याधिमकरोत्।।79।। चतुरश्रा.........मनोहरा च।।80।। चण्ड्याः सिंहस्य तनुररिभिर्जघ्ने ताडिता। सरुञ्जितरवा सिंहनादयुक्ता। सुरश्चारिसैन्यानि सरुञ्जि सव्यथानि विदधुः। तरवारिभिः खड्गैः।।81।। तत्पुरुषत्वे तस्याः संबन्धिनि पौरुषे सति योधा विस्पष्टद्वन्द्वतां प्रकटकलहत्वं ययुः। तत्पुरुषश्च समासो द्वन्द्वत्वं प्रतिपद्यत इति विरुद्धम्।।82।। आसु सेनासु मध्ये राहवे (दैत्यविशेषाय) सा कुप्यन्ती अदीपिष्ट शुशुभे। तस्याश्च खड्गै सादी हयारोहः श्रियमाहवे ददर्श। पिष्टासुः परेषां विसरित(विदलित)प्राणः।।83।। सा भूभृतः सुता पार्वती रणे तासु पृतनासु दानवान्कि

शरदंष्ट्राकरालत्वं दधद्भिर्दानवान्रणे।
नानानीकाननैः किं नु पृतनासु न भूभृतः॥84॥

भासितानु(रु)तिमात्रासु सुन्यासैकरता सुता।
नाङ्गनाशरसस्थासु सा याता कृत्तिवाससा॥85॥

सासवात्तिकृतायासा सुस्था सरशनाङ्गना।
तासु तारकसैन्यासु सुत्रामातिनु(रु)तासिभा॥86॥

(प्रतिलोमानुलोमाभ्यां श्लोकद्वयम्। तिलकम्)

तत्र स्फुटरसैश्चित्रैः सुश्लोकविनिबन्धनैः।
अनेकसर्गैः सङ्ग्रामे महाकाव्यायितं भटैः॥87॥

राजितानुमतावाररवा तामसकायसा।
सायकासरसाराधधरा सारनुताजिरा॥88॥

[असंयोगाक्षरानेकपाठनन्दिकवर्तनः(?)]

केतनांशुकसीताङ्क रथप्लवकृतास्पदम्।
सङ्ग्रामजलधेः पारं पृतनास्वरिमण्डलम्॥89॥

नु न याता। निश्चितमेव यातेत्यर्थः। आनु(रु)तिमात्रासु निनादैकपरासु। अङ्गानि हस्त्यश्वरथपत्तयस्तेषां परकीयाणां नाशे रसः सक्तिस्तत्र तिष्ठन्ति यास्तासु। तारकभयोत्तारणहेतवः सैन्याः सुभटा यासां तासु। सा तु नानाविधैरनीकानामाननैर्भासिता। शोभने च न्यासे व्यूहरचनायामेकरता तत्परा। कृत्तिश्चर्म सैव वासस्तेनोपलक्षिता। सहासवेन पानेन वर्तमाना या अत्तिर्भक्षणं तत्र कृत आयासः समन्ताद्यत्नो यया। अत एव सुस्था सुखेन तिष्ठन्ती। सरशना काञ्चीयुक्ता। अङ्गना कल्याणाङ्गी। 'अङ्गात्कल्याणे' इति नकारो मत्वर्थीयः। सुत्रामा शक्रस्तेन चातिनु(रु)ता असिभा खड्गशोभा यस्याः सा तथा॥84-86॥ रसः समरहेवाकः शृङ्गारादिश्च। चित्रैश्चित्रकाव्यवद्भिरपि। श्लोको यशो वृत्तबन्धश्च। सर्गः सृष्टिर्विच्छेदस्थानं च॥87॥ सा रणाब्धेः पारं यियासु सद्वैरिमण्डलमियायेति सम्बन्धः। अंशुकान्येव सीताः सीतालक्षिताः पटाः। ते चोपरिप्लवानां वातगतिज्ञानाय क्रियन्ते। रथा एव प्लवा उडुपाः। सायासाः सोपद्रवाः। सह सेयैरवसादनेयैर्वर्तमानाः(?)। सहायसैर्नाराचैर्वर्तमानाः। सासूयाश्च येया यातव्या यासु तादृशीषु पृतनासु सतीषु राजिता। अनुमतश्च निषेद्धुमशक्यो रवो यस्याः सा। तामसानां पापैकरतानां कायान्स्यति पर्यन्तं नयति या। सायकेष्वासे च प्रासे रसो यस्याः सा। आराधः समाराधनं तस्य धरा भूः। सारनुता सज्जनैः पूजिता। आजिं रातीत्याजिरा सङ्ग्रामप्रदा। सासिः सखड्गा। असून्सुष्ठु सुवति परेषां प्रेरयति या सा। तथा शोभनं

सायासासु ससेयासु सायसासु यियासु सत्।
सासिः सासूययेयासु सेयायासुसुसूः सुयुत्।।90।।

(द्व्यक्षरः। तिलकम्[1])

तया कार्मुकमाकृष्टं नाशारम्भे सुरद्विषाम्।
उदचारयदोंकारमिव क्रेंकारमाहवे।।91।।

योऽनुकुर्वन्मृधे वर्धमानं दामोदरं जितः।
न केनचिद्विषाभीक्ष्णमानन्दामोदरञ्जितः।।92।।

स तया नागमारूढो विपाठैर्विसरसीकृतः।
बभ्राम गहनागाधे ग्रन्थतत्त्व इवाहवे।।93।। (युगलकम्)

नैष्ठुर्येण रणे चण्डी समग्रावा सवाजिभिः।
नासह्यतारिभिः शक्त्या समग्रा वासवाजिभिः।।94।।

अन्योन्यायोधनस्पर्धादुर्धरप्रसरोद्धुराः।
तामभीयुस्तमस्काण्डकल्लोला इव ते द्विषः।।95।।

ताञ्छितासरवित्रासा सात्राविरसताञ्छिता।
साध्वसावहतायासं संयाता ह वसाध्वसा।।96।।

(अनुलोमप्रतिलोमपादः पादाद्यन्तयमकं च)

श्रियं चित्रीयमाणेन चरितेन दधत्यसौ।
सज्जातिरेकानंशेति सुरैरस्तूयताहवे।।97।।

च युध्यत इति सयुत्सङ्ग्रामनिपुणा। राजितेत्यादि श्लोकस्य विपर्ययेण पाठे श्लोकान्तरं जायते। तत्रानुरसा अनुकूलहेवाका। सारं स्यन्तीति सारसा रिपवः। तामयन्ति परान्खेदयन्तीति तामा योधास्तत्समूहेन नुता। शिष्टं स्पष्टम्।।88-91।। मृधे रणे दामोदरमनुकुर्वन्। आनन्देनामोदेन च कुसुमादिसौरभेण रञ्जितो यो न केनचिज्जितः। स दैत्यो नागं गजमारूढो विपाठैश्च शरैर्विरसितः। ....ग्रन्थपरमार्थे भ्रमति। भ्रमणं चलनं मोहश्च।।92-93।। नैष्ठुर्येण समो ग्रावा पाषाणो यस्याः सा चण्डी सवाजिभिः साश्वैरपि वासवेन सहाजिः सङ्ग्रामो येषां तैरिरिभिर्नासह्यत। यतः शक्त्या समग्रा पूर्णा।।94।। साध्वसेनावहत आयासः प्रयत्नो यत्र तथा कृत्वा ते द्विषस्तामभियुः। तानत्र रणे सा संयाता। तमस्काण्डं तिमिरनिकरः। कस्कादिरयम्। शित आसस्तीक्ष्णकुन्तः

---

1. 'अष्टभिः कुलकम्' ख.

जयजायुयुजा युज्जिज्ज्यायो योज्यज्ययेज्यया।
याज्यया युयुजे येयेऽजेयया याजजायया॥98॥ (द्व्यक्षरः)

बिभ्रती हेतिसंदोहनक्रौघाकुलतां द्विषः।
वेलेव पृतना विश्वक्षयोद्वृत्तस्य तोयधेः॥99॥

सा दधत्याननं तुल्यमघानि विधुनानया।
प्रणेमुषामविच्छिन्नमघानि विधुनानया॥100॥ (युगलकम्[1])

पराचीनं विधायाशु सैन्यं समरदुर्मदम्।
साञ्जसौजसिकस्याराद्धूम्राक्षस्योदजासयत्॥101॥

साराभा विविभारासा राजितागगताजिरा।
भाताजिते तेजिताभा विगतेन नते गवि॥102॥ (सर्वतोभद्रः)

नतानामनतानां च समं व्यवजहार सा।
नियायौर्जित्यमेकेषामन्येषां जीवितं क्षयम्॥103॥

अहन्यत बलं तेषां सदा जगजया तया।
रेजे वीरवरूथिन्या सदानगजयातया॥104॥

स एव रविस्ततस्त्रासो यस्याः सकाशात्। अविरसताञ्छिता अवैरस्येनायता। सोत्साहेत्यर्थः। हेति खेदे। वसा अस्थिरसस्तस्याध्वा मार्गोऽस्थीन्येव तानि स्यति विनाशयति या सा॥95-96॥ तथा सज्जातिः सुजन्मा। एकानंशेति भगवतीनाम। सज्जो वातिरेक उत्कर्षो यस्याः। अनंशा समाघातरहिता। 'अश समाघाते'। अथ च सती व्यतिरेकेण विद्यमाना जातिः सामान्यं सा चैकानंशा निरवयवा सकृदेकत्र निर्देशेऽप्यन्यत्र तं विनापि गृह्यते॥97॥ इज्यत इति याजो हरस्तस्य जायया चण्ड्या येये यातव्ये रिपौ युयुजेऽभियोगः कृतः। जये जायुमौषधमिव युनक्ति या तया। युधि जित् तया ज्यायोभिः प्रशस्यतरैर्योज्या ज्यया इज्यया यागेन। अजेयया जेतुमशक्यया॥98॥ विधुना तुल्यमाननं दधत्या। प्रणतानामघानि च पापानि विधुनानया न्यक्कुर्वत्या नया सपत्नसेनाघानि निहता। संदोहः समूहः॥99-100॥ सा धूम्राक्षस्य दैत्यस्योदजासयत् हिंसामकरोत्। 'जासिनिप्रहण-' इति कर्मणि षष्ठी। पराचीनं पराङ्मुखम्। औजसिकस्तेजस्वी॥101॥ विगतेन गरुडगामिना हरिणा तेजिताभा सती सा देवी अजिते शत्रौ गविभूमौ नते सति भाता शुशुभे। साराभा सुदृढशोभा। विभा दीप्तिः रासः शब्दस्तौ विविधौ यस्याः। राजितमगे पर्वते गतं गमनं यस्याः। आजिरा युद्धप्रदा

---

1. 'त्रिभिः कुलकम्' ख.

बिभ्रती सुभटेनोच्चैराकल्पस्थितिचारुताम्।
आलिङ्ग्यत रणे कीर्तिः स्वर्गनारी च तत्क्षणम्।।105।।

तांस्तथाविश्लथन्मौलिबन्धानाहितवेपथून्।
वीरानासन्नपातत्वादसारान्साकृताहवे।।106।।

तारोत्तारतरी तीरतरुतारीतिरुत्तरा[1]।
तीरितारातिरातोरु तरतारातिरुत्तिरः।।107।। (एकान्तरितद्व्यक्षरः)

वैष्णवी समरक्रीडाविहारैकवयस्यया[2]।
गदया दैत्यलोकस्य शिरांसि युधि भिन्दती।।108।।

द्विषतः सुरसैन्यानि पराञ्चि त्रायते स्म या।
सा बभार श्रियं संख्ये परां चित्रायतेऽस्मया।।109।। (तिलकम्)

कालरात्रिर्जवेनास्त्रपर्यस्तकुलपर्वता।
वपुषाभ्रुंकषेणाथ भीतिदा सुरविद्विषाम्।।110।।

जानुजेनानुजननी जानानाजजनैजनम्।
निजाजिनेनानिजजौ जानूनानजीजनत्।।111।। (द्व्यक्षरः। युगलकम्)

भ्रमयन्त्या ज्वलच्छूलं माहेश्वर्यास्तदाभवत्।
नभः पुरत्रयप्लोषशिखिनेव पिशङ्गितम्।।112।।

च।।102।। एकेषां नतानामौर्जित्यं क्षयं निवासमनयत्। निजगृहे तेषामैश्वर्यमकरोदित्यर्थः। अन्येषामनतानां तु जीवितं क्षयं विनाशं निनायेति संबन्धः।।103।। सदा सततं तया नगजया पार्वत्या तद्बलं हतम्। सदानं समदं गजानां यातं गमनं यस्याः। तया वीराणां वाहिन्या च भ्राजितम्।।104।। अकल्पं कल्पान्तावधि। आकल्पश्च वेषः।।105-106।। तारेत्यादि विशेषकम्। सा वैष्णवी नाम देवता चित्रेण युद्धविशेषेण (आयते) परां शोभामस्मया गर्मशून्या सती बभार। या द्विषतः सकाशात्पराञ्चि पराङ्मुखानि सुरसैन्यानि त्रायते स्म। कीदृशी। तरन्त्यस्मान्मुमुक्षवः शूराश्चेति तारो भवसमुद्रः। तदुत्तारे तरी सूक्ष्मः प्लवः। तीरतरुभिस्तस्यन्ति तानादाय प्रतिपक्षानुपक्षयं नयन्तीति तीरतरुतसः। 'तसु उपक्षये'। तादृशामरीणामीतिरुपद्रवः। संहर्तृत्वात्। उत्तरा उद्गतवेगा। अरातिभी रातो दत्तो य उरुतरस्तारः प्लवनं स तीरितः समाप्तो यया। यतः अति......... अभि।।107-109।। अनिजाः शत्रवः तेषां कालरात्रिः। जानुजेन जवेन जनानूनानल्पबलानजीजनज्जनयामास। अनुजननी भूतानां करुणापरत्वादपरेव माता। सापि जनन्येव।

---

1. 'तरतोरीति' ख. 2. 'जवस्यया' ख.

अदभ्रभीतिदेऽनिन्द्ये दक्षमानच्छसादिनि।
भ्रमागतगमासादे[1] भीमतत्त्वमगच्छति॥113॥　　　　(अर्धभ्रमः)

समरे लक्ष्यभद्राश्वकेतुमाले निरर्गलम्।
तस्मिन्नवनिनिर्माणविभाग इव दुर्गमे॥114॥

रत्नाक्षमालां बिभ्राणा रणश्रीमणिमेखलाम्।
ब्राह्मी सरणसंरम्भविभ्रमा श्रियमासदत्॥115॥　　　　(तिलकम्[2])

अप्राप्तां संयुगे प्रांशुकेतुदन्तिनि शान्तताम्।
कुर्वतीं विशिखैस्तां स्म के तुदन्ति निशां तताम्॥116॥

अन्यथा युध्यमानैन्द्री दैत्यानां हृदयाविधा।
कृतमार्गणकृत्यासीत्सहस्रेणैव चक्षुषाम्॥117॥

गीर्वाणजनताभ्येत्य तुष्टावसरतोऽनु ताम्।
द्विषो वीक्ष्य रणाद्भीत्या तुष्टाव सरतो नुताम्॥118॥

बिभ्रती रत्नकोदण्डपरिवेषविभीषणम्।
सोद्वृत्तारिकुलोत्पातचन्द्रबिम्बमिवाननम्॥119॥

रलीलोलारिरल्लाली लीलालूरैरिरल्ललाः।
रोलोल्लोलैररालैलीरुररोरोररीरलम्॥120॥　　　　(द्व्यक्षरः। युगलकम्[3])

अजस्येव जनस्यैजनं कम्पनं जानाना। पशुमिव कम्पमानं जनं मन्यमानेत्यर्थः। निजेनाजिनेन चर्मणोपलक्षिता॥110-12॥ समरे ब्राह्मी श्रियमासदत्प्रापेति विशेषकम्। अदभ्रा प्रभूता। अनिन्द्य इत्यकारप्रश्लेषः। दक्षाणां प्रगुणयोधानां मानं छ्यन्ति च्छिन्दन्तीति दक्षमानच्छाः। तादृशाः सादिनो यत्र। भ्रमागतगमानां विस्तीर्णगतीनामासादः समन्तादवसादो यत्र। 'छो छेदने' इत्यस्य पचादित्वादच्। भद्रा गजविशेषास्तेषामश्वानां केतूनां च माला यत्र। भद्राश्वः केतुमालश्च पर्वतविशेषौ॥113-115॥ प्रांशवः केतवो दन्तिनश्च यत्र तस्मिन्रणे शान्ततामप्राप्तां तां के तुदन्ति स्म न केचिदव्यथयन्। यतो विशिखैर्विस्तीर्णां निशां कुर्वतीम्। शरवर्षेण रवेराच्छादितत्वात्॥116॥ अन्यथेति। प्रसिद्धविपरीतेन प्रकारेण। हृदयानि निध्यतीति हृदयावित्। 'नहि वृतिवृषि-' इति क्विपि दीर्घः॥117॥ गीर्वाणाः सुरास्तज्जनता रणाद्भयेन द्विषः सरतः पलायमानान्रिपूनालोक्य तुष्टा अनु च तदनन्तरं तामैन्द्रीमवसरतस्तेषु तेषु प्रसङ्गेषु नुतामभ्युपेत्य तुष्टाव स्तुतवती॥118॥ अरय एव पलायनपरत्वेन रल्ला मृगास्तदालीरलमत्यर्थं सा ऐरिरच्चिक्षेप। रलीलोला

---

1. 'तत' ख. 2. 'तिलकम्' ख-पुस्तके नास्ति. 3. 'त्रयोदशभिः कुलकम्' ख.

शिखण्डजितपिच्छश्रीर्नम्रवक्रेण केकिना।
उह्यमाना ज्वलच्छक्तिः कौमारी रणमासदत्॥121॥

विनिर्धूतरविद्योतामह्नोष्टाशान्तरेणुना।
गणसैन्येन सा लक्ष्मीमह्नोऽष्टाशान्तरेऽगुणा॥122॥

बिभ्रती संयुगोत्पातमहोल्कामतनुं गदाम्।
सशङ्खपद्मा कौबेरी वैष्णव्याः श्रियमासदत्॥123॥

द्विषच्छिरः कन्दुकौघैः सारंस्त न न तापदम्।
नयन्त्यरिकुलं स्थेयःसारं स्तननतापदम्॥124॥

सान्धकारा दिशः सर्वाः कुर्वती रणरेणुभिः।
तामभीयाय गर्जन्ती या तदा वृषपर्वणः॥125॥

न तया सेनया तत्र यातया नुत्तया तनु।
नुतयात्तरयान्विष्टपातया सेनयान्विता॥126॥ (मुरजबन्धः। युगलकम्)

कृतानुबन्धामुत्पश्यन्नाग्नेयीं धारणामिव।
जगत्कृतमवैल्लोकः सर्वमेवात्र भस्मसात्॥127॥

करिसिन्धुततिश्चारु कटकच्छा ययाधिकम्।
भिन्नारेर्या तदा रेजे कटकच्छाययाधिकम्॥128॥

कृतपुङ्खोऽपि सङ्ग्रामे दैत्यलोको निरर्गलम्।
संप्राप्य न न्यवर्तिष्ट याम्यां यमपुरीमिव॥129॥ (युगलकम्)

समरगोष्ठीगृध्नुः। लीलया लुनाति शत्रूंश्छिनत्तीति लीलालूः। रोलस्य समरस्योल्लोलैर्विलासैर्लला: सविलासाः। अराला ईल्यः कृपाणिका यासाम्।.....॥119-120॥ शिखण्डेन कबरीकलापेन जिता पिच्छस्य श्रीर्यया। शक्तिरायुधभेदः॥121॥ अह्नो दिनस्याष्टानामंशानामन्तरे लक्ष्मीमणुना स्वल्पेनापि गणसैन्येन सा अह्नोष्ट स्थगितवती। अशान्तरेणुना महारजस्केन॥122॥ शङ्खपद्मौ निधिविशेषावपि॥123॥ सा तापदं स्थिरतरसारं चारिकुलमापदं नयन्ती स्तनाभ्यां च नता द्विषतां शिरःकन्दुकनिचयैर्नारंस्त [इति न]॥124॥ तया सेनया सा नेक्षिता। यतो यातया भयात्पलायितया। नुत्तया प्रेरितया। तनु तूष्णीं नुतया स्वबन्दिभिः स्तुतया। आत्तरयैर्गृहीतवेगैः सुरैरन्विष्टः पातेऽभिभवो यस्याः। सेनया सस्वामिकया॥125-126॥ अग्निर्देवता यस्याः। 'सर्वत्राग्निकलिभ्यां ढक्' इति ढक्॥127॥ कटा एव कच्छा गहनप्रदेशा यस्यास्ता-

कीर्तिर्जज्ञे समीकेषु नवैव स्वतया तया।
भ्रुकुटया मुमुचे चासौ न वैवस्वतयातया।।130।।

युधि क्षयघनस्येव विद्युज्जिह्वस्य गर्जतः।
प्रतिनादच्छलेनाशा भीता इव विचुक्रुशुः।।131।।

दधौ धिया सपत्नेषु यया वैरावतंसताम्।
विगर्ह्यः स तमारूढो ययावैरावतं सताम्।।132।।

तेजस्विमण्डलस्यारात्कुर्वन्नन्तर्धिमाहवे।
अभ्रंकषवपुः श्रीमान्स तदास्ताचलोऽभवत्।।133।।

तं चिरेण गतायासा समायापक्षपातिनी।
नीतिपा क्षपयामास सा याता गणरेचितम्।।134।।

(अनुलोमप्रतिलोमार्धोऽयम्)

अनारोपितबाणेन वारुणी धनुषा क्षणम्।
निजमण्डलसंस्थानचारुणा विरराज सा।।135।।

लालितैलीलतालाता लीलाललितताता।
तालोत्ताला तिलतुलालोलितालुलितालिता।।136।।

(द्व्यक्षरः। युगलकम्)

दृगरेः करिणामेव सिन्धूनां ततीरधिकं शिरसि जले च यया भिन्ना तां याम्यामासाद्य। कृतपुङ्खश्च शास्त्रकुशलोऽपि संहितशरो वा दैत्यलोको न न्यवर्तिष्ट न पुनरागतः। तयैव हतत्वात्। याधिकं प्रभूतं कटकस्य च्छायया शुशुभे। यमस्येयं याम्या। 'यमाच्च' इत्यण।।128-129।। याम्या स्वतया निजत्वेन वैवस्वतयातया यमानुसृतया भ्रुकुट्या न मुक्ता।।130-131।। ऐरावतं सुरगजमारूढः स विद्युज्जिह्वो ययौ। तया धिया सातां गर्ह्यो निन्दनीयो यथा शत्रुषु वैरमेवावतंसो यस्य तद्भावं दधौ। भूषणमिव वैरं धृतवानित्यर्थः।।132।। तेजस्विमण्डलं सूर्यबिम्बमपि। अन्तर्धिर्मारणमदर्शनं च। अस्ता अचला येन।।133।। अस्त आयासो यतः सा। तथा समायेषु चापक्षपातिनी या। समा सर्वत्र सुरवर्गे समदृष्टिः। अत एवापक्षपातिनीति वा योज्यम्। नीतिपा नयपालिनी। गणरेचितं गणैरशक्यत्वात्त्यक्तम्। तं दैत्यं याता प्रतिधाविता।।134।। मण्डलं पुरमपि। तच्चागमेषु वारुण्या वृत्तमुक्तम्।।135।। लालितं विद्युतमेलीलतैवालातमुल्मुकं यया वारुण्या। एली कृपाणिका। लीलाभिर्ललितता रम्यत्वं तया तता विस्तीर्णा। तालैः करतालैस्तालतरुवद्वा उत्ताला उद्भटा। तिलतुला तिलवत्तुलिता विलोडिता आलुलिता

विस्पष्टसुन्दरसिता दैत्यसेनाकुमुद्वतीः।
तीक्ष्णैरंशुशरव्रातैः सौरी च समचूकुचत्[1]।।137।।

शातटङ्काः प्रमादेन हीयमाना रणाजिरे।
चापटंकारनादेन साभिमाना रराजिरे।।138।। (काञ्चीबन्धः)

चापमाहवसंरम्भकर्णान्ताकृष्टिचक्रितम्।
वायव्या बिभरामास निजमण्डलविभ्रमम्।।139।।

विषेहे सेनया संख्यसहा सा शातटङ्कया।
रुन्धानया रिपोर्भूम्ना सहासाशातटं कया।।140।।

विडम्बयन्ती सार्धेन्दुमण्डलामष्टमीनिशाम्।
सा[2] दीप्रपरशुः संख्ये श्रियं वैनायकी दधौ।।141।।

सार्धचन्द्रशरव्रातैः शरीराणि सुरद्रुहाम्।
चकारानलकान्याजौ वदनानि च योषिताम्।।142।।

स्वनश्रिया ध्वनद्योधैः सा गरीयस्यमा यया।
सा जिगाय ध्वनेः क्रौर्यं सागरीयस्य मायया।।143।।

तामभ्ययुङ्क्त यासंख्यसंख्यावद्भिर्वृता भटैः।
सूचिरोम्णश्चमूर्नादैः सूचितप्रलयागमा।।144।।

अलिता अरिकर्म युद्धं यया। रेफलकारडकाराणामेकत्व- स्मरणादेवमुक्तम्।।136।। विस्पष्टं सुन्दाख्यस्य दैत्यस्य रसितं यासु। कुमुद्वत्यस्तु सुन्दर्यः सिताश्च भवन्ति।।137।। साभिमाना मनस्विनो रणाङ्गने रेजुः। टङ्का आयुधभेदः।।138।। वायव्या वायुर्देवता यस्याः। 'वाय्वृतुपित्रुषसो यत्'। वायवे वा हिता वायव्या। 'गवादिभ्यो यत्'। अस्या अपि मण्डलं वृत्तमेवोक्तम्।।139।। सा कया रिपोः सेनया सोढा न कयाचित्। संख्यसहा सङ्ग्रामसहिष्णुः। शातटङ्कया तीक्ष्णायुधविशेषेण आशातटं च बाहुल्येन रुन्धानया स्थयगन्त्या।।140-141।। अनलकानि नलकैरलकैश्च शून्यानि। नलकानि जङ्घास्थीनि।।142।। स्वनश्रिया ध्वनद्भिश्च योधैः सा वैनायकी गरीयस्यभूत्। अमा परिच्छेदरहिता। यया स्वनश्रिया सा देवी माययोपलक्षिता सागरीयस्य ध्वनेः क्रौर्यमजयत्।।143।। सूचिरोमाभिधस्य दैत्यस्य सा चमूस्तां वैनायकीमभ्ययुङ्क्त समास्कन्दितवती सा तया देव्या तत्र रणे आसे निरस्तेति विशेषकम्। असंख्यसंख्या

---

1. 'समचुक्रुशत्' **क.** 'संकोचयामास' इति **क**-पुस्तके टिप्पणम्. 2. 'संदीप्र' **ख.**

भासेद्धातत्र तनना[1] सादिमायादसेविता।
सासहस्ततयाशान्तसारा हितसमिद्युता॥145॥　　(प्रस्तारश्लोकः)

सहसा दितसेनाशा तयासे साहितद्युता।
यातावित्रस्तरासाद्धा सभासा तदनन्तसित्॥146॥
(चतुरङ्गाश्वपदपूरणश्लोकः। तिलकम्)

रुन्धत्या[2] ककुभः सर्वा विकर्णैरप्यजिह्मगैः।
सेनया वृषसेनस्य सङ्ग्रामाग्रभुवस्तदा॥147॥

लीलायायिययूल्लोलयेयया लायलोलया।
लायिलोलूययालीय लुलायायिलयं यये॥148॥ (द्व्यक्षरः। युगलकम्)

सराक्षसपुरीदाहलग्नमारुतिविभ्रमः।
अजृम्भत सुरारीणां पादपातिततोरणः॥149॥

शक्तीर्वहन्तो यशसा नवा युयुधिरे चिताः।
चक्लमुश्चासुरा भीत्या न वायुयुधि रेचिताः॥150॥

दिवौकसामथोद्दामवेगदण्डहता भृशम्।
विनेदुः परुषं भेर्यो वरूथिन्यश्च संयुगे॥151॥

गणनातीतसङ्ग्रामा। अवद्भिः पालकैर्भटैश्च वृता। भासेद्धा प्रमया समृद्धा। अहातं तननमासादयति लभते। विस्तीर्णा या माया तां दयन्ते रक्षयन्ति ये महादैत्यास्तैः सेविता। 'देङ् रक्षणे'। सासहस्ततया सप्रासकरत्वेनाशान्तसारा संततोत्कर्षा। अहितसमिद्रिपुभिः सह रणस्तया युता युक्ता। सहसा बलेन दिताः खण्डिताः सेनानामहितवाहिनीनामाशा यया। अहितद्युता शत्रुश्रिया यातानुसृता। अवित्रस्तरासा निर्भयसिंहनादा। अद्धा निश्चितमेव। सभासा सक्रोधा। 'भाम क्रोधे'॥144-146॥ तस्य दैत्यस्य सेनया समरभूमेरालीय विनश्य लुलायायिनो महिषगामिनो यमस्यालयं भवनं यये प्रयातम्। विकर्णैः। शरैरजिह्मगैः स्पष्टर्दिशः स्थगयन्त्या। अथ च विकर्णा भुजगा अजिह्मगा भवन्तीति विरोधः। तेषां कुटिलगतित्वात्। लीलायायिभिर्ययुभिरश्वैरुल्लोला येया अभिगम्या यस्याम्। लाय आदानमर्थाद्रिपूणां तत्र लोलया साभिलाषया। लायो ग्रहणं तद्वती गृह्यमाणा लोलूया रिपुविषया लवनेच्छा यस्यास्तया। लाय इति 'ली द्रवीकरणे' इत्यस्य चौरादिकस्याचिप्रयोगः॥147-148॥ पादपातिभिः पदातिभिस्ततो विस्तीर्णो रणो ववृधे। मारुतिर्हनूमान्। तत्पक्षे पादाभ्यां पातितस्तोरणो येनेति योज्यम्॥149॥

---

1. 'तत्र तनना' **ख.** 2. अयं श्लोकः पुस्तके नास्ति.

ससार पृतना नाना धुनानारिं ससाहसा।
सतर्जनगुणास्फोटधीरयोधगणासुरी[1] ॥152॥ (शक्तिबन्धः)

दिवोऽवतीर्णेव भुवं जगत्प्रलयकालिका।
वाराही मलिनच्छाया प्रभां भानोरतस्तरत्॥153॥

युधि चक्रं द्विषामाशु नीरन्ध्रसमयं वियत्।
अकृताम्भोदनिर्मुक्तनीरं ध्रसमयं वियत्॥154॥

सा ररास सरारासा साराराससरारसा।
साररा ससरारासासारा राससरा रसा॥155॥

(द्व्यक्षरः[2]। समुद्गयमकप्रतिलोमानुलोमगोमूत्रिक-
मुरजस्वस्तिकशक्त्यादिबन्धाः[3])

स्थिराजिरप्यस्थिराजिसाराप्रतिमया रुचा।
चामुण्डा बद्धवैरा सा जितारातिर्मृधे बभौ॥156॥ (मुसलबन्धः)

रणे सुरद्रुहां[4] सैन्यं तदास मरुतां गणम्।
रणस्य च शिवा भेजे तदासमरुताङ्गणम्॥157॥

नवाः शक्तीर्वहन्तो यशसा चिता दानवा युयुधिरे युद्धमकुर्वन्। तथा भीत्या मोचितास्त्यक्ता वायुयुधि समीरप्रधाने समरे न क्लान्ताः॥150॥ उद्दामवेगैर्दण्डैरुद्दामभिश्चोच्छृङ्खलैर्वेगदण्डैः करिभिर्यथाक्रमं हता भेर्यः सेनाश्च परुषं विनेदुः॥151॥ आसुरी पृतना नाना बहुविधमरिं धुनाना ससार ययौ। तर्जनो रिपूणां भर्त्सनो यो गुणस्फोटो ज्याभिघातस्तेन सह वर्तमाना धीरा योधगणा यस्याम्॥152॥ कालिका मेघमाला॥153॥ ध्रसा आयुधमेदास्तन्मयम्। मेघैश्चोत्पाटितैरुन्मुक्तनीरं वियत्कर्म रिपुचक्रं कर्तृभूतं चकार। नीरन्ध्रसमयम-विच्छिन्ननिश्चयम्। वियत् विविधं गच्छत्॥154॥ सा वाराही ररास निनादमकरोत्। रारासा अत्यर्थं दीप्तास्तेजस्विनः। 'रासृ दीप्तौ'। तैः सह वर्तते या। सारस्य बलस्यारमागमनमस्यन्ति क्षिपन्ति ये तेषां सरा सरतीति सरा उपसर्पिका। अरसा नीरागा। साररा ससङ्ग्रामा। सह सरैः पदातिभिर्वर्तमानमारवरिसमूहो यस्याः। आसानां प्रासानामासारो वेगाद्वर्षणमरातिषु यस्याः। रासैर्नादैः सरति या। रसा भूमिरिव। सर्वंसहत्वात्॥155॥ मृधे रणे सा चामुण्डा लाकोत्तरया रुचा रुरुचे। स्थिराजिः संततरणा सा न भवतीति विरोधः। अस्थ्नां राजिभिः सारा दृढेति तु व्याख्यायां न विरोधः॥156॥ तद्दानवानां सैन्यं मरुतां गणमास चिक्षेप। तदा शिवा सृगाली

1. 'वीर' क. 2. 'द्व्यक्षरसमुद्गयमकं' क. 3. 'लोमार्घ' ख. 4. 'सुरद्रुहः' क.

कृतान्तवेश्मपदवीविभ्रमाभिर्महाहवे।
सुरासुरगणा[1] जघ्नुर्गदाभिरितरेतरम्॥158॥

सेनापर्यस्तनाराचचक्रासाराजितासुरा।
राजराजस्य दानाम्बुविष्यन्दिकटकुञ्जरा॥159॥

रासभिन्ननभोरन्ध्रदिङ्मुखा सा रणाजिरे।
रेजेऽस्त्रसारे सानन्दहारश्रियमुपाश्रिता[2]॥160॥ (श्लोकाभ्यां खड्गबन्धः)

आलिङ्गिता युधि प्राज्यशार्वरागतया श्रिया।
गौरीव युध्यमानासीदपर्णा स्वामिनश्चमूः[3]॥161॥

संयुगेऽतिसहस्रांशुनवधामर्षितापिभिः[4]।
नादीप्यतासुरैस्तत्र न वधामर्षितापिभिः[5]॥162॥

वह्निज्वाजापिशङ्गोर्ध्वकेशैर्यातुभिरन्विता।
लङ्केव नैर्ऋती रेजे युधि त्रासकरी द्विषाम्॥163॥

तद्रणं रेणुरूपेण नामोचि तमसा वरम्।
यत्राकृततरां शूरो नामोचितमसावरम्॥164॥

उरोमणिश्रिया शौरिविभ्रमं युधि बिभ्रतः।
अविपन्नपुरस्कारा रेजिरे गुरवो गजाः॥165॥

रणस्याङ्गणं स्थानमभजत्। असमरुता प्रभूततरनिनदा॥157-158॥ राजराजस्य वैश्रवणस्यास्त्रैः सारे रणे सा सेना शुशुभे। आसारो वेगवद्वर्षम्। दानाम्बु विष्पन्दत इति कर्मण्यण्॥159-160॥ काचिच्चमूः कृष्णया शार्वरेण तिमिरेणागतया श्रिया श्लिष्टा युध्यमाना च सती स्वामिनः सकाशादपर्णा अपगतऋणा बभूव। गौरीव। सापि प्रचुरः शार्वो हरसंबन्धी रागो यस्य तद्भावेन श्रिया श्लिष्टा अपर्णा च नाम्ना॥161॥ अतिक्रान्तं सहस्रांशोर्नवं धाम तेजो येषां तादृशानृषींस्तापयन्ति दानवास्तैर्नादीप्यत न भ्राजितमेव। वधेन हिंसयामर्षितां समत्सरत्वमवश्यमाप्नुवद्भिः॥162॥ यातवो राक्षसाः॥163॥ वरमुत्कृष्टं तद्रणं पांसुमयेन तमसा नामोचि न मुक्तम्। यस्मिन्नसौ खड्गे स्थिते सति शूरजनो नाम्न उचितमरमत्यर्थमकरोत्॥164॥ उरोमणिर्लक्षणविशेषः कौस्तुभश्च। पुरस्कारोऽग्रतः करणं पूजा च। गुरवः स्थूला हरिश्च गुरुः सर्वजनपूज्यः॥165॥ अनया नैर्ऋत्या विद्विषो रिपूनायासयमानया खेदयन्त्या रुरुनाम्नो दैत्यस्य सेना हता।

---

1. 'घना' ख. 2. 'हराश्रियं' ख. 3. 'स्वामिना' क. 4. 'नवधामर्ष-क. 5. 'वधामर्ष' क.

विद्विषः समरेऽनन्यसमायासयमानया[1]।
अघानि रौरवी सेना समाया सयमानया[2]॥166॥

कलापशोभां बिभ्राणमथासाद्य शिखण्डिनम्।
नागैरिव रणाद्भीतैर्विनेशे दानवाहिभिः॥167॥

स्फुरत्कुण्डलरत्नौघतडित्किरणकर्बुरः।
मेघनीलोऽथ सङ्ग्रामे प्रावृट्कालवदाबभौ[3]॥168॥ (अतालव्यः)

शरव्याप्तिप्रवणतां दधतो रणमूर्धनि।
कृतपुङ्खा भटास्तस्य मार्गणाश्च विरेजिरे॥169॥

येन व्यधायि स्वर्गो न नाशक्रो धानुषं गतः।
स क्रौर्यं शब्दमतनोन्नाशक्रोधानुषङ्गतः॥170॥

तीक्ष्णशल्यनखाग्राभिर्मार्गणाङ्गुलिभिः क्रमात्।
युधि गीर्वाणसेनायाः पत्रभङ्गं व्यधत्त सः॥171॥

आकृष्टा धनुषो दूरं ज्या यस्य ध्वनितानवम्।
तेजाजेर्द्विट्चमूर्निन्ये[4] ज्यायस्यध्वनि तानवम्॥172॥

संख्ये बलिभुजं तत्र नवायसमपि क्रुधा।
अभ्यापतन्तं तं वैरिपृतना न विषेहिरे॥173॥

संरम्भः स बभूवास्य सारवैरिवधे नवः।
वल्गितैस्तत्रसुः सेना सारवैरिव धेनवः॥174॥

अनन्यसमा लोकातीता। समाया छद्मप्रहारिणी। सयमा यमाधिष्ठिता॥166॥ दानवा एवाहयस्तैर्विनष्टम्। गजैरिव। तेऽपि दानवाहिनो मदजलभृतः। कलापः सैन्यसमुदायः पिच्छं च। शिखण्डी नाम गणो मयूरश्च॥167॥ मेघनीलो नाम दैत्यः। मेघैश्च नीलः॥168॥ शरैर्व्याप्तिर्दिगन्ताच्छादनं शरव्यस्य च लक्ष्यस्याप्तिरुपगमः। कृतपुङ्खाः शस्त्रास्त्रकुशलाः संहिताश्च(?)॥169॥ अशक्रः स्वर्गो येन न व्यधायि न। अपि तु कृत एव। स दैत्यः क्रौर्य गतः सन्धानुषं नादमकरोत्। स्वसैनिकानां नाशेन यः क्रोधस्तदनुषङ्गात्॥170॥ पत्रभङ्गो वाहनविशे(श्ले)षः पत्रच्छेद्यं च॥171॥ यस्य ज्या धनुर्गुणोऽनवमपूर्वं ध्वनिता। तेन दैत्येन ज्यायस्यपि रिपुचमूराजेरध्वनि सङ्ग्राममार्गे तानवं नीता॥172॥ बलिनौ भुजौ यस्य। नवा आयसा........यस्य। बलिभुक्काकः स

---

1. 'नैर्नृती' ख. 2. 'समया' क. 3. 'समया' क 4. 'काल इव क.

असह्योऽपि महीभृत्त्वं बलभद्रोऽप्यसीरिताम्।
अकूटात्मापि तुङ्गत्वमधत्ताद्भुतवृत्ति यः॥175॥

नानेनानिललोलेन लीलोल्लोलेन लोलिना।
नुन्नानूनानलेनैलीलूनानननलेन नो॥176॥　　　　(द्व्यक्षरः)

अर्धचन्द्रनखन्यासैरभियोगपटीयसा।
अभांजि भूम्नाभीकेन सेनासीमन्तिनी द्विषः॥177॥　　　　(तिलकम्[1])

खड्गस्यानुकृतक्रूरपातालातस्य साधुता।
क्ष्मा चासीदिषुभिर्भिन्नपाताला तस्य सा धुता॥178॥

सप्रस्तारे रणे तस्य कराग्रैः प्रतिहारिभिः।
सामजत्वस्य सदृशं व्यधीयत विषाणिभिः॥179॥

सुरस्त्रीणां दृशो भग्नकलावतिकलावति।
निपेतुस्तत्र तिग्मांशुविभासिनिविभासिनि॥180॥

वायसो न भवतीति च विरोधः॥173॥ साराणां वैरिणां वधेन योऽस्य संरम्भोऽभूत्स इति लोकोत्तरः। अस्य च सारवैः सशब्दैर्वल्गितैर्धेनव इव सेनास्त्रस्ताः। आरव इति 'उपसर्गे रुवः' इति घञ् न प्रवृत्तः। 'कृत्यल्युटो बहुलम्' इति बाहुलकात्॥174॥ अनेन मेघनीलेन द्विषः सेनैव नायिका नुन्ना प्रेरिता सती नाभाजि नो। अपि तु भग्ना सेविता चेति विशेषकम्। सह्यो जेतुं शक्यः पर्वतभेदश्च। महीभृद्राजा पर्वतश्च सामर्थ्यात्सह्य एव। अन्यथा विरोधासंगतिः स्यात्। बलभद्रो बलेन कल्याणी हलधरश्च। असीरी साधु खड्गन प्रेरयति योऽहलधरश्च। अकूटात्मा निर्व्याजहृदयोऽपर्वतस्वभावश्च। तुङ्गत्वं साभिमानता समुच्छ्रयश्च। अनिलवल्लोलेन। लीला एव उल्लोला वीचयो यस्य। लोलयति परान्पलायतीति लोली तेन। अनूनानलेनानल्पेन वह्निनेति रूपकम्। एल्या च लूनानि द्विषामाननान्येव तुच्छत्वान्नलानि तृणविशेषा येन। अर्धचन्द्राः शरविशेषा एव नखाः। अर्धचन्द्राचरयाश्च नखा नखक्षतानि। अभियोगोऽवस्कन्दः सुरतं च। अभीकेन निर्भयेन कामिना च। अभाजीति 'भञ्जश्च चिणि' इति नलोपे कृते रूपम्॥175-177॥ अनुकृतं क्रूरपातमलातमुल्मुकं येन तादृशस्य तत्संबन्धिनः खड्गस्य साधुता श्रेष्ठत्वमासीत्। सा च भूः शरभिन्नपाताला धुता कम्पितासीत्। पातालमधस्तनो देशः॥178॥ प्रस्तारप्रतिहारौ प्रसारणकुण्डलीकरणे प्रस्तारप्रतिहारकादयश्च सामभक्तयः। उक्तं हि–'आवाहलक्ष्म हिंकारः प्रसवः प्रतिहारकः। ....सामभक्तयः॥' इति। करिणां सामजत्वं साम.......करादुत्पत्तेः। कारणगुणप्रक्रमेण हि कार्योत्पत्तिर्दृष्टा॥179॥

---

1. 'तेनाजौ' क. 2. 'पञ्चदशभिः कुलकम्' ख.

अनेकमुखतां बिभ्रत्कर्तात्र युगपद्धतेः।
द्विषतां संप्रहारेऽसावेकक: कमलासन:॥181॥

वायवीयाय वायव्ययुयाय्यव्ययाय य:।
व्येयो वयोव्ययायैव ययाववयवी युवा॥182॥ (द्व्यक्षर:)

सिसङ्ग्रामयिषुस्तेन बद्धामर्षारिमण्डली।
संगराङ्गनमुद्गूर्णशस्त्रच्छायान्धकारितम्[1]॥183॥

याजरापत्तदाक्षोदक्षोदात्तपराजया।
साञ्जनामगताघानि निघातागमनाञ्जसा॥184॥

(प्रतिलोमानुलोमार्ध:। युगलकम्)

चित्रमक्षणिकस्यापि तत्क्रियां प्रतिसंयुगे।
पर्याप्तयौगपद्याभ्यां यद्विरोधोऽस्य नाभवत्॥185॥

रणोऽभूत्स्पष्टसंघट्टरथदानवनायक:।
स्पृहयामास नैवालिरथ दानवनाय क:॥186॥

तस्मिन्नप्सरसां दृष्टय: पतिता:। अतिक्रान्ता: कलावन्त: कुशला येन कलावांश्चन्द्र:। अतिशयेन च य: कलावान्गीतचित्रादिनिपुणस्तत्र योषितश्चक्षुष्प्रीतिमासादयन्ति। तिग्मांशुवद्विभा दीप्तिर्यस्य तादृशेनासिना निविभासी नितरां विद्योतनशील:॥180॥ अनेकमुखतां बहुपायत्वं चतुराननत्वं च। हतेर्हननस्य युगपत्सममेव युगानां च कृतादीनां पद्धते: कर्ता: विधायक:। कमला लक्ष्मीस्तस्या असनोऽपहर्ता कमलासनश्च ब्रह्मा॥181॥ वायवीयाय वायुसंबन्धिने वयोव्ययाय शरीरनाशाय योऽसुरो ययौ.... वयसा च शरीरं लक्ष्यते। वाशब्दश्चार्थे। अयाव्यैरकुत्सितैर्यर्युभिरश्वर्याति तच्छील:। अव्ययाय निष्प्रतिबन्धाय। व्येयो विशेषेण एय:। अवयवी प्रशस्तावयव:॥182॥ तेन सह सङ्ग्रामार्थिनी या रिपुसेना रणाजिरमापत्साञ्जसा स्पष्टमेवाघानि निहता। उद्गूढ(र्णं) भ्रमितम्। अजरा उदात्ताश्चमनस्विनो ये। परे रिपवस्तेषामप्यजया जेतुमशक्या:। अञ्जनामगता व्यक्तिमप्राप्ता:। भयेनादृष्टिगोचरत्वात्। निघाताय रिपुहतये आगमनं यस्या:॥183-184॥ संयुगे क्रियां व्यापारं प्रत्यक्षणिको रसिक:। तादृशस्याप्यस्य क्रमेण युगपद्वा विरोध: कलहो यन्नाभवत्तच्चित्रमाश्चर्यम्। केनचिदपि प्रकारेणामुना सह योद्धुं कश्चिदपि न प्रगल्भोऽभूदित्यर्थ:। अथ च विरोधो ध्वन्यतेअक्षणिक: कालान्तरस्थायी यस्तस्य क्रमयौगपद्याभ्यामर्थक्रियां प्रति विरोधेऽनुपपत्तिर्नाभवदिति। बौद्धदर्शने भावानामर्थक्रिया-

---

1. 'उद्गूढ' **क.**

वीरभद्रस्य सङ्ग्रामे युद्ध्यमानस्य निर्भरम्।
सेहे न प्रसरे दैत्यैः क्षयवायोरिवाद्रिभिः॥187॥

विदधुस्तत्र संरम्भं शूरतापिनि तापिनि।
द्विषन्तो युधि साटोपं दानवर्तिनिवर्तिनि॥188॥

ददृशेऽन्यत्र चण्डीशः शूलं रणरसोल्लसः।
भ्रमयन्ननलज्वालातापसंशोषिताम्बुधि॥189॥

यो हन्तु[1] समरे भीतानपलालसमानसः।
पश्यत्यरिचमूर्दग्धुं न पलालसमा न सः॥190॥

चक्षुर्विक्षिप्य रूक्षाग्रपक्ष्मपर्यन्तपाटलम्।
तस्थावखण्डकोदण्डचण्डदोर्दण्डमण्डलः॥191॥

स चकार चमूर्युद्धे मतिमानवमा यया।
विसिस्मिये तया विश्वमतिमानवमायया॥192॥

दधत्या स्थितिमारूढभोगिभद्रश्रियाकुलाम्।
संप्रहारभुवा तस्य मलयाधित्यकायितम्॥193॥

स दिक्षु यशसा लोकानवाच्योऽष्टासु रञ्जयन्।
न चक्लाम मृधे धैर्यान्न वाच्योष्टासुरं जयन्॥194॥

कारित्वमेव सत्त्वम्। यदाहुः—'यदेवार्थक्रियाकारि तदेव परमार्थसत्' इति। तच्च क्षणस्थितिधर्मण एव भावस्योपद्यते नाक्षणिकस्य। तस्य क्रमयौगपद्याभ्यां तद्विरोधात्। तस्य हि क्रमेण तत्करणे..........युगपत्ततः क्रियायां द्वितीयस्मिन्क्षणे तदभावात्..........क्रियां कुर्वीतेति संक्षेपः॥185॥ स्पष्टसंघट्टा रथा येषां ते दानवस्वामिनो यत्र तादृशः समरोऽभूत्। अथानन्तरं को भ्रमरो दानवारिणे नास्पृहयत्॥186-187॥ तत्र वीरभद्रे द्विषः कोपावेशं चक्रुः। शूरतामाप्नोति तच्छीलस्तस्मिन्। दानवानां च ऋतिं गतिं निवर्तयति यस्तस्मिन्॥188।-189॥ यश्चण्डीशो भीतान्हन्तुमपलालसमानसो निरभिलाषहृदयः। स रिपुसेना दग्धुं पलालेन समा न पश्यति न। तृणतुल्या एव मनुते॥190-191॥ स मतिमांस्तया अतिमानवमायया लोकातीतमायया चमूरवमा अधोगतिजुषश्चक्रे। यया विश्वमपि विस्मयमयासीत्॥192॥ भोगिन ईश्वराः सर्पाश्च। भद्रा गजविशेषा अपि॥193॥ अष्टासु दिक्षु लोकान्यशसा रञ्जयन्नाजौ न परिश्रान्तः।

---

1. 'हुर्तुं' क.

विप्रचित्तेः समीके यत्सैन्यमभ्यापतत्क्रुधा।
दधन्मूर्तीः सदृक्तिस्त्रस्त्रिमूर्ति[1] परमेष्ठिना।।195।।

मदमेदोदुदुद्दामदामामोदमुदं ददत्।
ममादिमददो दुद्दमदमोददीदमत्[2]।।196।। (द्व्यक्षरः। युगलकम्)

प्रह्लादपृतनाचक्रं ह्लादैर्मुखरयद्दिशः।
स तारकगणेनोच्चैः संप्रहारे हिमत्विषा।।197।।

ततो रसादशान्तेन दशान्तेन कलापिना।
कलापिना तदासेवि तदासे विततोरसा।।198।।
(संदष्टयमकम्। युगलकम्)

करे परिव्राज इव प्रधनेऽधिकमण्डलौ।
निशाकरसहस्रांशू दैत्यान्क्रोधान्निजघ्नतुः।।199।।

दैत्यचक्रमभूद्भग्नप्रभावरणमश्वि तत्।
इन्दोश्च मण्डलं सान्द्रप्रभावरणमश्वितत्।।200।।

अपूर्यन्त दिशः स्पष्टसंयुगोत्कर्षभैरवैः।
ककुभः प्रावृंषीवाथ त्रिदशासुरमण्डलैः।।201।।

न वा धैर्यादच्योष्ट। अवाच्योऽनिद्यः। आसुरमसुरसमूहम्। वाशब्दः समुच्चये।।194।। यत्सैन्यं रुषाभ्यागतमत एतद्दुद्दमुपतापप्रदं दमयामास। त्रिमूर्तिं मूर्तित्रयधारणाद्ब्रह्मणा तुल्यम्। मदेन मेदो येषां तान्दुनोति यः। उद्दामेन च दाम्न आमोदेन मुदं हर्षं ददत्। ममादिरहंकारादिस्तं मथ्नाति यः। अदमो निरुपशमः। अदत्परान्भक्षयत्।।195-196।। प्रह्लादाख्यस्य दैत्यस्य तदा सेनाचक्रं चन्द्रमसा असेवि युद्धायाभियातम्। ततोऽनन्तरं तदेवासे निरस्तम्।।197।। रसाद्वीराख्यादशान्तेनानिवृत्तेन। दशाः शत्रूणामवस्थास्तासामन्तेन विनाशहेतुना। कलापिना सतूणीरेण। कलाश्चाप्नोति यस्तेन। विततोरसा विस्तीर्ण-वक्षसा।।198।। अधिकमण्डलौ संपूर्णबिम्बौ। परिव्राजकस्य तु करोऽधिगतकमण्डलुः। एवमादौ चोपमानोपमेययोः शब्दामात्रेणापि साम्यसद्भावादुपमात्वं चिन्त्यम्।।199।। भग्नप्रभावरणं यस्य तादृशं तद्दैत्यचक्रमभूत्। अश्वि तुरगान्वितमपि। सान्द्रप्रभैवावरणं यस्य तदिन्दुबिम्बमश्वितत् व्यद्योतिष्ट। 'शिवता वर्णे'। इत्यतो 'द्युद्भ्यो लुङि' इति लुङि परस्मैपदे 'पुषादि-' इति सूत्रेण च्लेरङादेशः।।200।। संयुगस्योत्कर्षेण भैरवैर्भीषणैस्त्रिदशानामसुराणां च मण्डलैर्युधि दिशः पूरिताः। प्रावृषीव। तत्र तु संयुगैः

---

1. 'त्रिमूर्तिः' क. 2. 'दुद्दमददोददीददत्' क.

श्रियं दैत्याधिपाः सैन्यैरासदण्डामरोचितैः।
दधद्भिस्तृणतां चोच्चैरासदण्डामरोचि तैः॥202॥

तरसामलकीनाशशून्यां शरभदानवः।
सङ्ग्रामोर्वी व्यधत्ताथ हिमशैलतटीमिव॥203॥

सर्वात्मना रणे तस्मिन्नवतामसमञ्जसा।
तेनावेशि द्विषां सेना नवतामसमञ्जसा॥204॥

आमर्दकस्तमभ्यागान्नवाञ्जनमलीमसैः।
अन्वीयमानो दितिजैः प्रावृट्काल इवाम्बुदैः॥205॥

स मार्गणगणं दूरमस्तं भीदस्य तोत्रताम्।
सङ्ग्रामकरिणः प्राप्तमस्तम्भीदस्यतोऽत्र ताम्॥206॥

पारिप्लवहरिव्रातो वैजयन्त्यच्छनिर्झरः।
रराज कूबरी केतोर्मन्दराद्रिरिवाहवे॥207॥

सोऽवैत्क्षतिं द्विषां तस्मिन्नवाचामन्तिके स्थिताम्।
प्राप्तं योधं शिवौघाः स्म नवाचामन्ति केऽस्थिताम्॥208॥

पिंषन्गजघटा गुर्वीरुर्वीधरगुरून्नताः।
बभार कालमुसलो रणमूर्ध्नि यथार्थताम्॥209॥

संगतहलाङ्गैरुत्कैश्च ऋषभैर्दान्तैर्दिशः पूर्यन्ते रवैर्निनादैः। वृषभा अपि तिसृषु दशासु शैशवादिकास्वसुरं प्राणप्रदं मण्ड पोषणार्थमाचामं लान्ति॥201॥ डामराः शूरास्तदुचितैः सैन्यैरसुराधिपाः श्रियमासदन्प्रापुः। तैश्चारोचि भ्राजितम्। उच्चैन्रत आसाय क्षेपणाय दण्डो यस्यास्तां तृणतां कुन्तजातीयमायुधं दधानैः॥202॥ अमलेन कीनाशेन यमेन आमलकीनां च नाशेन शून्याम्॥203॥ तेन दैत्येन द्विषां सेना नवं तामसं क्रोधमञ्जसा स्पष्टमावेशि प्रवेशिता। अवतामात्मानं रक्षताम्। असमञ्जसा विशरारुः॥204-205॥ स आमर्दको गणोऽस्य शरभस्य दूरमस्तं क्षिप्तमत्र रणे शरनिकरं भीदस्य भयप्रदस्य रणगजस्य तोत्रतां खेदकरणात्प्रतोदत्वं गतमस्तम्भीन्निरुद्धवान्। तां शत्रुसेनामस्यतो निराकुर्वतः॥206॥ हरयोऽश्वाः सिंहाश्च। कूबरी रथः॥207॥ स केतुस्तस्मिन्समरे रिपूणां क्षतिमन्तिके स्थितामासन्नामवैद्ज्ञासीत्। अवाचामधोमुखानाम्। के वा शिवानामोघा योधमस्थितां करङ्कशेषत्वं प्राप्तं नाचामन्ति स्म सर्व एव बुभुजिरे॥208-209॥ स ना पुरुषो ललाटेनाष्टापदं चतुरङ्गफलकमनुकुर्वन्रणभुवमायतामागच्छतां रिपूणामायतां

ललाटेनान्वयंस्तुङ्गनासोऽष्टापदमायताम्।
स रणोर्वीमरातीनां नासोष्टापदमायताम्॥210॥

ततः क्रौर्योदधेर्दीर्धैः स्त्रोतोभिरिव मानिनाम्।
निस्त्रिंशैर्व्याप्तदिक्चक्रमभ्यैद्धूर्जटिराहवम्॥211॥

दुरुत्सहत्वं सङ्ग्रामे न वाहिन्या स कृच्छ्रयन्।
विररामासूरव्यूहं नवाहिन्यासकृच्छ्रयन्॥212॥

कृताट्टहासास्तत्सैन्ये विरूपाक्षतयान्विताः।
सक्ष्वेडकण्ठाः प्रथमास्तद्वैदग्धीं समासदन्॥213॥

संसारारिः ससारोरुः स सूरिरसिसाररुत्।
ससारौरससीरीरां ससिरं राससूररम्॥214॥ (व्द्यक्षरः)

नित्याञ्जनोपयोगेन नयनानीव विद्विषाम्।
निर्जितानामनर्माणि येन स्त्रैणानि चक्रिरे॥215॥

स पुरेव जटानद्धसारवासुकिराततताम्।
बभारारातिसेनासु सारवासु किराततताम्॥216॥

वह्निगर्भचमूर्या च सप्तलोकाभिभाविनी।
त्रिलोकीसरसीक्षोभकरेण हरहस्तिना॥217॥

दीर्घामापदमसोष्ट जनितवान् तुङ्गनासः समुन्नतघोणः॥210-211॥ स धूर्जटिर्वाहिन्या सेनया असुरसमूहं कृच्छ्रयन्परिक्लिश्नन्न व्यरंसीत्। दुरुत्सहत्वं श्रयन्दुरभिभवत्वं भजन्। नवं चाहीनां सर्पाणां न्यासं हारादिरचनां करोति यः॥212॥ विरूपाणि विषमाणि विकृतानि च। क्ष्वेडा ध्वनिविशेषः क्ष्वेडं च विषम्॥213॥ स शंभुरौरसस्य सूनोः कुमारस्य सीरिणश्चेरां भुवं ससार। संसारारिर्भवोच्छेत्ता। ससारौ सोत्कर्षावूरू यस्य। सूरिर्विद्वान्। असेः सारेण बलेन रुणद्धीति क्विप्। ससिरं कण्ठनाडीः पूरयित्वा राससूः सिंहनादकृत्। अरमत्यर्थम्॥214॥ नित्यः सनातनः। अञ्जनो नीलपीतादिरूपेण व्यक्तः। उपयुज्यत इत्युपयोगः सर्वोपकारी उपगतसमाधिर्वा। तथाविधेन येन शत्रुस्त्रैणान्यनर्माणि क्रीडाशून्यानि कृतानि। नयनानीव। तान्यपि नित्यभञ्जनस्योपयोगेनानर्माण्यर्माख्यरोगरहितानि क्रियन्ते॥215॥ स हरो जटाबद्धवासुकिः सारवासु रिपुसेनास्वाततां किराततामवहत्। पुरेव यथा किरातार्जुनरणे। किरातता हिंसकत्वं शबररूपता च। न चान्धकक्षयात्किरातार्जुनयुद्धमवरकालमिति पुरेवेत्यसंगतिः शङ्क्या। 'न कदाचिदनीदृशं जगत्' इति नीत्या किरातार्जुनविरोधस्यापि ततः पूर्वमभिनिर्वृतत्वात्॥216॥ वह्निगर्भस्य या चमूः सा तु

हरिणैरिह साकं सा सायासा विगता गवि।
विभुना भुवि सारासा तुङ्गा तु निहताहनि॥218॥

(प्रातिलोम्येन स एवार्थः। युगलकम्)

लीलालुङ्खितपुङ्खस्थपतत्रमरुताहवे।
संधुक्षयद्भिर्विशिखैः प्रतापाग्निमिवोद्धतम्॥219॥

शिशुना शशिनानंशुनाशोऽनूनो निशोऽनिशम्।
नाशाननानि नानांशो नेशानो नानशे शनैः॥220॥

(व्यक्षरः। युगलकम्)

सन्मात्राच्युतकं तस्य संप्रहारमहीतलम्।
स्पष्टान्धकश्रियं बिभ्रत्क्रीडाकाव्यमिवाबभौ॥221॥

मुष्णन्तं जीवितधनं स व्यंसकुसुमालकम्।
जघान भर्ता देहार्धं सव्यं सकुसुमालकम्॥222॥

त्रैलोक्यप्रलयोत्पातदशा इव निर्गलाः[1]।
युधि केतुमतीर्दूरादापतन्तीः सुरद्विषाम्[2]॥223॥

विभुना हरगजेनेह समरेऽहनि दिवस एव हता। अत एव हरिणैः सह गवि भूमौ विगता समुपविष्टा। सायासा सयत्नापि। भुवि भूमध्ये सारासा समुत्कृष्टकुन्ता॥217-218॥ ईशानो हरः आशाननानि दिङ्मुखानि विशिखैरनिशं संततं नानशे न, व्याप्तवानेव। लुङ्खितः स्पृष्टः। शिशुना बालेन शशिना नास्त्यंशुनाशो यस्य। अत एव निशो रात्रेरनूनः। नानांशो बहुविधावतारः। ना पुरुषः। पौरुषवानित्यर्थः॥219-220॥ सती मात्रा सैन्यादिसामग्री यस्य तादृगच्युतो हरिर्यत्र मण्डले ....परोऽर्थः संपद्यते यथा—'नियतमगम्यमवश्य[3] भवति किल त्रस्यतोरणोपान्तम्' इति। अन्धको दैत्यः। अन्धयतीत्यन्धकं च गूढक्रियापदादि। यथा—'आताम्रैराम्रपदैर्नवोद्गतैर्यामवतीरुचिताम् (?)। तामधुनैव स्मृत्वा मम हृदयं दीर्यते शतधा॥' इति॥221॥ जीवितमेव धनं मुष्णन्तं रिपु स भगवाञ्जघान। विचित्रा अंसकौ स्कन्धभुवि शोभमाना माला यस्य। सकुसुमाश्चालकाश्चूर्णकुन्तला यस्य तादृशं सव्यं वामं देहार्धं भर्ता धारयिता॥222॥ ईशिता विभुस्ता रिपूणां केतुमतीः सेनाः शतशस्तैः शरैतुत्त व्यथयामास। उत्पातदशा अपि केतुमत्योऽनिष्टसूचकज्योतिष्मत्यः। शातिताशः शत्रूणां घातितमनोरथः। अतीताशीराशास्याभावात्। शिशुः शीतांशुर्यस्य तद्भावेनाततो व्याप्तः। तोत्ता रिपूणां

---

1. 'निर्गलैः' क. 2. 'शनैर्द्विषाम्' ख. 3. रुद्रटालंकारस्थेयमार्या.

तैः शातिताशोऽतीताशीः शिशुशीतांशुताततः।
तोत्तेशिताशिताशातैः शतशोऽतुत्त ताः शितैः॥224॥

(द्व्यक्षरः। युगलकम्)

समवर्तिपुरीवाथ विशिखावलिशोभिनी।
व्यशीर्यताशु तं प्राप्य वज्रबाहुवरूथिनी॥225॥

तदा क्षणेन वीर्यस्य समदः सहितः पदम्।
रेजे स्तुतनयः साक्षान्नयवेदी क्षतामतः[1]॥226॥

मात्रापहारदानाभ्यां यथेष्टाभ्यां श्लोकद्वयम्–
तदाक्षणेन[2] वर्यस्य समिदः सहतः पदम्।
रेजेऽस्ततनयः साक्षान्नयवेदे क्षतामतिः॥227॥

तदेक्षणेन वर्यस्य सामदः सहतिः पदम्।
रेजे स्तुतिनयः साक्षान्नयवादोक्षितामृतः॥228॥

मनोरथं सुरारीणां विशिष्टनडकूबरम्।
श्लथचक्रं चकाराजौ वज्रनाभं रुषोत्थितम्॥229॥

व्यथकः। अशिता यज्ञादिफलस्य भोक्ता। आशास्वतन्ति संततं गच्छन्तीत्याशातैर्दिङ्मुखप्रसारिभिः। शितैस्तीक्ष्णैः॥223-224॥ विशिखावलिः शरपङ्क्तिः। विशिखासु च रथ्यासु बलिरुपहारः॥225॥ तदा भगवान्रेजे। वीर्यस्य पदं स्थानम्। समदः साभिमानः। सहितो हितकारी। स्तुतो नयो यस्य। यतः साक्षान्नयं वेत्ति। क्षतामतः क्षपितरिपुः। अतः श्लोकात्क्वचिन्मात्राविपरिवृत्तौ श्लोकान्तरमुत्पद्यते तस्यार्थः–वर्यस्य प्रार्थनीयस्य पदम्। ततः सर्वं लभ्यत इत्यर्थः। समशब्दः सर्वपर्यायः। यथा समराज्यं वर्तत इति। सममस्ति येषां ते समिनः सर्वेश्वरा दैत्यास्तान्द्यति खण्डयति यः। सहतश्च सहिष्णोः पदम्। सहिश्चुरादिः 'आधृषाद्वा' इति विकल्पितणिच्कः। अस्तस्त्यक्तस्तनयोऽन्धको येन। अन्धकस्य तत्पुत्रत्वात्। नयस्य वेदे ज्ञाने सति क्षतामतिर्निहतकुबुद्धिः अथवैवं विपर्ययः–ईक्षणेन वर्यस्य पद दर्शनमात्रेणाभीष्टप्रदः। सामदः सामानि रक्षति। 'देङ् रक्षणे'। सहतिः सह शत्रुहिंसया वर्तते। स्तुतिर्नयो यस्य। नयवादेनोक्षितं सिक्तं स्रुतममृतं येन सः। अनयैव दिशान्यदप्यत्र समभ्यूह्यम्॥226-228॥ श्लथं पतच्चक्रमायुधं यस्य तादृशं वज्रनागं(भं) धुरं यस्य। श्लथं च चक्रं रथाङ्गं यस्य। तादृशवेगवत्त्वान्मनःसदृशं रथमकरोदिति ध्वनितम्॥229॥ अमुं भगवान्वज्रबाहुममायं कृत्वा इयाय।

---

1. 'क्षितामतः' ख. 2. एतच्श्लोकद्वय क-पुस्तके नास्ति.

मयमायामयायाममायी मममयोऽयमः।
येयोऽमायमियायामुममेययमयोमया।।230।।　　　　(द्व्यक्षरः)

तस्य वेणीलता तेन सङ्ग्रामादपसर्पतः।
अयशःपदवीवाथ ददृशे पृष्ठवर्तिनी।।231।।

तत्रसुर्मण्डलीबन्धैस्तस्मिंश्चरति तद्भटाः।
ते कृपापाकृते ध्यानिनिध्याते निर्दितार्दिनि।।232।।　　　　(शूलबन्धः[1])

त्रिशिखेन पुरप्लोषवह्निनेवायुधेन सः।
सूचिलोमानमायान्तं प्रतिलोमगतिं द्विषाम्।।233।।

विविधाधिवधे धीवा विधिवेधा धवावधिः।
धीधावी वीवधी वध्वा विवैधी विधुधोऽवधीत्।।234।।
(द्व्यक्षरः। युगलकम्)

निजघान रणे सेनास्वसौ दुश्च्यवनो बलम्।
अशेषसुरनाथोऽपि विपुलोमात्मजादरः।।235।।

मयाख्यस्य दैत्यस्य मायैवामयो रोगस्तदायामं मीनाति हिनस्ति तच्छीलः। 'मीञ् हिंसायाम्'। मममयोऽहंकारमयः। अयमोऽद्वितीयः। येयो योगिनामभिगम्यः। अमेया अपरिच्छेद्या यमा अहिंसासत्यास्तेयादयो योगाङ्गानि यस्यास्तया चोमया गौर्या उपलक्षितो येयो वा।।230।। वेणीशब्देन समरात्पलायमानस्य दैत्यस्य स्त्रीत्वं ध्वन्यते।।231।। तस्मिन्नीश्वरे मण्डलीभिश्चरति सति ते दैत्यभटास्तत्रसुर्भीताः। कृपया अपाकृते त्यक्ते। ध्यानिभिर्निध्याते परब्रह्मरूपत्वात्। निर्दिता निःशेषेण खण्डिता अर्दिनो हिंसका येन।।232।। स हरस्त्रिशूलेन सूचिलोमाख्यं दैत्यमवधीत्। शूलस्य च तिस्रः शाखा इति त्रयाणां पुराणां दाहचिह्नमेतत्। विविधानमाधीनां वधे धीवाप्राज्ञः। विधेरपि वेधाः स्रष्टा। धवानां पुरुषाणामवधिः। तद्व्यतिरेकेणोत्तमस्य पुरुषस्याभावात्। धियं धावति देशनाभिः शुद्धीकरोति यः। वध्वा वीवधी धर्ता। विना गरुडेन वाति गच्छतीति विवो विष्णुस्तमेवैधयति मानेन वर्धयति यः। विधु च धत्ते बिभर्ति यः।।233-234।। असौ हरः सेनासु स्थितं बलं जघान। दुष्टं च्यवनं रिपूणां पाते यस्मात्। विपुलो महानुमात्मजे गुहे आदरो यस्य। दुश्च्यवनः शक्रः स बलासुरघाती कथं पुलोमात्मजायां शच्यां विगतादर इति विरोधः।।235।। यश्च तिष्ठते युद्धायागच्छते द्विषे कुप्यन्नवक्रासवतां मुखासवशून्यत्वं तस्यैव चकार। शिरश्छेदकरणात्। सभाः सदीप्तिः। असौ हरस्त्रासवतां सभा भीतपरिषदो न्यायानवक् एवं युध्यध्वमिति युक्तीरवादीदेव। अन्यथा न्यायानवक्।

---

1. 'त्रिशूलबन्धः' ख.

यश्चकार द्विषे कुप्यन्नवक्रासवतां सभाः।
नासौ न तिष्ठते न्यायानवक्रासवतांसभाः॥236॥

प्रहारमूर्छया बिभ्रदाकुलत्वं तमन्यतः।
केतुबाहो[1] रणे सैन्यमपश्यन्नीललोहितम्॥237॥

गरागारोरगोग्रोरा गौरीरागी गरुर्गिराम्।
गौरागुरुगिरीरागो गौररेर्गुरुरोगरुक्॥238॥ (द्व्यक्षरः)

सनागराजकटकः सगुहस्तुहिनोज्ज्वलः।
तुषाराद्रिरिवाभाति योहिमानीशतास्पदम्॥239॥

यो भाति प्रत्ययोत्कर्षादक्षयज्ञानलाभया[2]।
दृशा च सरुषा ध्वस्तदक्षयज्ञानलाभया॥240॥ (चक्कलकम्)

नानादेवकुलाकीर्णं सद्धर्म्यस्थिति तद्रणम्।
चित्ररथ्याकुलं भेजे कृतान्तनगरश्रियम्॥241॥

दुर्भेद्यया चमूस्तस्य माययावसितोषिता।
रणे शौर्यगृहे क्रौर्यमाययावसितोषिता॥242॥

तस्योच्चै संगरे तस्मिन्नवारिदमनो रथः।
शरत्काल इवाभासीद्दलयन्नमरद्विषः॥243॥

यताऽसौ न तिष्ठते न। अपि तु विवादपदे निर्णयं करोत्येवेति स्थेयाख्यायां तङ् स्यात्॥236॥ यस्तुषाराद्रिरिव राजते तं नीललोहितं हरं केतुबाहोर्दैत्यस्य सैन्यमपश्यत्। यश्च प्रहारमूर्च्छितः स सर्वं नीललोहितं पश्यति। गरस्य विषस्यागाराणि गृहाणि ये उरगास्तैरुग्रमुरो वक्षो मध्यभागश्च यस्य। गौर्यां रागी व्यसनी वत्सलश्च। गौराः शुभ्रा अगुरवस्तरुभेदा यासां तथाविधा गिरीराः पर्वतभुवो गच्छति श्रयति यः। अरेर्गौर्वज्र इव। हिमवांस्तु द्विषो गौस्तत्र पलाय्यावस्थानादास्पदम्। गुरून्महतो भक्तानां रोगान्रुजति यः। नागा भुजगा गजाश्च। कटकाः कङ्कणानि कटकश्च मध्यभागः। गुहः कुमारो गुहाश्च खदाः। शिरःप्रभृतिभिरङ्गैर्धारणात् ईशितास्पदमैश्वर्यस्य स्थानं हिमानीशतास्पदं च। अक्षयो ज्ञानलाभो यस्याः। ध्वस्ता दक्षयज्ञेऽनलस्याभा यया॥237-240॥ कुलानि समूहा गृहाश्च। सती धर्मादनपेता हर्म्याणां च स्थितिर्यत्र। रथ्यास्तुरगा मार्गाश्च। रणे कृतान्तस्य संनिहितत्वात्तेन नगतं(रं) विवेशितम्(निवेशितम्)॥241॥ मायया अवसिता ज्ञाता रणे चोषिता स्थिता तच्चमूः क्रूरतामाययौ। असिभिस्तोषिता ह्लादिता॥242॥

---

1. 'केतुबाणः' ख. 2. 'प्रज्ञयोत्कर्षात्' ख.

सोमासोमः समांसांसः सोममासोऽसमोऽसिमान्।
ममासेसु समीमांसमासामास सुसामसूः॥244॥ (द्व्यक्षरः)

सन्मण्डलाग्रतामेकपिङ्गलानुगतो दधत्।
स भास्वांस्त्रिदशारातीञ्घानोल्लाघवान्रणे॥245॥

संचरिष्णुः ससंरम्भं स ना तनयशोभितः।
शौर्यमप्रथयत्संख्ये सनातनयशोऽभितः॥246॥

क्षयानिलैरिवाशेषविवर्तनसहैरुरोः।
सैनिकैस्तस्य काक्षेण सावहेलं विलोकितैः॥247॥

भीरोरैररिभिर्भाभै रभारीरा भरेरिभिः।
रुरुरीभिरुरभ्राभा भाभारिभिरुरूरुभिः॥248॥ (युगलकम्। द्व्यक्षरः)

स धीरमुरजोद्दामगर्जाः शीकरवर्षिणः।
गजधारागृहा रेजुस्तस्याशून्याः कलापिभिः॥249॥

रणे संकुलतां प्राप्ते सज्जटङ्करवारिभिः।
तद्वपुः करिणासेचि सज्जटं करवारिभिः॥250॥

नवानामरीणां दमनस्तस्य रथः शुशुभे। शरत्काल इव। तत्र तु नास्ति वारिदानां मनोरथोऽपि॥243॥ ममेत्यहंकारस्तमस्यन्तीति ममासा निरभिमानास्तेषु समीमांसं सविचारं भगवानासामास स्थितवान्। सहोमया सोमेन च शशिना वर्तते यः। समांसे मांसले अंसे यस्य। सोमं मीनन्ति सोममाः क्रतुविघातिनस्तानस्यति यः। असमो लोकोत्तरः। असिमान्सखड्गः। सुष्ठु च साम सान्त्वं वेदं वा सूते यः॥244॥ मण्डलाग्रं बिम्बस्य कोटिरपि। एकपिङ्गलो वैश्रवणः। एकश्च पिङ्गलः कश्चिदनुचरः। भास्वान्रविरपि। उद्गतं लाघवं येषाम्। उल्लाघश्च रोगनिर्मुक्तिः। सा विद्यते यस्मात्। 'आरोग्यं भास्करादिच्छेत्' इति वचनात्॥245॥ स हरो ना पुरुषोत्तमस्तनयेन शोभितः शौर्यमभितो विस्तारयामास। सनातनं नित्यं यशो यत्र तम्॥246॥ तस्य शंभोः काक्षेण रूक्षकुटिलया दृष्ट्या दृष्टैरुरोर्दैत्यस्य सैनिकैरिरा युद्धभूररिभिश्चक्रैरभारि पूरिता। भीरोरैर्भयदरिद्रैः। भाभैर्नक्षत्रनिभैः। भरेणेरयन्ति परान्क्षिपन्ति ये। रुरुर्मृगस्तस्येव चपलतया रीर्गतिर्येषाम्। अत एवोरभ्राभा मेषैरिव शोभा यस्यास्तां रुचिं बिभ्रति ये। उरू महान्तौ ऊरू येषां तैः॥247-248॥ कलापिनस्तूणिनो मयूराश्च॥249॥ सज्जः संनिहितष्टङ्क शोभा रवश्च नादो येषां तैररिभिः संकुले रणे शोभनजटं तदीयं वपुः करिणा गजासुरेण करवारिभिः सिक्तम्॥250॥ दानवानामित्यादि विशेषकम्। अस्य हरस्य सा चमूरसुरैर्नासह्यत। यया अयं हरो

दानवानां रुषा सैन्यं दैत्यानां च युयुत्सु तत्।
सेनयानुगतः संख्ये सरस्वानिव वेलया।।251।।

भूयेयोऽभययायीभ्यो भूयो योऽभीभयोऽभयम्।
ययाभिभूय भूयोऽयं भाभोऽभीयाय भाययन्।।252।। (द्व्यक्षरः)

सास्य संहारवेलेव दलयन्ती क्षमाभृतः।
नासह्यतासुरैः सेना बाहुशालिभिरप्यलम्।।253।। (तिलकम्)

यस्य सेना दिशो दैत्यानविभ्रमदशोचिता।
येनारिनारी विदधे न विभ्रमदशोचिता।।254।।

त्रिविधस्यापि हर्ताथ स ध्वान्तस्य गरीयसः।
सङ्ग्रामगगने भास्वांस्तेजसाति दुरुत्सहः[1]।।255।।

दशाशादेशदादेशः शशिदंशदशाशिदोः।
देशी शंददशूदैदुदंशुशशिदः शदी।।256।। (द्व्यक्षरः। तिलकम्)

तेन संजघटे सार्धं तत्सेनायुगपद्धतीः।
विवर्तयन्कालकेतुः कालचक्रवदन्यतः।।257।।

पिदधुर्मार्गणास्तस्य तमीशं काञ्चनोचिताः।
छायया न व्यधुर्व्योम्नि तमीशङ्कां च नो चिताः।।258।।

जलधिरिवासुराणां सैन्यं भूयो बहुतरमभिभूय भूयश्च पुनर्भाययन्नभिययौ संमुखं जगाम। यो भूयेयो भुवा भूलोकेन श्रद्धयाभिगम्यः। अभययायिनां शरणागतानामिभ्यः स्वामी। इभमर्हतीतीभ्यः। 'दण्डादिभ्यो यः'। अभीभयः अभिया इभेन याति यः। अभयं निर्भयं कृत्वा। भाभो नक्षत्रकान्तिः। क्षमाभृतः पर्वता अपि।।251-253।। स हरः सङ्ग्रामनभस्याशु त्वरितमुदैदुज्जगामेति विशेषकम्। यदीयसेना दैत्यान्दिशोऽबिभ्रद्भ्रदमयामास। अशोचिता कृतकार्यत्वात्। विभ्रमदशायाश्चोचिता रिपुनारी येन न कृता।। हार्दं, मूर्तमसुरादि, नैशं चेति त्रिप्रकारं तमः। भास्वान्रविरपि। सोऽपि लोकत्रयवर्तित्वेन त्रिविधमन्धकारं हन्ति। दशानामाशानामादेशाः प्रदेशास्तान्दयते रक्षत्यादेशो यस्य। 'देङ् रक्षणे'। शशिदंशो राहुस्तद्दशाशिनौ दोषौ बाहू यस्य। शशदंशा वा व्याघ्रादयः। देशी दाता उपदेष्टा वा। शंददत् श्रेयस्करः। उदंशुं शशिनं दयते रक्षति यः। शदी योधवान्। शीयन्ते परानवसादयन्तीति शदा योधाः।।254-256।। युगपत् हतिस्ताडनं यासाम्। युगानां च कृतादीनां पद्धतीर्व्यवस्थाः।।257।। तस्य दैत्यस्य शरास्तमीशं

---

1. 'दुरुत्सहं' ख.

दधता शून्यतां शश्वत्सैन्येन प्रतियोगिनाम्।
असङ्गरवियातेन तस्य नाकतलायितम्।।259।।

शरवृष्टिं द्विषः प्राप्तां स विषेहे तु तामितः।
श्यामलत्वं दधत्कण्ठे सविषे हेतुतामितः।।260।।

स्फुरन्मौर्वीतडिद्दण्डस्तत्कोदण्डघनाघनः[1]।
सपृषत्कः प्रणादेन राजहंसानविव्यथत्।।261।।

नग्नानुगेनानूनाग्निगुना नेनानुगानिना।
नूनं नागान्नगेनेन गगनं गां नगानगान्।।262।। (व्यक्षरः)

शरैः पूरयता गुप्ता विभुना हरिवाहिनी।
व्यश्नुवाना दिशः सर्वास्तरसैत्य सुकेतुना।।263।।

समारणे समग्रासेऽसमग्रासेऽसमा रणे।
सुरारिणा समानेभासमाने भासुरारिणा।।264।। (तिलकम्)

स संगराङ्गने भङ्गपराचीनमतङ्गजे।
अनङ्गकेतुनारब्धसुरमङ्गलगीतिना।।265।।

भगवन्तं पिदधुरस्थगयन्। काञ्चनैरुचिताः समवेताः। 'उच समवाये' छायया च चिता व्याप्ताः। तमीशङ्कां निशाभ्रानिंत न नो चक्रुः। अकुर्वन्नेव।।258।। तस्य संबन्धिनां प्रतियोगिनामरीणां सैन्येन नाकवदाचरितम्। रवेर्यातं गमनं यत्र।।259।। स तु हरः शत्रोः सकाशादागतां शरवृष्टिं विषेहे सोढवान्। तामितः क्रोधितः। 'मितां ह्रस्वः' इत्यत्र वेत्यनुवृत्तेरत्र ह्रस्वाभावः। यदिवा तां शरवृष्टि मितोऽस्मादरेः प्राप्तां विषेहे इति योजना। सविषे सकालकूटे। हेतुतया त्रिजगत्कारणत्वेन हेतुना अमितोऽपरिच्छिन्नः।।260।। घनाघनो विवर्षुर्मेघः। पृषत्का बिन्दवोऽपि। उक्तं च–'पृषत्कबिन्दुपृषताः पुमांसो विप्रुषस्त्रियः' इति। राजहंसा राजेन्द्रा हंसभेदाश्च।।261।। अनेन विभुना गुप्तापि हरिवाहिनी वासवसेना सुकेतुनाम्ना सुरारिण दैत्येन वेगेनागत्यासे निरस्तेति विशेषकम्। नग्नानुगेन दिगम्बरसहायेन। अनूनाग्निर्बहलवह्निर्गौर्विलोचनं यस्य। अनु पश्चाद्गामिनो गायना यस्य। नगस्य कैलासस्य नगाया व गौर्या इनेन स्वामिना नूनं निश्चितम्। नागान् गजान् गगनं गां भुवं नगाग्निरीन् अगांश्च तरून् शरैः पूरयता। कुत्र सेना निरस्तेत्याह–सह मारणेन वर्तते यत्। असमश्च ग्रासः परेषाः कवलीकरणं यत्र। असमानं च लोकोत्तरं यत्तादृशे रणे। सेना च समग्रा सकला। असमा अनन्यसदृशी। समानाश्चाहंकारिण इभा

---

1. 'दण्डैः' ख.

नादिनादीननोदेन निदानोनेन नादिना।
नादि नादौ न नुनुदे नूनं नानौदनादिना॥266॥

(युग्मम्। द्व्यक्षरः पादाद्यन्तयमकं च)

तेनानायि प्रतिस्रोतः शरौघैस्तिमिराशिभिः।
वाहिनी विस्फुरत्कूलकुञ्जराजिः सुपर्वणः॥267॥

जघान च विनिघ्नं तं विनिघ्नन्तं स भासुरम्।
सभासु रञ्जयन्नाकं जयन्नाकम्पिविग्रहम्॥268॥

दुर्गसालमिवारातिं सच्छेदक्रमशीर्षकम्।
कुर्वंस्तस्य भटान्संख्ये जवादापतितोऽथ सः॥269॥

जुजूरे राजराजाजिरोरुजार्जिरुजो रुजन्।
रराजाजो रुरूर्जाजूरोजोऽरे रुरुरार्जिजत्॥270॥ (युग्मम्। व्यक्षरः)

तत्सेनायाः प्रहणनैश्चेतोहारि सुरद्रुहाम्[1]।
रणं तदासीत्कृतिभिः परीतं रतसंनिभम्॥271॥

यस्याः। अरिणा चक्रेण भासुरा च। भासुरमरि चक्रं वा यस्य सुरारेः॥262-264॥ स सुकेतुरनेनानङ्गकेतुना स्मरध्वंसकेन हरेण ना पौरुषवानपि आदौ प्रथममेव न नुनुदे न रणे प्रविष्टमात्र एव निराकृतः। आदिना प्रधानेन। अदीनेषु शूरेषु नोदो निवसनं यस्य। निदानेन हेतुना ऊनेन रहितेन। नित्यत्वात्। नादिना नादवता। नूनं निश्चितम्। नानाविधमोदनं विश्वात्मकमत्ति तच्छीलेन। भगवतः संहारकत्वात्॥265-266॥ सुपर्वणो दैत्यस्य वाहिनी सेना तेन सायकानां समूहैः प्रतिस्रोतः प्रतीपं नीता। तिमिरं तमो तीप्तिमत्त्वादशननित ये तैः। विस्फुरन्तः कूले निकटे कुञ्जरा यस्यास्तादृशा आजिर्यस्याः। विस्फुरन्त्यः कूलेषु कुञ्जानां राजयो यस्यास्तादृशी च वाहिनी नदी तिमीनां राशिभिरुपलक्षितैः शरस्याम्भसः प्रवाहैः प्रतिस्रोतोऽपरस्याः स्रवन्त्याः प्रवाहं नीयते॥267॥ स हरः सभासु नाकं रञ्जयन् जयंश्च तं दैत्यं जघान। विनिघ्नन्तं ताडयन्तम्। भासुरं दीप्तम्। आकम्पिविग्रहं भयेन चलशरीरम्॥268॥ स हरस्तस्य दैत्यस्य भटान् जुजूरे जघान। 'जूरी हिंसागत्योः'। सह च्छेदक्रमेण वर्तमानं शीर्षं शिरो यस्य तादृशमरिं कुर्वन्। कोट्टप्राकारमिव। तत्र तु सच्छेदानि भङ्गीयुक्तानि अश्वत्थपत्राकाराणि क्रमशीर्षकाणि युद्धस्थानानि क्रियन्ते। यदुक्तं–'क्रमशीर्षकैश्चाश्वत्थपत्रसंस्थानैरेकारान्तै(?)राचिताग्रम्' इति। कौटिल्यस्तु–'मुरुजकैः कपिशीर्षकैश्चाचिताग्रम्' इति ब्रुवाणस्तानि कपिशीर्षकाणीति मन्यते। राजराजस्य धनेशस्याजौ रोरुजामत्यर्थं व्यथकत्वमर्जयन्ति ये तानपि रुजन्ति

---

1. 'सुरद्विषाम्' क.

निर्यान्त्या ज्वालया हेतेः स भयानकयाश्रितः।
दिवौकसां द्विषद्भीत्या सभया न कयाश्रितः॥272॥

प्रत्यस्त्रशस्त्रसंदोहयोधी योधाभिनन्दितः।
शिक्षाविशेषक्षुण्णं दर्शयन्नाहवाङ्गने॥273॥

हारिहाराहिरंहोहिराहो रंहोरिहा हरेः।
हरो हरहराराहो रोरुहोरुरुहोऽहही॥274॥		(तिलकम्। द्व्यक्षरः)

तदा क्रूरबलोपेतं रराज भटमण्डलम्।
युधि शौर्याचितां बिभ्रल्लक्ष्मीं वृष्णिकुलोपमाम्[1]॥275॥

समदानगजामर्दी समदा नगजामतः।
वैरिराजपरामर्शी स रराज परामयः॥276॥		(तूणीबन्धः)

उत्सृज्य समरं सार्धमभिमानेन दानवाः।
अमान्तो दिक्षु भूयस्त्वादथ काञ्चनभूभृतः॥277॥

दुर्दारदोर्द्रदरदुद्दूरोदाररदीरदाः।
दुद्दारिरोदरा रुद्रदराददरिरे दरीः॥278॥		(युग्मम्। द्व्यक्षरः)

ये प्रवीरतरास्तान्रुजन् स च रराज। ओजश्च वीर्यमरेरार्जिजत् अवजहार। रुरोर्दैत्यस्योर्जं बलं ज्वरति भनक्तीति क्विप्। 'ज्वरत्वरसृव्यविमवाम्' इति संप्रसारणद्वयम्। अजो नित्यः। उरुर्महान्॥269-270॥ तस्य हरस्य सेनायाः प्रहणनैः प्रहारैर्दैत्यानां चेतोहारि चित्तहरं कृतिभिश्च युद्धकुशलैर्युक्तं युद्धमासीत्। सुरतमिव। तदपि कर्तरीप्रभृतिभिराघातैश्चेतोहारि सुन्दरं सीत्कृतिभिश्च सीत्कारैः सहितम्॥271॥ स हरो हेतेरायुधस्याश्रितः-प्रान्तादुद्गच्छन्त्या ज्वालया हेतुभूतया भयानकया सुराणां सभया पर्षदा कया नाश्रितः शत्रुभयादिति विशेषकम्। प्रत्यस्त्रैः प्रतिपक्षायुधैः शस्त्रैश्च युध्यते यः। हारी रुचिरो हाराहिर्यस्य। अंहोहिः पापप्रधानो वृत्रासुरस्तस्य राहोर्ग्रसनप्रवृत्तस्य हरेरिन्द्रस्य रंहोरिहा वेगेनारिं हतवान्। हरहरा साधुवादस्तस्यार आगमनं यत्र तथा कृत्वा आहन्तीत्याहस्ताडकः। 'अन्येष्वपि दृश्यते' इति डः। रू(रो)रुहावत्यर्थं प्रसरन्तावूरुरुहौ जङ्घाकाण्डे यस्य सः। अहहीति विस्मये॥272-274॥ क्रूरं निष्कृपं बलं सैन्यम्। अक्रूराख्यश्च वृष्णिः। बलो हलधरः। शौर्येण शौर्येणा च कृष्णेनाचितां व्याप्ताम्॥275॥ स शिवः शुशुभे। समानखिलान्दानगजानामृद्नाति यः। समदान्साभिमानानस्यति यः (क्विबन्तः)। नगजामतो गौरीप्रियः। परामर्शो बाधः। परेषामामयो व्याधिः॥276॥ दानवा रुद्रस्य दराद्भीत्या

---

1. 'कुलोपमम्' ख.

अवामदक्षिणस्थेन ललाटतटवर्तिना।
विद्विषोऽक्ष्णा दहन्नारात्स्यन्दनेन रणे भ्रमन्।।279।।

सकैटभारौ[1] तत्राजिलालसः सवसौ तदा।
बलिभौमोऽर्कसच्छायः स कैलासवदाबभौ।।280।।

(युगलकम्। समञ्जसबन्धो गूढचतुर्थः)

संवर्तकघटाघोरघर्घरोर्जितगर्जितैः[2]।
कृते तदानीं सङ्ग्रामे[3] सहसा दानवाधिपैः।।281।।

सा गणापक्षये क्ष्मा च स्थावराविरतातिभीः।
भीतितारविरावस्था चक्ष्माये क्षपणागसा।।282।।

(अनुलोमप्रतिलोमार्धः। युग्मम्)

सुरवैरिचमूं शिलष्यन्विधूमाश्लेषशोभिना।
लोचनज्वलनेनाराद्वपुषा च विराजितः।।283।।

युधि येयायुधीयायां ध्येयाध्येयो धियाधिधूः।
योधाधायी धयो योध्यं धाय्याधेयोऽध्ययूयुधत्।।284।। (द्व्यक्षरः)

मेरोर्दरीराददिरे जगृहुः। दुर्दारा विदारयितुमशक्या दोर्द्रवो भुजतरवस्तेषामुदरेण कूर्परेण दुवन्ति ये..........। दुद्रा उपतापप्रदा येऽरयस्तेषां रोदं रोदनं रान्ति ददति ये।।277-278।। स हरः कैलासाद्रिरिव शुशुभे। वामे दक्षिणे च भागे तिष्ठति न यत्तेन चक्षुषा द्विषो दहन्। अवामोऽनुकूलो दक्षिणस्थः सारथिर्यस्य तादृशेन रथेन भ्रमन् सवसौ वस्वाख्यसुरसहिते। वलिभस्त्रिवलीसनाथ औम उमासंबन्धी भागो यस्य। 'तुन्दिवलि-वटेर्भः'। बलिनश्च भौमा मही गृहा यस्मिन्; अर्को रविरर्काश्च स्फटिकाः।।279-280।। सा च क्ष्मा क्षितिर्गणानामपक्षयो यत्र तादृशि रणे चक्ष्माये दुधुवे। 'क्ष्मायी विधूनने'। स्थावराणामप्यविरता अतिशयेन भीर्यस्याम्। क्षपणं गणानां हिंसनमेवागो दैत्यानामपराधस्तेन या गणानां भीतिस्तया तारे विरावे तिष्ठति। या तसत्यङ्कन्तीत्यर्थः(?)।।281-282।। यो युधि रणे योध्यं रिपुमध्ययूयुधत् अधिकं योधयामास। स हरः शरैर्लब्धशलभाख्य-प्राणिच्छायमिव वियन्मार्गमकरोदिति विशेषकम्। विगतस्य धूमस्याश्लेषेण धूमाभावेन शोभते यो लोचनाग्निस्तेन, विधोः शशिन उमायाश्चाश्लेषेण शोभते यत्तेन च वपुषा शोभितः। आयुधेन जीवन्त्यायुधीया योधाः। 'आयुधाच्छः' ते येया अभिगम्या यस्याम्। ध्येयैर्ब्रह्मादिभिरप्याध्येय उत्कण्ठया स्मर्तव्यः। धिया आधिधूर्मनोरोगदलनः। योधानाधत्ते

---

1. 'कैटभारि' ख. 2. 'घनाघोर' ख. 3. 'समरे' ख.

स मार्गमर्गलादण्डो जयद्वारस्य विद्विषाम्।
अवाप्तशलभच्छायं शरैश्चक्रे विहायसः॥285॥　　　　(तिलकम्)

तस्मिन्कुर्वति तान्वैरिनक्रेऽङ्कारोपितापदः।
योधैस्तद्धनुषः सेहे न क्रेंकारोऽपि तापदः॥286॥

संप्रहारतलोर्व्या च[1] सुभटं सुरविद्विषः।
नित्ये न तरसा योगं भूमिवर्धनतां गतम्॥287॥

कया कुकाकुकायायकाकीकाकौककाकया।
कुकैकैकिकया कं यः काकी काकोऽककाकया॥288॥
(द्व्यक्षरो युक्पादयमकश्च)

प्रणतं स विभुः शत्रुमुत्ससर्जाकुल[2] रणे।
हिमवानिव सन्नागविदारीरचितस्थितिः॥289॥　　　　(तिलकम्)

सासासासुपिपासासी सोऽपिपासः सपापसूः।
सपंसासोऽसिपापासी सोपासः स पपौ सुपात्॥290॥　　　　(द्व्यक्षरः)

तत्र तत्र निवेशयति यः। धयतीति धयः शत्रूणां यशसः पाता। धाय्यया समिधामाधानमन्त्रेणाधेय आमन्त्रणीयः॥283-285॥ अङ्के आरोपिता आपद्येषां तादृशांस्तानसुरांस्तस्मिन्कुर्वति सति योधैस्तदीयस्य धनुषः क्रेंकारोऽपि नासह्यत। तापप्रदत्वात्। वैरिणां नक्रे हिंसके॥286॥ संप्रहारेत्यादि विशेषकम्। यो विभुः कया रणभुवा कमन्धकभटं योगं न निनाय सर्वमेवावनौ न्यपातयत्। सर्वेषां भूतेभ्य उत्पत्तेरन्ते च तेष्वेव लयाद्भूमिवर्धनत्वम्। कुकाकवः कुत्सिता ध्वनयः कायाः शरीराणि तानयन्ति ये काकीभिः सहिताः काकौका वायससमूहास्तेषां काको लौल्यं यस्याम्। 'कै शब्दे' इत्यस्य काकाः। 'कक लौल्ये' इत्यस्य काकः। कोकते मांसाद्यशितुमादत्त इति कुकः। स एवैकः शिवावायसादिर्यस्याम्। 'कुक वृक आदाने'। विभुस्तु ककतेऽवश्यं काकी समरलम्पटः। 'कक लौल्ये'। काक ईषदकति कुटिलं गच्छति यो निर्भयत्वात्। 'ईषदर्थे' इति कोः कादेशः। नास्ति कं शिरो येषां तेऽकाः शिरश्छिन्ना वराकत्वात्काका इव काका रिपवो यस्याम्। नागानिभान्विदारयति यः। ईरेण च रिपूणां क्षेपेण चिता व्याप्ता स्थितिर्यस्य। हिमवांस्तु नागैः पुंनागतरुभिर्विदारीभिश्च लताभेदैः कृतावस्थानः॥287-289॥ स हरः पपौ स्वसैन्यं ररक्ष। सासाः सशरासनाः (तानस्यति)। 'अवत्यादिना वकारस्योपधायाश्च संप्रसारणम्। सासानामसूनस्यन्तीति क्विप्।' तेषां

---

1. 'अपि' ख. 2. 'आकुलः' ख.

सत्पुङ्खदृढमुष्टित्वं दधद्भिर्मार्गणासिभिः।
विभिन्नच्छिन्नहृत्कण्ठाश्चक्रिरे तद्भटैर्भटाः।।291।।

कृतकामोऽथ गोभर्ता सव्यूढकमलासनः।
भूतिधाम परं भेजे शंभुः शंभुरिवापरः।।292।। (अर्थत्रयवाची)

धत्ते मनोभवाकारं करं यः शम्बराजितम्।
क्षोभितो भुवनापाये वीचिमानिव दुर्धरः।।293।।

सवसासवसेवासु सासावासासु सौववान्।
सुवासोंसः सवासेवी वासत्रः सवसावसौ।।294।। (द्व्यक्षरः)

वरूथिनीषु समरे दैत्यराजक्षमाभृताम्।
वज्राहतिभिरत्युच्चैः शौर्यशृङ्गाण्यशातयत्।।295।। (तिलकम्)

योधरक्षाविधातिनां दैत्यानां सुष्ठुपिपासां निजसैन्यं रक्षितुमिच्छामसते बाधते तच्छीलः। '......विबाधने'। स्यति शत्रूनन्तं नयतीति सः। 'अन्येष्वपि दृश्यते' इति डः। अपिपासः क्षुत्तृष्णारहितः। सपापांश्च सुवति प्रेरयति यः। सह पंसेन शत्रुनाशेन वर्तमान आसः कुन्तो यस्य। 'पसि नाशने'। असिभिः पान्ति ये तानपास्यति न्यक्करोति यः। सहोपासया भक्तजनसेवया वर्तते यः। सुपाञ्जलितचरणः। 'संख्यासुपूर्वस्य' इत्यकारलोपः।।290।। सत्पुङ्खा विभिन्नहृदयाश्च मार्गणाः। असयस्तु दृढमुष्ट्यश्छिन्नकण्ठाश्च।।291।। शंभुः शिवः परमत्यर्थं भूतेर्भस्मनो धाम च्छायामसेवत। कृतो हतः कामः स्मरो येन। 'कृञ् हिंसायाम्'। गोर्वृषस्य भर्ता स्वामी। सवी यज्ञवान्। यजमानमूर्तित्वात्। कमलस्य मृगस्यासनमास्पदं शशी स ऊढो येन। द्वितीयः शंभुरिव। शंभुरच्युतो ब्रह्मा च। तत्राच्युतः–कृतकं कृत्रिमं नरसिंहादिरूपममति गच्छति यः। 'अम गत्यादिषु'। गोर्भुवो भर्ता धारयिता। भुवः संसारस्योतिः परिरक्षा तस्या धाम स्थानम्। परं चोत्कृष्टं भजते। ब्रह्मा तु–कृतकामः संपादितमनोरथः। गोर्वाचो भर्ता पोषकः। स इति लोकातीतः। विभिर्हंसैरूढं कमलं नलिनमेवासनं यस्य सः। भूतेरुत्पत्तेर्धाम विषयः कारणम्।।292।। असौ वासवः सवसौ वसुसहिते रणे सेनासु शौर्याण्येव शिखराणि चिच्छेदेति विशेषकम्। शम्बेन वज्रेण राजितं शम्बराख्येन दैत्येनाजितमपराभूतम्। कामेनैव शम्बरस्य जितत्वात्। वसैवासवं पानं सेवन्ते ये सृगालास्तैः सह वर्तमानासु। सासाश्च सशरासना आवासा गृहाणि यासु सेनासु। स्वस्यात्मन इदं सौवं निजं सैन्यादि तत्प्रशस्तमस्यास्ति। सुवाससी अंसे यस्य। सवान्क्रतूनासेवते यः।।293–295।। कबन्धाः शिरश्छिन्नाः। तत्संबन्धिन्या मूर्त्या असमरेचकैर्मण्डलीभ्रमणैर्नृत्तम्। कैश्च समरे का शरपङ्क्तिर्वन्ध्या निष्फला क्षिप्ता।।296।। जिनो बुद्ध इव। सोऽपि रूपवेदनासंज्ञासंस्कार–

ननृते सुतरां मूर्त्या काबन्ध्यासमरेचकैः।
शरश्रेणिर्विचकरे का वन्ध्या समरे च कैः॥296॥

तदा जिन इव स्पष्टवज्रासनरुचिर्मृधे।
क्षमाधरगुरुर्दैत्यस्कन्धमाराज्जिगाय सः॥297॥

दधुषी जघनं प्राप्तं काञ्चीरवसनाथताम्।
यस्यारिस्त्री दशां नाप कां चीरवसनाथ ताम्॥298॥

सिसङ्ग्रामयिषुस्तेन दष्टदन्तच्छदः क्रुधा।
अभ्यैदभ्यागमारम्भसंरम्भादशनिप्रभः[1]॥299॥ (युग्मम्)

शौर्यानलशिखाजाले कौशिकस्य हताहिनि।
निपेते तेन निर्मृष्ट[2]सारतातापनिर्मृधम्[3]॥300॥ (शरबन्धः)

सुकेतोरथ सङ्ग्रामे करालकुटिलभ्रुवः।
पृतना भूरिभूरेणुधूसरापि स्फुरन्त्यलम्॥301॥

नुन्ननानाघनौघेन निघानघघनाघनाः।
घनाघनेन नाघानि नाघ्नाना नुन्ननिघ्ननौः॥302॥ (द्व्यक्षरः। युग्मम्)

ललाटतटगां दृष्टिं धूर्जटेरनुकुर्वती।
सदानलक्ष्मा शुशुभे तत्कुञ्जरघटा रणे॥303॥

विज्ञानलक्षणं स्कन्धं संसारदुःखा जितवान्। वज्रस्यासनं क्षेपो वज्रासनं चासनभेदः। क्षमाधराः पर्वताः क्षमावन्तश्च। आराद्दूरात्। 'मारान्' इति पाठे स्कन्धकर्तृकाः मारा मारणानि। तथा स्कन्धश्च मारश्च कामस्तानजयदिति योज्यम्॥297॥ अथानन्तरमशनिप्रभो दैत्यः क्रोधादभ्यैदभ्याययौ। यस्य रिपुनारी काञ्च्या रवेण सनाथत्वमागतं जघनं दधुषी पूर्वं धृतवत्यति कां दशां नोपययौ। तामिति निकृष्टाम्। यतः सा चीरवसना जरत्कर्पटा। अभ्यागमो रोगः॥298-299॥ कौशिकस्येन्द्रस्य शौर्यमेवाग्निज्वालापटलं तत्र तेन दैत्येन पतितम्। अहिर्वृत्रः। निर्मृष्टः सन्नुत्पुंसितो यः सारतया तापस्तेजः प्रतापो वा तेन निर्मृधं निर्गतरणं कृत्वा॥300॥ कुकेतोः सेना घनाघनेन शक्रेण न नाघानि हतैव। नुन्नः पुरः प्रेरितो वाहनभूतो घनानामोघो येन। निघा निमिताः समारोहपरिणाहाः अनघाश्चाखण्डिता घना मत्तहस्तिनो यस्याम्। आघ्नाना ताडयन्ती। नुन्ना परैर्निरस्ता अत एव निघ्नाः परवशा ये तेषां नौः। उत्तारकत्वात्॥301-302॥ दानमेव लक्ष्म लाञ्छनं तेन सह वर्तते या। सदा अनलस्याग्नेः क्ष्मा भूमिः॥303॥ स

---

1. 'अत्यागम' **क.** 2. 'निर्घृष्ट' **क.** 3. 'सतताताप' **क.**

संप्रहारे स पर्यस्तनानाशम्बहुलोहितम्।
व्यधादतनुसंरम्भो नानाशं बहुलोऽहितम्।।304।।

कपर्दीवासुरामर्दी स हालाहलविभ्रमः।
तदा संजघटे सार्धं सीरपाणिः सुकेतुना।।305।।

बिभ्रद्वपुः सरक्तौघविस्त्रं सीरक्षतोऽदयम्।
तेनाकारि स नागांसविस्त्रंसी रक्षतोदयम्।।306।।

वराहलीलाञ्छितया श्रिया हरिरिवाश्रितः।
पुष्पवर्षैं क्रियास्तन्वन्समभाव्यत खेचरैः।।307।। (गूढकर्तृकः)

यस्याम्भः प्रणतो नैव नरके सरितामधात्।
विभिन्नदैत्यां यश्चैको नरकेसरितामधात्।।308।।

आपूर्य दशनज्योत्स्नासविशेषविपाण्डुरम्।
पाञ्चजन्यं रवाध्मातब्रह्मस्तम्बान्तरं[1] रणे।।309।।

यकाककीकसाकेऽसौ कौकसैकोऽकुकाकुसूः।
सकासूकैः स कंसासी साकं सासासिकोऽकसत्।।310।।

(द्व्यक्षरः। तिलकम्)

शक्रो नानाशमपि तु सनाशं बहुलोहितं च प्रभूतै रुधिरैः सहितं शत्रुमकरोत्। पर्यस्ताः पतिता नानाविधाः शम्बस्य वज्रस्य हुलाः प्रहारविशेषा येन।।304।। कपर्दी हरः। हालाहले सुरासीरे। हालाहलं च विषम्। सुकेतुरसुरः शोभनं च चिह्नं वृषभः।।305।। सह रक्तौघस्य विस्त्रेणामगन्धेन वर्तमानं वपुर्बिभ्रदिभस्कन्धाच्च विस्त्रंसी स सुकेतुस्तेन हलिना कृतः। यस्माददयं कृत्वा सीरक्षतो हलनिर्भिन्नः। उदयं रक्षता पालयता।।306।। हली हलधरो वराः क्रियास्तन्वन्देवैः पुष्पवृष्टिभिरावर्जितः। लाञ्छितया लाञ्छनीकृतया श्रिया युक्तः। हरिरिव। सोऽपि वराहस्थलीलाभिराञ्छितया संबद्धया लक्ष्म्यावलम्बितः। अत्र हलीति तननक्रियायां कर्ता गूढः।।307।। कासूः शक्तिस्तया सह वर्तमानैर्योधैः साकं सह स कंसासी कंसरिपू रणे शङ्खमापूर्याकसत् जगाम। 'कस गतौ'। यस्य प्रणतो जनो नरके सरितां सलिलं नैवाधात् न जातु पपौ। यश्च नरकेसरितां नरसिंहत्वमधादधारयत्।......न सह वर्तमाने रणऽसौ खड्गविषयः। एकोऽद्वितीयः। कं समुद्रजलमेवैको गृहं तेनापलक्षितः। अकुकाकुसूः कुत्सितं काकुं यो न सूते। सासासिकः सहासेन कुन्तेनासिना च वर्तते यः।।308-310।। ये बाहवो लम्बना एव

---

1. 'स्तम्भान्तरं' क-ख.

अकृतारिकुलक्षोभा[1] लम्बना एव वाहवः।
इत्यवेत्य व्यधत्तासौ रणेऽरिकदनं महत्॥311॥

दोष्णि दृष्टिं ददौ पीने कंसहा यमतोरणे।
द्विषो हन्तुमपैक्षिष्ट कं सहायमतो रणे॥312॥

शिरोभिरमरारीणां नाराचच्छिन्नकंधरैः।
निपेतिवद्भिस्तस्याजौ शौर्यद्रुमफलायितम्॥313॥

स शरादिन्क्षु चिक्षेप सचक्रोऽष्टासु रक्षिता।
द्विषन्नवेदि तेनाथ स च क्रोष्टासुरक्षिता॥314॥

व्यापारयन्ससंरम्भं स नन्दकपरश्वधम्।
सङ्ग्रामकानने सेनां सुरारेः पत्रशोभिनीम्॥315॥

वल्लवो वालिलीलैला वल्लीलावो वलावलिम्।
लुलाव लीवो लोलवां(लोलवांल्लीवो)ल्लवलीं वाललोलुवः॥316॥

(द्व्यक्षरः। युग्मम्)

कौस्तुभाम्भोरुहं वक्षःसरसि द्योतकेसरम्।
दधल्लक्ष्मीनिवासैकरागेणेव विपाटलम्॥317॥

मुख्यस्य कार्यस्याभावाल्लम्बलमेवैषां प्रयोजनम्। वस्तुतस्तु लम्बना इत्यभिधानम्॥311॥ यमस्य तोरणे दोष्णि कंसहा हरिर्दृष्टिमदात्। अत एव द्विषद्विघाताय सहायं कमपेक्षितवान्। नैव कंचित्॥312-313॥ सह चक्रेणायुधेन वर्तमानः स हरिरष्टासु दिक्षु शरानमुञ्चत्। रक्षिता पालयिता। तेन च स द्विषन्नरातिः क्रोष्टा सृगाल इति विदितः। असुरान् क्षिणोतीत्यसुरक्षित् तेन॥314॥ नन्दकमसिं परशुं च व्यापारयन्स रिपोर्बलानामावलयो यस्यास्तादृशीं सेनां चमूं सेनां वा सनायकां बलानामावलिं लवलीं लतामिव लुलाव चिच्छेद। पत्राणि वाहाः पल्लवाश्च। बल्लवो गोपरूपः। वालिनो वानरस्य लीला एवैलावल्ल्यो निष्कुटीलतास्ता रामरूपेण लुनाति स्म यः। लीवः लियं परैः सह श्लेषं वाति गच्छति। लोलं कृत्वा वान् प्रसरन्। वाशब्द उपमायाम्। उलस्योपद्रवस्य लोलुवोऽत्यर्थं लो(लू)यिता॥315-316॥ आदिवित्पुराकल्पज्ञः स द्योत एव केसरा यस्य तादृक्कौस्तुभाब्जं दधद्दिदेव चिक्रीड। उद्दैव उल्लङ्घितविधिः। वेदवादं विदन्ति ये तेषां दवदेव शीघ्रमेव दिवं स्वर्गं ददत्। विदुष आसमन्ताद्वेदयति ज्ञानं लम्भयति यः। देवेषु मध्ये दीदिविर्विजिगीषुर्द्युतिमान्वा। दीदिविशब्दो 'दिवो द्वे दीर्घश्चाभ्यासस्य'

---

1. 'क्षोदा' ख.

दिदेवादिविदुद्दैवो दवदेव ददद्दिवम्।
वेदवादविदां विद्वदावेदी देवदीदिविः।।318।। (द्व्यक्षरः। युग्मम्)

तत्सङ्ग्रामसदस्याराद्गन्धर्वं च कलेवरम्।
धृष्टमासाद्य तरसा काकी वैरस्यमानयत्।।319।।

बद्धकक्ष्यो हरिर्भास्वदाननो दीनतारणे।
जहावरिचमूर्नागदानोदी नता रणे।।320।।

समत्सरो विधायासावास्थामनधिकस्वनौ।
युयुत्सू संयुगे तारसुतारावधिपौ द्विषाम्।।321।।

भूभावाभावभीभावावुभौ भौवाववीभवत्।
भावीव विभवावेव भावे वा वैभवे भवन्।।322।। (द्व्यक्षरः। युग्मम्)

सङ्ग्रामस्तस्य ताभ्यां च सार्धं स शरदुर्दिनः।
पर्यायविजयोत्फुल्लनेत्रदेवासुरोऽभवत्।।323।।

दधतौ पौरुषच्छायाममृषातान्तदोर्जितौ।
तौ युध्यमानौ तेनालममृषातां तदोर्जितौ।।324।।

इत्यौणादिकः।।317-318।। गान्धर्वमश्वसंबन्धि कलेवरं शरीरं प्राप्य काकी वैरस्यमानयज्जुगुप्सां जनितवती। योषिच्च सभायां धाष्ट्येन कामुकं स्वयमभियुज्य वैरस्यमावहति सौभाग्यक्षयात्।।319।। भास्वदाननं मुखं यस्य स हरिर्नता रिपुचमूर्जहौ तत्याज। दीनानां तारणे रक्षणे रणे बद्धकक्ष्यः कृतोद्योगः। नागानां दानं नुदति यः।।320।। असौ हरिरास्थां जयाशां विधाय योद्धुमिच्छू तारसुताराख्यामुभौ दैत्यपती विभवौ समरे निहनिष्यमाणत्वासंसाररहितावेवाबीभवद्द्रावयामासं अनधिकः यस्मादन्योऽधिको नास्ति स स्वनः सिंहनादो ययोः। भुवो भावः सत्ता तदभावेन वा जनानां भीस्तत्र भावोऽभिप्रायो ययोः। भौवौ भुवोऽपत्ये। भावयत्यवश्यं भावी पितृतुल्यः। भक्तेषु वत्सलत्वात्। वैभवे च वित्तसंबन्धिनि भावे स्नेहे भवन्। केषुचित्स्वामीव स्नेहमाचरन्नित्यर्थः। वाशब्दः समुच्चये।।321-323।। तदा तौ दैत्यावमृषा सत्यमेव पौरुषशोभां बिभ्रतौ तेन हरिणा अमृषातां मारितौ। अन्तर्भावितण्यर्थोऽत्र म्रियतिः सकर्मकः। ऊर्जितौ बलवन्तौ। अतान्ताभ्यां च दोर्भ्यां जितौ प्राप्तजयौ।।324।। ऊरुर्महानूर्वोश्च निष्पेषश्चूर्णनम्। पतत्रिकेतनो गरुडध्वजः।।325।। स हरिः सतां विपदन्तकरो दारिद्र्यदलनः कोपात्तां दैत्यसेनां जघान। असिलतया लूना द्विपानां दन्तौ कराश्च

तयोरुरूरुनिष्पेषान्मधुकैटभयोरिव[1]।
पतत्रिकेतनं तुष्टा तुष्टाव सुरसंहतिः॥325॥

तदूरूथवतीं कोपाद्द्विपदन्तकरः सताम्।
जघानासिलतालूनद्विपदन्तकरः स ताम्॥326॥

तत्सङ्ग्रामे ससंरम्भाः सुरस्त्रीभिर्विलोकिताः।
मृताः स्वर्गामिनोऽभूवन्सजीवाश्चोभये भटाः॥327॥

साभासासु सभासांसः साभीभासु स सौभभित्।
साभः सभासु भूभासी सासिभाःसु सभासु भान्॥328॥ (द्व्यक्षरः)

अस्तूयत सुरैः संख्ये संचरिष्णुरनर्गलम्।
संवादिलक्षणग्रन्थः सकृत्तद्धिततां दधत्॥329॥ (युग्मम्)

अभ्रष्टः संयुगेऽरीणामपाययतनाददः।
रक्षःकुलं स रक्तौघमपाययत नाददः॥330॥

दलयन्पृतनाः शत्रो रुषाक्रान्तमना मृधे।
अवार्यवीर्यातिशयः सोऽनिरुद्धस्तदाभवत्॥331॥

तेन चक्राभिघातेन निघ्नतारेर्विनिघ्नता।
कृता नानाहवकृता साध्वसंश्रितसाध्वसम्॥332॥

येन॥326॥ उभये मृताः सजीवाश्च भटाः स्वर्गस्था बभूवुः। मृतानां शुभगतिप्रातजीवतां चासुरक्षयेण निर्भयत्वात्॥327॥ स देवः सभासु सुरैरस्तूयत स्तुतः। सहाभासेन प्रकाशेन वर्तन्ते यास्तासु सभासु। दीप्तियुक्ते अंसे यस्य सः। सहाभीभिर्निर्भयैर्वर्तन्ते याः। सौभभित् साल्वासुरभेदी। स्यतीति सा विनष्टा अभा अश्रीर्यस्य। सभासु सनक्षत्रासु। भुवं भासयति यः। सहासीनां भासा वर्तन्ते यास्तासु भान् दीप्यमानः। सकृदेकवारं तेभ्यो देवेभ्यो हिततामरिविघातादुपकारित्वं दधत्। लक्षणग्रन्थो व्याकरणम्। सोऽपि सह कृद्भिस्तद्धितैश्च प्रत्ययैर्वर्तते॥328-329॥ स हरिररीणामपाययतनादुपतापयोगादनिवृत्तः सन्नदस्तद्रक्षसां कुलं तेषामेव रक्तौघमपाययत पाययामास। नाददः सिंहनादकृत्॥330॥ शत्रुर्बाणासुरोऽपि। रुषा कोपेन उषया च बाणासुरदुहित्रा क्रान्तं मनो यस्य सः। अनिरुद्धो निषेद्धुमशक्यो वासुदेवपौत्रश्च॥331॥ तेन रिपोर्निघ्नता परवशता कृता। विनिघ्नता ताडयता। साधु सम्यक् असंश्रितसाध्वसं च कृत्वा। नानाविधानाहवान्करोति

---

1. 'गुरूरु' क-ख.

स्थगिताकाशदिक्चक्रः स महान्तैः शरैर्द्विषाम्।
शिरांसि पीवरच्छेदस्कन्धचक्राण्यजीहरत्॥333॥ (अपशब्दाभासः)

कावेकोऽवी कविः कंवः केकिवैकोऽकुकाकुवाक्।
कविकाकुकवोऽवीकावाविकं वाविवेकवत्॥334॥ (द्व्यक्षरः)

स निहत्य ततो दैत्यौ युध्यमानावसंभ्रमम्।
चचार प्रलयोष्णांशुदुर्निरीक्ष्यवपू रणौ॥235॥ (युग्मम्)

शुशुभे तेन सक्तेन मानिना यमताकृतौ।
तत्र दृष्टिं जनः प्रीतिमानिनाय मताकृतौ॥336॥

अथ व्युत्थानसंस्कारः संस्कारानिव योगजान्।
बबाधे विबुधान्दर्पात्कालान्तकमहासुरः॥337॥

निजघानोर्जितैर्बाणै रजस्तमसितोऽत्रिणा।
स्तुतः सोऽप्यमुना नुन्नो रजस्तमसि तोत्रिणा॥338॥

समवर्तिपुरद्वारपरिघं मुद्गरं जवात्।
उदूर्य[1] तमुभाहस्ति हस्ती हन्तुमथाभ्यगात्॥339॥

यस्तेन॥332॥ महान्तैरित्यपशब्दाभासः। महद्भिरितियुक्तत्वात्। महानन्तो जीवितक्षयो येभ्य इति तु नापशब्दः॥333॥ स हरिर्दैत्यौ तारसुतारो निहत्य रणे चचार। कौ भूमावेकः। अवति रक्षत्यवश्यं यः। कविरपूर्वनिर्माता। कं सुखमस्यास्तीति कंवः। 'कंशंभ्यां बभयस्तितुतयुस' इति वप्रत्ययः। केकी मयूरस्तद्वल्लीलया वान्ति गच्छन्तीति केकिवाः कुमारास्तेषामेकः प्रधानम्। बालक्रीडानिधानमित्यर्थः। अकुत्सिता काकुः स्वरो यस्यास्तादृशी वाग्यस्य। कवेः शुक्रस्य काकवो व्याजास्तेषां कवो वक्ता। 'कुङ् शब्दे'। अवीकौ नास्ति वीर्गतिर्ययोर्दैत्ययोः। किमिव दैत्यौ निहत्य, अविवेकवन्निर्विवेकमाविकमिव। अवय एवाविकाः। स्वार्थे कः। तेषां समूह आविकम्। वाशब्द इवार्थे॥334-335॥ तेन मानिना शुशुभे। यमता शत्रूणां संहारकत्वं तत्कृतौ सक्तेन व्यसनिना। मताकृतौ मनोहराकारे च। तस्मिञ्जनो दृशं प्रतिमानिनाय प्रापयत्। मुहुंस्तमेवालोकयदित्यर्थः॥336॥ व्युत्थानं चेतसो बाह्यभावाभिष्वङ्गः। तत्संस्कार इव योगसंस्कारानबाधत कालान्तको विबुधान्॥337॥ अजो हरिस्तमसुरं शरैरताडयत्। असितः कृष्णः। अत्रिणा च मुनिना स्तुतः। सोऽप्यजो रजस्तमसि धूलितिमिरेऽमुना

---

1. 'उद्गीर्य' क-ख.

अभग्नप्रसरोद्दामतरसादी प्रतापिभिः।
सैनिकैः स जघानामुं तरसा दीप्रतापिभिः॥340॥

अभाजि नायकेनारेः प्रतिकर्मकृतस्थितिः।
वेश्येव दधती सेना स्फुटकैतवसारताम्॥341॥

सोऽवैत्क्षतिं द्विषां तस्मिन्न वाचामन्तिके स्थिताम्।
प्राप्तं योधं शिवौघाः स्म न वाचामन्ति केऽस्थिताम्॥342॥

तेजस्विमण्डलस्यारात्कुर्वन्नन्तर्धिमाहवे।
अभ्रंकषवपुः श्रीमान्स तदास्ताचलोऽभवत्॥343॥

बिभ्रतः सांयुगीमुच्चैरपरे धुरमत्र ताम्।
प्राप्ताः प्रभुभ्यः किं कीर्तेरपरेधुरमत्रताम्॥344॥

कृतान्तनगरीसालवलयं चक्रितं धनुः।
दधत्तेनाथ युयुधे ज्वालाजिह्वः समत्सरम्॥345॥

निर्धौतकनकच्छायाः सच्छदाः शीघ्रगामिनः।
तार्क्ष्येण सदृशास्तस्य सायका रेजिरे रणे॥346॥　　(निरोष्ठ्यः)

दैत्येन क्षिप्तः। तोत्रिणा प्रतोदवता॥338॥ मुद्गराख्यमायुधं उभाहस्ति द्वाभ्यां कराभ्यां भ्रमयित्वा तं दैत्यं निहन्तुं हस्ती गजमुखो विनायकोऽभ्याययौ। उभाहस्तिशब्दो द्विदण्ड्यादिः॥339॥ उद्दामतराः सादिनोऽश्वारोहा यस्य तादृशः स विनायकः प्रतापिभिः सैनिकैरमुं दैत्यं तरसा जवेन जघान। दीप्रतापिभिर्दीप्रत्वप्रापणशीलैः॥340॥ अभाजि भग्नः सेवितश्च। नायको गणपतिः कामुकश्च। प्रतिकर्म प्रतीपकरणं प्रसाधनं च। कैतवः केतुसंबन्धी सारो यस्य कैतान्स्थानविशेषान्वा सारयति यस्तद्भावं दधतीति केचित्। वेश्यापि कैतवेन व्याजेन सारतां धत्ते॥341॥ 'सोऽवैत्-' इत्यादि श्लोकद्वयं प्रागुक्तमिह तु लेखकप्रमादात्पठितम्॥ अपरे योधाः स्वामलौकिकीं रणधुरमत्र रणे धारयन्तः कीर्तेश्चामत्रतां पात्रत्वमुपगताः प्रभुभ्यः किमपरेधुर्नैवापराद्धाः॥342-343॥ छदाः पक्षाश्च॥344॥ तस्य सेना व्रश्चनादिभिश्छेदन- प्रभृतिभिर्व्यापारैररीन्निघ्नती शुशुभे। स च नादिभिः सैन्यैर्जनितो योऽमर्षस्तस्य निघ्नः परवशस्तीव्रश्चाभूत्॥345॥ असौ दैत्यो जयश्रिया समरे न श्लिष्टः॥346॥ ककुदी ध्वजी दकेन जलेन दुवं परितापं ददाति यः। वारुणास्त्रवर्षित्वात्। 'दूङ् परितापे'। अकः कुटिलगामी। अकुत्सिते उदके ओको गृहं यस्य। अब्दुर्गवासित्वात्। कदा एककः न कदाचिदेकाकी। केकादः केकी गुहमयूरो यस्मिन्समरे। अद्रकाश्च रिपुप्रतापाः कुका मांसादनपराः

बभौ तस्य द्विषः सेना निघ्नती व्रश्चनादिभिः।
सैन्यैः स जनितामर्षनिघ्नतीव्रश्च नादिभिः।।347।।

सप्तलोकोपसंहारदृष्टसारः सुरासुरैः।
समरे युध्यमानोऽसौ नालिङ्ग्यत[1] जयश्रिया।।348।।

कुकुदी दकदूदोऽकोऽकूदकौकाः कदैकक:।
केकादकेकिकेऽदूककुककाकादिकेऽकुकुत्।।349।। (व्यक्षरः)

सपुरस्कारमक्षुण्णप्रसरं समराङ्गने।
साडम्बरमरेः सैन्यं हास्तिकं च खगाधिपः।।350।।

विनिहत्य मदापानचञ्चुरभ्रमरं जयत्।
पतत्रच्छायया तीक्ष्णचञ्चुरभ्रमरञ्जयत्।।351।। (तिलकम्)

कृतापदानः सङ्ग्रामसीम्नि दोर्दर्पतो भटः।
उतात्ततामेव दधत्केवलां स्वरितोऽभवत्।।352।।

स्थितोऽरिर्यस्य वेषेण कुशचीवरतापि ना।
जग्ले च हरिणाक्रन्दकुशचीरवतापिना।।353।।

स्फूर्जावताथ सङ्ग्रामे येनावल्गि निरर्गलम्।
वज्रकेतुमसौ दर्पादर्पिताततनुसंभ्रमम्।।354।।

काकादयो यस्मिन्। अकुत्सिता कुत् शब्दो यस्य सः। तीक्ष्णचञ्चुः खगाधिपः पक्षाणां छाययाभ्रमाकाशमरञ्जयत्। पुरस्कारः पूजा पुरतः करणं च। प्रसरो गतिर्विस्तारश्च। आडम्बरः प्रपञ्चो गजानां गलगर्जितं च। हास्तिकं हस्तिसमूहः। चञ्चुराश्चटुला भ्रमरा यत्र हास्तिके। जयल्लब्धजयः।।347-349।। उदात्त उद्भटः स्वरितः स्वर्गं गतः। उदात्तश्च स्वरः कथं स्वरितो भवतीति विरोधो ध्वन्यते।।350।। अपिना पौरुषवान्रिपुर्यस्य कुशचीरवता दर्भवल्कलिना वेषेण स्थितस्तेन शक्रेण म्लानम्। आक्रन्दरूपेण कुत्सितेन शच्या रवेण तप्यते यस्तेन।।351।। अमुं वज्रकेतुमसौ मुरारिः केशवो रुरुमारममीमरद्रुरुमिव मारितवान्। 'उपमाने कर्मणि च' इति णमुल्। मर्मरे रूक्षे मरौ ममारयोऽहंकारप्रधाना रिपवो येऽपलायितास्तान्मारयति यः।।352-353।। विद्विषामनेकपा गजास्तदपहरणे, प्रणतानां चानेकस्य पापस्य हरणे व्यग्रः। 'व्यग्राः' इति पाठे व्यग्रं कृत्वा आस्ते इति क्विब्विधेयः। विशिलष्टं विभिन्नं भवचारकाणां संसारप्रवर्तकानां तृष्णादीनां पञ्जरं समूहो येन। स देवोऽरक्षतां शत्रूणां सैन्यं सजीवं सज्जीवदेव किं जहाति स्म। नामृतं

---

1. 'न' इति ख-पुस्तके नास्ति.

ममारिमारी[1] रामोरुरंरमो मर्म्मरे मरौ।
मुमारिरमुमारामी रुरुमारममीमरत्।।355।।　　(द्व्यक्षरः। युग्मम्)

अनेकपापहरणे व्यग्रः सपदि विद्विषाम्।
प्रणतानां च विश्लिष्टभवचारकपञ्जरः।।356।।

स कर्ताप्सरसं संख्ये सज्जहातिस्मरक्षताम्।
सजीवं किं द्विषां सैन्यं सज्जहाति स्म रक्षताम्।।357।।

दैत्याधिपैः सुतीक्ष्णैश्च मेघाभैर्दृढमुष्टिभिः।
निस्त्रिंशैर्बाध्यमानोऽपि न चकम्पे स्थिरस्थितिः।।358।।　　(तिलकम्)

स दावैरिव धेनूनां सेनानां ज्वलितैः शरैः।
सदा वैरिवधेऽनूनां शक्तिं बिभ्रद्भयं ददौ।।359।।　　(अयुग्यमकम्)

तदैवासुरयोधानां हतशेषत्वमीयुषाम्।
चक्रे हृदि पदं नो भीः कुर्वतामभयाञ्जलिम्।।360।।

यदाययायी युद्धोऽयं देयदायी दियं ददत्।
यदुदायादयादोदुदुदयाय दयां ययौ।।361।।　　(द्व्यक्षरः। युग्मम्)

किंचिदत्याक्षीदित्यर्थः। सज्जाः संनद्धास्तान्हन्तीति 'कालसामान्ये क्विप्च' इति क्विप्। अत्र भूतकाले व्याख्यातो नपदार्थः इति पादसंस्कार- समये तस्याभावात् 'ब्रह्मादिष्वेव हन्तेः भूते क्विप्' इति ब्रह्मादिसूत्रेण नियमो न प्रवर्तते। तदभिघाताच्चातिशयेन स्मरक्षतामप्सरसं कर्ता। 'साधुकारिणि तृन्'। सुतीक्ष्णैरत्यन्तं समरादिकुशलैर्निशितैश्च। मुष्टिरङ्गुलिसंनिवेशः त्सरुश्च। निस्त्रिंशैः क्रूरैः खड्गैश्च।।354-356।। स हरिः सदा सततं वैरिणां वधे शक्तिमनूनां बिभ्रत्सेनानां भयं शरैर्ददौ। धेनूनामिव दावैर्वनवह्निभिः।।357।। अयं देवो यदा दयां ययौ तदैव भीरसुरयोधानां हृदि पदं न बबन्ध। अयमनुकूलं दैवं याति यः। दियं रिपूणां क्षयं ददत्। 'दीङ् क्षये'। यदूनां वृष्णीनां दायादा रिपव एव यादांसि नक्रादयस्तान्दुनोति यः उदयाय विजयार्थम्।।358-359।। आमोदो हर्षः सौरभं च। सुमनसो देवाः पुष्पाणि च। नवशेषा नूतना माला।।360।। स हरिस्त्रियामया अपरामृष्टः सततप्रबुद्धो द्विषतस्ततक्ष क्षपितवान्। सततं सदा क्षत्रियाणामामयो रोगो यस्याः सकाशात्तादृगस्य च क्रिया भार्गवस्येवासीत्।।361।। तत्र कः सुभटः सांयुगीं कुं रणभुवं योद्धुं नार सर्व एव ययौ। 'ऋ गतौ'। संप्रतिपत्तयः प्रसादाः। अत्र कर्मक्रियाकर्तारस्त्रयोऽपि गूढाः।।362।। असौ खड्गैऽनवमे सर्वोत्कृष्टे सति तेन

---

1. अयं श्लोकः क-पुस्तके नास्ति.

आमोदधामभिस्तस्य सुमनोभिः कृतस्थितिः।
कबन्धयोग्या शुशुभे नवशेषा रणक्षितिः॥362॥

द्विषो रणेऽपरामृष्टः स ततक्ष त्रियामया।
रामस्येव क्रियास्यासीत्सततक्षत्रियामया॥363॥

भर्तुः संप्रतिपत्तीनां स्मरंश्चिरमविक्लवः।
सांयुगीं सहसा योद्धुं नैव तत्र कुमारकः॥264॥ (गूढक्रियाकर्मकर्तृकः)

तेनाहतानां सङ्ग्रामेऽनवमेऽघासि तैरसौ।
क्रव्यकूटः क्षपाटैस्तु नवमेघासितैरसौ॥365॥

पश्यतो युधि तद्रंहो गरुडानिलभास्वताम्।
मन्थरत्वं गतेस्तत्र कस्य चेतसि नास्फुरत्॥366॥

रणभूमिषु दैत्यानां सचमूकासु रङ्गताम्।
ज़हार पौरुषच्छायां स च मूकासुरं गताम्॥367॥

तारकाख्यं स सङ्ग्रामे शितशल्यैः शिलीमुखैः।
पुञ्जीकृत इवाशेषलोकसंवर्तपावकः॥368॥

यशः शय्याशयः शंयुः शशीशाशयशाय्यशान्।
ययुयाय्याशया शं शंयेयोऽशायाय्यशाययत्॥369॥ (द्व्यक्षरः। युग्मम्)

हरिणाहतानां संबन्धी क्रव्यकूटो मांसराशिस्तैः क्षपाटैर्निशाचरै रघासि ग्रस्तः। 'घस्लृ अदने'। नवमेघवदसितैः कृष्णैः। असौ यः परित पतितः॥363॥ रंहो जवः॥364॥ स हरिः सचमूकासु सेनासहितासु रणोर्वीषु रङ्गतां वल्गतां दैत्यानां सतांताननादृत्य मूकाख्यमसुरं गतां पौरुषक्रियामपनिन्ये॥365॥ स हरिस्तारकाख्यमसुरं शनैरशाययद्दीर्घनिद्रां निनाय। यश एव शय्या तत्र शेते तिष्ठति यः। 'अधिकरणे शेतेः' इत्यच्। शंयुः कल्याणवान्। 'शंकंभ्यां-' इति युस्। शशीशस्य चन्द्रमौलेराशये शेते। योऽभीष्टकरणात्र शाम्यतीत्यशानुद्युक्तः। शमेः क्विपि 'अनुनासिकस्य-' इत्यादिना दीर्घः। 'मो नो धातोः' इति च नत्वम्। ययुभिरश्वैर्याति यः। आशया आस्थया शंयेयः श्रेयोर्थमभिगम्यः। यतः शं मूर्तमेव श्रेयो भगवान्। तारकाख्यमाश्रयाशं वह्निमिति वाक्योक्तरूपकम्(?)। आशयायी शत्रुकृतां तनूकृतिं न याति यः (?)॥366-367॥ भ्रम्या भ्रमणेन तता विस्तीर्णा अरा मध्ये शलाका यस्य। भ्रमिताश्च तारका ज्योतींषि येन। ध्रुवाधीनवृत्तित्वान्नक्षत्राणाम्॥368॥ स हरिः सुरा एवाण्डजाः पक्षिणस्तेषां वीतसं पञ्जरं, उज्ज्वलां संपदं वीतं विशेषेण गतं विध्यन्तं च घ्नन्तं तमसुरं जघान। विधेश्च

स कालदमनस्याथ युधि निघ्नन्वरूथिनीः।
दधद्भवमिव भ्रेजे चक्रं भ्रमिततारकम्।।370।।

तं सुराण्डजवीतंसं वीतं संपदमुज्ज्वलाम्।
निजघान च विध्यन्तं विध्यन्तं च जगाम सः।।371।।

स कृशानुरिवोद्दीप्तः प्रभञ्जनसहायताम्।
दधच्छक्तिं ज्वलद्धेतिं दितिजानीककानने।।372।।

पिप्पोदपादी दीपोऽपि पादादौ दददापदम्।
दिदीपे पददोऽपादिपादपं दुददीदिपत्।।373।।　　(द्व्यक्षरः। युग्मम्)

वर्णस्थितिमतीमर्थ्यां दधद्रुचिरभास्वराम्।
गिरं च पादपच्छायां श्रियश्च चतुरस्रताम्।।374।।

समानानि समानानि स संयति ससंयति।
सदाहानि सदाहानिपलानि चपलानि च।।375।।　　(आवलिबन्धः)

प्रारब्धस्य कर्मणोऽन्तमवसानं ययौ।।371।। स देवः प्रभञ्जने रिपुमर्दने सहां समर्थामायतां च शक्तिं बिभ्रद्दितिजसैन्ये दिदीपे जज्वाल। ज्वलन इव। सोऽपि प्रभञ्जनो वातः सहायः सारथिर्यस्य तद्भावं शक्तिं च दधत्कानने ज्वलति। हेतिरायुधं ज्वाला च। पिप्पोदमात्मज्ञानं पादयति बोधयति यः। 'पद गतौ'। गत्यर्थतया चास्य ज्ञानार्थत्वात्। पादस्य ऋगादिसंबन्धिन आदौ प्रारम्भे दीपः प्रकाशकः। प्रणव इत्यर्थः। तस्य च प्रणवरूपत्वमुक्तम्—'तस्य वाचकः प्रणवः' इति। अपिः समुच्चये। आपदं ददत्। द्विषतामेव। पदं स्वर्गापवर्गादि ददाति यः। अपादी यस्य परैः क्षपितत्वाद्गतिचतुरौ पादौ न स्तः। अत एव स पादप इव तं चोददीदिपत्प्रोत्साहयामास। दुनोतीति दुत्सपत्नोपतापी।।372-373।। स हरिः संयति रणे ससंयति नियमं कृत्वा रक्षांसि रुधिरासवैस्तर्पयामास। तरुसदृशीं गिरं श्रियश्च रम्यतां दधत्। वर्णा अक्षराणि नीलादयो ब्राह्मणाद्याश्च। अर्थ्यामर्थादभिधेयाद्धृमहरणलक्षणात्प्रयोजनाद्धनाच्चानपेताम्। रुचिरा मनोहरा भास्वरा दीप्तिमती। समानानि साहंकाराणि। पुनश्च कुलवयःप्रभृतिभिस्तुल्यानि। सदाहानि देहोष्मसहितानि। सदा सततमहानि हानिरहितं पलं मांसं येषाम्। चपलानि चञ्चलानि च।।374-376।। यस्य वक्षः परित्यज्य परा सातिशया श्रीश्चिकुरं केशं न गता। वक्षसि केशेषु च युगपत्स्थितेत्यर्थः। श्रीः शोभापि। तस्मिन्नच्युते रणादपराचि अपराचीने सति रिपूणां कुरङ्गता मृगत्वं पलायनपरत्वमासीत्। स हरिरुच्छलता रक्तेन मेरुगिरौ रणाङ्गनोर्वीमलिपत्। सपत्राकृताः सपत्रमात्मानं प्रवेश्यातिव्यथिताः शत्रवो यैः। सपत्रशब्दात्कृञो योगे 'सपत्रनिष्पत्रादतिव्यथने' इति डाच्। पीलवस्तरुपङ्क्तीः पाति

प्रगल्भं वल्गमानानि भुजदर्पादतर्पयत्।
निकृत्तारातिकण्ठोत्थै रक्षांसि क्षतजासवैः।।378।। (तिलकम्)

उत्सृज्य वक्षःश्रीर्यस्य न परा चिकुरं गता।
द्विषामासीद्रणात्तस्मिन्नपराचि कुरङ्गता।।377।।

स भिन्दन्द्विषतः सेनाः सपत्राकृतवारणैः(वैरिभिः)।
रणाजिरोर्वीमखिलामसृजोच्छलता गिरौ।।378।।

पीलूपलाल्पपालीपे लोलालापालिपिप्पले।
पाली पापोलपालोपी लीलापी लोलुपोऽलिपत्।।379।।
(द्व्यक्षरः। तिलकम्)

तार्क्ष्यपक्षानलव्यस्तरत्नशिखरोत्करम्।
संप्रहाररसाध्मातपादातोन्मूलितद्रुमम्।।380।।

स व्यधत्त तथादीर्घसूत्रस्तमगमन्यथा।
तत्तटीः खेचरास्त्यक्त्वा सूत्रस्तमगमन्यथा।।381।। (युग्मम्)

कृतहेमोज्ज्वलच्छायपत्रभङ्गान्सुपर्वणः।
सोऽकिरद्दधतो बाणान्मयदानवविभ्रमम्।।382।।

शरीरीशोऽशरीराशीरंशोंऽशः शिशिरांशुरुक्।
शारैराशाः शरैराश शूरश्रीश्रः शरारुशूः।।383।। (द्व्यक्षरः)

यो गिरिः (?)। लोलालापाः शीघ्रतररणिता अलयो येषु तादृशाः पिप्पलाख्यास्तरुविशेषा यस्मिन्। पालयत्यवश्यं पाली पालकः। पापान्येवोलपास्तृणविशेषास्तांल्लोपयति यः। लीलापी च। लोलुपः समरे लम्पटः।।377-379।। स हरिरदीर्घसूत्र आशुकारी तमगं मेरुपर्वतमन्यथा विशृङ्खलं तथा चकार यथा तत्तटानि सुष्ठुत्रस्तं समयं कृत्वा विमुच्य खेचरा अगमन्। पादातं पदातिसमूहः।।380-381।। पत्रभङ्गः पक्षाणां विच्छित्तिः। सुपर्वणः सुग्रन्थीन्। मयस्तु सुपर्वणो देवस्य पत्रभङ्गं वाहनविनाशमकरोत्। सुपर्वण इति जातावेकवचनम्।।382।। स हरिः शारैः शबलैः शरैराशा दिश आश व्याप्तवान्। शरीरिणामीशः प्रभुः। अशरीरं मोक्षः। नास्ति शरीरं यस्मिन्निति कृत्वा तदाशास्ते इति। अंशा ब्रह्मादयस्तेषामीशः। शिशिरांशुरुक् चन्द्रप्रभः। शूराणां श्रियं शृणाति हिनस्ति यः। 'शृञ् हिंसायाम्' इति कैश्चिद्धातुषु पठ्यते ततो मूलविभुजादित्वात्कः। शरारुषु हिंसकेषु शूरयति विक्रामति यः।।383।। अङ्गे हस्त्यादिचतुरङ्गे बले देहे वा वृद्धिलक्षणेन

अङ्गे वृद्धिगुणाश्लिष्टा धातवः प्रत्ययैरिव।
रूपाभिव्यक्तिमन्वीता विवव्रुरसुरैः सुराः।।384।।

इति भटभृकुटीनां कोपनी यापनीया
कृतिभिरुदसिधारावारिमत्तारिमत्ता।
द्युयुवतिरतरत्नाभोगसारागसारा-
दजनि समरसंपत्सासुराणां सुराणाम्।।385।।

इति श्रीबालबृहस्पत्यनुजीविनो वागीश्वराङ्कस्य विद्याधिपत्यपरनाम्नो महाकवे राजानकश्रीरत्नाकरस्य कृतौ रत्नाङ्के हरविजये महाकाव्ये चित्रयुद्धवर्णनोद्धातो नाम त्रयश्चत्वारिंशः सर्गः।

चतुश्चत्वारिंशः सर्गः।

तेषां क्रियाफलवतां रणमूर्ध्नि सिद्धि-
मावाञ्छतामथ निरर्गलचेष्टितानाम्।
उत्तस्थुरप्रतिमतत्प्रतिबन्धहेतु-
भूता विनायकगणा इव मत्तनागाः।।1।।

योधं निहन्तुमरिमुत्पतितं विषाण-
दण्डप्रतिष्ठचरणं करिणः सखड्गम्।

गुणेनाश्लिष्टा दैत्यैरनुगताश्च देवा रूपस्याकृतेर्व्यक्तिं प्रकटयांचक्रुः। प्रत्ययैरनुगता धातव इव। तेऽप्यङ्गेऽङ्गसंज्ञायां सत्यां वृद्ध्या क्वचिद्गुणेन च युक्ता रूपाभिव्यक्तिं लक्ष्यसिद्धिमाविष्कुर्वन्ति।।384।। सासुराणां सदैत्यानां सुराणां रणसमृद्धिरित्थं जाता। अगसारात् अगसारं गिरिमाश्रित्य। ल्यब्लोपे पञ्चमी। भटभृकुटीनां.........असिधाराजलेन मत्तेव विशृङ्खला अरिमत्ता शत्रुमत्त्वं वैरकरणं यस्याम्। दीप्तानसीनालोक्य बहुलतरं तत्र योधा युयुधुरित्यर्थः। द्युवधूनां रतरत्नमुत्कृष्टं रतं तदाभोगेन च सारा समुत्कृष्टा।।385।।
इति राजानकजयानकसूनोरलकस्य कृतौ हरविजयविषमपदोद्द्यते त्रयश्चत्वारिंशः सर्गः।।

चतुश्चत्वारिंशः सर्गः।

अप्रतिमाः शूरत्वादनपेक्षितदन्तकोषाः। तस्य च रिपुजयात्मनः क्रियाफलस्य निरोधहेतवो मदगजा उत्तस्थुरुत्प्लुताः। विनायका विघ्नाः। तेऽप्रतिमस्यानन्यसदृशस्य कस्यचित्कर्मफलस्य प्रतिबन्धका उल्लसन्ति श्रेयसां बहुविघ्नत्वात्।।1-3।।

आनर्च सिद्धजनतोत्पलदामचक्रै-
दीर्घोत्कटैः सुरवधूश्च कटाक्षमोक्षैः॥2॥

आदीपिता कुलिशकर्कशदन्तदण्ड-
संघट्टजेन शिखिनोत्पतता शराली।
लग्ना दृढं द्विरदकुम्भतटे रराज
दावाग्निसंहतिरिवाञ्जनशैलशृङ्गे॥3॥

रेजे गजेन्द्रगुरुसंगरघट्यमान-
दन्ताग्रकोषकटकैः क्षतजोक्षितैः क्ष्मा।
अप्राप्तवीरकृतशोककृशामरस्त्री[1]-
वेल्लद्भुजागलितकाञ्चनकम्बुशोभैः॥4॥

वल्गत्प्रवीरविनिपातितखड्गयष्टि-
धारानिकृत्तकरनिर्गतरक्तवर्तिः।
धातुच्छटारुणितनिर्झरवारिपुर-
संचारलग्नगिरिविभ्रममाप नागः॥5॥

ज्याकृष्टिमण्डलिकार्मुकमुक्तहेम-
नाराचराजिविकरालशिराः करीन्द्रः।
दध्रे तटान्तरिततिग्मकरोर्ध्वरश्मि-
रेखावकीर्णशिखरोदयशैललीलाम्॥6॥

आघ्रातुमन्यकरिमण्डलदानगन्ध-
मूर्ध्वीकृतातनुकरार्गलदण्ड एकः।
शूरग्रहाय नभसोऽवतरीतुमिच्छो-
र्हस्तावलम्बनमदादिव दिव्यनार्याः॥7॥

कम्बुर्वलयः॥4॥ वर्तिः स्रोतः। संचारलग्नो जङ्गमरूपः॥5-6॥ एकः करी शूरं ग्रहीतुमवतितीर्षोरप्सरसः करालम्बमिव ददौ। ऊर्ध्वीकृतत्वात्॥7॥ आजिवर्त्म........ आदीर्घपुष्करः प्रलम्बाग्रः करो यस्य। उन्नतो वंश एव दण्डो यस्य। वंशः पृष्ठास्थि। रन्ध्रेभ्यश्च रोमकूपेभ्य उत्थितैः शीकरैर्नर्मदं केलिप्रदमम्भो मदजलं यस्य सः। विन्ध्यपक्षे

---

1. 'कान्तशत' क.

तस्तार वारणपतिर्वपुषाजिवर्त्म
　　विन्ध्यावनीध्र इव जङ्गमतामुपेतः।
आदीर्घपुष्करकरोन्नतवंशदण्ड-
　　रन्ध्रोत्थितप्रचुरशीकरनर्मदाम्भाः॥8॥

वक्षोमणिस्थितिभृतः स्फुटबिन्दुकर्प[1]-
　　पिञ्जूषसंधिसवलित्रयकण्ठभागाः।
सत्तल्पला बृहदवग्रहताम्रतालु-
　　हर्यल्पपेचकमधुच्छविदन्तवेष्टाः[2]॥9॥

आस्रस्तकुक्षिकलविङ्कदृशः सुगन्धि-
　　निःश्वासबिन्दुकणकीर्णकरार्गलाग्राः।
सस्वस्तिकस्थितिविभक्तविदुप्रतिष्ठ-[3]
　　कुम्भोत्तमाङ्गपृथुसान्द्रसमुद्गपादाः॥10॥

सुस्निग्धबिन्दुनिचितच्छवयो विभक्त-
　　निर्याणदीर्घकरपुष्करबालपुच्छाः।
शूरा वराहजघनाः परयुग्मरोम-
　　सान्द्रत्वचो नतनिरायतसूक्ष्मकेशाः॥11॥

भग्नामरद्विरदमुत्पलसप्तपर्ण-
　　चूतातिमुक्तकसुगन्धि शरन्मधूत्थम्।

तु-आजयोऽजस्य ब्रह्मणोऽपत्यानि सप्तर्षयस्तेषां वर्त्म गगनम्। पुष्कराणि पद्मानि करोत्युत्पादयति यः। उन्नता वंशा वेणव एव दण्डा यस्य सः। रन्ध्रेभ्यश्च खदाभ्य उत्थितं नर्मदायाः सरितो जलं यस्येति योज्यम्। अन्ये तु-'विन्ध्याद्रौ वेणुमूलान्नर्मदा समद्भूतेति कर एव वेणुदण्डस्तद्रन्धादुत्थितं शीकरा एव नर्मदाम्भो यस्य' इति रूपकं व्याचख्युः॥8॥ वक्षोमणिरित्यादि कलापकम्। उत्पलादिवत्सुगन्धिमदजलं सेनागजा अञ्जनेन मेढ्रेण मुमुचुः। तच्च शरदुत्थं मधूत्थं च दिवसगणं संवादितां नयत्सदृशीकुर्वाणम्। तत्र शारदस्योत्पलसप्तपर्णैः सुगन्धित्वं, वासन्तिकस्य चूतातिमुक्तकैः। वक्षोमणिरुरःस्थो लक्षणविशेषः। स्फुटं बिन्दुकर्म तिलकोद्गमो यस्य तादृशः पिञ्जूषयोः कर्णोपरिभागयोः संधिर्येषाम्। सती तल्पला पृष्ठवंशो येषाम्। अवग्रहो ललाटदेशः। हरिः श्यामवर्णः पेचकः पुच्छमूलं येषाम्। सर्वत्र बहुव्रीहिं विधाय कर्मधारयः कार्यः। बिन्दवः

---

1. 'कन्द' **ख**. 2. 'केचक' **ख**. 3. 'प्रकृष्ट' **क**.

संवादितां नयदहर्गणमञ्जनेन
सेनामतङ्गजगणा मुमुचुर्मदाम्भः॥12॥ (चक्कलकम्)

माणिक्यदीधितिशिखाकपिशप्रकाश-
मायोधने सुभटहस्ततलव्यपास्तम्।
चक्रं पपात परिणाहिनि नागकुम्भ-
भागेऽस्तशैलशिरसीव सितांशुबिम्बम्॥13॥

मातङ्गकर्णपवनाहतकुम्भकूट-
सिन्दूरधूलिकपिलस्फुरदभ्रपङ्क्तिः।
व्यापार्यमाणकरवालनिकृत्तरक्त-
सिक्तश्लथत्वगिव दूरमदृश्यत द्यौः॥14॥

अभ्येत्य मत्सरविपाटलदृष्टिवल्ग-
दुल्कालता युयुधिरे कृतमेरुकम्पम्।
दानाम्बुपातशमितोन्नतदन्तदण्ड-
संघट्टपावकशिखानिकराः करीन्द्राः॥15॥

तारापथं गजपतिः पृथुकर्णताल-
निर्धूतकुम्भतटगैरिकधूलिदिग्धैः।
शारीचकार करशीकरबिन्दुवृन्दैः
संध्यारुणैर्नभ इवोडुगणैः प्रदोषः॥16॥

नाराचभिन्नकटकूटविमुक्तरक्त-
लाक्षारुणश्रवणचामरभूषणोऽन्यः[1]।
दध्रे दरीमुखविनिर्गतदाववह्नि-
ज्वालाकलापविकटाञ्जनशैलशोभाम्॥17॥

शीकराः। स्वस्तिकाख्यं लक्षणम्। विदुः कुम्भयोर्मध्यभागः। समुद्गाकाराः पादा येषाम्। बिन्दुभिर्वयोवस्थासूचकैस्तिलकैः पद्मापरपर्यायैर्व्याप्ता छविर्येषाम्। निर्याणमपाङ्गदेशः। मदविशेष इत्यन्ये। वालानि लोमानि। वराहस्येव वर्तुलं जघनं येषाम्। अपरा द्वितीया परा वा प्रकृष्टा युग्मरोमा द्वाभ्यां द्वाभ्यां संभूय लोमभ्यां युक्ता त्वग्येषामिति संक्षेपेण द्विपानां शास्त्रोक्तलक्षणकथनम्॥9-15॥ बिन्दुवृन्दैरिभपतिः ......रितवाव। ताराभिरिव

---

1. 'भूषितोऽन्यः' क.

चक्रुर्गजाः श्रवणतालसमीरधूत-
कुम्भस्थलस्खलितगैरिकरेणुदिग्धाः।
सिद्धाङ्गनाकरकुशेशयकीर्यमाण-
मन्दारकेसरपरागहता इवाशाः॥18॥

सौदामिनीभिरिव खड्गलतावलीभि-
रम्भोधरैरिव गजैः स्फुटपङ्कनीलैः।
रेजे शिखण्डिभिरिवोच्छिखपिच्छभार-
शोभाधरैरिषुभिराजिघनर्तुवृत्तिः[1]॥19॥

विस्तारिदन्तपरिघोत्प्लुतवीरयोध-
भास्वत्करालकरवालविलूनमूलः।
स्तम्बेरमस्य रणमूर्धनि कालताल-
वृन्तश्रियं निपतितो विदधार कर्णः॥20॥

हस्तेन शातशरकल्पितमुत्तमाङ्ग[2]-
मस्रच्छटारुणशिरोरुहपल्लवाङ्कम्।
नाकप्रवेशगुरुमङ्गलरत्नकुम्भ-
मूर्ध्वीचकार मृतवीरजनस्य नागः॥21॥

उल्लासिवीरकरमुक्तविलोलबर्हि-
शङ्कुद्रुमस्फुरितकाननचक्रवालम्।
अस्ताद्रिशृङ्गमिव निष्पतदर्धचन्द्र-
नक्षत्रमालमभवत्करिकुम्भपीठम्॥22॥

हस्तार्गलाभिरभितः परिपीवराभि-
रास्फालिता सकृदभूत्सुरकुञ्जराणाम्।

प्रदोषः॥ (तारापथं ताराणां विहरणमार्गं यत्र तारा विचरन्ति तदवधीत्यर्थः।)॥16-18॥ इषूणां पिच्छशोभाधरत्वं विचित्रवर्णत्वात्। घनर्तुः प्रावृट्॥19॥ कालः कृतान्तः॥20॥ कल्पितं छिन्नम्। 'कृपू छेदने'। मङ्गलकुम्भोऽपि पल्लवाङ्क ऊर्ध्वीक्रियते॥21॥ बर्हिणो मयूरपिच्छनिचिताः शङ्कवः शरविशेषा एव द्रुमाः। अर्धचन्द्रः शरविशेषः शशिकला च। नक्षत्रमाला गजानां कुम्भाभरणमुडुपङ्क्तिश्च॥22-23॥ पुष्करं वीणामुखमपि। तूर्यं

---

1. 'वृष्टिः' क. 2. 'कर' क.

पातालरन्ध्रपतितेव विधूतधूलि-
जालान्धकारपिहिताखिलदिग्धरित्री॥23॥

स्तम्बेरमो दशनकोषकरालरश्मि-
तन्त्रीगुणां शिथिलकुञ्चितपुष्कराग्राम्।
हस्तार्गलामभृत तूर्यनिनादहृष्ट-
नृत्यत्कबन्धसमराङ्गनरङ्गवीणाम्॥24॥

आलक्ष्यमाणविवृतारुणतालुमूल-
मुत्तम्भिताङ्कुशनिरुद्धकरालकुम्भम्।
आघ्रासिषुः प्रतिमतङ्गजदानगन्ध-
मामीलितेक्षणयुगं पृतनागजौघाः॥25॥

गण्डस्थलैः श्रवणतालविधूतकुम्भ-
सिन्दूरधूलिपरिपाटलितं मदाम्भः।
मेघा इव क्षतजमक्षतपक्षदैत्य-
सेनाविनाशपिशुनं ववृषुर्गजेन्द्राः॥26॥

सीमन्तितारिभटमण्डलमश्ववार-
मुक्तस्य संश्रितसुवर्णगिरेस्तदानीम्।
लक्ष्मीभृतः समरमूर्ध्नि हरेरहारि
चेतः क्षणादिव सुदर्शनधारयारात्॥27॥

भूमेर्दिवश्च पृथुकुक्षिपुटात्तदानीं
निर्दारिता निशितपत्रशरैर्निपेतुः।
वल्गत्पदातिकरवालविलूयमानाः
स्थूलान्त्रतन्त्र्य इव काञ्चनकार्मुकज्याः॥28॥

गजानां गलगर्जितमपि॥24-26॥ लक्ष्मीः शोभा रमा च। हरेरश्वस्य सुदर्शना कान्तिमती धारा धोरितादिपञ्चप्रकारो गतिविशेषः पूर्वमुक्तस्तया चित्तमहारि रञ्जितम्। हरेश्च विष्णोः सुदर्शननाम्नश्चक्रस्य धारया दैत्यानां चित्तमपहृतम्। जीवितोन्मथनात्॥27॥ निशितपत्रैस्तीक्ष्णपलाशैः शरैर्निशितैर्वा पत्रशरैः पक्षोपलक्षितैर्बाणैर्निर्दारिता भिन्नाः॥28॥ खड्गधारारजोभिरुष्णकरस्य स्थगितत्वादम्बरं पलायमानमिव दृष्टम्। रविसंनिधौ हि नभः प्रायेण स्वेन रूपेण भासते॥29॥ शिशिरदीधितिरिन्दुस्तत्तेज इव या पाण्डुस्ता-मातेनुषाम्। कीर्तिं विस्तारयतामित्यर्थः। असिपत्रवनाख्येन नरकेणावृता भूर्नाकापभोगस्य

नानाशिरस्त्रविनिपातविरुग्णखड्ग-
　　धारारजः कलुषितोष्णकरप्रकाशम्।
व्यापारिता युधि भियेव गृहीतदिक्क-
　　मालक्ष्यताम्बरमपि प्रपलायमानम्।।29।।

आतेनुषां शिशिरदीधितिधामपाण्डु-
　　माश्चर्यकर्मठतया प्रमदोद्धतानाम्।
सङ्ग्रामभूमिरसिपत्त्रवनावृतापि
　　नाकोपभोगसुखहेतुरभूद्भटानाम्।।30।।

सेनामतङ्गजगणस्य कठोरकुम्भ-
　　भागास्पदासु रणमङ्गलमालिकासु।
प्रेङ्खत्पतत्रमरुतस्तरसा निपेतु-
　　रेके शिलीमुखगण अपरे व्युदस्थुः।।31।।

छिन्नाः कथंचिदधिभूमिगतप्रतिष्ठाः
　　प्रेङ्खन्मयूखनिकुरम्बकृतप्रकाशाः।
आसन्समीकनिकषोपलपट्टहेम-
　　लेखाः सुरौघगजताकलधौतकक्ष्याः।।32।।

तीक्ष्णार्धचन्द्रशरदारितमाहवाग्र-
　　लक्ष्मीपयोधरयुगं करिकुम्भयुग्मम्।
उत्तुङ्गपीवरमलिप्ततरामभीक-
　　क्लृप्तेन शोणरुचिशोणितकुङ्कुमेन।।33।।

कारणमिति विरोधः। असय एव पत्राणि तत्समूहेनावृता आकोपस्य भोगेनानुभवेन सुखहेतुर्नाभूदिति व्याख्या न हृदयंगमा।।30।। शिलीमुखा भ्रमरा अपि।।31।। समीकं समर एव निकषोपलपट्टस्तत्र स्वर्णरेखा गजसंहतिसौवर्ण्यो गजशृङ्खला (?) आसन्।।32।। अर्धचन्द्रः कुटिलं नखक्षतमपि। अभीकः कामुकोऽपि। क्लृप्तेन संचितेन।।33।। क्लृप्तं (कृत्तं) छिन्नम्।।34।। सन्तो मत्ताश्च वारणाः। सन्तश्च मत्तवारणाश्चतुष्किकाः। तेषां विटङ्कैरुन्नतभागैर्भास्वरशोभः सङ्ग्राम एव हर्म्यं तत्र मयूराः शकुनिचयाश्चन्द्रकखचितत्वादशोभन्त।।35-38।। करालकरं भास्वररश्मि पुष्करं फलकं तत्र बिन्दवः पुलकम्। करपुष्करं च कराग्रम्। बिन्दवश्चावस्थासूचकास्तिलकाः। दशनमण्डलं च

क्लृप्ता(कृत्ता)वचूलमणिदण्डशिखावलग्नः।।
केतोः पटो विगलति स्म समीकलक्ष्म्याः।
आह्लाय पट्टक इवेन्दुमरीचिपाण्डु-
रुत्तुङ्गपीनकरिकुम्भकुचास्पदश्रीः।।34।।

सन्मत्तवारणविटङ्ककरालशोभ-
सङ्ग्रामहर्म्यशिखिनो दधति स्म लक्ष्मीम्।
शङ्कुव्रजाः खचितचन्द्रकचक्रवाल-
कल्माषिताम्बुदपथाः सुभटैर्विमुक्ताः।।35।।

माद्यन्मतङ्गजसरोषविमृद्यमान-
योधोच्छ्वसत्क्षतजकुङ्कुमपङ्कचर्चाः[1]।
व्यातेनुरर्चिचर्चयिषन्त्य इवादरेण
चक्रेषु कूबरिगणस्य रणाङ्गनोर्व्यः।।36।।

वीक्ष्याग्रतो निपतितं युधि नागराज-
मुत्तम्भितं समरमूर्ध्नि रदार्गलाभ्याम्।
आलोलपुष्करपुटाञ्जलिना सशोकः
संभावयन्निव गजः सुभटैर्व्यलोकि।।37।।

आपाण्डुरश्रवणचामरराजहंस-
सङ्ग्रामसिन्धुपुलिनद्विरदाधिरूढः।
वैकुण्ठमप्यतिशयालुरनेकचक्र-
कृत्तारिमण्डलशिराः श्रियमाप योधः।।38।।

प्रेङ्खत्करालकरपुष्करबिन्दुजाल-
पर्युच्छ्वसद्दशनमण्डलचारुशोभाः।
व्यापारिता युधि भटैर्द्विषतां वधाय
खड्गा मतङ्गजगणाश्च समं विरेजुः।।39।।

दन्तमयं चक्कलकं विषाणाभोगश्च। समं युगपत्सदृशं च।।39-40।। संयत्यसुरा मन्युं न व्यनेषत न तत्यजुः। 'कर्तृस्थे चाशरीरे कर्मणि' इति तङ्। अच्योषत च्युताः। आजौ हननादपि भयं नाजिहत न गताः। असिनापि सहायेनालज्जन्त शौर्यवशात्। असभिश्च

---

1. 'चक्राः' क.

मातङ्गकुम्भयुगलं समवर्तिपाद-
　　पीठद्वयाकृति निशातकृपाणबाहुः।
उत्प्लुत्य कश्चिदहितस्य गुरुप्रहार-
　　मूर्छाकुलस्य सुभटोऽच्छिनदुत्तमाङ्गम्।।40।।

मन्युं व्यनेषत न संयति नापि दर्पा-
　　दच्योषताजिहत नाजिहतेश्च भीतिम्।
शौर्यत्तथात्रपिषत स्फुरतासिनापि
　　नाकद्विषोऽपणिषतासुभिरेव संख्ये।।41।।

अन्योन्यमाजुहुवुषां विषमेषु धैर्य-
　　बन्धाद्विशृङ्खलमचस्खलुषां च तेषाम्।
प्रावर्ततातिरभसेन तिरोहितार्क-
　　तारापथः सशपथो रणसंप्रहारः।।42।।

योधाः परस्परमपारपरम्पराक-
　　पर्याकुलाः शरपरम्परया तदानीम्।
कम्पानुकम्प्यभयकातरसंपराय-
　　पारायणप्रणयिनस्त्वरया परीयुः।।43।।

उत्पुप्लवे सपदि मण्डमभ्यधाव-
　　दस्थाद्विचित्ररचनैः करणप्रपञ्चैः।
सङ्ग्रामरङ्गभुवि योधजनो गृहीत-
　　चर्मासियष्टिरिरिति नृत्तमिव व्यतानीत्।।44।।

रणे अपणिषत व्यवजह्रुः। प्राणान्पणीचक्रुरित्यर्थः।।41।। संप्रहारः परस्परहननम्।।42।। अपारा परम्परा यत्र तथा कृत्वा पर्याकुलाः। अविरतं विह्वला इत्यर्थः। कम्पेन हेतुनानुकम्प्याः कृपायोग्या भयकातरा यत्र तादृशस्य रणस्य पारायणं पारप्राप्ति शास्त्रं वा।।43।। मण्डलमाप्लुतादिकं चारीनिर्वर्त्यमन्ति(ति) क्रान्ताधिकं च क्रियाविशेषः। करणं कैतादिकं (?) तलपुष्पपुटादि च। चर्म खेटकम्।।44।। संस्कारः स्वर्णादियोजनं प्रकृत्यादिविभागेन व्युत्पादनं च। विशुद्धिः कौटिल्यविगमो निरपशब्दता च। श्रुतिः श्रोत्रं वेदश्च। संधिर्लक्ष्याभिमुखं प्रयोगः संहिताकार्यं च। फलं फलाशादि शल्यं स्वर्गश्च (?) प्रबन्धो महाकाव्यादिकमपि। उदयः शत्रूणां वादिनां च पराजयः।

संस्कारहानिरहिता दधतो विशुद्धि-
मासादितश्रुतिपथाः स्फुटासंधियोगाः।
शब्दा इवातनुफला घटितप्रबन्धा-
श्चक्रुर्महोदयजुषो विशिखाः प्रयोक्तॄन्॥45॥

वल्गत्सु वाजिषु चलत्सु रथेष्वमन्दं
धावत्सु कुञ्जरकुलेषु सुरापगासीत्।
निर्धूतनिर्दलितमेरुनितम्बधूलि-
सान्द्रीभवत्कनकवालुककूलकच्छा॥46॥

सेनातुरङ्गखुरकोटिविपाट्यमान-
हेमाचलासितशिलोद्धतधूलिदिग्धाः।
आसञ्जगत्प्रलयकालनिशावतार-
घोरान्धकारकलुषा इव दिग्विभागाः॥47॥

सावर्ण्यनिह्नुततया दलितेन्द्रनील-
धूलिच्छटापिहितदिग्विदिशि त्रिलोक्याम्।
आसन्प्रवीरकरपङ्कजसंनिविष्टाः
खड्गाः करालमणिमण्डितमुष्टिमेयाः॥48॥

सेनाविमर्ददलितक्षितिधूतधूलि-
जालान्धकारपिहिताखिलविग्रहाणाम्।
लीनं कटेषु मदसौरभलुप्यमान-
संदेहमोहघटनैः[1] करिणा[2] द्विरेफैः॥49॥

सेनाविमर्दविदलन्मणिचक्रवाल-
चूर्णोत्थितैः सितसितेतर[3]रक्तपीतैः।
शैलस्य धातुनिकरैरिव नाकमार्ग-
मासेदिवद्भिरुदसेचितरां रजोभिः॥50॥

प्रयोक्तारो धानुष्का वक्तारश्च॥45-46॥ असितशिला नीलाश्म मरकतम्॥47॥ विदिशो दिशां कोणाः॥48-49॥ रजोभिरुदसेचि प्रचलितम्॥50॥ भटानामोघाः परस्परं नौहिषत

---

1. 'संदोह' ख. 2. 'निभृतं' क. 3. 'कुम्भपीतैः' ख.

तस्मिन्रजस्तमसि तिग्ममरीचिबिम्ब-
माच्छाद्य तस्थुषि दिशः सकलाश्च सान्द्रे।
अन्योन्यमौहिषत हेषितघोरघोष-
बृंहारवानुमितवाजिगजा भटौघाः॥51॥

आकाशसिन्धुमकरी नगनागदान-
पङ्कच्छटावनिवधूत्पलमङ्गलस्त्रक्।
दिक्कामिनीसरलसंगतचारुदीर्घ[1]-
वेणीलता समरदुर्दिनमेघराजिः॥52॥

पिङ्गप्रभाविकटहेतिहिरणमयाद्रि-
स्कन्धाग्निधूमपटली वियदुत्पपात।
सेनातुरङ्गखुरवज्रशिखाभिघात-
पिष्टेन्द्रनीलमणिमण्डलधूलिलेखा॥53॥		(युगलकम्[2])

उत्तिष्ठति स्म दलितारुणरत्नरेणु-
राशिर्विचित्रमणिचूर्णकणावकीर्णः[3]।
विन्ध्यावनीध्र इव वर्त्म रुरुत्सुरुष्ण-
रश्मेः पुनर्विविधधातुशतानुविद्धः॥54॥

वल्गत्तुरङ्गखुरकोटिनिपातपिष्ट-
सत्पद्मरागमणिरेणुकरालितश्रीः।
रेजे तरां तरुणविद्रुमरागदिग्ध-
दुग्धोदधिप्रतिमितः स्फटिकाश्मरेणुः॥55॥

व्योमोदपप्तदुपतप्तमरीचिदीप्तिः[4]
सावर्ण्यनिह्नुततयानुपलक्षितश्रीः।

नाज्ञासिषुः॥51-52॥ प्रभाभिर्विकटहेतयः आयुधानि ज्वाला च यत्र तादृङ्मेरुशिखर-मेवाग्निः॥53-54॥ प्रतिमितः सदृशीकृतः॥55॥ उपतप्ता मयूखानां प्रभा यस्य सः। क्वचित् 'अवतप्त' इति पाठः। तदा[व]तप्तमरीचेरुष्णांशोरिव बहुला दीप्तिर्यस्येति योज्यम्। सावर्ण्यमत्र व्योम्नैव॥56-57॥ समीरणेन प्रेरणयान्तर्गतं महीरजो येषाम्॥58॥

---

1. 'सकल' क. 2. 'युगलकम्' क-पुस्तके नास्ति 3. 'कणावकीर्णाः' क-ख. 4. 'अथ तप्त' क-ख.

संदर्शयञ्जलमयीमिव सृष्टिमाशु
वैदूर्यरेणुनिकरः स्थगिताखिलाशः॥56॥

दिङ्मण्डलं नवविदूरजरत्नराशि-
रेणूत्करैर्नभसि संतमसीभवद्भिः।
आचक्रमे तरणिकूबरिचक्रनेमि-
निष्पिष्टनाकपरमाणुगणायमानैः॥57॥

निःश्वासमारुतसमीरणकोटरस्थ-
सेनातुरङ्गखुरपिष्टमहीरजस्कान्।
आध्मासिषुः कथमपि त्रिदशामरारि-
योधा जडीकृतरवान्समराय शङ्खान्॥58॥

संवीतकृत्स्नभुवनत्रितयान्तराल-
सान्द्रीभवत्क्षितिरजःस्थगितप्रकाशाः।
आह्वासताधिरणवर्त्म परस्परं ते
भोगावलीभिरुपलक्षितनामधेयाः॥59॥

उत्थाय चावनितलात्कमलासनाण्ड-
पर्यन्तदर्शनकुतूहलिनेव दूरम्।
स्कन्धेष्वकारि मरुतां पदमोघलेप-
लुप्तांशुमालिमहसा रजसोद्धतेन॥60॥

संशिश्रिये विदलितासितरत्नहेम-
पट्टोत्थिततातनुरजःपटलावगाढैः।
धूम्रीभवद्भिरभितो धवलातपत्र-
खण्डैरुपप्लुतनिशाकरमण्डलश्रीः॥61॥

छत्रैर्न्यपाति शितशल्यशराभिघात-
रुग्णाभिरामकलधौतमयोच्चदण्डैः।

आह्वासतेति 'स्पर्धायामाङः' इत्यात्मनेपदम्। भोगावली बन्दिनां पाठः॥59॥ स्कन्धाः स्थानान्यंसाश्च। ओघलेपः प्रवाहेन निरोधस्तेन लुप्तं भिन्नम्॥60॥ उपप्लुतो राहुणा ग्रस्तः॥61-62॥ और्वरेण क्षितेरागतेन॥63॥ निर्मग्नानि ब्रुडितानि। यमः संयमनं, योगाङ्गानि वाहिंसासत्यादीनि यमाः॥64-65॥ अतनुः शिरोमात्रत्वादशरीरोऽपि ग्रहकल्लोलो

आयोधनावनितलोद्धतपृष्ठलग्न-
धूलीवितानगुरुभारभरादिवोच्चैः॥62॥

श्च्योतन्भरादयमपह्नुतवासरश्रीः[1]
शान्तिं पुरा नयति दानजलप्लवो माम्।
इत्यौर्वरेण रजसा करिकर्णरन्ध्र-
दुर्गेष्वनागतमिवाभिविचिन्त्य लिल्ये॥63॥

सङ्ग्रामवर्त्मनि रजःपटलावकीर्णे
निर्मग्नवेगपरिवर्तनशून्यचक्रम्।
कृच्छ्रेण कूबरिकुलं यमदार्ढ्यशालि
नैवेन्द्रियैरिव मनश्चकृषे तुरंगैः॥64॥

आकम्पितावनिनिरर्गलवेगपात-
निःस्पन्दमूकितविशङ्कटपार्श्वघण्टैः।
अन्योन्यमप्यनवलोक्य रजोन्धकारे
हस्तावमर्शघटितैर्युयुधे गजेन्द्रैः॥65॥

प्रलयाभ्रमलीमसां दधानः श्रियमायोधनवर्त्मनि न्यरौत्सीत्।
अतनुर्गुरुसैन्यरेणुराशिर्ग्रहकल्लोल इवोष्णरश्मिबिम्बम्॥66॥

सिक्तेन सक्तकट(तत्कटवि)निर्गतभूरिदान[2]-
धाराप्रवाहकृतबर्हिमभिस्तदानीम्।
सैन्ये न्यशामि तरसा रजसोद्धतेन
गम्भीरकुञ्जरकरोज्झितवारिवर्षैः॥67॥

अस्ते रजोविसरवाससि नागगण्ड-
विष्यन्दिभिर्मदजलैरपवस्त्रिताङ्ग्यः।
संविव्यिरे दश दिशः सुरचापचक्र-
निष्ठ्यूतनिष्ठुरशरातनुपुङ्खपक्षैः॥68॥

राहुः॥66-67॥ अपवस्त्रितं निवृत्तवस्त्रम्॥68॥ आवर्तमाना दानाम्भसां भूयस्त्वा-दावर्तवत्परिस्फुरन्ती प्रतिमा मूर्तिर्यत्र। तथा कृत्वा पतितानि चक्राणि रथाङ्गानि येषु। शीकरपक्षे तु चक्रं समूहः॥69॥ आशाः दिशः। क्षोदेषु रजःसु॥70॥ इति

---

1. 'भयात्' **ख.** 2. 'संधिघट' **ख.**

कटविगलितदानाम्भोभिरावर्तमान[1]-
प्रतिमपतितचक्रैः क्ष्मातले कुञ्जराणाम्।
नभसि च करमुक्तैः शीकरैरुच्छलद्भिः
क्षपितघनपरागो रत्नसानुस्तदासीत्॥69॥

इत्थं दर्पान्धगन्धद्विरदकटतटीनिष्ठ्यनिष्ठ्यूतदान-
स्रोतःसंतानमिश्रीकृतविकृतकरप्रान्तवान्ताम्बुसेकैः।
शान्तेष्वाशान्तकान्तिव्युपरमपरमापारपूरेषु युद्ध-
क्षोणीक्षोदेषु रत्नाचलशिरसि पुनः संगरोऽभूद्भटानाम्॥70॥

इति श्रीबालबृहस्पत्यनुजीविनो वागीश्वराङ्कस्य विद्याधिपत्यपरनाम्नो महाकवे राजानकश्रीरत्नाकरस्य कृतौ रत्नाङ्के हरविजये महाकाव्ये गजाश्वसंमर्दो[2] नाम चतुश्चत्वारिंशत्तमः सर्गः।

पञ्चचत्वारिंशः सर्गः।

अवलोक्य दानवचमूपतीनथो विमुखान्रणादिगरिशमार्गणार्दितान्।
स्मितदीधितिस्फुरितगण्डमण्डलो निजगाद दैत्यपतिरित्थमूर्जितम्॥1॥

तस्योत्सिसाहयिषतो द्विषतां वधाय
संरम्भिणो दितिसुतान्समरान्पराचः।
वक्रादनभ्यवहृतोऽपि विनिर्जगाम
सान्द्रः सुधौघ इव दन्तमरीचिराशिः॥2॥

हे दैत्याः कथमभिमानशालिनोऽपि[3] व्यारुग्णाहवरसमाशु विद्रवन्तः।
नेक्षध्वे पृथुनिजवंशवैजयन्तीमाक्षिप्तां धवलरुचिं परेण कीर्तिम्॥3॥

राजानकजयानकसूनोरलकस्य कृतौ हरविजयविषमपदोद्द्योते चतुश्चत्वारिंशः सर्गः॥

पञ्चचत्वारिंशः सर्गः।

॥1॥ पराचः पराङ्मुखान्। अभ्यवहृतः पीतः॥2॥ वंशः केतुदण्डोऽपि॥3॥ शूलायुधेन शंभुना कृतसंनिधिः कथमखण्डपरशुः शंभुना रहित इति विरोधः। अविरोधस्तु शूलमेवायुधम् अखण्डैश्च परैः शूरैश्चितेति॥4-5॥ निर्वरः सातिशयः। निर्गतोऽन्यो

---

1. 'विकटित' ख. 2. 'गजाश्वसंमर्दः' क-पुस्तके नास्ति. 3. 'अवमान' ख.

सेना[1] विलोकयति जिह्ममसौ सहास-
　　मायोधनात्सपदि वः प्रपलायमानान्[2]।
शूलायुधेन कृतसंनिधिरप्यभीक्ष्ण-
　　मारादखण्डपरशूरचिताञ्चितश्रीः॥4॥

अनल्पपक्षप्रसरं पतद्भिर्विपक्षनाराचपतङ्गचक्रैः।
समिद्धतां संदधती कथं वो निर्वापिता दीपशिखेव शक्तिः॥5॥

कल्माषितांसशिखरैर्भुजमण्डलीषु
　　रत्नाङ्गदैः किमिव शंसत भारभूतैः।
एता भवन्तु रणनिर्वरवैरिवर्ग-
　　दोर्दण्डदर्पदलनोज्ज्वलमण्डना[3] वः॥6॥

कालरात्रिभुजसंहतीरिमाः प्रेतनाथपुरपद्धतीर्गदाः।
बिभ्रतोऽपि भयकातरेक्षणं न ह्रियं व्रजत किं पराङ्मुखाः॥7॥

लघीयसापि[4] द्विषतो भयेन हतत्रपं विद्रवतामिदानीम्।
न मुद्गरा भान्ति कृतान्तहर्म्यस्तम्भा अमी पाणितलस्थिता वः॥8॥

नोत्पादयेत्कथमुपेक्षितदुर्विपक्ष-
　　हेलानिकारकलुषा विरसत्वमित्थम्।
उद्धूयमानधवलाञ्चितचामरौघा
　　तद्दुःखसंभृतजराधवलेव लक्ष्मीः॥9॥

हेलानिपातहतसंहतहस्तिहस्त-
　　हेतिः सहेत सहसानिलवेल्लयमानाः।
सिंहः सटा अपि कथं गुरुरोषगाढ-
　　गम्भीरगर्जितनिनादितशैलकुञ्जः॥10॥

अरातिशस्त्रव्रणरोहकर्मणे वधूजनस्यार्पयतां चिराय वः।
सरुञ्जि पृष्ठानि भविष्यति स्फुटं विरूढलज्जाभरमन्थरं मनः॥11॥

वरः प्रकृष्टोऽस्मादिति कृत्वा॥6-9॥ संहता मिलिताः। हस्त एव हेतिरा- युधम्॥10-13॥ लघीयसाप्यरिणा क्षतौजसां निहततेजसाम्॥14॥ आवन्ध्यो विफलो वलयं च। अन्यत्तु

---

1. 'सेनां' ख 2. 'प्रपलायमानाम्' ख. 3. 'दहनोज्ज्वल' ख. 4. 'लघीयसोऽपि' ख.

हेतिव्रणाभरणशून्यविशङ्कटांस-
कूटाः कथं नु भवतां बत बाहुदण्डाः।
गण्डोपधानपदवीं दयिताजनस्य
नीता भवेयुरधुना बहुमानपात्रम्॥12॥

प्रायेण कार्यकरणं प्रतिविस्फुरन्ति
तेजस्विनो न बहुसाधनसव्यपेक्षाः।
लोकान्विनिर्दहति सप्तभिरेव सप्त
संहारकालमुदितो दहनः शिखाभिः॥13॥

क्षतौजसामपि रिपुणालघीयसा पलायनोन्मुखमनसामितोऽधुना।
कराश्रया निजकिरणच्छलेन वः समुद्गमन्त्ययश इवासियष्टयः॥14॥

क्लिष्टं मलेन न कदाचिदहेमबद्ध[1]-
माबन्ध्यताविरहितं स्पृहणीयरूपम्।
निर्व्याजमाहुरिह भूषणमार्यवृत्ताः
शौर्यप्रतापजनितं यश एव पुंसः॥15॥

तावद्व्रजन्ति गुरुतां यशसैव याव-
दध्यासिता हिमविपाण्डुरुचा महान्तः।
लूने[2] विकासिकुसुमे च शिखाग्रभागा-
त्कस्यादरो भवति शंसत तस्य वृन्ते॥16॥

श्च्योतत्प्रफुल्लनवचूतसुगन्धिदान-
गण्डालिमण्डलसडिण्डिमडम्बरेभ्यः।
स्तम्बेरमेभ्य इव केसरिणां न भीतिः
संभाव्यतेऽत्रभवतां भवतां रिपुभ्यः॥17॥

हेलानिरस्तपवना गुरुसंप्रहार-
जृम्भा महासुरभटाः पटुतां व्रजन्ती।

भूषणं कटकत्वादिसहितरूपमित्यादिव्यतिरेकोऽत्रानुसंधेयः॥15-16॥ अत्रभवतां पूज्यानाम्। एषा च भणितिरेषां प्रोत्साहनाय॥17॥ संप्रहारो रणस्तज्जृम्भा युष्मदीया द्विषां शीतलतां धत्ते। शवत्वसंपादनात्। ऊष्मा संतापोऽपि॥18-19॥ पतत्रिणः शराः

---

1. 'अदेहबद्धं' क. 2. 'लूनं विकासिकुसुमं' ख.

नूनं समीकभुवि शीतलतां करोति
फूत्केव वक्त्रविसृतोष्मजुषां द्विषां वः॥18॥

न प्राप्नुवन्ति हि पराङ्मुखतामुदार-
सत्त्वा रिपो रणमुखेष्वपि[1] हन्यमानाः।
दह्यन्त एव जलधेर्वडवानलेन
तस्य व्रजन्त्यभिमुखं च तरङ्गभङ्गाः॥19॥

प्रत्यक्षमेव भवतामविरुग्णमौर्वी-
शाखाकृतास्पदविचित्रपतत्रिचक्राः[2]।
कोदण्डतालतरवोऽप्यधुना दिशन्ति
यच्छ्रीफलं रिपुजनस्य महाद्भुतं तत्॥20॥

निशितमायुधमञ्जलिसंपुटः पुलक एव भिया च तनुच्छदः।
ननु भवज्जयसाधनमाहवे प्रणतिरेव शिरस्त्रमिह द्विषाम्॥21॥

कण्ठे भिया विनिहितः करवाल एव
कण्ठत्रतामुपगतः शतशः सुराणाम्।
आलोक्यतां भटजनेन सहस्तताल-
हासस्फुरद्दशनदीधितिमण्डलेन॥22॥

पृथ्वी वराहवपुषा खगकेतनेन
योत्तम्भिता फणिनिकेतनतः कथंचित्।
सा तर्जनीतुलितविस्तृतसंनिवेशा
शक्यं विधातुमतिवेलबलैर्भवद्भिः[3]॥23॥

विश्लिष्टदीर्घभुजगाधिपभोगबन्ध-
दिङ्मुण्डलाभिमुखधावदनर्गलाश्वाम्।
शक्ताः स्थ कर्तुमवरुग्णखलीनपाश-
भीतारुणां तरणिकूवरिणोऽपि संस्थाम्॥24॥

पतगाश्च। श्रीरेव फलं प्रयोजनम्। श्रीफलं च बिल्वं तालतरवो वितरन्तीति चित्रमेतत्॥20॥ अञ्जलिरेवायुधं रक्षाहेतुत्वात्॥21-22॥ सा शक्यमिति विलिङ्गत्वं सामान्योपक्रमात्॥23॥ पाशा रश्मयः॥24-26॥ अमुमिति सर्वनाम्ना कोपानलमेव निर्दिशति। कोपानल एव

---

1. 'रणमुखेऽपि च' **ख.** 2. 'पतत्रचक्राः' **ख.** 3. 'अभिवेलभवैः' **ख.**

वक्षःस्थलीविगलितैर्घनघर्मवारि-
लेशैः समीकजनितैर्नभसि स्थितानाम्।
शक्यं क्षणान्मकरमन्दिरघस्मरोऽपि
ज्वालाकुलः शमयितुं वडवानलो वः॥25॥

तेजस्विनोऽतिमहतः क्वचनापि नूनं
तीक्ष्णे मृदौ च न विहन्यत एव शक्तिः।
उत्थाय नागनगराद्वडवाग्निनैव[1]
सार्धं विनिर्दहति सिन्धुपतिं क्षयाग्निः॥26॥

ज्वालाकलापकवलीकृतकूर्मकेतु-
मौर्वं किल ज्वलनमूरुजमाहुरार्याः।
दग्धारिकाननममुं तु रणौघशूर-
कोपानलप्रभवमेव विशालसत्त्वाः॥27॥

संख्यानशून्यमधिसंख्यमखण्डवृत्ति
धैर्यं परामृशति यो भवतामिदानीम्।
आकाशमुत्खनति नूनमसावखिन्न-
चेता नखाटनिखनित्रमुखेन सद्यः॥28॥

दीप्तार्धचन्द्रकरिकर्णपरश्वधाग्र-
पातद्विधाकृतमतङ्गजदन्तदण्डे।
अव्याहतत्रिविधपातकृतात्मयोध-
सिंहानुकर्षविनिपातिततोमरौघे॥29॥

चेतोहराञ्चितविविक्तधनुर्विकल्प-
शिक्षाविशेषशुचिसौष्ठवधन्विचक्रे।

विषमः कोपाग्नेः कारणम्। कुपिता प्रतिपक्षदर्शनेन तदुपलक्षणादौर्वस्य पुनरूरुजत्वादनूर्जितहेतुकत्वमिति तुना व्यतिरेक उक्तः॥27॥ खनित्रं तुङ्गरुगादि (?)॥28॥ दीप्तेत्यादि कलापकम्। अर्धचन्द्रा एव करिणां कर्णाः करिकर्णा वा प्रहरणविशेषाः। अव्याहतो वैयर्थ्यमगतः करधनुर्यन्त्रमुक्तत्वात्त्रिप्रभेदः पातो यस्य। तथा आत्मनो योधा एव साहसिकतया सिंहास्तत्कर्तृकोऽनुकर्षः पश्चदुद्धरण संपादितो यस्य तादृशः

---

1. 'नयनात्' ख.

नानाप्रकारफलपुष्पपलाशकल्प[1]-
संकल्पितप्रचुरसुन्दरभिन्दिपाले[2]॥30॥

सुश्लिष्टमुष्टिविनिवेशसुखग्रहाश्रि[3]-
संपन्नबर्हिणपतत्रिणि दिग्धशङ्कौ[4]।
आकर्षसौष्ठवसुनिष्ठुरवीतनिष्ठ-
टांकारचण्डगुणनर्तितचापचक्रे॥31॥

दुःखं न किंचिदपरं पुरुषत्वहाने-
र्युद्धे मुधा[5] समुदयोऽत्र चमूचराणाम्।
मार्गोऽयमेव भवतां ननु शान्तिहेतु-
र्योऽरेर्जयश्रिय इव क्रियतेऽवरोधः॥32॥ (चक्कलकम्)

तेजस्विनो न खलु काचिदपीह शक्ति-
राप्नोति कार्यकरणे क्वचनोपघातम्।
एकापि सास्ति न शिखा वडवानलस्य
या निर्दहत्यनिशमेव[6] न सिन्धुतोयम्॥33॥

प्राप्तामधिप्रधनमञ्चितदोहदत्वं
सेनां विधाय सुरभर्तुरनुत्तमाङ्गाम्।
प्राज्यं यशः पिबतु वो भटचक्रवाल-
मव्याहतं पय इवेन्दुमरीचिगौरम्॥34॥

एते त एव निजकुङ्कुमपङ्कपिङ्ग-
सङ्ग्रामरागविलसत्पलकाः स्थिता वः।
अद्यापि कम्पितपितामहपुण्डरीक-
संसक्तकेसरशिखा इव बाहुदण्डाः॥35॥

पातितस्तोमराणां निकरो यत्र॥29॥ विकल्पाः प्रकाराः। नानाविधपुष्पफलैः पलाशतरुभिर्भिन्दिपालानां साम्यं विचित्रवर्णत्वात्॥30॥ बर्हिणपतत्रिणो मयूरपिच्छानुविद्धाः। दिग्धा विषलिप्ताः शङ्कवः शरविशेषा यत्र। वीतनिष्ठः परिच्छेदशून्यः॥31॥ पुरुषत्वं पौरुषम्। अत्र पुरुषत्वहानौ सत्यां स्वभटानां समुदयः स्वामिकृता प्रतिपत्तिर्मुधैव वैयर्थ्यमाश्रयति। तेषामकृतकृत्यत्वात्। शान्तिः सुखम्। अवरोधोऽवष्टम्भः॥32-33॥

---

1. 'प्रकाश' क. 2. 'भिण्डिपाले' क-ख. 3. 'मुखाग्रताश्रि' ख. 4. 'दग्ध' ख. 5. 'मुदा' ख 6. 'अवशमेव' क.

सङ्ग्रामकाननतमाललतावलीषु
सेनाकलिन्दतनयाजलवेणिकासु।
संवर्तकालरजनीषु भयानकासु
निस्त्रिंशयष्टिषु कथं भवतामनास्था।।36।।

अभ्यागमान्मरणसंभ्रमतः किलाशु
यूयं पलायनपरायणतामुपेताः।
तच्चोष्मणा विरहितैः प्रतिपन्नमेव
युष्माभिरित्यपुनरुक्तमिदं कुरुध्वम्।।37।।

सङ्ग्रामादरिभयविप्लुताः पराञ्चो निर्ह्रीका ननु विषमीकुरुध्वमेताम्।
विस्तीर्णां किमिति मुधा कृतान्तलीलावाह्यालीमसुरभटा ललाटभित्तिम्।।38।।

शौरेः पदातय इमे रणमूर्ध्नि वल्गु-
व्यावल्गितैः किमिति वो न रुजन्ति चेतः[1]।
तीक्ष्णाग्रतुण्डविहगाधिपकङ्कवक्र-
लीलोद्धृतासुरपराभवशल्यकल्पाः।।39।।

लीलागृहीतकुटिलेन्दुकला कुशाग्र-
संरुद्धकुम्भतटदिग्गजवाहिकाभिः।
आकम्पितत्रिभुवना तरसा विहार-
हेला सुरैः सभयविस्मयमीक्षिता वः।।40।।

प्रधनं सङ्ग्रामो गोमहिष्यादिवर्गश्च। दोहदोऽभिलाषः। दोहं च ददाति यः। सेनां सस्वामिकामपि। अनुत्तमाङ्गां छिन्नशिरसमनुत्तमां च सर्वोत्कृष्टां गां धेनुम्।।34-36।। अभ्यागमो रणः। ततो यूयं पलायिता मरणभयात्। तच्च मरणं युष्माभिरूष्मरहितत्वादेव संश्रितम्। अनूष्मणो मरणदर्शनादिति व्यक्तमेतत्पलायनम्। ऊष्माभिमानो जीवितस्फुरितं चेति गतेऽपीदं मरणमपुनरुक्तमेकवारसंभवि विदध्वम्। यदि ह्यूष्माणमाश्रित्य युधि युध्यध्वे तत्सकृदेव युष्माकं मरणमिति रणात्तु निरूष्मभयाद्ये उपनतमरणाः.......... पुनरपि मर्त्यधर्मतया तथैवाग्रे मरणादिद्वर्मरणं भवतीति पुनरुक्तं तत्। पलायनमेव द्वितीयं मरणमिति तन्निषेधो वात्र वाक्यार्थः।।37।। वाह्याली तुरंगसंचारभूमिः।।38।। तीक्ष्णचञ्चुकोटिर्गरुड एव कङ्कमुखं तेनोद्धृतं परिभूतिशल्या अत एव कल्पाः पटवः।।39।। वाहिका वाहनानि। 'धात्वर्थनिर्देशे ण्वुल्वक्तव्यः' इति ण्वुल् (?)।।40।। रजो

---

1. 'तेजः' ख.

हेलाविनिर्धुतरजःसुमनःप्रतान-
पर्याकुलाकुलशिलीमुखचक्रवाले।
सङ्ग्रामकाननतलेऽत्र भवद्भिरेव
भग्ना गदाशु हरिचन्दनशाखिवल्ली॥41॥

उल्लासि दूरतरमस्खलितत्वमाप्त-
मुल्लङ्घिताखिलजगत्प्रतिबन्धशून्यम्।
श्लाघ्यं दुरावतरया भुजशालिनां हि
पूर्वं यशस्तदनु विस्फुरतीह तेजः॥42॥

अवरुग्णकम्बुमणिहारमेखलं नखकोटिपाटितकपोलमण्डलम्।
पतिनाशदुःखमचिराद्विजृम्भतां सुरतायमानमसुरारियोषिताम्॥43॥

अवश्यमायोधनमूर्ध्नि धूर्जटेर्मया जितस्य प्रमथप्रमाथिना।
ध्वलाग्रसंवेल्लितकृष्णचामरा विमुक्तकेशीव पुरी विभाव्यते॥44॥

पश्यत्यमन्दकरघातविमूढरक्त-
श्यामच्छवि स्तनयुगं मयि बद्धकोपे।
शत्रुस्त्रियाः[1] परिजनो न चिरात्पिनद्ध-
व्यालीनकञ्चुकमिवाहितदीनदृष्टिः॥45॥

आनन्दशून्यहृदयत्वमुपेयुषीणा-
मीर्ष्यापरिग्रहविनाकृतमानसानाम्।
विष्यन्दतामनिशमार्तिजमेव बाष्प-
तोयं भटा भवदरातिनितम्बिनीनाम्॥46॥

शोभाभङ्गदानकृद्वो[2] महार्घे येयं श्लिष्टा श्यामिका शौर्यरत्ने।
सङ्ग्रामोर्वीविद्रवाख्या कृपाणप्रेङ्खद्धारावारिभिः क्षाल्यतां सा॥47॥

मध्यमगुणः परागश्च। सुमनसो देवाः पुष्पाणि च। शिलीमुखा भ्रमरा अपि॥41-44॥ विमूढमन्तर्गतम्॥45॥ आर्तिजमेवेति। आनन्देर्ष्ययोरसंभवान्न तज्जनितमपीत्येव-कारार्थः॥46॥ श्यामिका कलङ्कः॥47॥ शौण्डाः प्रसक्ताः॥48॥ अयशः कर्तृ यथा चक्षुषोरन्धमान्ध्यजनकं तमः करोति न तथा रजः। चक्षुःपतितेन रजसा यावदालोक्यते न त्वयशसेत्यर्थः॥49॥ वार्ता तेजस्वीति प्रथा। खनिराकरः॥50-51॥ पाली समूहः।

---

1. 'स्त्रियः' क. 2. 'धानकृद्वो' ख.

यावन्न संयुगयुगान्तसहस्त्ररश्मि-
रेषोऽस्तमेति करवालकरैः करालः।
तावद्भवद्भिरयशस्तिमिरैररुद्ध
उल्लङ्घ्यतां लघुतरं रणशौण्डमार्गः॥48॥

विध्यन्त्यङ्गममूर्यथा स्मितरुचो मुक्ता रणप्रेक्षकै-
र्नैवं पत्रिपरम्परा कटुरणत्कोदण्डखण्डच्युताः।
संप्रस्तौत्ययशो यथा च नितरामन्धं तमश्चक्षुषो-
र्नैवं वाजिखुराग्रखण्डितरणक्षोणीसमुत्थं रजः॥49॥

वार्ताभङ्गः प्रथयति यथा मूर्छनामिन्द्रियाणां
सान्द्रोऽप्येवं न खलु सुभटप्रेरितोऽस्त्रप्रहारः।
त्यक्ताः प्राणैर्भृशमशुचितां नैवमायान्ति काया
यद्वद्व्रीडां गुणमणिखनिं लङ्घयन्तो लघीयः॥50॥

अद्याप्येतासु गन्धद्विरदकुलनगोद्दण्डगण्डोपलेभ्यो
निर्यान्तीषु प्रलीनभ्रमरशितिसरोजन्मखण्डास्वखण्डम्।
दानाम्भोनिम्नगासु प्रकटितविकटासक्तयो वः कृपाणाः
कुर्वन्तूद्वृत्तकृष्णोरगकुलवलनाडम्बराणां विडम्बम्॥51॥

इत्युत्साहसमृद्धिसागरपयःपालीमृगाङ्कप्रभां
क्रूरामर्षकृशानुदीपनदशाकल्पान्तवातावलीम्।
श्रुत्वा दैत्यपतेः पराक्रमगुणोदाराग्र्यगुर्वीं[1] गिरं
ते भूयोऽप्यसुराः सुराहवविपद्दीक्षासु दाक्ष्यं दधुः॥52॥

ग्लानिग्रस्तगजं जितोग्रतुरगं सीदत्पदातव्रज
मन्दस्यन्दनचारमस्त्रसरितां पूरैः परिप्लावितम्[2]।
मायाकोविददैत्यमु[3]ष्टिनिपतत्स्वर्वासिसर्वायुधं
योधैर्दैत्यपतेरकारि करुणास्वादानभिज्ञैर्मृधम्॥53॥

अग्र्या प्रधानभूता॥52-53॥ संक्रन्दनः शक्रः। विद्राणः पलायितः। ग्लानिग्राहिणो विच्छायाः॥54॥ पीवलो गजाः। ईषदसमाप्ता मकरा बहुमकराः। 'विभाषा सुपो बहुच्पुरस्तात्तु' इति बहुच्। स्थपुटितं विषमीकृतम्। आस्था सर्वतः स्थितिः।

---

1. 'दाराग्र' क-ख. 2. 'परैः' क. 3. 'दष्ट' ख.

क्रन्दत्संक्रन्दनानां प्रमथमथनकृन्मत्तदैत्याधिपानां
विद्राणैरावणानामशरणवरुणारब्धदिक्संग्रहाणाम्।
ग्लानिग्राहिग्रहाणां गहनरणधरानिश्चरत्खेचराणां
सैन्यं दैन्यात्सुराणामनिशमशरणं दैत्यचक्रेण चक्रे।।54।।

पीलूनां खड्गलूनैर्बहु बहुमकरैः कीर्णमन्तःकरौघै-
र्वाहानां शस्त्रघातस्थपुटितवपुषां नक्रवद्व्याप्तमङ्गैः।
लब्धास्थैः स्थूलमत्स्यैरिव हतपतितैर्युद्धभाजां भुजौघै-
रस्त्रस्रोतस्विनीनामजनि कुलमथाकुण्ठकं कण्ठदघ्नम्।।55।।

उद्धूतेषु कबन्धकण्ठकुहराभोगाद्भरेणासृजा-
मुत्पीडेष्वथ पद्मरागमुसलस्थूलाकृतिस्पर्धिषु।
बिभ्राणा भ्रमिविभ्रमं[1] भृतमहायूथा विहंगावली
लीलोल्लासितकालरात्रिपृथुलच्छत्राकृतिं प्राकरोत्।।56।।

क्रव्याशिनिष्कुशितकुञ्जकरकुक्षिकूप-
निर्मग्ननिर्यदतनूद्भवविद्धसिद्धम्[2]।
दिग्दन्तिकुम्भतटदघ्नभटास्रकुल्या-
गर्भब्रुडद्द्विमुधमाहववर्त्म जज्ञे।।57।।

इत्थं निर्मथ्य दैत्याधिपधुतविबुधानीकिनीनैकपात-
प्राप्तपौढावसादानतसुरशिखरिक्लिष्टरत्नाङ्गशृङ्गे[3]।
जाते दुर्जातजन्मज्वरविधुरगणग्रामकामे प्रकामं
सङ्ग्रामेऽत्युग्रमुग्रालिकभुवि भृकुटिः कूटबन्धं बबन्ध।।58।।

इति श्रीबालबृहस्पत्यनुजीविनो वागीश्वराङ्कस्य विद्याधिपत्यपरनाम्नो महाकवे
राजानकश्रीरत्नाकरस्य कृतौ रत्नाङ्के हरविजये महाकाव्ये
सुभटसंदीपनं नाम पञ्चचत्वारिंशः सर्गः।

अकुण्ठकमभुग्नम्।।55।। पद्मरागदण्डाकृतिषु रुधिरपूरेषु परिभ्रमन्ती विहगपङ्क्तिर्लीलोल्लासन......ज कालिरात्रिच्छत्रास्य साम्यमकरोत्।।56।। निष्कुषिता निर्मांसीकृताः।।57।। नैको बहुविधः। 'अमानोना प्रतिषेधे [इति] वचनान्निरनुबन्धकोऽपि न शब्दोऽस्ति। तस्यात्र सुप्सुपेति समासः। विधुरा गणानां वृन्दस्य मनोरथा यत्र तादृशे समरे हरस्य

---

1. 'भ्रम' ख. 2. 'निर्दग्ध' ख 3. 'भृङ्गे' ख.

षट्चत्वारिंशः सर्गः।

सकालकूटं वहतीव यो गलं कलिन्दकन्यासहितं सहार्यया।
सुरस्त्रवन्त्याश्च जलं समीरयन्कलिंदकन्यासहितं सहार्यया।।1।।

रविबिम्बमिवाभिनिर्यदंशुच्छुरिताकाशमथामुना रणाग्रे।
धनुराचकृषे रिपुक्षयाय स्फुटटङ्कारचितां श्रियं दधानम्।।2।। (युगलकम्)

सोऽभ्रमद्वितत‌कार्मुको रणे मानशेवधिरुदारवाजिभिः।
तच्छरैश्च गिरिरर्कतेजसामानशेऽवधिरुदारवाजिभिः।।3।।

क्षयार्कवैवस्वतकालवह्निभिः कथैव का संहरणक्रमोद्यतैः।
बभूव नात्माप्युपमानमाहवे दुरासदत्वेन कपालमालिनः।।4।।

गणसेनया प्रतिदिशं तरसा प्रथमानया सममया च ततम्।
अभयं सुरारिपृतना समिति[1] प्रथमानया सममयाचत तम्।।5।।

रणवर्त्म हिमाद्रिजापतावव‌तेरुष्यथ मङ्गलेच्छया।
सुरसद्मभुवेव रम्भया रुचिराखण्डलयज्ञया जगे।।6।।

शशिलेखया शिरसि यस्य मुग्धया न वशस्य मानसमरंस्त नद्धया।
तमवाप्य वैरिपृतना ननाश सा नवशस्यमानसमरं स्तनद्धया।।7।।

भालभुवि भ्रुकुटिः कूटबन्धं बबन्ध स्थैर्यमकरोत्।।58।। इति राजानकजयानकसूनोरलकस्य कृतौ हरविजयविषमपदोद्द्योते पञ्चचत्वारिंशः सर्गः।।

षट्चत्वारिंशः सर्गः।

अमुना हरेण धनुररिवधार्थमाकृष्यत। यः सकालकूटत्वात्कलिन्दकन्यया सहितमिव गलं वहति। आर्या गौरी तया च सह सुरनदीतोयं बिभर्ति। दकमुदकमर्थादितरनदीनां तन्न्यासेन हितं वृद्धम्। 'हि गतौ वृद्धौ च'। कलिं समीरयन्पापं निराकुर्वन्। सहार्यया हार्यं हरणं तत्सनाथया। मनोहरयेत्यर्थः। टङ्कारेण ध्वनिना चिता युक्ता। टङ्केन च त्वष्टुः शस्त्रकेणारचिता कृता।।1।।2।। स हरो मानस्य शेवधिर्निधिरुदारैर्वाजिभिरश्वैः समरे बभ्राम। तस्य च शरैरर्कतेजसामवधिर्गिरिर्लोकालोकाख्य आनशे व्याप्तः। उदारवा उद्गतशूत्कृतिराजिर्गमनं येषाम्। अजेर्गत्यर्थकत्वात् 'अज्यतिभ्यां च' इत्यौणादिक इणप्रत्ययो बाहुलकाद्भावसाधनः।।3-4।। तरसा जवेन प्रथमानया ख्यातिमायान्त्या सममया च साभिमानया गणानां सेनया ततं विस्तीर्णम्। तदैव दैत्यसेना तं भवमभयं परित्राणं समं

---

1. 'समितं' ख.

विष्यन्दिसान्द्ररुधिरारुणधातुराग-
　　रक्तानि तस्य विशिखैर्विशिखासनास्तैः।
कृत्तान्यलोठिषत दैत्यशिरांसि गण्ड-
　　शैलश्रियं दधति काञ्चनशैलशृङ्गे॥8॥

नतलोकहितक्रियासमानानवमा यस्य तितांसतां सदस्रः।
युधि शक्तिमसौ द्विषां स्म हर्तुं[1] नवमायस्यति तां सतां सदस्रः॥9॥

तुरगखुरशिखानिपातपिष्टत्रिदशमहीध्रनितम्बधूलिपुञ्जैः।
कपिशबलमथामरारिचक्रं स्फुटमिव जाम्बवदृक्षसैन्यमासीत्॥10॥

सेनाभिरस्याक्रियतारिचक्रमहासमाजावनिशं सिताभिः।
यशश्छटाभिर्दधतोऽथ लक्ष्मीं महासमाजावनिशंसिताभिः॥11॥

ससृजे शरवृष्टिरन्धकाद्यैर्दितिजैस्तत्र विचित्रहेमपुङ्खा।
विमुखीक्रियते स्म सा पतन्ती पटुहुंकाररवैः स्वयंप्रभेण॥12॥

गीर्वाणवृन्दमसुरानधिसंयुगोर्वि-
　　नाशक्रमेण सममर्दयतः समायान्।
मत्तो मतङ्गज इवाशु सरोजखण्ड-
　　नाशक्रमेण स ममर्द यतः समायान्॥13॥

युगपदेवायाचत। प्रथमोऽनयोऽपराधो यस्याः॥5॥ रुचिरानभिलाषप्रदानखण्डांश्च लयान्द्रुतमध्यविलम्बिताख्यान् जानाति या तया रम्भयाप्सरसा जगे गीतम्। स्वर्गभुवेव। तत्पक्षे रुचिरस्याखण्डलस्येन्द्रस्य यज्ञा यस्यां तयेत्यर्थः॥6॥ न वशस्यानन्यपरतन्त्रस्य यस्य शिरसि नद्धयार्धचन्द्रकलया मानसं हृदयमरंस्त क्रीडितम्। तं नवैः स्तुतिभिर्नवमपूर्वं कृत्वा वा शस्यमानं समरं यस्य तादृशं हरमवाप्य सा रिपुसेना ननाश पलायांचक्रे। स्तनद्धया हेषमाणतुरगा॥7॥ विशिखासनं धनुस्तेनास्तैः प्रेरितैः। एतच्चोक्तं पुनः श्रुतिप्रकर्षं गमयतीति धनुषः प्रकर्षध्वननाय। दधति बिभ्राणानि॥8॥ यस्य विभोर्नतं लोकं प्रति हितक्रिया असमाना लोकातीता अनवमा च सर्वोत्कृष्टा असौ युधि शक्तिं तितांसतां विस्तारयितुमिच्छतां सतामरीणां तां शक्तिमुपहर्तुं नवं कृत्वा आयस्यति स्म सप्रयत्नोऽभूत्। सदस्रः शोभनायुधः। सदांसि च सभास्त्रायते रक्षति यः॥9॥ कपिशं धूसरं बलं सैन्यं यस्य। जाम्बवन्नाम्नश्च ऋक्षस्याच्छभल्लस्य सैन्यं कपिभिः शबलं विचित्रम्॥10॥ आजौ रणे रिपुचक्रमस्य सेनाभिरहासं कृतम्। अनिशं सदा सिताभिः

---

1. 'हन्तुं' **क.** 2. 'कुलिशाश्रिभिर्न' **स्थ.**

तद्गुप्त्यै रणभुवि नन्दिषेणमुख्या दैत्येन्द्रं प्रतिमुमुचुर्महास्त्रवृष्टीः।
शृङ्गीवातनुकु[2]लिशाश्रिभिन्नसंधिस्ताभिः स द्रुतमथ भङ्गुरत्वमापत्॥14॥

युधि भान्निहतेन वैरिणा स हि डिम्बेन जटासुराजितः।
अथ भीम इवाभ्ययुङ्क्त तान्सहिडिम्बेन जटासुराजितः॥15॥

आजघ्नुरत्रावसरेऽथ दैत्यगणाधिपाः संगररागभाजः।
कोदण्डसंवर्तकमेघचक्रक्रेंकारगर्जारवपूरिताशाः॥16॥

जघान तांस्त्रिदिवभिदोऽरिपौरुषं स हारवानकलयतोऽवधानतः।
जिगाय च स्तनितमथाम्बुवाहिनां सहारवानकलयतोऽवधानतः॥17॥

श्रियमाप स चन्द्रशालिकान्तां चिरमासेवितभस्मपाण्डुरां सः।
स्फुटसौधतलस्थितां तदानीं दधदायोधनवर्तिवीक्षितश्रीः॥18॥

निजघान नासुरवरूथिनीं जवान्न बतायमानकि रणं समाश्रिताम्।
श्रियमस्य शूलमतनोच्च संदधन्नवतायमानकिरणं समाश्रिताम्॥19॥

शुभ्राभिः। महत्या समाजावनौ सभाभुवि शंसिताभिः स्तुताभिः॥11॥ स्वयंप्रभो नाम गणः॥12॥ स गणः संयुगभुवि समायान्संमुखमागतानसुरानम्बुजखण्डस्य यो नाशस्तत्क्रमेण ममर्द व्यनाशयत्। अत एवासौ गज इव। असुरांस्तु नाशक्रमपि तु सशक्रं सुरसमूहमेणसमं मृगवदर्दयतो घ्नतः। तथा समायान्सव्याजानुपसर्पतः॥13॥ शृङ्गी नगः। स इति दैत्येन्द्रः॥14॥ (डिम्बेन) बाहुयुद्धेन निहतो वैरी तेन भान् दीप्यमानः जटाभिश्च सुष्ठुराजितः स गणस्तानुसुरान्भीमसेन इवाभ्ययुङ्क्त युद्धायाहूतवान्। भीम.......हिडिम्बनामा राक्षसः। स एवेनः स्वामी तेन सह वर्तमानेन जटाख्येनासुरेणाजितः। एष चार्थो द्वितीयपादस्य श्लिष्टोक्तिरूपत्वादधिगत इति यमकव्यसनितयैव तुरीयपादस्योपादानं न त्वस्य पुष्टार्थता काचित्। एवं तर्हि हिडिम्बजटासुरयोस्तदानीमपि संभवादत्र समग्रमेव विशेषणजातमुभयोरप्युपमानोपमेययोर्योज्यत इति नास्ति दोषः॥15॥ दैत्यानां गणानां चाधिपाः सङ्ग्रामरागं ये भजन्ते योधास्तानाजघ्नुः। अत्र हन्तेः सकर्मकत्वात् 'आङो यमहनः' इत्यात्मनेपदाभावः॥16॥ स गणो हारवानरीणां पौरुषमकलयतोऽगणयंतस्तानसुरानवधानत एकाग्रतया जघान। तथा सहारवेण वर्तमानेष्वानकेषु पटहेषु लयाद्वादनव्यसनादम्बुदानां गर्जितमजयत्। अवधैर्येषामनेन न वधो विहितस्तैरानतः कृतप्रणामः॥17॥ चन्द्रेणावश्यं शालमानः कान्तः शिव पर्यन्तो यत्र तादृशीं श्रियं दधत्स भगवानाप समाययौ। सौधममृतमयं तलं यस्य सामर्थ्याच्चन्द्रमसः। अस्मादौपच्छन्द-सिकात्प्रतिपादमन्त्याक्षरलोपे वैतालीयमुल्लसति। तत्र स देवः श्रियं बिभ्रत्सौधतले हर्म्यपृष्ठे स्थितां चन्द्रशालिकां प्रग्रीवकं चतुष्किकां वा प्रापदित्यर्थः॥18॥ बताश्चर्यमयं

शेषः किमेष न किमस्य फणासहस्र-
　　मालोक्यते हिमगिरिर्ननु निश्चलः किम्।
इत्याहवाभिमुखमिन्दुकलावतंस-
　　मायान्तमीक्ष्य समशेरत दैत्ययोधाः।।20।।

रणमूर्ध्नि विचित्रशस्त्रजालैर्व्यधमन्दानवसादिनोऽभियातान्।
प्रमथा रभसेन युध्यमाना व्यधमन्दानवसादिनो भिया तान्।।21।।

घटितपरिकरोऽथ नालिकाभिः प्रकटितविस्तृतकालखण्डनाभिः।
दिवस इव निपत्य गृध्रचक्रैर्युधि पिदधे मृतविग्रहः स तेषाम्।।22।।

स प्रांशुरोजस्यसुरान्स्म हन्तुं न हस्तिरोधी यतते नवेऽगात्।
सेनारजोभिः समरे च तस्मिन्नहस्तिरोधीयत तेन वेगात्।।23।।

सुरारिबाणैरथ हन्यमानस्तदा चकम्पे न मृगाङ्कमौलिः।
भुजंगभीमैः क्षुभिताम्बुराशेस्तरङ्गभङ्गैरिव तीरशैलः।।24।।

स सुरयुवतिभिर्मृधे विवल्गन्नवशवलन्नयनाभिरभ्रमाभिः।
विदधदसकृदैक्ष्यत स्वकान्त्या नवशबलं नयनाभिरभ्रमाभिः।।25।।

वक्षः शिलाघनमथेषुभिरुल्लिलेख
　　तस्यान्धकोऽधिरणसिन्धु विवर्तमानः।
शृङ्गाग्रकोटिभिरधोक्षजबाहुयन्त्र-
　　मन्दीरचक्रमिव मन्दरभूधरेन्द्रः।।26।।

देवा दैत्यसेनां जवेन न निजघानन। अपि तु हतवानेव। आनकि पटहवद्रणं समाश्रितां प्राप्ताम्। समा अश्रयो यस्य तद्भावं दधानम्। नवं कृत्वा तायमाना बहलीभवन्तः किरणा यस्य तादृशं च शूलमस्य शोभामतनोत्।।19-20।। व्यधे ताडने मन्दानल-सांस्तान्दानवानां सादिनोऽश्ववारान्व्यधमन्दिक्षु प्रेरयामासुः। पाघ्रा-' आदिसूत्रेण ध्मो धमादेशः। भिया अव सादिनो विकलान्। अभियातान्संमुखमागतान्।।21।। नालिका नान्तिका (?) घटिका च। कालखण्ड कालमांसम्। नाभिः शरीरावयवः। कालस्य च त्रुटिकलादेः खण्डनमतिक्रान्तिः।।22।। स देवो दैत्यान्निहन्तुं न यतते स्म। तानवज्ञयावधीदित्यर्थः। यस्मादोजसि नवे विषये प्रांशुरुन्नतो हस्तिरोधी च। तेन च रणे तस्मिन्नगाद्रिरे रजोभिरहर्दिनं वेगात्तिरोधीयत स्थगितम्।।23-24।। अभ्रं नभः स कान्त्या नवं शं.......कृत्वा वलन्नयनाभिर्भ्रमन्नेत्राभिरभ्रमार्भ्रमशून्याभिराभिः। नयस्य नीतेर्नाभिरग्रिमं स्थानम्।।25।। बाहुयन्त्रमेव मन्दीरं मन्थानधारणकटकः।।26।। अस्याहितस्य

अभाजि सक्रेङ्कितमस्य कार्मुकं नमत्सरेणावहितस्य सादिनः।
रणे[1] पृषत्कान्किरतोऽथ शंभुना न मत्सरेणावहितस्य सादिनः॥27॥

तं जघान रिपुमत्तकाशिनीवक्त्रपङ्कजवनक्षपाकृता।
अर्धचन्द्रविशिखेन दानवो मण्डलीकृतधनुश्च्युतेन सः॥28॥

कीर्तिष्ववस्थितमना भयदो भुवाथ
सद्योगजासु रवधूनितया समांसः।
कीर्तिश्रिया समुदितः समरे चचार
सद्योऽगजासुरवधूनितयासमां सः॥29॥

प्रह्लादादिभिरथ सैन्यभङ्गमाजौ पश्यद्भिस्त्वरितमुपेत्य दैत्यनाथैः।
जघ्ने स[2] त्रिशिखकृपाणबाणवृष्ट्या कालाभ्रैरिव शिखरी सघोरगर्जैः॥30॥

रणभुवमजितोऽवतीर्य धाम्ना समरवि मर्दनतां ततां तदापत्।
त्रिदशगिरिरपि स्मरारिसेनासमरविमर्दनतान्ततां तदापत्॥31॥

प्रसृतवह्निशिखासरलाङ्गुलिं स[3] यमहस्तमिवाथ शिलीमुखम्।
युधि ससर्ज रुषा सुरविद्विषे स वपुरस्य निनाय कबन्धताम्॥32॥

स गुणै रणेष्वपि यशःपटं ततोऽमृदुवायसेषु समदो रसं गतः।
रुचिमान्धनुर्मुखरयन्द्विषच्चमूमृदुवाय सेषु समदोरसङ्गतः॥33॥

रिपोर्नमत्कार्मुकं सरेणौ सरजसि रणे शंभुना भग्नम्। सादिनोऽश्वारोहस्य मत्सरेण हेतुना नावहितस्य। पारमेश्वरं तत्त्वमज्ञातवत इत्यर्थः। सादिनोऽवसादकान्॥27॥ मत्तकाशिनी मुख्या योषित्॥28॥ सद्योगजासु साधुसंबन्धजनितासु कीर्तिषु स्थिरचेताः स हरो रणे चचार। रवेण धूनितया कम्पितया भुवा भयप्रदः समांसो मांसलः। पीवर इति यावत्। सद्यस्तत्क्षणमेव कीर्तिश्रिया युक्तः। न गजासुरवधूभिरूनितया परित्यक्तया। ताभिर्वैधव्यचर्यया प्रकाशितयेत्यर्थः। अकारोऽत्र प्रश्लिष्टः। असमांसश्च लोकोत्तर-स्कन्धः॥29-30॥ धाम्ना समो रविर्यत्र तथा कृत्वा स हरस्तदा ततां विस्तीर्णां मर्दनतां विपक्षाणां क्षोभकत्वमापल्लेभे। मेरुरपि तदापत्तेषां दैत्यानामापद्भूतः सेनासमरस्य विमर्देन नता अन्ता यस्य तद्भावमापदिति प्रकृतैव क्रियानुषज्यते॥31-32॥ अमृदुवायसेषु क्रूरकाकेषु रणेषु स देवो यशःपटमुवाय व्यूतवान्। 'वेञ् तन्तुसंताने'। गुणाः शौर्यादयस्तन्त-वश्च। समदो मदेन सह वर्तमानः। रसं गतो रणरागं प्राप्तः। असङ्गतोऽप्रसक्त्या अवहेलयैव सेषु सशरं च धनुश्चालयन्नरिसेनां मृद्नाति यः। समौ च योग्यौ आजानुविलम्बिनौ

---

1. 'बले' **ख.** 2. 'स्म' **ख.** 3. 'समयहस्त' **क.**

एकत्र त्रिदशगणैरभिद्रुतानामन्यत्र प्रमथबलैश्च दानवानाम्।
कीर्त्यैवाहवभुवमुञ्झतामशेषां पर्याप्ता दश ककुभोऽपि नो बभूवुः॥34॥

नाकद्विषामथ गणं युधि चकृवांस[1]-
मायासभाजमहितान्तकरंहसं तम्।
तुष्टाव साम्बरसदां मुदितावरुग्ण-
माया सभाजमहितान्तकरं हसन्तम्॥35॥

दैत्यानीकेष्वायससंनाहनिपातादाकर्ण्योच्चैस्तारखणत्कारमसीनाम्[2]।
सस्मारौघो नाकसदां पर्वतपालीपक्षच्छेदक्रूरविरूक्षध्वनितानाम्॥36॥

स मानयामास दृशासमानया समानया संयति भासमानया।
समानयाद्रेः सुतयासमानया समानयातोऽविरहं समानया॥37॥

दितिजसमितिनायकेन तस्मिन्नथ रणवासगृहे विलुप्तमाना।
कुसुमशररिपोः प्रियेव भेजेनवनखराजिविदारितोरुदण्डा॥38॥

स मानसीमात्तसमानसीमा विन्धोर्विधायारिजनस्य पीडाम्।
हसन्निवेशं सहसन्निवेशं स्फुरत्कपोलामलकान्तिरस्थात्॥39॥

दोषौ बाहू यस्य सः॥33॥ कीर्त्यैव रिपुकीर्तनमात्रेण यशसैव च॥34॥ सा सुराणां सभा भग्नमाया सती तमजं तुष्टाव। यतो दैत्यानां गणमायासभाजमेव चकृवासं कृतवन्तम्। अत्र 'युधि चक्रिवांस' इति क्वचित्पाठः। स तु न युक्तः। क्रादिनियमादिण्निषेधप्राप्तेः। अहितानामरीणामन्तकं विनाशकं रंहो यस्य। अहिभिस्तान्ताः खिन्नाः करा यस्य। हसन्तं च साट्टहासम्॥35-36॥ स देवो नाकिनां समूहमसमानया लोकोत्तरया समानया सप्रमाणया भासमानया च दृष्ट्या मानयामास। नास्ति विरहो यत्र तथाकृत्वा उमया समानयातः सहगतः। समानया साभिमानया। असमोऽनः प्राणो यस्यास्तया। सह च मानेन ज्ञानेन पूजया वा वर्तमानया॥37॥ दितिजानां समितिः समूहस्तस्या नायकेन विभुना स्मरारेः संबन्धिनी प्रियेव भेजे। सेनेति सामर्थ्यात्। 'मदनरिपुचमूः' इति तु युक्तः पाठः। नायकः कामुकोऽपि। मानो दैर्घ्यादिपरिमाणमहस्तावश्च (?)। नास्त्यवनं रक्षा यत्र तादृशी या खरा विषमा आजिस्तत्र विदारिता उरवो दण्डाः केतवो यस्याम्। नवाभिश्च नखानां राजिभिः क्षतपङ्क्तिभिर्विदारितावूरूदण्डो यस्याः॥38॥ स दैत्यनाथः शत्रुजनस्य मानसीं पीडां कृत्वा कपोलकान्तियोगादीशं सकटकं हसन्निमास्त। सिन्धोः समुद्रादात्तसमानसीमा गृहीतचित्त(तोचित)मर्यादः॥39-40॥ विनायको गणाधिपः

---

1. 'चक्रिवासं' क; 'चर्कृवासं' ख. 2. 'नां ताहनिपातात्' क.

निरास तं बाणगणैर्गणाधिपस्ततोऽस्य तेनाप्रतिमेन कर्मणा।
जगाम वैलक्ष्यगृहीततन्मुखत्विषेव सार्धं परिपाण्डुतां यशः।।40।।

अकृत युधि विनायको विद्विषां न च कमतनुतापदावं चितम्।
मृतममरवधूः[1] श्रिता विभ्रमानचकमत नुतापदा वञ्चितम्।।41।।

भोगीन्द्रभोगायतबद्धशोभप्रवेष्टनाभिः स[2] रणाजिरोर्व्याम्।
व्यराजत क्षीरसमुद्रमन्थसरम्भसज्जीकृतमन्दरश्रीः।।42।।

मुखश्रियं बिभ्रदसौ विनिर्जितस्वरुं तु दन्तेन समानानागताम्।
जघान मेघान्व्यतिपेतिवान्रणे स्वरुंतुदं तेन समानना गताम्।।43।।

स्तम्बेरमा विनिहिताञ्चितचीनपिष्ट-
विस्पष्टपाटलिमसंभृतकुम्भशोभाः।
संभाविताः प्रधनमूर्ध्नि दधुर्मदाम्भः-
संभारिणो[3] गणपतेः परिवारलीलाम्।।44।।

कथमपि सानकपटहा रणभूमीः प्राप्य वर्चसा न कपटहा।
स्थगिताशोऽभनगण्डं द्रुहिणस्य दधन्मुखं स शोभनगण्डम्।।45।।

व्यचरत्तरसाथ[4] षण्मुखो युधि शक्त्योभयरूपया श्रितः।
असमार्चिरिवाहुतीर्वहन्स्फुटसंपन्नवषट्पदाः स्रजः।।46।।

कं च रिपुमतनुस्ताप एव दावो यस्य तादृशं नाकरोत्। चितं प्रवृद्धम्। अमरवधूश्च युधि संमुखं हतत्वादापदा वञ्चितं विपदा त्यक्तं मृतं योधमचकमत प्रार्थयांचक्रे। नुता वल्लभलाभेन श्लाघिता।।41।। भोगीन्द्राणां शरीरेण बद्धशोभौ प्रवेष्टौ भुजौ नाभिश्च यस्य। मन्दरस्तु वासुकेः प्रकृष्टाभिर्वेष्टनाभिरब्धिमथनसमये व्यरुचत्।।42।। असौ तु गणपतिर्दन्तेन विनिर्जितः स्वरुर्वज्रं यया तादृशीं मुखशोभां तथा समं योग्यं यदाननं मुखं तदागताम्। समाननागतां नागेन सारूप्यं दधानः स्वरुंतुदं सुष्ठुमर्माविधमरिं तेन दन्तेन हतवान्।।43।। संभाविता योग्यतया मताः।।44।। सहनकैर्भेरीभिः पटहैश्च वर्तमाना रणभुवः प्राप्य स गणेशो ब्रह्मणोऽण्डं कथमपि नाभनक् केनापि प्रकारेण न भिन्नवान्। वर्चसा तेजसा स्थगितदिक्। कपटहा परकीयं व्याजं हतवान्।।45।। सामर्थ्यमायुधभेदश्च शक्तिरुभयरूपा। स्फुटसंपदो नवाः षट्पदा अलिनो यासु। स्फुटं कृत्वा च संपन्नं वषडिति पदं यासु।।46।। नानादैत्यभेदिनि तत्र सुरस्त्रीलोकस्य

---

1. मृतमित्यादि पादः क-पुस्तके नास्ति. 2. 'स्म' ख. 3. 'संभाविनः' क.
4. 'व्यरजात्' क.

सुरयुवतिजनस्य तत्र नानासुरभिदि विभ्रमदक्षतामलासीत्।
श्रियमतनुयशश्च तस्य शभ्रं सुरभि दिवि भ्रमदक्षतामलासीत्॥47॥

संवर्तमेघमलिना दधतोऽथ तैक्ष्ण्य-
मक्षुण्णपाटवजुषः प्रतिपक्षभेदे[1]।
तस्योदघानिषत[2] दैत्यभटाः कृपाण-
पट्टाश्च गाढपरिवारगणाः स्वसैन्यैः[3]॥48॥

रणाङ्गनोर्वीं दधदाहितोन्मदद्विपक्षयो धाम स कृत्तदानवैः।
चकार बाणैर्बहुलासुतः स्खलद्विपक्षयोधामसकृत्तदा नवैः॥49॥

निःशेषां सकनककम्बुनेत्रशोभः सङ्ग्रामावनिकलशीं विलोड्य शत्रोः।
रीढाभिः प्रकटितसार एक उच्चैर्वैशाखः सपदि बभूव बाहुदण्डः॥50॥

दैत्यानहिमहिम हिमतरोऽद्धा रोद्धा दलयति यतिभयत्दृद्यः।
त्दृद्यः स जगति गतित्दृदसंख्ये संख्ये कृतरतिरतिगुरुरासीत्॥51॥

महाजिगोष्ठीप्रतिबद्धसौष्ठवैर्विदग्धलोकैरिव कर्णशालिभिः।
तदाहवे सत्कविकाव्यपायिभिर्दधे मुखश्रीः प्टतनातुरङ्गमैः॥52॥

स सेनया जगन्मनोमृदुर्वशीकया जितः।
अविस्खलंस्तदा रुषामृदुर्वशी कयाजितः॥53॥

निर्मला विभ्रमेषु दक्षता प्रौढत्वमासीत्। तस्य च सुरभिश्रेष्ठं दिवि च भ्रमद्यशः शोभामलासीज्जग्राह। 'ला आदाने'। अक्षतामखण्डाम्॥47॥ तैक्ष्ण्य निष्करुणतापि। उदघानिषत ऊर्ध्वं हता उत्क्षिप्ताश्च। परिवारः कोषोऽपि॥48॥ बहुलासुतः कार्तिकेयस्तदा कृत्तदानवैश्छिन्नदनुजैर्नवैश्च शरैः स्खलन्तो विपक्षाणां योधा यत्र तादृशीं समरभूमिं कृतवान्। धाम तेजो दधत्। आहितश्चोन्मदानां द्विपानां क्षयो येन॥49॥ नेत्रं दुकूलं नयनं वा, मन्थानरज्जुश्च। रीढाः शत्रुष्ववमानाः क्षोभाश्च। सारो बलं नवनीतं च। वैशाखः कुमारसंबन्धी मन्थानदण्डश्च॥50॥ अहेः शेषस्य महिमा यत्र हितमुपकारकं तरः स्यदो यत्र तथा कृत्वा अद्धा निश्चितं योऽसुरान्दलयति स कुमारो हृद्यः संख्ये रणे कृतरतित्वादतिगुरुश्चासीत्। रोद्धा रिपूणां प्रतिषेधकः। यतीनां भयं हरित यः। गतिं च हरति यः। सामर्थ्यादरीणाम्॥51॥ तुरगाः कर्णशालिनः सुप्रमाणकर्णत्वात्। विदग्धास्तु सदसदर्थावधारणात्। सत्कविकाभिरव्यपायाभिः (सहितैः) सत्कवीनां च काव्यं पिबन्ति ये तैः॥52॥ जगतां मनःप्रमाथिन्युर्वशी यत्र तादृश्या सेनया कुमारः कया

---

1. 'भेदी **ख**. 2. 'उदखानिषत्' **क**. 3. 'सुसैन्यै.' **ख**.

गुरुमुष्टिघातपरिपीडितं जवाद्विनिपात्य वृत्रमथ कुञ्जराननः।
परशुप्रहारविकटव्रणोरसं स सहस्रमायमकरोत्पराङ्मुखम्॥54॥

केदारयन्तं समदन्तमालमरातिलोकं शरलाङ्गलानाम्।
के दारयन्तं समदं तमालनीलं हरिं जेतुमलं बभूवुः॥55॥

सविसरासुरसारवसासवे सुरवरो विवरासुरसास्रवः।
स वरवीरवसावुरुवैरिसूरवसरे विरसं विररास सः॥56॥ (त्र्यक्षरः)

मणिशतकरभासुराङ्गनानां दितिजचमूघटमानसंसदं सः।
अकृत च समरं सुराङ्गनानामतनु दधच्छुचिमानसं सदंसः॥57॥

जेता वेगांस्तीव्रभा वायवीयान्वृत्रारातेर्बद्धभावा यवीयान्।
श्रुत्वात्दृष्यत्तत्र चाणूरपीडाः प्राक्कर्तासौ दृप्तचाणूरपीडाः॥58॥

भात्याकाशश्यामले यस्य देहे वासश्छाया सन्नवा पीतरङ्गा।
पर्यष्कारि द्वारिका येन पूर्वं नानाहर्म्यासन्नवापीतरङ्गा॥59॥

जितः न कयाचित्। रुषा कोपेनामृदुः क्रूरः। वशी जितेन्द्रियः। आजितः समरे। आद्यादित्वात्तसिः॥53॥ परशुप्रहारैर्विकटा व्रणा यस्मात्। अरसं वीररसशून्यम्। विकटव्रणमुरो यस्येति तु न युक्तम्। 'उरःप्रभृतिभ्यः-' इति कप्प्रसङ्गात्। 'समासान्तविधिरनित्यः' इति च कब्विधौ न शक्यते वक्तुम्। 'शेषाद्विभाषा' इति सूत्रारम्भात्॥54॥ शरा एव लाङ्गलानि हलानि तेषामरिजनं केदारयन्तं क्षेत्रं कुर्वाणं समा दन्तमाला यस्य तादृशं च हरिं के दैत्याः। परिभावितुं समर्था बभूवुः। दारयन्तं द्विषो घ्नन्तम्। समदं साहंकारम्॥55॥ स सुराणां मरो हरिस्तस्मिन्नवसरे विरसं विरराස ध्वानमकरोत्। सविसरा प्रसरन्ती सुराणां सारभूता वसैवासवं पानं यत्र। विवरे रसातले येऽसुरास्तेष्वपि सास्रवः क्लेशैः सह वर्तते। तद्वर्तिनोऽपि दैत्यानबाधिष्टेत्यर्थः। अविवरं वा संततं कृत्वा। सह च वरैर्वीरैर्वसुभिश्च सुरविशेषैर्वर्तमाने। वसु वा तेजः। उरुवैरिसूर्महतामपि रिपूणां प्रेरकः॥56॥ स हरिर्दितजानां चमूभिर्युज्यमाना संसदा सभा यत्र तादृशं समरं धारयन्नप्सरसां मानसमतनुं कृत्वा शुचि प्रीत्या विशदमकरोत्। सदंसः सुस्कन्धः॥57॥ वृत्रारातेरिन्द्रस्य यवीयाननुजो विष्णुरणूरपीडाः स्वल्पा अपि स्तुतीराकर्ण्याहृष्यत्। यतस्ता बद्धभावाः साकूताः। असौ तु वायवीन्वेगाञ्जेता वायोरपि चतुरगतिः। तीव्रभा दुःसहद्युतिः। चाणूराख्यस्य च दैत्यस्य पीडाः प्रथममेव विधाता॥58॥ वपुषि नवा वाससश्छाया सञ्शोभनं कृत्वा चकास्ति। पीतरङ्गा कपिशवर्णा। रङ्ग इति रङ्गतेर्गत्यर्थस्य घञि रूपम्। येन च नानाविधेषु हर्म्येष्वासन्ना वापीनां तरङ्गा यस्यां तादृशी द्वारिकाख्यानगरी पर्यष्कारि भूषिता॥59॥ आसन्नवधेऽपि रणे येन नता सती रिपुचमूः सहासं कृत्वानु-

रणे नता येन रिपोर्वरूथिनी सहासमासन्नवधेऽनुकम्पिता।
शशंस यः सीरिणमाहवक्रियासहासमासन्नवधेनुकं पिता।।60।।

संप्रत्यरातिपृतनाः सहसा विजित्य
ता रक्ष वीर समरे चकिताः समायाः।
इत्यर्थिवाग्भिरजहात्स तु तास्ततीर्न
तारक्षवीरसमरेचकिताः समायाः।।61।।

वहति करतलेन बद्धरागं रणदलि तामरसं च यः सहासम्।
युधि मयतनयोऽमुना निजघ्ने रणदलितामरसंचयः सहासम्।।62।।

नाकौकसां विदधतीः पृतनास्तदानीं
व्यापार्यमाणकरवाललतानिकृत्ताः।
सेनाः शरैर्दनुभुवोऽनुगतो बलेन
व्यापार्यमाणकरवाललता निकृत्ताः।।63।।

दिशि दिशि शमयद्भिर्दूरमन्वीयमानं
दिवसकरमरीणां चामरैर्वीज्यमानम्।
समिति रिपुगणोऽन्यैर्नीतिसंरम्भवेगा-
दिव सकरमरीणा चामरैर्वीज्यमानम्।।64।।

कम्पिता। आहवक्रियायामसमर्थः सामर्थ्यरहितोऽत एवासमो न्यूनोऽसन्नसाधुनवश्च तरुणो धेनुकनामासुरो यस्य तादृशं च सीरिणं यः श्लाघितवान्। पिता जनकः सर्वेषां पालकत्वात्।।60।। स हरिरित्थमर्थिनां वाग्भिस्ता अरातिपृतना जहौ। न तु तरक्षुर्नाम दैत्यस्तत्संबन्धिनीस्ततीर्योधपङ्क्तीः। यस्मादसमरेचकिता मण्डलैर्भ्रान्ताः समायाश्च सव्याजास्ताः। किंविधा वाच आह—हे वीर, समायाः समगतीस्ता रिपुसेनाः समरे विजित्य सांप्रतं रक्ष प्रसादेन योजय। यतश्चकिताः समयाः।।61।। रणदलि क्वणदभ्रमरं सहासं च विकस्वरं तामरसं करेण धत्ते तेनामुना मयाख्यस्यासुरस्यात्मजः सहासं हसितेन सह निहतः। रणे दलितोऽमराणां संचयः समूहो येन सः।।62।। स हरिर्व्यापार्यमाणाभिः करवाललताभिर्निकृत्ताश्छिन्नास्त्रिदशानां पृतनाः कुर्वतीरन्धकस्य ताः सेनाः शरैर्व्याप स्थगितवान्। ललता वल्गता बलेन सीरिणानुसृतः। अर्यमाणो ज्ञायमानः के शिरसि रवः शरपातजनितो यासाम्। निकृन्ततीति निकृत् निकराणां छेत्ता।।63।। सकरं सरश्मिकमपि दिवसकरं स्थगयद्भिररीणां चामरैर्वीज्यमानममरैश्च वीज्यमानं विशेषेणेज्यमानमभ्यर्च्यमानं तं हरिं रिपुजनोऽभिययौ। अरीणामगतीनाम्। नास्ति रीर्गतिर्येषामिति

स्थितवति तत्र गोप्तरि[1] भटैस्त्रिदशाङ्गनाब्जिनी-
सवितरि तुङ्गतोदयमनेकपराजयोर्जिताः[2]।
दितिजगणस्य भीतिमतिदुर्धरतां दधौ क्रियाः
स वितरितुं गतोऽदयमनेकपराजयोर्जिताः॥65॥

बिभ्रद्भुजौ मुररिपुः प्रतिपक्षभानु-
राहू तदा नवचमूरवधूयमानाः।
आशिश्वसत्सुमनसा[3] पृतनाश्चमूभि-
राहूतदानवचमूरवधूयमानाः॥66॥

त्रिदिववर्त्म[4] घटितान्सहसाहितकम्पया
समदनागमतया[5] तरसा रथिनो दधौ।
रणमयगहने वलिना रुरुचे श्रिया
समदनागमतयातरसारथिनोदधौ॥67॥

पुरोपवनपद्धतीर्वसतिरम्बरस्त्रीश्रिया-
मधूनितरसापपावनतमानसानुत्तमाः।
प्रविश्य च रतोत्सुका नवतमालवल्लीगृहं
मधूनि तरसा पपावनतमानसानुत्तमाः॥68॥

कृत्वा। 'री गतिरेषणयोः'। अत्र 'वामि' इति विकल्पेन 'नेयङुवङ्-' इति प्रतिषिद्धाया अपि नदीसंज्ञायाः पक्षेऽभ्यनुज्ञातत्वात्तन्निबन्धनो नुडागमः॥64॥ त्रिदशाङ्गना एवाब्जिन्यस्तासां सवितरि विकासजनकत्वात्सूर्ये तस्मिन्नच्युते तुङ्गताया औन्नत्यस्य उदय उल्लासो यत्र तथा कृत्वा स्थिते सति भटैरनेकपानां राजयो द्विपघटा अर्जिताः। स च हरिरदयं कृत्वा दैत्यानां भयं वितरितु दातु दुर्धरत्वं गतो न कस्य रिपोः पराजयेनोर्जिताः समृद्धाः क्रियाः बभार॥65॥ प्रतिपक्षा एव भानवस्तेषां राहू ग्रसनोद्यतत्वेन तत्सदृशौ भुजौ बिभ्रत्तदा हरिरसुराणां ध्वजिनीराशिश्वसत्। यतस्ता नवा बाला याश्चमूराणां वध्वस्ता इवाचरन्तीः। भीता इत्यर्थः। यमभिपरकीयाभिरवधूयमानाः प्रथमं चाहूता युद्धायागू(का) रिता दानवानां पृतना याभिः॥66॥ त्रिदिववर्त्म स्वर्गमार्गः स रथिनो वीरान्दधौ। समदनोऽप्सरोदर्शनात्सकाम आगमो येषां तद्भावेन सहसा अप्रतर्कितं तरसा च वेगेन संघटितान्। तथा च रणमये उदधौ समरसमुद्रे बलवता हरिणा श्रिया शुशुभे। आहितकम्पया रिपूणां च कृतभयया। समदैः सरागैर्नार्हेतुभिर्मतयाभिप्रेतया।

---

1. 'योप्तरि' ख. 2. 'पराजयोर्जितः' ख. 3. 'आश्वासयत्' क-ख. 4. 'त्रिदश' ख. 5. 'समर' ख.

स संयति पतत्रिणां निजरुचारिकान्तीर्जय-
　　न्नमन्दरसमांसदोर्जितमदः[1] समायोजयन्।
व्यथामगमदुद्धतो[2] दितिजमण्डलं मृत्युना
　　नमन्दरसमांसदोर्जितमदः समायोजयन्॥69॥

दिशि दिशि वीरभद्र उचितान्निवेश्य पृतनाभटान्विदलय-
　　न्प्रमथनवस्तुतोऽत्र[3] समतासखेदमकरोदरातिगजवान्।
विगलितसंप्रहाररभसं दधानममरारिसैन्यमतनु
　　प्रमथनवस्तुतोत्रसमतासखेदमकरो[4] दरातिगजवान्॥70॥

सश्रीमानमृदुर्निसर्गगहने दर्पान्निकृत्तद्विषो
　　वंशयश्चारुयशस्तदा[5] दधदधः सद्यो हृतश्रीरिपोः[6]।
दत्तार्घो नयमार्गगोचरगुणः पुष्टीभवन्मारणे[7]
सेवानम्रल[8]सत्कराञ्जलिपुटैर्वीतारिशङ्कंसुरैः॥71॥

इत्थं दुर्धरदर्पदोर्द्रुमतया मृद्गंश्चमूरातता[9]
　　भास्वान्सानुमति क्षपा इव तदा सूदारशोभानुगः[10]।
टांकारैर्व्यथितारिसंहति धनुर्व्रत्या[11] (व्रांता)त्तकीर्ती रणे
　　यत्नासञ्जितशिञ्जिनीकसरटः[12] कामं तमव्यंसयत्॥72॥

(युगलकम्)

'श्रीदुर्गदत्तवंश्यः सहृदयगोष्ठीरसेन ललिताङ्कम्।
इदममृतभानुसूनुर्व्यधत्त रत्नाकरः काव्यम्॥' (इत्येतदुत्थार्या[13])
आसन्नणे[14] विदलिताः करिणा यशांसि
　　मन्दा रदा महति भीरुचितेऽनपेते।

अतरो दुर्लङ्घ्यः सारथिर्यस्य हरेः॥67॥ अम्बरस्त्री सुररमणी श्रियां स्थानं नगरोप... ....[इतःपरं टीका नोपलब्धा।]

---

1. 'मदाः' क. 2. 'दुष्टतो' क. 3. 'वस्तुतो भ्रममता' क. 4. 'भ्रममता' क. 5. 'वशः' क. 6. 'हित' ख. 7. 'प्रष्ठीभवन्' क. 8. 'सञ्शरञ्जलि' क 9. 'आनताः' क 10. 'सदारसोभा' क. 11. 'धनु..........न्वांत' क. 12. 'सरजाः' क. 13. पूर्वोक्तयुगलकोद्धृतेयमार्येत्यर्थः. 14. 'आमन्त्रणे' क.

रागाम्बुधौ मुदितदेववधूकृताभि-
मन्दारदामहतिभी रुचितेन पेते॥73॥

रणभुवमधुना जयाशंसया दोर्द्रुमालम्बनो दारयन्विद्विषोऽत्यूर्जिता
ननु विकशलितापदोसन्नया संगरक्षोभया नुत्तमोहेति भीरूढया।
ननु विकशलितापदोसन्नयासंगरक्षोभया नुत्तमोहेतिभीरूढया
किमिव बत[1] भियेतिभेरीवैरभ्यधायीव कोणाहतिप्रस्तुतैर्युद्धवा॥74॥
(चण्डवृष्टिप्रपातदण्डकेन गर्भयमकम्)

इत्थं वीराहतसुरचमूर्दत्त[2]हस्तावलम्ब-
स्वर्गारोहिप्रमुदितभटास्तस्य नाकारिसैन्यैः।
श्योतद्दानासवसरभसापानलोलालिमाला-
सान्द्रच्छायासितमुखपटोद्दामदिक्कुञ्जरश्रीः॥75॥

नानाधुत्यागपक्षे सभरसरभसक्षेपगत्या धुनाना
नादासक्तारणत्राविरलबलरवित्राणरक्ता सदाना।
नाधावत्सादिपक्षेतरसरसरतक्षेपदित्सावधाना
नाहासक्तारिरुग्भीमुदंसरसदमुग्भीरुरिक्ता सहाना॥76॥
(स्रग्धरयानुलोमप्रतिलोमाभ्यां चक्रचतुष्टयम्)

तावच्च शंभुभृकुटी निभृतैकमुख्या[3]
सङ्ग्रामकाननकरालतमालवल्ल्या।
चामुण्डया विकटविक्रमसिन्धुवीच्या
प्रास्तावि दैत्यदलने युधि कोऽपि कोपः॥77॥

विगलितदानवसार्थं भयशुष्ककरीन्द्रकरटदानवसार्थम्[4]।
चिक्रेऽन्धितान्धकबलं तया समीकं यमस्य बाहुकवलम्॥78॥

चण्डीदोर्दण्डचण्डप्रसरसरभसोत्तम्भितास्त्रप्रबन्ध-
व्यापारापारसीदद्दितिदनुतनुजानीकसंकीर्णमध्या।
जज्ञे[5] सा तत्क्षणेन क्षतजनदनदीमग्नसूद्विग्नलग्न-
प्रांशुस्तम्बेरमाश्वा समरवसुमती क्रीडनं कालरात्र्याः॥79॥

---

1. 'तव' क. 2. 'मत्त' ख. 3. 'निभृतं कमाध्या' ख. 4. 'भट' ख. 5. इतःप्रभृति अग्रिमसर्गस्याष्टमश्लोकपर्यन्तमेकं पत्रं (281 संख्यकं) ख-पुस्तके त्रुटितमस्ति.

सारविष्टाभिसारा जनिततनिजक्रोधदीप्रावसारा
सारावप्रासिशूराहरहरणरहः स्वर्गकन्या विशालाः।
शालाविन्यायकश्रीरनममनरव्रतायुक्ता समासा
सामासक्ता यदासीदमतशतपदच्छेदवृष्टाविरासा॥80॥

(षोडशदलपद्मबन्धः)

रत्नाद्रौ चण्डिकाया विकटकरिकटाट्टालकुट्टाककोटि-
त्रुट्यट्टांकारिटङ्कक्रकचकरकरारावगुर्वी रणोर्वी।
प्रेङ्खत्खड्गाग्रकृत्तप्रकटभटशिरः पीवरस्कन्धचक्र-
क्रीडान्यश्चत्कबन्धक्रमविधुरधराधारिबन्धा तदाभूत्॥81॥

इति श्रीबालबृहस्पत्यनुजोविनो वागीश्वराङ्कस्य विद्याधिपत्यपरनाम्नो महाकवे
राजानकश्रीरत्नाकरस्य कृतौ रत्नाङ्के हरविजये महाकाव्ये
चण्डिकासमराक्षेपो नाम षट्चत्वारिंशः सर्गः।

सप्तचत्वारिंशः सर्गः।

सङ्ग्राममूर्ध्नि दलितासुरचक्रवाला-
मालोक्य तत्र विकसत्पुलकप्रबन्धाः।
आबद्धगोचरपरिष्ठितवाक्प्रपञ्चं
संतुष्टुवुर्भगवतीमिति सिद्धसाध्याः॥1॥

किं चित्रमत्र दलितं रिपुचक्रवाल-
मेतत्त्वया जननि यत्प्रसभं रणाग्रे।
निर्भिन्दती भवनर्तिनिशान्धकार-
माश्चर्यधाम नहि दीपशिखा कदाचित्॥2॥

दोर्दण्डदृप्तमनसः सुभटा विपक्ष-
मन्येऽपि यद्रणमुखेषु पराजयन्ते।
तच्छक्तिरूपमनघस्थिति सं ....
..................सभागपरमाणुविजृम्भितं ते॥3॥

दैत्यैः पुरा सुरचमूषु विनिर्जितासु
तद्दुप्तिाकारणवशादसमाप्तशक्तिः।
ध्यात्वा सनातनपदं किल शंकरेण
सृष्टासि तत्पतितजीवनिबन्धवृत्तिः (?)।।4।।

निस्त्रिंशमुद्वहसि संप्रति नीलकण्ठ-
कण्ठप्रभासदृश इत्यनुरागहेतोः।
हुंकारसंभ्रमचलत्सकलाततायि-
चक्रा न जातु रणलालसया पुनस्त्वम्।।5।।

आयोधनेषु सकलामरचक्रवालै-
रालोकिता त्वमसुराधिप......................।
विस्तारिदर्पणमिवोदरदेशलग्न-
मभ्रंकषोण्णकरमण्डलमुद्वहन्ती।।6।।

कार्कश्यमश्मनिकरादिव संयुगेषु
दूर्वाप्रवालकलया(कवला)दिवकान्तिरङ्गे(रङ्गमङ्गे)।
संक्रान्तिमापदिव देवि हिमस्थलीभ्यो
हासच्छविस्तव तुषारगिरेर्विपाण्डुः।।7।।

मार्गं पुरा किल सहस्त्ररुचो रुरुत्सु-
रुद्यन्नगस्त्यमुनिनापि निषिद्धवृत्तिः।
विन्ध्याचलस्त्वयि गुहागृहभाजि सप्त-
लोकाधिकं ध्रुवमवाप समुन्नतत्वम्।।8।।

संचिन्त्य रूपमतुलं तव पुष्पकेतु-
दाहानुतापवशतःश्वसितोष्णवातान्।
आकृष्टकण्ठकुहरास्पदकालकूट-
कूटानलानिव मुमोच मृगाङ्कमौलिः।।9।।

सद्माजिरं तव नभश्चरचक्रवाल-
पुष्पोपकारनिपतन्मधुपावलीकम्।
विच्छिन्नभक्तभवबन्धनलोहपाश-
जालावकीर्णमिव राजति मेकलाद्रौ।।10।।

निस्त्रिंशघातविनिकृत्तपशूपहार-
　　जीवा इवाप्य सुगतिं परिदीप्यमानाः।
विन्ध्याद्रिकंदरजुषो भुवनान्धकार-
　　निर्भेदिनोऽन्तिकगतास्तव भान्ति दीपाः॥11॥

ब्रह्माण्डशङ्खमुपपादितकण्ठभाग-
　　रन्ध्रं विनिःश्वसितामरुतपूर्णगर्भम्।
संहाररात्रिषु विपूरयसि त्वमेत-
　　मालम्ब्य भैरववपुः प्रसभं कराभ्याम्॥12॥

आविष्कृतप्रलयदुर्धरकालरात्रि-
　　मूर्तेरुदग्रविकटावयवान्तरेषु।
पर्याप्तिमेति तव संहृतसप्तलोक-
　　लोकास्थिसंभृतिशतैरपि मण्डनं किम्॥13॥

निर्मांसताधवलराहुशिरःकपाल-
　　कांस्याग्रपीतभुवनक्षतजासवश्रीः।
विश्राणयस्य तनुतत्पिशितावदंश-
　　लेशानुविद्धदशनाम्ब न कस्य भीतिम्॥14॥

आहन्यमानकनकाचललाडनोत्थ[1]-
　　नादानुबन्धबधिरीकृतसप्तलोकम्[2]।
कल्याणि वादयसि कालविभावरीषु
　　पद्मासनाण्डविकटोर्ध्वकवाटघण्टाम्॥15॥

हेलाविनिःश्वसितपीतकठोरकण्ठ-
　　नाडीनिरर्गलगलत्क्षयसागराम्भः[3]।
रूपं बिभर्षि वलयीकृतसप्तसंख्य-
　　द्वीपोष्णरश्मिकिरणावधिशैलचक्रम्॥16॥

संहारकालरभसोत्थितधूमकेतु-
　　निर्दग्धसप्तभुवनेन्धनजो न मातः।

---

1. 'लाढनोत्थ' क. 2. 'लोकाम्' क. 3. 'सागराम्भाः' क.

मन्ये ललाटतटपुण्ड्रकमात्रकेऽपि
पर्याप्तिमेति तव भस्मपरागपुञ्जः॥17॥

और्वो निरर्गलकरालशिखासहस्र-
भस्मीकृतार्णवजलस्तव जाठरोऽग्निः।
श्वासास्तवैव मरुतः प्रलयागमेषु
हेलानिपातितकुलाचलचक्रवालाः॥18॥

वक्षःस्थलीविनिमितामरशैलदण्ड-
लग्नेन्दुखण्डनवभास्वदलाबुपात्राम्।
आश्रावयस्यतनुशेषशरीरतन्त्र-
तन्त्रीगुणां प्रलयरात्रिषु काण्डवीणाम्[1]॥19॥

संकल्पकल्पितविशङ्कटकण्ठभाग-
मन्तःस्थसप्तजलशेवधिवारिपूर्णम्।
ब्रह्माण्डमेव सहसा विदधासि चण्डि
लीलाकमण्डलुमिमं प्रलयागमेषु॥20॥

वैकुण्ठचक्रपरिकल्पितशङ्खपत्र-
संरुद्धरन्ध्रविकरालविलम्बिपाशम्।
कर्णं बिभर्षि भगवत्यभिराममेक-
मन्यं च हेमगिरिकाञ्चनतालपत्रम्॥21॥

अभ्युच्छ्वसत्फणपलाशकरालजिह्व-
प्रत्यग्रपक्ष्मनिकुरुम्बशरीरनालम्।
कर्णेऽवतंसयसि पाण्डुरपुण्डरीक-
शोभं भवानि भुजगाधिपमप्यनन्तम्॥22॥

अस्तोदयाद्रिनमितोन्नमितार्कचन्द्र-
विस्तीर्णबिम्बमणिकन्दुककीर्णहस्ता।
चिक्रीडिथ त्वमिह चण्डि कुमारभाव-
मातस्थुषी भुवनविस्मयनीयमूर्तिः॥23॥

---

1. 'कोण्डवीणाम्' क.

तारक्कणङ्गमरुका करुसीषु[1] चण्डि
　　संहारकालमुदिता विचरस्यमन्दम्।
स्कन्धाधिरोपितविटङ्कविरञ्चिकाय-
　　कङ्कालभागनिनदत्समवर्तिघण्टा॥24॥

एषा विभाति तव देवि कपालपङ्क्ति-
　　रुत्तंसिता दलितशङ्खविपाण्डुरत्विट्।
संवर्तकालकलितोत्कटवह्निहेति-
　　भस्मीकृताखिलकुलाचलमण्डलश्रीः॥25॥

रक्तच्छटाशवलकुञ्जरराजकृत्ति-
　　संछादितस्तनतटाम्ब बिभासि काली।
पौरन्दरी दिगिव बालदिवाकरांशु-
　　भिन्नान्तरालतिमिरस्थगितोदयाद्रिः॥26॥

आभीलता[2] ब्रजसि पाणिनखाग्रशुक्ति-
　　लीलागृहीतसकलोद्धृतसप्तसिन्धुः।
पादाङ्गदीकृतकरालसहस्ररश्मि-
　　धामावधिक्षितितला[3] प्रलयागमेषु॥27॥

योगेश्वरीरुचिरचक्रकरालनाभि[4]-
　　बद्धास्थभैरवहृदङ्कगतां जनस्त्वाम्।
ध्यायन्नसंकलितसंकटशोकशङ्कु-
　　शङ्कः शशाङ्कमुखि शंकरतामुपैति॥28॥

ब्रह्मप्रपञ्चपरिनिष्ठितभेदसाम
　　गायन्त्यविप्लुतमनाः प्रलयोत्सवाग्रे।
शर्वाणि वादयसि दीधितिचक्रवाल-
　　तन्त्रीगुणाञ्चितशशाङ्ककलाविपञ्चीम्॥29॥

विस्पष्टपाटलदलप्रकरायमाण-
　　माणिक्यदीधितिविटङ्कतलाङ्गुलीकः।

---

1. 'श्मशानभूमिषु' इति ख-पुस्तके टिप्पणम्. 2. भीषणताम्. 3. 'धरा' क. 4. 'योगीश्वरी' ख.

अभ्युद्वहन्भुवनपङ्कजमेष भाति
हस्तस्तवैव भुजगाधिपभोगदीर्घः॥30॥

क्लेशप्रतानगहनाप्रतिपन्नपार-
संसारकाननकठोरकुठारधारा।
स्फूर्जत्यनुत्तरतिरस्कृततापवर्त्म[1]-
मेधामृतस्नुतिरहो त्वयि भक्तिरेका॥31॥

संस्पृश्यमानमभितस्तुहिनोत्करेण
यद्युत्सृजेन्न कमलं कमलाक्षि लक्ष्मीम्।
तेन स्फुरन्नखमणिप्रभयावलीढः
संप्राप्नुयाच्चरण एष तवोपमानम्॥32॥

संदेहितारुणदलाङ्गुलिपादद्म-
पीठोत्थसौरभभराकुलितं विभाति।
संभाव्य कृष्णरजनीति समागतं त्वां
सेवारसात्तम इवातनु भृङ्गचक्रम्॥33॥

संवादिबिम्बफलमुज्ज्वलकम्बुकण्ठि
ताम्बूलरागपरिपाटलमोष्ठयुग्मम्।
आभासि तत्क्षणनिपीतपशूपहार-
विष्यन्दिशोणितरसार्द्रमिवोद्वहन्ती॥34॥

अर्धं शशाङ्कशकलाभरणेन गाढ-
रागोपगूढमनसा वपुषोऽर्पितं ते।
निःशेषमेव हृदयं पुनरव्यलीक-
मानोपघातघटनं दिदिशे त्वयास्मै॥35॥

प्रेङ्खत्फणामणिमयूखशिखाभिलक्ष्य-
प्रालम्बकम्बु रशनास्पदमेचकाहिः।
काली विभासि भगवत्युपहारपीत-
धूपोत्थधूमपरिणामशादिव त्वम्॥36॥

1. 'वर्म' ख.

उष्णीषबन्धदृढपीडितकण्ठपीठ-
　　फुल्लत्फणाफलकवासुकिफूत्कृतोत्थाः[1]।
त्वां चण्डि पावकशिखाः परितोषयन्ति
　　संशोषिताभ्रसरितः शिरसि स्मरारेः॥37॥

भासि त्वमम्ब रजनी शशलक्ष्मशार-
　　मध्यं दधत्यसकलामृतरश्मिबिम्बम्।
विस्पष्टपङ्कपटलाविलरन्ध्रमार्ग-
　　तिर्यक्स्थितस्फुरदरण्यकपालकल्पम्॥38॥

प्रेङ्खज्जपाकुसुमकोमलचन्दनाम्बु-
　　चर्चाङ्कपीनपरिणाहिपयोधरश्रीः।
शोभां बिभर्षि भगवत्युपगूढसांध्य[2]-
　　रागेव कृष्णरजनीत्वमुपागता त्वम्॥39॥

सेवाश्रितोज्ज्वलकराम्बुरुहाश्रयं[3] ते
　　तत्संश्रयात्परिजनत्वमिवोपनेतुम्[4]।
छायान्धकारितगुहागृहगर्भभागा
　　वीराः करालकरवाललता दिशन्ति॥40॥

आलिङ्गिता इव च[5] वीरनिखातखड्ग-
　　पट्टांशुभिर्जननि विन्ध्यगुहानिकेतात्।
लक्ष्मीं वहन्ति शबराः सजलाम्बुवाह-
　　च्छायाः कृतार्घविधयस्तव निष्पतन्तः॥41॥

अङ्काधिरूढगुहचन्द्रकिणस्तवाम्ब
　　नृत्तोपहारसविकासशिखण्डखण्डाः।
विन्ध्याद्रिकंदरगुहागृहसंनिवेश-
　　भाजो वहन्ति शिखिनः परिवारलीलाम्॥42॥

निस्त्रिंशघातविनिकृत्तपशूपहार-
　　रक्तच्छटाच्छुरणशोभि गृहाजिरं ते।

---

1. 'हूत्कृतोत्थाः' ख. 2. 'संध्या' ख. 3. 'रुहां श्रियं' ख. 4. 'तत्संश्रयां' ख.
5. 'समीर' ख.

धत्ते हरप्रणतिरोषगृहीतसंध्या-
बन्दीशतान्वितमिवानिशमम्ब लक्ष्मीम्।।43।।

त्वत्तः प्रभावमहिता[1] भुवनत्रयस्य
नानाफलप्रवसंभृतिहेतुभूताः।
विद्याः प्रसूतिमसमामधिजग्मुरम्ब
हेमाद्रिसानुसरणेरिव कल्पवल्ल्यः।।44।।

तत्त्वत्रयीकृतपदाष्टविभेदवर्ग-
निःशेषवाङ्मयनिबन्धनवर्णराशिम्।
स्वर्गापवर्गफलसंपदनन्यहेतु-
माम्नायमातरमुशन्ति पुराविदस्त्वाम्।।45।।

सर्वप्रपञ्चपरिवर्जितनिर्विकार-
शान्तातिवृत्तपरतत्त्वशिवात्मवृत्तिः।
सूक्ष्मातिसूक्ष्मगहनप्रकृतिः शिखेति
सौषुप्तमण्डलगता परिदीप्यसे त्वम्।।46।।

लोकान्सिसृक्षुरधितिष्ठति यामभीक्ष्ण-
मीशस्त्वया प्रकृतिकारणतां दधत्या।
ग्रन्थौ स्थितं पुटपरम्परया त्वयादि[2]-
मध्यावसानरहितां स्थितिमीयिवत्या।।47।।

विस्पष्टसप्तदशकस्थिति[3] गौरि लिङ्ग-
माश्रित्य तिष्ठसि विभोः फलभोक्तृशक्तिः।
ज्ञानात्मनस्त्वमखिलेषु च विग्रहेषु
चिद्रूपतामुपगता किल भौतिकेषु।।48।।

क्लेशेन्धनोत्करनिरर्गलदाववह्नि-
ज्वालाहतावतमसा किल भावना त्वम्।
अभ्यासयोगवशतो जननी जिनाना-
मालोकहेतुरुदिता जिनशासनस्थैः।।49।।

---

1. 'सहिता' ख. 2. 'त्वयापि' ख. 3. 'मष्टदशक' क.

बोधिप्रकर्षमधिरूढवतो जिनस्य
　　सोपानपङ्क्तिरुदिता[1] मुदितादिभूमिः।
स्पष्टप्रकारयुगलाधिमुखं समाधे-
　　रभ्रंशभाग्भुवनधारिणि धारणी त्वम्॥50॥

क्लेशेन्धनौघघटनास्रववर्त्मवह्नि-
　　ज्वाला जिनस्य जननीत्वमुपोढमोहा।
प्रज्ञा त्वमेव हतसंतमसाम्ब तस्य
　　जैनैरभीक्ष्णमुदिता भवभङ्गहेतुः॥51॥

अक्षुण्णमार्गयुगभङ्गदशाव्यतीत-
　　विस्पष्टमार्गगतिवर्त्मरथाधिरूढैः।
त्वं कीर्तिताभयनिरात्मकतावलग्न[2]-
　　रूपा भवानि मतिपारमितेति बौद्धैः॥52॥

क्लेशप्रतानगहनप्रतिबन्धशून्य-
　　स्कन्धप्रवाहपरिहारिनिमित्तमेकः।
अष्टाङ्ग एष[3] परिनिर्वृतये त्वयैव
　　संदर्शितोऽतिगहनः सुगतस्य मार्गः॥53॥

गर्भीकृतावधुतसंतमसानुबन्ध-
　　संवित्प्रकाशविषमीकृतयानमार्गैः।
आर्यावलोकभुवि लोकितसंभवा च
　　तारा त्वमम्ब कथिताब्जकुलप्रसूतिः॥54॥

प्राप्ताभिसंधिपरतामनुवृत्तिलग्न-
　　गौणस्थितिः स्थितसितातिशयादभीक्ष्णम्[4]।
विद्येति सर्वबहुलाखिलदृष्टिसंज्ञा[5]
　　संकर्षणी[6] निगदिता किल शासने त्वम्॥55॥

आबध्य यत्र नतिमुत्तमयोगयोग[7]-
　　भाजि व्रजन्ति प(य)तयोऽधिपतेः सयुक्त्वम्।

---

1. 'रुचिता' ख. 2. 'कीर्तितोभयनिरात्मकभाव' क. 3. 'एव' ख. 4. 'स्थितिमिता विषया' क. 5. 'सृष्टि' क. 6. 'सांकर्षणी' ख. 7. 'रतिं' क.

साधारणा त्वमपवर्गफलैकहेतु-
रेकायनैरभिहिता[1] भगवत्यलिङ्गा॥56॥

शीर्षैः सहस्रशिरसा पुरुषेण साम-
गीतिर्विभेदगहनप्रतिपन्नशाखा।
त्वं गीयसे श्रुतिसुखा रुचिरप्रपञ्च-
पञ्चप्रकारपरिनिष्ठितचारुभक्तिः॥57॥

भोगापवर्गसुखसाधनसप्तकोटि-
संख्यानमन्त्रगणनायकतां दधत्या।
कृत्स्नं त्वयैव गगनामृतधारयैत[2]-
दाप्याय्यते जगदनेकगुणप्रपञ्चम्॥58॥

शान्ता शिवागमपदं परमीशितुस्त्व[3,4]-
माद्या कला किल कलात्रितयैकहेतुः।
तत्त्वं व्यतीत्य भवतीं स्थितिमभ्युपेत्य
दीर्घाजवञ्जवजुषो न भवन्ति युक्ताः॥59॥

ब्रह्माननेभ्य उदिता किल पञ्चधा त्वं
पञ्चभ्य एव भुवनत्रयसिद्धिहेतुः।
विद्याविभावितविचित्रपवित्रमन्त्र-
स्तोत्रप्रपञ्चरुचिरस्थितिरञ्चितश्रीः॥60॥

यं ज्ञानलिङ्गमतिवृत्तविकल्पचक्र[5]-
मुत्क्रान्तमुत्तमधियः[6] सकलार्थचित्राः।
उद्गीथमाहुरभितोऽभिविधाय विश्व-
मेकं स्थितं सकलसाधनधर्मशून्यम्[7]॥61॥

व्याप्य स्थितो जगति यः सकला गिरश्च
यश्च प्रविश्य किल ता अपि धातुरीड्यम्।
यं सर्वतोमुखमथर्वगिरश्च हेतु[8]-
मालम्बमूलमवदातधियो वदन्ति॥62॥

---

1. 'सैका परैः' क. 2. 'गमनामृत' क. 3. 'परमेशितुः' क. 4. 'त्वां' ख. 5. 'इति वृत्ति' ख. 6. 'इन्द्रियधियः' क. 7. 'चित्रम्' 8. 'हेतुजालस्य' क.

निर्भिद्य गण्डतटमात्मभुवः किलाशु
　　येनोदयाय जगतामुदियायि पूर्वम्।
यद्रूपमाश्रितविवर्तविकारभेद[1]
　　ब्रह्म द्विधास्थितमुशन्ति परावरज्ञाः[2]।।63।।

यद्द्वारमुष्णकिरणस्य[3] वदन्ति सौर-
　　मौदुम्बरं च कवयः किल तालुसाह्वम्।
यस्त्रिप्रकारकलनासुभगत्वमेति
　　योगाभियुक्तमनसां[4] पदमव्यवस्थम्।।64।।

व्यापीति हंस इति तार इति स्म शुक्र
　　इत्युच्यते य इह वैद्युत इत्यनन्तः।
त्रिस्थानतादि विषयं च यमामनन्ति
　　ब्रह्मामलं त्रिविधभेदविवर्ति[5] युक्ताः।।65।।

ब्रह्मा महेश्वरगुरुश्च पुरा किलैत[6]-
　　दाकाशवत्स्वकृतसंनिधिमेत्य साङ्गम्।
वेदं प्रजापतय ऊचतुरेकमेव
　　तस्यापि यो मुखमिति प्रथितः पृथिव्याम्।।66।।

निर्दिश्यते जगति यः किल शब्दतत्त्व-
　　भावार्थनामसुगुणप्रणिधानदृश्यः[7]।
यस्मिन्निलीनमनसः सुखदुःखमोह-
　　संवेदनेन रहिताश्च भवन्ति युक्ताः।।67।।

यः कीर्त्यते श्रुतिषु चोपनिषत्स्वशेष-
　　विद्यान्तरेषु च फलद्वयहेतुरेकः।
उत्थापितप्रगुणसंस्कृतयश्च येन
　　तद्वाच्यतामुपगताः किल सन्ति वेदाः।।68।।

ब्रह्मादिदैवतमयं परमं पवित्र-
　　मिच्छन्ति यं सुतपसामयन[8] द्विजेन्द्राः।

---

1. 'यत्पूर्वं' **क.** 2. 'परानयज्ञाः' **क.** 3. 'यत्पारं' **क.** 4. 'मनसास्पदमव्यमस्थाम्' **ख.**
5. 'विविध' **क.** 6 'एतं' **क.** 7. 'नामसुगुरु' **क.** 8. 'सुतमसां' **ख.**

आरुह्य यं सपदि कूबरिणं व्रजन्ति
मार्गं सुदुर्गममनर्गलमेव युक्ता॥69॥

यं संविदादिमयमाहुरनेकभेदं
यश्चाक्षुषं पुरुष इत्यभिधीयते च।
यं तैत्तिरीयक उशन्ति[1] रसादिकोष-
चक्रस्य हेतुमवदाधियश्च कोषम्॥70॥

अस्पष्टवैकृतविविक्तविकारचक्र-
हेतोर्नियम्य न कदाचिदतादवस्थ्यम्[2]।
कृच्छ्रेण नाभिहृदयाम्बुजकोटरस्थं
पश्यन्त्यविप्लुतसमाधिदृशो यमार्याः॥71॥

विस्पष्टमात्मनिरताः सुधियो विकल्प-
शून्यं समाधिमवलम्ब्यं समूढसत्त्वाः[3]।
विन्दन्ति यं वितमसः किल निस्तरङ्ग-
भङ्गोदधिप्रतिनिधिस्थितमात्मसत्त्वम्[4]॥72॥

स्वर्गोपभोगसुखदाननिरर्गलं य-
मिच्छन्ति यज्ञपुरुषं मुनयः षडङ्गम्।
क्षिप्ताहुतिः शिखिमुखे किल यस्य सम्य-
गुत्सृष्टवृष्टिमुपतिष्ठत उष्णरश्मिम्॥73॥

स्यात्कारणं यदि न शाश्वतिकत्वयुक्त-
मुच्येत नित्यमिति चेन्नहि कारणं तत्।
आक्षेपयुग्ममिति बाधकमानशून्यं
शक्तिष्वभीक्ष्णमविरोपितवृत्ति[5] यस्य॥74॥

तादात्म्यभेदरहितावनिचन्द्रभास्व[6]-
दात्मानिलानलनभःसलिलेन देहे।
व्याप्याखिलं स्थितवता परमेश्वरेण
येन न्यषेधि जगतोऽपरकर्तृभावः॥75॥

---

1. 'उषन्ति' क-ख. 2. 'अभावदौस्थ्यम्' ख. 3. 'च मूढ' ख. 4. 'सत्त्वम्' ख.
5. 'अवरोपित' क. 6. 'निहितावति' क.

ब्रह्मप्रतिष्ठपरमाणुशरीरगर्भ-
बद्धास्पदोन्नतकुशेशयकर्णिकाङ्के[1]।
विश्रान्तमुच्छिखनिपातगतप्रदीप-
दीप्राकृतिप्रतिममप्रतिकृत्यवस्थम्॥76॥

घोषाक्षरस्वरनिराकृतमप्यकण्ठ्य[2]-
तालव्यमव्ययमनासिकमप्रतिष्ठम्।
निःसंचरव्यतिकरप्रतिसंचरात्म[3]-
देहप्रभञ्जनविशालरथाधिरूढम्॥77॥

प्रज्ञाघनं[4] स्थिरचतुश्चरणत्वमाप्त-
मद्वैततासमरसं परिमृष्टकूटम्।
ज्योतिः परं यदमृतं हृदि चाकशीति
नेदिष्ठमप्यविगलत्तमसां दविष्ठम्॥78॥

स्थित्यर्थमस्य जगतः कथमप्युपाधि[5]-
भेदादभिन्नमपि यत्प्रतिपन्नभेदम्।
यच्चापि सत्यमनिशं हृदयप्रतिष्ठ-
मानन्दरूपममृतं मुनयो गृणन्ति॥79॥

नो[6] ताम्यते दिशि दिवाकरपावकैर्य-
द्भासा च यस्य सकलं व्यवभास्यतेऽदः।
विद्यासतत्त्वमिति च प्रकृतिः परैति
शक्तिश्च यस्य भगवानरविन्दनाभः॥80॥

वर्णेषु[7] वाचकतया रहितेषु सत्सु
वाक्तत्वमक्रममपाकृतभेदरूपम्[8]।
स्फोटाभिधानमिति य[9] कथयन्ति शाब्दाः[10]
प्रत्यक्षताविकलवस्तुसतत्त्वयोगाः॥81॥

द्रव्यादिभेदपरिकल्पनया प्रमाण-
सूत्रैर्विभज्य भुवि षोडशभेदभिन्नम्।

---

1. 'कर्णिकाङ्कम्' ख. 2. 'विनाकृत' क. 3. 'व्यति' ख. 4. 'धनं' ख. 5. 'कथयन्ति' ख. 6. अयं श्लोकः क-पुस्तके नास्ति. 7. 'वर्णेषु वाचक' क. 8. 'वक्तृत्वं' ख. 9. 'यत्' ख. 10. 'शब्दाः' क-ख.

व्याख्यातवान्कणचरश्च समक्षमक्ष-
पादश्च यस्य भगवांस्तनुमप्रकम्प्याम्॥82॥

यस्माज्जलादिव च बुद्बुदचक्रवाल-
मेतज्जगत्समुदपादि विभिन्नरूपम्।
निःशेषबीजनिकरान्तरलब्धशक्ति-
र्वागीश्वरी च विनिवर्तत एव यस्मात्॥83॥

यस्योदपादि मनसः किल शीतरश्मि-
रक्ष्णोऽशुमान्कटितटादपि चान्तरिक्षम्
अव्याकृतो विकुरुते भगवानविद्या-
ग्रन्थिं च यो विनिहितं पुरुषो गुहायाम्॥84॥

ज्ञानाग्निविप्रुष इमाः किल यन्मुखोत्था
यश्चाक्षरः क्षणमथ क्षरतामुपेतः।
संयोगतो जगति भावगताद्विभाति
यद्रूपशून्यमपि संहितसर्वरूपम्[1]॥85॥

ह्रस्वं न दीर्घमथ न प्लुतमप्यलिङ्ग-
मेकं विभक्तिवचनप्रतिभागशून्यम्।
संतर्पिताखिलजगत्परमेण[2] धाम्ना
यच्चास्तितारहितभावविकारशून्यम्॥86॥

व्यावृत्तिरस्ति न कुतश्चिदपीह यस्य
यस्मादवस्तुविषयस्थितिविप्रलब्धाः[3]।
आविर्भवन्ति विविधस्थितिहेतुकार्य-
चक्रप्रपञ्चपरिणामयुजः पदार्थाः॥87॥

भोगापवर्गफलसाधनहेतुभाव-
मभ्यागता भुवनसाधनतां दधानाः।
यस्माच्च बिन्दुसरसः किल सप्तमन्त्र-
कोट्योऽभ्रसिन्धव इवास्खलिता निरीयुः॥88॥

1. 'पूर्वरूपम्' ख. 2. 'नो तर्पिता' ख. 3. 'स्थित' ख.

आत्मान्तरावगमवत्रितयाप्रतीतौ[1]
वागात्मनि स्थित इहातिशयेन सूक्ष्मे।
रूपस्य यः प्रकटनाय निजस्य शब्द-
भावेन भावितजगत्परिवर्तने स्म।।89।।

प्राप्तानिमान्प्रकृतिजानखिलान्विकारा-
न्योऽलंकरोत्यनिशमप्रविभागिरूपः।
तीर्थप्रवाहगहनेषु पृथग्विधेषु
यद्दृष्टिभेदविनिबन्धनमामनन्ति।।90।।

त्रिस्थानतादियुतमादिविरामशून्यं
विश्वस्य नाभिमचरं चरतो ध्रुवस्य।
निष्ठ्यूतवाङ्मयमजो हरिरात्मभूश्च
शंसन्ति यं कृतधियो गुरुधारणार्घ्यम्[2]।।91।।

ॐतत्सदित्यमिततत्परमं तृतीय-
कायावमर्शगहनागमबोधिसंवित्[3]।
आवेदवन्ध्यधृतिधूतघनानुपाशो[4]
वागीश्वरो जननि स प्रणवो मुखं ते।।92।।

(द्वात्रिंशाद्भिः कुलकम्)

नाडीसहस्रसशिराम्बरगर्भवर्त्म-
संचारचातुर(?)करी त्वृदि संनिविष्टा।
शक्तिस्त्वमेव परमात्मपरापरार्थ-
ब्रह्मार्कमण्डलगमागमगूढगुप्ति[5]ः।।93।।

स्पष्टीभवद्गगनगञ्चितिप्रकर्ष[6]-
मात्मीकृताखिलसतत्त्वगतिप्रपञ्चम्।
कापि त्वमेव ननु दाशवलावबोध(?)-
सत्त्वानुभावपरमेश्वरदेवताद्या।।94।।

1. 'कर्तृतया' क. 2. 'गुण' क. 3. 'कार्यार्धमार्गगहनागमबाध' ख. 4. 'आवेधवन्ध्यधृतिदूत-गणानु' क. 5. 'समागम' ख. 6. 'दिति' ख.

जिह्वा त्रिविष्टपसदाममृतस्य मार्ग-
माज्यं द्विजाञ्जुहुवुषः शिखिनि प्रदीप्ते।
यत्तिग्मरश्मिकिरणाः परमस्य पुंसः
स्थानं नयन्ति तदसौ तव शक्तिजृम्भा॥95॥

ज्योतिर्मयीमकरणेन्द्रियवृत्तिमाद्य-
हंसाक्षरस्थितिमयीं विहितामयार्घ्याम्।
श्रीकण्ठमुख्यगुरुषोडशवीरमूर्ति-
मुत्फुल्लशक्तिकमलासनतामुपेताम्॥96॥

शक्तित्रयप्रथितशूलकरां[1] शिवाय
धाम्ना जगन्ति सकलान्यवभासयन्तीम्।
कल्लोलसंकुलपारामृतसंपद[2] त्वां
ध्यायन्ति भैरवतनुं किल कौलिकास्थाः॥97॥

प्रत्यङ्गसंगतपतङ्गकराभिभावि-
कोटित्रयोन्नतविशङ्कटतिग्महेतिः।
सूक्ष्मा सनातनतनुश्च ननु त्वमेव
मायाकलासु[3] शकलीकरणैकहेतुः॥98॥

चक्राश्रितत्रिशिखकोटिगतारविन्द-
सत्कर्णिकासनगतामिह कौलिकस्त्वाम्।
ध्यात्वैति शक्तिपतितां स्थिरभैरवाङ्क-
वृत्तिं परापरविभेदवतीं जनोऽयम्॥99॥

आतस्थुषः षडवधिस्थितवर्त्ममातृ-
चक्रस्य चण्डि पृथुसूक्ष्मशरीरवृत्तिः[4]।
ख्याता त्वमेव जगति प्रतिपन्नविश्व-
रूपा किलाक्षरमयी परमेशशक्तिः॥100॥

आस्थाय रुद्धभुवना वसुधादिकाश्च
सर्वादिविग्रहतयानवमाः स्फुरन्तीः[5]।

---

1. 'प्रचित' ख. 2. 'संमदं' ख. 3. 'कलानु' क. 4. 'वृत्तेः' क. 5. 'स्वमूर्तीः' क.

तास्ताः क्रिया विदधतो जनताहिताय
शक्तिः किलाप्रतिहता परमेशितुस्त्वम्॥101॥

त्वं कारणस्य जननीति भवानि शक्ति-
रुक्तात्मवीर्यगतयाखिलबीजमात्रा।
विश्वं क्रमेण जननात्मिकया विचित्र-
मेतत्सृजत्यविहतप्रसरं त्वया तत्॥102॥

ब्रह्मा प्रजापतिरवक्षदृगादिवर्त्म[1]
यद्वह्निवाततरणीः किल यज्ञसिध्द्यै।
तस्मिन्नुशन्ति[2] भवतीं भुवनस्य हेतु-
मेकामजां जननि लोहितशुक्लकृष्णाम्॥103॥

शक्तिस्त्वमप्रतिहता ननु मानसीति
वागीश्वरी निगदिता सितबिन्दुचित्रा।
त्वां नाभिमाहुरमृताममृतस्य सप्त-
कौमारिकं किमपि चक्रमुपाश्रितां तु॥104॥

संदर्शिताखिलजगद्गतगोचरा तु
तत्त्वप्रकाशननिरर्गलदीपिका त्वम्।
विद्या परापरविभेदवती भवानि
भोगापवर्गसुखहेतुरविप्लुताणोः॥05॥

भिन्नप्रकारसमवायविविक्तवर्ण-
संफुल्लशक्तिकुसुमस्तबकार्चितश्रीः।
ब्रह्मोत्तमद्रुमलतामलनाभिराम-
विस्तारिमूर्तिरपवर्गफलप्रदा त्वम्॥106॥

मायानिशान्धतमसस्तिमितांशुराशि[3]-
भद्राण्डमण्डलमलं परिदीप्यते यत्।
तस्य प्रभासि भगवत्यतिवृत्तसूर्य-
कोटिसहस्ररुचिरस्तमितान्धकारा॥107॥

---

1. 'धुक्ष' क. 2. 'उषन्ति' ख. 3. 'निशीथतमसि' क.

नाकोपभोगसुखसाधनहेतुरम्ब
पुंसस्त्वमेव विदिताष्टविधा[1] भवन्ती।
सूक्ष्मं प्रधानपुरुषान्तरमप्यलक्ष्य-
मेका त्वमेव विशिनष्टि[2] समाधिभाजः॥108॥

सद्वृत्तिसंस्थितिरविप्लुतवर्णबीज[3]-
गर्भा गृहीतहृदया कलधौतगौरी।
ब्रह्मासनस्य वरवर्णिनि कर्णिका त्व-
मभ्युन्नता सकलवाङ्मयपङ्कजस्य॥109॥

येषां जगत्प्रविचयाधिगमादुपैति
सालोक्यमाशु मतिमत्यनघश्रुतीनाम्[5]।
त्वं छन्दसां किल जगत्यधिदेवता त्वं
तेषामघौघशमहेतुरुपाजिहीथाः[5]॥110॥

ख्याता महेश्वरनिरञ्जनतां दधाना-
स्तारादिका जगति याः किल शक्तयोऽष्टौ।
तन्मध्यवृत्तिरमला परिदीप्यसे त्व-
मेकापवर्गसुखदा शिवशक्तिराद्या॥111॥

तत्त्वं भवति नरशक्तिशिवात्मकं य-
देतत्त्रिधा स्थितमुशन्ति परावरज्ञाः।
तत्राण्डमण्डलमलं[6] समबोबुधस्त्व-
माद्या मतिः समनुवर्तितकारणेच्छा॥112॥

निःश्रेणिरीशितुरनुग्रहसौष्ठवेन
विश्लेषितत्रिविधबन्धनविप्लवानाम्।
प्राप्त्यै सनातनपदस्य च षट्प्रकार-
सोपानपद्धतिरसि प्रथिता त्वमूर्ध्वम्॥113॥

लोकेष्वनादिनिधनं परिवर्ततेऽर्थ-
तत्त्वेन यत्प्रकृतिकारणशब्दतत्त्वम्।

---

1. 'दिवनाष्टविधा' ख 2. 'विशिनक्षि' क. 3. 'सद्शृत्त' क. 4. 'अनघा' क. 5. 'अमोघशम' ख. 6. 'रुद्राण्ड' क.

ब्रह्माक्षरं शिवमयं गुणगौरि तस्य
निर्जग्मिषा(?)ननतलात्किल[1] मातृका त्वम्॥114॥

योगाभियोगपटवोऽधिसमाधि[2]........................
मूर्छद्धनस्थितिरणत्कृतितारदीर्घम्।
उद्गीथमोमिति यदक्षरमामनन्ति
तस्य त्वमेव निरुपप्लुतिरीरयित्री॥115॥

ज्योतिर्मुख[3] वितरणादिषु पञ्चभेद-
विस्पष्टकारकतयाम्ब विवर्तसे[4] यत्।
ब्रह्म स्वतन्त्रमिह केवलमप्यकर्तृ
तस्य क्रिया फलवती त्वममोघशक्तिः॥116॥

यस्य क्षितिश्च चरणौ गगनं च नाभिः
श्रोत्रे दिशस्तरणिरीक्षणमग्निरास्यम्।
द्यौरुत्तमाङ्गमपि तस्य विभोः किल त्व-
मुत्तंसितोडुकुसुमस्तबकोज्ज्वलस्रक्॥117॥

पञ्चाशदञ्चिततराखरचक्रवाल-
संपूरितोदरगुहा[5] ननु मातृका त्वम्।
तान्येव वाङ्मयनिबन्धनतां गतानि
शिम्बीव[6] गौरि फलकानि पुरः प्रसूषे॥118॥

शक्तिः स्थितोपरिपथः किल षड्विधस्य
भेदत्रयस्थितिमती परमेष्ठिनस्त्वम्।
निर्विप्लवा विकलमन्त्रगणप्ररोह-
हेतुर्नमस्कृतिरिति[7] प्रणवादिरुक्ता॥119॥

अत्यग्निभग्नतिमिरप्रसरा[8] भवानि
विप्राः पठन्ति भवतीमिह सामिधेनीम्।
धेनुस्त्वप्रतिघकामदुघानघा च
निःशेषनिर्जरमयी प्रथिता मधुश्च्युत्॥120॥

---

1. 'तलः' ख. 2. 'समाधिमूर्छद्घण्टोदगस्थिति' क. 3. 'मखं' ख. 4. 'विवर्तते' क. 5. 'गुहानन' ख. 6. 'शिम्बविगौर' ख. 7. 'न सत्कृति' ख. 8. 'प्रसवां' क.

पीत्वाशु[1] दिव्यममृतं सुखिनो भवन्ति
योगाभियोगमनसो यदपोढदुःखाः।
त्वं तन्मयी भगवति क्षयमीयिवांस-
माप्याययस्यनिशमेव हिमांशुमेका॥121॥

शक्त्या त्वयानवमया किल शंकरस्य
निष्कृष्य पुद्गलगणान्भवबन्धसिन्धोः।
दीक्षाविरुग्णनिबिरीसदुरन्तपाश-
चक्रान्नयत्यनिशमूर्ध्वमनन्तनाथः॥122॥

भ्रूमध्यवर्ति भगवत्युपधानयोग-
शक्तिः किल स्फटिकवत्स्फुटचित्रवर्णम्।
ध्यातं नृणां फलति तत्त्वमनेकधा य-
त्तस्यामला शिवपदस्य शिखा त्वमेका॥123॥

एकाधिकस्फुरदशीतिपदा त्वमेव
विद्यावितानजननी परमेशशक्तिः।
भोगापवर्गसुखदा भुवनत्रयस्य
त्वय्येव मन्त्रनिचया रचितप्रतिष्ठाः॥124॥

यत्सूत्रमस्य जगतो बहुधागमं च
सांख्यैरनादिपरिकल्पितमम्ब तत्त्वम्।
तस्योत्थिता परमकारणतः किलात्म-
लाभैकहेतुरुदिता शिवशासने त्वम्॥125॥

आनन्दरूपममृतं निरुपाख्यमूर्मि-
पङ्क्तिगं स्तिमितवारिधिवारिकल्पम्।
यन्नेति नेत्युपनिषत्स्वभिधीयते[2] च
विज्ञप्तिमात्रमनुपाधि निरीहमन्यैः॥126॥

तस्येशितुः सकलधर्मविनाकृतत्व-
मव्याकृतेः श्रितवतोऽद्भुतवृत्तिरेका।

1. 'पीत्वा तु' क. 2. 'चेति' क-ख.

व्यापारशक्तिरनघा वसुधादिषु त्व-
मेकैव तिष्ठसि विभोर्जगतो नियन्त्री॥127॥

स्थूलात्मनातिशयसूक्ष्मतया च गौरि
ब्रह्म स्थितं सकलमेकमपि द्विधा यत्।
ज्योतिर्मयं जननि तस्य वपुर्विगाह्य
बाह्यं त्वमन्तरमथ श्रियमेषि[1] शक्तिः॥128॥

सूक्ष्मा कलामृतकलामृतसंभवा त्व-
मेकेन्द्रियाभिपतितस्थितियोगदृश्या।
शीतांशुभास्करहुताशसमुत्थिता च
देदीप्यसेऽन्धतिमिरच्छिदुरामलार्चिः॥129॥

छन्दोधिदैवतमतिप्रथिता[2] किल त्व-
माध्यात्मिकी हलहलाम्ब सरस्वतीति।
बाह्यापरा तु पृथुपीननितम्बबिम्ब-
केशस्तनाधरयुगादिमनोरमश्रीः॥130॥

आसेदुषीश्रुतिमुखत्वमनेकभिन्न-
संख्याक्षरप्रकृतिरप्रकृतिव्यवस्था[3]।
त्वं ब्रह्मवर्चसमयी च विकासितेजः
प्राप्ता किल द्विजमुखाम्बुजराजहंसी॥131॥

भास्वत्सहस्रकरकौस्तुभकालकृष्ण-
वक्षःस्थलप्रणयदुर्ललिता विभासि।
लक्ष्मीस्त्वमेव करपल्लवसंनिविष्ट-
पद्मासनाण्डनवविभ्रमपुण्डरीका॥132॥

रात्रिस्त्वमेव नवविभ्रममण्डलाच्छ-
रत्नायमानमुडुमण्डलमुन्मयूखम्।
मातर्व्यधाः पृथुकपालकवाटसंधि-
बन्धाभिरामभुवनाण्डसमुद्गकस्य॥133॥

---

1. 'मेष' **क-ख.** 2. 'इति' **क.** 3. 'संख्याक्षरा' **क.**

विस्तारशालिशशिमण्डलकर्णिकाङ्क-
तारापथाम्बुरुहमध्यकृतप्रतिष्ठाम्।
त्वा चिन्तयन्नमृतवृष्टिमिवाकिरन्ती[1]-
मत्येति साधकजनः सहसैव मृत्युम्।।134।।

ये वा पिबन्ति सुरभेस्तव तालुदेश-
मध्यस्थितेः स्तनमधीश्वरि लम्बमानम्।
आप्यायितास्तदमृतेन विमुक्तिमार्ग-
मायान्ति ते सकलभावविकारशून्याः।।135।।

संवर्तवारिदघटासु शतह्रदात्व-
मासाद्य विस्फुरसि काञ्चनकाषगौरी।
अर्चिस्त्वमेव वडवामुखपावकस्य
भस्मीकरोषि सकलानपि सिन्धुनाथान्।।136।।

संकोचशक्तिशिथिलीकृतपत्रसंधि-
रन्ध्रोत्थितप्रचुरकेसरसौरभाणाम्।
नैशान्धकारभिदुरारुणधाम्नि बोध-
बन्धुस्त्वमेव रुचिराम्बुरुहाकराणाम्।।137।।

त्वं चन्द्रिका कुमुदकाननचक्रवाल-
निद्रानुबन्धशिथिलत्वनिमित्तमिन्दोः।
लक्ष्मीस्त्वमेव नवकौस्तुभरश्मिशार-
वक्षःस्थलप्रणयदुर्ललिता मुरारेः।।138।।

ब्राह्मीत्वमुच्छ्वसितपङ्कजविष्टरस्थ-
मूर्तिर्विमानरचितास्पदराजहंसा।
विस्पष्टसामघटनैर्वदनैश्चतुर्भि-
राभासि नीतिरिव चारुगुणाभ्युपायैः।।139।।

ताम्बूलपङ्करसरागमिवोष्ठबिम्ब-
मुद्रानिवेशघटिताविरतप्रवेशम्।

---

1. 'अपाकिरन्ती' ख.

शङ्खेन गौरि दधता हृदयेऽनुराग-
माभासि संयुगमुखेषु च वैष्णवी त्वम्॥140॥

क्रोधाभिताम्रनयनत्रयजृम्भमाण-
ज्वालाजडीकृतापिनाकशिखाकृशानुः।
माहेश्वरी त्वमसि मौलिमृगाङ्करश्मि-
संदेहितामरसरिज्जलधौतजूटा[1]॥141॥

शोभां बिभर्षि शिखिवाहनदेवता त्व-
मम्भोजकोमलकराग्रगृहीतशक्तिः।
लीलेव सिन्धुमथनस्य भुजंगभोग-
काषाहितक्रशिममध्यमहीध्रमूर्तिः॥142॥

ज्वालाकलापविकटाञ्जलिपीतदैत्य-
सेनाशतक्षतजवह्निकरालधारम्।
वज्रं त्वमेव दधती नयनैर्विभासि
नीलोत्पलैरिव शरद्विकसद्भिरैन्द्री॥143॥

चामुण्डया विरचिताञ्जलि बद्धहस्त-
शाखानखांशुभरनिह्नुतमौलिचन्द्रः।
मातस्त्वया नतशिराः क्रियतेऽस्थिभस्म[2]
भाजा श्मशानगृहदेवतयेव शंभुः॥144॥

विस्तारिपोत्रपिहितार्कविजृम्भमाण-
दंष्ट्रांशुभिन्नतिमिराम्बरदिङ्मुखश्रीः।
छायाच्छलेन भगवत्यवगाढसिन्धु-
मध्ये विराजसि वराहमुखी त्वमेव॥145॥

स्वर्गापवर्गफलसाधनहेतुभाव-
मातस्थुषो मुखमधीश्वरि वेदराशेः।
गायत्र्यसि द्विजजनाननपुण्डरीक-
खण्डाभिरामविनिकेतनराजहंसी॥146॥

1. 'कूटा' ख. 2. 'भङ्ग' ख.

सावित्र्यपि स्फुरितवक्त्रमृगाङ्कबिम्ब-
च्छायानिमीलितविलोचनपङ्कजश्रीः।
रत्नाक्षसूत्रवलयं परिवर्तयन्ती
ताराकुलं जननि रात्रिरिवावभासि॥147॥

आपीय सप्तभुवनोपहितोपहार-
निर्दग्धधूपपटलोत्थितमम्ब[1] भूयः।
आच्छादितार्ककरमुद्गिरसीव धूम-
मूर्ध्वेक्षणानलशिखावलिकज्जलौघम्॥148॥

संचिन्त्य कासरसुरारिवधं कठोर-
मुत्पश्यति त्रिदशदैत्यगणे कृतान्ते।
आत्मीयसैरिभविनाशभियेव चण्डि
संयच्छति स्म न यमस्त्वयि भक्तिनम्रान्॥149॥

पादानतास्तव भवानि नखात्मदर्श-
बिम्बाधिरूढतनुदेहतया प्रपन्नाः।
सद्यः प्रमामसुकृताहितवालखिल्य-
रूपा इव श्रियमुदञ्जलयो भजन्ते॥150॥

फूत्कारमुक्तहुतभुग्भुजगेन्द्रहार-
संसक्तशृङ्खलपयोधरकुम्भभागा।
शोभां बिभर्षि गुरुनिश्चययोगसिद्धि-
रुत्कृष्टमन्त्रगणरत्ननिधानभूस्त्वम्॥151॥

वीक्ष्याग्रतः शबरकृत्तपशूपहार-
रक्तच्छटार्द्रपिशिताशनशौण्डतां ते।
जातास्थिशेषवपुरुज्झितमांसदेह-
यन्त्रा भयादिव विराजति रेवतीयम्॥152॥

शोभां बिभर्ति तव निर्मलदन्तपङ्क्ति-
निर्यन्मयूखनिकुरुम्बतयाम्ब वक्त्रम्।

---

1. 'धूम' ख.

लीलागृहीतकवलीकृतमांसकुन्द-
गौरास्थिदण्डमिव लोलकरालजिह्वम्।।153।।

पादाग्रकोणहतदुन्दुभितारनाद-
माकर्ण्य संयुगमुखे तव वज्रपाणेः।
अन्यानकाहतिपराङ्मुखतां जगाम
नूनं विपक्षरहिता पुनरम्ब सेना।।154।।

अन्योन्ययुद्धरभसाहतिरुणचूडा-
विष्यन्दिशोणितरसैरिव लङ्घयन्ति।
संसक्तविन्ध्यगिरिकंदरमन्दिराग्र-
भागा न शासनविधिं तव ताम्रचूडाः।।155।।

प्रेङ्खत्कपालकुसुमस्त्रगपोढभोगि-
हारं भयानकमधीश्वरि रूपमेतत्।
चेतः पुनस्तव दयामृदु सप्तलोक-
भोगापवर्गफलसाधनबद्धकक्षम्[1]।।156।।

पादारविन्दयुगसंस्मरणाभिलाष-
पूतात्मनां तव सुरेश्वरि मानवानाम्।
उत्सृज्य लोहनिगडा निजरूपमाशु
माणिक्यपादकटकश्रियमाश्रयन्ते।।157।।

वेलातटाचलनितम्बशिलाभिघात-
संशीर्यमाणविकटोर्मिघटासहस्रः।
त्वां ध्यायतामनुदिनं प्लवभङ्गसेतु-
मभ्येति नीलमणिकुट्टिमतां पयोधिः।।158।।

त्वत्पादयुग्ममनिशं स्मरतां कराल-
धूमावलीशबलितस्फुरदुद्धतार्चिः।
विष्यन्दिसान्द्रमकरन्दहतालिवृन्द-
मन्दारकाननतलत्वमुपैति वह्निः।।159।।

1. 'कक्ष्यम्' क-ख.

विष्यन्दमानमददुर्दिनगण्डभित्ति-
भागास्तवाम्ब विपिनेष्वपि विद्रवन्ति।
स्तम्बेरमाश्चरणसंस्मरणेन सिंह-
सघातरौद्ररवजातभया इवारात्॥160॥

दंष्ट्राकरालवदनाः स्फुरदग्निहेति-
पिङ्गोर्ध्वकेशरुचयोऽरुणरौद्रनेत्राः[1]।
अत्यन्तहिंस्रमनसोऽपि तवानतानां
नक्तंचरा जगति गौरि वहन्ति मैत्रीम्॥161॥

त्वत्संश्रयागिनिरिनदीकुहरान्तराल-
वृत्तिः सुरञ्जितमुखो[2] न हिनस्ति नूनम्।
उद्दामदानजलकुञ्जरकुम्भकूट-
कुट्टाककोटिकरजक्रकजोऽपि सिंहः॥162॥

फूत्कारमुक्तदहना विदिदङ्क्षवोऽपि
रोषारुणेक्षणरुचस्त्वयि भक्तिभाजाम्।
आशीविषाः स्फुरितकेसररूपघोर-
जिह्वा वहन्ति विकचोत्पलदामलीलाम्॥163॥

उत्खातशातकरवाललताः कराल-
कोदण्डदण्डविसरा विजिघांसवोऽपि।
बन्धुत्वमेत्य विनतांस्तव तारयन्ति
कान्तारदुर्गपतितान्ध्रुवमम्ब चौराः॥164॥

इत्थं प्रमाविषयलङ्घि लघुत्वमुक्त-
माहात्म्यमोहितविबोधितविष्टपायै।
तुभ्यं नमः प्रतिबलावलितामरेन्द्र-
दृष्टिप्रसादनकृते ननु चण्डिकायै॥165॥

इत्थं स्तुतेस्तव वयं विरताः स्वशक्ति-
शून्यत्वतो न भगवत्यभिलाषभङ्गात्।

1. 'अरुणनेत्ररौद्राः' ख. 2. 'सुभञ्जित' ख.

आस्वादयन्त्यमृतशीकरबिन्दुवर्ष-
　　मभ्येति कस्य रसना विरसामवस्थाम्॥166॥

इति तव गुणवादतः किलास्माज्जननि यदर्जितमस्ति पुण्यजातम्।
प्रतिसमयमियं त्वदङ्घ्रिपूजाभिरतिफला[1] त्वयि तेन नोऽस्तु भक्तिः॥167॥

प्रशमय महामोहातङ्कं विधत्स्व सुनिर्मलां
　　दृशमनुदिनं कूटीभूतं तिरस्कुरु किल्बिषम्।
विघटय दृढान्पाशग्रन्थीन्भवव्यतिषङ्गिणो
　　न तव विफला पादाम्भोजस्मृतिः प्रणतात्मनाम्॥168॥

इत्थं नाकिनिकायनिर्मितनुतिप्राञ्चत्प्रपञ्चश्रुति-
　　प्रौढीभूतशुभप्रसादविशदश्रीमण्डनाचण्डिका।
साहंकारहुताशहुंकृतकृतत्रासा त्रिलोकीसदां
　　सादं सा दितिजेन्द्रदानवघटा[2] निन्येतरामायुधैः॥169॥

तत्तत्कालं कालरात्रिप्रकोपक्रूरारम्भोत्तम्भनं वर्जयद्भिः।
आसेदेऽन्यैर्दैन्यमप्राप्तदैत्यैः(?) शौरेः शूरैरन्तिकं रत्नसानौ॥170॥

इति श्रीबालबृहस्पत्यनुजीविनो वागीश्वराङ्कस्य विद्याधिपत्यपरनाम्नो महाकवे
राजानकश्रीरत्नाकरस्य कृतौ रत्नाङ्के हरविजये महाकाव्ये
चण्डीस्तोत्रं नाम सप्तचत्वारिंशः सर्गः।

अष्टचत्वारिंशः सर्गः।

अथ ज्वलत्काञ्चनराजिशृङ्गशैलोपमा दानवदैत्यनाथाः।
कृशानुपिङ्गभ्रुकुटीकराललालाटपट्टा हरिमभ्युपेयुः॥1॥

युगान्तकालानलधूमराशिरिवाधिरूढः कजधौतशैलम्।
तार्क्ष्ये स्थितो मेघरुचिर्युयुत्सुर्विवल्गितो वल्गुवरूथिनीषु॥2॥

सासी सुसासाससुसाससोऽसाववौववावेव विवो विवीवः।
नैनाननेनानुनना ननोनौ ररीरुरूरो रिरिरार रोरम्॥3॥ (एकाक्षरपादः)

---

1. 'निरत' क. 2. 'घटाः' क.

तस्याथ निस्त्रिंशनिपातलूनसौवर्णवर्मारुणरत्नचूडाः[1]।
निरीयुरायोधनमूर्ध्नि कायादमर्षवह्नेरिव विस्फुलिङ्गाः॥4॥

तेन द्विषां संयति देहलग्नपतत्रिकाश्वासकलालसानाम्।
व्यधायि सेना करवालकृत्तपतत्रिकाश्वासकलालसानाम्॥5॥

सलीलमायोधनमूर्ध्नि[2] दर्पात्संनाहमुत्सृष्टवतोऽपि तस्य।
सुरारिचक्रीकृतचापमुक्तैः शरैः शरीरं बिभिदे न धैर्यम्॥6॥

अवाप्य तैः कर्कशमार्गलाभं शमार्गलाभङ्गकृतिप्रगल्भैः।
निन्ये न नूनं सरसातलाभे रसातलाभैकपरायणत्वम्॥7॥

स वल्लकीवाद्यमिवारिसैन्यं तन्त्रीगुणोत्कर्षवदाहवाग्रे।
विस्तारिदैन्यं लघुभिः प्रहारैश्चिरं वशस्थं गुरुभिश्च चक्रे॥8॥

अभूत्परीते सुभटैररातिविषादवद्भिर्न विषादवद्भिः।
असृङ्मयीनां प्रभवस्तदानीमपां च जन्ये समपाञ्चजन्ये॥9॥

तार्क्ष्ये स्थितस्तत्कनकावदातपतत्ररश्मिच्छुरितोत्तरीयः।
सुरारिसेनादलितास्तदानीं चमूचरान्स्वानथ शार्ङ्गपाणिः॥10॥

नवीननानानवनो विवोन्नं ववावनेना वनवान्विनैनान्।
वानाननान्नानुवनं न नुन्ना नवीनिवावन्नवनावविन्नः॥11॥ (द्व्यक्षरः)

स्फुरत्किरीटास्पदपद्मरागमयूखरेखाच्छुरिता मुरारेः।
व्यापार्यमाणासिसरक्तधारामार्गाङ्कितेव श्रियमासदद्द्यौः॥12॥

स साधुसंधो निधनान्धधुन्धुर्धनुर्धुनानो धुरि धीनिधीनाम्।
रुरोध रोधैर्मृधमार्गरागिमनाः समग्रासुरसारसेनाः॥13॥ (सप्तव्यञ्जनबन्धः)

आस्तरे मुद्गरघातभिन्नकरीन्द्रकुम्भस्खलितैः सरक्तैः।
सङ्ग्रामलक्ष्मीशबरीविभूषागुञ्जाफलैर्मौक्तिकमण्डलैःक्ष्मा॥14॥

ससारसूः सारससारसारी ससार सूरिः ससुरासुरेऽसौ।
रसौरसारिः सरसं रिरंसुरासैः सुरासोऽरिसिरास्रसारे॥15॥ (द्व्यक्षरः)

---

1. 'चूर्णाः' ख. 2. 'अभ्याहवमूर्ध्नि' ख.

रत्नोज्ज्वलैश्चक्रमयैः पतद्भिः परिस्फुरद्दीधितिचक्रवालैः।
व्यराजतानेकसहस्रसंख्यैः क्ष्यार्कबिम्बैरिव संयुगोर्वी॥16॥

कुन्ताभिघाताद्रणमीयिवद्भिस्तदाचकम्पे तुरगैररीणाम्।
घ्नन्तो न ते तत्र रुचिं दधाना[1] तदा च कंपेतुरगैररीणाम्॥17॥

स नीरभाराम्बुधराभिरामस्तडिच्छटापिङ्गतरोत्तरीयः।
श्रियं दधानः पृथुलाङ्गलीनां वर्षावतारप्रतिमो मुरारिः॥18॥

करैरकारोऽरिकिरोऽकुकाकुराकेकरैरेककुकारकारुः।
किरेरकारि ऋकरैककारा कुरीरकारेक करारकौकाः॥19॥ (द्व्यक्षरः)

तत्खड्गधाराविनिकृत्तमूला विषाणिनां पीवरहस्तदण्डाः।
विधीयमानान्तकराजधानीस्तम्भाभिरामाः पतिता विरेजुः॥20॥

योधस्य तस्मिन्समरे तदानीं विनिघ्नतोऽरातिचमूः स्वधाम्ना[2]।
भास्वानपि स्फारतरप्रतापो न साम्यमालम्बत चारुदोष्णः॥21॥

(मात्राच्युतकम्)

निपातितस्यारिशिरस्त्रबन्धे कृपाणपट्टस्य च तेन रोषात्।
तदास्पदश्रीमणिपारिहार्यनिनादलीलारणितेन तेन॥22॥

रणं गजैः सिन्धुमिवामराणां तदापराजैष्टतमन्तरङ्गैः[3]।
विरोचनश्चानुगतोऽधिपत्यतदापराजैष्ट तमन्तरङ्गैः॥23॥ (युग्मम्)

सुरारिनाथेन रणक्षपासु प्रभामयस्य ध्वजिनी तदानीम्।
युगान्तवेलेव सनीरभारगभीरतारस्तनयित्नुघोषा॥24॥

परापनापक्षमनानतेन[4] नवेन सापत्न्यपसा सुगासु।
जिताजिमाथिप्रथिमासुगासु शुभाशु सारम्भरसा नगेन॥25॥

(प्रातिलोम्येन स एवार्थः)

निपातितस्तेन दृढास्थिबन्धे तद्भङ्गतोषादिव तीक्ष्णधारः।
तेने दिगन्तप्रतिफालदीर्घं कृपाणपट्टः क्वणिताट्टहासम्॥26॥

दीनाननेन्दूनदुनोदनुन्ना नानन्दनोदी दनुनन्दनादीन्।
नानन्दिनोऽनूननदीननादान्नन्दी ननन्दानु नदन्नदूनः॥27॥ (द्व्यक्षरः)

---

1. 'ददानाः' क. 2. 'सुधाम्ना' ख. 3. 'पराज्यैष्ट' क. 4. 'परापरामर्षसनानतेननवीन' क.

नवोत्पलश्यामलकान्तिभास्वदनेकपारीहितचारुशोभा:[1]।
स पानभूमीरिव संयुगोर्वीश्चकार नानावरवीरबाह्या:॥28॥

व्यधायि तेन क्षपितास्त्रशस्त्रप्रपञ्चमायामवता सतारम्।
तत्सैन्यमावर्जितशत्रुरक्तप्रपञ्चमायामवता सतारम्॥29॥

तस्मिन्महारौ रवसंकटेऽपि निपातिता: संयुगमूर्ध्नि वीरा:।
कृतापदाना: प्रसरद्विमानवीथीगता: स्वर्गनिवासमापु:॥30॥

साम्भोभरैरञ्जनभेदभाभि: प्राप्तै स्मरारे: समरानकत्वम्।
संहारकालक्षुभितस्य सिन्धो: समानशब्दैर्गगनं तदानीम्॥31॥

(मात्रारहितो गूढक्रियाकर्तृक:)

सङ्ग्रामभागे[2] सहसाभ्युपेत्य कृताभियोगान्सुभटांस्तदानीम्[3]।
एका शिवा दूत्यपि चान्तरेण[4] संयोजयामास सहाप्सरोभि:॥32॥

संख्ये परासुं सुरलोकनारी प्रवीरमादाय सरागिचेता:।
सुमेरुकुञ्जं प्रविवेश चारुपियालसालं रमणाभिलाषात्॥33॥

(अक्षरच्युतकम्)

कराललेखं सृणिघातधूतमूर्धा समुत्क्षिप्य करं करीन्द्र:।
अदर्शयन्नाकतलाधिरोहसोपानमालामिव योद्धुरग्रे॥34॥

माराररिरामाममरैरमोमामुरोररार्मारिममूम्मरीराम्।
मरीममीरां मरुमा मममं मारामिरामारुरमीममोर्मिम्॥35॥ (द्व्यक्षर:)

दैत्याधिपास्तत्र युयुत्सवो ये सरोषदष्टाधररौद्रनेत्रा:।
क्षताभिमानास्तरसा तयाथ ते वीततृष्णा: समरे बभूवु:॥36॥

संसारसेतु: सरसंस्तुतास्त्रैस्तस्तार सास्तारितरा: सतारा।
सारास्तितारातिरसा: ससूता: सास्त्रोत्सरासा: सरसास्ततस्ता:॥37॥

(त्र्यक्षर:)

वज्रप्रभं तत्पृतना तदानीं वेलेव कूलाचलमूर्मिभङ्गै:।
विश्वाप्यविश्वासकृदाहवेषु विव्याध संरभ्य वराहकर्णै:॥38॥

---

1. 'शौण्ड:' क. 2. 'रागं' क. 3. 'कृताभियोगा:' ख. 4. 'चातुरेण' क.

निघ्नन्स शत्रोः पृतना रणेषु सेभा वरासप्रसरा बभासे।
संरम्भमम्भोधरधीरनादो हरोरुसारस्तरसा रुरोह॥39॥

(प्रातिलोम्येनाभिन्नार्थपादः)

अभ्यापतन्ती स्थगितान्तरिक्षं सरोषचित्ता युधि विप्रचित्तेः।
टांकारिताशेषविमानघण्टैस्तदा विकर्णैर्भुजगैरिवारात्॥40॥

सेना सभामा नवतीव्रतापे सेना सभा मानवती व्रतापे।
साधुर्जिता सन्नवधातुरागे सा धूर्जिता सन्नवधातुरागे॥41॥

(समुद्गयमकम्[1])

दानारता सङ्गतमानदासा नानाधुरा वर्मवता वरासैः।
सैरावता वर्मवरा धुनाना सा दानमातङ्गसतारनादा॥42॥

(अनुलोमप्रतिलोमार्धश्लोकः)

निपत्य संहारविभावरीव सुरारिसैन्येन समं युयुत्सुः।
छायान्धकारस्थगितार्कबिम्बदिगन्तरा दानवचक्रवालम्॥43॥

कल्लोलिकीलालकुलाकुलाकुकाकोलकाकीकुलिकालिकेकैः।
काली कुकाकोकिलकालकैका लोलालकालोकि कलौ किलोल्का॥44॥

(द्व्यक्षरः। तिलकम्[2])

कात्यायनी द्वादशभिस्तदानीमुदञ्चिताषाढतयाथ दोर्भिः।
व्यराजतायोधनमूर्ध्नि मासैः संवत्सरश्रीरिव जृम्भमाणा॥45॥

तन्मार्गणैर्येऽभिहताः पतद्भिरवापतन्वीरतयाभियोगे।
तान्दिव्यनारीजनता धियार्घ्यैरवाप तन्वी रतयाभियोगे॥46॥

चिरं निदध्यौ पुनरुक्तमूर्छागमागमेषु प्रविलोकितानाम्।
निमीलिताक्षः समिति प्रवीरः सुराङ्गनानामिव रूपलक्ष्मीम्॥47॥

समुत्खनत्कश्चिदपास्तहेतिरजोततानेकपद[3] तदण्डम्।
वैरिञ्चमप्यश्वखुरक्षतोत्थं रजोऽततानेकपदन्तदण्डम्[4]॥48॥

एकस्य संख्ये परिपूर्णचारुशृङ्गाररागस्य बभूव तस्मिन्।
ईहामृगाङ्कस्य सुराङ्गनाभिर्दृष्टस्य चेष्टारभटी प्रधाना॥49॥

---

1. 'संपुटयमकम्' क. 2. 'तिलकम्' क-पुस्तके नास्ति. 3. 'अजोततेत्यस्याद्योततेत्यर्थः। 'जुतृ भासने' इति ख-पुस्तकटिप्पणम्. 4. 'अतनिष्ट' इति ख-पुस्तकटिप्पणम्.

भयंकरैरावणदन्तदण्डसंघट्टधूम्राविलमेरुकुञ्जा।
अमन्दरीढोरगबाणविद्धविटङ्कटङ्कासुरबाहुदण्डा[1,2] ॥50॥
(भाषासमावेशः)

गभीरधीरारवरीणभीरुरणादरा दारुणवारणा सा।
अभङ्गुरा वीरविरूढहावसुराङ्गनादक्षकटाक्षमोक्षैः॥51॥ (पादनिरवद्यः)
प्रभामयेनारिचमूस्तदानीं सलीलमास्फालितचापयष्टिः।
विरूढसंरम्भसुरारिबाणसंभारसंरुद्धकरीरकुञ्जा॥52॥ (प्रागर्धनिरवद्यः)
आरूढरीढामरबाणविद्धतुरंगमाला[3] रणरागमूढा।
नीता विहस्तत्वभिभैः सहाथ सुवर्णसानोर्गहनान्यविक्षत्॥53॥
(चरमार्धनिरवद्यः)

रुषा तमभ्यैदथ वज्रबाहुवरूथिनी संगररागिचेताः।
दैत्यैरुपेता क्षयकालसिन्धुवेलेव[4] कल्लोलघटासहस्रैः॥54॥

संहारधीनर्दमदा समाभी रासादरातिस्थिरतारका च।
सातं वरासप्रकरेऽभियोज्या नामाहिताजित्वरसादिनामा॥55॥
(प्रातिलोम्येनानन्तरश्लोकः)

मानादिसारत्वजिताहिमाना ज्यायोभिरेकप्रसरावतंसा।
चकार तारस्थितिरादसारा भीमा सदामर्दनधीरहासम्॥56॥

दैत्यैरथाभ्येत्य कृतान्तमुख्या रयादयुध्यन्त रणे सुरौघाः।
तरङ्गिणीस्रोतसि संपतन्तस्तरङ्गभङ्गा इव गण्डशैलैः॥57॥

रक्षोदरक्षोदविपन्नदैत्यमानागमानागतभीतियोधाम्।
पत्रातपत्राततबद्धशोभां विश्वासविश्वासपदातिसैन्याम्[5] ॥58॥

अभ्येत्य सङ्ग्रामभुवं विषाणप्रभाच्छलेनोदरधामपीतम्[6]।
समुद्गिरन्गाङ्गमिव[7] प्रवाहमयोधयन्नागमुखोऽभियातीन्[8] ॥59॥

---

1. 'रीढा प्रहारः' इति ख-पुस्तकटिप्पणम्. 2. 'दण्डम्' क. अयं श्लोकः ख-पुस्तके नास्ति. 3. 'मालां रणरागमूढम्' क. 4. 'सिन्धोः' ख. 5. 'मदाति' ख. 6. 'पीठम्' ख. 7. 'समुद्वहत्' ख. 8. 'अपोथयत्' क.

भानेन नूनाननिभाननुन्नानिभाननो भानुनिभान्नभोभित्।
नाभिन्ननाभीननिनाननौभानानाभिनोभान्नननानुभूनुत्॥60॥
(द्व्यक्षरः। विशेषकम्[1])

प्रकाशितायोधनसौष्ठवोऽथ मायासुरोऽन्यत्र विपक्षलोकम्।
विरूढ एकोऽधिरण[2] बबाधे प्रसह्य धात्वर्थमिवोपसर्गः॥61॥

ददर्श सेना अथ[3] दानवानामनुत्तमाः साध्यवसा यमस्ताः।
शरीरलग्नाश्च शिवा भटानामनुत्तमाः साध्यवसायमस्ताः॥62॥

मूर्च्छापरीतं तरसा जगाम जहौ समाश्वासमुपेयिवांसम्।
कदर्थितेति[4] स्म गतागताभ्यां भटेन नाकप्रमदाहवाग्रे॥63॥

तेनाहतान्याहवदुर्मदेन द्वन्द्वे तदानीं तुमुले प्रवृत्ते।
ततः पदानीव बलानि पूर्वमभ्यर्हितानि द्विषतां निपेतुः॥64॥

विशङ्कटं कण्ठविषं दधानः कुलाद्रिनिर्भेदविशङ्कटङ्कम्।
महानि कर्तुं[5] समरे निरास्थदरातिलोकं समहानि कर्तुम्॥65॥

भान्ति स्म संवीतगूडैर्वपुर्भिस्तुरङ्गमाः संततमापतन्तः।
आविष्कृतानेकसहस्रसंख्यैरिवेक्षितुं विक्रममिन्दुमौलेः॥66॥

शिरो वहन्बन्धुरमाजिषूच्च[6]शिखण्डकान्तं शशिखण्डकान्तम्।
रराज लग्नः सुरशात्रवाणामनेकपालीदमने कपाली॥67॥

छेत्तुं शिरः कुञ्जरपृष्ठभाजः पर्यस्तमीशेन सधाम चक्रम्।
ददर्श राहुर्निजकण्ठपीठच्छिदां स्मरन्नुत्पुलदन्तरिक्षे॥68॥

सभामयानां प्रसभामयानां समिद्धरागाभिसमिद्धरागा।
चकार सेना न च का रसेनाः समाहितानामसमाहितानाम्॥69॥

नभस्तलोद्यानतमालखण्डैर्भटप्रतापानलधूमदण्डैः।
सङ्ग्रामदुग्धोदधिकालकूटलेखाविभङ्गैः स्फुरितं कृपाणैः॥70॥

तस्मिंस्तदा भास्वति चन्द्रचारुनिशातहेतौ युधि जृम्भमाणे।
विशीर्यमाणं ददृशे सुरारेः सैन्यान्धकारं त्रिदशाधिनाथैः॥71॥
(बिन्दुच्युतकम्)

1. 'विशेषकम्' क-पुस्तके नास्ति. 2. 'अपि' **क.** 3. 'युधि' **क** 4. 'कदर्थ्यतेति' **ख.** 5. 'हर्तुं' **ख.** 6. 'उद्धुर' **क.**

सारा[1] मतापि क्षपितामरा सा मारा भिया चक्रचयाभिरामा।
नवेभरासप्रसरा भवेन सेना तु हेतिक्षतिहेतुनासे॥72॥

(प्रातिलोम्येन स एवार्थः)

उत्तिष्ठमाना[2] समरे सदर्पं संहारवेलेव जगत्रयस्य।
निस्त्रिंशकल्लोलकरालिताभ्रसिन्धुर्नदन्ती घनघोरघोषम्॥73॥

तेनाच्युताचारमृधाभिरामा[3] मानानता गौरवधामरागात्।
सेनार्दिता साररुधा सुराणां नानाहिता वारयुधा परासीत्॥74॥

(प्रतिपादं गोमूत्रिका मुरजबन्धश्च)

रोमाञ्चमुच्चैर्बिभरां चकार तत्खङ्गघातैः सुभटस्य संख्ये।
सुराङ्गनादर्शनजृम्भमाणमनोभवस्येव[4] शरीरयष्टिः॥75॥

वज्रप्रभस्याथ युयुत्सु सैन्यं तदाशु शूरेण तदा शुशूरे।
शक्ता बभूवुः समरे विजेतुं महानटं केऽत्र[5] महानटङ्के॥76॥

विचूर्ण्यमानद्विपकर्णशङ्खपरागपाण्डूकृतमुद्धतस्य[6]।
सचन्दनालेपमिवामरस्त्रीसमागमोत्कस्य वपुर्विरेजे॥77॥

सामानितायुक्प्रसृता वरासि सिरावतासृक्प्रयुतानिमासा।
रावीभराप्रतिघापरोपपरोपघातिप्रसरामवीरा॥78॥

(अनुलोमप्रतिलोमपादः)

निशाननेनाहितहारिशोभं शैत्यस्य धामामलमुष्णरश्मेः।
दधत्तदानीं युधि मण्डलाग्रं तुषारधामा च जघान दैत्यान्॥79॥

विमत्सरः वत्रिगणेन साकं सव्यापसव्यापदि दैत्यचक्रे।
व्यापार आसीच्च शरैर्भटानां[7] संदेहसंदेहपरायणानाम्॥80॥

स्मेराननाभ्यां समरे समेत्य सोल्लासनानासिलताललामाः।
ताभ्यां ससंरम्भमरातिसेना निरासिरे सारतराभिरामाः॥81॥

तथा दधानोऽतनुतां निधीनां धूताननोऽनूनधुनीननादः।
तेनैधितानां निधनं तदानीं नूनं न तेने न धनाधिनाथः॥82॥

(तवर्गबन्धः)

---

1. 'मारा' ख. 2. 'आतिष्ठ' क. 3. 'सारमृता' क. 4. 'माणा' क-ख. 5. 'केतु' ख.
6. 'विदीर्य' क. 7. 'शनैः' क.

चूर्णो दधौ तद्दृढवज्रमुष्टिनिष्पिष्टसौवर्णतनुत्रजन्मा।
मुक्तानिधानेषु करीन्द्रकुम्भस्थलेषु सिद्धार्थकराशिलीलाम्॥83॥

कङ्कालकार्यार्थिशिवासिलूनकं कालकारातिगणा रणोर्व्याम्।
कङ्कालका भासुरदेहलग्नकङ्कालकाधीशचमूर्न चक्रे॥84॥

योधाः कलापैः कृताचारुशोभा विमुक्तसिंहध्वनितारकेकाः।
कोषोदरेभ्यश्चकृषुः कृपाणानहीन्मयूरा इव कोटरेभ्यः॥85॥

प्रेङ्खन्नखांशूत्करमञ्जरीका कर्णान्तकृष्टोन्नतचापयष्टिः।
संख्यावतोऽपि द्विषतो रणेषु जघान काली गणनाव्यतीतान्॥86॥

जगत्त्रयेऽपि स्पृहणीयरूपा[1] विलक्षणं रूपमुपाजिहीर्षुः[2]।
लावण्यसौभाग्यगुणैरनिन्द्यैः पुरन्ध्रिचूडामणितामुपेत्य॥87॥

रोधोधरा रोध्रधरैरिराध्रैररोरुधा धूर्धरधूरुरूराः।
रुरोध रैधाधिरुधो रधाधिराधारधीरारुधिरा धरार्धम्॥88॥

(द्व्यक्षरः। युग्मकम्)

क्षिप्तं करेणाथ तया विदूरमर्धार्धमग्नं विनिपत्य तिर्यक्।
बभार चक्रं करिकुम्भभास्वदट्टालसालक्रमशीर्षकत्वम्॥89॥

तस्यां रणारण्यभुवि प्रकृष्टकृपाणकृत्तारिभटा तदानीम्।
मारीचमायाकृततीव्रमोहा रघूद्वहस्येव चचार वृत्तिः॥90॥

साम्भोभरैरञ्जनभेदभाभिः प्राप्तैः स्मरारेः समरानकत्वम्।
संहारकालक्षुभितस्य सिन्धोः समानशब्दैर्गगनं तदानीम्॥91॥

(मात्रारहितो गूढक्रियाकर्तृकः)

स्तनत्युपेतां पृतनां स्मरारेस्तदा न केयूरचितांसभाभिः।
सुरद्विषः संवलितार्कपादास्तदानकेऽयू रचितां सभाभिः॥92॥

ततोऽत्यतीयाय तया युताततताय्यत्यययायायतितोतियत्तम्।
तुत्या ययौ तं यतियेयतायी तायीतयातो ययुयायितत्या॥93॥

(द्व्यक्षरः)

---

1. 'रूपं' क. 2. 'वेषं' क.

कर्षन्धनु: संहतदीप्रबाणं ससज्जरासन्धवधो रणेन।
आवर्जितो भीम इवाबभासे ससज्जरासन्धवधोरणेन।।94।।

संख्ये वृषाङ्क: प्रसृतो न तेजस्तदास हन्तव्यवधायकस्य।
सङ्ग्रामरागप्रसरेण दूरं तदासहन्त व्यवधायकस्य।।95।।

सत्त्वप्रकाशप्रसरेण दूरं निर्मुच्यमानेष्वथ नाकसत्सु।
कोदण्डवल्लीस्तरसा धुनाना वरूथिनी शीतमरीचिमौले:।।96।।

सज्जा निनादानवतापितेषु साकं पताकाशतलाञ्छितेषु।
सज्जानिना दानवतापितेषु साकम्पताकाशतलाञ्छितेषु।।97।।

(समुद्रयमकम्)

शिलीमुखौघै: क्षयसप्तसप्तिमरीचिदीप्रैस्त्रिदशारिलोक:।
प्रसर्पतारात्सकलासु दिक्षु रजोन्धकारेण विजृम्भितासु[1]।।98।।

व्यापादयन्तं निशितै: स संख्ये समानचक्रव्यवहारतापे।
मदोर्जितानेकपदारि[2] पातिसमिद्धरागश्चतुरंसकूटम्।।99।।[3]

रणाङ्गने कैशिकमार्गचारा शिक्षारसाविष्कृतसौष्ठवानाम्[4]।
तत्सैनिकानां धुतचर्मखण्डा[5] व्यजृम्भत स्थानविशेषलक्ष्मी:।।100।।

हीनोहिनीनां नहनेन नैना नीहोहनानोनहनाननेहा।
ही नुन्नहाना हनने हनेनानहानि नानाहनननननंह:।।101।। (द्व्यक्षर:)

तद्बाणनिर्भिन्नकपोलमुक्तरक्तच्छटापाटलकर्णशङ्ख:।
गुहोपकण्ठास्पदनूतनेन्दुबिम्बोदयाद्रिश्रियमाप नाग:।।102।।

धीनां निधानं निधनान्धधुन्धूनधूननोऽनूनधुनीनधूनि:।
नुन्नाधिधेनुनधुनोन्ननैनाननिन्धनानाधि धनैधनोऽन्धान्।।103।। (द्व्यक्षर:)

मूर्छापरीतं रभसाज्जितगृध्नु: सुराङ्गना संगरमूर्ध्नि धीरम्।
उज्जीवयन्तं करशीकरौघैरमर्षजिह्मं गजमालुलोके।।104।।

रेपे पुरुप्रीरपरोऽपि पापपरिप्रोरुरूपारिपपीरपारम्।
पुरारि रापापरपिप्परार्पिरेपो रिपूरोररपूरिरोप:।।105।। (द्व्यक्षर:)

---

1. 'विजृम्भितायाम्' **ख**. 2. 'पदानि' **क**. 3. '**क**-पुस्तकेऽस्माच्छलोकादग्रे 'महायमकम्' इत्यस्ति. 4 'रवाविष्कृत' **क**. 5. 'दर्प' **ख**.

मुक्तानिधेः कुञ्जरराजकुम्भकूटस्य पर्यङ्कतलेष्वशङ्कम्।
हुंकारमात्रैरभिजप्य योधः संसिद्धिकामो निचखान शङ्कून्।।106।।

तेजोतताजो जजतोऽतिजेता ततो जितोजोतितजातिजातम्।
जातीति तोत्ते जितजित्तताजि जाजी जितातीतजितीतितत्तत्।।107।।

(द्व्यक्षरः)

रोचिष्णुच्चापविमुक्तचण्डनाराचचक्रास्तविरोचनार्चिः।
जज्ञे जगत्तत्क्षणमन्धकारसंधाननिर्धूतदिगन्तकान्ति।।108।।

रोचेऽरिरोरो रुरुचे ररोच्चिच्चराचरार्चारुचिरोरुचर्चः।
चारीचरो रारिरुची रुचोच्चैरचूचुरच्चार्चिररेरचौरम्।।109।।　(द्व्यक्षरः)

गीर्वाणभङ्गोद्धुरकंधरत्वमायोधनाग्रे दधतोऽभ्रलीना।
सरत्नचापाञ्जलदानिवारात्तडिद्गुणेनाशु विधूय दैत्यान्। ।10।।

लोलालिमालोल्ललमौलिमूलमीलल्ललामामलमामलेली।

मौलीममालालमिलां ललामलामाममोल्लोलममालिमीमः।।111।। (द्व्यक्षरः)

सकार्मुकज्यारवतारकेकानिनादसंपूरितदिग्विभागान्।
सुरद्विषो बद्धरुषः करालकपालशोभामभिता जिघांसुः।।112।।

नुन्नैकनानानकनाकिनीकाननीकिनीकाननकेकिनोऽकान्।
कोनाकनन्नाककनकानकानानकोककिङ्कानननूककाकुः।।113।।

(युग्मम्। द्व्यक्षरः)

सैन्यं तदानीमशनिप्रभेण सुरद्विषः संयति रक्ष्यमाणम्।
युयुत्सु दूरादुपयत्पयोधेर्विमुक्तसीमेव[1] विलोलमम्भः।।114।।

तदा तु दातैत तुत्तोतदीतितो तादितदुद्दतोदी।
तुतोद दातातिततादिदत्तदूतीति तातो ददतेतुत्ती:।।115।। (द्व्यक्षरः)

सङ्ग्राममूर्ध्नि त्रिदशारिचक्रमुद्गी(द्गू)र्णहेतिस्थगितान्तरिक्षम्।
जिघांसु यद्वृषराजकेतुमभ्यागमन्मन्दरदुर्निरीक्ष्यम्।।116।।

---

1. 'विषिक्त' ख.

तत्ततततोतीतपतत्पतीति पितोत्ततापापि तुपूतपापः।
पीतातपोपापतितोपतापिपातोत्ततोत्तापितपत्तिपूतः॥117॥ (युग्मम्। द्व्यक्षरः)

विपाण्डुभिः केतुशिखांशुकौघैरनेकगङ्गामिव कुर्वती द्याम्।
निर्घातघोरानघचक्रनेमिरथाभ्रकेतोः शशिमौलिनारात्॥118॥

सेनासुसूनासुनसाननेन ससूनुनानेन ननून्निनंसुः।
सा नूननानासनिनैनसंसन्नुन्नैनसा सानुनि सासिनासे॥119॥ (द्व्यक्षरः)

चिच्छेद नो केवलमाहवेषु वल्गां जयाशामपि योद्धुरग्रे।
विहस्ततामेव न कुञ्जरस्य तत्स्वामिनोऽपि व्यधितेन्दुमौलिः॥120॥

नुन्नारिरेनोननरूर्नरान्ननानाररीरूरनृनौररीरान्।
रोनाननान्नोरुरनूननारीनीरारिरेनाननुनैरिरन्न॥121॥ (द्व्यक्षरः)

तत्खड्गधाराविनिपातकृत्तैरायोधनोर्वीसरसी पतद्भिः।
शिलीमुखानां विरराज शल्यैर्नीलोत्पलानामिव पत्रजालैः॥122॥

सूदाससासादिसदंसदोःसददोसदः सूदिसदः सदासम्।
स सादिसादं दददाससाद सदासुसूः सीददसौ सदंसम्[1]॥123॥
(युग्मम्। द्व्यक्षरः)

ससत्त्वशाली समदत्त्वमाप्तो निबद्धमूलः स्थिरभूतिचर्चः।
उत्सेधवानस्खलितः शुचित्वात्सन्नागराजश्रियमाप गुर्वीम्॥124॥
(अर्थचतुष्टयवाची[2])

शस्त्रांशुभिर्भानुकराभिमर्षात्संमूर्छितैः सक्षितिशैलसानुम्।
उल्काकलापाकलितामिव द्यां सुकेतुसैन्यं विदधत्तमभ्यैत्॥125॥

तत्तातितातोतिततुत्तितोतितोत्तैतितातीतिततोत्तितुत्तिः।
तातोऽतितोऽस्तुत्त तु तत्ततोऽत्ता तुत्तोत्ततातातितर्ति तु तोत्तुम्॥126॥
(एकाक्षरः)

---

1. 'सदंसं ससंनाहमिति टीकायाम्' इति ख-पुस्तके टिप्पणम्. 2. 'टीकायामर्थत्रयवाचीत्येवोक्तम्' इति च ख-पुस्तके टिप्पणम्. एतट्टिप्पणद्वयविलोकनेन हरविजयस्य राजानकालकेन संपूर्णैव टीका प्रणीता, सा च कालदोषेण पश्चादन्तिमभागे खण्डितेत्यनुमीयते. 'अर्थत्रयवाची' **क.**

समूलचक्राङ्कुशशक्तिबाणचक्रावचूलाभिरथाहवोर्व्याम्।
स्थितो जरत्कुञ्जरदन्तराजिविडम्बिनीभिर्नवरूथिनीभिः॥127॥

सदानवानामवधीरितानां सदानवानामवधीरितानाम्।
सदानवानामवधीरितानां सदानवानामवधीरितानाम्॥128॥

(पादाभ्यासः संपुटयमकं[1] च)

धूलीवितानमभितः स्थगितान्तरिक्ष-
मायोधने सपदि पाकविपाकसंज्ञौ।
दैत्याधिपावधि युयुत्सुतया समेत्य
सम्यक्समीकमसमांसधरौ व्यधाताम्॥129॥

वेत्ता ततो विततवीतितताववतीत-
वातो ववाविति तु वित्तवता वितोत्ता।
वीतेति तुत्ति वतताववति तावत्वेत-
त्त्वोतिवित्ततवति त्विति वीतितोत्ता॥130॥ (द्व्यक्षरः)

सैन्यानि यानि रणमूर्ध्नि कृपाणमेघ-
धारानिपातशमितोष्मलघूनि शत्रोः।
आयान्ति चक्रुरभितो गगनं विकीर्णैः।
शस्त्रांशुनिह्नुतदिवाकरधाम बाणैः॥131॥

तानीतानि ननून्नतानि तनितुं तुत्तिं नतोतीनि नो
तातेनातितताननेन नततातीतेन नुन्नेतिना।
तेनोत्तानितनूतनातिनुतिनानन्तेन नूनं ततो
नानानुत्तिनितान्ततान्ततनुना नीतानि तन्तूनताम्॥132॥

(द्व्यक्षरः)

विस्रस्तकेसरकरालसटाकलाप-
संछादितांसशिखरो युधि पञ्चवक्रः।
तीक्ष्णाग्रमार्गणनखप्रकरावरुग्ण-
गन्धेभकुम्भकटकः[2] सुरसिंह एकः॥133॥

---

1. 'संपुटयमकं च' **क**-पुस्तके नास्ति. 2. 'कारकः' **ख.**

वव्रे विरावविवराविररौरवौर्व-
रेवा विवारवरवारिरवेररूरा।
वीरारुराविरररूर्वरवैरिवीरै-
वैरी रुरोरिव विमी रविवार्वरौर्वः॥134॥ (द्व्यक्षरः)

सेना संख्ये [सा] वज्रमुष्टेस्तदानीं घोरा दिक्संधीन्दारयन्तीव नादैः।
प्राप्ता निश्योतद्दन्तिदानप्रवाहव्यासङ्गेनोच्चैर्धौतसूर्यातपश्रीः॥135॥

तोत्ता तां मतिमत्तमो ममततातीतामतामुत्तमा
मात्तो मूममितामतामतितमां मीमातितोऽतुत्तिमान्।
मत्तामूतिमतीममातिममितामातीतिमत्तातता
मेतोऽत्तातितुमीतिमत्ततिमतां मातामिमीतातताम्॥136॥
(द्व्यक्षरः)

इत्थं समीकशिरसि स्मरगाढराग-
नाकाङ्गनाङ्गनिहितामरदैत्ययोधैः।
बिभ्रत्परिस्फुरितानिर्मलचन्द्रहास-
मुच्चैः शिरः करतलं च पिनाकपाणिः॥137॥

न्यूनानां नानुयायी ननु नयनयनानुन्नयन्नायिनो नु-
न्यायेनानायि नानायनययुनि नियानुन्नयानेन नूनम्।
यूनानूनाननेयाननयियिनि ययानेयया यायिनोऽन्या-
नानाय्योऽयायिनेयाननननुनयिनि नोन्नायिनोऽनन्ययुन्नौः॥138॥
(द्व्यक्षरः)

आयोधने दितिसुतक्षयजृम्भमाण-
भीमैकरुद्रगहनेऽप्यपसंख्यरुद्रे।
गीर्वाणसैनिकजनैः सकलाभिभावि-
दोर्दण्डदृप्तमनसस्त्रिपुरेन्धनाग्नौ॥139॥

तोत्रारित्रैरतीतातुररति तरति त्रातरीरां ततोऽत्ती
रार्तीरे तोत्तरी तैरतरतरतरोरीरितैरुत्तरीतीः।
तत्राराचूर्तितोऽरं तततितितरितैरूरितारेरराते-
रुत्तेरे तारतूरैरिति तरितरि तैरुत्तरीतुं तरित्रैः॥140॥ (द्व्यक्षरः)

सङ्ग्राममेघसमयेऽर्ककरावमृष्ट-
विद्युल्लतानिकरभासुरखड्गलेखे।
अभ्यापतन्स सरिदोघ इव क्षणेन
चक्रे विपक्षजनताकुलकूलपातम्॥141॥

व्रातीभक्षोदपक्षे सुरतिहतिरसुक्षेपदक्षोभतीव्रा
स्थामासक्तारिचर्या विरतिरतिरविर्या च रिक्तासमास्था।
नामायस्तातिहव्यानलकशकलनव्याहतिस्तायमाना
कानाप्तव्या समस्तातिगसरसगतिस्तामसव्याप्तनाका॥142॥

(प्रातिलोम्येन स एवार्थः)

सङ्ग्राममूर्ध्नि करवालविलूनपीन-
सेनामतङ्गजकरालकरार्गलाङ्के।
तार्क्ष्यीयतुण्डपरिखण्डितभोगिभोग-
पातालतालुसदृशश्रियि तेन शत्रोः॥143॥

सेनासर्वासनस्थानतसुरपतिनुत्सादिभिन्ना सशंसा
यापाकृत्या कृतज्ञाधियुतमदसरस्थानजन्येन माया।
शातासिर्वेगगत्या रवणगरभसत्रासचर्या धुनाना
सारानन्तासमग्रा जगति रसनुतस्थाममत्तानुनादा॥144॥

प्रातिलोम्येनानन्तरश्लोकः—
दानानुत्ता ममस्था तनुसरतिगजग्रामसंतानरासा
नानाधुर्या च सत्रा सभरगणवरत्यागगर्वे सिताशा।
यामानन्ये जनस्था रसदमतयुधि ज्ञातकृत्याकृपा सा(या)
साशंसन्नाभिधि(दि)त्सा नुतिपरसुतनस्थानसर्वासनासे॥145॥

(चक्ककलम्[1])

इति शशधरलेखाशेखरः संप्रहारं
प्रहरणपरिसर्पद्वीरवारीद्धधामा[2]।
असुरभटमयीनां कालवह्निः प्रजाना-
मिव कवलनलीलाजृम्भितोद्दामहेतिः॥146॥

1. 'कलापकम्' ख. 2. 'धारेद्धधामा' क.

सत्सूतोऽस्तातितासासितससुतसतीसूतिसासत्तिसीतः
सन्तासी सूत्तिसंसत्स्तुतसतिससितोतासतोत्तातिसासूः।
सेतुस्तुत्तीस्तितांसुस्ततसुततितुत्सासितोत्तंसितांस-
स्तातोऽसातंससोत्सोऽतत सततसितः सत्सिसासुस्तुतासम्॥147॥
(द्व्यक्षरः)

इत्थं इानान्धगन्धद्विरदरदशिखाभिन्नमूर्छत्प्रवीर-
प्रेमाकृष्टाभिधावन्मुदितसुरवधूसार्थरुद्धाम्बरश्रीः।
योधानां रत्नसानौ सममसुरभटै रम्यसङ्ग्रामलीला[1]-
पर्यायोपात्तहेलाजयमुदितभटीचक्रवाला जजृम्भे॥148॥

इति श्रीबालबृहस्पत्यनुजीविनो वागीश्वराङ्कस्य विद्याधिपत्यपरनाम्नो महाकवे राजानकश्रीरत्नाकरस्य कृतौ रत्नाङ्के हरविजये महाकाव्ये चित्रयुद्धवर्णन[2] नामाष्टचत्वारिंशः सर्गः।

एकोनपञ्चाशः सर्गः।

तीक्ष्णैः शिलीमुखनखैरथ संप्रहार-
कण्डूविनोदनमरातिजनस्य तूर्णम्।
कुर्वन्तमन्तकपुरीपृथुसालचाप-
चक्रोऽभ्ययुङ्क्त मयमाहवमूर्ध्नि शौरिः॥1॥

वक्रारविन्दनिमितं करगाढरुद्ध[3]-
पार्श्वद्वयं युधि बभार स पाञ्चजन्यम्।
वैरिञ्चमण्डमिव निःश्वसितानिलोर्ध्व-
पर्यस्यमानमुदरान्तरतो विनिर्यत्॥2॥

आबद्धकङ्कटकपाणिनिरुपार्श्व-
भागः सुगन्धिवदनानिलपूर्णरन्ध्रः।
तेनानिमीलितविलोचनपक्ष्मबन्ध-
माध्मायि संयुगरसादथ पाञ्चजन्यः॥3॥

1. 'रस्य' **क-ख.** 2. 'चित्रयुद्धवर्णनं' **क**-पुस्तके नास्ति. 3. 'बद्ध' **क.**

सेनाभिरस्य विजितस्तनयित्नुघोष-
मस्ताततायि युधतस्तनुषीभिरुच्चैः[1]।
स्रस्तांशुमण्डलविहस्तगभस्तिमालि-
विस्तारिणीभिरवतस्तरिरे दशाशाः॥4॥

अक्ष्मायि तस्य शिथिलीकृतनागनाथ-
विस्तारिभोगनिबिडं भरखर्वितं सत्।
क्ष्मामण्डलं जलधिलङ्घिततीरलेख-
मालङ्घुषीभिरभितः ककुभश्चमूभिः॥5॥

ताक्ष्योऽथ चञ्चुपटदष्टभुजंगमूर्ति-
राकाशमुड्डिडयिषुस्तरसा धरित्र्याः।
पृष्ठेन विग्रहभरं मधुसूदनस्य
जग्राह दानवचमूसरिदुष्णरश्मेः॥6॥

उद्गच्छता गगनवर्त्म जवेन तेन
दूरावगाढदृढभिन्नरसातलाग्राः।
आकृष्टिमुक्तवसुधाः[2] क्षणविघ्नखेद-
मुद्दध्रिरे नखरसंहतयः कथंचित्॥7॥

तत्पक्षभागरचितास्पदनागनाथ-
भास्वत्फणामणिवितानपरीयमाणम्।
संध्यातपारुणिततारकचक्रवाल-
कल्माषतामिव[3] जगाम तदान्तरिक्षम्॥8॥

ज्याकृष्टिमण्डलितकर्कशदण्डचण्ड-
कोदण्डमण्डलतया रणकाननोर्व्याम्।
शौरेर्जितोर्जितरिपुस्त्रिदशैर्व्यलोकि
बद्धालवाल इव कोमलकीर्तिवल्ल्याः॥9॥

सेना दुधूनयिषतो[4] द्विषताममुष्य
दोर्दण्डमण्डलितकार्मुकमध्यमुक्तैः।

---

1. 'तनुगीभिः' ख. 2. 'आकृष्ट' क. 3. 'कल्माषितां' ख. 4. 'दुधूनयिषता' ख.

काण्डैरकाण्डनिबिडोड्डमरप्रचण्ड-
नैशान्धकारविधुरा विदधे धरित्री।।10।।

तच्चापनिर्धुविरुग्णशिरस्त्रबन्ध[1]-
पुङ्खावशेषविनिमग्नशरैः शिरोभिः।
नाकद्रुहां द्रुतमभाजि रणाजिरोर्व्यां
लीलावनद्धनवपत्रपिशाचिकाश्रीः।।11।।

पक्षानिलावधुतनाकसरित्तरङ्ग-
भङ्गच्छटामलितनामनिविष्टकर्णैः[2]। (?)
तेनाशु जिह्मगतिभैरपतुद्धुवेऽर्क[3]-
तेजो विकास्यथ दशस्वपि दिक्षु बाणैः।।12।।

अन्योन्यपृष्ठपरिरक्षितचापचक्र-
निर्मुक्तशाततरशल्यशराभिघातैः।
सैन्यैरजिग्रहदसावसुराधिपस्य
दिक्चक्रवालमसकृत्प्रलयप्रचण्डैः।।13।।

क्रीडात्कृतान्तभटमुष्टिदुरोदरैक-
लीलावराटकगणैः समराङ्गणोर्व्याम्।
शुभैरशीशरदसौ शरदार्यमाण-
सेनामतङ्गजशिरश्च्युतमौक्तिकौघैः।।14।।

अभ्यर्णमृत्युकृतसंनिधिपाशपाणि-
निःशङ्कहुंकृतिभयंकरकिंकराङ्कम्।
आयोधनं[4] सुररिपोः प्रसरत्पतत्र-
मास्थानमण्डपमिवाभवदन्तकस्य।।15।।

तस्योत्पतत्रमरुतः क्षणमम्बराग्र-
संचारिणो मुखरतां दधतः पृषत्काः।
दैत्याधिपक्षतजशोणमुखा बभूवु-
र्मन्दाकिनीतटनिकेतनराजहंसाः।।16।।

---

1. 'निर्गत' क. 2. 'वर्णैः' ख. 3. 'ऽथ' क. 4. 'आयोधनः' क-ख.

शौरेर्निशाततरशजयशतैरराति[1]-
　　सेनाशिरांसि युधि चिच्छिदिवद्भिरारात्।
दिक्चक्रमौयततरा[2] तरसा वहद्भि-
　　रन्योन्यमाहवमुखेषु शिलीमुखौघैः॥17॥

संकूणितेक्षणमुखैः प्रविभागदृश्य[3]-
　　नाडीनिरोकगलितक्षतजाक्तकण्ठैः[4]।
आश्यामिकाग्रदशनैस्तदपास्तबाण[5]-
　　कृत्तैरलोठि युधि दैत्यचमूतुरङ्गैः॥18॥

उत्क्षिप्तमूलकुटिलभ्रुविजृम्भमाण-
　　रोषारुणं यदभवत्सुभटस्य वक्रम्।
वैलक्ष्यतो नु परिपाण्डुरतामवाप
　　तत्कृत्तकण्ठगलितक्षतजप्रवाहम्[6]॥19॥

त्रैलोक्यमर्चिचयिषो धवलैर्यशोभि-
　　रानञ्जुषः समरचञ्चुरतां मुरारेः।
बाणाः प्रसस्रुरभितः कमलासनाण्ड-
　　वल्मीककूटविकटोदरदन्दशूकाः[7]॥20॥

तच्चापचक्रनिपतन्निशिताध्रचन्द्र-
　　निर्लूनितेन्दुकरगौरलसत्पताकाः।
विच्छिन्नकीर्तय इवावनता न रेजु-
　　रायोधनेषु[8] भटकूबरिकेतुदण्डाः॥21॥

देदीप्यमानवपुषा दलितान्धकार[9]-
　　कूटा निवृत्तपुनरागतयो विशुद्धाः।
तेनाभवन्वलयिनोन्नतकार्मुकेण[10]
　　मुक्ताः शरास्तरणिमण्डलभेददक्षाः॥22॥

तस्तम्भिरे प्रतिदिशं तरसा विमान-
　　वीथ्योऽभ्युपेत्य रणवर्त्मदिदृक्षमाणाः।

---

1. 'शौरिः' ख. 2. 'आयततरं तरसा भवद्भिः' ख. 3. 'परभाग' क. 4. वलित' ख. 5. 'राज' ख. 6. 'उत्कृत्त' ख. 7. 'शूक' क. 8. 'सुभट' क. 9. 'दलिते' ख. 10. 'अभवत्' ख.

तन्मार्गणैः सभयकौतुकनाकिभीरु[1]-
मुक्ताहितास्पदनिशान्तगवाक्षमार्गाः॥23॥

आदध्मिरे प्रतिरवप्रतिपन्नदैर्घ्यैः
शैलाधिराजकुहराण्यभितस्तदानीम्।
तच्चापचक्रविवरानघघातपात-
निर्यातशातशरसंभृततारनादैः॥24॥

माणिक्यरश्मिशकलोज्झितनाकशक्र[2]-(?)
चापाकृतीष्वसनमुक्तशरौघभिन्नाः।
शार्ङ्गायुधः सपदि नानुबबन्ध दैत्य-
सेना दिशः समिति शिश्रियुषीर्भयार्ताः॥25॥

तस्याशु विव्रणयिषो द्विषतां वंपूषि
कर्णान्तकृष्टिवलयीकृतचापमुक्ताः[3]।
सारावमेत्य तरसा तनुपुङ्खपक्ष-
पातावधूतजलदा विशिखा निपेतुः॥26॥

तस्याहवातिरभसादधिशिश्रिवांसि
सैन्यानि निर्जयदशाविधुरत्वमारात्।
नाभ्यूहिरे निशितशल्यशिलीमुखौघ-
घोरान्धकारविधुरानथ दिग्विभागान्॥27॥

उत्खातनन्दकविकृत्तविपक्षकण्ठ-
नाडीनिरोकगलितेन[4] निराकुलात्मा।
विष्वक्ससंभ्रमपरिप्लवमानसैन्य[5]-
मापिप्लवत्क्षितितलं क्षतिजेन शौरिः॥28॥

शौरेरमन्दमुदडीयत पक्षपात-
वाताभिघातविधुताभ्रपलाशखण्डम्।
संख्ये शिलीमुखगणेन विमुक्तसंख्य-
मानिन्युषा[6] तु गगनोत्पलमाकुलत्वम्॥29॥

---

1. 'सपदि' ख. 2. 'चक्र' क. 3. 'कृष्ट' क. 4. 'विरोक' क. 5. 'सैन्धुं' ख. 6. 'आनिन्युषुत्तरगनोत्पल' ख.

तेन न्यवारिषत भिन्नघनाघनौघ-
सौदामनीक्षणपरीतकृशानुशल्यैः।
दैत्याधिराजपृतनाः कृतनाकिलोक-
कम्पैः शनैरशनिशाततरैः[1] शरौघैः[2]॥30॥

प्रत्यग्रपांसुपरुषाः प्रतिपन्नदिक्क-
मुद्धूतपत्रपटला वियदुत्पतन्त्यः।
भ्रेमुस्तरां भयकृतो भुवनावसान-
वात्या इव प्रतिदिशं सुरदैत्यसेनाः॥31॥

प्रेङ्खद्दवानलपरीतविटङ्ककूट-
विन्ध्याचलावयवविभ्रममूहिवद्भिः।
पिङ्गोर्ध्वकेशनिवहैर्नवनीलभाभिः
सङ्ग्रामवर्त्म तदयायत[3] यातुधानैः॥32॥

सङ्ग्रामसीम्नि पतितः सुभटप्रहार-
मूर्छाकुलः सपदि रात्रिमटो मुमूर्षुः।
खड्गावकृत्तनिपतत्करिकर्णताल-
वृन्तानिलेन समवीज्यत यातुधान्या॥33॥

निस्त्रिंशघातविनिकृत्तभटोत्तमाङ्ग-
पीनांसचक्ररचितास्पदपीनजङ्घाः।
चक्रुः कृतान्तपुरुषा इव तत्र भीति-
मावृत्य सैनिकजनस्य रणे कबन्धाः॥34॥

सङ्ग्रामसीम्नि करवालविलूनवीर-
सेनामतङ्गजसहस्रकरप्रकाण्डैः।
ताक्ष्यीयतुण्डपरिखण्डितभोगिभोग-
पातालतालुललितत्विषिरन्वरोधि[4] (?)॥35॥

कम्पानुबन्धिहृदयं प्रतिपन्नशोष-
बिम्बाधरं सुभटदर्शनतोऽत्र नार्याः।

---

1. 'शरैः' ख. 2. 'करौघैः' क. 3. 'उदयायत' क. 4. 'ललितं द्विषरम्बरोधि' क.

संध्यासमाधिविनिविष्टमना जजाप
किंचिन्निमीलितविलोचनमात्मतत्त्वम्।।49।।

विस्रस्तसान्द्रकिरणो विकटास्तशैल-
कूटावलम्बि विदधे सहसोष्णरश्मिः।
बिम्बं विलम्बमनुपेत्य चकार चोर्ध्वं
संध्यासमाधिमवधूय हरोऽनुकारम्[1]।।50।।

तस्मिन्प्रनृत्यति तदीयविलोचनाग्नि-
ज्वालाशिखाहतमिवाहिमरश्मिबिम्बम्।
निर्वापणार्थविम दाहदशोदयस्य
प्रोच्चैः पराचि न चिराज्जलधौ ममज्ज।।51।।

शोभां बभार दिनभङ्गविगाढराग[2]-
रक्ताम्बरं स्मररिपावथ ताण्डवस्थे।
तद्बाहुयन्त्रपरिघूर्णितनागकृत्ति-
विष्यन्दिसान्द्ररुधिराङ्कमिवान्तरिक्षम्।।52।।

निर्दग्धदुर्मतिदशे समयानिलेन
नीते प्रदीप इव निर्वृतिमर्कबिम्बे।
आविर्बभूव घनकज्जलजालकल्प-
मन्धंतमःपटलमाविलयंस्त्रिलोकीम्[3]।।53।।

आलिङ्गितो जलनिधेरथ रत्नकम्बु-
शोभाधरातनुतरङ्गभुजावलीभिः।
लेखाङ्गनाभिरुदयाचलमारुरुक्षु-
रुत्तिष्ठति स्म शयनादिव शीतरश्मिः।।54।।

ज्योत्स्नाङ्कुरावलिरिवाविरभूद्द्युवल्ल्या
रेजेऽग्रपल्लव इवातनुसांध्यरागः।
पुस्फोर पुष्पनिकुरुम्ब इव ग्रहौघः
पीनत्वमाप फलबन्ध इवामृतांशुः।।55।।

---

1. 'अन्धकारम्' क. 2. 'चिर' क. 3. 'त्रिलोकम्' ख.

दधतेव रसातलान्तलग्नं सपदि क्षालितशेषमूर्मिभङ्गैः[1]।
स्फुटलक्ष्मनिभेन पङ्कजालं शशिनौदैयत तोयराशिमध्यात्॥56॥

अभ्युत्थिते शशभृति[2] क्रमभिन्नपीन-
नैशान्धकारमवलोक्य परस्परं ते।
आस्फालितस्फुरितदीधितिरत्नदण्ड-
चापाः पुनर्युयुधिरे सुरदैत्ययोधाः॥57॥

इति निशितकृपाणप्रासनाराचचक्र-
व्रणितविबुधसेनासंकटे[3] दैत्यलोके।
प्रसृतरुधिरसिन्धुक्षोभनिर्भिन्नरत्न-
द्रुमसरणिनितम्बा मेरुभित्तिस्तदाभूत्॥58॥

इति श्रीबालबृहस्पत्यनुजीविनो वागीश्वराङ्कस्य विद्याधिपत्यपरनाम्नो महाकवे राजानकश्रीरत्नाकरस्य कृतौ रत्नाङ्के हरविजये महाकाव्ये सुरासुरविमर्दो नामैकोनपञ्चाशः सर्गः।

पञ्चाशः सर्गः।

भग्नेष्वधोक्षजपितामहवासवेषु
दैत्याधिपेन सकलैः सह लोकपालैः।
पञ्चाक्षमित्यभिदधे[4] भगवान्सरोष-
मास्फाल्य निष्ठुरमथोन्नतकोटिचापम्॥1॥

पश्याधुनामुमुरगाशनकेतुमत्र
भग्नं विरुग्णरणरागमितोऽन्धकेन।
यस्य व्यधायिषत चन्द्रमरीचिशुभ्रैः
साधारणांशुकभृतः ककुभो यशोभिः॥2॥

दैत्यैन्द्रमार्गणगणाभिहतस्य पश्य
रत्नच्छटारुणितमात्मभुवः शरीरम्।
निद्राविमुक्तमधुसूदननाभिपद्म-
निष्पन्दिसान्द्रमधुदिग्धमिवाधुनापि॥3॥

1. 'कल्क' क. 2. 'शशिभृति' ख. 3. 'विविध' ख. 4. 'पाञ्चक्षं' क.

पश्याततायिकठिनास्थिशिलाविभेद-
कुण्ठीकृताश्रि कुलिशं युधि निर्जितस्य।
दैत्यैः करे शतमखस्य भयोदयोत्थ-
घर्माम्बुसिक्तमिव संतनुते न तेजः॥4॥

दैत्यास्थिवज्रकषकुण्ठतरारचक्र[1]
चक्रं त्रपापरिचयच्युतचण्डचर्यम्।
विष्णोर्भयाकुलतया व्यपलीनवह्नि-
धूमायमानमवलोकय पाणिलग्नम्॥5॥

आबद्धकोपदितिजाधिपबाहुचक्र-
चक्रीकृतातनुशरासनबाणपातैः।
भङ्गीशतैः प्रकटरन्ध्रपरीतमध्य[2]-
मापूर्णमेति[3] विततश्रियमर्कबिम्बम्॥6॥

नाराचनिर्दलितबिम्बतयैष भग्न-
सङ्ग्रामदुर्ललितदुर्धरधैर्यबन्धः।
अध्यास्यमानहृदयो हरिणेन पश्य
संक्रान्तकातरतदीयमना इवेन्दुः॥7॥

पश्यास्तपर्वतमिवाभ्रकपङ्कनील-
मासाद्य दानवचमूपतिमेतदग्रे।
पर्याकुलोऽधिकमनूष्मतया रणेऽत्र
भग्नः प्रतापविभवेन सहैव भानुः॥8॥

बिभ्रद्गदां विदलितारिकपालगुर्वीं
लीलाविलम्बितमनोहरशङ्खपद्मः।
व्यापारितायुधशतोऽन्धकबाणवर्षै-
र्नाभाति शौरिरिव जर्जरितोऽर्थनाथः॥9॥

पश्यैष निर्जयकृतभ्रुकुटीविभङ्ग-
च्छायोपबृंहितनवाञ्जनपुञ्जवर्णाम्।

---

1. 'कुण्ठिततारचक्रचक्रंदपापनिचयच्युत' क. 2. 'रत्न' क. 3. 'आचूर्णं' ख.

वक्त्रश्रियं घटितनीलपटां ह्रियेव
धत्ते यमः परिहरन्मम दृष्टिमार्गम्॥10॥

धत्ते मुखेषु वरुणो रिपुरोषवह्नि-
ज्वालारुणां तनुमसावसमाप्तकम्पः।
नित्यावबद्धमकरालयवासलग्न-
दुर्वारवाडवकृशानुशिखामिवैताम्॥11॥

उत्सृष्टदिग्गजगलन्मदवारिगण्ड-
पिण्डीकृतैरविरल[1] भ्रमरैः पतद्भिः।
पश्यैष किंशुकवनभ्रममोहमन्दै-
रन्वीयतेऽग्निरसुरैर्विहितोष्मभङ्गः॥12॥

सान्द्रीभवत्यमलमेचकखड्गमेघ-
घोरान्धकारनिकरः[2] स्थगितान्तरिक्षः।
संत्रासविह्वलवलत्प्रतिपत्तिमूढ-
गाढानिलोच्छ्वसितधूमशिखासहस्रैः॥13॥

यत्कीर्तनादपि[3] निजेषु निकेतनेषु
भीतैर्मरुद्भिरुदविज्यत बद्धकम्पम्।
उद्यच्छमानमवलोक्य तमाहवाग्रे
संभ्रेमुषा सुरगणेन यतोऽपसस्रे॥14॥

तत्स्यन्दनं सपदि चोदय दर्पमूढ-
दैत्याधिपाभिमुखमूर्जितसिंहवाहम्।
ऊष्माणमेतमधुना विषमेषुवर्षै
संत्याजयामि युधि शैलमिवात्र यावत्॥15॥

इत्यूचुषि स्मररिपौ तरसा मुमोच
सूतोऽन्धकं प्रतिरथं कृतमेरुकम्पम्।
दैत्याधिपस्य न चचाल रथोऽपि यन्तृ-

---

1. 'तलैः' ख. 2. 'निकर' क. 3. इतः प्रभृत्यष्टाविंशति श्लोकाः क-पुस्तके त्रुटिताः सन्ति.

संचोदितः किमपि भावि भियेव पश्यन्॥16॥

व्यस्यन्निवाशु भुवनत्रितयाधिराज्य-
लक्ष्मीं पतत्रमरुताथ सुमेरुकुञ्जात्।
गृध्रः परेतपतिदूत इव ध्वजाग्र-
मध्यास्त तस्य रभसादरुणोत्तमाङ्गः॥17॥

सस्यन्दिरे जलभृतो भुवनारविन्द-
कोषप्रतिष्ठमकरन्दरसायमानम्।
सानन्दगृध्रकुलषट्पदचक्रवाल-
वाञ्छाविपूरणमनर्गलमस्रवर्षम्॥18॥

खड्गाजुघू करणघाञ्जुघुरु(?)र्घनौघा
निर्घातघोरघटनास्थितिपात पृथ्वी।
वज्राभिघातपरुषं पिशिताशिनश्च
चक्रुर्महारप्रलयशंसिनमट्टहासम्॥19॥

धैर्यावधीरितशुभेतरघोररूप-
चिह्नस्य दानवपतेः समराजिरोर्व्याम्।
शंभोश्च दृष्टजयलिङ्गनिराकुलस्य
वेगात्समीयतुरथातिरथौ तथा तौ॥20॥

अह्लादि दुन्दुभिभिराहननादगुञ्जि
गुञ्जागणेन विधुरैर्मुखरैरभावि।
अङ्काणि गोमुखशतैः पणवैरराणि
तस्मिंस्तयोरथ रणे प्रविजृम्भमाणे॥21॥

आहन्यमानकिखरानकगोमुखादि-
वादित्रघोषमुखराः ककुभो बभूवुः
दैत्याश्च शैलकुहरप्रतिशब्ददीर्घ-
घोरा त्रयेण (?) मुमुचुर्युधि सिंहनादम्॥22॥

योधा युधे कृतधियो रभसेन वल्गु-
संवादिफल्गुनमफल्गुफलं ववल्गुः।
पाणिस्थिताकृपकृपाणनिपातपीत-
मत्तद्विपाकृपकृपाणकृपीटपट्टाः॥23॥

सङ्ग्राममङ्गलमुपेत्य जगुः सकम्प-
हस्ताङ्गुलीशिथिलकोणहता विपञ्चीः।
शंभोर्विलोकननिरर्गलजृम्भमाण-
पीनध्वजाः सरसमप्सरसो दधत्यः॥24॥

तस्याथ मूर्ध्नि मदमन्थरितद्विरेफ-
पक्षानिलाभिहतकम्पितकेसराग्रा।
आनन्दनिर्भरनभश्चरचक्रहस्त-
मुक्ता पपात सुरपादपपुष्पवृष्टिः॥25॥

आभादखेटखटकामुखहस्तदीर्घ-
रक्ताङ्गुलीनखमणिप्रतिबिम्बगर्भम्।
प्रत्युप्तदीप्ततररत्नमिवोच्छिखाच्छ-
रश्मिच्छटं कनककुण्डलमन्धकस्य॥26॥

तस्मिन्दुधूवुषि धनुर्धरधैर्यबन्ध-
मायोधने धनदयोधजनेन सार्धम्।
सेनानका इव तदा गिरयो विनेदु-
र्मौर्वीनिनादमुखरीकृतरन्ध्रभागाः॥27॥

कोदण्डकोटिघाटितोरगराजमौर्वी-
वेल्लत्फणामणिगणप्रतिबिम्बगर्भम्।
माणिक्यशेखरमिवामृतरश्मिखण्ड-
मीषत्किरीटघटितं बिभरांचकार॥28॥

तस्योर्मिभङ्गविषमोन्नतबाहुदण्ड-
खण्डान्दहन्धनुषि दानवसिन्धुनाथान्।
ज्वालाकरालितमुखस्तरसातिगाढ-
मौर्वीकृतस्थितिरराजत भोगिराजः॥29॥

कोदण्डदण्डघटिताटनिगाढबन्ध-
तान्तेन तस्य विकसत्फणचक्रवालम्।
नागेश्वरेण पपिरे शिशिराः शिरःस्थ-
मन्दाकिनीजलतरङ्गघटासमीराः॥30॥

शूत्कारिपक्षमरुतः स्फुरदग्निशात-
शल्याः शराः शशिकलाङ्कितबाहुमध्यात्।
निश्चक्रमुर्दितिसुताभिमुखं हिमाद्रि-
कुञ्जान्तरालगहनादिव राजहंसाः॥31॥

छायामयीं विदधतो भुवनेष्वकाण्ड-
कल्पावसानरजनीमिव तस्य संख्ये।
आकर्णकृष्टवलयीकृतचारुचाप-
चक्रच्युता भुवनमानशिरे शरौघाः॥32॥

मौर्वीकृतस्य खटकामुखपाणिकृष्ट-
मध्यं क्रमेण फणिनः फणचक्रवालम्।
फूत्कारपावकशिखा धनुषोऽथ तस्य
चक्रीकृतादिषुगणाश्च समं निपेतुः॥33॥

रूढारुढं(षं) तदुरसि स्फुटकेकिपिच्छ-
पुङ्खाः शरा दितिजकार्मुकचक्रमुक्ताः।
कल्पद्रुमा इव महीध्रतटीविचित्र-
संफुल्लरत्नकुसुमस्तबका निपेतुः॥34॥

कृत्तोपवीतभुजगाधिपमूर्धरत्न-
पुष्पोपकारकृतसंयुगवर्त्मशोभैः।
वक्षःस्थले पुररिपोरसुरेन्द्रचाप-
चक्रच्युतैः शरशतैश्चतुरं निपेते॥35॥

कल्लोलजालकलिला विवलत्कपाल-
कूर्मोदराः शिरसि तस्य शराश्रयाशैः।
मन्दाकिनीजलरयाः पपिरे पतद्भि-
रह्नाय सिन्धव इव प्रलयार्कपादैः॥36॥

संधास्यमानकृतमार्गणसंधियोग-
चक्रीभवन्मणिशरासनबाहुजालः।
दैत्याधिपः स्फुरदनेकशशाङ्कखाण्ड-
मार्तण्डमण्डल इवाम्बरमार्ग आसीत्॥37॥

मन्ये च तस्य वलयीकृतकार्मुकस्य
　　सङ्ग्रामकर्मठकठोरकरालवाहोः।
प्रागाततायिपृतनासुभिरभ्यपाति-
　　पश्चान्निशाततरशल्यमुखैर्विपाठैः॥38॥

आबद्धकोपदितिजाधिपबाहुदण्ड-
　　मध्यान्निरीयुरथ संयुगवर्त्म बाणाः।
संहारमारुतपराहतसिन्धुवीचि-
　　चक्रादिवोज्ज्वलितवह्निमुखा भुजंगाः॥39॥

निष्ठ्यूततीव्रशिखिनः शितिकण्ठमौलि-
　　मालाकपालशकलेषु निशातशल्याः।
निष्पेतुरर्ककिरणा इव कर्कशेषु
　　कैलासशैलशिखरेषु सुरारिबाणाः॥40॥

तत्पातनिर्दलितमौलिकपालपट्ट-
　　धूमच्छटामलिकलोचनमाविशन्तीम्।
सेवाविचक्षण इव श्वसितैर्निरास
　　कर्णावतंसभुजगः शशिखण्डमौलेः॥41॥

उद्दामदाहपरिवर्तितजिह्मकोटि-
　　रुत्तंसचन्द्रकलिका शिरसि स्मरारेः।
दैत्याधिराजविशिखाग्निशिखासहस्र-
　　निर्यत्सुधास्नुतिरभूत्सविशेषतन्वी॥42॥

तस्याहवे विकटपिच्छकलापभार-
　　शङ्कुच्छलस्फुटितचन्द्रकिखण्ड्यमानाः।
उद्दामकोपदितिजाधिपचापचक्र-
　　मुक्ताः शरा विषधरा इव संनिपेतुः॥43॥

अभ्यापतन्मुदितखेचरचक्रवाल-
　　सामाजिकस्तिमितलोचनचक्रदृष्टः।
दैत्याधिपोऽद्भुतविधायिविजृम्भमाण-
　　विश्लिष्टसंधिडिमडम्बरचारणोऽभूत्॥44॥

आनेमुषो विजहता दधुषश्च दर्प-
मानिघ्नता जुहुवुषोऽभिमुखं यतारात्।
तेनाखिला युधि परस्परमूयिरेऽथ
गाढं शरैर्दशदिशो दृढचापमुक्तैः॥45॥

आकर्णकुण्डलितकर्कशकालदण्ड-
चक्रायमाणमणिकार्मुकनिर्गतेन।
बाणेन वक्षसि जघान मृगाङ्कमौलि-
माबद्धमत्सरमथावसरेऽसुरारिः॥46॥

देवोऽपि दानवपतेः पृथुजत्रुसीम्नि
तिष्ठेत्युदीर्य शरघातविवृद्धमन्युः।
प्रेङ्खन्मुखाग्रशिखिनं[1] निचखान बाण-
मुत्संख्यसंख्यकृतपुङ्खतयोरुपुङ्खम्॥47॥

तावुत्तरोत्तरदुरुत्तरतारतम्य-
ताभ्यद्दिनाकृशकृशानुपरीतबाणौ।
सङ्ग्रामवर्त्मनि परस्पररन्ध्रलाभ-
बन्धाभिसंधि चिरमक्रमतामवन्ध्यम्॥48॥

वक्षोऽन्धकस्य निजघान घनाघनत्वि-
डीशस्तडिन्निबिडचण्डकडारकाण्डैः।
कूलाद्रिसानुकटकं विकटैस्तरङ्ग-
भङ्गैः सवाडवशिखैरिव कूर्मकेतुः॥49॥

प्रेङ्खच्छिखा विशिखसंहतिरन्धकेन
मुक्ता ततः शिरसि शूलभृतः शरारोः।
चूलावचूलफणिफूत्कृतिवह्निहेति-
संप्लुष्टपक्षतिपुटा विषमं न्यपप्तत्॥50॥

कर्णावतंसितफणिस्फुरितस्फुलिङ्ग[1]-
फूत्कारवह्नितपनातपदग्धपक्षः।

---

1. 'शिखरं' ख.

व्योम्नः पतन्दितिसुताधिपशैलमूर्ध्नि
संपातिविभ्रममधत्त वृषाङ्कबाणः॥51॥

विस्तारिशल्यमुखनिर्गतरोहिदश्व-
शारीकृताम्बरतला भयमादधानाः।
तच्चापमण्डलविनिष्पतिताः प्रसस्रु-
रुल्कापिशाचनिचया इव दिक्षु बाणाः॥52॥

दूरं दरिद्रिहि दरेण विदारयाद्री-
न्दर्पोद्धताञ्जहि[2] जहीति नरानरातीन्।
इत्याहरन्प्रविजहार सकर्णजाह-
रक्तान्तनेत्रयुगलो विजहौ च खेदम्॥53॥

गुञ्जद्गुणाविरलशब्दविमिश्रगाढ-
मौर्वीविरावमुखरोऽथ शिलीमुखौघः।
दूरादशिश्रियदिवाम्बरचारिचक्र-
मानन्दमस्य सुरवैरिविधाहितं सः॥54॥

वक्रामृतांशुपरिवेषपृषत्कपीठ-
निष्ठ्यूतनिष्ठुरविपाठविजर्जरांसः।
योधान्मुचोच रणमूर्ध्नि मुमूर्षुषोऽथ
रन्ध्रेन जातु रिपुषु प्रहरन्ति धीराः॥55॥

तत्पत्रिभिः सुररिपोः शकलीकृताना-
माकाश एव कलधौतशिलीमुखानाम्।
रेजुः पतत्प्रचुरचूर्णपरागदिग्ध-
बालार्करश्मिशबला इव शैलकूटाः॥56॥

सङ्ग्रामनाटकविलोकनकौतुकात्त-
संचारखेचरसहस्रविमानपङ्क्तीः।
ऊर्ध्वंतरा[1] तरणिमार्गरुधः प्रचण्ड-
कोदण्डनिर्गतशरामनयत्स्मरारेः(?)॥57॥

1. 'स्फुरिताः' **ख**. 2. 'दर्पोद्धतां जहितहीहिनतानरातीन्' **क**.

तच्चापनिर्गतनिरर्गलमार्गणौघ-
पक्षानिलाहतिविजर्जरिताभ्रमासीत्।
व्यापार्यमाणविविधायुधघातरूढ-
गाढासितव्रणकिणाङ्कमिवान्तरिक्षम्॥58॥

आपीयत स्थगितभास्करबिम्बबीज-
कोषैर्नवातपमधुस्फुटपत्रशोभैः।
ज्याघोषगीतिमुखरैरर्भुवनारविन्द-
गर्भास्पदं सपदि दैत्यशिलीमुखौघैः॥59॥

विस्तार्य चापमथ विस्फुरदग्निहेति
निःशङ्कहुंकृति निधानमहंकृतीनाम्।
दैत्याधिपः कुटिलितभ्रुकुटीविभङ्ग-
भास्वल्ललाट[2] इति धूर्जटिमाबभाषे॥60॥

तिष्ठाधुना क्व नु बटो मम दृष्टिमार्गा-
द्गन्तासि पुष्पविशिखोऽस्मि न मन्दवीर्यः।
कालोऽथवा न कृपणः कृमिकीटजन्तु-
जीवापहारचतुरो न गजासुरो वा॥61॥

अन्या हि नृत्तरभसोत्थितदत्तताल-
वेतालमालिततला पितृमन्दिरोर्वी।
सङ्ग्रामभूमिरपरा भटचण्डचक्र-
दोर्दण्डदर्पनिकषोपलपट्टिकाश्रीः॥62॥

इत्यूचिवान्निरभिनत्स्मयमान एव
तं पञ्चभिर्ज्वलितवह्निशिखैः पृषत्कैः।
किंचित्तदीयविशिखाशनिपातभिन्न-
वक्षश्चचाल च शशाङ्ककलावचूलः॥63॥

तस्मिन्मनाक्चलति षण्मुखदत्तदृष्टि-
दृष्टार्तिलेशसदपत्रपलम्बवक्रे।

---

1. 'ऊचुस्तरां' ख. 2. 'ललाटं' क.

आमर्दकस्त्वरितमन्धकमभ्यधाव-
दुत्पाटितस्थगितभानुसुमेरुकूटः॥64॥

दैत्याधिपस्तमथ संमुखमापतन्त-
मालोक्य कोपविवशो विशिखैररौत्सीत्।
तच्चोदितं शिखरमुच्छिखरत्नसार[1]-
मस्याभिनत्तिलतुलामधिरूढमन्यैः॥65॥

तस्मै रथाङ्गमकिरन्मुरजिन्महाजि-
हेलो हली हरितसप्तिसुतश्च दण्डम्।
संस्तभ्य तानथ शरैः स सहस्रसंख्यैः
संख्ये जघान लघु पञ्चभिरिन्दुमौलिम्॥66॥

कोदण्डदण्डशिखरस्थफलासहस्र-
फूत्कारवह्निकणतारकितान्तरिक्षम्[2]।
चिच्छेद वासुकिगुणं किरतः पृषत्का-
नासाद्य रन्ध्रमथ तस्य शरैः[3] सुरारिः॥67॥

प्रत्युप्तदीप्तमणिदीधितिचक्रवाल-
संकीर्यमाणविकटोन्नतकोटिदण्डम्।
विच्छिन्नपन्नगगुणं धनुरिन्दुमौले-
रिन्द्रायुधश्रियमदीधरदन्तरिक्षे॥68॥

स च्छिन्नवासुकिगुणो जयलाभलिङ्ग-
मालिङ्गिताम्बरशिखाग्रशिखास्फुलिङ्गम्।
जग्राह कोपकुटिलभ्रुकुटीविभङ्ग-
पिङ्गेक्षणाननदुरीक्ष्यवपुस्त्रिशूलम्[4]॥69॥

निःशेषलोककवलग्रहणाय वल्गा-
दालोलहेतिरसनस्तरसोत्पतिष्यन्।
तस्याभिवादयितुमौर्वमिवाग्निमाशु
हुंकारवह्निरुदधौ झगिति न्यपप्तत्॥70॥

---

1. 'सानुं' ख. 2. 'भारचितान्तरिक्षम्' ख. 3. 'शनैः' ख. 4. 'दुरीक्ष' क.

तेनाथ शंकरकरभ्रमितेन तूर्ण-
मक्षुण्णमेव घनवर्त्मनि घर्मरश्मेः।
आबध्यत त्रिगुणमाशु विवृत्तिलोल-
शाखात्रयानलशिखापरिवेषचक्रम्॥71॥

आकृष्टशैलशिखरं तरलीकृतार्क-
चन्द्रं समुद्रसलिलप्लुतनाकमार्गम्[1]।
पुञ्जीकृतोडु दलितक्षितिपीठपृष्ठ-
मासीदनुभ्रमणलोलममुष्य बिम्बम्॥72॥

शूलाग्नितापदलितोपलमूलसंधि-
भागानि भग्नतटकल्पतरूणि तूर्णम्।
पेतुर्विमुक्तिविकटीकृतदूरदृश्य[2]-
पृष्ठप्रतिष्ठितनभांसि शिरांसि मेरोः॥73॥

तस्मिंश्च धूर्जटिकरभ्रमिते[3] विधूत-
सिन्धूर्मिसंहतिपरिप्लुतनाकपृष्ठे।
पुस्फोर तद्दहनपीवरविस्फुलिङ्ग-
विश्लिष्टभेदमहिमांशुमरीचिबिम्बम्॥74॥

ऊहुः पिनाकशिखितापविलीयमान-
विस्तीर्णकाञ्चनशिलाशिखरप्रवृत्ताः।
रत्नोपलस्खलनभिन्नजलाः सुमेरोः
कूलंकषाः कटकभूमिषु निर्झरिण्यः॥75॥

शाखान्तरालपरिवर्तविलोलवह्नि-
ज्वालाकलापविकटाञ्जलिभिस्तदानीम्।
तेनोदपीयत परिभ्रमणानुबन्ध-
संजातदुर्धरदशेव[4] सुरस्रवन्ती॥76॥

ज्वालाकलापकवलीकृतसप्तसिन्धुं
तापस्फुरद्विकटटांकृति शैलकूटम्।

1. 'ललित' ख. 2. 'दृष्ट' क. 3. 'भ्रमितः' क. 4. 'शिखेव' ख.

चण्डालिकज्ज्वलनमूर्जितमुत्ससर्ज
संवर्तकाल इव वक्त्रतलेन शंभुः॥77॥

तेनान्धकस्य[1] विकटोन्नतचापचक्र-
मुक्ताः शराः स्थगितदिक्तटमापतन्तः।
निर्देहिरे जरठहेतिशतैः सरीढ-
मौर्वाग्निनेव मकराकरवीचिभङ्गाः॥78॥

तं शूलशक्तिमुसलाशनिपट्टिशासि-
पट्टैर्निहत्य पुरजिद्दितिजं जुघोर।
घोरास्त्रवृष्टिभिरथार्दिददन्धकोऽपि
तस्मिन्पुनः[2] स ववृधे[3] सविशेषमग्निः॥79॥

कोदण्डमण्डलविनिर्गतमस्य बाण-
जालं युधि प्रसभमिन्दुधरो निहत्य।
वेगाद्रथं प्रति ससार तमाजघान[4]
दैत्याधिपोऽपि गदया गुरुशूलहस्तम्॥80॥

दैत्याधिपेरितगदादलितोत्तमाङ्ग-
विष्यन्दिसान्द्ररुधिराक्षितदन्तुरार्चिः।
जज्वाल धूर्जटिमुखाग्निरुवोष चाथ
तत्स्यन्दनं सतुरगध्वजसूतचक्रम्॥81॥

कपिशितदशदिग्भिर्वह्निना हेतिचक्रै-
स्त्रिपुर इव तदानीं स्यन्दने तेन दग्धे।
शिशिरकरकिरीटं दैत्यनाथो जिघृक्षुः
सरभसमथ दर्पादुत्पपातान्तरिक्षम्॥82॥

स्मितविकसितगण्डभित्तिभागस्तमभिमुखं गुरुवेगमापतन्तम्।
सममभिनदशेषदैत्यकान्ताजनहृदयैस्त्रिशिखेन शूलपाणिः॥83॥

तद्वक्षः स्फुरितकृशानुशूलकोटिं झांकाररावबधिरीकृतान्तरिक्षम्।
सस्यन्दे रुधिरमकारि येन संध्याताम्रांशुच्छुरितमिवाभ्रचक्रवालम्॥84॥

---

1. 'तेनान्तकस्य' ख. 2. 'पुरः' क. 3. 'ववृषे' ख. 4. 'तमाजगाम' ख.

दितिजरुधिरधारासिक्तशूलाश्रिभाग-
ज्वलनजनितधूमश्यामलं सूर्यबिम्बम्।
विगलितरुचिटङ्काघातसंसक्तमूल-
क्षतजमिव तदानीमन्तरिक्षे रुरोच[1]।।85।।

सस्यन्दे त्रिशिखविदारितात्सुरारेर्यद्वक्षःकटकतटादसृक्छटाम्भः।
विश्वेषामकुरुत तत्प्रतापवह्निप्लुष्टानामपि जगतां तदेव शान्तिम्।।86।।

त्रिशिखमुखविभेदादञ्जनक्षोदपुञ्ज-
च्छविरवनिममुञ्चव्द्योमसीम्न्यर्द्धमानः[2](?)।
गगनभुवि स एवालोक्यताराति सैन्यै-
र्दितिसुतकुललक्ष्मीसंक्षयोत्पातमेघः।।87।।

तद्वक्षःकटकादसृङ्निपतितं सान्द्रं कपालोदरे
पीत्वा तत्परिणामपाटलमिवाताम्रं वपुर्बिभ्रती।
चामुण्डाङ्गुलिकोटिभागमलनात्तद्वीर्यबीजाङ्कुरा-
नच्छिन्नाखिलसंततीन्सरभसं चक्रे प्रतिच्छन्दकान्[3]।।88।।

त्रिशिखदहनज्वालातापक्कथद्बहलासृजः
सपदि वपुषस्तस्याशेषात्कृतादथ भस्मसात्।
स्तिमितनयनव्रातैर्दृष्टं सुरासुरमण्डलैः
शशिधरकलामौलेर्ज्योतिः शरीरमथाविशत्।।89।।

ग्रासीकृतार्दितसुरासुरचक्रवाल-
सङ्ग्रामसागरगतान्धककालकूटः।
निर्धूतचामरमरुत्परिवीजितांस-
पीठे दिदेश हरयेऽथ स राज्यलक्ष्मीम्।।90।।

उन्मूलिताखिलविपक्षगणासु तूर्ण-
मस्याज्ञया पुर इवामरलोकपालाः।
दिक्षु क्रमादथ यथायथमेव गुप्ति-
हेतोः स्थितिं प्रमदफुल्लदृशो बबन्धुः।।91।।

1. 'रुरोध' क. 2. 'अवनिमुदञ्चत्' ख. 3. 'प्रतिस्कन्दकान्' ख.

निपतितमरिसैन्याभ्याहतं संयुगोर्व्यां
निजकरपरिमर्शान्निष्प्रहारव्रणं सः।
शशिशकलकिरीटस्यन्दमानामृताम्भः-
स्रुतिकृतपरिषेकं जीवयामास सैन्यम्॥92॥

दिशि दिशि मकरन्दस्यन्दमाद्यद्विरेफाः
सुरभितघनमार्गाः पुष्पवृष्टीः किरन्तः।
प्रतिनवमुखरागानेकवादित्रघोषा[1]-
स्तमहितवधतुष्टास्तुष्टुवुः सिद्धसाध्याः॥93॥

जगुरमरतरुण्यो मङ्गलं तारमन्द्र-
क्रमतरलितहारोत्कम्पिपीनस्तनाग्राः।
अविरतविविधभ्रूभङ्गसंलक्ष्यमाण-
स्फुटतरगुरुचेतोवासना[2] नाकमार्गे॥94॥

त्रिदशगणपतींस्तान्विश्लथन्मौलिरत्न-
प्रणतिनतशिरस्कान्संयुगे दृष्टभक्तीन्।
अभिमतवरलाभैः सोऽथ संभाव्य देव्या
सह सुखमनुभावात्स्वां पुरीमध्यतिष्ठत्॥95॥

इति श्रीबालबृहस्पत्यनुजीविनो वागीश्वराङ्कस्य विद्याधिपत्यपरनाम्नो महाकवे
राजानकश्रीरत्नाकरस्य कृतौ रत्नाङ्के हरविजये महाकाव्ये
देवदेवप्रतिष्ठापनं नाम पञ्चाशः सर्गः।

समाप्तोऽयं ग्रन्थः।

(ग्रन्थकर्तुः प्रशस्तिः।)

श्रीदुर्गदत्तनिजवंशहिमाद्रिसानु[3]-
गङ्गाह्रदाश्रयसुतामृतभानुसूनुः।
रत्नाकरो ललितबन्धमिदं व्यधत्त
चन्द्रार्धचूलचरिताश्रयचारु काव्यम्॥1॥

1. घोषैः' क. 2. गुरुमेतौ वासनानाकमार्गः' ख. 1. इतःप्रभृति श्लोकषट्कं ख-पुस्तके नास्ति.

स किल कविरेमुक्तवान्–

ललितमधुराः सालंकाराः प्रसादमनोरमा
विकटयमकश्लेषोद्धारप्रबन्धनिरर्गलाः।
असदृशगतीश्चित्रे मार्गे ममोद्गिरतो गिरो
न खलु नृपते चेता वाचस्पतेरपि शङ्कते॥2॥

सान्द्रानन्दामृतरसपरिस्पन्दनिःस्यन्दिनीना–
मस्मद्वाचामतिशयजुषां वस्तुतत्त्वाभिधाने।
प्रौढज्योत्स्नाधवलविकसद्दिग्वधूकर्णपूर–
ब्रह्मस्तम्भस्तबकयशसां कोऽपि टाङ्कारटङ्कः॥3॥

धाराकाव्यप्रबन्धप्रणिहितपरमः श्रोत्रपेया कवीनां
भाषाषट्केऽपि यस्य क्वचिदपि न गता भारती भारवत्त्वम्।
प्राप्तज्ञेयावसानस्फुरदमलतरप्रातिभज्ञानसंप–
त्सोऽहं रत्नाकरस्ते सदसि कृतपदः क्ष्माप वागीश्वराङ्कः॥4॥

यस्योदयेऽन्धतमसं दधतो(दहतो) विशुद्धि–
राविर्भवत्यनिशमेव जलाशयानाम्।
तद्गस्तवाङ्मयमुद्रमवेहि राज–
न्रत्नाकरं रविमथैनमगस्त्यमौर्वम्॥5॥

दृब्धं सत्प्रज्ञकैर्यन्न जगति कविभिर्वस्तु तन्नास्ति किंचि–
त्क्षुण्णे क्षुण्णत्वचिन्ता गहनविषयता तस्य दूरास्तु तावत्।
तन्मन्दाभिप्रगल्भप्रसरगुरुगिरामग्रणीर्बाण एको
राजन्रत्नाकरश्च ज्वलनवदवनौ जाज्वलीति द्वितीयः॥6॥

हरविजयमहाकवेः प्रतिज्ञां शृणुत कृतप्रणयो मम प्रबन्धे।
अपि शिशुरकविः कविः प्रभावाद्भवति कविश्च महाकविः क्रमेण॥7॥